人類發展

Life-Span Development, 15e

John W. Santrock
著

胡心慈、吳亭芳、佘永吉
譯

Mc Graw Hill Education

東華書局

國家圖書館出版品預行編目(CIP)資料

人類發展 / John W. Santrock 著 : 胡心慈, 吳亭芳, 佘永吉譯.
-- 二版. -- 臺北市 : 麥格羅希爾, 臺灣東華, 2018.11
面； 公分
譯自 : Life-span development, 15th ed.
ISBN 978-986-341-393-6(平裝)

1.發展心理學 2.人類發展

173.6 107017968

人類發展

作　　者　John W. Santrock
譯　　者　胡心慈 吳亭芳 佘永吉
合作出版　美商麥格羅希爾國際股份有限公司台灣分公司
暨發行所　台北市 10044 中正區博愛路 53 號 7 樓
TEL: (02) 2383-6000　FAX: (02) 2388-8822

臺灣東華書局股份有限公司
10045 台北市重慶南路一段 147 號 3 樓
TEL: (02) 2311-4027　FAX: (02) 2311-6615
郵撥帳號：00064813
門市：10045 台北市重慶南路一段 147 號 1 樓
TEL: (02) 2371-9320
總 經 銷　臺灣東華書局股份有限公司
出版日期　西元 2018 年 11 月 二版一刷

ISBN：978-986-341-393-6

譯者簡介

胡心慈

國立台灣師範大學特殊教育研究所博士班畢業

現任國立台灣師範大學特殊教育學系教授兼特殊教育中心主任

吳亭芳

國立台灣師範大學特殊教育研究所博士班畢業

現任國立台灣師大復健諮商所副教授兼北基宜花金馬區身心障礙者職業重建中心主任

佘永吉

國立成功大學醫學工程研究所博士班畢業

現任國立台灣師範大學特殊教育學系助理教授

譯者序

從求學時修習「發展心理學」，到為人母後，一手拿著發展學一手育兒，再到於台灣師範大學特殊教育學系教授「特殊兒童發展」，John W. Santrock 所撰寫的《兒童發展》或是《發展心理學》，就一直是我以及師長、同事心中的聖經版本！

這次有幸蒙東華書局取得翻譯版權並看重，能讓我及同事吳亭芳教授、佘永吉教授共同翻譯第十五版的 *Life-Span Development*，真是一件夢幻性的挑戰！在這戰戰兢兢翻譯的過程中，覺得自己彷彿又回到身為認真的學生與新手媽媽時的心情。

這麼多年來，再次認真閱讀 Santrock 的書，發現它依然是一本無可取代的「聖經」，不僅資料豐富，觀點持平而多元，還能引用許多最新的實證研究結果，說明 Santrock 一直與時俱進地吸取新知、跟得上時代腳步，而這也是發展學家需要、也想要帶給人類的福祉！

本書理論扎實、資料內容豐富，作者在理性論述之餘仍感性地蒐集許多有趣的、非常生活化的例子來應證理論，這些例子讓本書生色不少。除此之外，書中也討論了許多現代讀者會關心的新議題，讓我們更加認同 *Life-Span Development* 的知識對每個人的重要性。

本書還有一些設法與生活、研究作連結的單元，更增加本書的廣度及應用性，滿足讀者對相關議題的興趣；並鼓勵讀者延伸閱讀或進行相關領域之探索。同時，我們 (譯者) 也適時補充了一些相對應的台灣經驗，希望引領讀者對照國內外的差異，深化對此議題的理解。

在此，特別推薦本書後半段，尤其是對老人發展的關注。由於人類壽命不斷延長，許多對成人中後期的研究逐漸開展，而研究結果也顛覆了許多我們在沒有正式實證研究前，想當然爾的觀念！原來老人期仍有無限可能，中國古語所說「人生七十才開始」竟然可在此與西方學者有這麼好的交融！讓我們對自己的未來充滿無限希望。

這次與我共同完成翻譯的兩位教授均學有專精、各有專長。吳亭芳教授畢業自台灣大學職能治療系，並同時擁有台灣和美國的職能治療師證照，後來在長庚大學職能治療系任教期間，也一直教授「兒童發展」課程。她目前除了是台灣師大復健諮商所教授，還擔任北基宜花金馬區身心障礙者職業重建中心主任，關心身心障礙者終生的發展與轉銜。佘永吉教授大學時畢業自陽明大學復健醫學系，擁有物理治療師證照，由他來翻譯生理發展部分，最能恰如其分地貼近原作者的心意。而我 (胡心慈) 一直是在師範體系成長，但由於碩博士班的指導教授為當時台大醫院兒童心智科的宋維村醫師，在台大兒童心理衛生中心有許多學習經驗，後來便致力於連結醫療與教育兩大系統，因為我們都共同關心兒童與青少年的發展，有共同的焦點。

翻譯期間我們三位譯者經常不斷討論以求具有最大的共通性，初步完稿後則特別感謝東華書局編輯部的鼎力相助，細心的校稿增加了本書的可讀性，期待能與讀者在此以文會友，一起欣賞本書在 Santrock 用心策劃下，自始至終不變的「聖經」地位。

胡心慈 謹識

2018 年 9 月

目錄

第一部

人生全程發展的觀點

這本書談論有關人類的發展──它的普遍性、獨特的差異性及其本質。每一個生命都是這世界上一個獨特的、新的傳奇。檢視這樣一個人生全程發展的型態能讓我們對生命有更多、更好的了解，更能理解它的節奏、意義與奧秘，因此我們將能了解自己的生命何去何從。在本書第一部，你將要讀到第 1 章「導論」。

整個世界是個舞台，而所有人都只是演員；
他們有自己的存在和進入的時間，而一個人常常一次扮演很多角色。

──莎士比亞 (William Shakespeare)
17 世紀英國劇作家

導論

學習目標

1

壹、人生全程發展的觀點

學習目標一　討論人生全程發展的獨特樣貌

包括：研究人生全程發展的重要性、了解人生全程發展觀點的特色、探討一些當代重要的發展議題

2

貳、發展學的本質

學習目標二　確認發展中最重要的歷程、階段與議題

包括：生物的、認知的、社會情緒的運作過程、發展的階段、年齡的重要意義、發展的其他議題

3

參、發展學的理論

學習目標三　描述人類發展的重要理論

包括：心理分析理論、認知理論、行為和社會認知理論、動物行為學、生態理論，以及折衷主義的理論導向

4

肆、人生全程發展的研究

學習目標四　解釋人生全程發展的研究是如何進行的

包括：蒐集資料的方法、研究設計、研究的時間歷程、進行合乎倫理的研究、最小的誤差

Ted Kaczynski，美國數學家、罪犯。他是一個數學專家，但心裡仍住著一個從未長大的小男孩。

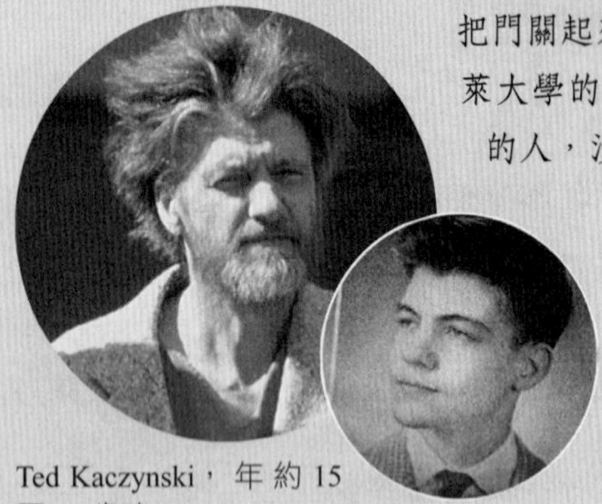

Ted Kaczynski，年約 15 至 16 歲時。

美國的數學家 Ted Kaczynski 在中學時是一個不會打擾同學，也不忙於社交的安靜學生，16 歲進入哈佛大學就讀仍是獨來獨往的，他的一個室友回憶說：「他總是避免和人群接觸，他會從人前快閃而過，或是把門關起來。」後來他在密西根大學取得數學博士學位，並成為加州柏克萊大學的教授，他的同事回憶起他，則說他是一個幾乎沒有社會性接觸的人，沒有朋友，也沒有社會性網路支持。

在柏克萊幾年後，他辭職搬到蒙大拿州的鄉下地區，住在粗陋的小木屋，隱居達 25 年之久。鎮上居民形容他是一個滿臉鬍鬚的怪人。Kaczynski 一直順著自己生命困難之處成長，成為一個數學家，但某些部分仍像小孩一樣。1996 年，他被控告是一個惡名昭彰的炸彈客，在過去 17 年中，他郵寄了 16 個炸彈包裹，讓 25 個人受傷、3 個人死亡，他在 1998 年被判處終身監禁。

Alice Walke，以《紫色姐妹花》獲得普立茲獎，她克服貧窮和痛苦，並能安慰和幫助其他受苦的人。

Alice Walker，年約 8 歲時。

普立茲獎得主 Alice Walker 在 Kaczynski 寄出第一顆炸彈的前十年，正在密西西比州度過她受到種族歧視的辛苦日子。當時她正獲得一筆寫作獎金，她很想用這筆錢飛回西非塞內加爾共和國，那是她的夢想，但她卻留下來投身於爭取人民權利公民運動的核心，因為她從小就知道有色人種及貧窮的辛苦。Walker 在 1944 年出生，她是 Georgia 的第八個小孩，Georgia 是一個小佃農，一年賺 300 美元。Walker 8 歲那一年，她的哥哥意外地用 BB 槍射到她的左眼，因為他們家沒有車，所以父母一週後才帶她到醫院，而她的左眼已經瞎了。這隻盲掉的左眼成為她臉上一個醜陋的傷疤，但她克服了痛苦、憤怒，最終以她的一本著作《紫色姐妹花》(*The Color Purple*) 獲得普立茲獎。她不只是一位小說家、散文家、詩人、短篇小說家，還是一位社會運動家。

預習

到底是什麼讓一個人長成現在的樣子？如果你曾經問過自己這個問題，你就進入了本書的核心問題，也就是我們要探討的。本書像一扇窗帶我們進入人生發展的旅程——你自己和其他人的旅程。

在第 1 章中，我們將探討人生全程發展觀點的意義，並檢視發展的本質及科學如何幫助我們了解發展。

壹 人生全程發展的觀點

學習目標一 討論人生全程發展的獨特樣貌

- 研究人生全程發展的重要性
- 了解人生全程發展觀點的特色
- 探討一些當代重要的發展議題

我們每個人成長的樣貌都不一樣，部分像這些人，部分像那些人，還有部分不像任何人。大部分時間，我們注意到每一個獨立個體的特殊性；但同樣生而為人，我們還是走在某些相同的路徑上。我們每一個人也都經歷過在童年時著迷於玩幻想性遊戲、青春期慢慢學獨立；如果活得夠久，還會經歷聽力逐漸衰退、家人與朋友的死亡。這些都是**發展**的基本議題，從胚胎期一直到死亡會經歷的一些改變型態。

> 我們回頭看自己的父母，再往前看自己的孩子，經過他們的孩子到達一個我們永遠無法看到的景象，然後我們會知道，哪些才是我們必須在意的。
>
> ——榮格 (Carl Jung)
> 20 世紀瑞士精神科醫師

在這一節，我們將探討發展的重要觀念，為什麼研究人生全程的發展是重要的。我們也將探討人生全程發展的重要特徵，並討論不同的環境影響因素。最後，我們還是要檢視一下當代發展的重要議題。

一、研究人生全程發展的重要性

人們可以從研究人生全程發展中獲得什麼益處呢？假如你為人父母或為人師長，對兒童的生活負有責任，越了解發展則越有助於你面對每天大大小小的事務。或許你想要了解自己的成長歷史——嬰兒時期、兒童期、青少年期或成年期；或許你想對自己的生活有更深入了解——例如將如何由成年早期進入成年晚期。又或許你正在自己的人生路上蹣跚舉步。不管什麼理由，你都會發現有關人生全程的研究充滿自己所需的各種資訊，讓你了解自己是誰？你如何走到今天，未來還可以如何繼續走下去。

大部分的發展蘊含著成長，但也包含衰敗 (decline)。在探討發展時，我們會從人生全程的觀點——從胚胎期一直到生命的終了逐步檢視，當然會經歷從嬰兒時期、兒童期、青少年期，直到成年期的成長，也會跨越由成年早期直至老人期的衰老與退化。

二、了解人生全程發展觀點的特色

發展 (development)
人們從胚胎期一直持續到整個人生全程的改變型態，包括成長和衰敗。

雖然生長和發展在人生最前面的 20 年是動態變化，但並不代表發展只發生在嬰兒時期至成年期。而傳統對發展的研究都只強調從出

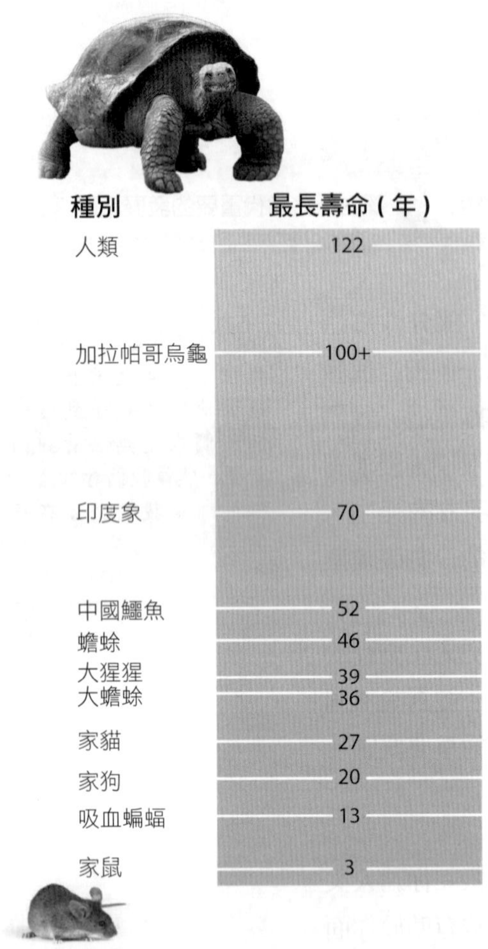

圖 1.1　不同生物最長的壽命年限。目前記錄到的可以和人類競爭的最長壽命的動物是加拉帕哥烏龜。

生到青春期，尤其是嬰兒時期細緻的成長變化，卻對成年期著墨甚少。但事實上青年期後五、六十年仍有重大改變發生，所以人生全程的發展觀點重視成年期就如同重視兒童期 (Freund, et al., 2013; Schaie & Willis, 2014)。

最近由於長壽人口的增加，平均餘年 (life expectancy) 的增加，目前讓研究發展的學者修正理論，承認最長壽人類已高達 122 歲，已超越我們以往認知最長壽的動物加拉帕哥烏龜 (見圖 1.1)。

簡言之，發展發生在人生全程中是人生全程發展觀點的中心思想，除此之外，這方面的專家首推 Paul Baltes (1939-2006)。學者視**人生全程的發展觀點**是持續一生之久、有可塑性且和情境脈絡有關，還是多面向的、多方向性的、多重規律的，包含生長、維持及逐漸衰老過程 (Baltes, 1987, 2003; Baltes, Lindenberger, & Staudinger, 2006)。在 Baltes 的觀點中，了解發展是建構在生物學、社會文化及個體的因素共同交互作用的結果是很重要的。以下我們分別討論這些重要成分。

(一) 發展是持續一生之久的

成年早期不是發展的終點，近來有越來越多研究證實成年早期對其後人生的影響重大。

(二) 發展是多面向的

不管你現在幾歲，你的身體、心靈、情緒及人際關係都一直在改變並互相影響。

人生全程的發展觀點 (life-span perspective)
對發展的觀點，認為發展是持續一生之久、有可塑性的且和情境脈絡有關，它還是多面向的、多方向性的、多重規律的，包含一個生長、維持及逐漸衰老過程。也認為發展是建構在生物學、社會文化及個體的因素共同交互作用的結果。

如同本章前面所介紹的第一個故事——Ted Kaczynski，他的母親說到他六個月大時曾因一個很嚴重的過敏反應而住院，父母在這段時間很少被允許見他。出院後這個原本快樂的嬰兒就不再一樣了，他畏縮、拒絕、不回應，把自己「封閉」起來，且影響一生。

發展包含很複雜的多面向——生物的、認知的與社會情緒，每一面向由多個元素構成，就認知而言，還包含注意力、記憶力、推理能力、處理訊息的速度及社會智力等。以下分別說明。

(三) 發展是多方向性的

這是持續一生之久的旅程，有些面向的蓬勃發展會影響其他面向的發展較萎縮，例如先學了英文，第二種或第三種語言的習得效率就沒那麼好，尤其是在兒童早期 (Levelt, 1998)。到了成年晚期，老年人在做決定上有較多經驗，但是處理訊息的速度就較慢 (Manard et al., 2014; Salthouse, 2013)。

(四) 發展是有可塑性的

前面所述及的 Ted Kaczynski，到十歲時仍非常不尋常的害羞，是否他一輩子都無法和人相處？許多研究發展的學者會辯論人的一生在不同時間點、不同發展方向是否都有可塑性？可塑性指的就是改變的可能性。舉例來說，當你七十歲或八十歲時，是否仍能增進智力？還是智力水準在三十歲左右就固定，難以再增進了？現代學者發現成人亦可經由訓練獲得新的認知策略而提升智力 (Dixon et al., 2013; Rebok et al., 2014)。當然，年紀越大改變的可能性就越小。發展的可塑性及其限制是近期學者致力研究的重點 (de Frias & Dixon, 2014; Yu et al., 2014)。

(五) 發展是一門結合多重領域的科學

心理學家、社會學家、人類學家、神經科學家及醫學研究者都想解開人類發展之謎。你的智力是被遺傳和健康限制的嗎？相同年齡都會以相同方式進行著智力及人際關係的改變嗎？家庭和學校如何影響智力發展？這些都是學者感興趣而想跨領域研究的議題。

(六) 發展是有情境脈絡性的

所有發展都發生在生態環境中，例如家庭、學校、同儕團體、教會、城市、鄰近社區、大學、實驗室、國家等。

每一個環境都受到它的歷史、經濟、社會及文化所影響，而情境像每個個體一樣都會改變 (Clarke-Stewart & Parke, 2014; Gauvain, 2013)，它們的改變有三種型態 (Baltes, 2013)：(1) 合乎標準規範受年齡等級影響的；(2) 合乎標準規範受歷史變遷影響的；(3) 不合乎標準規範的或是非常高度個人化的生命事件 (life events)。每一種都會對發展產生生態學的影響，以下再分別介紹：

發展連結—練習
練習對兒童和老人處理訊息的能力有何影響？(第 9 和 17 章)

1. **合乎年齡等級影響的標準規範**：這和個體在一個特別的同齡團體中的影響相似。它包含一個生物學的歷程，如懷孕期或更年期；也包含社會文化的、環境歷程的，如開始正式教育或從工作職場

合乎年齡等級影響的標準規範 (normative age-graded influences)
同樣年齡的人們會受到相似的影響。

退休。

2. **合乎歷史變遷影響的標準規範**：在一個源於同樣歷史的特定世代中是很普遍的。舉例來說，美國 1930 年代的經濟大蕭條，或是第二次世界大戰之後所誕生的嬰兒，即所謂的戰後嬰兒潮，或是 1990 年代之後，電腦、手機等 3C 產品的問世 (Schaie, 2013)，帶給同一世代人的影響。
3. **不合乎標準規範的或是非常高度個人化的生命事件**：它不是共通性，但會對個體生命有決定性影響。例如，在兒童早期面對父母死亡、災害毀掉家園、中了樂透、得到一個非預期的就業機會帶來職涯的改變等。

(七) 發展包含生長、維持和規律的失去

Baltes 和他的同事們 (2006) 主張，發展在衝突與競爭中完成下列三個發展目的：生長、維持和逐漸規律的失去。

當一個人步入中年，面對、維持和接受原有能力逐漸規律的失去，就是這一段時期的重要任務。一個 75 歲的老人可能就不再重視記憶力的增進，或是高爾夫球球技的進步，而是維持獨立性及仍能走出去打高爾夫球。在本書第 15、16 章會有更深入的探討。

(八) 發展是結合生物、社會文化和個體

發展是結合生物、社會文化和個體因素交互作用的結果 (Baltes, Reuter-Lorenz, & Rösler, 2011)。舉例來說，大腦形塑文化，但它也被文化形塑。具體而言，我們被遺傳和環境影響，但是也能超越遺傳和環境的影響，開創出自己的人生道路 (Rathude & Csikszentmihalyi, 2006)。

發展連結—中年
成年人在成年中期比成年早期面對更多的失去。(第 15 章)

三、探討一些當代重要的發展議題

打開報紙，你應該很容易看到一些聳動的標題，例如「某村民反汙染抗爭」、「產後憂鬱症母親攜子跳樓」、「FDA 對 ADHD 的用藥提出警告」，或是「預測阿茲海默症的檢測」等。學者利用人生全程的發展觀點來看這些新聞，都可以發現當代關心的一些議題和發展有關，而更深入探討健康、幸福感、養育、教育及社會文化在人類發展中扮演什麼樣的角色，有些也成為社會政策的重要依據。以下是一些當代發展學上的重要議題。

合乎歷史變遷影響的標準規範 (normative history-graded influences)
生在一個相同歷史環境的特定世代的人們，會受到共有的影響。

不合乎標準規範的生命事件 (nonnormative life events)
一個不尋常的事件對個體帶來重要的影響。

(一) 健康和幸福感

現今研究有關健康議題的專家們都承認，生活型態和心理狀態對健康及幸福感的重要性 (Donatelle, 2015; Insel & Roth, 2014)，在本書的每一章中我們都會談到，而臨床的心理學家包含在上述的健康專家行列中，他們的工作就在於促進人們的幸福感。

©Simon Davis/DFID
2014 年諾貝爾和平獎得主——巴基斯坦的 17 歲女孩馬拉拉。馬拉拉是個為教育而奮鬥的女孩，她表示「我不要世人用被塔利班開槍的女孩」的角度記得。馬拉拉在書裡說：「我希望自己是為了教育而奮鬥的女孩，這是我想投入一切的終身志業。」
每一個世代都有其獨特的英雄，訴說著不同世代的新興議題。

(二) 養育和教育

兩個同性戀者能建立一個健康的家庭嗎？如果雙親都外出工作，兒童會因此受到傷害嗎？學校是不是沒有好好教兒童讀、寫、算的基本能力，因此我們要啟動這麼大的補救教學系統？這些問題在美國 (Bredekamp, 2014; Cicchetti & Toth, 2015)、在台灣都困擾著家庭和學校，也帶來不少壓力，我們該如何看待這些問題？在本書稍後幾章中會更詳細分析兒童的照顧、離婚對孩子的影響、虐待兒童、早期兒童教育、雙語教育等議題。

(三) 社會文化情境及多元文化

如前所述的有關健康、養育及教育等議題——就像發展本身一樣，都在社會文化的情境中被形塑。有四個重要概念在分析這個情境時特別重要：文化、民族性、社經背景及性別。它們影響社會政策之擬定。

1. **文化**：一個團體經由一代一代的傳承而表現出的行為模式、信念。文化是多年來人們互動下的產物 (Mistry, Contreras, & Dutta, 2013)。文化的團體可以大到整個美國，我們稱之為「美國文化」；也可以小到只是如阿帕拉契山脈中一個小城鎮的特有文化。不管大小，它總是影響著裡面成員的行為特色 (Hooyman, Kiyak, & Kawamoto, 2015)，而所謂**跨文化的研究**即指對一個文化和另一個 (或多個) 文化的比較。這會提供一些訊息，讓我們知道哪些發展會相似、或具有共通性，且哪些是某個文化所特有的 (Gauvain, 2013)。
2. **民種性**：一種源於文化遺傳、國家特色、種族、信仰及語言所形成的特色，例如在美國，有許多不同種族的後裔，如亞裔美人 (Asian Americans)、非裔美人 (Africian Americans)、拉丁裔美人 (Latinos Americans) 等，他們彼此生來就是存在著不同的文化特色 (Banks, 2014; Renzetti & Kennedy-Bergen, 2015)。
3. **社經背景**：將人們按照其職業、教育程度及經濟上的特徵而分為

文化 (culture)
一個團體經由一代一代的傳承，而表現出來的行為模式、信念。

跨文化的研究 (cross-cultural studies)
對一個文化和另一個 (或多個) 文化的比較。這會提供一些訊息，讓我們知道哪些發展會相似、或具有共通性，且哪些是某個文化所特有的。

民種性 (ethnicity)
一種源於文化遺傳、國家特色、種族、信仰及語言所形成的特色。

社經背景 (social pulicy)
將人們按照其職業、教育程度及經濟上的特徵而分為群組的參考方式。

群組的參考方式。社經背景意涵著不平等，代表著人們可以掌握資源及參與社會活動的機會與能力 (Huston, 2013)。

4. **性別**：這是人們被稱為男性或女性有關的特徵，在發展過程中會影響人們的自我認同及社會關係 (Hyde, 2014; Leaper, 2013)。

最近幾年來在美國，社會文化的殊異性越來越大 (Koppelman, 2014)；在台灣也一樣有越來越多新住民加入，而使社會文化呈現和以前不一樣的樣貌。世界其他地方由於戰亂、宗教或貧窮，促使北非、亞洲有許多難民逃往歐洲，也讓世界各地人口組成的地理分布圖重新改寫。這些現象都影響著這一代和以後的世代將有不一樣的發展情境。本書後面幾章都會提到這些問題。

婦女受教育和其心理狀態是一個跨文化被重視的議題 (UNICEF, 2014)，不恰當的教育機會、暴力對待、心理健康等議題，是世界上許多婦女共同面對的問題。如圖 1.2 顯示 7 至 18 歲的女孩沒有受教育的比例高於同年齡的男孩 (UNICEF, 2014)。

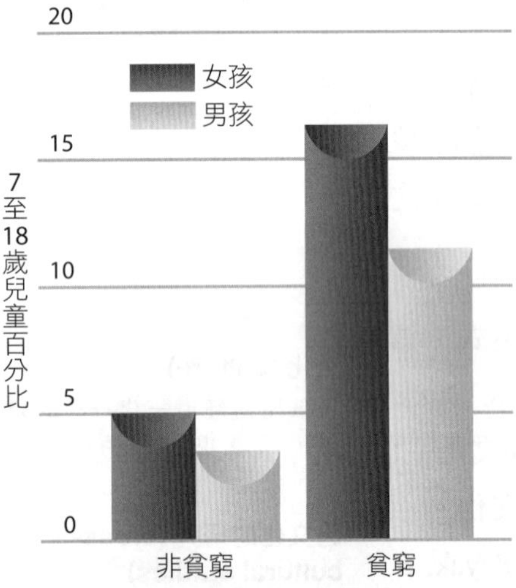

圖 1.2 世界上貧窮與非貧窮區域 7 至 18 歲兒童未就學的性別差異比較。聯合國兒童基金會在 2004 年調查發現，沒有接受教育的 7 至 18 歲間的女孩遠多於男孩。

非洲地區的婦女是受教育比例最低者，加拿大、美國和蘇俄則是比例最高的國家，在開發中國家有 67% 的 25 歲以下婦女從未接受教育，而男性則是 50%。在 21 世紀初受教育的男孩比女孩多八仟萬人 (United Nations, 2002)。

附帶一提，UNICEF 是指聯合國兒童基金會，成立於 1946 年，並未接受聯合國的財政支持，全賴個人、企業和政府個別捐款，肯定該組織為了維護兒童生存、健康、福祉所做的努力，於 1965 年獲頒諾貝爾和平獎。

(四) 社會政策

社會政策是指一個國家或政府用來促進人民福祉所設計的一些課題或行動。一個國家的價值觀、經濟及政治都是影響形成社會政策的因素 (Yeung & Mui-Teng, 2015)，但令人遺憾的是，許多社會政策制定者並沒有努力保護兒童和老人的福祉，因此有越來越多研究人類發展的學者致力於這方面的努力，希望能對社會政策的擬定貢獻一份心力 (McLoyd, Mistry, Hardaway, 2013; Ruzek et al., 2014)。

一些統計數據，像嬰兒死亡率、五歲以下幼童的死亡率、營養失調或住在貧窮地區的兒童比例，都能提供一個社會對於兒童福祉

性別 (gender)
人們被稱為男性或女性有關的特徵。

社會政策 (social policy)
一個國家或政府用來促進人民福祉所設計的一些課題或行動。

之關注的代表程度 (Hernandez & Rressler, 2014)。

另一個和兒童福祉有關的議題是貧窮，也受到越來越多的學者關注 (Duncan, Magnuson, & Votruba-Drzal, 2015; McCartney & Yoshikawa, 2015)。如圖 1.3 所示，貧窮意謂有較大可能暴露在貧乏的家庭生活環境、家庭混亂、父母分居分離、暴力等 (Evans & English, 2002)。另一個研究則顯示，他們在貧困家庭生活得越久，心理所感受到的壓力就越大 (Evans & Kim, 2007)。

Edelman 還指出，養育下一代並加強親職是我們社會要負的重要責任，因此更應慎重的看待這件事。

有些貧窮家庭長大的孩子後來脫離貧窮，成為人生勝利組，如本書一開頭所介紹的 Alice Walker。雖然她經歷了種族歧視、貧窮及左眼失明，她仍然成為一個作家及倡議者，是什麼因素促使他們走出貧窮？ Ann Masten 和她的同事 (Masten, 2006, 2009, 2011, 2013, 2014; Masten, Burt, & Coatsworth, 2006; Masten, Liebkind, & Hernandez, 2012; Masten & Narayan, 2012; Motti-Stefanidi & Masten, 2014) 做了以下結論，將影響因素分為個人的、家庭的及家庭外的環境來解釋，如圖 1.4 所示，個人因素部分包含個體的智力功能及彈性，家庭及家庭外的環境也有一些共同的特徵，舉例來說，這些人在小時候就擁有緊密連結的親子關係，在家庭外也有協助照料的大人。

另一個值得關注的焦點是老人，老人福利也已成為社會政策重視的議題 (Hooyman, Kiyak, & Kawamoto, 2015)。其中最關鍵的政策乃是建立健康照護網，並讓老人易於接近這些照護網 (Lynch, Elmore, & Kotecki, 2015)。

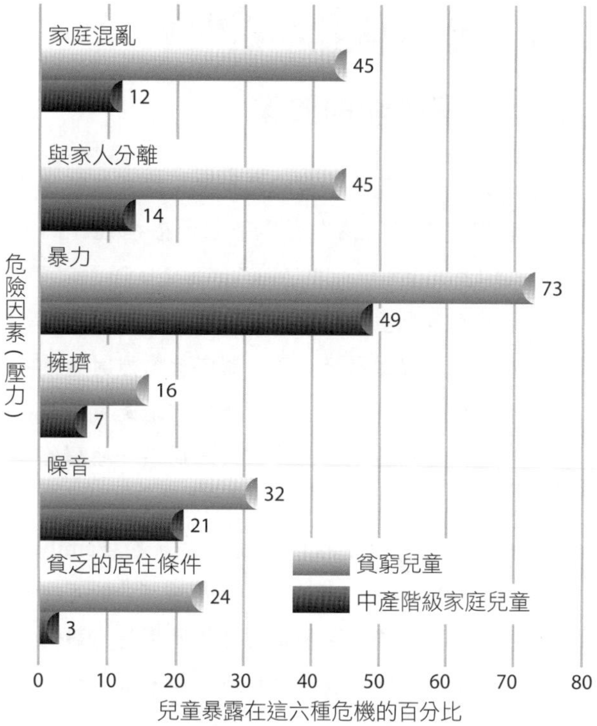

圖 1.3 貧窮及中產階級家庭的兒童暴露在六種危機中的比例比較。Evans 和 English (2002) 所做的調查研究，比較貧窮及中產階級家庭的兒童暴露在六種危機中的比例，發現貧窮兒童暴露在這六種危機的比例遠高於中產階級家庭的兒童。

向度	特徵說明
個人的	好的認知功能 具有容易相處的社會特質 自信、高自尊 有才能 忠誠
家庭	親子間有緊密連結 高品質的親職：溫暖結構、高期望 社會經濟的優勢 延伸家庭的支持系統密切連結
家庭外的環境	家庭外也有一群協助照料兒童的大人 和一些正向的組織有連結 參與有效能的學校

圖 1.4 脫離貧窮而成功人士的特徵。

發展與生活的連結

促進家庭功能的政策

在美國，市政府、州政府和聯邦政府都訂定一些和家庭有關的法案影響著兒童福祉 (Lerner et al., 2013; McCartney & Yoskikawa, 2015)。當家庭會嚴重危害兒童福祉時，政府就要採取一些行動。在國家和州的層級，政策制定者熱烈討論幾十年有關於是否應幫助貧窮的雙親，還是暫停親權。學者經由檢驗這些法律的效果提供一些解答 (Purtell & McLoyd, 2013; White et al., 2014)。

舉例來說，明尼蘇達家庭投資方案 (Family Investment Program, MFIP) 在 1990 年代制定，影響了大人的行為，特別是促進他們獲得有薪的工作。一個核心元素就是保證成人如果參與這個方案，就一定可以獲得比他們以前沒工作時擁有更多的收入。當大人的收入提升時，會如何影響他們的孩子呢？

Gennetian 和 Miller (2002) 研究證實，孩子的福祉會隨家長收入升高而增加，連帶孩子在校成績表現提升、問題行為減少。最近一個大規模的方案是由白楊機構 (Aspen Institute, 2013) 所提出的兩代脫貧教育介入方案。焦點放在教育上 (例如提供母親成人教育和兒童早期教育機會)、經濟支持 (居住、交通、學費、健保及食物補充等)，還有社會資本 (如同儕支持，包括朋友和鄰居、參與社團組織、學校及工作機會等)。

因為下面所列舉的社會現象之急速改變，使得這些政策必須與時俱進：那就是現代老人更需要社會支持 (Viachantoni, 2012)，和早期美國社會相比，21 世紀更多老年人是沒有婚姻關係、沒有小孩、獨居的。傳統由兒女子孫負起的照護責任，現在則要靠社會支持網絡、社會關係和其他形成的支持 (Antonucci, Ajrouch, & Birditt, 2014)。

複習・連結・反思　學習目標一　討論人生全程發展的獨特樣貌

複習重點

- 發展的概念為何？為何從人生全程研究發展很重要？
- 什麼是人生全程發展學的特徵？有哪三個受環境影響的因素？
- 目前在人生全程發展學上關注的焦點為何？

連結

- 以你自己為例，說明生物學、文化和個體經驗會如何影響發展。

反思個人的人生旅程

- 想像一下你的發展，哪些部分展現文化特質。
- 你的發展和你的家人有哪些不同？

貳 發展學的本質

學習目標二 確定發展中最重要的歷程、階段與議題

生物的、認知的、社會情緒的運作過程 | 發展的階段 | 年齡的重要意義 | 發展的其他議題

在這一節中，我們要探討發展的運作和階段，也會經由年齡的概念化探討發展的變異性，還會檢視重要的發展議題及策略。如本書最前面所提到的兩個故事——Alice Walker 和 Ted Kaczynski，我們該如何解釋一些重要事件在生命歷程中的發酵與提煉？有兩個重要觀念可以提供我們一個解釋的架構——發展的運作過程與階段。

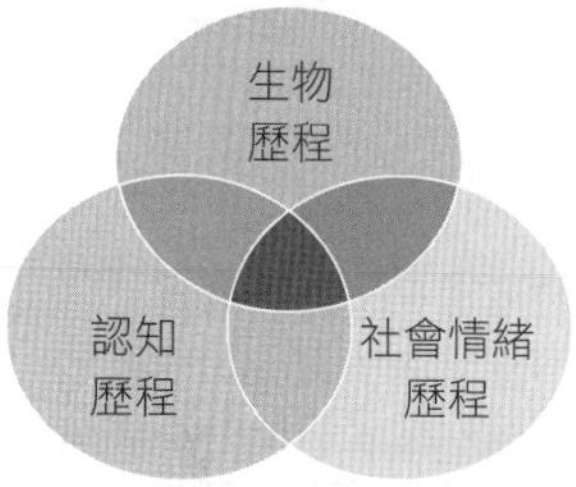

圖 1.5 發展改變的歷程。生物、認知和社會情緒歷程的交互作用，形成每個個體的發展。

一、生物的、認知的、社會情緒的運作過程

在這一節的一開始，我們要先定義發展是一個改變的模式，從胚胎期一直延續到整個生命歷程，而這個模式是複雜的，因為它是生物的、認知的及社會情緒的共同運作的產物 (見圖 1.5)。

(一) 生物的運作過程

生物的運作過程產生改變是一個人生理的本質。從父母遺傳而來的基因、大腦的發展、身高、體重、粗大動作的改變，營養、運動、青春期賀爾蒙的改變，心臟血管的逐漸衰敗等，都是生物的運作過程影響個體發展的例子。

(二) 認知的運作過程

認知的運作過程產生改變一個人的思想、智力及語言。例如看著熱氣球上昇、將兩個字組成一個句子、玩字謎或數獨遊戲、記憶一首詩、想像一個人未來長成一個電影明星等，都要運用認知功能。

生物的運作過程 (biological processes)
個人生理本質的改變。

認知的運作過程 (cognitive processes)
個人思考、智力、語言的改變。

社會情緒的運作過程 (socioemotional processes)
個人在人際關係上的、情緒的及人格的改變。

(三) 社會情緒的運作過程

社會情緒的運作過程包含一個人在人際關係上的、情緒的及人格的改變。當嬰兒對父母的接觸發出微笑、學齡前幼童攻擊一名同伴、一個學齡兒童提出自己的主張、一個青春期的學生享受在舞會中的愉悅，或是一對年老夫婦表達彼此的情感，這些都反映了社會情緒的運作在人類生命中所扮演的角色。

(四) 生物、認知及社會情緒運作的連結

生物、認知及社會情緒的運作是糾結在一起、互相影響的 (Diamond, 2013)。想像一下一個嬰兒對父母的接觸，報以甜美的微笑。這需要生物的運作過程 (能感知生理性的碰觸並回應)、認知的運作過程 (了解這個碰觸動作的意涵)，以及社會情緒的運作過程 (正向情緒的連結)。有關這個跨越生物、認知與社會情緒的連結非常明顯，且勝過下面兩個迅速發展的研究領域：

- 發展的認知神經學：認知運作過程及大腦之間的連結 (Markant & Thomas, 2013)。
- 發展的社會神經科學：檢視社會情緒運作過程、發展及大腦間之連結 (Blakemore & Mills, 2014) 也在迅速發展中。

發展連結—腦的發展
青少年腦的改變和他們的情緒狀態及冒險行為間有連結嗎？(第 11 章)

在很多情況下，生物、認知和社會情緒的運作是雙向作用的。舉例來說，生物學的運作過程會影響認知的運作過程，反之亦然。雖然我們通常會分開討論各自的發展，但請記得，當我們在說一個擁有一顆心、一個身體的個體的發展時，這些不同面向的發展是互相依賴的。本書將時常關注這些連結。

二、發展的階段

生物、認知和社會情緒相互影響的運作產生人生一個一個不同階段的特色，構成多采多姿的人生全程的圖像 (參考圖 1.8)。

所謂發展的階段指的是以一個時間架構，區分出具有某些特徵的人生樣貌，為了便於組織和了解，我們常以這種方式來述說人生。其中最常被採用來分類的方式是分成八大階段 (參考圖 1.6)，我們也提供大概的起迄年齡。

1. 懷孕期：是指生命最初形成，直到誕生。包含最大、最迅速的成長——從一個單細胞變成一個擁有認知與行為能力的有機個體。這大約經歷九個月。
2. 嬰兒時期：大約自出生至一歲半或兩歲，這一段時間極端依賴大人。這時候認知的活動，如語言、表徵性思考 (symbolic thought)、感覺動作的連結和社會性的學習才剛開始。
3. 兒童早期：或稱為學齡前兒童，它由嬰兒時期間延續到兩歲半或三歲的兒童早期 (兒童早期是一個轉換的過程，由嬰兒過渡到學齡前兒童)，再一直延續到五、六歲，直到很多國家規定開始接

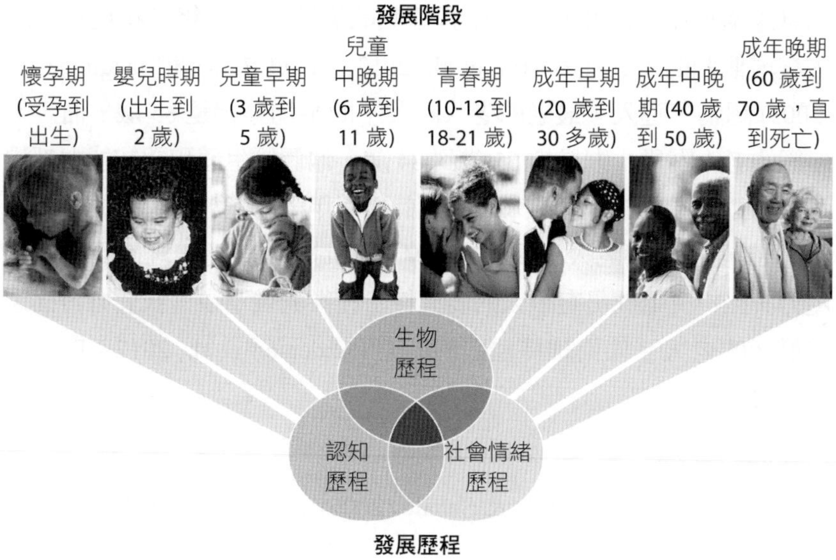

圖 1.6　發展的歷程與階段。生命的發展是受到生物、認知和社會情緒歷程的影響。

受義務教育的時期，都稱為早兒童期。這時期幼童較能自我滿足 (self-sufficient)，並能照顧自己，開始發展一些準備要上學的技巧 (例如聽指令、認識一些字母)，花比較多的時間和同儕玩。

4. 兒童中晚期：從六歲到十一歲，約和初等教育的時間相當。在這一段時間，兒童要學會一些基本的讀寫算能力，他們也正式進入到一個大世界及其文化中，他們的自我控制能力逐漸增加，而學業成就往往是這段時間的中心。
5. 青春期：是一段由兒童期過渡到成年期的轉換期，大約開始於十到十二歲，而一直到十八或二十一歲。這段時間經歷快速的身體變化——身高體重急遽增加，身體的輪廓線改變了、性別特徵明顯發展。心理上則追求獨立和認同，思考上已可以進行邏輯性、抽象性、觀念論的思考，也花較多時間在家庭以外。
6. 成年早期：指二十歲到三十歲，開始經濟獨立展開生涯之路，也要選擇伴侶和他 (她) 發展親密關係，開始建立家庭及養兒育女。
7. 成年中晚期：大約指四十歲到六十歲之間，這一段時間要擴張個人及社會的價值與責任，並幫助下一代成為有能力、成熟的個體，達到生涯的穩定維持期。
8. 成年晚期：指六、七十歲間，一直到生命的末了。這一段時間是從職場、社會退休，要調整自己適應新的社會角色並回顧過往，健康和力氣都會逐漸減退。

成年晚期所經歷的時間可能是上述八個時期中最長的，這些人口也急遽增加中，因此持人生全程觀點的發展學者近年來花更多精神去發現他們的差異性 (Dixon et al., 2013)。Paul Baltes 和 Jacqui Smith (2003) 認為，進入「最老的老人階段」的平均年齡是 85 歲，而「較年經的老人階段」則是指 65 歲到 84 歲，他們的生理和認知能力都還不錯，並發展出一些策略來因應他們隨著年齡而增加或失去的狀況，但是 85 歲以上的老人則要面對逐漸失去的認知技巧，經歷到更多的壓力與挫折。期間仍有很大的變異性。在後面幾章中，我們會再描述「最老的老人」如何維持他們的能力 (Anderson et al., 2012；Rochan et al., 2014)。

(二) 四個年紀

Baltes (2006) 和 Willis & Schaie (2006) 將人生發展階段分成四個年紀。

1. 第一個年紀：包括兒童期和青春期。
2. 第二個年紀：主要的成人階段，20 歲到 59 歲。
3. 第三個年紀：大約從 60 歲到 79 歲。
4. 第四個年紀：指 80 歲及更老。

這裡更要強調的是第三階段和第四階段，因為有越來越多證據證明第三階段的人比以前更活躍、更健康、更有生產力，但 85 歲以後真的各方面都會逐漸衰老。

(三) 發展階段的連接性

最後要強調的一個重點是發展的連接性，在時間上來說，它們一直是連續不間斷的；從發展的面向而言，各個面向 (生理、認知、社會情緒) 間的連接也是一直交織不斷的。舉例來說，如果一個青春期的女孩非常憂鬱，這樣的憂鬱情緒和過去的生活經驗及現在的生活都有關，也可能和她的生理、認知狀況有關。

三、年齡的重要意義

我們知道同一階段的每一個個體都有其個別差異，但個體隨著年齡改變是否也有一些類似的改變？了解個體因年齡改變而具有的特色是很重要的。

(一) 年齡和快樂的關係

有沒有一個年齡叫做「最好的年齡」？有些研究發現，美國的成年人比他們的年齡該有的樣貌還要更快樂一些。例如 Stone 和他的夥伴 (2010) 針對超過三十萬名美國成人所做的調查研究發現，在 50 歲之後，他們心理上的幸福感逐年增加，若再加上其他情緒的自我察覺，「壓力」和「憤怒感」從 20 歲出頭就開始逐漸降低，「擔心」的感覺則從中年逐漸升高而後降低，「難過」則是從 18 歲到 85 歲都很少變化。

接下來你可以自己填寫圖 1.7 生活滿意度量表，看看你最近對自己人生的看法，這是一個非常簡易又廣為所用的量表 (Diener, 2014)。

以下有五個題目，請分別按照下列給分標準計分，最後再把這五個分數加起來，便成為總分。

計分	題項
______	我的生活大部分接近我的理想
______	我的生活的情形算是優越的
______	我滿意我的生活
______	到目前為止，我想要在人生中得到的重要東西都得到了
______	如果可以改變，我也不想改變我生活中的任何部分
______	總分

計分方式

7 分—強烈同意
6 分—同意
5 分—稍微同意
4 分—不同意也不否認
3 分—稍微不同意
2 分—不同意
1 分—強烈不同意

總分解釋

31-35	極端滿意
26-30	滿意的
21-25	稍微滿意
20	中間的
15-19	稍微不滿意
10-14	不滿意
5-9	極端不滿意

圖 1.7　生活滿意度量表。

資料來源：E. Diener, R. A. Emmons, R. J. Larson, & S. Griffi n (1985). The Satisfaction with Life Scale. Journal of Personality Assessment, 48, 71–75.

(二) 年齡的概念

持人生全程觀點的專家們認為生理年齡 (chronological age, CA) 並不能幫助我們了解一個人的心理發展 (Botwinick, 1978)。生理年齡只能代表這個人從出生至今在世上生活了幾年，並沒有其他意義。我們還有幾種不一樣的方式來思考年齡的意義。例如，生理年齡 (biological age)、心理年齡 (psychological age) 及社會年齡 (social age) (Hoyer & Roodin, 2009)。

生理年齡表示這個人生物學上的健康狀況，包括一些重要器官的生理功能，有可能表現出比實際年齡更好或更壞的生理狀況 (Borrell & Samuel, 2014)，如果他們生理狀況比實際年齡更年輕，就可以活得更久。

至於心理年齡則代表一個人表現出這個年齡的人該有的適應能力。如果較年長的成人仍能繼續學習、較有彈性的、有動機的、有正向的人格特質、能控制自己的情緒、思考清晰，就是比同樣生理年齡的人較適應；反之，則是不再學習、固執的、沒有動機的、無法控制自己的情緒、思考也不清楚 (Schaie, 2013)。一個長達 70 年針對超過 1,200 個個案所做的調查研究透露出認真盡責的人格特質 (例如較有組織、較謹慎、較有紀律的) 可以預測未來較低的死亡率，從兒童期如果你不知道你過去活了多久？你也將無法得知你未來將可以活多久。
——Satchel Paige
美國 20 世紀棒球投手

一直到成人期都是如此 (Martin, Friedman & Schwartz, 2007)。

社會年齡則指一個人與其他關聯的人之間表現出符合社會角色的適應能力。有比較好的社會關係的人比起獨處的人較快樂也活得較長久 (Antonucci, Ajrouch, & Birditt, 2014)。

持人生全程觀點的發展學者 Bernice Neugarten (1999) 認為生理年齡在美國社會其實已經沒有參考意義了。一個 28 歲的市長、一個 35 歲的祖母、一個 65 歲育有學齡兒童的父親，或是一個 55 歲的寡婦正要開始一個事業、一個 70 歲的學生，以前對什麼年齡的人只能做些什麼事的角色期待全被打破了，這些古老的規律已經無法限制他們的人生。雖然我們還是有一些特定的期待，如幾歲該結婚、養育小孩、退休等。因此，生理年齡在我們社會已經是一個較不精準的生命事件的預測值，而如何處理親密關係，以及如何因應成功與失敗，則是終其一生都要學習的課題。

四、發展的其他議題

本章一開始所提到的 Ted Kaczynski 生來就是一個殺人犯嗎？Kaczynski 認為自己的問題源於童年時期，他慢慢長大成為一個住在小男孩軀殼裡的天才，而和同年齡其他兒童不相襯的。他早年的經驗會影響一生嗎？你自己覺得早年經驗影響後來的人生嗎？你的人生像搭電梯一直升到摩天大樓上，還是一直往深淵中掉落？這些問題指出下列我們要討論的三大議題：先天的或後天養育的？穩定的或是改變的？連續的還是不連續的？

發展連結—先天的和後天養育的
特定的基因會和特定的環境經驗連接而影響發展嗎？(第 2 章)

(一) 先天的和後天的

先天的和後天養育的議題關乎發展是被先天還是後天所影響。先天指的是生物學上的遺傳；而後天則是指環境的經驗。

先天的和後天養育的議題 (nature-nurture issue)
有關於發展主要受先天還是後天影響的爭論。先天因素包括有機體生物學上的遺傳；後天因素則指環境的經驗。

強調先天論者認為，人的發展就像向日葵井然有序的生長——除非被極端惡劣的環境打倒，所以人也是這樣按照一定的順序長大。有一個以進化、遺傳為基礎的機制產生這些生長與發展 (Durrant & Ellis, 2013)。我們先說一個字再說兩個字；在嬰兒時期迅速成長，而在兒童早期時成長速率減緩。雖然他們也承認一些極端的環境阻礙，但是相信在大部分狀況下，發展是循著成長的曲線受到遺傳學的節律主宰的 (Mader, 2014)。

相反的，另外一些心理學者則強調後天環境與教養的重要 (Clarke-Stewart & Parke, 2014)。經驗在發展上扮演很重要的角色，從

個人的生態環境 (例如營養、醫療照護等) 到社會環境 (家庭、手足、學校、社區、傳播媒體和文化等)，都會影響一個人的發展。

(二) 穩定和改變

一個當訪客來時會躲在沙發後的、害羞的小孩，長大後在大學的舞會中也還是壁花 (靠著牆壁不被邀請進入舞池的) ？或是那個小孩長大後變得很社會化、很愛講話？這些問題都反映出個人特徵會持續穩定的表現在發展的每一個階段，還是會改變？

許多發展學者強調穩定性在發展中的重要，認為這是遺傳和早年經驗共同交織的結果而影響一生。例如 Ted Kaczynski，他的遺傳基因加上早年住院的經驗影響了他一生。

但也有另外一些發展學者看重改變的可能性，及其對後來人生的影響，回想前面所介紹的人生全程的觀點，它是充滿彈性和變數的。Paul Baltes (2003) 主張雖然老年人比年輕人較難學習新技巧，但如果這個老年人在年輕時有較多的學習經驗，晚年就比較可能繼續學習。

早期經驗與較晚的經驗誰比較重要，一直是發展學者爭論不休的議題 (Easterbrooks et al., 2013)。有人主張嬰兒時期被溫暖的養育能預測以後會有較好的發展 (Cassidy et al., 2011)。但也有人主張兒童較晚遇到很敏銳能回應需求的照顧者，和早年遇到敏感的照顧者，一樣重要 (Antonucci et al., 2013)。

(三) 連續的和不連續的

當發展發生改變時，它是突然發生還是逐漸改變？想想你自己，你曾經歷突然的改變嗎？或是慢慢變成你現在這個樣子？強調養育的重要性的發展學者主張發展是持續、漸進改變的；而強調先天論者則認為發展可以是一連串分離的階段。

連續和不連續的議題聚焦在發展涉入漸進式、累積式的改變，或是分離式改變的程度。如圖 1.8 (上圖) 所示，連續的改變就像橡樹的成長，由種子變成小苗、小樹到大樹，人類也是這樣由會說一個字到一句話，成熟看似一個突然發生的事件，其實已經過一段時間甚至數年的醞釀，而慢慢水到渠成。

而分離式的改變就像圖 1.8 所示，毛毛蟲變成蝴蝶，也像青少年突然會抽象性思考，他的世界就不再一樣了，是一個質性的變化，而不是量化的累進。

發展連結—人格
當人們邁向成年期時，有多少人格特質會改變？(第 16 章)

圖 1.8　發展中的連續的和不連續。我們的發展像一顆小種子長成一棵大橡樹？還是像毛毛蟲變成蝴蝶？

穩定和改變的議題 (stability-change issue)
對人生後來的樣貌受早期經驗影響比較大 (穩定)，還是可以和早期很不一樣 (改變) 的爭論。

連續和不連續的議題 (continuity-discontinuity issue)
對個人的發展是漸進式、累積式的改變 (連續)，還是階段式、分離式的改變 (不連續) 之爭論。

(四) 評價這些發展議題

大部分持人生全程觀點的發展學者都不會偏重先天的或後天的、穩定的或改變的、連續的或不連續的，這些現象會一直持續在人生全程。

雖然大部分發展學者並不是極端偏重某一方面的議題，但仍會有偏向的程度上之差異 (Moore, 2013; Raby & Roisman, 2014)。

複習・連結・反思 學習目標二 確認發展中最重要的歷程、階段與議題

複習重點

- 三個關鍵性的發展歷程為何？
- 八個主要的發展階段為何？
- 年齡和發展的關聯為何？
- 三個重要的發展議題為何？

連結

- 在前一節，我們探討生物、認知及社會情緒上的發展歷程，其中哪些觀念會反映在先天與後天上？

反思個人的人生旅程

- 自己個人至今的人生旅程中，哪一段是最美好的年紀？為什麼？

參 發展學的理論

學習目標三 描述人類發展的重要理論

- 心理分析理論
- 認知理論
- 行為和社會認知理論
- 動物行為學
- 生態理論
- 折衷主義的理論導向

科學方法 (scientific method)
得到真實資訊的方法，包括：1. 將過程或問題予以概念化；2. 蒐集研究資訊；3. 分析這些資訊；4. 得出結論。

理論 (theory)
一組相互影響具有共同核心的概念，用以解釋和預測現象。

假說 (hypotheses)
科學化的假設和預測值，可以被測試已決定其真實性。

我們如何定義先天與後天、穩定及改變、連續與不連續在發展中所扮演的角色？舉例來說，我們是否可提前預防老年失智？是否可以醫治兒童期因疏忽所帶來的傷害呢？科學的方法是我們回答這些問題的好工具。

所謂**科學的方法**必須經過以下四個步驟：1. 將過程或問題予以概念化；2. 蒐集研究資訊；3. 分析這些資訊；4. 得出結論。完成後，還能繼續修正研究結論和理論，也就是說方法是可以複製的。

在步驟一，當研究者形成一個問題時，他們通常會從理論出發而發展出一個假說。一個**理論**是指一些互相關聯形成一個協調連貫的想法，用來解釋我們所看到的現象，並能增進預測性。他可以提出一個**假說**，這是一些可以被測試的特定主張和預測。舉例來說，一個有關

良師典範 (mentoring) 的理論可以從一個大人給予兒童觀察及模仿他的行為和策略的機會，讓兒童的生命發生改變，來支持這個理論的實證性。

> 沒有任何東西比理論更實際。
> ——Kurt Lewin
> 20 世紀美國社會心理學家

這一節，我們要探討五個發展上重要的理論導向：心理分析理論、認知理論、行為和社會認知論、動物行為論及生態理論。每一個理論在拼湊出全人發展的拼圖上都扮演重要角色。雖然它們有時是互相衝突、矛盾的，但有時也可以並存互補，都能幫助我們更完整了解人生全程的發展。

Sigmund Freud 是架構心理分析論的先趨。他如何描繪個人人格的架構？

一、心理分析理論

心理分析理論描述人們未意識到的、受情緒影響的心理層面。認為人的行為是人格特質的表現，要真正了解發展必須分析行為的表徵性意義和心靈的內在深層工作。尤其重視生命初期和父母的互動經驗。重要的代表性學者如佛洛伊德 (Sigmund Freud, 1856-1939)，還有艾瑞克森 (Erik Erikson, 1902-1994)。

(一) Freud 的理論

Freud 詳細探究他的病人，而認為他們的疾病和早期的經驗有關。他認為兒童成長過程中，尋求愉悅感和性衝動的焦點由嘴巴移轉到肛門，再移轉到性器官。他將之分成五個性心理的發展階段：口腔期、肛門期、陽具崇拜期、潛伏期到性器期 (見圖 1.9)。

Freud 主張，我們成年時所表現出的人格特質，都是由在那五個階段中，如何處理性的趨力與愉悅感之間的衝突所決定 (Freud, 1917)。

心理分析理論 (psychoanalytic theories)
描述人們未意識到的、受情緒影響的心理層面。認為人的行為是人格特質的表現，要真正了解發展必須分析行為的表徵性意義和心靈的內在深層工作。重視生命初期和父母的互動經驗。

Freud 的理論被許多心理分析論的學者有意義地修改。而許多學者一致認為他太過強調性的影響力，他們比較強調文化經驗對個人發展的重要性。潛意識的思想仍是這一學派的中心理論，但意識性的思考在 Freud 修正派的學說中扮演重要角色，其中最有影響力的修正者

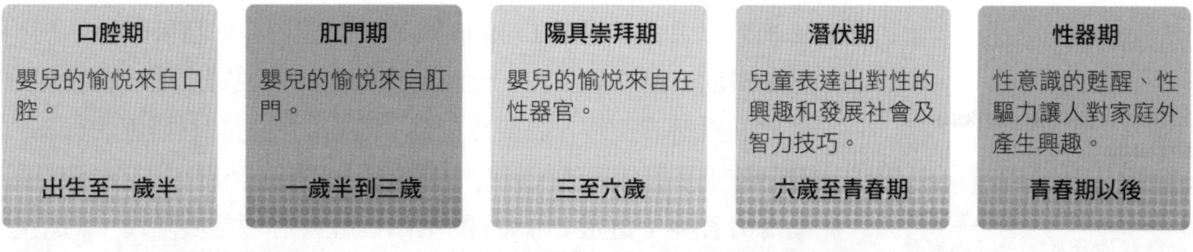

圖 1.9　Freud 的發展階段。由於 Freud 強調性的動機，他的發展階段被稱為是性心理的發展。在他的觀點裡，對愉悅的需求被過分滿足或過分不滿足，會使得個體在那個發展階段過分迷戀或停滯。

Erikson 的發展階段	年齡
完整對絕望	成年晚期（六十歲後）
有生產力對停滯	成年中期（四十到五十九歲）
親密對疏離	成年早期（二十一到三十九歲）
認同對認同混亂	青春期（十到二十歲）
勤奮對自卑	初等教育階段（六歲到九歲）
主動對罪惡感	學齡前（三到五歲）
自主對害羞與懷疑	嬰兒時期（一到三歲）
信任對不信任	嬰兒時期（出生第一年）

圖 1.10　Erikson 的八個人生發展階段。Freud 和 Erikson 均主張人會經過分離的、共同的發展階段。前面我們討論過連續的與不連續的議題，可以在此再度深思，如何解釋人們會走過這些發展階段？

就是 Erik Erikson。

Erik Erikson 和他的妻子 Joan，一個藝術家。Erikson 提出了 20 世紀最重要的發展理論之一。你正在他所提的哪一個階段？他所提該階段的特徵是否符合你的現況？

(二) Erikson 的理論

Erik Erikson (1902-1994) 承認 Freud 的貢獻，但他相信 Freud 誤判了在人類發展的一些重要面向的重要性。舉例來說，Freud 認為行為的動機來自性心理的驅力，而 Erikson 則認為是社會性，是一種基於想要和他人有所連結的反應，因此相對於 Freud 提出五個性心理發展的階段，Erikson 則提出八個社會心理發展的階段；Freud 認為人格在生命最初幾年就被塑造而定型，但 Erikson 則認為人終其一生經歷整個生命全程的發展，一直都有發展任務要完成，也就是說，Freud 重視早期經驗勝於後來的成長經驗，Erikson 則強調早期經驗和後來經驗都重要。

在 **Erikson 的理論**中，八個發展階段在我們人生路上逐一展開 (如圖 1.10)。在每一階段，我們會遇到一個獨特的發展任務，就是要解除一個危機。這個危機並不是一個災難，而是一個被漸增的弱點及漸強的潛能所標示的轉折點，一個人越能成功地解除危機，就越能健康地成長。這八個發展階段敘述如下：

1. 信任對不信任：這是 Erikson 的第一個社會心理發展階段，相當於人出生的第一年。嬰兒時期信任感的發展會成為他視這世界是友善與愉悅的信念。
2. 自主對害羞與懷疑：這是 Erikson 的第二個社會心理發展階段，相當於兒童早期的一到三歲。在從照顧者得到信任感之後，嬰幼兒開始發現自己有獨立行為的能力及意志，而表現出自主性；但如果他們的行為被強力制止，甚至粗暴地處罰，就會變得害羞和懷疑。
3. 主動對罪惡感：這是 Erikson 的第三個社會心理發展階段，約相當學齡前三到六歲左右。此時幼童面對一個更寬廣的社會世界，他們面對新的挑戰，需要更主動、有目的性、有責任感的行為。若是孩子不能負責任，就會有焦慮感和罪惡感。
4. 勤奮對自卑：這是 Erikson 的第四個社會心理發展階段，約相當初等教育階段。此時的兒童需要將自己的精力導引到精熟認知與

Erikson 的理論 (Erikson's theory)
Erikson 提出八個發展階段，認為人終其一生經歷整個生命全程的發展，一直都有發展任務要完成。

學習的技巧上，若表現得不好，兒童可能會有自卑感，覺得自己是沒有能力的。

5. 認同對認同混亂：這是 Erikson 的第五個社會心理發展階段，約相當青春期。這段時間青少年會自問「我是誰？」、「我的人生將往何處去？」如果能清楚回答這兩個問題，表示他們發展良好，正朝著正向的人生路前進；反之，則是認同的混淆、不知何去何從。
6. 親密對疏離：這是 Erikson 的第六個社會心理發展階段，約相當成年早期。這段時間人們所面臨的發展任務乃是能與人建立穩定的友誼及親密感，如果不能，就表示這一階段的任務尚未達成。
7. 有生產力對停滯：這是 Erikson 的第七個社會心理發展階段，約相當成年中期。這時期成人應已在家庭事業上有一些成就，因此生活重心在於幫助年輕的一代發展有意義的生活。如果他們對下一代是無所貢獻的，就會覺得自己的生命停滯不前。
8. 完整對絕望：這是 Erikson 的第八個社會心理發展階段，約相當成年晚期。這是最後一段人生路，人們會回想過去這一生，如果覺得這一生經歷了許多美好的事物，會覺得完整而沒有缺憾；反之，若這樣的回想讓他覺得是昏暗、懷疑的，就會覺得絕望，因為人生已經無法重來。

Piaget 是瑞士著名的發展心理學者，改變了我們對兒童心智發展的看法。

(三) 評價心理分析論

心理分析學派對提供一個發展的架構是很有貢獻的，尤其他們在對家庭關係、心靈的非意識層面的探討都功不可沒。但評論者皆認為他們缺乏科學的支持，太強調性的重要性，且看待人們的角度較負面。

二、認知理論

心理分析論者強調對心靈非意識層面的東西，而認知理論則重視意識層面的思考。以下將介紹三個重要的理論：皮亞傑 (Jean Piaget) 的認知發展、維高斯基 (Lev Vygotsky) 的社會文化認知理論，以及訊息處理理論。

(一) Piaget 的認知發展理論

Piaget 的理論 (Piaget's theory)
認為兒童經過四個認知發展的階段，主動地建構他們對世界的了解。

Piaget 的理論主張兒童經過四個認知發展的階段，主動建構他們對世界的了解。有兩個重要的認知運作過程構成主要的認知結構：組織 (organization) 和調適 (adaptation)。為了了解我們存在的這個世界，我們必須重組自己的經驗。舉例來說，我們會將重要的想法從不重要的想法中分離出來，而且會把一些想法彼此連結。為了重組所觀察到或所經驗到的事實，會採取調適以適應一個新的環境要求 (Miller, 2011)。

Piaget (1954) 提出四個認知發展階段，每一階段都和年齡有關，且有一個獨特的認知特色，一個不同的了解這個世界的觀點。以下是 Piaget 四個認知發展階段的進一步說明。

1. 感官動作期：是 Piaget 階段論中的第一階段，從出生直至兩歲。嬰兒經由將感官經驗和肢體動作連結來建構其對世界的了解，所以被稱為感官動作期，強調感官和動作的連結。
2. 前運思期：是 Piaget 階段論中的第二階段，從兩歲到七歲。此時幼兒的認知範圍已經超越感官和動作的連結，而能用文字、心像、圖畫等來代表這個真實世界。但這個時期的幼兒尚無法完成我們稱之為「運思」的功能，這是把外界經驗內化為內在心智活動的能力。
3. 具體運思期：是 Piaget 階段論中的第三階段，從七歲到十一歲。這個時期的兒童可以進行所謂的「運思」功能，但還只限於較具體的實物或事件，例如不移動兩支筷子就能觀察比較出長短，但尚無法想像代數方程式的運算步驟，這對他們來說仍太抽象。
4. 形式運思期：是 Piaget 階段論中的第四階段，也是最後階段，從青春期直到成年。

此時人們可以進行更抽象、更邏輯性的思考。由於青少年可以做更抽象的思考，也會開始發展他們心目中理想的世界，例如他們會有一個理想父母的形象，然後拿自己的父母去比較這個標準。他們也會開始對未來、對他們會變成什麼樣子有憧憬。在解決問題上，他們會較有系統地發展出一些解決策略，並對問題原因形成假說，再一一測試這些假說。我們將在本章的第 5、7、9 及 11 章更進一步探討 Piaget 之學說。

(二) Vygotsky 的社會文化認知論

像 Piaget 一樣，蘇俄的發展學者主張兒童在主動建構他們的知識，但 Vygotsky (1962) 更重視社會和文化的交互作用在兒童發展所扮演的角色，並認為這樣的交互作用引領了他們認知的發展。

Vygotsky 認為兒童的發展是無法從社會和文化的活動中分離出

來的 (Gauvain, 2013)。他主張認知的發展包含著使用整個社會的文明產物，如語言、數學系統、和記憶策略。在某個文化中，兒童學習使用計算機來幫助運算；而另一個文化中，他們學習使用算盤或珠心算就是一個例子。依 **Vygotsky 的理論**，兒童和一個社會技巧較熟練的成人或同儕互動，對他們的認知發展是很重要的。藉由這樣的互動，兒童學會使用一些策略來幫助他們能更成功地在文化情境中適應 (Mahn & John-Steiner, 2013)。在本書第 7 章，我們會檢視一些植基於 Vygotsky 理論的教與學問題。

Vygotsky 和 Piaget 生於同一年，但他非常早就過世了，得年僅三十七歲。直至今日仍有許多人對其提出社會文化對兒童認知發展的影響深感興趣。

(三) 訊息處理論

訊息處理論探索人們如何處理一些資訊、監控這個過程，並形成策略。人們逐漸發展而增加對資訊的處理能力，這會使他們得到更多更複雜的知識與技巧 (Siegler, 2013; Sternberg, 2014a, b)。

Robert Siegler (2006, 2012, 2013) 是一個研究兒童訊息處理論的重要學者，主張思考本身就是一個訊息處理的過程。換句話說，一個人接受轉譯、表徵、儲存再到修補資訊，這個過程都叫作思考。Siegler 強調學習好的策略來處理資訊是發展上很重要的一個面向，舉例來說，要成為一個好的讀者必定包含了學習掌握閱讀資料中的關鍵性命題。

Siegler (2006) 主張了解兒童如何學習最好的方法就是，在他們正在學習時加以觀察，他強調利用*微發生學方法* (microgenetic method)，在人們正在思考的當下去得到人們正在處理資訊的細節的重要性。因為目前的研究方法都只是間接評估認知的改變，像是看到一場電影中的某些場景而已，微發生學的方法則不只發現兒童知道什麼，還包括發現他們是如何得到這些知識。一個典型的微發生學研究方法包含好幾個實驗在幾週，甚至幾個月的不同時間點 (Miller, 2010)。

一些微發生學的研究會聚焦在學業學習的特定面向，如兒童如何學會數學中的數字概念、小數概念等 (Siegler et al., 2013)。

Vygotsky 的理論 (Vygotsky's theory)
一個社會文化的認知理論，重視社會和文化的交互作用如何影響發展。

訊息處理論 (information-processing theory)
探索人們如何處理一些資訊、監控這個過程，並形成策略，中心思想是記憶和思考的過程。

(四) 評論認知理論

認知理論用一個正向的觀點來看待兒童主動建構他們的知識，較多批評則是在於認為 Piaget 的階段說忽略了個體間的個別差異。

三、行為和社會認知理論

行為主義者主張我們能研究的，只有那些我們能直接觀察或評量的東西。從行為論出發的一個重要信念則是「發展是可觀察的行為變化，是透過環境中的經驗而學習來的」(Chance, 2014; Levy, 2013)。在本章早先我們曾討論過的有關連續的與不連續的議題。行為論者則是主張連續理論的，並質疑人的發展怎麼能切割成幾個分離的階段？以下我們將介紹兩個行為學派的大師——提出操作制約論的史金納 (Skinner) 和提出社會認知理論的班杜拉 (Bandura)。

Skinner 是個巧手的工匠，他喜歡自己做些裝置，圖中是他做了一個小空氣艙，把他的二女兒 Deborah 養在裡面，空氣艙有完整的屋頂和氣溫控制。Deborah 現已成人，住在倫敦，已結婚，是一個成功的藝術家。

(一) Skinner 的操作制約

依據 B. F. Skinner 的說法 (1904-1990) 經由操作一些環境中的條件可使行為發生改變。一個行為會跟隨著一個有獎勵的刺激而再度發生，相對地，如果是伴隨著懲罰的刺激則會使行為的發生減少。舉例來說，大人在小孩做某件事後微笑，小孩就會重複做這件事；相反地，如果大人給的是一個不許可的表情，小孩就會減少做這件事。

在 Skinner 的觀點 (1938)，這樣的報償與懲罰塑造了發展。對 Skinner 而言，發展最重要的面向是行為而不是思想和感情。他強調發展是和一些行為改變的模式一致的，而行為的改變來自環境中的報償或懲罰。舉例來說，一個害羞的人是由他的成長經驗塑造出來的，如果我們改變環境的條件就可以幫助他變得較社會化。

Bandura 是社會認知學派的大師。

(二) Bandura 的社會認知理論

有一些心理學者同意行為論者的觀點，發展是經學習和強烈的被環境中的互動作用所影響，但不完全像 Skinner，有些學者仍視個體認知的功能在發展上扮演重要角色 (Mischel, 2004；Mischel et al., 2011)。**社會認知理論**就是這樣認為行為、環境和認知是發展的重要因素。

社會認知理論 (social cognitive theory)
這派心理學家強調行為、環境和認知是發展的重要因素。

美國心理學家 Albert Bandura (1925-) 就是建構社會認知論的重要大師。他強調認知的過程和環境、行為緊緊連接，非常重要 (1986, 2004, 2010a, b, 2012)。他早期的研究都放在觀察的學習 (或被稱為模仿、示範)，就是指學習可經由觀察別人所做的事而獲得。舉例來說，一個小男孩如果看到父親在盛怒中會大喊、粗暴地對待別人，那個男孩也會學到他父親行為的某些特點而表現得對同伴非常具有攻擊性。社會認知論者強調人們終其一生都會從觀察別人的行為中學到行為、思想與感情，而這種觀察的形式是人生全程發展中很重要的一部分。

其中，認知在觀察學習中扮演何種角色？ Bandura 認為個人的認知會去詮釋別人的行為，並調整成屬於自己的行為。

Bandura 近期有關示範學習與發展的議題包含三大成分：行為、個人認知和環境 (Bandura, 2004, 2010a, b, 2012)。如圖 1.11 中三者會交互作用，而個人的信念相信自己可以控制自己的成功，則是一個個人因素，他所採取的策略就是認知因素，共同構成圖 1.11 中三角架構之一角。

發展連結—成就
Bandura 強調自我效能是兒童成就的關鍵個人 / 認知因素。(第 10 章)

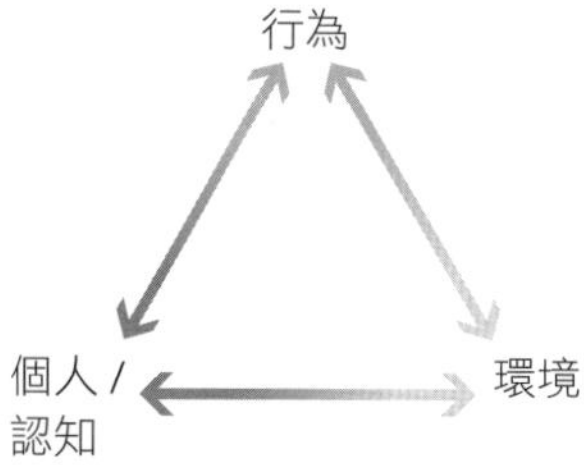

圖 1.11 Bandura 的社會認知模式。其中雙箭頭表示三者兩兩互相交互作用之情形，其中個人 / 認知因素和認知歷程及個人特色有關。

(三) 評論行為和社會認知理論

行為派和社會認知論者對心理學界最大的貢獻，就是強調科學化的研究及行為的環境決定因素，但是也有人批評 Skinner 的理論太不重視認知及發展的改變。

四、動物行為學

動物行為學強調行為是強烈地被生物學影響，且和進化論有關，它的特點是重視關鍵期 (或稱為敏感期)，若在此時能經歷或缺乏特殊的經驗，其影響力會持續一生之久。

歐洲的動物學家孔瑞德・勞倫茲 (Konrad Lorenz, 1903-1989) 將動物行為學帶到一個極致的境界。在他有名的研究中 (1965)，將一隻母灰鵝的蛋分成兩組：一組仍由母灰鵝自己孵化；另一組則由實驗室中人工孵化。當第一組幼鵝破殼而出時，牠們第一眼看到自己的母親——母灰鵝；而當另一組幼鵝破殼而出時，牠們第一眼看到的是 Lorenz 博士，如 Lorenz 所預期，第一組幼鵝把母灰鵝當成母親緊緊追隨，而第二組幼鵝則把 Lorenz 當成「母親」也緊緊追隨，跟著 Lorenz 到處走，彷彿他是牠們的母親一般。當他把所有幼鵝放在同一個盒子裡，而 Lorenz 和母灰鵝各站一邊，打開柵欄，幼鵝自然分成兩組追隨牠們自己認定的「母親」。Lorenz 將此現象解釋為銘印 (imprint)——一種迅速的、本能的學到依附第一眼見到會動的生物。

動物行為學 (ethology)
強調行為是被生物學所影響，和進化論有關，也已提出關鍵期或敏感期概念為特色。

約翰鮑比 (John Bowlby) 闡釋這個現象到人類的發展上。Bowlby 強調人生命的第一年和照顧者所形成的依附關係 (attachment) 影響一輩子，若這經驗是正向的，嬰孩從兒童期一直到成年期都會正向發

三隻把 Lorenz 博士當成母親的小鵝緊緊追隨他。你認為這個實驗如果放在人類嬰兒身上會有何結果？

發展連結—依附關係
人類的嬰兒會經歷一段把特定照顧者視為依戀對象的歷程。(第 6 章)

展；但如果依附是負向的、不安全的，就難以發展到最佳狀態。在本書第 6 章我們會更仔細探討依附關係對人類發展的影響。

在 Lorenz 的觀點，動物已形成的銘印現象可能可以被取代，也可能無法被取代，如能取代也發生在生命早期且必須是穩定而大量的，這就是關鍵期 (critical period) 或敏感期 (sensitive period) 的重要。

另外，一個強調發展的生物基礎的理論——進化論的心理學 (evolutionary psychology) 將會在第 2 章談到，特別注重遺傳在發展上的角色。除此之外，我們將會在第 17 章檢視一些有關成熟老化的生物理論。

這派學說的貢獻在於聚焦在發展的生物學進化論的基礎，以及在自然情境中謹慎觀察的方法。但評論者也指出，他們所提出的關鍵期或敏感期的觀念太嚴謹。而折衷理論取向則是一種兼容並蓄的理論導向，並未跟隨任何一種理論途徑，而是從各種理論中選擇任何一種最佳解釋的派典。

五、生態理論

由於動物行為學家重視環境的因素，生態學的理論也就逐漸受到重視，尤其 Urie Bronfenbrenner (1917-2005) 的理論對了解人生全程的發展頗具貢獻。**Bronfenbrenner 的生態理論** (Bronfenbrenner, 1986, 2004; Bronfenbrenner & Morris, 1998, 2006) 將環境分成五大系統：微系統 (microsystem)、中系統 (mesosystem)、外系統 (exosystem)、巨系統 (microsystem) 及貫串這些系統的時間系統 (chronosystem)(見圖 1.12)。Bronfenbrenner 提出此一理論的論文 (1979, The ecology of human development: Experiments by nature and design)，至今已被各相關領域引用超過 28,000 次了，足見其重要性。

(一) 微系統：是個人直接置身於其間之環境，包含個人的家庭、同儕、學校和鄰近社區，是和個人最直接互動的社會群體，例如父母、手足和老師等。人在其中並非只能被動接受一些社會互動的經驗，也能共同建構這個社會環境。

Bronfenbrenner 的生態理論 (Bronfenbrenner's ecological theory)
此環境系統理論中包含五個環境系統：微系統、中系統、外系統、巨系統及貫串這些系統的時間系統。

(二) 中系統：是指連接個人兩個 (或以上) 的微系統的聯繫關係，如家庭與學校間、家庭與同儕團體間的互動關係。舉例來說，如果一個兒童在家庭中是被父母拒絕的，他也會呈現出在和學校老師建立關係上的困難。

(三) 外系統：是指個人並不主動，但會被間接影響的環境。例如先

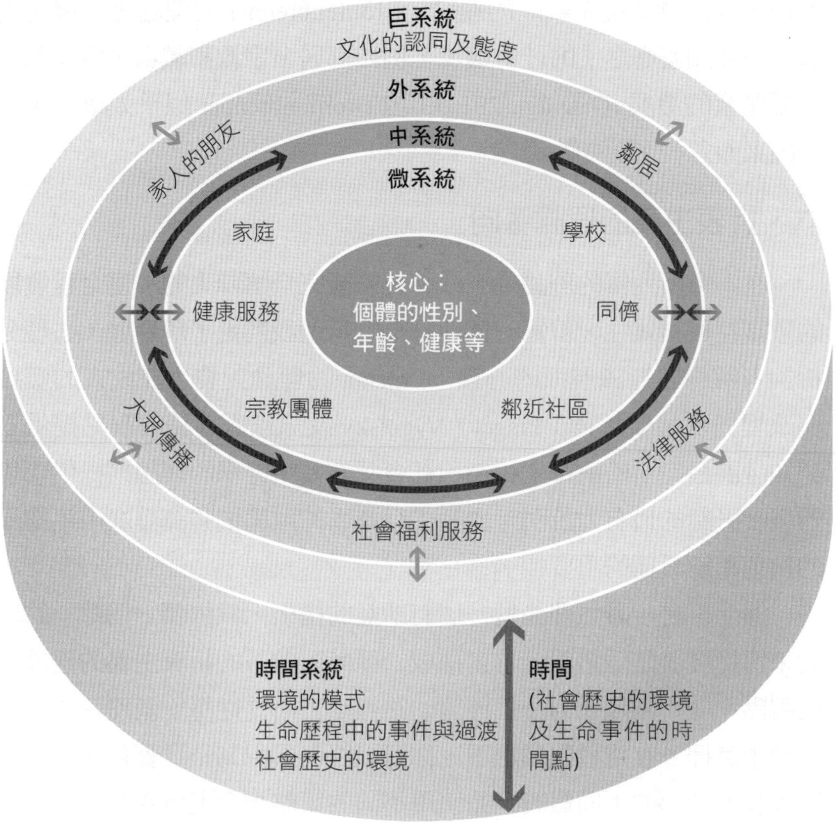

圖 1.12 Bronfenbrenner 的發展的生態理論。

生或小孩在家的經驗會受母親在外工作經驗所影響，如果媽媽接受工作上的升遷機會，但需要較多的出差，可能就會增加母親和孩子或太太與先生間互動型態的衝突。

(四) 巨系統：意旨整個文化或個人受其潛移默化影響的價值觀及信念，是支配微系統、中系統和外系統特性的一種型態。例如倫常概念、服務觀點等。記得本章前幾節所提及的文化和行為的模式等信念，及人類一代一代傳承下來的文明產物。還有跨文化的比較研究等都是，它們提供有關發展的概念性訊息。

(五) 時間系統：包含人生全程中的生命事件、過渡歷程及社會文化環境等之型態。舉例來說，離婚就是一種轉換的歷程。研究發現離婚對兒童所產生的負面情緒之高峰期在離婚後的第一年 (Hetherington, 1993, 2006)，在離婚後兩年，家庭內的互動會漸趨穩定。另一個從社會歷史環境角度出發的範例則是，自 1960 年代之後探討女性生涯發展機會的研究，吸引許多學者關注。

這些理論的貢獻在於系統性的檢視環境系統中微系統和巨系統的

發展連結—親職教養
親子互動的關係和兒童的同儕關係有什麼關聯？(第 8 章)

差別，並注意環境系統間的連結。Bronfenbrenner 的理論更深層的貢獻在於強調家庭之上的社會環境，例如鄰居、宗教和職場，這些都會影響兒童的發展 (Gauvain, 2013)；但 Bronfenbrenner 似乎太重視生物學因素而忽視了認知的因素。

六、折衷主義的理論導向

在本章所列舉的理論中，沒有一個能完全解釋人的一生全程發展的豐富性與複雜性，但每一個理論都能幫助我們更了解發展。心理分析論者解釋非意識層面的心靈：Erikson 的理論對發生在成人的發展與改變提供最佳解釋；Piaget、Vygotsky 及訊息處理理論的觀點提供對認知發展最完全的解釋；行為和社會認知及生態學的理論則提供環境對發展影響的最有力說明；而動物行為學的理論則強調發展中生物學的角色和敏感期的重要性。

折衷主義的理論導向 (eclectic theoretical orientation)
一種兼容並蓄的理論觀點導向，並不跟隨任何一個理論的路徑走，而是從每一個理論的最佳特色中選擇。

簡而言之，雖然理論是一個有助益的指引，只依賴一個單一的理論來解釋發展是個錯誤，本書採取一種兼容並蓄的**折衷主義的理論導向**觀點，並不跟隨任何一個理論的路徑走，而是從每一個理論的最佳特色中選擇。在這種觀點之下，你可以將發展視為一真實存在、由不同理論所提出的不同假設，並使用不同的策略來發現新資訊。圖 1.13 比較主要理論對人生全程發展的重要論題所持之觀點。

理論取向	論題 連續性 / 分離性 早年時 / 後期經驗	生物的和環境因素
心理分析的	在階段間分離——在早年和晚年期經驗間連續；早年經驗非常重要，在 Erikson 的發展理論中有晚期的改變	Freud 生物學的決定性和早期的家庭經驗互動。Erikson 則較能在生物 - 文化間互動平衡。
認知的	Piaget 的理論在階段間分離；在 Piaget 及 Vygotsky 的理論中早年和晚期經驗具有連續性；Vygotsky 的理論或訊息處理理論中則無階段性。	Piaget 強調互動和調適；環境提供一個讓認知結構發展的情境；訊息處理理論者並不重視這個觀點，而是強調生物 - 環境間之互動。
行為和社會認知的	連續性或無階段性；經驗在每一個發展點都是重要的。	環境被視為是行為的原因。
動物行為學的	分離的但無階段；關鍵或敏感時段被強調早期經驗很重要。	強烈的生物學觀點。
生態學的	少注意連續或不連續這個議題；改變是被強調的，勝於穩定。	強烈的環境學觀點。

圖 1.13 一個人生全程發展的理論及議題的比較。

複習・連結・反思 學習目標三 描述人類發展的主要理論

複習重點

- 請舉出科學方法的四步驟？理論和假說如何定義？心理分析的兩大理論為何？心理分析論有哪些貢獻和評論？
- 請舉出三大主要認知理論？認知論有哪些貢獻與評論？
- 請舉出兩大主要行為和社會認知理論？行為和社會認知理論有哪些貢獻與評論？
- 動物行為學的本質為何？它有哪些貢獻與評論？
- 生態學的特色為何？它有哪些貢獻與評論？
- 何謂兼容並蓄的理論導向？

連結

- 本段開始於思考是否特殊的照顧能修補兒童期因疏忽而造成的傷害。這個問題可以用上述所列舉的哪一項理論來回答？

反思個人的人生旅程

- 人生全程發展的理論中，哪一個最能解釋你自己的發展？為什麼？

肆 人生全程發展的研究

學習目標四 解釋人生全程發展的研究是如何進行

蒐集資料的方法
研究設計
研究的時間歷程
進行合乎倫理的研究
最小的誤差

如果人們遵循一種兼容並蓄的導向，學者和研究者該如何決定某一個理論的特徵優於另一個呢？經由科學化的研究，理論的特徵可以被測試和精緻化 (Smith & Davis, 2013)。

一般來說，人生全程發展的研究多是設計來驗證假說，有些情形則是由剛被提出的假說所衍生出來的。經由研究，理論被調整來反映所呈現出的新資料，有時一個新的理論於焉誕生。人生全程發展的資料如何蒐集？何種形式的研究設計通常用來研究人生全程的發展？又有哪些倫理的考量在此研究設計中要特別注意？

一、蒐集資料的方法

如果我們要探究嬰兒的依附行為、兒童的認知技巧或是老年人的社會關係，我們有幾種蒐集資料的方法可以選擇 (Graziano & Raulin, 2013; Jackson, 2015)。下面將略述數種方法，由觀察法開始。

(一) 觀察法

科學化的觀察需要一些重要的技巧 (Christensen, Johnson, &

Turner, 2015; Reznick, 2013)。為了讓觀察更有效率，它必須是系統化進行。我們必須先對所期待的目標有一些想法，誰被觀察？在什麼時間、什麼地點被觀察？我們要進行什麼樣的觀察？如何記錄觀察到的資訊？

我們要在哪裡觀察？有兩個選擇——實驗室或是每天的日常生活中。當我們要進行科學化的觀察時，通常需要控制一些特定因素，而這些因素會影響行為，但不是我們關心的焦點 (Stangor, 2015)。為了這個理由，有些研究會在**實驗室**中進行，一個將真實世界中許多複雜變因去除掉的控制情境。舉例來說，你想觀察當兒童看到其他人攻擊性行為時的反應，如果是在家中或在學校進行觀察，你沒有辦法控制兒童會看到多少攻擊行為？何種攻擊行為？什麼人正在攻擊，或是其他人如何對待兒童。而相反的，如果你在實驗室中觀察，就可以控制這些因素，因此可以較有信心解釋所觀察到的現象。

實驗室 (laboratory)
一個被控制的情境，許多真實世界的複雜因子被移除。

自然觀察 (naturalistic observation)
在真實情境中對行為進行觀察。

實驗室的研究還是有一些限制，包括下列幾項：

1. 幾乎無法讓參與者不知道他們正在被研究。
2. 實驗室情境不是自然的，所以會導致參與者的行為不自然。
3. 在考量多元文化下，願意志願到大學的實驗室來被觀察的人並不能代表其他沒有來實驗室的人群。
4. 人們對大學實驗室的情境並不熟悉，只是存著「幫助科學」的想法前來，很容易被實驗室情境影響，甚或受到驚嚇。

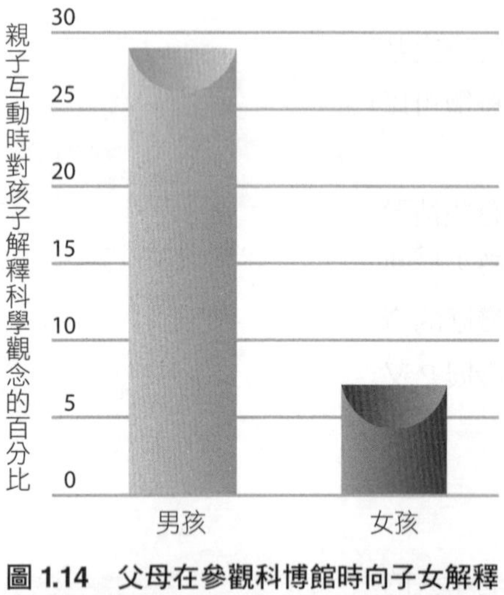

圖 1.14 父母在參觀科博館時向子女解釋科學的性別差異。據 Crowley 和他的團隊 (2001) 所做的研究發現，父母帶子女在參觀科學博物館時，對兒子解釋科學概念的時間是對女兒的三倍。而這樣的性別差異不管是雙親，還是父或母之一帶著孩子都一樣，尤其在父親身上這樣的差異更明顯。

因此，自然情境的觀察提供另一種眼光，有時是實驗室無法達到的 (Leedy & Ormrod, 2013)。**自然觀察**意指在真實世界的情境中觀察行為，而不是操弄或控制情境。人生全程發展的研究者在體育活動中、托嬰中心、工作場所、百貨商場或任何人們居住並觀察出現的地方進行自然觀察。

舉例來說，在科學博物館中觀察兒童的對話就是一種在自然觀察的研究 (Crowley et al., 2001)。當人們參觀科學博物館的展示與陳列時，父母對兒子解釋科學概念的時間是對女兒的三倍 (如圖 1.14)。

(二) 調查法和晤談法

有時得到有關人們的訊息最好且最快的方法是直接

詢問。一種相關的方法則是調查 (有時稱為問卷調查法)，在需要從許多人得到訊息時會特別有用。一組標準化的問題會用來詢問人們對於一個特定主題的自我陳述的態度和信念。一個好的調查，問題是很清晰且沒有偏誤的，使填答者的回應毫不模糊。

可用調查法來獲得資訊的主題非常廣泛，從宗教的信念、對性的癖好，或是槍枝管制的態度、對如何提升學校效能等都是。調查法或晤談法可以透過電話或網路，非常個別化的進行。

調查法和晤談法最大的問題在於，人們常會回答一個被社會接納的答案，而不是自己真正心裡所想的答案 (Madill, 2012)。

(三) 標準化測驗

一個**標準化測驗**對於操作過程及評分標準有一套制式化的標準流程。許多標準化測驗能讓一個人的表現和許多其他的人做比較，因此這些訊息 (個人在標準化測驗上的結果) 能提供人群中的個別差異 (Watson, 2012)。舉例來說，比西智力測驗 (Stanford-Binet test) 將在第 9 章中描述。你在比西智力測驗上的結果將可和數以千計施測過比西智力測驗的人們比較 (Geisinger, 2012)。

對標準化測驗最大的評論則是，它假定人們的行為表現是一致的、穩定的，但事實上人們的行為表現不管是標準化測驗最常測量的人格或智力，都會隨著情境而改變的。舉例來說，一個人在實驗室中的智力表現有可能會遠低於他在家中施測所得到的結果，因為在家時並不像在實驗室中那麼焦慮。

(四) 個案研究

個案研究是對一個人進行深度的探究。個案研究通常由關心心理健康的專業人士來進行，這主要是基於實用與倫理的考量。一個人獨特的生命是無法被其他人複製也無法被測試的。個案研究提供關於一個人各方經驗的訊息，它可以聚焦在這位主人翁任何方面的生活經驗，幫助研究者了解人的心智、行為或態度 (Yin, 2012)。研究者可以經由晤談法或醫學紀錄來蒐集個案的訊息。在後面幾章，我們會討論幾個個案研究所得，例如 Michael Rehbein，由於嚴重的癲癇，他在七歲時開刀取走大腦的左半邊，而成為許多專業人士好奇而想要探究的個案。

一個個案研究可提供生命動態的、深入的了解，但我們必須小心進行對這些訊息的推論。因為這些樣本是獨一無二的，他們的遺傳組

標準化測驗 (standardized test)
對於操作過程及評分標準有一套制式化的標準流程，且結果可以用來和別人比較的測驗。

個案研究 (case study)
對單一個體進行深入探究。

合和個人歷史是無法與任何人分享的。此外，個案研究也無法做信度檢測。研究者進行個案研究時是很少會做檢測，了解其他研究者是否會同意他們的觀察及發現。

(五) 生理學的計量

有越來越多的研究者在探討人生全程發展的不同面向時會採用生理計量法 (Bauer & Dunn, 2013; Chuang et al., 2014)。如在發展的研究上，使用激素的計量水準有增多的趨勢。

可體松是由腎上腺所產生的激素，和一個人的壓力水準有關，可用來在性格、情緒活動及同儕關係上的研究中加以測量 (Gunnar & Herrera, 2013)。性的成熟也可從血液中特定激素的增加來展現。為了了解這些激素的改變本質，研究者要分析青少年志願參加者的血液 (Susman & Dorn, 2013)。

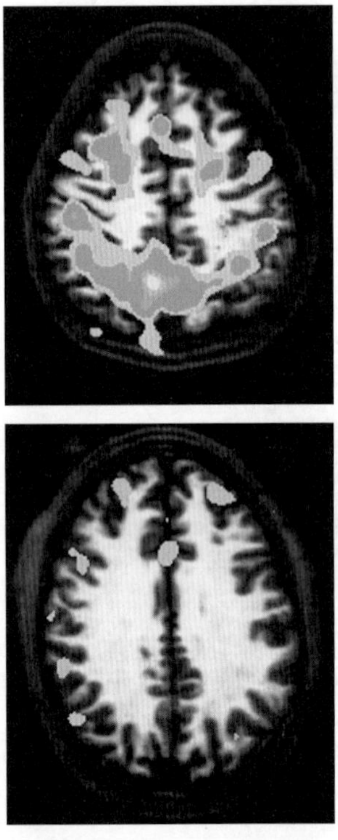

圖 1.15 兩個 15 歲青少年的腦影像。這兩張腦影像說明酒精對青少年大腦功能的影響。注意一下其中白色的斑塊部分 (這代表和記憶有關的大腦功能)，上圖是一位不喝酒的 15 歲男孩在做一份和記憶有關的工作；對照下圖則是飲酒過量的 15 歲男孩，在相同區塊卻沒有相同斑塊，顯示酒精的影響是很大的。

另一個也一直在增加的生理計量法，是在神經影像學上，例如功能性核磁共振影像 (functional magnetic resonance imaging, fMRI)。透過電磁波，這些影像有助於增進我們對腦的組織及生物化學性的活動增加了解 (Fletcher & Rapp, 2013)。圖 1.15 比較兩張腦的影像，分別來自兩名青少年——一個沒有飲酒；另一個則是嚴重的酒癮患者，當時他們正在從事一個和記憶有關的作業。

腦電波 (electroencephaly, EEG) 是一種已經被使用很久的生理學測量方法，用來監測腦的所有電波活動 (Reznick, 2013)。最近使用 EEG 的研究，還包括測量嬰兒的注意力與記憶力 (Rueda & Posner, 2013)。在本書其他章中，你會讀到最近的研究發現腦從胎兒期、嬰兒時期和兒童期、青少年期一直在改變。

嬰兒和兒童的心跳速率是研究他們對知覺、注意及記憶力等發展的指標 (Columbo, Brez, & Curtindale, 2013)；進一步來說，心跳速率也成為情緒發展不同面向 (如被抑制或焦慮) 的指標 (Reznick, 2013)。

研究者也研究眼動來了解更多有關知覺發展和其他發展主題。複雜的眼動追蹤儀可觀察出嬰兒之知覺及注意力，也被用來觀察自閉症兒童的發展，均可發現不少可貴的細節訊息 (Bulf & Valenza, 2013; Xiao et al., 2014)。

越來越多研究者使用生理學的測量來了解人生全程發展。舉例來說，性的成熟也可從血液中特定激素的增加來展現。為了了解這些激素的改變本質，研究者要分析青少年志願參加者的血液 (Susman & Dorn, 2013)。

另一個在生理學測量上急速變化的方法是，研究基因上遺傳的資訊，探討發展上生物學的影響 (Moore, 2013)。舉例來說，在本書第 17 章中，你將會讀到有關於 ApoE4 這個基因在阿茲海默症 (Alzheimer disease) 的角色 (Kim, Vicenty, & Palmore, 2013; Ungar, Altmann, & Greicius, 2014)。

二、研究設計

當你在進行有關人生全程發展的研究時，除了要有適當的蒐集資訊的方法，也要有適當的研究設計。以下介紹三種研究設計型態：描述性的、相關性的及實驗性的。

(一) 描述性的研究

上述所有介紹過的，目的是觀察和記錄行為的蒐集資料的方法都可用在**描述性的研究**中。舉例來說，一個研究者能觀察人們彼此互利或互相攻擊的程度，描述性的研究無法證明造成這個現象的原因，但是卻可以透露出有關人們行為的重要訊息 (Leedy & Ormrod, 2013)。

(二) 相關性的研究

相對於描述性的研究，**相關性的研究**可以幫助我們預測人們將會表現的行為。相關性的研究之目的是描述一些事件或特質間有所關聯的強度。若它們之間有較強的相關，則可預測某一事件比另一事件較可能發生 (Levin, Fox, & Forde, 2015; Howell, 2014)。

舉例來說，為了發現是否縱容型父母的小孩較其他兒童少自我控制傾向，你要小心觀察是否父母的縱容程度越高，孩子的自我控制就越低，因此必須以統計方法分析其間數值之相關係數。這個數值根基在統計分析上，代表兩個變項有關的相關程度。這個係數會介於 –1.00 到 +1.00，若是小於 0 的數值代表反向的相關。

相關係數越高 (不管正或負)，表示這兩個變項間的連結越強，如果是 0 則表示二者完全不相關，– 0.40 的相關程度高於 + 0.20，不管數值是正或負，數字越大都表示連結越強。

在解釋相關研究的結果時，要特別小心不要把相關當成「導致原因」(Heiman, 2014)。例如上述例子中，如果父母縱容的教養態度和孩子低自我控制有關，代表可能存在三種情形：一是父母的縱容造成孩子的低自我控制；其次是孩子本身就屬於低自我控制氣質，造成父母採取較寬容的對待態度；第三種則可能是有其他因素，例如遺傳或是貧窮，造成這個家庭中父母採取縱容的教養態度，孩子呈現低自我

描述性的研究 (descriptive research)
一種用以觀察和記錄行為的研究方法。

相關性的研究 (correlational research)
探討兩個或兩個以上的事物間關係強度的研究發展方法。

控制現象。

(三) 實驗性的研究

如果想獲得因果關係，研究者會採取實驗法。**實驗法**會非常謹慎採行科學化的步驟，操作主要被相信是有影響的因素，而將其他無關因素加以控制。如果一個行為在操弄某個因素的研究中被改變，就可視那個操弄的因素是造成行為改變的原因。換句話說，實驗法操弄因素和觀察效果。效果就是行為的改變，造成行為改變的原因就是我們操弄的因素。非實驗性的研究設計 (如描述法和觀察法) 無法建立因果關係，因為它們並沒有以控制環境的方法操弄可能的因素變項。

發展連結—認知神經科學與年齡
研究大腦發展與老年人在認知技巧上的改變。(第 18 章)

發展連結—基因和環境的交互作用
越來越多科學家研究特定基因和特定環境因素在發展上的影響。(第 2 章)

1. 獨立和相依變項

實驗法包括兩種改變因素的型態，或者可將此因素稱為變項——獨立變項及相依變項。獨立變項就是指在實驗中被操弄、具影響力的實驗因素。「獨立」意指此變項是可以獨立操作，並決定其他變項之效果。一個實驗中可能包含一個或多個獨立變項。而相依變項則是指隨實驗結果而改變的因素，會隨著獨立變項而改變。研究者操作獨立變項計算在相依變項上所產生的效果。

舉例來說，研究者若想知道產婦能否經由在懷孕期學習冥想而改變新生兒呼吸和睡眠的型態。此時你需要一群孕婦在每一天都接受冥想訓練；另一群則無。此時冥想就是獨立變項。當嬰兒出生後，再觀察並計量他們呼吸和睡眠的型態，這個型態就是相依變項，這個因素的改變就是你操弄的結果。

2. 實驗組和控制組

實驗中可以有一或多組實驗組及一或多組控制組 (Kirk, 2013)。實驗組是一群受試者，他們的經驗是被操弄的；而控制組則是一組用來比較的受試者，在很多重要條件上是和實驗組相同的，接受到的介入需和實驗組盡可能相同，除了研究者要操弄的自變項之外。控制組扮演基礎線的角色，讓操作自變項後的效果能被比較出來。

隨機分派的作業也是實驗研究法中重要的原理原則，讓參與者隨機被分派到實驗組或對照組，以減少事先即已存在於實驗組與控制組間的差異性，而影響實驗結果的可能性 (Kantowitz, Roediger, & Elmes, 2015)。

實驗法 (experiment)
在研究中有些被相信會影響行為的因素被謹慎的按規定的程序操弄，同時，其他因素則被控制住。

三、研究的時間歷程

研究者在人生全程發展的研究有一個特定的關注點，就是聚焦在年齡和其他變項間的探索。我們有一些關於進行這類研究時的建議：研究者可以比較不同年齡的不同個體，或是研究同樣一群人在不同年齡的變化。

(一) 跨階段的研究取向

跨階段的研究取向是一種同時性 (simultaneously) 的研究，比較不同年齡的個體。一個典型的研究可能包括三個群體的兒童：5 歲、8 歲和 11 歲的，研究一些相依變項的變異性，例如 IQ、記憶、同儕關係、對父母的依附、激素的改變等。而這些資料的蒐集都可以在短時間內完成，有些研究甚至所有資料在一天內就蒐集完畢。甚至在大型的、跨區域的研究包含好幾百個樣本，資料的蒐集通常也不會長於數月之久。

發展連結—智力
群體效應可以幫助我們解釋為何不同世代的人平均智力不同。(第 15 章)

這種跨階段跨區研究的優點就是，研究者可以不要等待研究對象長大或變老。除了它的效率性之外，還是有些缺點，它無法讓我們了解個體如何改變的歷程，也不確定這些特質的穩定性，它會讓發展的進程或退化變得模糊難以理解，無法得知成長或發展的高山或低谷。舉例來說，一個跨區的生活滿意度調查可以看到滿意度平均值隨年齡增加而增加或減少，但無法看到一個成年人對生活的態度是漸趨幸福圓滿，還是漸趨黯淡憂鬱，也不知這樣的態度是從何時開始持續變化的。

(二) 縱貫的研究取向

縱貫的研究取向是一種研究方法，對一群相同個體進行一段時間的研究，通常會長達數年以上。舉例來說，在一個生活滿意度的縱貫研究中，同樣一些成人在一段長時間會被持續評估，甚至歷經 70 年，在他們 20 歲、35 歲、45 歲、65 歲，一直到 90 歲時，分別被以類似的問題評估。

縱貫的研究取向提供了很豐富的資訊，包括發展中的穩定與改變及早年經驗對後來發展的影響，當然如此研究取向也有缺點 (Windle, 2012)，就是非常耗費金錢和時間。而且還有另一個風險，研究持續越久，有些研究樣本就越有可能會流失——他們生病、搬家或沒有興趣繼續參與等，留下來的參與者可能和流失的參與者有些特質上的不同，這也會影響研究的結果，產生一些偏誤。這些留下來的人多半較

跨階段的研究取向 (cross-sectional approach)
是一種同時性的研究，比較不同年齡的個體在同一時間的樣態。

縱貫的研究取向 (longitudinal approach)
是一種研究方法，對一群相同個體進行一段時間的研究。

這兩張照片對比出美國經濟大蕭條時的年輕人和現代的年輕人有多麼不同。

有責任感、順從性高，他們也有可能擁有比較穩定的生活。

(三) 群體效應

群體 (cohort) 代表一群人生長在一個相似的歷史時代，並分享相近的經驗，例如同樣歷經越戰或約在同一時代成長在同一城鎮。他們分享經驗可能就會產生在群體中某種範圍的差異性 (Schaie, 2013)。舉例來說，同樣十幾歲的年輕人，處於經濟大蕭條時代或是處於 1990 年代，教育機會和經濟水準上不同，因此對性和宗教的態度一定也會有所不同，**群體效應**在人生全程發展上的研究，著重在探討年代背景對人的影響。

這樣的研究是很重要、很有意義的，因為它們影響表面上看起來是年齡因素相關的相依變項之評量，例如在評量成人智力時，就必須得了解不同時代背景帶給人們的影響 (Schaie, 2009, 2013)。

跨階段的研究會發展出不同群體的反應，但也會讓年齡的改變和群體效應被混淆，縱貫性研究在探討年齡的改變上是很有效的，但只有同一個群體中如此。

不同的世代有自己流行的文化，如圖 1.16 所描述不同世代的標誌 (以美國為例)、他們的歷史經歷及這段時代被如此命名的原因。

四、進行合乎倫理的研究

現在如果在大學校院要提出一個研究計畫之前，必得經過倫理審查委員會之審查，以確保參與研究的人不會受到生理及心理上的傷害。美國心理協會 (American Psychological Association, APA) 也為會員發展了倫理信條，這些倫理信條必須放在研究者的心上，作為他們在做研究時的最重要指引。APA 的倫理信條可分成四大部分說明：

群體效應 (cohort effects)
一群人生長在一個相似的歷史時代、分享相近的經驗，對研究結果會產生影響。

世代	歷史時間	被命名的理由
千禧年	出生於 1980 年代或之後的人	一群約介於 18 至 25 歲的人，進入 21 世紀的第一代，有兩大特徵：1. 和科技的連結；2. 多元種族與文化。
X 世代	出生於 1965 至 1980 年間的人	被形容為缺乏自我認同的孤獨者。
嬰兒潮	出生於 1946 年至 1964 年間的人	第二次世界大戰後大量出生的嬰兒，目前是美國最大的成人後期的族群。
靜默的世代	出生於 1928 年至 1945 年間的人	是一群出生於二次世界大戰期及經濟大蕭條時代的人，是一群順服的人。

圖 1.16

1. 告知的義務。所有參與者必須知道他們參與這個研究將會面臨哪些風險。就算已告知了，參與者仍隨時有權退出研究，而不用理會任何理由。
2. 保密性。研究者有責任保持所有蒐集的資料被嚴格保密，可能的話，還要做到完全的匿名和去連結，讓任何人都無法辨識原始資料的主人。
3. 詢問狀況。在研究完成後，參與者應該被告知研究的目的和方法。在大多數狀況下，實驗者可以一般方式告知參與者，而不會引導參與者出現實驗所期待的行為。
4. 欺瞞。在一些情況下，事先告知參與者研究的目的，可能改變參與者的行為，而使得研究者蒐集到無效的資料。但在此時，研究者仍要盡力保護參與者不受傷害，並在研究結束後立即完整回答參與者的詢問。

五、最小的偏差

對人們進行一些和人生全程發展有關的研究是很有用的，但一定要小心不要讓偏差產生，尤其在性別及文化種族上的偏差。

(一) 性別上的偏差

直到如今，我們如此進步的社會仍存在著性別上的偏差印象，如認為男生比女生有成就、能追求自己的興趣施展潛能 (Hyde, 2014)。事實上，已有一些發展學上的研究是帶著性別偏差的，例如有些研究的參與者都是男性，有些重要的議題並沒有詢問女性的看法或態度。

甚至有些研究者發現這樣的性別差異時，還特別加以誇大 (Denmark et al., 1988)。舉例來說，有的研究者報導在研究中有 74% 的男性參與者有高的成就期待，而僅有 67% 的女性參與者有此期待，並對此差異大書特書。其實這樣的差異並不算大，可能再複製一次這樣的研究，差異就會消失了，它也有可能有一些方法學上的問題。

(二) 文化及種族上的偏差

現在我們越來越了解在人生全程發展上的研究需要來自各國不同種族的人們參與 (Leong et al., 2013)。在歷史上，一些少數族群 (如非裔美人、拉丁裔美人、亞裔美人、美國原住民) 在美國本土發展上的研究，常是被排除在外的，或是只被視為平均值以外的變異。如果這些少數民族被包含進研究樣本中，而使得分數與常模不符，就會被解讀為「干擾」性的資料。如果過往許多排除少數族群的發展學研究也將多元文化與種族考慮在內，我們現在所得到的資訊一定更豐富、更多元。

研究者通常也會過度推論種族議題 (Parrillo, 2014; Schaefer, 2015)。所謂**種族的註解**是指對一個種族的名稱 (如非裔美國人、拉丁裔美國人) 以一個特別的方式命名，代表他們的同質性 (Trimble, 1988)。舉例來說，一個研究者可能會描述一個研究的樣本「研究參與者中有 60 個拉丁裔的美國人」，而更詳細的描述則是「這 60 個拉丁裔美國人的參與者是墨西哥裔的美國人，來自洛杉磯附近的低收入社區。其中 36 個母語是西班牙語、24 個母語是英語；30 個出生在美國、30 個出生在墨西哥。28 個人稱自己是墨西哥裔美國人、14 個是墨西哥人、19 個是美國人、6 個是奇卡諾人 (Chicano)，而 3 個是拉丁人。」因此，使用種族的註解可以讓研究者更清楚地描述研究樣本的多樣性，而不是造成過度推論或刻板印象。

Ross Parke 和 Raymond Buriel (2006) 曾描述研究者在種族議題上的疏失，指出有些研究對他們的兒童及家庭不夠用心了解，尤其現在他們的出現率已一直在增加。最近，由於針對「少數族裔」研究議題的關注，他們的差異性與多樣性在種族研究中顯得特別重要。一直到最近，少數族裔的家庭還是被歸類在一個籠統的少數族群類別中，而忽略這些族群間的巨大差異性。有些研究者會比較少數族群和主流社會中具多數的白人間之差異，這是源於一個假設，由於少數民族的孩子發展較落後。而最新進的研究則是捨去比較兩者的差異，改以更仔細深入去檢視其中的變項歷程差異。例如少數民族如何面對並適應一些在美國社會中的挑戰，以及這樣的經驗如何影響他們對教養孩子所設定的目標。

在不久後的未來，少數族裔的家庭仍會持續增加，由於移民進來的拉丁裔和亞裔不斷增加 (Parrillo, 2014)。未來研究者一定要將他們不斷增加的數量及家長與兒童在世代間之地位考慮在內，並考慮家庭的運作歷程與兒童的表現 (Parke & Buriel, 2006, p. 487)，也應該花更多心思關注混血兒的自我認同，來自兩種不同種族的家庭有更複雜的議題要面對 (Schwartz et al., 2013)。例如在語言學的研究上，即可看到母語及雙語學習的複雜性，並連接到兒童在學校的學習成就 (Hall Haley & Austin, 2014; Herrera & Murry, 2015)。

種族的註解 (ethnic gloss)
是指對一個種族的名稱 (如非裔美國人、拉丁裔美國人) 以一個特別的方式命名，代表他們的同質性。

複習・連結・反思 學習目標四 解釋人生全程發展的研究是如何進行的

複習重點

- 學者用哪些方法蒐集有關人生全程發展的資料？
- 哪些研究設計可用來研究人類發展？
- 研究如何處理有關人類生活的時間性？
- 哪些是進行人類發展時須注意的倫理信條？
- 性別、文化及種族的偏差會如何影響研究結果？

連結

- 你在本章開頭中讀到一些故事，接著也讀到一些和年齡發展及時代發展有關的影響，請你描述一下覺得哪些影響是和故事相關的核心問題？

反思個人的人生旅程

- 你和你的父母生長在不同時代，想想看你和你的父母有哪些地方不同，你認為有些差異是來自前面所發現的核心問題嗎？請解釋。

與前瞻主題連結

在第 2 章，你會繼續學習一些理論和研究成果，擴充你在人生全程發展上有關生物學的知識，也會介紹在人類進化所造成發展改變的影響因素，包括自然選擇及適應行為的概念。你也將會檢視基因組如何工作、遺傳基因如何整合及 DNA 在每個人成長為獨特的個體上扮演什麼角色？也將會探討人們在需要再生，還是同化與調適時會遇到的挑戰和選擇，你還會讀到對於和年齡有關的自然與教養的爭議，也就是天生特質如何和後先天態環境的互動。

達成本章學習目標

導論

壹、人生全程發展的觀點

學習目標一 討論人生全程發展的獨特樣貌

- **研究人生全程發展的重要性：**發展是人類從胚胎期開始一直持續一生的改變歷程，包含成長和衰老。學習人生全程的發展可以幫助我們教養下一代、了解自己在某一個年齡該有的生活樣貌，並有一個寬廣的視野來看待我們的一生。
- **了解人生全程發展觀點的特色：**人生全程的發展包含一些基本概念：發展是持續一生之久的、是多面向的、多方向性的、多重規律的及具有可塑性的，包含生長、維持及逐漸衰老的過程。了解發展是建構在生物學、社會文化及個體的因素共同交互作用的結果是很重要的。有三個重要的情境影響的因素：1. 合乎年齡等級影響的標準規範；2. 合乎歷史變遷影響的標準規範；3. 不合乎標準規範的或是非常高度個人化的生命事件，它沒有共通性，但卻對個體生命有決定性的影響。
- **探討一些當代重要的發展議題：**健康、幸福感、養育、教育、社會文化等都和人類發展有關，有些也成為社會政策的重要依據。在社會文化的環境中常被討論的包括文化、種族、社經地位及性別，目前還有更多關注的焦點在兒童及老人。

貳、發展學的本質

學習目標二　確定發展中最重要的歷程、階段與議題

- **生物的、認知的、社會情緒的運作過程**：生物、認知和社會情緒是人類發展中最重要的三個元素。
- **發展的階段**：包含八個階段：1. 懷孕期、2. 嬰兒時期、3. 兒童早期、4. 兒童中晚期、5. 青春期、6. 成年早期、7. 成年中晚期、8. 成年晚期。近期有關人生全程的發展則分成四階段，而特別重視對第三和第四階段的探討，也就是對年輕的老年人與更老的老年人之探究。
- **年齡的重要意義**：有些研究人生全程發展的專家太常把焦點放在生理年齡上，我們也常只注意到人的生理年齡，其實對一個人年齡的評估應從生理的、生物學的、心理的和社會的多種角度共同考慮。尤其在成年期之後，生理年齡只是一個弱的預測指標，例如在一個對從青春期直到老年期的生活滿意度調查發現，老年人卻自陳他們有最高比例的幸福感。
- **發展的其他議題**：在研究人生全程的發展時，有三大議題常讓學者爭論不休：先天的或後天的？穩定的或是改變的？連續的還是不連續的？先天的或後天的議題討論的是發展的最大極限為何；穩定的或改變的議題討論的是早期經驗對後來發展的影響；連續的還是不連續的則是討論發展的形式。大部分發展學者反對極端的只接納單一的理論假設，這些議題在不同階段不同事件上會有不同程度的影響。

參、發展學的理論

學習目標三　描述人類發展的重要理論

- **心理分析理論**：科學研究的方法包括四個步驟：1. 概念化一個問題；2. 蒐集資料；3. 分析資料；和 4. 得出結論。學說是指一些互相關聯形成一個協調連貫的想法，用來解釋我們所看到的現象，並能增進預測性。也可以由此提出一個「假說」，這是一些可以被測試的特定主張和預測。心理分析理論描述人們未意識到的、受情緒影響的心理層面。重要的代表性學者，如 Freud 將人的成長分成五個性心理的發展階段：口腔期、肛門期、陽具崇拜期、潛伏期到性器期。在 Erikson 的理論中，八個發展階段在人生路上逐一展開。我們在每一階段會遇到一個獨特的發展任務，就是要解除一個危機。這八個發展階段的任務與危機分別是：1. 信任對不信任；2. 自主對害羞與懷疑；3. 主動對罪惡感；4. 勤奮對自卑；5. 認同對認同混亂；6. 親密對疏離；7. 有生產力對停滯；8. 完整對絕望。此派理論最大貢獻在於提出發展的架構、重視家庭關係及人們未意識到的心理層面。但被批評的地方則是缺乏科學化的實驗驗證、過分強調性心理學及對人性持負面態度。
- **認知理論**：包含 Piaget、Voygosky 和訊息處理論。此派理論探討人的思考、推理、語言等認知的歷程。Piaget 的理論主張兒童經過四個認知發展的階段：1. 感官動作期；2 前運思期；3. 具體運思期；4. 抽象運思期。兒童是主動地建構他們對世界的了解。有兩個重要的認知運作過程構成主要的認知結構：組織和調適。Voygosky 則強調社會文化對兒童建構認知的重要性。訊息處理論者探討個體在認知過程中對訊息處理的歷程，包括對訊息的操弄、監控並採取有效策略學習。此派學說主要的貢獻在於主動建構知識並對發展持較正面的視角；評

論者則認為他們太少注意到個體間的差異性，並質疑 Piaget 階段論的僵化性。

- **行為和社會認知理論**：此派理論最主要包含 Skinner 的操作制約和 Bandura 的社會認知論。Skinner 的操作制約主張行為的後果會影響行為的產生，藉著操弄行為後果我們可以改變行為。Bandura 的社會認知論則主張觀察學習在人生全程的發展中扮演重要角色，強調個體認知、行為和環境間的交互作用。此派學說的貢獻在於強調科學化的研究態度及重視環境的因子；評論者則認為他們較少注意發展間的改變及認知的因素。
- **動物行為學**：動物行為學者強調行為是強烈地被生物學影響，且和進化論有關，也特別強調人在發展過程中有關鍵期或敏感期的存在。他們的貢獻在於將生物學和進化論帶進人類發展；評論者則認為關鍵期的觀念太嚴格僵化。
- **生態理論**：由於動物行為學家重視環境的因素，生態學的理論也就逐漸受到重視，尤其 Bronfenbrenner 的理論對了解人生全程的發展頗具貢獻。此一理論將環境分成五大系統：微系統、中系統、外系統、巨系統及貫穿這些系統的時間系統。此派學說的貢獻在於將生態因素放進人生全程的發展之中；評論者則認為他們沒有適當注意生物學的因素，也忽略認知的角色。
- **折衷主義的理論導向**：折衷主義則是主張不完全以上述任一理論來完全解釋人類發展，而是兼容並蓄，且在不同議題上選擇最適宜解釋的理論。

肆、人生全程發展的研究

學習目標四　解釋人生全程發展的研究是如何進行的

- **蒐集資料的方法**：要研究人生全程發展而蒐集資料的方法包括實驗室觀察、自然觀察、問卷調查法、晤談法、標準化評量、個案研究和一些生理學的計量研究。
- **研究設計**：三種研究設計型態包括描述性的、相關性的及實驗性的。

  1. 描述性研究的目的是觀察和記錄行為；2. 相關性研究是描述一些事件或特質間有所關聯的強度；3. 實驗研究則是進行一個實驗以操弄獨立變項，然後觀察相依變項的改變，也會依據需要將參與實驗的人以隨機分派的方式分成實驗組和控制組。實驗研究可以驗證因果關係，了解實驗變項投入後對事件或現象的改變。
- **研究的時間歷程**：研究人生全程發展的研究者如果對年齡和其他變項間的關係好奇，可以採取跨階段的研究取向或是縱貫的研究取向，也重視群體效應。
- **進行合乎倫理的研究**：研究者的倫理信條包括盡到告知的義務、保證所有蒐集到的資料被嚴格保密、盡力保護參與者不受傷害，並在研究結束後立即完整回答參與者的詢問。
- **最小的偏差**：研究者要以尊重而謹慎的態度處理性別、文化及種族上的議題，避免因歧視而帶來研究的偏誤。

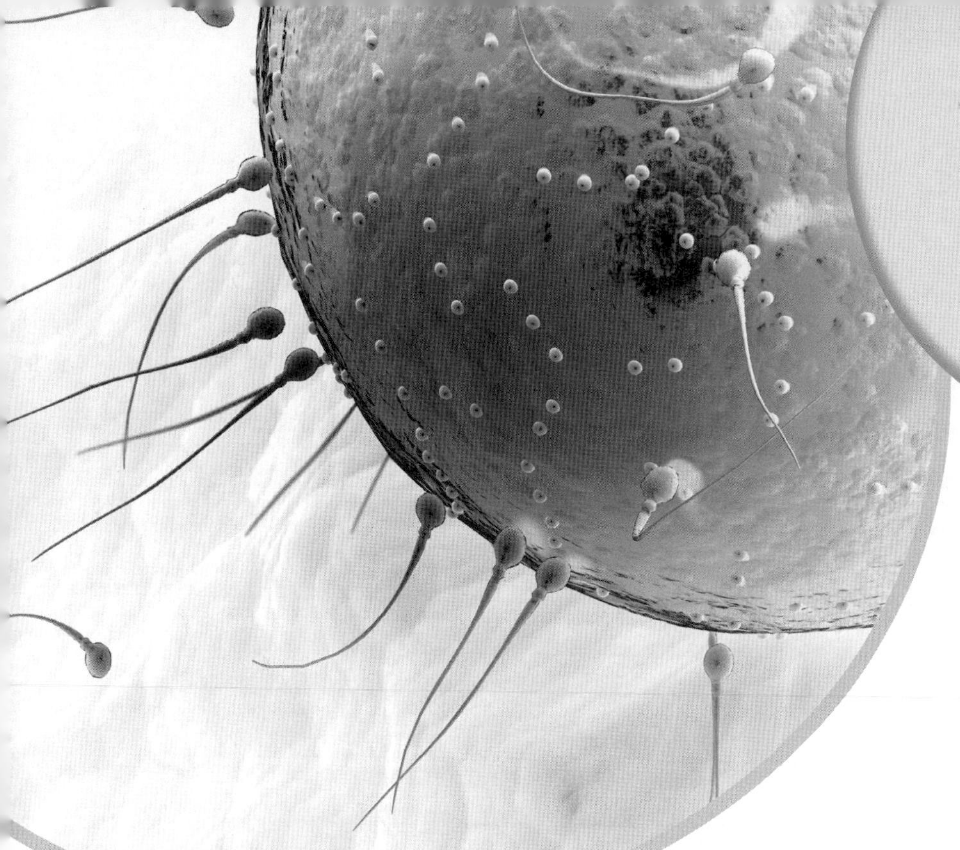

第二部

開端

生命的意義和旋律與開端有關。有人提出關於：如何從簡單的開始，發展成多樣的形式、生長，乃至成熟的問題。這個有機體過去是什麼？這個有機體現在是什麼？這個有機體未來將會是什麼？在第二部中，你將閱讀兩個章節：「生物學的開端」(第 2 章) 和「胎兒發育和生產」(第 3 章)。

猴子和猩猩總共有 193 個生物學上的物種。其中的 192 種全身覆滿了毛髮，唯一一種例外而沒有覆蓋毛髮的裸猿，自稱為「智人」。

——Desmond Morris

20 世紀英國動物學家

CHAPTER 2

生物學的開端

學習目標

1
壹、演化的觀點
學習目標一　討論生涯發展的演化觀點
包括：天擇和適應行為、演化心理學

2
貳、發展的遺傳基礎
學習目標二　描述是什麼基因，以及基因如何影響人類的發展
包括：合作基因、基因和染色體、遺傳原則、染色體和基因關聯的異常

3
參、生殖挑戰與選擇
學習目標三　找出一些重要的生殖挑戰和選擇
包括：產前診斷測試、不孕和生殖技術、領養

4
肆、遺傳 - 環境互動：自然 - 自然辯論
學習目標四　解釋遺傳和環境交互作用的一些方式，以產生個體發展的差異
包括：行為遺傳學、遺傳與環境的相關性、共享和非共享環境的經驗、表觀遺傳學和基因與環境 (G×E) 交互作用、關於遺傳與環境交互作用的結論

Jim Springer 和 Jim Lewis 是同卵雙胞胎。他們在 4 週大的時候分開，直到 39 歲時才再看到對方。

兩人都是兼職副警長，都在佛羅里達州度假，都開雪佛蘭汽車，寵物狗都取名為 Toy，都和名叫 Betty 的女人結婚後又離婚。其中一位雙胞胎將他的兒子命名為 James Allan，另一位雙胞胎則將他的兒子命名為 James Alan。兩人都喜歡數學，但都不喜歡拼字課，喜歡木工和機械製圖，喜歡咬指甲，有幾乎相同的飲酒和抽菸習慣、有痔瘡，發育期幾乎在同一個時間點增加十磅，在 18 歲時第一次頭痛，並有類似的睡眠模式。

Jim 和 Jim 也有一些不同。一位的頭髮覆蓋到額頭，另一位則是光頭並有鬢角。一位擅長口語，另一位精通寫作。但是，在大多數情況下，他們的個人資料是非常相似的。

另一對同卵雙胞胎 Daphne 和 Barbara，被稱為「咯咯地笑姐妹」，因為在她們團聚相認後，總是互相地逗對方笑。仔細檢查她們的領養家庭的家族史，沒有發現喜歡傻笑的人。咯咯地笑姐妹忽視壓力、盡可能地避免衝突和爭議、對政治沒有興趣。

Jim 和 Jim 與咯咯地笑姐妹參與明尼蘇達州，由 Thomas Bouchard 和他的同事主導關於雙胞胎的研究。該研究在明尼亞波利斯針對來自世界各地的同卵雙胞胎(基因相同，因為他們來自同一個受精卵) 和異卵雙胞胎 (來自不同的受精卵) 調查他們的生活。雙胞胎完成人格和智力測驗，並提供詳細的醫療史，包括飲食和抽菸、運動習慣、胸部 X 光片、心臟壓力測試和腦電圖的訊息。這些雙胞胎被問及他們的家庭和童年、個人興趣、職業傾向、價值觀和審美判斷等，超過 15,000 個問題 (Bouchard et al., 1990)。

當自嬰兒時期即分開的同卵雙胞胎身上，發現他們在口味、習慣和選擇上，表現出如此顯著的相似性時，我們可以斷定必然是由於基因而導致這些口味、習慣和選擇的發展嗎？其他可能的原因，也需要考慮。雙胞胎不僅共享相同的基因，而且共享一些相同的經驗。有些雙胞胎在被分別領養之前，共同生活了幾個月；有些雙胞胎在研究前已經團聚 (在多年前的某些情況下)；領養機構經常會將雙胞胎安置在相似的家庭；即使陌生人花了幾個小時在一起，開始比較其生活中很可能會出現某些巧合的相似點 (Joseph, 2006)。明尼亞波利斯對同卵雙胞胎的研究指出，人類發展的遺傳基礎的重要性，而且需要進一步研究遺傳和環境因素 (Lykken, 2001)。我們將在本章後面的行為遺傳學部分，更詳細地討論雙胞胎的研究。

預習

Jim 和 Jim 和咯咯地笑姐妹的案例，激發我們反思關於基因遺傳和我們存在的生物基礎。然而，生物不像桌球，可以透過簡單的外力預測移動到生活桌上的位置。 環境經驗和生物基礎共同造就我們成為現在的樣子。我們生活中的生物起源焦點集中在演化、遺傳基礎、挑戰和生殖的選擇、遺傳與環境的交互作用。

壹 演化的觀點

學習目標一 討論生涯發展的演化觀點

天擇和適應行為

演化心理學

在演化過程中，人類在地球上相對是較晚出現的。由於我們最早的祖先離開森林，到大草原覓食，然後在開放平原上形成狩獵社會，隨著他們的心智和行為演化，人類終於成為地球上最優勢的物種。這個演化是怎麼發生的？

一、天擇和適應行為

*天擇*是一種評價過程，最終適應的是物種中那些得以存活和繁殖的個體。要理解這是什麼意思，讓我們回到十九世紀中葉，當時英國博物學家達爾文在世界各地旅行，在自然環境中觀察許多不同種類的動物。達爾文在《物種起源》(1859 年) 一書發表他的觀察和思想，指出大多數生物以能夠導致大多數物種的族群數量大幅增加的速率繁殖，但是族群大小幾乎保持不變。他認為，由於許多年輕個體難以生存，所以對於食物、水和資源的激烈而持續的競爭，必然在每一代眾多的年輕個體之間發生。那些有助於生存和繁殖的特徵，將得以傳遞給下一代。達爾文認為，這些倖存者比非倖存者更*適應*他們的世界 (Hoefnagels, 2015)。最適應生存的個體將留下最多的後代。在繁衍幾個世代之後，具有生存所需特性的個體將在族群占有越來越多的比例。在許多世代之後，終將緩慢地改變整個族群。然而，如果環境條件改變，其他特徵可能通過天擇而變得有利，物種將演化到不同的方向 (Mader, 2014)。

這個越南嬰兒如何與母親相處，反映了適應行為的演化過程？

所有生物必須適應特定的地方、氣候、食物來源和生活方式

(Johnson, 2015)。鷹爪的演化，是朝向有利獵食的物理適應。適應行為是促進個體在其自然棲息地生存的行為 (Brooker et al., 2015)。例如，照顧者和嬰兒之間的依附，確保嬰兒靠近照顧者，以便餵食並預防危險，從而增加嬰兒的生存機會。

二、演化心理學

雖然達爾文在 1859 年介紹天擇的演化論，但他的概念直到最近才成為解釋行為的流行架構。心理學最新的方法：**演化心理學**，強調適應、繁殖和「適者生存」在塑造行為時的重要性。「適應」這個詞彙，意指養育後代的能力，存活時間足以養育自己的後代。在此觀點下，天擇有利於可以增加成功繁殖的行為——也就是將基因傳遞給下一代的能力 (Durrant & Ellis, 2013)。

David Buss (1995, 2004, 2008, 2012) 在激發人們對於演化如何解釋人類行為的新興趣方面，尤其具有影響力。他提出：正如演化對身體外形和身高等身體特徵的貢獻一樣，演化也普遍影響著我們的心理組成，例如我們如何決策、如何侵略、恐懼什麼和如何擇偶。假設我們的祖先是獵人和在平原上的採集者，男人負責大部分的狩獵，女人則留在家附近採集種子和植物為食。如果你必須從家裡移動一定的距離，去尋找留下和逃離的動物，就需要相當的體能，以及特定的空間定向能力。具有上述優勢的男人更有可能存活，獲得更多的食物、對伴侶更具有吸引力，從而繁殖並傳遞這些特性給他們的孩子。換言之，如果 Buss 的假設是正確的，這些特徵為男性提供生殖優勢，經過許多世代以後，具有良好空間定向能力的男人就可能會在人口比例中更多。質疑者指出，這些假設不一定準確，而且這樣的場景可能實際上未曾發生。

(一) 演化發展心理學

無窮的煩惱問題：反思從哪裡來、到哪兒去、何時及如何？
——RICHARD BURTON 爵士
19 世紀英國探險家

近來，使用演化心理學的概念來了解人類發展的興趣越來越大 (Anderson & Finlay, 2014; Bjorklund, 2007, 2012)。以下即將討論一些由演化發展心理學家提出的想法 (Bjorklund & Pellegrini, 2002)。

加長的童年時期可能與人類需要時間來發展大腦容量，並且學習人類社會的複雜性有關。人類比任何其他哺乳動物，花費更長的時間來達到性成熟 (見圖 2.1)。在這個加長的童年時期，人類發展更大的腦容量，並具備在複雜社會成為合格的成年人所需的經驗。

演化心理學 (evolutionary psychology)
強調適應、生殖和「適者生存」在塑造行為的重要性。

許多演化心理機制是屬於特定領域的；也就是說這些機制僅適用

於人的某些特定方面的心理機制。根據演化心理學，心智能力並非一項通用的設備，可以同等地應用於所有廣泛的問題。相反地，正如我們的祖先處理某些重複出現的問題，如狩獵、尋找庇護所，演化出專門的心理模組來處理相關問題的訊息。例如，這樣的專用模組可能包括用於追蹤動物的物理知識的模組、用於交易的數學知識的模組，和用於語言的模組。

演化的機制並不一定能適應當代社會，我們史前祖先某些適應的行為在當代社會可能不適用。例如，人類的祖先時常面臨食物缺乏的環境，因此傾向於在食物足夠時飽食，並渴望高熱量食物；當食物豐富時，這種特性可能導致肥胖的流行。

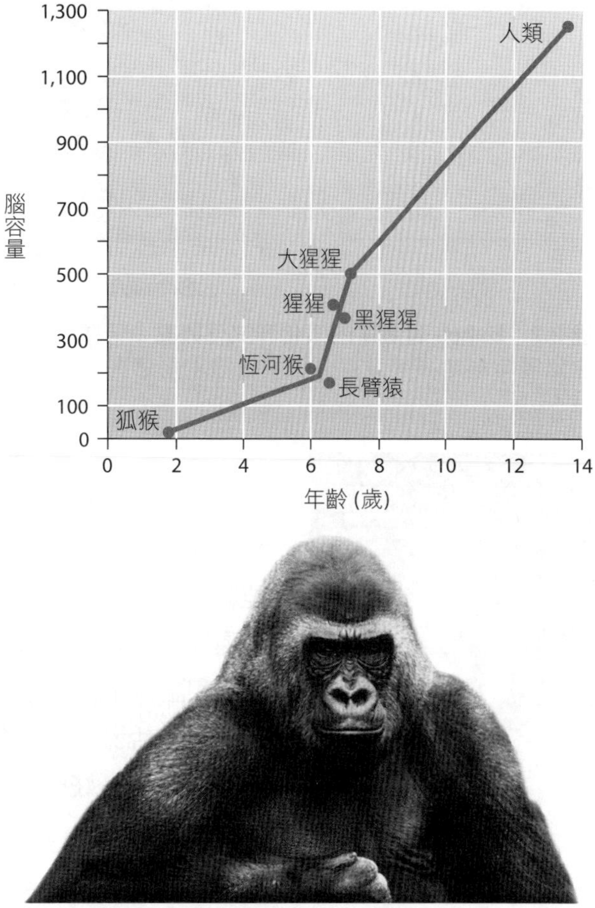

圖 2.1 各種猿猴和人類兒童期的長度相對於腦容量的大小。與其他靈長類動物相比，人類具有較大的腦容量和較長的兒童期。從這張圖表所顯示的關係中，你能得出什麼結論？

(二) 連接演化和生涯發展

依據演化理論，重點是個體必須長壽到足以繁殖和傳遞他們的特徵 (Starr, Evers, & Starr, 2015)。為什麼人類在繁殖後還活得這麼久？也許演化青睞長壽，因為銀髮族眾多可以提高嬰兒的存活率。當父母出去打獵和採集食物時，祖父母能協助照顧幼兒，提高演化的優勢。

生涯發展學者 Paul Baltes (2003) 認為，天擇演化的優勢隨著年齡增長而下降。天擇並沒有淘汰常出現在老年人中許多有害的條件和不適應的特徵。為什麼？天擇主要針對成年早期與生殖健康相關的特徵。因此，Baltes 表示，天擇主要在生命週期的前半段運作。

以不可逆的腦部疾病阿茲海默病為例，其特徵是思維能力逐漸惡化，這種疾病通常在超過 70 歲才發病。如果是 20 歲左右發病，也許透過天擇早就將它消滅了。

因此，在抗衡非適應條件的演化壓力下，承受疼痛、痛苦和衰老造成的軟弱。而作為演化選擇的優勢隨著年齡增長而減少，Baltes 認為，更增加對文化的需要 (見圖 2.2)。也就是說，因為老年人生理上的衰弱，他們需要以文化為基礎的資源，如認知技能、讀寫能力、醫

發展連結—生涯觀點
Baltes 描述了人生全程的八個主要特徵。(第 1 章)

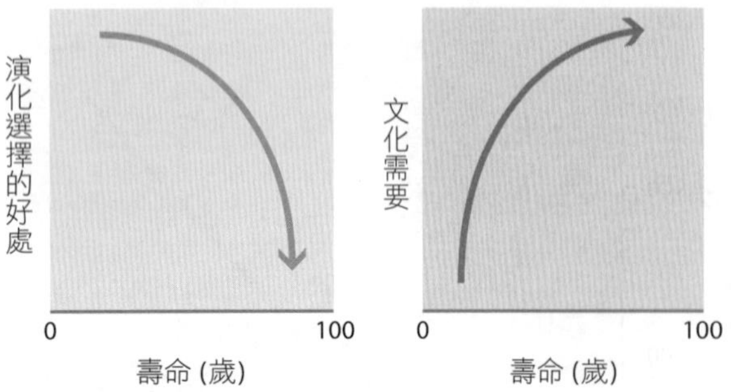

圖 2.2　Baltes 對壽命的演化和文化觀點。天擇的好處隨著年齡增長而減少，而文化需求則隨著年齡增長。

療技術和社會支持。例如，老年人可能需要來自其他人的幫助和訓練，來維持他們的認知技能 (Rebok et al., 2014; Schaie & Willis, 2014)。

(三) 評估演化心理學

儘管大眾媒體發表很多關注演化心理學的觀點，但它仍然只是一個理論方法。和第 1 章中所描述的理論一樣，它有限制、弱點和評論 (Hyde, 2014)。Albert Bandura (1998)，第 1 章描述的社會認知理論認為演化對人類適應有重要影響。然而，他摒棄了所謂的「片面演化論」，亦即認為社會行為是演化生物學的產物。另類選擇是環境和生物條件彼此影響的雙向觀點。這種觀點認為，演化的壓力創造生理結構的變化而開始使用工具，使我們的祖先得以改善環境，建構新的環境條件；反過來說，環境的改變產生新的天擇壓力，導致與意識、思維和語言相關的專屬生理系統的演化。

所有文化背景的兒童都對成人使用的工具感興趣。例如，這個來自非洲剛果民主共和國 Efe 文化的 11 個月大的男孩試圖用 apopau (一種小型的大砍刀) 切開木瓜。究竟嬰兒的行為是基於演化，還是基於生物和環境條件？

換句話說，演化不主宰行為。人們基於他們的生理能力產生多樣性的文化——好戰的或者熱愛和平的、平等的或者獨裁的。正如美國科學家 Stephen Jay Gould (1981) 總結指出，在人體機能的大部分領域，生物學允許廣泛的文化可能性。

天擇導致人體特徵和行為發展的「全貌」構想難以反駁或實驗，因為演化的時間尺度太長，並不適合進行實證研究。因此，研究特定基因在人類和其他物種中與性狀和行為的關聯，可能是驗證演化心理學構想的最佳方法。

複習・連結・反思　學習目標一　討論生涯發展的演化觀點

複習重點

- 如何定義天擇和適應行為？
- 何謂演化心理學？哪些是演化心理學家提出的人類發展的基本觀點？演化是如何在不同的生涯時刻產生不同的影響？如何評估演化心理學？

連結

- 在前一章的理論部分，你學到了關鍵時期。關鍵時期的概念如何與你在本節中將學習的銀髮族和老化有關？

反思個人的人生旅程

- 你認為哪一個更能說明你的發展：演化心理學家或批評者的觀點？為什麼？

貳 發展的遺傳基礎

學習目標二 描述是什麼基因，以及基因如何影響人類的發展

合作基因 | 基因和染色體 | 遺傳原則 | 染色體和基因關聯的異常

隨著時間的演變，基因遺傳影響著行為，並且橫跨許多物種。許多遺傳所影響的性狀和特徵，其實存在我們的去氧核醣核酸中，並且歷經長久歷史的演化。我們的 DNA 不僅僅是繼承自父母，也來自於其他物種祖先的遺傳。

適合生存的物種特徵是如何傳遞到下一代？達爾文不知道答案，因為基因和遺傳學的原理還沒有被發現。我們每個人都帶有繼承自父母的「遺傳代碼」。由於受精卵攜帶人類的代碼，所以人的受精卵不會長成白鷺、鷹或大象。

一、合作基因

每個人的生命都開始於一個重量約五萬分之一盎司的單細胞！這個小小的細胞包含了我們所有的遺傳代碼——幫助我們從單一細胞發展成為數兆個細胞組成的人的訊息，每個細胞都包含原始代碼的複本。DNA 攜帶這些基因的代碼。什麼是基因，它們能做什麼呢？想要知道答案，我們必須仔細觀察細胞。

發展連結—生物過程
目前的衰老生物學理論強調，染色體末端的變化在衰老中具有關鍵作用。(第 17 章)

人類細胞的細胞核內含有**染色體**，是由**去氧核醣核酸** DNA 所組成的線狀結構。DNA 是具有雙螺旋形狀的複合分子，如螺旋狀的樓梯 (見圖 2.3)，並含有遺傳訊息。**基因**是遺傳訊息的單位，是一小段的 DNA。DNA 幫助細胞複製和合成蛋白質。蛋白質不僅僅組成細胞，也直接調節身體代謝的過程 (Cowan, 2015; Willey, Sherwood, & Woolverton, 2014)。

每個基因都有自己特定的位置——特定染色體上指定的位置。今天科學家們致力於確認與特定發育及功能相關基因的具體位置 (Mason et al., 2015; Raven et. al, 2014)。人類基因組計畫是致力於繪製人類基因組的重要一步——包括人類細胞完整的遺傳內容，以及用於發育產生人體組織蛋白質的訊息 (Brooker, 2015; Cummings, 2014)。

目前使用的基因鑑定和發現的主要方法是全基因組關聯法、連鎖分析法、下一代測序法和千基因組計畫：

染色體 (chromosomes)
23 對的線形結構，每對染色體的其中一條分別來自父或母。

去氧核醣核酸 (DNA)
含有遺傳訊息的複合分子。

基因 (genes)
DNA 組成的遺傳訊息單元。基因協助細胞自我複製，並協助製造維持生命的蛋白質。

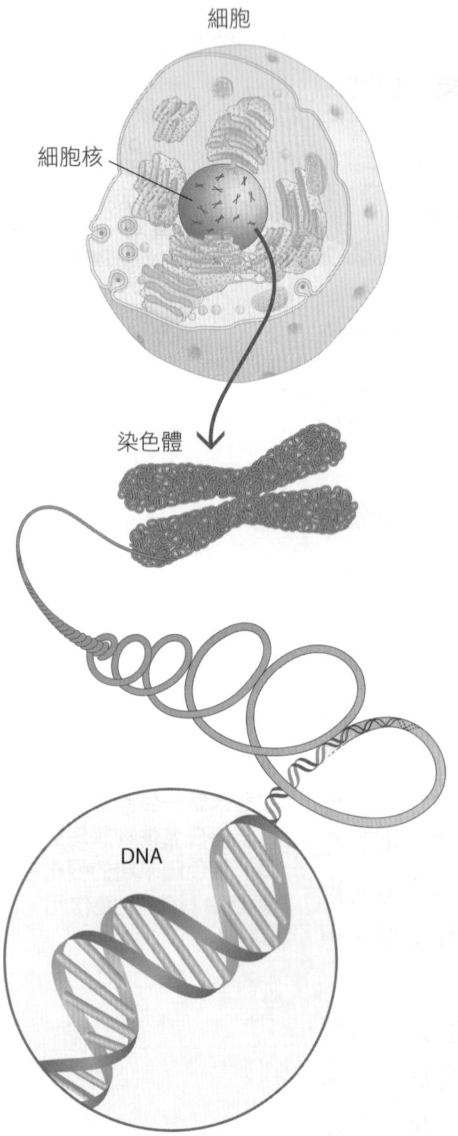

圖 2.3　細胞、染色體、DNA 和基因。(上圖) 身體含有數兆個細胞，每個細胞都含有一個中心結構，細胞核。(中圖) 染色體是位於細胞核中的絲狀結構，染色體由 DNA 組成。(下圖) DNA 具有螺旋狀的結構。基因是 DNA 的片段。

1. 人類基因組計畫使用全基因組關聯法來完成標識與特定疾病有關的遺傳變異，如肥胖症、癌症、心血管疾病或阿茲海默症 (Brown et al., 2014；Guo et al., 2014)。為了進行全基因組關聯研究，研究者分別從患有疾病和沒有疾病的個體取得 DNA。然後，從血液或其他細胞純化每個參與者的完整 DNA 或基因組，並在機器上掃描以確定遺傳變異的標記。如果在患有該疾病的人群中頻繁地發生相同的遺傳變異，則意味著該疾病和基因組的某段變異區域相關。最近全基因組關聯研究已經針對兒童肥胖症 (Zhao et al., 2014)、心血管疾病 (Malik et al., 2014)、阿茲海默症 (Liu et al., 2014) 和憂鬱症 (He et al., 2014；精神科 GWAS 聯合會嚴重憂鬱症工作小組，2013) 進行。
2. 連鎖分析法經常被使用在尋找疾病相關的基因，其目標是發現位置已知的相關標記基因 (Lyon & Wang, 2012)。傳遞到子代與疾病相關的一個或多個基因，通常位於標記基因的附近。目前正以基因連鎖法對各種疾病進行研究，包括注意缺陷過動障礙 (Caylak, 2012)、自閉症 (Warrier, Baron-Cohen, & Chakrabarti, 2014)、憂鬱症 (Cohen-Woods, Craig, & McGuffin, 2012) 和阿茲海默症 (Raj et al., 2014)。
3. 下一代測序法是指能在更短的時間內、大幅降低成本，並產生大量遺傳數據。近年來，下一代測序法大幅增加了對遺傳影響發展的知識 (Kassahn, Scott, & Fletcher, 2014; Lango Allen et al., 2014)。
4. 人類基因組在個體之間以很小但非常重要的方式變化。了解這些變化將需要檢查很多人的基因組。目前的千基因組計畫開始於 2008 年，是迄今為止對人類遺傳變異的最詳細研究。該計畫的目標是確定來自世界各地不同民族的至少 1,000 人的基因組序列 (Abyzov et al., 2013; Shibata et al., 2012)。透過完整描述上千人的遺傳變異，以詳細地進行疾病遺傳變異的研究。

人類基因組計畫的一大亮點是早期的報告，表明人類只有約

30,000 種基因 (美國能源部，2001)。最近，人類基因的數量進一步下修到約 20,700 個 (Ensembl Human, 2010; Flicek et al., 2013; Science Daily, 2008)。最近的進一步分析指出，人可能實際上僅具有少於 20,000 個產生蛋白質的基因 (Ezkurdia et al., 2014)。科學家曾經認為人類有多達 10 萬個以上的基因，他們過去認為每個基因只編程一種蛋白質。事實上，人類的蛋白質含量遠遠超過基因，因此基因和蛋白質之間不能一一對應 (Commoner, 2002)。每個基因不是以自動機器方式翻譯成一個且只有一個蛋白質 (Moore, 2013)。發育心理學家 David Moore (2001) 強調，他的著作《依賴基因》強調，基因不會單獨活動。

人類基因組不是作為一組獨立的基因，而是由許多基因組成，這兩種基因在人體內部和外部彼此合作，並具有非致病性因子 (Moore, 2013)。協同在很多方面運作。例如，細胞機械式地混合，匹配和鏈接小片 DNA 以重現基因，而且這個機制會受到周圍發生事情的影響。

基因是否被轉化為「組裝蛋白質」——也是綜合的問題。基因的活性 (遺傳表達) 受環境的影響 (Gottlieb, 2007; Moore, 2013)。例如，在血液中循環的賀爾蒙進入細胞，可以「開」和「關」基因。賀爾蒙的循環受到環境條件的影響，如光線、日照長度、營養和行為。許多研究顯示，細胞外的事件和細胞內的事件可以刺激或抑制基因表現 (Gottlieb, Wahlsten, & Lickliter, 2006)。最近的研究顯示，壓力、輻射和溫度等因素會影響基因表現 (Craft et al., 2014；Dedon & Begley, 2014)。例如研究顯示，壓力激素如皮質醇的濃度增加導致 DNA 損傷增加五倍 (Flint et al., 2007)。另一項研究還發現，暴露於輻射會改變細胞中 DNA 合成的速度 (Lee et al., 2011)。

二、基因和染色體

基因不僅是合作的，而且是持久的。這些基因如何能夠代代相傳，最終成為身體的億萬細胞呢？三個過程解釋故事的核心：有絲分裂、減數分裂和受精。

(一) 有絲分裂、減數分裂和受精

身體中的所有細胞，除精子和卵之外，共有 46 條染色體排列成 23 對。這些細胞透過**有絲分裂**的過程繁殖。在有絲分裂期，細胞核——包括染色體——複製並分裂。形成兩個新的細胞，每個細胞含有與原始細胞相同的 DNA，排列相同的 23 對染色體中。

然而，不同類型的細胞分裂**減數分裂**形成卵和精子 (又稱為配

有絲分裂 (mitosis)
細胞繁殖細胞核並產生兩個新的細胞 (每個細胞含有與原始細胞相同的 DNA)，排列相同的 23 對染色體。

減數分裂 (meiosis)
是形成卵和精子 (又稱為配子) 的特殊形式的細胞分裂。

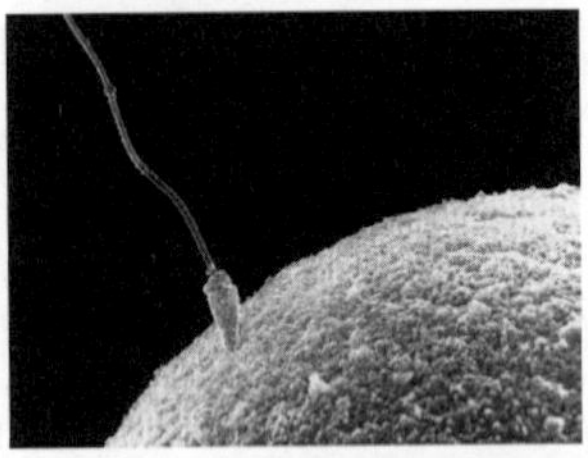

圖 2.4　在受精時，穿透卵的單一精子。

子)。在減數分裂時，睪丸細胞 (男性) 或卵巢 (女性) 複製染色體，然後分裂兩次，從而形成四個細胞，每個細胞只有親代細胞遺傳物質的一半。在減數分裂的最後，每個卵或精子都有 23 個不成對的染色體。

在**受精**時，卵子和精子融合產生單一細胞，稱作**受精卵** (見圖 2.4)。在受精卵中，來自卵的 23 個不成對的染色體和來自精子的 23 個不成對的染色體組合成一組 23 個配對的染色體——每對染色體的一條染色體來自母親的卵，而另一條染色體則來自父親的精子。透過這種方式，每個父母都貢獻一半的遺傳物質給後代。

圖 2.5 顯示男性和女性的 23 對染色體。每對染色體的成員都是相似卻不同的：在每對染色體中的個別染色體上的相同位置含有相同基因的不同形式。例如，影響頭髮顏色的基因位於一對染色體的兩個成員上同一位置，其中一條染色體可能攜帶金髮的基因；該對中的另一條染色體可能攜帶棕髮的基因。

在圖 2.5 中，你注意到男性和女性的染色體之間有明顯的差異嗎？差異在於第 23 對。通常，女性由兩條 X 染色體組成；男性第 23 對由 X 和 Y 染色體組成，Y 染色體是成為男性而非女性的因素。

(二) 變異的來源

透過雙親的基因組合增加後代族群的遺傳變異性，對物種是很珍貴的，因為這對天擇提供更多的特徵選擇 (Raven et al., 2014; Simon, 2015)。事實上，人類遺傳過程創造重要的變異來源。

首先，受精卵中的染色體不是母親卵巢或父親睪丸中染色體的直接複製。在減數分裂精子和卵形成時，每對染色體的成員被分開，但是配對中的哪個染色體去哪一個配子是偶然的。此外，在配對分離之前，每對中的兩條染色體的片段被交換，使得在每條染色體上產生新的基因組合 (Mader & Windelspecht, 2015)。因此，當母親的卵和父親的精子之染色體合併在受精卵中時，結果產生真正獨一無二的基因組合 (Willey, Sherwood, & Woolverton, 2014)。

如果每個受精卵是獨一無二的，那麼在本章開頭討論的同卵雙胞胎又該如何解釋呢？同卵雙胞胎 (又稱為單卵雙生子) 從單一受精卵分裂成兩個相同遺傳的受精卵，再發育成為兩個人。異卵雙胞胎 (又稱為雙卵雙胞胎) 則是當兩個卵子分別被不同的精子受精，發育成與普通兄弟姐妹基因相似的個體。

變異的另一個來源是 DNA。機會事件，意指細胞機械性的錯誤或輻射等環境因素的損害，可能會產生突變的基因，永久地改變

受精 (fertilization)
卵子和精子融合時產生單細胞受精卵的生殖階段。

受精卵 (zygote)
通過受精形成的單細胞。

DNA 片段 (Bauman, 2015)。

對敏感性基因的研究越來越受關注，這類基因使個體更容易受到特定疾病、加速衰老，以及長壽基因的影響；使得個體對特定疾病更顯脆弱，也可能使個體活得更久 (Howard & Rogers, 2014; Stadler et al., 2014; Wei et al., 2014)。然而，即使具有完全相同基因的個體間也會有差異。基因型和表現型之間的差異有助於我們了解這種變異性的來源。一個人所有的遺傳物質構成他或她的**基因型**。然而，觀察和衡量得到的特徵遠多於遺傳特質。**表現型**由可觀察的特徵組成。表現型包括物理特徵 (如身高、體重和頭髮顏色)，和心理特徵 (如人格和智力)。

究竟是如何從基因型轉變到表現型的呢？這個機轉非常複雜，但在細胞的最基本層次，DNA 的訊息被轉錄成 RNA (核醣核酸)，再轉化成氨基酸，最終將組成蛋白質 (Brooker, 2015; Cummings, 2014)。蛋白質組裝完成，就能夠表現出性狀和特徵。此外，環境與基因型交互作用以產生表現型。

因此，對於每種基因型，可以表達一定範圍的表現型，提供另一個變異性來源 (Solomon et al., 2015)。例如，個體可以因為遺傳而獲得生長得非常大的潛力；但是，環境是否提供良好營養的影響，對於最後是否真能長得非常大至關重要。

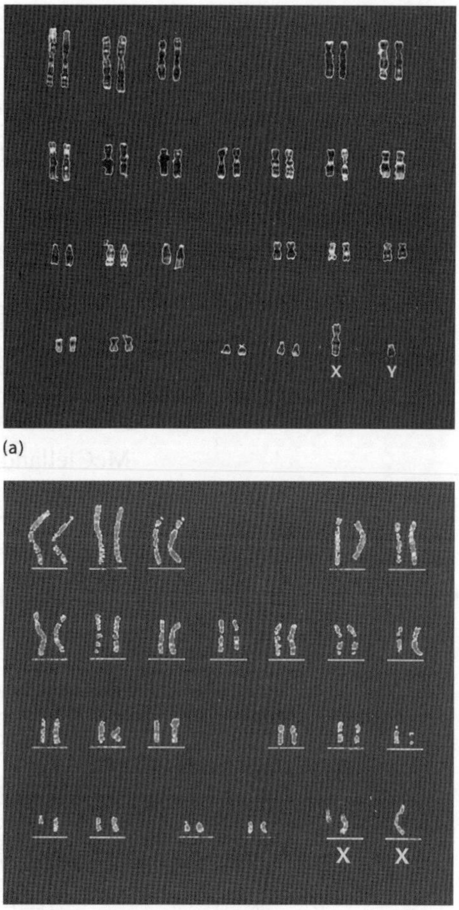

(a)

(b)

圖 2.5　男女之間的遺傳差異。(a) 顯示男性的染色體結構；(b) 顯示女性的染色體結構。最後一對染色體位於每組 23 對的右下方。注意：男性的 Y 染色體小於女性的 X 染色體。為了獲得染色體圖像，需將細胞從人體移除 (從身體取得細胞的簡單方法是用棉條刮拭口腔內側)。染色體透過化學處理染色、放大，然後拍照。

三、遺傳原則

什麼因素能決定基因型如何活化成特定的表現型？關於這個問題的答案仍有許多未知 (Moore, 2013)。然而，已經發現許多遺傳學原理，其中包括顯性隱性基因、性別連鎖基因、遺傳標記和多基因決定的表徵。

(一) 顯性隱性基因規則

一對基因中的某個基因總是發揮作用、主導基因的表現，總是覆蓋另一個稱為隱性基因的影響，稱作*顯性隱性基因規則*。只有當一對中的兩個基因都是隱性時，隱性基因才能發揮作用。亦即當你同時繼承父母的隱性遺傳基因，你才會顯示其特徵。如果你只從父母之一繼

基因型 (genotype)
個體的遺傳物質；實際的遺傳物質。

表現型 (phenotype)
個體的基因型表現出可觀察和可測量特徵的方式。

承隱性基因，將無法得知自己攜帶該基因。棕髮、遠視、酒窩、金髮、近視和雀斑都遵循此一規則。

兩個棕髮的父母可以生出金髮的孩子嗎？可以。假設父母都具有棕髮顯性基因和金髮隱性基因。由於顯性基因超越隱性基因，父母雖然是棕髮，但都可以攜帶金髮基因，並且傳遞隱性的金髮基因。沒有顯性基因來覆蓋時，隱性基因就會使孩子的金髮顯現。

(二) 性別連鎖基因

大多數突變基因是隱性的。X 染色體上的突變基因，稱作 *X 連鎖遺傳*。對男性的意義與對女性的意義大不相同 (Guffanti et al., 2013; McClelland, Bowles, & Koopman, 2012)。男性只有一條 X 染色體，因此在 X 染色體上缺失或改變疾病相關基因，則男性沒有「備份」拷貝來對抗有害基因，可能發生 X 連鎖遺傳疾病。然而，女性有第二條 X 染色體可能是正常的，因此比較不會有 X 連鎖遺傳疾病。所以，大多數 X 連鎖疾病的患者是男性。在 X 染色體上有一個基因異常的女性被稱為「攜帶者」，她們通常不會表現出 X 連鎖疾病的跡象。本章後面討論的血友病和脆性 X 症候群就是 X 連鎖遺傳疾病的例子 (Bartel, Weinstein, & Schaffer, 2012)。

(三) 遺傳標記

基因的表現依據母親或父親是否傳遞基因而具有不同的效果時，稱作*遺傳標記* (Schneider et al., 2014)。基因對其中一個成員的化學過程「沉默」。例如，標記的結果，只有表現基因的母系衍生複本有活性，而相同表現基因的父系衍生複本則保持沉默，反之亦然 (Court et al., 2014)。只有一小部分人類基因具有遺傳標記，但對演化發展是正常且重要。當標記出錯時，發展受到干擾，例如 Beckwith-Wiedemann 綜合症 (一種生長障礙)，和 Wilms 腫瘤 (一種癌症) (Okun et al., 2014)。

(四) 多基因決定的表徵

遺傳比迄今為止所研究的簡單例子還要複雜 (Moore, 2013)，很少有特徵只由單一基因或單一對基因決定。大部分是由許多不同基因的交互作用決定的，稱作*多基因決定的表徵* (Lu, Yu, & Deng, 2012)。即使是一個簡單的特徵，例如身高，也依循許多基因的交互作用及環境的影響。大多數疾病，如癌症和糖尿病，由複雜的基因交互作用和環境因素形成 (Dastani et al., 2012)。

基因—基因交互作用用來描述兩個或多個基因相互影響的特徵、行為、疾病和發展 (Hu, Wang, & Wang, 2014; Sarlos et al., 2014)。例如，最近研究記錄兒童免疫功能 (Reijmerink et al., 2011)、氣喘 (Lee et al., 2014)、酗酒 (Yokoyama et al., 2013)、癌症 (Mandal, Abebe, & Chaudhary, 2014)、心血管疾病 (Kumar et al., 2014)、關節炎 (Freytag et al., 2014) 和阿茲海默症 (Koren et al., 2014) 的基因 - 基因交互作用。

四、染色體和基因關聯的異常

某些個體的遺傳過程出現異常，這些異常與減數分裂過程中染色體無法完全分離有關，其他異常則是由有害基因所產生。

(一) 染色體異常

男性的精子和 / 或女性的卵子沒有正常的 23 條染色體，有時仍會形成配子。最明顯的例子就是唐氏症和性染色體異常 (見圖 2.6)。

1. 唐氏症

唐氏症是因為第 21 對染色體多了一條所造成的智力障礙。不知道為什麼會出現額外的染色體，但是和男性精子或女性卵子都可能有關。患有唐氏症的人有圓臉、扁平的頭顱骨、額外的皮膚覆蓋在眼皮上、舌頭突出、四肢較短、動作和心智能力出現障礙 (Peters & Petrill, 2011)。

唐氏症 (Down syndrome)
由於第 21 對染色體多了一條造成的智力障礙。

病名	描述	治療	發生率
唐氏症	多餘的染色體會導致輕度至重度的智能障礙和身體異常。	手術，早期療育，嬰兒刺激和特殊學習計畫	孕婦 20 歲，每 1,900 胎出現一名 孕婦 35 歲，每 300 胎出現一名 孕婦 45 歲，每 30 胎出現一名
克蘭費爾特症 (XXY)	多餘的 X 染色體會導致身體異常。	賀爾蒙治療有效	每 600 個男性胎兒出現一名
脆性 X 症	X 染色體異常會導致智能障礙、學習障礙或注意力變短。	特殊教育、言語和語言治療	男性比女性更常見
透納症 (XO)	女性 X 染色體缺失會導致智能障礙和性發育不良。	在兒童和青春期以賀爾蒙治療	每 2,500 個女性胎兒出現一名
XYY 症	多餘的 Y 染色體可能會使得身高高於平均水準。	不需要特殊處理	每 1,000 個男性胎兒出現一名

圖 2.6 染色體異常。對這些異常的治療並不一定能消除問題，但可能會改善個體的適應行為和生活品質。

這些運動員，其中幾位患有唐氏症，正在參加特奧會的比賽。唐氏症個體的獨特面部特徵，如圓臉和扁平的頭顱骨。是什麼原因導致唐氏症呢？

每 700 名活產嬰兒中大約會出現一例唐氏症。與年輕或年長的女性相比，16 至 34 歲的女性生產唐氏症胎兒的可能性較小。非洲裔美國人的孩子很少出現唐氏症。

2. 性連鎖染色體異常

回想一下，新生兒通常有 X 染色體和 Y 染色體，或兩條 X 染色體。人類胚胎必須至少有一條 X 染色體。最常見的與性染色體有關的異常，包括出現額外的染色體 (X 或 Y) 或雌性缺少一條 X 染色體。

克蘭費爾特症是指男性的染色體異常，有額外的 X 染色體，使他們的染色體是 XXY，而不是 XY。罹病的男性睾丸發育不良，通常乳房變大、身材變高 (Ross et al., 2012)。每 600 個男性胎兒出現一名。患者中只有 10% 在青春期之前被診斷出來，大多數患者直到成年才被確診 (Aksglaede et al., 2013)。

脆性 X 症 (fragile X syndrome) 是 X 染色體變得異常狹窄，並常常破裂導致的遺傳性疾病 (Yudkin et al., 2014)。智力困難可能是智能障礙、自閉症、學習障礙或注意力變短暫 (Hall et al., 2014; Lipton & Sahin, 2013)。研究顯示，脆弱 X 症男孩的特點是抑制、記憶和計畫的認知缺陷 (Hooper et al., 2008)。男性比女性更頻繁發生，可能是因為女性的第二條 X 染色體掩蓋了 X 染色體異常的影響 (McDuffie et al., 2014)。

透納症是女性染色體異常，缺少 X 染色體，成為 XO 而不是 XX，或其中一個 X 染色體有部分缺失 (Vlatkovic et al., 2014)。罹患透納症的女性身材矮小、頸部有蹼 (Kaur & Phadke, 2012)，可能會不孕、數學運算有困難、通常口語能力相當好 (Lleo et al., 2012)。每 2,500 個女性胎兒中會出現一名 (Pinsker, 2012)。

XYY 症是男性有多餘 Y 染色體的疾病 (Lepage et al., 2014)。早期認為這個多餘的 Y 染色體會導致侵略和暴力，然而後來的研究發現，XYY 男性比正常的 XY 男性更不容易犯罪 (Witkin et al., 1976)。

(二) 基因關聯的異常

異常不僅可能導因於染色體數量異常，也可能是由於有害基因。已經發現 7,000 多種這樣的遺傳性疾病，大多數是罕見疾病。

苯丙酮尿症 (PKU) 是一種遺傳性疾病，個體不能正常代謝稱為苯丙氨酸的一種氨基酸。由隱性基因產生，每 1 萬到 2 萬次活產就會發生一次。苯丙酮尿症在嬰兒時期很容易被檢測到，主要是以防止苯

克蘭費爾特症 (Klinefelter syndrome)
男性的染色體異常，有額外的 X 染色體，使他們的染色體是 XXY，而不是 XY。

脆性 X 症 (fragile syndrome)
遺傳性疾病，這種異常會使 X 染色體變得狹窄並常常破裂。

透納症 (Turner syndrome)
女性染色體疾病，缺少 X 染色體，成為 XO 而不是 XX，或者第二個 X 染色體有部分缺失。

XYY 症 (XYY syndrome)
是男性有多餘 Y 染色體的疾病。

苯丙酮尿症 (phenylketonuria syndrome, PKU)
遺傳性疾病，個體不能正常代謝稱作苯丙氨酸的一種氨基酸。現在 PKU 很容易被發現，但如果不治療，會導致智能障礙和過動症。

丙氨酸過量積累的飲食來治療 (Rohde et al., 2014)。如果苯丙酮尿症不治療，過量的苯丙氨酸累積在兒童身上，會導致智能障礙和過動症。苯丙酮尿症約占智能障礙人士的 1%，主要發生在非拉丁裔白人身上。

苯丙酮尿症的故事對自然界的問題有重要意義。雖然苯丙酮尿症通常被視為遺傳疾病 (先天)，但基因在苯丙酮尿症中的作用是如何發揮出來的，取決於環境的影響，因為這種疾病可以透過環境控制來治療 (後天) (Di Ciommo, Forcella, & Cotugno, 2012)。也就是說，如果個體在適當的環境中發育 (不含苯丙氨酸)，遺傳缺陷的存在不會導致疾病的發展。這是遺傳與環境互動的重要原則之一。在環境條件下 (飲食中的苯丙氨酸)，會導致智力障礙，但當其他營養素替代苯丙氨酸時，智力能發展到正常範圍。相同的基因型根據環境 (在本例中，營養環境) 具有不同結果。

鐮形血球貧血，在非洲裔美國人中是最常見的一種遺傳性疾病，會損害個體紅血球的功能。紅血球攜帶氧氣給身體的其他細胞，通常是圓盤形的。在鐮形血球貧血中，隱性基因導致紅血球變成鉤狀的「鐮刀」，不能正確攜帶氧氣並迅速死亡 (Derebail et al., 2014)。因此，身體的細胞不能獲得足夠的氧氣，造成貧血死亡 (Mehari et al., 2012)。約每 400 位非洲裔美國嬰兒中有一位患有鐮狀細胞性貧血。十分之一的非裔美國人是帶原者，相較於 20 個拉丁美洲人中僅有一個是帶原者。美國國家衛生院 (2008) 認為，食藥署批准的唯一用於治療青少年和成年人鐮形血球貧血的藥物 (羥基脲) 未得到充分利用。一項名為嬰兒 HUG (Baby HUG) 的研究目前正在進行，以確定該藥是否對嬰兒有效 (Alvarez et al., 2012; Wang et al., 2013)。

由遺傳異常引起的疾病，包括纖維囊腫、某些糖尿病、血友病、亨汀頓氏症、脊柱裂和 Tay-Sachs 氏病。圖 2.7 提供關於這些疾病的更多訊息。總有一天，科學家會發現為什麼會出現這些遺傳疾病，並發現如何治療。人類基因組計畫已經將特定的 DNA 變異與增加的疾病，包括亨汀頓氏症 (中樞神經系統惡化)、某些癌症、氣喘、糖尿病、高血壓和阿茲海默症等疾病的風險聯繫起來 (Cruchaga et al., 2014; Huang et al., 2014; Su et al., 2013)。

(三) 遺傳異常處理

每個人都攜帶 DNA 變異，可能會導致患者嚴重的身體疾病或心智障礙。並不是所有攜帶異常遺傳變異的個體都會發生疾病。其他基

鐮形血球貧血 (sickle-cell anemia)
影響紅血球的遺傳性疾病，常見於非洲人後裔。

疾病	描述	治療	發生率
纖維囊腫	干擾黏液產生的腺體功能障礙；呼吸和消化受阻，導致壽命縮短。	物理治療和氧氣治療、合成酶和抗生素；大多數人活到中年。	每 2,000 位出生嬰兒出現一例
糖尿病	身體無法產生足夠的胰島素，導致糖代謝異常。	除非發病早期用胰島素治療，否則可能致命。	每 2,500 名新生兒中有 1 人
血友病	遲發性血液凝結導致內部和外部出血。	輸血 / 注射可以減少或防止內出血造成的損害	每 1 萬個男性出現一例
亨汀頓氏症	中樞神經系統退化，產生肌肉協調和智力減退的問題。	通常 35 歲以上才會出現症狀，死於症狀出現後 10 年至 20 年。	每 2 萬名出生嬰兒出現一例
苯丙酮尿症	代謝障礙，不治療會導致智能障礙。	特殊飲食可以維持平均智力和正常的壽命。	每 1 萬至 2 萬名新生嬰兒出現一例
鐮形血球貧血	限制身體氧氣供應的血液障礙；會導致關節腫脹，以及心臟和腎臟衰竭。	盤尼西林、藥物止痛、抗生素、輸血和羥基脲。	每 400 名非洲裔美國兒童中有 1 人 (其他種族較低)
脊柱裂	導致腦和脊柱異常的神經管疾病。	出生時的矯正手術、骨科器材和物理 / 藥物治療。	每 1,000 位出生嬰兒出現二例
Tay-Sachs 氏病	由於神經系統中的脂質堆積引起的心智和身體發育遲緩。	藥物和特殊飲食，可能在 5 歲以前死亡。	每 30 個美國猶太人中有 1 個是帶原者。

圖 2.7　基因連鎖疾病。

因或發育有時會掩蓋遺傳異常 (Pessia et al., 2012)。例如，回想苯丙酮尿症的例子：即使個體攜帶與苯丙酮尿症相關遺傳變異，當苯丙氨酸在其飲食中被其他營養素取代時，不會發展出異常。

因此，基因不是命運，但遺失、無功能或突變的基因可能會導致疾病 (Fujita et al., 2014; Moore, 2013)。醫師可以透過識別遺傳缺陷，來預測個體的風險、推薦健康的做法，並開立最安全和最有效的處方藥物 (Bennetts, 2014; Kassahn, Scott & Fletcher, 2014)。從現在開始的十年或二十年，新生兒的父母將能夠對其後代進行全基因組分析來識別疾病風險。

無論如何，這些知識將會帶來重要的成本和效益。誰可以取得個人的基因概況？如果知道自己有某種疾病的危險，那麼他的能力與生涯發展就會受到威脅。例如，在出現手部顫抖的障礙症狀之前，是否應該要求航空公司飛行員或神經外科醫生儘早離開或選擇其他工作？

遺傳諮詢師，通常是醫學遺傳學領域的醫生或生物學家，能夠理解剛剛描述的問題類型、遇到它們的機率，以及抵消其效應的有用策略 (Mollee, 2014; Swanson, Ramos, & Snyder, 2014)。

複習・連結・反思 學習目標二 描述是什麼基因，以及基因如何影響人類的發展

複習重點

- 什麼是基因？
- 基因是如何傳遞的？
- 什麼是描述基因如何交互作用的基本原理？
- 什麼是染色體和基因相關的異常？

連結

- 你希望能夠取得你的後代的全基因組分析嗎？為什麼？

反思個人的人生旅程

- 你能否在自己或朋友身上發現顯性和／或隱性基因影響的可能性？請說明。

參 生殖挑戰與選擇

學習目標三 找出一些重要的生殖挑戰和選擇

產前診斷測試 | 不孕和生殖技術 | 領養

近期人類生物學知識爆炸的一小部分，是前述已經討論過關於減數分裂、遺傳學和基因異常的事實和原理。這些知識不僅有助於理解人類的發展，而且也為未來的父母們提供許多新的選擇——這些選擇也可能引發道德問題。

一、產前診斷測試

對準媽媽進行產前檢查的程度將是她們的一個選擇。某些檢查可以顯示胎兒是否正常發育，包括超音波造影、胎兒核磁共振造影、絨毛膜絨毛取樣、羊膜穿刺術、孕婦血液篩檢和非侵入式產前診斷。

(一) 超音波造影

超音波檢查通常在妊娠七週後和懷孕後的不同時間進行。*超音波造影*是將高頻率的音波導入孕婦腹部的產前醫療程序 (Ekin et al., 2014)。聲音中的迴聲被轉化為胎兒內部結構的視覺呈現。這種技術可以檢測胎兒中的許多異常，包括微腦畸形，其中異常小的大腦可以造成智能障礙 (C. P. Chen et al., 2014)；也可以確定胎兒的數量 (即檢測孕婦是否懷雙胞胎或三胞胎)，並提供寶寶性別的線索 (Masselli et al., 2011)。在這種測試中，孕婦或胎兒幾乎沒有風險。

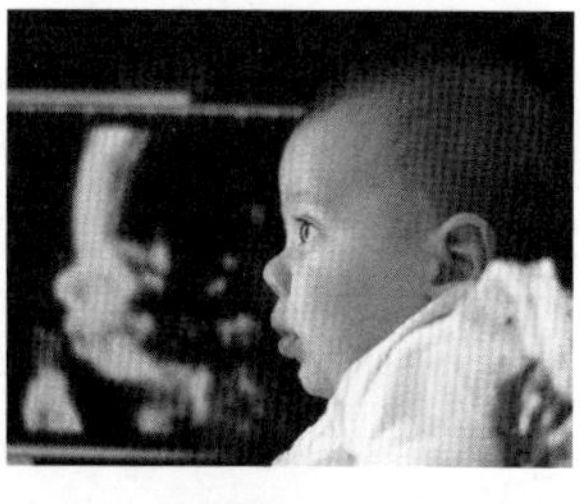

6 個月大的嬰兒在嬰兒產前發育 4 個月後拍攝超音波造影。什麼是超音波造影？

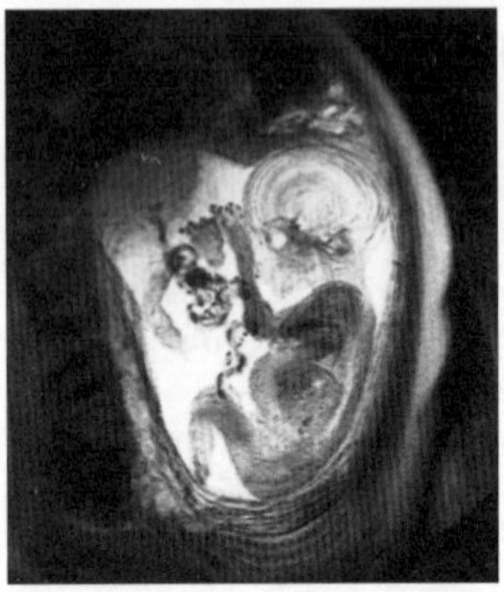

圖 2.8　胎兒核磁共振造影，使用於對致命性畸形的產前診斷。

(二) 腦影像技術

腦影像技術的發展使得越來越多胎兒採用核磁共振造影來診斷胎兒畸形 (Wu et al., 2014) (見圖 2.8)。核磁共振造影意指磁共振成像，使用高強度的磁力和電波影像生成人體器官和結構的詳細圖像。目前超音波仍然是胎兒篩檢的首選，但胎兒核磁共振造影可以提供比超聲波更詳細的圖像。在許多情況下，超音波顯示可能的異常，然後使用胎兒核磁共振造影來獲得更清晰、更詳細的圖像 (Koelblinger et al., 2013)。胎兒核磁共振造影比超音波檢查更能檢測到的胎兒畸形，中樞神經系統、胸腔、胃腸道，生殖器 / 泌尿器官和胎盤的某些異常 (Milesi et al., 2014)。

(三) 絨毛膜絨毛取樣

在妊娠第 10 週和第 12 週之間，絨毛膜絨毛取樣可用於檢測遺傳缺陷和染色體異常，例如前面討論過的那些。絨毛膜絨毛取樣 (chorionic villus sampling, CVS) 是一種產前的醫療過程，胎盤 (將胎兒連接到母親子宮的血管器官) 的取樣後 (Gimovsky et al., 2014)。診斷大約需要 10 天。使用 CVS 時，肢體畸形的風險很小。

(四) 羊膜穿刺

在懷孕第 15 至 18 週之間，可以進行羊膜穿刺。羊膜穿刺術是產前醫療程序之一，透過針筒抽取羊水樣本並測試染色體或代謝異常 (Menon et al., 2014)。羊膜內有羊水，胚胎懸浮在羊膜囊內。在羊膜穿刺時經常使用超音波造影檢查，以便準確地放置針筒。越晚進行羊膜穿刺，診斷力就越好。但是越早執行，才能決定如何面對懷孕。可能需要兩週的時間才能取得足夠的細胞以進行羊膜穿刺檢測。羊膜穿刺帶來微小的流產風險：每 200 到 300 次羊膜穿刺後約有 1 名婦女流產。

羊膜穿刺和絨毛膜絨毛取樣都能提供是否有出生缺陷的有價值訊息，但是也讓父母必須面對如果出現缺陷時，是否應該流產的難題 (Zhang et al., 2010)。絨毛膜絨毛取樣可以在懷孕的前 12 週接近結束時便能做出決定，此時流產比較安全，傷口也較小。

(五) 孕婦血液篩檢

在懷孕第 15 至 19 週期間，可以進行孕婦血液篩檢。孕婦血液篩檢高風險的孕婦，以找出缺陷，如脊柱裂和唐氏症 (Bernard et al., 2013)。目前的血液測試被稱為三重篩選，測量母親血液中的三種物質。三重篩檢結果異常後，下一步通常是超音波檢查。如果超音波仍舊無法解釋異常的結果，通常再使用羊膜穿刺。

發展連結—生物過程
在絨毛膜絨毛取樣和羊膜穿刺可以使用的階段，了解胎兒的發育情況。(第 3 章，圖 3.3)

(六) 非侵入式產前診斷 (NIPD)

以非侵入式產前診斷 (noninvasive prenatal diagnosis, NIPD) 替代絨毛取樣和羊膜穿刺等手術的方法日益受到重視 (Kantak et al., 2014; Li et al., 2014)。NIPD 主要集中在腦部影像技術，循環在母體血液中的胎兒細胞的分離檢查，以及母體血漿中無細胞胎兒 DNA 的分析 (Mersy et al., 2013; Papasavva et al., 2013)。

研究人員已經成功地使用 NIPD 檢測導致纖維囊腫和亨汀頓氏症的父系遺傳基因。目前正研究在胎兒發育早期使用 NIPD 的可能性，以診斷嬰兒的性別，並檢測唐氏症 (Lim, Park, & Ryu, 2013)。

(七) 胎兒性別檢查

絨毛膜絨毛取樣通常用於妊娠第 11 至 13 週之間確定胎兒的性別。最近，非侵入式技術已經能夠在較早的時間檢測到胎兒的性別 (Moise et al., 2013)。後設分析的研究證實，懷孕 7 週後就可以確認嬰兒的性別 (Devaney et al., 2011)。越早期的階段能夠確認子女的性別，以及各種疾病和缺陷的存在，造成對孕婦人工流產動機的道德擔憂 (Dickens, 2014)。

二、不孕和生殖技術

生物學知識的最新進展也為不孕個體開啟更多選擇 (Asero et al., 2014)。在美國，約有 10% 至 15% 的夫妻罹患*不孕症*，這是指在無避孕措施的情況下，經常性交 12 個月後無法懷孕。不孕症的原因可以與女人或男人相關 (Reindollar & Goldman, 2012)。女性可能沒有排卵 (釋放卵子受精)、可能是產生異常的卵子、卵子通常到達子宮的輸卵管可能阻塞，或者可能患有阻止胚胎植入子宮的疾病；男性可能產生的精子太少、精子可能缺乏活力 (充分移動的能力)，或者可能有輸精管堵塞 (Guido et al., 2014; Takasaki et al., 2014)。

在美國，每年有 200 多萬對夫婦尋求不孕的幫助。在某些不孕的情況下，手術也許可以矯治；有些情況，賀爾蒙藥物也許會提高懷孕的機率。每年 200 萬對不孕求助夫婦中，約有 4 萬人嘗試高科技輔助生殖技術。目前最常用的技術是*體外受精* (in vitro fertilzation, IVF)，卵和精子在培養皿中結合。如果有卵子成功受精，則將一或多個受精卵移植到婦女的子宮內。美國疾病管制中心 (2006) 在全國性研究發

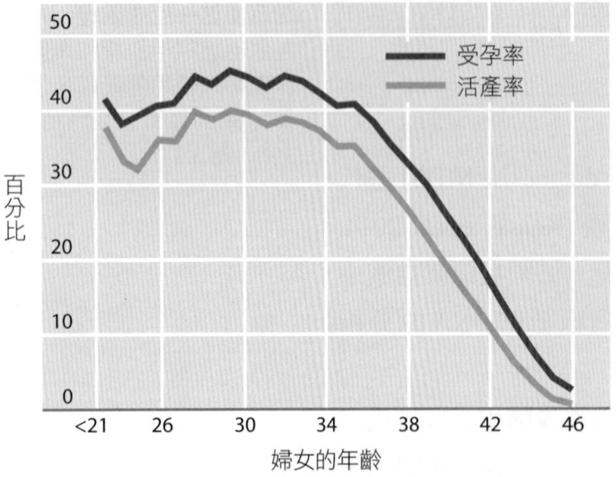

圖 2.9　根據不同婦女的年齡的體外受精成功率。

現，IVF 的成功率取決於母親的年齡 (見圖 2.9)。

透過新的生殖技術創造家庭，對兒童造成身心問題的影響更加重要 (Parke, 2014)。生殖技術的結果是多胞胎的增加。透過生殖技術 (包括體外受精) 成功的懷孕中約有 25% 至 30% 是多胞胎。後設分析 (結合多項研究結果以確定效果強度的統計學技術) 顯示，體外受精的雙胞胎出生體重偏低的風險稍高 (McDonald et al., 2010)，另一項後設分析發現，體外受精的單胞胎有低出生體重的重大風險 (McDonald 等 et al., 2009)。關於體外受精的長期後果的研究，請參閱【透過研究找出關聯】。

三、領養

雖然手術和生育藥物有時可以解決不孕問題，但有另一種選擇是領養孩子 (Grotevant & McDermott, 2014)。領養是以社會和法律程序，確立與無血緣關係的人之間的親子關係。

(一) 領養子女和養父母多樣性的增加

在過去三、四十年間，領養子女和養父母的樣貌有變化 (Brodzinsky & Pinderhughes, 2002; Grotevant & McDermott, 2014)。在二十世紀上半葉，大多數美國人領養的孩子是健康的非拉丁裔白人嬰兒，在出生或不久之後就被領養；然而，近幾十年來，隨著墮胎合法化和避孕措施的增加，這類嬰兒的領養人數減少了。美國夫婦越來越能接受兒童的多樣性，來自其他國家、其他民族、身體和 / 或心智障礙的兒童，以及被忽視或受虐兒。

在過去三、四十年間，養父母的樣貌也有變化 (Brodzinsky & Pinderhughes, 2002)。在二十世紀上半葉，大多數養父母都是非拉丁裔白人，中產或上層的社會經濟背景的人，他們已婚、沒有任何障礙。然而，近幾十年來，領養父母的多樣性日益增多。現在許多領養機構沒有對養父母的收入要求，允許來自不同背景的成年人領養子女，包括單身成年人、同性戀成年人和老年人。此外，許多領養涉及其他家庭成員 (阿姨 / 叔叔 / 祖父母)；目前，美國 30% 的領養是由親屬提供的 (Ledesma, 2012)。透過寄養制度，美國的領養率略高

透過研究找出關聯

透過體外受精的兒童在青春期後會有顯著的差異嗎？

縱貫研究調查 34 個體外受精家庭、49 個領養家庭和 38 個自然懷孕孩子的家庭 (Golombok, MacCallum, & Goodman, 2001)。每種類型的家庭都包括男孩和女孩的相似比例。此外，年輕青少年的年齡沒有因家庭類型而異 (平均年齡 11 歲又 11 個月)。

兒童的社會情感發展是透過評估：(1) 訪問母親，詳細描述孩子可能遇到的任何問題；(2) 對孩子的母親和老師進行長處和困難問卷調查；(3) 施測兒童和青少年社會適應量表，評量學校的功能、同儕關係和自尊。

發現體外受精、領養和自然受孕家庭的孩子間沒有顯著差異。圖 2.10 顯示「兒童和青少年社會量表」的結果。最近的主要研究人員複習得出的結論是，不論是來自最新體外受精的生殖科技，或者是自然懷孕的兒童和青少年，兩者十分相似 (Golombok, 2011a, b; Golombok & Tasker, 2010)。

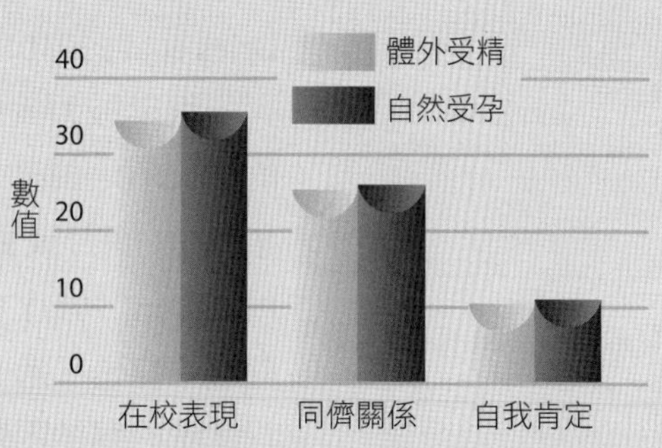

圖 2.10　體外受精或自然受孕的兒童的社會功能。 該圖顯示研究結果，該研究比較透過體外受精 (IVF) 或自然受孕的青少年的社會情感功能 (Golombok, MacCallum, & Goodman, 2001)。對於每一類家庭，均包括相似比例的男孩和女孩，以及相似年齡的兒童 (平均年齡 11 歲又 11 個月)。雖然自然懷孕組的平均值略高，但這可能是偶然的：組間沒有顯著差異。

於 50%。最近，美國寄養制度中有 10 萬多名兒童正在等待有人領養 (Ledesma, 2012)。

領養有三種途徑是：(1) 透過當地的公共福利系統領養；(2) 透過當地的私人機構和仲介機構領養嬰幼兒；(3) 國際領養 (Grotevant & McDermott, 2014)。在未來十年中，美國的領養可能會減少嬰兒的國內和國際領養，而增加透過兒童福利系統的領養 (Grotevant & McDermott, 2014)。

(二) 領養孩子的成果

領養的孩子在被領養後該如何教養？最近的研究評估認為，被領養孩子的外在 (如攻擊和行為問題)、內在 (如焦慮和抑鬱) 和注意力問題 (如多動症) 的風險較高 (Grotevant & McDermott, 2014)。然而，大多數被領養的兒童和青少年 (包括年齡較大、跨性別和跨國的青少年) 調適得很好，養父母相當滿意自己的決定 (Brodzinsky &

Pinderhughes, 2002; Castle et al., 2010)。

被領養的孩子會比長期寄養或在機構環境下長大的孩子發展得好 (Bernard & Dozier, 2008)。針對中國嬰幼兒的研究顯示，從寄養家庭和機構領養後，他們的認知能力發展提高了兩到六個月 (van den Dries et al., 2010)。

很早被領養的兒童會比其他較晚被領養的兒童更可能獲得積極的成果 (Bernard & Dozier, 2008; Julian, 2013)。丹麥的研究表明，如果在 12 個月或更早時被領養，青少年犯罪的風險較低 (Laubjerg & Petersson, 2011)。在 12 個月以後領養的青少年犯罪的風險高出三到四倍。但是，過去幾十年領養現況的變化使得對一般領養子女或養父母狀況的歸納困難。

是否應該與兒童的親生父母保持聯繫，是持續存在的問題。開放式領養能分享親生父母身分的訊息並保持聯繫；相反地，封閉式領養則不同意這種分享和聯繫。今天的大多數領養機構為養父母提供開放式或封閉式領養的選擇。縱貫研究發現，領養的孩子到了成年後，養父母積極地公開領養，認為這是為了孩子的最大利益 (Siegel, 2013)。另一項縱貫研究發現，與未聯繫者相比，生母、養父母和接收子女的聯繫對他們的安排更為滿意 (Grotevant et al., 2013)。此外，在這項研究中，青少年和剛成年人最適合的選擇是和生母聯繫 (Grotevant et al., 2013)。此外，在安置 12 年至 20 年後，生母滿意於聯繫親生子女的安排，以降低悲傷。

要了解更多關於領養的訊息，請參閱【發展與生活的連結】，在這個專欄中，我們將討論有效養育領養子女的策略。

複習・連結・反思　學習目標三　找出一些重要的生殖挑戰和選擇

複習重點

- 有哪些常見的產前診斷測試？
- 有什麼方法可以幫助無法懷孕的夫婦生孩子？
- 領養如何影響兒童的發展？

連結

- 在第一章中，我們學習不同的數據蒐集方法。你會如何描述在產前診斷測試使用的方法？

反思個人的人生旅程

- 如果你是一個沒有孩子的成年人，會想領養孩子嗎？理由是什麼？

發展與生活的連結

養育領養的兒童

有效率地養育領養子女的關鍵因素與養育親生子女沒有差別：支持和照顧、參與並監督孩子的行為和行蹤、成為良好的溝通者、幫助孩子學會發展自我控制。然而，領養子女的父母面臨特殊情況 (Fontenot, 2007; Grotevant & McDermott, 2014; Von Korff & Grotevant, 2011)。這些家長需要理解領養家庭生活中的差異、溝通差異、尊重原生家庭，並支持孩子尋找自我和身分。

以下是領養孩子的家長處在不同的發展階段時，可能面臨的問題，以及如何處理這些問題的建議 (Brodzinsky & Pinderhughes, 2002)：

- **嬰兒時期**：研究人員發現，領養和親生嬰兒與父母形成的依附關係的差異很小。然而，如果父母有未解決的生育問題，或孩子不符合父母的期望，依附可能成為問題。輔導員可以幫助未來的養父母發展符合現實的期待。
- **兒童早期**：因為很多孩子在 4 到 6 歲時開始問他們來自哪裡，所以現在開始簡單地向孩子們說明他們的領養是適當的時間 (Warshak, 2007)。有些父母 (儘管不像以前那麼多) 決定不告訴孩子是領養的。如果他或她後來發現是領養的話，這個秘密可能會給孩子帶來心理的風險。
- **童年中、後期**：在小學的時候，孩子開始對他們的起源表現出更多的興趣，可能會問他們來自哪裡？他們的親生父母是什麼樣子？他們的親生父母為什麼要把他們送養？隨著年齡的增長，孩子可能會對領養父母的解釋產生複雜的感受。養父母必須了解這種矛盾是正常的，這一點很重要。此外，養父母也希望領養孩子能過完美的生活，並向孩子展示自己的完美形象。結果往往是領養的孩子覺得他們不能發洩任何憤怒的情緒，或公開討論問題。
- **青春期**：青少年可能會形成更抽象的邏輯思維，將注意力集中在自己的身體上、尋找身分。領養青少年採用更為複雜的方式反映這些特色的狀況基礎，如關注他們與養父母的看法如何不同。當他們探索自己的身分時，被領養的青少年可能難以積極的接納自己的身分。養父母要了解青少年身分認同的複雜性，並對青少年長時間的探索身分表示耐心，這一點很重要。

在不同發育階段的教養子女的策略是什麼？

根據在這裡和前面文章提供的訊息，要如何讓心理健康專業人員協助養父母和被領養的孩子？

肆 遺傳 - 環境互動：自然 - 自然辯論

學習目標四 解釋遺傳和環境交互作用的一些方式，以產生個體發展的差異

行為遺傳學 | 遺傳與環境的相關性 | 共享和非共享環境的經驗 | 表觀遺傳學和基因與環境 (G×E) 交互作用 | 關於遺傳與環境交互作用的結論

是否有可能將遺傳的影響與環境的影響分開？並在發育過程中各自區分出產生個體差異的作用？當遺傳和環境交互作用時，遺傳是如何影響環境的，反之亦然？

一、行為遺傳學

行為遺傳學是研究遺傳和環境對個體差異與發展的影響的學門 (Krushkal et al., 2014; Maxson, 2013)。請注意：行為遺傳學並不能確定遺傳學或環境對個體特徵的影響程度。相反地，遺傳學家嘗試釐清是什麼因素造成人與人之間的差異——也就是說，人們之間的差異，哪些是因為基因、環境或這些因素的組合而造成的 (Carlson, Mendle, & Harden, 2014; Chen et al., 2014) ？為了研究遺傳對行為的影響，行為遺傳學家經常使用雙胞胎或領養的情況。

比較同卵與異卵雙胞胎的研究。同卵雙胞胎從單一的受精卵發育成兩個基因相同的生物。異卵雙胞胎從不同的卵子發育而來，使他 / 她們在遺傳上不像非雙胞胎兄弟姐妹那樣相似。雙胞胎研究方法的本質是什麼？

常見的**雙胞胎研究**，將同卵雙胞胎 (基因相同) 與異卵雙胞胎的行為相似性進行比較。回想一下，雖然異卵雙胞胎共用相同的子宮，但它們不像非雙胞胎兄弟姐妹那樣具有遺傳上的相似性。因此，行為遺傳學家利用基因知識，將同卵和異卵雙胞胎群體進行比對，發現同卵比異卵雙胞胎更相似 (Lacourse et al., 2014; Matamura et al., 2014)。例如，研究發現，同卵雙胞胎中的行為問題比異卵雙胞胎更普遍；研究人員得出結論說，這項研究證實遺傳對行為問題的重要作用 (Scourfield et al., 2004)。

人們對於雙胞胎有什麼想法和感受呢？在大學新生 Colin Kunzweiler (2007) 的觀點中：

作為一個個體，我習慣於某些事情。「你是哪一個？」恰好是我最常被詢問的問題，幾乎總是跟著「你是 Colin。不，等等，你是 Andy ！」我有兩個名字：一個是在出生時給我的；另一個是隨機的，雜亂無章的方式給我帶來的……我和我的孿生兄弟是不同的，就像焦糖味和肉汁味不同。我們有不同的性格、我們喜歡不同的音樂、我比

行為遺傳學 (behavior genetics)
試圖發現遺傳和環境對人類特徵和發育的個體差異影響的領域。

雙胞胎研究 (twin study)
將同卵雙胞胎與異卵雙胞胎的行為相似性進行比較。

他高 (四分之一英寸)。我們是不一樣、分開、獨特的。我總是被教導要保持自己的個性，我應該是獨一無二的人，但是，如果人們不斷地把我當作雙胞胎，我怎麼能以自己的身分成為獨一無二的人呢？

Lynn Perlman (2008) 寫的一篇文章標題是〈我是一個『我』還是『我們』？〉是關於雙胞胎在培養個人意識方面所付出的努力。當然，三胞胎也有相同的問題，可能更加嚴重。一組三胞胎以一個人的身分參加選美大賽，贏得比賽！

心理學家 Perlman 自己也是同卵雙胞胎之一，而且與雙胞胎姐妹一起工作 (她的同卵雙胞胎姐妹也是心理學家)。她說，雙胞胎從「我們」到「我」的感覺，對於他們來說是由兒童，甚至是直到成年人的重要挑戰。對於非雙胞胎的主要照顧者 (母親和 / 或父親) 而言，雙胞胎手足的分離是兒童、青春期和成年期的重要發展任務。當你有一對雙胞胎手足的時候，分離過程可能會比較困難，因為會和雙胞胎手足不斷地被比較。因為在外表上幾乎完全相同，所以同卵雙胞胎可能比異卵雙胞胎有更多的自我認同的問題。

雙胞胎分離過程在青春期通常會加速，因為其中一個雙胞胎比另一個早成熟 (Pearlman, 2013)。然而，對於某些雙胞胎來說，直到成年後才可能去不同的大學和 / 或第一次分開居住。而對於某些雙胞胎來說，即使是成人雙胞胎分離也會讓人感到痛苦。一名 28 歲的同性雙胞胎女性找到了新的男朋友，但新的關係為她的雙胞胎姐妹帶來很大的壓力和衝突 (Friedman, 2013)。

在 Lynn Perlman (2008) 的觀點中，幫助雙胞胎發展自己的身分必須依照孩子個案的基礎上進行，同時考慮到他們的偏好和最佳利益。她認為，她所諮詢的大多數雙胞胎，雖然他們通常彼此強烈的依附，都認為雙胞胎有正向的經歷，具有強烈的動機希望被認為是獨一無二的人。

然而，有幾個問題使雙胞胎研究的解釋複雜化。例如，同卵雙胞胎的環境可能比異卵雙胞胎的環境更相似。成年人可能會強調同卵雙胞胎的相似之處，而不是異卵雙胞胎的相似之處，同卵雙胞胎可能會認為自己是一個「集合」，並且比異卵雙胞胎更能一起玩耍。如果是這樣，環境對觀察到的同卵和異卵雙胞胎相似性的影響可能非常顯著。

領養研究 (adoption study)
研究人員試圖發現，在行為和心理特徵上，領養子女是否更像提供家庭環境的養父母，或者更像提供遺傳的親生父母。另一種形式則是比較領養的和有血緣的兄弟姐妹。

在**領養研究**中，研究人員試圖探索被領養子女的行為和心理特徵是否更像提供家庭環境的養父母，或者更像提供 DNA 的親生父母

(Kendler et al., 2012)。領養研究的另一種方式，則是比較領養的和有血緣的兄弟姐妹。

二、遺傳與環境的相關性

研究人員在解釋雙胞胎研究和領養研究的結果時，遇到的困難反映了遺傳與環境交互作用的複雜性。其中一些交互作用是遺傳 - 環境相關性，這意味著個體的基因可能與它們所暴露的環境類型系統地相關 (Klahr & Burt, 2014)。在某種意義上，個體「遺傳」，尋找或「建構」可能與遺傳「傾向」相關或相關的環境。行為遺傳學家 Sandra Scarr (1993) 描述了遺傳和環境的三種相關方式 (見圖 2.11)：

被動基因型與環境的相關性 (passive genotype-environment correlations)
當生父母 (與孩子有基因相關) 為孩子提供撫養環境時，存在相關性。

喚起基因型 - 環境間的相關性 (evocative genotype-environment correlations)
當孩子的遺傳影響特徵引起某些類型的環境時，存在相關性。

主動 (利基領域) 遺傳 - 環境相關性 [active (niche-picking) genotype-environment correlations]
兒童尋找自認為合適和刺激的環境時存在的相關性。

- **被動基因型與環境的相關性**：是因為與孩子有基因相關性的親生父母為孩子提供教養環境。例如，父母可能有聰明和高閱讀技巧的遺傳傾向，因為他們閱讀技巧好、喜歡閱讀，所以他們給孩子們提供書籍閱讀。可能造成的結果是，他們的孩子因為遺傳傾向和書籍充滿的環境，將成為熟練的讀者。
- **喚起基因型 - 環境的相關性**：是由於兒童受遺傳因素的影響而引起某些類型的環境。例如，積極的、微笑的孩子會比被動的、安靜的孩子接受更多的社會刺激。合作、細心的孩子會喚起周圍的成年人更愉快的和教學的反應，而不是不合作的、分心的孩子。
- **主動 (利基領域) 遺傳 - 環境相關性**：係指當兒童尋找適性和刺激的環境。利基領域是指找到適合於受遺傳能力影響的環境。孩子從周圍的環境中選擇回應、學習或忽略。積極的環境選擇與他們特定的基因型有關。例如，外向的孩子傾向於尋找與人交往的社會背景，而害羞的孩子則不會；音樂傾向的孩子會選擇音樂環境，他們

遺傳 - 環境相關	描述	例子
被動	兒童從父母那裡繼承遺傳傾向，父母也提供與自己的遺傳傾向相對應的環境。	具有音樂傾向的父母通常有音樂傾向的孩子，而且他們可能會為孩子提供豐富的音樂環境。
喚起	孩子的遺傳傾向會引發支持特定特質的環境刺激。因此基因喚起環境支持。	快樂、開朗的孩子會引發微笑和他人友好的回應。
主動 (利基領域)	孩子積極地在自己的環境中尋找反映自己的興趣和才能的「領域」，從而與自己的基因型一致。	如果孩子們對書籍、運動或音樂有資優天賦的話，圖書館、運動場和樂器行可能就會是他們有興趣尋求的環境領域例子。

圖 2.11　探索遺傳 - 環境的相關性。

可以成功地執行自己的技能。這種「傾向」是如何產生的？將在表觀遺傳學的觀點下進行討論。

Scarr 觀察到，三個遺傳 - 環境相關性隨著兒童從嬰兒時期到青春期發育而發生變化的相對重要性。在嬰兒時期，孩子們經歷的大部分環境都是由成年人提供的。因此，被動遺傳與環境的相關性在嬰幼兒的生活中比在年長的兒童和青少年的生活中更常見，後兩者的生活經驗可以超越家庭的影響，創造或選擇更適合的環境。

網球明星大、小威廉斯 (Venus Williams and Serena Williams)。她們成長過程中可能有共享和非共享的環境經驗，造就她們成為網球明星？

三、共享和非共享環境的經驗

行為遺傳學家認為，要理解環境在人與人之間差異中的作用，應該先區分共享和非共享環境。也就是說，應該考慮兒童與同住的其他兒童共同分享的經驗，以及不共享的經驗 (Burt, 2014; Whit et al., 2014)。

共享環境的經驗是兄弟姐妹的共同經歷，如父母的個性或智力傾向、家庭的社會經濟地位，以及所居住的社區。相較之下，**非共享環境的經驗**包括孩子獨特的體驗，無論是在家庭內部，還是在家庭之外，都未與兄弟姐妹分享。即使在家庭中發生的經歷也可能是「非共享環境」的一部分。例如，父母往往與每個兄弟姐妹的互動方式不同，兄弟姐妹與父母的互動方式也不同。兄弟姐妹在學校裡通常有不同的同儕、不同的朋友和不同的老師，所有這一切都形成非共享環境。

發展連結—育兒
教養時，質與量何者比較重要？(第八章)

行為遺傳學家 Robert Plomin (2004) 發現，共享環境對兒童個性或興趣的變化幾乎沒有影響。換句話說，即使有兩個孩子和同一對父母住在同一個屋簷下，他們的個性往往是非常不同的。此外，Plomin 認為，遺傳因素通過我們之前描述的遺傳 - 環境相關性影響兄弟姐妹的非共享環境。例如，繼承運動能力的孩子可能會花更多的時間在與運動相關的環境中、繼承音樂傾向的孩子更有可能花時間在與音樂有關的環境中。

共享環境的經驗 (shared environmental experiences)
兄弟姐妹的共同環境經驗，如父母的個性和智力傾向，家庭的社會經濟地位、以及居住的地區。

非共享環境的經驗 (nonshared environmental experiences)
孩子自己獨特的經歷，無論是在家庭中還是在家庭外，都不會與另一個兄弟姐妹分享。因此，在家庭內發生的經歷可以成為「非共享環境」的一部分。

Plomin 解釋共享和非共享環境在發展中的作用有什麼意義？在養育假設中，Judith Harris (1998, 2009) 認為，父母的行為並不影響孩子和青少年的行為，無論是大聲喝斥、擁抱、親子共讀、忽略。Harris 認為，不會影響發展的結果。她認為，根據 Plomin 的數據，在塑造兒童和青少年的發展過程中，基因和同伴遠比父母重要。

基因和同儕是很重要的，但 Harris 對同儕影響的描述沒有考慮同

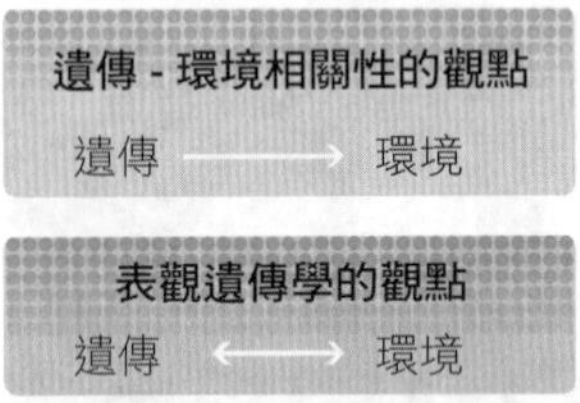

圖 2.12　遺傳 - 環境相關性和表觀遺傳學觀點的比較。

儕情境和發展軌跡的複雜性 (Hartup, 2009)。另外，Harris 表示父母不重要是錯誤的。例如，在兒童期，家長在選擇同齡兒童和間接影響兒童發展方面有重要作用 (Baumrind, 1999)。大量的育兒文獻和許多研究報告記載父母在兒童發展中的重要性 (Clarke-Stewart & Parke, 2014; McBride Murry et al., 2015)。我們將在本書中討論父母的重要角色。

四、表觀遺傳學和基因與環境 (G×E) 交互作用

批評者認為遺傳 - 環境相關的概念在決定發展過程中，給遺傳太多的單方面影響力，因為未考慮先前的環境影響，在塑造相關性本身中的作用 (Gottlieb, 2007)。與這個觀點一致的是，本章前面已討論基因是如何合作的，不是以獨立的方式，而是以與環境交互的方式，來確定個體的特徵。

(一) 表觀遺傳學

根據合作基因的概念，Gilbert Gottlieb (2007) 強調**表觀遺傳學**，陳述遺傳和環境間的發展，反映持續的雙向交流。圖 2.12 比較發展的遺傳 - 環境相關性和表觀遺傳學的觀點。

我們來看一個反映表觀遺傳學的例子。嬰兒在受孕時遺傳父母雙方的基因。在產前發育期間，毒素、營養和壓力等環境經驗會影響某些基因停止運作，而其他基因則變得更加活躍或活躍程度降低。在嬰兒時期，暴露於毒素、營養、壓力、學習和鼓勵等環境經歷，繼續改變基因活動，並改變直接影響行為的神經系統的活動。遺傳和環境共同合作產生個體的智力、脾氣、身高、體重、打棒球的能力、閱讀能力等 (Gottlieb, 2007)。

發展連結—依附
研究顯示了嬰兒依附、反應型父母與 5-HTTLPR 基因之間的關聯。(第 6 章)

(二) 基因與環境 (G×E) 交互作用

越來越多的研究在探索遺傳和環境之間的交互作用如何影響發育，包括特定 DNA 序列的交互作用 (Manuck & McCaffery, 2014)。表觀遺傳機制涉及 DNA 鏈的實際分子修飾，這是由於環境輸入改變基因功能的結果 (Davies & Cicchetti, 2014; Moore, 2013)。

研究發現，具有標記 5-HTTLPR 基因 (神經傳導物質血清素的基因) 的短基因型的個體，只有生活在導致壓力的情況時，具有較高的罹患憂鬱症的風險 (Caspi et al., 2003)。因此，特定的基因並不直接導致憂鬱症的發展；相反地，基因與壓力環境交互作用，使研究人員能夠預測個體是否會出現憂鬱症。最近的後設分析發現較短的 5-HTTLPR 與更高的皮質醇壓力反應性有關 (Miller et al., 2013)。最

表觀遺傳學 (epigenetic view)
強調發展是遺傳和環境間持續的雙向交流的結果。

近的研究發現，支持 5-HTTLPR 基因與壓力水平之間的交互作用，來預測青少年和老年人的憂鬱症 (Petersen et al., 2012; Zannas et al., 2012)。

關於基因和環境經驗間的交互作用的研究，集中在依附、教養和支持育兒環境 (Hostinar, Cicchetti, & Rogosch, 2014)。在研究中，具有短版本 5-HTTLPR 基因的幼兒比成年人，在經歷喪失父母後，更可能有待解的依附問題 (Caspers et al., 2009)。長版本血清素轉運蛋白基因顯然提供保護，更能面對喪失父母。其他的研究發現，多巴胺相關基因的變異，與支持型或不支持型的教養環境交互作用，以影響兒童的發育 (Bakermans-Kranenburg & van IJzendoorn, 2011)。上述的研究類型被稱為**基因與環境 (G×E) 交互作用**的研究——DNA 中特定變異版本與特定環境的交互作用 (Manuck & McCaffery, 2014; Oppenheimer et al., 2013)。

雖然對基因與環境交互作用 (G×E) 這個概念有相當大的熱情，但最近的研究評估認為，該領域在結果複製、誇大成果和其他弱點方面困難重重 (Manuck & McCaffery, 2014)。G×E 互動科學非常年輕，在未來的幾十年中，它可能會產生更精確的結果。

五、關於遺傳與環境交互作用的結論

如果一個有吸引力的、受歡迎的、聰明的女孩在高中當選會長，她的成功是因為遺傳還是環境？當然，答案是「兩個皆是」。

發展連結—先天與後天
先天和後天哪個重要？是生命週期發展研究的主要爭論之一。(第 1 章)

遺傳與環境的相對貢獻是無法加成的。也就是我們不能說，先天多少百分比的個性，和後天多少百分比的經驗，最終成就了我們自己。完整的遺傳表達其實只發生在懷孕或出生時，爾後完全基於遺傳傾向，而把我們帶到某種情境，是不正確的看法。基因在整個生命週期中的不同的環境下是否產生或者不生產某些蛋白質，其實是取決於這些環境是否嚴苛或是滋養的。

發展連結—人生全程的視角
生命週期視角的重要觀點是生物、環境和個體的共同建構。(第 1 章)

新興的觀點是，複雜的行為受到基因和環境的影響，使得人們遵循特定的發展軌跡 (Asbury & Plomin, 2014)。實際的發展需要基因和環境。環境是複雜的，就像我們繼承的基因組合一樣 (Cicchetti & Toth, 2015)。環境影響的範圍使我們在「培育」(如養育子女、家庭動態、學校教育和鄰居的素質)，和生物遭遇 (如病毒、分娩併發症，甚至在細胞階層發生的生物事件) 中匯集在一起。

基因與環境 (G×E) 交互作用 [gene×environment (G×E) interaction]
量測特定 DNA 的變異與量測特定環境的交互作用。

發展心理學家 David Moore (2013) 的觀點是，產生行為的生物系

這位年輕女孩的彈鋼琴技巧，有多少是來自於遺傳、環境或兩者兼而有之？

統是非常複雜的，但是描述這些系統往往過度簡化而容易被誤解。因此，雖然遺傳因素顯然有助於行為和心理過程，但它們並不獨立於其發生的環境來確定這些表型特徵。從 Moore (2013) 的角度來看，單單從眼睛的顏色、智力、性格或其他特徵談論「基因」是誤導性的。Moore 評論說，回想起來，我們不應該期望能夠從 DNA 的分子獲得對人類行為的完整理解的巨大飛躍，就像是期待能夠從理解聲波如何使空氣分子移動，進而體驗到在音樂廳裡充分感受交響樂的奇妙體驗。

試想一下，與青少年暴力相關的基因組合 (這個例子是假設的，因為我們不知道這樣的組合)。攜帶這種基因組合的青少年，可能會生長在充滿愛的父母的世界、定期的營養餐、大量的書籍和一系列精湛的師資；或者青少年的世界可能包括父母的漠視、一個每天都有槍擊和犯罪的地方、學校教育不足。這些環境中的哪一個是青少年可能成為罪犯？

在遺傳與環境交互作用決定發展的過程中，是否能回答什麼是導致發展的問題呢？人類的生命週期發展完全處於基因和環境的限制中嗎？我們的基因遺傳和環境經驗對發展具有普遍影響 (Brooker, 2015; Clarke-Stewart & Parke, 2014)。但是在反思發展是什麼引起的時候，從第 1 章複習我們關於生物、文化和個人共同形塑發展的討論。不僅是遺傳和環境的結果，而且也可以透過改變環境來創造獨特的發展道路。正如某位心理學家最近總結的：

> 實際上，我們同時是生存在世間的生物、也是創造者。我們是……基因和環境的產物。儘管如此，未來的事件肇因於現在的選擇……心智很重要……我們的希望、目標和期望影響著我們的未來。(Myers, 2010, p. 168)

複習・連結・反思

學習目標四　解釋遺傳與環境交互作用的一些方式，以產生個體發展的差異

複習重點

- 什麼是行為遺傳學？
- 什麼是遺傳與環境的三種交互作用？
- 什麼是共享和非共享環境的經驗？
- 什麼是表觀遺傳學？什麼是基因與環境 (G×E) 的交互作用？
- 什麼是遺傳與環境交互作用的結論？

連結

- 被動、喚起和主動基因與環境相關性，何者是對本章開頭故事中討論的雙胞胎之間相似之處的最好解釋？

反思個人的人生旅程

• 有人告訴你，她分析了你的遺傳背景和環境經驗，並得出結論認為環境對你的智力影響不大。你如何評價這個分析？

與前瞻主題連結

在接下來的章節中，將繼續探討生物對發展的影響，特別是在身體發展的章節，還有關於認知和社會情感發展的章節。例如，生物學對嬰幼兒的粗大運動技能和精細運動技能的影響 (第 4 章) 可能是顯而易見的，但我們也將討論諸如「是否有性傾向的生物學基礎」等研究問題 (第 13 章)。另外，在青少年 (第 11 章) 和新手父母的成年初期 (第 14 章) 的時候，檢視生殖。最後，我們將觸及在生命週期各個時期，先天與後天對發展的雙重影響。

達成本章學習目標

生物學的開端

壹、演化的觀點

學習目標一　討論生涯發展的演化觀點

- **天擇和適應行為**：天擇是最適合物種的個體生存和繁殖的過程。達爾文提出，自然選擇促進了進化。在演化論中，適應行為是促進個體在自然棲息地中生存的行為。
- **演化心理學**：演化心理學認為，適應、生殖和「適者生存」對塑造行為是重要的。演化發展心理學提出的觀點，包括認為需要較長的童年期來發展大腦，並學習人類社會群體的複雜性。根據 Baltes 的說法，演化選擇帶來的好處，隨著年齡的增長而降低，主要是因為生殖健康的下降。同時，文化需求也在增加。像其他理論發展方法一樣，演化心理學也有局限性。Bandura 拒絕「片面進化論」，認為生物與環境之間存在雙向的聯繫。生物學允許廣泛的文化可能性。

貳、發展的遺傳基礎

學習目標二　描述是什麼基因，以及基因如何影響人類的發展

- **合作基因**：短片段的 DNA 組成基因，是協助細胞繁殖和製造蛋白質的遺傳訊息單位。基因協同行動，而不是獨立行事。
- **基因和染色體**：當有絲分裂和減數分裂過程中染色體被複製時，基因被傳遞到新的細胞，這是新細胞形成的兩種方式。當卵子和精子在受精過程中，所形成的受精卵，含有來自父親精子和母親卵子染色體的基因。儘管基因一代一代地傳播，但是在幾個地方產生了變異性，包括在減數分裂期間，透過染色體片段的交換、透過突變，以及透過環境影響。
- **遺傳原則**：遺傳原則包括顯性隱性基因、性連鎖基因、遺傳標記和多基因遺傳。
- **染色體和基因關聯的異常**：染色體異常造成唐氏症，這是由於存在額外的第 21 對染色體而引起的。其他性聯遺傳的疾病包括克蘭費爾特症、脆性 X 症、透納症和 XYY 症。基因相關異常涉及有害或基因缺損。基因相關障礙包括苯丙酮尿症 (PKU) 和鐮狀血球貧血。遺傳諮詢為懷孕夫妻提供關於兒童遺傳畸形的風險訊息。

參、生殖挑戰與選擇

學習目標三　找出一些重要的生殖挑戰和選擇

- **產前診斷測試**：使用超音波造影檢查、胎兒核磁共振、絨毛膜取樣、羊膜穿刺術和母體血液篩查，來確定胎兒是否發育正常。非侵入式產前診斷被使用地更加頻繁。
- **不孕和生殖技術**：大約 10% 至 15% 的美國夫婦有不孕症，其中部分可以透過手術或生育藥物矯治，其他則選擇體外受精。
- **領養**：大多數被領養的孩子適應得不錯。越早被領養的兒童，問題越少。由於近幾十年來領養方式發生巨大的變化，因此很難歸納出何謂一般領養子女或一般領養家庭的普遍面貌。

肆、遺傳-環境互動：自然-自然辯論

學習目標四　解釋遺傳和環境交互作用的一些方式，以產生個體發展的差異

- **行為遺傳學**：行為遺傳學是與遺傳和環境對個體差異和發展的影響有關的領域。行為遺傳學家使用的研究方法，包括雙胞胎研究和領養研究。
- **遺傳與環境的相關性**：在 Scarr 的遺傳與環境關聯的觀點中，遺傳導引著孩子體驗的環境類型。她描述了三種基因型與環境的相關性：被動、喚起和主動 (利基領域)。Scarr 認為，這三種基因型與環境相關性的相對重要性會隨著兒童的發展而變化。
- **共享和非共享環境的經驗**：共享環境的經驗是指兄弟姐妹的共同經歷，如父母的個性和知識背景、家庭的社會經濟地位，以及居住的社區。非共享環境的經驗涉及孩子獨特的體驗，無論是在家庭內部還是在家庭之外，都無法與兄弟姐妹分享。許多行為遺傳學家認為，兄弟姐妹發展的差異是由於非共享環境的經驗 (和遺傳)，而不是共享環境的經驗所造成。
- **表觀遺傳學和基因與環境 (G×E) 交互作用**：表觀遺傳觀點強調發展是遺傳和環境之間持續的雙向交流的結果。基因與環境交互作用涉及測量 DNA 的特定變化與測量特定環境間的交互作用。有越來越多的基因與環境交互作用研究正在進行。
- **關於遺傳與環境交互作用的結論**：行為受到基因和環境的影響，使得人們傾向於特定的發展軌跡。真實的發展需要基因和環境，環境是複雜的。遺傳與環境的交互作用是廣泛的。遺傳和環境交互作用影響發展的具體方式還有待進一步探索。儘管遺傳和環境對發展是全面的影響，但人類可以透過改變環境來創造獨特的發展道路。

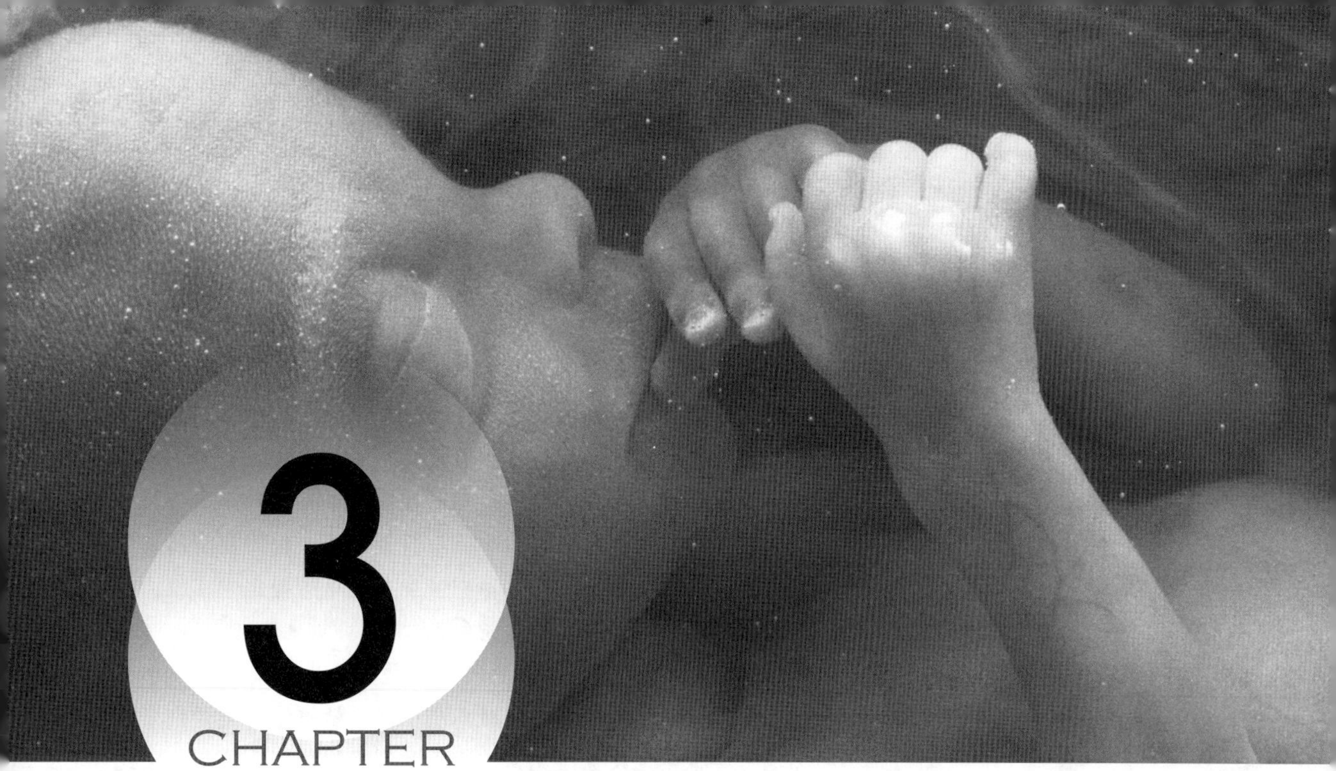

3

CHAPTER

胎兒發育和生產

學習目標

1

壹、胎兒發育

學習目標一　描述胎兒發育

包括：胎兒發育過程、畸胎學和胎兒發育的危害、產前照護、正常胎兒發育

2

貳、生產

學習目標二　描述出生過程

包括：產程、評估新生兒、早產和低出生體重嬰兒

3

參、產後期

學習目標三　解釋產後期發生的變化

包括：身體調整、情緒和心理調整、紐帶

戴安娜全職工作，34 歲時和 38 歲的羅傑結婚，當戴安娜懷孕時，她很興奮。兩個月後，戴安娜開始有一些不尋常的疼痛和流血，她懷孕僅兩個月就失去了寶寶。戴安娜苦思為什麼她不能把孩子懷到足月。大約在懷孕時，聯邦政府開始提出警告，在懷孕時定期吃高汞含量的魚類會導致流產。現在，她的飲食中不再吃這些魚。

六個月後，戴安娜再次懷孕。她和羅傑閱讀關於懷孕的知識，並報名參加準備班。而且連續八週每週五晚上，練習模擬宮縮。他們談論想要成為什麼樣的父母，並且討論寶寶會在生活中發生什麼樣的變化。當他們發現懷的是男生時，取了一個小名：小小先生。

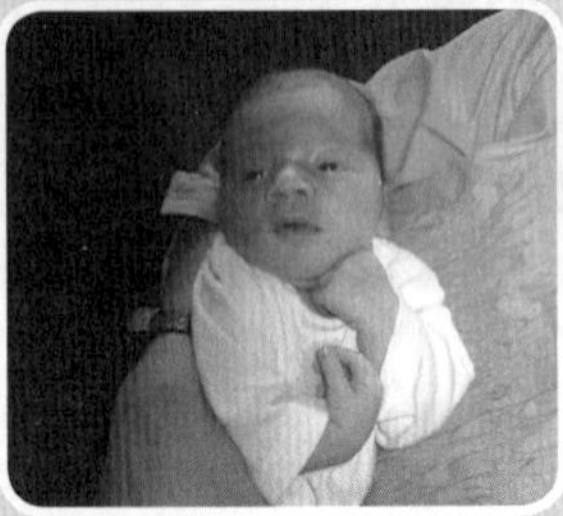

亞歷克斯，小名：「小小先生」。

這一次，戴安娜的懷孕進行得很順利，亞歷克斯也被稱為「小小先生」。然而，在生產期間，戴安娜的心跳急劇下降，她被注射興奮劑來提高心跳。顯然地，興奮劑也使亞歷克斯的心率和呼吸增加到危險值，因此被安置在新生兒重症加護病房。

戴安娜和羅傑一天數次前往新生兒重症加護病房探視亞歷克斯。新生兒重症加護病房中有些低出生體重嬰兒已經經歷了好幾週的重症加護，其中某些嬰兒的情況並不理想。幸運的是，亞歷克斯的健康狀況良好。在新生兒重症加護病房待了幾天之後，他們終於迎接到健康的亞歷克斯。

預習

本章記錄從懷孕到生產過程的重要發展。想像一下，你曾經是一個漂浮在母親子宮裡羊水海中的生物體。現在讓我們來探討一下，從受孕到出生的時候是如何發展的？也探討產前期的正常發育，以及懷孕期間的危害 (如前面提到的汞含量過高)。還將研究用於評估新生兒的生產過程的測試、討論父母在生產後的調整，並且評估親子關係。

壹 胎兒發育

學習目標一　描述胎兒發育

- 胎兒發育過程
- 畸胎學和胎兒發育的危害
- 產前照護
- 正常胎兒發育

想像一下亞歷克斯 (「小小先生」) 是如何形成的，在數以千計的卵子和數以百萬計的精子中，有一個卵子和一個精子結合而產生了他。如果精子和卵子的結合，早了或者晚了一天或一小時，可能就會有很大的不同──甚至可能是不同性別。受精的過程中，當男性的精細胞與女性輸卵管中的卵子結合時，稱作受精。在接下來的幾個月中，第 2 章中討論的遺傳碼，導致受精卵一系列的變化，但是許多事件和危害都會影響卵子的發育，並最終產生微小的亞歷克斯。

> 人出生前九個月的歷史可能會更加有趣，包含更多重要的事件，比之後的十年乃至三十年還要多。
>
> ──Samuel Taylor Coleridge
> 19 世紀英國詩人和散文家

一、胎兒發育過程

典型的產前發育，從受精開始，到生產結束，需要 266 天至 280 天 (38 週至 40 週)。可以分為三個時期：發生、胚胎和胎兒。

(一) 發生期

發生期是指受孕後前兩週的產前發育期。包括受精卵的形成、細胞分裂，以及受精卵附著在子宮壁上。

受精卵的細胞快速分裂持續整個發生週期 (回憶第 2 章，細胞分裂透過有絲分裂的過程發生)。受孕約一週後開始細胞分化──專業化以執行各種任務。在這個階段，**囊胚發育**的細胞群最終發育成胚胎細胞的內部團塊和**滋養層**，細胞的外層為胚胎提供營養和支持。著床指受精卵附著在子宮壁，發生在受孕後約 11 天至 15 天。圖 3.1 顯示發生期的一些重要發展。

(二) 胚胎期

胚胎期是受孕後 2 至 8 週產前發育的時期。在胚胎期，細胞分化

發生期 (germinal period)
受孕後的前兩週稱為發生期。包括受精卵的產生、細胞分裂的持續，以及受精卵在子宮壁著床。

囊胚發育 (blastocyst)
細胞內層在發生期的發育。這些細胞後來發展成胚胎。

滋養層 (trophoblast)
細胞的外層，在發生期發展。這些細胞為胚胎提供營養和支持。

胚胎期 (embryonic period)
受孕後 2 至 8 週的產前發育期。在胚胎期，細胞分化速度加快，支持細胞形成系統，出現器官。

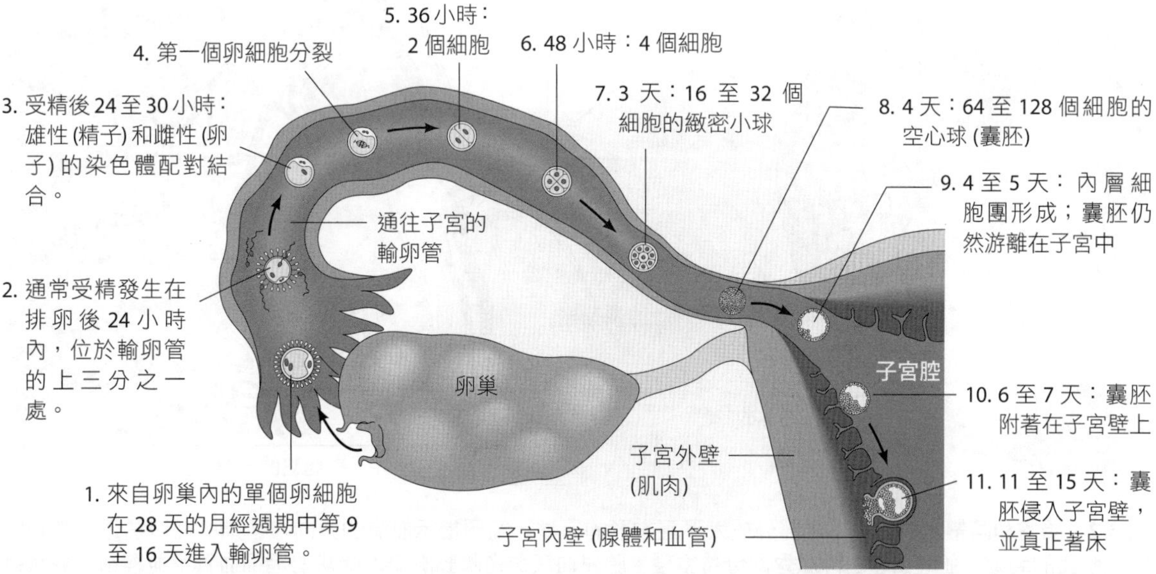
5. 36 小時：2 個細胞
4. 第一個卵細胞分裂
6. 48 小時：4 個細胞
3. 受精後 24 至 30 小時：雄性 (精子) 和雌性 (卵子) 的染色體配對結合。
7. 3 天：16 至 32 個細胞的緻密小球
8. 4 天：64 至 128 個細胞的空心球 (囊胚)
9. 4 至 5 天：內層細胞團形成；囊胚仍然游離在子宮中
通往子宮的輸卵管
2. 通常受精發生在排卵後 24 小時內，位於輸卵管的上三分之一處。
子宮腔
卵巢
10. 6 至 7 天：囊胚附著在子宮壁上
子宮外壁 (肌肉)
11. 11 至 15 天：囊胚侵入子宮壁，並真正著床
1. 來自卵巢內的單個卵細胞在 28 天的月經週期中第 9 至 16 天進入輸卵管。
子宮內壁 (腺體和血管)

圖 3.1 在發生階段的重大發展。受孕一週後，囊胚細胞已經開始分化。當囊胚附著在子宮壁上時，發生期結束。如果使用體外受精 (在第 2 章中介紹)，那麼圖中顯示的哪個步驟是在實驗室裡進行的？

的速度加快，支持細胞形成系統，出現器官。

這個時期從囊胚附著到子宮壁開始。細胞團塊現在稱為*胚胎*，由三層細胞組成。胚胎*內胚層*是細胞的內層，將發育成消化系統和呼吸系統。*中胚層*是中間層，將成為循環系統、骨骼、肌肉、排泄系統和生殖系統。*外胚層*是最外層，將變成神經系統和大腦，感覺受體 (如耳朵、鼻子和眼睛) 和皮膚 (如頭髮和指甲)。身體的每個部分最終都是由這三層分別發展。

內胚層主要產生體內部分，中胚層主要產生圍繞內部區域的部分，而外胚層主要產生表面部分。

羊膜 (amnion)
生命支持系統是一個袋子或封套，其中包含清澈的液體，漂浮著發展中的胚胎。

臍帶 (umbilical cord)
生命支持系統，包含兩條連接寶寶與胎盤的動脈和一條靜脈。

胎盤 (placeta)
生命支持系統，由圓盤狀組織組成，來自母親和胎兒的小血管交織在一起。

隨著胚胎形成三層，胚胎的生命支持系統也迅速發展。這些生命支持系統包括羊膜、臍帶 (均來自受精卵，而不是母體) 和胎盤。**羊膜**像一個袋子或一個封套，包含發育中的胚胎漂浮在清澈的液體中。羊水提供一個恆溫和恆濕的防震環境。**臍帶**包含兩條動脈和一條靜脈，連接嬰兒到胎盤。**胎盤**由盤狀組織組成，來自母親和胎兒的小血管交織但不連接。

圖 3.2 說明了胎盤、臍帶和準媽媽和發育中胎兒的血流。非常小的分子——母親血液中的氧、水、鹽、食物，以及來自胎兒血液的二

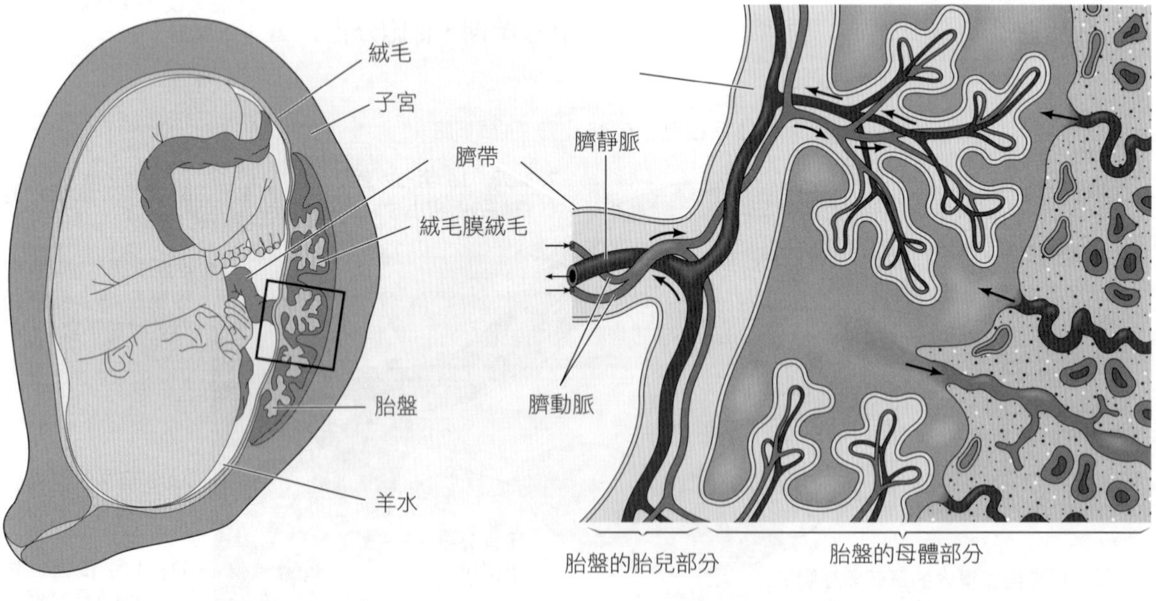

圖 3.2 胎盤和臍帶。插圖的右半部分放大了正方形的區域。箭頭指示血流的方向。孕婦的血液透過子宮動脈流入胎盤的間隙，並經由子宮靜脈返回母體循環。胎兒血液透過臍動脈流入胎盤的毛細血管，並經由臍靜脈返回胎兒循環。物質交換發生在母體和胎兒血液分離層之間，所以血液不會接觸。胎盤障蔽究竟如何運作及其重要性為何？

氧化碳和消化廢物——在母親和胚胎或稱胎兒之間來回傳遞 (Woolett, 2011)。幾乎任何孕婦攝取的藥物或化學物質都可以穿過胎盤，除非在過程中被代謝或改變，或者分子太大而不能穿過胎盤壁 (Hutson et al., 2013; Iqbal et al., 2012)。最近的一項研究證實，乙醇能穿過人體胎盤，主要反映孕婦飲用酒精的情況 (Matlow et al., 2013)。另一項研究顯示，香菸煙霧會減弱胎盤發育，並增加胎膜氧化的壓力 (Menon et al., 2011)。壓力荷爾蒙可體松也能穿越胎盤 (Parrott et al., 2014)。不能穿越胎盤壁的大分子，包括紅血球和有害物質，如大多數細菌、母體廢物和荷爾蒙。仍然不清楚那些得以支配物質穿越胎盤障蔽傳遞的複雜機制 (Antonucci et al., 2012)。

當大多數婦女知道自己懷孕時，主要器官已經開始生成。**器官發生**是產前發育的前兩個月器官形成過程的名稱。器官形成的初期，特別容易受到環境變化的影響 (Halt & Vainio, 2014; Wei et al., 2013)。受孕後第三週，最終發展成脊髓的神經管形成。在大約 21 天時，眼睛開始出現；在 24 天時，心臟的細胞開始分化。在第四週，泌尿生殖系統變得明顯，手臂和腿的芽孢也出現。心臟的四個腔室形成，血管也出現；從第五週到第八週，手臂和腿進一步分化；同時，臉開始形成，但仍然不足以辨識。腸道發育，臉部結構融合。八週後，發育中的胎兒重約 1/30 盎司，長度超過 1 英寸。

(三) 胎兒期

典型懷孕的**胎兒期**，是指受孕後兩個月到出生的期間，歷時七個月。在這段期間內生長和發展非常地顯著。

懷孕三個月後，胎兒長約 3 英寸，重約 3 盎司。變得比較活躍，可移動手臂和腿、打開和關閉嘴巴、並移動頭。面部、額頭、眼瞼、鼻子和下巴，上臂、下臂、手和下肢是可以區分的。在大多數情況下，生殖器可以被辨別為男性或女性。到懷孕第四個月結束時，胎兒長到 6 英寸，重 4 至 7 盎司。此時，身體下半部快速成長。媽媽第一次能感覺到手臂和腿部的動作。

到第五個月末，胎兒長約 12 英寸，重達接近一磅。例如，皮膚的結構形成腳趾甲和手指甲。胎兒比較活躍，表現出對子宮特定位置的偏好。到第六個月底，胎兒長約 14 英寸，又增加了半磅達到一磅。眼睛和眼皮完全形成，精美的頭髮覆蓋在頭上。存在抓握反射，並發生不規則的呼吸運動。

在懷孕六個月後 (懷孕後約 24 至 25 週)，胎兒第一次有機會在子

器官發生 (organogenesis)
在產前發育的前兩個月發生器官形成。

胎兒期 (fetal period)
典型懷孕的包含受孕後兩個月到出生之間持續約七個月。

宮外生存，也就是說，可以生產了。早產或在懷孕 24 至 37 週間生產的嬰兒通常需要額外幫助呼吸，因為肺還沒有完全成熟。到七月底，胎兒長約 16 英寸，重約 3 磅。

在產前發育的最後兩個月期間，脂肪組織發育，並且各種器官系統 (心臟和腎臟) 的功能逐漸增強。在第八和第九個月期間，胎兒長得更長，體重也增加了大約 4 磅。出生時，美國人平均體重 7.5 磅，長約 20 英寸。

圖 3.3 概述產前發展的主要事件。請注意：圖 3.3 將胎兒發育劃分為三個月的相等時期，稱為「三孕期 (妊娠期)」，而不是描述發

產前生長

妊娠早期 (前 3 個月)

受精到 4 週
- 長度小於 0.1 英寸
- 開始發展脊髓、神經系統、胃腸系統、心臟和肺
- 羊膜囊包裹全身的組織
- 稱作「受精卵」

8 週
- 長度超過 1 英寸
- 臉部正在形成，有基本的眼睛、耳朵、嘴巴和牙齒
- 手臂和腿正在移動
- 大腦正在形成
- 胎兒心跳能以超音波檢測得到
- 稱作「胚胎」

12 週
- 約 3 英寸長，重約 1 盎司
- 可以移動手臂、手指和腳趾
- 出現指紋
- 可以微笑、皺眉、吮吸、吞嚥
- 性別是可辨識的
- 可以小便
- 稱作「胎兒」

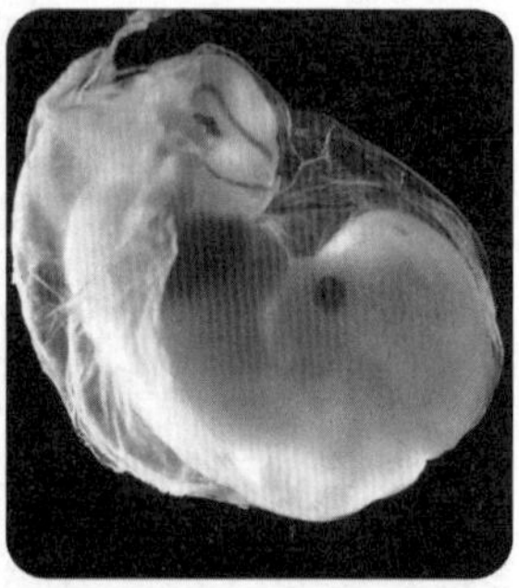

妊娠中期 (中間 3 個月)

16 週
- 長約 6 英寸，重約 4 至 7 盎司
- 心跳強勁
- 皮膚薄而透明
- 柔軟的毛髮 (胎毛) 覆蓋身體
- 指甲和腳趾甲正在形成
- 協調運動；能夠在羊水中滾動

20 週
- 長約 12 英寸，重約 1 磅
- 使用普通聽診器可以聽到心跳
- 吮吸拇指
- 打嗝
- 有頭髮、睫毛、眉毛

24 週
- 長約 14 英寸，重量為 1 到 1.5 磅
- 皮膚起皺，覆蓋保護性塗層 (胎脂)
- 眼睛打開
- 廢物收集在腸內
- 握力強

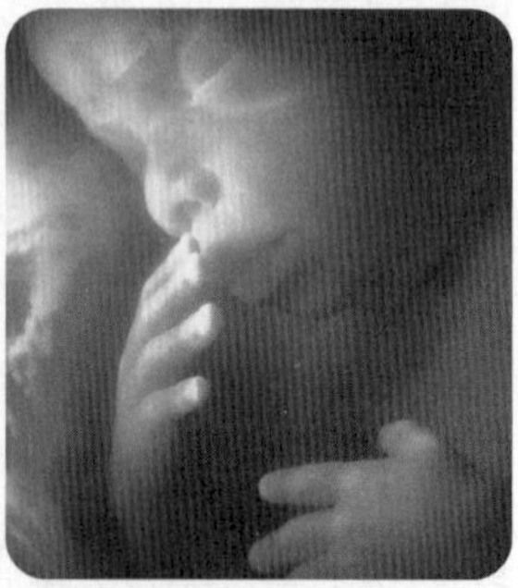

妊娠晚期 (最後 3 個月)

28 週
- 長約 16 英寸，重約 3 磅
- 增加體脂
- 非常活躍
- 出現基本的呼吸運動

32 週
- 長約 16.5 至 18 英寸，重 4 至 5 磅
- 有睡眠和清醒的時期
- 對聲音有回應
- 可以預估出生的體位
- 頭骨柔軟可活動
- 鐵儲存在肝臟裡

36 至 38 週
- 長約 19 至 20 英寸，重 6 至 7.5 磅
- 皮膚皺紋變少
- 胎脂變厚
- 大部分胎毛消失
- 活動力降低
- 獲得母親的免疫力

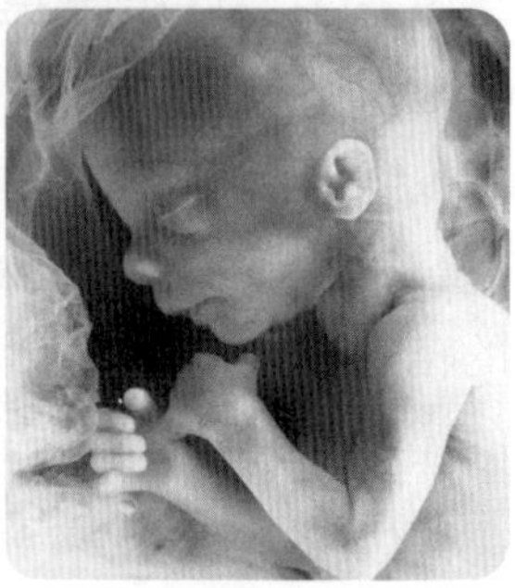

圖 3.3　胎兒發育的三個妊娠期。發生期和胚胎期都是在妊娠早期發生的。妊娠早期的尾端及妊娠中期和妊娠晚期則是胎兒期的一部分。

生、胚胎和胎兒時期的發育。請記住，三個妊娠期和我們討論過的三個胎兒期不一樣。發生和胚胎期發生在前三個月。胎兒期開始於妊娠早期，並持續到妊娠第二、三個孕期。生存能力 (在子宮外存活的機會) 發生在妊娠中期的末段。

(四) 大腦

發展連結—大腦發育
出生時，嬰兒的大腦重量約為成年時體重的 25%。(第 4 章)

產前期最顯著的特色之一是大腦的發育 (Anderson & Thomason, 2013; Dubois et al., 2014)。嬰兒出生的時候，有大約 1,000 億個**神經元**或稱神經細胞，在大腦的細胞層次處理訊息。產前發育期間，神經細胞花費時間移動到正確的位置，並且開始連接。人腦的基本結構是在產前發育的前兩個妊娠期發育完成。在典型的發展中，產前發育的第三個妊娠期和出生後前兩年的特徵在於神經元的連通性和功能。

產前期大腦發育的四個重要階段包括：(1) 神經管；(2) 神經發生；(3) 神經遷移；和 (4) 神經連接。

隨著人類胚胎在母體的子宮內發育，神經系統開始形成一條位於胚胎背部的長而中空的管子。在受精後約 18 至 24 天形成的梨形神經管從外胚層發育而來。受精後約 24 天，管子在頂端和底端封閉。圖 3.4 顯示，受孕六週後神經系統仍然呈管狀。

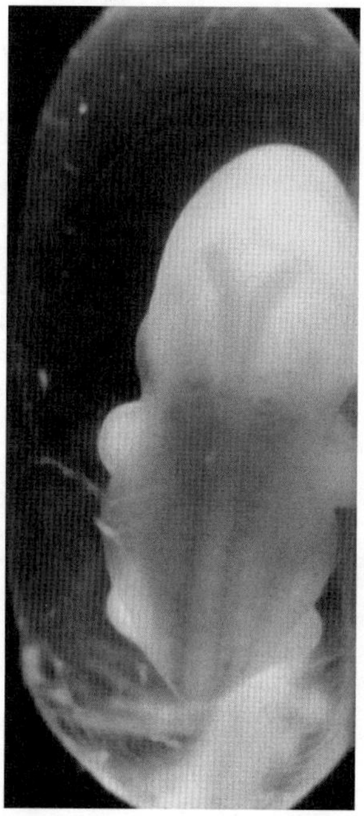

圖 3.4　神經系統形成的早期。照片顯示在人類胚胎中六週時，神經系統的原始管狀外觀。

與神經管閉合失敗有關的兩個出生缺陷是無腦畸形和脊柱裂。當胎兒出現無腦畸形或神經管頭端未閉合時，大腦的最高層無法發育，會死於子宮內，通常是在分娩期間或出生後不久 (Jin et al., 2013; Reynolds, 2014)。脊柱裂會導致下肢不同程度的癱瘓。脊柱裂患者通常需要輔助裝置，如拐杖、輔具或輪椅。母親的糖尿病和肥胖都將提高胎兒神經管發育缺陷的風險 (McMahon et al., 2013)。此外，研究發現，母親接觸二手菸與神經管缺陷有關 (Suarez et al., 2011)。最近的研究顯示，妊娠期母親承受高壓力與胎兒的神經管缺陷有關的 (Li et al., 2013)。可以幫助預防神經管缺陷的策略，是女性服用足量的維生素 B 葉酸，這個話題將在本章後面進一步討論 (Branum, Bailey, & Singer, 2013; Reynolds, 2014)。

在正常的妊娠中，一旦神經管關閉，大約在產前期第五週開始出現新的未成熟神經元的大量增殖，並持續整個產前期。產生新的神經元稱作*神經發生* (Kronenberg et al., 2010)。在神經發生的高峰期，估計每分鐘產生多達 20 萬個神經元。

神經元 (neurons)
或稱神經細胞，掌握大腦細胞層次的訊息處理。

在受孕後約 6 至 24 週，*發生神經元遷移* (Nelson, 2013)。這涉及細胞從起始點向外移動到適當的位置，並發展成大腦的不同層次、結

紐約市 12 歲的 Yelyi Nordone 於 2008 年 7 月在賓州 Millville 附近的勝利露營區舉行為期一週的脊柱裂兒童宿營。

構和區域 (Zeisel, 2011)。一旦細胞遷移到目的地，就會成熟並發展出更為複雜的結構。

大約在產前第 23 週，神經元之間的聯繫開始發生，這是持續發生的過程 (Kostovic, Judas, & Sedmak, 2011)。在第 4 章中，將有更多的關於神經元的結構、它們的連通性，以及嬰兒大腦的發展。

二、畸胎學和胎兒發育的危害

對於本章開頭討論的寶寶亞歷克斯來說，胎兒發育過程進行得很順利。母親的子宮保護著他的發展。儘管有這樣的保護，但環境仍舊可以透過許多的方式影響胚胎或胎兒。

(一) 一般原則

致畸劑是指任何可能導致出生缺陷或負向改變認知和行為結果的因子。(這個詞來自希臘詞 tera，意思是「怪物」。) 環境中存在許多致畸劑，每個胎兒都暴露於致畸劑中。基於這個原因，很難確定哪個致畸劑會導致哪個問題。此外，可能需要很長時間才能顯示致畸劑的效果。在出生時只有大約一半的潛在影響出現。

研究出生缺陷的原因稱作畸胎學 (Kancherla, Oakley, & Brent, 2014)。有些暴露於致畸劑不會導致生理缺陷，但可以改變發育中的大腦，影響認知和行為功能，在這種情況下，研究領域稱作行為畸變學。

劑量、遺傳敏感性和暴露於特定致畸劑的時間，會影響胚胎或胎兒損傷的嚴重程度和缺陷類型：

1. **劑量**：劑量的效應相當明顯，藥物劑量越大，藥效越大。
2. **遺傳敏感性**：由致畸劑引起的異常類型或嚴重程度，與孕婦的基因型和胚胎或胎兒的基因型有關 (Charlet et al., 2012)。例如，母親如何代謝特定的藥物，可以影響藥物作用傳遞給胚胎或胎兒的程度。胚胎或胎兒容易致畸的程度，也可能取決於基因型 (de Planell-Saguer, Lovinsky-Desir, & Miller, 2014)。此外，由於不明原因，男性胎兒比女性胎兒更容易受到致畸劑的影響。
3. **暴露時間**：暴露於致畸劑時，在某些發育的階段會比在其他階段產生更多的損害 (Holmes & Westgate, 2011)，發生期間的損傷甚至可能阻止著床。一般來說，胚胎期比胎兒期更為脆弱。

致畸劑 (teratogen)
來自希臘詞 tera，意思是「怪物」。任何導致出生缺陷的因素。研究出生缺陷原因的研究領域稱作畸胎學。

圖 3.5 總結暴露於致畸劑的時間的影響的額外訊息。在器官形成

的胚胎早期，結構缺陷的可能性最大 (Holmes, 2011)。每個身體結構都有自己的關鍵時期。回顧第 1 章，關鍵時期是發展初期的固定時期，某些經驗或事件對發展具有長期的影響。神經系統 (第 3 週) 的關鍵時期早於手臂和腿 (第 4 週和第 5 週)。

器官發生完成後，致畸劑不太可能引起解剖缺陷。相反地，在胎兒期間的暴露更容易阻礙器官發育，或者在器官功能方面產生問題。為了檢查一些關鍵的致畸劑及其影響，我們先從藥物開始討論。

(二) 處方藥和非處方藥

許多美國婦女在懷孕期間給予藥物處方——特別是抗生素、鎮痛藥和氣喘藥物。然而，處方藥及非處方藥可能對懷孕婦女的胚胎或胎兒有無法想像的影響。

可作為致畸劑的處方藥包括抗生素，如鍊黴素和四環黴素；某些抗抑鬱藥；某些激素，如黃體激素和合成雌激素；和維甲酸 (經常用

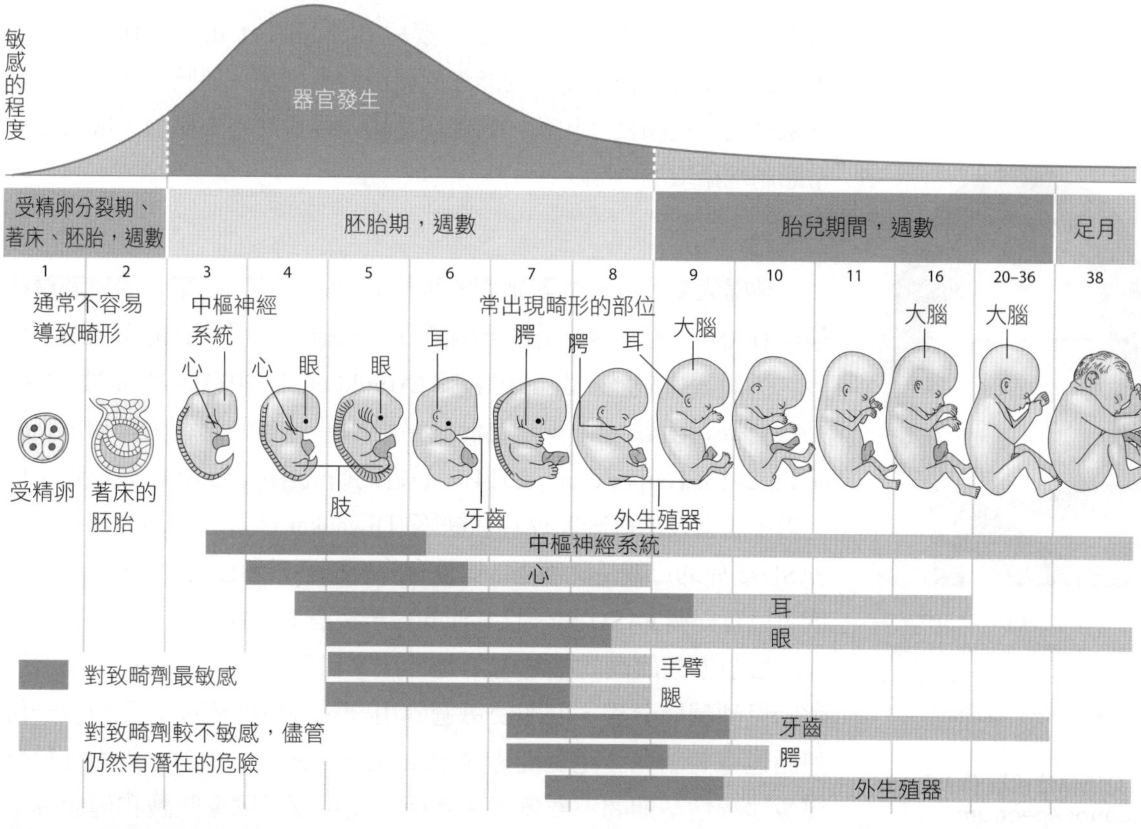

圖 3.5 致畸劑及其影響產前發育的時間與效應。胚胎發育早期，由致畸劑引起結構性缺陷的危險性最大。器官發生期 (深色) 持續約六週。後來由致畸劑 (淺色) 的攻擊主要發生在胎兒期，不是造成結構損傷，反而是阻礙生長或引起器官功能的問題。

於治療痤瘡) (Koren & Nordeng, 2012)。

可能有害的非處方藥包括減肥藥和高劑量的阿斯匹林 (Wojtowicz et al., 2011)。然而，最近的研究顯示，低劑量的阿斯匹林不會對胎兒造成傷害，但高劑量可能導致母體和胎兒出血 (Bennett, Bagot, & Arya, 2012)。

(三) 精神藥物

精神藥物是對神經系統起作用，以改變意識狀態、調節認知，並改變情緒的藥物，包括咖啡因、酒精和尼古丁，以及非法藥物，如古柯鹼、甲基安非他命、大麻和海洛因。

1. 咖啡因

人們在喝咖啡、茶、可樂或者吃巧克力時，往往就是在攝取咖啡因。已經有些喜憂參半的研究發現，母體咖啡因攝入量影響胎兒發育的程度 (Jahanfar & Jaafar, 2013; Morgan, Koren, & Bozzo, 2013)。然而，最近對近 6 萬名女性進行的大規模研究顯示，母親的咖啡因攝入量與出生體重較低及胎齡較小的嬰兒 (Sengpiel et al., 2013) 有關。此外，通常咖啡因含量極高的能量飲料消費量增加，對胎兒發育的影響尚未研究。美國食品和藥物管理局建議孕婦最好不要攝取，或者須非常節制地攝取咖啡因。

2. 酒精

孕婦大量飲酒可能對她們的後代造成毀滅性的打擊。**胎兒酒精症候群** (FASD) 是懷孕期間嚴重酗酒母親的胎兒出現的異常和問題，畸形包括體表、缺肢、臉部和心臟 (Arnold et al., 2013)。大多數 FASD 兒童有學習困難，許多智力低於平均水準，有些具智力障礙 (Grant et al., 2013; Harper et al., 2014)。最近的研究顯示，FASD 兒童在工作記憶中所涉及的神經路徑存在缺陷 (Diwadkar et al., 2013)。許多儘管 FASD 嬰兒的母親是酗酒者，但也有許多酗酒母親沒有 FASD 的孩子，或者只有一個 FASD 孩子且其他的孩子沒有 FASD。

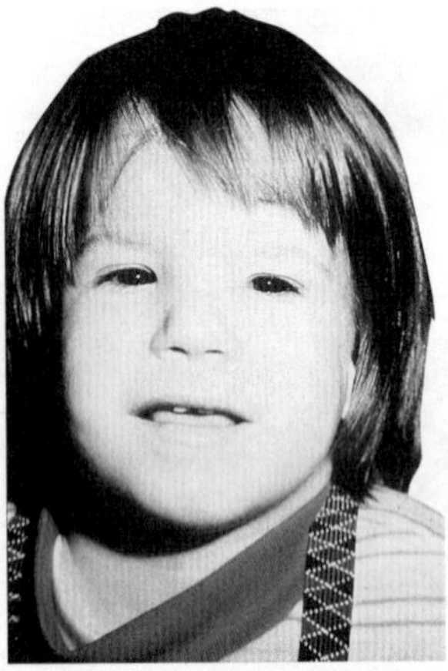

胎兒酒精症候群 (FASD) 的特點是，身體異常和學習問題。注意這個 FASD 小孩的眼睛寬闊、顴骨扁平、上唇薄。

胎兒酒精症候群 (fetal alcohol spectrum disorders, FASD)
在懷孕期間重度酗酒母親的胎兒出現一組異常症狀。

懷孕期間飲酒的指導方針是什麼？儘管一般的飲酒水準不會導致胎兒酒精綜合症，但即使每週飲用一、兩份啤酒或葡萄酒或一份烈酒也會對胎兒產生負面影響 (Valenzuela et al., 2012)。美國外科醫學會建議懷孕期間不要飲酒。然而，在英國，國家照護和健康專業學會表示，在懷孕期間每週不超過兩次飲用一到兩杯飲料是安全的 (O'Keefee, Greene, Kearney, 2014)。最近針對 7,000 多名 7 歲兒童的研究發現，懷孕期期間飲酒較少的母親 (每週兩次飲酒) 所生的孩子會比沒有飲酒的母親所生的孩子沒有更多的發育問題 (Kelly et al., 2013)。儘管如此，某些研究顯示，在受孕時飲酒可能並不明智。研究顯示，受孕期間父母攝取酒精會增加早產的風險 (Henriksen et al., 2004)。

3. 尼古丁

孕婦吸菸會對胎兒發育，生產和產後發育產生不利影響 (Wehby et al., 2011)。早產和低出生體重、胎兒和新生兒死亡、呼吸系統疾病和嬰兒猝死綜合症 (SIDS，又稱為嬰兒床死亡) 更常出現在懷孕期間抽菸母親的胎兒 (Burstyn et al., 2012; Grabenhenrich et al., 2014)。產前抽菸與多達 25% 出生時體重偏低的嬰兒有關 (Brown & Graves, 2013)。

母親懷孕期抽菸被認為是胎兒發展注意力缺陷過動障礙的危險因素 (Abbott & Winzer-Serhan, 2012; Sagiv et al., 2012)。最近的研究顯示，環境二手菸煙霧增加胎兒低出生體重的風險，也會降低女性胎兒的卵巢功能 (Kilic et al., 2012；Salama et al., 2013)。最近的研究顯示，環境二手菸煙霧與胎兒細胞中 114 項基因表現的失調有關，特別是與免疫功能有關 (Votavova et al., 2012)。另一項研究則發現，產前暴露於環境二手菸煙霧中的母親，會增加死胎風險 (Varner et al., 2014)。

4. 古柯鹼

懷孕期間使用古柯鹼會對發育中的胚胎和胎兒造成危害嗎？最近的研究評論認為，古柯鹼會很快穿過胎盤到達胎兒 (De Giovanni & Marchetti, 2012)。最一致的發現是，產前發育過程中的古柯鹼與出生體重、身長和頭圍減少相關 (Gouin et al., 2011)。此外，在其他研究中，產前古柯鹼與 1 個月齡時較低的清醒、較少的有效自我調節、較高的過動性和較低的反射功能有關 (Lester et al., 2002)；2 歲時運動功能受損、10 歲時成長速度較慢 (Richardson, Goldschmidt, & Willford, 2008)；到缺乏行為自律 (Ackerman, Riggins, & Black, 2010)；到 9 歲時血壓升高 (Shankaran et al., 2010)；語言發展和訊息處理受損 (Beeghly et al., 2006)；包括注意力不足 (尤其是衝動)(Accornero et al., 2006；Richardson et al., 2011)；7 歲時學習障礙 (Morrow et al., 2006)；增加參與支持服務的特殊教育計畫的可能性 (Levine et al., 2008)；增加了行為問題，尤其是外顯高侵略和犯罪率等問題 (Minnes

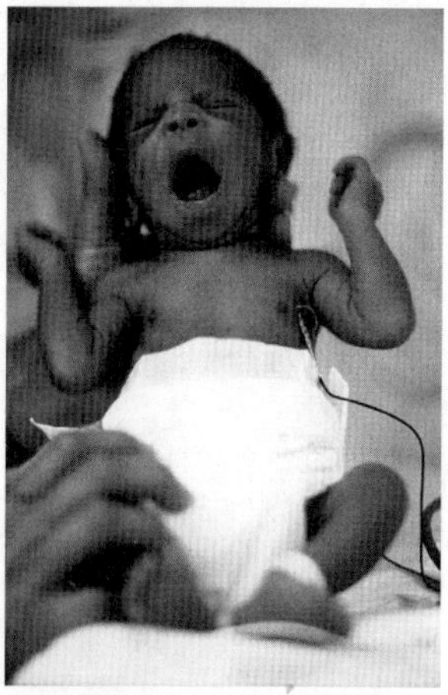

這個嬰兒在產前暴露於古柯鹼。古柯鹼對產前的發展有哪些可能的影響？

et al., 2010；Richardson et al., 2011)。

一些研究人員認為，這些調查結果應謹慎解讀 (Accornero et al., 2006)。為什麼？因為在使用古柯鹼孕婦所生的兒童身上發現問題的其他因素往往不能排除 (如貧困、營養不良和其他藥物濫用)(Hurt et al., 2005；Messiah et al., 2011)。例如，古柯鹼使用者比非使用者更可能抽菸、吸食大麻、喝酒和服用安非他命。

儘管有這些警告，研究證據的重要性表明，使用古柯鹼的母親所生的孩子可能有神經、內科和認知缺陷 (Cain, Bornick, & Whiteman, 2013; Field, 2007; Mayer & Zhang, 2009; Richardson et al., 2011)，絕不建議孕婦使用古柯鹼。

5. 甲基安非他命

甲基安非他命像古柯鹼一樣是一種興奮劑，會加速個體的神經系統。在懷孕期間使用甲基安非他命或稱「甲基」的母親所生嬰兒面臨許多問題，包括高嬰兒死亡率、低出生體重和發育及行為問題 (Piper et al., 2011)。研究顯示，產前甲基暴露與較小的頭圍、新生兒重症加護病房 (NICU) 的入院率，以及轉介到兒童保護服務有關 (Shah et al., 2012)。另一項研究則發現，出生前甲基暴露與 7 至 15 歲的一些腦區，特別是額葉腦活化較少有關 (Roussotte, 2011)。最近的研究發現，產前甲基安非他命暴露與 5 歲兒童發生 ADHD 的風險有關 (Kiblawi et al., 2013)。

6. 大麻

越來越多的研究發現，孕婦吸食大麻會對胎兒產生負面影響。例如，研究人員發現，產前大麻暴露與兒童智力下降有關 (Goldschmidt et al., 2008)。另一項研究顯示，產前大麻暴露與 14 歲時的大麻吸食有關 (Day, Goldschmidt, & Thomas, 2006)。最近的研究發現，孕婦使用大麻與死產有關 (Varner et al., 2014)。總之，不建議孕婦使用大麻。

7. 海洛因

據記載，對海洛因成癮母親的嬰兒在出生時表現出某些行為困難 (Lindsay & Burnett, 2013)，包括戒斷症狀，如震顫、煩躁、哭鬧不安、睡眠障礙，以及運動控制受損。許多人在滿周歲時時仍然出現行為問題，而且在之後的發展可能會出現注意力不足的情況。海洛因成癮最常見的治療方法是美沙酮，與新生兒嚴重戒斷症狀相關 (Blandthorn, Forster, & Love, 2011)。

(四) 不相容的血型

母親和父親血型之間不相容會為產前發育帶來其他的風險 (Matsuda et al., 2011)。血型是由紅血球表面結構的不同造成的。紅血球表面的差異產生熟悉的血型——A、B、O 和 AB。第二個差異產生所謂的 Rh 陽性和 Rh 陰性血液。如果在個體的紅血球中存在稱為 Rh 因子的表面標誌物，則稱該人為 Rh 陽性；如果 Rh 標記不存在，則稱該人為 Rh 陰性。如果某位孕婦 Rh 陰性，她的伴侶 Rh 陽性，胎兒可能是 Rh 陽性。如果胎兒的血液是 Rh 陽性，而母親是 Rh 陰性的，母親的免疫系統可能會產生抗體來攻擊胎兒，這可能會導致許多問題，包括流產或死胎、貧血、黃疸、心臟缺陷、腦損傷或出生後不久即死亡 (Li et al., 2010)。

一般來說，Rh 陰性母親的第一個 Rh 陽性嬰兒沒有風險，但是隨後的每一次懷孕都會增加風險。在第一個孩子出生的三天之內，可以給母親一種疫苗 (RhoGAM)，以防止她的身體產生抗體，這種抗體會在隨後的懷孕中攻擊未來的 Rh 陽性胎兒。此外，受 Rh 不相容影響的嬰兒可以在出生前或出生後立即進行輸血 (Goodnough et al., 2011)。

(五) 環境危害

現代工業世界的許多產物可能會危及胚胎或胎兒。一些對胚胎或胎兒的特殊危害包括輻射、有毒廢物和其他化學汙染物 (Lin et al., 2013)。

X 射線輻射會影響發育中的胚胎或胎兒，特別是在受孕的頭幾週，當時婦女還不知道自己懷孕了。當涉及實際或潛在的懷孕時，婦女和她們的醫生應該權衡 X 射線的風險 (Rajaraman et al., 2011)。但是，腹部以外的身體區域的常規診斷 X 射線通常被認為是安全的 (Brent, 2009, 2011)，其中女性的腹部由鉛圍裙保護。

環境汙染物和有毒廢棄物也是胎兒的危險源。其中危險的汙染物是一氧化碳、汞、鉛，以及某些化肥、農藥。

烏克蘭車諾比核電站的爆炸產生擴散到周邊地區的放射性汙染。成千上萬的嬰兒由於受到輻射汙染而出現健康問題和畸形，包括這個沒有手臂的男孩。除了輻射汙染之外，對產前發展有哪些其他類型的環境危害？

(六) 孕婦疾病

孕婦疾病和感染可以透過穿越胎盤障蔽而產生胎兒的缺陷，或者可能在出生時造成損傷 (Brunell, 2014)。風疹 (德國麻疹) 是一種可導致產前缺陷的疾病。最近的研究發現，懷孕期間患有麻疹的婦女有較高的胎兒和新生兒死亡風險，包括自然流產和死胎 (Ogbuanu et al.,

2014)。打算生育的婦女在懷孕前應進行血液檢查，以確定是否對德國麻疹免疫。

梅毒 (性病感染) 在胎兒發育後期更具破壞性，受孕後四個月或更長時間。對胎兒的損害包括死胎、眼部病變 (可導致失明)、皮膚病變和先天性梅毒 (Qin et al., 2014)。

另一個受到廣泛關注的感染是生殖器皰疹。當新生兒通過母親具生殖器皰疹的產道生產時，就會感染這種病毒 (Sudfeld et al., 2013)。約三分之一的嬰兒因感染的產道而死亡；另有四分之一的嬰兒則受到腦損傷。如果在接近分娩日期的孕婦中檢測到生殖器皰疹的活動性病例，可以進行剖腹產 (通過母親腹部的切口將嬰兒生出)，以防止病毒感染新生兒 (Pinninti & Kimberlin, 2013)。

*愛滋病*是由人類免疫缺陷病毒 (HIV) 感染的性病，愛滋病毒破壞人體的免疫系統。母親會透過三種方式感染愛滋病毒 / 愛滋病給胎兒：(1) 妊娠期的胎盤；(2) 透過接觸母親的血液或體液；(3) 產後 (出生後)，透過餵養母乳。透過餵養母乳傳播愛滋病，在許多開發中國家尤其是嚴重的問題 (聯合國兒童基金會，2013)。感染愛滋病毒的母親所生的嬰兒可能：(1) 感染和有症狀 (顯示愛滋病症狀)；(2) 感染但無症狀 (不顯示愛滋病症狀)；或 (3) 完全不感染。感染並無症狀的嬰兒在 15 個月大時，仍可能出現愛滋病症狀。

發展連結—環境、疾病和障礙
愛滋病毒／愛滋病發病率最高的地區是撒哈拉以南的非洲地區，有多達 30% 的母親感染愛滋病毒；許多人不知道她們感染了病毒。(第 4 章)

以高血糖為特徵的糖尿病更普遍的影響胎兒。研究回顧患有糖尿病的孕婦可能生產有生理缺陷的新生兒 (Eriksson, 2009)。有妊娠糖尿病的婦女可能會生出高體重的嬰兒 (體重超過 10 磅以上)，嬰兒也有糖尿病的風險 (Alberico et al., 2014; Gluck et al., 2009)。最近的研究發現，如果患有妊娠糖尿病的孕婦 (懷孕期間從未罹患糖尿病但高血糖的婦女)，其生產的 5 至 16 歲的墨西哥裔美國兒童更容易肥胖 (Page et al., 2014)。

(七) 其他家長因素

到目前為止，我們已經討論許多藥物、環境危害、孕婦疾病，以及可能傷害胚胎或胎兒的不相容的血型。接下來，將探討影響產前和兒童發育的母親與父親的其他特徵，包括營養、年齡、情緒狀態和壓力。

1. 產婦飲食和營養

發育中的胚胎或胎兒完全依賴孕婦的營養，這是來自母親的血液

(Lowdermilk, Cashion, & Perry, 2014)。胚胎或胎兒的營養狀況由母親的總卡路里攝入量，以及攝入蛋白質、維生素和礦物質決定。營養不良的母親所生的孩子會比其他孩子更容易畸形。

母親肥胖反而會增加高血壓、糖尿病、呼吸系統併發症和母親感染率 (Mission, Marshall, & Caughey, 2013; Murray & McKinney, 2014)，對妊娠產生不利影響。最近的研究發現，妊娠期間母親超重和肥胖與早產風險增加有關，尤其是極早產 (Cnattingius 等人，2013)。此外，研究顯示，母親懷孕期間的肥胖與青少年和成年子女的心血管疾病和第二型糖尿病有關 (Galliano & Bellver, 2013)。最近的研究發現，母親肥胖與死產增加有關 (Gardosi et al., 2013)，新生兒將被安置在新生兒重症加護病房 (Minsart et al., 2013)。包括體重減輕和懷孕前運動量增加的肥胖管理，可能有利於母親和嬰兒。孕婦體重增加控制在 11 至 20 磅，可能會改善母親和孩子的健康 (Simmons, 2011)。

由於胎兒完全依賴母親的營養，孕婦良好的飲食習慣很重要。在肯亞，政府診所為孕婦提供關於飲食如何影響胎兒健康的訊息。關於飲食的訊息可能會是什麼樣子的呢？

發展連結一環境、疾病和障礙
什麼是影響個體是否肥胖的關鍵因素？ (第 13 章)

葉酸是維生素 B 群中 (Branum et al., 2013; Kancherla, Oakley, & Brent, 2014)，對產前正常發育至關重要的母體營養之一。針對超過 34,000 名女性的研究顯示，在懷孕之前至少一年服用含葉酸的多種維生素或單獨服用葉酸，在 20 至 28 週間服用葉酸的風險降低 70%，在 28 至 32 週降低風險 50% (Bukowski et al., 2008)。研究顯示，懷孕前三個月未使用葉酸補充劑的孕婦，幼兒出現更多的行為問題 (Roza et al., 2010)。另外，如本章前面所述，缺乏葉酸與胎兒的神經管缺陷有關，如脊柱裂 (脊髓缺損) (Reynolds, 2014)。美國衛生與公眾服務部 (2014 年) 建議，孕婦每天至少攝入 400 微克葉酸 (大約是女性一天平均攝入量的兩倍)。柳橙汁和菠菜是富含葉酸的食物之一。

推薦經常吃魚作為健康飲食的一部分，但是汙染卻使許多魚類成為孕婦的冒險選擇。某些魚含有高含量的汞，這些汞透過天然的與工業汙染的兩種途徑排放到空氣中 (Wells et al., 2011)。當汞落入水中時，會變成有毒的、累積在大型魚類中，如鯊魚、箭魚、鯖魚和一些大型金槍魚 (American Pregnancy Association, 2014; Mayo Clinic, 2014)。汞很容易穿過胎盤轉移，胚胎發育中的大腦和神經系統對金屬非常敏感。研究人員發現，產前汞暴露會造成不良後果，包括流產、早產和智力下降 (Triche & Hossain, 2007; Xue et al., 2007)。

2. 產婦年齡

如果考慮到對胎兒和嬰兒的有害影響，針對兩個產婦年齡特別感興趣：(1) 青春期；(2) 35 歲以上 (Rudang et al., 2012)。青少年母親所生嬰兒的死亡率是二十來歲母親所生嬰兒的兩倍。充足的產前照護降低青少年女孩生出的孩子出現生理問題的可能性。然而，青少女是所有年齡層婦女最不可能從診所和保健服務中獲得產前照護的。

產婦年齡也與不良妊娠的風險有關。當孕婦年齡越大時，孩子罹患唐氏症的風險就越大 (Ghosh et al., 2010)。正如第 2 章所討論的那樣，*唐氏症*患者的面部特徵明顯、四肢短、運動和智力發育遲緩。唐氏症患兒很少是 16 至 34 歲的母親生下的。然而，當母親達到 40 歲時，出生的嬰兒出現唐氏症的可能性略高於 1/100，到 50 歲時幾乎為 1/10。如果母親年齡在 35 歲以上，低出生體重、早產和胎兒死亡也會增加 (Koo et al., 2012; Mbugua Gitau et al., 2009)。挪威最近的研究發現，30 歲以上的母親年齡與 25 至 29 歲超重 / 肥胖或抽菸的孕婦死亡風險相同 (Waldenstrom et al., 2014)。

關於母親在懷孕和分娩中的年齡的作用，我們還有很多東西要了解。由於婦女保持活躍、經常鍛鍊身體、注意營養，所以她們的生殖系統可能比過去更為年長的年齡時，仍舊保持健康。

3. 情緒狀態與壓力

當懷孕婦女經歷強烈的恐懼、焦慮和其他情感或負面情緒狀態時，會發生可能影響胎兒的生理變化 (Schuurmans & Kurrasch, 2013)。母親的壓力可能透過母親增加從事不健康行為 (如吸毒和接受不良的產前照護) 的可能性間接影響胎兒。

懷孕期間產婦的高焦慮和壓力可能對胎兒產生長期影響 (Kleinhaus et al., 2013)。最近的研究發現，妊娠期高度的憂鬱、焦慮和壓力與青春期內在問題有關 (Betts et al., 2014)。研究綜述指出，孕婦高壓力導致胎兒的情緒或認知問題、注意力缺陷多動障礙 (ADHD) 和語言障礙的風險增加 (Taige et al., 2007)。此外，最近的大規模研究發現，受孕前一段時期母親的高度壓力會導致嬰兒死亡 (Class et al., 2013)。另一項研究顯示，受孕前產婦緊張的生活增加嬰兒出生體重過低的風險 (Witt et al., 2014)。

母親憂鬱症也可能對胎兒產生不利影響？最近的研究評估認為孕期母親憂鬱症與早產有關 (Mparmparkas et al., 2013)。最近的研究發現，孕期母親憂鬱與足月胎兒的低出生體重相關 (Chang et al., 2014)。另一項研究則顯示，未經治療的產前母親憂鬱症與子女的不良情緒相關，包括兒童時期同情心降低 (Davalos, Yadon 和 Tregellas，

2012)。最近的研究顯示，孕期母親憂鬱與 18 歲時子女憂鬱症的風險增加有關 (Pearson et al., 2013)。

在中國的研究中，父親吸菸越久，他們的孩子發生癌症的風險就越大 (Ji et al., 1997)。還有哪些可以影響胎兒和兒童發育的父親因素？

3. 父親的因素

到目前為止，我們已經討論了母親的特徵，如吸毒、疾病、飲食和營養、年齡和情緒狀態，如何影響胎兒發育和兒童的發育。是否有關於父親的危險因子？的確有幾個。男性暴露於鉛、輻射、某些殺蟲劑和石化產品可能會導致精子異常，因而造成流產或疾病，如兒童癌症 (Cordier, 2008)。父親在母親懷孕期間吸菸也會帶給胎兒問題。在研究中，父親重度吸菸與早期妊娠流產的風險相關 (Venners et al., 2004)。這個負面結果可能與二手菸有關。而在最近的研究中，父親在孩子懷孕期間吸菸與兒童患白血病的風險增加有關 (Milne et al., 2012)。此外，最近的研究評估認為，當父親年齡在 40 歲以上時，自然流產、自閉症和思覺失調症的風險增加 (Reproductive Endocrinology and Infertility Committee et al., 2012)。最近的研究顯示，40 歲以上的父親所生的孩子，由於老年父親基因隨機突變的增加而提高發生自閉症的風險 (Kong et al., 2012)。然而，胎兒母親的年齡與兒童自閉症的發展無關。

三、產前照護

儘管產前照護的差異很大，但通常還包括明確的醫療護理時間表，通常包括篩檢影響嬰兒或母親的可處理的疾病和可治療的疾病 (Cypher et al., 2013; Novick et al., 2013)。除了醫療保健之外，產前計畫通常包括全面的教育、社會和營養服務 (Ickovics et al., 2011; Lowdermilk et al., 2014)。最近的研究顯示，集體產前照護為孕婦提供廣泛的社會支持網絡 (McNeil et al., 2012)。

越來越多的運動被推薦為全面的產前照護計畫的一部分。在懷孕期間運動有助於預防便秘、調理身體、減少體重過度增加的可能性，並與更正向的精神狀態相關，包括降低的憂鬱程度 (Bisson et al., 2013; Paul & Olson, 2013; Yan et al., 2014)。考量近期研究中孕期運動的積極成果：

孕婦在懷孕期間的運動可能如何使她和子女受益？

- 孕婦完成為期三個月的監督式有氧運動項目，與沒有參加該項目的同齡人相比，顯示出較佳的與健康相關的生活品質，包括更好的身體機能，和減輕的身體疼痛 (Montoya Arizabaleta et al., 2010)。

- 在每週兩次的瑜伽或按摩治療 12 週後，兩個治療組的憂鬱、焦慮與背部和腿部疼痛比對照組降低更多 (Field et al., 2012)。
- 研究評論認為，妊娠期間瑜伽與母親懷孕不適、睡眠障礙、壓力和疼痛減少，以及低出生體重發生率降低有關 (Babbar et al., 2012)。
- 妊娠 22 週時，產前憂鬱的孕婦被隨機分配參加：(1) 20 分鐘的太極 / 瑜伽組課程，持續 12 週；或 (2) 等待名單控制組 (Field et al., 2013)。治療結束時，運動組憂鬱症較少、焦慮程度較低、睡眠障礙較少、身體狀況較少。
- 整個懷孕期間適度運動並沒有早產風險 (Barakat et al., 2014; Tinloy et al., 2014)。

產前照護重要嗎？關於懷孕、分娩、生產及照顧新生兒的訊息，對新手母親的來說，尤其有價值 (Yun et al., 2014)。產前照護對於貧困婦女和移民婦女也非常重要，因為能將她們與其他社會服務連結起來 (Chandra-Mouli, Camacho, & Michaud, 2013)。

一項在美國迅速擴展的創新計畫是懷孕中心計畫 (Benediktsson et al., 2013; Hale et al., 2014; Ickovics et al., 2011; McNeil et al., 2013)。這個項目是以關係為中心的，在小組中提供完整的產前照護。懷孕中心取代傳統的 15 分鐘內科醫生診視與 90 分鐘由醫師或認證的助產士助產的同伴小組支持群組和自我檢查。最多 10 名婦女 (通常是她們的伴侶) 在懷孕 12 週到 16 週開始定期開會。這些聚會強調賦予婦女在經歷積極懷孕方面發揮積極作用。最近的研究顯示，懷孕中心計畫組產前檢查與早產減少有關 (Novick et al., 2013)。另一項研究則顯示，懷孕中心計畫組進行更多的產前檢查、母乳餵養率更高，並且比個別照護中的女性對產前照護更滿意 (Klima et al., 2009)。在另一項最近的研究中，高壓力女性被隨機分配到懷孕中心計畫加強版組、小組產前照護或標準的個人照護，從第 18 週妊娠到出生 (Ickovics et al., 2011)。懷孕中心計畫加強版組中，壓力最大的婦女表現出自尊心提高、懷孕後三個月的壓力和社會衝突減輕、產後一年的社會衝突和憂鬱情緒也較低。

懷孕中心計畫。這個越來越受歡迎的計畫，把婦女帶出檢驗室，進入關係導向的小組，改變了常規的產前照護。

針對父母的產前計畫重點關注家訪 (Eckenrode et al., 2010; Tandon et al., 2011)。研究評估認為，產前家訪與改善產前照護的使用有關，儘管沒有證據顯示可以改善新生兒的出生體重 (Issel et al., 2011)。然而，最近的研究發現，使用家訪服務與低出生體重的風險降低有關 (Shah & Austin, 2014)。研究評估指出，由 David Olds 和他的同事

(2004, 2007, 2014 年) 建立的護士家庭合作關係是成功的。護士家庭合作關係包括由孕婦在產前發育的第二個或第三個月開始進行家訪。這個廣泛的計畫包括從產前至兩歲大約 50 次家訪。家訪透過提供教育、工作和人際關係的指導，關注重點於母親的健康、獲得保健、撫養子女和改善母親的生活。研究顯示，護士家庭夥伴關係有許多積極的成果，包括懷孕較少、工作環境較好、母親夥伴關係穩定，以及改善兒童的學業成績和社會發展 (Olds et al., 2004, 2007, 2014)。

四、正常胎兒發育

這一章到目前為止，討論的大部分內容都集中在胎兒發育會出現什麼問題上。準父母應該採取措施避免所描述的胎兒發育的脆弱性。但重要的是要記住，大多數時候，胎兒發育不會出現問題，發展會沿著本章開頭所描述的正向途徑發生。

複習・連結・反思　學習目標一　描述胎兒發育

複習重點

- 什麼是胎兒發育過程？
- 什麼是畸胎學？有哪些主要的胎兒發育的危害因素？
- 有哪些好的產前照護策略？
- 為什麼採取正向的產前發展策略很重要？

連結

- 在第 2 章中討論可能影響胎兒發育的染色體和基因連鎖異常。與畸胎學或其他相關或相似的不同危害或風險的症狀是如何？

反思個人的人生旅程

- 如果你是一個女人，想像你剛剛發現懷孕了。在懷孕期間，你會遵循什麼健康促進策略？如果你不是女人，想像你是一個剛剛發現她懷孕的伴侶。在增加懷孕階段順利進行的可能性方面，你扮演的角色是什麼？

貳　生產

學習目標二　描述出生過程

產程｜評估新生兒｜早產和低出生體重嬰兒

大自然寫出出生的基本劇本，但是父母對於出生的條件做出重要的選擇。首先觀察孩子出生時，出現的身體階段的順序。

有一顆星星跳舞，然後我就出生了。
——William Shakespeare
17 世紀英國劇作家

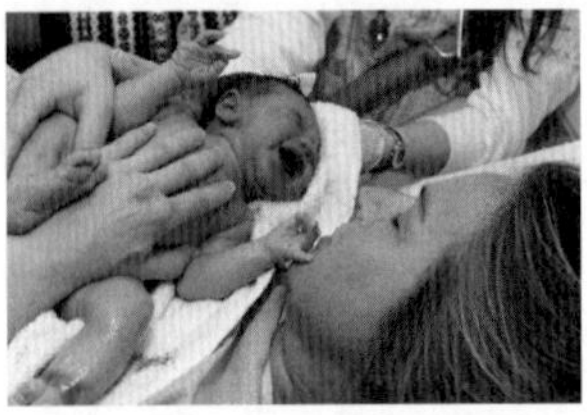

胎兒在發育的漫長路程之後誕生。在出生期間，嬰兒正處於兩個世界之間的門檻上。什麼是胎兒 / 新生兒的轉變？

一、產程

產程中發生的階段，發生在不同的情況下，在大多數情況下牽涉到一個以上的人員參與。

(一) 出生階段

出生過程分三個階段進行。第一階段是三個中最長的一個。子宮收縮開始時間為 15 到 20 分鐘，持續時間為一分鐘。這些收縮導致婦女的宮頸伸展開放。在第一階段的過程中，每間隔兩到五分鐘連續出現收縮。而且強度持續增加。在第一胎生育階段結束時，宮縮擴張至約 10 厘米 (4 英寸) 的開口，使得嬰兒可以從子宮移動至產道。對於生第一個孩子的女人來說，第一階段的平均時間為 6 至 12 小時，對於第二胎以後的孩子來說，這個階段通常要短得多。

當寶寶的頭部開始移動通過宮頸和產道時，第二階段就開始了。直到嬰兒完全從母親的身體出現時才終止。每收縮一下，母親就用力把寶寶推出身體。當嬰兒的頭離開母親的身體時，每分鐘都會收縮一次，每次持續大約一分鐘。這個階段一般持續大約 45 分鐘到一個小時。

出生後是第三階段，此時胎盤、臍帶和其他膜被分離和排出。這個最後階段是三個出生階段中最短的時間，只有幾分鐘。

(二) 分娩設施和協助人員

2011 年，在美國有 98.7% 在醫院生產 (Martin et al., 2013)。在院外發生的 1.3% 的出生中，大約三分之二發生在家中，約 30% 發生在獨立的分娩中心。美國新生兒在家裡出生的比例，是 1989 年有報告以來的最高水準。在家中生產的人成長主要發生在非拉丁裔白人婦女中，特別是那些年齡較大、已婚的人。對於這些非拉丁美洲白人婦女，有三分之二的家庭生產都由助產士協助。

在出生時幫助母親的人在不同的文化中有所不同。美國的醫院、父親或生產教練在整個生產和分娩過程中與母親保持聯繫已成為常態。在東非尼戈尼文化中，男人完全被排除在分娩過程之外。當婦女準備分娩時，女性親屬進入婦女的小屋，丈夫則要帶著行李 (衣服、工具、武器等) 離開，直到寶寶出生後才被允許回來。在一些文化中，分娩是公開的社區事務。例如，在太平洋島國的普卡坎文化中，婦女在開放給村民的避難所裡生育。

出生後 (afterbirth)
出生的第三個階段，當胎盤、臍帶和其他膜分離並排出。

1. 助產士

*助產*是懷孕、分娩和產後為婦女提供健康照護的專業 (Avery, 2013; Walsh, 2013)。助產士可以提供婦女關於生殖健康和婦科年度檢查的訊息。如果孕婦需要超出助產士專業知識和技能的醫療服務，他們可以將婦女轉介給婦科或產科醫師。

在印度，助產士檢查胎兒的大小、位置和心跳。助產士在世界各地的許多國家協助生產。產前照護有哪些文化差異呢？

世界上大多數國家都有助產士 (Dahlberg & Aune, 2013; Jesse & Kilpatrick, 2013)。在荷蘭，超過 40% 的嬰兒是由助產士而不是由醫師接生的。然而，到 2010 年，在美國只有 8% 的婦女是由助產士協助生產孩子的，這一數字自 2000 年以來一直保持不變 (Martin et al., 2012)。儘管如此，2010 年的這個數字對比從 1975 年的不到 1% 大幅上升。最近的研究評估認為，對於低風險婦女，助產士的照護特點是減少分娩程序，提高照護滿意度 (Sutcliffe et al., 2012)。此外，在這項研究中，與以醫師為導向的照護相比，以助產士為主導的照護並沒有發現不良後果。

2. 產婆

在某些國家，產婆參與女人的生育。*產婆*是希臘詞彙，意思是「一個有幫助的女人」。**產婆**是一個照顧者，在產前、產中和產後為產婦提供持續的身體、情感和教育支持 (Kang, 2014)。產婆在整個生產中與父母一起，評估和回應母親的需求。當孩子出生時，研究人員發現正向的影響 (Torres, 2013)。最近的研究發現，產婆協助的母親，新生兒出生體重低的可能性低 4 倍，而產婦或嬰兒患有出生併發症的可能性低 2 倍 (Gruber, Cupito, & Dobson, 2013)。最近的研究還顯示，在美國對於醫療補助受助者，產婆接生的分娩進行剖腹產的可能性低 41% (Kozhimmanil et al., 2013)。因此，增加產婆支持的分娩，可以因為降低剖腹產率，而大幅降低分娩費用。

在美國，大多數產婆都是由準父母聘用的獨立開業者。產婆通常是「分娩團隊」的一分子，作為助產士或醫院的產科人員的助手。

(三) 分娩的方法

美國的醫院經常允許產婦和她的產科醫師就分娩方法提供一系列的選擇。關鍵選擇包括藥物使用、是否使用任何一種非醫療技術來減輕疼痛、何時進行剖腹產分娩。

產婆 (doula)
是一個照顧者在分娩前、分娩期間和分娩後為產婦提供持續的身體、情感和教育支持。

1. 藥物治療

用於分娩的三種基本藥物是止痛、麻醉和催產素 / 皮托辛。

講師在進行拉梅茲 (Lamaze) 生產的課程。拉梅茲生產法的特點是什麼？

鎮痛劑用於緩解疼痛。止痛藥包括鎮靜劑、巴比妥類和麻醉劑 (如德美羅)。

麻醉用於第一階段的分娩和分娩過程中，以阻斷身體部位的感覺或阻斷意識。由於全身麻醉可以通過胎盤傳遞給胎兒，所以在正常分娩中有一種趨勢，即不使用會阻礙意識的全身麻醉 (Pennell et al., 2011)。硬膜外阻滯是局部麻醉，從腰部麻醉產婦的身體。最近的研究綜述得出結論，硬膜外鎮痛可以有效緩解疼痛，但代價是在陰道分娩過程中不得不使用器械 (Johns et al., 2012)。研究人員正在繼續探索更安全的藥物，以提高硬膜外麻醉的有效性和安全性 (Samhan et al., 2013)。

催產素是促進子宮收縮的激素；被稱為皮托辛的合成形式廣泛使用於減少生產第一階段的時間。在分娩過程中，使用合成形式的催產素的好處和風險仍然存在爭議 (Bell, Erickson, & Carter, 2014; Buchanan et al., 2012)。

預測藥物如何影響個別的產婦和她的胎兒是困難的 (Lowdermilk et al., 2014)。特定的藥物對一個胎兒的影響可能很小，但對另一個胎兒的影響可能要大得多。藥物的用量也是一個因素 (Weiner & Buhimschi, 2009)。為了減少母親的疼痛，強化鎮靜劑和麻醉劑的劑量，可能對胎兒的影響會比小劑量藥物的影響更大。母親評估自己的疼痛程度，並有權決定是否接受藥物治療，這一點很重要。

2. 自然分娩與準備分娩

在不久之前的短暫時間裡，避免分娩過程中所有藥物的想法在美國是主流。相反地，許多婦女選擇通過自然分娩和準備分娩的技術來減輕分娩的痛苦。今天，在典型的分娩中至少使用了一些藥物，但自然分娩和準備分娩的要素依然流行 (Oates & Abraham, 2010)。

自然分娩的目的是減少母親的痛苦，透過分娩教育減少她的恐懼，並教導她和她的伴侶在分娩時使用呼吸方法和放鬆技巧。今天使用的自然分娩方式是布拉德利法，該方法請先生當教練，教導生產時的放鬆技巧、產前營養和運動。

自然分娩 (natural childbirth)
這種方法試圖透過在生產期間以分娩和放鬆技巧的教育來減輕恐懼，因此減少產婦的痛苦。

準備分娩 (prepared childbirth)
由法國產科醫生 Ferdinand Lamaze 發展，這種分娩策略類似於自然分娩，但包括特殊的呼吸技巧來控制分娩最後階段的推動和更詳細的解剖和生理課程。

法國產科醫生 Ferdinand Lamaze 開發了一種類似於自然分娩的方法，稱為**準備分娩**。它包括一個特殊的呼吸技巧來控制在最後階段的生產推動，以及更詳細的解剖和生理學教育。拉梅茲生產法在美國已經非常流行。孕婦的伴侶通常擔任教練與她一起參與分娩課程，並在分娩期間協助進行呼吸和放鬆。

總而言之，目前自然和準備分娩方法的支持者都認為，當提供充足的訊息和支持時，婦女知道何時是分娩的時間。要閱讀有關現在用於減輕壓力和控制分娩過程中疼痛的各種技術，請參閱【發展與生活的連結】。

3. 剖腹產

正常情況下，胎兒的頭部會首先通過陰道。但如果胎兒處於**臀位**，寶寶的臀部是第一個從陰道出現的部位。每 25 次分娩中有一次，當身體其他部位出現時，嬰兒的頭仍然在子宮內。臀位分娩會導致呼吸系統問題。因此，如果嬰兒處於臀位，通常會進行稱為**剖腹產**的手術；嬰兒通過腹部切口，從母親的子宮中移出。

剖腹產分娩的益處和風險仍然存在爭議 (Furukawa, Sameshima, & Ikenoue, 2014; O'Neill et al., 2013)。批評者認為，美國和世界各地由剖婦產分娩的嬰兒太多了 (Gibbons et al., 2012)。在美國進行的剖腹產分娩比世界上任何其他國家都要多。2011 年，在美國出生的嬰兒中有 32.8% 是剖腹產，與 2010 年相同 (Martin et al., 2013)。

臀位 (breech position)
胎兒在子宮中的位置，導致臀部首先從產道出現。

剖腹產 (cesarean delivery)
透過腹部切口將胎兒從母親的子宮取出的外科手術。

二、評估新生兒

出生後幾乎立即介紹嬰兒給父母以後，對新生兒進行稱重、清理、檢測可能需要緊急注意的發育問題徵象。**Apgar 量表**廣泛用於評估出生後一到五分鐘新生兒的健康狀況。Apgar 量表評估嬰兒的心率、呼吸力氣、肌肉張力、身體顏色和反射敏感性。產科醫生或護士進行評估，並給新生兒在這五個健康徵象 (見圖 3.6) 上分別給出 0、1 或 2 的評分。總分 7 到 10 表示新生兒的狀況良好；5 分表示可能有發展困難；得分 3 或以下為緊急情況，表示寶寶可能無法存活。

Apgar 量表 (Apgar Scale)
廣泛使用在出生後一到五分鐘評估新生兒的健康。Apgar 量表評估嬰兒的心率、呼吸力氣、肌肉張力、身體顏色和反射敏感性。

分數	0	1	2
心率	無	慢—— 低於每分鐘 100 下	快—— 每分鐘 100 至 140 下
呼吸力氣	超過一分鐘沒有呼吸	慢且不規則	呼吸良好且正常地哭泣
肌肉張力	癱軟且弛緩	弱、不活躍，但四肢有些許的屈曲	強、主動運動
身體顏色	藍色且蒼白	身體粉紅色，但四肢藍色	全身粉紅
反射敏感性	無反應	鬼臉	咳嗽、打噴嚏和哭泣

圖 3.6 Apgar 量表。新生兒的 Apgar 量表分數顯示新生兒是否有急迫的醫療問題。美國新生嬰兒的 Apgar 分數有哪些趨勢？

發展與生活的連結

從水中分娩到音樂治療

最近減少壓力和控制分娩過程疼痛的努力，發展出一些較老的和較新的非藥物的技術使用 (Henderson et al., 2014; Jones et.al., 2012; Kalder et al., 2011; Simkin & Bolding, 2004)，包括水中分娩、按摩、針灸、催眠和音樂治療。

1. 水中分娩

水中分娩指在一盆溫水中分娩。有些婦女部分過程在水中生產，但是離開水中出去分娩；有些產婦則全程留在水中分娩。水中分娩的理由是認為胎兒已經在羊水中好幾個月，繼續在類似的環境下分娩，可能對胎兒和母親的壓力更小 (Meyer, Weible, & Woeber, 2010)。當收縮變得越來越密集時，母親才會進入溫水，過早進入水中會導致生產減慢或停止。研究回顧出現不同的結果 (Cluett & Burns, 2009; Dahlen et al., 2013; Field, 2007)，但有研究發現，水中分娩與生產的第二階段較短相關 (Cortes, Basra, & Kelleher, 2011)。近幾十年來，瑞士和瑞典等歐洲國家的水中分娩比美國更常見，但近幾十年來，美國的水中分娩也越來越多了。

2. 按摩

按摩在分娩前和分娩期間，使用得越來越多 (Beckmann & Stock, 2013)。最近的兩項研究評論認為，按摩療法可減輕分娩時的疼痛 (Jones et al., 2012; Smith et al., 2012)。研究顯示，按摩減輕了孕婦的疼痛，也減輕了父母雙方的產前憂鬱，並且改善了他們的關係 (Field et al., 2008)。

3. 針灸

在中國，針灸是將非常細的針頭插入身體的特定部位，作為減輕分娩痛苦的標準程序，儘管在美國最近才開始用於這個目的。最近的研究顯示，針灸可以對生產和分娩產生正面的影響 (Borup et al., 2009; Citkovitz, Schnyer, & Hoskins, 2011; Smith et al., 2012)。

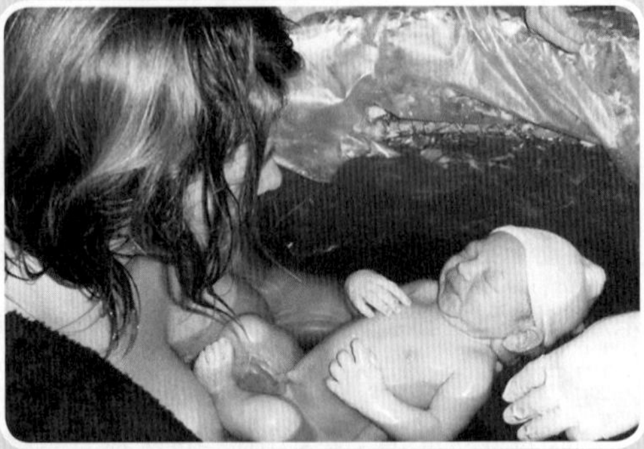

選擇這些自然分娩方法來代替藥物可以有什麼原因？嬰兒使用水中分娩有什麼特點？

4. 催眠

催眠越來越多地被使用在分娩期間，通常是指對個體回應建議，並且誘導改變關注和認知的心理狀態 (Werner et al., 2013)。某些研究表明，催眠對於減少分娩時的疼痛有積極作用 (Abbasi et al., 2010)，儘管最近的一篇研究綜述認為整體而言，沒有充分的證據顯示催眠可減輕分娩時的疼痛 (Smith et al., 2012)。

5. 音樂治療

分娩時採用音樂治療來減輕壓力和治療疼痛越來越普遍 (Liu, Chang, & Chen, 2010)。需要更多的研究來確定其有效性 (Laopaiboon et al., 2009)。

Apgar 量表很適合評估新生兒適應壓力和新環境需求 (Miyakoshi et al., 2013)。還可以識別需要急救的高危險嬰兒。最近的研究顯示，與 Apgar 分數高 (9 至 10 分) 的兒童相比，發展為注意力缺陷過動障礙 (ADHD)，Apgar 分數為 5 至 6 分的新生兒高出 63%，Apgar 分數低 (1 至 4 分) 的新生兒高出 75% (Li, Olsen et al., 2011)。為了更全面評估新生兒，可以使用 Brazelton 新生兒行為評估量表或新生兒重症加護病房網路神經行為量表。

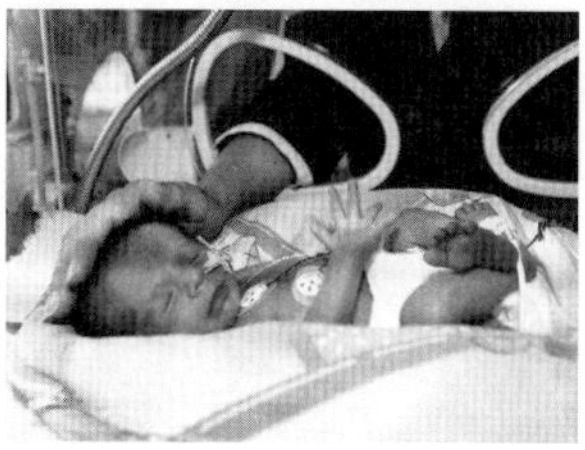

「千克小孩」，出生時體重不到 2.3 磅。出生時體重如此之小的長期發育結果是什麼？

Brazelton 新生兒行為評估量表 (NBAS) 通常在出生後 24 至 36 小時內進行。對於一般的嬰兒，它也被當作出生後一個月的神經能力的敏感指標，並在許多嬰兒發育研究當成指標 (Jones, 2012)。NABS 評估新生兒的神經發育、反射和對人和物體的反應。評估 16 種反射，如打噴嚏、眨眼和覓食，以及對鼓舞的反應 (如臉孔和聲音) 和無生命的刺激 (如撥浪鼓)。(在第 4 章，當我們在討論嬰兒時期動作發展的時候，將會有更多關於反射的主題。)

NABS 旨在評估正常的健康足月嬰兒。NABS 的「衍生量表」，**新生兒重症加護病房神經行為量表** (NNNS) 為新生兒的行為、神經和壓力反應，以及一般能力提供另類評估 (Brazelton, 2004; Lester et al., 2011)。T. Berry Brazelton 與 Barry Lester、Edward Tronick 一起特別發展 NNNS 來評估「有風險」的嬰兒。對於評估早產兒 (儘管可能不適合胎齡小於 30 週) 和菸、酒、毒暴露的嬰兒尤其有用 (Montirosso et al., 2012)。

Brazelton 新生兒行為評估量表 (Brazelton Neonatal Behavioral Assessment Scale, NBAS)
在生命的第一個月用於評估新生兒的神經發育、反射和對人和物體的反應。

新生兒重症加護病房神經行為量表 (Neonatal Intensive Care Unit Neurobehavioral Scale, NNNS)
NNNS 是 NABS 的「衍生量表」，提供新生兒行為、神經和壓力反應，以及一般能力的評估。

三、早產和低出生體重嬰兒

對新生兒不同威脅的構成條件已經賦予不同的標籤。我們將研究這些情況並討論改善早產兒預後的介入措施。

(一) 早產兒和小嬰兒

三個相關的條件威脅到許多新生兒：低出生體重、早產、比同胎齡兒小。**低出生體重的嬰兒**出生時體重不到 5.5 磅。出生體重非常低的新生兒體重不到 3.5 磅，出生體重極低的新生兒體重不到 2 磅。**早產兒**是在懷孕達到足月之前之前三週出生 (即在受孕和出生之間的 37 週) 的那些嬰兒。**比同胎齡兒小** (也稱為小於胎齡的嬰兒) 是指懷孕時出生體重低於正常的胎兒。他們的體重少於相同胎齡的 90% 嬰兒。比同胎齡兒小可能是早產或足月。研究發現，比同胎齡兒小的死亡風險增加四倍 (Regev et al., 2003)。

低出生體重的嬰兒 (low birth weight infants)
出生時體重低於 5.5 磅的嬰兒。

早產兒 (preterm infants)
在妊娠 37 週完成 (即受精和出生之間的時間) 之前出生的人。

比同胎齡兒小 (small for date infants)
也稱為小於胎齡的嬰兒，這些嬰兒的出生體重低於正常的同胎齡嬰兒。小於胎齡的嬰兒可能是早產或足月。

2011 年，美國有 11.7% 的嬰兒早產，自 1980 年代以來成長了 34%，2008 年以來下降 1.1% (Lynch, Dezen, & Brown, 2012)。自 1980 年代以來，早產的增加可能是由於 35 歲以上孕婦的人數增加、多胞胎分娩率增加、孕產婦和胎兒狀況的管理增加等因素 (例如，如果醫療技術引發早產，代表生存的可能性增加)、藥物濫用 (菸草、酒精) 的增加，以及壓力增加 (Goldenberg & Culhane, 2007)。種族變異是早產的特徵 (Lhila & Long, 2011)。例如，2011 年，所有美國嬰兒早產的可能性為 11.7%，非拉丁美洲白人嬰兒為 10.5%，但非裔美國人嬰兒的比例為 16.7%，拉丁裔嬰兒則為 11.6% (Martin et al., 2013)。

最近，黃體激素可能在減少早產發揮重要作用 (Hines, Lysseng-Williamson, & Deeks, 2013)。最近的研究顯示，黃體激素減少早產最有效的方法，是將其用於早期不滿 37 週自發性流產的女性 (da Fonseca et al., 2009)、子宮頸長度較短約為 15 毫米的女性 (de Fonseca et al., 2009)，以及單胞胎而非多胞胎的女性 (Lucovnik et al., 2011)。最近的研究發現，黃體激素治療與有一次或多次自發性流產史的婦女的早產減少有關 (Markham et al., 2014)。

懷孕期間運動可減少早產的可能性嗎？研究發現，與從事輕度休閒時間身體活動的久坐孕婦相比，早產的可能性降低了 24%，參加中度至重度休閒體育活動的人的早產風險降低了 66% (Hegaard et al., 2008)。如本章前面所述，最近的研究顯示，孕期運動不會增加懷孕後期早產或住院的風險 (Tinloy et al., 2014)。

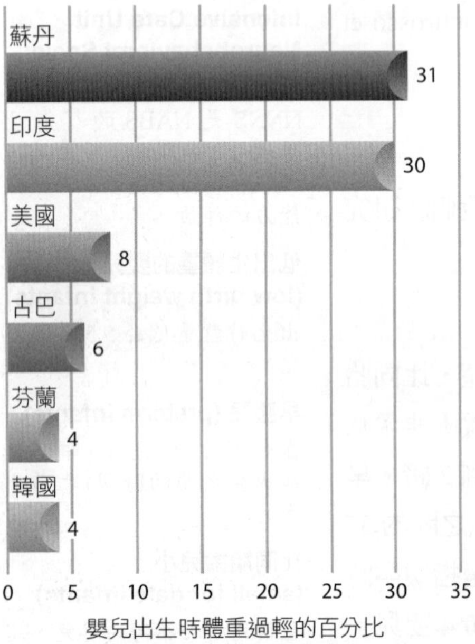

圖 3.7　特定國家嬰兒出生時體重過輕的比率。

出生體重低在各國的發生率差異很大。在貧困猖獗、母親健康和營養不良的國家，如印度和蘇丹，低出生體重嬰兒的比例高達 31% (見圖 3.7)。在美國，過去二十年出生體重過輕的嬰兒有增加，2011 年美國的低出生體重出現率為 8.1%，遠遠高於許多其他已開發國家 (Martin et al., 2013)。例如，在瑞典、芬蘭、挪威和韓國出生的嬰兒中，只有 4% 出生體重偏低；在紐西蘭、澳洲和法國出生的嬰兒中，只有 5% 出生體重偏低。

在已開發國家和開發中國家，身體未完全成熟時分娩的青少年都有低出生體重嬰兒的風險 (Shuaib et al., 2011)。在美國，低出生體重嬰兒數量的增加是由於諸如使用毒品、營養不良、多胞胎、生殖技術，以及科技進步和產前照護等因素，導致更高風險的嬰兒存活 (國家衛生統計中心，2012)。儘管如此，貧困仍然是美國早產的主要因素之一。生活在貧困中的婦女更容易肥胖、患有糖尿病和高血壓、抽菸和使用非法藥物、不太可能定期接受產前檢查 (Timmermans et al., 2011)。

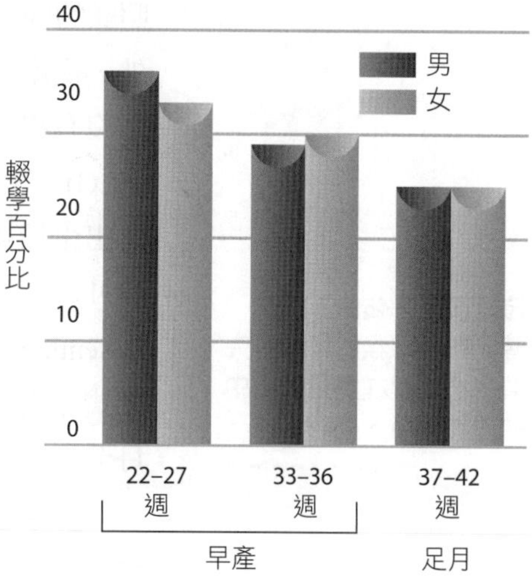

圖 3.8　早產兒和足月出生嬰兒的輟學百分比。

(二) 早產和低出生體重的後果

雖然大多數早產兒和低出生體重嬰兒是健康的，但這一群人比正常的新生兒有更多健康和發育問題 (Bassil et al., 2014; Webb et al., 2014)。對於早產，稱呼分成*極早產*和*非常早產*越來越多 (Takayanagi et al., 2013)。*極早產兒*是在妊娠不到 28 週時出生的嬰兒，*非常早產嬰兒*則是在胎齡小於 33 週時出生的嬰兒。圖 3.8 顯示挪威的研究結果，顯示早產兒更有可能輟學 (Swamy, Ostbye, & Skjaerven, 2008)。

發展連結—環境
貧窮持續對兒童時期的發展產生不利影響。(第 8 章)

這些問題的數量和嚴重程度會隨著早產嬰兒更早出生和出生體重下降而增加 (Castrodale & Rinehart, 2014)。出生非常早、非常小的嬰兒的生存率已經上升，但隨著生存率的提高，嚴重腦傷的發生率也在上升 (McNicholas et al., 2014)。

最近的研究顯示，非常早產的低出生體重嬰兒腦部軸突發育異常，9 歲時認知能力受損 (Iwata et al., 2012)。出生體重低的兒童比正常出生體重的兒童更可能發展為學習障礙、注意力缺陷多動障礙、自閉症或氣喘等呼吸問題 (Anderson et al., 2011; Maramara, He, & Ming, 2014)。所有低出生體重兒童中大約有 50% 參加特殊教育課程。

(三) 培育低出生體重兒和早產兒

新生兒重症加護病房中，越來越常使用的介入措施是袋鼠式照護和按摩治療。**袋鼠式照護**是指皮膚與皮膚的接觸，嬰兒只穿著尿布，直接靠在父母的裸胸上，就像袋鼠媽媽攜帶嬰兒袋鼠一樣 (Ludington-Hoe et al., 2006)。通常皮膚與皮膚間的袋鼠式照護，每天進行 2 至 3 小時，在嬰兒早期會延長時間 (Ahmed et al., 2011)。

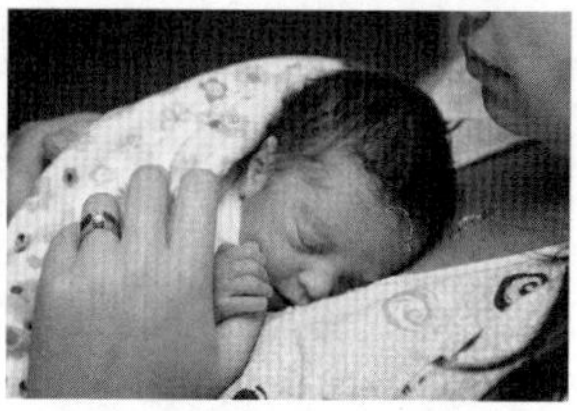

新手媽媽練習袋鼠式照護。什麼是袋鼠式照護？

袋鼠式照護 (kangaroo care)
皮膚與皮膚接觸的早產兒治療方式。

為什麼使用袋鼠式照護早產兒？早產兒常常有呼吸和心率的協調困難，若由袋鼠式照護提供與父母的緊密身體接觸，可以幫助穩定早產兒的心跳、體溫和呼吸 (Cong, Lundington-Hoe, & Walsh, 2011; Mitchell et al., 2013)。經歷袋鼠式照護的早產嬰兒，比沒有得到這種照顧的同齡嬰兒獲得更多的好處 (Gathwala, Singh, & Singh, 2010)。此外，最近的研究發現，經歷袋鼠式照護16週的早產兒在產後40週時，比沒有接受袋鼠式照護的早產兒具有更複雜代表神經成熟的腦電圖 (EEG) 模式 (Kaffashi et al., 2013)。研究評估認為，袋鼠式照護降低了低出生體重兒的死亡風險 (Conde-Aguedelo, Belizan, & Diaz-Rossello, 2011)。此外，最近的研究顯示了袋鼠式照護的長期益處 (Feldman, Rosenthal, & Eidelman, 2014)。在這項研究中，孕婦與新生嬰兒的袋鼠式照護與更好的呼吸和心血管功能、睡眠模式、認知功能、和6個月至10歲的認知功能有關。

發展連結—依附
替代布和線猴的經典研究顯示，觸摸在嬰兒依附中的重要作用。(第6章)

美國最近的調查發現，媽媽比新生兒加護的護士更加正面地相信應該每天提供一次袋鼠式照護 (Hendricks-Munoz et al., 2013)。有人擔心新生兒加護病房不會使用袋鼠式照護 (Davanzo et al., 2013; Stikes & Barbier, 2013)。對於所有新生兒，推薦使用袋鼠式照護作為標準程序 (Rodgers, 2013)。

許多成年人可以證實按摩的治療效果。事實上，許多人會定期付費去泡溫泉。但是按摩可以改善早產兒的發育結果嗎？要了解詳情，請參閱【透過研究找出關聯】。

複習・連結・反思　學習目標二　描述出生過程

複習重點
- 生產有三個主要階段是什麼？
- 有哪些不同的生產策略？
- 什麼是嬰兒從胎兒到新生兒的過渡？
- 新生兒的健康和反應的三種量表是什麼？
- 如果孩子早產或低出生體重，結果會如何？

連結
- 在出生體重和出生國家之間，已發現有什麼相關性？可能的原因是什麼？

反思個人的人生旅程
- 如果你是女性，你喜歡哪種生產方式？為什麼？如果你是男性，在你的寶寶出生時，你希望如何幫助你的伴侶？請解釋說明。

參　產後期

學習目標三　解釋產後期發生的變化

身體調整　情緒和心理調整　紐帶

透過研究找出關聯

按摩治療如何影響嬰兒的情緒和行為？

在人類歷史和許多文化中，照顧者都按摩嬰兒。在非洲和亞洲，嬰兒在出生後經常由父母或其他家庭成員進行數月的按摩。在美國，利用觸摸和按摩來改善嬰兒的生長、健康及幸福已經被邁阿密大學醫學院觸摸研究所所長 Tiffany Field (2001, 2007, 2010b; Diego, Field, & Hernandez-Reif, 2008; Field, Diego, & Hernandez-Reif, 2008, 2010; Field et al., 2006, 2012; Hernandez-Reif, Diego, & Field, 2007) 所提倡。

在研究中，新生兒加護病房的早產兒被隨機分配到按摩治療組或對照組 (Hernandez-Reif, Diego, & Field, 2007)。連續 5 天，按摩組早產兒接受 3 次 15 分鐘的中等壓力按摩。在研究的第一天和最後一天，對下列壓力行為進行行為觀察：哭泣、做鬼臉、打哈欠、打噴嚏、手臂和腿部突發活動、驚嚇和手指張開。各種壓力行為總結在綜合壓力行為指數。如圖 3.9 所示，按摩對

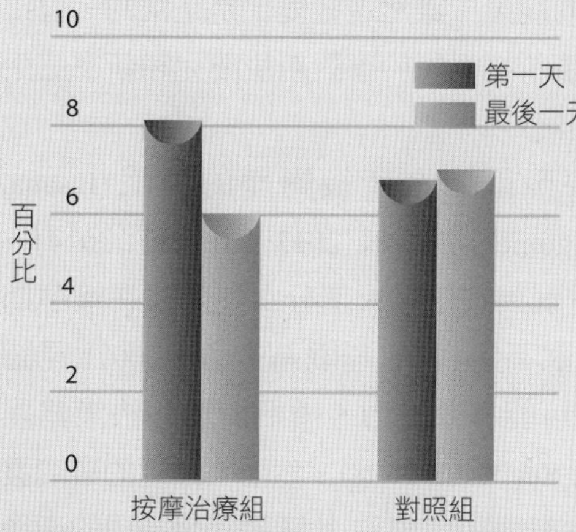

圖 3.9　早產兒經過五天的按摩治療後，與壓力相關的行為和活動減少。資料來源：M. Hernandez-Reif, M. Diego, & T. Field (2007). Preterm infants show reduced stress behaviors and activity after 5 days of massage therapy. *Infant Behavior and Development*, 30, 557–561.

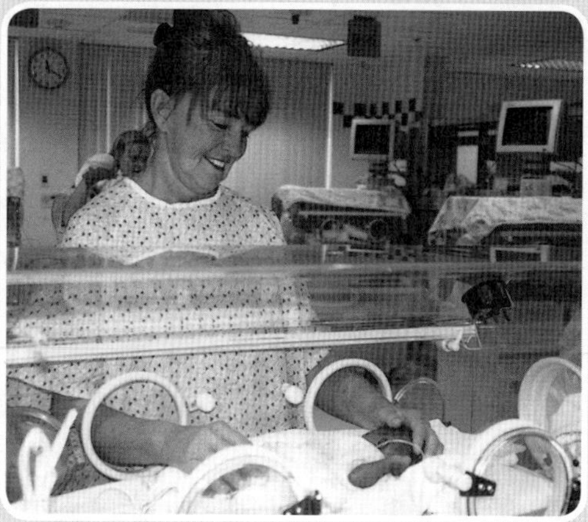

這裡展示的是 Tiffany Field 按摩新生兒。按摩治療對於什麼類型的嬰兒顯示會有幫助？

早產兒有減壓作用，這一點尤其重要，因為在住院期間會遇到很多壓力源。

在另一項研究中，Field 和她的同事 (Field, Hernandez-Reif, Diego et al., 2008) 測試了一種更有效益的按摩方法。他們教導母親如何按摩足月嬰兒，而不是讓健康照護專業人員按摩。從新生的第一天開始到第一個月結束，每天睡前，母親用輕微或中等壓力按摩嬰兒。中等壓力按摩的嬰兒體重增加，在 Brazelton 量表中表現得更好，不易過度興奮、不易沮喪、睡眠時也比較不會煩躁不安。

Field 已經證明按摩治療對於面臨不同問題嬰兒的好處。例如，接受按摩治療對於孕婦吸食古柯鹼的早產兒，可以使得體重增加，並提高發育測驗中的得分 (Wheeden et al., 1993)。另一項研究調查 1 至 3 個月大的憂鬱青春期母親的嬰兒 (Field et al., 1996)。與憂鬱症母親的未接受按摩嬰兒相比，接受按摩治療的憂鬱母親嬰兒的壓力較低，情緒、社交能力和舒適性也有所改善。

在關於早產兒按摩治療的回顧研究中，Field

和她的同事 (Field, Hernandez-Reif, & Freedman, 2004) 得出結論：最一致的結果包括兩個正向結論：(1) 體重會增加；(2) 提早三至六天出院。研究顯示，按摩治療導致體重增加的機制是刺激迷走神經 (源自大腦的 12 對腦神經之一)，隨後並刺激胰島素 (食物吸收荷爾蒙) (Field, Diego, & Hernandez-Reif, 2010)。

嬰兒不是唯一可以從按摩治療獲益的人 (Field, 2007)。在其他研究中，Field 和她的同事們已經證實了按摩治療對於婦女減輕分娩疼痛 (Field, Hernandez-Reif, Taylor et al., 1997)、帶有氣喘的兒童 (Field, Henteleff et al., 1998)、自閉症兒童 (Field, Lasko et al., 1997)，以及有注意力缺陷過動障礙的青少年 (Field, Quintino et al., 1998) 的效果。

分娩後的幾週對很多新手父母及其嬰兒帶來挑戰。這是**產後期**，生產或分娩後的時期，持續約六個星期，或直到母親的身體已經完成調整，並已恢復到懷孕前的狀態。這是婦女在生理和心理上調整生育過程的時候。

產後期涉及大量的調整和適應 (Haran et al., 2014)。需要的調整是身體、情緒和心理。

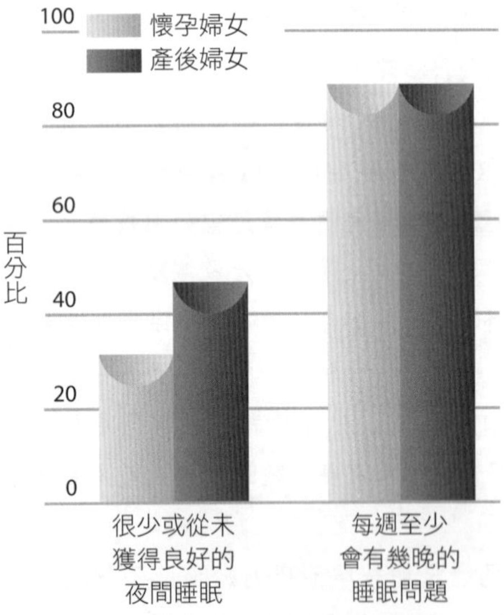

圖 3.10　孕婦和產後婦女的睡眠剝奪。

一、身體調整

分娩後的第一天和第幾週，產婦會進行大規模的身體調整 (Durham & Chapman, 2014)，她可能有很大的精力疲憊或是放鬆的能量。雖然這些變化是正常的，但這種疲憊可能會破壞新媽媽對於應對新生嬰兒和新家庭生活能力的健康與信心。

重點是主要照顧者在產後經歷的失眠 (Insana, Williams, & Montgomery-Downs, 2013; Ko et al., 2014)。在 2007 年美國睡眠調查中，大部分女性陳述在懷孕期間和產後期間睡眠不足 (國家睡眠基金會，2007)(見圖 3.10)。睡眠不足可能導致壓力、婚姻衝突和決策錯誤 (Meerlo, Sgoifo & Suchecki, 2008)。然而，最近的研究發現，睡眠品質差 (如睡眠分散、睡眠不完整)，比睡眠不足造成的產後憂鬱症的關聯更大 (Park, Meltzer-Brody, & Stickgold, 2013)。

分娩後，孕婦的身體經歷賀爾蒙數量突然和戲劇性變化。當胎盤脫離後，動情素和黃體素的數量急速下降，直到卵巢再次開始產生賀爾蒙。

產後期
(postpartum period)
母親在生理和心理上調整分娩過程的分娩後期。這段時間持續大約六個星期，或者直到身體已經完成調整，回到懷孕前的狀態。

二、情緒和心理調整

情緒波動在產後期很常見。對於某些女性來說，情緒波動會在分娩後的幾週內下降，但是其他女性會經歷更長久的情緒波動。

如圖 3.11 所示，美國約有 70% 的新手媽媽有產後憂鬱。出生後大約兩、三天，她們會開始感到沮喪、焦慮和不安。這些情緒可能會在出生後的幾個月內出現，並且在出生後的三到五天內會出現最高峰。即使沒有治療，這些感覺通常會在一、兩週後消失。

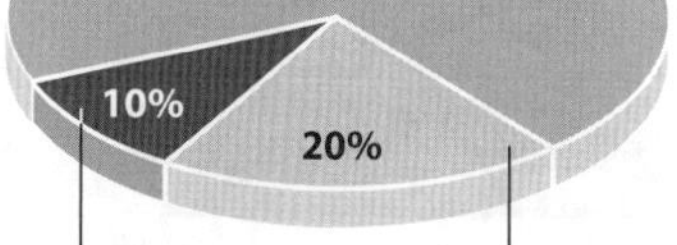

症狀出現在產後 2 到 3 天，
通常在 1 到 2 週後消失。

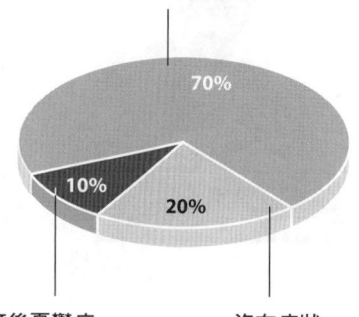

症狀持續數週或數月，
並且會干擾日常功能。
沒有症狀

圖 3.11　美國婦女的產後憂鬱與產後憂鬱症。某些保健專業人士把產後期稱為「第四個三個月」。雖然產後期不一定涵蓋三個月，但「第四個三個月」這個術語表明出生後前幾個月對母親和嬰兒的連續性與重要性。

然而，某些婦女發生**產後憂鬱症**，其中包括通常在分娩後四週左右發生的嚴重憂鬱發作。產後憂鬱症的女性有如此強烈的悲傷、焦慮或絕望的感覺，至少在兩週的時間內，她們無法應付日常工作。如果不進行治療，產後憂鬱症可能會惡化並持續數個月 (Di Florio et al., 2014; O'Hara & McCabe, 2013)。許多產後憂鬱症女性不求助。例如，研究發現，接受調查的婦女中有 15% 有產後憂鬱症狀，但不到一半的人曾求助 (McGarry et al., 2009)。估計大約有 10% 到 14% 的新手媽媽曾經歷產後憂鬱症。

最近的研究回顧得出以下結論：產後憂鬱症的危險因素包括有憂鬱症病史、懷孕期有憂鬱和焦慮、神經質、自卑、產後憂鬱、婚姻關係不良、社會支持水平低 (O'Hara & McCabe, 2013)。此外，在這項研究評估中，懷孕期相關的壓力因素，如懷孕期併發症、嬰兒的健康和氣質、分娩方式 (如剖腹產) 等，被認為是產後憂鬱的潛在危險因素。在妊娠晚期和分娩相關的荷爾蒙變化的情況下，一部分女性很可能發生產後憂鬱症 (O'Hara & McCabe, 2013)。此外，最近的研究發現，妊娠期憂鬱症、身體受虐史、移民身分和產後生理併發症是產後憂鬱的主要危險因素 (Gaillard et al., 2014)。

幾種抗憂鬱藥物對於治療產後憂鬱症是有效的，並且對哺乳婦女是安全的 (Logsdon, Wisner, & Hanusa, 2009)。心理治療，特別是認知治療，對於緩解許多女性的產後憂鬱是有效的 (Bevan, Wittkowski, & Wells, 2013; O'Hara, & McCabe, 2013)。另外，規律的運動可能有助於治療產後憂鬱症 (Ko et al., 2013)。

產後憂鬱症 (postpartum depression)
在產後期，她們有著強烈的悲傷、焦慮或絕望的感覺，無法應付日常工作。

母親的產後憂鬱症會影響她與嬰兒相互作用的方式嗎？最近的研究評估認為，憂鬱母親及其嬰兒的交往困難發生在不同的文化和社會經濟地位群體，包括母親的敏感度較低、嬰幼兒的反應較差 (Field,

產後期是對母親和父親進行大量調整和適應的時期。父親可以為母親提供重要的支持系統，特別是協助母親照顧年幼的嬰兒。新生兒的父親可以做什麼樣的工作來支持母親呢？

2010a)。某些照顧活動也受到影響，包括餵養 (特別是母乳餵養)、睡眠習慣和安全措施。

即使是離家外出工作，父親也會在產後期扮演相當大的調整角色 (Gawlick et al., 2014)。當母親發生產後憂鬱症時，許多父親也經歷憂鬱症 (Roubinov et al., 2014; Serhan et al., 2013)。許多父親認為，寶寶第一順位得到母親所有的關注，有些爸爸覺得他們已經被寶寶取代了。

父親的支持和關懷會影響母親是否出現產後憂鬱症 (Redshaw & Henderson, 2013)。一項研究顯示，父親的更高支持與女性產後抑鬱發生率較低有關 (Smith & Howard, 2008)。

三、紐帶

父母 - 嬰兒關係的特殊組成部分是**紐帶**，形成聯繫，特別是在出生後不久，父母與新生兒間的身體聯繫。有時醫院似乎決心阻止聯繫，給母親的藥物使其分娩的痛苦減輕，可能使母親昏昏欲睡、干擾她對新生兒的反應和刺激能力。分娩後不久，母親和新生兒經常分離，而早產兒與母親的分離甚至超過足月兒。

這些做法是否有害？有些醫師認為，在出生後不久，父母和新生兒需要形成情感依附，作為在未來幾年內最佳發展的基礎 (Kennell, 2006; Kennell & McGrath, 1999)。是否有證據表明，出生後前幾天內母親和嬰兒間的密切接觸，對於未來生涯的最佳發育至關重要？儘管有些研究支持這一假設 (Klaus & Kennell, 1976)，但也有研究挑戰這個生命最初幾天的重要依附時期假說 (Bakeman & Brown, 1980; Rode et al., 1981)。事實上，依附假說的極端形式——新生兒在生命的最初幾天內必須與母親保持緊密聯繫才能最佳地發展——這是不正確的。

紐帶 (bonding)
在出生後不久，父母和新生兒之間形成了密切的聯繫，尤其是身體的紐帶。

儘管如此，依附假說的弱點不應被用來作為母親與新生兒保持距離的藉口。這種接觸給許多母親帶來快樂。在一些母嬰成對 (包括早產兒、青少年母親和處於不利環境的母親) 中，在母親和嬰兒離開醫院之後，早期親密接觸可以建立改善相互作用的氣氛。

發展連結－依附
Konrad Lorenz 證明了灰雁早期依附的重要性，但生命的前幾天不太可能成為人類嬰兒依附的關鍵時期。(第 1 章)

現在許多醫院都提供了母嬰同室的安排，在住院期間，寶寶大部分時間都在母親房間裡。然而，如果父母選擇不使用這種母嬰同室安排，衡量研究表明這個決定並不會在情感上傷害嬰兒 (Lamb, 1994)。

複習・連結・反思 學習目標三 解釋產後期發生的變化

複習重點

- 產後期指的是什麼？這個時期婦女的身體做了什麼樣的生理調整？
- 產後期情緒和心理調整的特點是什麼？
- 依附對最佳化發育有關鍵影響嗎？

連結

- 對照比較你所了解的有關袋鼠照護和早產兒母乳餵養的知識，以及當母親患有產後憂鬱症時，所知的有關依附和母乳餵養的知識。

反思個人的人生旅程

- 如果你是女性，你可以在產後期做什麼有效地調整？如果你是男性，你可以在產後期幫助你的伴侶做些什麼？

與前瞻主題連結

本章標誌著我們按時間順序看待人生旅程的開始。在接下來的三章中，本書的第三部分，我們將關注嬰兒的身體、認知和社會情感發展，包括與生命的前 18 到 24 個月相關的理論，研究和里程碑。你將了解嬰兒運動技能的顯著和複雜的身體發育，如學習走路；追蹤幼兒認知能力的早期發展，如形成概念的能力；探索嬰兒的驚人複雜的社會情感能力，反映在他們動機的發展，以及分享將他人的行為視為有意識的動機。

達成本章學習目標

胎兒發育和生產

壹、胎兒發育

學習目標一 描述胎兒發育

- **胎兒發育過程**：產前發育分為三個階段：生殖 (受孕至 10 至 14 天)，當合子 (受精卵) 附著在子宮壁時結束；胚胎 (受孕後 2 至 8 週)，胚胎分化為三層，生命支持系統發育，器官系統形成 (器官發生)；和胎兒 (從受孕後兩個月直到約九個月，或嬰兒出生時)，這是器官系統已經成熟到可以在子宮外維持生命的時期。胎兒發育過程中大腦的發育是重要成就。到嬰兒出生時，他們有大約 1,000 億個神經元，或神經細胞。神經發生是新神經元形成的術語。受精後 18 至 24 天，神經系統開始形成神經管。擴散和遷移是胎兒期大腦發育的兩個特徵。大腦的基本結構是在產前發育的前兩至三個月形成的。
- **畸胎學和胎兒發育的危害**：畸胎學是研究先天性 (出生) 缺陷的原因的領域。任何導致出生缺陷的因子都稱為致畸因子。劑量、遺傳敏感性和接觸時間，影響對未出生胎兒損害的嚴重程度和發生的缺陷類型。可能有害的處方藥包括抗生素。可能有害的非處方藥包括減肥藥、阿斯匹林和咖啡因。對產前發育有潛在危害的合法精神藥物，包括酒精和尼古丁。胎兒酒精症候群是在懷孕期間重度飲酒母親的胎兒中，出現的異常現象。即使孕婦適度飲酒 (每週幾天喝一、兩杯)，也會發現對胎兒的負面影響。孕婦吸菸對產前和兒童發育，包括低出生體重有嚴重的不良影響。可能對後代有害的非法精神藥物包括甲基安非他命、大麻、古柯鹼和海洛因。母親和父親的血型不相容也可能對胎兒有害。環境危害包括輻射、環境汙染物和有毒廢物。梅毒、風疹 (德國麻疹)、生殖器皰疹和愛滋病是會傷害胎兒的傳染病。其他的父母因素，包括母親的飲食和營養、年齡、情緒狀態和壓力，以及父親的因素。正在發育的胎兒完全依靠母親的營養。如果母親年齡超過 35 歲以上或者是青少年，會對子女的發育產生負面影響。母親承受高壓力與生產和分娩結果不依定有相關。影響產前發育的父親因素，包括接觸鉛、輻射、某些殺蟲劑、石油化學製品及吸菸。

- **產前照護**：產前照護差異很大，但是通常與健康保健服務有關，並且有固定的訪視時間表。
- **正常胎兒發育**：重要的是請謹記，雖然在懷孕期會出現些許錯誤，但懷孕和產前發育的大部分時間都很順利。

貳、生產

學習目標二　描述出生過程

- **產程**：分娩分成三個階段。第一階段，孕婦的第一胎，通常持續約 6 至 12 小時，是最長的階段。在第一階段結束時，宮頸擴張至約 10 公分 (4 英寸)。第二階段從嬰兒的頭部開始移動通過子宮頸開始，到嬰兒完全出現時結束。第三階段指出生後的胎盤分娩。分娩方式涉及設備和專業人員。在許多國家，區分有助產士和產婆。分娩方式包括醫師接生、自然產和剖腹產。
- **評估新生兒**：多年來，Apgar 量表用於評估新生兒的健康狀況。Brazelton 新生兒行為評估量表檢查新生兒的神經發育、反射和對人的反應。最近，新生兒重症加護病房網路神經行為量表 (NNNS) 用於評估有風險的嬰兒。
- **早產和低出生體重嬰兒**：低出生體重的嬰兒體重不到 5.5 磅，可能是早產 (懷孕 37 週以前出生) 或同齡小胎 (即胎齡小，指的是出生時體重低於同齡正常的嬰兒)。同齡小胎可能是早產或足月。儘管大多數低出生體重和早產兒是正常和健康的，但是整體而言，他們比正常出生體重兒有更多的健康和發育問題。已經證實袋鼠式照護和按摩治療對早產兒有益處。

參、產後期

學習目標三　解釋產後期發生的變化

- **身體調整**：產後期是出生後或分娩後給予的名稱。這段時間持續大約六個星期，直到婦女的身體完成調整。產後期的身體調整，包括疲勞、退化 (子宮在出生五、六週後恢復到孕前大小的過程) 和荷爾蒙變化。
- **情緒和心理調整**：母親情緒的波動在這個時期是很常見的，母親之間可能會有很大的差異。產後憂鬱症的特徵是有強烈的悲傷、焦慮或絕望情緒的婦女，在產後期無法應付日常工作。約有 10% 的新手媽媽產後出現憂鬱症。父親也會經歷產後調整。
- **紐帶**：紐帶是形成一種密切的聯繫，特別是在出生後不久，父母和新生兒間的物理聯繫。早期的紐帶在嬰兒的能力發展中並不被認為是關鍵的。

第三部

嬰兒時期

新生兒並不是一個腦袋空無一物的有機體，他們有基本的反射動作、會哭、會踢腿、會咳嗽、會吃、會成長，睡得很多，大部分時間是微笑著的──雖然第一個微笑的意義是什麼仍難理解。慢慢地，會爬、會走到能走上千哩路。他們有時也能安慰別人，有時則是被人安慰。他們是一個被繼續創造的複雜體，需要愛，有時也需要掙脫一下太多的束縛。在第三部，我們將從「嬰兒時期的生理發展」(第 4 章) 談起，再談到「嬰兒的認知發展」(第 5 章) 和「嬰兒的社會情感發展」(第 6 章)。

嬰兒，以一個如此美好的方式開始成為人。

──Don Herold
20 世紀美國作家

4
CHAPTER

嬰兒時期的生理發展

學習目標

1

壹、嬰兒時期的生理發育及發展

學習目標一　討論嬰兒時期的生理發育及發展

包括：成長的模式、身高和體重、大腦、睡眠及營養

2

貳、動作發展

學習目標二　描述嬰兒時期的動作發展

包括：動態系統觀、反射、粗大動作技巧及精細動作技巧

3

參、感覺及知覺發展

學習目標三　統整嬰兒時期的感覺及知覺發展

包括：了解什麼是感覺和知覺；生態觀點；視知覺；其他感覺；知覺統合；先天、後天與知覺發展；知覺 - 動作聯結

Latonya 是出生於迦納的新生兒，從她生命中的第一天，她就被帶離母親，用奶瓶哺育。嬰兒配方奶粉的製造商供應她出生的醫院免費的奶粉。她的母親被說服用奶瓶哺育，而非以母乳親餵。當她使用奶瓶哺育 Latonya 時，用了不乾淨的水稀釋配方奶粉，而且奶瓶未經消毒。Latonya 漸漸變得虛弱。她在一歲生日前就死亡。

Ramona 出生在奈及利亞醫院，這家醫院有一個「嬰兒 - 友善」(baby-friendly) 方案。這方案中，嬰兒出生後不會被帶離母親身邊，而且會鼓勵母親以母乳親餵。這些母親被告知不乾淨的水及未消毒的瓶奶所導致的奶瓶哺育風險。這方案同時也傳達了有關母乳的優點，包括它的營養和衛生品質，以及母乳可使嬰兒產生免疫力對抗常見的疾病，並且用母乳哺育會降低母親罹患乳癌和卵巢癌的風險。Ramona 的母親以母乳親餵她。Ramona 在她一歲的時候是非常健康的。

一位來自肯亞奈洛比感染 HIV 的母親以母乳哺育她的寶寶。

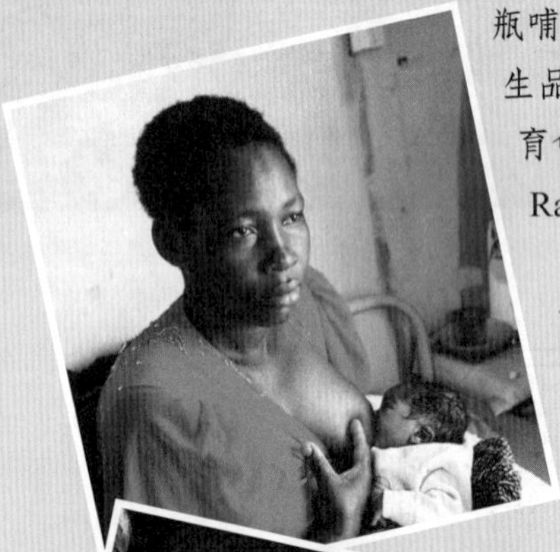

一名來自盧安達 (Rwandan) 的母親以奶瓶哺育她的寶寶。在貧困的非洲國家，以母乳哺育及用奶瓶哺育嬰兒有哪些需要關注的議題呢？

多年來，醫院婦產科偏好使用奶瓶哺育，但並未充分提供母乳哺育的好處。近年來，世界衛生組織 (World Health Organization) 和聯合國兒童基金會 (UNICEF) 曾嘗試扭轉許多貧窮國家用奶瓶哺育的趨勢。這些組織在許多國家推行了「嬰兒 - 友善」方案 (Grant, 1993)，同時也說服嬰幼兒奶粉生產國際協會在推行「嬰兒 - 友善」方案的國家中，停止在醫院推銷奶粉 (Grant, 1993)。此方案確實減少醫院的嬰兒配方奶粉、奶瓶等支出，托幼機構也變得不必要。舉例來說，菲律賓參與「嬰兒 - 友善」方案的何塞 - 法貝拉博士紀念醫院 (Jose Fabella Memorial Hospital) 在年度結算報告中發現節省了 8% 的相關經費。

對於貧窮國家來說，餵母乳的好處很多 (Gopalappa & others, 2014; Tenthani et al., 2014; UNICEF, 2014)。然而，這些好處需與母親是否具有人類免疫缺乏病毒 (HIV) 並透過母乳傳染至嬰兒的風險來抗衡 (Fowler et al., 2014)。在非洲的某些區域，超過 30% 的母親患有 HIV，但是大多數母親並不清楚自己是否被感染 (Mepham, Bland, & Newell, 2011)。本章後續有關於營養的部分，將會關注最近在美國餵母乳的相關研究，概述母乳對母親及嬰兒的效益，以及討論因營養不良導致威脅生命的疾病。

預習

嬰兒在出生後有一個健康的開始是非常重要的，當他們健健康康，在兩歲之前就會有驚人的發展。本章中，我們會著重於生物面向和嬰兒的生理發展，探索生理發育、動作發展、感覺及知覺發展。

壹 嬰兒時期的生理發育及發展

學習目標一 討論嬰兒時期的生理發育及發展

成長的模式　身高和體重　大腦　睡眠　營養

前言

嬰兒在兩歲前的生理發展是多面向的。新生兒的頭部與身體其他部位相比，相對較大。嬰兒的頸部力量不夠，沒辦法維持抬頭，但是他們會有一些基本的反射。在前 12 個月，嬰兒開始有能力坐、站立、彎腰、攀爬及走路。從第二年開始，成長速度減緩，但是快速增加活動量，例如跑步及攀爬。現在讓我們更詳細檢視嬰兒生理的發展。

一、成長的模式

在胎兒發育和嬰兒時期早期，頭部占身體的比例較不尋常 (見圖 4.1)，並依循**「從頭到腳」模式**的成長順序，最早的發展總是從頂端開始—頭部—包括生理的發展及功能的分化 (例如肩膀、軀幹及其他部位等)。同樣的模式也發生在腦部、眼睛和大腦在頭部最頂端的部位，其成長速度比位置較低的部位還要快速，例如下顎。

動作發展通常依循「從頭到腳」的原則。舉例來說，嬰兒會先看到物品，才學會控制軀幹，嬰兒會先使用手，才學會攀爬或行走。然

> 嬰兒是非技術性勞動力所製造出最複雜的客體。
> ——匿名者

「從頭到腳」模式 (cephalocaudal pattern)
成長順序，發展總是從頂端開始—頭部，包括生理發展的大小、體重及功能等逐漸從頂端到底端分化。

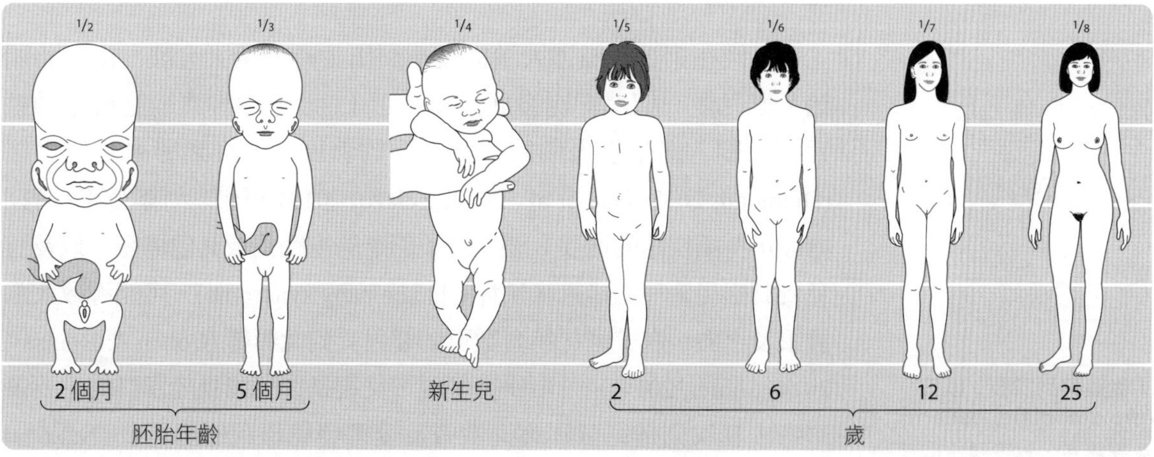

圖 4.1　成長中人類身體部位比例之變化。當個人從嬰兒發展到成年時，其中最顯著的生理變化為頭部相對於身體其他部位變得比較小。此部分列出不同年齡階段頭部大小占身體長度的比例。

而，發展並不會遵循一個僵化的藍圖。一項研究發現嬰兒會先用腳觸碰玩具 (Galloway & Thelen, 2004)，平均來說，嬰兒第一次用腳觸碰玩具是在出生後第 12 週，用手觸碰玩具則是在第 16 週。

成長也會依循**「從軀幹到四肢」模式**的順序，以身體中心開始成長，再移向四肢。舉例來說，嬰兒先會控制自己軀幹，接著是手臂，再來才會控制手部和手指，以及嬰兒先會使用整個手部動作，才學會手指動作的控制。

二、身高和體重

北美新生兒平均身高為 20 英寸，體重為 7 磅。95% 的足月新生兒身高為 18 到 22 英寸，體重為 5 到 10 磅。

大多數的新生兒在出生前幾天，由於還在適應吸吮、吞嚥及消化的哺育，體重會減輕 5~7%，接著他們就會迅速地成長，在第一個月平均每週增加 5 至 6 盎司。在第四個月，他們的體重已經是剛出生時的兩倍，甚至在一歲生日時，已經快接近出生時體重的三倍。而在身高方面，嬰兒在一歲前平均每月會增加一英寸，且在一歲生日時其身高為剛出生時的兩倍。

在生命的第二年開始，嬰兒的成長會漸趨緩慢 (Burns et al., 2013; Marcdante & Kliegman, 2015)。兩歲時，嬰兒的體重約 26 到 32 磅，每個月會增加四分之一到二分之一磅，約成年人體重的五分之一。在身高部分，兩歲時，嬰兒的平均身高約為 32 到 35 英寸，約接近成年人身高的二分之一。

三、大腦

我們在第 3 章描述大腦從受孕到出生時的驚人發展。從胚胎開始，嬰兒從一個單細胞發展到有將近 1,000 億個神經細胞或是神經元的大腦。出生後大腦持續多面向的發展，一直到嬰兒時期之後 (Diamond, 2013; Gao et al., 2014; Zelazo, 2013)。因為大腦在嬰兒時期階段仍持續快速的發展，嬰兒的頭部應防止跌倒或其他傷害，以及避免受到搖晃。*嬰兒搖晃症候群* (shaken baby syndrome)，可能導致大腦腫脹及出血，在美國每年有數百個嬰兒受到此影響 (Cohen & Ramsay, 2014; Squier, 2014)。一項研究發現，父親是嬰兒搖晃症候群的主要肇事者，其次則是兒童照護提供者及受害嬰兒母親的男朋友 (National Center on Shaken Baby Syndrome, 2012)。

「從軀幹到四肢」模式 (proximodistal pattern)
成長順序，以身體中心開始成長，再移向四肢。

研究人員成功運用腦波檢查 (EEG) 測量大腦電位活動，以了解嬰兒大腦的發展 (Lusby et al., 2014)(見圖 4.2)。近來 Patricia Kuhl 和她的同僚在華盛頓大學的學習和腦科學研究所中，以腦磁圖 (MEG) 及腦影像設備評估嬰兒大腦的活動。腦磁圖藉由記錄電流所產生的磁場描繪大腦活動，並用來評估知覺和認知活動，例如嬰兒的視覺、聽覺及語言活動 (見圖 4.3)。

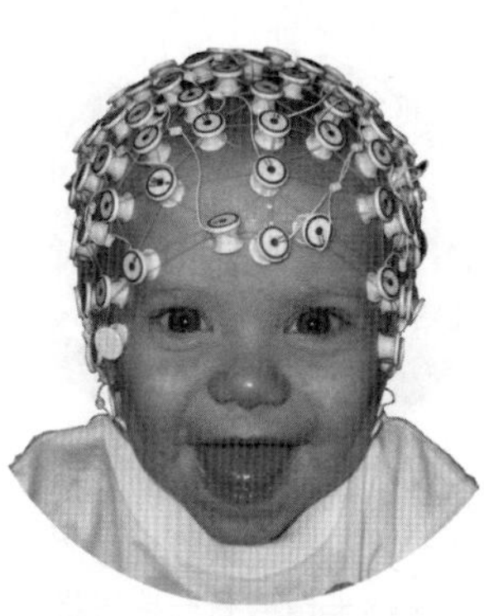

圖 4.2　以腦波檢查 (EEG) 測量嬰兒的大腦活動。透過嬰兒頭皮上多達 128 個的電極測量大腦的活動，Charles Nelson 和他的研究團隊 (2006) 發現新生兒會產生特殊的腦波以辨別自己母親的聲音，即使嬰兒是在睡著時。為什麼測量嬰兒的大腦活動會這麼困難呢？

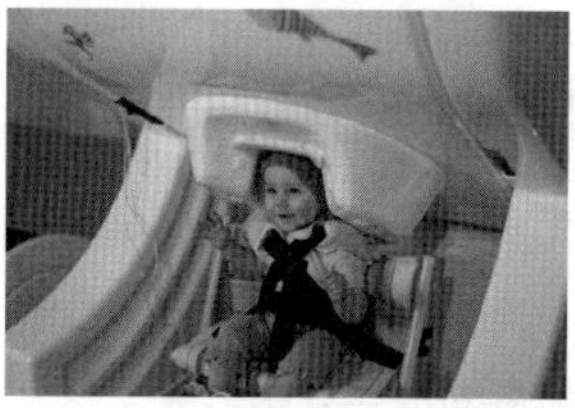

圖 4.3　以腦磁圖 (MEG) 測量嬰兒的大腦活動。圖中的嬰兒正在聽單字並以 MEG 大腦影像設備評估大腦活動。嬰兒坐在機器中，當他體驗到一個單字、觸覺、視覺或是情感時，嬰兒大腦的神經元會產生磁場，MEG 會將大腦產生反應的區域顯示出來。

以下是近期研究嬰兒時期大腦發展的研究學者：

- Martha Ann Bell 和她的研究同僚 (Bell & Cuevas, 2012, 2014; Bell, Kraybill, & Diaz, 2014; Morasch, Raj, & Bell, 2013) 研究有關大腦 - 行為的連結、情緒調節及認知和情緒的整合。
- Charles Nelson 和他的研究同僚 (McLaughlin et al., 2014; Nelson, 2007, 2012, 2013a, b; Nelson, Fox, & Zeanah, 2014; Moulson & Nelson, 2008; Righi et al., 2014) 探討不同面向的記憶發展、臉部辨識和臉部表情，以及相關經驗影響大腦發展的作用。
- John Richards 和他的研究同僚 (Richards, 2009, 2010, 2013; Richards, Reynolds, & Courage, 2010; Sanchez, Richards, & Almi, 2012) 研究持續性注意力的測量、對電視節目的知覺及眼球運動。

(一) 大腦的發展

出生時，新生兒的大腦約占成人腦重量的 25%。兩歲時，大腦約占成人腦重量的 75%。然而，大腦區域的發展不是一致均勻的。

1. 描繪大腦的地圖

科學家用不同的方法分析和分類大腦區域 (Blakemore & Mills, 2014; Dubois et al., 2014)。脊髓最遠端的部分為前腦 (forebrain)，此區域包括大腦皮質區 (cerebral cortex) 和下方的構造，大腦皮質區就像是覆蓋前腦的皺紋帽子。大腦分為兩個半球 (hemispheres)(見圖 4.4)。根據皮質的凸脊和凹槽，科學家將其分為四個主要區域，稱之為葉 (lobes)，位於每個半球中，雖然各個葉通常會一起作用，但各自皆有稍微不同的主要功能 (見圖 4.5)：

- 額葉包含自主運動、思考、個性及意念或有目的的行為。
- 枕葉主要為視覺功能。
- 顳葉主要的功能角色為聽覺、語言處理及記憶。
- 項葉主要的功能角色為定位空間位置、注意力及動作控制。

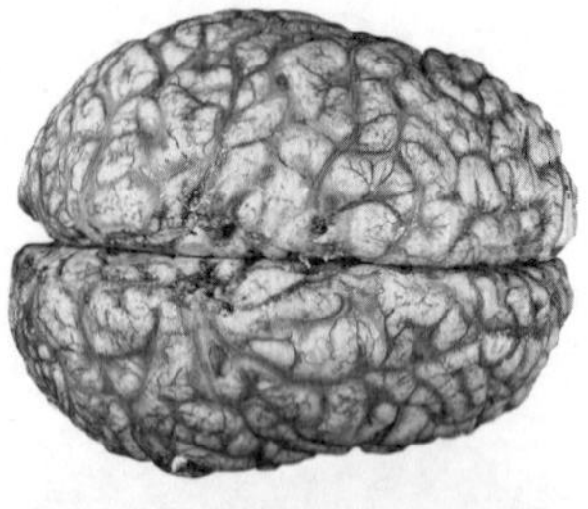

圖 4.4　人類的大腦半球。 此照片可清楚看見人類的兩個大腦半球。有一迷思指出左腦是語言和邏輯思考的專屬區域，右腦是情緒和創意思考的專屬區域。

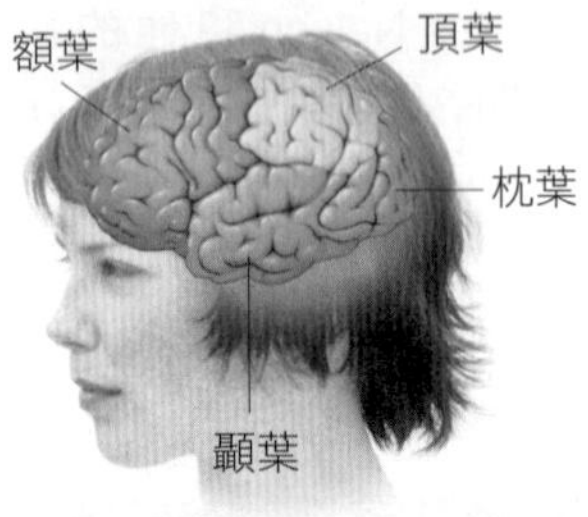

圖 4.5　大腦的四葉區域。 此圖將大腦區域分為：額葉、枕葉、顳葉及頂葉。

發展連結—大腦發展
從受精到出生，大腦有哪些改變？(第 3 章)

在某些情境下，大腦訊息的種類會決定要由左腦或是右腦的神經元來處理 (Griffiths et al., 2013)。舉例來說，大部分人多以左腦處理與言談和文法相關的訊息，而幽默感和隱喻的使用則由右腦處理 (Moore, Brendel, & Fiez, 2014)。大腦半球皮質區發展出功能的特定化，稱為大腦的**側化**。然而，大多數的神經科學家認為某些複雜的功能是需要左右大腦半球共同整合的，例如閱讀或是演奏樂器。人們將邏輯性思考者分類為「左腦型」或是將創造性思考者分類為「右腦型」，這種分類與大腦半球運作的方式並不相符。正常人進行的複雜思考是左右大腦半球互相溝通運作所產生的成效 (Ibrahim & Eviatar, 2012)。

大腦半球的大腦皮質區在出生時就已經開始出現特化 (specialize)：當新生兒在聆聽他人說話聲音時，左大腦半球的大腦電波活動顯著高於右大腦半球 (Telkemeyer et al., 2011)。新生兒及嬰兒的大腦區域與成人有什麼差異呢？這些差異又會有什麼影響？在兩者的大腦腦迴及各構造階層中都有看到明顯的差異。

2. 神經元的變化

大腦內有各種的神經細胞，稱為*神經元* (neurons)，神經元傳送電波及化學信號以溝通各個細胞。正如我們在第 3 章所提到的，神經元是一種神經細胞，負責處理訊息的傳送 (見圖 4.6)。從神經元的細胞體 (cell body) 會延伸出兩種神經纖維，稱為軸突 (axons) 及樹突 (dendrites)。通常軸突會傳送來自細胞體的訊息，而樹突則是將訊息傳送至細胞體。*髓鞘*為外層脂肪細胞，包裹大部分的軸突 (見圖 4.6)。髓鞘將軸突隔絕，能加快軸突電波信號的傳送過程。髓鞘同時能夠供應神經元的能量及溝通 (White & Kramer-Albers, 2014)。軸突末端為終端按鈕，會釋放出化學物質至突觸中，稱為*神經傳導物質* (neurotransmitters)，*突觸*為神經元之間的微小空隙。化學作用會在軸突和樹突間的突觸發生，使訊息能夠從神經元傳遞到另一個神經元 (Emes & Grant, 2013; Zanella et al., 2014)。試著想像突觸為阻斷道路的河流。一輛載滿雜貨的卡車抵達河流的一端，搭乘渡輪穿過河流，並且繼續載送貨物至市場的旅程。同樣地，大腦中的訊息需要藉由神經傳導物質作為「渡輪」穿越突觸，這些神經傳導物質包含化學物質，可以將訊息帶往河的另一側。

在出生的第一年，神經元有兩個顯著的改變。首先是*髓鞘化*，此過程從胎兒期即開始，會以脂肪細胞包覆軸突，並在出生後持續進

側化 (lateralization)
大腦半球皮質區或是其他區域發展出功能的特定化。

行，甚至到青少年時期 (Blakemore & Mills, 2014; Markant & Thomas, 2013)。第二，神經元之間的連結增加，創造新的神經傳導路徑。新的樹突成長，樹突之間的連結增加，並且軸突與樹突間的突觸連結開始增生，促進髓鞘化加快神經傳導的速度。樹突連結的增加有助於嬰兒神經傳導路徑擴散，促進髓鞘化加快神經傳導的速度。

研究人員發現突觸連結引人注目的地方。這些被製造出的連結數目是曾被使用過的 2 倍 (Huttenlocher & Dabholkar, 1997)。這些被使用過的連結會被強化，並且留存下來，而未使用過的連結則會被其他路徑取代或是消失。此現象在神經科學的語言上稱之為「修剪」(pruned) (Money & Stanwood, 2013)。舉例來說，嬰兒會參與更多體能活動或是語言的使用，而這些相關的神經傳導路徑就會被強化。

3. 大腦區域的改變

圖 4.7 生動地指出視覺、聽覺和前額葉皮質區突觸顯著增加，以及之後被修剪情形 (Huttenlocher & Dabholkar, 1997)。請注意，大腦區域的「盛開與修剪」有很大的不同。舉例來說，在視覺皮質區突觸過度製造的高峰期大約是在出生後的第四個月，之後會逐漸地減少，直到學齡前中期會結束。與聽力及語言有關的大腦區域也有類似的情形，只是稍微較晚製造。然而，負責高層思考及自我調節的前額葉皮

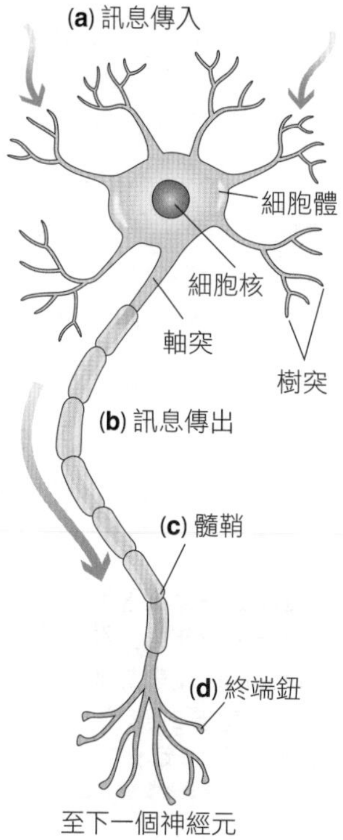

圖 4.6 神經元。(a) 細胞體的樹突會接受來自其他細胞體、肌肉或是腺體的軸突所傳送的訊息；(b) 軸突會傳送來自細胞體的訊息；(c) 髓鞘會包覆大部分的軸突，並且加速訊息傳送的速度；(d) 在軸突末端有一個終端按鈕。

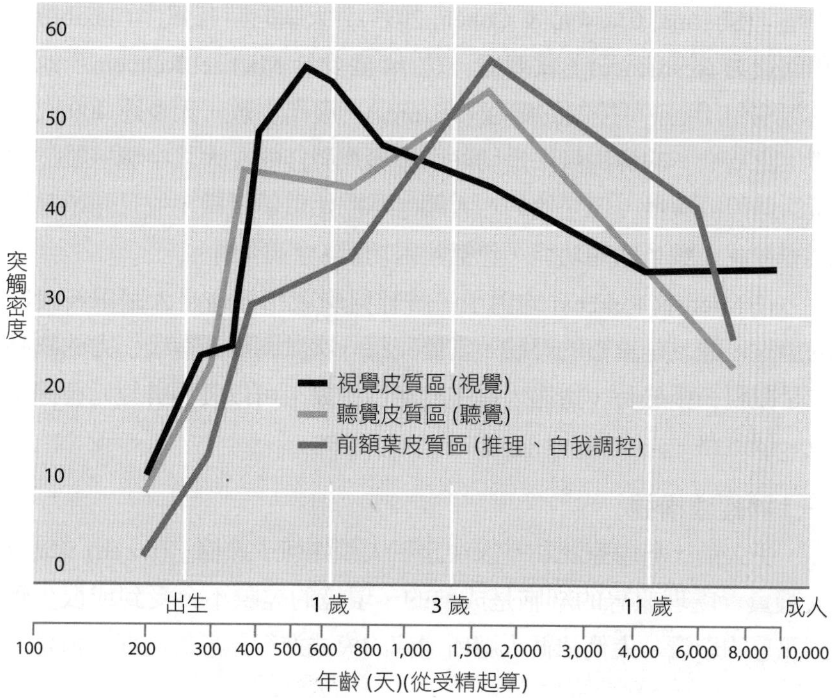

圖 4.7 人類大腦從嬰兒至成年時期間的突觸密度。該圖顯示在大腦的三個區域經過突觸修剪後會有突觸密度明顯增加的情形，包括視覺皮質區、聽覺皮質區及前額葉皮質區。突觸密度認為是神經元之間連結程度的重要指標。

質區，突觸過度製造的高峰期大約是在 1 歲的時候；一直到青少年中期到後期的階段，突觸密度才達到成人的水準。遺傳和環境對於突觸過度製造的時間及過程，和突觸減少的情形都會有很大的影響。

同時，髓鞘化的速度也隨著大腦區域而有所不同 (Gogtay & Thompson, 2010)。視覺的神經傳導路徑在出生之後會快速進行髓鞘化，且在出生後的前 6 個月完成。聽覺路徑的髓鞘化則在 4 或 5 歲時才會完成。

一般情況下，大腦某些區域的發展比其他區域快，例如初級動作區發展比初級感覺區來得早。新生兒的額葉發展還不是很成熟。然而，額葉神經元在出生後的第一年開始髓鞘化，並且相互連結，嬰兒會調節自己的生理狀態，像是睡眠及控制反射的動作控制能力。1 歲之後才會開始發展認知技巧 (Bell & Cuevas, 2013; Morasch et al., 2013)。事實上，額葉的前額葉區域的發展時間是所有大腦區域中最長的，會持續至成人初期的階段 (Blakemore & Mills, 2014; Casey, 2015; Steinberg, 2015a, b)。

發展連結—大腦發展
青少年和老年人的前額葉皮質區的變化對於他們的認知有重要的影響。(第 11 章、第 17 章)

(二) 早期經驗和大腦

孩子若是在被剝奪的環境中生長，其大腦活動會較低迷 (Narvaez et al., 2013; Nelson, Fox, & Zeanah, 2014)。

環境被剝奪的影響是否可逆呢？對某些人來說，我們可以回答「是」(Sharma, Classen, & Cohen, 2013)。大腦同時有彈性 (flexibility) 和回復力 (resilience)。試考慮一位 14 歲少年 Michael Rehbein，他在 7 歲開始出現不可控制的癲癇 (seizures)，發作次數一天多達 400 次。醫生認為唯一的解決辦法是切除引發癲癇發作的左大腦半球。雖然復原的過程很緩慢，但是他的右大腦半球開始重新組織，並且開始掌管原本在左大腦半球的功能，包括語言功能 (見圖 4.8)。

在 Michael Rehbein 的例子，神經科學家相信這是大腦重新接線的過程，並且是重複的經驗。當嬰兒每一次試圖觸碰有吸引力的物品或是凝視一張臉時，透過大腦中的顯微拍攝，可以發現神經元會連結成一個電路。

(三) 神經建構觀

不久前，科學家認為基因決定了大腦如何「連線」(wired)，以及大腦負責處理訊息的細胞是成熟的，環境的經驗不會受到或很少受到訊息的影響。人們依循大腦所遺傳的模式進行訊息的處理。但是，

(a)

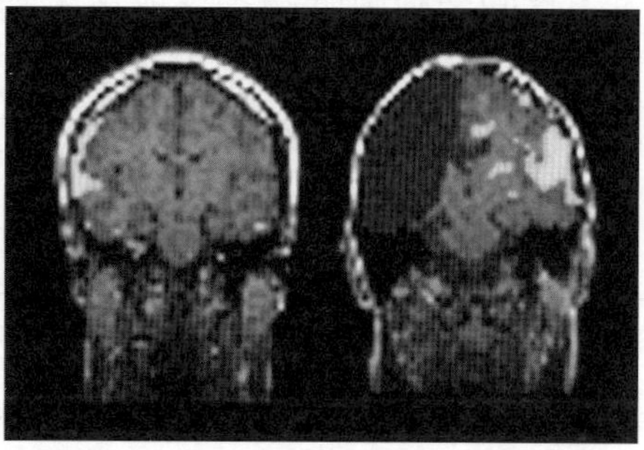

(b)

圖 4.8 大腦半球的可塑性。(a) Michael Rehbein 14 歲時的照片。(b) Michael Rehbein 的右大腦半球 (左圖) 開始重新組織，並且開始掌管原本在左大腦半球 (右圖) 的功能，包括語言功能。然而，因為右大腦半球許多區域被徵召處理語言資訊，無法向原左大腦半球那樣有效率。

這樣的觀點現今已證明是錯誤的。相反地，大腦是有可塑性的，並且取決於情境而發展 (Markant & Thomas, 2013; Nelson, 2013a, b; Sale, Berardi, & Maffei, 2014; Zelazo, 2013)。

嬰兒大腦依靠過去經驗決定其神經連結方式 (Nelson, Fox, & Zeanah, 2014; Nudo & McNeal, 2013)。出生前，基本的神經傳導模式似乎主要是依循基因的指示。神經元生長與傳遞和等待更進一步的指示。出生後，視覺景觀、聲音、味道、觸覺、語言及眼神接觸協助塑造大腦的神經傳導連結。

在日益盛行的**神經建構觀**，有以下幾個觀點：(a) 生物過程 (例如基因)，以及環境條件 (例如富裕或是貧困) 影響大腦的發展；(b) 大腦是具有彈性的，且與情境是相關的；(c) 大腦的發展和孩子的認知發展息息相關。這些因素可能限制或是促進認知功能的建構 (Westerman, Thomas, & Karmiloff-Smith, 2011)。神經建構的觀點強調大腦發展中經驗和基因相互作用的重要性，大部分皆可在表觀遺傳觀點 (epigenetic view) 獲得解釋 (詳見第 2 章「生物學的開端」)(Lopez, 2014)。

四、睡眠

當我們還是嬰兒的時候，所需要的睡眠時間比現在多更多 (Lushington et al., 2014)。典型的新生兒一天的睡眠時間將近 18 個小時，但是個別差異很大 (Sadeh, 2008)，從一天 10 小時到 21 小時都有。

發展連結—先天和後天
從表觀遺傳觀點，發展是持續進行的，遺傳和環境會雙向交互作用 (第 2 章)。

那結束錯綜糾結煩擾的睡眠，……撫慰傷痛思緒的香膏，大自然的第二道菜，生命宴席的主要營養。

——William Shakespeare
17 世紀英國文學家

神經建構觀 (neuroconstructivist view)
此觀點認為生物過程和環境條件影響大腦的發展；大腦是富有可塑性的，且受情境影響；大腦發展和認知發展是緊密相關的。

最近一篇文獻回顧研究的結論表示，0 歲到 2 歲的嬰兒每天平均睡眠時間為 12.8 小時，範圍從 9.7 到 15.9 個小時 (Galland et al., 2012)。另外，最近一項研究顯示，大多數 6 個月大的嬰兒在夜晚睡覺時，每週只會吵醒他們的父母 1 次或是 2 次 (Weinraub et al., 2012)。

夜間中斷睡眠為家長最常反應的嬰幼兒睡眠問題 (Hospital for Sick Children et al., 2010)。調查顯示，20% 到 30% 的嬰幼兒在夜晚有入睡困難及無法持續睡眠至早晨的問題 (Sadeh, 2008)。一項最近的研究發現，1 歲的嬰幼兒若在夜間有中斷睡眠的情形，他在 4 歲時可能會有較低的睡眠效率 (sleep efficiency) (Tikotzky & Shaashua, 2012)。此外，另一項研究提到，若是在嬰兒照護的過程，父親的參與程度較高，則嬰兒較少會有睡眠問題 (Tikotzky, Sadeh, & Glickman-Gavrieli, 2010)。但是過去研究認為嬰兒夜晚睡眠中斷的問題，被認為與父母過度參與和嬰兒睡眠相關的互動有關 (Sadeh, 2008)。更進一步的研究發現，懷孕期間母親若出現憂鬱、太早開始引進固態食物、嬰兒觀看電視，以及孩子照顧的參與度，皆與嬰兒睡眠持續度較短有關 (Nevarez et al., 2010)。

發展連結—睡眠
早期兒童階段會遇到哪些睡眠相關問題呢？(第 11 章)

文化差異也會影響嬰兒的睡眠模式。舉例來說，位於肯亞的吉普賽吉斯 (Kipsigis) 文化，嬰兒在夜間會與母親同睡 (Super & Harkness, 1997)。在白天，無論是在做家事及從事其他活動，母親都會將孩子背在背上。這導致吉普賽吉斯的嬰兒直到深夜才會睡著，並不像美國的嬰兒。吉普賽吉斯的嬰兒在出生後 8 個月，很少持續入睡超過 3 個小時，即使是在夜晚。這樣的睡眠模式與美國的嬰兒形成對比，大部分 8 個月大的美國嬰兒在夜晚可以持續睡 8 個小時。

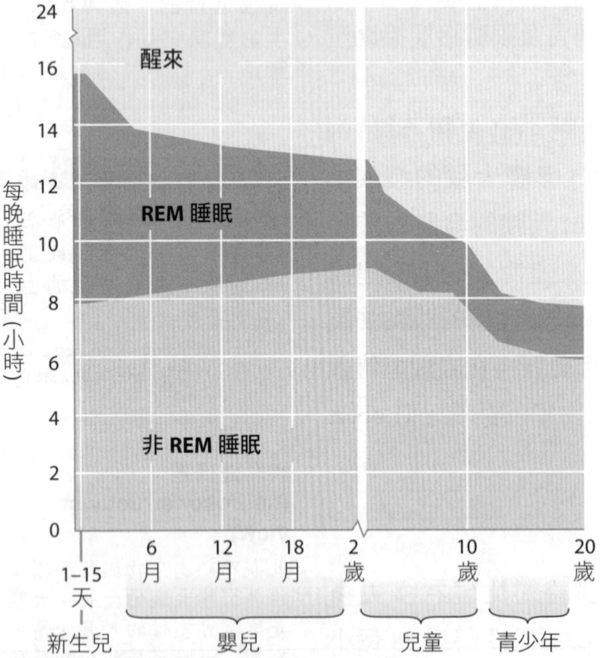

圖 4.9　REM 和非 REM 睡眠的發展變化。

(一) 快速動眼期睡眠

在快速動眼期 (Rapid Eye Movement, REM)，眼球會在緊閉的眼瞼下顫動；在非快速動眼期 (non-REM) 睡眠階段，上述的眼球動作不會發生，睡眠會更加穩定 (Sankupellay et al., 2011)。圖 4.9 顯示發展階段的改變在 REM 和非 REM 平均睡眠時數。當他們快到達成年階段時，個人每晚會花費五分之一的時間在 REM 睡眠階段，通常 REM 睡眠會發生在非 REM 的 1 個小時後。但是，嬰兒有一半的時間都在 REM 睡眠階段，且他們的睡眠週期會從 REM 開始，而不是非 REM。與其他生命階段比較，嬰兒的 REM 占睡眠時間絕大部分。等到嬰兒 3 個月大的時候，REM 所占睡眠的時間下降到約 40%，他們的睡眠週期也不再從 REM 階段開始。

發展連結—睡眠
青少年時期睡眠模式會出現改變，並且與大腦的變化是有關的 (第 11 章)。

為什麼嬰兒花這麼長的時間在 REM 睡眠階段呢？研究人員目前並不能確定答案。長時間的 REM 睡眠可能提供嬰兒更多的自我刺激，因為他們醒著的時間比那些較大的孩子來得少。REM 睡眠同時也可能促進嬰兒大腦的發展 (Graven, 2006)。

當成人在 REM 睡眠階段醒來時，表示他們通常那時正在做夢，但他們若是在非 REM 睡眠階段醒來的話，就不太可能表示自己當時正在做夢 (Cartwright et al., 2006)。當嬰兒比成人花更多時間在 REM 睡眠，我們能夠下結論表示他們做比較多的夢嗎？我們並不知道是否嬰兒在做夢，因為並沒有任何方式能夠知道他們做夢的內容。

(二) 睡眠共享

有關新生兒睡眠的安排文化間有所差異 (Mindell et al., 2010a, b)。舉例來說，許多文化中，嬰兒與母親同睡一張床是常見的方式，例如瓜地馬拉和中國，而在其他的文化，新生兒通常會睡嬰兒床，無論是跟父母同一個房間或是在另外單獨的房間，例如美國和英國。在一些文化中，嬰兒會與母親一起睡，直到斷奶為止，之後在兒童早期的中期和晚期之前，他們會與手足一起睡 (Walker, 2006)。無論睡眠如何安排，建議嬰幼兒的床需提供穩固的支持，並且嬰兒床側邊應該要有欄杆。

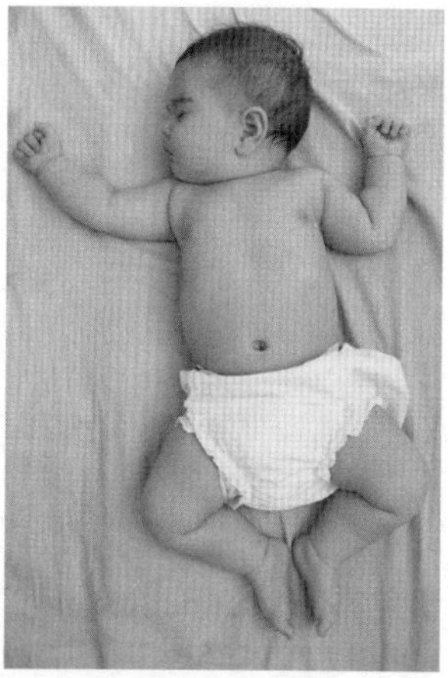

這是嬰兒正確的睡眠姿勢嗎？為什麼？

在美國，睡眠共享仍是一個有爭議的問題 (Bumham, 2014)。一些專家對此皆有不同意見，雖然最近所建議的趨勢是避免嬰兒和父母共享床鋪，特別是在嬰兒 6 個月以前 (Byard, 2012a, b; Weber et al., 2012)。美國小兒研究院 (American Academy of Pediatrics Task Force on Infant Positioning and SIDS, AAPTFIPS) 建議避免共享睡眠。其成員表示在某些例子，床鋪共享會造成嬰兒猝死症，睡著的母親可能因為翻身壓到嬰兒而造成這樣的情況發生。最近的研究發現，床鋪共享與嬰兒猝死症的高發生率有關，特別是父母抽菸的話會更加顯著 (Senter et al., 2010)。

(三) 嬰兒猝死症

嬰兒猝死症為嬰兒發生終止呼吸的情形，通常發生在晚上，且無任何明顯原因而突然死亡的狀況。嬰兒猝死症在美國仍然是嬰兒死亡的主要原因，每年將近 3,000 個嬰兒死於嬰兒猝死症 (Montagna & Chokroverty, 2011)。2 到 4 個月大的嬰兒為嬰兒猝死症的高危險群 (NICHD, 2013)。

自 1992 年開始，美國兒科學會 (American Academy of Pediatrics, AAP) 建議嬰兒睡覺時應以背部躺在床上 [仰臥 (supine) 的姿勢] 降低嬰兒猝死症的可能性，而美國嬰兒以趴姿 (腹部) 睡覺的頻率現已大幅降低 (AAPTFIPS, 2000)。研究人員發現。比起嬰兒趴姿或是側躺，背部仰臥的睡姿確實降低嬰兒猝死症的發生 (Wong et al., 2013)。

除了以趴姿睡覺以外，研究人員也發現下列與嬰兒猝死症相關的因素：

- 嬰兒猝死症常發生嬰兒患有異常腦幹功能，與神經傳導物質血清素有關 (Rognum et al., 2014; Rubens & Sarnat, 2013)。
- 嬰兒猝死症的個案多達 15% 有心律不整 (heart arrhythmias) 的情形，另外近來有 2 個研究也發現基因的突變 (gene mutations) 與這些心律不整的發生是有關的 (Brion et al., 2012; Van Norstrand et al., 2012)。
- 睡眠呼吸終止症 (sleep apnea) 的嬰兒有 6% 死於嬰兒猝死症，因呼吸道完全阻塞，造成暫時無法呼吸，通常會維持 10 秒或是更長的時間 (Ednick et al., 2010)。
- 有兩篇文獻回顧的結論指出，母乳哺育與嬰兒猝死症的低發生率有關 (Hauck et al., 2011; Zotter & Pichler, 2012)。
- 新生兒若體重過低，與正常體重的嬰兒相比，有多於 5 到 10 倍的機率死於嬰兒猝死症 (Horne et al., 2002)。
- 睡覺時使用奶嘴的嬰兒與不使用奶嘴的嬰兒相比，其發生嬰兒猝死症的可能性較高 (Moon et al., 2012)。
- 若是嬰兒的兄弟姐妹曾死於嬰兒猝死症，其多於 2 到 4 倍的機率可能死於嬰兒猝死症 (Lenoir, Mallet, & Calenda, 2000)。
- 非裔美國人和愛斯基摩嬰兒與其他族群相比，其多於 4 到 6 倍的機率可能死於嬰兒猝死症 (Kitsantas & Gaffney, 2010)。
- 低社經地位的群組發生嬰兒猝死症的可能性比較高 (Hogan, 2014)。
- 嬰兒曾暴露在二手菸，發生嬰兒猝死症比較高 (Jarosinska et al.,

嬰兒猝死症 (sudden infant death syndrome, SIDS)
為嬰兒發生終止呼吸的情形，通常發生在晚上，且無任何明顯原因而突然死亡的狀況。

2014)。

- 嬰兒若與父母一起分享床鋪發生嬰兒猝死症的可能性比較高(Senter et al., 2010)。
- 嬰兒的床鋪若比較柔軟發生嬰兒猝死症可能性比較高 (McGarvey et al., 2006)。
- 若是嬰兒睡覺的房間中有風扇的，發生嬰兒猝死症的可能性比較低。

(四) 睡眠與認知發展

嬰兒的睡眠與孩子的認知發展是否有關？一項最近的研究顯示，4 歲兒童在嬰兒時期若晚上有較長的睡眠，其執行功能會有比較好的表現 (Bernier et al., 2013)。嬰兒睡眠和小孩認知功能之間的關聯，可能因為睡眠在大腦成熟及記憶統整的角色，這可以促進白天時的警醒度及學習 (Sadeh, 2007)。另一項最近的研究發現，嬰兒的睡眠整合若不佳，可能與兒童早期語言發展遲緩有關 (Dionne et al., 2011)。

五、營養

從嬰兒出生到 1 歲，他們的體重會增加將近 3 倍，身高也會增加約 50%。而他們需要什麼來維持成長呢？

(一) 營養需求和飲食行為

嬰兒在營養儲備、身體組成、成長速率及活動方式存在著個別差異，而這也使實際上在定義營養需求上感到困難 (Thompson, Manore, & Vaughn, 2014)。然而，由於父母需要營養指引，營養師建議嬰兒每天每磅需要攝取將近 50 卡路里的熱量，大約成人每磅需求的 2 倍。

嬰兒 1 歲時會有發展上的變化，包括飲食行為 (Golley et al., 2012; Symon & Bammann, 2012)。當嬰兒動作技巧進步時，他們會從吸吮吞嚥母乳或配方奶，到半固體食物的咀嚼和吞嚥，再進展到更複雜的食物 (van Dijk, Hunnius, & van Geert, 2012)。當 1 歲嬰兒的精細動作控制進步時，他們會從被其他人哺育轉換到自我餵食。「到孩子 1 歲時，孩子可以自己坐著，咀嚼和吞嚥各種質地的食物，學習自行餵食，而這樣的轉變也會影響家庭的飲食和飲食模式」(Black & Hurley, 2007, p. 1)。此時，嬰兒的飲食需要包含各種食物，特別是水果及蔬菜。

照顧者在嬰兒飲食模式的早期發展中扮演非常重要的角色 (Brown, Pridham, & Brown, 2014; Daniels et al., 2014)。照顧者若是對於嬰兒發展所需要的營養變化不敏感、忽略的照顧者及貧困，這些都有可能會造成嬰兒的飲食問題 (Black & Lozoff, 2008)。最近的一項研究發現，當嬰兒在 15 個月和 24 個月大時，母親的敏感度若低，則與青春期肥胖風險高有關 (Anderson et al., 2012)。

一項美國全國性研究隨機挑選超過 3,000 名 4 到 24 個月大的嬰兒，結果發現，許多父母並未提供足夠的水果及蔬菜給他們的寶寶，而且提供太多垃圾食物給他們的小孩 (Fox et al., 2004)。超過三分之一的嬰兒沒有吃蔬菜和水果，並且經常吃薯條，有將近一半的 7 個月到 8 個月大的寶寶被餵食甜食、糖果或是含糖飲料。15 個月大的寶寶最常吃的蔬菜是炸薯條。

這種在早期發展的不良飲食模式，會導致越來越多嬰兒過重 (Blake, Munoz, & Volpe, 2014)。此外，攝取太多炸薯條、含糖飲料及甜點，這些因素可以解釋目前美國有越來越多過重的嬰兒嗎？懷孕中的母親體重增加，以及在懷孕前母親的體重過重，這些皆是可能的因素 (McKinney & Murray, 2013)。其中一個關鍵的因素是，孩子是母乳哺育或是奶瓶哺育 (Khalessi & Reich, 2014; Lawrence, 2012)。母乳哺育的嬰兒與奶瓶哺育相比，母乳哺育的嬰兒在兒童時期及青少年時期體重增加的機率較低，根據此估計，母乳哺育會降低 20% 肥胖的風險 (Li et al., 2007; Scott, Ng, & Cobiac, 2012)。同時，一項研究發現，若孩子在 4 個月大之前就引進固態食物，可能會增加孩子 3 歲時肥胖的機率 (Huh et al., 2011)。

(二) 母乳哺育及奶瓶哺育

在出生後的 4 到 6 個月，母乳或是替代的配方奶皆為嬰兒獲得營養和能量的來源。多年來，爭論多專注母乳哺育是否比奶瓶哺育好。越來越多的共識認為母乳哺育對於寶寶的健康比較好的 (Gregory, Dubois, & Steele, 2014; Ho, 2013)。自 1970 年以來，美國以母乳哺育的母親人數有飆升的情形(見圖 4.10)。2009 年，美國已經有 77% 的母親以母乳哺育她們的新生兒，並有 47% 的母親以母乳餵養她們 6 個月大的

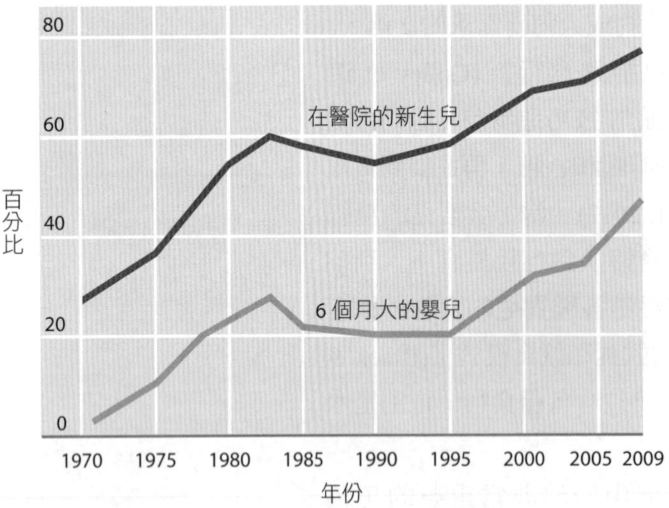

圖 4.10　美國 1970 年至 2009 年的母乳哺育趨勢。

寶寶 (Centers for Disease Control and Prevention, 2012)。美國母乳哺育醫療學會 (American Academy of Pediatrics Section on Breastfeeding) 在 2012 年確認嬰兒在 6 個月大之前持續以母乳哺育的建議，而在之後母乳可作為輔助的飲食，若是母親和孩子期望，則可延長哺乳期為一年或是更長的時間。

母乳哺育有哪些好處呢？以下為相關支持研究的結論：

對孩子的效益

- 腸胃道感染：母乳哺育的嬰兒較少腸胃道感染的情形 (Garofalo, 2010)。
- 呼吸道感染：母乳哺育的嬰兒較少機率感染下呼道 (Prameela, 2011)。
- 過敏：美國兒科醫學會 (American Academy of Pediatrics) 的一篇文獻回顧指出，並沒有研究顯示母乳哺育會減少孩子過敏的風險 (Greer et al., 2008)。
- 氣喘：美國兒科醫學會的一篇文獻回顧其結論表示，持續 3 個月以母乳哺育可保護孩子避免哮喘 (wheezing)，但是對於較大的孩子而言，是否可以預防氣喘目前還不清楚 (Greer et al., 2008)。
- 中耳炎：母乳哺育的嬰兒較不容易感染中耳炎 (Pelton & Leibovitz, 2009)。
- 過重與肥胖：研究一致指出，母乳哺育的嬰兒在兒童、青少年及成人時期皆較不容易超重或是肥胖 (Khalessi & Reich, 2014; Minniti et al., 2014)。
- 糖尿病：母乳哺育的嬰兒在兒童時期較不容易發展成第一型糖尿病 (Ping & Hagopian, 2006)，且在成人期也不易發展成第二型糖尿病 (Minniti et al., 2014)。
- 嬰兒猝死症：母乳哺育的嬰兒較不會有嬰兒猝死症 (Byard, 2013)。

在大規模研究的回顧中，沒有確鑿的證據顯示母乳哺育可以促進孩子的認知發展及心血管健康 (Agency for Healthcare Research and Quality, 2007; Ip et al., 2009)。

對母親的效益

- 乳癌：研究一致指出若婦女以母乳哺育嬰兒，會降低乳癌的發生率 (Akbari et al., 2011)。
- 卵巢癌：研究證明也顯示，以母乳哺育孩子的婦女罹患卵巢癌的機

率有下降的趨勢 (Stuebe & Schwartz, 2010)。

- 第二型糖尿病：部分研究證實，以母乳哺育孩子的婦女會小幅減少罹患第二型糖尿病的風險 (Stuebe & Schwartz, 2010)。

在大規模研究的回顧中，沒有確鑿證據顯示以母乳哺育的母親可以重回懷孕前的體重，或可以改善骨質疏鬆症和產後憂鬱症 (Agency for Healthcare Research and Quality, 2007; Ip et al., 2009)。然而，一項研究顯示，婦女以母乳哺育她們的孩子，可以降低中年時罹患代謝症候群 (metabolic syndrome) (一種特徵為肥胖、高血壓及胰島素阻抗) 的疾病發生率 (Ram et al., 2008)。

發展連結—研究方法
如何作一個相關性研究是與實驗性研究有區別？(第 1 章)

許多健康專業人員認為，母乳哺育可以促進母親和嬰兒之間依附關係的發展 (Britton, Britton, & Gronwaldt, 2006; Wittig & Spatz, 2008)。然而，一項文獻回顧卻指出，母乳哺育對於母親和孩子間的關係未能支持上述觀點 (Jansen, de Weerth, & Riksen-Walraven, 2008)。此篇研究結論指出母乳哺育不應該著墨在增進改善母親與嬰兒的關係，而是應該強調對孩子與產婦健康的影響。

哪一種類型的女性較少以母乳哺育？她們通常在外全職工作、年齡小於 25 歲、學歷低於高中教育、為非裔，和低收入環境中的婦女 (Merewood et al., 2007)。喬治亞州針對低收入母親進行的一項研究中，相關措施 (例如提供母乳哺育益處的相關諮詢，以及免費租借擠乳器) 會增加母乳哺育率 (Ahluwalia et al., 2000)。越來越多母親在返回工作崗位後，在嬰兒一歲前，透過擠乳器儲存母乳，以提供母親不在時給孩子食用。

正如前面段落所提，美國母乳哺育醫療學會在 2012 年十分贊同在嬰兒六個月大前以母乳哺育，並且建議在這之後持續母乳哺育一年。在哪些情境下母親不適合以母乳哺育？的確，在以下情境時不應該以母乳哺育：(1) 當母親感染 HIV 或是其他可以透過母乳傳染的傳染疾病；或是 (2) 患有活動性的結核病；或是 (3) 服用對嬰兒健康安全可能有影響的藥物 (D'Apolito, 2013; Fowler, 2014)。

有些婦女因為生理上的困難而不能以母乳哺育自己的孩子，或是因為決定提早結束母乳哺育而有罪惡感。母親也可能會擔心若她們以奶瓶哺育而非母乳哺育，剝奪了孩子重要的情感和心理的依託。然而，一些研究人員發現，母乳哺育和奶瓶哺育之間並沒有任何心理上的差異 (Ferguson, Harwood, & Shannon, 1987; Young, 1990)。

一項大規模文獻回顧解釋了母乳哺育益處的過程 (Agency for Healthcare Research and Quality, 2007; Ip et al., 2009)，強調目前的研究中並沒有顯示任何因果的關係。母乳哺育和奶瓶哺育的比較大多為相關性 (correlational) 的研究，並非實驗性 (experimental)。同時，以母乳哺育比奶瓶哺育孩子的婦女，可能比較富裕、年紀較大、教育水準較高，以及相對對健康有較高的警覺，這些因素都有可能可以解釋為什麼以母乳哺育的孩子會比較健康。

(三)營養不良的嬰兒

世界各地都有許多營養不良的嬰幼兒 (UNICEF, 2014)。從母乳斷奶初期造成所獲得的營養來源不足，例如不合適和不衛生的配方奶，可能導致嬰兒缺乏蛋白質和營養不良。然而，正如我們在本章節開頭所看到的故事，目前發展中國家有越來越多的婦女為陽性 HIV 帶原者，並且恐懼她們會將病毒傳染給後代 (Tenthani et al., 2014)。除了那些罹患或是懷疑有 HIV 或是 AIDS 的母親以外，母乳哺育對於發展中國家的母親和孩子是較佳的選擇。

最近一項大規模的研究探討 28 個發展中國家的餵養方式，發現這些餵養方式並非很理想 (Arabi et al., 2012)。在此研究中，5 個月大及其他更小的嬰兒只有 25% 是以母乳哺育。另外，在餵養的準則中，建議在嬰兒 6 個月大時開始引進副食品 (固體或是半固體的食物)。然而，在此研究中，只有 50% 的照顧者在孩子出生後 6 到 8 個月才開始提供副食品。

有兩個因營養不良而威脅生命的疾病為**消瘦症**及**惡性營養不良**(又稱瓜西奧科兒症)。消瘦症為嚴重蛋白質及熱量缺乏所造成的疾病，使嬰兒在 1 歲前的階段出現身體組織消瘦，嬰兒體重嚴重下降，肌肉出現萎縮。惡性營養不良為嚴重蛋白質缺乏所造成的疾病，一般出現在 1 到 3 歲的孩子。孩子若有惡性營養不良，即使不是因為疾病所造成的，有時也可能出現在被餵養很好的孩子。惡性營養不良會使孩子的腹部和足部出現水腫，造成孩子的營養物質會儲存在重要器官中，並從身體的其他部位掠奪而來。孩子的頭髮會逐漸變細、脆和無色澤，而且行為會變得無精打采。

嚴重及長時間的營養不良即使不會致命，但有害於生理、認知及社交發展 (Prado et al., 2014; UNICEF, 2014)。一項研究發現，曾長期營養不良的印度裔兒童，與沒有營養不良的同儕相比，他們在注意力和記憶力測驗的表現較差 (Kar, Rao, & Chandramouli, 2008)。另一項

消瘦症 (marasmus)
為嚴重蛋白質/熱量缺乏所造成的疾病，而使嬰兒在 1 歲前的階段出現身體組織消瘦。

惡性營養不良 (kwashiorkor)
為嚴重蛋白質缺乏所造成的疾病，孩子的腹部和足部會出現水腫。通常發生在 1 到 3 歲的孩子。

縱貫性研究顯示，巴巴多斯人 (Barbadians) 在嬰兒時期若曾經歷中度到重度缺乏蛋白質 / 能量，當他們 40 歲的時候可能會有持續注意力缺失的問題 (Galler et al., 2012)。研究人員也發現，在嬰兒時期經歷過營養不良，若有相關介入是可以改善的。舉例來說，在一項研究中，標準營養照護結合社會心理介入 (母親團體聚會、嬰兒遊戲課程，以及嬰兒 6 個月大時的家庭訪問)，此介入減少了孟加拉 6 到 24 個月大嚴重營養不良嬰兒，因營養不良所導致的認知發展負面影響 (Najar et al., 2008)。

複習・連結・反思　學習目標一　探討嬰兒時期的生理發育及發展

複習重點

- 什麼是「從頭到腳」(cephalocaudal) 和「從軀幹到四肢」(proximodistal) 的模式？
- 嬰兒時期的身高和體重有什麼改變？
- 嬰兒時期大腦有哪些關鍵功能和哪些重要發展？
- 嬰兒時期的睡眠會發生什麼樣的改變？
- 嬰兒有哪些營養的需求？

連結

- 什麼類型的科技在嬰兒出生前不能使用，但可用於研究出生後嬰兒的大腦？哪些可以在成人使用，而不能在嬰兒使用？這會如何影響我們對於整個生命階段大腦的理解嗎？

反思個人的人生旅程

- 對於自己的嬰兒，為了促進他們的健康和安全，在睡眠和營養方面，你會遵從哪些指示？

貳　動作發展

學習目標二　描述嬰兒時期的動作發展

動態系統觀　反射　粗大動作技巧　精細動作技巧

前言

本章開頭提到的新生兒——Ramona，她可以吸吮、可以用手臂扔東西，可以用小手緊握另一隻手的手指頭。兩歲的時候，她可以靠自己蹣跚的步伐，探索她的小世界，可以打開門和罐子。然而，這些是她必然會達到的成就嗎？嬰兒是如何發展他們的動作技巧？而這些技巧又是從多大時候開始發展的？

一、動態系統觀

發展學專家格賽爾 (Arnold Gesell, 1934) 透過仔細的觀察，發現人們是如何發展動作技巧。他發現嬰兒和幼兒發展翻身、坐、站及其他動作技巧時有固定的順序，並且在具體的時間範圍內。Gesell 透過這些觀察表示動作發展是根據基因的規劃或成熟而來。

然而，後續的研究卻發現，發展里程碑的順序並不像 Gesell 宣稱的那樣固定，也不像他所認為的完全依照遺傳來進行 (Adolph & Robinson, 2013; Berger, Chan, & Adolph, 2014)。在過去 20 年，就像是經歷一場文藝復興，心理學家提出有關於動作技巧發展的新見解 (Gerson & Woodward, 2014; Kretch, Franchak, & Adolph, 2014)。Esther Thelen 提出動態系統理論，而成為越來越有影響力的觀點 (Thelen & Smith, 1998, 2006)。

根據**動態系統理論**，嬰兒為了要接受知覺感受及行為反應而發展出動作技巧。因此，這個理論的知覺感受和行為反應是相互連結的 (Keen, Lee, & Adolph, 2014; Thelen & Smith, 2006)。為了發展動作技巧，嬰兒接收了環境所給予的訊息，促使他們有動機去行動，並利用知覺微調他們的動作。而這些動作技巧的表現是嬰兒達成目標的解決辦法 (Gerson & wood ward, 2014; Keen, Lee, & Adolph, 2014)。

根據上述理論動作技巧是如何發展呢？當嬰兒有動機想要去做某件事情，他們會創造出新的動作行為。這個新的動作行為是由許多因素綜合的結果：神經系統的發展、身體的生理性能和動作表現的可能性、此目標是幼兒有動機想要達成的，以及環境支持此動作技巧。舉例來說，只有當神經系統足夠成熟到能夠控制腳的某些肌肉、腳發展足夠力量可以支撐他們的體重，以及他們有動機想要移動時，嬰兒才可能學習走路。

精熟一個動作技巧需要嬰兒主動積極去協調這個技巧需要的所有元素。首先，嬰兒會去探索及選擇可能的解決方式來符合新任務的要求；他們會藉由修改目前的動作模組發展出新的適應模組。通常一開始是因為嬰兒被新的挑戰引發動機，像是想要穿過房間或進入球場，但是卻被一連串的任務步驟絆住了。接著，嬰兒會「微調」這些動作，讓動作變得更順暢、更有效率。「微調」會透過重複動作的循環，以及動作的知覺反應來達成。根據動態系統理論的觀點，即使是常見的發展里程碑，像是爬行、碰觸和行走都是透過這樣的過程學習：嬰兒藉由探索及選擇可行的方案去調節他們的動作模式，以符合新的任

動態系統理論如何解釋學習走路的發展過程呢？

動態系統理論 (dynamic systems theory)
此理論解釋個體如何接受知覺感受及行為反應而發展動作行為。

務及挑戰的要求 (Kretch, Franchak, & Adolph, 2014)。

要了解動態系統理論如何解釋動作行為 (Thelen et al., 1993)，讓我們想像一下，你送給名為湯姆的嬰兒一個新玩具，湯姆並沒有確切的計畫來移動他的手臂及手指頭抓取玩具。湯姆必須調整他的目標──如何在情境下抓取玩具。在坐姿之下，他必須很快地調整以延展手臂的長度，維持身體的穩定，避免身體和手臂朝著玩具倒下。手臂肌肉收縮及伸展的一系列組合動作，發揮不同的優勢。他即興使用一個方式，利用手臂及手指環繞拿到這個玩具了。

因此，根據動態系統理論，動作發展不是被動的過程，而是隨著時間展開一連串技巧的發展。相反的，嬰兒為了克服身體和環境所帶來的限制，會主動合併技巧以達成目標。先天和後天、嬰兒和環境，皆屬於不斷變動的動態系統中的一部分。

二、反射

新生兒並非完全地無助，在其他方面，他們擁有一些基本的反射。舉例來說，當他們被浸泡在水中時，新生兒會自動地屏住呼吸，並且為了讓水排出，會使喉嚨收縮。

反射 (reflex)
反射是嬰兒內置的機制，是一種對刺激所做的反應；反射控管了嬰兒的動作，這些動作是自發的，而且不受意志控制。

尋根反射 (rooting reflex)
當輕觸嬰兒的臉頰或是嘴角時，嬰兒會有尋根反射出現，此反射會讓嬰兒把頭朝向碰觸的那一側，試圖尋找碰觸的來源。

吸吮反射 (sucking reflex)
嬰兒內建的反應機制，當物品放在嬰兒的嘴中，就會有吸吮反射出現。此反射讓嬰兒獲得營養，同時也作為自我舒緩或是自我調整的機制。

驚嚇反射 (Moro reflex)
突然的、強烈的噪音或動作會引起新生兒的驚嚇反應。當嬰兒受到驚嚇時，會弓起背部，頭會往後傾倒，手臂及腳會往外張開，接著嬰兒會迅速收回手臂及腳。

反射是嬰兒內置的機制，是一種為對刺激所作的反應；反射管理了嬰兒的動作，這些動作是自發的，而且不受嬰兒的控制。反射為基因所執行的求生機制。此機制讓嬰兒有機會學習之前，可以讓嬰兒對環境有適應性反應。如**尋根反射**及**吸吮反射**就是重要的例子，這兩個反射皆是新生的哺乳類動物重要的生存機制，藉此透過母親的母乳獲得營養。當輕觸嬰兒的臉頰或是嘴角時，嬰兒就會有尋根反射出現，此反射會讓嬰兒把頭朝向碰觸的那一側，試圖尋找碰觸的來源。而吸吮反射則會讓嬰兒自動吸吮放入口中的物品，此反射能夠讓嬰兒獲得營養，同時也作為自我舒緩或是自我調整的機制。

另一個例子為**驚嚇反射**，此反射發生在突然、強烈的噪音或是劇烈的動作 (見圖 4.12)。當嬰兒受到驚嚇時，會弓起背部，頭會往後傾倒，手臂及腳會往外張開，接著嬰兒會迅速收回手臂及腳。驚嚇反射被認為是當跌倒的時候，可抓住東西以獲得支持的一種方式；對於靈長類動物而言，此為重要的生存機制。

有些反射會持續一生，像是咳嗽、打噴嚏、眨眼、發抖及打哈欠等，這些反射對於成人來說，跟嬰兒時候一樣重要。但是其他的反射會在嬰兒大腦發展成熟，以及發展出可自主控制的動作時，就會在出生的幾個月後消失。舉例來說，像是尋根及驚嚇反射通常會在嬰兒出生後的 3、4 個月消失。

有些反射動作最後會合併整合成更複雜的動作及自主的動作。一個很重要的例子為**抓握反射**，當嬰兒的手掌接觸到物品時會發生此反射 (見圖 4.11)，嬰兒會緊緊地抓住此物品。到了嬰兒三個月大時，抓握反射會漸漸消失，而且嬰兒會表現出更多自主的抓握動作。當動作協調變得更流暢後，嬰兒在抓取物品時會仔細地操作，並且改善自己的動作品質。

過去對於反射的觀點為它們完全受基因所控制，內建的機制可以支配嬰兒的動作。而嬰兒反射的新觀點表示反射並非是自動的或者不完全是不能控制的。舉例來說，嬰兒可以輪流交換腳的動作使其產生移動，或是經由收聽聲音來改變吸吮的頻率 (Adolph & Berger, 2013)。

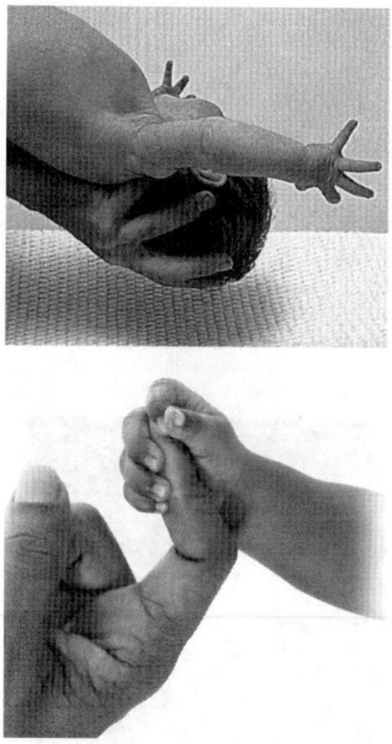

圖 4.11　新生兒的反射。 嬰幼兒有許多反射反應，包括驚嚇反射 (上圖) 和抓握反射 (下圖)。

三、粗大動作技巧

詢問任何父母有關於寶寶的事情，你可能會聽到有關於一個或一個以上有關動作里程碑的事，像是「卡珊德剛剛才學會爬」、「潔西終於可以獨自坐了」或是「安琪拉在上週踏出了第一步」。父母會很驕傲地宣布小孩的轉變，像是從嬰兒無法抬起頭到可以從商店的貨架拿取物品、和貓追逐，以及與家人一同參與社交活動這些發展里程碑 (Thelen, 2000)。這些**粗大動作技巧**發展里程碑，包含大肌肉的活動，像是移動手臂及走路。

(一) 姿勢的發展

粗大動作技巧是如何發展的呢？作為一個基礎，這些動作技巧需要姿勢的控制 (Adolph & Berger, 2013; Kretch & Adolph, 2013)。舉例來說，追視移動中物品的這個動作，必須學會控制頭部的動作以穩定追視的過程；或是在會走路之前，需要學會如何用腳維持平衡。

姿勢不止是維持不動或是保持直立。姿勢是一個動態的過程，連結包含皮膚、關節及肌肉的感覺資訊，這些資訊告訴我們身在空間中的位置；在內耳的前庭器官則是負責調節平衡；此外，還有視覺和聽覺的協助 (Kretch, Franchak, & Adolph, 2014; Soska & Adolph, 2014; Thelen & Smith, 2006)。

剛出生的嬰兒沒有辦法隨意控制自己的姿勢，不過短短的幾週，他們就已經可以讓頭直立，而且很快地可以在俯臥時抬頭。在出生的

抓握反射 (grasping reflex)
當嬰兒的手掌接觸到物品時會發生此反射。嬰兒會緊緊地抓住此物品。

粗大動作技巧 (gross motor skills)
粗大動作技巧包含大肌肉活動，像是走路。

第二個月，寶寶使用膝蓋或是嬰兒座椅作為支持的時候就可以坐著，但是他們要等到第六或是第七個月才能獨立坐在地板。出生的第一年他們漸漸發展站立的姿勢。大約在第八到第九個月期間，嬰兒通常會開始學習把自己向上拉起，以及用椅子保持穩定，到了第十到第十二個月時就可以獨自站立。

(二) 學習走路

動作和姿勢控制有密切的關聯，特別是在直立行走時 (Adolph & Berger, 2013)。為了獨立行走，寶寶必須在一腳擺動向前時，另一腳能夠維持平衡，並且將身體的重心從一腳轉移到另一腳。

嬰幼兒在很小的時候就具備走路時需要雙腳交替的動作。神經傳導路徑在嬰兒小的時候就可以控制雙腳交替的動作，甚至是在出生或是更早之前。事實上，學者發現在胎兒期和出生時，嬰兒就有雙腳交替的動作了 (Adolph & Robinson, 2013)。

如果嬰兒能在這麼早的時間就產生向前踏步的動作，為何還要花這麼久的時間學習走路？技巧的關鍵在於學習走路是用一腳維持平衡的時間足夠讓另一腳擺動向前，並能夠轉移重心不跌倒。這些困難的生物力學問題需要解決，所以需要花費嬰兒約一年的時間來學習。

在學習移動時，嬰兒會學習到什麼樣的地點和哪一種平面對移動是安全的 (Franchak & Adolph, 2014; Ishak, Franchak, & Adolph, 2014)。Karen Adolph (1997) 研究沒有爬行及走路經驗的嬰兒在走向傾斜下坡時的反應 (見圖 4.12)。約 8.5 個月剛會爬行的嬰兒，會不顧一切地爬向下坡，且往往會在過程中跌倒 (過程中母親會在斜坡的旁邊接住他們)。經過幾週的練習，爬行中的寶寶會變得更熟練地去判斷坡度會不會太陡而導致摔倒，而這樣的過程可以確保他們安全。剛學會走路的嬰兒也無法判斷坡度的安全，但是有經驗的學步寶寶在陡峭的坡度中可以準確使用技巧，他們很少在坡道上跌倒，可能會拒絕走下陡坡或是以謹慎的方式往回走。有經驗的學步寶寶在走下坡道之前，會依感官來評估情況——包含看、擺動、觸摸以及思考。隨著經驗的累積，無論是爬行和學步寶寶皆會學習避開可能會讓他們跌倒的危險坡道，並且伴隨整合知覺資訊來發展新的動作行為。在這個研究中，我們再次看到了知覺和動作連結在發展動作技巧的重要。因此，練習對於發展動作技巧是非常重要的 (Berger, Chan, & Adolph, 2014)。

練習對於學習走路尤其重要 (Adolph & Robinson, 2013)。「每天

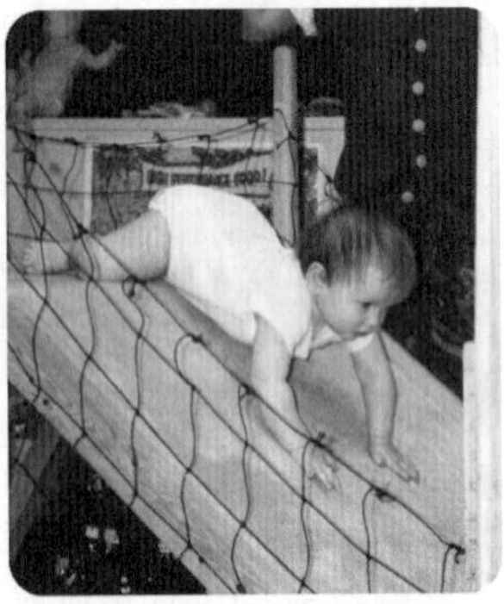

剛學會爬行的嬰兒

有經驗的學步寶寶

圖 4.12　行進中的嬰兒判斷是否可以在斜坡往下走而不跌倒。Karen Adolph 在 1997 年發現過去的動作經驗比年紀更能預測嬰兒在不同坡度斜坡行走的適應行為。沒有爬行及走路經驗的嬰兒無法判斷不同坡度斜坡的安全性。隨著經驗的累積，他們學會判斷避免那些可能會跌倒的斜坡。當嬰兒剛開始學習走路時，即使他們能夠準確判斷這是相同坡度的斜坡，還是會再次的嘗試錯誤而跌倒。Adolph 稱這樣的行為是學習。

會走上千步，而因為地形的變化及身體隨時變化的生物力學的限制和影響，每一步都會與上一步略微不同，這些都可能會協助嬰兒辨別其相關性」，並且再與所需的肌力及平衡感結合，以促進他們的行走技巧 (Adolph, Vereijken, & Shrout, 2003, p. 495)。在最近的一項研究中，Adolph 和她的同事 (2012) 觀察 12 到 19 個月大在自由玩樂的嬰兒表現，移動的經驗非常廣泛，嬰兒平均每個小時行走了 2,368 步，以及跌倒 17 次。

(三) 一歲：動作發展里程碑和變化性

圖 4.13 總結一歲之前完成的各項粗大動作技巧，最後為走路的能力。這些發展里程碑的時機，特別是最後一項可能多達 2 到 4 個月的時間差異，而經驗可以調整這些成就發生的時間 (Adolph & Berger, 2013)。舉例來說，自 1992 年開始，當小兒科醫生開始建議父母讓寶寶以仰躺的姿勢睡覺，因為少數用俯姿睡覺的寶寶，相較其他寶寶比較晚開始會爬 (Davis et al., 1998)。此外，有一些嬰兒並不會按照動作技能的標準順序發展。舉例來說，許多美國的嬰兒從未以腹部、或是用他們的手和膝蓋爬行。他們在會走路之前，可能會發現其他特殊的移動方式，像是滾動身體，或者是在身體可以直立之前都不會移動

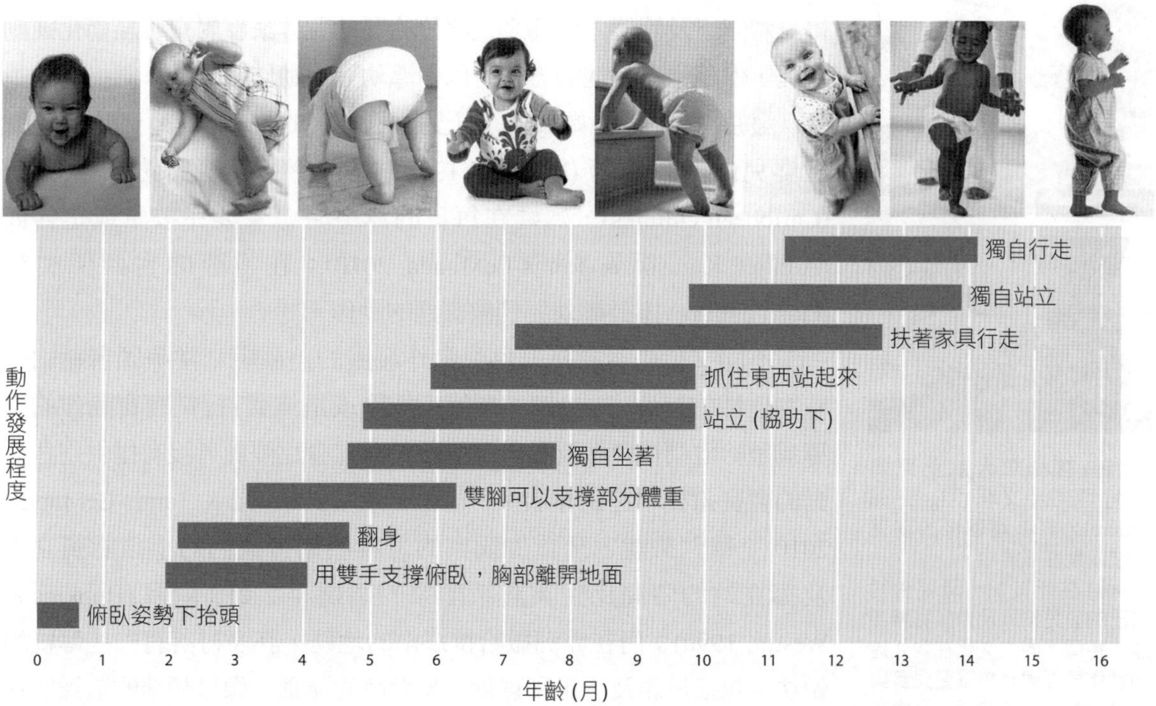

圖 4.13　粗大動作的發展里程碑。水平的橫條代表大多數嬰兒達到各粗大動作發展的範圍。

(Adolph & Robinson, 2013)。在非洲馬里部落，大部分的嬰兒都不會爬行 (Bril, 1999)；而在牙買加，約 25% 的嬰兒會直接跳過爬行這個發展里程碑 (Hopkins, 1991)。

根據 Karen Adolph 及 Sarah Berger (2005) 表示：「過去守舊的觀點認為成長及動作發展是反應年齡的成熟度，然而這個觀點並不完整。相反地，嬰兒是透過照顧者的協助，在實際生活環境與物品、平面及空間互動中獲得新的技巧。」

(四) 人生第二年的發展

第一年的動作成就帶來了持續增加的獨立性，使嬰兒可以更廣泛地探索他們的環境，以及更容易開啟與他人的互動。在第二年的發展期間，幼兒的動作更有技巧，移動性也提高。動作活動對於幼兒能力發展在第二年是關鍵的，在考量安全下，應該要將幼兒放置在冒險的情境中。

> 嬰兒是腿在生長、翅膀卻在萎縮的天使。
> ——French Proverb

幼兒在 13 到 18 個月大時可以拉玩具上的繩子並靠向自己，用手和腳攀爬幾階樓梯。到了 18 到 24 個月，幼兒可以走得很快或是短距離生硬地跑步，當以蹲姿在地板玩玩具時可以保持平衡，可以倒退走且不會失去平衡，站立時踢球、站立時丟球及原地跳時不會跌倒。

家長可以透過結構化的運動課程給寶寶們一個良好的開頭，而獲得身體健康及體能才藝嗎？大部分的嬰幼兒專家反對寶寶結構化運動課程，但是也有其他的方式可以引導幼兒的動作發展。

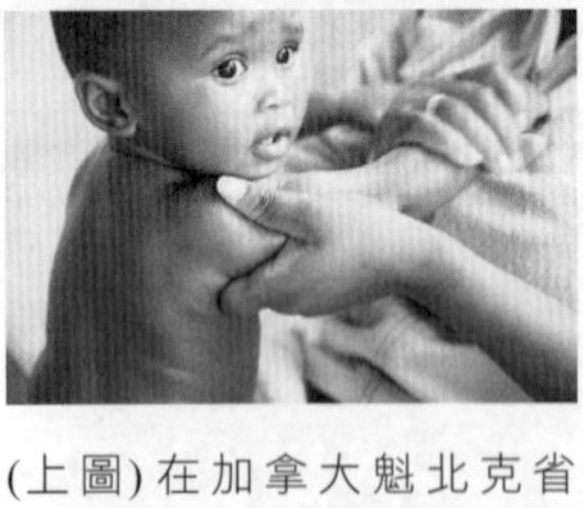

(上圖) 在加拿大魁北克省的阿爾岡琴文化 (Algonquin culture)，許多剛學步的嬰兒會被限制在搖籃中。
(下圖) 在牙買加，母親會替自己的嬰兒按摩及伸展胳膊和腿。各個不同的文化在嬰兒達到動作里程碑時會讓嬰兒參與什麼活動？而這些活動又會有什麼影響？

發展中國家的媽媽比起已開發國家的媽媽來說，更傾向激發嬰兒的動作技巧 (Hopkins, 1991)。在非洲、印度及加勒比文化 (Caribbean cultures)，媽媽在每日的沐浴時會幫嬰兒按摩或是伸展 (Adolph, Karasik, & Tamis-LeMonda, 2010)；在肯亞的古西伊文化 (Gusii culture) 還鼓勵幼兒們做劇烈的動作。

不同文化是否會造成幼兒動作發展的差異呢？當照顧者藉由一些物理性的特殊方式 (例如撫摸、按摩或是伸展) 提供寶寶動作的引導或是給他們機會做運動，這些嬰兒通常會比照顧者沒有提供這些活動的寶寶還要早達到發展里程碑 (Adolph, Karasik, & Tamis-LeMonda, 2010)。舉例來說，牙買加國家的母親們期待他們的小孩能獨立坐及獨立站的時間比說英語系國家的媽媽早 2 到 3 個月 (Hopkins & Westra, 1990)；而在非洲撒哈拉以南的地區，許多村落有一些傳統的做法，包括母親及手足和寶寶一起參與的運動，像是頻繁的鍛鍊軀幹和骨盆肌肉群 (Super & Harkness, 1997)。

也有一些會使動作發展受到限制，像是中國的沙袋、孤兒院的限制，以及布達佩斯的照顧者不鼓勵運動，以上這些都被發現會對動作發展造成顯著的遲緩 (Adolph, Karasik, & Tamis-LeMonda, 2010)。舉例來說，在中國以農村為主的省份，會把寶寶放在裝着細沙的袋子中，而此袋子被當作尿布使用，且一天更換一次。寶寶會被單獨留在家中，正面朝上地被放在袋中，只有在餵食的時候才會看到母親 (Xie & Young, 1999)。有一些研究發現放在襁褓中的寶寶稍有動作發展遲緩，但是仍有一些研究發現沒有遲緩。這樣的文化下，在嬰兒還未具備移動能力時，會將早期發展的嬰兒放在襁褓中；當嬰兒開始有移動能力，就會降低在襁褓中的時間。

四、精細動作技巧

粗大動作技巧涉及到大肌肉的活動，而**精細動作技巧**涉及到精細調節的動作，包含抓握玩具、使用湯匙、扣襯衫的鈕釦，或是任何使用手指精細動作去操作的動作技巧。嬰兒剛出生時幾乎很難控制任何的精細動作，但是新生兒擁有許多元素會讓手臂、手及手指精細動作變得協調 (McCormack, Hoerl, & Butterfill, 2012)。

伸手及物 (reaching) 和抓握的動作的開始是重要的發展成就，代表嬰兒有與環境互動的能力 (Libertus et al., 2013; Sacrey et al., 2014; Ziemer, Plumert, & Pick, 2012)。在出生頭 2 年的期間，嬰兒會慢慢增進他們的伸手及物和抓握的動作 (Needham, 2009)。剛開始時，嬰兒伸手及物時會粗略地移動他們的肩膀和手肘，擺動朝向物品。接著，嬰兒伸手及物時會移動他們的手腕、轉動他們的手，以及協調地使用拇指和食指。嬰兒在拿取物品時可以不用看著自己的手 (Clifton et al., 1993)，而這些線索來自肌肉、肌腱及韌帶，並不是因為看見肢體的關係，而這樣的發展會在四個月大的嬰兒達成。

一位女童使用鑷子夾住拼圖片進行拼圖活動。

嬰兒藉由發展兩種不同的抓握技巧來改善他們抓握的能力。一開始時，嬰兒會用整隻手握住東西，這樣稱之為指腹抓握 (palmer grasp)。過不久，在快一歲時，嬰兒會開始以拇指和食指抓握小物品，這樣稱之為指尖抓握 (pincer grip)。嬰兒的抓握非常有彈性，他們會根據物品的大小、形狀、材質及手的大小來決定抓握的方式。嬰兒抓握小物品時會使用大拇指和食指 (有的時候也會使用中指)，但是他們在抓握較大物品時，可能會使用一隻手或是兩隻手的手指來抓握。

精細動作技巧 (fine motor skills)
其動作技巧包含更多精細調節的動作，例如手指精細動作。

知覺 - 動作聯結 (Perceptual-motor coupling) 對於嬰兒能協調地抓

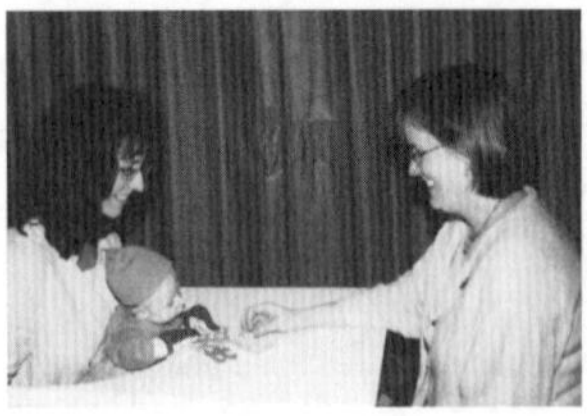

圖 4.14 嬰兒使用「魔鬼氈手套」探索物品。Amy Needham 和她的同事 (2002) 在研究中發現「魔鬼氈手套」能夠增進年幼嬰兒探索物品的技巧。

握是不可或缺的 (Barrett, Traupman, & Needham, 2008)。嬰兒的感覺系統會隨著年紀的不同協調抓握能力。4 個月大的嬰兒大部分依賴觸覺來決定他們如何抓握物品；而 8 個月大的嬰兒會使用視覺作為引導 (Newell et al., 1989)。此發展上的改變增進抓握效能，當嬰兒想要伸手拿取物品時，視覺能讓嬰兒預先決定手的姿勢。

經驗對於伸手及物和抓握扮演很重要的角色。在一項研究中，3 個月大的嬰兒戴上「魔鬼氈手套」參與一項遊樂活動——「讓嬰兒利用手套的魔鬼氈將玩具黏在手套上，拾起玩具」(Needham, Barrett, & Peterman, 2002, p. 279)(見圖 4.14)。參與過手套抓握課程與未接受過課程的嬰兒相比，在操作物品上有比較早的發展。戴著魔鬼氈手套的嬰兒盯著物品的時間越長，在眼神接觸的期間會更用力拍打物品，並且可能會用嘴巴接觸物品。在最近的一項研究中，父母訓練他們 5 個月大的嬰兒在超過兩週的期間內每天使用魔鬼氈手套 10 分鐘，兩週後他們伸手及物的技巧進步很多 (Libertus & Needham, 2010)。

正如嬰兒需要練習粗大動作技巧，他們也需要練習精細動作技巧 (Needham, 2009)。特別是當他們操控指腹抓握技巧時，嬰兒會喜悅地撿起小物品。許多人在發展指腹抓握時，大約與開始爬行的時間相同，嬰兒在這個時候幾乎會撿起任何看得到的物品，特別是在地板上的，並且會將物品放進嘴巴裡。因此，父母需要提高警覺那些會被嬰兒抓取的物品 (Keen, 2005)。

Rachel Keen (2011; Keen, Lee, & Adolph, 2014) 強調工具的使用是一個探討嬰兒問題解決技巧的絕佳情境，因為工具使用提供許多資訊告訴我們嬰兒為了達到目標會如何計畫。這個領域的研究者曾研究嬰兒的意向行為，研究範圍從不同的方向撿起湯匙到從管子內部取出叉子。最近藉由評估 6 到 15 個月大嬰兒在敲打動作發展的改變，來探討工具使用動作起源的一項研究中 (Kahrs, Jung, & Lockman, 2013)，發現年紀比較小的嬰兒在敲擊物品時，動作較無效率和式樣多變，而一歲的嬰兒展現穩定垂直上下擺動的手部動作，這樣的動作可以精確瞄準，並且維持一致的力量。

複習・連結・反思 學習目標二 描述嬰兒時期的動作發展

複習重點

- 什麼是動態系統觀？
- 嬰兒會有哪些反射呢？
- 嬰兒時期如何發展粗大動作技巧？
- 嬰兒時期如何發展精細動作技巧？

連結

- 嬰兒剛出生的抓握反射與 4 到 12 個月時所發展的精細抓握技巧有什麼不同呢？

反思 (反思自己個人的人生旅程)

- 試著思考有關你的動作技巧表現。如何用動態系統理論解釋你的動作技巧表現？

參 感覺及知覺發展

學習目標三 統整嬰兒時期的感覺及知覺發展

了解什麼是感覺和知覺 → 生態觀點 → 視知覺 → 其他感覺 → 知覺統合 → 先天、後天與知覺發展 → 知覺 - 動作聯結

前言——感覺及知覺發展

> 我們幾乎完全失去人生前三年的生活經驗，接下來我們會試圖進入一個乳臭未乾孩子的世界，這時我們就像一個外國人一樣，忘記過去的情景，並且不再說自己的母語。
>
> ——Selma Fraiberg
> 20 世紀的發展學家和兒童福利聯盟代言人

感覺和知覺如何發展？新生兒能看見東西嗎？如果可以，他能感覺什麼？其他的感覺呢——聽覺、嗅覺、味覺及觸覺？對新生兒來說這些感覺扮演什麼角色，以及是怎麼發展的？嬰兒是否能夠同時處理兩種不同形式的感覺訊息，像是視覺和聲音？以上這些有意思的問題將會在本節探討。

一、什麼是感覺和知覺？

嬰兒如何知道媽媽的皮膚是柔軟而不是粗糙的？5 歲的孩童如何知道他頭髮的顏色？嬰兒和孩童「知道」這些是因為透過感覺所得到的訊息。若沒有視覺、聽覺、觸覺、味覺及嗅覺，我們將會被世界所隔離；我們將會活在陰沉的寂靜、無味、無色和沒有任何感覺的世界。

當訊息與眼睛、耳朵、舌頭、鼻子和皮膚上的感覺受器互動時會產生**感覺**。舉例來說，空氣中振動的聲波藉由外耳收集後，透過內耳的骨頭傳輸到聽覺神經的過程而感生聽覺；當光線接觸眼睛後會聚焦在視網膜上，透過視神經傳送到大腦的視覺中心而產生視覺。

知覺為被感測到的感覺所做的解釋，舉例來說，聲波接觸到耳朵可能會被解釋為噪音或是音樂；或是物理能量傳遞至眼睛的視網膜可能會被解釋成特定的顏色、圖案或是形狀，這取決於當時是如何覺察的。

感覺 (sensation)
當訊息與眼睛、耳朵、舌頭、鼻子和皮膚上的感覺接受器互動時會產生感覺。

知覺 (perception)
知覺為被感測到的感覺所做的解釋。

二、生態觀點

在過去的幾十年中，大部分關於嬰兒知覺發展的研究皆是遵循 Eleanor 和 James J. Gibson 的生態觀點 (E. J. Gibson, 1969, 1989, 2001; J. J. Gibson, 1966, 1979)。他們主張我們並沒有從感覺中擷取訊息，以在心中建立對於世界的印象。相反地，我們的感覺系統可以從訊息豐富的環境中挑選。

根據 Gibsons 的**生態觀點**，我們直接察覺這些存在於周圍世界的訊息。這種觀點稱之為生態，「因為此感知能力將接收者所覺察可感知的訊息做連結」(Kellman & Arterberry, 2006, p. 112)。因此，知覺使我們可以與環境接觸，所以我們可以與環境互動、並且適應之。知覺是專門為了行動而存在的。知覺給人們許多訊息，例如什麼時候要準備躲避、什麼時候要轉身以通過窄道，以及什麼時候要舉高雙手接物。

在 Gibsons 的觀點中，物品具有**環境賦使**的特質，藉此與環境中的物品有互動的機會，並且以相符的能力來執行活動。例如鍋子可以當作我們平時烹飪的容器，也可以讓嬰兒當作敲擊的器具。成人通常可以判斷什麼樣的椅子是適合坐的、什麼樣的地面是可以安全行走的，或是什麼的物品是可以伸手去拿的。我們透過從環境的感覺訊息直接且精確地接受到這些「環境賦使」——例如從各個表面所反射的聲音或是光線，以及我們自己身體透過肌肉受器、關節受器及皮膚受器的感覺訊息 (Franchak & Adolph, 2014; Ishak, Franchak, & Adolph, 2014)。

一個重要的發展問題為：什麼樣的環境賦使訊息讓嬰兒或是兒童可以偵測或使用 (Ishak, Franchak, & Adolph, 2014)？舉例來說，在一項研究中，當嬰兒走向軟軟的水床時，他們會停下腳步探索，然後選擇爬過去這個表面，而不是走過去 (Gibson et al., 1987)。他們結合知覺及行動來調節任務的需求。

同樣地，正如我們之前在動作發展所提到的，剛學習爬行或是剛學會走路的嬰兒與有爬行、走路經驗的嬰兒相比，在面對斜坡的警覺度比較低 (Adolph, 1997)。爬行和走路經驗越多的嬰兒會感知斜坡可能會使移動的速度變得更快，也可能會造成跌倒。此外，嬰兒會結合知覺和行動來決定在這個環境他們要做些什麼。透過知覺的發展，孩子在探索及使用「環境賦使」的能力會更有效率 (Franchak & Adolph, 2014)。

生態觀點 (ecological view)
使有機體的知覺功能能夠與環境接觸，並增加其適應性。

環境賦使 (affordances)
物品具有「環境賦使」的特質，藉此與環境中的物品有互動的機會，並且以相符的能力來執行活動。

研究嬰幼兒的知覺不是一件容易的事情。舉例來說，如果新生兒的溝通能力受到限制，無法用語言表達他們所看到的、所聽到的、所聞到的等等，我們要如何研究他們的知覺呢？在【透過研究找出關聯】中描述一些研究嬰兒的知覺別出心裁的方式。

三、視知覺

新生兒看到什麼？嬰兒的視知覺如何發展？

(一) 視力和人臉

心理學家 William James (1890/1950) 稱在新生兒的知覺世界為「嗡嗡作響、盛開的困惑」(blooming, buzzing confusion)。經過一個多世紀，我們可以有把握地說他是錯的 (Atkinson & Braddick, 2013; Johnson & Hannon, 2015; Shirai & Imura, 2014)。即使新生兒可以感知這世界有某種秩序，但是他們和大一點的孩童或成人所感知到的世界，還是有所差異的。

嬰兒看到的景象是如何？出生時，眼睛的神經、肌肉和水晶體仍在發展階段，所以新生兒沒有辦法看到很遠的小東西。透過史奈倫視力檢查表 (Snellen chart)，新生兒普遍的視力為 20/240，代表新生兒可以看見 20 英尺的距離，而成年人可以看見 240 英尺 (Aslin & Lathrop, 2008)。換句話說，新生兒可以看見 20 英尺遠物品的清晰程度等同於正常視力成人看見 240 英尺遠物品的清晰程度 (20/20)。一般來說，6 個月大的嬰兒平均視力為 20/40 (Aslin & Lathrop, 2008)。

臉孔為孩子社交環境中最重要的視覺刺激，並且重要的是，他們能夠提取他人表情關鍵的訊息 (Lee et al., 2013)。嬰兒從出生後就顯現他們對人臉的興趣 (Johnson & Hannon, 2015; Lee et al., 2013)。研究顯示，嬰兒在出生後幾個小時，比起看其他的物品，更偏好看人臉，並且會看比較引人注意的臉 (Lee et al., 2013)。

圖 4.15 用電腦模擬各個年齡階段，嬰兒看放在 6 英寸遠照片的清晰程度。因為嬰兒出生後 12 小時後看母親的臉比陌生人的臉更久 (Bushnell, 2003)。3 個月大的嬰兒會用聲音搭配人的面貌，以分辨男性和女性的臉孔，以及分辨自己種族和其他種族的面貌 (Gaither, Pauker, & Johnson, 2012; Kelly et al., 2005, 2007; Lee et al., 2013; Liu et al., 2011)。

嬰兒在發展過程，他們會改變從視覺世界搜集訊息的方式，包括人的面貌 (Otsuka et al., 2012; Simpson et al., 2014)。一項研究記錄

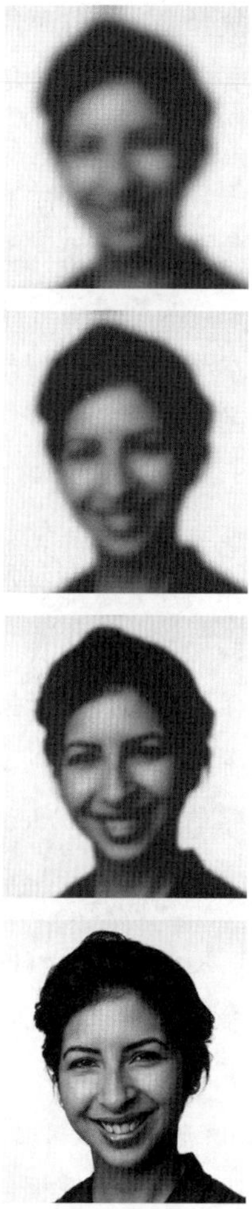

圖 4.15　從出生 1 個月到 1 歲後的視力變化。這四張照片以電腦的解析度來呈現 1 個月大、2 個月大、3 個月大及 1 歲 (此階段已將近成人的視力) 時所看到人臉的情形。

透過研究找出關聯

如何研究新生兒的知覺？

試想有一個動作協調很差的生物，要花費很多心力才能移動。他們在不舒服的時候會哭泣，也會發出其他一些聲音。事實上，這個生物許多時間在睡覺，一天大約 16 到 17 個小時。你對這個生物感到好奇，並且想要知道更多有關「他們能做什麼」。你可能會思考「他是否能看到，而我要怎麼去知道這個答案？」

你與這個生物互動時很明顯地存在著溝通問題。你必須想出一個辦法讓他「告訴」你，他看到的東西是什麼。當你仔細觀察這個生物一整天後，你可能會有有趣的發現。當你在這個生物面前水平移動一個物品時，他的眼睛就會跟著這個物品移動。

這個生物的眼球動作顯示至少他是有視力的。看到這裡，你如果沒有猜到這個生物指的是人類的嬰兒，那麼你所扮演的角色是了解嬰幼兒視知覺的研究人員，而非只是一個學習者。經過多年的執行，科學家已經發展出研究方法和足夠完善的工具來檢視嬰兒微妙的能力，以解釋他們複雜的動作 (Bendersky & Sullivan, 2007)。

一、視覺偏好法

Robert Fantz (1963) 為此研究領域的先驅，他發現能增進研究嬰兒視知覺人員能力的方式：利用嬰兒看不同物品會有不同的時間長度。Fantz 將嬰兒放置在「視物箱」(looking chamber) 內，箱中的天花板設有兩個視覺顯像處，一名實驗者會透過觀察窗檢視嬰兒注視的狀況。嬰兒若注視其中一個視覺顯像處，實驗者可從嬰兒眼中看出成像的反射，此過程可使實驗者了解嬰兒注視各成像的時間長度。Fantz (1963) 發現，出生兩天的嬰兒在注視形狀刺激的時間，例如臉孔或同心圓，比注視紅色、白色或黃色光圈時間比較久。出生兩到三週的嬰兒也偏好注視形狀的視覺刺激，像是臉孔、一個圖形或是有靶心圖形的印刷，其注視的時間比紅色、黃色或是白色的光圈還要長 (見圖 4.16)。Fantz 所設計的研究方法藉由測量嬰兒注視不同刺激的時間長度，讓我們辨別嬰兒是否可區辨不同的刺激，這個方法稱為**視覺偏好法**。

二、習慣化和去習慣化

另外一種研究嬰兒知覺的方式為提供一種刺激好幾次，例如光線或聲音。在幾次刺激後，如果嬰兒減少對刺激的反應，這表示嬰兒對所注視的刺激已經不再感到興趣，此時若研究者提供新的刺激，嬰兒的反應將會再次復甦，顯示嬰兒能夠區分新的和舊刺激的差別 (Baker, Pettigrew, & Poulin-Dubois, 2014; Gerson & Woodward, 2014)。

重複地接受某種刺激而對該刺激反應減少稱之為**習慣化**。**去習慣化**為習慣化形成後，由於刺激的改變而重新出現反應。新生兒會對重複出現的景象、聲音、氣味或是觸摸產生習慣化 (Rovee-Collier, 2004)。在這些相關測量中，研究人員以嬰兒吸吮行為 (當年幼的嬰兒接觸到新的物品時，其會暫停吸吮的行為)、心跳和呼

視覺偏好法 (visual preference method)
一種研究方法，藉由測量嬰兒注視不同刺激的時間長度，判斷嬰兒是否可區辨不同的刺激。

習慣化 (Habituation)
重複地接受某種刺激而對該刺激反應。

去習慣化 (dishabituation)
習慣化形成後，由於刺激的改變而重新出現反應。

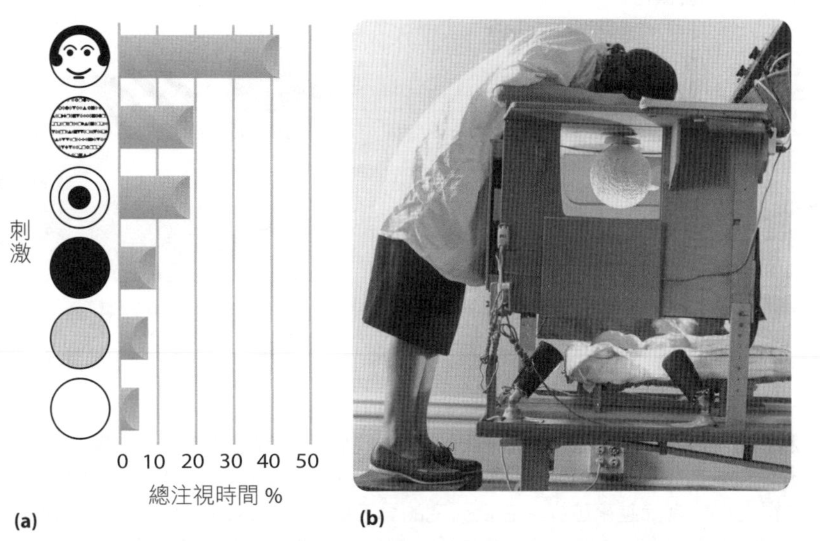

圖 4.16 Fantz 嬰兒視知覺研究。(a) 嬰兒 2 到 3 週大的時候，較偏好注視一些刺激。在 Fantz 的研究中，比起顏色或是光線，嬰兒偏好注視有形狀的圖案。舉例來說，比起紅色、黃色或是白色的光圈，他們注視人臉、一個印刷圖形或是靶心圖形的時間比較久。(b) Fantz 利用「視物箱」研究嬰兒知覺刺激。

吸速率，以及嬰兒注視物品的時間長度來作為習慣化的研究的測量。圖 4.17 顯示一項新生兒習慣化和去習慣化的研究結果 (Slater, Morison, & Somers, 1988)。

三、高強度吸吮

為了評估嬰兒對聲音的注意力，研究人員經常會使用高強度吸吮法 (high-amplitude sucking)。這個方法會給嬰兒一個奶嘴，而奶嘴會連結聲音的產生。研究人員會以一分鐘靜止期作為基準吸吮速率。依此基準，聲音的表現會依據高強度吸吮的速率而定。嬰兒起初吸吮十分頻繁，所以經常產生聲音。漸漸地，因為聽著相同聲音而失去興趣，開始出現比較少的吸吮行為。而當研究者更換不同聲音後，吸吮頻率又會增加。嬰兒重新增加吸吮行為，推測可能是因為他們能夠判斷聲音的改變。而吸吮頻率增加，可能是因為他們想要聽到有趣的新聲音 (Menn & Stoel-Gammon, 2009)。

四、轉向反應和眼動追蹤

轉向反應 (Orienting Response) 是判斷嬰兒能否看到或是聽到的一種技術，此過程包括嬰兒會將頭轉向景象或是聲音處。然而，近來測量嬰兒知覺最重要的進展為精密的眼動追蹤 (eye-tracking) 設備 (Eisner & others, 2013; Kretch, Franchak, & Adolph, 2014)。眼動追蹤包含測量追蹤 (追視) 移動中物品的眼球動作，並且可以評估嬰兒早期的視覺能力，或是確定嬰兒對於噪音的驚嚇反應 (Bendersky & Sullivan, 2007)。圖 4.18 為最近的一項研究，嬰兒穿戴眼動追蹤頭套以探討視覺引導的動作行為和社交互動。大部分的嬰

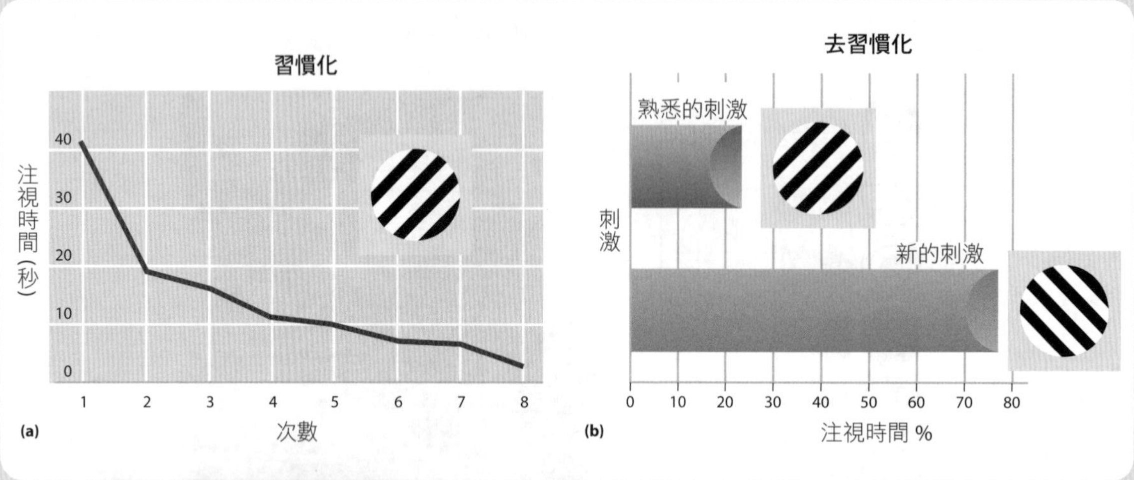

圖 4.17 習慣化和去習慣化。在此研究的第一部分，(a) 我們給予剛出生 7 小時的新生兒一個刺激。其圖指出，第一次圖形出現時，新生兒平均注視時間為 41 秒 (Slater, Morison, & Somers, 1988)。在經過第 7 次刺激出現後，他們注視圖形的時間越來越少。在此研究的第二部分，(b) 嬰兒對於熟悉刺激的出現漸漸感到習慣後，出現一個新的刺激 (將圖形旋轉 90 度)。新生兒注視新刺激的時間為原本熟悉刺激的 3 倍。

圖 4.18 嬰兒頭戴眼動追蹤器。照片來自紐約大學 Karen Adolph 的研究室。

兒發展研究會使用遠端光學眼動追蹤器，其中附有不接觸嬰兒頭部的攝影機。

嬰兒知覺的研究者對於近期精密眼動追蹤器的可行性如此熱衷，因為這是近來對嬰兒知覺和認知發展最重要的測量儀器 (Aslin, 2012)。比起人類的觀察能力，新興的眼動追蹤設備對於評估嬰兒觀看和注視的能力更為精確 (Oakes, 2012)。眼動追蹤設備使用在許多有關嬰兒知覺的領域上，包括記憶、共享注意力 (joint attention) 和稱為相互注意協調能力，以及臉部辨識處理 (face processing) (Oturai, Kolling, & Knopf, 2013; Pfeiffer, Vogeley, & Schilbach, 2013; Righi et al., 2014)。此外，眼動追蹤設備促進我們對於非典型發展嬰兒的認識，例如自閉症的嬰孩 (Guimard-Brunault et al., 2014)。

一項最近有關眼動追蹤的研究表示，電視節目和 DVD 影片中內容對於教育嬰幼兒是有成效的 (Kirkorian, Anderson, & Keen, 2012)。在此研究中，1 歲、4 歲和成人觀看《芝麻街》(*Sesame Street*)，並且使用眼動追蹤設備精確地記錄他們在螢幕所注視的景象。一歲的孩子不太可能和比他們大的孩童一樣，可以始終如一地盯著相同的螢幕，這顯示一歲的孩子對於《芝麻街》影片的理解甚少，比起相關內容，而是更容易被他們有興趣的事物所吸引。

五、儀器設備

科技可以促進我們研究嬰兒知覺能力的方式。影像記錄設備能夠讓研究者探索難以捉摸的行為。高速電腦能夠在幾分鐘執行複雜資料的分析。其他的儀器可以記錄嬰兒的呼吸、心跳、身體動作、視覺凝視 (visual fixation) 及吸吮行為，這些資料可以提供嬰兒所感知的線索。舉例來說，一些研究者利用這些儀器偵測嬰兒呼吸的速率是否隨著聲音音調的改變而有變化，若有變化則顯示嬰兒能辨別音調的改變。

科學家必須用創意的方式來評估發展中的嬰兒，發明不同的方式「採訪」不會說話的他們。其他的族群，例如口語表達困難的中風成人，什麼樣的方法或是儀器設備可以用來評估他們的知覺能力呢？

3、6 及 9 個月大嬰兒觀看動畫電影片段──《查理布朗的聖誕節》(*A Charlie Brown Christmas*) 的眼球動作 (Frank, Vul, & Johnson, 2009)。在嬰兒 3 到 9 個月大的期間，他們逐漸開始集中更多注意力在動畫裡的臉孔，並且減少注意背景刺激。

經驗在人臉訊息的處理，以及在嬰兒及之後發展扮演重要的角色。每一次的經驗會強化知覺概念，嬰兒會更容易辨認出他們過去曾見過的人臉，以及比較不會辨認出那些他們從未見過的人臉 (Lee et al., 2013)。

此外，正如我們在【透過研究找出關聯】中所提到的，年幼的嬰兒能夠感知特定的形狀。透過 Robert Fantz (1963)「視物箱」的研究，顯現出即使是出生 2 到 3 週的嬰兒也較喜歡注視有規則的圖案。舉例來說，他們比較喜歡注意一個正常的人臉，而不是雜亂的圖形；喜歡注視有標靶的圖形或是黑白條紋，比較不喜歡沒有規則的圓形。

(二) 顏色視覺

嬰兒的顏色視覺 (color vision) 也會隨年齡提升 (Brown & Lindsey, 2013)。到了第 8 週或是有可能早到第 4 週大，嬰兒就能夠辨別一些顏色了 (Kelly, Borchert, & Teller, 1997)。到了 4 個月大，他們會反映成年人偏好的顏色。舉例來說，他們會偏好飽和的顏色，像是淡藍色接近皇家藍的顏色 (Borastein, 1975)。根據這些視覺改變的描述，反映了視覺的成熟。另外，經驗對顏色視覺的正常發展是很重要的 (Sugita, 2004)。

(三) 知覺恆定

有一些知覺的表現是特別耐人尋味的，這指出嬰兒的知覺反應是根據感覺所提供的訊息 (Johnson, 2013; Slater et al., 2011)。在知覺恆定 (perceptual constancy) 的情況下，即使感覺刺激改變，但物理世界中的知覺依然是不變的。如果嬰兒沒有發展知覺恆定，每次在不同距離或不同方位看同一個物品時，他們可能就會認為是不同的物品。因此，知覺恆定的發展會讓嬰兒感知他們的世界時是穩定的。兩種知覺恆定分別是大小恆定和形狀恆定。

大小恆定為即使物品移近或是挪遠，在視網膜有不同大小的成像，但對於物品能夠維持同樣大小的認識。若是將物品挪遠，在我們眼睛裡的成像會越小，因此在視網膜中成像的大小並不足以告訴我們真實的尺寸。舉例來說，即使眼睛中的成像顯示在你身旁的腳踏車尺寸大於停在對街的汽車，但你還是能夠判斷腳踏車尺寸小於汽車。當你遠離腳踏車時，即使呈現在視網膜的成像越來越小，也不會認為腳踏車是縮小的，你知道它的形狀會維持一致的。

但對於嬰兒呢？他們具有大小恆常的知覺嗎？研究人員發現，嬰兒在 3 個月大的時候，顯示他們對於物品是具有大小恆定的 (Bower, 1966; Day & McKenzie, 1973)。然而，在 3 個月大的時候，此能力並未完全成熟，會持續發展，直到 10 歲或 11 歲 (Kellman & Banks, 1998)。

形狀恆定為即使從不同的角度看物品，在視網膜有不同形狀的成像，仍能對物品維持同樣形狀的認識。環顧你房間的四周，你可能會看見不同形狀的物品，像是桌子和椅子。如果你站起來，開始環繞房間，從不同的側面和角度觀看這些物品，即使在你走動時物品在視網膜的成像有所不同，你仍然會認為這些物品的形狀是相同的。

那麼對於嬰兒呢？與大小恆定相同，研究人員發現，嬰兒 3 個月大的時候已具有形狀恆定的知覺 (Bower, 1966; Day & McKenzie, 1973)。然而，3 個月大的嬰兒對於不規則形狀的物品不具有形狀恆定，例如傾斜的平面 (Cook & Birch, 1984)。

大小恆定 (size constancy)
將物品移近或是移遠，在視網膜有不同大小的成像，對於物品能夠維持同樣大小的認識。

形狀恆定 (shape constancy)
即使改變觀看物品的地點，在視網膜有不同形狀的成像，對於物品能夠維持同樣形狀的認識。

(四) 完形知覺

環顧現在所處的環境，你可能會看見一些物品部分被其他位在它前方的物品所遮蔽，例如位在桌子後方的椅子、電腦後方的書籍或是停在樹後的汽車。當物品被前方的物品遮蔽部分時，嬰兒能夠感知物品的完整性嗎？

在嬰兒出生兩個月後的發展，嬰兒不認為被遮蔽的物品是完整的，相反地，他們只會感知自己所看到的 (Johnson, 2013; Johnson & Hannon, 2015)。在嬰兒兩個月大的時候，會開始發展物品完整的知覺 (Slater, Field, & Hemandez-Reif, 2007)。知覺要如何完整發展呢？在 Scott Johnson 的研究 (2010, 2011, 2013) 中，透過眼球動作學習、經驗及自我導向的探索，對於嬰兒發展物體完整的知覺扮演關鍵的角色。

當我們更靠近時，許多被遮蔽的物品會出現和消失在其後，像是走在街上的時候，當你在移動或是車子移動時，會看到在建築後方的車子消失及出現。嬰兒要到 5 個月大的時候才會發展簡易追蹤被遮蔽物品之能力 (Bertenthal, 2008)。一項研究探討，5 個月到 9 個月大的嬰兒追蹤逐漸消失在遮蔽物後方、突然消失或是迅速縮小的移動中物品 (Bertenthal, Longo, & Kenny, 2007) (見圖 4.19)。在這項研究中，比起物品突然消失或是迅速縮小，嬰兒更能準確預測逐漸消失在遮蔽物後方的移動中物品之再現。

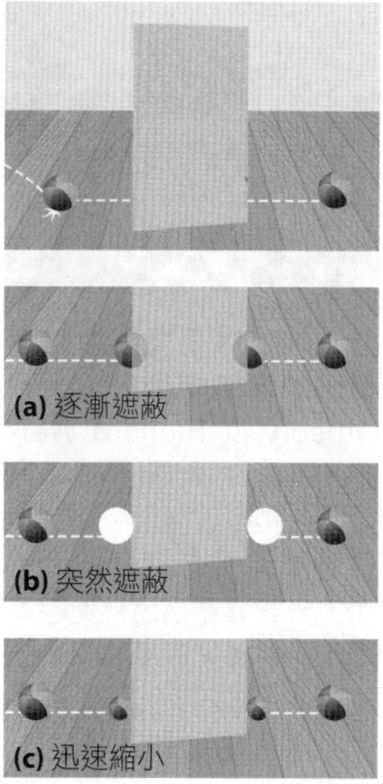

圖 4.19　嬰兒預測被簡易遮蔽移動中小球的追蹤路徑。首張照片顯示，嬰兒所體驗的視覺情境。在每一個實驗的開始，一個彩色的小球會上下彈跳並伴隨彈跳聲，接著會滾向地板，並會消失在一塊板子之後。(a)、(b) 及 (c) 圖會顯示 5 到 9 個月大的嬰兒所體驗的視覺情境：(a) 逐漸遮蔽——小球會往右邊漸漸消失在畫面中心的板子後方。(b) 突然遮蔽——當小球抵達白色圓形的位置時會突然消失，接著在 2 秒之後會再次出現在板子另一側的第二個白色圓形位置。(c) 迅速縮小——當小球接近板子時，所看到滾動中小球的大小會快速變小，並且再次出現在板子另一側時會增加起大小。

(五) 深度知覺

嬰兒能夠感知深度嗎？為了探討這個問題，Eleanor Gibson 和 Richard Walk 於 1960 年在他們的研究室建構一個微型懸崖，並用玻璃涵蓋在上方。他們將嬰兒放置在這個視覺懸崖的邊緣，並且讓母親哄他們爬到玻璃上 (見圖 4.20)。大部分的嬰兒並不會爬到玻璃上，而是選擇待在崖邊，這樣的表現指出他們是能夠感知深度的。

最近一項文獻回顧的研究，Karen Adolph 和她的同事 (Adolph, Kretch, & LoBue, 2014) 描述幾十年來人們一直相信爬行中的嬰兒不會穿越透明玻璃是因為他們懼高，害怕掉下去。然而，並沒有任何研究支持嬰兒懼高的這個觀點。相反地，最近的研究指出，嬰兒爬行 / 行走穿越玻璃懸崖或是沒有這樣做，是因為是否提供知覺環境賦使的訊息 (Kretch & Adolph, 2013a, b)。研究指出，嬰兒的環境賦使會透過增加行為來探索更具挑戰的懸崖 (舉例來說，更深的懸崖)，像是用手拍打玻璃的行為 (Ueno et al., 2011)。

雖然研究人員不能準確知道嬰兒多早開始感知深度，但可以知道嬰兒在大約 3 到 4 個月大時就已經發展用眼睛探索深度的能力。

四、其他感覺

除了視覺以外，其他的感覺系統也在嬰兒時期同時發展。我們將會探討聽覺、觸覺、痛覺、嗅覺及味覺。

圖 4.20 以視覺懸崖檢測嬰兒的深度知覺。Eleanor Gibson 和 Richard Walk (1960) 發現大部分的嬰兒並不會爬到玻璃上，顯示他們是能夠感知深度的。然而，一些專家指出視覺懸崖比起了解嬰兒深度知覺，更能顯現嬰兒的社會行為參照，以及對高度的恐懼。

(a)

(b)

圖4.21 在子宮內的聽覺。(a) 在懷孕的最後幾個月期間，母親為自己的胎兒朗讀《戴帽子的貓》，(b) 在他們出生後，根據嬰兒吸吮乳頭所產生的行為記錄，與《國王、老鼠和起士》故事相比，嬰兒比較喜歡《戴帽子的貓》。

(一) 聽覺

在懷孕的最後 2 個月，在母親子宮內的胎兒會改變方向以便能夠聽到聲音，像是母親的聲音、音樂及其他的聲音 (Kisilevsky et al., 2009)。兩位心理學家想要找出在母親子宮內的胎兒曾經聽過 Dr. Seuss 的經典故事──《戴帽子的貓》(*The Cat in the Hat*)，出生之後是否也喜歡聽到這個故事 (DeCasper & Spence, 1986)。在懷孕的最後幾個月，16 名母親為自己的胎兒朗讀《戴帽子的貓》。接著在嬰兒出生後不久，母親以不同韻律和節奏朗讀《戴帽子的貓》或是《國王、老鼠和起士》(*The King, the Mice and the Cheese*) (從未在胎兒時期朗讀過的故事)。當母親在朗讀這兩則故事時，嬰兒會用不同的方式吸吮乳頭，顯示嬰兒認得《戴帽子的貓》的音調 (見圖 4.21)。這項研究指出，胎兒不僅可以聽到聲音，而且在出生之前也有學習和記憶的非凡能力。最近一項研究以功能性核磁共振 (fMRI) 評估胎兒的大腦反應，結果證實 33 到 34 週的胎兒能夠對聽覺刺激做出反應 (Jardri et al., 2012)。

另一項研究證實，胎兒能夠認得媽媽的聲音 (Kisilevsky et al., 2003)。收案對象為 60 位胎兒 (平均胎齡為 38.4 週)，給他們聽母親或是陌生女性閱讀的錄音。錄音帶透過放在母親腹部的揚聲器所傳播。胎兒心跳的速率會隨著聽到自己母親的聲音而增加，而對陌生人聲音減少。

在嬰兒時期間聽力會產生什麼樣的變化？聽覺的組成包含聲音的音量 (loudness)、音高 (pitch) 和聲源 (localization)，這三個有關聽覺的向度會在幼兒階段持續的發展。

- 音量 (loudness)：在出生後不久，嬰兒沒有辦法聽到成人能聽到的微弱聲音；對新生兒來說，聽覺的刺激要比成人所聽到的還要大聲 (Trehub et al., 1991)。舉例來說，成人可以聽到 4 到 5 英尺距離所傳來的耳語，但是新生兒需要比正常對話程度還要近的距離才可以聽到。嬰兒在三個月大時，聽覺會有所進步，雖然某些有關於音量的知覺要到 5 到 10 歲才能達到成人的基準 (Trainor & He, 2013)。
- 音高 (Pitch)：嬰兒對於聲音音高的敏感度比成人差。音高為聲音的頻率，一般來說，女人講話的音高較男人高。嬰兒對於低音敏感度較低，比較喜歡聽到高音的聲音 (Aslin, Jusczyk, & Pisoni, 1998)。最近的研究顯示，嬰兒 7 個月大時，同時聽到不同音高聲音時較容易聽到高音 (Marie & Trainor, 2013)。到了 2 歲，嬰兒大幅提升區分不同音高聲音的能力。

- 聲源：新生兒能確定聲音所傳來的大致位置，到了 6 個月大，他們能更熟練的判斷聲音的來源或是定位聲音的起源。他們對於聲音聲源的知覺能力會在出生第二年持續進步 (Bumham & Mattock, 2010)。

雖然嬰兒能夠處理來自不同聲音音量、音高和聲源的訊息，但這些聽力向度的發展會持續到兒童期 (Trainor & He, 2013)。

(二) 觸覺和痛覺

新生兒會對觸覺做出反應嗎？他們會感覺到痛嗎？新生兒對觸覺是會有反應的。當你觸碰他們的臉頰，他們會轉頭；當你觸碰他們的嘴唇，他們會產生吸吮的動作。

新生兒也能夠感受到疼痛 (Ganzewinkel et al., 2014; Rodkey & Pillai Riddell, 2013)。假設你有一個兒子，並且考慮他是否需要割包皮，這個時候對你而言，有關嬰兒疼痛的議題將會變得非常重要。割包皮通常大約是在男孩出生後的第三天。你會讓出生才 3 天的兒子經歷割包皮的疼痛嗎？ Megan Gunnar 和他同事在 1987 年的一項調查發現，新生兒男嬰在割包皮時會強烈哭泣，接受割包皮的男嬰也展現驚人的復原力。手術後幾分鐘，他們就可以接受母親的哺乳，並有正常的互動。而且，如果允許的話，手術後的新生兒就會熟睡，這也被視為可行的因應機制。

多年來，醫生在進行新生兒手術時是不麻醉的。這樣的作法是因為麻醉的危險性，並且假設新生兒不會感到疼痛。正如過去研究人員所探討有關嬰兒疼痛的議題，進行手術的新生兒不接受麻醉的做法是備受挑戰的。現在一些割包皮的手術是有使用麻醉的 (Morris et al., 2012)。

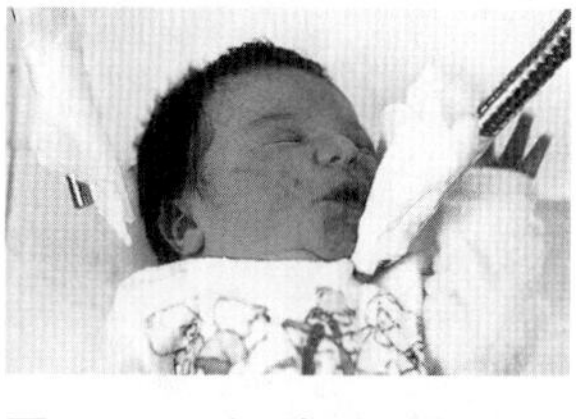

圖 4.22 新生兒偏好自己母親氣味的胸墊。根據 MacFarlane 在 1975 年的研究，出生後 6 天的新生兒比較喜歡自己母親的胸墊，而不是乾淨沒有使用過的胸墊，但出生 2 天後的新生兒就沒有這樣的偏好。這樣的表現顯示他們需要歷經數天後才能辨識氣味，有氣味的偏好。

(三) 嗅覺

新生兒可以分辨不同的氣味 (Doty & Shah, 2008)。他們臉上的表情似乎可以顯示他們喜歡香草及草莓的香味，且不喜歡臭雞蛋和魚腥味 (Steiner, 1979)。在一項研究中，出生 6 天大的嬰兒在哺乳時清楚展現他們對氣味的偏好，他們比較喜歡自己母親的胸墊，而不是乾淨的胸墊 (MacFarlane, 1975)(見圖 4.22)。但是當他們在出生 2 天大時，並沒有這種偏好，這樣的表現指出他們需要歷經數天才能認識這種氣味。

(四) 味覺

味覺敏感度的展現甚至可追溯到出生前 (Doty & Shah, 2008)。人類新生兒在生產之前透過羊水和出生後透過母乳學習味覺 (Beauchamp & Mennella, 2009)。在一項研究中，即使是出生僅 2 小時的嬰兒，當他們在品嚐甜味、酸味和苦味的溶液時，也能透過表情來分辨其差異 (Rosenstein & Oster, 1988)。大約 4 個月大時，嬰兒開始喜歡鹹的口味，此時也開始發現他們厭惡的口味 (Doty & Shah, 2008)。

五、知覺統合

想像你正在打籃球或是網球。你可能有許多視覺刺激的輸入：球會朝著你來或離你而去，其他的球員會在身旁走動等。同時，你可能也會有許多聽覺刺激的輸入：球的彈跳聲或拍打的聲音，或是其他球員的喊叫聲或嘆息聲等。這裡有許多關於視覺和聽覺對應的訊息：當你看到球反彈時，就會聽到彈跳聲；當球員伸展身體擊中球時，你會聽到他的喊叫聲。當你看到或是聽到正在發生的事情時，你不僅會有聽到聲音或是看到景象——你會將這些事情結合在一起，視之為同一個事件。這就是**知覺統合**，其中包括從 2 種或更多的感覺訊息整合，例如視覺和聽覺 (Bremner et al., 2012)。大部分的知覺是相互整合的 (Bahrick, 2010)。

在早期階段，即使是新生兒也存在對知覺統合的探索 (Bahrick & Hollich, 2008)。舉例來說，新生兒會將他們的頭和眼睛轉向說話的聲音或是嘎嘎聲，即使這個聲音只維持數秒 (Clifton et al., 1981)，但是新生兒只能辨別單一聲音來源，以及用粗略的方式觀看一個物品 (Bechtold, Bushnell, & Salapatek, 1979)。這些早期知覺統合的形式會根據出生後第一年的經驗變得激化 (Kirkham et al., 2012)。在一項研究中，3 個月大的嬰兒若同時聽見母親和父親的聲音，嬰兒會比較專注於注視母親，並且注視母親的時間會比較長 (Spelke & Owsley, 1979)。因此，即使是嬰幼兒還是能夠協調視覺和聽覺的訊息。

知覺統合 (intermodal perception)
將兩種或更多的感覺訊息整合，例如視覺和聽覺。

嬰兒是否可以跟成人一樣精確地結合視覺和聽覺的訊息？6 個月大時，嬰兒有困難連結不同模式感覺訊息的輸入，但是在 1 歲半時，他們顯示出此項連結能力的進步。

六、先天、後天與知覺發展

到目前為止，我們已討論許多有關知覺發展的各個面向，讓我們探索發展心理學與知覺發展的關鍵問題：先天與後天的議題。嬰兒知覺受先天或後天因素所影響？這是長久以來被討論的議題 (Johnson, 2011, 2013; Johnson & Hannon, 2015; Slater et al., 2011)。在知覺發展領域，支持先天因素的倡導者被稱為先天論 (nativists)，而強調學習和經驗的則稱之為經驗論 (empiricists)。

以先天論的觀點，以有組織有能力的方式感知世界是先天的。討論知覺發展時，我們探討有關 Gibsons 的生態觀點，此觀點在認知發展扮演舉足輕重的角色。Gibsons 的生態觀點傾向知覺發展為先天論，因為此觀點認為知覺是直接並隨著時間演化，像是在嬰兒早期時，隨著發展而能夠感知到大小和形狀的恆定性、3D 的立體世界、知覺統合及其他能力。然而，Gibsons 的觀點並非完全排除了後天論，因為他們強調知覺發展在不同年齡有不同的鮮明特質 (Slater et al., 2011)。

Gibsons 的生態觀點在解釋知覺發展，與 Piaget 根據經驗法則的建構觀點完全不同。根據 Piaget 的觀點，嬰兒大部分的知覺發展必須等待認知階段的順序，以建構更複雜的知覺任務。因此在 Piaget 的觀點中感知大小和形狀的恆定性、3D 的立體世界、知覺統合，以及其他能力的發展，會比 Gibsons 所認為的還要晚。

Daphne Maurer 和她同事的一項縱貫研究 (Lewis & Maurer, 2005, 2009; Maurer & Lewis, 2013; Maurer et al., 1999) 以患有白內障的出生嬰兒作為調查對象——白內障是眼睛的水晶體 (lens) 變厚，導致視力混濁、不透明及扭曲，因而嚴重影響嬰兒體驗視覺世界。研究中這些患有白內障的嬰兒在發展中的不同階段進行白內障手術，研究發現，患有白內障的嬰兒若在出生後的幾個月進行水晶體置換手術，其後有正常模式的視覺發展。然而，越晚進行白內障手術的嬰兒，他們的視覺發展越差。在這項研究中，Maurer 與她的同事在 2007 年發現嬰兒提早體驗視覺刺激輸入，對日後能處理臉部訊息是很重要的。Maurer 的研究計畫說明視覺的剝奪和經驗對於視覺發展會有重大影響，包括在嬰兒早期關鍵階段提供視覺刺激輸入，對正常視覺發展是必要的 (Maurer & Lewis, 2013)。

在嬰兒的知覺發展上，「先天」和「後天」扮演什麼樣的角色？

大部分早期的知覺發展是與生俱來 (先天) 的基礎，並且許多知覺能力的基礎在新生兒即可檢測到，然而其他的能力卻不能成熟地展現 (Bomstein, Arterberry, & Mash, 2011)。但是，當嬰兒開始發展，嬰兒並不像看起來那般地無助，他們有能力能夠做出複雜和重要的行為。
——Herb Pick
明尼蘇達大學的發展心理師

環境中所提供的經驗(後天)重新或是校正了許多知覺能力，使他們能夠驅動某些能力 (Amso & Johnson, 2010)。在知覺世界中所累積的經驗和知識，有助於嬰兒處理人和事的知覺一致性 (Johnson, 2013; Johnson & Hannon, 2015)。因此，知覺發展的完整構像可能會受到包括先天、後天及訊息敏感度發展的影響 (Arterberry, 2008)。

七、知覺-動作聯結

當我們來到本章節的最後，回到「知覺 - 動作聯結」這個重要的主題。區分知覺和行為已是心理學長久以來的傳統。然而，有些研究知覺和動作發展的專家對於這樣的區分是否有意義提出疑義 (Adolph & Robinson, 2013; Thelen & Smith, 2006)。Esther Thelen 的動態系統又是探討人們如何組成動作行為，以用來感知和行動。Eleanor 和 James J. Gibson 生態理論的主要觀念為知覺如何引導行為。行為可以引導知覺，並且知覺也能引導行為。只有藉由移動個體的眼睛、頭部、手以及手臂，和移動到另外一個位置，個體才能完全體驗他 / 她的環境，並且學習如何適應這一切。所以知覺和動作是聯結的 (Keen, Lee & Adolph, 2014)。

舉例來說，嬰兒不斷地透過知覺訊息協調他們的動作，或學習如何保持平衡、在空間中用手摸物品，以及在不同的表面和地形移動 (Ishak, Franchak, & Adolph, 2014; Thelen & Smith, 2006)。他們透過所接受到訊息而有動機地移動。像是透過視線看到房間有一個吸引人的玩具，在這個情境中，嬰兒必須感知目前身體的狀況，並且學習如何用他們的肢體與玩具做出反應。雖然他們的動作一開始可能很笨拙和不協調，但嬰兒很快就學會選擇適合的模式，以達到他們的目的。

知覺 - 動作聯結另一個重要的部分為動作教育 (educates) (Adolph & Robinson, 2013)。舉例來說，嬰兒觀看一樣物品時，同時以手探索是有助於嬰兒區辨物品的材質、大小和硬度。在環境中的行為能指導嬰兒透過不同的角度來認識物品和人的長相，或是知道各種不同的表面是否能夠支撐他們的體重。

在孩子的發展上，知覺和動作要如何做聯結呢？

嬰兒如何發展新的知覺 - 動作聯結呢？讓我們回憶稍早在本章所討論的 Gesell 傳統觀點，嬰兒的知覺 - 動作發展受遺傳基因所影響，在發展的階段中隨著固定順序進展。基因決定的觀點已經被動態系統觀點所替換，嬰兒為了接受知覺訊息和執行動作，會藉由組織各種技巧學習新的知覺 - 動作聯結。新的知覺 - 動作聯結不是被動完成，相反地，嬰兒會主動發展技巧以達到目標來克服嬰兒身體和環境的限制 (Gerson & Woodward, 2014)。

孩子為了移動而接受知覺訊息，並且為了接受知覺訊息而移動。知覺和動作發展並不會單獨發生，而是聯結一起的。

複習・連結・反思　學習目標三　統整嬰兒時期的感覺及知覺發展

複習重點

- 什麼是感覺及知覺？
- 什麼是知覺的生態觀點？
- 嬰兒的視知覺如何發展？
- 嬰兒的聽覺、觸覺和痛覺、嗅覺及味覺如何發展？
- 什麼是知覺統合？
- 先天、後天在知覺發展上扮演什麼角色？
- 知覺 - 動作發展如何產生聯結？

連結

- 知覺 - 動作聯結在上一節及本節中皆被討論，試描述此概念如何與先天和後天之概念結合。

反思個人的人生旅程

- 你會提供多少的感覺刺激給自己的寶寶呢？很少還是很多？你會提供過度的刺激給你的寶寶嗎？試解釋之。

與前瞻主題連結

在下一個章節中，你將會讀到嬰兒認知功能發展的顯著變化，並且了解嬰兒多快能夠完整處理有關他們世界的訊息。嬰兒認知發展的進展，並且結合本章所提到的大腦和知覺 - 動作的進步，讓嬰兒在環境適應上更有效率。在第 7 章中，我們將會更進一步探討兒童期早期 (3 到 5 歲) 階段，孩子在生理發展的進展。年幼孩童的生理發展會不斷地變化，並且在兒童早期更加協調，雖然其體重和身高並不會像嬰兒時期一樣有劇烈地變化。

達成本章學習目標

嬰兒時期的生理發展

壹、嬰兒時期的生理發育及發展

學習目標一　探討嬰兒時期的生理發育及發展

- **成長的模式**：「從頭到腳」模式 (cephalocaudal pattern) 的成長順序從頂端開始到底部，而「從軀幹到四肢」模式 (proximodistal pattern) 的成長順序為以身體中心開始成長，再移向四肢。
- **身高和體重**：北美新生兒平均身高為 20 英寸，體重為 7 磅。嬰兒在一歲前平均每月會增加一英寸，而在一歲生日時，其體重已經快接近出生時的三倍。在生命的第二年開始，嬰兒的成長會漸趨緩慢。

- **大腦**：在出生後的前兩年，大腦其中一個劇烈的變化就是樹突的擴展，此現象增加神經元之間的連結。髓鞘化 (myelination) 加快神經傳導的速度，在嬰兒時期，甚至一直到進入青春期皆持續進行。大腦皮質區分為兩個半球 (左、右大腦半球)。大腦的側化 (lateralization) 為大腦半球皮質區發展出特定的功能。早期的經驗於大腦發展過程中扮演重要的角色，因為神經的連結在嬰兒早期就已形成。出生前，基因主要控管各神經元的職責。出生後，視覺、聽覺、嗅覺、觸覺、語言及眼神接觸，協助塑造大腦的神經連結，而這些感覺刺激來自於照顧者或是其他人。神經建構觀 (neuroconstructivist) 為針對大腦發展日益盛行之觀點。
- **睡眠**：典型的新生兒一天的睡眠時間將近 18 個小時。到了 6 個月大，許多美國嬰兒會類似成人有 REM 睡眠，表示那時候正在做夢，而這樣的情形比起兒童時期和青少年時期，更常出現在嬰兒早期階段。有關新生兒的睡眠，不同文化有所差異。與其他許多文化相比，嬰兒在美國較有可能獨自一人睡覺。一些專家認為床鋪共享會造成嬰兒猝死症 (sudden infant death syndrome, SIDS)，此疾病為嬰兒無任何明顯原因發生呼吸終止而突然死亡的狀況。
- **營養**：嬰兒每天每磅需要攝取將近 50 卡路里的熱量。越來越多的共識認為，多數的情況下，母乳的哺養對於嬰兒和母親會優於以奶瓶哺養，雖然仍須考慮許多研究相關性。世界各地仍有許多嬰兒營養不良。從母乳斷奶初期造成的營養來源不足，以及以不合適和不衛生的奶瓶哺養配方奶，都是未開發國家重要的議題。WIC (為 Women, Infants, and Children 的縮寫) 為解決低收入家庭營養不良的計畫。

貳、動作發展

學習目標二　描述嬰兒時期的動作發展

- **動態系統觀**：Thelen 的動態系統理論解釋為了接受知覺訊息及執行動作，要如何組裝動作行為。知覺感受和行為反應是相互連結的。根據這個理論，動作技巧為匯集許多因素所得到之結果，例如神經系統的發展、身體機能的發展及動作的可能性。為了拿到物品的動機，以及環境兩者共同支持孩子動作技巧的產生。以動態系統的觀點，動作發展遠比只是基因的結果還要複雜。
- **反射**：反射為自發的動作，控管嬰兒的動作。包括吸吮反射 (sucking reflex)、尋根反射 (rooting reflex) 及驚嚇反射 (Moro reflex)。尋根反射和驚嚇反射在出生 3 到 4 個月後會消失。反射是嬰兒內置的機制，是一種對刺激所做的反應；反射控管了嬰兒的動作，這些動作是自發的，而且不受個體控制。永久的反射包括咳嗽和眨眼。對嬰兒來說，吸吮反射特別重要，因為它提供主要營養的來源。
- **粗大動作技巧**：粗大動作技巧包含大肌肉活動。嬰兒時期關鍵的技巧發展包含姿勢的控制和走路。雖然嬰兒大約在 1 歲的時候學習走路，但根據神經傳導路徑是能在更早之前開始走路。不同嬰兒達到粗大動作發展里程碑的時間，可能會有多達 2 到 4 個月的時間差，特別是在嬰兒晚期的發展里程碑。
- **精細動作技巧**：動作技巧包含更多精細調節的動作。伸手及物 (reaching) 和抓握動作的開始是重要的發展成就，並且在 1 到 2 歲階段，這些技巧變得更為精進。

參、感覺及知覺發展

學習目標三　統整嬰兒時期的感覺及知覺發展

- **了解什麼是感覺及知覺**：當訊息刺激與感覺受器互動時會有感覺。知覺則是感覺的詮釋。

- **生態觀點**：由 Gibsons 提出，生態觀點指出我們直接從存在的世界中感知訊息。知覺能讓人們接觸環境並與之互動以適應環境。環境賦使 (affordances) 提供物品與環境中的物品有互動的機會，並且以相符的能力來執行活動。
- **視知覺**：研究人員發展許多方法評估嬰兒的知覺，包含視覺偏好法 (Fantz 用此方法確定年幼嬰兒在看有形狀、無形狀圖像的偏好)，習慣和去習慣化，以及追視能力。嬰兒在出生後的第一年會有顯著的進步，並且顏色知覺也會隨著發展而有進展。嬰幼兒可以系統地掃描人類臉孔。大約在 3 個月大，嬰兒具有大小恆定和形狀恆定的能力。大約在 2 個月大，嬰兒開始發展物品完形的能力。在 Gibson 和 Walk 的經典研究指出，嬰兒在 6 個月大的時候是可以察覺深度的。
- **其他感覺**：胎兒能夠在懷孕的最後 2 個月聽到聲音。在出生後不久，新生兒就能夠聽到聲音，但是其感覺閾值高於成人。在嬰兒時期階段，音量、音高和聲源的知覺也會隨著發展改變。新生兒能對觸覺做出反應，並能感受到疼痛。新生兒可以分辨不同的氣味，並對出生前的味覺能有敏感性。
- **知覺統合**：早期探索關於知覺統合的形式，像是將兩種或是更多感覺媒介的訊息做連結與整合的能力，而新生兒就有此能力，並且在人生的第一年變得活躍。
- **先天、後天與知覺發展**：在知覺發展領域，支持先天因素的倡導者被稱為先天論 (nativists)，而那些強調學習和經驗的則稱之為經驗論 (empiricists)。Gibsons 的生態觀點傾向解釋知覺發展為先天論，但先天論仍然允許知覺發展上鮮明特色。根據 Piaget 的觀點，嬰兒大部分的知覺發展必須等待認知階段發展的順序，以建構更複雜的知覺任務。但強勢的經驗論沒有辦法完全解釋發展的過程。完整的知覺發展包括先天、後天角色和訊息發展的敏感性。
- **知覺 - 動作聯結**：知覺和動作的發展並不會單獨發生，而是相聯結的。個人會為了移動而接受知覺訊息，或為了接受知覺訊息而移動。

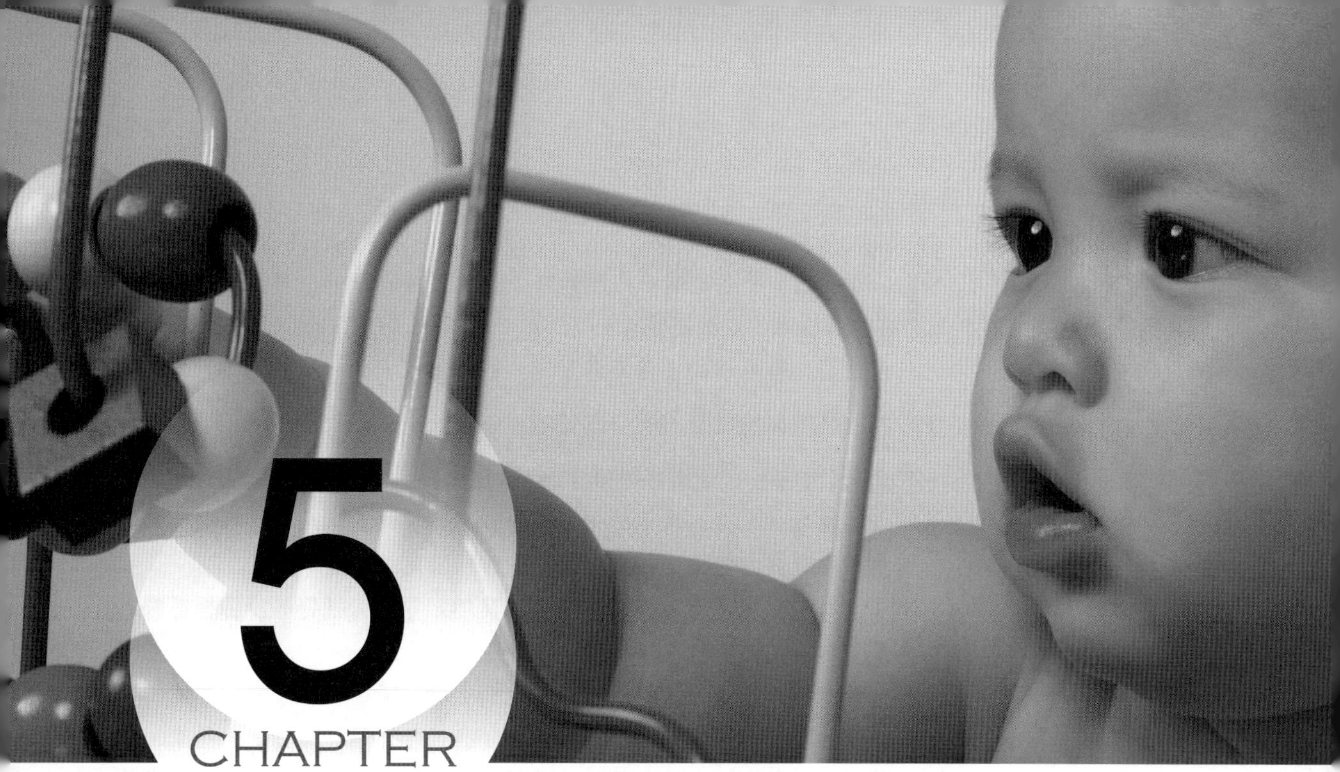

5 CHAPTER

嬰兒的認知發展

學習目標

1

壹、Piaget 的嬰兒發展理論

學習目標一　概述與評估 Piaget 的嬰兒發展理論
包括：認知過程、感覺動作階段，以及評估 Piaget 的感覺動作階段

2

貳、學習、記憶與概念化

學習目標二　描述嬰兒如何學習、記憶與概念化
包括：制約、注意、記憶、模仿、概念的形成和分類

3

參、語言發展

學習目標三　描述語言的性質，以及如何在嬰兒時期發展
包括：語言的定義、語言規則系統、語言的發展、生物和環境的影響，以及互動論的觀點

Jean Piaget，著名的瑞士心理學家，是他三個孩子——勞倫特、露西安娜及賈桂琳的細緻觀察者。

他的認知發展學的書籍充滿了這些觀察，以下是一些 Piaget 對他的孩子在嬰兒時期的觀察 (Piaget, 1952)：

- 在 21 天大時，「勞倫特開始會長時間吸吮他的拇指，這是他在三次嘗試之後發現的。有一次他的手放在背後，即使他的嘴正在尋找它們，但是他不知道該如何協調手臂與嘴的動作，以及縮回雙手」(p. 27)。
- 在 3 個月時，因為新的視覺和聽覺的興趣，尋找拇指對勞倫特變得較不重要了。
- 在露西安娜 4 個月大快結束時，當她躺在嬰兒床，我拿了一個洋娃娃在她雙腳的上方，露西安娜用力推她的雙腳以使洋娃娃移動。「後來，她看著不動的雙腳一會兒，然後又重新開始。但當她只看著洋娃娃，或是我將洋娃娃放在她的頭的上方時，由於少了視覺控制，這樣的移動對於她的雙腳並沒有作用。另一方面，雙腳的觸覺控制是很明顯的：在第一次的抖動後，露西安娜讓雙腳的運動慢了下來，就好像要抓住及探索什麼似的」(p. 159)。
- 在 11 個月時，「賈桂琳坐著並搖動一個小鈴鐺。然後她突然停頓，為了準確地將小鈴鐺放置在她的右腳前；然後她用力踢。由於無法拿回小鈴鐺，於是她抓住一顆球放在同一個位置，以便再踢一次」(p. 225)。
- 在 1 歲 2 個月時，「賈桂琳用手握住一個對她而言是個新的物體：一個原扁形狀的盒子，她竭盡全力地翻轉它、搖晃及摩擦搖籃⋯她放掉又試著撿起。但是她只能成功地用食指觸摸它，卻無法抓起它。儘管如此，她仍嘗試按住邊緣，結果盒子再次傾斜及掉落」(p. 273)。賈桂琳對這結果感到興趣，並研究著這個掉落的盒子。

Piaget 這些發現反映出嬰兒認知發展的重要改變。他主張嬰兒藉由一系列的嘗試與練習可在短短不到兩年內獲得進展。

預習

Piaget 對嬰兒的描述是我們探索認知發展的起始點。對於嬰兒到底知道什麼的興趣助長了有關嬰兒認知研究的興奮和熱忱，藉由持續探索有關嬰兒認知發展的先天和後天學習因素、如何建構他們的知識 (Piaget 的觀點)，或了解他們的世界，可以一窺嬰兒認知發展領域令人著迷之處。在本章中，你將不僅學習到 Piaget 的嬰兒認知發展理論，也會認識到嬰兒如何學習、記憶、概念化，以及他們個別化的學習差異，並探索他們語言的發展。

壹 Piaget 的嬰兒發展理論

學習目標一 概述與評估 Piaget 的嬰兒發展理論

認知過程 | 感覺動作階段 | 評估 Piaget 的感覺動作階段

> 我們與生俱來有學習的能力。
>
> ——Jean-Jacques Rousseau
>
> 18 世紀瑞士裔法國思想家

詩人 Nora Perry 問道：「誰知道兒童的想法？」Piaget 知道。經由仔細觀察他的三個孩子——勞倫特、露西安娜及賈桂琳加上對其他兒童的觀察和採訪，Piaget 改變了人們對兒童思考周圍世界方式的看法。

Piaget 的理論是一個生物學和經驗如何塑造認知發展的概括性故事。Piaget 認為，正如我們的身體有使自己能夠適應世界的結構，也有已建立的心理結構幫助我們適應新的環境要求。Piaget 強調兒童會主動建構自己認知的世界；來自環境的訊息不只是注入到他們的腦中，他們還會主動建構。

一、認知過程

兒童建構他們對世界的知識的流程為何？Piaget 發展了幾個概念回應這個問題；特別重要的是基模、同化與調適、組織、平衡與發展階段。

(一) 基模

Piaget (1954) 指出，當嬰兒試圖建構對周圍世界的理解，即是發育中的大腦在創造**基模**，行為或心理表徵架構了對周圍世界的認知。在 Piaget 的理論中，行為基模 (身體活動) 為嬰兒時期的特點，而心理基模 (認知活動) 則是在兒童期發展 (Lamd, Borenstien, & Teti, 2002)。嬰兒的基模藉由簡單的動作來建構的，如吸吮、尋找及抓取，年齡較長的兒童的基模包括解決問題的策略及計畫。舉例來說，在本章一開始的描述，勞倫特展現了吸吮基模；賈桂琳展現解決問題基模，她可以在不遺失自己手上拿著的葉片下打開門。當我們達到了成年期時，會建構大量多樣的基模，範圍從開車到平衡預算到了解公平的概念等都是。

基模 (schemes)
在 Piaget 的理論中，行為或心理表徵架構了對周圍世界的認知。

同化 (assimilation)
Piaget 的概念是使用已存在的基模去處理新的資訊或經驗。

(二) 同化與調適

在解釋兒童如何使用與適應他們的基模時，Piaget 提出兩個概念：

同化與調適。**同化**發生在當兒童使用已經存在的基模去處理新的資訊或經驗。**調適**則發生在兒童會將新的資訊與經驗納入，以調整他們的基模。

想想一個 3 至 4 歲的幼兒學會用汽車這個字去定義家庭車輛。3 至 4 歲的幼兒也許會將所有在路上移動的車輛都稱為「汽車」，包含機車與卡車；他們會用自己已存在的基模去同化這些物體。但是他們很快就會學習分辨機車與卡車並非汽車，並調整基模以微調分類來排除機車與卡車。

即使是新生兒也會運用同化與調適。例如剛出生的嬰兒本能地會吸吮嘴巴可以碰觸的一切東西；他們會同化所有類型的物體到他們的吸吮基模中。藉由吸吮不同的物體，來了解這些物體的的味道、質地、形狀等。經過幾過月的經驗後，他們對周圍世界的理解不再相同，知道某些物體，例如手指與母親的乳房可以吸吮，但毛毯就不可以吸吮。換句話說，他們在調整自己的吸吮基模。

(三) 組織

Piaget 說，兒童會認知到組織他們的經驗能使得他們周圍的世界變得有意義。在 Piaget 的理論中，**組織**是將分離的行為和思想組合在一個高階系統中，而組織的不斷精緻化是發展的一部分。一個對如何使用榔頭只有模糊概念的男孩，也許對於如何使用其他工具也只有模糊概念。在學習如何使用每一項工具後，他會組織自己的知識，而發現這些用途的相關性。

(四) 平衡與發展階段

根據 Piaget 的理論，同化與調適永遠會讓兒童進展到一個更高的境地。在試著了解周圍世界時，兒童難免經歷認知衝突或失衡；亦即在經常面對與他們已存基模的反例或不一致的地方時會有衝突。舉例來說，假如兒童相信從短而寬的容器將水倒入一個又高又窄的容器會改變水的容量，則兒童也許會困惑這「額外」水從哪裡來？以及是否確實有更多的水？這種困惑導致失衡；對 Piaget 來說，內在尋求平衡創造了改變的動力。兒童同化與調適，調整舊的基模，發展新的基模，以及組織與重組新舊基模。最後，新的組織從根本上會變得與舊基模不同；這是一個新的思考方式。

簡而言之，根據 Piaget 的理論，兒童會不斷地同化與調適，因為他們在尋求**平衡**。這在認知平衡與不平衡的階段之間是相當大的變

調適 (accommodation)
Piaget 的概念是調整基模去適應新的資訊或經驗。

組織 (organization)
Piaget 的概念是將分離的行為和思想組合在一個高階系統中，使認知系統運作得更順暢。

平衡 (equilibration)
Piaget 的解釋是小孩從一個階段轉移到下一個階段的機制。

遷，因為同化與調適的運作達一致性時會產生認知的改變。平衡是 Piaget 對兒童從一個階段轉移到下一個階段的機制。

根據 Piaget 的理論，這些過程是每個人會經歷 4 個發展階段。不同理解周圍世界的方式導致一個階段更優於另一個。認知在不同階段是質的改變；換句話說，兒童在每個階段的理解方式都不同。這裡我們專注在 Piaget 的嬰兒認知發展階段，而在這之後的章節，當我們學習到兒童早期、兒童中期 (5 至 7 歲)、兒童晚期 (7 至 12 歲) 與青春期的認知發展 (第 7、9 與 11 章) 時，會再探討 Piaget 理論的最後三個階段。

發展連結—認知理論
回想 Piaget 認知發展 4 個階段的特徵。(第 1 章)

二、感覺動作階段

感覺動作階段是從出生持續到 2 歲，嬰兒在這個階段透過協調感覺經驗 (例如看或聽) 與身體的肌肉運動，來建構對世界的理解 (如看到和聽到的東西是他對世界的理解)。因此稱為「感覺動作」。這個階段一開始，新生兒只會為數不多的反射性動作，到本階段結束時，2 歲大時開始出現複雜的感覺動作模式，以及運用原始符號。我們首先將摘要說明 Piaget 的嬰兒認知發展，後面再從研究批判他的觀點。

發展連結—認知理論
什麼是幼兒表徵性思考的一些變化？(第 7 章)

感覺動作階段 (sensorimotor stage)
Piaget 的第一個階段，是從出生持續到 2 歲，在這個階段，嬰兒透過協調感覺經驗 (例如看或聽) 與身體的肌肉運動，來建構對世界的理解。

(一) 子階段

Piaget 將感覺動作階段又分為 6 個子階段：(1) 簡單反射階段；(2) 第一習慣和初級循環反應階段；(3) 次級循環反應階段；(4) 次級循環反應的協調階段；(5) 三級循環反應階段、新穎性和好奇心；(6) 基模的內化 (見圖 5.1)。

簡單反射階段，是第一個感覺動作期的子階段，相當於出生到第 1 個月。在這個階段，感覺和行為主要是透過反射行為來協調，例如覓乳、吸吮。不久，在一般刺激的反射動作下，嬰兒會產生類似於反射行為。舉例來說，只有當乳頭或奶瓶直接放置在嬰兒的嘴巴或觸碰到嘴唇時，新生兒才會吸吮。但是很快地，只要乳頭或奶瓶在附近，嬰兒也會開始尋找吸吮。即使在第 1 個月，嬰兒會開始用動作和活動建構經驗。

簡單反射階段 (simple reflexes)
是第一個感覺動作期的子階段，相當於出生到第 1 個月。在這個階段，感覺和行為主要是透過反射行為來協調。

第一習慣和初級循環反應階段是第二個感覺動作期的子階段，發展期介於 1~4 個月。在這個階段，嬰兒會協調感覺和兩種類型的基模：第一習慣和初級循環反應。*習慣*是與引發的刺激完全獨立出來的基模。舉例來說，嬰兒在第二子階段時即使在無奶瓶存在依舊會吸吮。*循環反應*是指一個重複的動作。

第一習慣和初級循環反應階段 (first habits and primary circular reactions)
是第二個感覺動作期的子階段，發展期介於 1~4 個月。在這個階段，嬰兒會協調感覺和兩種類型的基模：第一習慣和初級循環反應。

初級循環反應 (primary circular reaction)
一個嘗試重複最初偶然發生的事件的基模。

子階段	年齡	描述	舉例
簡單反射階段	0~1 個月大	透過先天的反射行為來協調感覺和行為。	覓乳反射、吸吮反射、抓握反射；新生兒會用嘴來吸吮物體。
第一習慣和初級循環反應階段	1~4 個月	協調感覺和兩種類型的基模：習慣(反射) 和初級循環反應(重複最初是偶然發生的事件)。反應的主要焦點仍集中於嬰兒自身的身體。	重複身體首次偶然經歷的感覺 (例如吸吮手指)；然後嬰兒也許會透過吸吮手指與吸吮乳頭的不同而調整行為。
次級循環反應階段	4~8 個月	嬰兒的關注對象從集中於自身轉移到更為關注於物體；他們會重複那些帶來有趣的或令人愉快的結果的行為。	嬰兒發出哭叫聲讓人待在他的附近；當那個人正要離開時，嬰兒又會再次發出哭叫聲。
次級循環反應的協調階段	8~12 個月	視覺和觸覺的協調——手眼協調；基模與意向的協調。	嬰兒會操控一根棒子以便將一個觸手可及的有吸引力玩具帶到身邊。
三級循環反應階段、新穎性和好奇心	12~18 個月	嬰兒變得對物體的許多屬性，以及他們可以對物體做很多事情，而感到好奇；他們嘗試新的行為。	可以使一塊積木掉落、旋轉、撞擊另一個物體，以及滑行過地面。
基模的內化	18~24 個月	嬰兒發展了使用原始符號，形成持久心理表象的能力。	嬰兒從未在看過玩伴發脾氣以前發過脾氣；嬰兒會保留事件的記憶，然後在第二天丟出一個新的。

圖 5.1　感覺動作發展階段的 6 個子階段

次級循環反應階段 (secondary circular reaction)
第三個感覺動作期的子階段，發展期介於 4~8 個月。在這個階段，嬰兒的關注對象從集中於自身轉移到更為關注於物體。

次級循環反應的協調階段 (coordination of secondary circular reaction)
第四個感覺動作期的子階段，發展期介於 8~12 個月。行動變得更加直接向外，以及嬰兒有意向地協調基模和行為。

初級循環反應是嘗試重複最初偶然發生的事件。舉例來說，假設嬰兒偶然吸吮到他的手指因為正靠近自己的嘴邊，之後，他在尋找自己的手指想要再次吸吮它們，但是手指並未配合出現，因為嬰兒還無法協調他的視覺與手部動作。

習慣和循環反應階段是刻板的，因為嬰兒每次都是用同樣的方式重複它們。在這個階段中，嬰兒的身體仍然是關注的焦點，沒有來自環境事件的外在拉力。

次級循環反應階段是第三個感覺動作期的子階段，發展期介於 4~8 個月。在這個階段中，嬰兒的關注對象從集中於自身轉移到物體。嬰兒的基模非有意識或目標導向的，但是會因為後果而重複。如果嬰兒碰巧在搖晃一個鈴鼓，會因為它的魅力而重複這個動作。次級循環反應階段就是因為結果導致重複的行為。嬰兒也會模仿一些簡單的動作，例如牙牙兒語或咿呀學語般的模仿成人，以及一些肢體語言。然而，嬰兒只模仿他 / 她原本就已經會的動作。

次級循環反應的協調階段是第四個感覺動作期的子階段，發展期介於 8~12 個月。為了進展到這個階段，嬰兒必須會協調他的視覺和觸覺、眼睛與雙手，行動變得更加直接向外。在這個階段中，明顯的改變是涉及有意向地協調基模和行為。嬰兒容易以協調的方式來組合和重組以前學過的基模，他們可能看一個物體同時抓住它，或是可能目視一個玩具，例如奶瓶，並同時指向它，用觸覺探索它，行動變得比之前更加直接向外。與此相關的協調是第二個成就——意向的存在。舉例來說，嬰兒會操控一根棒子以便將一個觸手可及的有吸引力玩具帶到身邊，或可能會打翻一塊積木去碰撞及把玩另一塊積木。同樣地，當 11 個月大的賈桂琳如同章節一開始描述的，在她的腳前放置一個鈴鐺她會去踢它，她就是在展現自己的意向。

17 個月大的嬰兒是處於 Piaget 的三級循環反應階段、新穎性和好奇心階段。在這個階段裡，什麼是他可能做的事？

三級循環反應階段、新穎性和好奇心是第五個感覺動作期的子階段，發展期介於 12~18 個月。在這個階段中，嬰兒變得對物體的許多屬性，以及他們可以對物體做很多事情而感到好奇。可以使一塊積木掉落、旋轉、撞擊另一個物體，以及滑行過地面。三級循環反應階段是嬰兒有意識地探索物體新的可能性，持續做著新的行為並探索結果。Piaget 描述這個階段標記為人類的好奇心和關注新穎性的起點。

三級循環反應階段、新穎性和好奇心 (tertiary circular reaction, novelty, and curiosity)
第五個感覺動作期的子階段，發展期介於 12~18 個月。在這個階段，嬰兒變得對物體的許多屬性，以及他們可以對物體做很多事情，而感到好奇。

基模的內化是第六個感覺動作期的子階段，發展期介於 18~24 個月。在這個階段中，嬰兒發展運用原始符號能力。Piaget 認為符號是表示一個事件的一種內在的感覺圖像或文字。原始符號允許嬰兒考量具體的事件，即使沒有直接行動出來或察覺它們。再者，符號允許嬰兒以簡單的方式操作和轉換所代表的事件。Piaget 所舉的最有趣的一個例子是，他最小的女兒看見一個火柴盒打開和關閉後，她模仿著打開及閉上自己的嘴巴。這是一個明顯表達她對該事件的圖像。

基模的內化 (internalization of schemes)
第六個感覺動作期的子階段，發展期介於 18~24 個月。在這個階段，嬰兒發展運用原始符號能力。

(二) 物體恆存

想像一下當你無法區隔自己與周圍世界時會是如何的混亂與難以預期。根據 Piaget 的說法，這就是為何嬰兒的生活必須穩定重複，因為他們與周圍世界沒有分別，對物體還沒有分開、恆久存在的概念。

在感覺動作階段結束時，會認知物體是自身獨立並恆久存在。**物體恆存**是對物體即使不能看見、聽到或觸摸到，仍繼續存在的理解。根據 Piaget 的理論，嬰兒學到物體恆存的概念是重要的成就之一。

物體恆存 (object permanence)
是對物體即使不能看見、聽到或觸摸到，仍繼續存在的理解。

我們如何知道嬰兒是否有物體恆存的概念呢？主要的方式是藉由觀察嬰兒對於物體消失的反射動作 (圖 5.2)。假如嬰兒在尋找那個物體，則可以假定他們相信物體恆存。

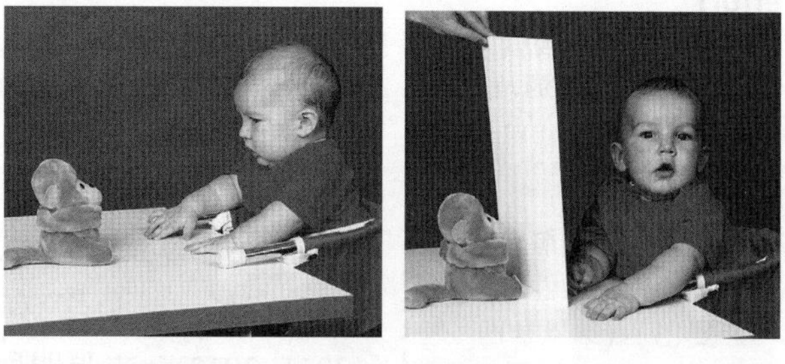

圖 5.2 物體恆存。Piaget 主張物體恆存是嬰兒認知發展上的一個重要里程碑。

物體恆存只是嬰兒發展有關物理世界的其中一個基本概念。根據 Piaget 的說法，兒童，甚至是嬰兒，就像小科學家一樣在審視周圍世界是如何運作。

三、評估 Piaget 的感覺動作階段

Piaget 的觀點開啟一個新的看待嬰兒的方式，即他們主要的任務是透過身體的肌肉運動，以協調他們的感覺經驗。然而，嬰兒的認知世界並非如 Piaget 所描繪的那樣整齊組合好的，還有某些 Piaget 對於變化原因的解釋是存在爭議的。在過去的幾十年，已經有先進的實驗技術來研究嬰兒，以及大量專注在嬰兒發展的調查研究。大多數新的研究建議 Piaget 的感覺動作發展觀點需要被修正 (Baillargeon, 2014; Brook & Meltzoff, 2014; Diamond, 2013; Johnson & Hannon, 2015)，以下從三方面談起：A 而非 B 的錯誤、知覺的發展與期望、先天與後天的議題。

(一) A 而非 B 的錯誤

這是一個對 Piaget 所聲稱「從一個階段到下一個階段的某些進程是至關重要的轉變」的修正，因為研究數據並不完全支持他的解釋。舉例來說，在 Piaget 理論中，進展到第 4 個子階段——次級循環反應的協調階段的重要特徵時，提到嬰兒傾向在熟悉的地方尋找隱藏的物體，而非在一個新的地點。假使一個玩具被藏了兩次，開始在 A 地點，後來在 B 地點，8 至 12 個月大的嬰兒開始會正確地在 A 地點尋找，但是當玩具後來被藏在 B 地點，他們便會犯了繼續在 A 地點尋找的錯誤。**A 而非 B 的錯誤**適用來描述這個常見的錯誤。較大一點的嬰兒因為他們對物體永久性的概念較為完整，而不太可能會犯這種錯誤。

研究者發現 A 而非 B 的錯誤並不會持續展現 (Sophian, 1985)。證據表示，對隱藏在 B 中的物體和嬰兒的嘗試找到它們間的延遲是敏感的 (Diamond, 1985)。因此，A 而非 B 的錯誤也許是由於記憶所導致的錯誤。另一個解釋是嬰兒往往會重複以前的運動行為 (Clearfield et al., 2006)。

A 而非 B 的錯誤 (A-not-B error)
當嬰兒進展到第四個子階段時，傾向在熟悉的地方 (A) 尋找隱藏的物體，而非在一個新的地點 (B)。

發展連結—知覺發展
什麼是幼兒表徵性思考的一些變化？(第 4 章)

(二) 知覺的發展與期望

還有一些學者，如 Eleanor Gibson (2001) 與 Elizabeth Spelke (1991, 2011, 2013)，主張嬰兒的知覺能力在非常早期的階段就高度發展了。

Spelke 總結來說，年齡較小的嬰兒可以解釋周圍的世界是因為具有可預測的事件。舉例來說，在第 4 章，我們討論證明知覺統合的研究—協調來自從兩個或多個感官形式訊息的能力，例如視覺與聽覺的連結，很多研究結果都發現是早於 Piaget 的研究所預測的超過 3 個半月大時 (Spelke & Owsley, 1979)。

研究也指出，嬰兒在非常早期就發展出對周圍世界的理解能力 (Baillargeon, 2014; Huang & Spelke, 2014; Rakison & Lawson, 2013)。舉例來說，在他們 3 個月大時，嬰兒發展出對未來事件的預期。Marshall Haith 與他的同事們 (Canfield & Haith, 1991; Haith, Hazen, & Goodman, 1988) 展示一些照片，是嬰兒在一個普通的交替順序 (例如左、右、左、右) 或不可預測的序列 (例如右、右、左、右)。當序列是可以被預測的，3 個月大的嬰兒會開始預測圖像的位置，看著期望其出現的哪一邊。然而，較年幼的嬰兒還未發展出照片會出現在哪裡的預測能力。

嬰兒形成的預測是什麼樣的？由 Spelke (1991, 2000; Spelke & Hespos, 2001) 的實驗已經解決了這個問題。她將嬰兒放在木偶劇舞台前，向他們展示一系列意想不到的動作，如果你知道物理世界是如何運作的——舉例來說，一個球似乎是滾動穿過一道堅固的屏障，另一個好像跨越兩個平台之間，以及第三個球似乎掛在半空中 (Spelke, 1979)，你會選哪一個？ Spelke 測量及比較嬰兒望著意想不到的和預期行為的時間。她得到的結論是 4 個月大的嬰兒，即使還沒有談論物體的能力、到處移動物體的能力及操控物體的能力，他們還能預期物體是固體和連續性移動的。

然而，4 個月大的嬰兒並不會預期物體是服從萬有引力的限制 (Spelke et al., 1992)。同樣地，Renée Baillargeon 與她的同事們 (Baillargeon, 1995, 2004) 的研究發現，嬰兒在 3 至 4 個月大時會預期物體是實質性的 (在某種意義上是說其他物體不可能移動穿過它們)，和永久的 (在某種意義上是說當物體被隱藏起來依然是存在的)。

總括而言，研究者得到的結論是嬰兒出現物體恆存的能力遠早於 Piaget 的設想。嬰兒看見的物體是有邊界的、單一的、固體的，並從他們的背景知識獨立出來，可能在出生時或其後不久，但肯定是在 3 至 4 個月大的嬰兒就已經具有。較年幼的嬰兒對於物體仍然有很多東西要學，但周圍的世界對他們來說似乎是穩定有序的。

然而，有些批評者，如 Andrew Meltzoff (2008; Meltzoff & Moore,

1998)，主張 Spelke 與 Baillargeon 的研究，憑藉嬰兒注視非預期事件的時間長短來評估嬰兒有關物體會在何時何地再出現的知覺預期，而非開發他們對於當物體從視線中消失時會到哪裡的了解，是有點牽強的。Meltzoff 指出，無論嬰兒的知覺行為對評估物體恆存是否是一個重要的方向，仍難以證明嬰兒能對這些訊息採取行動。因此，Meltzoff (2008) 的結論是，無論更長的注視時間對物體恆存是否為有效的衡量方式，生命最初期嬰兒如何發展物體恆存的概念仍有爭議。

在 6 至 8 個月大時，嬰兒已經學會察覺萬有引力和支撐——即物體掛在桌子的末端應該會落下，當球滾落在長坡道時將移動的比滾落在短坡道更遠，也了解連接到杯子的手柄不會掉落 (Slater, Field & Hernandez-Reif, 2007)。當嬰兒發展對於物體的經驗與行為，是有助於他們理解物理法則 (Johnson, 2013; Johnson & Hammon, 2015)。

(三) 先天與後天的議題

在考慮是先天還是後天在嬰兒發展上扮演更重要的角色時，Elizabeth Spelke (Spelke, 2003, 2011, 2013) 顯然是歸結到先天這一邊，通常被稱為先天論者。Spelke 贊同一個**核心知識方法**，其指出嬰兒出生時就有特定領域的、與生俱來知識系統。在這些特定領域的知識系統中，包含空間、數字概念、物體恆存及語言 (我們將會在本章後面節次中討論這部分)。受進化論的強烈影響，核心知識領域被推論是預先內建好的，以便讓嬰兒覺得他們周圍的世界是有意義的 (Coubart et al., 2014)。歸根究柢，Spelke 的結論是，嬰兒怎麼可能掌握他們生活所在其中複雜的世界？如果他們沒有具備來到這個世界應有的知識核心。在這一研究取向中，內在核心知識領域成為更加成熟的認知能力和學習發展的基礎 (Baillargeon, 2014)。這核心知識方法認為 Piaget 大大低估嬰兒的認知能力，尤其是年幼的嬰兒 (Huang & Spelke, 2014)。

有關於年幼嬰兒的核心知識領域中，他們是否具有數感這個令人好奇的議題上，Spelke 與她同事們的研究結果是持肯定的態度 (Coubart et al., 2014; Hyde & Spelke, 2012)。在本章的【透過研究找出關聯】中，Karen Wynn (1992) 對嬰兒的數感進行了一次初期實驗：他對 5 個月大的嬰兒在木偶劇舞台展示一個或兩個米老鼠玩偶。然後實驗者將娃娃藏到屏幕的後面，並明顯移除或添加了一個。接下來，屏幕掀起後，當他們看到不正確的玩偶數時，嬰兒會注視更久。Spelke 與她同事們 (Coubart et al., 2014; de Hevia & Spelke, 2010; Hyde

發展連結—先天與後天
先天與後天辯論是發展心理學一個的主要議題。(第 1 章)

核心知識方法 (core knowledge approach)
主張嬰兒擁有一些與生俱來的特殊領域知識系統。

& Spelke, 2012; Lipton & Spelke, 2004; Spelke & Kinzler, 2007; Xu, Spelke & Goddard, 2005) 已發現嬰兒可以區分不同數量的物體、動作和聲音。進一步尋找支持嬰兒數感的努力被擴大到評估大腦活動。舉例來說，一個對 3 個月大嬰兒以違反預期法所做的研究，觀察他們無論是在物體的標識或在物體數量上的變化，發現物體類型的變化會活化大腦顳葉的區域，而變化物體數量的改變會活化大腦頂葉的附加區域 (Izard, Dehaene-Lambertz, & Dehaene, 2008)。年齡較大的兒童或成人，數感會活化大腦頂葉的區域，如同在這個研究中 3 個月大的嬰兒被活化的區域。

當然，不是每個人都同意 Spelke 有關年幼嬰兒的數學技能的結論 (Cohen, 2002)。批評之一是這個數字實驗的嬰兒僅僅回應了違反他們預期結果的變動。

近來，研究者也在探討會說話之前的的嬰兒是否可能有一個內建的、與生俱來的道德感。這些研究發現，嬰兒在 4 個月大時似乎較更可能做出視覺引導，如同充當一個輔助者 (例如幫助某人爬上一座小山坡、協助打開一個盒子，或是回球)，而不是阻礙其他人的努力去實現這些目標 (Hamlin, 2013, 2014)。

在批評核心知識方法中，英國發展心理學家 Mark Johnson (2008) 提到 Spelke 與其他核心知識學者所倡導的嬰兒實驗，已積累了數以百計的研究成果，但環境作用在嬰兒的認知發展上還有相當大的空間 (Highfield, 2008)。根據 Johnson (2008)，嬰兒來到這個世界可能伴隨著小的偏差來察覺和注意環境的不同方面，並以特殊方式了解周圍的世界。一個主要的批評是，先天論者完全忽視了嬰兒沉浸在周圍的社會世界，而是只注重扣除環境影響下的嬰兒的腦袋裡會發生什麼 (Nelson, 2013)。

雖然關於嬰兒認知發展的原因與歷程仍有爭論，但是今天大多數發展主義者都贊成 Piaget 低估了嬰兒早期的認知成就，且同意嬰兒的認知發展都涉及先天和後天兩者因素。

(四) 結論

總之，許多研究者的結論是 Piaget 關於嬰兒如何了解他們周圍世界的理論不夠具體，嬰兒比 Piaget 想像的還要有能力，特別是年幼的嬰兒 (Baillargeon, 2014; Diamond, 2013; Johnson & Hannon, 2015)。因為他們已經檢驗了嬰兒學習的具體途徑，嬰兒的認知方面的研究變得非常專業。許多研究者致力於不同的問題，但沒有出現一般性的理論可以來連接所有不同的發現 (Nelson, 1999)。這些理論都是局部性的，聚焦在具體的研究問題，而非像 Piaget 理論一樣的鉅形理論 (Kuhn, 1998)。在先天與後天的重要議題是，在嬰兒認知研究中統一的主題都試圖更精確地理解認知發展變化是如何發生的，以及在認知發展中大腦的角色 (Baillargeon, 2014; Brook & Meltzoff, 2014)。回顧第一章，探索大腦、認知和發展之間的連接，都和近期新興的發展認知神經科學領域有關 (Bell & Cuevas, 2014; Bell, Kraybill, & Diaz, 2014; Righi et al., 2014; Vanderwert & Nelson, 2014; Zelazo, 2013)。

複習・連結・反思　學習目標一　概述與評估 Piaget 的嬰兒發展理論

複習重點

- Piaget 理論中重要的認知過程是什麼？
- Piaget 的感覺動作階段的發展特徵是什麼？
- Piaget 的感覺動作階段的貢獻與爭議是什麼？

連結

- 你剛才讀到在 6 至 8 個月以下的嬰兒已經學會察覺到萬有引力和支撐力。在同一時期 (第 4 章曾討論) 身體的哪些發展可能有助於嬰兒的探索和理解這些概念？

反思 (反思自己的個人生命旅程)

- Piaget 理論對養育自己的寶寶有什麼啟示？

貳　學習、記憶與概念化

學習目標二　描述嬰兒如何學習、記憶與概念化

制約　注意　記憶　模仿　概念的形成和分類

當 Piaget 掛了一個娃娃在 4 個月大嬰兒的腳前，如同本章一開始描述的，她記得這個娃娃嗎？假使 Piaget 曾因她用腳移動娃娃而獎勵她，將會影響露西安娜的行為嗎？假使他曾向她顯示如何搖動娃娃的手，她是否也可能模仿他的動作？假使他曾向她顯示不同的娃娃，她是否會形成一個「娃娃」的概念？

諸如這些問題也許會被研究者在第一章所介紹的行為和社會認知或訊息處理的方法檢驗。對照 Piaget 的理論，這些方法沒有分階段來描述嬰兒的發展。反之，他們記錄著嬰兒在了解和處理關於周圍世界訊息的能力的逐漸變化 (Brooks & Meltzoff, 2014; Diamond, 2013)。在本節中，我們將探索使用這些方法的研究者們能告訴我們關於嬰兒是

如何學習、記憶及概念化。

一、制約

在第一章，我們描述過 Skinner 的操作性制約 (在其中一個行為所帶來的後果會使行為的發生頻率產生變化)。舉例來說，假使一個嬰兒的行為是跟隨一個獎勵刺激，則該行為很可能再次發生。

操作性制約對研究人員一直努力來確定嬰兒的感知特別有用 (Rovee-Collier & Barr, 2010)。舉例來說，當吸吮行為隨著視覺顯示、音樂或是人的聲音，會使嬰兒更快地吸吮 (Rovee-Collier, 1987, 2007)。

Carolyn Rovee-Collier (1987) 也說明了嬰兒如何從制約的經驗中保存訊息。在獨具特色的實驗中，她將一個 2 個半月大的嬰兒放在搖籃裡，上方有一個精心製作可移動的物體 (見圖 5.3)。然後她將絲帶的一端綁在寶寶的腳踝，並讓物體移動。之後，她觀察到寶寶會踢腿，並使物體移動。在這個實驗中，物體的移動增強了刺激 (從而增加了嬰兒的腳踢行為)。一週後，嬰兒返回到嬰兒床，但他的腳沒有綁著可移動的物體，然而寶寶仍會踢腿，這表明他已經保存了如果自己踢腿，物體將會移動的訊息。

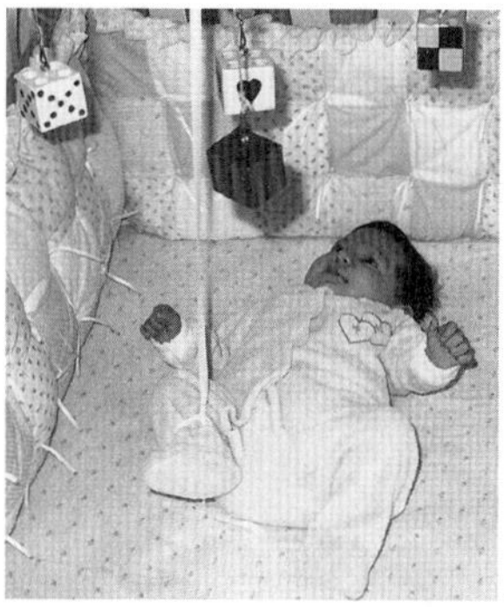

圖 5.3 在 Rovee-Collier 的嬰兒記憶研究所使用的技術。在 Rovee-Collier 的實驗中，操作性制約被用來證明 2 個半月大的嬰兒可以從制約的經驗中保存訊息。在 Rovee-Collier 的實驗中，嬰兒回想起的是什麼？

二、注意

注意是指將精神聚焦在特定的訊息上，以提高認知處理的任務 (Columbo, Brez, & Curtindale, 2013; Rueda & Posner, 2013)。不過，在任何一個時間，人們只可以注意一個有限的訊息量，甚至新生兒也可以劃出一個範圍，並固定他們的注意力在其上，年齡較大的嬰兒可以更完整掃描物體的型態。4 個月大的嬰兒，可以有選擇地注意物體。最近的一項研究調查了 7~8 個月大的嬰兒在複雜性事件序列改變的視覺專注力 (Kidd, Piantadosi, & Aslin, 2012)。嬰兒傾向從過於簡單或複雜的事件中移開視線，反而是比較喜歡專注在中等程度的複雜性事件上。還有最近的一項研究調查，5 個月大的嬰兒若是注意力能有效率地處理訊息 (稱為「短時的觀看者」(short lookers))，在學齡前進行更高層次的執行功能 (較高層次的認知功能，例如，有彈性的認知功能，以及具有較好的抑制控制力) 時，會比同齡專注訊息效率低者 [被稱為「長時的觀看者」(long lookers)] 有更好的表現 (Cuevas & Bell, 2014)。

注意 (attention)
精神聚焦在特定的訊息上。

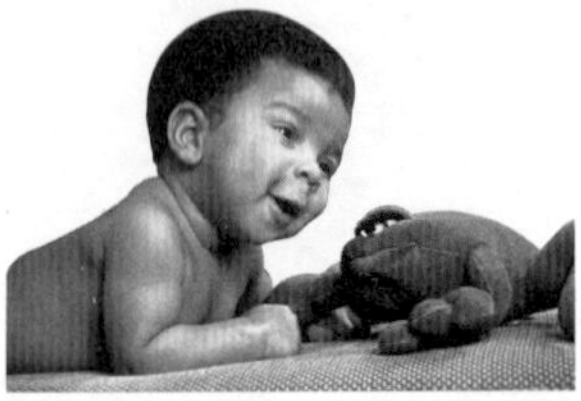

這個年幼的嬰兒的注意力固定在一個青蛙娃娃。嬰兒對玩具的注意力強烈地被習慣化和習慣化解除的過程所制約。這些過程的特徵是什麼？

至於成年人，當一個人定位他們的注意力在一個物體或事件時會牽涉到大腦皮質的頂葉 (Goldberg et al., 2012)。這很可能是嬰兒在定位他們的注意力時，頂葉是處於活動狀態，雖然對此還沒有研究記錄 (前一章的圖 4.5 圖示說明頂葉在大腦的位置)。

在生命第一年的注意力是由定向 / 調查過程所主宰的 (Rothbart, 2011)。這過程牽涉到將注意力集中在環境中具有潛在重要性位置 (在哪裡？)，以及辨別物體及其顏色與形狀等特徵 (是什麼？) (Richards, 2010)。從 3 個月到 9 個月大時，嬰兒可以更有彈性及更快地分配他們的注意力。專注力的另一個重要形式是持續注意，也被稱為集中性注意 (focused attention) (Richards, 2010)。持續注意後隨之而來的是新的刺激通常引起注意的定向反應。持續性注意力能讓嬰兒學習和記住刺激的特點，而使它變得熟悉。研究者也發現 3 個月大的嬰兒開始有 5 到 10 秒的持續注意。從這個年齡到 2 歲時，會增加持續注意的長度 (Courage & Richards, 2008)。以下再繼續討論習慣化和去習慣化及共享注意力。

發展連結—注意
在兒童早期，他們就會使注意力的持續性有顯著的進步。(第 7 章)

(一) 習慣化和去習慣化

與注意力緊密相連的是習慣化和去習慣化的過程，我們曾在第 4 章討論過 (Kavsek, 2004, 2013)。假使你連續幾次對一個嬰兒說出相同的字或展示一個相同的玩具，嬰兒慢慢的就不太會注意它。習慣化是當刺激物反覆出現後會降低對刺激物的反應能力，去習慣化則是當刺激物改變時的反應能力的增加。第 4 章討論到研究者使用某些測量方式來研究習慣化是否正在發生，例如吸吮行為 (當嬰兒注意到一個新奇的物體時會停止吸吮)、心跳速度，以及嬰兒注視物體的時間長度。

嬰兒的專注力受到新奇的強烈制約和習慣化 (Richards, 2010)。當一個物體變得熟悉，注意力就會變短暫，且嬰兒也會變得較容易分心 (Oakes, Kannass, & Shaddy, 2002)。

(二) 共享注意力

注意力的另一個面向，也是嬰兒發展的一個重要面向是**共享注意力** (或稱相互注意協調能力)，指兩個或更多個人專注同一物體或事件上。共享注意力需要：(1) 跟隨另一個人行為的能力，諸如追隨某個人的目光；(2) 以注意力引導另一個人的注意力；以及 (3) 互惠的相互作用 (Butterworth, 2004)。在嬰兒時期早期，共享注意力包括照顧者指著某一物體、轉動嬰兒的頭、捻手指或用文字來引導嬰兒的注

共享注意力 (joint attention)
當個體能跟隨另一人的行為而聚焦同一物體上，或者引導另一個人來注意自己正在注意的物體，是注意和互惠互動的過程。

意力。共享注意力的出現約在 7 ～ 8 個月，但它常是直到第一年年底時才被觀察到 (Heimann et al., 2006)。在一項由 Andrew Meltzoff 與 Rechele Brooks (2006) 進行的研究中，10 至 11 個月的嬰兒最早開始參與「目光追隨」，會注視著另一人剛剛注視過的 (見圖 5.4)。在經過他們的第一個生日後，已經開始引導大人的注意力在吸引嬰兒他們興趣的物體上 (Heimann et al., 2006)。

(a)

(b)

圖 5.4　嬰兒的目光追隨。 研究者 Rechele Brook 將她的眼睛從嬰兒轉移到前景中的玩具上。(a) 隨後嬰兒也轉移他的注意力到研究者所觀察的物體上。(b) Brook 與 同 事 Andrew Meltzoff (2005) 發 現 10 到 11 個 月大的嬰兒會開始參與這樣的行為，稱之為「目光追隨」。為什麼目光追隨會是嬰兒一個重要的成就？

共享注意力在嬰兒發展的很多方面扮演著一個重要的角色，也大大增加嬰兒從其他人身上學習的能力 (Brooks & Meltzoff, 2014; Mateus et al., 2013)。沒有比觀察嬰兒在學習語言時，照顧者和嬰兒之間的交流更加明顯的 (Tomasello, 2011, 2014)。當照顧者與嬰兒常常參與共享注意力，嬰兒會更早說出他們的第一個字及發展更大的詞彙量 (Beuker et al., 2013; Carpenter, Nagell, & Tomasello, 1998; Flom & Pick, 2003)。

在本章後面，我們將討論語言，會進一步討論共享注意力，這是作為較大嬰兒語言發展的早期預測指標 (Tomasello & Hamann, 2012)。

後續的研究也有記錄共享注意力在兒童的記憶和自我調節的角色：

- 9 個月大的嬰兒參與共享注意力的範圍和他們的長期記憶有關 (有一週的延遲)，可能是因為共享注意力增強了人們關注項目的相關性 (Kopp & Lindenberger, 2011)。
- 12 個月大的嬰兒對於共享注意力的回應是與 3 歲大時的自我調節能力有關，包含延緩對於一個有吸引力的物體的滿足感 (Van Hecke et al., 2012)。

三、記憶

記憶包含隨時間保留的訊息。注意力在記憶中扮演一個重要的角色，這個過程的第一部分被稱為編碼，即訊息被傳送到記憶中的一個過程。嬰兒會記住什麼？何時記住的？

記憶 (memory)
認知發展的核心特徵是隨著時間的推移有關個人保留信息的所有情況。

內隱記憶 (implicit memory)
無有意識回憶的記憶，包含技能和常規程序將自動執行。

某些研究者，例如 Rovee-Collier (2008) 得到的結論是 2 至 6 個月大的嬰兒可以記得某些經驗，直到 1 歲半至 2 歲大。然而，批評者如 Jean Mandler (2004)，一位嬰兒認知的權威專家則認為在 Rovee-Collier 的實驗中，嬰兒只被顯示內隱記憶。**內隱記憶**指的是沒有意識的回憶；包含技能和常規程序等可自動執行的記憶。與此相反的，**外**

年齡層	延遲的長度
6 個月大	24 小時
9 個月大	1 個月
10~11 個月大	3 個月
13~14 個月大	4~6 個月
20 個月大	12 個月

圖 5.5　不同年齡層的嬰兒記憶的時間長度

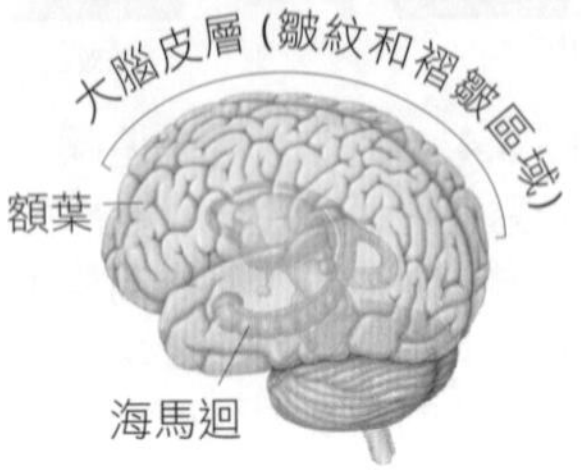

圖 5.6　與嬰兒時期外顯記憶發展有關的關鍵腦結構

顯記憶指的是對事實和經驗有意識的回想。

當人們想到記憶時，通常指的是外顯記憶。大多數的研究者發現，嬰兒到第一年的下半年才會顯示外顯記憶 (Bauer, 2013; Bauer & Fivush, 2014; Bauer et al., 2000)。接著，外顯記憶在出生的第二年大幅提高 (Bauer, 2013; Lukowski & Bauer, 2014)。在縱貫性的研究中，嬰兒在第二年進行了幾次評估 (Bauer et al., 2000)，較大的嬰兒會展示出更準確的記憶，並證明他們的記憶比年幼的嬰兒需要較少的提示。圖 5.5 總結了他們已經發現不同年齡段的嬰兒可以記住訊息的時間長度 (Bauer, 2009)。如圖 5.5 所示，研究者記錄了 6 個月大的嬰兒可以記住訊息是 24 小時，但是超過 20 個月大的嬰兒可以記住在 12 個月前所發生的事。

大腦的改變與嬰兒記憶的發展的關聯性是什麼？大約從 6 至 12 個月大，海馬迴和大腦皮質周圍的成熟，特別是額葉，使得外顯記憶變得可能 (Nelson, 2013; Nelson, Thomas, & de Haan, 2006) (見圖 5.6)。外顯記憶在第二年不斷提高，因為這些大腦結構更加成熟並加強它們之間的連接，但很少有人知道嬰兒時期的大腦包含內隱記憶的區塊。

讓我們來看看記憶的另一面，你還記得自己的第 3 個生日派對嗎？大概不會，大多數的成人很少會記得生命前三年的任何事情。這稱之為*嬰兒或兒童時期失憶*。有關一些成年人對 2 至 3 歲記憶的報導是非常粗略的 (Fivush, 2011; Newcombe, 2008; Riggins, 2012)；小學生也不太記得他們的兒童早期 (Lie & Newcombe, 1999)。

嬰兒時期失憶症的原因是什麼？年齡較大的兒童和成人難以回憶嬰兒和兒童早期的事件其原因之一是，大腦前額葉在此時並不成熟；而大腦的這個區域被認為在記憶事件中發揮重要作用 (Boyer & Diamond, 1992)。

總之，大多數較年幼的嬰兒有意識的記憶似乎是相當脆弱和短暫，雖然他們知覺運動行為的內隱記憶可能是大量的 (Bauer, 2013; Mandler, 2004)。在第二年年底，長期記憶會更大量與可靠 (Bauer, 2013; Lukowski & Bauer, 2014)。

四、模仿

外顯記憶 (explicit memory)
個人有意識地了解，並可以陳述事實和經驗的記憶。

嬰兒可以模仿別人的情感表達嗎？舉例來說，假使一個成年人微笑，嬰兒也會微笑回應嗎？假使一個成年人凸出她的下嘴唇，使她的額頭出現皺紋和皺了皺眉，寶寶也會表現出悲傷的臉嗎？

嬰兒發展研究者 Andrew Meltzoff (2004, 2005, 2011; Meltzoff & Moore, 1999; Meltzoff & Williamson, 2010, 2013; Meltzoff, Williamson, & Marshall, 2013) 已經進行大量嬰兒模仿能力的研究。他認為嬰兒的模仿能力是基於生物學，因為嬰兒在出生後頭幾天就可以模仿表情。他也強調嬰兒模仿能力並不像先天的反應，而是包含著靈活性和適應性。在 Meltzoff 觀察出生 72 小時的嬰兒，逐漸顯示出來更完整的模仿成年人表情，例如伸出舌頭或是把嘴巴大大的張開 (見圖 5.7)。

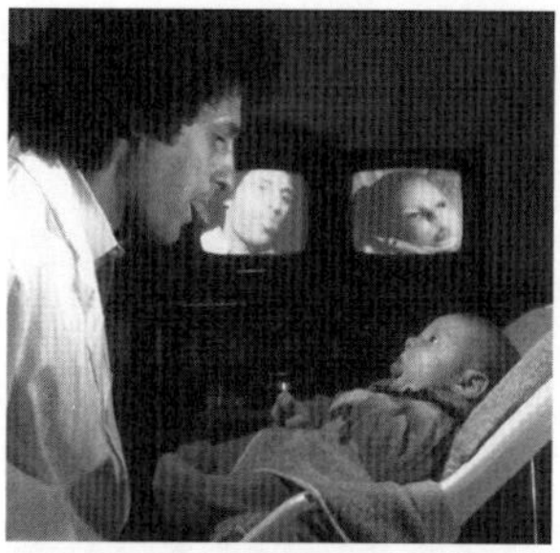

圖 5.7 嬰兒模仿。嬰兒發展研究者 Andrew Meltzoff 伸出他的舌頭企圖讓嬰兒模仿他的行為。Meltzoff 對嬰兒模仿能力的結果相較於 Piaget 的描述如何呢？

Meltzoff (2005, 2011) 還研究了**延宕模仿**，其發生在數小時或數天之後。Piaget 認為在 18 個月大之前是不會發生的，但 Meltzoff 認為它會發生得更早。在一項研究中，Meltzoff (1988) 證實 9 個月大的嬰兒可以模仿行為，例如推壓盒子的按鈕就會發出嗶音聲，這是他們在 24 小時前看到的行為。同時，在一項研究中，9 個月大時能延宕模仿對在 14 個月大時能否使用更豐富的溝通手勢是一個強而有力的預測因子 (Heimann et al., 2006)。兩個最常見的嬰兒的手勢是：(1) 對照看者伸出手臂，以顯示嬰兒抱著的東西；以及 (2) 伸出手臂和食指指向一些有趣的物體或事件。

五、概念的形成和分類

伴隨著注意力、記憶力和模仿，概念是嬰兒認知發展的關鍵環節 (Gelman, 2013; Quinn, 2014; Rakison & Lawson, 2013)。**概念**是類似的物體、事件、人物或想法的認知分組。沒有概念，你將會看到每件物體或事件如同唯一的；你將無法使任何的物體或事件類化。

嬰兒有概念嗎？是的，他們的確有，雖然我們無法準確地知道概念的形成始於多早期 (Quinn et al., 2013)。

> 嬰兒創立概念和組織他們的世界變成概念化的領域，這將形成整個生活的思想骨幹。
>
> ——Jean Mandler
> 現代心理學家，
> 美國加州聖地亞哥大學

運用那些就像在前面的章節所描述的習慣化經驗，一些研究者發現 3 至 4 個月大的嬰兒可以將具有類似外觀物體組合在一起，如動物 (Quinn, 2014; Rakison & Lawson, 2013)。

本研究充分利用了嬰兒更傾向於看一個新的對象，而不是一個熟悉的對象的知識來進行實驗。Jean Mandler (2004, 2009) 主張這些早期的分類已是知覺分類的最佳描述。即分類是基於物體類似感知特徵，例如尺寸、顏色與運動，還有物體的部分，例如動物的腿。Mandler (2004) 得出結論認為一直要到 7 至 9 個月大時才會形成概念分類，而非只是不同類別之間的知覺區別。在一個 9 到 11 個月大嬰兒的研究中，可以將鳥分類為動物，而將飛機分類為交通工具，即使鳥在可以

延宕模仿 (deferred imitation)
模仿會延遲發生在數小時或數天之後。

概念 (concepts)
類似的物體、事件、人物、或想法的認知分組。

伸展翅膀的感知上類似飛機 (Mandler & McDonough, 1993)。

另外，嬰兒分類項目是以外在為基礎，例如形狀、顏色及一部分等知覺特徵，他們也以原型或平均值為基礎分類物品，他們從物品的結構摘要出規則性 (Rakison & Lawson, 2013)。

進一步的分類發展發生在生命的第二年 (Booth, 2006; Rakison & Lawson, 2013)。許多嬰兒的第一個概念是廣泛的和通用性的，例如動物或室內的物品。漸漸地，在頭兩年，這些廣泛的概念變得更加分化，如「陸地上的動物」，然後「狗」；或「家具」，然後「椅子」(Mandler, 2009, p. 1)。同樣在第二年，嬰兒常常依據物品的形狀加以分類 (Landau, Smith, & Jones, 1998)。

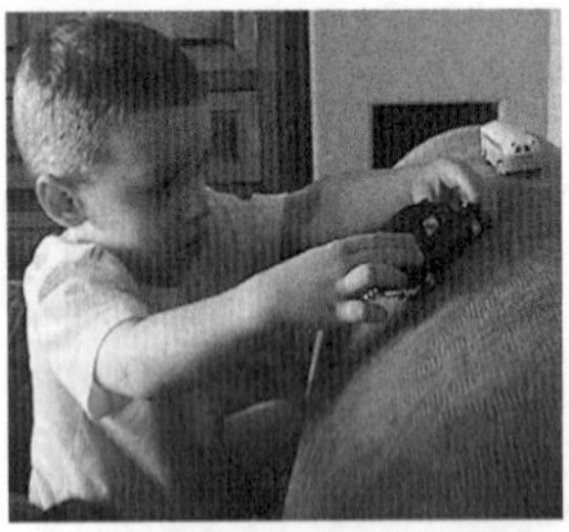

作者的孫子 Alex 在 2 歲大時，同時與倫敦公共汽車及時髦的馬爾他巴士玩時顯示出他對車輛類別強烈的、充滿激情的興趣。

學習將物品分入正確的類別，即使東西屬於一種東西，而不是一類東西，例如讓鳥就是鳥，魚就是魚，這是學習的一個重要任務 (Rakison & Lawson, 2013)。如同嬰兒發展研究者 Alison Gopnik (2010, p. 159) 指出，假如你可以將周圍世界分類到正確的類別——將物品放到正確的箱子，那麼你在理解這個世界已經有了很大的進步。

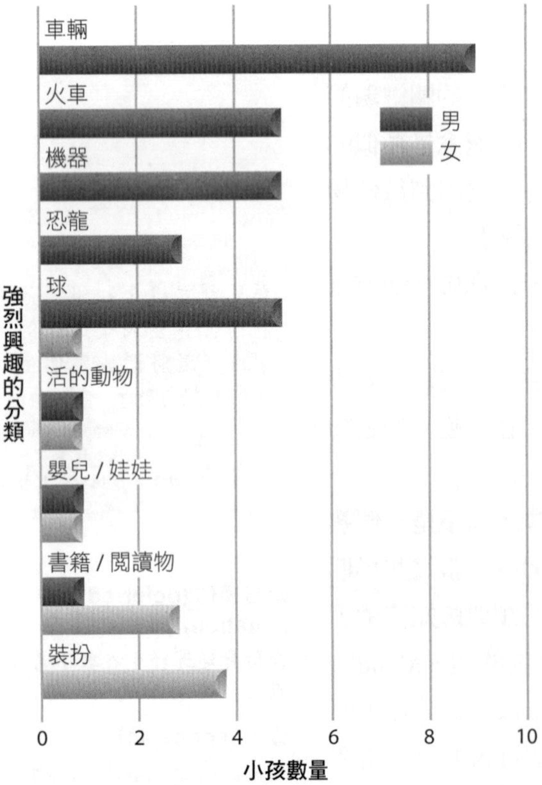

圖 5.8　男孩與女孩強烈興趣的分類

一些非常年幼的兒童會發展強烈的、充滿激情的興趣在一個特定類別的物體或活動上嗎？一項研究證實他們的確如此 (DeLoache, Simcock, & Macari, 2007)。一個驚人的發現是，男孩在特定類別的濃厚興趣與女孩間有著很大的性別差異。男孩有濃厚興趣的類別集中在車輛、火車、機器、恐龍及球；女孩的濃厚興趣則更傾向於包含裝扮與書籍 / 閱讀物 (見圖 5.8)。當作者的孫子 Alex 在 18 至 24 個月大的時候，他已經在車輛的類別發展出強烈的、充滿激情的興趣。舉例來說，在這個年齡，他會將車輛分類成汽車、卡車與公共汽車。此外，汽車常見的分類有警車、吉普車、計程車等，卡車則會分成消防車、水泥車等。之後，在 3 歲大時，Alex 則對恐龍發展出強烈的、充滿激情的興趣。

總之，嬰兒在處理訊息的進展——經過注意、記憶、模仿與概念形成，也更加豐富、更漸進的和更不呈現階段性，並發生早於以前理論家所構想的，例如 Piaget (Johnson & Hannon, 2015; Lukowski & Bauer, 2014; Quinn, 2014)。Jean Mandler (2004) 作為領先的嬰兒研究者得出的結論是：人類嬰兒在顯示出已學會的及展現學習成果的方法上，正展現出強烈的學習能力與複雜性 (p. 304)。

> 我希望可以沿著穿越過嬰兒大腦的路向下移動，那裡使他的定律如風箏一樣飛翔。
>
> ——Rabindranath Tagore
> 20 世紀孟加拉語詩人和散文家

複習・連結・反思 學習目標二　描述嬰兒如何學習、記憶與概念化

複習重點

- 嬰兒如何透過制約反應來學習？
- 什麼是注意力？嬰兒時期注意力的特性是什麼？
- 嬰兒能記憶的程度範圍為何？
- 模仿是如何涉入嬰兒時期的學習？
- 嬰兒如何建立概念？概念的建立在嬰兒時期如何改變？

連結

- 在這個章節中，我們學習到在第二年外顯記憶促進海馬迴和額葉的成熟，同時也增加兩者間的連結。你學到了什麼？

反思 (反思自己你個人的生命旅程)

- 如果有一個朋友告訴你他記得兩歲時被父母施暴的情形，你會相信她嗎？請解釋你的答案。

參　語言發展

學習目標三　描述語言的性質，以及如何在嬰兒時期發展

語言的定義　語言規則系統　語言的發展　生物和環境的影響　互動論的觀點

1799 年，在法國有一個男孩被發現在森林裡赤裸的奔跑，此男孩在他 11 歲時被抓到，他被稱為亞維儂的野男孩，且被認定已經在森林裡獨居了 6 年 (Lane, 1976)。當他被發現時，完全無法溝通，他從未學習過有效地溝通；可悲的是，1970 年一個叫 Genie 的現代野孩子也在洛杉磯被發現，儘管藉由密集的介入，但 Genie 仍無法獲得更多種原始語言的形式。這兩個案例引起了關於生理與環境決定語言的問題，也是本節後面討論的主題。首先，我們需要先定義語言。

一、語言的定義

語言是溝通的一種形式，無論是口語、書寫或符號都是依據一系列的符號而成，語言是由社會使用的單詞和規則加以變化與組合。

想想語言對我們每日的生活有多麼重要，我們需要語言去和別人

語言讓我們能和其他人溝通，什麼是語言重要的特徵？

說話、傾聽別人說話、讀和寫。語言讓我們能仔細地描述過去的事件，且能計畫未來，語言讓我們傳承上一代的資訊到下一代，並且創造出更豐富的文化遺產。

所有人類的語言都有一些共同的特徵 (Berko Glesason, 2009; Waxman et al., 2014; Werker & Gervain, 2013)，這些都包含無限的生成性和組織的規則，**無限生成性** (Infinite generativity) 是指有能力利用一組有限的單詞和規則去產生無數有意義的句子；規則是語言如何運作的方式，讓我們來探索這些規則。

二、語言規則系統

19 世紀美國作家 Ralph Waldo Emerson 說：「世界是有秩序地被建立的，並與基本元素按節奏的前進著。」而 Song (2013) 更補充「他腦子裡想的一定是語言，語言是非常有秩序和組織的」。這些組織牽涉到五個規則系統：音韻學、形態學、句法、語意、語用學。

(一) 音韻學

每個語言是由基本的聲音組則，**音韻學**是語言中的聲音系統，包括使用的聲音和它們如何被結合的 (Vihman, 2014)，例如，英文有 spr 聲母群的，如 spring，但沒有字是由 rsp 群開頭的。

音韻學在兩個或更多的字 (word) 與音素 (phoneme) 外，提供更廣大和可延伸的建構基礎。音素是指語言中基本聲音的單位，它是最小且影響意義的聲音單位，例如，在英文中，如 pot 和 spot 的字，字母 p 發出的聲音是一個音素，這 /p/ 音在兩個字有些許地不同，但這變化在英文中不明顯，因此 /p/ 音是一個單獨的音素，在某些語言，例如海地語，/p/ 音的變代則代表不同的音素。

(二) 形態學 (或稱構詞學)

形態學 (或稱構詞學) 是指涉及單字訊息的意義單位，詞素 (morpheme) 則是意義的最小單位，它是一個單字或一個單字的部分，並且不能再被分成更小的意義單位 (Booij, 2013)。在英文裡的每個字是由一個或多個詞素組成的，有些字是由單獨的詞素構成 (例如 help)，其他的由多於一個詞素組成的 (例如 helper 有兩個詞素：help 和 er，有 er 詞素的意義是「某人」，在此例中為「能幫忙的人」)，然而，並非每個詞素都是詞，例如，pre-、-tion 和 -ing 都是詞素，但不是一個詞。

語言 (language)
溝通的一種形式，無論是口說、書寫或用信號的，都是符號的系統，語言是由溝通使用的字和不同的規則支持的與結合的。

無限生成性 (infinite generativity)
用一組特定的字和規則去產生無限多意義的句子的能力。

音韻學 (phonology)
語言的聲音系統，包括被使用及它們如何被結合的聲音。

形態學 (morphology)
指涉及單字訊息的意義單位。

構詞學的規則是意義單位結合成單詞的方式 (Brown, 2013)，詞素在文法中有許多工作，例如製造時式 (如她走與她走過) 和複數 (她走和他們走)，意義就不一樣。

(三) 句法

句法意味著單字結合成可被接受的片語或句子的方式 (de Villiers & de Villiers, 2013)，若有人對你說「Bob 揍過 Tom」或「Bob 被 Tom 揍了」，你會在不同的句子了解誰揍了誰，以及誰被揍了，因為你能理解這些句子結構句法。你也能理解這樣的句子是一句合乎文法的句子：「你沒有要留下來，是嗎？」但是「你沒有要留下來，妳沒有嗎？」是不被接受且不清楚的。

若你學習其他語言，英文的句法規則也不會和它們相去太遠。例如，在英文裡，形容詞通常接著一個名詞 [如在*藍色的天空* (blue sky)]，然而在西班牙語中，形容詞通常是接在名詞後面 [天空藍色 (cielo azul)]。儘管它們在句法結構的不同，然而，句法系統在全世界語言有某些共同點 (Whaley, 2013)，例如，我們知道沒有這樣的句子是被認可的：

老鼠貓農夫追趕殺死吃了起司。

它顯示語言的使用者不能將主詞和受詞安排在太複雜的句子裡。

(四) 語意

語意代表單字和句子的意義，每個字有一組的語意特徵，這些是必須和意義有關的屬性 (Parish-Morris, Golinkoff, & Hirsh-Pasek, 2013)。例如，*女孩*和*女人*，共同享有許多語意的特徵，但是依據年紀而有語意上的不同。

單字在句子使用中有語意的限制 (de Villiers & de Villiers, 2013)，*這輛腳踏車述說著男孩買著棒棒糖*的句子在句法上是對的，但在語意上是錯的，這句子違反我們語意的認知，因為腳踏車不會說話。

(五) 語用學

最後一個語言的規則則是**語用學**，它是語言在不同情境下正確的用法。語用學包括許多領域 (Elbourne, 2012)。當你輪流在討論中發言或使用一個問題去傳遞一個意見，你正在示範語用的知識 (「為什麼這裡這麼吵雜？」「這是什麼？中央車站？」) 當你在適當的情況下使用有禮貌的語言 (如當你和你的老師說話時)，或說有趣的故事、

句法 (syntax)
單字結合成可接受的片語或句子的方式。

語意 (semantics)
單字和句子的意義。

語用學 (pragmatics)
語言在不同情境下正確的用法。

好笑的笑話和因為想說服對方而說謊，你就在運用不同的語用規則。在這些例子裡，你展示了解自己的文化規則，並能調整語言去符合情境。

在此刻，我們已討論了五個重要的語言系統，圖 5.9 是這些系統的總覽。

三、語言的發展

根據一名古代的歷史學家指出，13 世紀的德國國王 Frederick 二世，有一個殘忍的想法，他想知道若沒有人和小孩說話，他們會說出什麼語言，於是挑選了一些新生兒，並以死威脅他們的照顧者，不准他們和這些嬰兒說話，後來 Frederick 二世從來沒有發現這些小孩說的是什麼語言，因為他們都死了。今日，我們仍然對嬰幼兒語言的發展感到好奇，雖然我們也實驗和觀察嬰兒的語言發展，但至少比邪惡的 Frederick 二世的方式人性化許多。

不管他們學習的語言是什麼，在全世界的嬰幼兒皆有一個相似的語言發展途徑，什麼是這些發展關鍵的里程碑呢？下面列舉嬰兒時期的五個階段。

(一) 辨認語言的聲音

早在他們學習單字之前，嬰幼兒可以清楚地分辨語言裡的聲音，在 Patricia Kuhl (1993, 2000, 2007, 2009, 2011) 的研究中，全世界從語言中來的音韻皆由說話者傳遞給嬰幼兒聽到 (如圖 5.10)，一個裝有玩

規則系統	描述	學例
音韻學	語言的聲音系統，一個語音是語言最小的聲音單位。	Chat 的字有三個語音或聲音：/ch/ /a/ /t/。在英語語音規則的例子裡，當語音 /r/ 接著 /t/ 或 /d/ 英文字串 (如 track 或 drab)，語音 /l/ 不能接著這些字。
形態學 (構詞學)	指涉及單字訊息的意義單位。	有意義的最小聲音的單位稱為詞素或意義單位，女孩 (girl) 是一個詞素，也是一個意義單位；它不能再進一步地拆開或再有意義。當字尾再加入 s 時，會變成女孩們 (girls) 且有兩個字義因為 s 已經改變字的意義，表示還有另外一個女孩。
句法	單字結合成可接受的片語或句子的方式。	字的順序是非常重要的，在英語中決定了意義，例如，「Sebastian 推了這輛自行車」和「這輛自行車被 Sebastian 推了」有不同的意義。
語意	單字和句子的意義系統。	知道每個字的意義，也就是詞彙，例如，語意包含知道字的意義，如橘子、交通工具和智慧。
語用學	在情境下如何使用正確的對話和知識語言的系統用法。	在正確的環境下使用有禮的語言是一個例子，如當和老師說話時表現得有禮貌，在對話中輪流發言也與語用學有關。

圖 5.9 語言的規則系統

具熊的箱子放置在嬰兒可以看見的地方，相同的音節串播放著，接著音節改變了 (例如 ba ba ba ba 變成 pa pa pa pa)，如果此時嬰兒會轉頭，盒子會被舉起接著玩具熊會跳舞和打鼓，提醒嬰兒注意這個變化。

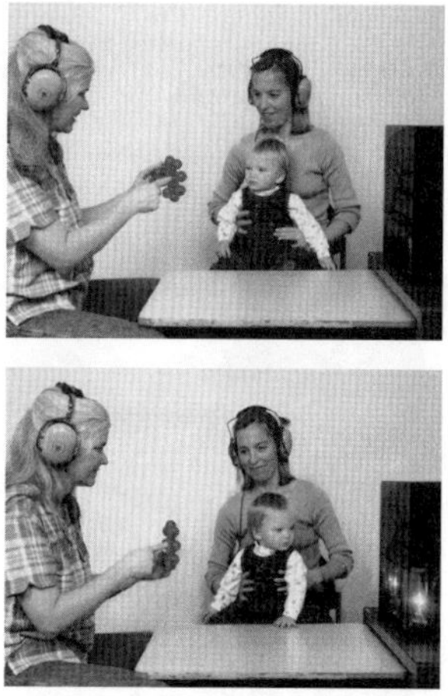

圖 5.10 從萬能的語言學家到語言特定的聽者。 在 Patrica Kuhl 的研究裡，實驗組的寶寶聽著重複音節聲音的錄音，當聲音裡的音節改變時，寶寶們快速地學著去看一隻熊，使用這個技巧，Kuhl 展示了寶寶直到 6 個月是萬能的語言學家，但在接下來的六個月，他們變成特定語言的聽者，Kuhl 的研究是支持語言習得的來源是「先天」或「後天」呢？

Kuhl (2007, 2009, 2011) 的研究已展示從初生到六個月大，嬰兒是「世界公民」：無論是來自何種語言的音節，他們大部分可辨認聲音的改變。但接下來的六個月，嬰幼兒對他們「自己」語言 (他們父母說的語言) 聲音的改變接收得更好，並且漸漸地失去辨認他們語言中不重要的部分不同的能力 (Kuhl & Damasio, 2012)。

(二) 牙牙學語與其他發聲

早在嬰幼兒說出認得的字之前，他們會發出許多聲音，這些早期發聲的功能是為了練習製造聲音、溝通和吸引注意力 (Parish-Morris, Golinkoff & Hirsh-Pasek, 2013)，嬰兒的聲音在第一年按著以下順序發展：

- 哭泣。嬰兒在出生時就哭，哭可以表示壓力，但不同哭聲代表不同的事情，此部分將會在第 6 章討論。
- 嘀咕 (Cooing)。嬰兒第一次嘀咕約是在 2 到 4 個月時 (Menn & Stoel-Gammon, 2009)，這些咕噥聲是從喉嚨的後方發出，且通常是在與照顧者的互動中表現出愉悅。
- 牙牙學語。在約出生半年時，嬰兒開始牙牙學語——也就是，他們產生一串子音母音的結合，如「ba ba ba ba」。

(三) 手勢

嬰兒開始使用手勢，如表示和指出，大約是 7 至 15 個月的年齡，平均約是 11 到 12 個月 (Colonnesi et al., 2010)，他們可能揮手拜拜、點頭表示「是」、用空的杯子表示要多一點牛奶，和指出一隻引起注意的狗。有些手勢是象徵性的，就像當嬰兒拍嘴巴表示要食物/飲料。指出 (point) 被語言專家認為是一個社會語言觀點的重要指標，並按著發展依序為：從沒有大人目光檢視下指出，到能在物體與大人間來回觀看並指出 (Goldin-Meadow, 2014a, b; Goldin-Meadow & Alibali, 2013)。缺少指出是嬰幼兒溝通有問題的重要指標。例如，未能參與指出 (如共享注意力) 是許多自閉症小孩的特徵。有效的使用指出手勢的能力能夠改善第二年的生活，同時也讓語言溝通的其他部分有所增進。

早在嬰兒能說出認得的字之前，他們能產生許多聲音和手勢來溝通，而大約是什麼年紀，嬰兒開始能產生不同型態的聲音和手勢呢？

一個研究發現，父母為高社經地位 (SES) 的家庭與他們 14 個

什麼是嬰兒早期學字的特徵呢？

月大的嬰幼兒溝通時比較容易使用手勢 (Rowe & Goldin-Meadow, 2009)；此外，在高社經地位家庭的 14 個月大的嬰幼兒使用手勢與在 54 個月大時會有較多的詞彙有所連結。

(四) 第一個字

嬰兒理解他們第一個字早於他們能說之前 (Parish-Morris, Golinkoff, & Hirsh-Pasek, 2013)。早在 5 個月大時，當別人說出他們的名字，嬰兒就能辨認出來。平均而言，嬰兒約在 13 個月時能夠理解約 50 個字，但他們無法說出許多字，直到約 18 個月時 (Menyuk, Liebergott, & Schultz, 1995)。因此，在嬰兒童早期，接受性詞彙 (小孩理解的字) 遠遠超過口語的 (表達性) 詞彙 (小孩使用的字)。

小孩的第一個字包含重要的人的名字 (爸爸)、熟悉的動物 (小貓)、汽車 (車子)、玩具 (球)、食物 (牛奶)、身體部位 (眼睛)、衣物 (帽子)、家庭用品 (時鐘) 和打招呼詞彙 (拜拜) 等。這些是 50 年前嬰兒的第一個字，也是今日嬰兒的第一個字。孩童通常用他們的單字表現不同意圖，因此「餅乾」可能表示「那是餅乾」或「我想要餅乾」。名詞通常較容易去學習，因為大部分在這類的字比較容易接收 (Parish-Morris, Golinkoff, & Hirsh-Pasek, 2013)，試想名詞「車子」比動詞「走」更具體和可想像，因此使得「車子」比「走」更容易習得。

嬰幼兒在說出第一個字後，口語詞彙會快速增加 (Werker & Gervain, 2013)，約在 18 個月時可以說出 50 個字，但至 2 歲時可以說出約 200 個字。詞彙快速的增加是大約自 18 個月的時候，稱之為詞彙爆發 (vocabulary spurt) (Bloom, Lifter, & Broughton, 1985)。

如同小孩說第一個字的時間點，詞彙爆發的時間也不同 (Lieven, 2008)，圖 5.11 顯示出 14 個兒童在這兩種語言里程碑的範圍，平均上，這些兒童說出他們的第一個字是在 13 個月，詞彙爆發是在 19 個月時，然而，個別兒童說出口語字的年齡從 10 到 17 個月有所不同，他們的詞彙爆發從 13 到 25 個月。

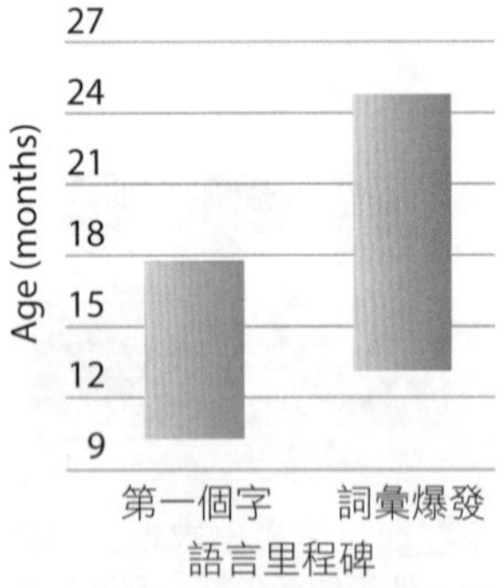

圖 5.11 語言的里程碑。 對於語言里程碑在時間上的變異，有哪些可能的解釋。

跨語言的差異發生在字的學習 (Waxman et al., 2014)，學習中文、韓文、日文的孩童在發展上比學英文的孩童早一點習得較多的動詞。跨語言的差異反映出這些亞洲兒童接收更多動詞的使用。

孩童有時過度擴展或擴展不足他們使用的字 (Woodward & Markman, 1998)。過度擴展是應用字在物體上，但使用的字的意義是不正確的，例如，孩童一開始可能會說「dada」，不只是在「父親」，也在其他男人、陌生人或男孩上。隨著時間，過度擴展的情形會減少，且最終會消失。擴展不足是應用字太狹隘的傾向；它發生在兒童錯誤使用一個字去命名一件相關的事件或物體，例如，一個小孩可能使用男孩這個字去描述一個 5 歲的鄰居，但不會用在一個男嬰或 9 歲大的男生身上。

(五) 兩字話語期

在兒童 18 到 24 個月的年齡，通常可以說兩個字的話語，為了用兩個字去傳達意義，小孩通常會經常搭配使用手勢、音調和情境，兒童可用以下兩字的話語去溝通出豐富的意義 (Slobin, 1972)。

- 確認：「看狗狗。」
- 地點：「書，那裡。」
- 重複：「多一點，牛奶。」
- 否定：「不是狼。」
- 擁有：「我的糖果。」
- 歸屬類別：「大車。」
- 代理人 - 動作：「媽媽走路。」
- 直接動作的物體：「打你。」
- 間接動作的物體：「給爸爸。」
- 用工具的動作 ：「切刀子。」
- 問題：「球哪裡？」

這些例子是來自母語為英語、德語、俄語、芬蘭語、土耳其語或薩摩亞語的兒童。

在此注意到，兩字的話語刪除了話語裡許多部分，且相當地簡潔。事實上，在每一個語言中，小孩第一個結合的字有經濟的質量，他們是電報式的，**電報式語言**是使用簡短和精準的字，而不產生語法像文章、助動詞和其他連接詞，電報式語言不僅是限於兩個單字，「媽咪給冰淇淋」和「媽咪給 Tommy 冰淇淋」也是電報式語言的例子。

我們已經討論許多嬰兒童早期語言的里程碑；圖 5.12 總結嬰兒通常能達到這些里程碑的約略年齡。

電報式語言 (telegraphic speech)
簡短且精確，而沒有文法的使用，如文章、助動詞或其他連結詞。

典型的年紀	語言里程碑
出生	哭泣
2~4 個月	咕咕聲
5 個月	了解第一個字
6 個月	開始牙牙學語
7~11 個月	從萬能的語言學家到特定語言的聽者
8~12 個月	使用手勢，如表示和指出，出現詞的理解
13 個月	説出第一個字
18 個月	開始詞彙爆發
18~24 個月	使用兩字的話語，理解字且快速擴展

圖 5.12　一些在嬰兒時期語言發展的里程碑。儘管嬰兒接收語言的輸入有許多的不同，但他們在全世界遵從著相似的途徑去學習説話。

四、生物和環境的影響

什麼是可能影響嬰兒語言發展的里程碑如圖 5.12 所列的呢？每個使用語言的人在某種程度上「知道」它的規則，

而且有能力去創造無限的話和句子，這些知識是從哪裡來的？這是生物學的產物嗎？語言的學習和影響是透過經驗嗎？以下將分別進一步探討。

(一) 生物上的影響

說話和理解語言的能力需要用到某種發音器官和某種能力的神經系統，掌管人類的神經系統和發音器官在過了幾百、幾千或幾百萬年已經改變了，隨著神經系統和發音器官的進步，人類在其他動物叫聲和啼叫聲之外發展了語言。雖然估計不一，但許多專家相信人類習得語言約是在 10 萬年前，在演化時代表著非常近的時代。它讓人類有許多相較於其他動物的優勢，且增加人類生存的機會 (Arbib, 2012)。

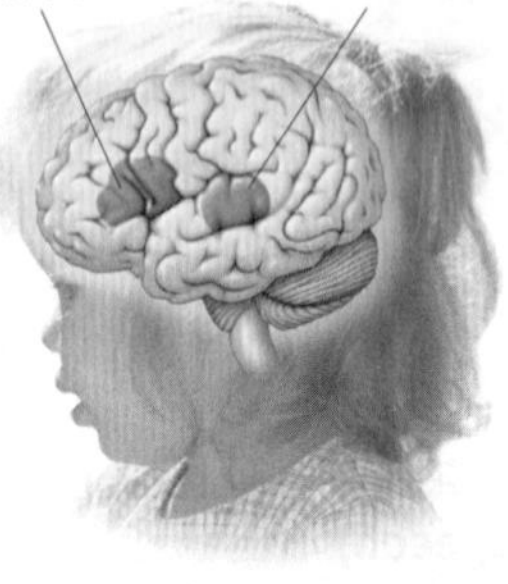

圖 5.13　布洛卡區和韋尼克區。布洛卡區是位在大腦的左額葉，和控制說話。韋尼克區在左半腦與語言理解有關，這些大腦區域的角色如何與在第四章已討論過的側化有關呢？

有些語言學者認為全世界的兒童習得語言的過程相當類似，是語言有生物的基礎的強烈證據。有證據表示，大腦特別的部位讓語言能夠運作 (Tando et al., 2014)。兩個有關語言的部位第一次在腦傷的病人身上被發現：**布洛卡區**，是位在大腦的左額葉提取字的部位，以及**韋尼克區**，在左半腦與語言理解有關的部位 (見圖 5.13)，若這些區域之一損傷則會產生**失語症**，也就是語言處理的損失或損害。若布洛卡區有損傷的人則會在正確提取字有困難。韋尼克區有損傷的人對語言較無法理解，且常會製造出流暢但難以理解的話語。

語言學家 Noam Chomsky (1957) 提出人類在生物上先就準備好在一段時間和用一種方式去學習語言。他表示兒童出生在世上具有**語言習得裝置**，這是一種生物上的天賦，可以使小孩偵測到語言的某種特徵和規則，包括音韻、句法和語意。兒童先天就有這能力，例如去偵測語言的聲音，去遵從規則如形成複數和詢問問題。

Chomsky 的 LAD 理論是一種假說，而不是大腦生理的部位。有任何 LAD 存在的證據嗎？LAD 概念的支持者舉出跨語言和文化都有相同語言里程碑，有證據表示，兒童能創造語言即使在缺少符合語法規則的輸入和語言的生理基質。但是，如我們將會討論的，批評者爭論即使嬰兒有像 LAD 的東西，仍無法解釋語言習得的整個真相。

布洛卡區 (Broca's area)
是位在大腦的左額葉，和控制說話有關。

韋尼克區 (Wernick's area)
在左半腦，與語言理解有關。

失語症 (aphasia)
因腦傷導致語言能力的損失或受損。

語言習得裝置 (language equisition device, LAD)
Chomsky 的理論描述了生物上的天賦使小孩能偵測到語言的特徵和規則，包括音韻、句法和語意。

(二) 環境的影響

十年前，行為主義學派反對 Chomsky 的假說，並且提出語言無非就是透過增強獲得的反應鏈 (Skinner, 1957)。一個嬰兒發出「媽媽」的咿呀學語聲；媽媽會給予寶寶擁抱和微笑的回饋；因此，嬰兒越來越會說「媽媽」。行為主義學派認為嬰兒的語言漸漸地被建立。根據行為主義學派，語言的使用是一個複雜、要學習的技能，更像是彈琴或跳舞一樣。

行為主義學派對語言的觀點有一些問題。首先，它無法解釋人類如何創造小說的句子，那些句子是人們以前從未聽過或說過的。第二，兒童即使沒有被增強，他們可學會母語的句法。

行為主義學派的觀點不再被認為是兒童如何習得語言可行的解釋，但有許多研究指出，兒童環境經驗影響他們的語言技能 (Hirsh-Pasek & Golinkoff, 2014)。許多語言專家提出兒童的經驗、學習到的某種語言、學習發生的情境，可以深深地影響語言的習得。

一個研究發現，當 8 個月大嬰兒發出咿呀學語聲後，母親們立即微笑或撫摸他們，比母親隨意的態度回應，最後更能夠製造出像說話一樣複雜的聲音 (Goldstein, King, & West, 2003) (見圖 5.14)。

Michael Tomasello (2003, 2006, 2011, 2014) 強調年幼的兒童強烈地對他們的社交世界感到興趣，且在他們早期的發展，他們可以感受到其他人的意圖，他的*語言互動論* (interactive view) 強調兒童在特定的情境下學習語言。例如，當一個蹣跚學步的嬰兒和一位父親共同專注地在一本書上，父親可能會說「看這隻小鳥」，在這個例子裡，即使是嬰兒也了解爸爸意圖去命名某個東西，且知道去看著指著的方向，透過這種共同的注意，在他們早期的發展，兒童能夠使用他們的社交技巧去學習語言 (Carpenter, 2011; Tomasello, 2014)。一個研究顯示這種在 12 到 18 個月的共享專注力能預測 24 個月時語言的技能 (Mundy et al., 2007)。

研究者也同樣發現，兒童的詞彙發展和家庭社經地位有關聯，且父母說話的方式直接影響他們的孩子。Betty Hart 和 Todd Risley (1995) 觀察專業人士父母與依賴社福的父母其孩子的語言環境，兩者相比之下，依賴社福的父母較少對他們的幼兒說話，對過去發生的事情也說得比較少，且提供較少的描述，如圖 5.15 指出專業人士父母的孩子在 36 個月時，比依賴社福的父母的孩子有較多的詞彙。

其他研究連結了母親對他們的嬰兒說得多少和嬰兒的詞彙量的關係，例如，在 Janellen Huttenlocher 和她同事的一個研究中，母親常對他們說很多話的嬰兒有明顯較高的詞彙量；在第二年的生日，語言更有大量的差異。最近一個對低社經地位家庭的研究，發現在以西班牙語為母語的家庭中，經驗到較多兒童導向話語的嬰兒在處理熟悉的字時表現較佳，且在 2 歲時有較多的詞彙 (Weisleder & Fernald,

發展連結—語言
許多語言的運作是發生在腦的左半球。(第 4 章)

圖 5.14 社會互動和牙牙學語。一個對兩組母親與她們 8 個月大嬰兒的研究中 (Goldstein, King & West, 2003)，一個母親被引導在寶寶發出咕咕和牙牙學語後，立刻投以微笑和撫摸他們；另一個也被告知微笑和撫摸嬰兒，但是以一個較隨意的態度，並沒有連結到嬰兒發出的聲音。結果顯示，母親立即以正向方式回應牙牙學語寶寶的結果，是寶寶會做出更多複雜，像說話一樣的聲音，如「da」和「gu」。這項研究的設定如上述所示，照顧者在語言發展初期有多麼重要。

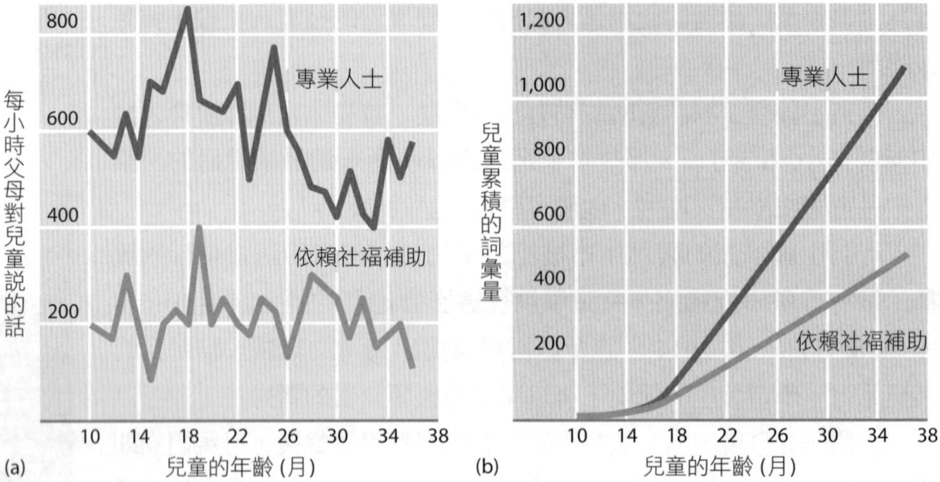

圖 5.15 在專業人士和依賴社福補助的家庭的語言輸入，以及年幼兒童的詞彙發展。(a) 在這個研究 (Hart & Rísley, 1995) 來自專業人士家庭的父母和他們的幼童說話比來自依賴社福家庭的父母多。(b) 所有的兒童都學著說話，但是來自專業人士家庭的兒童發展的詞彙比依賴社福家庭的兒童多出兩倍多，因此在兒童去學校時，他們已經在他們的家庭裡經歷到可觀的不同的語言輸入，且發展了不同層次、與他們社經環境的相關詞彙。這個研究顯示貧窮導致語言發展的障礙嗎？

2014)。

然而，在一個研究中發現，對於低收入家庭 1 到 3 歲的兒童來說，母親大量的說話並不是兒童詞彙發展最好的預測值 (Pan et al., 2005)；而母親的語言、讀寫能力的技巧和母親使用詞彙的多元性是最能夠預測兒童詞彙發展。舉例來說，當母親使用一個較多元的詞彙和他們的孩子說話，對孩子的詞彙發展是有益的，但是他們的孩子的詞彙和他們健談的總量無關；同樣的，母親常常使用手勢「指出」，兒童也有較多的詞彙，「指出」通常發生在說話時，它可能增強母親對他們孩童口語輸入的意義。學者的研究發現，早期語言的輸入和貧窮對孩子的語言能力發展是有重要的影響 (Perkins, Finegood, & Swain, 2013; NICHD Early Child Care Research Network, 2005)。**兒童導向式話語** (兒語) 就是說話時的音調比一般成人說話時要高，且用簡單的字和句子 (Houston et al., 2014)，當嬰兒不在現場時，一般人對話時不會使用兒童導向的語言，但是父母能夠在對他們的寶寶說話時立刻切換，這些有許多都是自動的，且大多數的父母不會意識到他們在做這些事。即使 4 歲的兒童也會用較簡單的字對 2 歲的小孩說話，和對他們 4 歲的朋友不一樣。兒童導向式話語在抓住嬰兒注意力和維持溝通有重要的功能 (Ratner, 2013)。

兒童導向式話語 (child-directed speech)
用一種比平常高的音調，搭配簡單的字和句子來說話的語言。

除了兒童導向式話語外，成人通常還會使用其他技巧去提升兒童語言的習得，包括重鑄、擴展和規類：

- 重鑄 (recasting) 是改變兒童已經說的話，也許是轉變成一個問題或重新將兒童不成熟的語句說成一句符合語法的句子，例如，若兒童說：「這隻狗叫過了。」成人可以用詢問的方式回應：「這隻狗什麼時候叫的？」有效的重鑄使兒童表示有興趣，然後會再重複說這個興趣。
- 擴展 (expand) 是用語法上複雜的形式重新開始兒童已經說過的話，例如，若兒童說：「狗狗吃飯。」然後父母回應：「對，狗狗在吃飯。」
- 命名 (labeling) 是辨認物體的名稱，年幼的兒童不斷的被要求去辨認物體的名稱，Roger Brown (1958) 稱此為「原始的文字遊戲」，且聲稱許多兒童早期的詞彙是受到成人壓力，而有動機去辨認熟悉的物體的名稱。

父母自然地使用這些策略，且用在有意義的對話，就能促進兒童語言發展；父母不需要特別地使用一種方法去教導孩子說話，甚至是對語言學習較慢的兒童，父母也只要隨著兒童的領導，說兒童感興趣的事情，兒童通常可以吸收獲益。還有當父母提供兒童可以處理的資訊時，若兒童尚未準備好吸收某些資訊，他們可能會告訴你 (也許會轉身)，因此給兒童許多資訊不一定是比較好的。

記住，在語言發展上，鼓勵是關鍵，不是訓練或練習，語言發展不是模仿和加強那樣簡單的事情。

嬰兒、幼兒和年幼兒童能從和成人一起閱讀書本 (共同閱讀) 中吸收獲益 (Hirsh-Pasek & Golinkoff, 2014)，特別是閱讀故事書時，父母能透過和兒童討論擴展內容的意義、鼓勵兒童詢問或回答問題，都能讓兒童有所獲益 (Harris, Golinkoff, & Hirsh-Pasek, 2011)。在一個研究裡，有許多低收入家庭的美國母親規律地讀繪本給孩子聽，而每日讀繪本給 14 到 24 個月的兒童聽，和兒童 36 個月語言與認知發展有正向相關 (Raikes et al., 2006)，在這個研究中還發現，非拉丁裔的白種人裡，有許多學歷較高的母親在教養第一個出生的小孩比較可能讀繪本給孩子聽，多於照顧較晚出生小孩的非洲裔美國人和拉丁裔的母親。有關更多父母促進兒童語言發展的方法，請看【發展與生活的連接】。

五、互動論的觀點

若語言的習得只依據生物基礎，那麼亞維儂的野男孩和 Genie (在本章稍早討論到的) 應該可以沒有困難的說話。一個兒童的經驗影響語言的習得，但是我們已經看到語言確實有強烈的生物功能，無論你和一隻狗說多少話，牠都不會學習說話；相反地，兒童具有生物學上準備學習語言的基礎，全世界的兒童習得語言的里程碑約在相同的時間，且以相同的順序。然而，文化的差異造成兒童語言發展的差異。例如，在 Kaluli 文化的照顧者會提示年幼的兒童，以大聲且特別的詞素來引導說話的表現 (呼叫)，然後指出姓名、親屬關係和以分享過去經驗的方式，表示強調一個親近的人 (Ochs & Schieffelin, 2008; Schieffelin, 2005)。

環境的影響在發展語言的理解上也非常重要 (Hirsh-Pasek & Golinkoff, 2014)，若父母能提供豐富口語環境給孩童會顯示正向的好處 (Beaty & Pratt, 2015; Tamis-LeMonda & Song, 2013)。當父母注意到孩子試著說什麼時，會擴展孩子的話語，閱讀給他們聽和在環境中命名事物，都能提供他們有價值的效益 (Parish-Morris, Golinkoff, & Hirsh-Pasek, 2013; Senechal & Lefevre, 2014)。

*互動論的觀點*強調生物和經驗兩者有助於語言的 (Hoff, 2014)，語言習得有多少在生物上已決定，又有多少是來自在於與他人的互動？這是一個語言學家和心理學家爭論的議題，然而，他們都同意生物的功能和相關的經驗兩者都是有必要的 (Tomasello, 2014; Werker & Gervain, 2013)。

複習・連結・反思　學習目標三　描述語言的本質，以及如何在嬰兒時期發展

複習重點

- 什麼是語言？
- 什麼是語言規則的系統？
- 嬰兒時期如何發展語言？
- 什麼是生物上和環境上對語言的影響？
- 生物和環境的影響會如何相互作用，而影響語言的發展？

連結

- 在第 1 章，你知道在貧窮環境住得越久的兒童，生理指標的壓力顯現得越多。在本章，你學到了 SES 在兒童語言習得和字彙建立的功效，這些功效如何影響兒童的學校表現？

反思個人的人生旅程

- 若你是父母，你認為每天花好幾個小時在寶寶面前拿著一堆字的閃示卡，去幫助寶寶學習語言和提升智力是一個好主意嗎？為什麼？你認為 Piaget 對這個活動會說什麼？

發展與生活的連結

父母如何幫助嬰兒和幼兒語言的發展

語言學家 Noami Baron (1992) 在其《語言的成長》(*Growing Up with Language*) 一書及最近 Ellen Galinsky (2010) 的《心智運作》(*Mind in the Making*) 提供父母幫助孩子語言發展的想法，他們的想法摘要如下：

- **成為一個主動對話的父母**。從一出生開始就和寶寶說話，開始和寶寶的對話，若寶寶在一個全天候的托嬰中心，確認寶寶從成人那裡接收到適當的語言刺激。
- **用一個緩慢的步調說話，且當你在和寶寶說話時，無須擔心別人怎麼聽你的聲音**。用一個緩慢的步調說話，可以幫助你的寶寶偵測到他們體驗到聲音裡的字，寶寶喜歡且傾向於用高音調的聲音說出兒童導向式語言。
- **使用父母的眼神和手勢**。當你在看著某物時，說出名稱，當你想要小孩注意某件事時，看著並指著它，然後說出它的名稱，如你可能說：「Alex 看，那裡有一架飛機。」
- **當你和孩子說話時，要簡單、正確和重複**。不要試著用高層次、抽象方式和他們說話，且想著你要常說一些新的或不同的東西，常常使用相同的字可以幫助他們記住那個詞彙。
- **玩遊戲**。使用文字遊戲如 peek-a-boo 和 pat-a-cake 幫助嬰兒記住詞彙。
- **記得傾聽**。因為幼兒的說話通常是緩慢且費力的，父母要時常試著提供詞彙和想法給他們，有耐心地讓幼兒表達出自己，無論這個過程有多少錯誤或你有多心急，都要耐心聽。

父母越早開始和他們的寶寶說話越好，最好的語言教導是在嬰兒有理解話語能力時，還有什麼其他的方針能幫助父母促進孩子發展語言的技巧呢？

- **擴展和闡述嬰幼兒語言的能力和界線**。鼓勵回答其他的答案，而不是回答「是」或「不是」，主動地重複、擴展和重鑄話語，你的孩子可能會說「爸爸」，你可以接著說「爸爸在哪裡？」然後你可以繼續說：「我們去找他。」
- **調整你的孩子的特質，而不是試著反對**。許多幼兒在發音上有困難，且他們常難以被理解，但無論何時盡可能地讓幼兒感覺他們是被理解的。
- **抵制比較**。知道你的孩子在某個年紀達到的里程碑 (例如第一個字、前 50 個字)，但不要嚴格地根據其他兒童衡量他們的發展，這樣的比較會帶來不必要的焦慮。

對於母嬰互動的第一個建議是「成為活潑的會談夥伴」。你在本章前面學到哪些和母嬰會談量有關的知識？會談量、母親的讀寫技巧及母親詞彙的多樣性何者對嬰兒的詞彙有正面影響？

與前瞻主題連結

嬰兒認知發展的進步和他們的社會心理發展有連結，在第 6 章中，你將會學到有關嬰兒的社會發展取向和理解，此涉及感知人的參與意向和目標導向行為、參與意願和合作。在第 7 章裡，你將會讀到兩個主要的理論學家——Piaget 和 Vygotsky，並比較他們兩個對於年幼兒童如何進步的觀點，你會理解到年幼的兒童如何變得能夠維持他們的注意力、學習到學前兒童驚人的詞彙擴展速度，以及探索早期兒童教育的多元性。

達成本章學習目標

嬰兒時期認知發展

壹、Piaget 的嬰兒發展理論

學習目標一　概述與評估 Piaget 的嬰兒發展理論

- **認知過程**：在 Piaget 的理論，兒童積極建構自己的認知世界，建立心智結構，以適應他們的世界。基模是組織知識的行動或心理表徵。行為基模 (體力活動) 是嬰兒時期的特點，而心智基模 (認知活動) 在兒童期發展。同化作用是發生在當兒童利用其現有的基模，以應對新的訊息時；適應是指兒童在面臨新的訓息時調整自己的基模。經過組織，孤立的行為變成更高階、更順暢運作的認知系統。Piaget 提出解釋，平衡是一種兒童如何從一個認知階段轉變到下一個階段的機制。當孩童在試圖了解世界時體驗到認知衝突，會使用同化和適應來達到平衡。結果則是讓思考進入一個新的階段。根據 Piaget 指出，思考有四個性質上不同的階段。其中的第一個是在本章中描述的感覺運動階段，其他三個階段則會在後面的章節中討論。
- **感覺動作階段**：Piaget 的四個階段之首，在感覺動作階段的思考方式是嬰兒會組織和協調感覺身體的動作。該階段從出生持續到 2 歲。感覺動作階段又分為 6 個子階段：(1) 簡單反射階段；(2) 第一習慣和初級循環反應階段；(3) 次級循環反應階段；(4) 次級循環反應的協調階段；(5) 三級循環反應階段、新穎性和好奇心；(6) 基模的內化。在感覺動作階段結束時，會認知物體是自身獨立並恆久存在。這個階段一個關鍵的成就是物體恆存，嬰兒學到物體恆存，即使已經不再看得到它們；另一個成就則是嬰幼兒能理解因果關係。
- **評估 Piaget 的感覺動作階段**：Piaget 開闢了尋找嬰兒成長在協調方面的一種全新的方式：感覺輸入與肌肉運動的行動。過去幾十年裡，在研究的基礎上已提出修正 Piaget 的觀點。例如，研究者已經發現嬰幼兒開始發展概念，一種穩定和差別化的知覺世界建立，同樣是早於 Piaget 所設想的。對於嬰幼兒認知發展是先天與後天的議題發展仍然備受爭議。Spelke 贊同一個核心知識論，即嬰兒先天就具有特定領域的先天的知識體系。批評者認為 Spelke 並沒有充分地注意到嬰兒擁有的早期經驗。

貳、學習、記憶與概念化

學習目標二　描述嬰兒如何學習、記憶與概念化

- **制約**：操作性制約一直對研究人員在說明嬰兒的感知和保留有關知覺動作操作的訊息時特別

有幫助。

- **注意**：注意力是精神聚焦在特定的訊息上，嬰兒時期的注意力與習慣有著密切的聯繫。在第一年，大部分關注的是定向的 / 調查類型，但持續的關注也變得非常重要。習慣是重複出現相同的刺激，導致對刺激的注意力減少。如果一個不同的刺激呈現和嬰兒對它的注意增加，則會發生去習慣化。共享注意力 (或稱相互注意協調能力) 對嬰幼兒發展發揮重要作用，特別是在嬰兒語言習得。
- **記憶**：記憶是隨時間推移所保留的訊息。2 至 6 個月齡的嬰兒可以保留有關知覺動作操作的訊息。然而，許多專家認為，我們通常所認為的記憶 (有意識地記得過去) 此時還不會發生，直到生命的第一年的下半年。經過第二年年底，長期記憶是更充實和可靠的。大腦的海馬迴和額葉參與嬰兒外顯記憶的發展。在 3 歲之前發生未能記住事件的現象被稱為嬰兒或兒童失憶，可能是由於大腦在這個年齡的前額葉還不成熟。
- **模仿**：Meltzoff 表明，新生兒可以讓他們的行為符合這些基模 (如突出自己的舌頭)。他的研究還表明，延宕模仿早發生在 9 個月大時。
- **概念的形成和分類**：Mandler 認為它是直到約 7 至 9 個月的年齡，嬰兒開始形成概念範疇，雖然我們不知道概念形成開始的準確時間。嬰兒的第一個概念是廣泛的。在頭兩年的生活，這些廣泛的概念逐漸趨於分化。

參、語言發展

學習目標三　描述語言的本質，以及如何在嬰兒時期發展

- **語言的定義**：語言是溝通的一種形式，無論是自發的、書寫的或指示的，都是依據符號的系統，語言是由溝通使用的字和不同的規則支持與結合的，語言的特點是無限生成性。
- **語言規則系統**：語音是語言的聲音系統，包括被使用和被結合的聲音，詞素是指涉及單字訊息的最小意義單位，句法意味著單字結合成可接受的片語或句子的方式，語意代表單字和句子的意義，語用是語言在不同情境下正確的用法。
- **語言的發展**：介於嬰兒語言發展的里程碑是哭泣 (出生)、咕咕語 (1 至 2 個月)、牙牙學語 (6 個月)、從國際性的語言學家到語言特定的聽者的轉變過渡期 (6 至 12 個月)、使用手勢 (8 至 12 個月)、理解字 (8 至 12 個月)、說出第一個字 (13 個月)、詞彙爆發的進行 (19 個月)、快速增加理解的字 (18 至 24 個月)、產生兩個字的話語 (18 至 24 個月)。
- **生物和環境因素**：在演化上，語言明顯地給予人類許多優於其他動物的好處，以及增加他們生存的機會，布洛卡區和韋尼克區是兩個在大腦左半球中語言處理的重要部位。Chomsky 提出兒童先天有能力偵測語言基本的特徵和規則；也就是說，他們是生物上與生俱來有語言習得裝置 (LAD) 去學習語言。行為學家的觀點是兒童語言的習得是增強的結果，但這並沒有受到支持。成人能以兒童導向式語言、重鑄、擴展和命名幫助兒童習得語言。環境會影響兒童語言發展的不同，如同暴露於家中不同語言環境，父母應該廣泛地和嬰兒說話，尤其是當寶寶是想要說時。
- **互動論的觀點**：今日，許多語言研究者相信無論來自世界何處的兒童，擁有社會和語言的能力是語言習得不可或缺的條件。至於生物上能決定語言多少、互動上能決定多少是一個語言學家和心理學家爭論的話題，然而，他們都同意兩者在生物上的能力和相關經驗是必需的。

6

CHAPTER

嬰兒的社會情感發展

學習目標

1

壹、情緒與人格發展

學習目標一　討論嬰兒的情緒與人格發展

包括：情緒發展、氣質與人格發展

2

貳、社會定向 / 理解和依附

學習目標二　討論嬰兒的社會定向 / 理解和依附的發展

包括：社會定向 / 理解、依附及其發展、依附的個別化差異、照顧風格與依附、發展社會神經科學與依附

3

參、社會環境

學習目標三　解釋社會環境如何影響嬰兒的發展

包括：家庭與托育

和過去相比，今天有很多父親花更多的時間在他們的嬰兒身上。

留在家中照顧小孩的父親越來越多 (Lamb, 2013; Shwalb, Shwalb, & Lamb, 2013)。Darius，17 個月大。Darius 的父親是一位作家，在 Darius 的母親每天擔任全職景觀設計師的工作之際能照顧他。Darius 的父親把他照顧得很好。當他在寫作時會讓 Darius 一直在他附近玩，也會花很多的時間跟 Darius 說話及一起玩。從他們的互動看來，可以發現他們真正喜歡和對方在一起。

上個月，Darius 開始一星期有一天在托兒所。他的父母在觀察若干托嬰中心後，很謹慎地選擇，並跟老師與中心主管面談。他的父母每星期會有一天將他放在中心，是因為想要幫助他能有同儕經驗，並留給父親一些照顧他以外的時間。

Darius 的父親展望未來，常會想像 Darius 在小聯賽中的樣子，他也想像許多他可以和 Darius 一起享受的活動。只要想起與他自己小時候和父親一起度過的時間這麼少，他就想盡力確保 Darius 能有一個父親參與其中的成長經驗。當 Darius 的母親回家的晚上，她也花很多時間和 Darius 在一起。Darius 對他的母親和父親都有一個安全的依附。

預習

在第 4 章與第 5 章你閱讀到有關嬰兒如何察覺、學習及記憶。嬰兒也是社會情感的生命，可以展現情感，以及開始與他們親近的人社交互動。在本章中，我們將探討的主要議題是情緒與人格發展、社交的理解與依附，以及家庭與托兒的社會環境。

壹 情緒與人格發展

學習目標一 討論嬰兒的情緒與人格發展

情緒發展 | 氣質 | 人格發展

> 花朵被風吹落，風毫不在意，但沒有風可觸摸到心中的花朵。
>
> ——Yoshida Kenko
> 14 世紀和尚

任何人都可以發現嬰幼兒是一個情緒化的生命，即使只停留在他們身邊很短的時間。他們也具有不同氣質，用不同方式表達不同情緒。有些人害羞，有些人開朗；有些人積極，而有些人則較少表現出積極主動的樣子，所以在本節中，我們將探討這些與情緒和個性有關的嬰幼兒在其他方面的發展。

一、情緒發展

想像一下，你的生活中沒有感情會是什麼樣子？情緒是生命的色彩和樂音，也是結合人在一起的關鍵。心理學家如何定義和分類的情緒？它們為什麼對發展很重要？生命最初前兩年的生活中，情緒會如何發展？

(一) 什麼是情緒？

我們將定義**情緒**為情感或感覺，這發生在一個人的時候，也發生在與其他人互動的時候，對人是非常重要的，尤其是對人的幸福。特別是在生命初期，情緒的重要作用在於：(1) 與人溝通；和 (2) 行為的組織。透過情緒，嬰幼兒傳達出他們的生活樣貌，如喜悅、悲傷、恐懼等 (Witherington et al., 2010)。在組織行為學的角度，情緒影響嬰幼兒的社會反應和適應行為，因為他們與其他人在他們的世界互動 (Easterbrooks et al., 2013; Thompson, 2015)。

心理學家對廣泛情緒的分類有很多方式，但幾乎所有的分類都可分為正面情感或負面情感 (Izard, 2009; Shuman & Scherer, 2014)。正面情緒有積極性，如快樂和愛；負面情緒則包括焦慮、憤怒、內疚和悲傷。

(二) 生物和環境的影響

情緒受到生物基礎和個人經驗這兩個因素所影響 (Calkins, 2012; Thompson, 2013c, d; Easterbrooks et al., 2013)。生物學的重要性在於對改變嬰兒的情緒能力是很明顯的 (Kagan, 2010, 2013)。在生命的初期，大腦在某些部位 (例如腦幹、海馬迴和杏仁核) 的發展對憂傷、興奮和憤怒等情緒扮演重要的角色，嬰幼兒也能展現出這些情緒 (Fox, Reeb-Sutherland, & Degnan, 2013; Kagan, 2013)。但是，正如我們在本章稍後討論，嬰兒通常是逐漸調節自己的情緒，而這種能力似乎和大腦皮質額葉區域的漸進成熟有關 (第 4 章已討論的)，而這可在大腦的其他區域加以控制 (Cuevas et al., 2012; Morasch & Bell, 2012)。

社會關係提供豐富多樣的情緒發展機會 (Easterbrooks et al., 2013; Thompson, 2014a, b; 2015)。當嬰幼兒聽到父母吵架時，往往會表現出痛苦的表情，並壓抑遊戲的意願。功能良好的家庭則常會使雙方充滿笑容，並可能發展出輕鬆的心情來化解衝突。

文化的差異也發生在情緒的經驗中 (Tamis-LeMonda & Song, 2013; Thompson & Virmani, 2010)。例如研究人員發現，東亞嬰幼兒

情緒 (emotion)
情感或感覺，這發生在一個人的時候，也發生在與其他人互動的時候，對人是非常重要的，不管當時是在靜默或是與人互動狀態。情緒的特點是行為表達的狀態或過渡的經驗，不管愉快或不愉快。

喜悅

悲傷

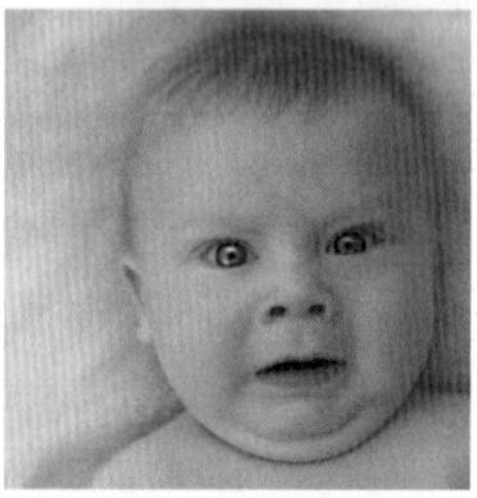

恐懼

驚訝

圖 6.1　嬰幼兒不同情緒的表達。

比非拉丁裔白人嬰幼兒較少也不強烈展現正面與負面情緒 (Cole & Tan, 2007)。此外，日本的父母會試圖阻止孩子經歷負面情緒，但非拉丁裔白人母親則會在孩子變得苦惱後，再幫助他們應對這樣的情境 (Cole & Tan, 2007)。

(三) 早期的情緒

對嬰兒情緒發展的首席專家 Michael Lewis (2007, 2008, 2010) 將早期的情緒區分為**初級情緒**和自我意識情緒。初級情緒存在於人類和其他動物；這些情緒出現在人類嬰兒的前 6 個月。主要包括驚喜、興趣、快樂、憤怒、悲傷、恐懼和厭惡 (見圖 6.1 對於一些早期的情緒顯現在嬰兒的面部表情上)。在 Lewis 的分類，**自我意識情緒**需要的自我意識包含自覺和「我」的感覺。自我意識情緒包括嫉妒、同情、尷尬、驕傲、羞恥和內疚，其中大部分首次發生在第一年下半年持續到第二年。有些情緒專家將自我意識情緒稱之為*他人覺知的情緒*，因為它們產生於對他人的情緒反應 (Saarni et al., 2006)。例如，當它們成功地完成一件任務時，父母的認同使得幼兒開始顯現出驕傲。

比如像 Joseph Campos (2005) 和 Michael Lewis (2007) 的研究人員爭論，到底是在嬰幼兒多早期的時候，會第一次出現及以何種順序出現上文所描述的情緒。一個有爭議的議題是關於嬰兒第一次顯現的某些情緒，例如嫉妒。一些研究人員認為，在嬰兒 6 個月大時還沒有出現嫉妒，要直到大約 15 至 18 個月時 (Lewis, 2007)；而有些人則主張，嫉妒出現得更早 (Draghi-Lorenz, 2007; Hart & Behrens, 2013)。

接下來讓我們看看兩項有趣的研究成果。首先，當 9 個月大的嬰兒發現他的母親對一個他的社會性對手 (例如一個逼真娃娃) 給予更多的注意力時，他會做出各種型態的、與嫉妒有關的行為 (Mize et al., 2014)；而當母親關注非社會性的對手 (例如一本書) 時，則較無此現象。進一步分析，在這項研究中，嬰幼兒面對社會性對手時在腦波檢查 (EEG) 上的反應和嫉妒有關。在第二項研究中，6 個月大的嬰兒觀察他們的母親在類似於第一項研究的情況：無論是對一個栩栩如生的嬰兒娃娃 (例如擁抱或輕輕地搖動它)，或一本書給予關注 (Hart & Carrington, 2002) 時的不同反應。發現當母親把注意力集中在娃娃上，嬰幼兒更可能顯示負面情緒，比如憤怒和悲傷，這可能表明他們的嫉妒 (見圖 6.2)。另一方面，他們表達的憤怒和悲傷也可能反映了未能和娃娃一起玩的沮喪。

仍有一些專家對嬰兒社會情感的發展持不同看法，例如 Jerome

初級情緒 (primary emotions)
存在於人類和其他動物的早期情緒；例如喜、怒、哀、懼和厭惡。

自我意識情緒 (self-conscious emotions)
自我意識情緒需要的自我意識特別包含自覺和「我」的感覺；例如包括嫉妒、同情和尷尬等。

Kagan (2010) 就主張嬰幼兒的大腦結構不成熟，使他不太可能在第一年經歷這些情緒思想，例如內疚、驕傲、絕望、羞愧、同情和嫉妒，這仍是有爭論的議題。

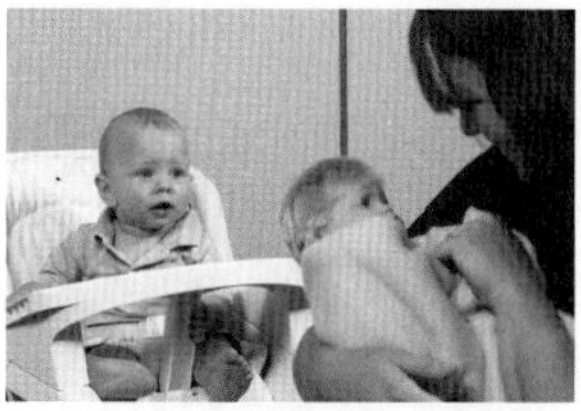

圖 6.2 這是嫉妒的早期體現嗎？ 在 Hart 與 Carrington (2002) 研究 6 個月大的嬰兒，觀察他們的母親在類似於第一項研究的情況：對一個栩栩如生的嬰兒娃娃給予關注，會展現負面情緒，如憤怒和悲傷，這可能表明早期嫉妒體現。然而，感情發展的專家，如 Michael Lewis (2007) 與 Jerome Kagan (2010) 則認為嫉妒在第一年是不可能出現的。為什麼他們會得出嫉妒不可能發生在第一年的結論？

(四) 情緒表達和社會關係

情緒的表達和嬰兒的第一次與人的關係有關。嬰兒表達與接收情緒的能力開啟與照顧者間的協調互動，以及他們之間的情感聯繫 (Easterbrooks et al., 2013; Thompson, 2014a, b, 2015)。不僅家長會改變自己的情緒表達來回應嬰兒的情緒表達，嬰兒也可以修改自己對父母的情緒表達 (Slatcher & Trentacosta, 2012)。換言之，如果一切進展順利，這些相互作用、相互調節是同步發生的。不管嬰幼兒用苦惱或快樂的方式反應，敏感、反應靈敏的父母會幫助他們的嬰兒情緒成熟 (Wilson, Havighurst, & Harley, 2012)。新近的一項研究顯示，父母啟發幼兒談論情緒與幼兒的分享和幫助等利社會行為有關 (Brownell et al., 2013)。

最近的一項研究證明，嬰兒會如何承接母親的壓力 (Waters, West, & Mendes, 2014)。在這項研究中，母親與自己的孩子分開後，被要求給一個 5 分鐘的談話時間，其中一半的母親收到積極的評價，另一半的母親則收到負面評價。收到負面回饋的母親記錄到負面情緒與心臟壓力的增加，而那些得到積極回應的母親則記錄到正面情緒的增加。當母子 (女) 團聚時，這些嬰兒被快速檢測到心跳速率的增加，以回應他們母親的壓力。發現當母親的壓力反應越大，她們的寶寶的心跳速率就會越增加。

哭泣和微笑是嬰兒與家長互動時會顯示的兩種情感表達方式，也是嬰兒最初的情感溝通方式。此外，恐懼、情緒調節和應對也是此時的重要議題。

1. 恐懼

恐懼也是嬰兒最早的情緒之一，通常先出現在約 6 個月的年齡，其最高峰的峰值約出現在 18 個月。但是，虐待和忽視的嬰幼兒可早在 3 個月就顯示出恐懼 (Witherington et al., 2010)。研究人員發現，6 至 7 歲的內疚、同情和低侵略行為可回溯連結到嬰兒的恐懼 (Rothbart, 2007)。

陌生人焦慮 (stranger anxiety)
嬰兒對陌生人的恐懼和戒心；它往往出現在生命的第一年的下半年。

一個嬰兒的恐懼最常出現的情境涉及對**陌生人焦慮**，對陌生人焦慮通常逐漸出現。首先出現在大約 6 個月的時候，以謹慎反應的形式表達，到 9 個月大時，對陌生人的恐懼往往更強烈，達到了第一年生命中的峰值，然後開始下降 (Scher & Harel, 2008)。

並非所有的嬰兒遇到陌生人的時候都會表現出痛苦，這除了有個體間差異外，嬰兒表現出對陌生人的焦慮也取決於社會環境和陌生人的特點。當嬰幼兒處於熟悉的環境時，他們表現出較少的陌生人焦慮。例如，在一項研究中，當 10 個月大的嬰兒在自己家中遇到陌生人，他們幾乎沒有表現出陌生人焦慮；但是當他們在研究實驗情境中遇到陌生人時，則會表現出強烈的恐懼 (Sroufe, Waters, & Matas, 1974)。因此，當嬰兒感到安全時，不太可能顯示出陌生人焦慮。

陌生人是誰和陌生人的行為方式也會影響嬰兒的陌生人焦慮。比起成人的陌生人，嬰幼兒對兒童陌生人較不害怕。比起被動的、不苟言笑的陌生人，他們較不害怕看起來友善、性格開朗、微笑的陌生人 (Bretherton, Stolberg, & Kreye, 1981)。

除了陌生人焦慮外，嬰兒也會從與照顧者分開中體驗到害怕，稱為**分離焦慮**。美國嬰兒的分離焦慮最早開始顯示在大約 7 至 8 個月大時，峰值在大約 15 個月時 (Kagan, 2008 年)。事實上，一項研究發現，在四種不同的文化下分離焦慮的峰值約在 13 至 15 個月 (Kagan, Kearsley, & Zelazo, 1978)。

分離焦慮 (separation protest)
當主要照顧者離開時，嬰兒的哀傷哭泣。

2. 情緒調節和應對

在生命的第一年，嬰兒逐漸發展出將情緒反應的強度和持續時間加以抑制或逐漸降低的能力 (Calkins & Dollar, 2014; Ekas, Lickenbrock, & Braungart-Rieker, 2014)。從嬰兒時期早期，他們把自己的大拇指含在嘴裡來撫慰自己，但在更早的時期，嬰幼兒主要只能依靠照顧者幫助他們舒緩自己的情緒壓力，當一個保姆輕搖嬰兒入睡，唱搖籃曲給他聽時，就是在輕輕地安撫嬰兒。

照顧者的行為會影響嬰兒情緒的神經生理調節 (Calkins & Dollar, 2014; Thompson, 2015)。藉由舒緩嬰兒，照顧者幫助嬰兒調節自己的情緒，減少壓力荷爾蒙。許多發展主義者強調的是，照顧者在嬰兒進入激烈的、激動的、不受控制的狀態之前就先撫慰嬰兒，是一個很好的策略 (McElwain & Booth-LaForce, 2006)。

在較後期的嬰兒時期，當精神狀況良好時，嬰兒有時會重新定向他們的注意力或分散自己的注意力，以減少他們的衝動。在 2 歲時，幼兒可以使用語言來定義自己的感受狀態和擾亂他們的環境。例如一個 3 歲的孩子可能會說「小狗怕怕」，這種類型的溝通可以幫助照顧者協助孩子調節情緒。

情境可以影響情緒調節 (Thompson, 2014b)。嬰幼兒常受疲勞、飢餓而影響情緒。一天中的某些特定時間，誰在他們身邊及他們身處何處，嬰幼兒必須隨時整理情緒，以適應不同情況下的情緒調節。此外，隨著嬰兒逐漸長大，新的需求出現，家長會修正他們的期望。例如，如果一個 6 個月大的嬰兒在餐廳尖叫，家長可能付諸一笑，但如果是一個 6 歲兒童在餐廳開始尖叫，家長的反應可能很不同。

是否應當給予哭鬧的嬰兒關注和安慰？到底要安撫，還是不要安撫？這是否會寵壞嬰兒？許多年前，行為主義的 John Watson (1928) 認為，父母花太多時間處理嬰兒的哭鬧，因此他認為這是父母獎勵哭泣而提高其發生率。另外，行為學家 Jacob Gewirtz (1977) 也發現，若照顧者很快的舒緩哭鬧，反而會增加哭鬧。與此相反地，嬰兒專家 Mary Ainsworth (1979 年) 和 John Bowlby (1989) 則強調，你必須在嬰兒生命的第一年盡速回應嬰兒的哭鬧，因為他們認為對嬰兒的哭鬧給予迅速、溫暖的回應，是發展嬰幼兒和照顧者之間牢固連結的重要組成部分。在 Ainsworth 的一個研究中發現，母親對 3 個月嬰兒的哭鬧迅速反應，則他們在出生後的第一年就會哭得較少 (Bell & Ainsworth, 1972)。

爭論依然圍繞著父母是否或該如何對嬰兒的哭鬧做出回應的問題。然而，發展主義日益認為，嬰兒不會在生命的第一年就被寵壞了，這說明父母應該安撫一個哭泣的嬰兒。這種反應幫助嬰兒對照顧者建立信任和安全的依附感，一項研究證明，母親對哭鬧的不良情緒反應 (憤怒和焦慮) 增加後續連接不安全的風險 (Leerkes, Parade, & Gudmundson, 2011)。另一項研究則發現，對 6 個月以下的嬰兒安撫能力的問題會連接到 12 月大時不安全的依附 (Mills-Koonce, Propper, & Barnett, 2012)。而在最近的一項研究中，研究人員更發現，表現出較高情緒調節的情緒反應的嬰幼兒，很有可能來自一個親子互動良好且正面的家庭 (Ursache et al., 2013)。

二、氣質

你是否常生氣？是否有很多讓你生氣或是讓你發笑的事？其實即使是在一出生時，嬰兒似乎就顯現出不同的情緒風格。有的嬰兒看起來總是快樂和幸福；有的則似乎很不快樂，不斷地哭泣。這些情緒傾向就是**氣質**，和個體的行為模式、情感及反應方式都有關，這樣的特

氣質 (temperament)
涉及到個體差異的行為方式，情感和做出反應方式的特徵。

徵是有個別差異的。具體來說，不同氣質的嬰兒在情緒展現的快慢、持續時間與強度上都會有所不同。

(一) 氣質的描述與分類

你會如何形容自己的氣質或朋友的氣質？研究人員對於個人的氣質會有不同的描述和分類方式 (Goodvin, Winer, & Thompson, 2014)。在這裡，我們將介紹其中三個方式。

1. Chess 和 Thomas 的分類

精神病學家 Alexander Chess 和 Stella Thomas (Chess & Thomas, 1977; Thomas & Chess, 1991) 確定了氣質三個基本類型或群組：

- **容易養育的孩子**：大部分時間處在一種正面的情緒中，他們會在嬰兒時期迅速建立規律的例行程序，並很容易適應新的原則。
- **難養育的孩子**：容易產生負面反應，經常哭泣，日常事務的進行是較無規律性的，且較慢接受改變。
- **慢熟型的孩子**：有一個低下的活動程度，情緒多少有些負面，但卻是低強度的情緒。

在他們的追蹤研究中，Chess 和 Thomas 發現有 40% 的兒童可能被歸類為容易養育的、10% 是難養育的、15% 為慢熟型的，還有 35% 的人不適合任何模式。研究人員發現，這三個基本集群的氣質穩定地橫跨童年歲月。

容易養育的孩子 (easy child)
一般是在一種正面的情緒中，在嬰兒時期迅速建立規律的例行程序，並很容易適應新的原則。

難養育的孩子 (difficult child)
容易產生負面反應，經常哭泣，從事不規律性的日常事務，而較慢接受改變。

慢熟型的孩子 (slow-to-warm-up child)
活動程度低下，多少有些負面，並顯示低強度情緒。

抑制型的孩子 (inhibited children)
面對陌生情境時會迴避、苦惱或壓抑情緒。

2. Kagan 的行為抑制

對分類兒童氣質的另一種方式，則著重於一個極端是害羞、壓抑、膽小，另一個極端則是善於交際、外向、大膽的。Jerome Kagan (2002, 2008, 2010, 2013) 認為對陌生人 (同輩或成人) 的羞怯，可作為一個廣泛的氣質類別特徵，稱為所謂陌生的抑制作用。**抑制型的孩子**在一開始面對陌生人或不熟悉的情境時會用迴避、苦惱或壓抑去應對，這個現象大約在生命初期的 7 至 9 個月間開始。

Kagan 發現，從嬰兒時期到兒童早期的抑制作用顯示相當的穩定性。一項研究將幼兒分為極抑制型、極開放型和中間群體 (Pfeifer et al., 2002)，後續分別在 4 和 7 歲時進行追蹤評估，發現雖然有一些原先屬於抑制型的兒童在 7 歲時移至中間群組，但是大致仍延續原先的分類。還有一項研究證明，3 歲時行為抑制會連結到四年後的害羞 (Volbre cht & Goldsmith, 2010)。另一項研究則發現，24 個月大的嬰兒在較低威脅的情況下，感到害怕焦慮的程度很可能會比幼兒園時的的平均值更高 (Buss, 2011)。Bohlin 和 Hagekull (2009) 研究發現，在嬰兒時期 / 兒童期的害羞 / 抑制作用可連結到在 21 歲時的社交焦慮。

3. Rothbart 和 Bates 的分類

對於氣質的新分類也不斷地被創造，如 Mary Rothbart 和 John Bates (2006) 認為，之前的氣質分類並不包括關鍵的氣質風格：努力控制 (自我調節)，因此研究人員發現他們認為以下三大向度是氣質特徵最好的結構：外向 / 精力充沛型、消極情感型和努力控制 (自我調節) 型。

- 外向 / 精力充沛型是指積極參與、衝動性、活動水準和感官刺激的覺尋求 (Rothbart, 2004, p. 495)。Kagan 的不受約束孩子就屬於這一類。
- 消極情感型包括恐懼、沮喪、悲傷和不舒服等 (Rothbart, 2004, p. 495)。這些孩子很容易苦惱；他們可能時常擔心哭泣。Kagan 的抑制兒童適合歸在這一類。
- 努力控制 (自我調節) 型包括能集中和轉移注意力、抑制控制，對外界有敏感的覺知和低強度的樂趣追求 (Rothbart, 2004, p. 495)。高努力控制的嬰兒會努力保持自己的興奮不至於讓它變得過高，也具有舒緩自身的能力。相比之下，低努力控制的兒童往往無法控制自己的興奮；他們變得容易激動，強烈地情緒化表現。最近的一項研究發現，年幼的孩子能努力控制自我，也比較能等待更長的時間來表達憤怒和更容易使用自我監管策略，以分散注意力 (Tan, Armstrong, & Cole, 2013)。

在 Rothbart (2004, p. 497) 看來，氣質的早期理論模型強調，我們是在正負向情緒間及興奮的不同水準間移動，而較近期的重點則是研究人是如何展現自我控制，並強調個人可以有更多的認知彈性以因應壓力環境。Rothbart 和 Bates 加入的努力控制 (自我調節)，就是對氣質的理解最重要的貢獻。

對氣質分類還要注意的是，如 Chess 和 Thomas 或 Rothbart 和 Bates 所言，兒童不宜被分類為僅具有一個特殊類型的氣質向度，例如「困難」或「消極情感」。當我們試圖分類兒童氣質時，一個重要策略是認知

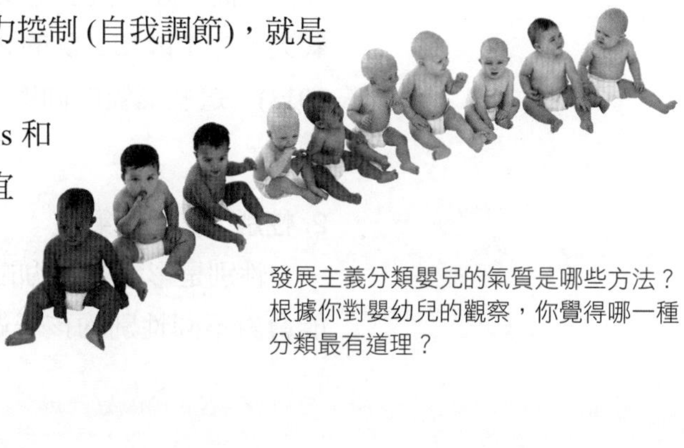

發展主義分類嬰兒的氣質是哪些方法？根據你對嬰幼兒的觀察，你覺得哪一種分類最有道理？

到氣質是包含多個向度 (Bates, 2012a, b)。例如，一個孩子可能大致看來是屬於外向型，但也會表現出一點消極情緒，並具有良好的自我調節；另一個孩子可能是性格內向，顯示出一點情緒消極，並有低水準的自我調節。

氣質能力的發展，如努力控制等會慢慢使得個體間差異產生。例如，雖然大腦的前額葉的成熟必然會發生在任何一個兒童身上以提升專注力，但有的兒童能努力控制，有的兒童則不能。這些在兒童間的差異就是來自氣質的影響 (Bates, 2012a, b)。

(二) 生物學基礎和經驗

兒童如何獲得一定的氣質？ Kagan (2002, 2010, 2013) 認為，孩子們可能繼承一個來自生理基礎，使他們有一個特定類型的氣質。然而，透過經驗累積，他們在某種程度上可以學習來修改自己的氣質。例如有的孩子可能偏向恐懼和抑制，但他們可以學習以減少恐懼和抑制的程度。

1. 生物的影響

不同的氣質有不同的生理特性 (Bates, 2012a, b; Kagan, 2013; Mize & Jones, 2012)。特別的是，抑制氣質的確與一個特定的生理形態有關，其中包括高而穩定的心臟速率、較高水準的激素皮質醇，並且高活性的大腦右額葉 (Kagan, 2008, 2010)。這個模式可被連結到杏仁核的興奮性，大腦的結構對恐懼和抑制發揮重要的作用。

生物學基礎的遺傳中對氣質的作用是什麼？雙胞胎和領養的研究證明，遺傳對在不同氣質的一群人有適度影響 (Plomin et al., 2009)。當代的觀點是，氣質是一種以生物學為基礎，但行為方面卻會不斷變化，它之所以會不斷演變，是因為兒童的經驗已摻入表徵兒童其個性的自我認知和行為偏好網絡中 (Goodvin, Winer, & Thompson, 2014)，氣質的生物學基礎常被解釋為是指氣質的不能發展或改變。

然而，在氣質很重要的自我監控方面，如適應性、舒緩的能力和毅力，在 1 歲和 5 歲的嬰兒上看到是非常不同的 (Easterbrooks et al., 2013)。這些氣質的向度發展變化會隨著自我調節的神經生物學基礎增長。

2. 性別、文化和氣質

性別是影響氣質的的一個重要因素 (Gaias et al., 2012)。家長們可能會對不同性別的孩子做出不同的反應。例如，在一項研究中，母親更能適應急躁女孩的哭鬧，而不是急躁男孩的哭泣 (Crockenberg, 1986)。

同樣的，照顧者對嬰兒氣質的反應也受文化影響。(Chen et al., 2011; Gartstein et al., 2014)。例如，研究人員已經發現行為抑制在中國比在北美更加受到高度重視，中國的嬰兒也比加拿大的嬰兒更抑制 (Chen et al., 1998)

發展連結—社區和文化
跨文化研究，試圖確定文化普遍性和文化的殊異性在發展上的具體影響。(第 1 章)

氣質的文化差異與父母的態度和行為有關。2 歲大嬰兒的加拿大母親不太接受嬰兒的氣質受到抑制，而中國的母親卻很容易接受。此外，最近的一項研究顯示，美國的嬰兒表現出更多的氣質恐懼，而芬蘭嬰幼兒則表現出較多的正向情感，如努力控制 (Gaias et al., 2012)。

總之，孩子的環境在許多方面可以鼓勵或不鼓勵某種氣質特徵的持久性 (Bates, 20l2a, b; Gartstein et al., 2014; Shiner & DeYoung, 2013)。例如最近的一項研究發現，父親的內隱問題 (焦慮、抑鬱等) 與 6 個月大嬰兒有較高水準的負向情感有關。思考這些關係的一個有用的策略就是應用適合度的概念，我們在下一節探討。

3. 適合度和教養

適合度指的是一個孩子的氣質和他必須應對環境間的適配性。假設 Jason 有很長一段時間坐著不動，但他正處於該積極學步的時期；Jack 是一個慢熱的幼兒，但他常定期的會被推入新的情況，Jason 和 Jack 都面對一個與自己的氣質不合但須應對的環境，這就會產生調整適合度的問題 (Rothbart, 2011)。

至少在現代西方社會，現有的氣質特徵帶來許多育兒難題 (Goodvin, Winer, & Thompson, 2014; Rothbart, 2011)。當孩子很容易出現困擾，表現頻繁的哭泣、易怒時，父母常會忽略孩子的困境做出適當反應，而只是試圖改變孩子的「行為」。研究發現，提供額外的支持和訓練給有困擾傾向的嬰兒母親，能改善母嬰互動的質與量 (van den Boom, 1989)。訓練幫助母親改變對孩子的要求，可改善兒童和環境之間的適配性。研究人員還發現，減少嬰兒的負向情緒能讓父母有更高的敏感度、參與度和反應度 (Bates, 2012a, b; Penela et al., 2012)。為了進一步了解為人父母如何因應孩子的氣質而採取一些積極的策略，請參見【發展與生活的連結】。

適合度 (goodness of fit)
指的是一個孩子的氣質和他必須應對環境間的適配性。

發展與生活的連結

教養和兒童的氣質

氣質的變異對父母的養育會有什麼影響？雖然這個問題的答案必然是充滿不確定性的，但以下這些關於對應於兒童氣質上最好教養策略的結論是由氣質專家 Ann Sanson 和 Mary Rothbart (1995) 所提供：

- **重視和尊重個性**。良好的教養來自敏感於孩子的個性特徵。我們可能要以某種方式實現對一個孩子的目標，而根據孩子的氣質以另一種方式對另一個孩子。
- **建構孩子的環境**。擁擠嘈雜的環境可能會造成一些比其他(如「容易養育的孩子」)兒童更大的問題(如「難養育的孩子」)。我們不妨也期待一個害怕的、退縮的孩子能慢慢進入新的環境。
- **「難養育的孩子」的養育套裝方案**。方案常是為處理「難養育的孩子」的家長，但在某些情況下，「難養育的孩子」指的是 Thomas 和 Chess 描述的常有負面反應、經常哭泣、每先生活作息不規律，且接受改變速度很慢的孩子。在其他情況下，這個概念可能用來描述一個孩子是煩躁、經常會顯示憤怒、不按照指示，還顯示一些其他的負面特徵等。承認有些孩子比別人更難養育對母親是有幫助的，如何處理特定困難特性的建議也是有用的；然而，一個特定特徵的困難是取決於它是否與環境適合。急於標註一個孩子「難養育」可能會建立出一個自我實現預言：如果一個孩子被確定為「難養育」，人們對待孩子的方式可能就真的會引出「困難」的行為。

有哪些好的策略可以幫助父母因應孩子的氣質而做出反應。

很多時候，我們未考慮兒童真正的需求就將他進行分類 (Bates, 2012a, b; Rothbart, 2011)，這是很危險的。取而代之的是，照顧者需要考慮接納孩子的氣質，再設法營造適配的環境。研究人員還沒有辦法提出許多非常具體的建議，但是，在一般情況下，照顧者應該具有下列修養：

(1) 對孩子的個體特徵敏感。
(2) 柔性的應對這些特徵。
(3) 避免施加負面標籤給孩子。

如何將你所學到的關於「適合度」的概念給「構建兒童的環境」者建議？

三、人格發展

情緒和氣質形成人格的關鍵，成為每個個體持久的個人特徵。現在，就讓我們探討嬰兒時期核心人格發展的特點：信任與自我和獨立的發展。

1. 信任

依據 Erikson (1968) 的說法，出生後第一年的發展任務是發展出信任或不信任的階段。隨著保護在母親子宮裡的規律性和溫暖的生活，嬰兒面臨的世界是不太安全的。Erikson 建議，當嬰兒處在一個一致性、溫暖的照顧方式下就會學習信任；相反地，如果嬰兒沒有得到很好的回饋，並保持在溫暖一致的基礎上，就可能發展出不信任感。

信任與不信任的問題是生命第一年的重要課題，但並不代表從此就會定型，它會再次出現在發展的每一個後續階段中，而產生正面或負面的結果，就算嬰兒帶著信任感度過生命的第一年，仍然有可能在經歷重要事件後又再度被不信任感觸動，例如在他們的父母已分居或在衝突的情況下離婚後。

2. 自我意識的發展

個人在什麼時候就開始意識到自己是一個單獨的存在呢？研究嬰兒時期的意識發展是困難的，主要是因為嬰兒不能口頭表達自己的想法和印象，也無法理解研究人員複雜的指令。

一個測試嬰兒的視覺自我識別的巧妙策略是採用鏡面技術，由嬰兒的母親先把口紅點在嬰兒的鼻子上。然後觀察者查看嬰兒在多久之後會摸它的鼻子。接著，將嬰兒放置在鏡子前，觀察者再度檢測嬰兒是否會增加摸鼻子的次數。為什麼會這樣？我們的想法是，增加對鼻子的觸摸表示嬰兒認識到鏡子裡的自我，並試圖觸摸或擦掉口紅，因為鼻子上的口紅違反了嬰兒對自我的看法。增加觸摸表示出嬰兒意識到它是自我在鏡子中，但外加上去的東西是不正確，因為真正的自我不應該有口紅點在上面。

圖 6.3 顯示兩個調查所用的鏡面技術的結果。研究人員發現，若是 1 歲之前，嬰兒並不會認識到自己在鏡子中 (Amsterdam, 1968; Lewis & Brooks-Gunn, 1979)。自我認知的跡象開始出現時，大約在他們 15 至 18 個月之間。當他們 2 歲時，大多數孩子認識到自己的獨立存在。總之，嬰兒在大約 18 個月的年齡時開始發展一種被稱為自我了解的自我認知 (Hart & Karmel, 1996; Lewis, 2005)。

不管處在哪一種文化環境下的嬰兒對鏡子都不熟悉 (Rogoff,

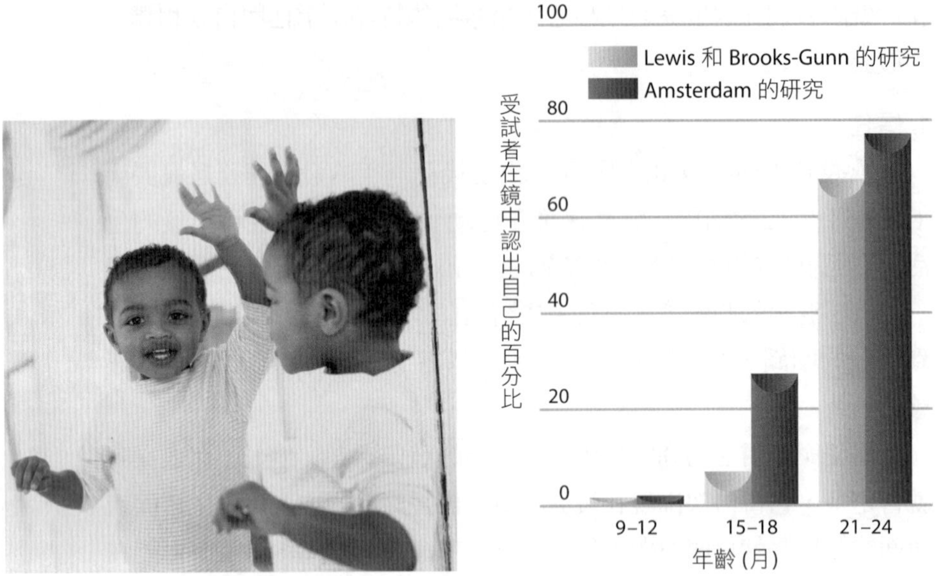

圖 6.3 嬰兒時期自我認知的發展。該圖顯示兩個研究的結果：不到 1 歲的嬰兒沒有認識到自己在鏡子裡。大約在 15 至 18 個月大時，嬰兒對自我認知的比例略有增加。到 2 歲時，大多數孩子認識自己。為什麼研究人員所研究的嬰兒能意識到自己在鏡子？

2003)，但在西方文化比起非西方文化來說，身體自我認知可以是自我認知一個更重要的里程碑。為了支持這種文化的變化觀點，一項研究發現，德國城市中等偏下階層家庭的 18 至 20 個月大的幼兒比來自喀麥隆農村農耕家庭幼兒更容易認識到自己的鏡像 (Keller et al., 2005)。

在第二年和第三年年初後，幼兒表現出新興形式的自我意識，反映了「我」的感覺等 (Goodvin, Winer, & Thompson, 2014)。

例如，他們透過語言如「我，大」；標記自己內在經驗，如情緒；他們也會監督自己，如當一個孩子說：「我自己做」時；和聲明東西是他們的 (Bates, 1990; Fasig, 2000)。

3. 獨立

Erik Erikson (1968) 強調的獨立性在生命的第二年是一個重要的問題。Erik Erikson 主張自主與羞愧 / 懷疑是第二發展階段的重要發展任務。自主性的建立是源於嬰兒的智力和運動能力的發展，此時嬰兒不僅可以行走，也可以爬、打開和關閉物體，以及下降、推拉、抓住或放手。嬰幼兒為這些新的成就感到自豪，並希望自己可以做任何事，無論是沖廁所、掀起包裝拉出包裹，或決定吃什麼。當家長認識到幼兒的動機，可以勝任並做出他們在自己能力範圍內的事是很重要的。然後，他們可以學會控制自己的肌肉和自己的衝動。但是，當照顧者沒有耐心讓幼兒有能力發展出做自己的概念時，羞恥和懷疑就會由此產生。若家長只是迫不及待完成事務，而不讓孩子有自己完成的經驗，或是一貫過度保護幼兒或批評事情的結果 (例如弄濕、弄髒、溢出或打破等)，孩子就會有恥辱的感覺，養成一種懷疑他們控制自己及其世界的能力態度。正如我們在後面的章節中會討論到的，在 Erikson 所強調發展成對自我是自主的還是恥辱感覺的階段，對個人未來的發展無疑具有重要的意義。

發展連結—個性
Erikson 提出，個體在人類發展的過程中經歷八個階段。(第 1 章)

發展連結—個性
兩個關鍵點在發展時，在有一個獨立的強大推動獨立生命的第二年和青春期早期。(第 12 章)

複習・連結・反思 學習目標一 探討嬰兒時期的生理發育及發展

複習重點
- 什麼是情緒？什麼是嬰兒情緒的性質？它們如何改變？
- 什麼是氣質？它是如何在嬰兒時期發展？
- 什麼是人格在嬰兒時期的一些重要議題？又會如何發展？

連結
- 在本節中，你讀到雙胞胎和領養研究用於釐清遺傳和環境對氣質類型的影響。在第 2 章，你已學過如何進行雙胞胎和領養的研究，討論雙胞胎和領養研究的特點。

反思個人的人生旅程
- 你會如何形容自己的氣質？它是否適合 Chess 和 Thomas 三種風格的一個？容易養育的、慢熟型的，還是難養育的？如果你有兄弟姐妹，你的氣質與他們相似或是不同？

貳 社會定向 / 理解和依附

學習目標二 討論嬰兒的社會定向 / 理解和依附的發展

社會定向 / 理解 | 依附及其發展 | 依附的個別化差異 | 照顧風格與依附 | 發展社會神經科學與依附

到目前為止，我們已經討論情緒和情感能力的變化及嬰幼兒在這些方面如何發展，還研究情緒風格的作用；實際上，我們已經看到嬰幼兒的情緒如何在生命初期就建立我們人生全程的基調，情緒是我們與他人關係的核心。

一、社會定向/理解

在 Ross Thompson (2006, 2011, 2013, 2014a, 2015) 的觀點，嬰幼兒是社會情緒的生物，他們很早就表現出對社會世界的強烈興趣，並

發展連結—人生全程的觀點
生物，認知和社會情感在人生全程的發展中交織在一起。(第 1 章)

且有動機去定位和理解它。在前面的章節中，我們介紹許多促進社會定向和了解嬰兒發育的生物學和認知基礎。在本章中，我們將特別關注社會導向相關的生物和認知因素：如行動力、意圖及目標導向行為、社會參照、社會的世故性 (sophistication) 和洞察力 (insight)。一起討論生物、認知和社會進程，並提醒我們在第 1 章指出的一個重要方面：這些過程錯綜複雜地交織在一起 (Diamond, 2013)。

(一) 社會定向

在發展的早期，嬰兒就已被社會世界迷住了。正如我們在第 4 章提及的，嬰幼兒會目不轉睛地盯著人的面孔，並適應照顧者的聲音 (Lowe et al., 2012; Sugden, Mohamed-Ali, & Moulson, 2014)。慢慢地，就會善於解讀面部表情的含義。

面對面的玩耍開始成為照顧者與其 2 至 3 月齡嬰幼兒互動的特色。嬰幼兒關注於面對面的玩耍等社交互動，可能包括發聲、觸摸和手勢 (Lee et al., 2013)。這樣的玩說明了許多母親對嬰兒創造一個正向情緒狀態的動機 (Thompson, 2013c, d)。

2 至 3 個月以下的嬰兒對於人與物體有不同的回應方式，他們對人有更多的正向情緒，而不是對無生命的物體，如木偶。可能有部分原因是源自於照顧者和嬰兒之間的正向社會互動與情感交流 (Legerstee, 1997)。在這個年齡，大多數嬰兒當他們發出微笑或聲音時，會期望別人做出正向反應。這一結果已經由研究發現，研究人員使用一種稱為*靜止面部表情*的方法，讓照顧者在與嬰兒面對面的互動中交替顯示正向反應或是沒有反應 (Bigelow & Power, 2012)。早在 2 至 3 個月大的嬰兒，當照顧者表現出仍然無反應時，他們會顯得退縮、情緒不佳或自我導向的行為 (Adamson & Frick, 2003)。當嬰兒 7 個月大時，由於他們的活動力越來越強，而開始減少這樣面對面的玩耍 (Thompson, 2006)。一項後設分析顯示，嬰兒更高的正向情感和較低的消極情感與面對面玩耍有關，以確保在 1 歲以下的依附 (Mesman, van IJzendoorn, & Bakermans-Kranenburg, 2009)。

一位母親和她的孩子進行面對面的玩耍。通常在什麼年齡開始面對面玩耍，什麼時候通常會開始降低頻率？

嬰兒透過與照顧者面對面玩耍來了解他們的社交世界 (Thompson, 2014a, b, 2015)。即使僅 6 個月以下的嬰兒也會表現出與人互動的興趣，在第二年的後半段則大幅增加與同齡人的互動。18 至 24 月齡兒童顯著提高他們的模仿和相互遊戲，例如他們會模仿像跳躍和跑步等的非口語行為 (Eckerman & Whitehead, 1999)。Brownell、Ramani 及 Zerwas (2006) 設計一項研究測試 1 歲和 2 歲的孩子拉扯一個槓桿，以得到一個吸引人的玩具的簡單合作任務 (見圖 6.4)。研究結果發現：1 歲的孩子若表現出任何協調行動似乎是巧合，而不是合作；但 2 歲幼兒的行為特點則是能積極合作，以達成目標。

圖 6.4　合作任務。合作任務包括有兩個把手的一個盒子，上面是一個會動的音樂玩具。當兩個把手被拉動時，實驗者會暗中透過遙控器暗中讓它活動。把手要放得夠遠，以便讓一個孩子無法同時拉兩個把手。實驗者先示範任務，他說：「注意看！如果你拉把手時，小狗會唱歌」(Brownell, Ramai, & Zerwas, 2006)。

(二) 移動力

回想前面的章節，我們提到嬰兒獨立性的重要，尤其是在生命的第二年。由於嬰幼兒發展到可以爬行、行走、奔跑時，他們能夠探索和擴大自己的社交世界。這些新開發的、自己產生的運動技能，使嬰兒能夠更加頻繁地獨立展開社會性互動 (Laible & Thompson, 2007)。還記得第 4 章，這些大肌肉動作技能發展的因素，包括神經系統的發展、嬰兒想要到達目的之動機，以及環境對於技巧的支持 (Adolph & Kretch, 2014; Adolph & Robinson, 2015)。

嬰兒及幼兒的獨立性也很有可能受到了運動技能發展步調的影響，更重要的是運動的激勵意義——一旦嬰兒有針對目標導向的移動力 (locomotion)，這個動機促使他們進一步的努力探索和發展技能。

(三) 意向與目標導向行為

發現人類能從事有意向和目標導向的行為是社會認知的重要成就，而這件事最早出現在生命的第一年年底 (Thompson, 2010)。共享注意力 (或稱相互注意協調能力) 和視線追隨能幫助孩子明白其他人的意向 (Deak et al., 2014; Tomasello, 2014)。回憶一下第 5 章提及有關照顧者和嬰兒的共享注意力發生在同一個對象或事件上。我們認為共享注意力最早出現在大約 7 至 8 個月，但在大約 10 至 11 個月時共享注意力與機會增加，嬰兒開始跟隨照顧者的目光。通常在他的第一個生日時，嬰兒已經開始能夠透過共享注意力，引導照顧者注意他們感興趣的對象 (Heimann et al., 2006)。

(四) 社會參照

嬰兒時期的另外一個重要社會認知成就在於發展出「閱讀」其他人情緒的能力 (Cornew et al., 2012)。**社會參照**是用於描述「閱讀」其他情緒線索，幫助人在特定情況下採取行動的術語。社會參照的發展有助於嬰兒更準確地將一個混沌不清的情況解釋清楚，因為當他們遇到一個陌生人時，需要知道是否要擔心這個人 (Pelaez, Virues-Ortega, & Gewirtz, 2012)。大約在第一年年底，母親的表情，無論是在微笑還是恐懼，都會影響嬰兒是否安心進入一個陌生的環境。

社會參照 (social referencing)
「閱讀」其他人的情緒線索，幫助確定如何在特定情況下採取行動。

嬰兒在生命的第二年在社會參照部分發展得更好。在這個年齡

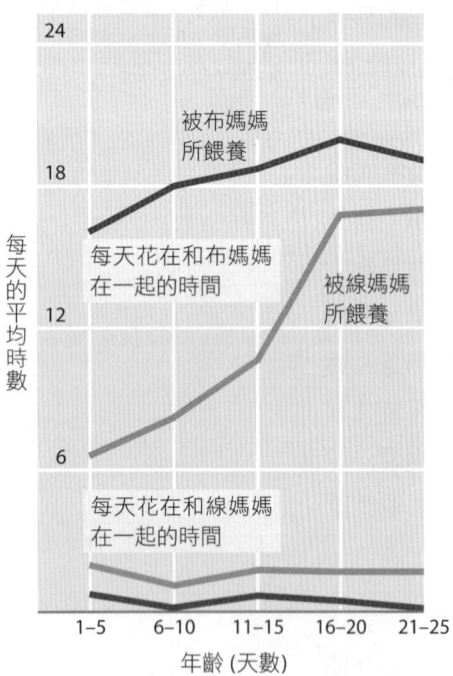

圖 6.5　嬰兒猴與假的線媽媽和布媽媽的接觸時間。不管嬰兒猴是透過線媽媽或布媽媽供給食物，但牠們絕大多數都會優先考慮花多一些時間接觸布媽媽。如何將這些結果與 Freud 的理論和 Erikson 的理論預測有關人類嬰兒做比較？

依附或依戀 (attachment)
兩個人之間的親密情感連結。

段，他們在行動之前往往先以「檢查」與他們母親的關係來作為參考。他們會看著她，看她是愉悅、生氣或害怕的。例如，在一項研究中，14 至 22 個月大的嬰兒可能比 6 至 9 個月大的嬰兒更看得見母親的臉，以獲取有關如何在此情況中採取行動的訊息 (Walden, 1991)。

(五) 嬰幼兒對世界的世故性與洞察力

新的研究讓研究人員發現，嬰兒比以前想像中還要更小的年齡就很世故和有見地 (Thompson, 2013, 2014a, b, 2015)。這種世故性和洞察力在嬰兒「對別人的覺知」行動中體現，在他們的第一個生日前已能分辨有目的的動機和目標導向的行動，他們願意分享或參與在這個自己認可的別人意圖中。嬰兒的更高級社會認知能力可能會影響到他們的理解和依附照顧者的意識。

二、依附及其發展

依附 (或稱依戀) 是兩個人之間的親密情感連結，有一些有關嬰兒依附的理論，例如在第 1 章中討論三個理論家——Freud、Erikson 和 Bowlby 提出有影響力的意見。

Freud 強調，嬰兒會依附對他提供口腔期滿足的人或物體，而對大多數嬰兒而言，這就是母親，因為她最有可能餵養嬰兒。餵養真的如同 Freud 所認為的那麼重要嗎？由 Harry Harlow (1958) 所進行的一個經典研究，則發現答案是否定的 (見圖 6.5)。

新生恆河猴出生後很快從牠們母親身邊被帶走，並為牠們提供兩個代理母親：一個是由鐵線做成；另一個是木頭套上泡沫橡皮和毛衣做成。在幼猴中有一半是由線媽媽，另一半由布媽媽餵養。週期性地，計算幼猴花在與線媽媽或布媽媽的時間。結果發現，無論哪一個母親餵牠們，幼猴花了更多的時間與布媽媽接觸。即使線媽媽提供營養，但幼猴還是花費更多的時間與布媽媽在一起。而當小猴子受驚時，那些由布媽媽「養育」的幼猴會跑回布媽媽身邊，並投向它的懷抱；但那些由線媽媽養育的幼猴則無此現象。這項研究清楚地表明，餵養未非是依附過程的關鍵元素，而接觸舒適是很重要的。

在 Erik Erikson 嬰幼兒發展的觀點中，物理舒適性也發揮了作用。回想一下 Erikson 的建議，即生命的第一年，代表信任與不信任的階段，而物理的舒適性和敏感的護理則是嬰幼兒建立信任的基本意識的關鍵 (Erikson, 1968)。信任之於嬰兒的感覺是影響深遠的，讓嬰兒預期世界將是一個美好而舒適的地方。

英國精神病學家 John Bowlby (1969, 1989) 從行為學的角度強調依附在生命第一年的重要性。Bowlby 認為，嬰兒和主要照顧者在生理傾向上形成依附。他認為新生兒是受生物性支配而引發依附行為。嬰兒哭、緊貼、發出咕咕聲和微笑，然後能跟隨母親爬行、走路，最直接的結果就是讓自己保持在主要照顧者附近，長期來看是會增加嬰兒的存活機會的。

依附不會突然出現，而是會循序發展出一系列階段，從嬰兒一般性的偏愛人 (勝於偏愛物體) 開始，到能參與特定主要照顧者的活動。以下這四個階段是基於 Bowlby 的依附概念 (Schaffer, 1996)：

- 第一階段：從出生到 2 個月。嬰幼兒本能地引導自己依附人物。陌生人、兄弟姐妹、父母同樣都有可能引發嬰兒微笑或啼哭。
- 第二階段：從 2 至 7 個月。依附成為專注於一個特定的人，通常是主要照顧者，因為嬰兒逐漸學會區別熟悉與不熟悉的人。
- 第三階段：從 7 至 24 個月。是具體依附的發展，因為增加的運動技能，使嬰兒能積極尋求與一般照顧者接觸。
- 第四階段：從 24 個月開始。孩子意識到他人的感受、目標和計畫對自己的影響，並開始考慮這些，再展開自己的行動。

Bowlby 認為，嬰幼兒有一個發展依附的內部工作模式，包括對照顧者心理狀態的理解、他們之間的關係，以及自身應得的養育照顧。依附與照顧者的嬰兒內部工作模式會影響嬰幼兒及後來對其他人的後續反應 (Roisman & Groh, 2011)。依附的內部工作模型也已發現依附和隨後情緒的認識、意識的發展、自我概念之間的聯繫發揮舉足輕重的作用 (Thompson, 2015)。

三、依附的個別化差異

嬰兒在第一年的中段時期開始建立和一個特定主要照顧者依附感，但有沒有可能嬰兒體驗到的依附品質是不一樣的？Mary Ainsworth (1979) 是這麼認為的。Ainsworth 建立一個**陌生情境**的實驗以觀察測量嬰兒依附的型態，嬰兒在其中經歷一系列的介紹、分離，並按照預定的順序與主要照顧者及成年陌生人聚會大約 20 分鐘。透過這個陌生情境實驗，研究人員希望他們的觀察所得能提供下列有關嬰幼兒依附行為的訊息，一是嬰兒接近照顧者的動機，以及照顧者提供嬰兒何種程度的安全感和信任感 (Brownell et al., 2015)。

(一) 陌生情境嬰兒的依附反應

根據嬰兒在陌生情境的反應，他們被描述為安全或不安全依附著照顧者，有下列三種方式：

- **安全依附型嬰兒**：以照顧者作為從向外探索環境的安全堡壘。當嬰兒在照顧者的存在下，安全依附型嬰兒開始探索房間，並檢查裡面已放置的玩具。當照顧者離開，安全依附型的嬰兒可能會溫和地抗議，但當照顧者返回這些嬰兒身旁時又迅速重新建立良性互動，或許是在微笑，或許是爬上她的腿上，隨後他們常常恢復繼續玩房間裡的玩具。
- **不安全迴避型嬰兒**：會透過避開照顧者顯示其不安全。在陌生情境中，這些嬰兒和照顧者很少互動，當照顧者離開房間時也沒有苦惱感，返回時也不會重新建立聯繫，甚至可能背向照顧者。如果要建立聯繫，嬰兒通常偏向離開或看著遠處。
- **不安全抗拒型嬰兒**：經常先會抱住照顧者，然後藉由踢或推遠她來抗拒親密性。在陌生情境中，這些嬰兒往往焦急地依偎著照顧者，而不是探究遊戲室。當照顧者離開時，他們經常哭得很大聲，但如果回來試圖安慰，卻會被他們推開。

4. **不安全混亂型嬰兒**：出現迷失方向的樣子。在陌生情境中，這些嬰兒看起來茫然、困惑和恐懼。被列為混亂型嬰兒通常必須表現出強烈的迴避和抵抗模式，或顯示某些特定行為，如極度恐懼地圍繞在照顧者身旁。

(二) 評估陌生情境

這個陌生情境實驗有捕捉到嬰兒間的重要差異嗎？作為衡量依附行為的主要評估策略，它或許有文化上的偏差。例如，德國和日本的

陌生情境 (strange situation)
觀察測量嬰兒依附的型態，嬰兒在其中經歷介紹、分離，並與主要照顧者分離再團聚。

安全依附型嬰兒 (securely attached babies)
會以照顧者作為向外探索環境的安全堡壘的嬰兒。

不安全迴避型嬰兒 (insecure avoidant babies)
會透過避開照顧者顯示不安全的嬰兒。

不安全抗拒型嬰兒 (insecure resistant babies)
經常抱住照顧者，然後藉由踢或推遠她來抗拒親密性。

不安全混亂型嬰兒 (insecure disorganized babies)
嬰兒藉由無所適從顯示不安全。

嬰兒往往表現出與那些美國的嬰兒不同的依附模式。如圖 6.6 所示，德國的嬰兒更有可能表現出迴避型依附型態，而日本嬰兒比美國嬰兒更不太可能顯示這些型態 (van IJzendoorn & Kroonenberg, 1988)。德國嬰兒的迴避型態可能是因為照顧者鼓勵他們獨立 (Grossmann et al., 1985)。此外，如圖 6.7 所示，日本的嬰兒更有可能比美國的嬰兒被歸類為抗拒型。這可能與陌生情境作為評量策略有關，因為日本的母親很少讓任何不熟悉的人照顧自己的孩子，相較於此，美國的嬰兒比較習慣於從母親的身旁分離，因此在陌生情境可能會為日本的嬰兒創造相當大的壓力 (Miyake, Chen, & Campos, 1985)。即使依附行為的分類有文化差異，但最常見的分類在每個迄今曾被研究過的文化中，仍是以安全依附型占大多數 (Jin et al., 2012; Thompson, 2006; van IJzendoorn & Kroonenberg, 1988)。

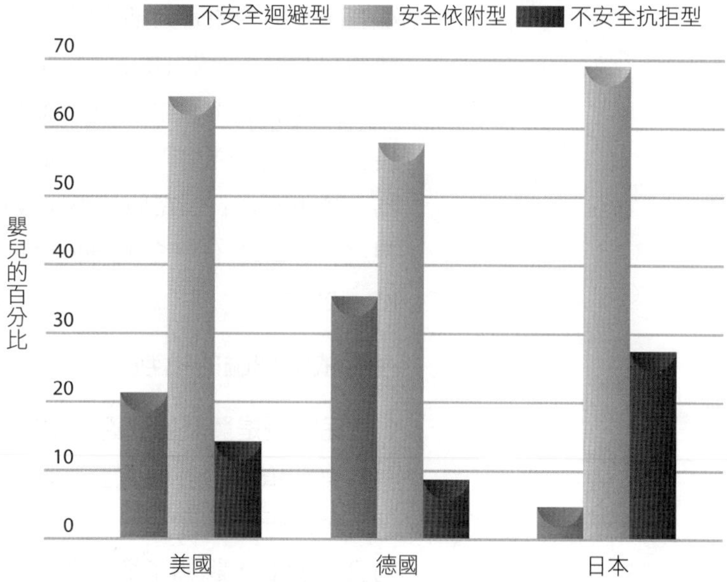

圖 6.6 跨文化的依附比較研究。 在一項研究中，比較三個國家——美國、德國、日本的嬰兒在 Ainsworth 陌生情境的測試 (van IJzendoorn & Kroonenberg, 1988)。嬰兒依附在這三個國家占主導地位的依附模式是安全依附型。然而，德國的嬰兒更多不安全迴避型，而日本的嬰兒較少不安全迴避型，美國的嬰兒則更多不安全抗拒型。要如何解釋這些差異？

(三) 依附在解讀上的差異

Ainsworth 認為，在生命的第一年，安全依附型提供日後生活中心理發展的重要基礎。安全依附型的嬰兒會透過定期的目光追蹤照顧者，並由她來主動移動遠離母親，當安全依附型的嬰兒被別人抱起時會積極回應，並在被放下時能夠自由移動地玩。相較之下，一個不安全依附的嬰兒會迴避母親或是表現出對她的矛盾情感，也會害怕陌生人，且因為輕微的日常分離時顯得不高興。

生命初期對照顧者的依附是很重要的，它和孩子日後的社會行為發展有關。對於有些孩子來說，早期的依附似乎預示著日後的功能 (Bretherton, 2012; Kok et al., 2013; Moutsiana et al., 2014)。Alan Sroufe 和他的同事 (2005) 展開廣泛的縱貫性研究，發現早期的安全依附 (由陌生情境在 12 至 18 個月的評估) 與積極的情緒健康、高自尊、自信、社交能力，與同伴、老師等的聯繫，甚至到青春期和浪漫的夥伴合作都有關。另一項研究則發現，在 2 歲以下的依附安全和 3 歲時降低同伴衝突的機率有關 (Raikes et al., 2013)。

很少有研究分開評估嬰幼兒對母親和父親的安全依附。然而，最近的一項研究發現，15 月齡嬰兒不安全依附自己的母親和父親 (稱為「雙不安全」)，在他們小學歲月時會比那些至少能安全依附任一雙親之一的孩子有更多的外向性問題 (例如失控的行為) (Kochanska & Kim, 2013)。

＊對依附理論的批判

1. 嬰兒時期是發展的關鍵和敏感時期

有關依附的一個重要議題是，嬰兒時期是發展的關鍵和敏感時期，有些研究證明，嬰兒時期的安全依附能預測兒童期和青春期以後的良性發展，說明了發展的持續性。但對於有些孩子來說，發展卻不全然是連續性，並非所有的研究都顯示嬰兒依附具有預測後續發展的力量 (Groh et al., 2014; Roisman & Groh, 2011; Thompson, 2014a, 2015)。在一個縱貫性研究中，嬰兒時期依附分類並未預測 18 歲時的依附分類 (Lewis, Feiring, & Rosenthal, 2000)，在這項研究中，一個 18 歲青年預測不安全依附分類的最好指標是父母離異，尤其在剛離異的幾年內。

一貫正向積極照顧在數年，很可能是一種早期依附連接到稍後兒童的功能發展的重要因素，但是仍有許多因素值得我們重視。事實上，研究人員發現，早期的安全依附與接下來的經歷，特別是產婦的照護和生活壓力，都與孩子後來的行為及適應有關 (Thompson, 2013a)。例如，在一個縱貫性研究中顯示，從嬰兒到成年依附安全 / 不安全的變化，與壓力和社會情感環境的支持度有關 (Van Ryzin, Carlson, & Sroufe, 2011)。這些結果表明，依附的持續性可能是穩定社會環境的反應，以及早期的工作模式的共同總和。剛剛描述的研究 (Van Ryzin, Carlson, & Sroufe, 2011) 反映出學者日益接受依附發展的觀點及其對發展的影響。也就是說，要認識到依附安全在嬰兒時期並不完全能持續長期而有積極成果，但仍是很重要的，這還要透過兒童期和青少年期所經驗的社會情境共同交織而成為日後他們的發展樣貌。

發展連結—依附
安全或不安全的依附如何反應年輕人的關係？(第 14 章)

發展層級的模型 (developmental cascade model)
涉及隨著時間的推移與跨領域的發展，影響發展途徑和成果。

Van Ryzin、Carlson 和 Sroufe (2011) 的研究也反映**發展層級的模型**，隨著時間的推移及跨領域的發展，影響發展的途徑和成果

(Cicchetti, 2013; Groh et al., 2014; Masten, 2013)。以依附為例，發展層級的模型可以包括廣泛的生物學、認知和社會情感過程之間的聯繫，也可能涉及到社會環境，如家庭、同伴、學校和文化。此外，這樣的聯繫可能在發展的不同點，如嬰兒時期、兒童早期、中期和晚期的童年、青春期和成年期產生正面或負面的結果。

最近的一項後設分析支持剛才描述的想法 (Pinquart, Feubner, & Ahnert, 2013)。這篇分析了 127 篇研究報告後，得到的結論包括下列幾點：(1) 從嬰兒早期到成年期的安全依附呈現中等程度的穩定性；(2) 追蹤的時間若超過 15 年的時間間隔，依附無顯著的穩定性；(3) 當追蹤的時間廣度少於 2 年時，依附的穩定性比超過 5 年時的依附穩定度更佳；以及 (4) 安全依附型的孩子若遇到危機事件有少數仍可保持安全依附，但不安全依附型的孩子則會繼續維持不安全依附。

2. 未注意生物學的基礎

除了挑戰假設嬰兒時期是創造一個與照顧者安全依附的關鍵或敏感時期外，一些發展主義者認為，安全依附的概念並未充分考慮某些生物因子的發展，如基因和氣質。例如 Jerome Kagan (1987, 2002) 就指出，若嬰兒擁有高彈性和適應性，就算面對重大的養育型態變化，仍有能力留在正向發展的歷程中。Kagan 等人強調，比起依附理論家如 Bowlby 和 Ainsworth，遺傳特徵與氣質在兒童的社交能力發揮更重要的作用，而這點依附理論家也都願意承認 (Bakermans-Kranenburg & van IJzendoorn, 2011)。例如一些嬰兒遺傳到低的挫折容忍度，這個特點可能比不安全依附更足以解釋他們無法與同伴相處。另一項研究則發現，嬰兒時期雜亂無章的依附行為和一個特定的基因及產婦的反應水準有關 (Spangler et al., 2009)。在這項研究中，嬰兒較短的五羥色胺基因 (5-HTTLPR) 也只有在母親應對嬰兒的反應很慢時，才會共同創造雜亂無章的依附風格。此外，在縱貫性研究中，嬰兒依附的安全性只有在當他們二十多歲時有催產素受體基因的特定變體 [特定基因 G/G 基因型 (OXTR G/G)]，才能預測成人時的安全依附性 (Raby et al., 2013)。在這項研究中，5 羥色胺基因和多巴胺基因 (DRD4) 並未一致地影響嬰兒依附和成人依附之間的聯繫。不久，我們將討論催產素在依附激素的作用。需要注意的是，一些研究人員並沒有發現基因與環境的相互作用在嬰兒依附行為上是非常重要的。

發展連結—先天與後天
先天與後天涉及哪些基因與環境相互作用？(第 2 章)

在 Hausa 人裡，兄弟姐妹和祖母提供嬰幼兒顯著的護理。這些變型照顧如何可能影響依附？

3. 忽略社會環境的複雜性

對依附理論的第三個批評是，它忽略了社交基因和環境存在於嬰兒世界的多樣性。一個文化的價值體系會影響依附的性質。在一些文化中，嬰兒表現出依附多人。其中 Hausa (住在奈及利亞)，可能由祖母和兄弟姐妹提供嬰幼兒顯著大量的照顧 (Harkness & Super, 1995)。在農業社會的嬰兒往往會形成依附兄姐，負起分配給弟弟、妹妹關心的重大責任。研究人員承認照顧者對嬰兒發展能力的影響 (Cicchetti & Toth, 2015)，但目前的問題是，對單一的主要照顧者依附是否有這麼重要？ (Lamb, 2013; Fraley, Roisman, & Haltigan, 2013; Thompson, 2014a)。

儘管有這樣的批評，但仍有充分的證據表明，安全依附在發展上是重要的 (Thompson, 2014a, 2015; Powell et al., 2014; Sroufe, Coffino, & Carlson, 2010)。安全依附是嬰兒正向發展成果的唯一預測？並非如此，也不是其他任何一個因素。儘管如此，嬰兒安全依附仍很重要，因為它反映一種正向的父母與嬰兒的關係，並提供一個支持，對接下來的幾年社會情緒的健康發展奠定基礎。

四、照顧風格與依附

照顧的風格與嬰兒依附的質量有關嗎？安全依附型嬰兒的照顧者通常具有對嬰兒發出訊號敏感的特質，也能始終如一提供給嬰兒所需求的事或物 (Powell et al., 2014)。這些照顧者常能讓孩子在生命的第一年，就能主動參與和決定相互作用的發生及步調。一項研究證明，產婦敏感做出反應與嬰兒依附安全感有關 (Finger et al., 2009)。另一項研究則發現，母親的敏感性與嬰兒 6 個月大時的依附安全感有關，嬰兒的氣質反而和安全依附無關 (Leerkes, 2011)。

不安全依附型嬰兒的照顧者如何與他們互動？迴避型嬰兒的照顧者往往無法或拒絕互動 (Posada & Kaloustian, 2010)。他們往往不回應嬰兒的訊號，也少有身體接觸。當他們與孩子進行互動時，常表現出憤怒和煩躁的樣子。抗拒型嬰兒的照顧者則常是不一致的；有時他們對嬰兒的需求會做出反應，有時卻不這樣做。在一般情況下，他們往往不是很珍愛孩子，並很少有同步互動。混亂型嬰兒的照顧者往往忽視，或甚至在身體上虐待他們 (Bernard et al., 2012)。在某些情況下，這些照顧者是情緒低落的。

五、發展社會神經科學與依附

在第 1 章中，我們描述發展的社會神經科學的新興領域，它檢視社會情感過程，並重視發展與大腦之間的聯繫 (Singer, 2012)。依附一直是發展社會神經科學主要理論和研究重點。依附和大腦之間的連接涉及腦、神經傳導物質和激素的神經解剖學。

大腦區域對母嬰依附作用的理論與研究才剛剛興起 (De Haan & Gunnar, 2009)。一個理論觀點提出，前額葉的皮質層可能在母體依附行為中發揮重要作用，如同皮質層下的杏仁核區域 (比皮質腦下部的區域) (即強烈參與情感) 和下丘腦都有作用 (Gonzalez, Atkinson, & Fleming, 2009)。

研究激素和神經傳導物質在依附的作用，強調在形成母嬰連接的兩種神經肽激素——催產素和血管加壓素的重要性 (Strathearn et al., 2012)。催產素是哺乳動物特有的激素，也充當在大腦中的神經傳導物質，在乳房哺乳和透過身體溫暖接觸時被釋放 (Carter, 2014)。催產素被特別認為在母嬰依附上扮演重要角色 (Feldman, 2012)。最近的一項研究顯示，母體催產素的多寡或模式與母嬰依附之間有緊密聯繫 (Galbally et al., 2011)。神經傳導物質裡的多巴胺在細胞核中引起的作用可能激勵人接近依附對象 (de Haan & Gunnar, 2009)。圖 6.7 顯示在母嬰依附中的重要大腦區域。

雖然催產素的釋放是由母親分娩和哺乳期的刺激，但父親也會同時釋放？男性也會分泌催產素，一個調查研究發現，在出生 6 週與出生 6 個月的嬰兒身上，當父親從事更多刺激與接觸寶寶、鼓勵他們探索，並把注意力集中到對方時，父親的催產素含量增加。在這項研究中，母親的行為會增加他們的催產素含量，而進行更深情的養育，例如凝視著自己的嬰兒，對他們表達正向的情感和接觸他們。另一項研究則發現，睪丸激素水準較低的父親也有更優質的養育行為 (Weisman, Zagoory-Sharon, & Feldman, 2014)。此外，在這項研究中，當父親施用催產素時，其教養行為會改善，社會性的目光接觸增加，同步與嬰兒有肢體和聲音的回應和接觸。

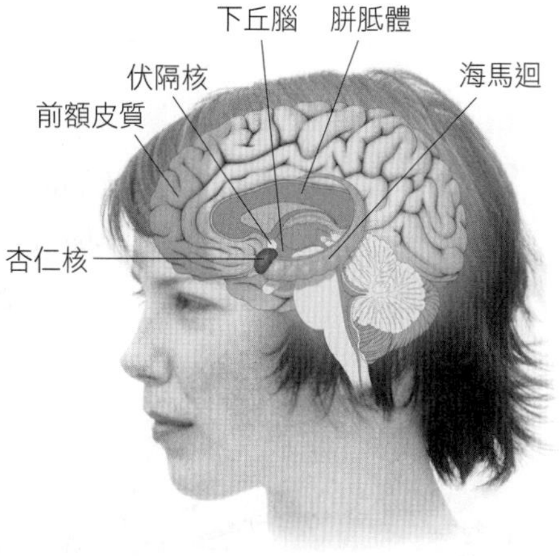

圖 6.7　被認為和母嬰間依附有關的重要大腦區域。

複習・連結・反思 學習目標二 討論嬰兒的社會定向 / 理解和依附的發展

複習重點

- 嬰兒如何定向到社會世界？
- 什麼是依附？它如何被概念化？
- 什麼是依附的個體化差異？什麼是依附理論的一些批評？
- 照顧風格和依附有何相關？

連結

- 依附的不同的理論是相互補足或相互矛盾？
- 請描述先天的因素與後天養育的概念是如何交織在一起。

反思個人的人生旅程

- 對於提高寶寶與你有一個安全依附的父母關係，可以做些什麼？

參 社會背景

學習目標三 解釋社會環境如何影響嬰兒的發展

家庭　托育

現在我們已經探索嬰兒的情感、個性發展和與照顧者的依附，接著讓我們來看看發生這些現象的社會背景。我們將透過研究一些家庭方面的議題開始，然後轉向社會環境中，嬰兒會花費越來越多的時間生活的情境，也就是有關托育的議題。

一、家庭

家庭可以被認為是在親代間 (generation)、性別和角色這幾個子系統的群集：彼此相互聯繫且相互作用。每個家庭子系統是由幾個成員參與 (Clarke-Stewart & Parke, 2014; Parfitt, Pike, & Ayers, 2014)。例如父親和孩子代表一個子系統；母親和父親是另一個；母親、父親、孩子又是另一個等。

這些子系統會相互影響對方 (Cummings, Bergman, & Kuznicki, 2014; Emery, 2014)。例如，Jay Belsky (1981) 強調夫妻關係、父母及嬰兒的行為和發展都能對對方產生直接與間接的影響 (見圖 6.8)。父母對孩子的行為會產生直接影響，但父母的婚姻關係則間接影響了親子關係 (Cummings, Koss, & Cheung, 2015; McCoy et al., 2014)。例如婚姻衝突可能會降低養育的效率，在這種情況下，婚姻衝突會間接影響孩子的行為。另一個簡單的事實則是，當一對夫妻正在

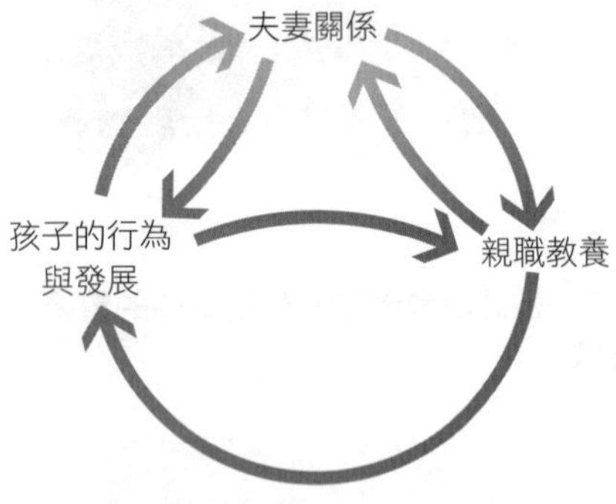

圖 6.8　孩子和家長之間的相互作用：產生直接和間接影響。

成為父母時，可能會對他們的關係產生深遠的影響。

發展連結—認知理論
鷹架理論是 Lev Vygotsky 的社會文化認知理論發展的一個重要方向。(第 7 章)

(一) 親職的變遷

當人們經由懷孕、領養或繼父母關係而成為父母時，就面臨著一個不平衡的狀況而必須適應。家長想與自己的嬰兒發展出一個強烈的依附，但也希望繼續保持對他們的配偶和朋友很強的依附，並可能繼續自己的職業生涯。父母會詢問家裡新成員的存在將如何改變他們的生活？嬰兒對父母親產生新的限制：他們不能再一想到看電影就能立刻衝出門，就算有錢也未必容易獲得休假和其他奢侈品。雙薪家庭的家長尤其會問：「如果我們把他 (她) 放在托兒所會不會傷害我們的孩子？我們能否找到負責任的保姆？」

在縱貫性追蹤調查中得知：夫妻從懷孕後期，直到他們的孩子出生 3 年半後，夫妻覺得寶寶出生前享有更積極的婚姻關係 (Cowan & Cowan, 2000; Cowan et al., 2005)。不過，也有近三分之一的人報告嬰兒的出生所增加婚姻的滿意度。有些夫婦說，孩子既把他們緊密地結合在一起，也把他們推得更遠；為人父母增強他們的自我意識，也給予他們一個新的、更穩定的身分。嬰兒開啟了男性對親密關係的關注，也更關注工作和家庭角色的需求；刺激女性更有效地管理家庭任務，並要注意自己的個人成長。

其他研究探討成人轉變到為人父母的經歷 (Brown, Feinberg, & Kan, 2012; Menendez et al., 2011)。一項研究發現，已婚和同居的婦女轉變到為人父母時，在關係滿意度有類似的負面變化。另一項研究則顯示，當父親達不到配偶的期待時，母親經歷轉變為人父母後的不滿足感 (Biehle & Mickelson, 2012)。

Bringing Home Baby 計畫是一個研討會，幫助新手父母以加強他們之間的關係，並了解和熟悉自己的寶寶、解決衝突、發展為人父母的技巧 (Gottman, 2014)。該計畫的評估發現，家長的參與，改善他們親職工作的能力：父親更多地參與和自己寶寶的互動，也增加對寶寶行為的敏感性，母親有產後憂鬱症的發病率較低，嬰兒的整體發展表現比對照組父母 (沒有參加計畫) 的嬰兒更好 (Gottman, Shapiro, & Parthemer, 2004; Shapiro & Gottman, 2005)。

(二) 交互社會化

家長和孩子們產生對彼此的相互影響不只顯現在像玩躲貓貓這種遊戲上，它還延伸到社會化的整個過程 (Deater-Deckard, 2013)。父母與子女之間的社交化不是一個單向的過程 (Ram et al., 2014)。父母確實將孩子社會化了，但在家庭社會化是相互的。**交互社會化**是雙向的社會化：兒童社會化父母，就如同父母社會化孩子一般。這些交互的互動、相互影響的過程，有時被稱為社會互動中的交互作用 (Sameroff, 2009, 2012)。

對交互社會化所進行的研究還處於起步階段，相互凝視或視線接觸在早期社會互動中扮演重要角色 (Stern, 2010)。在一項調查中發現，當母親和嬰兒互相看著對方時會做許多活動 (Stern et al., 1977)。相反地，當他們各看著遠方而不是對方時，這樣的活動頻率就大幅下降。總之，母親和嬰兒的行為有大量互相連結、相互調控，並同步協調 (Laurent, Ablow, & Measelle, 2012; Tronick, 2010)。一項研究顯示，父母與嬰兒同步協調行動這樣社會性的協調行為對兒童的發展具有重要作用 (Feldman, 2007)。在這項研究中，父母與 3 和 9 月齡嬰兒的同步行動，經追蹤研究，發現和他們 2 至 6 歲的孩子的自我調節呈現正向連結。一個重要形式是**鷹架理論**，嬰兒經歷了這樣的方式在與父母相互作用的時間，從父母身上取得了經驗。鷹架理論提及父母支持孩子的努力，使他們的行為進展更加純熟。對於有父母經驗提供參考的嬰兒，在相較之下比起只靠自己摸索的進展來得快 (Erickson et al., 2013)。在使用鷹架理論時，照顧者提供一個積極、交互的框架，促使他們和孩子互動。例如在玩躲貓貓遊戲時，母親起初會把嬰兒掩蓋起來，隨後，她撤除了掩蓋，而讓「驚喜」出現在嬰兒重新現出時。隨著嬰兒變得更善於躲貓貓及按童謠節奏玩的拍手遊戲等，照顧者啟動其他的遊戲，並從中學習輪流的概念。按童謠節奏玩的拍手遊戲和躲貓貓遊戲反映照顧者和嬰幼兒相互注意協調能力的發展，這是我們在第 5 章中曾討論的 (Melzi, Schick, & Kennedy, 2011)。

越來越多的遺傳和在遺傳上的因素正在被研究，發現孩子不僅受父母的影響，孩子也會影響父母的 (Asbury & Plomin, 2014; Beach & Whisman, 2013; Brody et al., 2013; Deater-Deckard, 2013; Harold et al., 2013)。回憶一下第 2 章遺傳上的觀點 (epigenetic view) 強調，發展是遺傳和環境之間正在進行、雙向交流的結果 (Gottlieb, 2007; Lickliter, 2013; Moore, 2013)。例如，惡劣的、敵對的養育與兒童的負面發展後果有關，如對立和反抗行為 (Deater-Deckhard, 2013)。這可能反映雙向的影響，而不是單向的養育效果；也就是說，父母的嚴厲、充滿敵意的育兒和孩子的對立反抗行為可能會相互影響。在這種雙向的影響

交互社會化 (reciprocal socialization)
社會化是雙向的；兒童社會化父母，就像父母社會化孩子。

鷹架理論 (scaff olding)
嬰兒在父母相互作用時，練習從父母身上取得經驗。

中，父母和子女的行為可能有遺傳的聯繫，以及經驗的連接。

照顧者經常玩遊戲，如躲貓貓和按童謠節奏玩的拍手遊戲。鷹架理論如何參與這些遊戲？

(三) 管理和引導幼兒行為

敏感的育兒方式包括溫暖和關懷，可以幫助嬰兒變得安全穩固地連接到父母。養育嬰兒的其他重要事項還包括管理和指導，導正自己的行為，以減少或消除不良行為 (Holden, Vittrup, & Rosen, 2011)。該管理過程包括：(1) 主動的和防堵惡劣環境，使嬰兒不會遇到潛在危險物體或情況；以及 (2) 當嬰幼兒從事不良的行為時從事矯正方法，如過度的大驚小怪和哭泣、丟東西等。

有一項研究評估家長曾對分別為 12 和 24 個月大的嬰兒使用的紀律和矯正方法的結果 (Vittrup, Holden, & Buck, 2006)。父母對 12 個月大的嬰兒隨著時間遞移所用的主要方法分別為轉移嬰兒的注意力，其次是推理、忽視和協調。有超過三分之一的父母曾大聲訓斥嬰兒、大約五分之一的父母會拍了一下嬰兒的手或威脅嬰兒、大約六分之一的父母則在嬰兒第一個生日前打他或她的屁股。

特別值得關注的是，這樣的糾正紀律的策略不會成為辱罵的，在自己情緒已經轉移到高度強烈的憤怒時，父母會先展現輕度到中等程度的紀律管教。在第 8 章中，你會讀到更多關於廣泛使用懲罰兒童和虐待兒童之間的差別。

(四) 母親和父親的照顧

越來越多的美國父親全職留在家裡陪伴子女 (Lamb & Lewis, 2013)。全職父親很大一部分是由有就業導向的妻子提供大部分的家庭收入。一項研究表明，留在家裡的父親是因為自己不滿意傳統婚姻，但他們表示自己錯過了在工作場所的日常生活 (Rochlen et al., 2008)。在這項研究中，留在家裡的父親報告說會被排斥，當他們帶著自己的孩子到操場玩時，經常被家長團體排除在外。父親可以稱職地照顧嬰兒正如同母親所做嗎？對父親和嬰兒的觀察發現，父親具有靈敏回應，如同與嬰兒母親的能力 (Lamb & Lewis, 2013; Shwalb, Shwalb, & Lamb, 2013)。考慮非洲的 Aka pygmy 文化中，父親盡可能多花時間與嬰兒互動，如同母親所做的 (Hewlett, 1991, 2000; Hewlett & MacFarlan, 2010)。另外，一項研究還發現，胎兒發育過程中夫妻的親密關係和合作支持，與分娩後的父親 - 嬰兒依附有相關 (Yu et al., 2012)。而另一項研究發現，具有大專以上學歷的父親會與嬰兒玩更刺激的體力活動，而在衝突的夫妻關係中，父親較少參與照顧，也少

發展連結—育兒
心理學家提出許多原因表明，嚴厲的體罰可能會損害孩子的發展。(第 8 章)

一個 Aka pygmy 人的父親與他的男嬰。在 Aka 文化中，父親被觀察到有 47% 的時間抱著或接近嬰兒 (Hewlett, 1991)。

與嬰兒有肢體上的接觸玩樂 (Cabrera, Hofferth, & Chae, 2011)。此外，最近的一項研究發現，有較高的外向性行為或破壞性問題的一歲嬰幼兒，顯示父親早在他們第三個月大時參與程度低 (Ramchandani et al., 2013)。

但是，請記住，雖然父親可以是主動的參與照顧者，如 Aka pygmy 人的父親一樣，但是在許多文化中的人並沒有選擇遵循這個模式 (Parkinson, 2010)。另外，如果父親有心理健康問題，他們可能不會有效地與嬰兒互動 (Sethna, Munay, & Ramchandani, 2012)。

在一項研究中，父親被訪問到有關當他們的孩子是 6、15、24 和 36 個月以下的看護責任 (NICHD Early Child Care Research Network, 2000)，並對他們與 6 至 36 個月的孩子玩樂時進行錄影，發現父親參與更多的照顧，洗澡、餵食、幫孩子穿衣、帶著孩子、照顧孩子等；當他們工作的時間更少，而母親的工作時間更多時；或是當母親和父親年輕時；以及當孩子是男孩時，母親會有更多的夫妻親密感。

二、托育

許多美國孩子現在經歷到很多的照顧者。大多數孩子的父母無法留在家裡照顧他們，相反地，孩子有某種類型的照顧者，由他人提供的「托育」服務。不少家長擔心，托育會降低嬰兒對他們的感情、危害嬰兒的認知發展、不能教他們如何控制憤怒，並可能會同伴不當影響。如何廣泛使用托育？如何讓這些家長沒有後顧之憂？

(一) 育嬰假

如今有越來越多非常年幼的孩子被托育，據估計，美國目前大約有 200 萬兒童在接受正規、有執照的托育，而更多難以數計的兒童則是被未經許可的保姆照顧。在某種程度上，這些數字反映一個事實，即美國成年人無法帶薪休假，脫離他們的工作崗位來照顧自己的孩子。

世界各地的兒童保健政策各不相同 (Coley et al., 2013; Lamb, 2013)。歐洲一馬當先創造育兒假的新標準：歐盟 (European Union, EU) 於 1992 年規定付費 14 週的產假。今天，在大多數歐洲國家有工作的父母休假會收到 70% 至 100% 的先前工資和平均大約為 16 週帶薪休假 (Tolani & Brooks-Gunn, 2008)。目前，美國給予勞動者長達 12 週的無薪休假照顧新生兒。

大多數國家只提供給在職婦女於分娩後短時間的育嬰假。但是在丹麥，即使是未就業的母親仍有資格獲得延長的育嬰假。在德國，雙親均可請育嬰假。北歐國家 (丹麥、挪威和瑞典)，具有強調男女的貢獻平等的產後家庭假政策 (O'Brien & Moss, 2010; Tolani & Brooks-Gunn, 2008)。例如，在瑞典，父母可以利用 18 個月的就業保護福利，這是適用於全職或兼職工作的家長共享育兒假。

(二) 托育的變形

由於美國沒有育兒帶薪休假政策，托育在美國已經成為全民關注的議題 (Lamb, 2013)。許多因素會影響托育的變化，包括幼兒的年齡的孩子、托育類型，以及該照顧的品質。

在美國，大約 15% 的 5 歲及以下的兒童會參加一個以上的托育安排。在一項針對 2 和 3 歲兒童的研究發現，孩子經歷的托育安排數量，和行為問題的增加及親社會行為的減少有關 (Morrissey, 2009)。

近年來托育的類型變化巨大 (Berlin, 2012; Hillemeier et al., 2012; Lamb, 2013)，有在提供精心設計設施的大型托育中心，也有在私人住宅中進行。有些托育中心是商業化運作，有些則是由教會、民間團體與就業單位運行的非營利中心。有些托育提供者是專業人士；另一些則是媽媽們想賺點外快。圖 6.9 呈現有 5 歲以下孩子的職業婦女安排的初級保健機構 (Clarke-Stewart & Miner, 2008)。

托育的品質是有差別的 (Berlin, 2012; Lamb, 2012)。什麼是高品質的托育機構？在高品質的托育機構裡，護理人員會鼓勵積極參與各種活動的孩子，利用微笑、撫摸或擁抱，並以孩子眼睛的高度講話，適當地對孩子的問題或要求做出回應，積極與孩子互動，並鼓勵孩子談論他們的經驗、感覺和想法 (Clarke-Stewart & Miner, 2008, p. 273)。

但有許多兒童體驗到的是品質差的托育照顧，尤其如果他們是來自資源很少的家庭 (如心理、社會和經濟的條件都很差) (Carta et al., 2012)。許多研究人員已研究到托育品質在貧窮中的影響 (Hillerneier et al., 2012)，一項研究發現，當照顧的品質是低的時，長時間的托育對低收入家庭的孩子是有害的 (Votruba-Drzal, Coley, & Chase-Lansdale, 2004)。如果孩子每週在托育中心超過 45 小時，高品質的照顧會與較少的內向性問題 (例如焦慮) 及外向性問題 (例如攻擊性和破壞性行為) 有關。另一項研究還發現，當父母選擇更高品質的托育機構時，低收入家

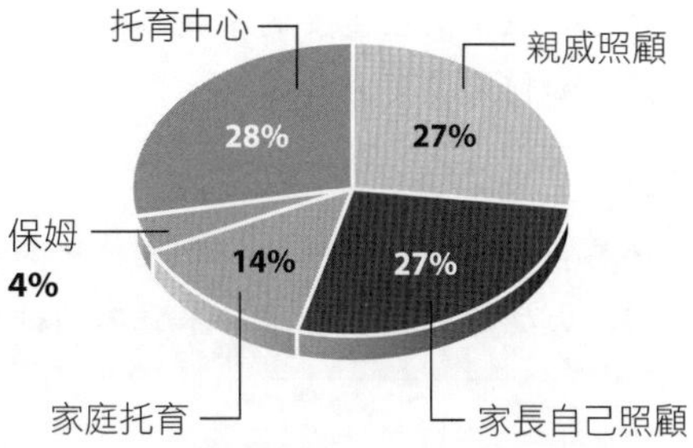

圖 6.9 美國有 5 歲以下孩子的職業婦女安排的初級照顧機構。

庭的兒童在入學準備和語言的發展方面都是受益的 (McCartney et al., 2007)。

高品質的托育機構還包括為孩子提供一個安全的環境、獲得適齡的玩具、參加與年齡相當的活動，以及看護者要照顧兒童人數的比例較低，以個體為基礎並讓照顧者能花費較多的時間給孩子。根據聯合國兒童基金會表示，托育品質在兒童的發展上，美國在 10 項托育品質標準中只有 3 項達到或超過標準。美國兒童保健研究的分析發現，托育照顧是社會情感問題的一個強而有力的預測 (Jacob, 2009)。然而，最近在挪威的一項研究 (即 10 項中有 8 項達到或超過兒童基金會標準國家) 透露，高品質的托育照顧和兒童是否有外向性問題並無關聯 (Zachrisson et al., 2013)。

低收入家庭的兒童通常可以得到優質的托育照顧嗎？為了回答這個問題，並且更了解育兒的影響，可閱讀【透過研究找出關聯】。

什麼是家長可遵循的一些托育策略？育兒專家 Kathleen McCartney (2003, p. 4) 提出這樣的建議：

- 意識到養育品質是孩子發展的一個關鍵因素。
- 監控孩子的發展。「家長要注意觀察自己的孩子是否產生行為問題。」他們需要與孩子的照顧者和孩子的行為兒科醫生交談。
- 花一些時間來找到優質的托育機構。觀察不同的托育設施，並確認你喜歡自己所看到的。「品質佳的托育是花錢的，並不是所有的家長都能夠負擔得起他們想要的托育照顧。但是，國家補貼和其他程序，如 Head Start，可提供給有需要的家庭。」

複習・連結・反思　學習目標三　解釋社會環境如何影響嬰兒的發展

複習重點

- 嬰兒發展中一些重要的家庭議題是什麼？
- 托育如何影響嬰兒發展？

連結

- 在第 4 章中，你了解精細動作技巧的實驗和 3 個月大嬰兒的抓取有關。本章節的什麼概念與在第 4 章中描述的實驗中使用的「魔鬼氈手套」有關？

反思個人的人生旅程

- 試想你的一個朋友正準備把孩子送去托育，你會給予什麼建議？你認為她應該留在家裡帶寶寶？為什麼？你會推薦什麼類型的托育方式？

透過研究找出關聯

托育的品質和數量如何影響兒童？

1991 年，兒童健康和人類發展 (National Institute of Child Health and Human Development, NICHD) 國家研究所開始進行托育經驗的綜合性縱貫研究，在一段長達七年，橫跨美國 10 個地點及其家庭多樣化的樣本資料蒐集中，研究人員使用多種方法 (觀察、訪談、問卷調查和測試) 測量多方面的兒童發展，包括身體健康、認知能力的發展及社會情感的發展，現在被稱為早期托育的 NICHD 研究和青年發展或 NICHD SECCYD (NICHD Early Child Care Research Network, 2001, 2002, 2003, 2004, 2005, 2006, 2010)，以下是一些結果的摘錄：

強調對孩子正向影響的家庭和父母可以有的托育經驗是什麼？

- **使用模式**。許多家庭在嬰兒出生後很快的就把孩子放在托育中心，而托育的安排有一個相當大的不穩定性。4 個月的年齡，有近四分之三的嬰兒已經進入某種形式的非母親照顧狀態，幾乎一半的嬰兒第一次托育是由親戚照顧，只有 12% 的人參加托育中心。社會及經濟因素和托育的數量及照顧類型有關。例如家庭中母親具有較高的收入和家庭更依賴於母親的收入者，會在嬰兒較早的年齡就將他們放在托育中心。母親認為，母親就業對孩子的積極影響會比其他母親更有可能把嬰兒放在非母親照顧狀態更多的時間。低收入家庭比起較富裕的家庭更傾向於利用托育服務，但來自低收入家庭的嬰兒的平均托兒時間和其他收入的家庭差不多。在幼兒園裡，單親媽媽、學歷較高的媽媽及收入較高的家庭使用托育中心的時間更多。
- **托育品質**。托育品質的評估是基於下列一些特徵，如群體規模、兒童與成人比率、實際環境、照顧者的特徵 (如正規教育、專業培訓和托育經驗)，及照顧者的行為 (如對兒童的敏感度)。令人震驚的結論是，大部分幼兒在最初三年受到的托育品質是低到令人不可接受的程度。在非父母照顧之下仍有正向照顧品質是罕見的，研究中只有 12% 的孩子接受到正向的非父母托育 (如正面的談話、較少分離和較多的語言刺激)。此外，來自低收入家庭的嬰兒比高收入家庭的嬰兒體驗到低品質的托育。當照顧者的服務品質很高，孩子在認知和語言的表現會較好，與他們的母親在玩樂過程中會有更多的合作，表現出與同齡人更積極、更熟練的互動，並較少有行為問題。照顧者的訓練和良好的兒童人員的比例與當孩子 54 個月年齡時具有較高的認知和社交能力有關。分析 NICHD 所收集的部分數據，在早期幼兒縱貫性研究中，最近的分析發現更高品質的幼兒保育，尤其是在 27 月齡，與小學五年級詞彙量得分較高有關 (Belsky et al.,

2007)。高品質的托育也與使用非母親照顧的家庭有更高品質的母子互動關係。此外，品質差的托育加上母親是低敏感性和低反應能力的，與 15 月齡嬰兒對母親不安全依附增加有關。然而，托育質量和 36 個月以下安全依附無關。最近的一項研究發現，從出生時到 4 歲半的高品質托兒是與 15 歲以下較高的認知 - 學業成就有關 (Vandell et al., 2010)。在這項研究中，早期更高品質的服務也與青少年時較少的外向性行為 (例如犯罪率) 有關。在最近的研究中，高品質的嬰幼兒托育與即將進入學齡期時有更好的記憶能力同樣有關 (Li et al., 2013)。

- **托育的數量**。在一般情況下，當孩子每週花 30 小時或更長時間在托育中心時，其發展會低於最理想值 (Ramey, 2005)。在最近的一項研究中，早期花更多的時間在非親屬托育與 15 歲以下有更高層次的冒險和衝動性有關 (Vandall et al., 2010)。
- **家庭和育兒的影響**。家庭和養育子女的影響並沒有被大量的托育中心減弱，家長仍在幫助孩子調節自己的情緒上扮演重要角色；父母對兒童的需求是敏感的，與孩子關聯在一起，能認知性地刺激他們，這些都非常重要。事實上，父母的敏感性一直是安全依附的最穩定預測指標，托育的經驗與安全依附僅有相關性，尤其在母親的養育是不敏感的時候才會有負面影響 (Friedman, Melhuish, & Hill, 2010)。

關於廣泛 NICHD 研究的結果還有很重要的一點是，調查結果顯示，家庭因素比托育經驗 (如品質、數量、類型) 更是各式各樣的兒童發展成果的預測因子。對兒童發展最糟糕的結果是家庭和托育環境品質都差。例如最近一項以 NICHD SECCYD 數據所做的研究顯示，當兒童經歷家庭和托育環境的共同不利危機時，兒童發生會產生更糟的社會情感問題 (更多的問題行為，而親社會行為較低) (Watamura et al., 2011)。

這項研究充實本節前面的章節中提到其他研究人員得出的結論——孩子接受到的托育品質是非常重要的，更勝於量的影響。

與前瞻主題連結

在第 8 章中，我們將討論幼兒社會情緒發展。他們已不再是嬰兒，年幼的孩子讓自己的情緒、社交互動發展有相當大的進展。在兒童早期，他們表現出更多的自我理解與對他人的理解，調節自己的情緒的能力也隨之增加。許多幼兒的社會情緒發展進步成為可能，因為在他們的大腦中的顯著變化，你將在第 7 章閱讀到認知能力的發展。在與家長和身旁的幼兒的關係及互動中，擴大他們社交世界的知識與連接。此外，玩樂變得有意義，他們不僅喜歡每天遊玩，也營造在一個美妙的環境下推進雙方的社會情緒和認知能力的發展。

達成本章學習目標

嬰兒時期社會情緒發展

壹、情緒與人格發展

學習目標一　討論嬰兒的情感與人格發展

- **情緒發展**：情緒是感覺或情感，它發生在一個人的時候，也發生在與其他人互動的時候，這對人是非常重要的。在一系列的情感中，包括熱情、快樂和愛 (積極的情緒)；焦慮、憤怒和悲傷 (負面情緒)。心理學家強調的是情感，尤其是面部表情，具有生物學基礎。生物進化賦予人類成為感性的，但根植於文化和與人的關係提供多樣性的情感經歷。情緒是第一個語言，在父母和嬰兒互動及情感交流中扮演重要角色。嬰兒在生命初期就展現一些在其發展初期的情緒，雖然研究人員還在討論這些情緒的發生和順序。早期的情緒區分為初級情緒和自我意識情緒。哭泣是最重要的機制，新生兒已經與人們在他們的世界溝通。嬰兒至少有三種哭泣——基本、憤怒的和疼痛的哭泣。有關嬰兒在哭時是否應該立刻舒緩他們的身心仍有許多爭議，但是越來越多的專家建議在第一年應立即以充滿愛心的方式回應。社交性微笑早在 2 月齡時發生，嬰兒從照顧者分離與對陌生情境的焦慮也是重要的研究議題。由於嬰幼兒發展，幫助他們調節情緒是很重要的。
- **氣質**：氣質和個體的行為模式、情感及反應方式都有關，且有情感和反應特性上的個別差異。Chess 和 Thomas 嬰兒氣質分為：(1) 容易養育的孩子；(2) 難養育的孩子；或 (3) 慢熱的孩子。Kagan 提出在陌生情境的抑制到開放是另一個重要的氣質分類方式。Rothbart 和 Bates 的氣質觀點則強調下列分類：(I) 外向性 / 精力充沛型；(2) 消極情感；和 (3) 努力控制 (自我調節)。生理特徵與不同氣質有關。孩子繼承生理偏差，使他們有一個特定類型的氣質，加上經驗，他們學會改變自己的氣質風格。適合度指的是孩子與必須應對的環境的要求所匹配的氣質。適合度可以是孩子調節情緒的一個重要面向。雖然研究的證據比較粗略，但在這一點上，一般給予照顧者的建議是：(1) 對孩子的個體特徵需敏感；(2) 柔性的應對這些特點；和 (3) 避免給孩子負面的標籤。
- **人格發展**：Erikson 認為，嬰兒第一年的特點是信任與不信任的階段。嬰兒在 18 月齡開始發展出一種被稱為自我了解或自我認可。獨立成為生命第二年的中心主題。Erikson 強調，生命第二年的特點是自制與羞恥 / 懷疑的階段。

貳、社會定向 / 理解和依附

學習目標二　討論嬰兒的社會定向 / 理解和依附的發展

- **社會定向 / 理解**：嬰幼兒表現出對社會世界的強烈興趣，並積極地理解。嬰兒定向到社會世界在其發展的早期。面對面與照顧者玩樂開始發生在大約 2 至 3 月齡。新開發的自發性運動技能顯著擴大嬰兒的啟動社交互動，更自主地探索他們的社會世界。覺察人的參與意向和目標導向的行為是發生在第一年的最後一個重要的社會認知成就。在生命第二年增加社會參照。
- **依附及其發展**：依附是兩個人之間的親密情感連結。在嬰兒時期，身體接觸的舒適性和信任對依附的發展具有重要意義。Bowlby 的行為學理論強調，照顧者和嬰兒的生物學傾向於形成一個依附。嬰兒時期階段有四種依附發展類型。

- **依附的個別化差異**：安全依附型嬰兒會以照顧者 (通常是母親) 作為向外探索環境的安全基地。三種類型的不安全依附分別是迴避型、抗拒型和混亂。Ainsworth 創造陌生情境作為觀測依附的指標。Ainsworth 指出，在生命第一年，安全依附提供心理發展以後的生活中重要的基礎。早期依附與後來發展之間的連結在各研究上的結果有所不同。批評嬰兒安全依附的三概念是：(1) 以嬰兒時期作為關鍵 / 敏感期為以後的發展的證據不足；(2) 基於生物學的因素，如基因和氣質都沒有得到充分的考慮；以及 (3) 社會基因與情境多樣性沒有得到足夠的重視。目前依附的研究的趨勢不僅考慮依附，還考慮在壓力下的穩定性和變化性，以及社會背景對兒童、青少年的影響，而有發展層級的模型。儘管有這些批評，但仍有充分證據證明，依附是人類發展的一個重要面向。有關依附的文化差異已經被發現，然而在迄今的研究中仍發現安全依附是所有文化中最常見的類型。
- **照顧風格與依附**：安全型嬰兒的照顧者對嬰兒的訊號敏感，始終可滿足他們的需求；迴避型嬰兒的照顧者往往無法或拒絕滿足嬰兒的需求；抗拒型嬰兒的照顧者往往提供給孩子的是不一致的教養，且親子間通常都不是很親熱；混亂型嬰兒的照顧者則常忽視，或在身體上虐待自己的孩子。
- **發展社會神經科學與依附**：研究者對大腦中依附的發展作用增加興趣。催產素是影響孕產婦 - 嬰兒依附發展的關鍵角色。

參、社會環境

學習目標三　解釋社會環境如何影響嬰兒的發展

- **家庭**：人在轉變到為人父母時需要大量的適應和調整。兒童社會化父母，就像父母社會化孩子。母嬰同步性和鷹架理論是說明交互社會化的重要理論。Belsky 的模型描述夫妻關係，父母和嬰幼兒行為的直接和間接影響。父母用各式各樣的方法來管教和引導嬰兒的行為。母親通常扮演與嬰兒互動的照料者，而父親則是好玩的互動者。
- **托育**：如今孩子在比以前更早的時候就開始被托育。托育的品質參差不齊，托育仍是一個值得探討的話題。優質托育是可以實現的，低品質的托育似乎會對孩子產生幾個不良影響。在 NICHD 育兒研究中，來自低收入家庭的嬰兒更有可能得到照顧的品質最低。此外，更高品質的托育則與兒童的較少的問題行為有關。

第四部

兒童早期

在兒童早期，我們偉大的詩人才四歲，跑著、跳著、玩著一整天，生活是如此忙碌，以至於來不及抓住就溜走了。誰能了解他們的思想、想像？心靈之花沒有風可以觸及，他們在自己小小的世界中發現新的祕密基地和新的人們。當他們說「我」的時候，就表示他們很清楚自己是獨一無二、無可取代的。第四部包含兩章：第 7 章談的是「兒童早期的生理與認知發展」；第 8 章談的是「兒童早期的社會情感發展」。

你會非常困惑地看著他花費整個兒童早期的時間都沒做什麼事。什麼！不做任何事而只是開心？不做任何事而只是跳躍、玩耍、跑一整天？他的一生中再也沒有比現在更忙的。

——Jean Jacques Rousseau

18 世紀在瑞士出生的法國哲學家

7 CHAPTER

兒童早期的生理與認知發展

學習目標

1 壹、生理成長的變化
學習目標一：辨別幼兒的生理變化
包括：身體成長及變化、動作和知覺的發展、睡眠、營養和運動、疾病與死亡

2 貳、認知的改變
學習目標二　描述三個發生在兒童早期的認知改變的觀點
包括：Piaget 的前運思期、Vygotsky 的理論、訊息處理理論

3 參、語言的發展
學習目標三　概述兒童早期的語言發展
包括：理解語音學和詞法學、語意和句法的變化、語用學的進展、幼兒讀寫能力

4 肆、兒童早期教育
學習目標四　評估不同的幼兒教育方法
包括：兒童早期教育的多樣性、對處境不利幼兒的教育、對幼兒教育的爭議

瑞吉歐方案教學 (Reggio Emilia approach) 是一種針對幼兒的教育模式，由義大利北方的 Reggio Emilia 所發展。單親及失能的幼兒可優先入學；其他幼兒則會根據需求的程度來核定。學費會依據父母親的收入做調整。

這個方案鼓勵幼兒藉由研究及探索有興趣的主題來學習。當他們學習音樂、動作、素描、繪畫、雕塑、拼貼、玩偶及喬裝素材時，學校會提供各種媒體及素材激發幼兒使用，舉例來說，像是攝影 (Freeman, 2011)。

在這個模式中，幼兒通常是以團體的形式探索各個主題，這樣的方式促進團體的意識，尊重族群的多樣性，並且可以合作的方式來解決問題。通常會有兩位協同的老師扮演幼兒的引導者。瑞吉歐方案教學的老師會將教案視為一個探險，這個探險可以源自大人的建議、幼兒的想法或是一個事件，像是下雪或特定事件，而老師會讓幼兒有足夠的時間去思考一個主題或建構一個計畫。

瑞吉歐方案教學的核心認為，孩童富有能力，以及擁有接受良好照顧與教育等各種權利。父母參與在這個方案中是不可或缺的，親師之間的合作是成功的重要環節。許多幼教專家認為瑞吉歐方案教學提供支持性的刺激情境，鼓勵幼兒在此情境中，以自身的能力和自信的方式去探索世界 (Martin & Evaldsson, 2012)。

瑞吉歐方案教學的教室可以讓幼兒探索他們有興趣的主題。

預習

父母和教育工作者清楚了解幼童的發展在創造性團體中扮演重要的角色，如此能夠自然增進他們對於學習的興趣，而不是讓幼童感到受到限制。在本章中，我們將會探討學步幼兒發展到學齡前兒童在生理、認知及語言的變化，並且以各種不同的方法來檢視幼兒的教育。

壹 生理成長的變化

學習目標一 辨別幼兒的生理變化

- 身體成長及變化
- 動作和知覺的發展
- 睡眠
- 營養和運動
- 疾病與死亡

還記得第 4 章所提到嬰兒在第一年的成長速度是快速的嗎？而且是依循著發展方向。嬰兒 2 歲時感官的發展，有助於兒童早期精細動作的進展，像是翻書。在兒童早期成長速度會持續漸趨緩慢，若是速度沒有漸緩，將會成為巨人。

5 歲和 2 歲幼兒的身體是有差異的。你有注意到 5 歲的孩子除了較高、較重外，他的軀幹和腳也會比 2 歲的孩子還要長。對於 2 歲和 5 歲的孩子，你還有想到其他生理部分的差異嗎？

一、身體成長及變化

身高和體重的成長是兒童早期生理上最顯著的變化。而在看不見的變化中，大腦和神經系統也同樣有明顯的發展，這些改變是為了幼兒進階認知和語言的發展。

(一) 身高和體重

在兒童早期的成長過程中，平均一年長高 2 又 1/2 英寸，體重增加 5 到 7 磅。隨著年齡漸長，每年身高和體重增加的比例會逐年減少 (Wilson & Hockenberry, 2012)。女孩在這段期間會只比男孩稍微矮一點、輕一些，這樣的差異會持續到青春期。在學齡前期，男孩和女孩都會瘦下來，他們的軀幹拉長，雖然他們的頭占全身的比例仍然顯得較大，但在學齡前期快結束時，大部分的孩童已經沒有頭重腳輕的模樣了。同樣地，在此時期，身體脂肪也慢慢減少，胖嘟嘟的嬰兒到了學齡前期的尾端通常看起來會瘦很多。女孩比男孩有較多的脂肪組織；而男孩則有較多的肌肉組織。

然而，成長模式因人而異，非常個別化 (Bums et al., 2013)。

為什麼有些小孩特別矮？主要原因包括先天因素 (包含遺傳問題或是產前問題)、生長激素的缺乏、兒童期發展的生理問題、母親懷孕期間抽菸，或是情緒障礙 (Ball, Bindler, & Cowan, 2014; Wit, Kiess, & Mullis, 2011)。

生長激素缺乏是因為腦下腺所分泌之生長激素缺乏或不足，無法刺激身體成長，可能發生在嬰兒時期或是在兒童時期 (Chae et al., 2013; Ross et al., 2014)。在美國，有多達 10,000 到 15,000 名兒童可能有生長激素缺乏的情形 (Stanford University Medical Center, 2012)。

若未進行治療，大多數生長激素缺乏的兒童身高將無法達到 5 英尺。男生接受生長激素治療的人數約為女生的 2 倍，這可能是因為男生身高若是較矮可能會導致較多的偏見。過去有個關於身材矮小兒童接受生長激素治療的文獻回顧，其結論提出治療效果可以部分有效減少成人時身高之缺陷 (Deodati & Cianfarani, 2011)。另一個研究也發現，身材矮小的兒童接受生長激素治療後，當身高增高後，其自信及

生長激素缺乏 (growth hormone deficiency)
腦下腺所分泌之生長激素缺乏或不足，無法刺激身體成長。

情緒也都有改善 (Chaplin et al., 2012)。

(二) 大腦

發展連結—大腦發展
在兒童時期的中期和後期，大腦額葉的皮質層會有增厚的情形，這樣的發展會促進語言功能上的進步，例如閱讀。(第 9 章)

兒童早期最重要的生理發展之一為大腦及神經系統持續地發展 (Bell Cuevas, 2014; Markant & Thomas, 2013)。大腦持續在此階段發展，但是速度並不像嬰兒時期那麼快。孩童在 3 歲時，大腦的大小是成人的四分之三，6 歲時已經是成人大小的 95% (Lenroot & Giedd, 2006)。因此，5 歲小孩的大腦已經接近成人的大小，此部分也會在之後的章節提到，大腦的發展將持續至剩下的兒童時期及青春期 (Raznahan et al., 2014)。

關於大腦內部的變化則包括樹突的連結增加和髓鞘化。在**髓鞘化**的過程中，神經細胞會被一層絕緣的脂肪細胞覆蓋。髓鞘化會增加神經系統傳導的速度和效率，這對兒童時期的某些能力發展是相當重要的 (Diamond, 2013; Yates, 2014)。例如，大腦中與手眼協調有關的區域，其髓鞘化會持續到 4 歲。

研究人員發現，兒童從 3 歲到 15 歲的大腦歷經解剖結構上顯著的改變 (Gogtay & Thompson, 2010; Steinberg, 2011, 2015a, b)。研究人員在 4 年內重複掃描同一群孩子的大腦影像，發現這些孩子的大腦快速且明顯的成長。大腦某些區域的組織在短短 1 年內增加 1 倍的容量，而一些不需要的大腦細胞則是大量減少，大腦藉由這樣的過程持續不斷地重整。科學家發現，在 3 歲到 15 歲的這段時期，大腦的大小並沒有顯著的成長。然而，是什麼驅使大腦內部會有顯著的成長呢？研究人員發現，3 歲到 6 歲是大腦額葉發展最快速的時期，額葉包含計畫及組織新的動作，以及在任務中維持注意力的能力 (Carlson, Zelazo, & Faja, 2013; Gogtay & Thompson, 2010)。

二、動作和知覺的發展

大多數學齡前的兒童在這個時期是一生中最活潑、最有活力的階段。讓我們來探討動作是如何影響兒童的生活，以及他們知覺技巧的進步。

(一) 粗大動作技巧

學齡前期兒童不再只是為了要站直，或是要移動而感到辛苦。在這時期，孩子移動雙腳更有信心及更有目的性的前進，在環境中走動變得自動化 (Burns et al., 2013)。不過，他們粗大動作技巧的個別差異仍是相當明顯 (Ball, Bindler, & Cowan, 2014)。

髓鞘化 (myelination)
在這個過程中，神經細胞會被一層絕緣的脂肪細胞覆蓋，髓鞘化會增加神經系統資訊傳導的速度和效率。

3 歲的孩子喜歡簡單的動作，像是單腳跳、雙腳跳及來回跑等，純粹只是因為喜歡這些活動而獲得喜悅。他們非常自豪地展現如何穿越房間及往前跳躍。這些跑和跳的動作並不會獲得奧運金牌，但是對 3 歲兒童而言，可以因為完成這些動作而獲得成就感。

4 歲的孩子仍喜歡這些相同的活動，但是他們變得更喜歡冒險，會在遊戲場裡爭先恐後的展現自己的運動實力。

到了 5 歲，他們會比 4 歲時更富冒險性，常會充滿自信地攀爬物體，以展現一些驚心動魄的動作技巧，他們喜歡跑步，並且享受與其他孩童或是父母賽跑。

(二) 精細動作技巧

3 歲孩童可以用自己的拇指和食指拿起小東西，但動作仍笨拙；也可以用積木堆出令人驚奇的高塔，他們在擺放積木有很好的專注力，但是無法完全對準。3 歲孩童玩簡單拼圖時，總是隨便把拼圖圖片放進去，即使他們知道正確位置，也不能精準地將拼圖圖片放好，通常會強行放入或是粗魯地拍打拼圖。

到了 4 歲，兒童精細動作的協調進步很多，變得更加精確。他們在堆疊積木高塔時，常常想要精準地堆疊每塊積木，但是偶爾仍會出現困難，一旦做不到，就會乾脆把積木推倒。5 歲時，精細動作協調又比之前更進步，手、手臂及身體動作會隨著眼睛移動。

(三) 知覺發展

在兒童時期，孩童的知覺發展會持續 (Atkinson & Braddick, 2013; Lee et al., 2013)。3 歲到 4 歲的孩子，比較顏色之間差異 (像是橘色和紅色) 的能力越來越好 (Gibson, 1969)。大約 4 或 5 歲，控制眼睛的肌肉已接近完全發展，因此可以有效地移動眼睛從事閱讀。許多學齡前兒童有遠視，他們看較近的物品時，沒有辦法像看遠時一樣清楚。不過，進入小學後，大部分孩子近距離觀看物品時，眼睛就能對焦並維持注意力。

嬰兒時期之後，兒童對物理世界的視覺期待持續發展。一項研究中，要求 2 歲到 4 歲半小孩尋找被丟在不透明管子中的球 (Hood, 1995)。如圖 7.1 所見，假設將球從左邊管子上方放入，球將沿著管子掉入右側底部。然而，在這項任務中，大部分 2 歲孩子，甚至是一些 4 歲孩子，會堅持在球垂直落下的地方搜尋球的蹤跡。對他們而言，重力影響一切，因而未能察覺球會從不透明彎曲管的尾端落下。

圖 7.1 物理世界的視覺期待。當幼兒看到球投進管子時，許多孩子會堅持在球直接垂直落下的地方搜尋球的蹤跡。

另一項研究則要求 3 歲孩童表現如圖 7.1 相同任務 (Joh, Jaswal, & Keen, 2011)。研究者告訴孩童想像球可能會有不同的路徑，這些孩子就比較可以精確地預測球落下的位置。在最近的另一項研究中，3 歲孩童進行如圖 7.1 之任務表現，研究者告訴他們，眼睛要跟著不透明管子的路徑直到底端，結果這些孩子表現有所進步 (Bascandziev & Harris, 2011)。因此，在這兩個研究中，我們可以得知 3 歲孩童在得到成人的口語指導之後，就可以克服重力對他們的影響及他們的衝動 (Keen, 2011)。

孩子是如何學習處理圖 7.1 這樣的情境？他們如何了解這個世界其他的物理法則？這些問題牽涉有關於認知發展的研究，我們將在後續的章節討論。

三、睡眠

良好的睡眠對孩子的發展相當重要 (El-Sheikh et al., 2013; Lushington et al., 2014)。專家建議幼兒每天晚上須有 11 到 13 個小時的睡眠時間 (National Sleep Foundation, 2014)。大部分的幼兒每天通常會有晚上一夜的睡眠，以及白天一次的午覺。孩子不只需要足夠時間的睡眠，而且不能被打斷 (Owens & Mindell, 2011)。然而，對兒童來說，有時超過平日就寢的時間就很難入睡。一些研究報告指出，大部分的兒童都睡得不夠 (Caldwell & Redeker, 2014; Palermo, 2014)。

發展連結—睡眠
哪一種類的睡眠疾病導致大多數嬰兒死亡，以及什麼年紀的嬰兒有較高的風險罹患此疾病？(第 4 章)

兒童可能會有睡眠問題，包括猝睡症 (在白天突然感到極度的睏倦)、失眠 (難以入睡或是難以維持睡眠)，和做噩夢 (Ivanenko & Larson, 2014; Roane & Taylor, 2014)。據統計，超過 40% 的孩童在發展階段都曾有睡眠問題 (Boyle & Cropley, 2004)。以下一些研究指出兒童睡眠問題會影響正常發展：

- 兒童早期的睡眠問題是注意力的關鍵指標，注意力問題甚至會持續到青春期早期 (O'Callaghan et al., 2010)。
- 有較長睡眠時間的學齡前兒童，會有較高的同儕接受度、社交技巧及感受性詞彙 (Vaughn et al., 2014)。
- 睡眠時間短與體重過重之間是相關的 (Hart, Cairns, & Jelaian, 2011)。
- 4 歲兒童若有睡眠不足的情形，可以預測他們在 6 歲時也會有相同情形 (Koulouglioti et al., 2014)。

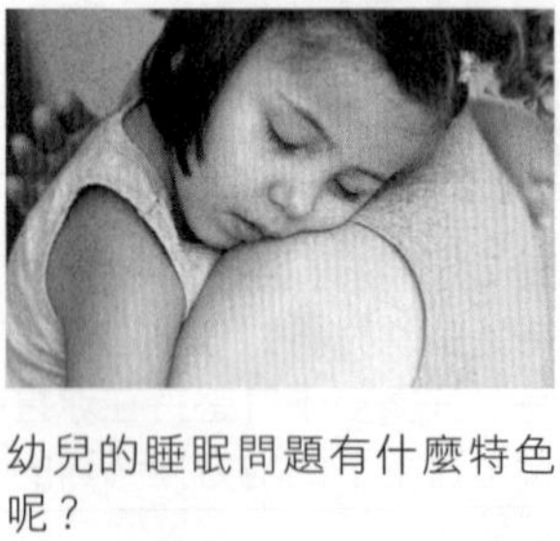

幼兒的睡眠問題有什麼特色呢？

為了促進孩子的睡眠品質，Mona El-Sheikh (2013) 建議需要確保寢室是涼爽、黑暗及舒適的空間，並且維持一貫的就寢和起床時間，以及建立良好的家人關係。同時協助孩子在睡前放慢行為，這樣通常有助於就寢，像是閱讀故事書或安靜地玩耍；與小孩一同洗澡，或是讓小孩坐在大腿上聽音樂，這些都是能幫助小孩恢復平靜的活動。

四、營養和運動

兒童早期的飲食習慣是發展的重要面向 (Schiff, 2015, Sorte, Daeschel, & Amador, 2014)。孩子吃的食物會影響骨骼發育、身材及是否容易生病。運動及體能活動對幼兒的生活也是非常重要的面向 (Graham, Holt/Hale, & Parker, 2013)。

(一) 體重過重的幼兒

幼兒的體重過重已經成為嚴重的健康問題 (Cunningham, Kramer, & Narayan, 2014; Stein, 2014)。一項美國的全國性研究顯示，45% 的兒童餐點之飽和與反式脂肪酸超過專家的建議量，這樣的飲食會使膽固醇指數升高，並增加心血管疾病的風險 (Center for Science in the Public Interest, 2008)。相同的研究發現，兒童所攝取的卡路里來源有三分之一為餐廳，而這樣的數據是 1980 年代的 2 倍。在 13 個主要的速食連鎖餐廳，1,500 個可選擇的餐點中，93% 超過 430 大卡，這幾乎占了美國國家醫學院所建議每日卡路里攝取量的三分之一，幾乎所有速食餐廳提供的兒童餐點熱量都太高。一項研究發現，美國 2 到 3 歲孩子最常攝取的蔬菜為薯條及其他油炸馬鈴薯 (Fox et al., 2010)。

幼兒的飲食行為受到照顧者行為強烈的影響 (Black & Hurley, 2007; Burns et al., 2013)。照顧者在固定時間陪伴小孩一同吃飯，並選擇營養的食物，讓用餐變成愉悅的，這些都能改善幼兒的飲食行為。電視、家庭紛爭及競爭活動等干擾都應盡量減少，讓孩子可以專注於用餐。照顧者應對孩童行為做調整，並提供確實的訊息，適當回應孩子 (Black & Lozoff, 2008)。不建議照顧者用強迫或限制兒童的飲食方式 (Holland et al., 2014; Riesch et al., 2013)。

幼兒的飲食習慣和體重有哪些發展趨勢呢？

美國疾病管制局 (Centers for Disease Control and Prevention) 在 2014 年建立有關肥胖、過重、有過重風險的分類。這些分類機制是根據身體質量指數 (body mass indes, BMI)，BMI 公式是以身高和體重的數值來計算。當兒童或是青少年等於或超過第 97 百分位則被歸為肥胖；在第 95 或 96 百分位則視為過胖；第 85 至 94 百分位則為有過重風險。

比較 34 個國家的兒童肥胖率，美國排名第二 (Janssen et al., 2005)。兒童肥胖造成許多健康問題 (Anspaugh & Ezell, 2013)，例如，醫生現在正注意年僅 5 歲罹患第二型 (成年發病) 糖尿病，以及高血壓的情形 (Chaturvedi et al., 2014; Riley & Bluhm, 2012)。

預防兒童肥胖包括協助孩子及家長將食物作為滿足飢餓和符合營養的需求，並不是證明愛的行為或以食物作為獎勵。點心類的食物應該要符合低脂、低糖、低鹽及高纖。每天應有規律的體能活動 (Espana-Romero et al., 2013; Wuest & Fisette, 2015)。最近一項文獻回顧，其結論表示 4 到 6 歲的兒童盯著螢幕的時間越長，會與兒童早期到青春期的低活動量及過重相關 (te Velde et al., 2012)。最近的實證研究發現，孩子參加啟蒙計畫 (Head Start programs) 可以讓家長參與更多相關的活動，如營養諮詢，對於小孩的體重狀況也會變得更有警覺性，並且發展健康的生活型態、有效減少孩子的肥胖率、增加他們的體能活動、減少看電視時間，以及促進孩子的飲食習慣 (Davison et al., 2013)。其他研究也發現，這樣的介入對於父母來說可以有效降低孩子過重或是肥胖 (Holland et al., 2014; Rauner, Mess, & Woll, 2013)。一項文獻回顧指出，以家庭為中心的介入方式可以有效幫助肥胖兒童減重 (Kothandan, 2014)。將會在第 9 章討論更多有關兒童飲食行為和體重。

(二) 低收入家庭兒童營養不良的問題

營養不良是許多美國兒童的問題，將近 1,100 萬的學齡前兒童正經歷營養不良的情形，而此狀況可能讓他們陷入健康的危險。貧窮對於營養不良的幼兒而言，是一個風險因素 (Black et al., 2013)。兒童時期常見的營養不良為缺鐵性貧血，可能導致慢性疲勞。這是由於未能攝取足夠有品質的肉類及深綠色的蔬菜所致。來自低收入家庭的幼兒最容易發生缺鐵性貧血 (Shamah & Villalpando, 2006)。

兒童早期一天應該有多少時間的體能活動？

(三) 運動

對幼兒來說，規律的體能活動應列為每天的日常活動 (Lumpkin, 2014; Wuest & Fisette, 2015)。根據指導原則建議，兒童早期兒童每天需有 2 個小時的體能活動，其中 1 小時為有結構的活動，另外 1 小時為無結

構的自由遊戲 (National Association for Sport and Physical Education, 2002)。孩子的生活應該圍繞著活動，而不是餐點 (Graber & Woods, 2013)。

發展連結—健康
當男孩和女孩成長至青春期時，他們的運動量越來越少。(第 11 章)

五、疾病與死亡

對於美國兒童來說，對健康威脅最大的風險是什麼？世界各地幼兒的死亡率狀況如何？

(一) 以美國為例

幼兒具有積極和探索的天性，在許多實例中有許多危險都是因為未經察覺而發生的，在這些狀況下會讓孩子有受傷的風險。在美國，車禍為幼兒死亡的首要原因，其次則為癌症和心血管疾病 (National Vital Statistics Report, 2004) (見圖 7.2)。除了車禍以外，其他意外造成幼兒死亡的原因包括溺水、跌倒、燒傷及中毒 (Theurer & Bhavsar, 2013; Zielinski, Rochette, & Smith, 2012)。

1. 兒童安全

兒童安全不僅受到孩子自身的技能和安全行為影響，同時也與他們的家人和家庭、學校和同儕，以及社會各界的行為有關 (Sorte, Daeschel, & Amador, 2014)。圖 7.3 描述在這些情境下可採取的策略，以增加兒童的安全感和預防受傷 (Sleet & Mercy, 2003)。相較於收入高的家庭，貧窮兒童則有較高的意外、死亡及罹患氣喘 (Doob, 2013; Green, Muir, & Maher, 2011)。

2. 環境中的二手菸

估算指出，將近 22% 的美國兒童及青少年在家中暴露在二手菸中。越來越多研究提到，兒童家中因父母抽菸而受到健康的威脅 (Carlsson et al., 2013; Jarosinska et al., 2014)。相較於不抽菸家庭的兒童，暴露在二手菸的兒童，更容易患有哮喘及氣喘 (Gonzales-Barcala et al., 2013; Hur, Liang, & Lin, 2014)。研究發現，父母抽菸對於兒

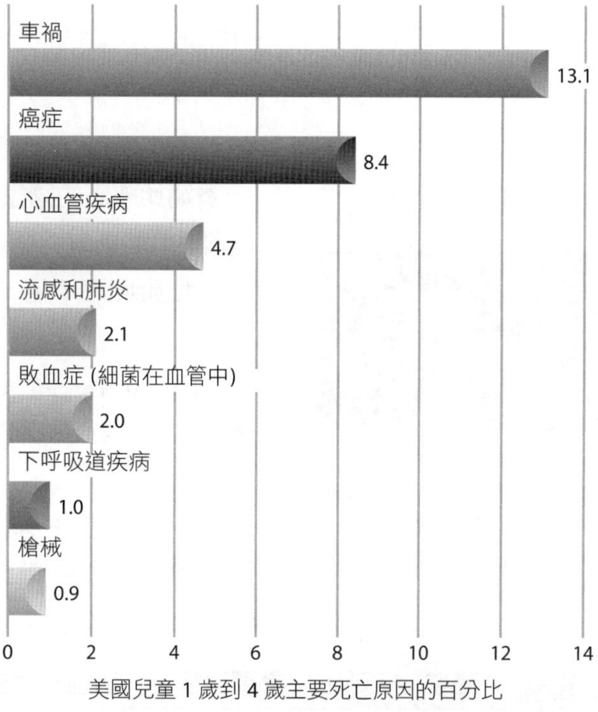

圖 7.2 兒童 1 歲到 4 歲期間死亡的主要原因。這些數字顯示美國在 2002 年期間，1 歲到 4 歲兒童主要死亡原因的百分比 (National Vital Statistics Reports, 2004)。

個人

- 發展社交技巧和調節情緒的能力。
- 衝動控制 (例如不會為了撿球突然跑到街上)。
- 經常使用個人的防護用具 (例如自行車頭盔和安全座椅)。

學校 / 同儕

- 促進家庭與學校的合作夥伴關係。
- 操場或是其他遊玩的場所需沒有危害。
- 需有預防傷害及安全的促進政策和方案。

家庭 / 居家

- 對兒童的管教和育兒技巧需具有高度警覺及相關知識。
- 父母需經常具備保護行為 (例如使用兒童安全座椅)。
- 需具備居家安全設備 (例如煙霧警報器和櫃鎖)。

社區

- 需舉辦對於兒童和父母有益的活動。
- 對於環境中的危害需做動態監測。
- 制定有效的預防政策 (例如訂定游泳池圍欄的高度)

圖 7.3　增進未成年兒童安全感。在兒童生活情境採取這些策略以增加兒童的安全感，以及預防受傷。如何從 Bronfenbrenner 的理論所提到的生態觀來增進兒童的安全感？

童高血壓為高危險因子 (Simonetti et al., 2011)。另外一項研究也顯示，孕婦抽菸和飲酒會與兒童青春期早期抽菸行為有關 (Hayatbakhsh et al., 2013)。此外，另一項研究顯示，生長在低收入家庭的小孩與生長在中等收入家庭的同儕相比，有較高機率暴露在二手菸環境中 (Kit et al., 2013)。

(二) 世界兒童的疾病和健康狀態

貧窮比率高的國家會對幼兒的健康造成威脅 (UNICEF, 2014)。每 5 個國家可能會有一個貧困國家，它們的兒童會經歷飢餓、營養不良、疾病、健康照護不足、不安全的水源和缺乏受傷的保護 (Gaiha et al., 2012)。

在貧困國家中，有許多未滿 5 歲的兒童死於腹瀉所帶來的脫水和營養不良。什麼是造成世界各地兒童死亡的主要原因呢？

過去 10 年，因父母傳染 HIV/AIDS 而死亡的幼兒急遽增加 (UNICEF, 2014)，特別是在較貧困及教育水準較低的國家 (Toure et al., 2012)。

在世界各地許多幼兒的死亡可以透過減少貧困及改善營養、衛生、教育和醫療來預防 (UNICEF, 2014)。

複習・連結・反思　學習目標一　辨別幼兒的生理變化

複習重點

- 兒童早期會有什麼身體成長和變化？
- 兒童早期在動作以及感覺發展上會發生什麼變化？
- 兒童早期會有哪些與睡眠相關的問題？
- 營養和運動在兒童早期扮演什麼角色？

- 在美國和世界各地，幼兒的主要死亡原因和疾病為何？

連結

- 在本節中，我們學習到專家建議兒童早期在夜晚應該要有 11 到 13 個小時的睡眠，這與我們在第 4 章所學習到嬰兒的睡眠模式有何差異呢？

反思個人的人生旅程

- 當你還是幼兒時，你的飲食習慣如何？與你現在的飲食習慣相比，有什麼地方是類似的，或是有什麼不同？你過往的飲食模式是否能預測你現在的體重？

貳 認知的改變

學習目標二 描述三個發生在兒童早期的認知改變的觀點

Piaget 的前運思期　　Vygotsky 的理論　　訊息處理理論

幼兒的認知世界是充滿創意、想像與自由自在的。他們的想像力持續整個兒童早期，而對世界的掌握則越來越進步。以下將從三個角度來介紹幼兒認知的改變：Piaget 的前運思期、Vygotsky 的理論及訊息處理理論。

發展連結—認知理論
物體恆存 (Object permanence) 為感覺動作期的重要發展。(第 5 章)

一、Piaget 的前運思期

回想第 5 章所介紹 Piaget 的理論，嬰兒時期第一階段的認知發展是處於感官動作期。他們組織和協調感官知覺、動作和行動。而在 2 至 7 歲則是 Piaget 認知發展的第二階段：**前運思期**。此時，幼兒用字彙、影像與圖畫來代表他們所認知的世界，他們形成了穩定的觀念並開始推論。他們的認知世界主要特徵是自我中心的及帶著奇幻的信念。

「前運思期」聽起來像是一個不重要的、正在準備的階段，其實不然。Piaget 強調，雖然他們還不能**運思**，但能逆轉的心智思考活動使幼兒不像從前只能從事生理活動，現在也能進行心智的活動。例如加減數字就是一個代表。這也是一段有別於以往用行為來建構世界，而能用思想來建構世界。這一段時間又被分為兩部分：**表徵功能子階段**和直覺思考子階段。

前運思期 (preoperational stage)
Piaget 認知發展理論的第二階段，大約為 2 到 7 歲的時期，在這個時期孩子開始以文字、影像、圖畫和符號表達對感官資訊及肢體動作做簡單的連結，來代表背後的涵義。穩定的概念形成、已有心智推理、自我中心主義，以及存在奇幻的信念。

運思 (operations)
在 Piaget 的認知發展理論中，運思為可逆的心智行為，可讓孩子在實際動作之前能用心智思考。

表徵功能子階段 (symbolic function substage)
Piaget 認知發展理論中前運思期的第一個子階段，在這個時期孩子會知道心智所想的物體並不會真的存在 (大約介於 2 到 4 歲之間)。

(一) 表徵功能子階段

這是前運思期的第一階段，大約發生在第 2 至 4 歲間。此時兒童開始能對不在眼前的物體有一個心智上的表徵。這個能力擴大了兒童心智世界 (Mandler & DeLoache, 2012)，兒童會用塗鴉來代表人、房子、車子、雲等物，也開始使用語言和假裝遊戲 (pretend play)。雖然兒童在此一時間看起來有明顯清楚的進步，事實上，他們的思考仍有很大的限制，其中兩個就是自我中心和萬物有靈。

自我中心論是指無法區分自己和別人的角度。Piaget 和 Barbel Inhelder (1969) 透過設計三座大山的實驗初步探索幼兒的自我中心狀態 (見圖 7.4)。兒童在山的模型四圍自由走動，熟悉從不同的角度看到的山是什麼樣子，他還可以看到山上有不同的物體。接著兒童坐在山的模型的一個側面。實驗者從桌子周圍的不同位置移動一個娃娃，在每個位置詢問兒童從一系列的照片來選擇一個最能準確反映娃娃看到的景象。在前運思期的兒童往往會挑選自己的看法，而不是娃娃的視角圖。學前兒童有時可以顯示出採取另一個人角度，而不是自己的角度來回答這個測試，但不見得是正確的。

萬物有靈論，前運思期認知的另外一個限制，就是相信無生命的物體具有生命特質且是有能力行動的。一個年幼的嬰幼兒可能會顯示出萬物有靈論，而常說出類似下面的敘述：「那棵樹推葉子脫落，並掉下來」，或是「這條人行道讓我瘋狂，它害我跌倒」。一個具有萬物有靈論的幼兒無法區分使用人類和非人類的觀點的適當場合 (Opfer & Gelman, 2011)。

自我中心論 (egocentrism)
沒有能力將自己和別人的角度區別開來 (前運思期認知的顯著特點)。

萬物有靈論 (animism)
相信無生命的物體具有生命特質和有行動能力。

可能是因為幼兒不是很在意現實，他們的作品都是天馬行空和充滿創意的。象徵的意義很簡單，但強烈的帶有一些抽象的現代藝術。

20 世紀西班牙畫家畢加索說：「我以前喜歡學習 Rapheal，但讓我像年幼的兒童則花了我一生的時間去學習。」在小學裡，兒童的圖

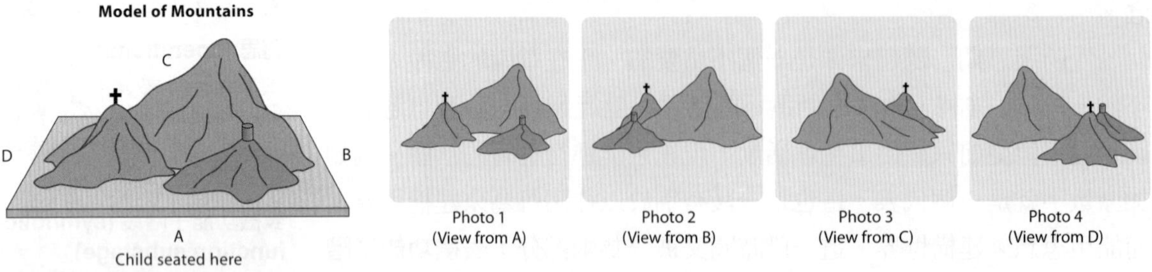

圖 7.4　三座大山實驗。左圖顯示當一個兒童坐在有三座大山立體圖案的前面，A、B、C、D 則代表看這三座大山的四個不同視角，受試兒童坐在 A 側。圖右的四張圖則是給兒童選擇的，分別代表從 A、B、C、D 四個不同的視角看到的景觀。實驗者可能坐在 B 側，而讓坐在 A 側的兒童想像實驗者看到的景象。前運思期的兒童只能以自己看到的景觀來選擇，表示他們尚無角色取代 (role taking) 能力。

畫變得更加現實、整齊和精確 (Winner, 1986)。

(二) 直覺思考子階段

直覺思考子階段是前運思期的第二個子階段，約相當於 4 到 7 歲間。在這個子階段，幼兒開始使用原始的推理，想要知道各種問題的答案。例如，正在直覺思考子階段的 4 歲的 Tommy，他很難理解一些自己沒有看到的事件。例如，如果汽車是向他撞來會發生什麼事，他只有一個模糊的概念。他對於判斷交通事故是有困難的，因為他不能做必要的心理估計：當他穿越馬路時，駛近的汽車是否會撞到他。

5 歲的兒童幾乎一直纏著周圍的成年人問「為什麼」、「為什麼」，兒童的問題意味著他們對推理和弄清楚為什麼事情會是這樣的興趣。Elkind (1976) 舉出一些 4 至 6 歲的兒童常有的一些問題：「是什麼讓你長大了？」、「當大家都是嬰兒時誰是母親？」、「為什麼葉子會掉落下來？」、「為什麼太陽會發光？」等。Piaget 稱此為直覺思考子階段，是因為幼兒似乎很肯定自己的知識和理解，但不知道怎麼知道他們所知道的；也就是說，他們知道的東西，但知道它無須使用理性推理。

(三) 中心定位和前運思期思想的侷限

前運思期思想的一個限制是**中心定位**，中心定位特徵是只集中注意力在一個向度，而無法同時兼顧其他向度。中心定位是最清楚證明幼兒缺乏**保留概念**的例子，他無法意識到改變一個物體或物質的外觀並不會改變其基本性質。例如，對成年人來說，不管盛裝液體的容器形狀如何改變，液體的量一定保持不變是顯而易見的，但這對幼兒來說卻不是顯而易見的。相反地，他們對液體在容器中的高度留下深刻印象，而排除了對其他的特性 (如液體的量) 的關注。

Piaget 設計研究保留概念的情境是他最著名的認知測試，在保留概念的測試中，兒童都有兩個外表相似，但高度、底面積不同的燒杯，每個燒杯都填充到相同水平的液體 (見圖 7.5)，當他們被問到這些燒杯中的液體是否有相同的量時，他們通常會說是。然後，將一個燒杯中的液體倒入第三個燒杯中，這是比前兩個更高和更細的燒杯。兒童接著被問：在第三個高細燒杯中的量仍然等於它在原來的燒杯的量嗎？小於 7 或 8 歲的兒童通常會說不一樣，且大多會認為高細的燒杯內裝的量較多；而年齡較大的兒童則會回答一樣多，並適當證明自己的答案 (「如果你把水倒回來，量仍然相同」)。

直覺思考子階段 (intuitive thought substage)
是 Piaget 的前運思期的第二個子階段的認知特徵，幼兒開始使用原始的推理，想要知道各種問題的答案 (在 4 到 7 歲之間)。

中心定位 (centration)
將注意力集中在一個向度而排除對其他所有向度的特性上。

保留概念 (conservation)
在 Piaget 的理論，意識到改變一個物體的外觀並不會改變它的基本屬性。

圖 7.5 Piaget 的保留概念測試。燒杯試驗是眾所周知的 Piaget 實驗，以確定兒童是否能在心智上逆轉運思和顯示保留概念。(a) 兩個相同的燒杯交給兒童。然後實驗者注入液體從 B 轉換成 C，會比 A 或 B 更高和更細。(b) 詢問兒童這些燒杯 (A 和 C) 內液體的量是否相同。在前運思期的兒童說「不」，且當被問到何者具有更多的液體時，在前運思期的兒童會指向高細的燒杯中的液體。

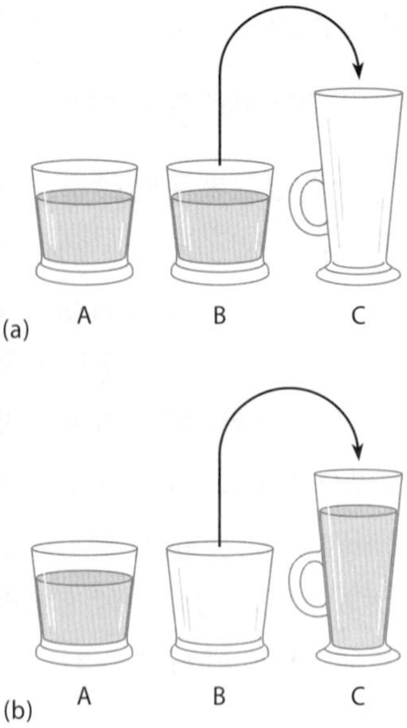

在 Piaget 的理論，失敗的保留液體的測試是兒童處於認知發展的前運思期階段的標誌。失敗不僅代表他們具有中心定位思考特徵，也代表他們沒有能力從心智上反向操作。例如，在圖 7.6 所示的物質例子中，前運思期的兒童會說：「較長的形狀有更多的黏土。」因為他們認為更長的會更多。前運思期的兒童不能在心智上逆轉，以查看黏土的量在這兩個短球形狀和較長的棒形是否相同。

除了未具有保留容量的概念，前運思期的兒童也無法保留數字、物質、長度和面積。然而，兒童往往在不同的保留任務中有不同的表

保留概念	(實驗) 原來的組型	(實驗) 操作後的組型	前運思期兒童的回答
數量	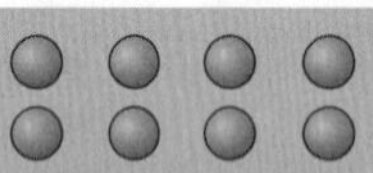 兩列完全相同的物體展示給兒童，同意它們具有相同的數量。	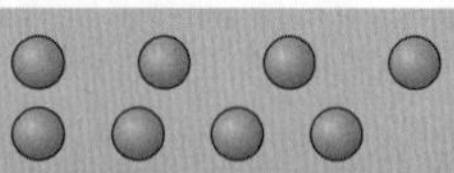 將其中一行彼此距離拉長後，兒童被問到：現在是否有一行具有更多個物體？	是的，較長的一行。
物質	 兩個相同大小的黏土球顯示給兒童看。兒童同意，它們是一樣大的。	 實驗者改變一個球的形狀，並詢問兒童它們是否仍然含有等量黏土。	不，較長的含量較多。
長度	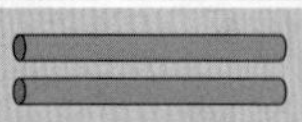 兩支棍子排列在兒童面前。兒童同意它們是相同的長度。	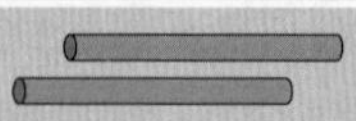 實驗者移動一個棍子往右邊，然後問兒童它們是否有相同的長度。	否，在上面的較長。

圖 7.6 保留概念的一些思考向度：數量、物質和長度。前運思期思考的兒童做測試時，他們無法通過這些保留概念的測試而失敗的特點為何？

現。因此，一個兒童可能具有容量保留概念，但不具有數量保留概念。最近一個對數量保留概念的大腦功能性磁共振成像的研究顯示，和 5 至 6 歲的兒童相比之下，頂葉與額葉的網絡連結的進步和 9 至 10 歲兒童具有保留概念有關 (Houde et al., 2011)。

有些發展主義論者不同意 Piaget 對兒童的保留概念出現的估計。例如，Rachel Gelman (1969) 認為，當兒童的注意力在保留任務的相關方面有所改進時，兒童會更容易保留。Gelman 還主張對某一向度 (如數量) 注意力訓練會提高學前兒童在另一層面 (如質量) 上對保留概念的表現。因此，Gelman 認為，保留概念的出現應早於 Piaget 對前運思期階段的認定，注意力對於解釋保留概念尤為重要。

二、Vygotsky 的理論

Piaget 的理論是一個重大的發展理論，而關注兒童的認知發展的另一個理論是 Vygotsky 的理論。正如 Piaget，Vygotsky (1962) 強調，兒童主動建構自己的知識和理解，而在 Piaget 的理論中，兒童透過他們的行動及與物理世界的相互作用，發展他們的思考能力和對世界的理解。在 Vygotsky 的理論裡，兒童比 Piaget 的理論更經常被描述為社會性生物，他們發展思考和理解方式主要是透過社交互動。他們的認知發展依賴於社會所提供的工具，而思想則是由他們所生活的文化環境塑造出來的 (Gauvain, 2013; Gredler, 2012)。

(一) 近側發展區間

Vygotsky 相信社會影響力，尤其是教育在兒童認知發展中扮演重要角色，這是他的近側發展區間的重要概念。**近側發展區間**是 Vygotsky 的術語，意指任務的範圍。兒童難以獨自掌握那些過於困難的任務，但是可以透過成年人或更熟練的兒童提供的指導和協助來學習。因此，近側發展區間所述技能的下限，是指可以由兒童獨立完成的工作水準，而上限則是兒童能夠接受具有能力指導員的協助下額外完成任務的水準 (見圖 7.7)。近側發展區間捕捉到兒童的認知能力成熟的過程，而且是在更熟練人員的協助下完成的 (Mahn & John-Steiner, 2013; Petrick-Steward, 2012)。

哪些因素會影響兒童在近側發展區間的學習和發展的有效性？研究人員發現，以下幾個因素可以增強近側發展區間的有效性 (Gauvain, 2013)：更好的情緒調控、安全型依附、沒有產婦憂鬱症和兒童的順從性。

近側發展區間 (zone of proximal development, ZPD)
Vygotsky 的術語，是指雖然兒童無法獨自掌握過於困難的任務，但透過成人或更熟練的兒童的協助下就能掌握任務。

上限
兒童能夠接受具有能力
指導員的協助下額外
完成任務的水準
近側發展區間
下限
是指可以由兒童獨立
完成的工作水準

圖 7.7 Vygotsky 的近側發展區間。最接近發展的區域有一個下限和上限。在近側發展區間太難的任務，以致兒童無法單獨進行，他們需要從成人或更熟練兒童得到援助。當兒童受到口頭指示或示範，就會在其現有的心理結構上組織訊息，使他們最終能夠單獨展現某項技能或執行某項工作。

發展連結—教養
鷹架理論也為家長與嬰兒的互動採取有效策略。(第 6 章)

(二) 鷹架理論

與 ZPD 的想法緊密聯繫在一起的是鷹架理論的概念。鷹架理論意味著改變的支持程度。在一個教學的情境中，更熟練的人 (教師或熟練的同儕) 調整指導量，以適應兒童目前的表現，就是對兒童提供鷹架 (Daniels, 2011)。當學生剛開始學習新任務時，教師可以使用直接指令；但是隨著學生的能力提高，教師會有較少的指導說明；隨著學生的能力不斷增加時，教師給予的指導也逐漸減少。最近的一項研究發現，利用鷹架理論技術，提高幼兒參與、直接探索，並促進「意義建構」等引導方式，可以促進 4 到 5 歲的兒童獲得幾何知識 (Fisher et al., 2013)。

(三) 語言與思考

利用對話作為鷹架理論是語言在兒童的成長中的一個重要作用。根據 Vygotsky 的理論，兒童使用語言不僅達成社會性溝通，而且還幫助他們解決日常生活問題。Vygotsky (1962) 進一步主張，年幼的兒童用語言來規劃、指導和監督他們的行為。這種用來自我調節的語言被稱為*私語* (private speech)。對於 Piaget 而言，私語是自我中心的、不成熟的；但對於 Vygotsky 來說，它是兒童早期歲月中的重要思考工具 (John-Steiner, 2007)。

Vygotsky 表示，語言和認知被認為最初彼此獨立地發展，然後合併。他強調，所有心理功能都有外部的或是社會性的起源。兒童必須用語言與他人交流，才可以向內專注於自己的想法；兒童也必須向外溝通，並使用語言很長一段時間後，才可以從外部言語轉換到內部言語。這個過渡期發生在 3 至 7 歲間，並和自我對話 (self-talk) 有關。接著，在自我對話越來越自然成為兒童的一部分後，他們沒有言語表達即可採取行動。當他們獲得這個技能後，兒童內化的自我中心語言成為內部語言的形式及他們的想法。

Vygotsky (1896-1934)，在這裡所展示的是他與他的女兒，推論兒童的認知發展的推進是透過更熟練的個體嵌入在社會文化背景的社交互動。Vygotsky 理論與 Piaget 的有什麼不同？

Vygotsky 的理由是，當兒童使用大量的私語時會比那些沒有使用私語的兒童擁有更多的社交能力。他認為，私語代表越來越多社交溝通的早期轉換。在 Vygotsky 的觀點，年幼的兒童會使用語言來管理他們的行為，並引導自己。例如，一個兒童正在排拼圖時可能對自己說：「我應該先把哪些拼在一起呢？我會先嘗試那些綠色的。現在我需要一些藍色的。不，藍色的不適合那裡，我會試著放在這裡。」

Piaget 認為自我對話是自我中心的，反映個體的不成熟。但是，研究人員已經發現支持 Vygotsky 觀點的研究成果，就是私語在兒童的發展中產生積極的作用 (Winsler, Carlton, & Barry, 2000)。研究人員發現，當任務是困難的時候，兒童使用更多私語；研究人員還發現，當他們出現錯誤之後，以及當他們不知道如何進行的時候 (Berk, 1994)，使用私語的兒童比不使用私語的兒童更加細心和升高其表現 (Berk & Spuhl, 1995)。

(四) 評價 Vygotsky 的理論

雖然他們的理論大約在同一時間提出，但世界上大多數國家對 Vygotsky 理論的了解還是遲於對 Piaget 理論的了解。因此，Vygotsky 的理論尚未被徹底的評價。然而，Vygotsky 認為，社會文化對兒童發展影響的重要性觀點與當前的信念吻合，即評估在學習中的背景因素是非常重要的 (Gauvain, 2013; Gredler, 2012)。

我們已經比較了 Vygotsky 和 Piaget 在幾個方面的理論，例如 Vygotsky 強調的是發展裡內部言語的重要性，但 Piaget 卻認為這種語言是不成熟的。雖然這兩個理論都是建構主義的，但 Vygotsky 的理論是以**社交建構主義的方法**，它強調學習的社會環境和透過社交互動以建構知識 (O’Donnell, 2011)。

社交建構主義的方法 (social constructivist approach)
強調學習的社會環境的一種方法，並聲稱知識是相互建立和建造。Vygotsky 的理論反映這個作法。

從 Piaget 轉移到 Vygotsky，在概念上的轉變是從個人轉移到人際合作、社交互動和社會文化活動 (Gauvain, 2013)。Piaget 認知發展的終點是形式思考運作，但對於 Vygotsky，終點會有所不同，這取決於在一個特定的文化中被認為是最重要的技能為何。在 Piaget

發展與生活的連結

心智工具

心智工具 (tools of the mind) 是一套兒童早期教育課程，強調兒童發展的自我調節和素養的認知基礎。該課程是由 Elena Bodrova 和 Deborah Leong (2007) 建立的，並已在 200 多個教室中實現。大多數在心智工具方案的兒童都是高風險的，因為他們的生活環境大多貧困或是有其他困難不利的條件，如無家可歸，或父母有吸毒問題。

心智工具的基礎是 Vygotsky (1962) 的理論，特別注意考慮文化工具、自我調節的發展、利用近側發展區間、鷹架理論、私語、共同從事的活動，並採取重要行動。例如，戲劇遊戲具有重要作用，教師引導幼兒建立基於他們興趣的主題，如尋寶、商店、醫院和餐廳。教師也會結合實地考察、訪問者介紹、影片和發展兒童遊戲的書籍等，幫助兒童發展增加遊戲成熟度的計畫。此計畫描述兒童期望在玩遊戲時做什麼，包括虛構的情況下，角色和使用的道具。該遊戲計畫增加他們發揮的空間和自我調節的素質。

寫作是鷹架理論下心智工具教室中的另一個重要主題，教師引導兒童透過繪製一條線來代表兒童說的每個單詞，以規劃自己的訊息，接著兒童重複這些訊息，指著每一條線正如他們所說的話。最後，兒童會在線上寫一些字母或符號，試圖代表每個單詞。圖 7.8 顯示超過兩個月的鷹架理論的寫作課程提高 5 歲兒童的寫作。

兒童寫作的心智工具教室的研究評估顯示，他們擁有比其他兒童早期教育計畫的兒童更進步的寫作能力 (Bodrova & Leong, 2007) (見圖 7.8)。例如，他們能編寫更複雜的訊息、可以使用更多的單詞、拼寫更準確、顯示出更好的字母識別，並更理解句子的概念。

一項研究評估心智工具課程對處於高風險學齡前兒童的影響 (Diamond et al., 2007)。結果證明，心智工具課程提高了處於高風險兒童的自律和認知控制技能 (如抵抗干擾和誘惑)。在心智工具課程的其他研究也已經發現它能提高幼兒的認知能力 (Barnett et al., 2006; Bodrova, Leong, & Akhutina, 2011; Saifer, 2007)。

你在本章一開始閱讀到瑞吉歐方案教學的故事與此處所述的心智方法工具加以比較，兩者有何異同？

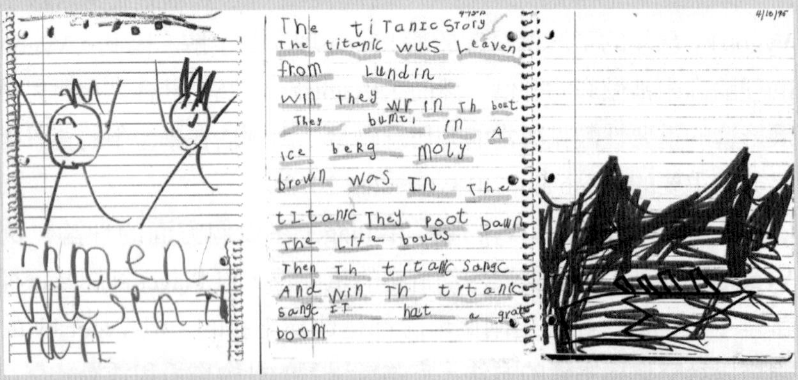

(a) 5 歲的 Aaron 在開始使用鷹架理論寫作技巧時獨自寫下的日記。

(b) Aaron 開始使用鷹架理論寫作技巧後兩個月的日記。

圖 7.8　5 歲男孩使用鷹架理論寫作課程的心智工具超過兩個多月在寫作上的進步。

的理論中，兒童透過轉化、組織和重組以前的知識來建構知識；但從 Vygotsky 的角度來看，兒童則是透過社交互動建構知識 (Costley, 2012; Gauvain, 2013)。Piaget 的理論認為教學的意涵，是兒童需要支持，以探索他們的世界、發現知識。Vygotsky 的理論認為教學的意涵，是學生需要很多與老師、更熟練的同儕學習的機會。在 Piaget 和 Vygotsky 這兩個人的理論中，教師都是促進者與指導者，而不是導演和學習的示範者。圖 7.9 比較了 Vygotsky 和 Piaget 的理論。

對 Vygotsky 理論的批評也紛紛出現，例如有一些批評人士指出，Vygotsky 關於年齡相關的變化還不夠具體；另一種批評意見則認為 Vygotsky 沒有充分說明，改變社會情緒的能力如何促進認知能力的發展 (Gauvain, 2008)；還有一種批評是說他過分強調語言對思考的作用。此外，他強調合作和引導有潛在的缺陷，當父母變得太霸道或太過控制時該怎麼辦？此外，有些兒童可能會變得懶惰，或在他們已經做了些什麼時，期望得到幫助。

三、訊息處理論

Piaget 和 Vygotsky 的理論提供有關幼兒如何思考與他們的思想如何變化的重要理念。而新近的訊息處理方法的研究則照亮另一個重要領域——學齡前兒童是如何處理訊息的 (Bjorklund, 2013; Feldman,

	Vygotsky	Piaget
社會文化背景	高度重視	低度重視
建構主義	社交建構主義者	認知建構主義者
階段	沒有一般階段的發展建議	高度重視階段 (感覺、前運思期、具體的操作和形式操作)
關鍵過程	近側發展區間，語言、對話、文化工具	基模、同化、調適、運思、保留、分類
語言的作用	主要作用；語言在塑造思考上有強大的作用	語言具有最小的作用；認知主要是引導語言
教育觀點	教育具有核心的作用，幫助兒童學習文化的工具	教育只是精煉兒童那些已經出現的認知能力
教學影響	老師是促進和引導者，而不是導演；建立許多機會讓兒童與老師及更成熟的同儕一起學習	也認為教師是促進和引導者，而不是導演；為兒童探索他們的世界和發現知識提供支持

圖 7.9 Vygotsky 與 Piaget 理論的比較

2013)。幼兒關注周圍環境，要記憶一些東西並發展策略及解決問題，還要了解自己和別人的心理狀態。以下將從注意力、記憶力、執行功能和心智理論逐一介紹。

(一) 注意力

回想一下第 5 章「嬰兒的認知發展」時注意力被定義為聚焦在智力資源選擇訊息。學齡前兒童的注意力較嬰兒時期顯著提升 (Bell & Cuevas, 2013; Rueda & Posner, 2013)，嬰幼兒到處亂走，將注意力從一個活動轉向另一個，似乎花很少的時間專注於任何一個物體或事件；相較之下，學齡前的兒童可能可以被觀察到看電視半小時或更長的時間。但最近一項研究證明，無論是看電視和玩電子遊戲都和兒童的注意力問題有關 (Swing et al., 2010)。

幼兒尤其會在注意力的兩個層面有所進展，即**執行注意力**和**持續注意力** (Bell & Cuevas, 2013; Rothbart, 2011)。執行注意力涉及行動規劃、分配重要目標、錯誤檢測和補償、監測任務進展情況，並處理新的或困難的情境。持續注意力則是讓注意力集中和延長時間在關注的對象、任務、事件或環境等方面。持續注意力也被稱為警醒 (vigilance)。研究證明，雖然年齡較大的兒童和青少年表現出增加的警醒，但學齡前兒童警醒的增幅最大 (Rueda & Posner, 2013)。

Mary Rothbart 和 Maria Gartstein (2008, p. 332) 解釋為什麼執行注意力和持續注意力的進展在兒童早期很重要：

> 兒童早期的發展……執行注意力系統的迅速提升，能有效控制幼兒和學齡前兒童的行為。注意力的提升有部分的原因是來自理解力和語言能力的發展進步，由於兒童更能夠理解他們的環境，有助於他們維持較長的注意力。

但是，學齡前兒童至少在兩個方面的注意力控制仍然是不足的：

執行注意力 (executive attention)
指行動規劃、分配重要目標、錯誤檢測和補償、監測任務進展情況，並處理新的或困難的情境。

持續注意力 (sustained attention)
讓注意力集中和延長時間在關注的對象、任務、事件或環境等方面。

- 辨別相關資訊與重點。學齡前的兒童很可能會關注其中具有顯著性的刺激物，即使這些刺激物與要解決的問題或執行的任務不相關。例如，如果一個華麗的、有吸引力的小丑提出解決一個問題的方向，學齡前兒童可能會更注重小丑，而不是方向。在 6 或 7 歲兒童入學之後，才更能有效地確認與任務有相關的刺激，諸如用於問題的方向上的指示。這種變化反映注意力的認知控制，讓兒童表現出較少的衝動性和較多的反思。

- 進行複雜計畫。當實驗者要求兒童判斷兩種複雜的畫是否一樣時，學齡前兒童傾向於使用比較隨意的策略，他們在作出判斷前並不會檢查所有的細節。相較之下，學齡兒童更容易跨越圖片線索，有系統地比較細節，一個時間一個細節的比較，這是需要認知計畫的 (Vurpillot, 1968) (見圖 7.10)。

在中歐國家，如匈牙利，幼兒園的兒童會參加提高注意力的練習 (Mills & Mills, 2000; Posner & Rothbart, 2007)。例如，一個視線接觸 (eye-contact) 的練習，教師坐在由兒童圍成的圈圈中心，每個兒童被要求在離開小組之前要與老師的視線接觸。還有另外一個走和停 (stop-go) 的活動，教師要求兒童在音樂聲中行走，在聽到特定的信號 (如鼓聲或一個確切節拍數的節奏) 時停止走動。

最近已經發展到以電腦練習提高兒童的注意力 (Jaeggi, Berman, & Jonides, 2009; Rueda & Posner, 2013; Stevens & Bavelier, 2012; Tang & Posner, 2009)。

舉例來說，一項讓 4 至 6 歲兒童在 5 天的電腦注意力練習下，學習如何使用操縱桿，研究結果顯示，參與的兒童工作記憶和解決衝突的技巧都有改善 (Rueda et al., 2005)。關於電腦練習對於提高兒童的注意力進一步的訊息，請參考下列網址：www.tcach-the-brain.org/learn/attention/index。

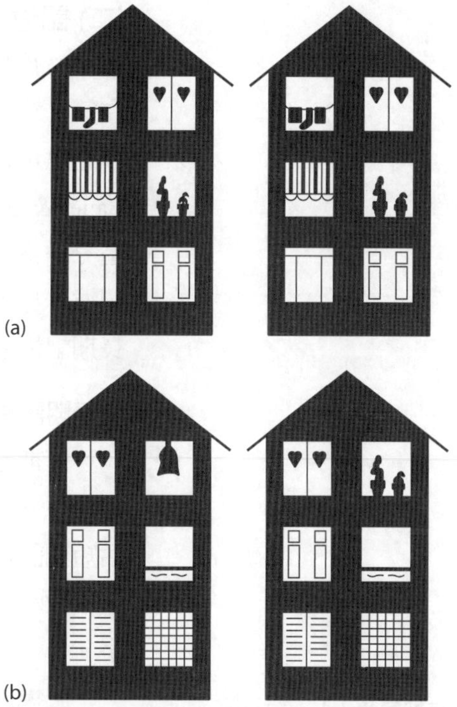

圖 7.10 有計畫性的注意。在一項研究中，兒童被要求對兩個類似的房屋圖片做檢查，像此處顯示的 (Vurpillot, 1968)。在 (a) 圖中兩間屋子的三對窗戶是相同的。在 (b) 圖中兩間屋子的三對窗戶有的是不相同的。透過對受試兒童的眼動追蹤，可以確定他們在看、他們看了多長時間，以及他們的眼球運動的順序。6 歲以下兒童檢查的只有零碎的部分，使得自己判斷的訊息不足。相較之下，年齡較大的兒童會對窗戶進行更詳細的和更準確的掃描，再判斷其中有哪些窗口是相同的。

學齡前兒童的控制和維持注意力的能力，和他們的入學準備度有關 (Posner & Rothbart, 2007)。舉例來說，一項針對 1,000 多名兒童所做的研究證明，在 54 個月大時維持他們注意力的能力與其入學準備度 (包括成績和語言能力) 有關 (NICHD Early Child Care Research Network, 2005)。在另一項研究中，被家長和教師評定為有注意力問題的 54 月齡幼兒，在國小一和三年級時與對照組相較，有較差的人際關係與較低水準的社交技巧 (NICHD Early Child Care Research Network, 2009)。還有一項研究發現，5 歲時有較佳的注意力集中能力與 9 歲時有較高水準的學校成績有正相關 (Razza, Martin, & Brooks-Gunn, 2012)。

(二) 記憶

記憶是指隨時間而保存的訊息，是兒童認知發展的核心過程。在第 5 章中，我們看到大部分小嬰兒的記憶是脆弱的，除了知覺動作記憶可以持續保存外，在大多數情況下是曇花一現的 (Bauer, 2013; Bauer & Fivush, 2014)。因此，我們要了解嬰幼兒記得的東西，需要區分外顯記憶 (explicit memory) 和內隱記憶 (implicit memory)。外顯記憶本身會以多種形式出現，一種區分方式是以其保存的時間而分成長期記憶 (long-term memory) 和短期記憶 (short-term memory)。

1. 短期記憶

短期記憶，如果沒有經過加工的訊息，個人訊息保留的長度僅有 30 秒。經過加工後，我們可以保留訊息在短期記憶的時間更長。評估短期記憶的一種方法是記憶廣度測試，當你聽到以飛快的速度呈現 (如每秒一個)、簡短序列的刺激物 (通常是數字) 時，請你重複唸出數字。

短期記憶 (short-term memory)
如果沒有經過加工的訊息，個人訊息保留時間長達 30 秒。

記憶廣度測試的研究發現，兒童早期的短期記憶會隨年齡增加而增加。例如，在一個記憶廣度的調查中，2 至 3 歲的兒童到 7 歲時大約可以從 2 個數字增加大約 5 個數字，但 7 至 13 歲的記憶廣度僅增加 2 個數字 (Dempster, 1981) (見圖 7.11)。但請記住，每個人的記憶範圍不同。

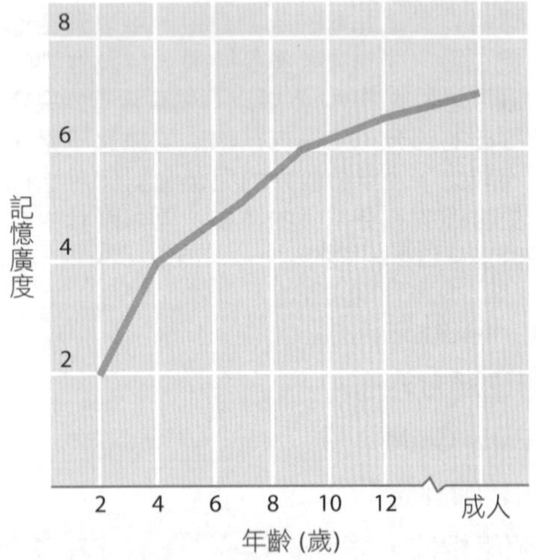

圖 7.11 記憶廣度的發展變化。在一項研究中，從 2 至 7 歲的兒童的記憶廣度約從 2 位增加至 5 位 (Dempster, 1981)。7 至 13 歲，記憶廣度平均只有增加另外 2 個數字。可能有助於增加兒童時期記憶廣度的因素有哪些？

為什麼記憶廣度會隨著年齡的增長而增長？訊息加工是很重要的；年齡較大的兒童比年幼的兒童能進行更多的訊息加工。速度 (特別是與其中記憶項目可以被識別的速度) 和處理訊息的效率也都很重要 (Schneider, 2011)。

處理速度的解釋凸顯出以訊息處理的角度看待認知的關鍵點：處理訊息的速度代表兒童認知能力的一個重要層面，目前已有大量證據證明，許多認知任務的完成速度在整個童年歲月顯著提高 (Kail, 2007)。

2. 如何準確的從小培養兒童的長期記憶？

雖然在早期的童年歲月幼兒的短期記憶廣度增加，他們的記憶也變得更加準確，但是如果他們得到適當的線索和提示，幼兒也能記住大量的訊息 (Bruck & Ceci, 2012, 2014)。甚至有越來越多的青少年、兒童被允許出庭作證，特別是當他們是唯一的犯罪目擊者時 (Cederborg et al., 2014; Lamb et al., 2015)。有幾個因素可以影響幼兒記憶的準確度 (Bruck & Ceci, 1999)：

- 兒童對建議的接受性有年齡差異。與年齡較大的兒童和成人的相較，學齡前兒童是耳根最軟的年齡層 (Lehman et al., 2010)。例如，在事件發生後，學齡前的兒童更容易相信被給予的誤導或不正確的訊息 (Ghetti & Alexander, 2004)。儘管在各種年齡組有這些差異，但年齡較大的兒童受到提示訪問時的反應仍受到關注 (Ahern & Lamb, 2014; Bruck & Ceci, 2012)。
- (對建議的) 接受性有個別差異。有些學齡前兒童對晤談者的建議高度抵抗，然而也有人立即屈服於一絲絲的建議 (Ceci & Klemfuss, 2010; Sim & Lamb, 2014)。一項研究證明，能拒絕建議的學齡前兒童擁有較高品質的敘事能力 (Kulkofsky & Klemfuss, 2008)。
- 晤談的技巧可能導致兒童在高度顯著事件報告大量的失真。兒童依從暗示而影響的報告不只限於周邊的細節，同時也包括事件的中心環節 (Bruck & Ceci, 2012; Cederberg et al., 2014)。在某些情況下，兒童的不實報導和帶有性含意的用語有關。在實驗室研究中，幼兒的不實報告會產生一些和身體接觸有關的「愚蠢事件」(例如「有沒有護士舔你的膝蓋？」或「她有沒有在你的耳邊吹氣？」)。在研究中，學齡前兒童虛報的數量非常顯著，例如是否有人摸他們的私處、親吻他們、擁抱他們等，其實這些事件根本沒有發生。然而，幼兒多少也都能夠回想起與事件有關的細節 (Fivush, 1993)，如果晤談者採取中性立場和使用中性字眼，限制性的小心使用誤導性問題，以及沒有為兒童作出虛假報告的動機，幼兒會更容易準確地回憶起有關事件的訊息 (Bruck & Ceci, 2012; Principe, Greenhoot, & Ceci, 2014)。

總之，無論幼兒目擊者的證詞準確與否，可能取決於許多因素，如類型、數量和兒童經歷暗示性技術的強度 (Lamb et al., 2015)。看來幼兒報告的可靠性多寡與晤談者的技能和動機，以及幼兒記憶中任何天生限制都有關 (Bruck & Ceci, 2012, 2014)。

3. 自傳體記憶

另一個已被廣泛用在研究兒童發展長期記憶的方法是自傳體記憶 (Pathman & St. Jacques, 2014)。自傳體記憶 (autobiographical memory)

涉及一個人一生中顯著事件和經驗的記憶。舉例來說，可能會被問到如：誰是你一年級的老師？他 / 她喜歡什麼？發生在你小時候最創傷性事件是什麼？等。

在學齡前，幼兒的記憶逐漸承擔更多的自傳特性 (Bauer, 2013; Bauer & Fivush, 2014; MiiJer, 2014)。在一些地區，如記住一個故事、一部電影、一首歌曲，或者一個有趣的事件或經歷，年幼的兒童已被證明有相當美好的回憶。從 3 至 5 歲，他們的記憶具有如下特色：(1) 記得越來越多在特定時間和地點發生的事件，如「我去年生日在 Chuck E. Cheese's」；以及 (2) 在他們的敘述中包括更多的內容和豐富的細節 (Bauer, 2013)。在一項研究中，3 歲半兒童可以描述每個事件的 4 個項目，到 6 歲時則可以描述 12 個這樣的項目 (Fivush & Haden, 1997)。

(三) 執行功能

近年來，越來越多的研究者關注兒童**執行功能**的發展。這是一個傘狀的概念，由許多和大腦前額皮層的發展有關的較高階認知過程，執行功能包括管理一個人的想法從事目標導向的行為和自我控制。在本章前面，我們描述近期備受關注的執行注意力，就應歸在執行功能的框架下。

在兒童早期，執行功能尤其和下列認知功能有關：認知抑制能力發展的進步 (如抑制住一個不正確的強烈傾向)、認知彈性 (如轉移注意力到另一個項目或主題)、目標設定 (如共享一個玩具或掌握接球技能)，以及滿足感延遲 (如等待更長的時間才能得到一個較有吸引力的獎勵) (Carlson, Zelazo, & Faja, 2013; Zelazo & Muller, 2011)。在兒童早期，相對較受刺激驅動的小孩慢慢轉變成能夠彈性、有目標導向解決問題能力的兒童 (Zelazo & Muller, 2011)。研究人員發現，學齡前兒童執行功能的進步和入學準備度有關 (Bierman et al., 2008)。

Walter Mischel 和他的同事進行多次延遲滿足幼兒的研究 (Berman et al., 2013; Mischel, Cantor, & Feldman, 1996; Mischel & Moore, 1980; Mischel et al., 2011; Schlam et al., 2013)，他們評估延遲滿足的一種方式是單獨讓幼兒在一個放有誘人的棉花糖在其觸手可及範圍內的房間。幼兒被告知他們可以在任何時候按門鈴，吃棉花糖：也可以等到實驗者回來，屆時他們將得到兩顆棉花糖。這些幼兒在等待實驗者回來之前，能夠做什麼以幫助他們等待呢？他們使用一些策略，好分散對棉花糖的注意力，包括唱歌、摸摸鼻子或做其他事情，避免自

執行功能 (executive function)
傘狀的概念，由許多連接到大腦前額皮層的發展較高階的認知過程。執行功能包括管理一個人的想法從事目標導向的行為和自我控制。

己去看棉花糖。Mischel 和他的同事將這些策略稱為「冷思考」(也就是做與棉花糖無關的思想和活動)，而他們稱幼兒看著棉花糖是從事「熱想法」。從事冷思考的幼兒更有可能後來吃到棉花糖，或者等到實驗者回到房間。針對這項研究的追蹤研究顯示，在 4 歲時滿足感的延遲較長是與 30 歲後有較低的身體質量指數 (BMI) 有關 (Schlam et al., 2013)。

圖 7.12　研究年幼兒童的執行功能。研究員 Stephanie Carlson 負責對一個 4 歲的男孩執行少即是多任務。Cartson 的研究成果是什麼？

Stephanie Carlson 和她的同事對幼兒的執行功能進行一些調查研究(2010, 2011; Carlson, Claxton, & Moses, 2014; Carlson & White, 2013; Carlson, White, & Davis-Unger, 2014)。在一項研究中，幼兒聽一個成年人朗讀 *Planet Opposite* (一本奇幻小說，在其中一切都完全顛倒)，或 *Fun Town* (現實導向類小說) 兩者之一 (Carlson & White, 2011)。聽完成人閱讀的書籍之一，幼兒再完成數項少即是多任務 (less is more task)。對他們展示兩個托盤的糖果 (其中一盤有 5 顆，另一盤則有 2 顆)，並告訴他們拿起托盤給坐在桌子前的毛絨玩具 (見圖 7.12)。對 3 歲的兒童來說這個任務是艱鉅，他們往往會選擇自己想要的托盤，60% 的 3 歲兒童聽到 *Planet Opposite* 的故事後選擇了數目較少糖果 (從而保留 5 顆糖)，而聽到 *Fun Town* (現實導向類小說) 的故事的 3 歲兒童中，只有 20% 選擇數目較少糖果。這個研究結果顯示，學習一個顛倒的想像世界可能有助於年幼兒童的思維變得更加靈活。

哪些是幼兒執行功能的預測因子？為人父母的做法都和兒童發展執行功能有關 (Carlson, Zelazo, & Faja, 2013; Cuevas et al., 2014)。例如，一些研究已發現，家長對兒童使用更多的口頭鷹架理論 (在認知任務時提供與年齡相應的支持)，兒童的執行功能會更進步 (Bernier, Carlson, & Whipple, 2010; Bibok, Carpendale, & Muller, 2009; Hammond et al., 2012; Hughes & Ensor, 2009)。另一項研究則發現，學齡前兒童擁有對母親的安全依附者相較於不安全依附者的同儕，其執行功能的水準會更高 (Bernier et al., 2011)。

執行功能較好兒童的其他預測因素，包括較高的社會經濟地位 (Obradovic, 2010)，一些語言的因素，包括詞彙量、命名能力，以及雙語能力 (Bell, Wolfe, & Adkins, 2007; Bialystok, 2010; Muller et al., 2008)；想像力 (如產生新奇的想法) (Carlson & White, 2013)；文化背景 (亞洲兒童，特別是中國和韓國的城市兒童，會比美國的兒童表現出更好的執行能力) (Lan et al., 2011; Sabbagh et al., 2006)；以及更少的睡眠問題 (Friedman et al., 2009)。

(四) 兒童的心智理論

就算幼兒也對人類心智的本質充滿好奇的 (Astington & Hughes, 2013; Buttelmann et al., 2014; Ronfard & Harris, 2014; Wellman, 2011)。他們有一個**心智理論**，是指一個人對自己的心智過程和他人的心智過程之認知。心智理論的研究觀察兒童在「思想家試圖解釋、預測和理解人的思想、情感和話語」的狀態 (Harris, 2006, p. 847)。

1. 發展中的變化

兒童心智理論的改變發生在整個兒童期的發展階段中 (Gelman, 2013; Lillard & Kavanaugh, 2014; Wellman, 2011)。雖然嬰兒是否有心智理論，仍然被一些人所質疑 (Rakoczy, 2012)，但目前學界達成的共識是，一些轉變發展很早就出現了，我們將在下一章看到。

從 18 個月到 3 歲以後，兒童開始被理解到會有三種心理狀態：

- 認知概念。到了 2 歲，兒童意識到他人會看到什麼是他自己眼前的東西，而不是兒童眼前的東西 (Lernpers, Flavell, & Flavell, 1977)；到了 3 歲，兒童會透過實際尋找線索，以了解在一個容器內的東西 (Pratt & Bryant, 1990)。
- 情緒。兒童可區分正向 (如高興) 及負向 (如悲傷) 的情緒。兒童可能會說：「Tommy 感覺不好。」
- 慾望。所有的人都有某種慾望。但是，什麼時候兒童開始認識到別人的慾望可能和自己不同？幼兒認識到，如果人們想要的東西，就會設法得到。例如，一個兒童可能會說：「我想我的媽媽。」

2 至 3 歲的兒童能夠理解慾望關係到行動和簡單的情感。例如，他們明白人們將尋找他們想要什麼，如果他們獲得的話，就有可能會感到高興，但如果他們並未獲得，將會繼續尋找，並有可能感到悲傷或憤怒 (Wellman & Woolley, 1990)。兒童參照的慾望也會比他們參照的認知狀態 (如思考和認識) 還更早、更頻繁 (Bartsch & Wellman, 1995)。

其中一個具有里程碑意義的發展是，理解其他人可能有與自己不同的慾望 (Doherty, 2008)。18 個月大的愛滋寶寶了解自己的飲食偏好可能不符合別人的喜好，即使他們被給予大人的食物，但是他會說：「好吃！」就算這是大部分嬰兒討厭的食物 (Repacholi & Gopnik, 1997)。隨著他們的年齡增長，可以用語言表達自己不喜歡但成年人可能會喜歡的東西 (Flavell et al., 1992)。

心智理論 (theory of mind)
認識自己和他人的心理狀態與過程。

3 至 5 歲之間，兒童逐漸認識到代表物體和事件的內在心智狀態可能準確也可能不準確 (Low & Simpson, 2012)。領悟到人們可能會有*錯誤的信念* (這個信念並不是真的)，大多是在兒童 5 歲時發展出來的 (Wellman, Cross, & Watson, 2001) (見圖 7.13)。這一點經常被描述為理解心智認知 (mind-recognizing) 的關鍵之一，也就是這個信念不只是直接從周圍的世界映射到頭腦，而且不同的人可能有不同的信念，有時還是不正確的 (Gelman, 2009)。

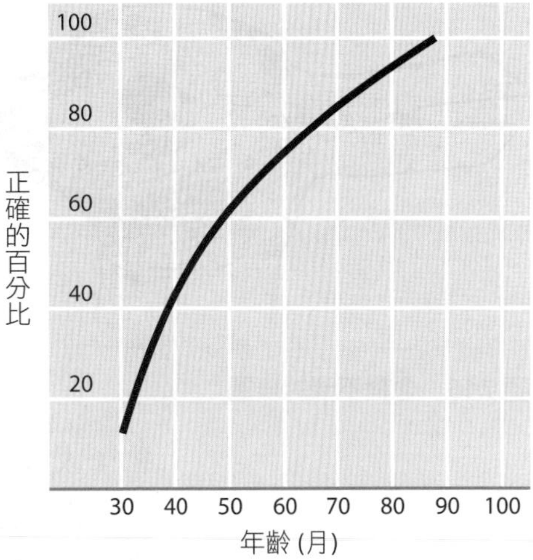

圖 7.13　錯誤信念表現的發展變化。兒童對錯誤信念表現的理解，從 2 歲半大幅提升增加，直到小學年歲的中間，他們意識到一個人可能會有錯誤信念是違背現實的。在許多研究結果的總結，2 歲半的兒童大約有 80% 的機會是給予不正確的反應 (Wellman, Cross, & Watson, 2001)。在 3 歲 8 個月，他們給出正確反應的機率約有 50% 左右，並且在此之後，他們給出越來越正確的反應。

一個有名的錯誤信念測試是幼兒被告知有關 Sally 和 Anne 的故事：Sally 將一個玩具放在一個籃子，然後離開房間 (見圖 7.14)。在她不在時，Anne 從籃子裡取出玩具，並將它放置在一個盒子裡。當 Sally 返回時，幼兒會被要求猜猜她要去哪裡尋找玩具？這個測試主要的發現是，3 歲的幼兒往往會在錯誤信念測試失敗，認為 Sally 會在盒子裡尋找。其實 Sally 離開現場，是不可能知道玩具已經被轉移到這個新的位置，所以她應該還是會在原先的籃子裡尋找。4 歲的兒童和年齡較大的兒童通常就會正確地執行這項任務，會說 Sally 有一個「錯誤觀念」——她會覺得物體是在籃子裡，儘管這種信念現在是錯誤的。這些研究的結論是，年齡小於 4 歲的兒童不明白這可能有一個錯誤信念在其中。

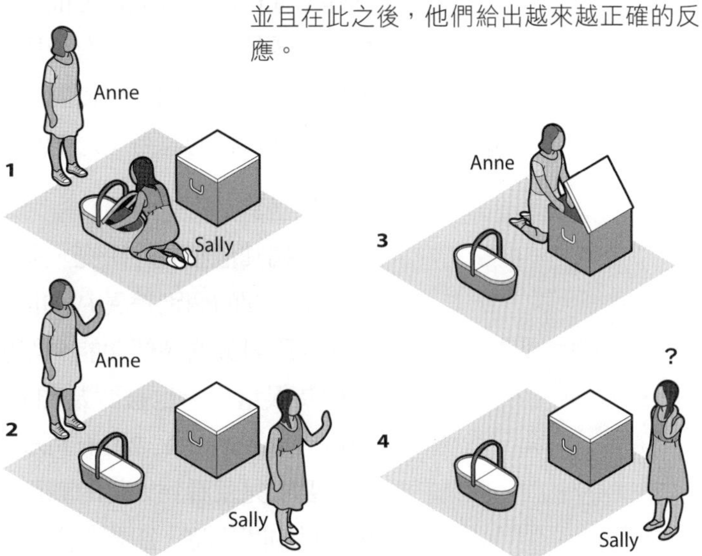

圖 7.14　Sally 和 Anne 錯誤信念測試。在錯誤信念測試中，上面的短劇是 Sally 有一個籃子，Anne 有一個盒子，並顯示給兒童看。Sally 將一個玩具放在她的籃子裡，然後離開，Sally 走了且無法觀看後來 Anne 做的事。此時 Anne 將玩具從 Sally 的籃子移到她的盒子裡。然後 Sally 回來了，問幼兒：「Sally 會去哪裡找她的玩具？」如果他們知道 Sally 會在她的籃子裡尋找玩具，就表示他們「通過」這個第一層級的錯誤信念測試，雖然玩具並不存在。

不過，也有很多理由質疑聚焦在這個心智理論發展的假想關鍵時刻。例如，錯誤信念任務是複雜的，涉及許多因素，如在故事中人物形象和他們所有的個人行為 (Bloom & German, 2000)。

約在 5 至 7 歲的兒童，其心智本身有深化的理解，而不只是

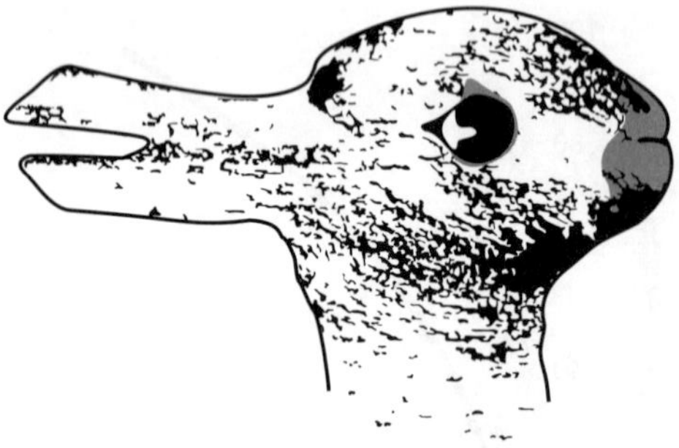
圖 7.15 含糊不清的線圖

心理狀態的一種理解。例如，他們開始認識到人們的行為並不必然反映自己的想法和感受 (Flavell, Green, & Flavell, 1993)。直到童年中後期的兒童才能確認心智 (mind) 是知識的積極建設者或運作的中心 (Flavell, Green, & Flavell, 1993)，並從認知信念可以是錯誤的，轉移成意識到同樣的事件可以是開放性、具有多種解釋的 (Carpendale & Chandler, 1996)。例如，在一項研究中，兒童看見一個模糊的線條圖 (假設可以被看作一隻鴨子或兔子圖)；一個人偶告訴兒童，她相信圖中是鴨子，而另一個人偶告訴兒童，他認為圖中是一隻兔子 (見圖 7.15)。7 歲之前，兒童會說這一定有一個正確的答案，且認為兩個人偶有不同的意見是不行的。

雖然大多數研究兒童的心智理論側重於學齡前左右或之前的兒童，但 7 歲及以後在理解他人的信念和思想的能力有重要進展 (Apperly, 2012; Miller, 2012)。雖然重要的是要了解人們可能會有不同的解釋，但還必須認識到一些詮釋和信念可能要從論點與證據的優勢基礎上進行評估 (Kuhn, Cheney, & Weinstock, 2000)。在青春期早期，兒童們開始理解人可以有矛盾的感情 (Flavell & Miller, 1998)。他們開始體認到，同一個人可以對同一事件感覺到既高興又難過。他們還進行更多推移性的思考：思考什麼是其他人在思考的。

2. 個別差異

正如其他發展的研究，兒童達到心智理論的某些重要發展里程碑也有年齡間的個別差異 (Wellman, 2011)。例如，執行功能的研究，本章前面所討論的幾個功能，如規劃和抑制，這對彈性思考及面對未來的行為很重要，也被認為和心智發展理論有關 (Astington & Hughes, 2013; Benson et al., 2014; Fizke et al., 2014)。在一個執行功能的測試中，要求兒童看到太陽的圖片時要說出*夜晚*的字彙；當他們看到月亮和星星的圖片時，卻要說出*白天*的字彙。要正確地做到這一點，兒童必須抑制最真實的反應進行抑制性控制 (如看到一個陽光的照片時，抑制住自己不說出*白天*這個字彙)。

兒童在這樣的執行功能測試的結果越好，對心智理論的理解也會越好 (Astington & Hughes, 2013; Sabbagh et al., 2006)。在最近的研究中，對錯誤信念任務表現欠佳的 3 歲半兒童，進行訓練以提高他們的執行功能 (Benson et al., 2014)，心智理論的能力也會有改進。研究人員認為，執行功能的技能會透過促進兒童的反思和相關經驗的學習，而提升心智理論的發展。

當兒童由兒童早期走到中後期的童年歲月，這時語言的發展也有可能促進心智理論，不斷增加反射性自動反應 (Astington & Hughes, 2013; Meins et al., 2013)。研究人員發現，兒童的語言能力差異可預測心智理論任務的表現 (Hughes & Ensor, 2007)。

要了解自閉症兒童的心智理論的不同之處，請參閱【透過研究找出關聯】。

複習・連結・反思 學習目標二 描述發生在兒童早期的認知改變的三種觀點

複習重點

- Piaget 的前運思期階段有什麼特點？
- Vygotsky 提出關於學前兒童如何建構知識的理論是什麼？
- 兒童早期改變訊息處理有哪些重要的方法？兒童的心智理論有什麼特點？

連結

- 在本節中，你得知經常玩角色扮演遊戲的兒童在心智理論的執行上會更好。
- 在此期間，兒童在 Piaget 前運思期階段的哪個子階段會開始從事角色扮演遊戲？它意味著什麼心智能力的發展？

反思個人的人生旅程

- 如果你是一個 4 歲兒童的父母，你會盡力培養兒童養成哪些技能？請說明。

參 語言的發展

學習目標三 概述兒童早期的語言發展

- 理解語音學和詞法學
- 語意和句法的變化
- 語用學的進展
- 幼兒讀寫能力

> 所有的詩人們，成長得太快，絕妙好詞超出他們的能耐。一個四歲兒童的生活便是渾然天成的詩章。
>
> ——Christopher Morley
> 20 世紀美國小說家

幼兒轉變相當迅速地，從開始產生兩個詞的發音到建立三、四、五字的組合。2 至 3 歲之間，他們開始從說簡單的句子轉換為說複雜的句子表達一個主張。

幼兒學習辨認自己語言的特徵，其中有一些廣泛的規律性說明他們如何獲得該特定的語言 (Berko Gleason, 2009; Hoff, 2014; Wagner & Hoff, 2013)。例如，所有兒童學習介詞 on 和 in 在學習其他介詞之前。兒童學習其他語言，如俄語或華語，也以一致的順序獲得這些語言的特性。

透過研究找出關聯

自閉症兒童的心智理論有何不同？

一個自閉症男孩。哪些是自閉症兒童的特徵？他們在心智理論上有何缺陷？

在美國，大約每 150 名兒童就有 1 名有某種形式的泛自閉症障礙症候群 (autism spectrum disorder, ASD) (National Autism Association, 2011)。自閉症通常可以在 3 歲時被確診，有時更早。自閉症兒童在社交互動和溝通方面有缺陷，並具有較多刻板而重複性行為或興趣。他們往往表現出冷漠對待他人，在許多情況下，寧願獨處，並表現出對物體比對人有更有興趣。

是什麼原因導致自閉症？目前的共識是，自閉症是一種腦功能障礙和大腦結構及神經傳導的異常有關 (Bosl et al., 2011; Shukla et al., 2011)。遺傳因素在泛自閉症的發展可能會有一定的影響 (Ronald & Hoekstra, 2011)。

兒童和成人自閉症患者在社交互動上有困難 (Luiselli, 2014)。這些缺陷通常比同一個心智年齡的智力障礙兒童的缺損更大 (O'Reilly et al., 2014)。研究人員發現，自閉症兒童心智理論的發展有困難，特別是在理解他人的信念和情感上 (Boucher, 2012a)。雖然自閉症兒童在推理錯誤信念任務上和任務的排序時表現不佳 (Peterson, Wellman, & Slaughter, 2012)，但他們對實際因果關係的理解與推理表現要好得多。

然而，考慮自閉症兒童心智理論的個別差異和特殊性是很重要的 (Matthews et al., 2012)。自閉症兒童不是一個同質的群體，在一些心智理論測試中，輕度自閉症兒童做得比那些重度自閉症兒童來得好。例如，高功能自閉症兒童能表現出理解他人的願望合理的進展 (Harris, 2006)。

在思考自閉症和心智理論的另一個重要問題是，自閉症兒童可能很難理解別人的信念與情感，不僅僅是因為心智缺損，還跟其他認知能力有關，如注意力集中、眼睛注視的問題、面部識別、記憶、語言問題，或是一些一般性的智力問題等 (Boucher, 2012b; Elsabbagh et al., 2012)。

最近的一些研究自閉症的學者認為，他們在執行功能上的弱點與自閉症症狀有關，而那些患有自閉症的兒童可能在執行心智理論時會有困難 (Just et al., 2012)。其他一些理論則指出，一般人通常會透過概觀完形提取需要的訊息，而自閉症者則在訊息處理上特別注意細節，細到幾乎像是強迫症的方法 (Wang et al., 2012)，這可能都是因為一些不同但相關的缺損所導致的社會認知缺陷。

一、理解語音學和詞法學

在幼兒園裡，大多數兒童對所說的話的聲音逐漸變得更加敏感，越來越能夠產生他們的語言所有的聲音 (Vihman, 2014; Zhou et al.,

2012)。等到兒童 3 歲的時候，他們能夠發出所有的元音和大部分的輔音 (Menu & Stoel-Garnmon, 2009)。

在一個研究兒童詞法學規則知識的經典實驗設計，觀察兒童如何使用複數，Jean Berko (1958) 提出的學齡前兒童和小學一年級的兒童用如圖 7.16 所示的卡片。兒童在實驗者朗讀卡片上的字時看著卡片，然後兒童被要求提出缺少的字。這聽起來很容易，但是 Berko 感興趣的是兒童應用適當的詞法學規則，例如在何種情況下，有能力使用 z 發音說「wugs」來表示複數。

雖然兒童的答案是不完美的，但是比偶然發生好得多。Berko 的研究中令人印象深刻的是，實驗所使用的字都是實驗者苦心設計，並不是兒童平常會用到的，因此兒童不能根據他們的經驗與回憶來回應實驗情境聽到的話，而能證明他們知道該字在詞法學的規則。

圖 7.16　Berko 用來研究幼兒的理解語意規則的刺激物。 在 Jean Berko (1958) 的研究中，幼兒面前展示一張卡片，像這樣的上面有一個「wug」。接著，兒童被要求提供缺少的字彙，在提供缺少的字彙時，他們必須正確說出詞性變化。「Wugs」是這裡的正確回應。

二、語意和句法的變化

學齡前兒童也學習和運用語意和句法規則 (de Villiers & de Villiers, 2013)，他們越來越能表現出應用複雜的規則，以掌握排序單字。考慮 wh- 的問題，如「Where is daddy going?」(爸爸要去哪裡？) 或「What is that boy doing?」(那個男孩在做什麼？)。以英語系國家而言，詢問這些問題要得當，兒童必須知道 wh 的問題和肯定的陳述之間有兩個重要的區別。首先，wh- 字必須放在句子的開頭加入；第二，助動詞必須倒置，也就是要與句子的主語互換。以中文而言，雖然沒有單字的排序問題，但疑問句要將尾音上揚，並加上語末助詞，例如「爸爸在那裡。」和「爸爸在那裡嗎？」這些規則都需要些經驗累積與練習，因此陪兒童說話是促進他們掌握語言規則的最好方法，而不是只聽錄音帶、只看電視就能內化學習的。

在這段時間，幼兒在語意方面也有收穫，他們在字彙上的發展是巨大而迅速的 (Parrish-Morris, Golinkoff, & Hirsh-Pasek, 2013)。一些專家已經得出結論，18 個月和 6 歲之間，幼兒每一個醒著的時間大約每小時會學一個新字彙 (Gelman & alish, 2006)。當他們進入小學一年級的時候，估計兒童知道約 14,000 字 (Clark, 1993)。

發展連結—語言
平均 2 歲能說 200 字左右。(第 5 章)

為什麼兒童這麼快學會那麼多的新字彙？一種可能性是**快速配對**，兒童有能力使一個字彙與它所指對象之間初次連接後，即在腦海中建立配對連結，這發生在僅有這個字彙暴露之後 (Kan, 2014; Trueswell et al., 2013; Woodward, Markman, & Fitzsimmons, 1994)。

快速配對 (fast mapping)
一個幫助兒童學習將一個字彙和它的參考對象連結的過程。

研究人員發現，連續好幾天於多個場合接觸到同一字彙會比同一天接觸同一字彙相同次數，有更好的學習效果 (Childers & Tomasello, 2002)。最近利用眼球追蹤儀 (eye-tracking) 的研究發現，即使是 15 個月大的嬰兒也有快速配對字彙的能力 (Puccini & Liszkowski, 2012)。

Kathy Hirsh-Pasek、Robert Golinkoff 和 Justin Harris (Harris, Golinkoff, & Hirsh-Pasek, 2011; Hirsh-Pasek & Golinkoff, 2014) 強調促進幼兒字彙發展的六大原則：

1. 兒童會學習他們最常聽到的話。他們學習字彙的一個重要來源是，當他們與父母、老師、兄弟姐妹及其他同儕進行互動時，以及當上述這些身旁的重要他人朗讀書籍給他們聽時。他們特別會在碰到原先不知道的字彙中受益。
2. 兒童會從引起他們興趣的事物和事件中學習字彙。家長和老師可以引導兒童在他們感興趣的環境下體驗字彙；尤其是和同儕的互動遊戲特別有幫助。
3. 兒童在回應迅速和互動環境比被動的環境更能學習字彙。兒童若能體驗到輪換機會、共同聚焦的經驗，並主動與敏感的成年人處在社交情境中，就是最佳字彙學習的鷹架；反之，當他們是被動的學習者時，學習字彙的效果就會大打折扣。
4. 兒童最好是在有意義的環境學習字彙。當在團體的環境中遇到新字彙，而不是在孤立的環境下，兒童會更有效地學習新字彙。
5. 兒童學習字彙最好的時機，是當他們主動詢問有關字彙含義的明確訊息時。父母和老師對字彙理解不敏感的兒童，提供支持和說明有關字義，會比起只是迅速說出一個新字彙，而不監控兒童是否理解其含義更好。
6. 兒童學習字彙時最好一起考慮到語法和詞彙。當兒童經歷大量的字彙和多樣性的言語刺激時，會再發展出更豐富的字彙量和更好的語法理解，此時若能同步發展詞彙和語法的關聯，會更有效地建構自己的語言系統。

三、語用學的進展

能在不同環境下使用適當的語言，發展語用學的改變也是此時幼兒語言發展的特色 (Waxman, 2013)。6 歲的兒童當然比 2 歲的幼兒要更多話。一些學齡前兒童語用學中的進展是什麼？

此時兒童開始進行擴展性的對話 (Akhtar & Herold, 2008, p.

581)。例如，他們學會交談、禮貌文化的具體規則，並成為敏感性的傾聽者與說話者，必須在不同的環境適應對方的語言。他們會採取他人的觀點發展語言技能和調整說話內容，這有助於他們更有敘事的能力。

隨著兒童年齡的增長，他們越來越能夠談論的東西，不限於眼前，也不限於現在。學齡前兒童可以告訴你，她希望明天的午餐是什麼，這件事不可能在只有兩個字彙的語言發展階段完成的。

大約 4 至 5 歲，兒童學習改變自己的說話風格，以適應形勢。例如，即使是 4 歲的兒童對 2 歲幼兒的說話方式不同於他們對同年齡同儕說話，他們與 2 歲幼兒說話會用更短的句子。當他們與成年人或是和同年齡的兒童說話的方式也不相同，會使用更有禮貌且更正式的語言與大人對話 (Shatz & Gelman, 1973)。

四、幼兒讀寫能力

美國對於兒童讀寫能力的關注，導致目前入小學前都要仔細檢查兒童學前教育或幼兒園的經歷，希望他們的閱讀和寫作能力在生命的早期就積極開始 (Beaty & Pratt, 2015)。家長和老師需要提供幼兒一個有利的環境，用於開發識字能力 (Tamis-LeMonda & Song, 2013; Tompkins, 2015)。兒童應成為積極的參與者，並沉浸在各式各樣有趣的聽、說、讀、寫的經驗中 (Senechal & LeFevre, 2014)。一項研究證明，兒童的母親獲得更多的教育，則其早期讀寫能力水準會更高 (Koral, 2009)。另一項研究則發現，知識經驗 (如兒童閱讀的頻率)、母親與孩子溝通的質量 (如激發兒童學習新詞彙)，並以積極的方式提供學習材料 (如與年齡相襯的書籍)，這些為低收入家庭營造重要的家庭讀寫經驗，能促進兒童語言發展 (Rodriguez et al., 2009)。讀寫指導應當建立在兒童已經具有的口語、詞彙、閱讀、書寫等技巧上。此外，下列讀寫能力和學業成就有關聯：語言前期的溝通技能、語音與語法知識、字母識別和功能性的概念性知識 (Christie et al., 2014; Jalongo, 2014)。

下面三個縱貫性研究發現早期語言能力和兒童入學準備的關係：

- 聲韻覺識、命名及在幼兒園唸名的速度被認為和小學一年及二年的閱讀成功有關 (Schattschneider et al., 2004)。
- 兒童早期家庭環境影響他們的早期語言技能，也能預測其入學準備 (Forget-Dubois et al., 2009)。

- 幼兒園的兒童認識字母的數量與他們在高中時的閱讀成績呈高度相關 (0.52) (Stevenson & Newman, 1986)。

到目前為止，我們的早期識字的討論集中在對美國兒童，這些研究結果可能不適用於其他國家的兒童。例如，何種程度的聲韻覺識和後來有效地學習閱讀有關？是有跨語種差異的 (McBride-Chang, 2004)。不同國家的閱讀障礙 (重度閱讀障礙) 的發生率不同，也和所特有的語言的拼寫與注音規則有關 (McCardle et al., 2011)。英語是比較困難的語言，因為要學習它的不規則拼寫和發音，因此在英語國家的閱讀障礙比率高於按照字母表發音的國家。

書籍在增強兒童的溝通技巧上是很有價值的 (Beaty & Pratt, 2015)。哪些策略能有效的利用書籍來提升學齡前兒童的語言？ Ellen Galinsky (2010) 提出以下策略：

- 使用一系列書籍以引發與年幼的兒童對話。讓他們想像自己可能會是書中某個角色，可以增加對話的豐富性。
- 使用「什麼」和「為什麼」的問題。問兒童他們對書中故事的想法，以及猜測接下來會發生的一個故事，然後看看它是否會出現。
- 鼓勵兒童問故事中的問題。
- 選擇一些有聲書籍。創意的包含字母表的書籍，包括那些押韻的兒歌，都會讓年幼的兒童感興趣。

語言的進步在兒童早期即奠定以後在小學裡的發展基礎，我們將在第 9 章討論。

複習・連結・反思　學習目標三　概述兒童早期的語言發展

複習重點

- 在兒童早期語音學和詞法學的變化如何？
- 幼兒對語法和語義的理解有什麼特點？
- 語用學在兒童早期有什麼進步發生呢？
- 哪些有效的方法能引導幼兒讀寫？

連結

- 在本節中，你學習到兒童有時會過度類推的語言規則形態。這過度擴張的概念和語言規則本身有何不同或相似？因為它和嬰兒時期的口語發展有關 (包括在第 5 章)。

反思個人的人生旅程

- 身為家長的你怎麼做可以提高你將進入小學一年級的孩子具備優良的識字能力？

肆 兒童早期教育

學習目標四 評估不同的幼兒教育方法

兒童早期教育的多樣性 | 對處境不利幼兒的教育 | 對幼兒教育的爭議

當老師使用瑞吉歐方案教學 (在本章開頭所述) 時，學齡前兒童是積極主動的學習者，從事探索世界與他們的同齡人。在與他們的社會合作和援助下，建構他們對世界的知識，而不是由他們的老師指揮。從許多方面來看，瑞吉歐方案教學的應用，與本章前面所討論Piaget 和 Vygotsky 的觀點具有一致的想法。我們的兒童早期教育的探索重點是方案的多樣性、對幼兒處於不利地位的教育，以及在兒童早期教育的爭論。

一、兒童早期教育的多樣性

學前教育正在迅速發展成為美國兒童教育的常態，而幼兒受教育的方式有許多變化 (Feeney, Moravclk, & Nolte, 2013; Henninger, 2013)，但幼兒教育的基礎一直是以兒童為中心的。

(一) 以兒童為中心的幼兒園

培育是**以兒童為中心的幼兒園**一個重要方向，它強調教育兒童整體的目的：關心他或她的生理、認知和社會情感發展 (Morrison, 2014, 2015)。指導是圍繞著兒童的需要、興趣和學習風格。重點是學習的過程，而不是學會什麼 (Kostelnik et al., 2015; Weissman & Hendrick, 2014)。以兒童為中心的幼兒園遵守三個原則：(1) 每個兒童遵循一個獨特的發展模式；(2) 幼兒學習最好是透過親身體驗人與材料；以及 (3) 玩對兒童的總體發展極為重要。進行實驗、探索、發現、嘗試、調整，還有聽和說等都是優秀幼兒園主要的課程活動。這種方案是密切配合 4 到 5 歲兒童的發育狀況。

以兒童為中心的幼兒園 (child-centered kindergarten)
以兒童整體為本，同時考慮兒童的生理、認知和社會情感的發展及兒童的需要、興趣和學習方式。

(二) 蒙特梭利法

蒙特梭利學校是成形於蒙特梭利的教育理念之後 (1870 年至 1952 年)，一位義大利醫生出身的教育家在 20 世紀初對幼兒教育打造的一種革命性方法。**蒙特梭利法**是一種教育理念，其中兒童有很大的自由能夠自發性選擇活動，他們被允許依照自己的願望從一個活動移轉

蒙特梭利法 (Montessori approach)
是一種教育理念，其中兒童有很大的自由能自發性選擇活動。他們被允許依照自己的願望從一個活動移轉到另一個。

Larry Page 與 Sergey Brin 這兩位非常成功的網路搜索引擎 —— 谷歌 (Google) 的創辦人表示，早年在蒙特梭利學校學習是他們成功的主要因素 (International Montessori Council, 2006)。 在 Barbara Walters 採訪時，他們表示在蒙特梭利學會如何進行自我指導和自我啟動 (ABC News, 2005)。他們評論，蒙特梭利經驗鼓勵他們為自己著想，並允許他們自由發展自己的興趣。

到另一個活動。教師作為促進者，而不是指導者。老師會先說明兒童可以如何進行一些智力活動，展示有趣的方式，探索課程教材，並且在兒童提出請求時提供幫助 (Isaacs, 2012; Murray, 2011)。「藉著鼓勵兒童們從小就做出決定，蒙特梭利課程尋求發展自我調節的問題解決者，可以做選擇和有效地管理自己的時間」(Hyson, Copple, & Jones, 2006, p. 14)。蒙特梭利學校在美國的數量在近幾年急劇增多，從在 1959 年 1 所學校到 1970 年 355 所學校和今天的 4,000 多家。

有些發展主義者特別青睞蒙特梭利法，但也有人認為它忽視兒童的社會情緒發展。舉例來說，儘管蒙特梭利培養獨立性和認知能力的發展，卻不再強調老師和兒童之間及和同儕之間的言語互動。蒙特梭利的批評者還認為，這限制了想像力的發揮，而且其過度依賴自我檢核的材料可能會讓創造力和多種學習風格沒有發揮的餘地。

(三) 發展適當和不適當的教育

許多教育工作者和心理學家得出結論：對幼兒園和低年級的小學生而言，最有效的學習方法是透過積極的、親身體驗的方式，如遊戲和戲劇表演。他們知道兒童會以不同的速度養成，學校需要考慮到這些個別差異。他們還認為，學校應重點性支持兒童的社會情緒發展，以及他們的認知發展。這種類型的學校教育為**適性發展實務**，它是根據兒童的典型發展中的年齡常模 [年齡適合性 age-appropriateness)]，還有兒童的獨特性 [個別適合性 (individual- appropriateness)]。DAP 強調安排一創造性學習環境的重要性，能鼓勵兒童積極學習，並反映兒童的興趣和個能力 (Bredekamp, 2011, 2014; Follari, 2015)。DAP 的預期成效包括批判性思考能力、能協同工作、解決問題、發展自我監控能力，並享受學習。DAP 的重點是學習的過程，而不是它的內容 (Bredekamp, 2011, 2014)。

適性發展實務是否能提高幼兒的能力？一些研究人員發現，對幼兒而言，幼兒適性發展實務的課堂很可能壓力較小、更有動力、可以社會化得更熟練、有更好的工作習慣、更富有創造性、具有較好的語言表達能力，並表現出更好的數學技能 (Hart et al., 2003)。然而，並非所有的研究都顯示 DAP 有顯著的正面效益 (Hyson, Copple, & Jones, 2006)。很難概括評估 DAP 的價值之原因是個別方案間有變異性，且 DAP 本身就是一個不斷發展的概念。在觀念上最近發生的變化是給予更多的關注在社會文化因素、老師的主動參與和系統化的完成，還有對於哪些學術技能應該被強調？強調到何種程度？又該如何教？都

適性發展實務 (developmentally appropriate practice, DAP)
是一種專注於兒童的典型發展模式 (年齡適合性) 和每個兒童 (個別適合性) 的獨特性的教育。

是新興議題。

二、對處境不利幼兒的教育

多年來，來自低收入家庭的美國學齡前兒童沒有接受任何教育，直到他們上小學一年級為止。在一般情況下，他們從小學一年級開始，已經落後那些已準備好學習的同儕了。在 1965 年的夏天，聯邦政府開始努力打破貧窮的惡性循環，而讓美國文化程度低的年幼兒童透過啟蒙方案入學。

(一) 啟蒙方案

啟蒙方案是設計用來提供來自低收入家庭的兒童有機會獲得技能和經驗，是一種在學校成功的重要代償程序 (Hustedt, Friedman, & Barnett, 2012; Zigler & Styfco, 2010)。經過近半個世紀以來，啟蒙方案將繼續成為美國兒童最大的聯邦政府資助方案，每年招收近 100 萬名美國兒童 (Hagen & Lamb-Parker, 2008)。在 2007 年，啟蒙方案的兒童有 3% 為 5 歲，51% 為 4 歲，36% 為 3 歲，10% 是未滿 3 歲 (Administration for Children & Families, 2008)。

啟蒙方案 (Early Head Start) 成立於 1995 年，以服務從出生到 3 歲的兒童。2007 年，有一半撥到啟蒙方案的所有新基金被用於早期啟蒙的擴張。研究人員發現，早期啟蒙產生了積極的作用 (Hoffman & Ewen, 2007)。最近的一項研究發現，早期啟蒙對年幼兒童可能會遇到如來自父母的壓力、語言遲緩、自我控制較差的風險，它具有保護作用 (Ayoub, Vallotton, & Mastergeorge, 2011)。

啟蒙方案並非都是一樣的。有人估計，1,400 個啟蒙方案中有 40% 有質或量的問題 (Zigler & Styfco, 1994)，因此更需要關注發展始終如一的高品質啟蒙方案 (Hillemeier et al., 2013)。

有學者評估支持高品質的兒童早期介入方案，對同時在智力和社交世界弱勢的年幼兒童產生積極影響 (Bierman et al., 2014; Phillips & Lowenstein, 2011)。根據國家的評估顯示，該方案對 3 至 4 歲兒童的語言和認知能力的發展產生積極的影響 (Puma et al., 2010)。然而，到小學一年級結束時很少有持久的效果。唯一的例外是，對於那些 4 歲前往啟蒙方案的兒童有較多的詞彙和 3 歲參與啟蒙方案的兒童有更好的口語理解能力。另一項研究發現，當年幼兒童在啟蒙方案最初開始時，遠低於那些在識字和算術學業上更得天獨厚的同儕 (Hindman et al., 2010)；然而，一年級結束時，啟蒙方案的兒童其識字和數學與

啟蒙方案 (Project Head Start)
旨在提供來自低收入家庭的兒童有機會獲得技能和經驗，有助於就學成功的一項政府重要資助計畫。

全國平均水準相當。最近的一項全國性研究發現，參與啟蒙方案有好壞參半的結果 (Lee et al., 2013)。在這項研究中，啟蒙方案的兒童有較高的早期閱讀和數學成績，但也有比父母照顧的兒童較高的行為問題。此外，在這項研究中，啟蒙方案的兒童比學前班的兒童有較低的閱讀成績，與其他中心托育的兒童相比則無顯著差異。啟蒙方案的效益更常發生在兒童有較低的初始認知能力、父母教育程度低，且每週參與啟蒙方案超過 20 個小時。

早期介入的積極成果已被發現。在對低收入家庭的實驗研究中，蒐集兒童在 1 歲、2 歲、3 歲以下及在 5 歲 (離開早期啟蒙 2 年後)，早期啟蒙時各項表現的數據 (Love et al., 2013)，與沒有得到早期啟蒙經驗的對照組相比，參與早期啟蒙的兒童在認知、語言、注意力和健康都有更高的表現水準，且較少的行為問題；5 歲時，有早期啟蒙經驗的兒童有更好的注意力和學習方法，以及較少的行為問題；但他們早期學習成績與對照組的兒童並無顯著差異。此外，最近的一項研究發現，早期介入對可能受到來自父母的壓力的年幼兒童，在語言發展與自我控制上具有保護作用 (Ayoub, Vallotton, & Mastergeorge, 2011)。

密西根州伊普西蘭蒂 (Ypsilanti) 的 Perry 學前教育方案是一個高品質的兒童早期教育方案 (雖然不是一個啟蒙方案)，它是一個為期 2 年的學前教育方案，包括專案人員的每週家訪。為了分析方案的長期影響，多年後追蹤曾在 Perry 學前教育方案與來自相同的背景但未受到豐富的幼兒教育的對照組成人進行比較 (Schweinhart et al., 2005; Weikert, 1993)，發現那些曾經在 Perry 學前教育方案的人較少在青少年就懷孕，也有較高的高中畢業率，40 歲時有正職、擁有自己的房子、有一個儲蓄帳戶的比率較高，且較少犯罪被捕。

三、對幼兒教育的爭議

目前有兩個對幼兒教育較大的爭議：(1) 幼兒教育應該是什麼樣的課程 (Bredekamp, 2014; Morrison, 2015)；(2) 美國學前教育是否應該具有普遍性 (Zigler, Gilliam, & Barnett, 2011)。

(一) 課程爭議

目前在早期幼兒教育的爭議是，幼兒教育應該包括哪些課程 (Follari, 2015) ？一方面是那些主張以兒童為中心、建構主義的方法如由全國幼兒教育協會 (National Association for the Education of Young children, NAEYC) 的教育所強調，是順著適性發展實務而行；而另一方面則是那些重視學業認知及直接指導的方式。

在現實中，許多高品質的兒童早期教育計畫包括學業和建構主義。像 Lilian Katz (1999) 等許多教育專家，雖然擔心重視學業的方法對幼兒會太有壓力，並未提供任何的機會主動建構知識。合格的兒童早期計畫也會同時注重認知發展和社會情感發展，而不是僅僅重視認知發展 (NAEYC, 2009)。

(二) 通用學前教育

另一個早期幼兒教育爭論的焦點是，學前教育是否應該為所有美國 4 歲的兒童制定。Edward Zigler 和他的同事 (2011) 最近爭辯，美國應該具有普遍的學前教育，他們強調優質的幼兒園影響兒童的入學準備度和學業成就。Zigler 和他的同事 (2006) 舉出的研究顯示，若減少優質學前教育計畫，一旦兒童到了小學和中學，將處於較低的成就水準或有輟學的可能性。他們還指出，研究結果顯示，因為需要採取補救和司法服務的機會減少，等於幼兒園的普及會帶來數十億美元的成本節約 (Karoly & Bigelow, 2005)。

對通用學前教育提出評論的的學者則認為，這樣就將收益歸屬於幼兒園和幼兒園的教育往往過於誇大。

他們特別強調，研究未能證明非弱勢兒童受益於參加學前教育。因此，批評者認為，更重要的是對處於不利地位的幼兒提高學前教育的質與量，而不是對所有 4 歲的兒童資助學前教育。一些批評者，尤其是「在家自學」的倡議者，強調幼兒應由父母教育，而不是學校。因此，爭議繼續圍繞著有關通用學前教育是否應該實施的問題。

複習・連結・反思　學習目標四　評估不同的幼兒教育方法

複習重點

- 什麼是兒童早期教育的一些變化？
- 主要有哪些努力用來教育處於不利地位的年幼兒童？
- 有關兒童早期教育的兩種爭議是什麼？

連結

- 在第 1 章中，你了解橫向和縱貫的研究設計。Perry 學前教育計畫是哪種類型的研究設計？

反思個人的人生旅程

- 你想讓兒童參加什麼類型的兒童早期教育計畫？為什麼？

與前瞻主題連結

在下一章中，你會讀到許多幼兒社會情緒發展過程裡發生的進展。認知的進展已在本章中討論，並結合幼兒在與他人互動的社會情感經歷，鋪平在理解自己和他人的社會認知發展的道路。接著，你在第 9 章中會讀到關於兒童中後期的兒童身體和智力發展的不斷變化。在生理發展方面，他們的運動技能會變得更協調、更有效。他們的大腦，尤其是前額葉的發展皮層提供一些認知的進展，包括學習策略和閱讀能力發展的基礎。

達成本章學習目標

幼兒時期的生理與認知發展

壹、生理成長的變化

學習目標一　辨別在兒童早期的生理變化

- **身體成長及變化**：一般兒童在兒童早期生長 2.5 英寸的高度和 1 年 5 至 7 磅的漲幅。雖然增長模式分別不同。有些在幼兒大腦的內部變化是由於髓鞘形成。從 3 至 6 歲，在大腦中增長最快是發生在額葉。
- **動作和知覺的發展**：大肌肉動作技能在兒童早期顯著增加。因為他們的整體技能提升，而變得越來越富有冒險精神，在幼兒精細運動技能也大幅改善。年幼的兒童也使知覺發展進步。
- **睡眠**：專家建議，幼兒每天晚上要有 11 至 13 個小時的睡眠。大多數兒童經過一夜的睡眠，並有一個白天的午睡。讓幼兒放慢睡前節奏可以幫助更容易入睡。幼兒的睡眠問題和其他的問題有關，比如超重和憂鬱。兒童早期的睡眠障礙則和幼兒園適應不良有關。
- **營養和運動**：許多美國的幼童被認為過胖，其他營養問題還包括營養不良、許多兒童生活在飲食不足的貧困中。年幼的兒童沒有得到他們所需的運動量。
- **疾病與死亡**：近幾十年來，疫苗幾乎已經根除許多疾病。在美國，最有可能使幼童致命的是癌症和心血管疾病，但事故卻是幼兒死亡的首要原因。特別值得關注的是，很多在低收入家庭的幼兒健康狀況極差。過去十年中，愛滋病在開發中國家的青少年兒童裡大幅增加。

貳、認知的改變

學習目標二　描述三個發生在兒童早期的認知改變的觀點

- **Piaget 的前運思期**：根據 Piaget，在前運思期的兒童還不能執行認知操作，這是可逆的心智活動，但他們開始使用代表世界的符號，以形成穩定的概念，並進行推理。在表徵性功能的子階段，大約介於 2 和 4 歲間，兒童開始對不在眼前的物體有一個心智上的表徵，但仍受限於自我中心和萬物有靈論。在 2 至 7 歲間的直覺思考子階段，他們開始推理並不斷向大人提問。這時期被稱為直覺思考子階段，就是因為他們肯定自己所知道的東西，但不知道理由。中心思考定位和缺乏保留概念是前運思期的特徵。
- **Vygotsky 的理論**：Vygotsky 的理論是一種社會建構的發展方針。根據 Vygotsky 的說法，兒童透過社會互動建構知識，他們使用的語言不僅與人溝通，而且要規劃、指導並監督自己的行為，且幫助他們解決問題。他的理論認為，成年人應該評估並使用近側發展區間(ZPD)，這個範圍是指對兒童難以自我掌握，但經過成人或更熟練的同儕指導和幫助，可以學習任務的範圍。該理論還認為，成人和熟練的同儕應該經由鷹架理論教導，其中包括在教學期間對支持程度的改變，調整指導方式，以適應學生的能力水準。

- **訊息處理論**：兒童注意刺激的能力在兒童早期顯著提高。執行注意力和持續注意力的進展在兒童早期尤其重要，不過幼兒仍會注意到明顯的特徵，而不是任務的相關特性。短期記憶在兒童早期也會顯著提高。憑藉良好的提示，幼兒長期記憶可以很精確，但幼兒可以被引導到錯誤的記憶。執行功能的進步，包含一些與前額葉皮層的發展，提高認知過程，也發生在兒童早期。執行功能包括管理一個人的想法從事目標導向的行為和自我控制。幼兒表達對人類心智的好奇，發展出心智理論，但有個別差異。例如，自閉症兒童就很難發展出這樣一個理論。

參、語言的發展

學習目標三　概述兒童早期的語言發展

- **理解語音學和詞法學**：幼兒提高對語言規則系統的把握。在音韻學方面，最年幼的兒童開始對口語的聲音更加敏感。Berko 的經典實驗證明，年幼的兒童能理解型態規則。
- **語意和句法的變化**：學齡前兒童學習和運用字彙有序的語法和規則。在語義方面，詞彙的發展在兒童早期急劇增加。
- **語用學的進展**：幼兒的會話技能的提高，他們會增加對他人在交談中需求的敏感性，會學著改變自己的說話風格，以適應形勢。
- **幼兒讀寫能力**：家長和老師需要提供幼兒一個支持性的環境來發展讀寫技能。兒童應成為積極的參與者，並沉浸在各種各樣的有趣經歷，包括能運用聽力、說話、寫作和閱讀。

肆、兒童早期教育

學習目標四　評估不同的幼兒教育方法

- **兒童早期教育的多樣性**：以兒童為中心的幼兒園強調教育兒童整體，尤其要注意個別差異、學習的過程，並發揮在發展中的重要性。蒙特梭利方法可以讓兒童從一系列的活動選擇，而教師充當調解人。適性發展實務側重於兒童的典型模式(年齡適當性)和每個兒童的獨特性(個體恰當)。這樣做法的相反是忽略具體的、動手的學習方式。
- **對處境不利幼兒的教育**：美國政府一直試圖打破貧困循環，如啟蒙方案。早期啟蒙方案始於1995 年，各種方案已被證明有積極影響生活在貧困中的兒童。
- **對幼兒教育的爭議**：爭議幼兒教育課程特點，一方面是以兒童為中心的建構主義倡導者；另一方面則是那些倡導學業認知的指導主義。另一個爭論的焦點是，學前教育是否須全面普及？尤其是針對處於不利地位的兒童。

8 CHAPTER

兒童早期的社會情感發展

學習目標

1 壹、情緒與個性發展
學習目標一　探討情緒和個性發展
包括：自我、情緒發展、道德發展、性別

2 貳、家庭
學習目標二　說明家庭如何影響幼兒的發展
包括：教養、虐待兒童、手足關係和出生順序、在社會變遷中家庭的變化

3 參、同儕關係、玩遊戲和媒體 / 電視的時間
學習目標三　描述同儕的角色以及玩遊戲、媒體 / 電視的時間在幼兒發展中的作用
包括：同儕關係、玩遊戲、媒體 / 電視的時間

像許多孩子一樣，莎拉喜歡動物。在她四歲的時候有一次去動物園玩時，莎拉了解到有一種野生動物是正瀕臨滅絕物種中的一員，她變得積極地想要幫助牠們，她在母親的指導下烤了很多蛋糕和餅乾，然後在她家門外的人行道銷售。她對銷售蛋糕和餅乾獲得 35 美元感到興奮。之後不久，她郵寄給世界野生動物基金會 (World Wildlife Fund)。幾個星期後，該基金會回信給莎拉，要求更多的錢。莎拉徹底絕望了，因為她覺得自己已經照顧到動物問題了。母親安慰她，並告訴她，瀕臨滅絕的動物需要許多人持續地幫助。當莎拉還是一個小孩時，她的母親一定把她教得很成功，因為小學結束時，莎拉已經開始在幼兒中心幫忙，並與母親合作提供膳食給無家可歸者。

如同莎拉的母親，敏感的父母可以鼓勵幼兒的道德意識。正如家長支持和引導自己的孩子成為優秀讀者、音樂家、運動員等，他們對幼兒的社會情緒發展發揮了關鍵作用。

預習

在兒童早期，孩子們的情緒和個性發展越來越顯示出獨特性，他們的小世界拉大。除了家庭關係的持續影響外，同伴對兒童的發展扮演更重要的角色，玩遊戲及看電視的時間填滿很多年輕孩子的生活。

壹 情緒與個性發展

學習目標一 探討情緒和個性發展

自我 | 情緒發展 | 道德發展 | 性別

許多在嬰幼兒時期的變化會形成幼兒在社會情緒發展上特點。他們的思考能力在發展，加上社會經驗而產生自我意識、情緒成熟度、道德的理解，以及性別意識，均在此時顯著發展。

一、自我

我們在第 6 章中了解到，嬰兒在生活的第二年，對自我認識有相當大的進展。在早期的童年歲月，各方面的發展使他們更提高自我認識。

(一) 主動感與內疚感

在第 1 章中，你讀到 Erik Erikson (1968) 的八個發展危機與任務，正如你在第 6 章中了解到，Erikson 的前兩個階段——信任與不信任、自主對害羞與懷疑，描述他認為這是嬰兒時期的主要發展任務。Erikson 認為與幼兒相關的心理社會階段是主動與愧疚。現在，幼兒確信他們自己是擁有權利的人，開始用自己的知覺、運動、認知和語言技能，對世界發聲。他們精力過剩，很快就忘記失敗且喜歡冒險，這似乎是可取的，因為即使是危險的，他們仍用不減的熱情增加一些對世界方向感，並激動地移動到更廣闊的社會世界。

主動性的偉大統治者是良心。幼兒的主動性和積極性不僅可能為他們帶來獎賞，也可能帶來罪疚感而降低了自尊。

(二) 自我認識和理解他人

最近的研究都發現，幼兒比過去被認為對自己和別人更有心理上的察覺。這種心理意識反映出他們不斷擴大的心理成熟度。

1. 自我理解

在 Erikson 兒童早期的肖像，是他們已經開始發展**自我理解**，這是一種自我的表達，包括生理的和自我概念的內容 (Harter, 2012)。雖然還談不上是個人認同，但自我理解為未來的自我認同提供合理的基礎。

儘管幼兒主要描述的自己是具體的、可觀察到的，但在大約 4 至 5 歲，因為他們聽到別人用描述心理特徵和情緒的話，也開始有這些對自己的自我描述 (Marsh, Ellis, & Craven, 2002)。因此在自我介紹時，一個 4 歲的幼兒可能會說：「我不害怕。我總是很高興的。」幼兒的自我描述通常是不切實際的正向，例如他們會說自己永遠是快樂的，就算有時是不快樂的 (Harter, 2012)。他們會表現出這種樂觀情緒，是因為他們還沒有辦法分清自己的期望能力和實際能力之間的差異，往往會混淆能力和努力 (認為能力的差異可以很容易被改變)。不要對他們自發性的社會活動和別人比較，但可以比較他們目前的能力跟他們更早時候的能力 (因為這通常會使得他們現在的能力看起來相當不錯)。這種高估他們的屬性，有助於防止年幼的孩子對自己有負向的自我評價。

自我理解 (self-understanding)
一種自我的表達，包括生理的和自我概念的內容。

然而，幼兒各個領域的發展及其對各方面發展的自我概念都有個體差異，越來越多的證據顯示，有些幼兒很容易受到負面的自我歸因

(Thompson, 2011)。例如一項研究發現，母親有較高的育兒壓力和有憂鬱症時，學齡前幼兒會比其他來自正向家庭氣氛的幼兒有更低的自我概念和不安全依附 (Goodvin et al., 2008)。這項研究顯示幼兒樂觀態度的自我歸因，並不能幫助他們從不利的、緊張的家庭條件中受到保護與緩衝 (Thompson, 2011)。

在最近的調查研究中，幼兒了解自己和他人的情緒的能力就在他們發展心智理論之前 (Nelson et al., 2013a; O'Brien et al., 2011)。這些研究表明，在兒童早期對情緒有更好的基本理解，使他們能夠發展出對其他人的觀點有更深入了解。

2. 理解他人

兒童在兒童早期使自己在理解他人與學習其他人上獲得進步 (Harter, 2012; Mills, 2013; Thompson, 2014a, 2015)。正如我們在第 7 章中看到的，幼兒的心智理論包括了解其他人有情緒和慾望。且在約 4 至 5 歲時，幼兒不僅開始描述自己的心理特徵，也開始察覺到別人的心理特質。因此，一個 4 歲的幼兒可能會說：「我的老師是很好的。」

隨著逐漸成熟，年幼的孩子需要發展對人的理解，但人們常無法給他們對信念的精準看法 (Landrum, Mills & Johnston, 2013; Mills, 2013; Mills, Elashi, & Archacki, 2011; Mills & Landrum, 2012)。研究人員發現，即使是 4 歲的幼兒也已能理解人們可能會做出不真實的陳述，以獲得他們想要的東西，或為了避免麻煩(Lee et al., 2002)。例如，一項研究發現，當幼兒們被告知要露營時，4 和 5 歲的幼兒會懷疑另一個幼兒聲稱生病的動機是為了避免參加 (Gee & Heyman, 2007)。此外，最近的一項研究比較不同條件下學齡前兒童對專家意見的信任 (Landrum, Mills & Johnston, 2013)。在這項研究發現，學齡前幼兒傾向於信任一個不錯的非專家，而不是所謂的專家，這表示幼兒往往容易相信對他們好的人，而不是因為某個人是一個專家。

理解別人的另一個重要能力就是共享注意 (或翻譯成相互注意協調能力)。當幼兒接近他們的第三個生日時，他們與其他人的協調互動越來越多，也越需要和別人成為彼此互惠的合作夥伴 (Tomasello & Hamann, 2012)。最近的一項研究顯示，3 歲的幼兒比起 2 歲的幼兒，已能認知到當成人想要參與他們的生活或是他們想要參與成人的活動時，他們就成為彼此互惠的的合夥人，需要相互協調 (Grafenhain et al., 2009)。

最近不管是對心智理論的研究，還是對青少年兒童的社會理解的最新研究，都發現年輕的孩子並不像 Piaget 設想的那樣以自我為中心 (Sokol, Snjezana, & Muller, 2010; Thompson, 2012)。Piaget 對兒童自我中心主義的概念已經在人們的思維中變得如此根深蒂固，以至於目前對嬰兒和幼兒社會認知的研究往往被忽視。越來越多的研究發現，幼兒對社會比以前所設想的更有敏感性和洞察力，這表示父母和老師可以幫助他們更理解社會，並透過與他們的互動方式教導他們在社交世界中活躍 (Thompson, 2014a)。如果幼兒正在尋求更好的理解人們行為背後的各種心理和情緒狀態 (如意圖、目標、情緒和慾望等)，然後與他們談論這些內部狀態就可以提高幼兒對社會性的理解 (Thompson, 2011, 2014a, 2015)。

然而，對於兒童是否對社會敏感性的爭論仍然繼續環繞或基本上都是以自我為中心的問題。Ross Thompson (2012, 2014a, 2015) 的研究支持幼兒具有社會敏感性，而 Susan Harter (2012, 2013) 則認為，仍然有證據支持年幼的孩子基本上都是以自我為中心的。

二、情緒發展

幼兒不斷增加的自我意識與其所能感受到不斷擴大的情緒範圍的能力有關。他們像大人一樣，一天的過程中會經歷很多的情緒。他們在兒童早期的情緒發展讓自己意識到其他人的情緒反應，並開始盡可能控制自己的情緒 (Cummings, Braungart-Rieker, & Rocher-Schudlich, 2013; Thompson, 2014a, 2015)。

(一) 情緒表達

到了兒童早期，自我意識情緒 (self-conscious emotions) 的經驗使他們能夠觀照自己，並意識到自己和別人是不同的 (Lewis, 2010)。例如驕傲、羞愧、尷尬、內疚等都是和自我意識情緒有關的例子，這大概要到 15 至 18 個月大以後。

在早期的童年歲月，情緒，如驕傲和內疚變得更加普遍，特別是在自己的行為引起家長的反應後。例如當一個家長對幼兒說：「你應該對咬姐姐感到內疚。」幼兒可能就會覺得羞恥 (Nelson et al., 2012)。最近的一項研究發現，幼兒的情緒表達和父母自身的表現行為有關。在這項研究中，若幼兒的母親較常表達正向的情緒，且在家裡也較少有負面的情緒發生，在觀察母嬰互動過程中會表現出使用較多的正向情緒詞彙。

一個年輕的孩子會在其他孩子評價他或她的行動沒有達到標準時，表達羞愧的情緒。小時候經歷的恥辱希望隱藏或消失。為什麼羞愧稱為自我意識情緒？

發展連結—執行功能
在兒童早期，執行功能牽涉認知抑制能力、認知彈性、目標設定和延遲滿足的發展進步。(第 7 章)

(二) 理解情緒

在兒童早期情緒感發展中最重要的進展是增加對情緒的理解 (Denham et al., 2012; Easterbrooks et al., 2013; Goodvin, Winer, & Thompson, 2014)。在兒童早期，他們越來越了解到，在某些情況下可能會引起特別的情緒、某種臉部表情表示特定的情緒、情緒影響人的行為、情緒可以被用來影響其他人的情緒 (Cole et al., 2009)。研究人員發現，幼兒的情緒理解和他們的親社會行為有關 (Ensor, Spencer, & Hughes, 2011)。

在 2 和 4 歲之間，兒童明顯地增加用來描述情緒的詞彙及方式，也能感受到情緒的原因和後果 (Denham et al., 2011)。

當兒童在 4 至 5 歲時，情緒的反省的能力增強。他們也開始明白，同樣的事件可能在不同的人會引起不同的感受。此外，他們還表現出越來越認識到需要管理自己的情緒，以滿足社會標準。

(三) 調節情緒

正如我們在第 6 章「嬰兒的社會情感發展」中看到，情緒調節是發展的一個重要向度，尤其在兒童與他人互動時，面對需求和衝突的管理上扮演關鍵角色 (Lewis, 2013; Thompson, 2011, 2013c, d)。許多研究人員認為兒童情緒調節的增長成為有社交能力的根基 (Cole & Hall, 2012; Perry et al., 2012: Thompson, 2014a, 2015)。回想第 7 章執行功能越來越被認為是描述幼兒更高層次認知功能的一個關鍵概念 (Carlson, White, & Davis-Unger, 2014; Carlson, Zelazo, & Faja, 2013)。

Cybele Raver 和她的同事們 (Blair & Raver, 2012, 2015; Raver et al., 2011, 2012, 2013; Zhai, Raver, & Jones, 2012) 進行多次研究，探討幼兒的情緒調節能力的發展。他們利用各種介入措施，如增加照顧者的情緒表現能力、提高幼兒的情緒調節和減少兒童在貧困中成長條件的行為問題等。

1. 情緒教導型和情緒疏離型父母

家長在幫助年幼的孩子調節自己的情緒上扮演重要角色 (Dunsmore, Booker, & Ollendick, 2013)。根據他們如何與子女談論相關情緒，家長可以被描述為採取一種情緒教導或情緒疏離的方式 (Gottman, 2013)。這些方法之間的區別最明顯的方式是家長如何處理孩子的負面情緒 (憤怒、沮喪、悲傷等)。情緒教導型父母監督孩子的情緒，觀察孩子的負面情緒，作為教學的機會；幫助他們命名情緒，並指導他們有效地處理情緒。相反地，情緒疏離型父母則大多用拒絕、忽略或改變消極情緒。情緒教導型父母較少用拒絕的方式與孩子互動，而使用更多的鷹架理論和讚美，而且比情緒疏離型父母花更多時間在陪伴孩子。此外，情緒教導型父母的孩子，當他們生氣時會較容易舒緩自己，更有效地調節自己的不良影響，更容易集中他們的注意力，並且比情緒疏離型父母的子女具有較少的行為問題 (Gottman, 2014)。最近研究人員的研究發現，父親的情緒教導和孩子的社交能力有關 (Baker, Fenning, & Crnic, 2011)，而母親的情緒教導則和較少的對立行為有關 (Dunsmore, Booker, & Ollendick, 2013)。

情緒教導型家長。情緒教導型家長和情緒疏離型父母之間有哪些區別？

父母對孩子情緒世界的知識可以幫助他們引導孩子的情緒發展，並教導孩子如何與問題有效應對。一項研究發現，母親了解更多關於情緒和如何安慰孩子的知識，可以預測到兒童的應對、同情和親社會行為 (Vinik, Almas, & Grusec, 2011)。

家長面臨的另一個挑戰是，年幼的孩子通常不願意談論困難的情緒話題，如正在苦惱或從事消極行為。其中幼兒常使用以避免談論這個話題的策略是不說話、轉移話題、推開或逃跑。在一項研究中，Ross Thompson 和他的同事 (2009) 發現，年幼孩子更有可能公開討論困難的情緒，只有在當他們與母親有穩固的連結，母親與他們交談的方式是接受孩子的意見時。

2. 情緒調節與同儕關係

情緒在確定孩子人際關係的成功上發揮重要作用 (Denham et al., 2011)。具體來說，情緒化和情緒負面的兒童更容易受到同伴的排斥，而情緒正向的兒童較受歡迎。一項研究發現，4 歲的孩子意識到自己的憤怒，所產生的控制策略要多於 3 歲兒童 (Cole et al., 2009)。還有研究發現，3 歲時就能安撫自己的挫折和沮喪的幼兒，在 3 歲到 5 歲間會呈現一種在與同儕互動時，外向性行為逐漸下降的趨勢 (Perry et al., 2013)，也使他們有較佳的適應與同儕關係。

發展連結—理論
Freud 的理論認為，個人得通過五個性心理的階段。(第 1 章)

三、道德發展

道德發展牽涉到思想、感情，以及關於人在與他人互動時該如何表現的行為準則。主要發展理論集中在道德發展的不同方面 (Vozzola, 2014)。

道德發展 (moral development)
道德發展牽涉到思想、感情，以及關於人在與他人互動時該如何表現的行為準則。

(一) 道德情感

Freud 的精神分析理論提供道德發展考慮的核心是焦慮和內疚感(第 1 章介紹)。根據 Freud 指出，孩子試圖減少焦慮，逃避處罰，並透過與家長確認維持父母的慈愛和內在的對與錯標準，從而形成個性的超我的道德因素。

Freud 的觀點不被研究所支持，但內疚肯定能激發道德行為。其 他的情緒也有利於孩子的道德發展，包括積極的情感。其中一個重要的例子是同情，其中包括了解他人的感受與呼應對方的感受(Denham et al., 2011)。

嬰兒有一些純粹移情反應的能力，但同情往往需要辨別另外的內在心理，這也被稱為換位思考的能力。學習如何辨別他人的情緒，並預測什麼樣的行動將改善其他人的情緒狀態，有助於促進兒童的道德發展 (Thompson, 2011, 2015)。

今天，許多兒童發展主義者認為，無論積極的情緒，如同情、欽佩和自尊，以及負面情緒，如憤怒、羞恥和內疚，都能促進兒童道德發展 (Eisenberg, Spinrad, & Morris, 2013)。當這些豐富情緒強烈的被經驗時，它們會影響孩子採取符合對與錯的標準行事。同情——一個對他人情緒的回應，當其中觀察者的情緒體驗是相似或相同於他人所感受的，常常促使親社會行為產生 (Eisenberg, Spinrad, & Morris, 2013)。

(二) 道德推理

Piaget (1932) 對孩子如何思考道德問題感到興趣，他廣泛的觀察和晤談 4 至 12 歲的兒童。Piaget 看著孩子玩彈珠，了解他們是如何應用和思考遊戲的規則。他還詢問孩子關於道德問題，例如竊盜、謊言、懲罰和正義。Piaget 總結孩子如何看待道德會經歷兩個不同的階段。

- 大約 4 至 7 歲的時候，孩子顯示**他律道德**，Piaget 道德發展理論的第一階段。兒童認為正義和規則掌管著世界是不變的特性，而不是由人所控制。
- 從 7 至 10 歲，孩子都在轉型時呈現出道德推理的第一階段的某些特徵及第二階段的某些階段，自主的道德。
- 大約在 10 歲以上，孩子表現出**自律道德**。他們意識到規則和法律是由人創造的，而在判斷一個動作時要考慮行為人的意圖以及造成

他律道德 (heteronomous morality)
Piaget 的理論道德發展的第一階段，大約從 4 至 7 歲。兒童認為正義和規則掌管著世界是不變的特性，而不是由人所控制。

自律道德 (autonomous morality)
在 Piaget 的理論，年齡較大的兒童 (10 歲及以上) 意識到，規則和法律是由人創造的，而在判斷一個人的動作時應該考慮行為人的意圖，以及其造成的後果。

的後果。

由於幼兒的他律道德，他們所判斷的正確性或行為的善良是透過考慮其後果，而不是行為人的意圖。例如在他律道德階段，他們認為意外打破 12 個杯子是比故意打破一個杯子更不道德。隨著孩子發展成主張道德自律者，意圖變得比結果更重要。

他律思想家也認為，規則是不變的，是流傳下來的全能權威。當 Piaget 建議幼童在遊戲中的彈珠都使用新的規則時，他們會抵制。相比之下，年齡較大的兒童主張道德自律者，接受改變並認識到規則僅僅是方便的約定，隨時可能更改。

他律思想家也相信**內在的正義**，這個概念是如果一個規則被打破，處罰將立即到來。年幼的兒童認為，違規會自動連接到懲罰。內在的正義也意味著，如果發生了不幸事件的人，這個人一定是早些時候違犯。大一點主張道德自律者的孩子，認識到處罰只會發生在當有人目擊不法行為，而且即使這樣，處罰並非不可避免的。

道德推理的這些變化是如何發生的呢？ Piaget 的結論是，變化來自相互給予和採取對等的關係。在對等關係中，若別人的權力和地位與孩子類似，會採取談判和協調，並最終選定解決辦法。但親子關係中父母有權力，而孩子沒有，不太可能促進道德推理，因為通常流傳下來的規則都是威權的方式。

本章稍早之前，曾讀到 Ross Thompson 的看法，年幼的孩子並不如 Piaget 研究設想是以自我為中心的。Thompson (2012) 近期進一步闡述了這個觀點，他認為最近的研究表明，幼兒經常告訴別人自己的目標、感覺和慾望，並非全都是自我中心意識，此類內部狀態是由其他人的行動所影響。心智理論的研究也證明，年幼的孩子擁有的認知資源，使他們能夠了解別人的意圖，並承認有人會違反道德禁令。但是，因為他們的自我控制能力限制有限的社會理解和認知彈性，幼兒的道德進步往往是不一致的，他們必須制定一致的道德品質，以做出倫理判斷。

(三) 道德行為

在第 1 章最初描述了行為和社會認知的方法專注於道德的行為，而非道德推理的行為。這些觀點的支持者認為增強、懲罰和模仿的過程可以解釋道德行為的發展。當孩子被獎勵的行為是符合法律和社會規範相互一致時，他們很可能重複這一行為。當道德上提供了模型行

這個孩子對偷餅乾的道德思維差異有何不同，無論他是在 Piaget 的他律或自律階段？

發展連結—發展
Kohlberg 的理論，就像 Piaget 的，都在強調同儕對兒童道德的發展所扮演的角色更加勝過父母所做的。(第 10 章)

內在的正義 (immanent justice)
如果規則被打破，處罰會立即到來。

發展連結—理論
什麼是 Bandura 的社會認知理論的主題？(第 1 章)

為方式，孩子很可能會採取自己的行動。但當孩子的不道德行為受到懲罰，這些行為有可能被減少或消除。但是，由於處罰可能產生不良副作用 (在本章後面會討論)，就更應該審慎地考慮及謹慎使用。

在道德的行為來看，這種情況也會影響行為。超過一個半世紀前，數千名兒童在家裡、在學校和在教堂的許多情況下被調查研究，結果發現，完全誠實的孩子幾乎沒有 (Hartshorne & May, 1928-1930)；孩子在所有情況下都有可能欺騙。行為和社會認知的研究人員強調，孩子在一個情況所做的往往僅和他們在其他情況下所做的事情有微弱相關。孩子可能會在課堂上欺騙，但不會在一場比賽中欺騙；一個孩子可能在獨處的時候偷了一顆糖，但有別人在場的時候則不會偷。

而當孩子觀察人們在道德上的行為時，很可能會複製人們的行動。在最近的一項研究中，2 歲的孩子看見了成人影片中從事親社會行為所回應於其他人的苦惱。孩子更有可能就此模仿而回應父母的痛苦時表現出親社會行為 (Williamson, Donohue, & Tully, 2013)。

社會認知理論還強調，抵制誘惑的能力與自我控制能力的發展是緊密聯繫在一起的。要做到這一點自制力，孩子一定要學會延遲滿足。根據社會認知理論，認知因素在孩子自我控制的發展很重要 (Bandura, 2009, 2010a, b, 2012)。

(四) 良心

良心是指內心對與錯的標準，牽涉到道德發展三個組成部分的整合，就如目前我們所描述的——道德思想、情感和行為 (Kochanska et al., 2010)。為了證明幼兒良心的存在，研究人員發現，年幼的孩子都知道對與錯，都表現出同情對待他人、體驗內疚的能力、表明過失之後的不適感，並且對違反規則的敏感性 (Kochanska & Aksan, 2007; Kochanska et al., 2009)。

學者對於年幼孩子的良知，其主要興趣集中於幼兒與照顧者的關係 (Kochanska & Kim, 2012, 2013)。在這方面，尤其重要的是，年幼的兒童出現願意接受父母的價值觀，是經由一個正向的、密切的關係流動而來 (Kochanska & Aksan, 2007)。例如，安全依附的孩子更傾向於內化父母的價值觀和規則(Kochanska & Kim, 2012, 2013; Thompson, 2014a, 2015)。

良心 (conscience)
是指內心對與錯的標準，牽涉到道德思想、情感和行為的整合。

(五) 父母教養與幼兒的道德發展

根據 Ross Thompson (2006, 2009, 2012) 認為，幼兒是道德學徒，努力理解什麼是道德。親子之間最有助於孩子的道德發展其主要關鍵是關係品質、父母的管教、積極主動的策略和會話式的對話。

親子關係，引出兒童親密關係中的相互義務 (Kim et al., 2014; Kochanska & Kim, 2012, 2013)。父母的義務包括從事積極的照顧和指導孩子成為舉止合宜的人。兒童的義務則包括適當地回應家長管教並保持與家長的正向關係。

一個重要的教養策略包括在不當行為發生之前就主動避免可能發生的機會 (Thompson, 2009)。對於年齡較小的孩子，可採用主動的手段，比如分散他們的注意力，或將其移動到另一種活動中；對於年齡較大的兒童，應主動出擊，可能與他們談論父母所認為的重要價值有關。

任何和道德發展有關的對話都能幫助兒童，不管把它們作為一門規則來教導，或者在日常生活中隨時談論，都是有益的 (Thompson, Meyer, & McGinley, 2006; Thompson & Newton, 2013)。這對話可以是有計畫或自發的，也可以專注於主題，例如過去的事件 (例如一個孩子事先行為不檢或正在做不好的事)、分享未來事件 (例如去到某處可能會有一個誘惑並需要正確的道德行為)，或即時事件 (例如丈夫與他的兄弟姐妹大發脾氣)。

四、性別

回想我們在第 1 章所談到的，性別 (gender) 是指人的男性 (males) 和女性 (females) 的特點。**性別認同**牽涉到自己性別的意識，包括知識、理解和接受是男性或女性 (Egan & Perry, 2001; Perry, 2012)。性別認同在某個層面來說，就是了解你是一個男孩還是女孩，大多數孩子約在 2 歲半時即發展出這樣的意識 (Blakemore, Berenbaum, & Liben, 2009)。**性別角色**則是認定女性或男性應該如何思考、行動和感覺的期望總合。在幼兒園裡，大多數孩子越來越符合文化的性別角色方式行事。**性別類型**是指取得一個傳統的男性或女性角色。舉例來說，戰鬥是一個傳統更具男性特色的角色，哭泣是一個傳統更具女性特色的角色。一項研究顯示，學齡前兒童增加性別類型的行為 (例如男孩玩汽車，以及女孩搭配飾品)，且直至 8 歲時依舊從事學齡前兒童大多數性別類型的行為 (Golombok et al., 2008)。

性別認同 (gender identity)
認為是男性或女性，其中大部分兒童當他們 3 歲時會發展出的意識。

性別角色 (gender roles)
認定女性或男性應該如何思考、行動和感覺的期望總合。

性別類型 (gender typing)
取得一個傳統的男性或女性角色。

首先，想像這是一個女嬰的照片，你將會對她有何期望？然後想像這是一名男嬰的照片，你對他有什麼期望？

「它的性別化是如何？」
© Edward Koren / The New Yorker Collection/www.cartoonbank.com

性別如何由生物學影響？如何被社會經驗影響？又如何被認知因素影響？

(一) 生物學的影響

生物學因素在性別發展中發揮顯著的作用 (Arnold, 2012; Hines, 2013)，可能的生物學影響是染色體、荷爾蒙和演化。

1. 染色體和荷爾蒙

生物學家已經學到很多有關性別差異的發展。回想一下，人類具有成對的 46 條染色體 (見第 2 章)。第 23 對包括 X 和 Y 染色體，通常是兩條 X 染色體構成女性，一個 X 和一個 Y 就構成男性的組合。在最初幾週的妊娠期就決定了，但是男性和女性胚胎看起來卻很像。

男性開始和女性的不同是，在男性胚胎 Y 染色體觸發睪丸而非卵巢的發展；睪丸分泌數量豐富被稱為雄荷爾蒙的荷爾蒙。雄荷爾蒙低含量的女性胚胎，讓女性性器官正常發育。

因此，荷爾蒙造成性別差異發展的關鍵作用 (Hines, 2013)。性荷爾蒙中雌荷爾蒙和雄荷爾蒙的兩個主類，是由生殖腺分泌的 (女性在卵巢、男性在睪丸)。*雌荷爾蒙*，如雌二醇，影響女性生理特徵的發展；*雄荷爾蒙*，如睪丸荷爾蒙，促進男性生理特徵的發育。性荷爾蒙也可以影響兒童的社會情緒發展。

2. 進化心理學的觀點

兩性之間的生理差異是如何導致男性和女性之間的心理差異？進化心理學 (第 2 章中介紹) 提供一個答案。根據進化心理學，當人類物種進化時，因為他們不同的繁殖角色，男性和女性面臨著不同的壓力 (Brooker et al., 2015; Buss, 2012)。特別是由於有多重性關係的機會，男性會提高傳遞他們基因的可能性，自然選擇、物競天擇的關係讓男性必須在競爭女性上贏過其他男性。因此，進化心理學家表示，男性演變傾向於喜愛暴力、競爭和冒險。

與此相反，按照進化心理學家，女性貢獻基因時也提高獲得確保後代能夠生存的資源。因此，大自然的選擇法則青睞傾注心血於養育後代的女性，以及她們所選擇的成功、雄心勃勃的配偶，以提供後代資源和保護。

進化心理學的批評者認為，它的假設大約是史前歷史，毫無證據，並且在任何情況下人們揣測的論點，都無法被歸結到行為是來自適應的進化史。批評者還聲稱，進化觀點並未重視文化和個體差異的

性別差異 (Hyde & Else-Quest, 2013)。

(二) 社會的影響

許多社會科學家並不定位生物傾向是性別心理差異的原因。相反地，他們認為，這些差異反映了社會經驗，可以說明性別差異是如何來自社會和認知理論的經驗。

1. 性別的社會理論

有三個和性別有關的社會理論被提出，分別是社會角色理論、精神分析理論和社會認知理論。Alice Eagly (2001, 2010, 2012) 提出**社會角色理論**，該理論指出，性別差異是女性和男性對比作用的結果。在世界上大多數文化中，較少婦女擁有高於男性的權力和地位，而且掌握的資源也較少 (UNICEF, 2011)。與男性相比，女性執行更多的家務勞動、有償就業的時間少、接受較低的工資，而且非常少有居於代表組織的最高層。在 Eagly 的觀點，女性為了適應更少的權力和更少的社會地位角色，因而表現出比男性更多的合作，少有占主導地位概況。因此，社會等級和勞動分工是性別在權力、自信和養育過程差異的重要原因。

性別的精神分析理論源於弗洛伊德的觀點，即學齡前的幼兒出現了性吸引，以吸引異性的父母。這個過程是被稱為戀母 (男生) 或戀父 (女孩) 的複合物。在 5 或 6 歲，幼兒因為焦慮的感受而放棄這種吸引力。隨後，幼兒認同同性父母，不自覺地採用了同性父母的特徵。然而，發展主義者已經觀察到，性別發展不會依弗洛伊德所提出的進行。幼兒早在 5 或 6 歲之前就展現出社會性別類型，他們成為男性或女性，即使同性父母是不存在的家庭。

在第 1 章討論的社會認知方法提供幼兒如何發展具有性別類型行為的另一種解釋。根據**性別的社會認知理論**，兒童的性別發展是透過觀察與模仿別人說什麼和做什麼，並透過被獎勵和懲罰所表現出的性別適當或性別不適當的行為 (Bussey & Bandura, 1999)。從出生起，男性和女性就被區別對待。當嬰幼兒表現出性別適當的行為，大人往往會獎勵他們。父母經常使用獎懲教育女兒為女性 (「凱倫，妳是一個好女孩，當妳輕輕地與妳的娃娃玩遊戲」)，和教兒子變得陽剛 (「基斯，你已經是那麼大的一個男孩了，不應該哭」)。但父母只是許多來源中的一個，幼兒可以透過他們學習到性別角色 (Leaper, 2013; Leaper & Bigler, 2011)。文化、學校、同儕、媒體，還有其他家庭成

社會角色理論 (social role theory)
一個認為性別差異是由於男性和女性對比作用的理論。

性別的精神分析理論 (psychoanalytic theory of gender)
一種理論依據弗洛伊德的觀點，即學齡前的幼兒出現了性吸引，以吸引異性的父母，直到大約 5 或 6 歲時因為焦慮的心情而放棄這種吸引力，隨後確定向同性父母認同，不自覺地採用相同性別父母的行為特徵。

性別的社會認知理論 (social cognitive theory of gender)
一種理論強調兒童的性別發展是透過兩性行為的觀察和模仿，並透過獎懲經驗而表現出性別適當行為和性別不適當行為。

員也提供性別角色模式。例如，幼兒還可以透過觀察就近和電視上的其他成年人的行為以了解性別 (Bugental & Grusec, 2006)。隨著幼兒年齡的增長，同儕變得越來越重要。接下來讓我們來仔細看看父母和同伴的影響。

2. 父母的影響

家長用實際的行動和例子影響孩子的性別發展 (Liben, Bigler, & Hilliard, 2014; Leaper, 2013)。母親和父親對孩子的性別發展都是同等重要 (Hyde, Else-Quest, 2013; Leaper, 2013; Tenenbaum & May, 2014)。然而，世界各地的文化仍然傾向於給予母親和父親不同的角色 (Chen et al., 2011)。一個研究綜述得出如下結論 (Bronstein, 2006)：

- 母親的社會化策略。在許多文化中，母親社會化自己的女兒必須比兒子更孝順、更負責任，還設置更多限制在女兒的自主權上。
- 父親的社會化策略。父親表現出更加關注兒子，而不是女兒。他們從事更多與兒子的活動，並投入更多的努力，以促進兒子的智力發展。

因此，根據 Bronstein (2006, pp. 269-270) 的說法：「儘管在美國和其他西方文化對性別定型的不利影響的認識有所改變，但很多家長仍繼續加強與傳統的性別角色規範一致的行為和觀念。」

3. 同儕影響

家長最早所提供的性別角色是有分別性的，但不久同儕的加入影響了幼兒在建構男性化和女性化的行為的過程 (Goble et al., 2012)。事實上，同儕變得如此重要，性別發展的遊樂場被稱為「性別學校」(gender school)——兒童在其中學習性別角色的發展與認同 (Luria & Herzog, 1985)。

同儕會大量獎勵和懲罰性別行為 (Leaper, 2013; Leaper & Bigler, 2011)。舉例來說，當幼兒玩的方式是當地文化所認可、且與性別相適應時，同儕通常會獎勵他們；反之，同儕往往拒絕幼兒表現出被認為是具有較多另一性別特徵的行為 (Handrinos et al., 2012)。一個小女孩帶著一個娃娃到公園，可能會發現自己周圍有了新的朋友；但若是一個小男孩帶著娃娃來可能會被嘲笑。然而，男生順應傳統的男性角色比女孩順應一個傳統的女性角色有更大的壓力 (Fagot, Rogers, & Leinbach, 2000)。例如，一所幼兒園的女孩想穿男孩的衣服比男孩想穿一件禮服會受到比較多的認可。「男人婆」這個名詞意味著廣泛的社會認可女童採用傳統的男性行為。

性別模組 (gender molds) 對同儕關係具有重要影響 (Field et al., 2012; Zozuls et al., 2012)。它影響兒童團體的組合、團體的規模、和團體中的相互作用 (Maccoby, 1998, 2002)，分別說明如下：

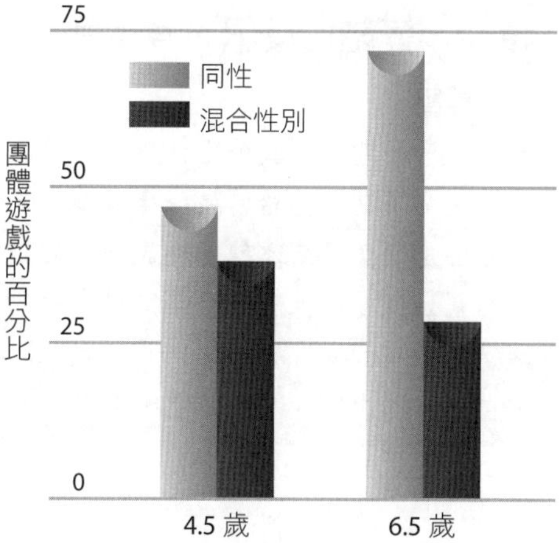

圖 8.1　花時間與同性團體或混合性別團體玩遊戲的發展變化百分比。從兒童的觀察發現，比起男女混合團體，它們更容易與同性團體玩遊戲。這種傾向會在 4 至 6 歲間增加。

- 兒童團體的性別組成。大約 3 歲，孩子已經表現出花費較多時間與同性玩伴玩的偏好。從 4 至 12 歲的年齡，與同性別團體玩遊戲的這種偏好增加，小學期間的兒童花費大部分課餘時間與自己同性別的孩子在一起 (見圖 8.1)。最近的一項研究發現，當學齡前兒童玩耍時會同時考慮選擇玩伴的性別與性別類型的活動，但玩伴的性別更重要 (Martin et al., 2013)。
- 團隊規模。大約從 5 歲開始，男孩比女孩更容易參加一個更大的集群一起玩耍，男孩也比女孩更願意參加有組織的集體遊戲。在一項研究中，六個孩子大小的同性團體中，允許以他們希望的任何方式使用遊戲材料。女孩比男孩較有可能在兩人組合或三個一組中玩耍，而男孩更容易在更大的群體中互動，並尋求實現一組目標 (Benenson, Apostolaris, & Parnass, 1997)。
- 同性團體的相互作用。男孩更有可能從事比女孩還要混亂無序的遊戲、競爭、衝突、自我展示與冒險，並尋求主導地位。與此相反，女孩更可能參與「協作性談話」，她們以更互惠的方式說話和行動。

(三) 認知的影響

性別基模理論是一個有影響力的認知理論，其中指出，性別類型的出現，是因為兒童逐步養成他們的文化中什麼是性別適當和性別不合適的性別基模 (Blakemore, Berenbaum, & Liben, 2009; Miller et al., 2013)。基模是一種認知結構，引導個人覺知的聯合網絡。性別基模組織了世界上女性和男性的不成文規範。兒童有內部動機察覺世界，並按照自己的發展基模來行事。一點一滴，孩子拾取什麼是自己的文化中性別適當和性別不合適的規範，並發展性別模式，塑造成他們所看待和記得的世界樣貌 (Conry-Murray, Kim, & Turiel, 2012)。兒童積極地遵守這些性別基模的方式行事，因此性別基模成為性別類型繼續發展的動力。

性別基模理論 (gender schema theory)
是兒童發展性別類型，與表現文化下性別適當和性別不當行為有關的理論。

複習・連結・反思　學習目標一　探討情緒和個性發展

複習重點

- 在兒童早期，自我發生什麼變化？
- 在兒童早期，情緒發展發生什麼變化？
- 什麼是兒童早期道德發展的一些關鍵環節？
- 幼兒如何發展性別？

連結

- 在上一節中，你了解家長對孩子性別發展的影響。如何與你在第6章中學到關於父母對兒童氣質的影響做比較？

反思個人的人生旅程

- 想像一下，你是一個4歲孩子的家長。你會用什麼樣的策略來增加孩子對別人的理解？

貳 家庭

學習目標二　說明家庭如何影響幼兒的發展

- 教養
- 虐待兒童
- 手足關係和出生順序
- 在社會變遷中家庭的變化

> 教養是一個非常重要的專業，但沒有適合度檢驗，因為它是從對孩子們感興趣而來的。
> ——George Bernard Shaw
> 20世紀愛爾蘭劇作家

依附主要照顧者是嬰兒時期一個重要的社會關係，但在第6章看到，一些專家認為，安全依附和嬰兒時期其他方面的發展是終其一生戲劇化變化的決定因素。在早期及稍晚的童年歲月中，幼兒的社會和情緒發展被人際關係、氣質、環境與社會經驗所塑造。在本節中，我們將討論在兒童早期依附之外的社會關係。我們將探討不同類型的教養、手足關係和家庭結構的變化。

一、教養

最近的一些媒體報導許多父母對照顧孩子感到不太開心，但最近的研究卻發現，父母對目前生活比還沒有當父母前更滿意，每天的生活中也是對照料自己的孩子比對做其他的日常活動有了更正向的情感 (Nelson et al., 2013b)。此外，最近的文獻回顧所得到的結論是，父母的不開心是在他們經歷更多的負面情緒、金融問題、睡眠問題和婚姻問題時 (Nelson, Kushley, & Lyubomirsky, 2014)。在這份文獻回顧中，得出的結論是，當父母體驗到生命的意義、基本需求被滿足，和扮演更積極的社會角色時，他們大多是很高興的。

為人父母需要時間和精力。你不能在這裡做一分鐘，在那邊做一分鐘，你不能隨時使用 CD 或 DVD。當然，不只是父母花在孩子身上的時間量，教養的品質對孩子的發展也很重要 (Clarke-Stewart & Parke, 2014)。例如，最近的一項研究發現，母親能提供鷹架、具有敏感性，並對孩子自主的支持，與學齡前兒童有更好的執行功能有關 (Blair, Raver, & Berry, 2014)。要理解教養的多樣性，我們可以從父母如何與孩子互動、如何管教自己的孩子，以及如何共同撫養談起。

(一) Baumrind 的教養方式

Diana Baumrind (1971, 2012) 認為，家長應該既不是懲罰性的，也不超然。相反地，他們應當為孩子發展訂立規則和加以疼惜。她描述四種類型的教養方式：

1. **專制型教養**：是限制性、懲罰性的風格，父母叮嚀孩子按照他們的指示，並看重他們的勞動和努力。專制型家長會嚴格限制和控制孩子，僅允許少量的口頭交流。例如，一個專制型教養的家長可能會說：「你要照我的方式去做，否則後果不堪設想。」專制型教養的父母可能還頻繁的天天打孩子，嚴格執行規則，但又不能解釋這些規則，常常表現出對孩子的憤怒。專制型父母的子女往往不快樂、恐懼、焦慮並常將自己和他人比較，無法主動、缺少活力，溝通技巧是薄弱的。
2. **權威型教養**：鼓勵孩子獨立，但仍置於在自己的行為限制和控制之下。有廣泛的口語交流，父母對孩子是溫暖和教導的。一個權威的父親可能會用他的手臂環繞著孩子，以安慰的方式說：「你知道你不應該這樣做。讓我們來談談你如何處理接下來的情況較好。」權威型父母針對兒童的建設性行為表現出開心和支持。他們也希望孩子成熟、獨立，表現出與年齡相襯的行為。權威型父母的孩子往往性格開朗、自我控制、自我依賴，且是成就導向的；他們往往能與同伴保持友好關係，與成年人合作，可以建立很好的應對壓力。

   正如剛才所指出的，權威的父母會做一些運動指導和管理孩子。權威型父母的子女所從事的行為或心理控制不被強制或懲罰，即能表現出正向的發展成果 (Baumrind, Larzelere, & Owens, 2010)。
3. **忽視型教養**：是一種家長不參與孩子生活的風格。孩子的父母都忽視孩子發展的重要性，將自己生活的各方面視為比孩子還重要。這些孩子傾向於是社交無能、自控能力差、不獨立。他們常常有自卑感、是不成熟的，且可能疏遠家庭。在青春期，他們可能會逃學和犯罪。

專制型教養 (authoritarian parenting)
是限制性的、懲罰性的風格，父母叮嚀孩子按照他們的指示，並看重他們的勞動和努力。專制型家長會嚴格限制和控制孩子，僅允許少量的口頭交流。專制型教養與兒童的社會無能相關聯。

權威型教養 (authoritative parenting)
鼓勵孩子獨立，但仍置於在自己的行為限制和控制之下。有廣泛的口語交流，父母對於孩子是溫暖和教導的。權威育兒與孩子的社交能力有關。

忽視型教養 (neglectful parenting)
是一種家長不參與孩子生活的風格。與兒童的社會無能相關聯，尤其是缺乏自我控制的能力。

4. **放縱型教養**：是一種父母高度參與孩子的生活，但很少要求或控制孩子的風格。這樣的父母讓孩子得到他們想要的東西。這樣一來，孩子從來沒有學會控制自己的行為，總是按照他們想要的方式生活。有些家長刻意以這種方式教養孩子，因為他們相信熱情參與和很少約束相結合，將產生創意、自信的孩子。然而，父母這樣是溺愛，孩子很少學會尊重他人和難以控制自己的行為。他們可能是霸道、自我中心、不符合要求，並有建立人際關係的困難。

這四個教養方式是兩個面向的組合：一個面向是接受和反應性；另一個面向則是需求與控制性 (Maccoby & Martin, 1983)。將這些面向結合起來，產生專制型、權威型、忽視型和放縱型教養，如圖 8.2。

切記，在教養方式與兒童發展的研究，是相關性的研究而不是因果性的研究。

因此，如果一項研究發現，專制型教養與兒童的高侵略性有關，則專制型教養引起咄咄逼人的孩子的可能性，同樣有可能作為專制型教養產生攻擊性兒童的可能性 (Bush & Peterson, 2013)。還記得在第 1 章我們在相關性的研究中讀過，第三個因素可能會影響兩個因素之間的關係。因此，在專制型教養子女和兒童攻擊性之間的關係，可能是專制的父母 (第一個因素) 及激進的兒童 (第二個因素) 共享基因 (第三個因素)，致使他們在容易犯下的行為間產生這樣的相關。

(二) 不同環境下的教養方式

難道權威型教養的好處超越了種族的界限、社會經濟地位和家庭組成嗎？雖然偶有例外被發現，但一個在範圍廣泛的族群、社會階層、文化、家庭結構的研究顯示，父母的權威與對孩子部分的能力有關 (Steinberg & Silk, 2002)。

儘管如此，研究人員發現，在一些族群，專制作風教養下的孩子，比 Baumrind 所預測的有更正向的結果 (Parke & Clarke-Stewart, 2011)。專制風格元素可以採取不同的含意，並根據不同環境的影響。例如，美國亞裔家長往往延續了有時被描述為專制傳統的亞洲育兒方法，父母施加相當大的控制在孩子的生活上。然而，Ruth Chao (2001, 2005, 2007; Chao & Otsuki-Clutter, 2011;

放縱型教養 (indulgent parenting)
是一種父母高度參與孩子的生活，但很少要求或控制孩子的風格。放縱型教養與孩子的社會無能、自我控制差有關。

	接受，反應靈敏	拒絕，反應遲鈍
要求 / 控制	權威型	專制型
不要求 / 不控制	放縱型	疏忽型

圖 8.2　父母教養方式的分類。四種類型的教養方式 (權威型、專制型、放縱型和忽視型)，包括一個面向是接受和反應性；另一個面向則是需求與控制性。例如，權威的教養牽涉既是接受 / 反應，並要求 / 控制。

Chao & Tseng, 2002) 卻認為，許多亞裔的美國人所使用的教養風格與權威型風格父母的霸氣控制截然不同。相反地，Chao 認為，這種類型家長的控制性表現在對孩子生活的關注和參與上。高學業成就的亞裔孩子可能是他們的「訓練型」父母的結果 (Stevenson & Zusho, 2002)。在最近的研究牽涉到華裔的美國青少年和他們的家長裡，家長控制得到認可，因為這是儒家家長一直以來的目標，在學校裡努力工作、服從，並且對父母的意願是敏感的 (Russell, Crockett, & Chao, 2010)。

強調需要尊重和服從，也與專制作風有關，但是在拉丁美洲教養子女的這種關注也許是正面的，而不是懲罰。與其抑制孩子的發展，它更有可能會鼓勵自我發展，並嵌入在家庭的需要中，表現出尊重與服從 (Dixon, Graber, & Brooks-Gunn, 2008)。在這種情況下，強調尊重和服從可能是維持一個和諧家庭的一部分，與塑造孩子的自我認同是同等重要的 (Umana-Taylor & Updegraff, 2013; Umana-Taylor et al., 2014)。

(三) 懲罰

數百年來，懲罰，尤其是生理上的體罰，如打屁股，一直被認為是用來管教孩子的必要方法，甚至是可取的方法。在美國的每一個州都認可體罰是合法的。針對育有 3 和 4 歲孩子的美國家長的全國性調查報告發現，有 26% 父母經常打孩子，且有 67% 父母受訪時表示經常吆喝自己的孩子 (Regalado et al., 2004)。最近對超過 11,000 萬家長的研究發現，80% 的父母在孩子於幼兒園階段打過他們 (Gershoff et al., 2012)。一個在美國所做的跨文化比較研究 (包括美國人、韓裔、西班牙裔及瑞典裔) 發現，其中美國人是最喜歡體罰且認為是有利的，他們能記住父母曾使用體罰 (Curran et al., 2001)。

在一個相關性的研究指出，父母打屁股與孩子的反社會行為有關，包括欺騙、撒謊聯繫、刻薄待人、欺負、攻擊、不聽話 (Strauss, Sugarman, & Giles-Sims, 1997)。

為什麼要避免打屁股或類似的嚴厲懲罰？其原因包括以下內容：

- 當大人懲罰一個孩子是透過吆喝、尖叫或打屁股時，他們正在明確地對兒童使用失去控制的模式來處理壓力。兒童可能會模仿這種攻擊性的、失控的行為。
- 處罰可能灌輸恐懼、憤怒或逃避。例如，打孩子屁股可能會造成孩子逃避周圍的長輩和恐懼父母。

- 處罰須告知孩子不要做什麼，而不是怎麼做。應該給孩子回饋，如「你為什麼不試試呢？」但父母卻都沒有這麼做。
- 處罰可能是濫用。當家長們在盛怒之下，他們的懲罰可能變成在虐待孩子 (Knox, 2010)。

大多數兒童心理學家建議處理不當行為就是與孩子說理，特別是解釋孩子的行為給別人所帶來的後果。隔離 (time out)，是將兒童原本該擁有的一項正增強去除，也可以是有效的。例如，當孩子行為不當，父母可能取消他原本可以看電視的時間。

關於懲罰對兒童發展的影響還在持續爭論 (Deater-Deckard, 2013; Ferguson, 2013; Gershoff, 2013; Grusec et al., 2013; Knox, 2010)。一項文獻回顧認為，會體罰的父母與孩子能立刻遵從和侵略性是相關的 (Gershoff, 2002)。該文獻回顧還發現，體罰與較低的道德內化和心理健康有關 (Gershoff, 2002)。在六個國家的研究發現，母親使用體罰與他們的孩子有較高侵略性有關 (Gershoff et al., 2010)。另一項研究也發現，嚴厲體罰的生長史與青少年憂鬱症和外向性的行為問題有關，如青少年犯罪 (Bender et al., 2007)。而最近幾次的縱貫性研究也發現，青少年兒童的體罰與後來有更高的侵略性有關 (Berlin et al., 2009; Gershoff et al., 2012; Lansford et al., 2011; Taylor et al., 2010)。然而，26 項研究的回顧的結論，只有嚴峻用力的體罰較不利於用來作為兒童的替代懲戒措施 (Larzelere & Kuhn, 2005)。此外，最近的一項對縱貫性研究的後設分析發現，懲罰對兒童的內向性和外向性行為問題的負向後果的影響是小的 (Ferguson, 2013)。

一些專家 (包括 Diana Baumrind) 認為，大多體罰的負面影響的證據是基於研究中父母以濫用方式行事 (Baumrind, Larzelere, & Cowan, 2002)。她總結自己的研究，當家長使用懲罰時抱持的是冷靜理性的態度 (在她的研究中最權威型父母的特點) 有益孩子的發展。因此她強調，體罰並不需要讓兒童看到成人失控的大喊大叫和尖叫的行為，以及打屁股等。

在最近的研究綜述，Elizabeth Gershoff (2013) 得出的結論是，打屁股的擁護者並沒有產生任何打屁股會造成兒童積極正向成果證據；相反地，打屁股的負面後果已經被複製在許多研究中。此外，關於對兒童的懲罰研究明確的是，如果體罰是在溫和的、少用的、與年齡相符的，並在正向的親子關係的情況下使用 (Grusec, 2011)，是可以被允許的。同樣清楚的是，當體罰涉及虐待時，對孩子的發展是非常有害的 (Cicchetti, 2013)。

(四) 共同撫養

家長提供彼此共同撫養孩子的支持，被稱為**共同撫養**。父母之間協調不力會損害另一方的親職，缺乏一個家長的合作和溫暖會使兒童產生處於危機之中的問題 (McHale & Sullivan, 2008; Solmeyer et al., 2011)。例如，一項研究發現，共同撫養的影響超越母親和父親單獨養育幼兒 (Karreman et al., 2008)。而最近的一項研究發現，更多的父親參與幼兒的遊戲和對共同撫養支持度的增加有關 (Jia & Schopper-Sullivan, 2011)。

父母沒有花足夠的時間與孩子相處，或是有兒童養育問題，可以從諮詢和治療中獲益。

二、兒童虐待

不幸的是，處罰有時會導致嬰兒和兒童的虐待 (Cicchetti & Toth, 2015; McCoy & Keen, 2014)。在 2009 年，大約有 702,000 名美國兒童被發現在這一年至少有一件是兒童虐待的受害者 (U.S. Department of Health and Human Services, 2010)。這些兒童中有 81% 是被父母之一或同時受到父母虐待。在許多國家的法律現在要求醫生和教師舉報虐待兒童的疑似案例，但仍有許多情況並沒有被舉報的，特別是那些牽涉毆打嬰兒的案例。

兒童虐待牽涉嚴重不足的教養和破壞性。
——Dante Cicchetti
明尼蘇達州大學當代發展心理學家

鑑於大眾和許多專業人士使用兒童虐待 (child abuse) 這樣的專有名詞同時意指凌辱和忽視，發展主義者則使用另一個虐待兒童 (child maltreatment) 的術語 (Cicchetti, 2011, Cicchetti et al., 2012)。該術語相對於虐待並沒有情緒性的影響，承認不同的條件下的虐待。

(一) 兒童虐待的型態

兒童虐待的四個主要類型包括身體虐待、疏忽照顧兒童、性虐待和情感虐待 (National Clearinghouse on Child Abuse and Neglect, 2004)：

- 身體虐待的特點是以身體傷害的實行作為一個結果，以拳重擊、毆打、腳踢、咬、燒、搖晃，或是以其他方式傷害孩子。父母或其他人有可能並不打算傷害孩子；受傷可能是由於過度的體罰所造成 (Flaherty et al., 2014; Redford et al., 2013)。

共同撫養 (coparenting)
家長提供彼此共同撫養孩子的支持。

8 歲 Donnique Hein 飯後在勞拉之家 (Laura's Home) 親切地抱著她 6 個月大的妹妹，Marla Paschel。勞拉之家是一個在西園 (俄亥俄州) 由團城所經營的危機避難所 (2010 年 3 月)。

- 疏忽照顧兒童的特點是未能提供孩子的基本需求 (Ross & Juarez, 2014)。疏忽可以是生理上 (遺棄等)、教育 (例如允許長期曠課)，或情緒 (例如明顯的不注意孩子的需求) (Horner, 2014)。疏忽照顧兒童是迄今為止虐待兒童最常見的形式。在每一個收集到相關數據的國家，疏忽的發生高於身體虐待的 3 倍 (Dubowitz, 2013)。
- 性虐待包括賣淫或撫摸孩子的生殖器、性交、亂倫、強姦、雞姦、暴露狂，以及商業開發生產色情資料 (Fergusson, McLeod, & Horwood, 2013; Zollner, Fuchs, & Fegert, 2014; Williams et al., 2014)。
- 情感虐待 (心理 / 辱罵 / 精神上的傷害) 包括由父母或其他照顧者已經造成或者可能造成嚴重的認知或情緒問題的行為和疏忽 (Potthast, Neuner, & Catani, 2014)。

儘管上述任何形式的虐待兒童可以單獨發現，但是往往會組合性發生。當其他形式虐待被確定時，情感虐待幾乎總是存在的。

(二) 虐待的環境

並非任何單一的因素導致兒童虐待 (Cicchetti, 2011, 2013; Cicchetti et al., 2014; Cicchetti & Toth, 2015)。綜合各種因素，包括文化、家庭、孩子的發展特點，都有可能導致兒童虐待。

廣泛的暴力事件發生在美國文化中，包括電視暴力，反映在家庭暴力的發生 (Durrant, 2008)。家庭本身顯然是虐待環境的一個關鍵部分 (Cicchetti & Toth, 2015; Trickett & Negriff, 2011)。在家庭和家庭相關的特徵，可能導致兒童虐待的是教養壓力、藥物濫用、社會隔離、單親家庭和社會經濟困難 (特別是貧困) (Cicchetti, 2013)。所有家庭成員的互動都需要考慮，不管是誰執行對孩子的暴力行為。例如，即使父親都可能是一個實際虐待兒童的人，但對母親、孩子、手足的行為也應該進行評估。

虐待兒童的父母是否曾被自己的父母虐待？大約有三分之一的父母在小的時候曾受過虐待，而繼續虐待自己的孩子 (Cicchetti & Toth, 2006)。因此，有一些，但不是多數，父母參與代間傳承的虐待。

(三) 虐待的發展後果

許多研究發現，在童年和青春期曾經歷兒童虐待的孩子，以後往往是不佳的，例如較差的情緒調節、難與人建立依附關係、有同儕間人際關係問題、較差的學校適應，還有其他心理問題，如憂鬱

和犯罪 (Cicchetti, 2011, 2013; Cicchetti & Banny, 2014)。如圖 8.3，受虐幼兒被安置在寄養機構後，仍然有可能比生長在中等社經地位的原生家庭的幼兒表現出異常的荷爾蒙狀況 (Gunnar, Fisher, & The Early Experience, Stress, and Prevention Network, 2006)。在這項研究中，異常的荷爾蒙狀況主要是存在於被忽視的寄養兒童，最好的描述為「機構性忽視」(institutional neglect) (Fisher, 2005)。對幼兒虐待也可能具有這種效應 (Gunnar et al., 2006)。經歷了虐待或忽視的兒童更有可能會比並沒有經歷虐待的兒童，長大後表現出在親密關係中的暴力行為，也較有可能犯罪、性冒險和藥物濫用 (Shin, Hong, & Hazen, 2010; Trickett, Negriff, & Peckins, 2011)。而最近的一項研究發現，18 歲之前重複的被虐待兒童，未來自殺未遂的傾向會顯著增加 (Jonson-Reid, Kohl, & Drake, 2012)。

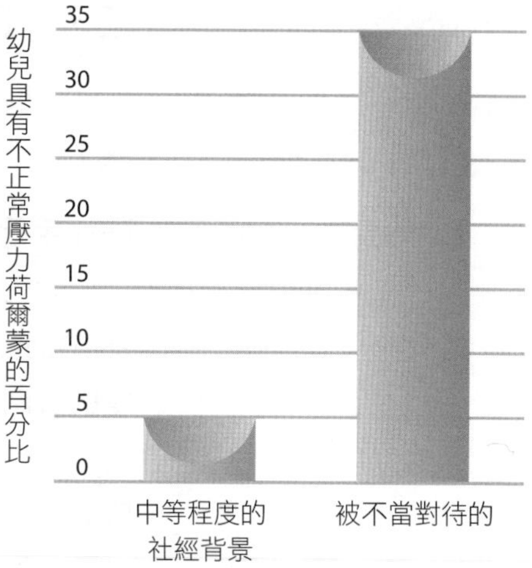

圖 8.3 在不同類型教養條件下幼兒的異常荷爾蒙水準

對曾是受虐兒童的成人的追蹤研究顯示，他們更容易出現身體上的疾病、精神疾病和性問題 (Lacelle et al., 2012)。一個 30 年的縱貫性研究發現，經歷過兒童虐待的中年人處於糖尿病、肺部疾病、營養不良、視力問題增多的危險中 (Widom et al., 2012)。另一項研究則發現，兒童虐待與成人憂鬱及治療憂鬱症的不利有關 (Nanni, Uher, & Danese, 2012)。此外，最近的一項研究發現，年輕人若曾經歷兒童虐待，尤其是身體虐待，在任何年齡層都更容易產生憂鬱症，且會有較多自殺意念 (Dunn et al., 2013)。此外，遭受兒童虐待的成年人往往難以建立和維持健康的親密關係 (Dozier, Stovall-McClough, & Albus, 2009)，有較高的風險在向其他成人暴力攻擊， 特別是約會和婚姻的伴侶，也有較多濫用藥物、焦慮及憂鬱 (Miller-Perrin, Perrin, & Kocur, 2009)。還有一項研究顯示，成年人曾經歷兒童虐待會增加財務和就業相關困難的風險 (Zielinski, 2009)。

一個重要的研究議題是，討論如何防止虐待兒童或當兒童正受到虐待時進行介入 (Cicchetti, 2013; Cicchetti & Toth, 2015; McCoy & Keen, 2014; Toth et al., 2014)。在一項針對虐待的母親和他們 1 歲孩子的研究中，兩種治療能有效減少虐待兒童：(1) 家訪是強調提高養育子女的效能、應對壓力，並增加對母親的輔導；以及 (2) 父母與嬰兒的心理治療是著重於改善產婦與嬰兒的依附關係 (Cicchetti & Toth, & Rogosch, 2005)。

三、手足關係和出生順序

發展主義的手足關係特點如何？出生順序如何廣泛影響幼兒行為？

(一) 手足關係

大約 80% 的美國兒童中有一個或多個兄弟姐妹，也就是手足關係 (Dunn, 2007)。如果你有從小一起長大的兄弟姐妹，可能會存有豐富的侵略性、敵對的互動記憶。作為彼此存在的兄弟姐妹，2 至 4 歲時，平均每 10 分鐘就會有一次衝突，然後衝突在 5 至 7 歲時略作下降 (Kramer, 2006)。當家長遇到兄弟姐妹有口頭或肢體衝突時要怎麼做？一項研究表明，他們會做下列三件事情之一：(1) 進行介入，並盡力幫助解決衝突；(2) 告誡或威脅；或者 (3) 什麼都不做 (Kramer & Perozynski, 1999)。有趣的是，在手足分別為 2 至 5 歲的家庭裡，最常見的家長反應就是什麼也不做。

Laurie Kramer (2006) 已經進行一些兄弟姐妹關係的調查研究，她發現，家長在兄弟姐妹衝突逐步升高時表示不介入，並不是好策略。她開發名為「更有趣的兄弟姐妹」(More Fun with Sisters and Brohers) 計畫，教導 4 至 8 歲的兄弟姐妹的社交能力，以發展良性互動 (Kramer & Radey, 1997)。在程序中教導的社交技能是如何適當地展開、如何接受和拒絕邀請玩、如何利用他人的角度看事情，以及如何處理憤怒情緒、如何管理衝突。

然而，衝突只是手足關係的許多面向之一 (Buist, Dekovic, & Prinzie, 2013; Feinberg et al., 2013; McHale, Updegraff, & Whiteman, 2013)。手足的關係除了幫助、共享、教導、打架和玩之外，其實也可以成為情緒的支持者、競爭對手和溝通夥伴。

兒童時期的手足關係有何特點？

難道父母通常會偏愛兄弟姐妹中的一個？如果是這樣，對青少年的發展會有影響嗎？針對 384 對兄弟姐妹所做的一項調查研究顯示，65% 的母親和 70% 的父親表現出偏袒兄弟姐妹中的一個 (Shebloski, Conger, & Widaman, 2005)。當父母對兄弟姐妹中的一個偏愛時，這會和其中條件較差的兄弟姐妹的低自尊和悲傷有關。事實上，平等、公正，以及他們是如何被父母對待，是他們在手足關係中最關切的一件事 (Campione-Barr, 2011; Campione-Barr, Greer, & Kruse, 2013; Campione-Barr & Smetana, 2010)。

Judy Dunn (2007) 是研究手足關係的權威專家，最近提出手足關係的三個重要特點：

- 關係的情感品質。手足大多經歷過強烈的正面和負面情緒。許多兒童和青少年會對手足表達許多混合的、複雜的情感。
- 熟悉和關係親密。手足間通常彼此非常了解，這種親密關係表明，他們可以提供支持或取笑、破壞對方，視情況而定。
- 變化的手足關係。我們剛才討論了很多手足間有著非常複雜又混合的感情，事實上，在手足關係上有相當大的變異性。有些兒童和青少年描述他們溫暖又深情的兄弟姐妹，而有些人則談論惱人和卑劣的兄弟姐妹。研究表明，手足間的高衝突和負面發展結果有關 (Fosco et al., 2012)。

(二) 出生順序

無論孩子有年長或年幼的手足，都已被發現和某些個性特徵的發展有關。例如，最近的文獻回顧結論是「長子是最聰明、有成就和認真的，而後面出生的則是最叛逆、自由與和氣的」(Paulhus, 2008; p. 210)。與後來出生的孩子相比，身為長子的孩子也被描述為更成人化的、助人的、符合期待和自我控制。

是什麼造就了有關出生順序的差異？目前被提出的解釋指出：孩子站在家中一個特殊的位置與父母及其他手足互動。Dune 和 Kendrick (1982) 的研究發現，母親在第二個孩子誕生後，即會對老大有較多負面高壓的、控制的態度，也較少和他們玩。

家裡唯一的孩子像什麼？一般人的觀念是：獨生子是「驕縱」的、具有不良的依賴性、缺乏自我控制、自我中心的。但是目前研究人員卻對獨生子女有更正向的看法。獨生子女往往是成就導向，並顯示出一個理想的個性，尤其是相較於後來所出生的和大家庭的兒童 (Falbo & Poston, 1993; Jiao, Ji, & Jing, 1996)。

到目前為止，我們的討論表明，出生順序可能是行為的強而有力預測。然而，越來越多研究家庭的學者強調，出生順序顯示在預測行為上的準確度十分有限。想想一些超出孩子的出生順序的其他重要因素影響他們的行為，包括遺傳、能力或無能的模式，目前家長每天對孩子的影響、同伴的影響、學校的影響、社會經濟因素、社會歷史因素和文化差異。當有人說長子總是這樣的，但老么都總是這樣時，這個人正在做出過於簡單的陳述，並沒有充分考慮影響孩子發展的複雜性。

四、在社會變遷中家庭的變化

除了手足數的變異以外，孩子在家庭中很多重要方面的經驗都不同 (Parke, 2013)。兒童成長在單親家庭的數量是驚人的，如圖 8.4 所示，美國的單親家庭占全部家庭的百分比是世界上最高的國家之一。雙親家庭中還包括那些父母雙方外出打工、父母一方或雙方有一個之前的婚姻以離婚告終，或父母是同性戀。在文化和社會經濟地位的差異也會影響家庭。這些家庭的變化將如何影響兒童？

(一) 父母工作

每兩個育有 5 歲以下兒童的美國母親，就有超過一個是在工作；每三個育有 6 至 17 歲孩子的母親則超過兩個在就業。母親就業是現代生活的一部分，但它的影響仍繼續被爭論。

大多數研究父母工作的研究者，都集中在母親就業對幼兒發展中的作用 (Brooks-Gunn, Han, & Waldfogel, 2010; O'Brien et al., 2014)。然而，父母工作的影響牽涉到父親和母親，當工作與家庭衝突或形成壓力時都應一併列入考慮 (Clarke-Stewart & Parke, 2014; O'Brien & Moss, 2010)。最近的研究表明，父母的工作性質對孩子的發展，比父母一方或雙方在工作具有更多的影響力 (Clarke-Stewart & Parke, 2014; Han, 2009; O'Brien et al., 2014)。工作對親職能產生正面和負面影響 (Crouter & McHale, 2005)。Ann Crouter (2006) 描述家長如何把他們在工作中的經驗帶回自己的家中。她認為，家長面對惡劣的工作條件，如工時長、加班、工作壓力大、缺乏自主性的工作時，很可能在家裡常常煩躁和沒有效能的教養孩子。研究上一致發現，職業婦女的孩子

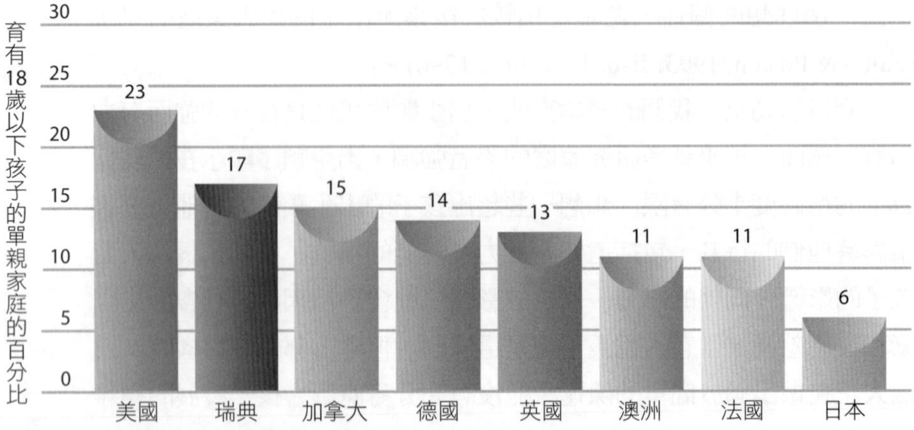

圖 8.4　不同國家單親家庭的比例

(尤其是女孩) 較少被性別定型，比母親沒有外出就業的孩子更有平等的性別觀點 (Goldberg & Lucas-Thompson, 2008)。

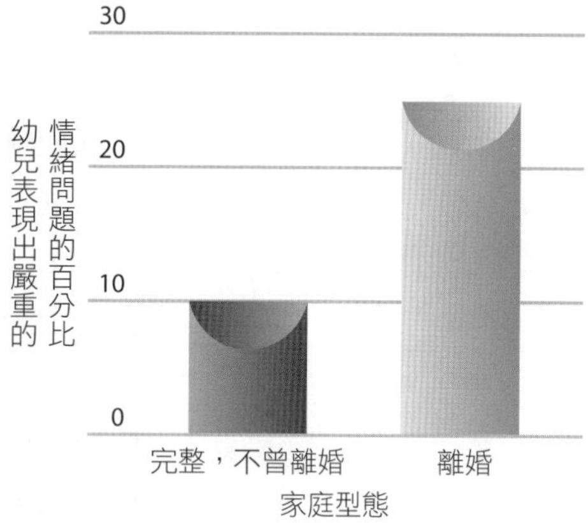

圖 8.5 離婚和子女的情緒問題。 在 Hetherington 的研究，離婚家庭的子女中 25% 有嚴重的情緒問題，而來自完整的、從來沒有離婚的家庭兒童只有 10%。但是，請牢記離異家庭子女的絕大部分 (75%) 都沒有表現出嚴重的情緒問題。

(二) 在離異家庭的子女

世界各地的許多國家包括美國在二十世紀後期離婚率變化相當顯著 (Amato & Dorius, 2010; Braver & Lamb, 2013)。美國的離婚率急劇上升，在 1960 年代和 1970 年代開始，但自 1980 年代有所下降。然而，離婚率在美國仍然遠遠高於其他大多數國家。

據估計，在美國，雙親結婚的孩子中有 40% 都會經歷父母離婚 (Hetherington & Stanley-Hagan, 2002)。讓我們來看看一些關於在離異家庭子女的重要問題。

1. *來自從來沒有離婚的家庭的孩子會比離異家庭的孩子有更好的適應力嗎？*大多數研究者都認為，離異家庭的孩子會比非離異家庭的孩子表現出較差的適應力 (Amato & Dorius, 2010; Hetherington, 2006; Lansford, 2012, 2013; Robbers et al., 2012; Wallerstein, 2008) (見圖 8.5)，那些已經經歷過父母多次離婚的風險更大。在離異家庭的兒童會比非離異家庭孩子更容易有學業上的問題，顯示出外向行為問題 (如犯罪) 和內向行為問題 (如焦慮、憂鬱)、較缺乏社會責任感、較差的依附關係、輟學、過早開始從事性行為、服用藥物、與反社會同儕交往、有自卑感等 (Conger & Chao, 1996)。但是請記住，大多數在離異家庭的兒童並沒有顯著的適應問題 (Ahrons, 2007)。一項研究發現，讓一些兒時父母離婚的成人在父母離婚後 20 年回想，大約有 80% 的成年人得出的結論是父母決定離婚是明智的 (Ahrons, 2004)。
2. 如果父母繼續勉強在一起只是為了孩子？*父母是否應該為了自己的孩子留在一個不幸的婚姻？*這是離婚最常見的問題之一 (Hetherington, 2006)。如果在家庭關係的壓力和對突發事件的不滿增加，衝突性的婚姻會侵蝕著兒童福利；此時移轉到離婚的單親家庭可能是有利的。但是，如果離婚會導致資源減少和增加風險，必然也會伴隨著不稱職的父母，也增加父母、子女及手足間的衝突，為了孩子最好的選擇可能還是留在不愉快的婚姻裡 (Hetherington & Stanley-Hagan, 2002)。這是很難確定這些「如果」是否會成真？無論父母一起留在激烈的婚姻中或離婚，都是很難抉擇的。

需要注意的是，婚姻衝突都會對兒童產生負面影響，不管在婚姻裡或離婚的情況都是如此 (El-Sheikn et al., 2013)。而很多來自離婚家庭子女的經驗表示，在預備離婚期間是父母經常互相衝突的活躍期，因此當來自離婚家庭的孩子表現出問題行為，該問題可能不僅是由於離婚，而是婚姻衝突導致的。

E. Mark Cummings 和他的同事 (Cummings & Davies, 2010; Cummings, El-Sheikh, & Kouros, 2009; Cummings & Schatz, 2012; Koss et al., 2011, 2013, 2014; McCoy et al., 2014) 提出情感安全理論，它的根基在依附理論，並指出兒童會評估婚姻衝突在他們的安全感和在家庭中的安全性。他們做出婚姻衝突間的區別，有些對兒童是負面的 (如敵對情緒和破壞性衝突的策略)，有些婚姻衝突則對孩子可以是正面的 (如婚姻意見不合時，能冷靜地討論每個人的角度，然後一起努力達成解決方案)。

發展連結—家庭
早婚、文化程度低、收入低、沒有宗教背景、其父母離婚，以及結婚前有一個嬰兒等因素和離婚的比率增加有關。(第 14 章)

3. 有多少家人在家庭離異時處理此事？家人處理此事顯得非常有意義 (Lansford, 2012; Parke, 2013; Warshak, 2014)。例如，離婚時，父母的相互關係很融洽，當他們是權威型教養時，會改進兒童的調適 (Hetherington, 2006)。當離異父母可以同意教養孩子的策略，並保持與非監護父母作經常性訪問的親切關係時，通常有利於孩子 (Fabricius et al., 2010)。離婚後，父親參與孩子的生活較媽媽為少，特別是女童的父親。此外，最近的一項研究在離異家庭發現，介入重點放在改善母子關係和親子關係品質的改進有關，在短期內 (6 個月) 和長期 (6 年) 都能增加兒童的應對技巧 (Velez et al., 2011)。
4. 哪些因素會影響孩子在離婚家庭中受到負面影響？其中兒童的風險和脆弱性與他在離婚前的家庭的適應力有關。也和孩子的個性和氣質、性別和監護情況都有關 (Hetherington, 2006)。孩子在父母離婚後常表現出他們在分手之前就有的不良調適 (Amato & Booth, 1996)。如果兒童是社會成熟的和負責任的，表現出較少行為問題，若具有一個易教養的氣質就能更好地應對父母離婚；但若是難教養氣質的孩子，則在應對父母離婚時經常會有問題 (Hetherington, 2000)。

早先將性別差異列入考慮的研究發現，在母親監護的家庭，男孩比女孩受到更多離婚的負面影響。然而，最近的研究表明。性別差異相對以前所認為的是不太明顯和一致的。有些不一致的原因可能是增加的父親監護、共同監護、和無監護權的父親更多地參與，特別是在他們的兒子的生活 (Ziol-Guest, 2009)。

研究何種類型的監護安排對兒童在離異家庭能適應得更好？結果並不一致 (Parke, 2013)。研究分析發現，在共同監護的家庭的兒童，比僅有單一監護的家庭的兒童有更好地調適 (Bauserman, 2002)。然而，共同監護最適合兒童的前提是父母可以彼此相處 (Clarke-Stewart & Parke, 2014)。

5. 社會經濟地位在離異家庭的兒童的生活中發揮了什麼樣的作用？監護母親在預備離婚時經歷約四分之一到二分之一的收入損失，與監護父親相比，其只有十分之一的損失。這種受到離異母親收入損失所伴隨的還有增加的工作量、高比例的工作不穩定、搬家到不理想的地區，以及較差的學區 (Braver & Lamb, 2013)。

婚姻已成為當代美國一個可以被選擇的選項，並不永久的常設機構，兒童和青少年所遇到的壓力與適應性挑戰，與父母的婚姻轉換相關。

——E. Mavis Hetherington
維吉尼亞大學當代心理學家

總之，許多因素都參與決定離婚如何影響孩子的成長 (Hetherington, 2006; Lansford, 2012; Parke, 2013)。要了解能幫助孩子應對父母離婚的一些方法，請參閱【發展與生活的連結】。

(三) 同性戀父母

越來越多的同性戀夫婦建立包括兒童在內的家庭 (Parke, 2013; Patterson, 2013a, b, 2014; Patterson & D'Augelli, 2013; Patterson & Farr, 2014)。在今天的美國大約有 20% 的女同性戀者和 10% 的男同性戀成為父母，總計可能有超過 100 萬的同性戀父母。

像異性夫婦一樣，同性戀父母間的差異性也很大，他們可以是單身或可能有同性夥伴。許多女同性戀者母親和男同性戀者父親是無監護權的父母，因為他們在離婚後失去子女監護權而改由異性配偶監護。此外，越來越多的同性戀者選擇透過捐助受精或領養而為人父母。研究人員發現，孩子不管是透過新的生殖技術，如體外受精懷孕，還是以傳統自然的方式來到這個世界，都同樣需要調適 (Golombok, 2011a, b; Golombok & Tasker, 2010)。

女同性戀者和男同性戀者之間的親子關係是有爭議的。反對者聲稱由同性戀父母教養是傷害孩子的發育。但是，研究人員已經發現，孩子與女同性戀母親或同性戀父親一起生長，和孩子與另一方是異性父母一起成長的發展並沒有顯著差異 (Golombok & Tasker, 2010; Patterson, 2013a, b, 2014; Patterson & Farr, 2014)。例如，孩子成長在同性戀家庭也同樣受到同儕的歡迎，他們的適應力和心理健康與在異

發展與生活的連結

與孩子溝通關於離婚

Ellen Galinsky 和 Judy David (1988) 發展了一些與離婚孩子溝通的準則。

- **解釋分離。**盡快明顯地在家裡的日常活動中，讓孩子知道父母有一方要離開。如果可能的話，當孩子被告知即將到來的分離時，父母雙方都應該在場。分離原因是非常難以讓幼兒理解的，無論父母告訴孩子什麼理由，孩子都可以找理由來反對分離。父母要告訴孩子誰會照顧他們，並描述另一方父母如何來看他的具體安排，這是非常重要的。
- **解釋分開並不是孩子的錯。**孩子往往認為父母分居或離婚是自己的錯。因此，要告訴孩子，他們不是重要的分離原因。家長需要重複這個聲明數次。
- **解釋這可能需要一段時間才會感覺好得多了。**告訴年幼的孩子，對正在發生的事情覺得很不好是正常的，許多其他的孩子在父母離婚時也有這樣的感覺，這也沒關係。離異父母可以向大家分享一些自己的情緒，例如「我剛離婚時度過了一段非常艱困的時期，但我知道一段時間後就會變得較好。」此類聲明最好保持簡短，不應該批評另一方。
- **保持開放做進一步討論。**告訴你的孩子，可以到你們這裡來談他們隨時想談的分離。這是健康的，可以讓孩子表達自己壓抑的情緒，並練習與父母討論和學習，父母都願意傾聽他們的感受和恐懼。
- **提供盡可能多的連 (延) 續性。**兒童世界越少被分離打亂，就越容易過渡到單親家庭。因此，家長應該盡可能地保持已經到位的規則。孩子需要父母足夠的關心，不僅是給他們溫暖和教養，還要設置合理的行為範圍。
- **提供支持給你的孩子和你自己。**離婚或分居後，父母對兒童依然十分重要。離婚父母如果有其他成人甚至如同父母般支持他們，並且可與他們談論他們的問題，父母就會比較能保護孩子。

在上面第三點 (「解釋這可能需要一些時間來感覺好多了。」) 牽涉到本章前面在關於情緒教導學到了什麼？

性戀家庭生長的兒童相比並無差異 (Hyde & DeLamater, 2014)。

此外，在最近的一項研究中，被同性戀父親領養的子女較少有外向性問題行為，比異性戀家庭透露更多的正面教養 (Golombok et al., 2014)。相反地，曾經風靡一時的說法是以為同性戀父母會造成孩子成為同性戀，但在現實中絕大多數來自同性戀家庭的孩子是異性戀取向 (Golombok & Tasker, 2010; Tasker & Golombok, 1997)。

而且最近的一項研究比較由異性戀、同性戀者、同性戀夫婦領養學齡前兒童的共同撫養比例 (Farr & Patterson, 2013)，這兩個自我報告和觀察發現，同性戀夫婦共同分擔撫養嬰兒多於異性伴侶，女同性戀夫婦有最多的支持，而男同性戀夫婦的支持則最少。

(四) 文化、種族和社會經濟變化

教養孩子會受到文化、種族和社會經濟地位的影響 (Berry et al., 2013; Parke, 2013; Schaefer, 2013)。回憶一下 Bronfenbrenner 的生態學理論 (見第 1 章)，一些社會背景會影響孩子的發育。在 Bronfenbrenner 的理論中，文化、種族和社會經濟地位是因為它們代表更廣泛的社會背景，共同被列為鉅觀系統的一部分。

1. 跨文化研究

不同的文化往往是一些基本問題的答案，例如父親在家庭中的角色應該是什麼？家庭可以得到什麼樣的支持系統？孩子應該怎麼管教 (Bekman & Aksu-Koc, 2012)。跨文化重要的差異會顯現在育兒上，也顯現在成人放置在兒童身上的價值觀 (Trommsdorff, 2012)。在一些文化中，例如許多國家的農村地區，專制型教養十分普遍。

在世界各地許多國家的家庭透過日益頻繁的國際旅行、網際網絡和電子通訊，而受到經濟全球化因素所造成的文化變革。這帶來了更多家庭的流動性，遷移到城市地區、分離的趨勢、一些家庭成員在城市或國家遠離自己的家園工作、更小的家庭、較少延伸家庭，並增加了有子女的婦女就業工作 (Brown & Larson, 2002)。這些趨勢可能會改變提供給孩子的資源。例如，當幾代人不再住在彼此附近，孩子可能會失去從爺爺、奶奶、叔叔、阿姨的支持和指導。從積極的一面來看，更小的家庭可能會讓父母與子女之間更加開放和溝通。

2. 種族

在美國不同族裔群體中的家庭會有不同的典型大小、結構、組成、依賴於血緣關係的網絡，以及不同的收入和教育水準 (Parke, 2013)。在少數群體中，大型和擴展的家庭會比大多數非拉丁裔白人中更為普遍。例如，19% 的拉丁裔家庭有三個以上的子女，相較於非裔美人有 14% 有三個以上的子女，白人家庭僅有 10%。非裔和拉丁裔兒童則比白人兒童與爺爺奶奶、阿姨、叔叔、表兄弟姐妹，以及更遙遠的親戚互動多。

3. 社會經濟地位

低收入家庭獲得資源的機會低於高收入家庭 (Coley et al., 2014; Evans & Kim, 2013; Weisner & Duncan, 2014)。在各種活動中獲得資源的差別，包括營養、保健、防止危險、豐富的教育和社會機會 (Huston, 2012)。這些差異因為長期的貧窮會更形惡化 (Maholmes & King, 2012; McLoyd, Mistry, & Hardaway, 2014)。最近的一項研究發現，持續的經濟困難和非常早期的貧困與 5 歲兒童認知功能的低落有關 (Schoon et al., 2012)。在最近的另一項研究中，貧困家庭的幼兒在家庭和學校的情況與小學二年級和第三年級時較差的執行功能有關 (Raver et al., 2013)。

在美國和大多數西方文化中，已經發現在不同社會經濟地位家庭中之兒童在教養上 的差異 (Hoff, Laursen, & Tardif, 2002, p. 246)：

- 「社會經濟地位較低的父母：(1) 更關心自己的孩子符合社會的期望；(2) 在營造家的氛圍中，顯然父母是權威的」；(3) 更常使用體罰管教自己的孩子；以及 (4) 與孩子的對話更直接和更少。
- 「社會經濟地位較高的父母：(1) 更關心的是孩子主動性」和延遲滿足的發展；「(2) 在營造一個家的氣氛中，使孩子更接近成為平等參與者，並對其中的規則進行討論」，而不是在制的方式下實行；(3) 不太可能使用體罰；以及 (4)「較少的指令，更熟絡與孩子互動」。

複習・連結・反思　學習目標二　說明家庭如何影響幼兒的發展

複習重點

- 四個主要的教養方式是什麼？哪些方面的教養與幼兒的發展有關？
- 兒童虐待有哪些類型和後果？
- 手足關係、出生順序如何影響到幼兒的發展？
- 雙薪家庭、父母離異、同性戀的父母，以及成為特定的文化、種族和社會經濟集團的一部分，分別會對幼兒的發展產生什麼影響？

連結

- 在第 4 章中，你了解到父親最常是嬰兒搖晃症候群的肇事者。依你在本章所學，一個研究家庭議題的學者或是婚姻和家庭治療師可能在這樣的兒童虐待中做些什麼事？

反思個人的人生旅程

- 你的母親和父親在教養你時，使用其中的哪種教養風格？你認為他們的教養方式對你的發展有什麼樣的影響？

參 同儕關係、玩遊戲和媒體 / 電視的時間

學習目標三 描述同儕的角色，以及玩遊戲、媒體 / 電視的時間在幼兒發展中的作用

同儕關係　玩遊戲　媒體 / 電視的時間

家庭對兒童的發展是一個非常重要的社會環境。但是，兒童的發展也強烈地受到其他社交場合的影響，比如在同儕間，在孩子玩耍或花時間與各種 3C 產品一起的時間都產生了影響。

一、同儕關係

隨著孩子年齡的增長，他們花越來越多的時間與年齡相仿或同齡人在一起。

(一) 同儕團體功能

什麼是兒童的同儕團體的功能？它的一個最重要的功能是提供家庭以外的世界訊息和比較的來源。孩子收到他們的同儕對於自己能力的回饋，例如兒童評估他們做什麼，是比其他孩子好？一樣好？還是更糟？這很難在家裡做出這些判斷，因為兄弟姐妹通常比他年長或年輕。

良好的同儕關係會促進正常的社會情緒發展 (Coley et al., 2013)。在同儕關係中特別令人關注的問題集中在兒童的退縮性或侵略性 (Rubin et al., 2013)。退縮兒童被同儕拒絕、受到傷害或感到孤獨，有可能讓他處在憂鬱症的危險之中。兒童對他們的同儕有攻擊性，也會成為犯罪和輟學的高危險群 (Bukowski, Buhrmester, & Underwood, 2011)。

(二) 發展中的變化

回想一下我們在討論性別時，提過到 3 歲的年齡，幼兒已更願意花時間與同性，而不是異性玩伴玩耍，大概就在這幾年間，他們和同儕互動的頻率上升，無論是正向或負向的互動都大幅度提升 (Cillessen & Bellmore, 2011)。許多學齡前兒童花費大量時間在與同儕互動上，尤其在處理談判、遊戲規則、爭論和議定上 (Rubin, Bukowski, & Parker, 2006)。他們慢慢的在與同儕互動時變得更加協調，並且能有更多輪流的機會 (Coplan & Arbeau, 2009)。

發展連結—同儕
兒童的同儕關係可以分類成五種狀態。(第 10 章)

(三) 朋友

在兒童早期，孩子會區分朋友和非朋友 (Howes, 2009)，對於大多數幼兒來說，朋友是可以一起玩的人。小一點的學齡前幼兒則比年長的孩子更容易有不同性別和種族的朋友 (Howes, 2009)。

(四) 親子世界和同儕世界的連結

家長可能會以許多方式直接和間接地影響孩子的同儕關係 (Tilton-Weaver et al., 2013)。父母的影響是經由與孩子的互動、管理孩子的生活，以及提供給他們的機會 (Brown & Bakken, 2011)。例如，最近的一項研究發現，當母親教導學齡前的女兒，「關係攻擊行為」會造成同儕衝突的負面影響 (如透過操縱人際關係傷害某人)，女兒較不會從事關係攻擊行為 (Werner et al., 2014)。

家長在基本生活方式的選擇上——他們選擇的社區、教堂、學校和自己的朋友——大致決定了孩子選擇朋友的範圍。這些選擇影響了兒童，他們可遇見哪些兒童？他們互動的目的？以及最終是哪些孩子成為他們的朋友。

研究人員還發現，兒童的同儕關係和依附的安全性及父母婚姻的品質有關 (Booth-LaForce & Kerns, 2009)。生命初期對照顧者的依附不僅建立一個安全的基地，還影響他們敢於探索其他超越家庭關係的社會關係，並形成日後建立關係的工作基模 (Hartup, 2009)。

這些研究結果代表兒童的同儕關係和親子關係有關嗎？儘管親子關係影響子女的後續同伴關係，但兒童也透過與同儕的互動學習其他的關係模式。例如，粗魯和混亂的遊戲主要是發生在兒童之間，而不會是在親子互動間。在緊張的時候，孩子往往會求助於父母，而不是同儕的支持。在親子關係中，孩子學會該如何與權威人士接近。但是與同儕相處，孩子很可能會在更平等的基礎上進行相互影響的互動模式。更多細節請再參考第 10 章同伴關係，「兒童中後期的社會情緒發展」。

> 讓我們一起玩耍，因為現在還是白天，我們不能去睡覺；此外，天空中有小鳥飛翔，小山都布滿了羊。
>
> ——William Blake
> 19 世紀英國詩人

發展連結—社會文化認知理論
Vygotsky 強調，兒童發展他們的思維和理解方式主要是透過社會互動。(第 7 章)

二、玩遊戲

在兒童時期同儕互動廣泛而大量的玩遊戲，社會遊戲只是當中一種類型的遊戲。兒童玩遊戲只有一個目的——進行愉快的活動，它的功能和形式各不相同 (Hirsh-Pasek & Golinkoff, 2014)。

(一) 遊戲的功能

玩遊戲對幼兒的認知和社會情感發展都有重要貢獻 (Coplan &

Arbeau, 2009; Smith & Pellegrini, 2013)。學者研究遊戲各個層面，並提出許多的功能。

根據 Freud 和 Erikson 的理論 ，遊戲幫助兒童學習處理焦慮與衝突。因為緊張會在遊戲中釋放，而可以應付生活中的問題。遊戲也讓兒童有機會排除多餘的體力，並釋放被壓抑的緊張情緒。治療師會用遊戲治療，既能讓兒童排除挫折，還能讓他們分析衝突情況並加以應對。在遊戲治療中，兒童不覺得受到威脅，因此更容易表達自己的真實感受 (Yanof, 2013)。

遊戲也提供認知發展一個重要的情境 (Power, 2011)。無論 Piaget 還是 Vygotsky 都主張，遊戲是孩子的工作。Piaget (1962) 認為，遊戲推進兒童的認知發展。與此同時，他說，兒童的認知發展也限制了他們遊戲的方式。遊戲允許孩子在一個輕鬆、愉快的方式練習自己的能力和所需掌握的技能。Piaget 認為，認知結構需要予以重組，遊戲正好提供這項工作的理想場所。

學齡前班兒童扮演「超級英雄」。

Vygotsky (1962) 也認為，遊戲是讓認知能力發展的很好情境。他在象徵性和虛構的遊戲方面特別感興趣，當一個孩子用一根棍子替代一匹馬，並且乘坐棍子就好像它是一匹馬。對於年幼的孩子，假想情況是真實的。家長應該鼓勵這種假想的遊戲，因為它會促進孩子的認知能力的發展，特別是創造性思維。

Daniel Berlyne (1960) 描述遊戲令人興奮和愉快的本質，因為它滿足了我們探索的歷程。這個驅動力包括好奇心，以及接近一些新的或不尋常的事務的願望。透過提供兒童新穎性、複雜性、不確定性、驚喜及不協調的可能性，遊戲鼓勵探索行為。

最近，遊戲還被發現對語言和溝通能力的發展有其重要性 (Harris, Golinkoff, & Hirsh-Pasek, 2011; Hirsh-Pasek & Golinkoff, 2013)。語言和溝通能力可以透過討論，以及在遊戲中的角色分配及規則議定，幼兒練習不同的單詞和短語，因而得到加強。幼兒的識字能力也可以在這些類型的社會互動遊戲過程中受益。而且正如我們在第 7 章看到的，遊戲就是兒童中心幼兒園的中心焦點，並認為是兒童早期教育的一個重要面向 (Feeney, Moravcik, & Nolte, 2013; Henninger, 2013)。

> 和那個公園一起長大的我，小世界擴寬了，我學會了它的秘密和界限，因為我發現在樹林和叢林新的避難所：隱藏的家園和巢穴想像的眾人，對於牛仔和印第安人……我曾經消磨半個假日沿著彎曲和 Devon——面向海邊，希望金錶、羊的頭骨或者在一個瓶子的消息被潮流衝了上來。
>
> ——Dylan Thomas
> 20 世紀威爾士詩人

(二) 遊戲類型

當代對遊戲的觀點同時強調認知和社會性兩方面 (Hirsh-Pasek & Golinkoff, 2013)。現代最廣泛的研究類型是感覺運動遊戲、假裝 / 象徵性遊戲、社交遊戲、建構性遊戲和規則性遊戲 (Bergen, 1988)。

1. 感覺運動遊戲

感覺運動遊戲是幼兒的行為，他們透過行使其感覺運動基模獲得樂趣。感覺運動遊戲的開發遵循感覺運動思維，這是我們在第 5 章討論過的有關 Piaget 的描述。在生命的第一年的第二季，嬰幼兒從事探索性和有趣的視覺和運動協調。在約 9 個月時，嬰兒開始選擇新的探索和遊戲物件，特別是敏感的物體，如會發出噪音或反彈的玩具。

練習的遊戲牽涉行為的重複，當新的技術正在學，或者當身體或心智需要掌握和協調的技能正在發展，所需要的遊戲或運動。感覺運動遊戲雖然和練習的遊戲有關，但主要侷限在嬰兒時期；而整個生命歷程都可以從事練習的遊戲。在幼兒園裡，孩子經常從事練習的遊戲。

2. 假裝 / 象徵性遊戲

假裝 / 象徵性遊戲發生在當孩子將實體世界轉換成一個象徵符號時。在 9 至 30 個月齡之間，幼兒增加他們以象徵性手法利用物體，學會變換物件本來的目的。例如，學齡前幼兒會把桌子當成一輛汽車，並說：「我在修理車子。」而抓起桌子的一腳。

許多專家認為，學齡前幼兒假裝 / 象徵性遊戲的「黃金時代」就是戲劇性或社會戲劇遊戲性質的表現。這種虛構類型的遊戲經常出現在大約 18 個月，在 4 至 5 歲時達到高峰，然後逐漸下降。

一些兒童心理學家得出這樣的結論：裝扮遊戲是幼兒發展的重要里程碑，反映出他們認知能力的進步，特別是作為象徵性理解的指示。例如，Catherine Garvey (2000) 和 Angeline Lillard (2006) 強調，隱藏在幼兒的裝扮遊戲的文本敘述後面的能力：角色取替、社會角色的平衡、後設認知、區別現實與弄假成真的測試，以及眾多非自我中心的能力，都顯示幼兒的認知能力。在最近的一次分析中，幼兒能與同齡人分享他們的裝扮遊戲，這是一種重要的能力發展 (Coplan & Arbeau, 2009)。研究人員還發現，裝扮遊戲的貢獻主要是因為所需要的創造性，並與其他孩子合作，以及在社會戲劇遊戲敘事中的自我監督、自我調節和社會敏感性 (Diamond et al., 2007)。

3. 社交遊戲

社交遊戲包括與同齡人的社會性互動，學齡前幼兒社會遊戲急劇增加，因此對許多幼兒而言，社交遊戲主要是幼兒與同伴的社會互動 (Power, 2011)。

感覺運動遊戲 (sensorimotor play)
嬰幼兒從事的行為，讓他們得到行使其現有的感覺模式的樂趣。

練習的遊戲 (practice play)
遊戲牽涉行為的重複，當新的技術正在學習或者當身體或心智需要掌握和協調某種技能時所需要的遊戲或運動。

假裝 / 象徵性遊戲 (pretense/symbolic play)
發生在當兒童將實體世界轉換成一個象徵符號時。

社交遊戲 (social play)
牽涉到與同齡人的社會交往的遊戲。

4. 建構性遊戲

建構性遊戲結合了符號表徵的感覺運動遊戲 / 練習遊戲，當兒童從事自我調節建立產品或解決方案時發生。學齡前兒童建構性遊戲的增加，是因為象徵性遊戲的增加和感覺運動的發揮降低，這也成為在小學裡教室內外一個常見的遊戲形式。

5. 比賽 (規則性遊戲)

比賽是兒童為樂趣所從事的活動，並有特定規定，還牽涉到競爭。學齡前兒童可以開始參加社交遊戲，牽涉簡單互惠和輪流的規則。但是，規則性遊戲成為中小學生遊戲的主流 (例如桌遊)。在一項研究中，玩遊戲的發生率最高在 10 至 12 歲之間 (Eiferman, 1971)，12 歲以後，遊戲受歡迎的程度下降 (Bergen, 1988)。

(三) 遊戲發展趨勢

Kathy Hirsh-Pasek、Roberta Golinkoff 和 Dorothy Singer (Hirsh-Pasek et al., 2009; Singer, Golinkoff, & Hirsh-Pasek, 2006) 關注年幼孩子只有少量的時間自由遊戲，報告認為自由遊戲時間在近幾十年來大幅度下降。他們特別擔心年幼孩子的娛樂時間被限制在家裡和學校，好讓他們能夠花更多的時間在學術課程上。他們還指出，有很多學校已經取消休息，減少的自由遊戲時間也困擾著兒童。他們強調，在遊戲環境中學習是吸引住兒童心智的方法，可以增強他們的認知和社會情感發展。Singer、Golinkoff 和 Hirsh-Pasek (2006) 的第一本關於遊戲的書名是：《遊戲＝學習》(*Play = Learning*)。他們描述遊戲對認知的好處包括以下方面的技能：創造性、抽象思維、想像力、注意力、集中和持久性、問題解決、社會認知、同情和觀點採擇、語言及掌握新概念。在這些社會情緒的經驗和發展中，他們相信遊戲促進享受、放鬆和自我表達；合作、分享和輪流；減少焦慮和增加自信心等。隨著遊戲帶來這麼多正向的認知和社會情感的結果，證明它是非常重要的，我們應該讓幼兒有多點遊戲時間在生活上。

三、媒體/電視的時間

在二十世紀後半期，社會上很少有比電視對兒童發展有更大影響的事件 (Maloy et al., 2014)。電視繼續對兒童的發展產生巨大的影響，兒童還使用其他媒體和通訊設備，因此我們統稱為 3C 產品，包括電視、光碟、電腦、平板電腦、手機等，都占據兒童不少時間。其中電視仍是不可忽視的兒童媒體生活，2 至 4 歲的兒童每天看電視

建構性遊戲 (constructive play)
結合了符號表徵的感覺運動遊戲 / 練習遊戲。當孩子從事自我調節創建產品或解決方案時發生。

比賽 (games)
從事遊樂活動，包括規則和常是與一個或多個個人的競爭。

對於越來越多兒童花時間在3C 產品上，哪些是我們該顧慮的？

約 2 至 4 小時 (Roberts & Foehr, 2008)。然而，最近的一項研究顯示，2 至 4 歲的美國兒童 12% 每天使用電腦，22% 的 5 至 8 歲的孩子每天使用電腦 (Common Sense Media, 2011)。最近的一項建議指出，兒童在 2 至 4 歲的時候，看電視的時間應限制在每天不超過 1 小時以內 (Tremblay et al., 2012)。許多孩子花更多的時間使用不同的媒體，比他們與父母或同年齡夥伴互動的時間來得多。

某些類型的電視節目和兒童正向的發展成果有關。例如，最近的一項後設分析 14 個國家的研究發現，看電視節目《芝麻街》產生三個方面的正向成果：認知技能、了解這個世界、社會推理和對外態度 (Mares & Pan, 2013)。

然而，太多的電視時間會對孩子產生負面影響，使他們成為被動的學習者、寫作業分心、留有一些刻板印象、具有侵略暴力的參考模組，並帶來對世界不切實際的觀點。其他令人關切的問題，還包括年幼孩子有這麼多的電視時間，表示正在減少遊戲的時間、更少的時間與同年齡夥伴互動、體力活動減少、增加肥胖機會，甚至超重或過度肥胖，以及不良的睡眠習慣和較高的攻擊性。研究的結論是 4 至 6 歲花費在 3C 產品的時間越高，越可能增加肥胖症；並從幼兒園開始減少體能活動直到青春期 (te Velde et al., 2012)。另一項研究則發現，睡眠問題更常見於在下列兩種情形的 3 至 5 歲兒童：(1) 晚上 7 點後看電視；(2) 觀看電視節目暴力 (Garrison, Liekweg, & Christakis, 2011)。接下來，讓我們來仔細看看電視對兒童攻擊的影響。

1. 電視對兒童攻擊的影響

人們對兒童在電視前曝露於暴力和侵略的程度提高特別關注 (Matos, Ferreira, & Haase, 2013)。例如，週六早晨的卡通顯示平均每小時超過 25 個暴力行為。在一項實驗中，學齡前的兒童被隨機分為兩組之一：一組直接觀看星期六早上暴力卡通電視節目 11 天；第二組則觀看已移除所有暴力的電視卡通，然後觀察這兩組兒童在遊戲過程中的表現。可以發現，看暴力電視卡通的學齡前兒童表現出較多的腳踢和哭泣，並會推他們觀看非暴力電視卡通節目的另一組玩伴 (Steur, Applefield, & Smith, 1971)。因為兒童被隨機分配到兩個條件 (暴力與非暴力的電視卡通)，我們可以得出結論，在本次調查的孩子暴露在暴力電視下導致侵略性的增加。

其他的研究發現在兒童時觀看暴力影像和多年後會表現得相當激進有關。例如，在一項研究中，6 至 10 歲暴露在媒體暴力與成年早

台灣經驗

根據國立臺灣師範大學從2016年4月起建置為期8年的「幼兒發展調查資料庫」(Kids in Taiwan: National Longitudinal Study of Child Development & Care，簡稱KIT)(調查對象為3月齡及36月齡幼兒)，第一波調查結果顯示如下：

36月齡回收的1,133位樣本中，有462位(約41%)的孩子平均每天看電視的時間為1個小時以內，其中又以0.5小時至1小時最多，共有238位，占整體21%；而每天看電視的時間為1至2小時的有334位(約30%)；每天看電視的時間2小時以上的有333位(約29%)；都沒有看電視的僅占整體的4%，有50位。

36月齡幼兒除了電視之外，有78%(879位)的孩子平均每天接觸1小時以內的電子產品(例如：電腦、平板、手機)，其中又以接觸時間0.5小時以內為最多，約35%(393位)；都沒有接觸電子產品的約占整體的23%，有265位。

36月齡的1,133位幼兒中，平均每天看電視的時間以高社經地位家庭的幼兒間差異較大，平均每天看電視1小時內的最多，約49%(253位)；其次是1至2小時間的，約28%(143位)；2小時以上的最少，約23%(122位)；而低社經地位家庭及中社經地位家庭的幼兒，平均每天看電視的時間差異並不明顯。

而這1,133位的36月齡幼兒中，低/中/高社經地位家庭的幼兒平均每天使用電子產品的時間皆以1小時以內最多，各約85%、76%及67%；而平均每天使用電子產品時間2小時以上的，則以低社經地位家庭的比例最多，約15%(44位)。

期的攻擊行為有相關(Huesmann et al., 2003)。

除了電視暴力以外，有一個更加令人關切的問題是關於兒童玩暴力電玩，特別是那些高度逼真的電玩(Escobar-Chaves & Anderson, 2008)。研究結果得出的結論是，玩暴力電玩和之後的侵略性行為有相關，不管是男生還是女生(Gentile, 2011; Holtz & Appel, 2011)。

2. 電視對兒童的親社會行為影響

電視可以透過提供激勵的教育計畫對兒童的發展產生正面影響，提供有關超出周圍環境的世界訊息，並能顯示親社會行為模式(Maloy et al., 2014)。研究人員發現，當孩子在《芝麻街》電視節目看到正向的社會互動，隨後很可能會模仿這些正向的親社會行為(Bryant, 2007; Truglio & Kotler, 2014)。

複習・連結・反思

學習目標三　描述同儕的角色，以及玩遊戲、媒體 / 電視的時間在幼兒發展中的作用

複習重點

- 同儕如何影響兒童的發展？
- 什麼是遊戲的一些理論和類型？
- 電視如何影響幼兒的發展？

連結

- 在本章前面，你了解到 Laurie Kramer 的計畫用於教導兄弟姐妹社會技能發展的良性互動。你覺得她的建議是相關或不相關的對等關係？為什麼？

反思個人的人生旅程

- 你將為自己的孩子採取什麼樣的看電視準則？

與前瞻主題連結

中晚期的童年歲月為兒童的社會情緒發展帶來進一步的變化。自我理解和他人的理解發展變得更加複雜，感性的認識提高了，道德推理也進步了。幼兒現在花費較少的時間與家長在一起，但是家長繼續在幼兒們的生活上扮演非常重要的角色，特別是在指導學術成就和管理自己的機會上。幼兒在同儕關係中更重視對等的地位和友誼，也在學校呈現出較強的學業專注性。

達成本章學習目標

在兒童早期的社會情緒發展

壹、情緒與個性發展

學習目標一　探討幼兒的情緒和個性發展

- **自我**：在 Erikson 的理論，兒童早期的發展危機和解決主動性與內疚感的衝突有關。兒童早期的自我理解是身體各部位、生理特性和活動的總合，在約 4 至 5 歲時，他們也開始使用特質般的自我描述。幼兒表現出比以前更複雜的自我理解和理解他人。
- **情緒發展**：幼兒的情緒發展包括情緒表達、理解情緒和調節情緒。幼兒的情緒在兒童早期逐漸分化並擴增，他們越來越體驗到自我的情緒，如驕傲、羞愧和內疚。2 至 4 歲的幼兒使用越來越多的詞彙來描述情緒，並了解更多關於情緒的原因和後果。在 4 至 5 歲，幼兒表現出對情緒的理解與反應能力的增加，即一個單一事件可能引起不同的人有不同情緒。他們還逐漸意識到需要管理情緒，以滿足社會期待。情緒教導型父母的子女比情緒疏離型父母的子女能更有效的自我調節情緒。情緒調節在成功的同儕關係上具有重要功能。
- **道德發展**：道德發展牽涉到思想、感情，以及自我與他人互動的行為準則。Freud 的精神分析理論強調情感在超越自我——道德人格——上發展的重要性。正向的情緒，如同情，也有利於幼兒的道德發展。Piaget 分析道德推理，結論是大約 4 至 7 歲的幼兒在他律道德階段，根據其後果判斷行為；隨後，在 10 歲以上會發展自律道德。根據行為和社會認知理論，道

德行為發展是增強、懲罰和模仿的後果，且有很大的情境變異性。良心是指內心對與錯的標準，是道德思想、情感和行為的整合。幼兒的良心浮現出與父母的關係。家長透過親子關係的品質影響青少年兒童的道德發展，也透過積極主動地幫助孩子避免不當行為，與孩子進行道德問題會話式的對話也很有幫助。

- **性別**：性別是指男性或女性的社會和心理層面。大多數孩子在 2 歲半時取得性別標識。性別角色是一組的期望，規範女性或男性應該如何思考、行動和感覺。性別類型是指從傳統的男性或女性角色而來。性別發展主要受生物學影響，包括染色體和荷爾蒙。但是，生物學不能完全決定性別的發展；孩子的社會經驗非常有意義。社會角色理論、精神分析理論、社會認知理論都強調社會經驗在性別特性發展的各個層面之影響。父母影響孩子的性別發展，同年齡同儕特別善於獎勵與性別相關的行為。性別基模理論強調認知在性別發展中的作用。

貳、家庭

學習目標二　說明家庭如何影響幼兒的發展

- **教養**：有專制型、權威型、忽視型和放縱型四個主要教養方式。權威育兒是世界上使用最廣泛的方式，也和孩子的社會能力相關聯。然而，父母教養方式在種族間有差異，美國亞裔家庭的專制方式在某些方面可能有利於兒童。美國的父母廣泛使用體罰，但一些專家認為，有很多原因不應該使用在孩子身上。然而，目前在體罰對兒童的影響上仍有爭議，很少研究制定虐待和輕微體罰之間的區別。共同撫養對孩子的發展會產生正向影響。
- **兒童虐待**：兒童虐待可以是身體虐待、疏忽照顧兒童、性虐待和精神虐待的形式。兒童虐待讓孩子處於學業、情緒和社會問題的危險中。小時候曾被虐待的兒童，長大成人後也容易有一系列問題。
- **手足關係和出生順序**：兄弟姐妹彼此以正面和負面的方式進行互動。出生順序以某種方式影響個性，例如長子比晚出生的孩子更成人化且自我控制。獨生子女往往是成就導向。然而，出生順序本身並不是行為的一個很好的預測。
- **在社會變遷中家庭的變化**：在一般情況下，雙親全職工作並沒有被證明具有對兒童的負面影響。然而，父母的工作性質會影響他們的教養品質。離婚可能對兒童的情緒調節有負面影響，但也有一些原因讓早已感情不睦的父母因為自己的孩子的緣故而繼續相處在一起。如果父母離異仍能有和諧關係並實踐權威型教養，可以提高兒童的適應狀況。研究人員發現，在同性戀家庭長大的孩子和在異性戀家庭成長兒童之間的一些區別。文化對於家庭是有影響的。非洲裔和拉丁裔的孩子更有可能比美國白人的孩子生活在單親家庭且較大的家庭，並較可能有延伸的家族關係。低收入家庭獲得資源的機會低於高收入家庭，低社會經濟地位的父母會使用更多的家長權威，並使用更多的體罰；而高社會經濟地位父母更關注發展兒童的積極性和延遲滿足的能力。

參、同儕關係、玩遊戲和媒體 / 電視的時間

學習目標三　描述同儕的角色，以及玩遊戲、媒體 / 電視的時間在幼兒發展中的作用

- **同儕關係**：同儕是強而有力的社會性機制，提供關於家庭以外的世界訊息和比較的來源。在兒童早期，他們就開始區別朋友和非朋友，朋友經常被描述為一起玩的人。親子和同儕關係經常相連結，父母有很重要的影響，他們管理孩子的生活也限定了孩子交朋友的範圍，提供一個與同儕互動的機會。粗魯和混亂的遊戲主

要是發生在兒童同儕之間，而不是在親子互動。在緊張的時候，孩子往往求助於父母，而不是同伴的支持。

- **玩遊戲**：遊戲的功能，包括與同儕的連結、緊張的釋放、促進認知發展進步、探索世界，並提供安全的避風港。當代對遊戲的觀點同時強調認知和社會性各方面。現在最廣泛的研究兒童遊戲的類型是感覺運動遊戲、假裝 / 象徵性遊戲、社交遊戲、建構性遊戲和比賽。現今學者特別關心兒童花在自由遊戲及學校休息的時間減少。因為遊戲對兒童的認知和社會情感技能的發展是功能強大的正面環境，現在很重要的議題是，我們要找出更多的時間讓兒童的生活中有遊戲。
- **媒體 / 電視的時間**：年幼的兒童平均每天觀看 2 至 4 小時的電視，但專家建議只觀看 1 小時或更短。幼兒花越來越多的時間與其他媒體和通訊設備在一起，如電腦、光碟、電玩遊戲、平板電腦等，這已經導致待在螢光幕前很長的時間。花在螢光幕前的時間對兒童的發展可能會有負面影響 (例如使孩子陷入被動的學習，呈現具有侵略性的行為模式，減少與同儕在一起的時間和遊戲及體育活動的時間)，以及正面的影響 (如提供的親社會行為模式)。無論看電視暴力和玩暴力電玩都被認為與兒童的攻擊行為有關。在電視上觀看親社會行為可以教導孩子正向的社交技能。

第五部

兒童中後期

在兒童中後期，孩子們在不同的平面上，屬於一個世代及感覺自己的一切。這個時期是人類壽命的智慧，它比其他任何時期更具有想像力、更準備好去學習。孩子養成想要「做事情」的意識，不只是做而已，而且是要把事情做好，甚至完美。他們力求明白和理解。他們的智力和好奇心是了不起的。父母在生活中繼續成為重要的影響，但他們的成長也受到同儕及朋友的塑造。他們享受當下，不會想太多關於未來或過去。第五部包括：「兒童中後期的生理與認知發展」(第 9 章) 和「兒童中後期的社會情緒發展」(第 10 章)。

我們每前行一步，便會留下一些自己的幻象。

——約翰·蘭開斯特斯伯丁

19 世紀美國教育家

9 CHAPTER

兒童中後期的生理與認知發展

學習目標

1

壹、生理成長的變化及健康

學習目標一　描述兒童中後期的生理變化及健康狀況

包括：身體成長及變化、大腦、動作發展、運動、健康與疾病

2

貳、特殊兒童

學習目標二　確認特殊兒童的不同型態與教育議題

包括：特殊兒童的範圍、教育議題

3

參、認知的改變

學習目標三　解釋兒童中後期的認知變化

包括：Piaget 的認知發展理論、訊息處理、智力、極端的智力表現

4

肆、語言發展

學習目標四　討論兒童中後期的語言發展

包括：詞彙、語法和後設語言意識；閱讀；寫作；雙語和第二語言學習

以下內容來自就讀小學的一位女孩——Angie：

當我 8 歲時，體重是 125 磅。我所穿的衣服尺寸比十幾歲的女孩還要大。我厭惡自己的身材，同學總是不斷地嘲笑我。因為體重過重及身材走樣，上體育課時，我的臉會漲紅，而且感到呼吸困難：我忌妒那些可以運動自如，以及苗條的小孩。

我現在 9 歲，瘦了 30 磅。我比以前快樂且以自己為榮。我是如何減重的？母親說當時她下定決心，認為是該適可而止了，於是帶我去找專門協助兒童減重及控制體重的小兒科醫師。小兒科醫師向母親提供有關我的飲食，以及運動習慣的諮詢，接著要我們參加由他所建立的減重團體，參加對象為體重過重的小孩及他們的父母。我與母親每週參加一次減重團體，到目前為止已經持續 6 個月了。我不再吃速食，母親準備的餐點也更加健康了。我現在體重已經減輕了，所以運動對我來說再也不是一件困難的事，學校的同學不再取笑我了。母親也跟我一樣開心，因為自從她參與諮詢課程後也瘦了 15 磅。

並不是所有過重的小孩在減重上都跟 Angie 一樣有成功的經驗，事實上有關兒童過重及肥胖問題已為全美所關注。在本章中，我們將會探討有關兒童過重及肥胖的議題，包括造成肥胖的原因和影響。

預習

在兒童中後期的童年階段，孩子會長得更高、更重及更強壯，他們變得更依賴使用身體的技能，並且發展新的認知技巧。本章描述關於中後期童年階段的生理及認知發展。首先，我們將從生理發展開始。

壹 生理成長的變化及健康

學習目標一 描述兒童中後期的生理變化及健康狀況

身體成長及變化 | 大腦 | 動作發展 | 運動 | 健康與疾病

在兒童中後期，孩子的身體表徵持續進行改變，動作技巧持續的在進步。當孩子進入小學階段，他們更能掌控自己的身體，可以長時間坐著，並維持注意力。規律運動是孩子能健康成長和發展的重要關鍵。

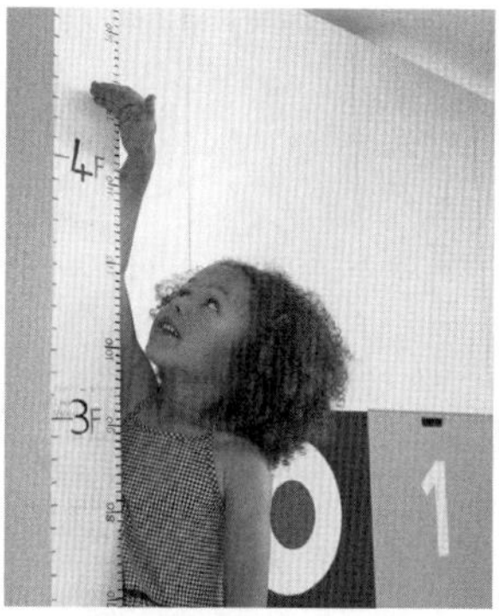

在兒童中後期階段，孩子生理成長的特色是什麼？

一、身體成長及變化

兒童中後期的成長是緩慢但持續的 (Burns et al., 2013)。在快速成長的青春期之前，這個階段的成長速度相對平緩。在小學階段，孩子在 11 歲之前每年平均長高 2 到 3 英寸，到 11 歲時，女孩平均身高為 4 英尺 10 英寸，男孩則是 4 英尺 9 英寸。在兒童中後期，孩子一年平均增加 5 到 7 磅。體重的增加主要是由於骨骼、肌肉系統及一些身體器官大小的增加。

在兒童中後期最明顯的生理變化就是身體比例的改變。頭圍及腰圍的減少與身高有關 (Kliegman et al., 2012)。這個階段還有一個比較不明顯的生理變化是骨頭持續骨化，該時期的骨頭比成熟的骨頭承受更多的壓力和拉扯。

二、大腦

大腦影像技術，像是核磁共振 (magnetic resonance imaging, MRI) 的發展，也使相關的研究增多，包括：兒童中後期時的大腦變化，以及大腦變化和認知發展的相關 (Diamond, 2013)。在兒童後期，大腦的體積已經穩定，但在各種構造及大腦區域仍不斷有顯著的變化。特別是在前額葉的大腦神經路徑和迴路，此為大腦訊息處理的最高階層，這樣的變化持續在兒童中後期發生 (見圖 9.1)。這些前額葉的發展與孩子的注意力、推理能力及認知控制的進步有關 (Markant & Thomas, 2013)。

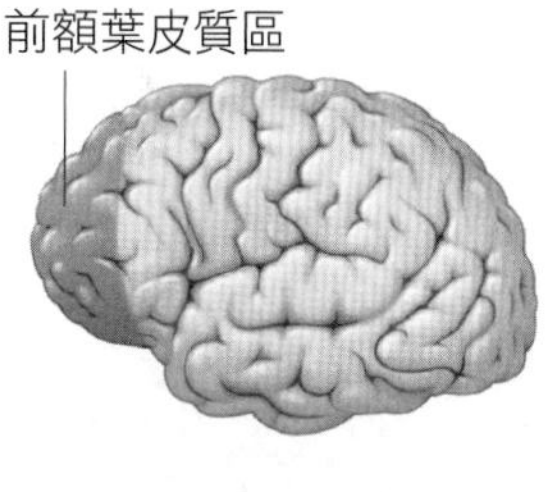

圖 9.1 前額葉皮質區。在兒童中後期的階段中，大腦神經路徑和迴路，包括前額葉皮質區，此處為最明顯發展的區域。認知處理過程與前額葉皮質區的變化有什麼連結？

Mark Johnson 是位在發展領域有領導地位的神經科學家，他與同事在 2009 年提出前額葉皮質區在發展階段可能扮演統整大腦其他區域功能的角色。由於前額葉皮質區是神經系統的領導角色，它在神經網絡中提供優勢，並且建立連結。從他們的觀點來看，前額葉皮質區在問題解決上會協調最佳的神經網絡。

在兒童中後期，生理變化同時也發生在大腦皮質的厚度 (Thomason & Thompson, 2011)。一項研究使用腦部掃描評估 5 到 11 歲兒童的大腦皮質厚度 (Sowell et al., 2004)。此研究觀察到在兩年的期間內，顳葉和額葉負責掌管語言功能的皮質區有增厚的現象，此部分同時也反映語言功能的進步，像是閱讀能力。在第 4 章的圖 4.4 可看到顳葉和額葉在大腦中的位置。

發展連結—大腦發展
突觸修剪對大腦的發展是一個重要的面向，而這些在大腦區域修剪的變化會貫串在孩子發展的過程中。(第 4 章)

隨著孩子的發展，部分大腦區域會更加活化，也會有一些區域變得不這麼活躍 (Diamond, 2013; Nelson, 2013; Raznahan et al., 2014)。其中活化的轉變為大腦各區域從原本瀰漫、大範圍的活化逐漸轉變成更聚焦、更小範圍的 (Turkeltaub et al., 2003)。這樣的轉變稱之為突觸修剪 (synaptic pruning)，此過程會將大腦未使用的突觸連結清除，另一方面會強化所使用的突觸連結。另一個研究中發現，在 7 到 30 歲的階段，前額葉皮質區較少發現有彌散的現象，並且該區域有較多活化的現象 (Durston et al., 2006)。

三、動作發展

在兒童中後期，小孩的動作技巧與兒童早期相比，更加流暢與協調。舉例來說，1,000 個 3 歲小孩之中，只有一個可以將網球打過球網，但是到了 10 到 11 歲，大部分的小孩都可以做到。跑步、登山、跳繩、游泳、騎腳踏車及溜冰，對小學生來說大多都能精通這些運動。通常男孩在涉及大肌肉群活動的粗大動作技巧會優於女生。

在兒童中後期，中樞神經系統突觸的增加也反映在精細動作技巧的進步，孩子可以更巧妙地運用雙手操作工具。6 歲大的小孩可以做出敲捶、黏貼、繫鞋帶及擰衣服的動作。到了 7 歲，孩子的手會變得更加穩定，相對於小時候使用的蠟筆，這時候偏好使用鉛筆來畫畫，字母顛倒的現象也減少了，畫畫的物件也變小了。在 8 到 10 歲的這個階段，雙手可以更加輕鬆、精確地獨立操作。這時期的精細動作協調發展中，孩子不僅會寫印刷體的字體，而且也會寫英文草寫字體。英文草寫字體變得較小且每個字母大小更為平均。在 10 到 12 歲的階段，孩子的手部操作技巧已經接近大人，他們可以掌握製作高品質手工藝品，或是演奏困難樂器所需要複雜、錯縱和快速的手部動作。女孩在精細動作技巧方面通常會優於男生。

四、運動

有什麼策略可以促進孩子運動呢？

美國兒童和青少年沒有獲得足夠的運動量 (Beets et al., 2014; Graber & Woods, 2013; Lumpkin, 2014)，雖然有許多研究結果都表示提升孩子的運動量是有正向成效的 (Graham, Holt/Hale, & Parker, 2013; Wuest & Fisette, 2015)。

越來越多的研究指出，運動對於孩子生理發展的重要性 (McCormack et al., 2014; Shin et al., 2014)。一個最近的研究顯示，有氧運動對於有胰島素阻抗 (insulin resistance) 及體脂肪超標的過重 / 肥胖小學生有正向成效 (Davis et al., 2012)。另一項研究則指出，高強度的阻力訓練課程可以減少小孩的體脂肪，並增加他們的肌肉力量 (Benson, Torode, & Fiatarone Singh, 2008)。另外一項研究是以膽固醇、腰圍及胰島素等數值作為評估，指出 9 歲兒童越常參與體能活動，得到代謝相關疾病的風險就會越低 (Parrett et al., 2011)。一項最近的文獻回顧研究發現，「只有飲食控制」與「飲食控制加上運動」兩種介入方式都能讓體重下降，並且改善代謝相關指標 (Ho et al., 2013)。然而，「飲食控制加上運動」的介入在高密度脂蛋白膽固醇、空腹血糖及空腹胰島素等數值會有更明顯的改善。此外，另一項文獻回顧研究也表示，一週 3 次，每次 60 分以上的運動計畫，就能夠有效降低收縮壓和舒張壓 (Garcia-Hermoso, Saavedra, & Escalante, 2013)。

發展連結—運動
專家建議學齡前兒童每天需要參與 2 小時的體能活動。(見第 8 章)

一項文獻回顧研究之結論表示，有氧運動與兒童的認知能力有高度相關 (Best, 2010)。研究人員發現，有氧運動有助於兒童的注意力、記憶力、目標導向的思考和行為，以及創造力 (Budde et al., 2008; Davis & Cooper, 2011; Davis et al., 2011; Hinkle, Tuckman, & Sampson, 1993; Kraftt et al., 2014; Monti, Hillman, & Cohen, 2012; Pesce et al., 2009)。一項 fMRI 研究以 8 到 11 歲體重過重的兒童為研究對象，由運動指導員每天帶領這些兒童參與有氧運動的課程，並持續 8 個月，結果發現，有氧運動可以有效改善神經迴路的效率與彈性，讓這些兒童有更好的認知表現 (Kraftt et al., 2014)。此外，最近一項研究也發現，中等強度的有氧運動有助於兒童認知抑制控制 (Drollette et al., 2014)。

家長和學校在孩子運動上扮演著重要的角色 (Gilbertson & Graves, 2014; Meyer et al., 2014)。成長過程中，規律運動的父母可以給小孩積極正向的模範 (Crawford et al., 2010)。另一項研究指出，母親比父親更會限制兒童乖乖坐好 (Edwardson & Gorely, 2010)。在此研究中也發現，父親會在體能活動對兒子造成影響，主要是透過體能活動的外顯行為模式，像是示範如何投籃。另外一項文獻回顧研究則發現，以學校為基礎的體能活動能夠成功改善孩子的體能狀況，以及降低體脂肪 (Kriemler et al., 2011)。

看螢幕的時間也和兒童活動量低與肥胖有關 (Saunders, 2014; Taverno Ross et al., 2013)。回想第 8 章中一項文獻回顧的研究，其結論表示，4 到 6 歲的小孩若長時間觀看螢幕會增加肥胖的狀況，而且這個影響會持續到青春期 (te Velde et al., 2012)。最近的研究也發現，無論是低或高活動量的兒童，觀看螢幕的時間越長，肥胖的風險也會越高 (Lane, Harrison, & Murphy, 2014)。

以下提供讓兒童運動的方法：

- 可以利用學校的運動器材，藉由志工引導，提供兒童體能活動相關課程。
- 改善學校的健康體適能活動。
- 鼓勵讓孩子舉辦他們感興趣的社區及學校活動。
- 鼓勵家庭多專注於體能相關活動，也鼓勵家長多多運動。

五、健康與疾病

在多數情況下，兒童中後期健康狀況是非常良好的。與兒童階段的其他時期和青少年階段相比，這個時期較少疾病和死亡，然而，仍然有許多孩子在這個時期有健康相關問題，因而影響到他們的發展。

(一) 意外和傷害

受傷是兒童中後期死亡的首要原因，在這個時期造成孩子重大傷害或是死亡的最常見原因為汽機車車禍，不論是身為行人或乘客 (Committee on Injury, Violence, and Poison Prevention, 2011)。針對於此，安全倡議者建議在汽車使用安全帶和兒童輔助座椅，可以大幅降低車禍受傷的嚴重度 (Theurer & Bhavsar, 2013)。舉例來說，一項最近的研究發現，針對 4 到 8 歲兒童，兒童輔助座椅可以減少 45% 因車禍造成嚴重傷害的風險 (Sauber-Schatz et al., 2014)。其他造成嚴重傷害的原因還包括自行車、滑板、溜冰及其他運動設備。

(二) 兒童體重過重問題

體重過重成為兒童日益普遍的健康問題 (Blake, Munoz, & Volpe, 2014; Schiff, 2015)。回想第 7 章有關「兒童早期的生理與認知發展」章節，過重的定義是由身體質量指數 (body mass index, BMI) 決定。

不只美國的兒童過重情形越來越嚴重 (Gordon-Larsen, Wang, & Popkin, 2014; Ma et al., 2014)，一項中國的研究也發現，一般肥胖和腹部肥胖的孩子在 1993 年到 2009 年期間顯著增加 (Liang et al., 2012)。此外，最近一項研究顯示，過重及肥胖的孩子相較於體重未過重者，有較高罹患高血壓的機率 (Dong et al., 2013)。

什麼是過重，以及肥胖兒童人數增加的關注議題？

(三) 兒童肥胖的成因

遺傳和環境情境與兒童階段的體重過重有關 (Gortmaker & Taveras, 2014; Thompson, Manore, & Vaughn, 2014; Wardlaw & Smith, 2015)。基因分析指出，遺傳是兒童過重的重要因素 (Llewellyn et al., 2014)，過重的父母往往有過重的小孩 (Pufal et al., 2012)。舉例來說，有一項研究發現，9 歲孩子過重的最高風險因子是父母體重過重 (Agras et al., 2004)。父母和孩子往往會有類似的體態、身高、體脂肪的組成，以及新陳代謝率 (Pereira-Lancha et al., 2012)。

影響孩子是否過重的環境因素，包括食物隨手可得 (特別是脂肪含量很高的食物)、節能設備、降低體能活動、父母的飲食習慣，以及父母是否監督孩子的飲食習慣、孩子吃飯時的情境，以及盯著螢幕的時間過長 (Hendrie et al., 2013; Turner et al., 2014)。最近一項有關體重過重和肥胖的兒童行為矯治研究表示，孩子看電視的時間會影響他們參與運動的程度 (Goldfield, 2012)，此研究的介入是增加孩子運動的時間，並減少看電視的時間。

(四) 體重過重的後遺症

近數十年間，過重孩子數量增加的情形引起大眾關注，因為過重會增加許多醫療及心理問題的風險 (Buttitta et al., 2014; Thompson, Manore, & Vaughn, 2014)。糖尿病、高血壓及血中膽固醇過高狀況常見於過重兒童 (Prendergast & Gidding, 2014)。一項文獻回顧研究的結論顯示，肥胖與兒童低自尊有關 (Gomes et al., 2011)。而在另一項研究中也發現，過重的孩子比正常體重的孩子較易受到同儕和家庭成員的嘲弄。

(五) 介入計畫

協助孩子減重的計畫通常會結合飲食、運動及行為塑造 (Rauner, Mess, & Woll, 2013)。減重介入計畫強調父母也要一同參與健康的生活型態，同時讓孩子吃更健康的食物，以及要他們參與更多的運動，這樣的減重介入計畫可以讓過重以及肥胖的兒童減重 (Lumpkin, 2014; Stovitz et al., 2014)。舉例來說，研究發現一項以結合兒童為中心的活動和父母為中心的飲食調整的介入計畫，能夠協助過重的兒童在兩年內有效減重 (Collins et al., 2011)。

(六) 心血管疾病

心血管疾病在兒童階段並不常見。然而，兒童階段的經驗和行為是成年時期是否罹患心血管疾病的重要因素 (Zhang, Zhang, & Xie, 2014)。許多小學兒童有一個或好幾個心血管疾病的危險因子，像是高血壓及肥胖 (Abdulle, Al-Junaibi, & Nagelkerke, 2014; Bell et al., 2013; Zhao et al., 2014)，上述研究發現肥胖兒童的血壓容易升高。另一項研究發現，有 75% 患有高血壓的孩童是未被診斷的 (Hansen, Gunn, & Kaelber, 2007)。Stamatakis 等人在 2013 年的研究發現，兒童階段每天看電視超過 2 小時會有較高的血壓。其他研究也發現孩童的 BMI 及腰圍數值超過標準，患有代謝症候群的危險就會較高，其他相關的因素包括肥胖、高血壓及第二型糖尿病，這些因素皆是孩童未來在成年階段罹患心血管疾病的危險因子 (Sun et al., 2008)。

(七) 癌症

在美國，癌症是 5 到 14 歲兒童的第二大死因，每 330 位兒童中就有 1 位在 19 歲之前罹患癌症。最近幾年兒童罹患癌症的發生率有些微增加的趨勢 (National Cancer Institute, 2014)。

兒童時期的癌症主要攻擊體內的白血球細胞 (白血病)、大腦、骨頭、淋巴系統、肌肉、腎臟及神經系統。所有種類的癌症皆會藉由異常細胞進行無法控制的增生 (Bleeker et al., 2014; Fabbri et al., 2012)。正如圖 9.2 指出，在兒童階段最常見的癌症為白血病，白血病是一種發生在骨髓中的癌症，造成不正常白血球細胞增生，因而排擠正常的細胞，造成孩童極容易瘀青和受到感染 (Alkayed, A1 Hmood, & Madanat, 2013)。

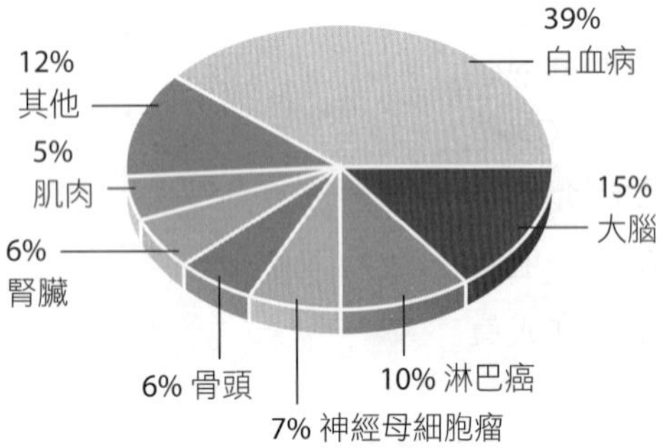

圖 9.2 兒童時期的癌症種類。兒童時期的癌症與成人的分布有所不同，其主要攻擊的器官為肺、結腸、胸部、前列腺及胰臟等。

隨著癌症治療技術的進步，罹癌孩童的存活時間也比過去長 (National Cancer Institute, 2014)。有將近 80% 罹患急性淋巴性白血病的孩童接受現今的化學治療 (Wayne, 2011)。

複習・連結・反思　學習目標一　描述兒童中後期的生理變化及健康狀況

複習重點

- 在兒童中後期的身體成長有哪些變化？
- 在兒童中後期的大腦發展有哪些特色？
- 在兒童中後期的孩子如何發展動作技巧？
- 運動在兒童的生活中扮演什麼角色？
- 在兒童中後期關於健康及疾病有哪些特質？

連結

- 在本節，學習到在兒童中後期，中樞神經系統的髓鞘化增加會促進孩子的精細動作技巧更為精熟。那麼在嬰兒階段及兒童早期發展階段髓鞘化的增加，又會連結到發展上的什麼進展呢？

反思個人的人生旅程

- 對讓孩子運動的方法之一就是讓他去從事一種體育活動 (sport)。當你像孩子一樣從事體育活動時，這樣的經驗是正向還是負向？你覺得像孩子一樣從事體育活動可能會讓你變成每天持續規律進行運動嗎？試解釋之。若是你沒有從事體育活動的習慣，你會希望有這樣的習慣嗎？試解釋之。

貳 特殊兒童

學習目標二 確認特殊兒童的不同型態與教育議題

特殊兒童的範圍

教育議題

在我們周圍有哪些特殊兒童？為他們所提供的特殊教育有哪些特色？

一、特殊兒童的範圍

在 2011 年到 2012 年間，3 到 21 歲美國孩童有 13% 的比例接受特殊教育或是其他相關服務，這個數字與 1980 年到 1981 年間相比，增加了 3% (Condition of Education, 2014)。圖 9.3 顯示在 2011 年到 2012 年的學年間，接受聯邦政府特殊教育相關服務最多的五個類別 (Condition of Education, 2014)。正如圖 9.3 所指出，學習障礙學生是接受特殊教育服務人數最多的族群，接著為語言障礙、智能障礙、自閉症及情緒障礙。這裡需要特別注意的是，美國教育部門將原有學習障礙的學生，與注意力缺陷過動症 (ADHD) 的學生一同列在「學習障礙」的範疇中，但在台灣是以 ADHD 學生所需要的教育需求為準，如果是在情緒方面可能被鑑定為情緒行為障礙，如在學習方面可能被鑑定為學習障礙，也有可能這個學生只有醫療需求 (例如按時服藥就沒有學校適應困難)，即不是特殊學生。

特殊學生障礙類別	占所有公立學校學生的百分比
學習障礙	4.7
語言或聽力缺損	2.8
智能障礙	0.9
自閉症	0.9
情緒障礙	0.8

圖 9.3 美國特殊兒童接受特殊教育服務之情形。圖 9.3 顯示在 2011 年到 2012 年的學期間接受聯邦政府相關服務的特殊學生中，主要接受服務的五大族群及百分比。學習障礙與過動症一同列為「學習障礙」的範疇中 (Condition of Education, 2014)。

(一) 學習障礙

美國政府在 1977 年建立關於學習障礙的定義，然後在 2004 年時對此定義做了些微的改變。以下為描述政府對孩童是否被歸類為學習障礙的定義。若兒童有**學習障礙**，可能會出現學習上的困難，包括語言理解、說話或是書寫文字的困難，這樣的困難可能會表現在聆聽、思考、閱讀、書寫及拼字，也可能表現在數學 (Jitendra & Montague,

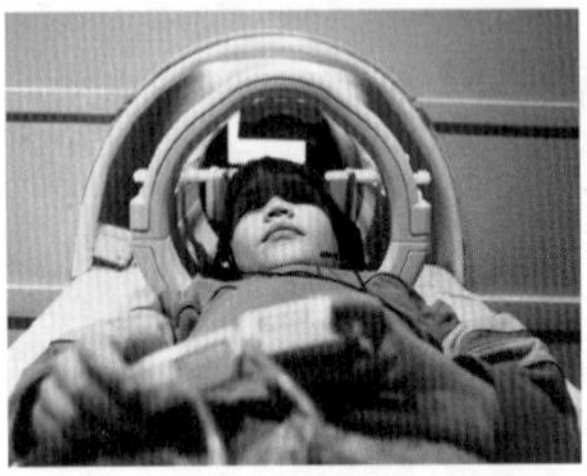

圖 9.4　腦部掃描和學習障礙。越來越多的研究是用核磁共振成像來檢查與學習障礙有關的大腦途徑。這裡展示的是 9 歲的 Patrick Price，他有閱讀障礙。Patrick 正在經歷一個透過屏幕掩飾核磁共振成像掃描儀，看起來就像小孩子喜歡的城堡。在掃描儀內部，兒童必須處於幾乎一動也不動的狀態，文字和符號閃現在屏幕上，他們被要求透過點擊不同的按鈕來加以識別。

學習障礙 (learning disability)
若兒童有學習障礙，難以使用口語或書寫語言，在算術上可能也會出現困難。為了要確認孩童是否為學習障礙，需要澄清這些學習上的困難主要不是因為視力、聽力、肢體障礙、智能障礙、情緒障礙、環境、文化及經濟狀況不佳等原因影響。

閱讀障礙 (dyslexia)
是指個人在他們的閱讀和拼寫能力上有嚴重困難。

書寫障礙 (dysgraphia)
是指有手寫困難。

數學障礙 (dyscalculia)
是指在形成數概念、基本運算上有困難。

注意力缺陷過動症 (attention deficit hyperactivity disorder, ADHD)
是一種疾病，兒童在一段時間內一直顯示一個或多個以下特徵：(1) 注意力不集中，(2) 過動，和 (3) 衝動。

2013)。為了要確認孩童是否是學習障礙，需要澄清上述這些學習困難主要不是因為視力、聽力、肢體障礙、智能障礙 (intellectual disability)、情緒障礙、環境、文化及經濟狀況不利等因素 (Swanson, 2014)。

被診斷為學習障礙的男生人數比女生多三倍。有關於性別差異的解釋，對於男童而言有更多的生物脆弱性及轉介的偏誤；也就是說，男童可能比較容易因為麻煩的問題行為而讓老師轉介到特殊教育相關治療。

大約 80% 的孩子有學習障礙的問題 (Shaywitz, Gruen, & Shaywitz, 2007)。學習障礙可分成三種類型：閱讀障礙、書寫障礙和數學障礙：

- **閱讀障礙**是指個人在他們的閱讀和拼寫能力上有嚴重困難 (Allor & Al Otaiba, 2013; Ramus, 2014)。
- **書寫障礙**是指有手寫困難 (Fischer-Baum & Rapp, 2014; Mason, Harris, & Graham, 2013)。有書寫障礙的兒童可能寫得很慢，他們的寫作產品可能幾乎難以辨認，因為他們無法配對聲音和字母，可能會有很多拼寫錯誤 (Hayes & Berninger, 2013)，或是無法完整自發性地寫出句子或作文。
- **數學障礙**是指在形成數概念、基本運算上有困難 (Bryant et al., 2013; Cowan & Powell, 2014)。

學習障礙的確切原因尚未確定 (Friend, 2014; Vaughn & Bos, 2015)。研究人員使用腦成像技術，如核磁共振 (magnetic resonance imaging, MRI)，以顯示大腦中可能和學習障礙有關的任何區域 (Shaywitz, Lyon, & Shaywitz, 2006) (見圖 9.4)。這項研究證明，學習障礙並不是存在於一個單一的、特定的大腦位置。更有可能的是，學習障礙是由於從多個腦區或腦結構和功能的細微損傷，所造成在整合訊息上的困難。對學習障礙的孩子給予適當的教育可以提高其閱讀能力 (Carlisle, Kenney, & Vereb, 2013; Templeton & Gehsmann, 2014)。由一個稱職的教師經過一段時間的密集指導可以幫助很多孩子 (Berninger & Dunn, 2012)。

(二) 注意力缺陷過動症

注意力缺陷過動症 (ADHD) 是一種疾病，兒童在一段時間內一直顯示一個或多個以下特徵：(1) 注意力不集中；(2) 過動；和 (3) 衝動。孩子們具有注意力不集中這種困難是跨情境的——在任何一件事情上。他們可能只需要幾分鐘，甚至幾秒鐘後，就會覺得任務是無聊的。或者會表現出大量的體力活動，幾乎一直在運動。兼有衝動的兒童是難以遏制他們的反應；他們不假思索、不考慮後果就開始行動。

許多 ADHD 兒童顯示衝動的行為，比如這個男孩伸手拉女孩的頭髮。如果你是一名教師，這件事發生在你的課堂上，你會如何處理這種情況？

被診斷為過動症的兒童其數量在近幾十年大幅上升。這種疾病在男孩比女孩多達四至九倍 (Friend, 2014)。關於過動症的診斷增加雖有爭論，一些專家認為，出現率增加的主要原因是因為大眾對這種疾病的認識提高，但也有人關注的是許多兒童被誤診 (Watson et al., 2014)。

最近一項對過動症誤診可能性的調查研究 (Bruchmiller, Margraf, & Schneider, 2012) 指出，兒童心理學家、精神病醫生和社會工作者對較好動、男性的兒童可能會產生月暈效應。專業人士過度診斷過動症將近 20%，且不論症狀所述為何，男孩被診斷為過動症可能為女孩的兩倍。

調整和最佳發展對 ADHD 兒童是困難的，使得準確診斷更形重要 (Bolea-Alamanac et al., 2014; Feldman & Reiff, 2014)。確診為過動症的兒童有輟學、少女懷孕、藥物濫用的問題，且反社會行為的風險增加 (Chang, Lichtenstein, & Larsson, 2012; Von Polier, Vioet, & Herpertz-Dahlmann, 2012)。

注意力缺陷過動症的確切病因還沒有被發現。然而，學者已經提出一些可能的原因 (American Academy of Pediatrics & Reiff, 2011)。有些孩子可能繼承父母的傾向發展過動症 (Lee & Song, 2014)。其他的 ADHD 兒童可能因為出生前或出生後發育過程中的腦損傷 (Lindblad & Hjern, 2010)。香菸和酒精暴露也有可能是早期過動症的原因，以及在胎兒發育期間較高的孕婦壓力和出生時是低體重 (Glover, 2014; Yochum et al., 2014)。例如，一項研究發現，孕期抽菸和 6 至 7 歲的兒童患有過動症有關 (Sciberras, Ukoumunne, & Efron, 2011)。

由於有對學習障礙、腦成像技術的發展，從而更能了解過動症 (Dunn & Kronenberger, 2013; Lawrence et al., 2013; Posner, Park, & Wang, 2014)。一項研究發現，ADHD 兒童的大腦皮質厚度峰值比無過動症兒童 (峰值在 7.5 歲) 晚 3 年發生 (10.5 歲) (Shaw et al., 2007)，他們在重視專注與規劃能力的大腦前額區域延遲成熟更為顯著 (見圖 9.5)。另一項研究也發現，ADHD 兒童的大腦額葉的發育遲緩可能是由於延遲或減少髓鞘化 (Nagel et al., 2011)。研究人員還正在探索各種神經傳導物質，如羥色胺 (serotonin) 和多巴胺 (dopamine)，可能在過

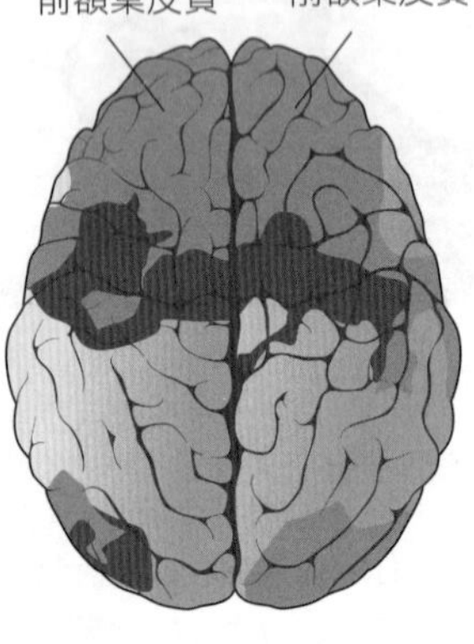

圖 9.5 ADHD 兒童的大腦的區域。注意：最大延遲發生在前額皮質。

動症中發揮的作用。

剛才所描述在大腦的發育延遲是和執行功能的區域有關。對 ADHD 兒童的研究越來越多的關注是他們在執行功能上的困難，如行為抑制、使用工作記憶，以及有效的規劃 (Dunn & Kronenberger, 2013; Langberg, Dvorsky, & Evans, 2013; Saarinen et al., 2014)。研究人員還發現，ADHD 兒童在心智理論的缺陷 (Buhler et al., 2011; Shuai, Chan, & Wang, 2011)。而研究也發現，ADHD 兒童有可能從事反社會行為 (Miller, Loya, & Hinshaw, 2013)。

對於 ADHD 兒童的藥物治療，有的人有效，有的人沒有那麼好的效果 (Wong & Stevens, 2012)，一項對 ADHD 治療的後設分析發現，行為管理策略亦能減少過動行為 (Fabiano et al., 2009)。較多的研究結論是同時併用藥物治療與行為管理策略，效果會優於單獨使用藥物治療或行為管理策略 (Parens & Johnston, 2009)。

最近，研究人員一直在探索神經回饋 (neurofeedback) 改善 ADHD 兒童的注意力的可能性 (Gevensleben et al., 2014; Maurizio et al., 2013; Steiner et al., 2014)。透過神經回饋訓練可以讓人更加了解自己的生理反應，而能更好控制自己的大腦前額葉皮層，其中主要發生在執行控制。研究發現，ADHD 兒童有較高的腦電圖 (electroencephalogram, EEG) 的異常，包括和注意力、記憶力有關及運動控制下感覺運動節奏低級 β 波。神經回饋產生這些腦電波的圖像聲音配上文件，使個人可以學習如何達到正常腦電圖運作。在最近的一項研究中，7 至 14 歲過動症患者隨機分派到接受 40 次神經回饋的治療，或利用 Ritalin 藥物治療。在治療 6 個月後，兩組都表現出較低的過動現象，但是只有神經回饋組表現出較好的學業 (Meisel et al., 2013)。

近日，正念訓練 (mindfulness training) 也已考慮應用到兒童和青少年過動症的治療上 (Cassone, 2014; Converse et al., 2014)。在最近的一項研究中，11 至 15 歲的青少年患有 ADHD 者給予 8 週正念訓練，發現他們的注意力提高，也較少有行為問題，但訓練 16 週後其影響已經減弱 (van de Weijer-Bergsma et al., 2012)。

專家也正在研究運動作為治療兒童過動症的可能性 (Berwid & Halperin, 2012)。最近的一項研究發現，中等強度的有氧運動，大約 20 分鐘的運動量就能改善神經認知功能和兒童過動症的抑制控制 (Pontifex et al., 2013)。為什麼運動可以減少過動症兒童的的症狀，原因包括 (1) 能更好地分配注意力資源；(2) 對前額葉皮質功能的正面影響；以及 (3) 運動引起的多巴胺釋放 (Chang et al., 2012)。

(三) 情緒行為障礙

大多數兒童在學校生涯中多少有一些情緒困擾。只有一小部分有嚴重的問題和持續很久，他們被歸類為具有情緒行為障礙。這些問題可能包括內向性疾病，如憂鬱症，或外向性疾病，如攻擊 (Kamphaus & Mays, 2014; Lane et al., 2013; Volpe & Chafouleas, 2014)。

情緒行為障礙的兒童具有包括在人際關係上的問題、攻擊、沮喪、對與個人或學校相關事務的恐懼，或其他不恰當的社會情感，並產生嚴重的、持續存在的適應問題 (Gueldner & Merrell, 2014; Jensen, Harward, & Bowen, 2014)。約有 8% 的孩子被鑑定為情緒行為障礙，亟需要一個個別化教育計畫來幫助他們。男孩有這些狀況可能是女孩的三倍。

發展連結—認知過程
正念訓練被用來提高學生的執行功能。(第 12 章)

發展連結—病症、疾病和失調
自閉症兒童在發展心智理論有困難，特別是在理解他人的信念和情感。(第 7 章)

(四) 自閉症

自閉症 (ASD)，有學者稱為自閉症光譜障礙或泛自閉症，範圍從低功能自閉症，到較輕微的高功能自閉症及亞斯伯格症候群。自閉症的特徵主要是在社會互動方面，也有語言和非語言溝通問題，以及重複的行為 (Hall, 2013; Wheeler, Mayton, & Carter, 2015; Wilcynski et al., 2014)。這些兒童也可以表現出非典型反應的感官過分敏感或過分不敏感。有些自閉症者兼有智能問題；而有些則智力正常，甚或資優 (Memari et al., 2012; Volkmar et al., 2014)。自閉症往往在幼年時就可以被檢測出來。

最近對自閉症的估計顯示，患者正在急劇增加 (或正在越來越多人被發現)。十年前一度被認為只有影響 2,500 分之一的兒童，在 2002 年，他們估計為 150 分之一 (Centers for Disease Control and Prevention, 2007)。然而，在 2008 年，最新的估計是 1 至 88 名兒童就有 1 個是自閉症 (Centers for Disease Control and Prevention, 2012)。在最近的調查顯示，自閉症中男孩多於女孩五倍。

亞斯伯格症候群是一種相對較輕症的自閉症，有較好的口頭語言表達能力、較輕微的非語言問題，和一個固執而狹窄的興趣範圍 (Soares & Patel, 2012)。亞斯伯格症候群的兒童經常在某一特定主題上具有強迫性的關注，並表現出重複性的行為。例如，非常迷戀棒球分數或 YouTube 上的特定頻道。

在 2013 年，美國精神病學協會公布其精神疾病分類的新版

情緒行為障礙 (emotional and behavioral disorders, EBD)
涉及具有包括在人際關係上的問題、攻擊、沮喪、對與個人或學校相關事務的恐懼，或其他不恰當的社會情感，並產生嚴重的、持續存在的適應問題。

自閉症 (autism spectrum disorder, ASD)
自閉症光譜障礙或泛自閉症，範圍從低功能自閉症，到較輕微的高功能自閉症及亞斯伯格症候群。特徵主要是在社會互動方面，也有語言和非語言溝通問題，以及重複的行為。

亞斯伯格症候群 (Asperger syndrome)
是一種相對較輕微的自閉症光譜系列障礙中的孩子，有較好的口頭語言表達能力、較輕微的非語言問題，和一個固執而狹窄的興趣範圍。

(DSM-V)。在新的分類中，自閉症和亞斯伯格症等幾個自閉症子群都已被納入自閉症光譜系列中 (Autism Research Institute, 2013)。但批評者認為，提出自閉症光譜系列障礙的傘狀分類掩蓋自閉症子群的異質性 (Lai et al., 2013)。

什麼原因導致自閉症？目前的共識是，這是一種大腦功能的障礙，特徵是腦結構和神經傳導物質的異常 (Catarino et al., 2013; Doll & Broadie, 2014)。最近研究興趣集中在缺乏大腦區域之間的連結是關鍵因素 (Just et al., 2012; Verly et al., 2014)。

遺傳因素也有可能在自閉症的發展中發揮作用 (Nijmeijer et al., 2014; Rutter & Thapar, 2014)。一項研究發現，基因突變——16 號染色體缺失或重複的 DNA 片段，可以提高兒童發展成自閉症的風險 100 倍 (Weiss et al., 2008)，但沒有任何證據證明家庭社會化因素會造成自閉症。

在自閉症群體中，男孩是女孩的五倍 (Centers for Disease Control and Prevention, 2012)。要解釋這個現象，Simon Baron-Cohen (2008, 2011) 認為，自閉症反映一個極端的男性大腦，特別是在男性展現同情和閱讀比女孩的面部表情與手勢效果較差的能力。在試圖改進 4 至 8 歲的自閉症男孩這些技能時，Baron-Cohen 和他的同事 (2007) 製作一些動畫的 DVD，場景是在一個男孩的臥室，將一些不同的面部表情放在玩具火車和牽引機。(請利用 www.thetransporters.com 網站看一些面部表情動畫。) 自閉症兒童在每週日觀看動畫 15 分鐘，一個月之後，他們解讀在不同環境中的真實面孔情緒表達的能力與一般孩子無異。

結構良好的課堂、個別化教學和小班教學對自閉症兒童都有幫助 (Simmons, Lanter, & Lyons, 2014)。行為改變技術有時也能有效幫助自閉症孩子學習 (Iovannone, 2013; Koehler-Platten et al., 2013; Odom et al., 2014)。

二、教育議題

直到 1970 年代為止，美國的大多數公立學校不是拒絕特殊兒童入學，就是未充分地為他們服務。但在 1975 年發生了改變，當 94-142 公法「對所有特殊兒童的教育法案」(All Handicapped Children Act) 通過，要求給予所有特殊學生免費適當的公共教育。1990 年，94-142 公法被改寫為「身心障礙者教育法 (Individuals with Disabilities

Education Act, IDEA)」，到了 1997 年修訂後於 2004 年，並改名為「身心障礙者教育促進法」(Disabilities Education Improvement Act)。

IDEA 闡明了為各類特殊兒童提供服務 (Kirk, Gallagher, & Coleman, 2015; Turnbull et al., 2013)。這些服務包括評估和資格認定，適當的教育與個別化教育計畫 (Individualized Education Plan, IEP)，以及在最少限制的環境 (least restrictive environment, LRE) 下接受教育 (Hallahan, Kauffman, & Pullen, 2015)。

個別化教育計畫 (IEP) 是一份書面聲明，闡述一個專門為特殊學生量身訂製的教學及服務內容。**最少限制的環境**是一個盡可能和普通兒童受教環境相似的安置。此一規定的概念成為後續法律的基礎，努力在普通教室教育特殊兒童，而**融合教育**更進一步強調落實讓有特殊需求教育的孩子全日留在普通教室與普通孩子一起學習 (Friend & Bursuck, 2015; Vaughn, Bos, & Shumm, 2014)。根據 2011 年到 2012 年的評估，61% 的美國特殊學生一天中在學校的時間有超過 80% 是在一般的教室，這是 1990 年到 1991 年以來有數據蒐集的最高比例的一年 (Condition of Education, 2014)，在 1990 年到 1991 年特殊學生在學校一天只有 33% 的時間留在一般教室。

關於特殊兒童在法律上的許多變化已經產生許多非常正向的成果 (Smith & Tyler, 2014)。與幾十年前相比，今天更多的孩子正在接受合乎他的特殊需求專業服務。對許多兒童而言，在普通教室有調整或補充的服務是適當的 (Friend & Bursuck, 2015)。然而，一些特殊教育的權威專家認為，在某些情況下，努力教育特殊兒童在普通學校變得過於極端。例如，James Kauffman 和他的同事 (Kauffman, McGee, & Brigham, 2004) 指出，納入在常規課堂上課往往意味著要做更多的調適，並不是有利於所有特殊兒童。他們並不主張全面融入，但允許有選擇性的，如在正規課堂之外加上一個更為個人化的特殊教育。Kauffman 和他的同事 (2004, p. 620) 承認，特殊兒童「確實需要受過專門訓練的專業人士服務」和「有時真的需要改變課程或改編教材，使學習成為可能。」然而，他們相信，「當我們假裝他們與一般學生沒有什麼不同時，我們只是暫時接受特殊學生。如果我們預期他們一定不需額外的努力，也不接受他們可以用不同的方式就學會一些事情，我們還是犯著同樣的錯誤。」像普通教育之於特殊學生，特殊教育應挑戰特殊學生「成為所有他們可以成為的人。」

個別化教育計畫 (individualized education plan, IEP)
是一份書面聲明，闡述一個專門為特殊學生量身訂製的教學及服務內容。

最少限制的環境 (least restrictive environment, LRE)
是一個盡可能和普通兒童受教環境相似的安置。

融合教育 (inclusion)
一個有特殊需求教育的孩子能全日留在普通教室與普通孩子一起學習。

台灣經驗

台灣在民國 73 年 (1984 年) 第一次頒布「特殊教育法」，民國 86 年 (1997 年) 第一次修訂「特殊教育法」，正式確定了特殊教育義務化 (向下延伸至三歲)，並明訂為每一個特殊學生擬定個別化教育計畫 (Individualized Education Plan, IEP)，也揭櫫以最少限制的環境為安置原則。民國 98 年 (2009 年) 再次修訂「特殊教育法」，將服務年齡向下延伸至兩歲，向上擴及至大專校院。我國的「特殊教育法」也是世界少有的將資優學生與身障學生並列為特殊需求學生。至於占身障學生數前三名的障礙類別，請見下表統計。

2017 學年度就讀小學至大學身心障礙學生數前三名 (單位：人)

	人數最多		人數次多		人數第三多		全部身障生 / 全部學生 = 出現率
中小學	學障	24,685	智障	17,040	自閉症	9,302	67,666/1,861,086 = 3.6%
高中	學障	8,086	智障	7,793	自閉症	3,250	25,053/694,025 = 3.6%
大學	學障	3,276	自閉症	1,881	肢障	1,798	13,083/1,040,451 = 1.2%

* 大學智障人數為 1,159。

複習・連結・反思　學習目標二　確認特殊兒童的不同型態與教育議題

複習重點

- 何謂特殊兒童？
- 學習障礙兒童有什麼特點？
- 你會如何描述注意力缺陷過動症兒童？
- 什麼是自閉症？是什麼原因導致他們成為自閉症者？他們有何特徵？
- 什麼是特殊兒童教育的一些議題？

連結

- 在第 5 章和第 7 章中，你學習嬰兒與幼兒的注意力發展。ADHD 和嬰兒時期、兒童早期的注意力困難有何關聯？

反思個人的人生旅程

- 想想你自己的學校教育，有沒有遇過學習障礙或過動症兒童 (無論是否被確診)？你當時知道他們的處境嗎？他們有專家協助嗎？如果你認識學習障礙或 ADHD (一個或多個人)，詢問他們的教育經驗，以及他們是否認為學校可以做幫助他們更好的工作。

參　認知的改變

學習目標三　解釋兒童中後期的認知變化

Piaget 的認知發展理論　訊息處理　智力　極端的智力表現

兒童中後期進入認知發展的新階段嗎？兒童在這一段時間如何處理訊息？兒童智力的本質是什麼？讓我們來探討一些這些問題的答案。

發展連結—中央定位
將注意力集中在一個物體的某一部分而忽略全體和其他部分，通常存在於還沒有保留概念的兒童身上，但自閉症兒童也常會有如此的思考模式。(第 7 章)

一、Piaget 的認知發展理論

根據 Piaget (1952) 的理論，學齡前兒童的思想是屬於前運思期。學齡前兒童可以形成穩定的概念，且他們開始推理，可惜因為自我中心的限制，而使得他們的想法仍有瑕疵。但正如我們在第 7 章中討論過的，Piaget 可能低估了學前兒童的認知能力。一些研究人員認為，在適當的條件下，年幼的孩子可能會顯示出能力是在 Piaget 認知發展的下一階段——具體操作運思的階段特徵。在這裡，我們將介紹具體運思期的特點，並評估 Piaget 這個階段的的思考模型。

一個優秀的教師指導學生科學和數學的邏輯是重要的文化體驗，促進運作的發展思想。也許 Piaget 低估了文化和教育在兒童認知發展中的作用？

(一) 具體運思期

Piaget 提出的*具體運思期階段*從 7 歲一直持續到 11 歲。在這個階段，孩子可以執行具體的運思，並可在特定的或具體的例子上進行邏輯推理。請記得，相對於*具體操作期*，進入*運思期*代表可以作可逆的心智思考，而具體的運思是指應用於實際、具體的對象上的運思。

在第 7 章描述的保留概念的任務，就是在測試孩子是否能夠具體運思。例如，回想一下，在一個涉及物質守恆的任務中，呈現給孩子兩個相同大小、可任意變化外型的黏土球。

實驗者把一個球推成又長又細的形狀；另一個則保持其原始的球的形狀，然後問兒童：哪一個黏土多？當兒童 7 或 8 歲時，大多數能回答粘土的量是相同的。要正確地回答這個問題，兒童要能想像黏土回滾成原來的球狀。這種類型的想像涉及一個真實的、具體的對象的可逆思考。具體運思讓孩子可以同時考慮幾個特點，而不是只著眼於一個對象的單一屬性。在黏土例子中，前運思期的孩子很可能把重點放在高度或寬度，而具體運思期的孩子會整合這兩方面的訊息。

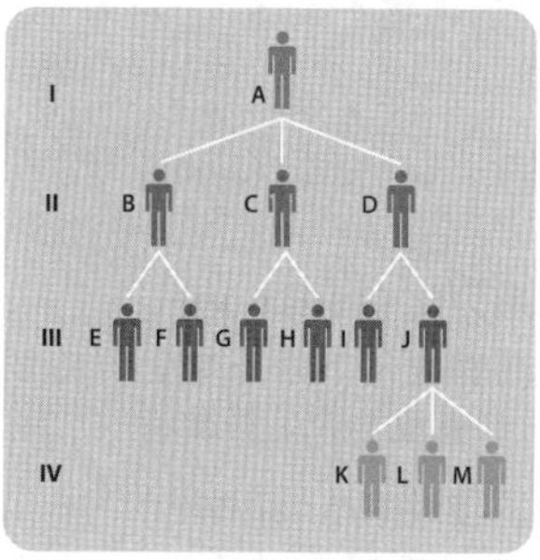

圖 9.6 分類：具體運思期思想的重要能力證明。四代的家譜 (I 至 IV)：在前運思期的幼兒對四代成員進行分類有困難，而具體運思期的兒童可以對成員進行垂直、橫向、斜向 (上下交叉) 分類。例如在具體運思期的孩子明白，家庭成員可以同時是一個兒子、兄弟和父親。

還有哪些思考特點代表兒童已經達到了具體運思階段？其中一個重要的技巧就是進行分類或將東西分到不同的組或子集合中，並考慮其相互關聯的能力。例如在考慮四代家譜時，如圖 9.6 所顯示 (Furth & Wachs, 1975)。該家譜表明，祖父 (A) 有三個孩子 (B、C 和 D)，每個人有兩個孩子 (E 至 J)，而這些孩子中的一個 (J) 有三個孩子 (K、L 和 M)。一個小孩領悟分類系統可以在系統內上下移動，其中任何一個個體都有其向上、向下和平行的相對關係。例如具體運思期的孩子明白，J 可以在同一時間成為父親、兄弟和孫子。

已經達到具體運思期階段的兒童也能夠**系列化**，這是可以將刺激物沿著定量尺寸 (如長度) 排序的能力。要查看學生是否可以序列化，老師可能隨意放置 8 支不同長度的棍子在桌子上，然後要求學生按長度排序棍子。許多更小的幼兒會排出兩個或三個小團體的「大」支或「小」支，而不是全部八支的正確順序。他們用另一種錯誤的策略是均勻地排序棍子的頂部，但忽略了底部。具體運思期的思考者可以同時了解到，每個棒必須比它前面短和比它後面長。

推理物體之間的關係的另一個面向是**遞移性**，這是將物體間的關係加以邏輯性地合併，以理解最後結論的能力。例如有三根不同長度的棍子 (A、B 和 C)。A 是最長的，B 是次長的，C 是最短的。孩子是否明白，如果 A 長於 B 且 B 長於 C，則 A 長於 C ？在 Piaget 的理論，具體運思期的思考者做得到，而前運思期的幼兒尚無法達到。

(二) 評估 Piaget 的具體運思階段認知

Piaget 對具體運思期孩子的理論模式是否經得起研究的考驗？根據 Piaget 的說法，一個階段的各個方面應出現在同一時間。事實上，一些具體運思能力不會同步出現。例如兒童無法同時學會保留和交叉分類。

此外，教育和文化對兒童發展所產生的強大影響，並不在 Piaget 的考慮中 (Morrison, 2015)。一些前運思期的兒童可以經由訓練進行具體運思階段的推理，而在那個年齡的兒童獲得保留概念，和他們的文化體驗提供這些技能有關。

因此，雖然 Piaget 是發展心理學領域的巨人，但是他的關於具體運思階段的結論受到質疑。在第 11 章，文獻回顧的最後階段，在他的認知發展理論之後，我們將進一步評估 Piaget 的貢獻，並檢視對他的理論的各種批評。

新 Piaget 學派認為 Piaget 發現一些正確的事實，但他的理論需要相當大的修訂。他們更加重視兒童如何使用注意、記憶和策略來處理訊息 (Case & Mueller, 2001)。他們特別認為，對兒童的思考更準確的描述，需要注意兒童使用的策略、兒童處理訊息的速度。表現在具體的任務上，如何將問題的解決過程劃分成更小、更精確的步驟 (Morra et al., 2008)。這些問題解決透過訊息處理方法，以及在本章後面會討論的一些情形。

> 我們應該感謝 Piaget 的認知發展論形塑了現在我們對發展中的兒童在認知領域發展的樣貌，他們是主動而創造的，在環境中建立有序的認知結構而慢慢達到心智的成熟。
>
> ——John Flavell
> 史丹佛大學當代發展心理學家

系列化 (seriation)
具體運思下沿著定量的尺寸 (如長度) 排序刺激物。

遞移性 (transitivity)
從邏輯關係結合起來的能力，以理解最後結論。

新 Piaget 學派 (neo-Piagetians)
有些發展學者認為 Piaget 發現一些正確的事實，但他的理論需要相當大的修訂。他們更加重視兒童如何使用注意、記憶和策略來處理訊息。

二、訊息處理

如果不用階段性來描述兒童的認知發展，另一個方向則是研究，孩子在兒童中後期時如何處理訊息？在這些年裡，大多數兒童已大幅提高其維持和控制注意力的能力 (Siegler, 2012)。正如我們在第 7 章中討論過，他們更注重與任務相關的刺激，而不是顯著的刺激。他們在兒童中後期，訊息處理的其他變化包括記憶、思考、後設認知和執行功能 (Bauer & Zelazo, 2013; Cowan, 2014; Friedman, 2014)。

長期記憶 (long-term memory)
相對於永久型記憶，是用來保存很長一段時間大量的訊息。

工作記憶 (working memory)
在腦海中的「工作台」，當個人在說出、做出決策、解決問題時即須進行操作和蒐集訊息。

(一) 記憶

在第 7 章中，我們得出的結論是短期記憶在兒童早期顯著增加直到 7 歲。**長期記憶**相對於永久記憶體 (permanent memory) 和無限類型的記憶 (unlimited memory)，在兒童中後期隨年齡增長而增加。在某種程度上，提升記憶意味著兒童增加知識和提高策略的使用。請記住，不要將記憶視為在兒童腦海添加東西，而是看重兒童如何積極建構自己的記憶 (Bjorklund, 2013; Cohen, 2012; Willoughby et al., 2012)。

1. 工作記憶

短期記憶就像一個倉庫貨架被動的用來儲存訊息，直到它被轉移到長期記憶。Alan Baddeley (1990, 2001, 2007, 2010, 2012) 定義**工作記憶**是一種心理的「工作台」，當個人在說話、做出決策、解決問題或理解書中意義時，就要操作和蒐集訊息 (見圖 9.7)。工作記憶比短期記憶更積極在修改訊息以便於使用，例如當你由一個想法連接到另一個時，工作記憶便將訊息透過心智來工作或更新。

請注意圖 9.7 顯示工作記憶的一個關鍵組成部分是中央執行 (central executive)，它負責監視和控制訊息的流通。中央執行機制特別是作用在選擇性注意力與抑制、規劃和決策，以及故障排除。回憶第 7 章，我們對執行功能的描述，包括一些較高級

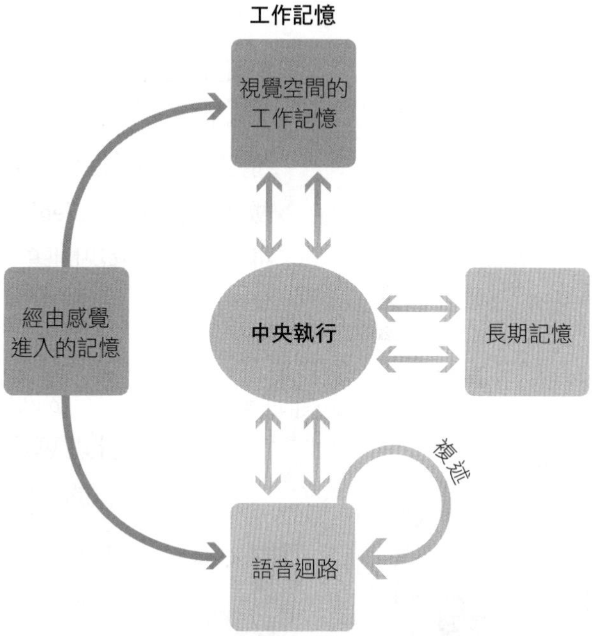

圖 9.7 工作記憶。在 Baddeley 的工作記憶模型中，工作記憶就像一個進行大量訊息處理的心理工作台。工作記憶的三個主要組成部分是由語音迴路和視覺空間工作記憶幫助中央執行展開工作。有兩條輸入路徑：其一從感覺記憶進入到語音迴路，其中有關語音訊息被儲存和複習；其二則到達視覺空間工作記憶，其中的視覺和空間訊息被儲存和圖像化。工作記憶是一個有限容量系統，訊息被儲存在那裡只有很短的時間。與長期記憶工作記憶進行交互作用，利用從長期記憶中工作的訊息和發送訊息到長期記憶，以便能儲存得更久。

的認知過程的一個傘狀概念。其中的一個認知過程是工作記憶，尤其是它的中央執行層面。

工作記憶和兒童發展的許多方面有關 (Cowan, 2014; Myatchin & Lagae, 2013; Reznick, 2014)。下面的研究說明工作記憶對兒童的認知和語言發展的重要性：

- 最近的一項研究發現，有學習障礙的孩子在閱讀和數學上有工作記憶缺陷 (Peng & Fuchs, 2014)。
- 在 9 到 10 歲的工作記憶容量能預測兩年後在 11 至 12 歲的外語理解能力 (Andersson, 2010)。
- 工作記憶容量能預測四年級的兒童在再測清單上忘記多少項目 (Aslan, Zellner, & Bauml, 2010)。
- 對 9 至 11 歲兒童進行電腦化的工作記憶介入能提高他們的閱讀能力 (Loosli et al., 2012)。

2. 知識和專業技能

很多研究比較專家和新手的知識在記憶中的作用。專家獲得關於特定內容區域廣泛的知識，這方面的知識會影響他們發現、組織、表徵和解釋訊息 (Siegler, 2013)。這些方面反過來又影響他們的記憶、推理能力和解決問題。當個體擁有某個特定主題的專業知識越多時，他們與這一主題有關的記憶也往往會更好 (Staszewski, 2013)。

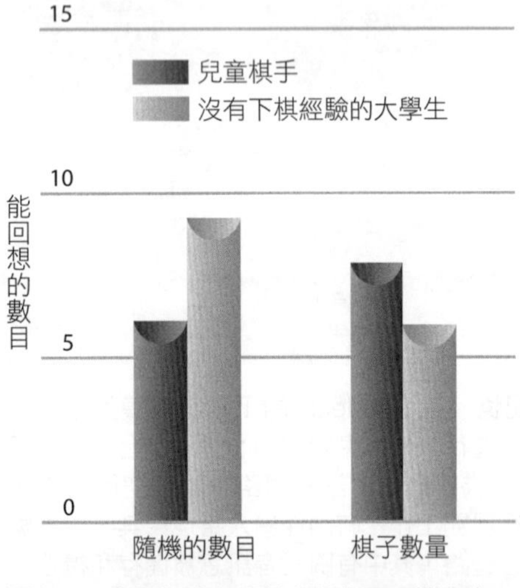

圖 9.8　專門知識在記憶力的作用。請注意，當 10 至 11 歲的兒童和在校大學生被要求記住隨機數字串時，大學生表現較佳。然而，10 至 11 歲的棋手 (「專家」) 比沒有下棋經驗的大學生 (「新手」) 有較好的棋子在棋盤上的位置記憶 (Chi, 1978)。

例如一項研究發現，一個 10 和 11 歲棋手 (「專家」) 比非專業棋手 (「新手」) 大學生更能記住棋子在棋盤位置的詳細訊息 (Chi, 1978) (見圖 9.8)。相反地，對於其他刺激的記憶，大學生就優於小學生；也就是說，這些在下棋上是專家的小學生，也只能在下棋這件事上勝過大學生。

專家知識也會隨年齡成長而變化 (Blair & Somerville, 2009; Ericsson, 2014)，如以同樣專家棋手而言，年齡大者比年幼者可以記得更多。

(二) 自傳式記憶

所謂自傳式記憶 (autobiographic memory)，指的是個人相關的過去經驗或事件的記憶。回想在第 7 章，我們討論了自傳式記憶，它涉及顯著的事件和經歷的生活記憶。它屬於情節式記憶 (episodic memory)，但包含更多自我經驗的涉入；同時也夾雜事實性的語意記憶 (semantic memory)。例如誰是你一年級的老師，他或她喜歡什麼？你小時候最創傷性事件是什麼？

隨著孩子經歷兒童中後期，一直到青春期，他們的自傳敘述更擴大和更加詳盡 (Bauer, 2013; Bauer & Fivush, 2014; DeMarie & Lopez, 2014; Pathman & St. Jacques, 2014)。研究人員發現，兒童發展出更多詳細的、條理分明的和帶著評價的自傳回憶，當他們的母親以更精密與評論的方式勾起他們的回憶時 (Fivush, 2010)。

文化影響著孩子的自傳式記憶。美國的兒童，特別是美國女孩，比來自中國和韓國的孩子能產生更長、更細、更具體及更個人的自傳式敘述 (Bauer, 2013)。對過去的事件，美國母親和孩子對話時，有更仔細的、多集中在與孩子個人有關的事件；而韓國的母親和孩子較少談論過去。可能美國孩子詳盡的敘述有助於研究人員發現美國成年人中較早先的回憶 (Han, Leichtman, & Wang, 1998)。

1. 策略

我們對長期記憶的認知，就是當他們在學習和記憶訊息時，長期記憶依賴個人參與的學習活動 (Friedman, 2014)。一個重要的學習活動和**策略**有關，其中包括有意圖的心智活動以提高訊息的處理。例如，組織就是年齡較大的兒童、青少年和成人會使用，以更有效地記住訊息一個策略。策略不會自動發生，需要努力和練習。

以下是一些有效的策略，成年人試圖提高孩子的記憶技能時可以使用的：

- 建議孩子將他們必須記住的訊息精密化 (elaboration)。**精密化**就是一項更廣泛的處理訊息的策略。當個人設法使訊息精密化，他們的記憶就會更好 (Schneider, 2011)。想一些例子和相關訊息，以一個人的自我經驗是很好的方式來精密化訊息，形成個人關聯的訊息，使訊息更加有意義來幫助孩子記住它。例如，如果「贏」是列表上孩子被要求記住的單字，孩子可能會想到他最後一次贏得自行車賽和一個朋友。
- 鼓勵孩子產生心理意像 (mental imagery)。心像可以幫助年幼的學生記住圖片。但是，對於記憶語言訊息，心像法適用於較年長的學生。
- 鼓勵孩子們理解它，而不只是記住要記住的材料。如果他們了解訊

策略 (strategies)
即有意圖的提高訊息處理的心理活動。

精密化 (elaboration)
為記住一個重要的訊息而從事更廣泛的訊息處理。

息，而不僅是複誦和強記，就會長期更好地記住訊息。複誦可以很好地用於編碼訊息轉換成短期記憶，但是當孩子需要從長期記憶中檢索訊息時，這是效率很低的方法。對於大多數的訊息，鼓勵孩子理解它、賦予它意義、闡述它，使它個性化。給孩子已知的舊概念和想法，然後問他們彼此怎麼關聯，並以自己的親身經歷和意義說明，可以深化對訊息的印象。

- 重複指令的變化，並儘早且經常性連接。這些都是記憶的發展研究專家 Patricia Bauer (2009) 的建議，以提高孩子的訊息鞏固和再鞏固。在一堂課中主題的變化增加了記憶儲存的關聯數，和連接在儲存器中儲存關聯的網絡；兩種策略擴展了對儲存檢索訊息的途徑。
- 指導兒童時使用和記憶相關的語言。教師在使用和記憶相關的語言，以幫助學生記住訊息上有很大的差異。Peter Ornstein 和他的同事 (Ornstein, Coffman, & Grammer, 2007, 2009; Ornstein et al., 2010) 對一些一年級教師在課堂上的廣泛觀察發現，教師很少使用策略建議或後設認知的問題。在這項研究中，當低成就的學生安置在被歸類為「高促進記憶效能教師」中，教師在教學中經常融入和記憶相關的訊息，學生學業成就因而提升 (Ornstein, Coffman, & Grammer, 2007)。

2. 模糊痕跡理論

除了知識和策略，在小學階段還有什麼方法提升記憶？ Charles Brainerd 和 Valerie Reyna (1993, 2014; Reyna, 2004) 爭辯說模糊的痕跡是需要被大幅增進的。他們的**模糊痕跡理論**認為記憶可以被更好的理解需要考慮兩種類型的記憶陳述：(1) 逐字記憶痕跡 (verbatim memory trace)，和 (2) 要點 (gist)。逐字記憶痕跡組成訊息的精確細節，而要點指的是訊息的中心思想。當要點被使用時，模糊的痕跡也建立了。雖然所有年齡的人是提取要點，但年幼的孩子往往儲存和檢索逐字記憶痕跡。在小學期間低年級的某個時刻，孩子開始使用更多的要點，並根據該理論，這有助於改善記憶和年齡較大的兒童的推理，因為模糊的痕跡更持久，不太可能像逐字記憶痕跡容易被人遺忘。

模糊痕跡理論 (fuzzy trace theory)
認為記憶可以被更好的理解需要考慮兩種類型的記憶陳述：(1) 逐字記憶痕跡 (verbatim memory trace)；和 (2) 要點 (gist)。逐字記憶痕跡組成訊息的精確細節，而要點指的是訊息的中心思想。當要點被使用時，模糊的痕跡也建立了。

(三) 思考

思考的四個重要面向是執行功能 (executive function)、批判性思考 (critical thinking)、創造性思考 (creative thinking) 和科學性思考 (scientific thinking)。

1. 執行功能

在第 7 章中，你讀到的執行功能及其在嬰幼兒時期的特點 (Carlson, Claxton, & Moses, 2014; Carlson, White, & Davis-Unger, 2014; Carlson, Zelazo, & Faja, 2013)。有些我們已經在本章中所討論的認知主題——工作記憶、批判性思考、創造性思考和後設認知 ，可以在執行功能的框架下加以考慮，並連接到大腦的前額葉皮質的發展。另外，在本章前面有關兒童中後期腦發育的介紹中，你讀到增加認知控制，這涉及在若干區域的彈性和有效控制，如集中注意力、減少干擾的想法、抑制運動動作和在相互競爭的選擇之間做決定，以鍛鍊彈性。

發展連結—認知過程
在兒童早期，執行功能尤其涉及認知抑制、認知彈性和目標設定的進步。(第 7 章)

Adele Diamond 和 Kathleen Lee (2011) 強調執行功能之下的功能，他們得出結論是，4 至 11 歲兒童的認知發展和學校的成功最有關的是下列幾項：

- 自我控制 / 抑制。兒童需要培養自我控制，使他們能夠專注，堅持學習任務，以抑制其重複不正確的反應傾向，並抵制他們現在會因一時衝動而做出一些以後會後悔的事情。
- 工作記憶。兒童需要一個有效的工作記憶，以在心智上能處理大量訊息，這是他們現在直到長大以後仍會遇到的。
- 彈性。兒童需要靈活的思路，考慮不同的策略和觀點。

研究人員發現，執行功能比一般的智商更能預測入學準備度 (Blair & Razza, 2007)。已有多種能增加兒童的執行功能的活動，例如使用電腦遊戲以提高工作記憶 (CogMed, 2013)、有氧運動 (Chang et al., 2012)、正念 (mindfulness) (例如第 7 章中討論過的增進心理功能的工具) (Bodrova, Leong, & Akhutina, 2011)，和某些類型的學校課程 (例如蒙特梭利課程) (Diamond, 2013; Diamond & Lee, 2011)。

正如在第 1 章所討論的，Ann Masten 和她的同事 (Herbers et al., 2011, 2014; Masten, 2013, 2014a, b; Masten et al., 2008) 已經發現，執行功能與養育子女的技能都會影響無家可歸的孩子在學校的成功。Masten 認為，執行功能和良好的育兒技能有關係。用她的話說：「當我們看到孩子有良好的執行功能，我們經常看到他們周圍的成年人是良好的自我調節……是家長模範；他們的支持、他們的鷹架促成這些技能」(Masten, 2012, p. 11)。

2. 批判性思考

近來有不少心理學家和教育工作者對批判性思考有極大興趣 (Barnett & Francis, 2012)。**批判性思考**是反思性的、創造性的並評估證據的。在本書中每一章節的第二部分和第三部分【複習・連結・反思】，都在挑戰你批判性思考一個主題或相關議題討論。

根據 Ellen Langer (2005) 定義，**正念**是指在日常生活中的活動保持警覺、認知彈性的一種心智狀態，是批判性思考的一個重要面向。擁有正念的兒童和成人在他們的生活情境下，保持主動活躍的覺知，並有動機尋找最佳解決方案。正念使人創造新的想法，是開放的新訊息，並探索多種策略和觀點。與此相反，非正念思考的人滯留在舊觀念裡，過著規律不變的日子，並經常使用單一策略或採取單一的角度。

Jacqueline 和 Martin Brooks (2001) 慨嘆少數學校真正教給學生批判性思考與發展理念的深刻理解；深刻的理解只有當學生受到刺激重新思考原有的想法時才會發生。在 Brooks 和 Brooks 的觀點，學校花太多的時間在只給學生一個正確的答案以便模仿的活動上，而不是鼓勵他們提出新的想法，和重新考慮先前的結論來擴大自己的想法。他們觀察到，很多時候老師要求學生背誦、定義、描述及列表，而不是分析、推斷、連接、綜合、批判、創造、評估、思考和反思。許多成功的學生完成他們的任務，對測驗做得很好，取得很好的成績，但卻永遠沒學到批判性和深入思考。他們只從問題的表面上看，停留在表面層次，而不是延伸他們的想法成為深入而有意義的思考。

近日，Robert Roeser 和 Philip Zelazo (2012) 強調，正念是一個重要的心理過程，兒童可以因此改善一些認知和社會情感技能，如執行功能、集中注意力、情緒調節和同情等 (Roeser & Zelazo, 2012)。有人提出正念訓練可以在學校實踐，如使用與年齡相襯的活動，增加兒童反思的機會和實際的經驗，從而提升自我調節 (Zelazo & Lyons, 2012)。

除了正念以外，有些活動如瑜伽、冥想、太極最近都被建議作為改善兒童的認知和社會情感發展的方法選項。總之，這些活動正在沉思的科學 (contemplative science) 話題中自成一格，一個跨學科領域的研究正在興起，嘗試以不同類型的心理和體能訓練來促進兒童發展 (Roeser & Zelazo, 2012)。

批判性思考 (critical thinking)
是反思性的、創造性的，並評估證據的思考。

正念 (mindfulness)
指在日常生活中的活動保持警覺、認知彈性的一種心智狀態。

3. 創造性思考

具有認知能力的孩子不僅是批判性的，同時也是創造性地思考 (Kaufman & Sternberg, 2013)。**創造性思考**是在新的和不尋常的方式中找出解決問題的獨特能力。因此，智慧和創造力是不一樣的東西。J. P. Guilford (1967) 分辨**聚斂性思考**和**發散性思考**的差異：聚斂性思考是產生一個正確的答案，使用傳統的智力測驗；而發散性思考是對一個問題產生許多不同的答案，它的特徵是創造性的。例如在一個傳統的智力測驗的典型項目是「60 個十分錢 (dime) 等於多少個 25 分 (quarter)？」相比之下，以下問題有很多可能的答案：「當你聽到『獨坐在黑暗的房間』這句話時，會想到什麼樣的景象？」

特別值得關注的是，孩子的創造性思考似乎呈現下降趨勢。針對約 30 萬兒童和成年人的研究發現，創造力得分上漲到 1990 年，但自那時以來一直在穩定下降 (Kim, 2010)。其中的創造力下降可能的原因是美國兒童花在看電視和玩電子遊戲的時間增多，以及在學校的創造性思考能力不受重視 (Gregorson, Kaufman, & Snyder, 2013; Kaufman & Sternberg, 2013)。雖然有些國家已經開始逐漸重視將創造性思考放到學校教育中，例如中國的學校不重視創造性的思考由來已久，然而現在中國的教育工作者鼓勵教師花更多的課堂時間進行創新活動 (Plucker, 2010)。

發展連結—創造力
你怎麼培養自己的好奇心和興趣，以活出更創造性的生活？(第 13 章)

要認識到孩子會在某些領域比其他人表現出更多的創意是非常重要的 (Kaufman & Sternberg, 2013)。例如孩子在數學顯示出創造性思考能力，可能不會出現這些技能在藝術。如果幫助孩子變得更富有創造性是一個重要的目標，就要在日常生活中提供一些方法來實現這一目標，具體建議可以參考【發展與生活的連結】。

4. 科學性思考

孩子如同科學家般詢問許多現實中的基本問題，並尋求答案，看似完全微不足道，或許成年人也無法回答 (如「天空為什麼是藍色的？」)。他們有辦法像科學家一樣產生假設、進行實驗，再以他們的數據得出結論嗎？

科學推理往往是為了確定因果關係。孩子如同科學家非常重視因果機制。他們在理解事件是如何發生時，較重視因果推論更勝於去了解強烈的影響因素，例如結果發生之前的原因。

兒童的推理和科學家的推理之間有重要區別 (Kuhn, 2011, 2013)。例如，孩子對設計能排除其他原因的實驗有困難；相反地，他們往往

創造性思考 (creative thinking)
創造性思考是在新的和不尋常的方式中找出解決問題的獨特能力。

聚斂性思考 (convergent thinking)
產生一個正確的答案，是那種用標準智力測驗思考測試的特點。

發散性思考 (divergent thinking)
對同樣的問題產生許多不同的答案，是創造力的特點。

發展與生活的連結

提高兒童創造性思考策略

下面是提高孩子的創造性思考的一些策略。

有哪些好的策略能提高兒童創造性的思考？

1. 鼓勵腦力激盪

腦力激盪是鼓勵人們在一個小組中想出創造性的想法，這是互惠彼此想法的一種技術，可以很實際地說出任何出現在腦海似乎與特定問題相關的想法。協助者通常會告訴參與者要延遲批評別人的想法，至少持續到腦力激盪會議結束。

2. 提供激發創意的環境

某些環境會滋養創意，而另一些則會抑制。家長和老師應依循兒童先天的好奇心來鼓勵他們的創造力。他們提供鍛鍊和刺激孩子尋找有見地的問題解決方法，而不是問了很多需要死記硬背答案的問題的活動 (Baer & Kaufman, 2013)。教師還可帶學生到能刺激創意的地方實地考察。科學、探索及兒童博物館提供豐富的機會，激發創造力。

3. 不要過度控制兒童

Teresa Amabile (1993) 說，確切地告訴學生該如何做，會使他們感覺到創意其實是錯誤的且浪費時間。取而代之的是口述他們應該參與其中的活動，讓孩子按照自己的興趣和支持他們的傾向，就不太可能會扼殺他們先天的好奇心。

4. 鼓舞他們的內在動機

教師和家長應避免使用金錢、代幣等獎品來獎勵孩子的表現，這會讓孩子失去「創造」本身的原始樂趣 (Hennessey, 2011)，而以外在動機取代內在動機，也會變得功利導向。鼓舞兒童內在動機最安全的方式，就是讓他們從工作本身獲得成就感與樂趣。

5. 培養兒童的自信

為了擴大孩子的創造力，教師和家長應鼓勵孩子要相信自己的能力，創造一些創新的和有價值的東西。可以用 Bandura (2010a, 2012) 自我效能的概念，來建立孩子在創造技巧上的信心，這個概念的中心思想是一個人可以掌握情況，並得到正向成果的信念。

6. 引導幼兒延遲滿足

家長和老師需要耐心和理解，大多數非常成功的創意產品需要數年時間來開發，最有創意的人的想法和成品常是歷經好幾個月，甚至好幾年的時間，他們努力的工作，但沒有那麼快得到回報。

7. 鼓勵孩子智力冒險

家長和老師應鼓勵孩子進行一些智力上的冒險。創意的人能承擔智力的風險，試圖發現或發明以前從未發現或發明的東西。有創造力的人不怕失敗或發生一些錯誤 (Baer & Kaufman, 2013)。

8. 為兒童介紹創新人才

教師可以邀請有創意的人到教室，並請他們

分享自己成為創意人的歷程，或展示他們的創作技巧。作家、詩人、音樂家、科學家和其他許多人可以把自己的道具搬進教室，把它變成一個論壇，激發學生的創造力。

你能認識到孩子將在某些領域比其他人表現出更多的創意是非常重要的。選擇上述的策略之一，並描述你將如何與眾不同地加以實現，以鼓勵中後期兒童的創意寫作、科學、數學和藝術。

會偏向任何原先所提出的假設而誤導實驗，甚至就算他們看到的結果並不支持原假設。

很多時候，科學家們使用許多如細心觀察、製圖、自我監控思路的技能，並知道要在什麼時間用什麼方法，運用自己的知識來解決問題。孩子則有許多概念是與科學現實不符的，好的教師認識並了解孩子的基礎科學概念，然後用概念作為支架引導學生學習 (DeRosa & Abruscato, 2015)。有效的科學教學幫助孩子有效的對錯誤和誤解進行區分，並且檢測需要透過實驗來驗證的、更準確的概念 (Contant, Bass, & Carin, 2015)。

(四) 後設認知

後設認知是對認知的認知，或者知道自己如何認知的知識 (Flavell, 2004)。後設認知可以採取多種形式，包括思考、知道使用特定的策略、學習或者解決問題。後設認知概念化由執行功能的幾個面向組成，如規劃 (例如決定多少時間花在重點任務)，和自我調節 (例如修改作為工作任務的推動策略) (Dimmitt & McCormick, 2012; McCormick, Dimmitt, & Sullivan, 2013)。

對於後設認知的分類多集中在「後設記憶」或是「關於記憶的知識」，包括有關記憶的一般知識，比如知道再認測試比回想測試更容易；也包括對自己記憶的知識，比如一個學生對自己下週的測試是否已準備好的監控能力 (Buratti, Allwood, & Johansson, 2014)。

發展連結—認知的理論
心智理論是指認識自己和別人的心理思考過程——包含後設認知。(第 7 章)

年幼的孩子確實有一些關於記憶的一般知識 (Lukowski & Bauer, 2014)。5 或 6 歲時，孩子通常就會知道，熟悉的物品比陌生的物品更容易學習；短的名單比長的更容易記住；識別比回憶更容易，而遺忘是可能隨著時間而發生 (Lyon & Flavell, 1993)。然而，在其他方面，幼兒的後設記憶是有限的，他們不明白相關的項目比無關的內容更容易記憶、該記住故事的要點會比逐字記住細節訊息更容易 (Kreutzer, Leonard, & Flavell, 1975)。到了五年級，學生理解要點回憶會比逐字

後設認知 (metacognition)
關於認知的認知，知道自己如何認知的知識。

腦力激盪 (brainstorming)
鼓勵團體中個人的技術來與創意，互惠性的讓彼此的想法分享，並說出任何想得到的東西。

認知發展主義者 John Flavell 是建立有關兒童——思考見解的先鋒。在他建立後設認知領域的許多貢獻，正在進行大量的研究。在這方面，包括後設記憶和思考的研究理論。

> 對認識和了解渴求……這些都是有助於讓生活更豐富。
> ——William Watson 爵士
> 20 世紀英國詩人

回憶更容易。

Pressley 和他的同事 (Pressley et al., 2003, 2004, 2007) 最近幾年花了大量時間在小學和中學教室裡觀察教師對學生的策略指導和使用的策略。

他們認為，學生需要接受如何有效地使用策略的教學，但現在教育現場的策略教學是尚未完整也還不夠。他們認為，教育應該進行結構調整，使學生有更多的機會成為稱職的策略學習者。

三、智力

如何定義智力？**智力**是解決問題的技巧以及學習和適應日常生活經驗的能力。學者對智力的興趣往往側重於個別差異和評估。**個別差異**是穩定的、一致的特質，顯現出人們彼此不同。我們談論的個性或任何其他領域都有個別差異，但在智力領域的個別差異是最受關注的。例如智力測試意在告知我們學生是否可以有理由比別人更好。接著讓我們回顧歷史，看看第一個智力測驗的樣子。

(一) 智力測驗

1. 比西測驗

1904 年，法國教育部要求心理學家 Alfred Binet 擬訂識別無法在學校中學習的孩子之方法，學校官員想減少把學生放在特殊學校正規課堂上課卻沒有從中受益的擁擠狀況。Binet 和他的學生 Theophile Simon 開發智力測驗，以滿足這個要求。該測試被稱為 1905 量表，包括 30 個問題，主題範圍從觸摸一個人的耳朵的能力、記憶中汲取設計的能力，到定義抽象概念的能力。

Binet 提出**心智年齡**的概念，心智發育年齡相當於其他個體的水準。不久以後，在 1912 年，William Stern 創造**智商** (IQ) 的概念，一個人的心智年齡當分子，再由實際生理年齡 (chronological age, CA) 當分母，再乘以 100；也就是說，智商 = MA/CA × 100。如果心智年齡等同於實際生理年齡，則這個人的智商是 100。如果心智年齡是實足年齡以上，那麼智商是 100 以上；如果心智年齡是低於實足年齡的話，智商則低於 100。

Binet 的測驗在人們對智力和智力測驗的理解不斷進步中，已經修改多次。這些修訂被稱為斯坦福 - 比奈試驗 (斯坦福大學已經完成修訂，台灣簡稱比西智力量表)。2004 年，現在稱為比西智力量表的五版修改，有五個分量表，分析一個個體在五個內容領域的反應：流

智力 (intelligence)
解決問題的技巧，以及學習和適應日常生活經驗的能力。

個別差異 (individual differences)
是穩定的、一致的特質，顯現出人們彼此不同。

心智年齡 (mental age, MA)
Binet 用來衡量一個人心智發展與其他人相比的水準之概念。

智商 (intelligence quotient, IQ)
一個人的心理年齡除以實足年齡再乘以 100。

體推理、知識、定量推理、視覺空間推理和工作記憶。一般的綜合得分也仍然可以獲得。

藉由對大量不同年齡層、來自不同背景的人 (從幼兒園到成年晚期) 施用此測驗，研究人員發現，這麼多人在比西智力量表上的分數近似常態分布 (見圖 9.9)。一個**常態分布**是對稱的，大部分的分數落在分數的中間，而一些成績會出現在該範圍的極端。

Alfred Binet 被要求建立第一個智力測驗，以確定哪些孩子可以從法國的學校教育受益，哪些不能。

2. 魏氏量表

另一組也很廣泛應用於評估學生智力範圍的測試，被稱為魏氏量表 (Wechsler scales)，由心理學家 David Wechsler 發展。包括魏氏學齡前和基礎智力測驗第三版 (WPPSI-III)，測試 2.5 至 7.25 歲的兒童；魏氏兒童智力量表第四版 (WISC-IV)，測試 6 至 16 歲的兒童和青少年；還有魏氏成人智力量表第三版 (WAIS-III)。

發展連結—智力
人成為中年人時智力是否會下降？(第 15 章)

魏氏量表不僅提供整體的智商分數，也產生一些綜合指數 (例如語文理解指數、知覺推理指數、工作記憶指數和處理速度指數)，讓主試者能夠快速識別受試者在哪些方面強或弱。三種魏氏量表參考題型如圖 9.10 所示。

常態分布 (normal distribution)
一個對稱分布，最多分數落入在中間範圍，很少的分數朝向該範圍的極端。

(二) 智力類型

兒童的智力是一個一般能力，還是一些特殊能力的組合？ Robert Sternberg 和 Howard Gardner 提出對第二個觀點有影響的理論。

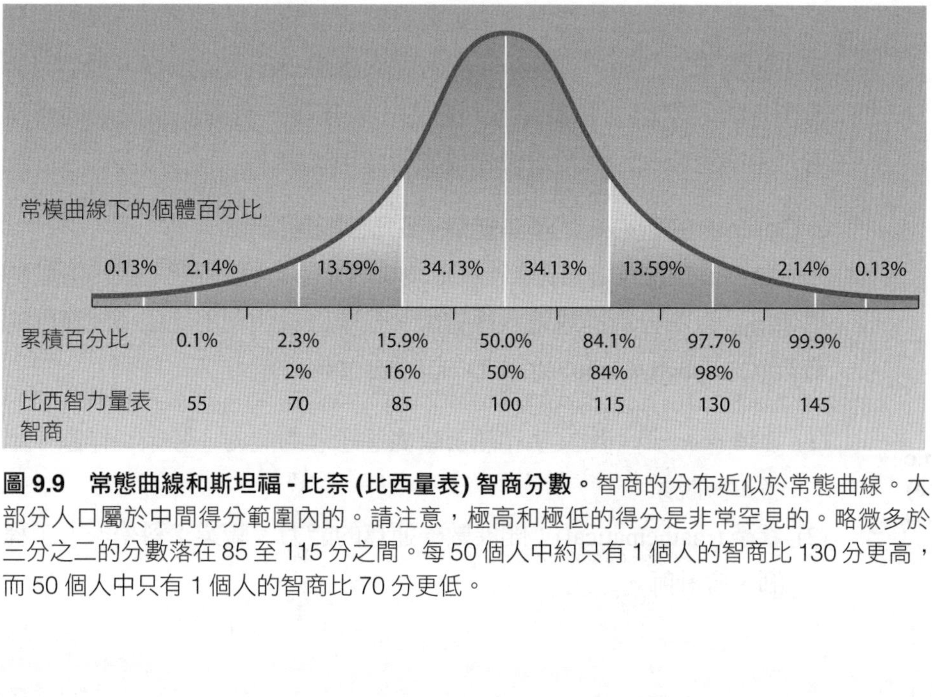

圖 9.9　常態曲線和斯坦福 - 比奈 (比西量表) 智商分數。智商的分布近似於常態曲線。大部分人口屬於中間得分範圍內的。請注意，極高和極低的得分是非常罕見的。略微多於三分之二的分數落在 85 至 115 分之間。每 50 個人中約只有 1 個人的智商比 130 分更高，而 50 個人中只有 1 個人的智商比 70 分更低。

言語分量表

類同
受試時必須運用邏輯思考和抽象推理能力來回答一些問題，說明兩個事物間的相似性。
例如：「獅子和老虎有哪裡相似？」

理解
這個量表是用來測量一個人的判斷力和常識。
例如：「把錢存在銀行的好處是什麼？」

非言語分量表

圖形設計
讓受試者依據主試者所展示的圖片，組裝成一組紅白相間的立體方塊。
用來測量一個人的視覺 - 運動協調性，知覺組織和空間視覺的能力。
例如：「使用左邊四個方塊作出右側的圖案。」

圖 9.10 魏氏智力量表兒童第四版量表 (WISC-IV) 示例。魏氏包括 11 個分量表，6 個言語和 5 個非言語。三個分量表都在這裡顯示。模擬項目是和魏氏兒童——第四版中的智力量表相似。

1. Sternberg 三元智力理論

Robert J. Sternberg 發展智力理論，其中指出，智慧有三種形式的**三元智力理論**：(1) 分析性智力，這是指分析、判斷、評價、比較和對照的能力；(2) 創造性智力，其中包括創造、設計、發明、原創和想像的能力；以及 (3) 實踐性智力，涉及使用、應用、實施並把想法付諸實踐的能力。

Sternberg (2013, 2014a, b) 指出，孩子們用不同的三元模式在學校「看起來不一樣」。具有較高分析能力的學生往往在傳統的學校教育受到青睞，他們經常受到直接指導，在老師講課，並讓學生客觀測試時做得很好。他們往往被認為是「聰明」的學生能取得好成績，顯示在高層次的軌道上，可以做好傳統智力和學術能力測驗的測試，後來又考上具有競爭力的大學。

相比之下，具有很高創造性智慧的兒童往往不在他們班級的頂層。很多教師對於作業該怎麼做有很特定的期望，而創造性高的學生可能不符合這些期望，他們往往給出獨特的答案以代替循規蹈矩的答案，為此可能會被訓斥或扣分。沒有教師會鼓勵創新，Sternberg 強調，大部分老師都期望增加學生的知識，抑制創造性思考。

就像高創造性兒童一樣，具有實踐智能的兒童也不符合學校對好學生的要求。然而，這些孩子許多在教室牆外卻做得很好。他們可能有出色的社交能力和良好的判斷力，成年後，有的成為成功的管理者、企業家或政治家，儘管學校成績並不起眼。

2. Gardner 的智力 8 個基本結構 (多元智能理論)

Howard Gardner (1983, 1993, 2002) 提出有八種智能，或「心智的框架。」以下分別描述這八種智能，並舉例說明利用此強項能發展的職業 (Campbell, Campbell, & Dickinson, 2004)。

三元智力理論 (triarchic theory of intelligence)
Sternberg 的理論，智力包括分析性智力、創造性智力和實踐性智力。

(1) 言語 (verbal)：用文字和語言來表達意思的能力。職業：作家、記者、演說家。
(2) 數學 (mathematical)：開展數學運算的能力。職業：科學家、工程師、會計師。

(3) 空間 (spatial)：考慮三度立體空間的能力。職業：建築師、藝術家、水手。
(4) 身體運動 (bodily-kinesthetic)：能嫻熟的操控物體和生理的能力。職業：外科醫生、手工藝者、舞者、運動員。
(5) 音樂 (musical)：對音調、旋律、節奏和音調具有敏感性。職業：作曲家和音樂家。
(6) 人際互動 (interpersonal)：理解並有效地與他人互動的能力。職業：成功的教師、心理健康專家。
(7) 內省 (intrapersonal)：了解自己的能力。職業：神學家、心理學家。
(8) 自然 (naturalist)：觀察大自然的模式和理解自然及人造系統能力。職業：農民、植物學家、生態學家、庭園。

Howard Gardner 的工作和年幼的孩子有關，從開發的觀點，主張智力包括八種能力：言語、數學、空間、身體運動、音樂、內省、人際互動與自然。

根據 Gardner 的說法，每個人在這些領域都有不同程度的智力，其結果是我們會喜好用不同方式來學習和處理訊息。人們學習最好的時候，就是當他們可以使用自己所擅長的優勢智力時。

3. 評估多元智能的方法

Sternberg 和 Gardner 的方法具有很大優勢。他們刺激了教師想更廣泛地了解是什麼構成孩子的能力，他們已經促使教育工作者開發出引導學生在多個領域發展的方案。這些方法也導致以創新方式評估智力和課堂學習的興趣，如透過檔案評量取代傳統的紙筆測驗 (Moran & Gardner, 2006, 2007)。

然而，有關多元智能的方法疑慮依然存在。一些心理學家認為，多元智能的觀點採取特定能力的概念已離智力概念越來越遠 (Reeve & Charles, 2008)。一些人認為，一個支持 Sternberg 的三元理論或 Gardner 的八種智能結構之研究基礎尚未出現。一位智力專家 Nathan Brody (2007)，觀察到人擅長一種智力任務，可能別人也擅長，因此在記憶的數字序列做得很好的人也可能善於解決言語和空間問題。其他批評者則建議，如果特別標註音樂技巧為一種智力類型，為什麼不標註優秀的棋手、職業拳擊手、畫家和詩人的技能類型的智力呢？

這項支持一般智力的概念與那些提倡多元智能的觀點之間的爭論正在進行 (Gardner, 2014; Irwing et al., 2012; Traskowski et al., 2013)。Sternberg (2013, 2014a, b) 也承認傳統的智力測試評估一般智力的各種分析任務仍有存在的必要，但是認為這些測驗測量的任務範圍過於狹窄。

(三) 文化與智力

智力的概念出現差異不僅在心理學家，也出現在不同文化之間。被一個文化視為的智力可能不會被另一個文化認為是智力的。例如在西方文化中的人們傾向於從推理方面和思考能力查看智力，然而東方文化中的人們以成功從事社會角色作為看到智力表現的一種方式 (Nisbett, 2003)。

發展連結一智力
多基因遺傳是用來描述關於特定特性的多個基因的效應之術語。(第 2 章)

(四) 解讀智商分數的差異

由於智商測驗的得分如比西測驗和魏氏量表提供有關兒童心智能力的訊息。然而，在解釋智力測驗工具上的表現則是研究者爭論的話題。

1. 遺傳學的影響

遺傳對智力的影響有多強大？這個問題很難回答。因為明確的區分遺傳和環境間影響幾乎是不可能的。此外，大多數研究遺傳和環境的學者並未涵蓋不同的環境中。因此，許多遺傳研究顯示環境在智力是一個相當弱的影響就不足為奇了。

有科學家能夠精確定位和智力有關的特定基因嗎？最近的一項研究發現，可能有超過 1,000 個基因影響智力，每個都可能對一個人的智力有很小的影響 (Davies et al., 2011)。然而，研究人員一直無法找出有助於智力的特定基因 (Deary, 2012; Zhao, Kong, & Qu, 2014)。

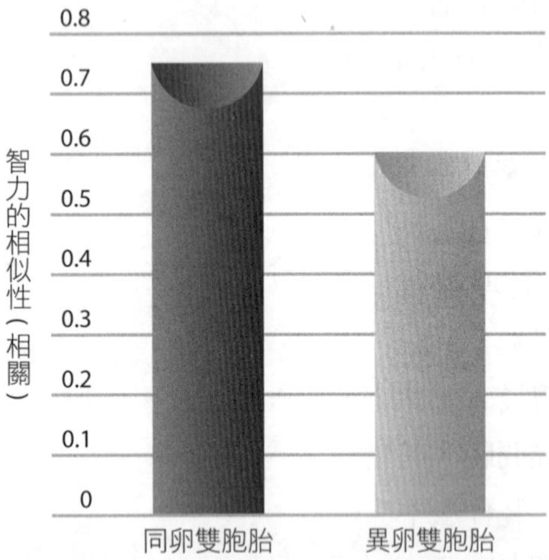

圖 9.11　智力測試分數與學生狀態之間的相關性。該圖表示比較同卵和異卵雙胞胎智力測試成績的研究成果的總結。已經發現一個 0.15 近似值的差異，對同卵雙胞胎較高的相關性 (0.75) 和異卵雙胞胎 (0.60) 較低的相關性。

一個研究智力遺傳方面的作用之方法是，比較相同的智商與異卵雙胞胎，這是我們在第 2 章中初步探討過的。回想一下，同卵雙胞胎具有完全相同的基因構成，但異卵雙胞胎沒有。如果智力是由基因決定，同卵雙胞胎的智商應該比異卵雙胞胎的智商更相似。許多研究發現，同卵和異卵雙胞胎的智商平均相關性之間的差異是 0.15，算是相對很小的差異 (Grigorenko, 2000) (見圖 9.11)。

今天，大多數研究者認為，遺傳和環境相互作用影響智力。對於大多數人來說，這意味著改善環境可以顯著改變人的智商。雖然遺傳因素可能總是影響一個人的智力，但是我們提供給兒童和成人的環境影響和機遇的確有差別作用 (Sternberg, 2013, 2014a, b)。

2.環境影響

在第 5 章中，我們描述的一個研究中證實家長對認知能力的影響。研究人員走進家庭觀察，中上和中等收入家庭的家長廣泛與小孩交談與溝通 (Hart & Risley, 1995)。他們發現，中等收入的父母要比中上收入父母更可能與小孩溝通。父母在孩子生命最初 3 年裡與孩子溝通的量，和孩子 3 歲時的比西智商分數有關。家長與孩子溝通得越多，孩子的智商就越高。

發展連結—先天遺傳與後天教養
後天觀點強調，發展是遺傳和環境之間進行的雙向交流。(第 2 章)

當孩子從低社會經濟地位的家庭被中等社會經濟地位家庭領養時，他們的智商增加 12 到 18 分，這是環境影響智力發展的證明 (Nisbett et al., 2012)。學校環境也對智力有影響 (Gustafsson, 2007)。最大的影響已被發現，當兒童被剝奪接受正規教育較長的時間，會導致智力低下 (Ceci & Gilstrap, 2000)。教育的另一個可能的影響，可以從世界各地的智商測驗年平均分數迅速增加看出 (Flynn, 1999, 2007, 2011, 2013)，智商一直增加得如此之快，世紀之初被視為具有平均智力的人們有很高比例在今日將被視為低於平均水準的 (見圖 9.12)。如果現代人具有代表性的樣本做了 1932 年使用比西測試版本，大約有 25% 將被定義為具有非常優越的智能，通常被給予這個標籤的人口少於 3%。因為增加已經發生在相對短的時間，所以不能歸因於遺傳，而可能是由於世界人口的教育水準不斷提高，或其他環境因素的影響，如資訊爆炸。在很短的時間內，智力測驗成績呈現世界性的增加，經研究人員 James Flynn 發現之後，稱之為*弗林效應*。

研究人員越來越關注設法改善早期環境都處於貧困中的兒童，這會得使他們陷於智力與不佳發展結果的危險之中 (Love et al., 2013;

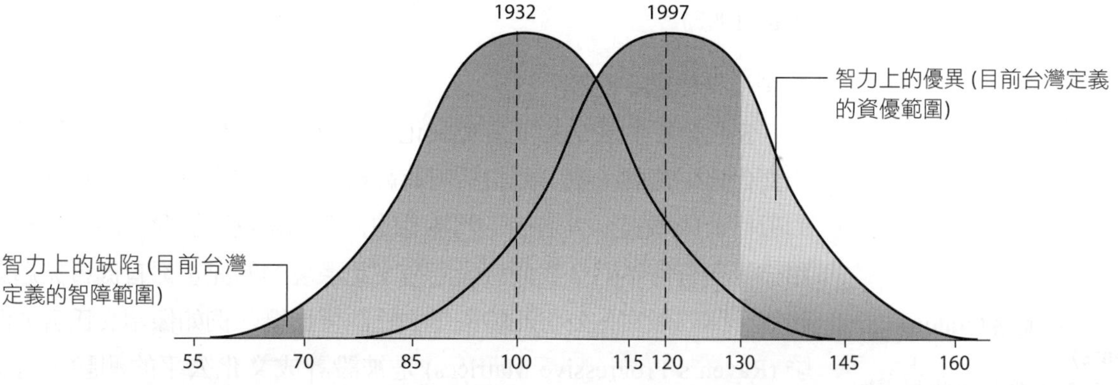

圖 9.12 平均智商分數從 1932 年到 1997 年的變化。正如比西智力測驗得到的，美國的孩子似乎變得越來越聰明。一組在 1932 年進行測試得到的成績沿一個鐘形曲線，平均數落在 100，到 1997 年平均數落在 120。

Maholmes, 2014)。由於種種原因，許多低收入的父母難以為孩子的智力提供刺激環境 (Bredekamp, 2014; Follari, 2015; Morrison, 2015)。因此，為了抵消早期環境對妨礙智力發展的影響，強調的是預防，而不是治療。

對有關早期介入相關研究所做的文獻回顧，得到的結論有下列四點：(1) 托兒中心高品質的介入與兒童智力和學習成績的增加有關聯；(2) 對貧困兒童 (他們的父母沒有受過什麼教育) 的介入效果最成功；(3) 正面效益持續到青春期，但不像他們在學齡前或剛開始上小學時那麼強；(4) 如果介入方案一直持續到兒童後期，會有更好的長期結果 (Brooks-Gunn, 2003)。

總之，心理學家有共識，遺傳和環境兩者均影響智力 (Grigorenko & Takanishi, 2012)。這種共識在第 1 章論及先天與後天的議題時即建立。回想一下，發展受到先天 (遺傳) 和後天 (環境) 影響的程度。雖然心理學家認為智力是先天和後天的產物，但是對於哪一個影響智力較強烈仍然意見分歧。

3. 群體差異

平均而言，美國的非裔學生標準智力測驗得分低於非拉丁裔的美國白人學生 10 至 15 分 (Brody, 2000)。來自拉丁裔家庭的孩子的得分也比非拉丁裔白人兒童低。然而，這些都是平均成績，分數的分布顯著重疊。約 15% 至 25% 非裔美國學生的得分比一半的白人學童高，和許多白人學生成績相比，大多數的非裔學生較低。由於非裔美人已經獲得社會、經濟和教育機會，美國黑人和白人在標準智力測驗之間的差距已經縮小 (Nisbett et al., 2012)。這種差距在大學尤其縮小，其中非裔和白人學生比在小學與高中三年經歷更多類似的環境(Myerson et al., 1998)。

4. 創造文化公平測驗

文化公平測驗是指能避免文化偏見的智力測驗。目前有兩種類型的文化公平測驗。第一類包括所有社會經濟和種族背景的兒童都熟悉的項目，或項目至少是孩子們熟悉的。例如兒童可能會被詢問一隻鳥和一隻狗有何不同？我們假設所有文化環境中的兒童都有機會見過鳥和狗。第二類文化公平測驗則是去除語言影響。例如像瑞文氏智力測驗 (Raven's Progressive Matrices) 是被設計成文化公平的測驗，但受更多教育的人仍然比那些受較少教育的人可以拿到更高分數。

文化公平測驗 (culture-fair tests)
是避免文化偏見的智力測驗。

為什麼創造文化公平的測驗這麼難？大多數測驗往往反映主流文化想法是很重要的。如果測驗有時間限制，這對不關心時間的族群仍有偏差。如果語言不同，同樣的話可能會有不同的語言含義。即使是圖片也可能產生偏差，因為有些文化對圖片和照片的經驗較少。由於編訂文化公平測驗是困難的，所以 Robert Sternberg 的結論是，其實沒有真正文化公平的測驗，充其量只能說是減少文化影響的測驗。

(五) 運用智力測驗

以下是關於智商的一些注意事項，能幫助你避免陷阱，以負面方式使用關於兒童智力的資訊：

- 避免成見和期望。特別值得注意的是，在智商測驗分數很容易會導致刻板印象和對學生的期望，人們容易對智商分數過分推論。智商測試應被認為是衡量目前特性的標準，而不是固定潛力的測量。成熟變化和豐富的環境都可以促成學生的智力超前進展。
- 要知道智商不是能力的唯一指標。不要把智商測試當成競爭力的主要或唯一的評估，高智商不是人類的終極價值，正如我們已經在本章中看到的，除了考慮學生的智力以外，還有口頭表達能力、創意和實用技能也都很重要。
- 在解釋總智商分數要小心。在評價孩子的智力時要記得智力是多元的。請記住，Sternberg 和 Gardner 描述的不同類型智力；也請記住，考慮智力的不同領域，你可以找到兒童至少在一個領域是有實力的。

四、極端的智力表現

智力測試被用於發現智能障礙或資優的跡象——智力的兩個極端表現，但如今智力測驗已經被這個目的濫用了。請記住，一個智力測驗不應該被用來作為智能障礙或資優的唯一指標，我們將探討這些認知極端的本質。

(一) 智能障礙

智能障礙最顯著的特點是智力功能不足。正式評估智力的測驗被開發的很久之前，人們就發現有一群人缺乏學習與年齡相當的技能且無法照顧自己。後來智力測驗被開發，它們被用來確定智能障礙的程度。由於在社會能力上的差異，使得心理學家在他們所定義的智能障礙包括適應行為上的缺陷。

智能障礙 (intellectual disability)
心智能力受限，包括：(1) 具有低智商，通常在傳統智力測驗低於 70；(2) 難以適應日常生活的需求；(3) 18 歲前第一次表現出這些特徵。

智能障礙是個人的心智能力受到限制的情況，具有下列三項特徵：(1) 低智商，通常在傳統的智力測驗低於 70 (平均數以下負兩個標準差)；(2) 難以適應日常生活的需要；和 (3) 18 歲前第一次表現出這些特點。年齡限制包括在智能障礙的定義內，因為我們通常不會將一個大學生在一次車禍遭受大規模的腦損傷所導致 IQ 為 60，認為是具有「智能障礙」的身分。低智商、低適應性在童年應該是明顯的，而不是因正常功能是由某種形式的傷害打斷之後。依此規定，約 500 萬美國人符合智能障礙的定義。

有人將智能障礙再分為**器質性智能障礙**和**文化家族性智能障礙**。器質性智能障礙描述一種遺傳性疾病，或由腦損傷引起的較低下的智力功能。唐氏症就是器質性智能障礙形式中的一種，它發生在存有一個額外的染色體。器質性智能障礙的其他原因包括脆弱性 X 染色體症候群，在 X 染色體異常，這在第 2 章「生物學的開端」已述及；產前畸形；代謝紊亂；以及影響腦部的疾病。大多數遭受器質性智能障礙的人具有介於 0 到 50 間的智商。

發展連結—病症，疾病和障礙
唐氏症候群是由於第 21 對染色體的額外增生造成的。(第 2 章)

當沒有證據證明器質性腦損害時，就被標記為文化家族性智能障礙。這種類型的個人智商為 55 至 70。心理學家懷疑，這種類型的疾病往往是由於生長在一個低於平均水準的文化環境。他們常常失敗，需要有形的獎勵，並且對別人對他們的期待有高度敏感。然而，到了成年期，他們通常並不明顯，或許是因為成人有些工作不需要太高的認知技能；也有可能是他們隨著年齡成長而逐漸提高智商。

(二) 資賦優異

世上總有一種人的能力和成就勝過別人的——在課堂上的神童、明星運動員、天生的音樂家。**資優**的人們具有高於平均水準的智力 (130 或更高的 IQ)，和 / 或出眾的天賦異稟。當提到資優計畫時，多數學校制度中會選擇一般智力優勢和學術資優的孩子，而在視覺和表演藝術 (美術、戲劇、舞蹈)、展示技巧運動，或者有其他特殊的才能往往會被忽視 (Olszewski-Kubilius & Thomson, 2013)。

據估計，美國學生約有 3% 至 5% 是資優的 (National Association for Gifted Children, 2009)。這個比例可能是保守的，因為它更側重於兒童在智力和學術上的表現，而不包括那些在創造性思考、視覺及表演藝術資優的人 (Ford, 2012)。

器質性智能障礙 (organic intellectual disability)
遺傳疾病或情況牽涉到智力功能低水準的腦損傷。

文化家族性智能障礙 (cultural-familial intellectual disability)
沒有任何證據顯示有器質性腦損害，但個人的智商一般在 50 到 70 之間。

資優 (giftedness)
擁有高於平均水準的智力 (130 或更高的 IQ) 和 / 或擁有出眾的天賦。

1. 特徵

資優兒童有什麼特點？有人認為天才兒童是適應不良的，但 Lewis Terman (1925) 發現，當他進行 1,500 名智商平均為 150 的兒童的廣泛研究後，發現他們有很好的社會適應，許多後來成為成功的醫生、律師、教授和科學家。其他研究也支持這樣的結論，資優的人往往比其他人更成熟、比其他人有更少的情緒問題，並在正向的家庭環境中長大 (Davidson, 2000)。

Ellen Winner (1996) 描述天才兒童三個標準的表徵，無論是在藝術、音樂或學術領域：

(1) 早熟。他們早於同齡人開始掌握一個專業領域。在大多數情況下，這些有天賦的孩子都早熟，因為他們先天在一個特定領域的能力就強。
(2) 獨樹一幟，標新立異。資優兒童與普通兒童在學習方式有質的不同。他們獨樹一幟、標新立異的學習方法是比較不需成人的幫助或鷹架。在許多情況下，他們不喜歡明確指令，常常自己就能以獨特的方式發現並解決問題。
(3) 專注工作的熱情。天才兒童在他們有天分的領域中有強烈的動機，顯示強烈的、痴迷的興趣和專注能力。他們自我激勵，而不必受到大人推動。

2. 先天還是後天？

天賦是遺傳還是環境的產物？可能兩個都是 (Duggan & Friedman, 2014; Johnson & Bouchard, 2014)。許多資優人士憶及他們在很年幼的時候，正式上學前就開始顯現對某一領域的高度熱情與能力。這表明天賦是與生俱來的能力。然而，研究人員還發現，所有報告都顯示在藝術、數學、科學或體育有世界級地位的人都有強大的家庭支持與多年的訓練和實踐 (Bloom, 1985)。刻意練習是在一個特定領域中成為專家的一個重要特性。例如在一項研究中，最優秀的音樂家每天練習的時間是一般學音樂者的兩倍 (Ericsson, Krampe, & Tesch-Romer, 1993)。

3. 特定領域的資優及其發展

高度天才通常不會在許多領域都有天賦，越來越多的研究發現，他們集中在特定領域的發展軌跡 (Kell & Lubinski, 2014; Sternberg & Bridges, 2014; Thagard, 2014; Winner, 2009, 2014)。他們的天賦常在童

年輕的比爾．蓋茨(Bill Gates)，微軟的創辦人，現在是世界上最富有的人之一。像許多非常有天賦的學生一樣，蓋茨並不是特別喜歡學校。他入侵一個電腦安全系統時才13歲，而身為一名高中生，他被允許參加一些大學的數學課。他從哈佛大學輟學，並開始制訂後來成為微軟公司的計畫。學校有哪些方法可以充實這種有高度才華的學生的教育，使其更具挑戰性的、趣味性且有意義？

年歲月就會出現，因此孩子成為有天賦藝術家或天才的數學家，童年時就開始在專長的領域中展現才華。關於特定領域的天賦，軟體天才比爾蓋茨 (1998)，是微軟的創辦人和世界上最富有的人之一，評論說：「有時你必須要小心你剛開始時只擅長某件事而持續思考，但後來你將會擅長所有事。」蓋茨說，因為他已經在微軟開發非常成功，人們都以為他在有關其他領域中也這麼天才，其實他不是。

識別一個人有特定領域的天賦，並提供適當的、個別化的教育機會，要一直持續到青春晚期 (Keating, 2009)。在青春期，資優生才會變得較少依賴父母的支持，越來越多專注追求自己的興趣。

4. 資優教育

越來越多的專家認為，在美國的資優兒童教育需要顯著變革 (Ambrose, Sternberg, & Sriraman, 2012; Reis & Renzulli, 2014)。Ellen Winner (1996, 2006) 認為，很多時候資優兒童在課堂上都是被社會孤立與挑戰，同儕對他們排斥及標記「書呆子」或「怪才」是很平常的。許多著名的成年人報告說，學校帶給他們許多負面經驗，他們很無聊，有時候知道的比老師還多 (Bloom, 1985)。Winner 認為，在提高對所有兒童的期待標準時，美國的教育將從中受益。當一些孩子還在受到挑戰時，她建議他們可以參加特殊能力領域的高級班。特別是一些早熟的中學生可能會受益於在他們的專業領域採取大學課程。例如，Bill Gates 在 13 歲時修習大學數學課；馬友友，著名大提琴演奏家，15 歲時高中畢業並參加在紐約市茱莉亞音樂學院的音樂課。

最後一個值得關注的是非裔、拉丁美裔和印第安人的兒童參與資優課程的人數偏低 (Ford, 2012)。大部分人數偏低的原因包括與非拉丁裔白人和亞裔兒童相比，這些孩子的考試成績較低，這可能要歸因於如測試偏差和較少的機會來發展語言技能 (Ford, 2012)。

複習・連結・反思　學習目標三　解釋兒童中後期的認知變化

複習重點

- Piaget 具體運思期的思考有什麼特點？ Piaget 的一些貢獻和批評是什麼？
- 孩子在兒童中後期如何處理訊息？
- 什麼是智力？它是如何評估的？神經科學和智力之間的聯繫有什麼特點？是什麼因素決定個人的智商和差異？
- 智能障礙和資賦優異的主要特點是什麼？

連結

- 在探討建議教育策略的記憶、思考、智力專題時，哪些是你在第 7 章的「兒童早期教育」一節中已學習過的？

反思個人的人生旅程

- 有一張光碟片可讓父母測試孩子的智商，並確定孩子相對於他或她在學校的年級的成績表現如何。你是否會想親自測試自己孩子的智商？可能是什麼問題使父母想讓孩子進行智力測驗？

肆 語言發展

學習目標四 討論兒童中後期的語言發展

詞彙、語法和後設語言意識 | 閱讀 | 寫作 | 雙語和第二語言學習

孩子在進入學校後獲得新的技能，使他們有能力來學習閱讀和寫作。這些技能包括增加使用的語言來談論事情、學習新的詞彙以及發展聲韻覺識、學習語言的字母順序原則。

一、詞彙、語法和後設語言意識

在兒童中後期，兒童的心理詞彙的組織方式發生變化。當被要求說出他們聽到一個單詞時的反應，學齡前兒童通常會遵循這個字在句子中的相關。例如，當被問及對*狗*這個字做出反應時，學齡前兒童可能會說「咆哮」；對*吃*這個字的反應是「午餐」。但到了 7 歲的時候，兒童開始用一個相似字做反應，例如可能用「貓」或「馬」反應*狗*這個字；用「喝」反應*吃*這個字，這是證據表明兒童現在已經開始透過詞類進行詞彙量的分類。

因為詞彙量的提高，使得歸類的過程變得更容易 (Clark, 2012)。兒童的詞彙量從 6 歲時平均約 14,000 字增加到 11 歲的平均約 40,000 字。

兒童在語法有類似的進展 (Behrens, 2012)。在小學裡，他們的邏輯推理和分析能力的提升，有助於理解相對的句型，如對比的 (*更短、更深層*) 和假設的 (「如果你是總統……」)。在小學裡，兒童越來越能夠理解和使用複雜的語法，如下面的句子：*親吻他母親的男孩戴著一頂帽子*。他們還學會更多使用語言的方式，連接句子讓描述、定義和文本更有意義。在他們可以應付書面作業之前，必須先夠做到這些口頭部分的處理。

在小學幾年，這些詞彙和語法的進展都會伴隨著對語言意識的發展，這就是**後設語言意識**，如理解什麼是介詞，或能夠討論語言的聲音 (Tong, Deacon, & Cain, 2014)。後設語言意識讓孩子「思考他們的語言，理解這是什麼話，甚至將它們定義」(Berko Gleason, 2009, p. 4)。這在小學幾年會有顯著進步 (Pan & Uccelli, 2009)。定義字成為課堂常規話語的一部分，兒童也學習和談論句子的成分，如主詞和動詞 (Crain, 2012)。

兒童在理解如何使用文化上適當方式的語言也獲得進展，這個過程被稱為語用學 (Bryant, 2012)。當他們進入青春期的時候，大多數孩子知道在日常環境下運用語言的規則；也就是說，什麼話適合說、什麼話不適合說。

二、閱讀

在學習閱讀上，兒童學會用語言來談論不存在的的事情；他們學會一個字的定義；也學會如何識別聲音並談論他們，當他們開始學習閱讀時，有強大的詞彙量是有優勢的。

孩子應如何學習閱讀？目前爭論的重點是**全語言教學方法**相對於**字母拼讀方法** (Lloyd et al., 2015; Reutzel & Cooter, 2015)。

全語言教學方法強調閱讀教學應和兒童的自然語言學習並行。在某些全語言課程，讀者被教導要識別整個單詞，甚至整個句子，並利用所讀的上下文來猜測字的意思。支持全語言方法的閱讀材料是完整的、有意義的；也就是說，給孩子完整的材料形式，如小說和詩歌，讓他們學會理解語言的溝通功能。閱讀與聽力和寫作技巧連接。雖然全語言教育課程內也會有些不同的變化，但大部分都同意閱讀應與其他技能和學科 (如科學、社會研究) 整合，並應著眼於現實世界的材料。因此，有一類教學可能會讀報紙、雜誌或書籍，然後寫作和討論。

字母拼讀方法強調閱讀教學應該教的基本規則是，翻譯文字符號轉換成聲音。早期以字母拼讀為中心的閱讀教學應包括簡化的材料。讓兒童了解到，口語音素和字母是有對應規則。應給予他們複雜的閱讀材料，如書籍和詩歌 (Fox, 2014)。

哪一種方法較好呢？研究發現，兒童可以從兩種方法中受益，但在字母拼讀的指令需要強調 (Tompkins, 2013)。在閱讀的領域越來越多的專家現在得出結論，基礎語音的直接指導在學習閱讀上是一個重

後設語言意識 (metalinguistic awareness)
理解什麼是介詞，或能夠討論語言的聲音。

全語言教學方法 (Whole-language approach)
閱讀教學應和兒童的自然語言學習並行，閱讀材料是完整的、有意義的。

字母拼讀方法 (phonics approach)
強調閱讀教學應該教的基本規則是翻譯文字符號轉換成聲音。早期以字母拼讀為中心的閱讀教學應包括簡化的材料。

要考量 (Cunningham, 2013; Fox, 2014)。

除了在字母拼讀 / 全語言的學習閱讀議題外，要成為好讀者還包括應學習流利地閱讀 (Allington, 2015)。許多初級或較差讀者並不會自動識別單詞。他們的處理能力大部分都用在單詞識別上，很少有餘力再投入將單詞組成短語或句子。如果文字和段落的處理變得更加自動化，他們的閱讀就會變得更加流暢。後設認知策略，如學習監控一個人的閱讀進度、讀到的重點，並做成摘要總結，這些都在「成為一個好讀者」上扮演重要角色 (Nash-Ditzel, 2010)。

三、寫作

兒童在開始寫作時經常會發明新的拼寫方式。家長和老師應鼓勵孩子的早期作品，但並不需過分擔心字母或拼音的形成。拼寫的更正應該是有選擇性的，並在不妨礙孩子的寫作和自發性時提出。

就像成為好讀者一樣，成為好作家也需要多年和大量的練習 (Tompkins, 2015)，我們應該給孩子很多寫作機會。由於他們的語言和認知技能已有良好的基礎，所以能將自己的寫作水準提高。例如能有一個複雜的句法和語法作架構來支撐寫作。透過多年的學校教育，學生發展出越來越複雜的方法，以組織自己的思想。

成為稱職的作家需要一些後設認知策略，與讀者連結，寫出讀者能理解的文章，因此寫作過程中需要不斷重讀和修正 (McCormick, Dommitt, & Sullivan, 2013)。此外，研究人員發現，策略的教導和規劃、起草、修改和編輯有關，能提高年齡較大的小學生的後設認知意識與寫作能力 (Harris et al., 2009)。

有越來越多關注學生寫作能力的呼聲 (Soter, 2013)。一項研究發現，70% 至 75% 的美國 4 至 12 年級的學生是低成就的寫作者 (Persky, Dane, & Jin, 2003)。而社區大學教授的報告也顯示，50% 的高中畢業生沒有大學水準的寫作能力 (Achieve, Inc., 2005)。

四、雙語和第二語言學習

是否有學習第二語言的敏感期？也就是說，如果個人要學習第二語言，開始學習的年齡重要嗎？教導非英語系國家的孩子學英語的最佳方法又是什麼？

(一) 第二語言學習

多年來，有人聲稱如果個人沒有在青春期之前學到第二語言，他們將永遠無法達到使用當地語言學習者般的熟練第二語言 (Johnson & Newport, 1991)。然而，最近的研究卻發現一個更加複雜的結論：敏感時期可能會在不同的語言系統發生變化 (Thomas & Johnson, 2008)。因此，對於後期語言學習者，如青少年和成年人，新詞彙比新的聲音和新語法更容易學習 (Neville, 2006)。例如孩子在第二語言類，天然口音的單詞發音能力通常隨著年齡下降，約 10 至 12 歲後特別急劇下降。此外成年人往往學習第二語言的速度比兒童更快，但是第二語言達到其最終水準的高度則不如兒童，而且兒童和成年人學習第二語言的方式有所不同。與成年人相比，兒童是較不敏感的自我回饋者，也不太可能使用明確的策略，而是透過大量的輸入與練習 (Thomas & Johnson, 2008)。

在美國，許多移民兒童從只會說母語到雙語的母語和英語，最後卻落得成為英語單一語種的發言者。這就是所謂的削弱型雙語，可能會對兒童有負面影響，往往對自己的母語感到陌生而有罪惡感。

(二) 雙語教育

目前雙語教育 (bilingual education) 的爭論牽涉到數以百萬計來自英語不是主要語言的美國孩子 (Echevarria, Richards-Tutor, & Vogt, 2015; Lessow-Hurley, 2013)。教這些英語學習者 (English language learner, ELL) 的最好方法是什麼？

英語學習者通常被下列兩種主要方式之一教導：(1) 只用英文教學；或 (2) 雙語言 [dual-language；以前被稱為雙語的 (bilingual)] 的方式，即教學中使用母語和英語 (Haley & Austin, 2014; Horowitz, 2013)。雙語言方式同時以母語和英語教學，隨著等級的不同而改變兩種語言的使用量。其中一個為雙語言方法的辯護是，先前的研究證明，雙語兒童比單一語種的兒童有更進步的訊息處理技術 (Genesee & Lindholm-Leary, 2012) 。

如果採用雙語言教學策略時，新移民兒童只需要 1、2 年這種類型的教導，但要大約三到五年來發展口說英語的流暢度，並用七年左右來培養英語閱讀的熟練度 (Hakuta, Butler, & Witt, 2000)。雖然如此，新移民兒童學習英語的能力也有個別差異 (Horowitz, 2013)。來自較低的社經背景的兒童比那些來自較高社經背景的兒童學習更困難 (Hakuta, 2001; Hoff & Place, 2013)。因此，特別是較低社經背景的移民兒童，可能需要比目前正在接受的雙語教育更長的時間才夠。

ELL 方案有什麼成果？要得出關於 ELL 學習計畫的成效是很難，

因為方案跨越的年數、教學的類型、教師、兒童，和其他的學校教育品質都比 ELL 本身變化更大。此外，缺乏有效實驗比較兩種教學模式。一些專家認為，決定結果更為重要的是教學品質，而非其透過哪一種語言 (Lesaux & Siegel, 2003)。

不過，其他專家，如 Kenji Hakuta (2001, 2005)，支持合併母語和英語的方法，因為 (1) 孩子學習一個主題有困難，當它是用他們不明白的語言教導時；以及 (2) 當兩種語言被整合在課堂上，孩子學習第二語言時會更容易積極地參與。為了支持 Hakuta 的觀點，最大規模研究發現，在雙語言方案的英語學習者的學業成績，較僅有英語方案的更高 (Genesee & Lindholm-Leary, 2012)。

複習・連結・反思　學習目標四　討論兒童中後期的語言發展

複習重點

- 兒童中後期在詞彙和語法的一些變化是什麼？
- 對於如何教孩子閱讀有哪些爭議？
- 孩子的寫作能力和他們的發展有什麼關聯？
- 什麼是雙語言教學？這種方法牽涉到的議題是什麼？

連結

- 在本章前面已經學習後設認知與語言意識的對比。

反思個人的人生旅程

- 當你是兒童時是否有學習第二語言？如果你有，你覺得這對自己是有利的嗎？為什麼？如果當你童年時沒有學習第二語言，你希望自己有嗎？為什麼？

與前瞻主題連結

期待

兒童中後期體格生長緩慢，將發育的戲劇性變化讓位給青春期早期。顯著的變化也發生在青少年的大腦，杏仁核的早期成熟 (情感處理) 和前額葉皮層 (決策、自我調節) 後期成熟，有可能和冒險性的增加與刺激尋求有關。性發展在青春期是正常的，但在青春期早期有性交則與一些問題相關聯。青春期是健康的關鍵時刻，因為很多不良的衛生習慣開始於青春期。青少年比起兒童期的思想是比較抽象的、理想化和有邏輯的。由於恰逢這麼多的生理、認知和社會情感各方面的變化在發展中，許多人從小學過渡至初中是困難的。

達成本章學習目標

兒童中後期的生理和認知發展

壹、生理成長的變化及健康

學習目標一　描述兒童中後期的生理變化及健康狀況

- **身體成長及變化**：兒童中後期緩慢而持續的增長。在此期間，兒童平均每年成長 2 至 3 英寸。肌肉質量和強度逐漸增加。相對於身高，在身體生長與比例上最顯著變化是頭圍和腰圍的減少。
- **大腦**：在兒童中後期大腦的變化包括前額葉皮層，這有助於提高注意力、推理和認知控制工作的進展。在兒童中後期，前額皮質發生的擴散少且協調性的活動增多，是與增加認知控制有關的變化。
- **動作發展**：在兒童中後期，動作發展變得更順利、更協調。兒童更好地控制身體且可以專心坐下來更長的時間。然而，他們的生活應該包括豐富的體力活動。中樞神經系統髓鞘形成的增加反映在運動技能的提升。精細動作技巧也更進步，表現在手寫形式的發展。男孩通常在粗大動作運動技能較好，女孩則是在精細動作技巧。
- **運動**：大多數美國兒童的運動量是不足的。家長在指導孩子提高他們的運動中發揮特別重要的作用。大部分時間花在觀看電視和使用電腦，與兒童較低的活動量有關。
- **健康與疾病**：在大多數情況下，兒童中後期是非常健康的時間。兒童期最常見的嚴重傷害和死亡的原因是機動車輛交通事故。超重或肥胖是日益普遍的兒童健康問題，衍生出了許多醫療和心理問題的風險。心血管疾病在兒童是罕見的，但成人心血管疾病前兆往往在兒童時期已經十分明顯。癌症是兒童死亡的第二大原因(在交通事故之後)。白血病是兒童最常見的癌症。

貳、特殊兒童

學習目標二　確認特殊兒童的不同型態與教育議題

- **特殊兒童的範圍**：大約有 14% 的 3 至 21 歲的美國兒童接受特殊教育和相關服務。學習障礙兒童在學習上有困難，和理解力、口語能力或書面語言有關，因而表現出在傾聽、思考、閱讀、寫作和拼寫上的困難。學習障礙也可能牽涉到數學的困難。要被歸類為學習障礙，學習問題主要不是視聽覺或肢體障礙的結果；也不是智能障礙、情緒障礙或者由於環境、文化或經濟不利所造成。閱讀障礙是一類學習障礙，牽涉到閱讀和拼寫能力的嚴重損害；書寫困難則牽涉到手寫有困難；數學障礙牽涉到數學計算困難。注意力缺陷過動症 (ADHD) 顯示在一個或多個下列問題：(1) 注意力不集中；(2) 過動；和 (3) 衝動。過動症已經越來越多地被診斷出。情緒行為障礙包括人際關係不良、攻擊、憂鬱症等個人或在學校的適應問題。目前的共識是，自閉症 (ASD)，是一種腦功能障礙牽涉到大腦結構和神經傳導物質的異常。自閉症兒童的特徵是社交互動、語言和非語言溝通的障礙，以及重複的行為問題。
- **教育議題**：1975 年，94-142 公法，全民教育的障礙兒童福利法案，要求給予所有特殊兒童免費、適當的公共教育。該法在 1990 年更名為身心障礙者教育法 (IDEA)，並於 2004 年更新。IDEA 包括特殊兒童接受個別化教育計畫

(IEP)，這是一份書面計畫闡述針對兒童的特教服務，並確保他們在最少限制的環境 (LRE) 中就學。

參、認知的改變

學習目標三　解釋兒童中後期的認知變化

- **Piaget 的認知發展理論**：Piaget 說，具體運思階段特點是能夠具體思考、保留、分類、進行系列化和遞移性的思考。批評者認為，一些能力出現早於 Piaget 的認知，且一個階段的元素不會出現在同一時間與事實不符，而教育和文化對發展的影響力比 Piaget 預測得更大。新 Piaget 學派更加重視兒童如何使用注意、記憶和策略來處理訊息、訊息處理的速度和將認知問題劃分成更精確的步驟。
- **訊息處理**：兒童中後期的長期記憶增加了。工作記憶是一個重要的儲存器。知識和專業知識，影響記憶。自傳式記憶的變化發生在兒童中後期。策略可用於兒童，改善他們的記憶，成人教導孩子時，鼓勵孩子的策略運用是很重要的。模糊痕跡理論解釋在記憶發展中的變化。執行功能是認知發展和學校成功的重要關鍵，其中自我控制 / 抑制、工作記憶和思考彈性特別重要。批判性思考牽涉到反思和成效，以及評價現有的證據。正念是批判性思考的一個重要面向。特別值得關注的是，有許多學校不重視批判性思考。創造性思考是新穎且不尋常的思考方式，並提出解決問題的獨特方法。聚斂性和發散性思考之間的區別。Guilford 的許多策略可以用來鼓勵孩子的創造性思考，包括腦力激盪。後設認知是認知的認知。許多認知研究都集中在後設記憶。Pressley 認為教育作為幫助學生的關鍵，是學習解決問題的各種技能與策略。
- **智力**：智力包括解決問題的能力、適應能力和從日常經驗中學習的能力。對智力的興趣往往側重於個別差異和評估。現在廣泛使用的智力測驗包括比西測驗和魏氏量表。這些測驗可以得出一個整體的 IQ 和特定區域的能力。Sternberg 提出智力有三種主要形式：分析性、創造性和踐用性。Gardner 提則出有八種智力：言語、數學、空間、身體運動、音樂、人際互動、內省和自然。多元智能的方法擴大我們的智力概念，但批評者認為，該研究的方法還不夠健全。智商同時被遺傳學和環境所影響。父母、家庭環境、學校和介入方案可以影響這些分數。智力測驗的分數近幾十年在世界各地極大的上升。這種現象被稱為弗林效應，支持環境對智力的影響。智力測驗的分數在群體中的差異可能反映許多影響，包括文化。測驗可能有偏誤，當某些群體是不熟悉英語的標準形式，或與所測試的內容、測試的情況都有關係。測驗內容很可能反映出主流社會的價值觀和文化的經驗。
- **極端的智力表現**：智能障礙包括智力功能水準較低以及難以適應日常生活的需求，此特徵在 18 歲之前發生。智能障礙的一種分類是區分器質性和文化家族性類型。資優的個人有高於平均水準的智力 (130 或更高的 IQ) 和 / 或出眾的天賦。天才兒童的特點是早熟、獨樹一幟、標新立異和掌握他們專長領域的熱情。天賦可能是遺傳和環境的後果。發展的改變賦予了資優特色，在越來越多資優的特定領域被強調。有人擔心對資優兒童的教育。

肆、語言發展

學習目標四　討論兒童中後期的語言發展

- **詞彙、語法和後設語言意識**：孩子在單詞和語法逐漸變得更具分析性和邏輯性。在語法方面，兒童更能理解對比和主觀。他們變得越來越能夠使用複雜的語法並產生有意義的敘述。在小學歲月中後設語言意識——有關語言的知識之改進是顯而易見的，因為越來越多的兒童定義單詞，擴大自己的語法知識，並了解如何以文化上適當的方式更好地使用語言。

- **閱讀**：當前在閱讀的辯論側重於語音學的方法相對於全語言教學方法。拼音方法主張重視語音教學並簡化教材。全語言教學方法強調，閱讀教學應和兒童的自然語言學習並行，而應該給孩子全語言材料，如書籍和詩歌。在學習閱讀印刷文字的三個關鍵流程是意識到單詞的聲音單元、解碼單詞和獲取詞義。
- **寫作**：兒童的語言和認知發展的進展為寫作的提升奠定基礎。關於孩子的寫作能力主要的擔憂也日益被重視。教師在提高孩子的寫作能力上發揮關鍵作用。
- **雙語和第二語言學習**：最近的研究表明在確定學習第二語言是否存在敏感時期的複雜程度。雙語言的方法 (以前稱為「雙語」)，目的是以移民兒童的母語教導他們學術科目，同時逐步增加英語教學。研究人員發現，雙語言方式並不會妨礙任何語言的表現。

10 CHAPTER

兒童中後期的社會情緒發展

學習目標

1

壹、情緒和人格的發展

學習目標一　討論情緒和人格在兒童中後期的發展

包括：自我、情緒發展、道德發展、性別

2

貳、家庭

學習目標二　描述親子關係的發展改變

包括：親子關係的發展改變、父母的管教、家庭中的依附關係、重組家庭

3

參、同儕

學習目標三　辨別同儕關係在兒童中後期的改變

包括：發展的改變、同儕地位、社會認知、霸凌、友誼

4

肆、學校

學習目標四　探討兒童中後期的學校教育發展

包括：學生學習的現代方式，社會經濟地位、種族和文化

在 *The Shame of the Nation* 一書中，Jonathan Kozol (2005) 描述他參訪在 11 個州的都市低收區域的 60 個美國學校。他看到占有這些學校學生人口約 80% 至 90% 的少數民族。Kozol 觀察到許多不整齊的教室、走廊和廁所；不適合的教科書和耗材；並且缺乏資源。他也看到老師主要教導學生死記硬背教材，特別是在準備考試時，而較少刺激他們連結較高層次的思考。Kozol 也經常發現，教師使用威脅性的管教技巧去控制課堂。

南布朗克斯 (South Bronx) 的兒童在成長時面臨了什麼挑戰呢？

然而，Kozol 觀察有些教師在簡陋的條件下盡力地教導學生。例如 Bedrock 老師教導五年級，在他班上的一名學生 Serafina，最近因為 AIDS 失去了母親。當作者 Jonathan Kozol 拜訪這個班級時，他被告知還有其他兩位兒童與 Serafina 成為情感同盟以支持她 (Kozol, 2005, p. 291)，教科書在這個班級是短缺的，而且社會研究的內容已經過時了，還在美國總統 Ronald Reagan 的那個年代。但 Bedrock 老師告訴 Kozol：這是今年一個「完美」的班級。一個學生這麼形容 Bedrock 老師：「他越來越老，……但我們還是愛他。」Kozol 觀察 Bedrock 老師班級的這位學生是靈巧、有興趣且主動參與的。

預習

兒童的社交和情緒在進入兒童中晚期時發生許多改變。他們與父母、同儕關係也發生轉變，且學校變得更加地重視學業。他們的自我概念、道德推理和道德行為的發展也同步發展中。

壹 情緒和人格的發展

學習目標一 討論情緒和人格在兒童中後期的發展

自我 | 情緒發展 | 道德發展 | 性別

在本節，我們將探索「自我」如何繼續在兒童中後期發展，以及在這些年情緒發展如何改變；同時也會討論兒童道德發展和許多性別角色的扮演。

一、自我

兒童在小學時已經能自我了解、了解自尊的本質是什麼，自我效能和自我調節在兒童成就所扮演的角色為何？

(一) 自我了解的發展

在兒童中後期，尤其是 8 到 11 歲的年紀，兒童越來越能描述自己的心理特徵和特性，比年幼的兒童有更多具體的自我描述。例如年紀較大的兒童比較可能使用形容詞，如歡迎、很好、有幫助的、卑鄙、聰明、安靜的來描述自己 (Harter, 2006, p. 526)。

除此之外，在小學階段兒童變得更能認知社會化的自我概念 (Harter, 2012, 2013)，包括用某個社會群體來自我描述，如提到自己身為女童子軍、身為天主教徒，或身為有兩個親密好友的某人 (Livesly & Bromley, 1973)。

兒童在小學階段的自我理解還包括增加社會化的比較 (Harter, 2012, 2013)，在此階段的發展，兒童較能從比較當中辨別自己，而不是絕對的條件。也就是說，學齡階段的兒童不再是認為什麼是他們可以做或不可以做，但更強調自己比別人可以多做什麼。

發展連結—自我認同
在青少年時期，個人在追求自我認同時，會採用更為交互和反思的觀點。(第 12 章)

Diane Ruble (1983) 在一系列對兒童用自己的價值做社會化比較的研究裡，兒童被賦予艱難的任務然後對自己的表現給予回饋，研究者同時也告訴他們關於其他同齡兒童表現的資訊。當這些兒童被問到自我價值時，小於七歲的兒童不會將自己的表現和其他兒童的表現做比較，然而許多大於七歲的兒童對他們的自我描述就包含了社會性比較。

總而言之，在兒童中後期，自我描述慢慢地牽涉心理和社會的特質，包含社會性比較。

(二) 了解他人

在第 8 章，我們提到年幼兒童社會理解的進步和限制。**觀點取代**能力在兒童中後期明顯進步，這是一個包含理解和詮釋他人觀點、他人的想法、感覺的社會認知過程。而在第 7 章已討論過的執行功能，在觀點取代上扮演重要角色 (Galinsky, 2010)。當兒童進行觀點取代時，是執行功能中的認知抑制 (控制一個人考慮他人想法) 和認知變通 (以不同的方式看待環境)。

在 Robert Selman (1980) 的觀點，大約 6 至 8 歲年紀的兒童開始理解，因為有些人可能獲得更多訊息，而會有不同的觀點。因此，他表示在接下來的幾年，兒童開始了解每個人都有自己的觀點，使得自己可以站在別人的立場去批判他人的意圖、目的和行動。

觀點取代 (perspective taking)
一種社會認知的過程，包括假想別人的觀點和了解他們的思考與情感。

觀點取代的能力在決定兒童發展親社會或反社會的態度和行為

上尤為重要，在親社會行為上，取代他人的觀點提升兒童在別人苦惱或需要理解時表達同情。最近一項研究顯示，在情緒反應的特點上，好的觀點取代能力幫助人在情緒高漲後回到平靜 (Bengtsson & Arvidsson, 2011)。在這長達 2 年的追蹤研究中，獲得觀點取代能力的兒童持續顯示較少的強烈情緒反應。

在兒童中後期，他們也變得會懷疑別人所說的 (Heyman, Fu, & Lee, 2013; Mills, Elashi, & Archacki, 2011)。在第 8 章，我們提過甚至是 4 歲的兒童也會懷疑別人所說的。在兒童中後期，兒童逐漸變得懷疑一些心理特質資訊的來源。例如在一項實驗研究中，10 或 11 歲兒童比 6 或 7 歲兒童更會懷疑，當別人描述他們是聰明又誠實的時候 (Heyman & Legare, 2005)。

(三) 自尊和自我概念

高自尊和正向的自我概念是具有幸福感的兒童的重要特質 (Marsh, Martin, & Xu, 2012)。研究者有時會將自尊和自我概念互換使用，或不精確地定義它們，但是它們之間有意義上的不同。**自尊**表示全面對自我的評價；也稱為自我價值或自我形象。例如一個兒童不只認為自己是一個人，更是一個好人。**自我概念**代表對自我的主要評價，兒童可以對生活中許多方面有自我的評價，如學術、體育、外表等。總而言之，自尊代表全面的自我評價，自我概念則是特定領域的評價。

自尊和自我概念的基礎來自於嬰兒與兒童早期親子關係的品質。因此，若兒童在中後期有較低的自尊，他們可能在早期發展時與父母關係中曾經歷忽略或虐待。有較高自尊的兒童可能與父母有比較安全的依附關係，且有較敏感的父母照護他們 (Thompson, 2011, 2013a, b, c, d)。

兒童對自尊的看法並不一定與現實相符 (Baumeister et al., 2003; Jordan & Zeigler-Hill, 2013)。一個兒童的自尊可能反映他或她是否相信自我是聰明或迷人的，但是這個相信未必是正確的。因此，高自尊可能是對自己的成功、價值的合理看法，但也可能是傲慢、沒有根據的優越感 (Gerstenberg et al., 2014)。在相同態度下，低自尊可能精確反映一個人的缺點或扭曲，甚至是病理性不安全感和自卑。

自尊 (self-esteem)
全面對自我的評價，同時也意味者自我價值或自我形象。

自我概念 (self-concept)
對自我特別領域的價值評價。

自我效能 (self-efficacy)
一個人可以掌握的情況，並產生有利結果的信念。

(四) 自我效能

一個人可以掌握的情況，並產生有利結果的信念被稱為**自我效能**。記得 Albert Bandura (2001, 2008, 2010a, 2012)，我們在第 1 章曾描述他所提出的社會認知理論，提到自我效能是學生是否能達成目標的一個重要因素。自我效能是「我可以」的信念；無望感則是「我不行」的信念。有高自我效能的學生贊同「我知道我將能夠學習課堂的東西」且「我期待能夠做好這個活動」。

Dale Schunk (2012) 應用自我效能的概念在許多學生成就上。在他的觀點裡，自我效能影響一個學生活動的選擇，低自我效能的學生在學習上可能會逃避許多學習任務，特別是那些具有挑戰性的；相反地，具有高自我效能的同伴則渴望從事學習任務 (Schunk, 2012)。高自我效能的學生與低自我效能的學生相比，較能在學習任務上努力和堅持較久。

(五) 自我調節

在兒童中後期，自我中一個最重要的進展是自我調節 (self-regulation) 能力的增加 (Carlson, Zelazo, & Faja, 2013; Flouri, Midouhas & Joshi, 2014)。這增加的能力就是思考如何努力管理自己的行為、情緒和思想，從而增加社會的能力與成就 (Schunk & Zimmerman, 2013; Thompson, 2014c, 2015)。一個研究發現，從 4 到 10 歲的年紀自我控制會增加，高自我控制和低水準的異常行為有關聯 (Vazsonyi & Huang, 2010)。在這個研究中發現，父母溫暖且正向的管教態度會影響自我控制的發展。同時，最近一個針對約 17,000 名 3 到 7 歲的兒童所做的研究，發現自我調節對在低社經條件下長大的兒童是一個保護因素 (Flouri, Midouhas, & Joshi, 2014)。在這個研究中，低社經條件下低自我調節的 7 歲兒童比有自我調節能力的 3 歲兒童有較多情緒問題。另一個研究則顯示，來自低社經家庭有較高自我調節的兒童，在學校與較低自我調節的同伴相比會有較好的成績 (Buckner, Mezzacappa, & Beardslee, 2009)。

自我調節能力的增加和大腦皮質的成熟有關，這在第 9 章討論過。研究發現，大腦皮質的成熟和認知控制有關，其中包含自我調節 (Diamond, 2013)。

(六) 勤奮對自卑

在第 1 章，我們提過 Erik Erikson (1968) 的人類發展八個階段。他認為第四個階段的發展危機是勤奮對自卑，出現在兒童中後期。勤奮的用語表示這個時期的兒童對於做事開始有了興趣。當兒童被鼓勵盡力去做、建造和工作——無論是建造飛機模型、蓋一個樹屋、修理自行車、解決一個問題，或煮飯，他們的勤奮感都會增加。然而，對

發展連結—Erikson 的理論
兒童期的發展危機是勤奮對自卑；青春期則是自我認同對角色混亂。(第 1 章)

於視兒童的努力為「惡作劇」或「搞砸」的父母，則會促進兒童自卑感的發展。

此時兒童的社會世界已經超越家庭，有助於勤奮感的發揮。學校對他們很重要，想想那些智商不高而一直在一般班級成績受挫的兒童，他們是自悲的；但相對地，家庭仍可以提供他們表現勤奮感的機會 (Elkind, 1970)。

二、情緒發展

在第 8 章，我們看到學齡前的兒童對於談論自己和他人的情緒變得較熟練，同時更能展現符合社會標準的、控制和管理情緒的認知，情緒理解與自我調節也越來越好 (McRae et al., 2012; Thompson, 2013c, d)。

(一) 發展的改變

兒童中後期的情緒發展的改變包括以下幾點 (Denham, Bassett, & Wyatt, 2007; Denham et al., 2011; Kuebli, 1994; Thompson, 2014c, 2015)：

- 增進情緒的理解。例如此時他們會發展出理解驕傲和羞恥等複雜的情緒，這些情緒變得較少依賴其他人的反應；他們變得比較自發性和具有責任感。
- 了解在一個特定情況下可能有兩種以上的情緒。如一個三年級生可能會了解到某種情境時會同時有焦慮和喜悅。
- 更加了解某些事件會導致某種情緒的反應。一個四年級生可能可以了解她今日的難過，是受到上週她朋友搬到另一個城鎮的影響。
- 壓抑或隱藏負面情緒的能力。一個五年級生知道當同學激怒他時，他比之前還能緩和自己的憤怒。
- 使用自我啟動的策略去疏導情緒。在小學時期，兒童變得容易反思他們的情緒，也逐漸學會使用控制情緒的技巧。
- 真正同理的能力。例如一個四年級生對一個痛苦的人感到同情，並真的了解別人悲傷苦惱的感覺。

(二) 壓力的面對

兒童情緒生活中一個重要面向就是學著如何面對壓力 (Masten, 2013, 2014a, b; Morris, Thompson, & Morris, 2013)。當兒童長大後，他們能更準確的評估緊張的情況，並決定如何控制。較年長的兒童可以產生更多面對壓力情況的替代方案，且使用更多的認知策略 (Saarni et al., 2006)。他們比年幼兒童更能有意地轉移想法到某件較不緊張的事情上，或改變對壓力情況的看法。例如當較年幼的兒童到學校時，可能會對老師沒有對他們打招呼而感到非常失望，較年長的兒童則會重新架構這個情況，並且認為「她可能忙著其他事情所以只是忘記打招呼」。

到了 10 歲，大部分的兒童可以使用認知策略去面對壓力 (Saarni, 1999)。然而，在沒有支持或是動盪、創傷的家庭裡，兒童可能不會使用策略，因此這樣的壓力會讓他們不勝負荷。

發展連結—生物學的歷程
對年紀較大的成人而言，壓力荷爾蒙停留在血管越久，對免疫系統的傷害就越大。(第 7 章)

災難特別會傷害兒童的發展和產生適應的問題 (Scheerings, Cobham, & McDermott, 2014)，在這些兒童中的後果是急性壓力反應、憂鬱症、恐慌症和創傷後壓力症候群 (Pfefferbaum, Newman, & Nelson, 2014)。經歷災難後的兒童會面臨哪些問題？取決於災難的性質和程度及支持的方式。

在災難 / 創傷的研究，*劑量 - 反應效果* (dose-response effects) 的術語常被使用。這類研究被廣泛支持的發現，是更嚴重的災難 / 創傷會有更糟糕的適應 (Masten, 2013; Masten & Narayan, 2012)。

在 2001 年 9 月 11 日，紐約的世界貿易中心與華盛頓特區五角大廈的恐怖攻擊、2005 年 9 月 Katrina 颶風和 Rita 颶風等，都提高人們對如何幫助兒童面對壓力事件的關注。

研究者推薦以下方式給照護災難後兒童的父母、老師和成人 (Gurwitch et al., 2001, pp.4-11)：

- 確保兒童 (若必須的話多次) 的安全與保障。
- 讓兒童重新說出事件，並有耐心地傾聽。
- 鼓勵兒童說出任何煩惱的感覺，再次確認他們這樣的感覺在緊張的環境後是正常的。
- 保護兒童不再暴露在恐怖的環境或有創傷的提示——如限制在兒童的面前討論事件。
- 幫助兒童了解已發生的事情，記得兒童可能會誤會，例如年幼的兒童「可能會責怪自己，認為已發生的事情並沒有發生、認為恐怖攻擊者會在學校等。慢慢幫助兒童發展對真實事件的了解」(p. 10)。

創傷事件可能會造成個人思考人生道德的觀點，當一個兒童面臨戰爭的暴力和貧困時，絕望感可能會降低道德的發展 (Nader, 2001)，讓我們繼續探討兒童的道德發展。

三、道德發展

記得我們在第 8 章描述 Piaget 的道德發展觀點。Piaget 指出年幼孩子是他律道德的特點，但是到了 10 歲，他們已經進入更高的階段，稱為自律道德 (autonomous morality)。根據 Piaget 的說法，年齡較大的兒童會考慮個人行為的意圖，認為規則可以作變更、懲罰並不總是因為不法行為。

第二個道德發展的主要觀點是 Lawrence Kohlberg (1958, 1986) 所提出的。Piaget 的認知發展階段作為 Kohlberg 的理論的支柱，但 Kohlberg 建議道德發展有六個階段，他認為這些階段是全世界通用的。Kohlberg 表示從一階段到另一階段的發展是由採取他人的視角、經歷個人的當前階段的道德思考，和更高階段推理間的衝突所促進而成的。

Kohlberg 在 20 年後用獨特的面談方式達成他的觀點。在面談中，為兒童呈現一系列其中的人物面對道德困境的故事。以下為 Kohlberg 最受歡迎的困境故事之一：

> 在歐洲，有一名婦女罹患特殊的癌症而瀕臨死亡。有一個醫生認為可以救她的藥是最近在同一個城鎮的一位藥劑師發現的鐳。這種藥非常昂貴，因為藥劑師想從藥的成本上獲取 10 倍利潤，他支付 200 美元買了鐳，而一小劑藥索取 2,000 美元。生病婦人的丈夫 Heinz 向認識的每個人借錢，但卻只能借到藥費的一半——1,000 美元。他告訴那位藥劑師說他的妻子將死，並要求他賣便宜一點，或讓他晚點支付。但藥劑師說：「不，是我發現這個藥的，我將要用它來賺錢。」因此 Heinz 非常絕望，闖進對方的店鋪為妻子偷走藥 (Kohlberg, 1969, p. 379)。

這個故事是 11 個困境故事之一，Kohlberg 設計探討道德思想的本質。在閱讀完故事後，受試者回答關於道德兩難的一系列問題。Heinz 應該偷藥嗎？偷竊是正確或錯誤的呢？為什麼？若他沒有其他方式得到藥，為妻子偷藥是丈夫的責任嗎？好的丈夫會偷竊嗎？在沒有任何法律背景限制下，藥劑師有權利把藥賣得這麼貴嗎？為什麼？

(一) Kohlberg 的階段

根據面談者給予這個和其他道德困境的答案，Kohlberg 描述三個道德思考的層次，每一個都有兩個階段 (見圖 10.1)。一個關鍵的概念是透過這些層次和階段，了解個人道德的進步是在於逐漸變為內在和成熟的；也就是說，他們對道德做決定和價值的理由開始超越年幼時認為外在或表面的原因。

讓我們繼續檢視 Kohlberg 的階段。

1. Kohlberg 的層次一：道德成規前期

道德成規前期是 Kohlberg 理論中道德推理最低的層次，由兩個階段組成：處罰與服從的道德觀 (階段 1) 和工具性的道德觀 (階段 2)。

- 階段 1：**處罰與服從的道德觀**是 Kohlberg 第一個道德發展的階段。在此階段，道德思想常和懲罰有關。例如兒童和青少年遵從大人，是因為大人告訴他們要服從。
- 階段 2：**工具性的道德觀**是 Kohlberg 理論的第二個階段，在此階段，個人追求他們有興趣的，但同時也讓別人如此。因此，什麼是正確的，則牽涉到平等的交換，如果人們用好的態度對別人，別人也會用好的方式回報。

2. Kohlberg 的層次二：道德成規期

道德成規期是 Kohlberg 理論的第二個或中間的層次。個人遵守某些內在標準，但他們會用此標準對其他人，如為人父母的準則或社會的法律。道德成規期由兩個階段組成：人際和諧的道德 (階段 3) 和

道德成規前期 (preconventional reasoning)
Kohlberg 道德發展理論最低的層次。個人道德推理主要被外在的回饋和懲罰控制。

處罰與服從的道德觀 (heteronomous morality)
Kohlberg 的道德成規前期的第一個階段，道德思考是和懲罰相連的。

工具性的道德觀 (individualism, instrumental purpose, and exchange)
Kohlberg 的道德成規前期的第二個階段，個人追求自己的興趣，但同時也讓別人這樣做。

道德成規期 (conventional reasoning)
在 Kohlberg 道德發展理論的第二個或中間層次。在此層次，個人遵守某些標準，但這些標準是由其他人，如父母或社會所定。

層次一 道德成規前期	層次二 道德成規期	層次三 道德成規後期
階段 1：處罰與服從的道德觀 兒童的服從是因為大人告訴他們要服從，人的道德決定是來自於害怕被處罰。	**階段 3：人際和諧的道德** 個人道德判斷的基礎在於對價值的信任，以及關懷和對別人忠誠。	**階段 5：社會契約原則** 個人認為的價值觀、權利和原則是鞏固法律的基礎且超越法律。
階段 2：工具性的道德觀 個人追求他們有興趣的，同時也讓別人如此。因此，什麼是正確的，則牽涉到平等的交換。	**階段 4：社會系統道德** 道德判斷在於了解社會秩序、法律、正義和義務。	**階段 6：普世倫理原則** 個人已依據普遍人類權利發展出道德標準。當面臨法律和良心之間的衝突時，個人將服從良心，雖然這個決定有可能會帶來風險。

圖 10.1　Kohlberg 的三層次和六階段道德發展。Kohlberg 認為任何人都是藉由經過這些年齡依據的階段而發展他們的道德推理。如何以第 1 章自然和培育、連續和不連續的問題來評論 Kohlberg 的理論呢？

社會系統道德 (階段 4)。

- 階段 3：**人際和諧的道德**是 Kohlberg 道德發展的第三個階段，在此階段，個人道德判斷的基礎在於對價值的信任，以及關懷和對別人忠誠。兒童和青少年常在此階段採用父母的道德標準，尋求他們父母認為是一個「好女孩」或「好男孩」。
- 階段 4：**社會系統道德**是 Kohlberg 道德發展理論的第四個階段。在此階段，道德判斷在於了解社會秩序、法律、正義和義務。例如青少年可能相信成員會需要受到法律的保護，才可以在社區內工作。

3. Kohlberg 的層次三：道德成規後期

道德成規後期是 Kohlberg 理論的第三個和最高的層次。在此層次，道德更多內化的。道德成規後期層次由兩個階段組成：社會契約原則 (階段 5) 和普世倫理原則 (階段 6)。

- 階段 5：**社會契約原則**是 Kohlberg 的第五個階段，在此階段，個人認為的價值觀、權利和原則是鞏固法律的基礎且超越法律。人們會評價法律的實際效力和社會制度，植基於它們保存與保護基本人權和價值觀。
- 階段 6：**普世倫理原則**是 Kohlberg 道德發展理論的第六個和最高階段，在此階段，個人已依據普遍人類權利發展出道德標準。當面臨法律和良心之間的衝突時，個人將服從良心，雖然這個決定有可能帶來風險。

Kohlberg 主張這些層次和階段是依序發生，並和年齡有關：在 9 歲以前，大部分的兒童在層次一，當他們考量道德選擇時，道德成規前期依據外在的回饋和懲罰。在青少年早期，他們道德推理的標準，逐漸增加對他人的看法。大多數的青少年在階段 3，有些則在階段 2 和階段 4。在成年早期，有一些人已形成道德成規後期的思考方式。

什麼證據支持這些發展的描述呢？一個長達 20 年的研究發現，使用階段 1 和階段 2 的思考方式會隨著年紀而減少 (Colby et al., 1983) (見圖 10.2)。但階段 4 直到 10 歲時尚未出現，而反映在 62% 的 36 歲成人身上。階段 5 直到 20 至 22 歲時才會出現，且有此情形的人不超過 10%。

參與調查研究的人的道德階段出現的比 Kohlberg 最初設想的時程稍晚，特別是在最高層次的推理階段——階段 6 是罕見的，它在

人際和諧的道德 (mutual interpersonal expectations, relationships, and interpersonal conformity)
Kohlberg 道德發展的第三個階段，在此階段，個人認為信任、照護和忠誠別人是道德判斷的基礎。

社會系統道德 (social systems morality)
Kohlberg 道德發展理論的第四個階段，道德判斷是根據社會秩序，法律和義務。

道德成規後期 (postconventional reasoning)
Kohlberg 道德發展理論的最高層次。在此層次，個人認為取代道德的過程，探索選擇，然後做出根據個人道德代碼的決定。

社會契約原則 (social contract or utility and individual rights)
Kohlberg 的第五個階段，在此階段，個人認為價值觀，權利和原則鞏固或超越法律。

普世倫理原則 (universal ethical principles)
Kohlberg 道德發展理論第六個和最高的階段，其中個人根據普遍人類權利所發展的一個道德標準。

Kohlberg 道德發展理論上仍很重要。

(二) Kohlberg 的影響

什麼因素會影響人們跨越 Kohlberg 的階段前進呢？雖然在每一階段的道德推理都假定和認知發展的某個層次相襯，但 Kohlberg 認為兒童認知發展的提升並不會保證道德推理的發展。另一方面，道德推理也反映在兒童處理道德問題和衝突中。

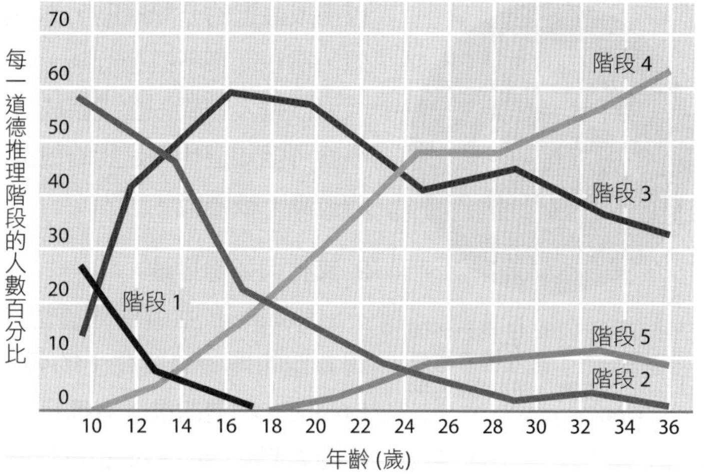

圖 10.2　年齡和個人在 Kohlberg 道德發展階段的百分比。在一個針對 58 名從 10 到 36 歲男性的縱向研究中，發現 10 歲大的兒童大多落在道德成規的階段 2 (Colby, Kohlberg, Gibbs, & Lieberman, 1983)。到了 16 到 18 歲的年紀，多數人進入道德成規的階段 3。一直到 20 多歲中間，進入第 4 階段才變得很常見。階段 5 直到 20 到 22 歲的年紀才會出現，且沒有超過 10% 的人有這樣的特徵。在這個研究，道德階段的出現晚於 Kohlberg 預期且階段 6 是不出現的。你認為這和參與研究的人都是男性有關係嗎？為什麼？

有些研究者試圖建構一個模型，以反映每一個人如何由目前的道德思考水準進入下一個階段的參數。這種模式用到 Piaget 解釋認知發展的概念——平衡與衝突。研究人員透過一個稍微超出兒童道德推理水準的任務，創造不平衡，去激勵兒童調整他們的道德思想。使用這種任務討論的研究結果發現，不管時間長短、不管在哪一層級，似乎都能促進道德推理的提升 (Walker, 1982)。

發展連結—同儕
Piaget 認為在同儕相互關係中的給予和領取，比父母教導加強兒童的道德成規更重要。(第 8 章)

Kohlberg 強調，同儕互動和觀點取代都是重要的社會刺激，挑戰兒童改變他們的道德推理。因此在成人特別地強加給孩子規則和法規時，如果也給兒童有在同儕間互動、輪替的機會，兒童就有機會採取其他人的角度和產生民主的規則。

(三) 對 Kohlberg 的批評

Kohlberg 的理論已引發爭論、研究和批評 (Gibbs, 2014; Killen & Smetana, 2014; Lapsley & Yeager, 2013; Narváez, 2014)。主要的批評牽涉到道德思想和道德行為、文化及家庭在道德發展中的角色，以及對他人的關注之間的連結。

1. 道德思想與道德行為

Kohlberg 的理論已經被批評太強調道德思想，而不強調道德行為 (Walker, 2004)。道德推理有時候是不道德行為的掩護，例如腐敗的執行長和政客會在自己的行為暴露前，公開贊同最崇高的美德。不論是

這名在尼波爾的 14 歲男孩被認為是世界上第六個佛教聖人。在尼泊爾一個對 20 名男性少年僧侶的研究裡，正義這個在 Kohlberg 理論的議題，在這些僧侶的道德觀念上卻不是重點 (Huebner & Garrod, 1993)。同時，僧侶認為苦難的預防和慈悲的重要性並不存在於 Kohlberg 的理論中。

以前或最近的公開醜聞，你可能都會發現這些罪魁禍首顯示良性的思想，卻在從事不道德行為。

沒有人想要一個道德成規後期層次的騙子或小偷。這些欺騙者和小偷可能知道什麼是對的但仍做錯。令人髮指的行為可以在道德美德的披風下被隱藏。

2. 文化與道德推理

Kohlberg 強調他的道德推理階段是普遍性的，但是有些批評者認為他的理論有文化上的偏差 (Gibbs, 2014; Miller & Bland, 2014)。Kohlberg 和他的批評者都可能有部分是對的。在一個研究裡，不同文化的人們的確如 Kohlberg 所預測的，按照由一到四的階段依序發展，但並不是在所有的文化中都可發現階段 5 和 6 的道德行為 (Gibbs et al., 2007; Snarey, 1987)。總而言之，雖然 Kohlberg 的方法確實在世界多元的文化捕捉到道德的推理，但他的方法在特定的文化中遺漏了一些重要的道德觀念 (Gibbs, 2014; Miller & Bland, 2014)。

3. 家庭和道德發展

Kohlberg 認為在兒童道德發展中，家庭過程是最不重要的。如同之前提到的，他認為親子關係通常很少提供兒童觀點取代的機會，而這個機會比較有可能由兒童的同儕關係中提供。但是，更多兒童道德發展的專家斷定父母的道德價值和行為影響兒童道德推理的發展 (Grusec et al., 2014; Thompson, 2014a)。無論如何，大多數發展學家都同意如 Kohlberg 和 Piaget 所言，同儕在道德推理的發展中扮演重要的角色。

4. 性別和照護角度

最公開批評 Kohlberg 的理論的是來自 Carol Gilligan (1982, 1992, 1996)，她認為 Kohlberg 的理論反映出性別的偏差。根據 Gilligan 的說法，Kohlberg 的理論基本上是根據男性的標準，將信條放在關係之上來關注他人，且認為個人是獨立地做出道德的決定，他將公平正義視為道德的中心。和 Kohlberg 的**正義觀點**相比，Gilligan 抱持**照護觀點**，從這個道德的角度出發，重視與他人的連結、人際溝通、人際關係。根據 Gilligan，Kohlberg 大幅低估照護的角度，也許因為他是男性，因為他大多數的研究是以男性為樣本，而非女性，且因為他習慣用男性的反應作為理論的典範。

正義觀點 (justice perspective)
一個放在個人權力之上的道德觀，個人獨立做出道德的決定。

照護觀點 (care perspective)
Carol Gilligan 的道德觀點，認為人們根據他們和其他人的連結，以及強調內在個人的溝通、和其他人的關係及對他人的關心來判斷事物。

然而，有許多關於 Gilligan 性別結論的問題出現 (Walker &

Frimer, 2009)。例如根據後設分析 (一個有許多不同研究結果統計上的分析)，懷疑 Gilligan 認為性別不同在道德判斷上有顯著差異的理論 (Jaffee & Hyde, 2000)。另外，一個研究結果顯示，女孩的道德導向「在某些情況下較可能注意照顧其他人，而不是公平正義抽象的標準，但當需要時，她們可以使用兩個道德導向」(Blakemore, Berenbaum, & Liben, 2009, p. 132)。

Carol Gilligan。什麼是 Gilligan 道德發展的觀點？

(四) 道德發展的領域理論：道德、社會傳統的、個人的推理

道德發展的領域理論認為社會知識和推理包含許多不同領域，包括道德、社會的傳統和個人的領域。在領域理論中，兒童和青少年的道德、社會傳統習俗、個人知識及推理是從他們意圖去了解和解決不同社會經驗形式中產生 (Smetana, 2011a, b, 2013; Turiel, 2014)。

有些理論學家和研究者認為 Kohlberg 並沒有適當地分辨道德推理和社會傳統推理 (Killen & Smetana, 2014; Smetana, 2013; Turiel, 2014)。**社會傳統推理**著重在已經被認為能控制行為和維持社會系統的社會共識所建立的習俗規則。這些規則本身是隨意的，如在課堂發言時要先舉手、在買電影票時不要插隊等。若我們違反這些傳統習俗會有制裁，雖然它們可以被共識所改變。

相反地，道德推理著重在合乎道德的議題和規則，並不是隨意的。它們是義務的、廣泛被接受的，且某種程度上和個人無關的 (Helwig & Turiel, 2011)。有關欺騙、偷竊和身體傷害另一個人也都是包含在道德規則討論的範圍內，因為違反這些規則也會冒犯從社會共識而存在的道德標準。道德判斷牽涉到公平正義的概念，然而社會傳統習俗判斷是社會組織的概念。違反道德規則通常比違反社會傳統還來得嚴重。

這些社會的傳統對 Kohlberg 的方法是一連串的挑戰，因為 Kohlberg 認為，社會傳統是通往更高的道德精熟路上的中途站。支持社會傳統者認為，社會傳統的推理並不低於道德成規後期，但某些時候需要從道德線索上解開 (Smetana, 2013; Smetana, Jambon, & Ball, 2014)。

近來，在道德與傳統之間已發現一個不同點，在成年人社會的規則和個人的議題中被視為合理的主題，也很可能是兒童和青少年在做個人決定時的主題 (Smetana, 2011a, b, 2013)。個人的議題包含全面控制身體、隱私，以及朋友與活動的選擇，因此，有些屬於個人領域的行動是不被道德推理或社會規範所控制。

道德發展的領域理論 (domain theory of moral development)
辨別出社會知識和推理的不同領域，包括道德、社會的傳統和個人的領域。在領域理論中，兒童和青少年的道德、社會傳統習俗、個人知識及推理是從他們意圖去了解和解決不同社會經驗形式中產生。

社會傳統推理 (social conventional reasoning)
關於社會共識和傳統的想法，和道德推理相反，重視倫理議題。

兒童的分享從學齡前到小學階段有何改變？

(五) 親社會行為

Kohlberg 和 Gilligan 的理論著重於道德推理的發展，有些親社會道德行為已被更加強調在道德發展的行為觀點 (Eisenberg, Spinrad, & Morris, 2013; Padilla-Walker & Carlo, 2014)。兒童從事不道德、違反社會的行為，如說謊、欺騙；也同時展現出親社會道德的行為，如展現同理心或無私的行為 (Eisenberg & Spinrad, 2014; Padilla-Walker & Carlo, 2014)。即使在學齡前的幾年，兒童也許會照顧其他人或在他人有壓力時安慰 (Laible & Karahuta, 2014)，但親社會行為更常發生在青少年多於兒童時期 (Eisenberg et al., 2009)。

William Damon (1988) 闡述了分享是如何發展。在兒童互動的第一年裡，他們的分享通常是沒有理由的同理心，僅是社交禮儀或充滿模仿的樂趣。但是到了約 4 歲的年紀，在同理心的知覺和成人的鼓勵下，產生與他人分享的義務感覺。然而，多數 4 歲兒童不是自私的，兒童認為他們有義務分享，但不是認為他們應該要對別人如同對待自己一樣的慷慨。

在兒童中後期，孩子的分享反映更為複雜的感覺。在小學開始的幾年，兒童開始對公平表達客觀的意見。聽到 6 歲的小孩用公平的字詞同於相等或相同是很普遍的。在中後期小學的幾年，兒童相信平等有時候代表人們有特殊的優點或特殊需求可獲得特別的待遇。

(六) 道德人格

超越道德推理、具體的道德情感和親社會行為的發展，兒童也發展出自己明顯的道德組型嗎？換句話說，兒童發展一個道德人格。什麼是其組成的內容？研究者已經著重在三個組成的成分：道德認同、品性和道德模範。

- 道德認同。個人有道德認同時，道德觀念和道德承諾的核心會成為他們生活的一部分 (Matsuba, Murazyn, & Hart, 2014; Walker, 2014a, b)。他們參照道德的範疇去建造自我，若侵犯了他們在道義上的承諾，將有破壞自我完整性的風險 (Hardy et al., 2014)。一個成熟的道德個人在乎道德感，並想成為一個有道德的人。
- 品性。一個有道德特性的人有自由意志、欲望和忍受壓力的氣度，能克服煩躁和絕望，且表現得有道德。一個有好的道德特性的人展現出道德的美德，如「誠實、真實性和守信的，也有照護、惻隱之心、周到和體貼。其他重要特徵還包括可靠性、忠誠和盡責的美德」(Walker, 2002, p. 74)。

- 道德模範。道德模範是指示範道德生活的人。他們的道德人格、認同和特點及美德都反映道德的卓越與承諾 (Walker, 2014a, b)。

總而言之，道德發展是多方面、複雜的概念。這些複雜性包含個人的想法、感覺、行為和人格。

四、性別

Gilligan 的理論認為，Kohlberg 的道德發展理論反映性別的偏差，提醒我們性別對發展的影響力無處不在。早在上小學之前，男孩和女孩展現對不同玩具活動的喜好。如我們在第 8 章討論過的，學齡前的兒童展現出性別認同和性別類型的行為，反映在生理上、認知上及社會上的影響。這裡我們將檢視性別的刻板印象、性別的相似處和不同處，以及性別角色的界定。

(一) 性別刻板印象

根據古老的短詩，男孩是由「青蛙和蝸牛」做成的，而女孩是由「糖和香料，以及一切好的東西」做成的。在過去，一個適應良好的男孩應該是獨立、積極和威武的。這些主張反映**性別刻板印象**，這普遍的分類反映一般對男性與女性的印象和意見。

男孩是什麼做成的？
青蛙和蝸牛和狗的尾巴。
女兒是什麼做成的？
糖和香料、和一切好的東西。

——J. O. Halliwell
19 世紀英國作家

最近的研究已發現，性別刻板印象至今仍存在這個世界上，且在兒童和成人的生活中 (Hyde, 2014; Leaper, 2013; Liben, Bigler, & Hilliard, 2014)。性別刻板印象繼續在中後期的兒童時期和青少年期改變 (Blakemore, Berenbaum, & Liben, 2009)。到兒童進入小學時，他們已經對和男性或女性有關的活動具有相當的知識。直到 7 至 8 歲的年紀，性別刻板印象已經變廣了，因為年幼的兒童沒有辨別個人在男性和女性不同的能力。在 5 歲的年紀，男孩和女孩兩者的刻板印象為男孩是威武的，連結到較負面的用語，如攻擊的；而女孩則用較正面的用語，如溫和的 (Martin & Ruble, 2010)。經過小學的幾年，兒童對性別的態度變得較有彈性 (Trautner et al., 2005)。

一個在美國對 3 到 10 歲的兒童所進行的研究，發現女孩和較年長的兒童有較高的比例有性別刻板印象 (Miller et al., 2009)。在這個研究裡，女童比較多對外表的刻板印象，而男童比較多對個性特徵 (如攻擊性的) 上的刻板印象。另一個最近對 6 到 10 歲年紀的研究發現，男童和女童兩者皆認為數學是屬於男生的 (Cvencek, Meltzoff, &

性別刻板印象 (gender stereotypes)
大致的分類反映我們對男性和女性的印象與信念。

Greenwald, 2011)。研究者同時也發現，男童的性別刻板印象比女童的更死板 (Blakemore, Berenbaum, & Liben, 2009)。

(二) 性別相似性和差異

什麼是在性別刻板印象後的真實性呢？讓我們檢視一些性別之前的相似性和差異性，記住：(1) 這些差異是普通的，非指所有女性和男性；(2) 雖然相似性有被反映出來，性別還是有相當的差異；(3) 這些差異可能起因於生理上的因素、社會文化因素或兩者皆有。

接下來，我們將先檢視生理的相似性和差異性，再轉至認知與社會情緒的相似性和差異性。

1. 生理的發展

女人的體脂約是男人的兩倍，大部分集中在胸部和臀部，男性的體脂則較多在腹部。平均來說，男性比女性高出 10%，其他生理的差異較不明顯。從概念來說，女性比男性長壽，且女性較男性少生理或精神上的疾病。男性比女性有兩倍的風險有冠狀動脈的疾病。

性別的議題涉及到大腦結構和功能嗎？人類的大腦大多很類似，無論該大腦是屬於男性或女性的 (Halpern et al., 2007)。

然而，研究者已經發現，男性和女性在大腦上的不同 (Hofer et al., 2007)。女性的大腦約小於男性大腦 10% (Giedd, 2012; Giedd et al., 2012)。但是，女性的大腦有較多的皺褶；較大的皺褶 (稱為腦回) 允許女性比男性的頭骨內有更多的表面腦組織 (Luders et al., 2004)。男性在頂葉的視覺空間技能的領域是比女性大 (Frederikse et al., 2000)。女性在與情感表達有關的大腦區域中，比男性表現出更多的代謝活動 (Gur et al., 1995)。

雖然大腦結構和功能的一些差異已經被發現，但有許多跟這些差異有關的研究結果並不一致，且有些是小樣本的研究。同時，就算大腦的性別差異被揭示，在許多案例上並沒有直接連結到心理的差異 (Blakemore, Berenbaum, & Liben, 2009)。雖然在大腦性別差異的研究尚處於起步階段，但目前發現男性和女性的相似性大於相異性。一個進一步的重點值得注意的是，在大腦解剖的性別差異可能是由於這些差異的生物起源、行為經驗 (這強調了大腦的持續可塑性)，或這些因素的組合。

2. 認知發展

在整體智力的研究上並沒有顯示出性別差異，但有些性別差異已經在一些特定認知領域被發現 (Halpern, 2012)。研究已顯示一般女性的口語能力有稍微優於男性，在大腦有關口語能力的區域可以發現這些性別差異是大的 (Blakemore, Berenbaum, & Liben, 2009)。

在數學能力上有性別差異嗎？一個最近針對超過 700 萬個在 2 年級到 11 年級的美國學生大規模的研究發現，男孩和女孩在數學測驗分數上並沒有差異 (Hyde et al., 2008)。另外一個最近的研究則發現，在青少年中數學沒有性別差異 (Lindberg et al., 2010)。一個研究回顧文獻發現，女孩有較多負面的數學態度，而父母和老師通常對男孩會有較高數學能力期待的性別偏差 (Gunderson et al., 2012)。

在閱讀和書寫技巧上有性別差異嗎？一個有力的證據顯示，女性在閱讀和書寫上表現得比男性好。在美國的研究中，女孩比男孩有較高的閱讀成就 (National Assessment of Educational Progress, 2012)。一個在 65 個國家的國際研究發現，在每一個國家，女孩的閱讀成就都比男孩高 (Reilly, 2012)。在這個研究裡，閱讀上的性別差異在較少性別平等和較低的經濟繁榮的國家更鉅大。在美國，國家教育評量在第 4、8 和 12 年級的評量上，女孩也一致性地在書寫技巧上表現得比男孩好。

性別間在學校環境和成就上有差異嗎？就學校成就而言，女生有高比例地可以在學校有較好的成績和完成高中，且她們比男生較少從學校退學 (Halpern, 2012)。男性比女性有可能去上特殊 / 補救的教育課程。女孩比男孩更可能參與學術，課堂上較專注、投入更多精力於學業上，以及參與課堂學習活動 (DeZolt & Hull, 2001)。

單一性別教育對兒童會比男女同校的教育好嗎？單一性別教育主張可以減少對其他性別的注意力和減少性騷擾。單一性別教育已經在近年裡大量增加。在 2002 年，美國只有 12 所公立學校提供單一性別教育，在 2011 至 2012 學年裡，有 116 所公立學校是單一性別，且另外有 390 所學校提供這樣的體驗 (NASSPE, 2012)。

單一性別教育的增加特別是在「不讓任何孩子落後」(No Child Left Behind, NCLB) 被立法後，是一種提升教育經驗和低收入家庭、有色人種的學生的學業成就的手段，許多公立學校提供單一性別的教育方案中有高比例的弱勢生 (Klein, 2012)。然而，有兩份最近的研究指出，單一性別教育對有色人種、低收入的學生沒有具體的益處 (Goodkind, 2014; Halpern et al., 2011)。一篇由 Diane Halpern 和她的同事 (2011) 所寫的「The Pseudoscience of Single-Sex Schooling」指出，單一性別教育在任何科學證據上被大大地誤導、誤解和不被科學實證支持。她們強調有許多理論反對單一性別教育，最強烈的是在受監督和權威的環境下，減少男生與女生合作的機會。

有一個特別的單一性別公立教育的青少年團體——African American boys，因為他們有較差的學術成就和高的輟學率 (Mitchell & Stewart, 2013)。在 2010 年，Urban Prep Academy for Young Men 成為第一所全男性、全非裔美國公立的學校。結果第一屆畢業生 100% 都到大學註冊，儘管學校位在芝加哥，由貧窮、流氓和犯罪掌控的一區。因為這麼少的公立學校單獨著重在教育非裔美國男孩，所以認為這種單一性別教育是成功的還言之過早。

3. 社會情感發展

三個在社會情感發展上對性別相似與差異性的研究重點分別是攻擊性、情緒和反社會行為。一個最一致的性別差異是男生比女生較具生理上的攻擊性 (Coyne, Nelson, & Underwood, 2011; Hyde, 2014)。這差異顯現在全部的文化，且出現在兒童發展的非常早期 (White, 2001)。攻擊性的差異特別是當兒童被激怒時，生物和環境上的因素都會扮演重要角色。生物因素包含遺傳和激素，環境因素則包含文化的期待、成人和同儕的示範，以及社會對男孩攻擊性的回饋與懲罰和對女孩的攻擊性不同。

雖然男性一致比女性有生理上的攻擊性，但女生則有可能顯示出某種程度上的口語攻擊，如咆哮，並可能等同或超過男生的程度。當口語攻擊被考量在內時，性別差異通常就消失了，雖然有時候女生在口語攻擊上比較明顯 (Eagly & Steffen, 1986)。

攻擊性上的性別差異是什麼？

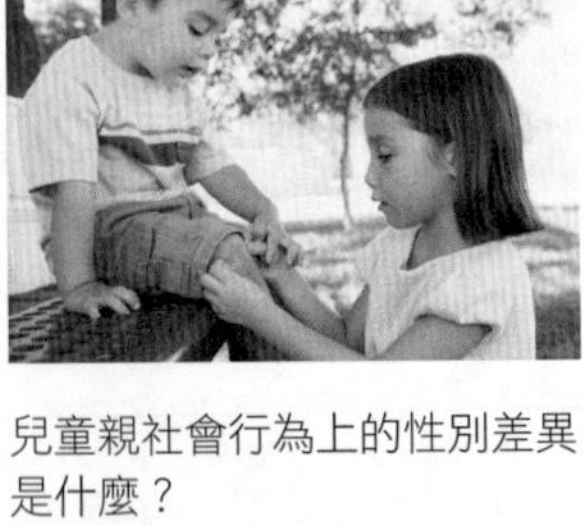
兒童親社會行為上的性別差異是什麼？

近來，許多焦點放在關係攻擊，此指藉由操縱關係對某個人不利或孤立。關係攻擊包含傳播惡毒的謠言 (Kawabata et al., 2012; Underwood, 2004, 2011)。關係攻擊在兒童中後期時增加 (Dishion & Piehler, 2009)。許多研究發現，無論女孩是否比男孩展現較多關係攻擊 (Putallaz et al., 2007)，但有一致的發現，整體上女生比男生有更大比例的關係攻擊，尤其是在青春期 (Smith, Rose, & Schwartz-Mette, 2010)。

調節和控制人的情緒與行為是一個重要的生存技巧 (Thompson, Winer, & Goodvin, 2014)。男生通常比女生較少自我調節 (Eisenberg, Spinrad, & Eggum, 2010)。這種低自我控制可能會轉變為行為問題。

親社會行為有性別差異嗎？女性認為自己比較親社會和具有同理

心 (Eisenberg & Spinrad, 2014; Eisenberg & Morris, 2004)。從兒童期到青少年時期，女性的親社會行為都較男性為多 (Hastings, Utendale, & Sullivan, 2007)。最大的性別差異發生在仁慈和體貼的行為，分享行為則較少有性別差異。

男性特質的描述
維護自身的信仰
有力的
有意願去冒險
主導性的
攻擊性的

女性特質的描述
不使用惡劣的語言
熱情的
喜愛兒童
善解人意
溫柔

圖 10.3 BEM 性別角色量表。這些項目是來自 BEM 性別角色量表 (Bem Sex-Role Inventory, BSRI)。當談到 BSRI 時，個人被要求在 60 個如何描述她或他的特徵裡，分別給予 1 (從未是或幾乎從未是) 到 7 (總是或幾乎總是) 的評價。這些項目會在陽剛和陰柔向度獨立計分。個人在陽剛項目上得到較高分，而在陰柔項目得分較低時就歸類成陽剛；這些在陰柔項目上較高，而陽剛項目上較低則會歸類成陰柔的；若兩者皆高，就會歸類成剛柔並濟。

(三) 性別角色界定

不久前，男生應該長得陽剛，而女生要陰柔是被接受的。然而，在 1970 年代，女性和男性卻變得不滿意加諸在他們身上刻板印象的負擔。對原本女性和男性兩種截然不同的角色之描述，取而代之的是一個在陽剛與陰柔的基礎上的連續性，某個傾向強一些，而另一個則少一些，甚至有人建議一個人可以同時擁有男性和女性特質。

這個想法導致**剛柔並濟**概念的發展，在同一個人身上同時存在有男性和女性的特質 (Bem, 1977; Spence & Helmreich, 1978)。剛柔並濟的男生可能是有自信 (陽剛的) 與溫柔；剛柔並濟的女生可能是權威的 (陽剛) 和對別人感覺敏感的 (陰柔)。評量剛柔並濟的方法已經被發展出來 (見圖 10.3)。

性別專家如 Sandra Bem 認為，剛柔並濟的個人比完全陽剛或陰柔的人有彈性、能幹且身體健康。在某種程度上，性別角色的界定最好依據情境，例如在親近關係中，女性化和剛柔並濟的導向比較能被接受。一個研究發現，女性和有較高女性化的人比男性和較陽剛的人展現出較高的助人傾向 (Karniol, Grosz, & Schorr, 2003)。然而，陽剛和剛柔並濟導向可能在傳統的學術與工作環境下較能被接受，因為成就來自於這些情境的要求。

儘管已有人提到關於「敏感的男性」這個字眼，但 Willian Pollack (1999) 認為，養育男生的傳統方法已經稍微改變。他說「男孩代碼」告訴男生，他們應該較少展現任何情緒，且應該表現堅強。男孩在許多情境下學習男孩代碼——例如沙箱、遊樂場、學校教室和校園。根據 Pollack 在「男孩的國內犯罪」的研究結果，他建議男孩應學習表達他們的焦慮和關心，且更能限制攻擊性。

發展連結—性別
性別差異的範圍與本質，其間關係的溝通是具爭議性的。(第 14 章)

(四) 情境下的性別

剛柔並濟和性別刻板印象都以人格特點，如「攻擊性」或「體貼」來描述，然而人們展現的特點可能隨著環境而有所不同 (Leaper, 2013)，因此性別差異的本質和內容可能依據情境而不同 (Gershoff, Mistry, & Crosby, 2014; Liben, Bigler, & Hilliard, 2014)。

剛柔並濟 (androgyny)
個人同時具有陽剛和陰柔的特質。

發展連結—社區和文化
Bronfenbrenner 的生態理論強調情境的重要性；在他的理論系統包含跨文化的比較。(第 1 章)

一般人的刻板印象是女性比男性還會樂於助人，但這取決於情境。女性較可能比男性花費時間去義務幫助有個人問題的兒童，以及從事照護的行為。但是在感到競爭和涉及到危險的情境下，男性比女性更有可能幫助別人 (Eagly & Crowley, 1986)。例如一個男性更有可能比女性去阻止和幫助一個在路邊爆胎的人。的確，一個研究記載，男性在情境為陽剛的時候較有可能幫助人 (MacGeorge, 2003)。

複習・連結・反思　學習目標一　討論情緒和人格在兒童中後期的發展

複習重點

- 兒童的自我概念在兒童中後期會發生什麼改變？
- 兒童的情緒表達在兒童中後期發生什麼變化？
- 兒童中後期道德發展的特點為何？什麼是性別刻板印象？什麼是一些重要的性別差異？

連結

- 在第 5 章，你學過關於相互注意協調能力的概念，和你目前學到的觀念有相似和相異處嗎？

反思個人的人生旅程

- 有一個年輕的男人因販賣少量的大麻而被判刑 10 年，他在羈押了 6 個月後逃獄。他目前已經 50 歲，是一位模範公民。他應該被送回監獄嗎？為什麼？你認為你的回答會落在 Kohlberg 的哪一個階段？請解釋。

貳 家庭

學習目標二　描述親子關係的發展改變

親子關係的發展改變｜父母的管教｜家庭中的依附關係｜重組家庭

在本節中，我們討論的焦點是親子互動在兒童中後期如何改變、父母有效管理兒童生活的重要性、在家庭關係中角色的依附，以及兒童在生活上如何被繼父母影響。

一、親子關係發展的改變

在孩子進入到兒童中後期的這幾年，父母花相當少的時間在他們身上 (Grusec et al., 2013)。在一個研究中發現，相較於陪伴 5 到 12 歲的孩子，父母花比 5 歲前的孩子少於一半的時間在照顧與陪伴、教導、閱讀、說話和玩 (Hill & Stafford, 1980)。雖然父母花的時間較少，但仍繼續在兒童生活中占有非常重要的地位。最近一個研究發現：「

父母的角色比較像看門人及提供鷹架，因為兒童要為自己承擔更多責任和……限制自己的生活」(Huston & Ripke, 2006, p. 422)。

父母特別是在支持和刺激兒童學業成就上扮演重要的角色。父母重視教育的程度可以決定兒童是否能在學校表現良好 (Eccles, 2014; Pomerantz & Kempner, 2013)。父母不只影響兒童在學校的成就，也決定兒童校外的活動。無論兒童參與運動、音樂和其他活動，常大大地受到父母替兒童報名這類活動內容，以及鼓勵他們參與的影響 (Simpkins et al., 2006)。

小學的兒童比學齡前的兒童受到較少的體罰。父母較可能使用剝奪權利、提醒兒童要自愛、增加兒童的責任感，而不是打屁股或強制的堅持。

在兒童中後期時，有些控制權從父母轉移到兒童身上。這個過程是漸進的，並且是協同控管，而不是單獨由小孩或父母控制。當兒童被允許出於自我控制去做一些事時，父母繼續一般性的監督和控制，大概要到 12 歲以後才有可能真正由兒童獨立行使控制權。當兒童向獨立前進時，一個關鍵性的發展任務是學習和家庭外的大人相處，如老師。

二、父母的管教

父母在兒童的成長中扮演管理者的角色，包括是他們行為的監控者、社交的啟發者和安排者 (Grusec et al., 2013; Parke & Clarke-Stewart, 2011)。母親比父親在教養態度上較可能從事管理的角色。

研究者發現，家庭管理的做法與學生的年級、自身責任感呈正相關，和學業表現則是負相關 (Eccles, 2007; Taylor & Lopez, 2005)。最重要的家庭管理，包括維持結構化和有組織的家庭環境，例如建立家庭工作的例行事項 (如家事、睡覺時間等)，且有效率地監控孩子的行為。在一個研究回顧中發現，家庭功能會決定非裔美國學生的學術成就，當非裔美國籍的父母藉由確認回家功課時，限制花在非生產性的注意力 (如電玩和電視)，加以能有禮、正向地參與和老師、學校人員的對話來監控孩子的學術成就，孩子的學術成就即會有所獲益 (Mandara, 2006)。

三、家庭中的依附關係

在第 6 章中，你讀過關於嬰兒時期安全依附的重要性和在依附中敏感的教養態度的角色 (Bretherton, 2012; Thompson, 2014b, 2015)，安全依附持續在兒童時期的幾年中繼續扮演重要角色。在兒童中後期時，依附變成比較精熟，而且當兒童社交的社會擴大到同儕、老師或其他人時，一般來說會花較少的時間在父母身上。

Kathryn Kerns 和她的同事 (Brumariu & Kerns, 2014; Brumariu, Kerns, & Seibert, 2012; Kerns & Seibert, 2012; Kerns, Seiner, & Brumariu, 2011; Siener & Kerns, 2012; West, Mathews, & Kerns, 2013) 已研究兒童中後期對父母的依附與各種發展結果的關聯，他們發現在這段時間，安全依附和兒童較低層次的內向性問題有關 (Brumariu & Kerns, 2010)。例如一個最近的研究顯示，如果他們對母親較少安全依附，會有較多焦慮 (Brumariu, Kerns, & Seibert, 2012)，而安全依附和較高層次的兒童情緒控制有關，且在辨認情緒上會有較少的困難。

四、重組家庭

發展連結—家庭
大約有 50% 的再婚婦女承擔她們新重組家庭的小孩。(第 14 章)

在美國，不只是離婚變得很普遍，再婚也是。父母結婚、生小孩、離婚和再結婚都是花時間的。因此，因再婚而重組的家庭在小學和中學的兒童裡遠遠超越嬰兒和學齡前的兒童。

在最近幾年，帶著孩子再婚的數量逐漸成長。同時，再婚的離婚率比第一段婚姻高 10% (Cherlin & Furstenberg, 1994)。有約一半父母離婚的兒童在四年內將會有繼父母。

再婚父母面臨一些獨特的任務 (de Jong Gierveld & Merz, 2013)：這對夫妻必須定義和加強他們的婚姻，同時重新建構親子關係，以及繼父母與前夫 (妻) 所生之子女的手足關係 (Coleman, Ganong, & Fine, 2004)。複雜的歷史和多重的關係使得在重組家庭中有許多適應的困難 (Dodson & Davies, 2014; Higginbotham et al., 2012)，有 1/3 的再婚家庭會繼續再婚。

在某些案例中，重組家庭可能是由於配偶的死亡，然而大多數的重組家庭是因離婚而非死亡所促成 (Pasley & Moorefield, 2004)。三種常見的重組家庭結構種類是 (1) 繼父；(2) 繼母；(3) 混合或複雜的。在繼父家庭中，一般來說母親保留小孩並再婚，引介一個繼父到她孩子的生活中；在繼母家庭中，父親通常有監護權和再婚，引介一個繼母到他孩子的生活中；在混合或複雜的重組家庭裡，兩方父母以新的再婚家庭方式，從前一個婚姻中帶小孩來生活。

在 E. Mavis Hetherington (2006) 的縱貫性研究中發現，多年而簡

單的重組家庭中的兒童或青少年會適應得比重組的前幾年還好，並且比在較有衝突卻未離婚家庭的孩子及複雜 (混合) 重組家庭的孩子都適應良好。在長期建立的簡單重組家庭中，超過 75% 的青少年認為他們與繼父母的關係是「親近」或「非常親近」。Hetherington (2006) 總結在長期建立的簡單重組家庭之青少年能從繼父母中獲益，且該資源的提供是來自於繼父母。

孩子經常與監護人父母比繼父母的關係更好 (Santrock, Stitterle, & Warshak, 1988)。此外，孩子在簡單的重組家庭比他們在複雜的 (混合) 家庭的同儕表現出更好的適應 (Hetherington & Kelly, 2002)。正如在離異家庭，孩子在重組家庭表現出比非離異家庭的孩子更多適應問題 (Hetherington & Kelly, 2002)。調適問題類似於那些父母離異的孩子中所發現的，例如學業問題和較低的自尊 (Anderson et al., 1999)。然而，大多數在重組家庭的孩子卻沒有這樣的問題。在一個分析中發現，25% 的重組家庭的子女顯示有適應問題，相較之下，從未離婚家庭的孩子則為 10% (Hetherington & Kelly, 2002)。

青春期是重組家庭建立的特別困難時期 (Gosselin, 2010)，這種困難來自再婚加重部分青春期對於身分、性和自主性的擔憂。

複習・連結・反思　學習目標二　描述親子關係發展的改變

複習重點

- 兒童中後期的親子關係變化的特徵是什麼？
- 家長如何成為孩子生活中有效的管理者？
- 家庭依附和兒童中後期的兒童發展有何關聯？
- 再婚如何影響孩子的發展？

連結

- 在本節中，你學到再婚如何影響兒童的發展。對照你在第 8 章了解孩子在離異家庭中，父母教養方式與兒童的調適又是如何？

反思個人的人生旅程

- 當你在小學時與父母的關係像什麼？你如何看待它對你的發展影響？

參　同儕

學習目標三　辨別同儕關係在兒童中後期的改變

發展的改變 | 同儕地位 | 社會認知 | 霸凌 | 友誼

擁有與同齡人正向的關係對兒童中後期顯得尤為重要 (Lansford et al., 2014; Rubn et al., 2013)。能與同齡人正向互動、用非攻擊性的方式解決與同儕的衝突，並維護童年友誼的品質，不僅在這個時候對兒童的生活產生正向效果，而且還連接到更多在青春期和成年期的正向關係成果 (Huston & Ripke, 2006)。例如在一個縱貫性研究中，8 歲時與同儕有較少的攻擊行為和 48 歲以上時有更高層次的職業地位有關。另一項研究也發現，在兒童中後期與同儕互動的能力 (其中包括與同齡人的社會互動、友誼的品質和社交技能綜合衡量) 和成年早期與同事更好的關係有關 (Collins & van Dulmen, 2006)。而最近的研究發現，兒童期的同儕地位如果是低接受程度，與成年後失業率的增加及心理健康問題有關 (Almquist & Brannstrom, 2014)。

一、發展的改變

隨著兒童進入小學裡，互惠成為同儕互動中非常重要的一件事。研究人員估計，花費在與同儕社會互動時間的百分比，從 2 歲的 10% 左右一直到在兒童中後期上升至 30% 以上 (Rubin, Bukowski, & Parker, 2006)。在早期的經典研究中，在小學典型的一天中包括與同儕大約有 300 個互動事件 (Barker & Wright, 1951)。他們的同儕團體範圍增加，但在成人監督下與同儕交往較不密切，直到大約 12 歲，兒童與同性同齡群體互動的偏好會增加。

二、同儕地位

哪些兒童很可能在同儕間是受歡迎的，哪些則是不受歡迎的？發展主義者以社會計量法來評估兒童在同儕中的社會地位 (sociometric status)，了解兒童受不受同儕群體歡迎的程度 (Cillessen & van den Berg, 2012)。社會計量法是透過詢問兒童來評估他們有多喜歡或不喜歡每一個同學；或者也可以要求兒童說出最喜歡的同儕、事物或活動。

發展主義者將兒童依其社會地位，區分成五種不同類型的同儕地位 (Wentzel & Asher, 1995)：

- **受歡迎的兒童**：經常被命名為最好的朋友，同儕很少不喜歡他們。
- **普通的兒童**：收到平均來自同儕的正面和負面評價。
- **被忽略的兒童**：很少被提名為最好的朋友，但是也沒有被同儕不喜歡。

受歡迎的兒童 (popular children)
經常被命名為最好朋友的兒童和同儕很少不喜歡他們。

普通的兒童 (average children)
收到平均來自同儕的正面和負面評價的兒童。

被忽略的兒童 (neglected children)
很少被提名為最好的朋友，但也沒有被同儕不喜歡的兒童。

- **被拒絕的兒童**：很少被提名為某人最好的朋友，且被同儕不喜歡。
- **受爭議的兒童**：經常被同時提名為某人最好的朋友和被討厭的人。

受歡迎的兒童有一些有助於獲得惹人喜愛的社交技巧，他們會幫助人、仔細聆聽、保持溝通的暢通，他們是幸福的，能控制自己的不良情緒，表裡一致，顯示對他人的熱情和關注，是自信而不自負的 (Hartup, 1983; Rubin Bukowski, & Parker, 1998)。被拒絕的兒童往往有嚴重適應上的問題 (Rubin et al., 2013)。

John Coie (2004, pp. 252-253) 提供三個理由，為何具攻擊性、被同儕拒絕的男孩的社會關係有問題：

- 「首先，他們非常浮躁，並有注意力持續的問題。這樣一來，他們對課堂上正在進行的活動及下課時的團體遊戲更可能是具有破壞性的。
- 其次，他們更情緒化，更容易被激起怒氣，而且可能更難讓自己冷靜下來。正因為如此，他們更容易成為同儕生氣及身體、口語攻擊的對象……
- 第三，他們在交朋友和保持正向關係上有較少的社交技巧。」

並非所有被拒絕的兒童都是具攻擊性的 (Rubin et al., 2013)。雖然約有一半被拒絕的兒童有攻擊、衝動及其相關特徵的破壞性行為，但是至少仍有大約 10% 到 20% 的被拒絕的兒童是害羞的。

如何才能訓練被拒絕的兒童與同儕更有效地互動？被拒絕的兒童可能被教導要更準確地評估同儕的意圖是否為負面的 (Bierman & Powers, 2009)？他們可能會被要求參與包含角色扮演或討論在內的社會技巧課程。在有些課程中，兒童在觀看錄影帶後要說出他們看到的重點 (Ladd, Buhs, & Troop, 2004)。

三、社會認知

一個男孩不小心絆倒和敲打到另一個男孩手上的汽水。那個男孩曲解為遇到懷有敵意的人，導致他對絆倒他的男孩展開積極報復。在這種重複的互動模式中，報復男孩的同學認為他的行事習慣是不恰當的。

這說明社會認知的重要性——關於社會問題的想法，例如前述報復的男孩懷有敵意地解讀別人打翻他的汽水，還有同學對他不當行為的看法 (Crone & Dahl, 2012; Vetter et al., 2014)。兒童對同儕的社會認

被拒絕的兒童 (rejected children)
很少被提名為某人最好的朋友，同儕大多不喜歡他們。

受爭議的兒童 (controversial children)
經常被同時提名為某人最好的朋友和被討厭。

知在理解同儕關係上越來越重要。特別令人感興趣的是，在兒童處理有關同儕關係和他們的社會知識 (Dodge, 2011a, b)。

Kenneth Dodge (1983, 2011a, b) 認為，兒童在處理有關他們的社會世界的訊息會經過六個步驟：他們選擇性地注意到社會線索、判斷屬性的意圖、產生目標、從記憶中提取行為腳本、做出決策，並制定行為。Dodge 發現，當兒童的意圖是不明確時，報復的男孩更傾向於認為另一個男孩的行為懷有敵意。當他在尋找線索來判斷另一個同儕的意向時，他們的反應更加快速。效率較低，比非攻擊性兒童有更少的反省，這些都被認為是兒童衝突的社會認知因素。

社會知識也涉及兒童與同儕相處的能力。他們需要知道在定義不清或模糊的情況下的目標是什麼、如何啟動和維持社會的紐帶、遵循什麼腳本，以讓其他的兒童成為他們的朋友。例如獲得朋友腳本的一部分，是要能知道不管同儕做什麼或說什麼都要說好話，才能使更多的同儕喜歡他。

四、霸凌

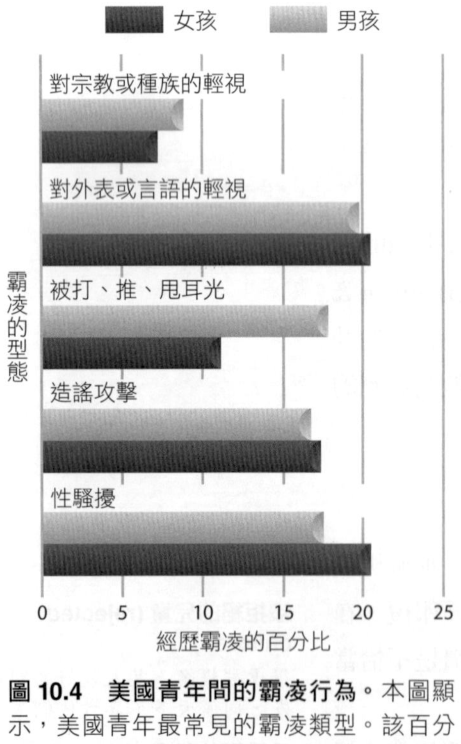

圖 10.4 美國青年間的霸凌行為。本圖顯示，美國青年最常見的霸凌類型。該百分比數據反映受欺負學生的程度，他們表示曾經歷特定類型的霸凌。男孩比女孩更容易被打、甩耳光及被推。

有許多學生受害於霸凌 (bullying) (Olweus, 2013; Thornberg & Jungert, 2014; Tsitsika et al., 2014)。在一項針對全美六至十年級共 15,000 多名的學生調查中，發現幾乎每三個學生就有一人說，他們是霸凌的受害者或犯罪者 (Nansel et al., 2001)。在這項研究中，霸凌被定義為在口頭或身體的行為，意圖擾亂不太有權力或力量的人。如圖 10.4 所示，對長相或說話的輕視是最常見的霸凌類型。男孩比女孩更容易霸凌別人，但對於霸凌受害者的性別差異並不是十分明顯 (Peets, Hodges, & Salmivalli, 2011)。

誰最容易被欺負？在上述研究裡，男孩和年輕的中學生最有可能受到影響 (Nansel et al., 2001)。被霸凌的學生較寂寞且有較多交友困難，而那些霸凌別人的人更可能有低的學業分數，以及抽菸和喝酒的習慣。

研究人員發現，焦慮、社交畏懼和有攻擊性的兒童往往是霸凌的受害者 (Hanish & Guerra, 2004; Rubin et al., 2013)。焦慮和社交畏懼兒童可能成為受害者，因為他們並無威脅，不太可能對於被欺負進行報復；而有攻擊性的兒童也可能成為被欺負的目標，因為他們的行為會刺激到霸凌者 (Rubin et al., 2013)；超重和肥胖兒童也常常被人欺負 (Puhl & King, 2013)。

誰容易被欺負？有哪些霸凌的結果？

同儕團體的社會環境在霸凌中扮演重要角色 (Peets, Hodges, & Salmivalli, 2011)。最近的研究發現，70% 至 80% 的受害者和霸凌者都在同一個學校教室 (Salmivalli & Peets, 2009)，同學知道霸凌事件且目睹。在許多情況下，霸凌者欺負同儕團體的受害者以獲得更高的地位，霸凌者需要別人來見證他們的權力展示，許多霸凌者並沒有受到同儕團體拒絕。最近一項從兒童 10 歲時一直追蹤到青春期的縱貫性研究，探討在同儕團體的環境下霸凌的成本和效益 (Reijntjes et al., 2013)。這項研究發現，雖然霸凌的短期個人利益往往大於缺點，且年紀小的霸凌者也還在正常的發展軌跡中，但從長遠來看是有問題的。經常性霸凌者在同儕團體中有較高的社會地位，並能自我感知到受歡迎程度及個人的能力特點；然而，最近的一項研究顯示，有支持性的朋友比較不會成為霸凌者和受害者 (Kendrick, Jutengren, & Stattin, 2012)。

什麼是霸凌的結果？最近的一項研究發現，在五年級時被同儕霸凌者和其十年級時較差的身體和心理健康有關 (Bogart et al., 2014)。研究人員發現，被霸凌的兒童比沒有被霸凌過的同儕更容易感到憂鬱、有自殺意念和自殺企圖 (Undheim & Sund, 2013; Yen et al., 2014)。最近的一項研究發現，在小學時被霸凌是在青春期時有內向性問題的一個領先指標 (Schwartz et al., 2014)。此外，最近對 6,000 多名兒童的縱貫性研究發現，4 至 10 歲間霸凌的受害者更可能在 11 歲半時開始有自殺意念 (Winsper et al., 2012)。例如在以下案件中，霸凌就和自殺有關：在休斯頓，一個 8 歲的兒童從兩層樓房往下跳，還有一個 13 歲的學生上吊自殺；在麻薩諸塞州，青少年毫不留情地騷擾一個女孩，最後導致女孩自殺了。最近的一項研究還發現，11 歲兒童受同儕霸凌的受害者更可能有發展成邊緣性人格疾患的高風險 (如不穩定的人際關係、低自我形象和情緒困擾) (Wolke et al., 2012)。

目前有越來越多人關注在網路上的同儕霸凌和騷擾 (稱為**網路霸凌** (cyberbullying)) (Bonanno & Hymel, 2013; Donnerstein, 2012; Wright & Li, 2013; Yang et al., 2013)。最近一項針對 3 至 6 年級學生的研究發現，網路攻擊者和孤獨感、低自尊、更少的相互友誼和較低的同儕受歡迎程度有關 (Schoffstall & Cohen, 2011)。最近的另一項研究則顯示，網路霸凌造成的憂鬱症和自殺意念超越傳統類型霸凌所為 (例如在學校和鄰里環境中的身體和言語霸凌) (Bonanno & Hymel, 2013)。而最近對網路霸凌的後設研究分析結論是，被霸凌的受害者和壓力、自殺意念有高相關 (Kowalski et al., 2014)。有關防止網路霸凌訊息可以在 www.stopcyberbullying.org/ 找到，台灣亦有白絲帶基金會一直致力於防止網路成癮及網路受害。

越來越多人關注預防和治療霸凌和傷害行為 (Low et al., 2013; Olweus, 2013; Saarento, Boulton, & Salmivalli, 2014)。以學校為基礎的介入措施差異很大，從反霸凌活動到整個學校提供個別化社交技巧 (Alsaker & Valanover, 2012)。其中最有希望的霸凌介入方案已經由 Dan Olweus (2003, 2013) 建立，該計畫側重於減少 6 至 15 歲兒童霸凌行為的機會和回報的目標。學校員工被要求努力改善學生同儕關係，並使學校更安全。在正確實施該計畫後，已減少 30% 至 70% 的霸凌 (Ericson, 2001; Olweus, 2003)。如何實現計畫的訊息可以從科羅拉多州大學的暴力行為預防中心 (www.colorado.edu/espv/blueprints) 獲得。

發展連結—同儕
在青春期早期開始，一般的青少年更喜歡數量較少但更深入的友誼。(第 12 章)

五、友誼

友誼是兒童發展的一個重要面向 (Neal, Neal, & Cappella, 2014; Rose et al., 2012)。如同成人一樣，兒童友誼的典型特徵是相似的 (Brechwald & Prinstein, 2011)。朋友彼此在年齡、性別、種族和許多其他因素有相似性。朋友經常對學校的態度相似、有類似的教育抱負，以及共進退的成就取向。

為什麼兒童的友誼很重要？ Willard Hartup (1983, 1996, 2009) 研究同儕關係和友誼超過三十年。最近得出的結論是，朋友可以從童年到老年提供認知和情感資源。例如朋友可以培養自尊和幸福感。

什麼是兒童友誼的一些特點？

更具體地講，孩子的友誼可以發揮六大功能 (Gottman & Parker, 1987)：

- 陪伴。友誼為兒童提供一個熟悉的合作夥伴或玩伴，有人願意花時間與他們協調活動。
- 刺激。友誼為兒童提供有趣的訊息、興奮和娛樂。
- 物理性支持。友誼提供時間、資源和協助。
- 自我支持。友誼提供支持、鼓勵和回饋，這有助於兒童保持自己形象是有能力的、有吸引力和有價值的。

- 社會性比較。友誼提供有關兒童是否站在對的地方、行為是否合宜的訊息。
- 感情和親密關係。友誼為兒童提供一個能與他人共享溫暖、親密、信任的關係。**親密的友誼**的特點是自我披露和個人想法的共享。研究發現，親密的友誼可能直到青春期早期才會出現 (Berndt & Perry, 1990)。

雖然有朋友可能是一個發展的優勢，但並非所有的友誼都是一樣的 (Vitaro, Boivin, & Bukowski, 2009; Wentzel, 2013)。當兒童有朋友時，在社會技能和支持下有助於發展，然而有強制性和衝突不斷的友誼就會對發展不利 (Laursen & Pursell, 2009)。最近的一項研究發現，在教室中有攻擊性和破壞性行為的學生更容易有同樣特質的朋友 (Power & Bierman, 2013)。

友誼對兒童的幸福感和學術成功也發揮重要作用。有學術導向的朋友其學生更容易達成自己的學業成就 (Wentzel, 2013)。在一項研究中，沒有一個朋友的六年級學生在親社會行為 (合作、分享、幫助他人) 量表上有較低的分數，且會比他們有一個或更多個朋友的同儕更多情緒困擾 (憂鬱、較不幸福) (Wentzel, Barry, & Caldwell, 2004)。在這項研究中，兩年後，在八年級時，原先在六年級時沒有一個朋友的同學情緒變得更加沮喪。

親密的友誼 (intimacy in friendships)
會互相自我披露和個人想法的共享。

複習・連結・反思 學習目標三 找出同儕關係在兒童中後期的變化

複習重點

- 什麼是同儕關係在兒童中後期發展變化的特點？
- 兒童同儕地位如何影響他們的發展？
- 社會認知如何影響兒童的同儕關係？
- 霸凌的性質是什麼？
- 兒童的友誼是什麼？

連結

- 本章前面，你閱讀到大多數發展主義者認為，同儕對道德推理的發展發揮重要的作用。你在本章的這一節中了解到五種同儕地位，其中你覺得哪一種是兒童必須充分發揮自己的道德推理能力，為什麼？

反思個人的人生旅程

- 當你身為一個兒童時是屬於這五種同儕狀態的哪一種？在青春期的同儕地位有變化嗎？身為一個兒童，你怎麼看待同儕地位是否影響自己的發展？

肆 學校

學習目標四 探討兒童中後期的學校教育發展

學生學習的現代方式

社會經濟地位、種族和文化

對於大多數兒童來說，進入一年級是新義務的信號，他們開發新的關係和採用新標準來衡量自己。學校為兒童提供豐富的新思路來塑造他們的自我意識。他們會花很多年的時間在學校，如同小型社會成員，其中有要完成的任務，人們社交和被社會化，被定義和限制行為、情緒和態度的規則。學生到高中畢業的時候，已經在教室裡度過12,000 小時。

一、學生學習的現代方式

爭議的焦點在於什麼是教導兒童最好的方式？以及如何掌握學校和教師對兒童學習的責任 (Lynch, 2015; Powell, 2015)。

(一) 建構主義和直接指導方針

建構主義的學習方針認為教學是一個以學習者為中心的方法，強調個人主動建構自己的知識和理解老師指導的重要性。他們認為教師不應該試圖簡單地灌輸訊息給兒童。相反地，應該鼓勵兒童探索他們的世界、探索知識、反思，並在老師慎重的監測與有意義的指導下進行批判性思考 (Robinson-Zanartu, Doerr, & Portman, 2015)。建構主義者批評，在美國太常要求兒童坐著不動，變成被動的學習者，如機器般背誦無意義和無關聯的訊息。

今天建構主義論者更強調讓兒童合作學習，一起努力了解彼此的工作重點 (Borich, 2014)。運用建構主義的教學理念，教師就不會要兒童如機器般的記住訊息，會給他們機會建構有意義的知識和理解材料，同時指導他們學習 (Webb, Metha, & Jordan, 2013)。

相比之下，**直接指導方針**是一種結構化的、以教師為中心的方法，其特點是教師指導和控制，老師對學生的學習進度、學業任務有高度期望，老師努力花最長時間以確保將負面影響降到最低。直接指導方針的一個重要目標是最大限度地提高學生的學習時間 (Kibane & Milman, 2014)。

建構主義的學習方針 (constructivist approach)
以學習者為中心的方法，強調個人主動建構自己的知識和理解老師指導的重要性。

直接指導方針 (direct instruction approach)
是一種結構化的、以教師為中心的方法，其特點是教師指導和控制學術技能的掌握，對學生的學習有很高的期望，將最大時間花在學習任務上，並努力使負面影響降至最低。

建構主義論者認為，直接指導方針讓兒童陷入被動的學習，並且不能提供具批判性和創造性的經驗 (Robinson-Zanartu, Doerr, & Portman, 2015)。直接指導愛好者說，建構主義沒有對學科的內容給予足夠的重視，如歷史或科學。他們還認為，建構主義過於理想和模糊。

什麼是參與了「不讓任何孩子落後」的法案背後的一些問題？

教育心理學家認為，許多有效能的教師同時使用建構和直接指導方針，而不是完全依賴某一種 (Bransford et al., 2006; Parkay, 2013)。在教導有閱讀或寫作障礙的學生時，越來越多的專家建議明確的直接指導方針 (Berninger & O'Malley, 2011)。

(二) 學校的權責性

1990 年代以來，美國公眾和政府在各個層面都要求從學校加強對學生學習的責任，結果之一就是各州政府開始實施對學生的能力檢測，以確定學生的學習成果 (Brookhart & Nitko, 2015; McMillan, 2014)。許多州建立學生的學習目標，並發展測驗了解學生是否達成目標。這種做法成為 2002 年國家政策「不讓任何孩子落後 (No Child Left Behind, NCLB)」立法的基礎。

支持者認為，全州標準化測試將有一些積極的影響。這些措施包括提高學生成績；花更多的時間在教學所測試的科目；給予學生較高期望；辨識業績不佳的學校、教師和管理人員；在測試成績提升後，也提升學校的信心。

但批評者認為，NCLB 法案是弊大於利 (Noddings, 2007; Sadker & Zittleman, 2012)。例如使用單個測試作為學生進步和能力的唯一指標，帶給學生非常狹窄的觀點 (Lewis, 2007)。為了評估學生的進步和成績，許多心理學家和教育工作者強調一些措施可以使用，包括測試、測驗、多種能力組合、課堂觀察等。此外，NCLB 的測試並未測量創造性、積極性、持久性、思考的靈活性和社交技巧 (Stiggins, 2008)。批評者指出，教師最終會花費太多的上課時間讓學生演練「應試教育」，並犧牲促進生活能力的訓練 (Pressley, 2007)。此外，回憶第 9 章，有些人擔心在這個政策下也會忽略資優的學生 (Clark, 2008)。

此外，還要考慮以下幾點：每個州都可建立不同的標準。NCLB 數據的分析表明，在密西西比州，幾乎每一個四年級的學生都能閱讀，但麻薩諸塞州的學生卻只有一半能夠如此 (Birman et al., 2007)。由於國家標準的差別很大，由國家制定對 NCLB 測試成功的標準可能並不可靠的。在跨國的比較分析，許多國家已經採取安全的策略，以保持低的合格標準。因此，儘管 NCLB 的目標之一是提高美國學校成就標準，顯然允許各州制定自己的標準，將成績標準降低。

儘管有這樣的批評，但美國教育部仍致力於實現不讓任何孩子落後，學校也正在調整，以滿足這個法案的要求。事實上，大多數教育工作者贊同建立很高的期望，也為教師和學生訂出優秀的高標準。然而，目前的問題是，NCLB 要求的測試和程序是否是實現這些高標準的最佳途徑 (McMillan, 2014)。

二、社會經濟地位、種族和文化

來自低收入家庭或少數族裔背景的孩子入學後，比中產社會經濟地位的白人同儕會面臨更多的困難。為什麼？批評者認為，學校沒有把對教育低收入、少數族裔學生的工作做好，幫助他們克服學習成就上的障礙 (Spring, 2014)。讓我們進一步探討社會經濟地位、種族和文化在學校的角色。

(一) 來自低收入家庭的學生的教育

許多生活在貧困中的兒童面對阻礙他們學習的問題 (Crosnoe & Leventhal, 2014)。他們可能沒有來自父母為他們設置較高的期待水準、父母沒有能力讀書給他們聽，或者沒有足夠的資金來支付教材和前往動物園和博物館參訪。他們可能營養不良或居住在犯罪和暴力的地區。一項研究表明，兒童經歷貧困越長越不利於他們的認知發展 (Najman et al., 2009)。

種族隔離學校教育在美國的重建：Jonathan Kozol (2005) 批評，在許多美國的學校質量不足和資源的缺乏，尤其是那些具有許多少數族裔兒童的內陸城市貧困地區。Kozol 稱讚如同 Angela Lively (上圖) 一樣的老師，為她的印第安納波利斯的學生付出。

與高收入地區的學校相比，低收入地區的學校可能有更多的學生低成就、低畢業率、低升大學的比例；該地區的教師流動率大，年輕的教師經驗不足，只會要求他們死記硬背 (Nelson, Palonsky, & McCarthy, 2013; Weisner & Duncan, 2014)。許多學校的建築物和教室都是破舊或搖搖欲墜的。Jonathan Kozol (2005) 在許多市內學校，包括南布朗克斯在紐約市的觀察，有許多如本段開頭所述的不良狀況。總之，在低收入區有太多學校提供的環境並不利於學生有效學習 (McLoyd, Mistry, & Hardaway, 2014)。

大部分對貧困兒童生活改善的重點一直放在提升教育和經濟的發展前景，但最近的分析得出結論，他們的社會和情感功能往往被忽視，應給予更多的關注 (Crosnoe & Leventhal, 2014)。此外，致力於改善貧困兒童的生活，需要共同專注於學校和鄰里 (Gershoff & Benner,

2014)。

(二) 種族學校

超過所有非裔美人的三分之一、三分之一的拉丁裔學生和22%的亞裔學生進入美國47所大城市學區的學校，相較於白人只有5%。許多市內的學校繼續進行種族隔離，嚴重資金不足，並未提供足夠的機會讓孩子有效學習。因此，社經地位的效果和種族的效果往往交互作用 (Banks, 2014; Koppelman, 2014)。

來自不同民族的學生的求學經歷有很大的不同 (Crosnoe & Leventhal, 2014)。非裔和拉丁裔學生要比非拉丁裔白人或亞裔美國學生較少有機會參加學術的、大學預備課程，反而有較高比例進入補救與特教系統。亞裔美國高中學生遠遠高於其他少數族裔群體更可能選讀大學數學和科學的先修課程。非裔美國籍被停學的學生可能是拉丁裔、美國原住民及非拉丁裔白人的兩倍。

不過，需要注意的是，各民族的多樣性也是非常重要的特點 (Cushner, McClelland, & Safford, 2015; Spring, 2014)。例如在美國的亞裔學生在高級班的比例較高，主要是中國、台灣、日本、韓國和東印度文化背景的學生，但是苗族和越南文化背景的學生在學術上的成功則較少。

以下是改善不同種族的學生之間的關係的一些策略：

- 將班級轉換成拼圖式教室。Eliot Aronson 是美國德克薩斯大學奧斯汀分校的教授，他試著了解關於如何減少教室越來越緊張的種族關係想法。Aronson 制定了「拼圖式教室」，來自不同文化背景的學生被安置在要達到一個共同目標的不同合作小組中。Aronson 使用的術語「拼圖」，就像讓一群學生合作，把不同的碎片拼湊起來，完成一個拼圖。如何進行這項工作？無論是團隊運動、戲劇表演和音樂表演，都能讓學生參與合作，達到一個共同目標。
- 鼓勵學生與其他不同的學生有積極的個人接觸。單純的接觸不會改善與不同人的關係。例如校車接送少數族裔學生到白人學校，反之亦然，並不會減少偏見或改善種族間關係。重要的是，兒童到學校後發生了什麼事。唯有在分享自己的煩惱、成功、失敗、應對策略、興趣，並與其他種族的人交換其他個人訊息，才能實質改善種族間關係，尤其在人們把別人視為一個個人而不是一個同質團體的成員時。

- 減少偏見。教師可以透過來自不同種族和文化群體的兒童所顯示的形象，選擇遊戲材料和鼓勵文化的理解，幫助學生抵制有刻板印象的課堂活動，並與家長合作減少兒童接觸偏見和成見。
- 視學校和社區為一個團隊。James Comer (1988, 2004, 2006, 2010) 倡導以社區為基礎，以團隊的方式來教育兒童是最佳方式。這項 Comer 改變計畫 (Comer Project for Change) 的三個重點：(1) 治理和管理團隊，制定一項學校綜合計畫，評估策略和員工發展計畫；(2) 心理健康或學校支持團隊；以及 (3) 父母的計畫。Comer 認為，整個學校社區應該是合作而不是敵對的態度。此計畫目前在 26 個州超過 600 多所學校進行。
- 做一個稱職的文化中介者。教師可以在互動偏頗的內容及敏感的材料和課堂上，發揮文化中介的強大作用，更了解不同民族。理解兒童的種族態度、正面地觀看有色人種學生、以積極的思維方式來獲得不同膚色的家長更多地參與，成為教師在教育孩子時的最佳夥伴。

(三) 跨文化比較

在過去的三十年裡，美國兒童在數學和科學的拙劣表現已經廣為人知。在 2007 年，大規模比較四年級學生的數學和科學成績時，發現美國平均四年級的數學成績在 35 個國家中排名第 23 名，比 8 個亞洲和歐洲的國家來得低 (National Center for Education Statistics, 2009)，其中尤以來自香港的四年級學生在數學具有最高的平均分數。在 1995 年同樣的評估下，美國四年級平均數學得分的確略有提升 (11 分)，但亞洲一些國家提高相當多，例如香港的得分高出 50 分，斯洛維尼亞在 2007 年的得分比 1995 年高了 40 分。

Harold Stevenson 的研究 (1995, 2000; Stevenson, Hofer, & Randel, 1999; Stevenson et al., 1990) 從與亞洲國家學生相較下的觀點，探討美國學生表現不佳的可能原因。Stevenson 和他的同事完成美國、中國、台灣和日本學生的五個跨文化比較。在這些研究中，亞洲學生不斷超越美國學生，而且隨著學生在學校的時間越長，亞洲和美國學生之間的差距越大，最小的區別是在一年級，在十一年級時達到最大。

要了解更多有關跨文化差異的原因，Stevenson 和他的同事花了幾千個小時觀察教室，以及晤談和調查教師、學生與家長。他們發現，亞洲的老師比美國教師花更多的時間教數學。例如日本花在數學教導的時間，超過一年級課程總時間的四分之一，相較之下美國的時間只有十分之一。此外，亞裔學生平均在校一年240天，相較之下，美國只有178天。

除了在亞洲的學校比美國學校花在數學教學上更多的時間以外，在亞洲和美國的父母之間也找到差異。美國父母對孩子的教育和成績預期比亞裔父母低得多；此外，美國的父母更容易相信孩子的數學成績是由於先天的能力，而亞洲父母更可能認為孩子的數學成績是後天的努力和培訓 (見圖 10.5)。亞洲學生比美國的學生更容易做數學作業，而亞洲父母比美國的父母更有可能幫助孩子與他們的數學作業 (Chen & Stevenson, 1989)。

有關亞洲和美國的父母之間的差異正可以說明努力與能力的角色，Carol Dweck (2006, 2013, 2014) 描述孩子**心態**的重要性，她定義這是從認知角度開發自己的理論。她認為，個人有兩種心態之一：(1) 一個固定的心態，他們認為自己的能力是不能更改的；或 (2) 成長的心態，他們相信自己的能力是可以改變，透過努力就能得到改善。

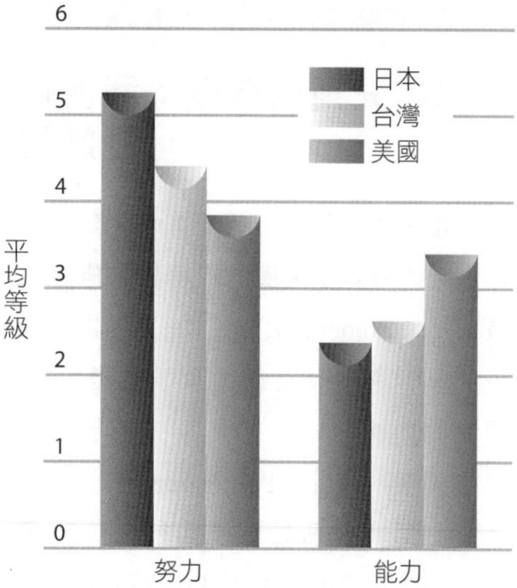

圖 10.5 在三個國家母親的信念影響兒童數學成績。在一項研究中，日本和台灣的母親更容易相信孩子的數學成績是因為努力，而不是與生俱來的能力；而美國母親則更容易相信孩子的數學成績是由於先天的能力。如果家長認為孩子的數學成績是由於與生俱來的能力，就不太可能認為孩子投入更多的努力會有益。

在【透過研究找出關聯】中，你可以發現更多關於父母做法的重要性，這是影響東亞兒童較高成就與美國兒童較低成就的因素，也會影響兒童發展的其他面向。

心態 (mindset)
認知觀點，可能是固定或會成長變化，個人最後發展出自己的獨特樣貌。

複習・連結・反思　學習目標四　探討兒童中後期的學校教育發展

複習重點
- 當代教育兒童的兩大議題是什麼？
- 社會經濟地位、種族和文化如何影響教育？

連結
- 本章中提及 Carol Dweck 在具成長性的心態小組的練習題目為「你可以擴增自己大腦的功能」實際上，你曾經擴增自己的大腦功能嗎？有什麼變化，如果有的話，在兒童中後期發生了什麼變化？

反思個人的人生旅程
- 你如何評價你的小學老師的品質？他們對你的成就期望值過低或過高？

透過研究找出關聯

父母和兒童的成就：我的孩子是我的成績單，虎媽和虎寶寶反擊

在美國持續關切兒童並未達到充分的學術潛力，最終將降低美國的成功與其他國家競爭力的議題上 (Pomerantz, 2013)，Eva Pomerantz 確定了父母如何能使他們的孩子在學校發揮最大限度地的動機和成就有興趣，同時也保持正向的情緒調整。為此，Pomerantz 和她的同事在美國與中國同步展開對親子互動的研究 (Pomerantz, Cheung, & Qin, 2012; Pomerantz & Kempner, 2013; Pomerantz, Kim, & Cheung, 2012)。

正如 Harold Stevenson 在前述研究中發現，東亞的父母比美國父母花費更多的時間幫助孩子做作業 (Chen & Stevenson, 1989)。Pomerantz 的研究指出，東亞家長早在孩子學齡前就開始參與孩子的學習，並且一直持續到小學 (Cheung & Pomerantz, 2012; Ng, Pomerantz, & Deng, 2014; Ng, Pomerantz, & Lam, 2013; Siegler & Mu, 2008)。相較於美國，東亞的父母認為孩子的學習是他們很大的責任 (Ng, Pomerantz, & Lam, 2013; Pomerantz, Kim, & Cheung, 2012)。最近的一項研究也顯示，當美國父母更多地參與孩子的學習時，孩子的成績是有提升的 (Cheung & Pomerantz, 2012)。在這項研究中，800 多名美國和中國的兒童 (平均年齡 = 12.73 歲) 報告父母對他們的學習參與和在校的動機，從七年級的秋天到八年級結束，每半年調查一次學生自我調節的學習策略及成績。隨著時間的推移，顯示家長更多地參與和孩子的學習動機有關，這能提高孩子的自我調節學習和學業成績。

除了研究兒童學習中家長的參與，Pomerantz 和她的同事也正在對父母的管教和兒童成績的作用進行研究。在最近的一項研究中，研究包括本專欄的標題「我的孩子是我的成績單」，中國母親對孩子比美國的母親施加更多的控制 (尤其是心理控制) (Ng, Pomerantz, & Deng, 2014)。此外，在這項研究裡，中國母親比美國母親更將子女的成就當成自己的價值。

周清和她的孩子，最近做了一個和移民家庭中權威式的親子教養有關的研究。她的研究有何什麼結論？

Pomerantz 研究發現「訓練的父母」術語，這是在第 8 章曾描述的專制型教養變化，許多亞裔父母的教養策略就是培養孩子實現高學術成就。2011 年，Amy Chua 的書——《虎媽的戰歌》(*Battle Hymn of the Tiger Mom*)，引發了為人父母者對兒童成績的作用相當大的興趣。Chua 使用虎媽一詞的意思是指母親紀律嚴明。在最近的另一本書——《虎寶寶反撲》(*Tiger Babies Strike*

Back) 中，Kim Wong Keltner (2013) 認為，虎媽教養方式是如此的嚴苛，對於限制身為一個亞裔美國人的孩子就像是在被鎖在「情感獄」中。她說，虎媽獨裁風格雖為孩子提供一些優勢，比如學習爭取你想要的東西，但往往結果是不值得的情感成本。

針對移民美國的中國家庭，父母是高度獨裁作風的一、二年級的孩子，研究發現，他們更有攻擊性、較鬱悶且有較高的焦慮，並顯示出比非獨裁作風父母的兒童較差的社交能力 (Zhou et al., 2012)。在剛剛描述的研究中，Qing Zhou (2013) 是加利福尼亞州立大學的文化和家庭實驗室的主任，常舉辦講習班教授中國母親正向的教養策略，建議她們使用傾聽技巧、讚美良好行為的孩子、花更多的時間與孩子在有趣的活動上。

此外，一項對從青春期學生直到成年早期的縱貫性研究發現，有四種教養方式是在美國的中國家庭的主要模式：支持、如虎般獨裁、隨和及嚴苛 (Kim et al., 2013)。在這項研究中，支持模式是最常見的，並連結到最好的結果，其次是隨和、如虎般獨裁和嚴苛模式。與一個支持的風格相比，如虎般獨裁教養與較低的平均成績、更多的憂鬱症狀和更大的疏離有關。

總之，有人擔心，一種強烈的專制、高度控制的作風可能會對美國及亞裔兒童和青少年有負面的結果 (Kim et al., 2013)。

你覺得什麼是最好的教養策略能撫養子女達到整體高水準的成果，也能兼顧情緒健康呢？

與前瞻主題連結

在青春期，孩子開始花更多的時間思考自己的身分，他們是誰？他們是什麼樣子？他們的生活將如何展開？在青春期與同儕所花的時間增加了，友誼變得更加深入而緊密。約會和浪漫的關係對大多數青少年的生活也變得更加重要。家長繼續對青少年的發展產生重要影響，與父母的良好關係成為青少年的支持，他們尋求更多的自主權，擴大探索社會世界。青少年發展的問題還包括青少年犯罪和憂鬱。

達成本章學習目標

兒童中後期的社會情緒發展

壹、情緒和人格的發展

學習目標一 討論情緒和人格在兒童中後期的發展。

- 自我：在兒童中後期，自我認識越來越多和社會及心理特徵有關，例如社會化的比較。孩子在兒童中後期會提高他們的觀點取代能力，他們的社會理解越來越成熟。自我概念是指對自我特別領域的評估，自尊指對自己的總體評價，並且也稱為自我價值或自我形象。有四種方法可以提高自尊：(1) 確定低自尊的原因；

(2) 提供情感支持和社會認可；(3) 幫助兒童成就；(4) 幫助孩子應對環境。自我效能是一個人可以掌握的情況，並產生正向成果的信念。Bandura 認為自我效能是學生能否達成目標的一個關鍵因素。Schunk 認為自我效能感影響學生的選擇任務，具有低功效的學生逃避許多學習任務。自我調節的發展是兒童發展的一個重要任務。Erikson 認為第四個階段的發展危機是勤奮對自卑。

- **情緒發展**：兒童中後期在情緒發展上的變化包括複雜情緒的增加，如驕傲和羞愧的理解；了解一個以上的情緒可能在特定情況同時發生；壓抑和隱藏負面情緒的能力增加；能利用自身的策略重新定向感情。隨著兒童年齡的增長，他們使用更多種類的應對策略和更多的認知策略。
- **道德發展**：Kohlberg 認為，道德發展發生在三個層次和六個階段 (每一層次有二個階段)。Kohlberg 認為，這些階段與年齡相關。影響兒童能跨越階段前進的因素，包括認知能力的發展、模仿、認知衝突、同儕關係和觀點取代能力等。Gilligan 提出對 Kohlberg 理論的批評，主張更強的關懷視角，其他批評集中在道德推理的不足、對道德行為的預測，以及文化和家庭的影響。道德發展的領域理論辨別出社會知識和推理的不同領域，包括道德、社會傳統和個人的領域。親社會行為和正確的道德行為有關，如共享。在生命最初 3 年的共享和同情無關，但在大約 4 歲時同情有助於共享。不過到了小學，兒童表達對公正客觀的想法。到了小學中後期，兒童相信公平可能意味著其他有特殊需求或功績應該得到特殊待遇，這是最近研究道德人格的重要議題。
- **性別**：性別刻板印象在世界各地普遍存在著。男性和女性之間有許多體質上的差異。一些專家認為，男性和女性之間的認知差異被誇大了。在社會情感方面的差異，男性比女性有更多的肢體攻擊，而女性較能調節自己的情緒，比男性從事更多的親社會行為。性別角色分類側重於哪個個體男性化、女性化或雙性化的程度。雙性化是指具有女性和男性特徵。從環境角度探討性別是非常重要的。

貳、家庭

學習目標二　描述親子關係的發展改變

- **親子關係發展的改變**：相較於兒童早期，父母在兒童中後期花更少的時間。家長尤其是在支持和促進孩子的學習成績上有重要的作用。對紀律的要求和控制變成親子共同調節。
- **父母的管教**：父母有身為兒童管理者的重責大任，他們是兒童行為的監視者、社會互動發起者和編排者。母親比父親更容易發揮管理角色的功能。
- **家庭中的依附關係**：安全依附父母的兒童在兒童中後期顯得較少有內向性行為、焦慮症和兒童憂鬱。此外，在兒童中後期，依附變得更為複雜，因為兒童的社會世界正在擴展。
- **重組家庭**：正如在離異家庭，生活在繼父母家庭的兒童面臨比非離異家庭的同儕更多的調適問題。然而，在再婚家庭中大多數兒童沒有調適的問題。在複雜的 (混合) 重組家庭的兒童比單純在再婚或離異無子女的家庭有更多的問題。

參、同儕

學習目標三　辨別同儕關係在兒童中後期的變化

- **發展的改變**：兒童在中後期對同儕群體的偏好增加，在同儕關係上增加花費的時間，成年人較少對同儕監管。
- **同儕地位**：受歡迎的兒童是指經常被同儕提名為最好的朋友，他們的同儕很少不喜歡他們的；普通的兒童是指收到來自同儕的正面和負面的評價大約等同；被忽略的兒童是很少被提名為最好的朋友，但沒有被他們的同儕不喜歡；被拒絕的兒童是很少被提名為某人的最好的朋友，他們的同儕非常不喜歡他；受爭議的兒童是經常被同時提名為某人最好的朋友和被討厭的人。

- **社會認知**：社會訊息處理能力和社會知識是影響同儕關係的社會認知議題。
- **霸凌**：有顯著數量的兒童受到霸凌，這可能會導致為成年罪犯，具有短期和長期的負面影響。
- **友誼**：像成年朋友，兒童的朋友往往是彼此相似。兒童友誼具有六大功能：陪伴、刺激、物理性支持、自我支持、社會性比較，以及感情和親密關係。

肆、學校

學習目標四　探討兒童中後期的學校教育

- **學生學習的現代方式**：兩個現代教育議題是建構主義 (以學習者為中心的方法)，和直接指導方針 (教師為中心的方法)。在美國，小學生的標準化考試已經授權許多州政府負責，並通過「不讓任何孩子落後」(NCLB) 的立法。但有許多對 NCLB 的批評已經出現。
- **社會經濟地位、種族和文化**：貧困兒童在學校和家裡的學習面臨許多障礙。社會經濟地位和對學校的影響與種族相互交織，許多美國學校被隔離。對少數民族兒童的低期待代表的是他們學習的障礙之一。美國兒童更成就導向比許多國家的兒童，但成就導向仍低於亞洲國家，如中國、台灣和日本許多兒童。心態是認知觀點，固定或成長，影響自我成長。Dweck 認為，支持兒童發展的一個重要方法是引導他們發展正向成長的心態。Pomerantz 強調，家長的參與和孩子的成績有關。

第六部

青少年期

青少年嘗試著一個角色又一個角色，以追尋真正屬於自己的角色。青少年時期像走在脆弱的鋼索上，從他們父母那一代最好和最壞的一端一直走到現在，直到青少年期結束前，有兩樣來自父母的饋贈會留下來：一個是他們的根；一個是他們的翅膀。第六部包含兩章：「青少年時期的生理及認知發展」(第 11 章)，以及「青少年時期的社會情緒發展」(第 12 章)。

青少年期是人生一段簡單的、沒有次序可言的時光。

—— Jean Erskine Stewart

20 世紀美國作家

11 CHAPTER

青少年時期的生理及認知發展

學習目標

1
壹、青春期的本質
學習目標一　討論青春期的本質

2
貳、生理成長的變化
學習目標二　描述青少年在生理上的變化，包括青春期、大腦的變化，以及青少年性行為

包括：青春期、大腦的變化、青少年性行為

3
參、青少年健康的議題
學習目標三　指出青少年健康相關問題、藥物使用和濫用，以及飲食疾患

包括：青少年健康、物質使用和濫用、飲食疾患

4
肆、青少年的認知發展
學習目標四　解釋青春期認知發展的變化

包括：Piaget 的理論、青少年的自我中心主義、訊息處理

5
伍、學校
學習目標五　摘要說明學校如何影響青少年的發展

包括：小學到中學間的轉銜、對早期青少年有助益的學校、高中、課外活動、服務學習

15歲的 Latisha 有酗酒問題，她因缺席太多啦啦隊的練習而被除名，但這仍無法停止她喝酒。為了喝酒，她和朋友開始逃學。

15 歲的 Arnie 是一位品行不良的少年。上週他偷了一台電視，打傷母親，使她的臉上血跡斑斑，破壞住家周圍的路燈，並用扳手和鐵鎚威脅一名男孩。

Katie 是一位 12 歲的女孩，非常渴望在她居住的城鎮能有一座遊樂園。她知道鎮上其他孩子也和她有著一樣的想法，因此聚集大家一起討論如何籌措資金，並到鎮上的議會發表他們的想法。她的團隊吸引更多年輕人加入，他們挨家挨戶地販售糖果和三明治來籌措資金。漸漸地，「遊樂園」真的蓋起來了，並成為 Katie 口中：「人們可以野餐、交朋友的地方。」就像她說的：「假如你不去嘗試，就永遠不會有收穫。」

在我們生活周遭常常聽到像 Latisha 和 Arnie 這樣的青少年，但是也有許多像 Katie 這樣的青少年，為他們的社區做出很多貢獻，成功度過青春期。事實上，對多數年輕人而言，青春期並不是叛逆、危機、病態及偏差的階段。青春期更長遠精確的目標是在這個階段衡量、決策、承諾，並在這個世界占有一席之地。現今年輕人大部分的問題除了與自身有關之外，也與他們的需求未能獲得滿足有關。為了讓他們充分發揮潛能，青少年需要許多合法的機會，以及關切他們的成年人長期支持 (Fisher et al., 2013; Lerner et al., 2013)。

預習

青春期在人類的生命週期中是一個轉銜的階段，連結兒童和成人時期。本章的開始會檢視青春期常見的特徵，然後討論主要的成長變化，以及青春期的健康議題。接著，會討論青少年在青春期認知的改變及特色，並且藉由描述青少年在學校不同的面向來作為總結。

壹 青春期的本質

學習目標一　討論青春期的本質

就像兒童時期一樣，遺傳 / 生理和環境 / 社會等因素會影響青春期的發展。在兒童時期，他們歷經了許多與父母、同儕和老師互動的經驗，但是在青少年階段需要面對生理上急遽的變化、新的體驗，以及新的發展任務。他們與父母的互動會用和以往不同的模式，與同儕的相處會越來越親密，可能會有第一次的約會，也可能會有性的探索及性行為的發生。青少年的思考變得更抽象及理想化。生理上的變化引發他們對身體意象 (body image) 的興趣高漲。青春期同時有與兒童時期相同以及不相同的特性。

擔心青少年如何「轉變」(turn out) 有一段非常長的歷史。G. Stanley Hall 在 1904 年提出「狂飆期」(storm-and-stress)，表示青春期是一個動盪的時期，充滿了衝突及情緒的擺盪。然而，Daniel Offer 和他的同事在 1988 年研究美國、澳洲、孟加拉、匈牙利、以色列、義大利、日本、台灣、土耳其和西德等國家的青少年身體意象。其結果顯示，至少 73% 的青少年有健康的自我意象。雖然這兩個研究之間出現差異，但是青少年大部分的時間是快樂的，他們享受生活，認為自己能夠掌控自我、重視工作及學校、對於性自我 (sexual selves) 感到自信、對家人能表達正向的感受，以及面對壓力時能夠有能力因應，所以青少年並不全然是「狂飆」的階段。

大眾對於青春期的態度主要從個人經驗和媒體描繪結合而來，然而這兩者都不是對正常發展的青少年客觀的看法 (Feldman & Elliott, 1990)。有一些準備好經歷青春期的青少年會對青春期做最壞的打算。許多成年人會從自己過去青少年的回憶來判斷現今的青少年。成年人可能會認為目前的青少年比以前麻煩、不太尊重、較以自我為中心、較有自信心，比起過去的自己較有冒險的精神。

然而，在品味和禮節方面，各個世代的年輕人似乎都是令人感到不安地激進，而且在很多方面和成年人都是不同的，例如長相、行為舉止、喜歡的音樂、髮型及所選擇的服裝。混淆青少年對於嘗試新身分的熱情與敵視父母和社會標準的脫序行為，這是錯誤的。青少年用付諸行動和測試底線 (boundary testing) 等可以被接受的方式，慢慢地逐漸接受父母的價值觀。

成長從來都不是容易的。但是，若是將青少年階段視為叛逆、危機、病態及越軌是不對的。更準確地來看少年階段，此時期為評估、決策、承諾，以及正在描繪屬於自己一片天地的階段。現今絕大多數有關青少年問題與青少年本身並無直接相關。什麼是青少年可從合法管道機會所獲得的需求，以及他們能夠從成人得到長期真正關心的支持。有哪些是給予青少年支持及關心的例子呢？

大多數的青少年在成功轉變為成熟大人的崎嶇道路上做出許多妥協，但仍有一部分的人不是如此。道德、文化、性別、社會經濟、年紀及生活方式這些因素，都會影響每個青少年實際的生活軌跡 (Huston, 2014; McLoyd, Mistry, & Hardaway, 2014)。青春期生活描繪的差異，取決於被描述的特定青少年族群。現今的青少年透過媒體暴露在一個複雜的生活環境，許多年輕人面臨毒品和性的誘惑，且年紀有越來越年輕的趨勢。太多年輕人因為沒有得到合適的機會和支持，以至於無法成為有能力的成年人 (Crosnoe & Leventhal, 2014; Lerner et al., 2013)。

回想第一章所提到的，由國家政府所制定的社會政策往往會影

響公民的社會福利。目前有許多青少年發展專家正設計相關研究，希望能夠找到明智和有效的政策方向 (Eccles & Roeser, 2013; Granger, Tseng, & Wilcox, 2014)。

研究指出，當青少年除了父母或監護人的關懷外，若還有其他關心他們的成人，青少年將受益極大 (Nieto & Yoshikawa, 2014)。這些關心他們的成人包括教練、鄰居、教師、導師及課後輔導老師，這些角色可作為模範、榜樣、知己、倡導者及資源者。當青少年認為自己是被尊重的，和這些成人的關係就會強而有力，青少年會在乎這些人，而這些成人也會願意當作青少年生命中的資源。然而，在最近的調查中，只有 20% 的美國 15 歲青少年，除了父母以外，與其他願意協助他們在生活中獲得成功的成人保持有意義的關係 (Search Institute, 2010)。

複習・連結・反思　學習目標一　討論青春期的本質

複習重點

- 青少年發展有什麼特色？如何提升青少年的生活品質？

連結

- 在這個部分，我們了解到青少年的生活中有關心他們的成人是很重要的。在之前的章節中，你學過哪些是有關父母在兒童時期扮演帶領他們進入青少年的角色，而這可能會影響到青少年的發展？

反思個人的人生旅程

- 「狂飆期」是否可以描述你的青春期，或是你能夠為自己的新身分找出自己的定義？請解釋。

貳　生理成長的變化

學習目標二　描述青少年在生理上的變化，包括青春期、大腦的變化，以及青少年性行為

青春期　　大腦的變化　　青少年性行為

前言

一位父親表示對於他未成年的兒子有一個困擾，他煩惱的不是長高的問題，而是他不知道什麼時候才會停止成長。正如我們所看到的，青少年在青春期的生理成長變化會非常突然。除了青春期的變化以外，還有其他的生理變化，我們將會探討性行為和大腦的變化。

一、青春期

青春期並不等同於青少年時期。青春期受大腦—神經內分泌的影響，此過程會刺激生理快速變化 (Susman & Dorn, 2013)。對大多數的人來說，雖然青春期是青少年階段開端最重要的標誌，但青春期可能只發生在青少年時期很短的階段。

(一) 第二性徵成熟、身高和體重

回想你青春期開始時，身體有什麼顯著的變化？研究人員發現，通常男性青春期第二性徵的發展順序為：陰莖和睪丸尺寸增加、外觀出現直的陰毛、聲音出現些微改變、第一次射精 (通常透過手淫或是夢遺時發生)、外觀出現捲曲的陰毛、身高和體重大幅成長、腋下開始長腋毛、聲音的變化越來越明顯，最後臉部的毛髮開始生長。

青春期 (puberty)
為快速生理成熟的階段，主要發生在青少年階段的早期，涉及荷爾蒙及身體的變化。

初潮 (menarche)
為女性第一次月經來臨。

女性青春期第二性徵發展的順序為何？首先，乳房開始增大或出現陰毛。接著可能長腋毛。當這些變化發生時，女孩會長高、臀部會比肩膀寬。**初潮**為女性第一次月經 (menstruation) 來臨，比開始進入青春期的時間還要晚。剛開始的月經週期極不規則，在月經來臨後的前幾年，可能不會每次月經週期都排卵，甚至有些女孩在月經一到兩年後才開始排卵。與青春期男孩相比，女孩的聲音沒有明顯改變。青春期後期，女生的乳房變得更加圓潤。

體重明顯增加的時機與青春期開始的時間有一致的情形。在青春期早期，女孩的體重往往超過男孩，但是到了 14 歲左右，男孩體重開始超過女孩。身高方面也有相同的情形，在青春期的開始，女孩往往比同年齡男孩還要高或是一樣高，但到了中學階段的後期，男孩開始迎頭趕上，大部分的男孩的身高都高於女孩。

正如圖 11.1 所示，突然快速成長的時間點，女孩比男孩大約提早兩年。女生平均約在 9 歲開始快速成長，成長最高峰約為 11 歲半。男生則約 11 歲開始快速成長，高峰則約在 13 歲半。女生在快速成長的階段，身高平均每年增高約 3.5 英寸，男生約 4 英寸。男生和女生若是小學階段的身高比同年齡孩子高或矮，則在青春期階段可能會繼續維持這個狀況；然而，仍有高達 30% 的孩子例外，小學階段的身高無法預期或解釋青少年晚期的身高。

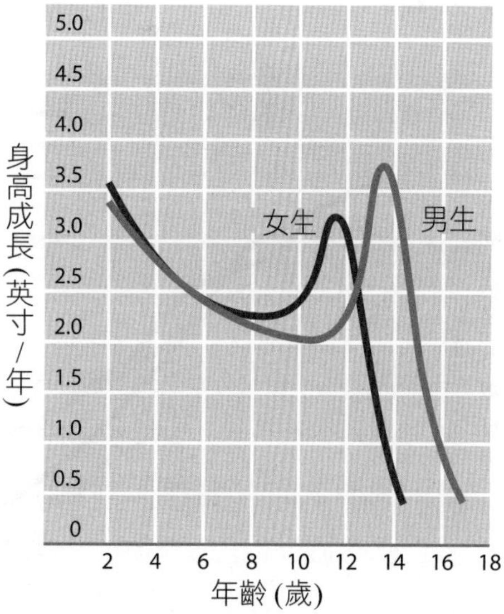

圖 11.1 青春期生長突增。平均而言，青春期生長突增的高峰時間，女生 (11.5 歲) 約早於男生 (13.5 歲) 2 年。荷爾蒙與大量快速成長的關聯性是什麼呢？以及是否與造成青少年性別之間平均身高的差異有關呢？

(二) 荷爾蒙的變化

為什麼男孩會開始長出鬍子，女孩臀部會開始變寬，這都是因為血液中荷爾蒙的作用，**荷爾蒙**是一種強烈的化學物質，由內分泌腺所分泌，並透過全身的血液系統進行運輸。

某些激素在青春期會顯著增加 (Koolschijn, Peper & Crone, 2014; Nguyen et al., 2013)。睪固酮是一種荷爾蒙，與男性生殖器發展、身高增加以及聲音變低沉有關。雌二醇為雌激素的一種，與女孩乳房、子宮和骨骼的發展有關。研究發現，青春期階段的男孩的睪固酮濃度會提高 18 倍，但女孩只有 2 倍；而在雌二醇濃度，女孩會增高 8 倍，但男孩只有 2 倍 (Nottelmann et al., 1987)。因此，睪固酮和雌二醇兩種荷爾蒙都會在男孩和女孩身上發揮昨用，但睪固酮主導男性青春期的發展，而女性則為雌二醇。

這兩種激素的大量分泌會使男生出現胸毛，女生乳房的脂肪組織增加，同時也會影響青少年的心理發展 (Holder & Blaustein, 2014; Susman & Dorn, 2013)。一項研究中提到，男孩和女孩在 9 歲到 14 歲的階段，覺得自己社交能力好的男孩，有較高的睪固酮濃度 (Nottelmann et al., 1987)。然而，並不是只有荷爾蒙的因素會影響青少年的發展 (Susman & Dorn, 2013)。舉例來說，有一項研究表示，社會因素比起荷爾蒙因素更能預測女性青少年憂鬱和憤怒 (Brooks-Gunn & Warren, 1989)。行為和情緒也會影響荷爾蒙 (DeRose & Brooks-Gunn, 2008)。壓力、飲食模式、運動、性行為、緊張和壓力皆會激發或是抑制不同面向的內分泌系統 (Marceau, Dorn, & Susman, 2012)。整體來說，賀爾蒙與行為的連結是複雜的 (Susman & Dorn, 2013)。

荷爾蒙 (hormones)
內分泌腺所分泌的強烈化學物質，並且由全身的血液系統所運輸。

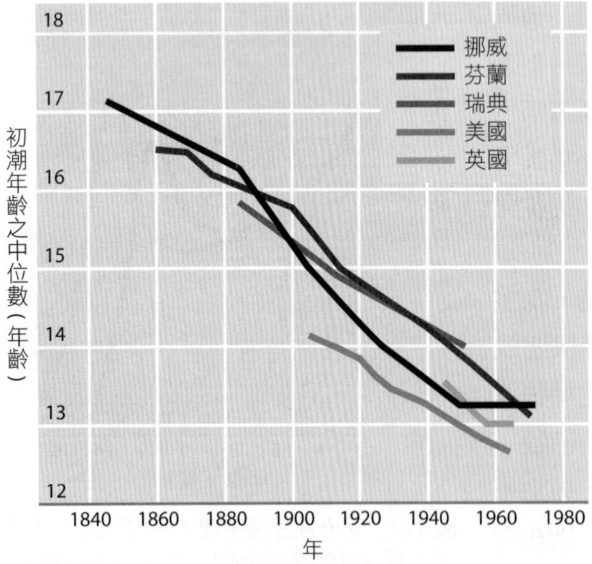

圖 11.2 北歐國家和美國在 19 世紀和 20 世紀的初潮年紀。在 1845 年到 1969 年期間，北歐的 4 個國家及美國的初潮經驗的年紀有急遽下降的情形。而在最近，女孩的初潮年紀已經有漸趨平穩情形。

(三) 青春期的時機和變化

美國孩童相較於歐洲國家的孩童，月經初潮平均提早一年，而且從 19 世紀中期開始，月經初潮年紀有顯著降低的情形 (見圖 11.2)。但幸運的是，在過去一世紀，由於營養及健康情形的改善，我們幾乎沒有看到發育不良的青少年。

為什麼進入青春期就會有這些變化？我們如何解釋這段時間的變化？青春期的基本基因程序與許多方面有連結 (Dvornyk & Waqar-ul-Haq, 2012)。最近一個跨文化研究在 29 個國家發現，女生在兒童時期的肥胖與青春期提早是有相關的 (Currie et al., 2012)。

青春期提早的因素很多，包括居住在城市、低社經地位、被領養、缺少父親的角色、家庭衝突、出生時難產、兒童虐待，以及早期的物質濫用 (Ellis et al., 2011)。許多人因為上述因素，青春期有提早的情形，而這可能是因為社會情境造成的衝突及壓力所致。

大多數的男孩，青春期最早可能發生在 10 歲，最晚則在 13 歲半，而青春期結束最早可能在 13 歲，最晚則在 17 歲。對女生來說，月經初潮的正常範圍在 9 歲到 15 歲之間。越來越多的美國女孩提早到 8 歲到 9 歲，而非裔女孩比非拉丁白裔女孩還要早 (Herman-Giddens, 2007; Sorensen et al., 2012)。

(四) 身體意象

在青春期階段，因為生理變化而影響心理面向的情形相當常見：青少年通常忙於注意自己身材，以及發展自己想要的身體意象 (Leone et al., 2014)。青少年在整個青春期階段強烈專注於自己的身體意象，特別是在早期階段，而在後期階段，他們會對自己的身體意象越來越感到不滿意。

性別會影響青少年對自己身體的看法 (de Guzman & Nishina, 2014)。一般來說，青春期女生比男生不滿意自己的身體，並且對自己的身體意象較負面 (Bearman et al., 2006)。女孩對自己有比較多的負面身體意象可能是因為受到媒體渲染，使青春期的女孩對變「瘦」有很高的吸引力，但女孩在青春期的時候會增加身體的脂肪 (Benowitz-Fredericks et al., 2012)。最近的一項研究發現，不論是男生或是女生，對其身體意象的態度會隨著青春期的過程越來越正向 (Holsen, Carlson Jones, & Skogbrott Birkeland, 2012)。

(五) 早熟和晚熟

我們可能會比平均進入青春期的時間提前或是延後，也有可能剛好在平均年齡。青少年自己會感受到是比同儕早熟還是晚熟 (Susman & Dorn, 2013)。有一項在柏克萊的縱貫性研究發現，相較於晚熟的同年齡男孩，早熟的男孩對自己有較多正向的想法，且同儕關係較成功 (Jones, 1965)。然而，到了 30 歲，晚熟的男孩比那些早熟的男孩有更

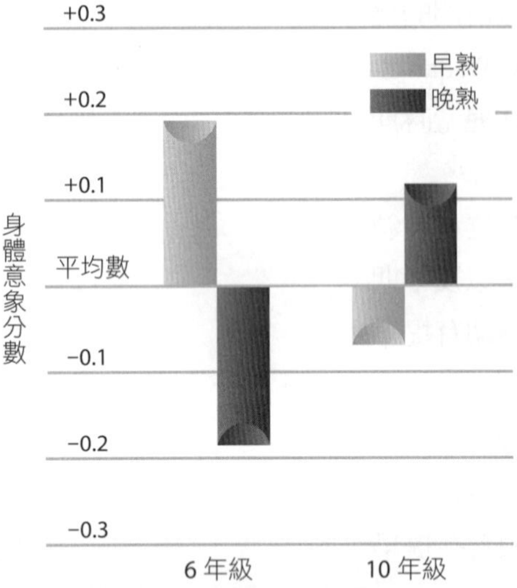

圖 11.3　早熟和晚熟的少女對於身體意象的觀感。在這個相關的研究中，對於 6 年級的女生來說，若是她們比較早熟，則身體意象分數比較正向；若是比較晚熟，則身體意象分數比較負向 (Simmons & Blyth, 1987)。身體意象分數為正向，顯示她們對於自己的身材滿意度高。然而對於 11 年級的女生而言，若是比較晚熟，則身體意象分數會比較正向。

強烈的身分認同 (Peskin, 1967)。這樣的身分認同可能是由於晚熟的男孩有較多的時間可以探索人生的選項，或是因為早熟的男孩較專注於生理狀況的優勢，而非職業發展或是其他方面的成就。但最近也有許多研究證實，在青少年階段，早熟的青少年比晚熟的青少年更具優勢 (Graber, Brooks-Gunn, & Warren, 2006)。

早熟和晚熟與身體意象有關。在一項研究中，早熟的 6 年級女孩比晚熟的女孩，對自己身材的滿意度較高；但對 10 年級的學生來說，晚熟的女孩對自己身材的滿意度較高 (Simmons & Blyth, 1987) (見圖 11.3)。探究可能可以解釋此現象的原因，在青春期晚期，早熟的女孩身材比較矮、壯，而晚熟的女孩身材比較高、瘦。因此，晚熟的女孩在青春期晚期，身材比例較接近現今美國女性理想漂亮的樣貌——又高又瘦。另外，最近一項研究發現在高中階段的初期，晚熟的男孩比早熟的男孩，對自己的身體意象較為負面 (de Guzman & Nishina, 2014)。

二、大腦的變化

大腦在青少年階段也產生變化，但是有關青少年大腦發展的研究仍在起步。隨著科技的進展，青少年大腦變化的研究也將呈現顯著的進步 (Blakemore & Mills, 2014; Reyna & Zayas, 2014)。我們目前所了解的是什麼？

「大腦不會改變」這樣的教條已經被淘汰了，現在的研究人員主要專注於大腦情境—誘發的可塑性 (Zelazo, 2013)。大腦發展的主要改變為「由下至上，再由上至下」(bottom-up, top-down) 的順序，感覺、食慾 (吃、喝)、性慾、尋求感官刺激、喜歡冒險的大腦連結會先行成熟，高階處理的大腦連結，如自我控制、計畫及邏輯推理等，會較晚成熟 (Zelazo, 2013)。

近期科學家以功能性核磁共振儀掃描大腦影像，發現青少年大腦正在進行顯著的構造變化 (Blakemore & Mills, 2014; Raznahan et al., 2014)。**胼胝體**為連接大腦左右半球神經纖維的部位，在青少年時期變厚，此現象會促進青少年處理訊息的能力 (Chavarra et al., 2014; Gilliam et al., 2011)。我們在第 9 章時曾描述過前額葉皮質區發展的

胼胝體 (corpus callosum)
其所在區域連結左右半腦的腦神經。

進步，額葉處理最高階層的功能，包括邏輯推理、決策能力及自我控制。然而，前額葉皮質區在接近成年時期的階段才會完全成熟，大約在 18 歲到 25 歲之間，甚至是更晚 (Luna, Padmanabhan, & Geier, 2014; Steinberg, 2015a, b)。

邊緣系統為皮質下層，此區域負責情緒、經驗獎賞機制，邊緣系統會比前額葉皮質區還要早成熟，並且在青少年早期就幾乎已發展完全 (Blakemore & Mills, 2014; Steinberg, 2015a, b)。邊緣系統的構造包括掌管情感功能的**杏仁核**。圖 11.4 標示出胼胝體、前額葉皮質區以及邊緣系統的位置。

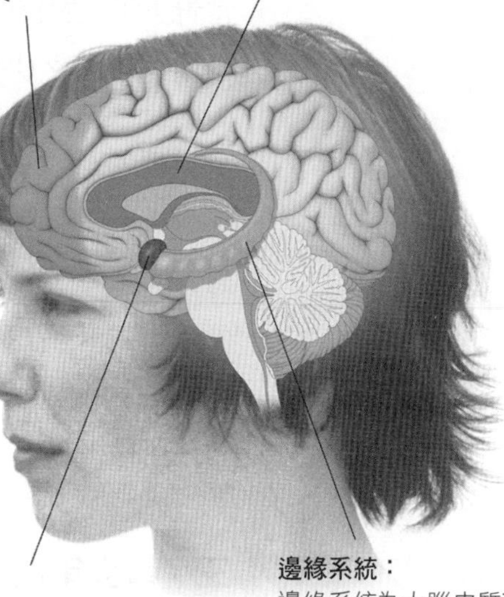

這些神經纖維連結大腦的兩個半球；它們在青春期會增厚以讓訊息傳遞得更有效率。

大腦負責「判斷」的區域，掌控強烈的情感，但在成人初期仍未完全發展。

邊緣系統其中的一個構造，主要負責情緒。

邊緣系統為大腦皮質下階層，此區域負責情緒、經驗獎賞機制。邊緣系統在青少年早期的階段就幾乎已完全發展。

圖 11.4　不斷產生變化的青少年大腦：前額葉皮質區、邊緣系統及胼胝體。

在第 9 章「兒童中後期的生理與認知發展」中，我們描述大腦某些特定區域的活化反應會增加，是跟突觸修剪 (synaptic pruning) 有關，例如前額葉皮質區。在兒童階段的中後期，雖然在前額葉皮質區等特定區域會增加活化反應，但是跨越大腦各區域的連結仍是受限的。個人到了成年階段，大腦的各個區域會有更多的連接 (Markant & Thomas, 2013)。這些增加的連接 [稱為大腦神經網絡 (brain networks)] 在跨越那些較遠的大腦區域尤其普遍的。因此，當孩子發展的時候，大腦的核心區域會有較好的效能及聚焦活化，同時增加大腦神經網絡連接比較遠的大腦區域 (Markant & Thomas, 2013)。

發展連結—大腦發展
雖然前額葉皮質區在兒童期展開顯著的發展，但在青少年階段仍沒有完全發展完成。(第 9 章)

青少年大腦的變化在認知發展神經科學及社會發展神經科學領域會被提到，相關發展、大腦與認知或是社會情感過程等研究也在迅速發展中 (Blakemore & Mills, 2014; Yap et al., 2013)。相關研究的領導學者 Charles Nelson (2003) 認為，雖然青少年擁有非常強烈的情感，但是他們的前額葉皮質不夠成熟去控制這些熱情，所以他們的大腦沒有辦法及時踩煞車放慢自己的情緒。另外一種說法則稱青少年在發展情緒及認知時的狀態為：「情感活化的狀態就像強大的『發動渦輪』，

邊緣系統 (limbic system)
大腦負責情緒及獎懲的區域。

杏仁核 (amygdala)
大腦負責情緒的區域。

但是相關的『駕駛技巧』並不熟練或沒有足夠的認知能力去操控強烈的情感和動機 (Dahl, 2004, p. 18)。」

當然，最主要的問題是大腦所發生的生理變化或是經歷這些改變的刺激 (Lerner, Boyd, & Du, 2008; Steinberg, 2015a, b)。有研究發現，當青少年在對抗同儕壓力時，前額葉皮質區會增厚，並且大腦神經網絡連接會變多 (Paus et al., 2007)。但是科學家不清楚這樣的現象，是大腦的變化在先，還是因為同儕、父母、其他人經驗後天所造成的結果。再一次，我們回到先天—後天 (nature-nurture) 的議題，這個議題在生命發展階段是如此的重要。然而，有足夠的證明表示，環境經驗對於大腦發展是重要的 (Monahan et al., 2014; Zelazo, 2013)。

在結束本小節青春期大腦的發展之前，需要進一步提醒謹慎看待研究結果的重要性。許多研究發現，神經科學及青春期大腦之間的相關性，但是這樣的因果關係需要再被審視證實的。當然，這樣的謹慎態度適用於人類生命週期的各個階段。

三、青少年性行為

青少年發展的特色不僅是生理成長和大腦發展的持續變化，青少年這個階段同時也作為「無性」孩子與「有性」大人之間的橋樑。青春期是性探索，結合幻想與現實，並且融入個人身分認同的階段。青少年對性有無窮的好奇心。青少年關心他們是否具有性吸引力、如何執行性行為，以及未來他們會擁有什麼樣的性生活。雖然大部分的青少年對性認同 (sexual identity) 感到脆弱及困惑，但是多數最終會發展成熟。在美國，青少年可以廣泛接收到有關性的資訊，可以從電視、影片、雜誌、流行音樂的歌詞及網絡學到許多性的知識 (Herdt & Polen-Petit, 2014; King & Regan, 2014)。

(一)發展性認同

掌握對性的感受及形成，對性的認同是多面向、漫長的過程 (Diamond, 2013; Savin-Williams, 2015; Savin-Williams & Cohen, 2015)。這些包括學習管理對性的感受 (例如性興奮和性吸引力)、發展親密關係的新形式，以及學習如何規範性行為以避免不良後果。

青少年的性認同 (sexual identity) 包括性的活動、興趣、行為模式和取向 (個人是否被同性或是異性所吸引，或是兩者皆是) (Buzwell & Rosenthal, 1996)。舉例來說，有些青少年對性感到高度焦慮，而另外一群則是特別低；有些青少年有強烈的性興奮感，而另外一群則是特別不明顯；有一些青少年在性活動非常活躍，而另一群卻不是如此 (Hyde & DeLamater, 2014)。有一些青少年因為強大的宗教成長環境，而抑制對性的反應；另外一群青少年雖然定期參與教會活動，但是他們的宗教並不抑制性活動。

人們普遍認為大部分的同性戀者在童年的階段就掙扎於同性的吸引，他們不會與異性約會，並在青少年中後期的階段逐漸了解他們是同性戀。許多年輕人遵循這個發展的途徑，但另一些則不然 (Diamond & Savin-Williams, 2015)。舉例來說，許多年輕人不記得早期被同性所吸引的感覺，但到了青春期晚期，對於被同性吸引的感覺更加感到突兀。大多數的青少年被同性所吸引，在某種程度上也會被異性所吸引 (Hock, 2012)。即使有些青少年被同性吸引而相戀，還是有些人宣稱這種同性間的吸引純粹是生理的關係 (Diamond & Savin-Williams, 2015)。

> 性興奮出現為青春期新的一個現象，而這也代表青春期性發展正常的重要面向。
>
> ——Shirley Feldman，美國史丹佛大學現代心理學家

(二) 青少年性行為的時機

當前青少年性的現況為何呢？2011 年美國全國調查報告指出，63% 的 12 年級學生有性經驗，9 年級則是 33% (Eaton et al., 2012)；美國 20 歲年輕人則有 77% 的比例有過性經驗 (Dworkin & Santelli, 2007)。而在 2012 年的全國報告中，47.5% 的 12 年級學生、39% 的 11 年級學生、30% 的 10 年級學生，以及 21% 的 9 年級學生，皆表示自己目前有性行為 (Eaton et al., 2012)。一項最近針對超過 12,000 位青少年為對象的青少年健康縱貫性研究 (Longitudinal Study of Adolescent Health) 發現，青少年性行為以陰道性交為主要模式，第一次性行為的平均年齡為 16 歲，第一次與第二次性行為相隔超過 1 年 (Haydon et al., 2012)。在上述研究中，約有三分之一的青少年第一次的性經驗比較晚，但是開始口交和陰道性交的時間在同一年。此外，非裔的青少年比非拉丁裔更有可能較早進行陰道性交。另外，青少年若是處於低社經地位，也較早開始有性行為。

過去 20 年間，青少年性行為有什麼樣的趨勢呢？從 1991 到 2011 年間，2011 年的青少年對於以下的這些問題的比例變少了：曾經發生性行為、目前有性行為、在 13 歲前曾發生性行為，以及曾與 4 個或更多的人發生性行為 (Eaton et al., 2012)。

(三) 青少年性行為的危險因子

許多青少年在情緒上都沒有體悟到要如何處理性經驗，特別是

許多心理學家正在探討如何減少青少年做危險性高的性決策。此張圖片為青少年在美國卡內基梅隆大學 (Carnegie Mellon University) 社會及決策科學研究所 (Department of Social and Decision Making Sciences) 參與 Julie Downs 及她的同事發展的互動式影片課程。這些影片用來協助評估青少年對於高危險「性情境」的反應及決策。

青少年早期 (Coley et al., 2013)。早期的性活動與危險行為有關，如吸毒、犯罪和學校的問題行為 (Chan et al., 2014)。近期的一項研究證實，越早有性行為 (於 14 歲之前) 與高風險性因素有關 (暴力性行為、在最近一次性行為使用毒品或酗酒、在最近一次性行為沒有使用保險套、最近一個月有多個性伴侶、懷孕或導致懷孕)，也有可能會體驗到約會暴力 (Kaplan et al., 2013)。其他青少年性問題的高風險因子，包括環境因素，例如社經地位 (SES) 和貧窮，家庭 / 親職教育和同儕因素 (Van Ryzin et al., 2011)。一份近期的研究表示，社區的貧窮程度能預測 15 歲到 17 歲女孩與男孩的性行為 (Cubbin et al., 2010)。在全美各大城市中收入較低的地區，青少年的性行為活躍程度較高 (Morrison-Beedy et al., 2013)。

許多家庭因素與青少年性行為的結果有相關 (de Looze et al., 2014; Widman et al., 2014)。一項文獻回顧研究指出，以下幾個面向能預測青少年性和生殖健康方面的成效：家庭的聯繫、父母與青少年間對性的溝通、父母的監控，以及夥伴關係的聯繫 (Markham et al., 2010)。最近的一項研究發現，拉丁裔的青少年和父母之間的爭執與分歧和青少年早期性行為有關 (Cordova et al., 2014)。此外，有較年長性行為活躍的手足或姊妹為孕婦 / 或有小孩，也會增加懷孕的風險 (Miller, Benson, & Galbraith, 2001)。另外，近期的研究顯示，青少年早期結交行為偏差的同儕，可能在 16 歲時會有較多的性伴侶 (Lansford et al., 2010)。一項文獻回顧研究發現，與學校的連結和正向性行為有關 (Markham et al., 2010)。最近的一項研究也發現，高衝動性與青少年早期危險性行為有關 (Khurana et al., 2012)。

(四) 避孕用品的使用

青少年使用保險套的頻率是否增加？美國最近一項全國調查顯示，美國高中生在最近一次的性行為使用避孕用品的比率 (2011 年為 60%，1991 年則為 46%) 顯著的增加 (Eaton et al., 2012)。然而，在此研究中，美國青少年使用保險套的比率從 2003 年到 2009 年並未有顯著的變化。

許多性行為活躍的青少年仍然沒有使用避孕用品，或是他們使用的方式並不正確 (Finer & Philbin, 2013)。在 2011 年，有 34% 有性行為的青少年最近一次的性行為並未使用保險套 (Eaton et al., 2012)。較年輕的青少年與較年長的青少年相比，較年輕的青少年較少採取避孕措施。此外，最近的研究發現，青少年性伴侶在持續使用保險套上有

很大的年齡差異 (Volpe et al., 2013)。

(五) 性傳染感染

避孕的一些方式，例如避孕藥或避孕器，無法保護個體免於性傳播感染。**性傳染感染** (STI) 主要透過性接觸，包含口腔－性器和肛門－性器接觸。每一年有超過 300 萬的美國青少年 (其中有性經驗的約占四分之一) 得到性傳染感染 (Centers for Disease Control and Prevention, 2014)。若是一個青少女與一個感染者進行單一無保護之性行為，有 1% 的機率可能會感染 HIV、30% 的機率會得到生殖器的皰疹、50% 的機率得到淋病 (Glei, 1999)。還有一個常見的性傳染感染為衣原體 (chlamydia)。我們會在第 13 章時，再更深入討論其他性傳染感染。

發展連結—健康狀況、疾患及疾病
什麼是防止 HIV 和其他性傳播感染的好策略？(第 13 章)

(六) 青少年懷孕

在跨文化的比較中，美國持續在工業化國家中有最高的青少年懷孕和生育率，儘管在 1990 年代之後有了大幅下降。美國青少年懷孕的比率與荷蘭相同，是其他國家的 8 倍。雖然與荷蘭相比，美國青少年性行為並沒有那麼活躍，但美國青少女的懷孕率較高，在美國，15 至 19 歲懷孕中母親，有 82% 是非預期性的懷孕 (Koh, 2014)。

儘管與其他已開發國家相比，美國有些較為負面的數據，但美國青少女懷孕率已經出現一些令人振奮的趨勢。2012 年，美國 15 到 19 歲的女性中，每 1,000 名女性生產 29.4 人次，此為有史以來的最低紀錄，這與 1991 年同年齡女性，每 1,000 名女性生產 61.8 人次相比，減少了 52% (Hamilton, Martin, & Ventura, 2013)。其下降的原因包括學校 / 社區衛生教育、增加避孕用具的使用，以及擔心性傳播感染，如愛滋病等。

在美國青少年中，種族會影響生育率 (Centers for Disease Control and Prevention, 2012)。拉丁裔青少年比非裔美國人和非拉丁裔白人更可能有一個孩子 (Ventura & Hamilton, 2011)。拉丁裔和非裔美國少女如果有了第一個孩子後，會比非拉丁裔白人少女更有可能有第二個孩子 (Rosengard, 2009)。如果女兒當初是被 10 幾歲的母親撫養長大，也會增加世代循環的風險 (Meade, Kershaw, & Ickovics, 2008)。

研究者發現，青少年母親在與嬰兒的互動上，效率低於成年母親。近期的一項研究發現，與成年母親相比，青少年母親與嬰兒互動上有較多的消極互動，較少時間在玩和積極互動 (Riva Crugnola et al., 2014)。一項近期的介入方法——「我的寶貝和我」(My Baby and Me)，包含頻繁且密集的居家訪視、教導青少年母親教養技巧，

性傳染疾病 (sexually transmitted infection, STI)
主要透過性行為接觸傳染，包括口交及肛交接觸傳染。

發展與生活的連結

減少青少女懷孕

青少年推廣計畫 (Teen Outreach Program, TOP) 為減少青少年懷孕策略之一，鼓勵青少年參與社區志願服務，並且帶動討論，讓青少年從志願服務中學習。

「女孩公司」(Girls, Inc.) 有四個方案，目的在於增加少女的動機，以避免她們懷孕，直到她們足夠成熟可以為成為母親的決定負責 (Roth & others, 1998)。「共同成長」(Growing Together) 為針對母親和青少年所舉辦的工作坊 (一系列共 5 次，每次 2 個小時)，以及「賦能 / 不開機」(Will Power/Won't Power) 方案，主要針對 12 到 14 歲少女的自信心訓練 (一系列共 6 次，每次 2 個小時)。針對較年長的少女，則有「商業經營管理」(Taking Care of Business) 方案 (共 9 堂)，強調職業生涯規畫，以及性行為、生育和避孕等相關訊息知識。「健康橋樑」(Health Bridge) 方案協調健康和教育的服務——少女可以透過參與此方案作為她們的社團活動之一。與那些沒有參與的少女相比，這些參與方案的少女較少懷孕 (Girls, Inc., 1991)。

在 2010 年，美國政府新成立了青少年健康部門 (Office of Adolescent Health) 推廣預防青少女懷孕計畫 (Teen Pregnancy Prevention, TPP) (Koh, 2014)。現今，許多研究正以此計畫為基礎，尋找降低青少女懷孕的策略。

青少年「性」資訊的來源及準確性，和青少女的懷孕有關。青少年可以從許多來源獲得關於性的訊息，包括父母、兄弟姊妹、學校、同儕、雜誌、電視及網路等。特別值得關注的是網路「性」訊息的準確度管道。

目前，學校性教育主要的一個爭議是，學校應該全面禁慾或是強調避孕知識 (Erkut et al., 2013; Kraft et al., 2012)。

一些研究青少年性行為的專家學者，目前提出一個結論，強調避孕知識的衛教課程比起只有禁慾的方案，衛教課程不會增加青少年性行為的發生機率，並且可以減少青少女懷孕及性傳染感染的風險 (Carroll, 2013; Eisenberg et al., 2008, 2013; Hyde & DeLamater, 2014)。有一些性教育的課程也開始進行，包括禁慾加上推廣節育，以及提供避孕用具的相關指導 (Nixon et al., 2011; Realini et al., 2010)。

根據剛剛你所了解到有關青少年性行為危險因子的訊息，從上述這些性教育的方案，哪些會讓青少年族群獲益較多呢？

為期 3 年，其結果改善了母親的行為和孩子的發展 (Guttentag et al., 2014)。

雖然美國高中女生懷孕率引起極大關注，但這不單只是懷孕的問題，也會對青少年母親及她的後代帶來負向的結果。青少年母親大多來自低社經階層 (Molina et al., 2010)。許多青少年母親懷孕前也不是成績好的學生 (Malamitsi-Puchner & Boutsikou, 2006)。不過，並非每個青少年母親都是貧窮及低成就的。因此，儘管少女懷孕是一個高風險的處境，一般來說，沒有懷孕的青少年會比懷孕的過得較好，但還是有一些青少年母親在課業上表現得不錯，也能有較好的境遇 (Schaffer et al., 2012)。

嚴肅地說，我們需要努力去幫助懷孕的青少女和年輕母親提升她們的教育和就業機會 (Asheer et al., 2014)。青少年母親也需要我們的協助，以建立足夠能力來養育孩童及計畫未來。

青少年可以從適齡的家庭生活教育中獲益。家庭和消費者科學教育者可以對青少年傳授生活技能，像是有效的決策。為了要學習更多有關減少青少年懷孕的方式，可參閱【發展與生活的連結】。

複習・連結・反思

學習目標二　描述青少年在生理上的變化，包括青春期、大腦的變化，以及青少年性行為

複習重點

- 什麼是青春期的一些關鍵環節？
- 在青少年的階段大腦有何典型的變化？
- 有關青少年的性行為有什麼重要的面向？

連結

- 如何從大腦發展連結至青少年決定要不要有性行為？

反思個人的人生旅程

- 請問你的青春期是早於還是晚於同儕？這個時間點如何影響你的發展？

參　青少年健康的議題

學習目標三　指出青少年健康相關問題、藥物使用和濫用，以及飲食疾患

青少年健康　藥物使用和濫用　飲食疾患

前言

許多健康專家認為，青少年的健康取決於他們個人的行為。為了促進青少年的健康，成年人應致力於：(1) 增加青少年健康促進行為，例如吃營養的食物、運動、繫安全帶，睡眠充足；(2) 減少青少年影響健康的行為，例如藥物濫用、暴力、無保護措施的性行為，以及危險駕駛。

什麼是青少年運動模式的特質？

一、青少年健康

青少年為建立健康行為的重要階段 (Kadivar et al., 2014; Quinlan-Davidson et al., 2014)。許多對健康有害的習慣及導致過早死亡的行為，都是從青少年階段開始；相反地，若能及早建立健康行為模式，像是規律運動，以及偏好低脂和低膽固醇食物，不僅直接對健康有益，也能延緩或是預防失能，以及降低因心血管疾病、中風、糖尿病和癌症等疾病的死亡率 (Blake, Munoz, & Volpe, 2014)。

(一) 營養和運動

有關青少年營養及運動習慣的關心日益劇增 (Chen et al., 2014; Dowdy et al., 2013)。美國國內資料指出，12 歲到 19 歲過重的青少年，從 1990 年代初期的 11%，到 2011 年至 2012 年已增加為 21% (Ogden et al., 2014)。另一項研究也顯示，12.4% 的美國幼兒園幼兒為肥胖，到了 14 歲則有 20.8% 的比例為肥胖 (Cunningham, Kramer, & Narayan, 2014)。

另一個美國文化關注的焦點為所攝取的脂肪量。現今美國年輕人幾乎都依賴速食餐點，其脂肪含量特別高。在一項比較 28 個國家青少年飲食狀況的研究中，發現美國與英國的青少年和其他國家相比，較常攝取油炸食品，較少攝取水果及蔬菜 (World Health Organization, 2000)。另一項研究發現，青少年早期在家中規律飲食與 5 年之後的健康飲食習慣有相關 (Burgess-Champoux et al., 2009)。

青少年階段的肥胖可預測成年階段的肥胖。一項針對 8,000 名以上青少年進行的縱貫性研究發現，肥胖的青少年比過重或是正常體重的青少年，在成年階段更容易發展成嚴重肥胖 (The et al., 2010)。另一項縱貫性研究也顯示，青少年在 14 歲時過重的比例占 20%，到了 24 歲時過重的比例增加至 33% (Patton et al., 2011)。

研究人員發現，到了青少年階段，他們的活動量漸趨減少 (Alberga et al., 2012)。一項美國的全國性研究顯示，男孩和女孩的體能活動量一直增加到 13 歲，但是之後活動量就一路下降，直到 18 歲 (Kahn et al., 2008)。

越來越多的研究發現，青少年運動與父母和同儕有關。研究顯示，青少女體能活動與她的男性和女性朋友的體能活動狀況有關，而青少男體能活動則與女性朋友的體能活動狀況有關 (Sirard et al., 2013)。一項最近的文獻回顧結論顯示，同儕 / 朋友對運動的支持度、

與同儕 / 朋友一起運動、同儕規範、友誼的品質和接受度、同儕團體，以及是否受到同儕欺侮，皆與青少年體能活動參與有關 (Fitzgerald, Fitzgerald, & Aherne, 2012)。

一項最近的文獻回顧結論顯示，以螢幕為主的活動與一些青少年健康問題有關 (Costigan et al., 2013)。在這個文獻回顧中發現，參與螢幕活動的時間越長會導致久坐行為，此與過重、睡眠問題、憂鬱情緒、體能活動量較低 / 體適能較差，以及心理健康較差 (如處於高度壓力中) 等有關。

(二) 睡眠型態

就像營養和運動，睡眠也是影響健康的重要因素。若是改變青少年的睡眠型態，可能會造成哪些損害健康的行為呢？最近許多學者對於研究關於青少年睡眠型態的興趣大增 (Doane & Thurston, 2014; Telzer et al., 2013)。一項縱貫型研究請 9 年級、11 年級及 12 年級的青少年，各花費 14 天完成 24 小時的生活日記，發現學生每天無論花多少時間學習，當他們為了讀書犧牲睡眠而睡得比平日少時，在課堂會難以理解學習內容，並且需要花費更多時間才能完成隔天的作業 (Gillen-O'Neel, Huynh, & Fuligni, 2013)。

Mary Carskadon 和她的同事 (2004, 2005, 2011a, b; Crowley & Carskadon, 2010; Tarokh & Carskadon, 2010) 進行許多青少年睡眠模式的相關研究，他們發現若是給予機會，青少年平均一個晚上的睡眠時間為 9 小時 25 分鐘。然而，大部分的青少年睡眠皆明顯少於 9 小時，特別是在週末時間。這樣睡眠不足的缺損，青少年常常試圖要在週末的時候補足睡眠。研究人員還發現，較年長的青少年比年紀較輕的青少年，在白天更容易有嗜睡的情形。

Carskadon 所提出的研究結論表示，學校開始上課的時間太早，可能會導致上課打瞌睡，造成注意力不集中，考試表現不佳。根據她的研究，位於明尼蘇達州伊代納市 (Edina) 的學校機關決定將學校開始上課的時間自 7 點 25 分調整為 8 點 30 分。自從調整時間過後，學生較少發生紀律問題，生病或憂鬱的情形也有所減少。校方報告在成績方面，高中學生成績有進步，但是中學生並沒有。而這樣的發現也支持了 Carskadon 的臆測，年紀較長的青少年對於早起容易感到壓力。

成年階段初期睡眠模式會改變嗎？相關研究指出，的確會有改變 (Galambos, Howard, & Maggs, 2011)。一項研究顯示，超過 60% 的

在這張圖片中，有一位青少年女孩正處於布朗大學 (Brown University) 的 Mary Carskadon 睡眠實驗室中，Carskadon (2005) 表示，睡眠不足的青少年在早上時狀態為「大腦此時正告訴他們現在是晚上……但是除了大腦，整個世界都在告訴他們，現在是時候要去學校了」(p. 19)。

美國青少年飲用酒精有什麼趨勢呢？

大學生被歸類為低睡眠品質者 (Lund et al., 2010)。在此研究中，大學一年級學生平日的就寢時間和起床時間，大約晚了高中學生 1 小時又 15 分鐘 (Lund et al., 2010)。大學一年級學生的就寢時間和起床時間也晚於大學三年級和四年級的學生，這表示大約在 20 到 22 歲的階段，就寢時間和起床時間會發生反轉的現象。

(三) 青少年階段的主要死亡原因

青少年階段的三個主要死亡原因為意外受傷、凶殺及自殺 (National Center for Health Statistics, 2014)。幾乎接近一半的 15 歲到 24 歲青少年的死亡是因為意外受傷，其中大多數是因為汽機車事故。危險的駕駛習慣，例如超速、與前車車距太近，以及在酒精或是藥物影響下駕駛，比起缺乏駕駛經驗，上述所提可能是最主要導致車禍的原因 (Marcotte et al., 2012)。約 50% 的機汽車死亡事故中駕駛為「酒後駕駛」，其血液中的酒精濃度為 0.10% (或在美國某些州則為 0.20%)。酗酒的青少年也有很高的比例，死於身為行人時的機汽車意外事故。

在美國，兇殺為青少年死亡的第二大主要原因，特別是非洲裔男性 (National Center for Health Statistics, 2014)。另外，值得注意的是青少年的自殺率，自 1950 年代後已增加了兩倍。10 到 14 歲的青少年因自殺而死亡占所有死亡原因的 6%，而 15 到 19 歲的青少年組群則為 12%。我們將進一步在第 12 章討論有關自殺的議題。

二、藥物使用和濫用

自 1975 年開始，每一年 Lloyd Johnston 和他的同事會在密西根大學的社會研究所 (Institute of Social Research) 調查美國高中生 (包含公立和私立學校) 毒品的使用情形。從 1991 年開始，他們也調查了 8 年級和 10 年級學生毒品的使用情形。到了 2012 年，該研究調查超過 400 所公立和私立的學校，超過 45,000 位中學生 (Johnston et al., 2013)。

根據這個研究，8 年級、10 年級及 12 年級的美國學生使用非法藥物的比例在 1990 年代的末期和 2000 至 2009 年有下降的趨勢 (Johnston et al., 2014)。

另一個值得關注的議題為，當青少年受酒精或是其他物質影響下開車的狀況 (Catalano et al., 2012)。密西根州大學所執行的美國國高中生毒品濫用調查 (Monitoring the Future Study)，有 30% 高中生表示，在過去兩週曾經使用迷幻藥或是喝酒後開車的情形 (Johnston et al., 2008)。

美國青少年抽菸的人數在 1996 年到達高峰，並從那時開始人數逐漸下降 (Johnston et al., 2014)。隨著 1996 年吸菸人數的高峰，美國 8 年級學生的抽菸率已下降至 50%。在 2013 年，報告顯示，12 年級學生在過去 30 天內曾經抽菸的比率為 16%，與 2011 年相比下降了 3%，而 10 年級學生抽菸的比率為 9%，8 年級則為 4.5%。自從 1990 年代中期，越來越多的青少年認為抽菸是危險的行為，他們不太能接受周圍充滿抽菸的人，寧願跟不抽菸的人互動 (Johnston et al., 2014)。

發展連結—藥物濫用
在初期的成人階段藥物濫用的情形是增加還是減少呢？ (第 13 章)

發展、父母、同儕和教育的角色

當青少年在青少年早期階段或是在兒童時期開始使用毒品會造成許多嚴重的後果 (Conduct Problems Prevention Research Group, 2014)。舉例來說，最近一項研究顯示，若開始喝酒的年紀在 11 歲以前，可能會增加青少年早期出現酒精依賴的風險 (Guttmannova et al., 2012)。

父母在避免青少年濫用藥物方面扮演了重要的角色。青少年與父母和其他家人維持正向關係，可以降低青少年使用毒品的可能性 (Broning et al., 2014)。研究人員發現，父母的監控與濫用藥物使用率低有關 (Hurt et al., 2013; Wang et al., 2014)。在最近的一項研究中，高中的最後一年若是父母監控程度高，則會有較低的酒精依賴風險，但父母的監控對大學一年級大麻的使用並沒有類似的效果 (Kaynak et al., 2013)。一項文獻回顧的結論提出，青少年跟家人共進晚餐的頻率越高，則藥物濫用的可能性越低 (Sen, 2010)。

除了父母，同儕對於青少年物質使用也扮演重要的角色 (Valente et al., 2013; Wang et al., 2014)。舉例來說，一項研究發現，同儕之間網絡群組一起喝酒，會增加青少年飲酒的行為 (Cruz, Emery, & Turkheimer, 2012)。

教育的成功同時也是青少年毒品問題的堅強緩衝 (Balsa, Giuliano, & French, 2011)。由 Jerald Bachman 和他的同事在 2008 年研究分析顯示，早期的教育成就顯著降低青少年藥物問題發展的可能性。但是什麼是家人可以教育自己及他們的小孩，以減少青少年喝酒及吸菸行為呢？為了能了解更多，詳見【透過研究找出關聯】。

什麼是父母可以影響家中青少年使用毒品與否的方式呢？

透過研究找出關聯

父母可以運用什麼策略來減少青少年喝酒及抽菸的行為呢？

許多實驗性研究探討家庭相關介入是否可以減少青少年喝酒及抽菸的行為，來確認其有效性。在一個實驗性研究中，訪問家中有 12 到 14 歲青少年，來自各個不同文化的 1,326 個美國家庭 (Bauman et al., 2002)。介入前訪談結束後，研究參與者隨機分配到參與「家庭介入方案」(Family Matters program) (實驗組) 中，或是未參與方案的組別 (控制組) 中 (Bauman et al., 2002)。

被分配到「家庭介入方案」的家庭會收到 4 本郵寄的衛教手冊。每次收到衛教手冊時，會由健康衛教者打電話至家中，「鼓勵家中所有成員一同回答問題，並且記錄相關訊息」(Bauman et al., 2002, pp. 36-37)。第一冊主要強調青少年藥物濫用對於家庭所造成的負向後果。第二冊強調「監督、支持、溝通技巧、依附、花時間相處、教育成就、減少衝突，以及如何理解青少年」。第三冊要求父母列出他們可能在無意間導致孩子使用菸草或是酒精的事項，確認什麼因素會影響孩子使用這些物品，並考慮如何規範，以及如何監控他們使用。接著，家庭中的成年成員需與孩子一起面對面「一同協商所制定的規範以及相關制裁處罰」。最後，第四冊的內容則為處理「如何抵抗同儕使用這些物質，以及媒體的壓力」。

實驗組分別有 2 次追蹤訪談：第一次在完成方案的 3 個月後；第二次為完成方案的 1 年後。其結果顯示在「家庭介入方案」的青少年在介入完成的 3 個月後及 1 年後，飲酒及抽菸的比例皆有下降。圖 11.5 顯示其酒精飲用的狀況。

在第二冊所提的主題強調了父母在早期發展的重要性。舉例來說，持續積極參與並建立一個權威的形象，而不是忽視。父母在早期孩子生活的教養方式，能夠讓孩子清楚了解，父母在青少年階段的支持程度及期待。

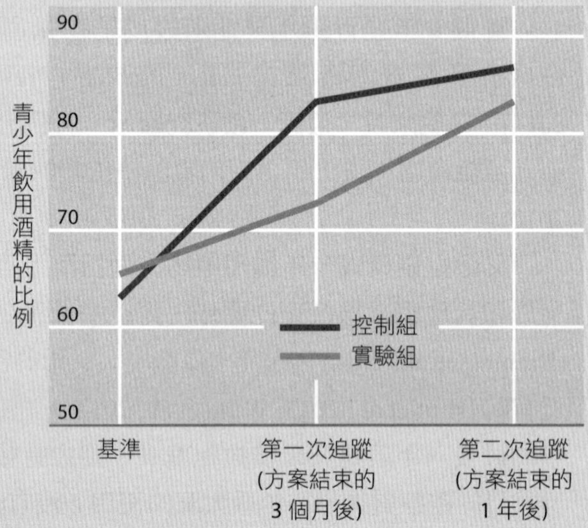

圖 11.5　參與「家庭介入方案」的青少年酒精飲用之情形。需要注意的是，參與「家庭介入方案」的青少年 (實驗組) 與另外未參與方案的青少年 (控制組)，他們在基準時 (方案開始之前) 酒精使用狀況是類似的 (實驗組略高於控制組)。但是，到了完成方案的 3 個月後，實驗組的結果顯示其酒精使用比例較低，而且這樣的結果仍然持續至方案結束的 1 年後，雖然其差距越來越小。

三、飲食疾患

現在讓我們來探討兩個飲食相關障礙——厭食症和暴食症，女孩的飲食疾患問題比男孩更常見。

(一) 厭食症

厭食症已經逐漸變成少女和年輕的成年女性一個日益嚴重的問題。什麼是厭食症可能造成的原因呢？

儘管大部分的美國少女在某些時刻會有節食的行為出現，但只有少於 1% 的比例會發展為厭食症。**厭食症**是一種飲食障礙，會透過飢餓，不顧一切追求纖瘦的身材。這是一種嚴重的疾病，可能會導致死亡。罹患厭食症的人有以下四個主要特質：(1) 體重低於他們年紀及身高所需正常值的 85%；(2) 強烈害怕體重增加或變胖，或即使體重偏低仍持續抑制體重增加；(3) 對於自己的身材存有扭曲的身體意象 (Stewart et al., 2012)；(4) 已經青春期的少女出現無月經症 (amenorrhea)。

厭食症也與跟體重相關的強迫思考，以及強迫性的運動鍛鍊有關 (Simpson et al., 2013)。即使他們的身材已經非常瘦了，仍然會覺得自己很胖。他們會不停地覺得自己不夠瘦，特別是在腹部、臀部及大腿，並且會頻繁地量體重，經常測量自己身體的各個部分，以及用嚴格的眼光從鏡子中審視自己的身體。

厭食症通常會從青少年早期到中期的階段開始發展，通常伴隨節食和某些生活壓力 (Fitzpatrick, 2012)。女性會比男性多 10 倍的機率，當男性罹患厭食症時，症狀和其他特質 (例如扭曲的身體意象及家庭衝突) 也和女性患者主訴雷同 (Ariceli et al., 2005)。

大多數的厭食症患者來自受過良好教育的中、高社經地位家庭，為非拉丁裔白人青少女或是年輕成年女性，並具有競爭性和高成就導向 (Darcy, 2012)。他們為自己設定高標準，對於無法達到標準而感到壓力，並強烈地關注他人如何看待自己。因為無法達到這些期待，他們會轉向那些可以控制——他們的體重。母親若患有厭食症，其兒女罹患厭食症的風險性相對較高 (Machado et al., 2014)。家庭系統若出現問題，也會增加青少女罹患厭食症的風險 (Machado et al., 2014; Stiles-Shields et al., 2012)，另一項文獻回顧研究結論提到，對於罹患厭食症的青少女來說，家庭治療是最有效的方法 (Bulik et al., 2007)。

厭食症與生物學和文化皆有相關，基因在厭食症扮演了重要的角色 (Boraska et al., 2014; Lock, 2012a)。另外，節食對身體的影響可能改變神經系統網絡，因而持續病態的模式 (Lock, 2012b; Fuglset et al., 2014)。美國文化的時尚形象可能促成厭食症的發生 (Benowitz-Fredericks et al., 2012)。媒體所挑選的模特兒將「瘦」描繪成美麗的象徵，而這使許多青少女爭相模仿。

厭食症 (anorexia nervosa)
厭食症是一種飲食障礙症，會透過飢餓，不顧一切追求纖瘦的身材。

(二) 暴食症

暴食症也是一種飲食障礙症，個人會持續以狂食狂掃的模式進食。**暴食症**在狂食之後，會出現不適當的補償行為，如自我催吐、不當使用瀉劑等。儘管有許多人偶爾也會有這樣的經驗，但若為嚴重的暴食症，其暴食症狀與不適切補償行為必須同時發生，且每週至少 2 次，並持續 3 個月以上 (Cuzzolaro, 2014; Uher & Rutter, 2012)。(譯註：DSM-5 對暴食症的定義為每週 1 次以上。)

與厭食症患者相同，大部分的暴食症患者於食物上斤斤計較，對體重過重有強烈的恐懼，感到憂鬱或是焦慮，並會扭曲自己的身體意象。最近的一項研究發現，暴食症患者難以控制自己的情緒 (Lavender et al., 2014)。類似青少年的厭食症患者，暴食症患者是非常完美主義 (Lampard et al., 2012)；但不像厭食症患者，暴食症患者在狂食狂掃後，仍可以維持在正常的體重範圍內，而這也可能會讓我們難以觀察到暴食的行為。

美國將近 1% 到 2% 的女性被估計可能會發展成暴食症，90% 的暴食症患者為女性，通常在青少年晚期或是成年早期開始發展。許多女性在暴食症發病前體重為過重，而這樣的暴食行為在節食之前可能就開始了。與厭食症相同，大約 70% 的暴食症患者最終可康復 (Agras et al., 2004)。藥物治療及心理治療對於治療厭食症及暴食症患者皆有成效 (Hagman & Frank, 2012)，特別是認知行為治療對於暴食症的治療特別有幫助 (Hay, 2013)。

暴食症 (bulimia nervosa)
暴食症為一種飲食障礙症，個人會持續以狂食狂掃的模式進食。

複習・連結・反思

學習目標三　指出青少年相關健康問題、藥物使用和濫用，以及飲食疾患

複習重點

- 什麼是青少年健康主要關注的議題？
- 少年的藥物使用和濫用有什麼特質呢？
- 什麼是飲食疾患的特質？

連結

- 在【透過研究找出關聯】專欄，你學習到「家庭介入方案」所強調「依附關係」為用來降低青少年喝酒及抽菸的重要因素。此研究的發現是否支持或牴觸第 6 章所提到早期發展依附關係影響發展或是後期生活之行為呢？

反思個人的人生旅程

- 請問你在青少年期間，有哪些是促進健康及危害健康的行為模式？請解釋。

肆 青少年的認知發展

學習目標四 解釋青春期認知發展的變化

Piaget 的理論 | 青少年的自我中心主義 | 訊息處理

青少年的思考在開啟新的認知與社會的視野上，展現發展的力量，讓我們檢視一下對這些思考力量發展的解釋，就從 Piaget 開始 (1952)。

青少年是否能假設推理，判斷出自己是基於理想，還是為了現實，促使他們參與像照片中的這個為教育改革舉行的抗議活動。此外，可以促動才剛發現青少年具有的認知新能力，也就是假設推理，能推演出既合理又富有理想的能力，究竟有哪些因素呢？

一、Piaget 的理論

如同我們在第 9 章所討論過的，Jean Piaget 認為兒童大約在七歲時進入認知的具體運思期，他們對具體的事物可以邏輯性的推理；到了十一歲，就開始進入認知發展的第四階段也是最後一個階段——形式運思期。

(一) 形式運思期

什麼是形式運思期的思考特徵呢？形式思考是指能做抽象性的思考。青少年的思考不再被真實的具體的經驗所限制，他們能接受假想的情境、抽象的主張、純粹的假設命題，並對它們做邏輯性的推論。

抽象思考的品質可以表現在他們口語的問題解決能力上。例如 A 等於 B，B 等於 C，所以 A 等於 C。青少年可以輕易地用口語解釋，而不需借用任何具體道具。

另一個證明青少年抽象思考能力的是，他們逐漸增加對自己的思考。如一個青少年所言「我開始思考我是誰、為什麼是我？」這聽起來很抽象，是的，這就是青少年的思考——聚焦在一些抽象的議題上。

發展連結—認知理論
有所謂代表青年認知發展的第五階段，也就是後形式運思期嗎？(第 13 章)

伴隨著這樣抽象性的思考而來的，是他們的思考充滿著理想性和可能性，特別是在剛開始進入形式運思期時；他們還喜歡思考理想性的特質，渴望自己和他人都具有這樣的特質，而使得他們會用這樣的標準來看待自己，也看待別人。

假設演繹的推理 (hypothetical-deductive reasoning)
這是 Piaget 形式運思的理念。他認為青少年的認知能力，足以對如何解決問題提出假設，或者有很好的臆測。

當青少年想得越抽象，越發往自己的理想鑽的時候，他們同時對事情的看法也越發符合邏輯。兒童往往喜歡用嘗試錯誤來解決事情；青少年則開始像科學家一般去想事情了。他們用來解決事情的態度是需要所謂的**假設演繹推理**的能力。這樣的能力，需要懂得想出一個假設方案，接著能衍生出運用實行的策略步驟，可以用來測試擬出的假設是否可行。因此，一個全然具有邏輯推理的人 (形式運思期的思考者)，對於問題首先會擬出解決問題的假設方案，然後，更會有計畫地找出最好的方法去解決問題。

(二) 評論 Piaget 的理論

有關於 Piaget 的「形式運思期」理論，學者們 (Reyna & Zayas, 2014) 對於其中的一些觀點並不認同。他們發現個別差異的例子，比 Piaget 所看到的要多得多。比如在三個美國青少年中，就只有一人是使用形式運思來思考問題，而且有很多美國成年人 (和從其他文化而來的成年人) 卻未曾使用形式運思來思考問題。

發展連結—認知理論
Piaget 描述年輕孩子們有的一種自我中心模式。(第 7 章)

此外，Piaget 認為科學或數學教育，教導人們邏輯的觀念，同樣也能促進人們形成形式運思的思考，他的這項主張也招來非議，我們已在第 9 章討論。和 Piaget 所主張的理論相比，文化和教育其實對一個人的認知發展的影響要遠遠比受邏輯教育大得多 (Gauvain, 2013)。

Piaget 認知發展理論中尚有其他的主張也遭到批評 (Diamond, 2013)。誠如我們在第 9 章已提到的，Piaget 認為所有的發展階段就如同一個一致的思想結構；一個階段裡，同時可以出現各樣不同的看法。不料，大多數的近代發展論學者卻一致認為，認知發展並非如 Piaget 所說的那樣，是有一個階段再接著另一個階段發展的 (Siegler et al., 2013)。有一些認知能力會比 Piaget 認定的時間提早出現，有的卻比他認定的時間晚出現 (Brynes, 2012)。正如我們剛才提到的，許多青少年仍然以具體運思作為手段，或者他們才開始熟悉形式運思的方法。有許多成年人甚至不懂形式運思的思維方法。

儘管有這麼多不同的反對意見，但我們仍然深深感激 Piaget (Miller, 2011)。Piaget 不但是現代認知發展學派的創始者，他同時也是長長一串理念，如同化、適應、物體恆存、自我中心、保留等的創始者。尤其在觀察孩童，Piaget 堪稱是一個天才。他用自己獨特的方法去仔細察看兒童如何在他們的世界裡表現自己，又如何來適應他們的世界。他告訴我們的是，兒童是多麼需要他們的經驗和他們的機制磨合；同時，他們也要適應自己的機制，以便為自己的經驗找到安身立命之所。Piaget 更告訴我們認知改變是怎麼樣發生的。他說要是在一個設計的環境裡，其中安排有循序漸進的活動，可以帶著人前往下一個更高層次的活動時，這時候認知改變就會發生了。

二、青少年的自我中心主義

青少年的自我中心主義是指青少年強調自我意識的意思。David Elkind (1976) 指出，所謂青少年自我中心的觀念包括兩個重要的條件——**假想觀眾**和個人神話。假想觀眾的說法正是青少年反應的想法。青少年相信別人對他們都感到興趣，正如同他們對自己感興趣一樣。同時，取得別人注意的方法就是努力贏得他人注意，成為人人看得見的焦點，就如同「站在舞台上」。例如當一個八年級的男孩走進教室的時候，他可能會想，每一雙眼睛都注視著那帶有斑點的臉。青少年在早期就意識到他們是「站在舞台上」的人，相信自己是主角，其他人則是觀眾。

根據 Elkind 的說法，**個人神話**是青少年的自我中心主義的一部分，覺得自己是獨一無二、永恆且不朽的。舉例來說，13 歲大的 Adrienne 會這樣形容自己：「沒有人了解我，特別是我的父母，他們根本不知道我的感覺。」青少年覺得自己是獨一無二的感覺讓他們不相信有人會了解他們真實的感受，為了維持這種感覺，他們甚至會為自己編造充滿想像、遠離真實世界的故事，這常會顯現在他們的日記中。

而個人神話中的個人不朽也會讓他們覺得，他們才不會成為受害者呢！那些大人警告他們的倒楣事情才不會發生在他們的身上！因此，他們常會嘗試一些危險的舉動，如吸食毒品、不使用避孕用品任意發生性關係，甚至嘗試自殺遊戲，而染上毒癮、懷孕、性病，甚至死亡 (Alberts, Elkind, & Ginsberg, 2007)。

許多媒體的渲染和容易接觸也加重青少年的自我中心主義，上一代的青少年沒有機會透過媒體接觸這麼多人，頂多靠電話聯繫；但現代青少年會在網絡世界尋求認同，或實現自己的獨特性。Psychster 公司在 2010 年所做的調查發現，擁有許多朋友 (或觀眾，尤其是在網絡上的) 讓青少年覺知到有很多人在觀看他們的生活。

另一個對如 Elkind 所認為的青少年的不朽感覺探討，發現越來越多青少年用提早的死亡來塑造他們成為一個早凋的悲劇人物，他們會問自己在明年或是二十歲前死亡的機率有多高 (Fischhoff et al., 2010)。

三、訊息處理

Deanna Kuhn (2009) 提出一些青少年在認知及訊息處理上的特

發展連結—大腦
許多執行功能在大腦的前額葉運作。(第 7 章)

青少年的自我中心主義 (adolescent egocentrism)
就是強調青少年的自我意識。

假想觀眾 (imaginary audience)
青少年相信別人對他們都感到興趣，正如同他們也對自己感興趣一樣。他們引起別人注意是因為渴望別人能注意到自己。渴望成為人人看得見的焦點，是「站在舞台上」的人。

個人神話 (personal fable)
是青少年自我中心主義的一部分，覺得自己是獨一無二、永恆且不朽的。

徵。在她的觀點，從兒童晚期一直到進入青少年時期，認知的水準在個體間出現很大的個別差異，青少年比兒童時更能為自己創造出較大的認知發展空間。

Kuhn (2009) 更進一步主張，青少年認知上最大的進展在執行功能上，這是我們在第 7 章到第 9 章曾討論過的。回想一下，執行功能是一個群聚的概念，包含許多高層的認知功能由大腦前額葉執行，包括管理個人的思考以進行目標導向的行為和自我控制。本章要討論的是認知控制、做決定和批判性思考。

(一) 認知的控制

在第 9 章中，我們讀過在兒童中後期，他們越來越能進行**認知控制**，這是指能同時在一些不同區域有效的控制思考，包括注意力的控制、減少干擾和保持認知的彈性 (Carlson, Zelazo, & Faja, 2013)。認知控制能力在青少年期持續增加直到成年期 (Casey, Jones, & Somerville, 2011)。

想想看青少年在下列情形真的需要進行認知控制 (Galinsky, 2010)：

- 要努力完成一份作業時必須避免被周圍環境的事件打擾而分心，且要能最有效率的達成任務。
- 要能在說話做事前適時暫停並思考一下，以免做了讓自己後悔的事。
- 在面對旁邊有些有趣的事物誘惑下，仍能持續做一件很重要但很無聊的工作，這時必須自我喊話：「我必須展現我的自我紀律來完成它。」

1. 控制注意力和減少干擾

控制注意力是從青春期一直到成年期時思考和學習的重要關鍵 (Bjorklund, 2012)。分心及侵入式干擾是最常影響他們思考與學習的效能，除此之外，擔心、自我懷疑及強烈的情緒負擔也都會妨礙他們專心思考 (Gillig & Sanders, 2011; Walsh, 2011)。

認知控制 (cognitive control)
同時在一些不同區域有效的控制思考，包括注意力的控制、減少干擾和保持認知的彈性。

2. 保持認知彈性

認知彈性是指了解目前環境中有哪些可用的選項，並選擇最適合的選項，在他們由青少年慢慢成長至成年人時，必須知道如何隨著年齡與情境調整他們的思考模式，並鼓勵自己這麼做。對他們自己能力是有信心的，知道如何隨特定情境而調整是自我效能的展現，這對認知彈性來說也是重要的 (Bandura, 2012)。想評估一下你的認知彈性嗎？可以看看下面圖 11.6 (Galinsky, 2010)。

(二) 做決定

青少年時期逐漸增加許多要做決定的事：選擇誰當朋友？跟誰約會？要不要上大學？ (Reyna & Zayas, 2014; Steinberg, 2015a, b)。青少年能勝任這一件事嗎？他們自述到晚青春期時比早青春期時更能做決定，青春期又優於兒童期 (Keating, 1990)。比起兒童，青少年可以產生更多選項，從不同角度檢視一個情境，預期決定後的結果，並考慮可及的資源。

大部分的人都說他們在平靜時比較能好好做決定，勝於在情緒激動時。但青少年常處在情緒風暴中，他們特別能感受到在心情平靜時能做出聰明的決定，情緒激動時往往會做出不智的決定 (Albert & Steinberg, 2011a, b)。

對青少年做決定而言，社會情境也扮演一個重要角色 (Smith, Chein, & Steinberg, 2014)。舉例來說，當周圍很容易取得特定物質或誘惑物時，他們特別容易做出危險的決定 (Reyna & Rivers, 2008)。最近的研究發現，身旁有同儕在身陷危險的情境中時，青少年也特別容易做出危險的決定 (Albert & Steinberg, 2011a, b; Steinberg, 2015a, b)。

一個解釋青少年做決定的理論——**雙向過程模式**被提出，是指做決定的過程會被兩種思考同時影響：一個是分析性的；一個是經驗性的，兩者彼此抗衡 (Klaczynski, 2001; Reyna & Farley, 2006; Reyna et al., 2011; Reyna & Zayas, 2014; Wilhelms & Reyna, 2013)。這個模式強調經驗系統——監控和管理真實經驗，對青少年做決定是有助益的，

雙向過程模式 (dual-process model)
做決定的過程會被兩種思考同時影響：一個是分析性的；一個是經驗性的，兩者彼此抗衡。

在下面四個項目中，圈選出最能代表你的想法的答案：
1 代表「完全就你」，2 代表「和你很像」，3 代表「有些像你」，4 代表「不太像你」，5 代表「一點也不像你」。

1. 當我嘗試去做一件事情而沒有成功時，我並不會因而放棄不做，也不會嘗試使用別的方法。	1	2	3	4	5
2. 我很容易就適應變化。	5	4	3	2	1
3. 當我無法說服別人接受我的觀點時，通常我能了解為什麼會這樣。	5	4	3	2	1
4. 我並不會很快接受什麼新觀念、新點子。	1	2	3	4	5

把以上四項的得分加總起來：總分：________
要是你的總分是介在 15 分和 20 分之間，你的認知彈性得分很高。若是你得分是在 9 分到 14 分之間，算是中等的區位；你的分數是在 8 分或以下的分數，就要好好地改進你的認知彈性能力了。

圖 11.6 你如何才能改善認知彈性的能力呢？

而不是分析性的系統。從這個觀點，青少年是較無法從反思性的、細節性的和高層思考的分析中獲益，他們更需要直接知道哪些情境是非常危險，一定要避免 (Mills, Reyna, & Estrada, 2008)。

此外，較能克制衝動的青少年也比較能讓自己避免從事危險的行為 (Chick & Reyna, 2012)。但也還有一些專家認為青少年均能從分析性的和經驗性的系統中獲益 (Kuhn, 2009)。

青少年需要更多的機會來練習和討論如何在真實情境中做決定，角色扮演和問題解決導向的同儕討論都是不錯的方法。

(三) 批判性思考

青少年居於批判思考的重要轉銜階段 (Keating, 1990)。一個對五年級、八年級及十一年級學生所做的有關批判思考的測驗發現，他們的能力隨年齡增加而增加，但是直到十一年級學生仍有 43% 有推理上的錯誤。

如果一些基礎的學業技能 (如閱讀和數學) 在童年時沒有發展，批判思考也無法在青春期時發展出來。有基礎學業能力的青少年的批判思考能力會在這一階段逐漸進步，有下列因素：(1) 增加的認知處理速度和訊息處理能力，會釋放出一些認知資源來處理其他思考；(2) 更多的知識內容助於對背景知識的了解；(3) 增加的整合知識的能力；(4) 較多自發性使用策略和應用知識，如計畫、考慮選擇和監控認知等都是。

複習・連結・反思　學習目標四　解釋青春期認知發展的變化

複習重點

- 什麼是 Piaget 對青少年認知發展所提出的理論？
- 什麼是青少年的自我中心主義？
- 什麼是青少年階段訊息處理的重要議題？

連結

- 自我中心主義在第七章介紹幼兒的認知發展時曾提及，青少年的自我中心主義和幼兒的自我中心主義有何異同？

反思個人的人生旅程

- 評論一下你自己在青少年時期的認知，是否符合 Piaget 的理論？解釋一下當時在認知上的發展變化。

伍 學校

學習目標五 摘要說明學校如何影響青少年的發展

小學到中學間的轉銜 | 對早期青少年有助益的學校 | 高中 | 課外活動 | 服務學習

從小學到中學或是初中的轉銜，到底像什麼呢？對青少年有影響的學校有什麼特徵呢？青少年如何從服務學習中得到好處。

從小學進入中學或初中的時候，也有許多其他發展變化同時發生。什麼是其他發展變化？

一、小學到中學間的轉銜

很多學生第一年上中學或是初中的時候，可能會覺得困難 (Anderman, 2012; Duchesne, Ratelle, & Feng, 2014)。例如，在一項對小學六年級學生升到七年級的研究中，發現青少年覺得他們學校的生活品質在七年級這一年驟然下降 (Hirsch & Rapkin, 1987)。和他們還是六年級學生的時候相比，這批七年級學生較不滿學校種種，對學校沒有那麼投入，也比較不喜歡他們的老師。不管學生在課業上有多好的表現，他們就是對學校不滿，對學校滿意的程度就是下降了。唯有學生能交到好朋友，維持良好的關係，並且能有二、三十個國小同班同學一起上七年級，同在一個班上 (Hawkins & Berndt, 1985)。

上中學這樣的改變正巧也和許多的改變同步發生——在個人方面、家庭方面和學校方面 (Eccles & Roeser, 2013)。這些改變包括進入青春期而有了身體意象的改變；有一些形式運思出現，有在社會認知方面的改變；還有責任感增加。但是，對父母的依賴減少；進入一個較大又重視整體的學校；從跟隨單一的級任老師，到很多老師教學，從少數而單一組合的同學，到大群而背景多樣的同學；且逐漸增加對於課業表現的注意力。此外，學生也嘗試到所謂的**頂尖現象**，換言之，他們經歷在小學裡是年齡最長、個子最高，也最有權威的學生，到了中學或是初中，卻變為最年輕、個兒最小，也最沒有權威的學生了。

上中學的轉變也可能有樂觀的一面。學生多半會覺得自己長大了。也有更多的課可以選擇。可以花較多的時間和同學在一起，並且可以選擇和自己氣味相投的朋友交往。自己因可以遠離父母的監督，得以享受越來越多的獨立自主的空間。同時，在功課上也考驗他們的智力。

頂尖現象 (top-dog phenomenon)
是指從小學頂尖的位置掉到中學下層位置的現象。

二、對早期青少年有助益的學校

學者認為中學必須提供一些活動，可以反映出年輕的青少年在生理、心理上十分廣泛的個別差異。1989 年的時候，卡內基公司 (Carnegie Corporation) 對國內的中學，發表一篇十分悲觀的評鑑報告。其中提到，大多數的青少年進入了大型而重整體的學校就讀；課程內容不切實際；值得信賴的大人寥寥無幾；缺乏健康照顧及諮詢服務。他們建議國家應該發展出小型的「社區」或「住宅」，以減少大型中學著重整體的特性，降低學生跟輔導人員的比例 (十比一代替好幾百比一)，鼓勵家長及學校社團負責人一起研發新課程，讓教師在較為有彈性的課程區隔裡教書，且要合併多樣的課程，利用校內設備，改善學生健康體能，若是學生需要用到公共健康醫療，就幫助他們獲得。二十年後，學者仍然發現全國的中學，要是想要有效率地教導青少年，就得再重新設計一番 (Anderman, 2012; Eccles & Roeser, 2013)。

三、高中

要是說人們對美國的中學教育有什麼擔憂的話，人們也對高中教育有著同樣的關切 (Lauff, Ingels, & Christopher, 2014)。專家強調，許多高中所制定的學習成果及學習規範標準都訂得太低了。批評者又說學校經常鼓勵被動的思想。其實，學校應該創造並提供一個多元化的環境，以便適應學生的個別差異，讓學生能夠培養出一個屬於自我的特質來。許多學生從高中畢業以後，缺乏閱讀、寫作和算數的技巧——其中也包括打算要上專科學院，而卻得上補習班的學生。其他退學的學生，未能養成適當的技能，無法在退學以後，找到一份好工作，更因此也難以成為一名訊息通達的公民了。

Robert Crosnoe (2011) 在最近出的一本名為 *Fitting In, Standing Out* 的書中，揭露美國高中裡的另外一個主要的問題是：青少年生活中有不好的負面社會現象，破壞了他們的學習成果。作者認為，青少年往往身處在複雜的同儕文化中，在其中要求每個人有一致的想法及行動。上高中，原本意味著獲得教育，可是很多年輕人卻在同儕的世界裡遊走，不料在這樣的世界裡，有的重視教育及學業成績，有的則不然。凡是不能為同儕所接受的人，多半是身體肥胖或是同性戀的青少年。這些人被同儕瞧不起。Crosnoe 建議學校增加諮詢輔導的服務，擴大課外活動的專案，改善家長監督來減少問題的發生。

(一) 退學率

在二十世紀後半段及二十一世紀開始後的若干年，美國高中學生退學率下降 (國家教育統計中心，2012)。在 1940 年代，美國在 16 至 24 歲間的學生大約有一半以上的學生從學校裡退學。到 2011 年為止，這個數目降低到只有 7%。拉丁裔的美國青少年仍居首位，但是到了二十一世紀，退學率已經降低 (從 2000 年的 28%，到 2011 年減少到 13.6%)。亞裔的美國青少年退學率最低 (2.8%)，拉丁裔的美國青少年則是 13.6%。性別的差異也看出退學率的不同。男生往往較女生容易退學 (7.7% 對 6.5%)(國家教育統計中心，2012)。

根據一篇研究回顧，遏止高中生退學的有效辦法，就是安排幫助學生解決閱讀的困難、提供課業輔導、諮詢或是人生規劃的引導等早期介入的防範措施 (Lehr et al., 2003)。由此清楚可見，越早發現孩子在學校裡有問題，幫助他們能以正面的態度來參與學校活動，是很重要的，因為可以減少後來學生的退學率 (Fall & Roberts, 2012)。

四、課外活動

美國的青少年除了課業學習以外，也有各式各樣、性質多樣的課外活動任其挑選。這些專為青少年設計的活動基本上都是在放學後才有的。多半是由學校或是社區贊助的。有球類運動、和學業相關的社團、樂隊、戲劇社、數學社等。研究者發現，參加課外活動不但可以有好成績，積極參加學校活動的學生，退學的可能性也較低，上大學的意願逐步提升，較為自信，憂鬱傾向低，變為青少年犯及使用毒品的機會很少 (Eccles & Roeser, 2013; Fredricks & Eccles, 2010)。最近的一篇研究也顯示，新移民的青少年參加課外活動以後，他們的學業成績進步，並且也加強對學校的向心力 (Camacho & Fuligni, 2014)。青少年能夠選擇多樣廣泛的課外活動，同時也可得到較多的好處，比只專注一樣活動更好。

當然，課外活動的品質也很重要 (Eccles & Roeser, 2013)。高品質的課外活動可提升青少年好的發展，培養出有能力、願意幫助人的成年導師；有機會增加對學校的信心；願意從事挑戰而又有意義的活動；也願意改進自己的技能。

五、服務學習

服務學習 (service learning)
一種促進對社會責任感與社區服務的教育活動。

服務學習是教育的一環，提升學生對社會的責任感及對社區的服務。在服務學習裡，青少年可以參加許多活動，例如課業輔導、協助年長者、到醫院服務、到托兒中心幫忙等，甚至去打掃無用的空地，把它弄成一塊遊戲區域。服務學習重要的目標就是要讓青少年減少自我中心的觀念，並且願意自動自發地幫助其他人 (Davidson et al., 2010)。當有以下兩種狀況同時發生的時候，服務學習會更有成效 (Nucci, 2006)：(1) 在學生參與服務的時候，給予學生一些服務的機會；(2) 提供學生表達感想，反映他們參與的心得。

研究者發現，服務學習對青少年在很多方面都有很多的好處 (Gonsalves, 2011; Kielsmeier, 2011)。因為服務學習而使得青少年以下各方面發展更進步：在學校裡得到好成績；加強了設定目標的能力；自信心強；有著能為他人服務、改善他人生活的強烈使命感。此外，在最近的一篇研究中，發現提供給青少年志工的活動，更是提供青少年機會去發掘並理解出道德的若干問題 (van Goethem et al., 2012)。服務學習一向對青少年是百利而無一害的。

複習・連結・反思　學習目標五　摘要說明學校影響青少年的發展

複習重點

- 從小學轉銜到中學，有哪些事會發生？
- 對年輕的青少年有助益的學校，應具備什麼特質？
- 什麼是我們需要知道有關高中生退學的重要事情？應該如何改善高中系統？
- 參加課外活動如何能影響青少年的發展？
- 什麼是服務學習？如何能影響青少年的發展？

連結

- 拿本章學校提供給青少年有希望的學習環境，和前面有關年幼的孩童學習環境的篇章比較看看。除了配合年齡而寫的教材外，還有哪些異同？

反思個人的人生旅程

- 你的中學怎麼樣？如何能和卡內基的建議標準並駕齊驅？

與前瞻主題連結

十八歲到二十五歲，人們從青少年進入成年期。這個轉型期稱為成年的萌芽期。這段期間的特色是自我認同、不穩定，以及對可能性有自覺。個人往往在十九到二十六歲之間，在體能技巧上達到高峰。而後，體能發展從三十歲初開始走下坡。認知發展也變得較為實際、現實，同時也較具反思性與相關性。投入工作成為一個人的生活重心。

達成本章學習目標

青少年時期的生理及認知發展

壹、青春期的本質

學習目標一 討論青春期的本質

許多對青少年的偏見都太負面了，但今天，大多數的青少年都能順利的遊走在兒童期和成年人中間的道路上，悠然自在。然而，也有很多青少年因為未能受到適當的機會和幫助，而無法成為有能力的成年人。把青少年看成是多元、相異的群體是十分重要的。青少年因為特別的組合，所表現的特質也不同。社會政策對於青少年，也往往太著重在以健康為主的行為，而對於能力加強卻是不夠的。青少年在生活裡，需要有更多關懷他們的成年人來照顧。

貳、生理成長的變化

學習目標二 描述青少年在生理上的變化，包括青春期、大腦的變化，以及青少年性行為

- **青春期**：青春期，是人的身體因荷爾蒙的緣故急速成熟的一段時間，在青少年早期，身體便有了主要的改變。青春期的開始決定於攝取的營養、健康狀態和遺傳。青春期開始的平均時間，女生是九歲，男生是十一歲。到達頂峰的改變是女生十一歲半，男生是十三歲半。
  青春期的個別差異是很重要的。青少年會對他們身體的形象大大感到興趣。女生往往比男生對自己的身體存有負面的想法。對男生而言，身體的成熟意味著帶給他們利益，至少是在青少年早期。早期成熟的女生卻容易有一些危險。
- **大腦的變化**：青少年時腦部的變化是在胼胝體增厚，以及邊緣系統和腦前葉中間的溝隙也在成熟中，那是主宰理性分析能力及自我調節約束的地方。
- **青少年性行為**：青少年時期是對性行為探究、試驗的時期。早期發生性行為往往會有不好的發展結果。避孕藥使用在此時也增加了。大約四名有性經驗的青少年就有一人罹患性病(STI)。美國青少年懷孕比率高過其他工業國家，不過近年來已有降低的趨勢。

參、青少年健康的議題

學習目標三 指出青少年健康相關問題、物質使用和濫用，以及飲食疾患

- **青少年健康**：青少年時期是影響人生健康的一個關鍵時期。有許多造成成年人不良的健康習慣都起源於青少年時期。例如營養不良、缺乏運動、睡眠不足等都是值得擔憂的事。三大青少年的死因是意外受傷、凶殺和自殺。
- **藥物使用和濫用**：雖然最近美國的青少年非法使用毒品的比率有下降的趨勢，卻是所有工業國家之首；儘管最近幾年青少年酗酒有下降的趨勢，但酗酒仍是青少年的一個主要問題，和青少年抽菸一樣高。父母、同儕、社會上的支持與課業上成功都扮演舉足輕重的角色，可以決定青少年是否會吸毒。
- **飲食疾患**：青少年飲食失控的情形已經增加，伴隨著青少年體重過重的問題也增加。兩項和青少年飲食失控的問題是厭食症和暴食症。厭食症基本上是在青少年早期及中期出現的疾病，這是一種利用節食的方法，經由饑餓瘋狂追求苗條的一種病。暴食症則是利用拚命吃東西加上催吐的方式，但是不似厭食症，因此仍有著正常的體重。

肆、青少年的認知發展

學習目標四　解釋青春期認知發展的變化

- **Piaget 的理論**：在形式運思期，Piaget 的第四個認知發展階段，思維比具體操作期來得較抽象、理想化及重視邏輯推理。然而，許多青少年不是形式運思期的思考者，而是鞏固著自己具體運思的思想。
- **青少年的自我中心主義**：Elkind 形容青少年的自我中心主義是青少年強調自我意識的表現，其中包括兩個特點：假想觀眾及個人神話。最近的研究則質疑青少年是否覺得他們真是勇敢無敵。
- **訊息處理**：青少年也具有許多可以主導事情的能力。所謂認知的控制包括很多方面。例如在注意力的集中、減少干擾的思緒、認知有彈性、做決定、思考細微而有判斷力。而能在很多方面表現有效率的控制思考，也表現有彈性的思考。

伍、學校

學習目標五　摘要說明學校如何影響青少年的發展

- **小學到中學間的轉銜**：轉換到中學正巧和青少年生活裡、社會、家庭和個人的改變撞在一起。這改變往往給人壓力。其中的一項壓力，就是從居前端的位置，降到在學校中低微的位置。
- **對早期青少年有助益的學校**：有些評論家說，重整美國中學的規劃是必要的。專家又說美國高中鼓勵被動的消極思想，同時，也未能適當的改善學生的課業技能。有效率的學校有些特點，包括學生和輔導老師的比率，父母及學校社團領導者對學校的投入、小組教導，努力改善學生的健康及體能。
- **高中**：有些策略可以幫助高中，如提高對學生的期望及給他們多一些的支持。美國高中生的退學率有逐年下降趨勢，但仍應關注弱勢族群的真正退學率。
- **課外活動**：據研究，參加課外活動和正向的學業態度、心理表現都有關。學生能從參加課外活動中獲益，但也和課外活動的品質有關。
- **服務學習**：服務學習能促進學生對社區的責任感和對服務的態度，對學生的學業成就表現、提升目標設定及自尊都有正面效果。

12
CHAPTER

青少年時期的社會情緒發展

學習目標

1

壹、自我、自我認同、宗教／心靈層面的發展

學習目標一　討論青少年在自我、自我認同、宗教／心靈層面的發展

包括：自尊、自我認同、宗教／心靈層面的發展

2

貳、家庭

學習目標二　描述青少年和父母關係的發展改變

包括：父母監督和資訊管理、自主權和依附關係、父母和青少年間的衝突

3

參、同儕關係

學習目標三　辨別青少年期同儕關係的改變

包括：友誼、同儕團體、約會和羅曼蒂克的愛情關係

4

肆、文化和青少年的發展

學習目標四　解釋文化如何影響青少年的發展

包括：跨文化比較、種族、媒體

5

伍、青少年的問題

學習目標五　確認青少年在社會情緒發展上的問題，及幫助他們面對問題的策略

包括：青少年犯罪、憂鬱症及自殺、問題和成功預防／介入的計畫間的關係

市長說「到處」都可以見到她。她最近正遊說市立學校的委員，考慮不要將遲到的學生鎖在教室門外。同時，她也影響學校鄰近的一個社團，去支援她所提的一個冬天裡工作的方案。一位市議員說：「人們對她的說服力印象深刻，也對她說服人的言辭如此精闢，感到記憶猶新」(Silva, 2005, pp. B1, B4)。她就是 Jewel E. Cash，僅僅只有十六歲。

Jewel Cash 坐在母親旁邊。她們正參加一場在社區中心舉辦的瞭望犯罪會議。

Jewel 在波士頓長大，就讀於波士頓拉丁學院 (Boston Latin Academy)，是由單親媽媽住在房屋方案區內把她撫養大的。今天，她是波士頓學生諮詢會 (Boston Student Advisory Council) 的一員，輔導小朋友、在婦女避難所當義工、在兩個社團擔任管理和舞蹈的工作，並且在附近的社區擔任守望相助的工作。Jewel 絕不是一般的學生，但是她所參與的活動，表現出認知和社會情感的發展，可以幫助青少年變成一個有能力、有效率的個體。

預習

有些重要的改變顯示出青少年在社會感情上的發展。這些變化包含青少年更努力地去了解自己，試圖知道自己是誰。青少年生活裡的社交場合也有了改變：和家庭的關係、和朋友的友誼，都在這樣文化交流的場合出現轉變。青少年也有他們的煩惱，例如少年犯罪和憂鬱症的問題。

壹 自我、自我認同、宗教/心靈層面的發展

學習目標一 討論青少年在自我、自我認同、宗教/心靈層面的發展

自尊

自我認同

宗教/心靈層面的發展

Jewel 告訴《波士頓環球報》(*Boston Globe*) 的記者：「當我看到一個困難的時候，我便對自己說：『我該如何使事情變得不一樣？』……我無法改變整個世界，即使我也想試試看，……我向前挪動，但是我得確定自己帶著人跟著我向前行」(Silva, 2005, pp. B1, B4)。Jewel 的信心和正面的自我意識至少聽起來和她參與的活動都讓人留下深刻的印象。本節是來檢視青少年如何能發展出像 Jewel 有的特質。你在青少年時期，對自己了解多少？你如何尋得自我意識？你的自我意識是否仍在發展中？

一、自尊

我們回顧第 10 章中，說到自尊就是全面評估自己的方法。但是也有不同的爭議，有人認為青少年的自尊心改變了。男女對自尊心的看法是否相同？ Harter (2006, 2012, 2013) 在一個研究裡發現，男孩和女孩在童年時期的自尊非常好，可是到了青少年時期卻大幅降低 (Robins et al., 2002)。在這篇研究中，到了青少年時期，女孩的自尊心比男孩的自尊心滑落許多。

青少年時期的自尊心會預知成年人的適應力及一般能力嗎？紐西蘭有一個長期的研究，首先評估青少年在十一歲、十三歲和十五歲的時候，個別的自尊心狀況，然後等到他們二十六歲的時候，再評估一次他們的適應力及一般能力 (Trzesniewski et al., 2006)。結果顯示，有些成年人的心靈狀態差、身體較弱、經濟狀況不好，極可能會有犯罪的傾向。和其他適應良好、又較有能力的成年人相比，這群人往往在青少年時期就是自尊心較為低落。

有些評論者說，認為青少年期自尊心有發展性的變化，又有性別的差異，實在是太誇大了 (Harter, 2006, 2012, 2013)。不管有多少差異，像是女孩子的自尊心有較滑落的趨勢，頂多是發生在青少年早期。

為什麼女孩的自尊心在青少年早期時會滑落？有一個原因可以說明，就是女孩子由於青春期的改變，對自己的身體形象抱持負面看法。另外的解釋則是，這些年輕的青少年女生對於社交關係十分重視，而社會並不重視她們所喜歡的東西 (Impett et al., 2008)。

自尊心反映的不完全和實際吻合 (Jordan & Ziegler-Hill, 2013; Krueger, Vohs, & Baumeister, 2008)。青少年的自尊心可能顯示出對於自己是否聰明還是漂亮的看法，但是這種看法也會有錯誤的時候。很高的自尊心，常常來自高的成就感與價值感。但是，自尊心同樣可以表達一個人內心高傲，有著淩駕他人大而不當、無法確定的優越感。低自尊心的人可能顯示出一個人對缺點的確定感，或是一種被扭曲，甚至病態的缺乏安全感，顯現出卑微的情緒。

自戀可說是以自我中心及顧慮自己為出發點，來對待其他的人。基本上，自戀的人並不知道實際的自我狀況，也不清楚別人怎麼看待他們。他們因為缺乏這些感覺，使得他們適應環境困難。自戀的人是超自我中心的，也超自我鼓舞的，他們視自己的需要和願望為第一要務。

自戀 (narcissism)
以自我為中心及只關注自己為出發點的方式來對待別人。

毛毛蟲問：「你是誰？」愛麗絲害羞地回答說：「我……我不知道，先生，就在現在……至少我早晨起床的時候，我知道我是誰，可是從那時候起，我已經蛻變好幾回了。」

——Lewis Carroll
英國十九世紀作家

今日的青少年比他們早些年代的青少年還要自我中心及自戀嗎？Jean Twenge 和她的同事一起從事的研究 (2008a, b) 發現，和 1975 年針對嬰兒潮 (Baby Boomers) 的人做的調查比較，在 2006 年對十二年級學生的調查，顯示出對自己比較滿意，有著超乎想像的自信，認為自己可以成為很好的員工、夥伴和家長。但其他大規模的調查卻顯示，高中生和專科生在 1980 年代到 2010 年間，並沒有增加自戀的傾向 (Roberts, Edmonds, & Grijalva, 2010; Trzesniewski & Donnellan, 2010; Trzesniewski, Donnellan & Robins, 2008a, b, 2013)。

二、自我認同

我是誰？我來世界做什麼？我將怎樣面對我的人生？我有什麼不同？我怎麼做才能變成我呢？青少年常思索了解自己的自我認同。到目前為止，推出對自我認同的發展理論，內容最精闢、包羅最深入，但也最引發爭論的人是 Erik Erikson 的理論。在本小節裡，我們將檢視一下他對自我認同的看法為何？我們也將對現代的研究加以探討。

(一) 什麼是自我認同？

自我認同是一幅自我肖像，包含著許多片片段段的東西，例如下列這些因素：

- 個人對自己工作生涯及工作所想遵循的道路 (職業 / 工作的自我認同)。
- 一個人是否是保守黨、自由黨，還是中間派(政治方面的自我認同)。
- 一個人精神層面的信仰 (宗教的自我認同)。
- 一個人是否是單身、結婚，還是離婚 (人際關係的自我認同)。
- 一個人是否很想成功，是智慧型的人物 (智慧的自我認同)。
- 這個人是否是異性戀、同性戀，還是雙性戀 (性方面的自我認同)。
- 一個人是從地球的哪個角落來的？他對故鄉的認同究竟有多深 (文化 / 種族自我認同)。
- 一個人喜歡做的事情，可以是球類、音樂、其他嗜好等 (興趣的自我認同)。
- 個人的個性特點，內向性格、外向性格、容易緊張、個性安靜、友好的，或是有攻擊性的 (個性的自我認同)。
- 個人的身體形象 (身體方面的認同)。

將自我認同所有的因素彙集起來，如此會是一個既冗長又令人

困倦的過程 (Kroger, 2012)。自我認同的發展是一點一滴慢慢累積而成的。下決定並不是一次可成，而是要一遍又一遍練習。自我認同的發展並非是乾淨俐落的，也不是突然爆發的 (Azmitia, Syed, & Radmacher, 2014; Rivas-Drake et al., 2014a, b; Schwartz et al., 2013, 2014 a, b, c)。

(二) Erikson 的觀點

Erikson (1950, 1968) 是第一位了解自我認同問題的核心，就能明白青少年發展的學者。我們回想一下，在第 1 章裡，Erikson 的第五個發展階段的細節，那是一個人在青少年時期所經歷的事，也就是自我認同對峙自我認同的錯亂。Erikson 表示，在這個時期，青少年面對三個問題，就是：他們是誰？他們究竟是怎麼一回事？他們的未來又將如何？

青少年對自我認同的追尋，可以被「自我認同停滯」(Psychosocial moratorium) 所支持並延伸。這是取自於 Erikson 的一個專有名詞，意思是說由具有安全感的孩童期，跳到自主自立階段的成年人之間的差距。此時，社會相對地也讓青少年免於承擔許多責任，以便有更多時間來嘗試各樣不同的自我認同。

青少年嘗試扮演各種的角色，發展不同的個性。他們或許會前一個月想做一份工作，下一個月又想做另一份工作。他們可能前一天穿得整整齊齊的，可是隔天就邋遢不堪。像這樣，不斷試驗的過程，是青少年特意努力尋找，並發現他們在世界的定位。大多數的青少年終會摒棄不滿意的角色而走出來。

年輕人能夠從迥異、紛雜的自我認同中走出來，成功地找到自己認同的自我，這個新的自我不但清新，而且為人歡迎。要是有的青少年無法解決他們的自我認同危機，他們就會像 Erikson 所說的，有了自我認同錯亂。錯亂可能是說下列兩者之一：個人退縮，或是與同儕朋友或父母、兄弟隔絕；要不然就是能夠置身於同儕中，但是卻無法表現自我，在群體中失去自我。

(三) 發展的變化

雖說關於青少年自我認同的問題非常重要，可是自我認同的形成既不起始於這些年，也不在這些年終了。為什麼在青少年時，自我認同發展如此重要，尤其是對於後階段的青少年更是重要。那是因為孩子第一次面臨到身體方面、認知方面，還有社會感情方面的所有發

發展連結—認知理論
Erikson 認為兒童中後期所經歷的階段是勤奮對自卑；相對於孩童早期，則是親密關係對孤立。(第 10 章、第 14 章)

危機 (crisis)
Marcia 對自我認同狀態之一的描述。指的是個人在自我認同發展中，尋找替代物的過程。

投入 (commitment)
Marcia 對自我認同狀態之一的描述。指的是個人在自我認同發展中，展示個人投資在自我認同這件事上。

自我認同分散 (identity diffusion)
Marcia 對自我認同所提出的專有名詞。指的是有些個人尚未嘗到危機 (正找尋有意義的替代品)，也未對什麼事認真投入。

自我認同前置關閉 (identity foreclosure)
Marcia 對自我認同所提出的專有名詞。指的是個人做了投入的決定，但未曾經歷過任何危機。

自我認同停滯 (identity moratorium)
Marcia 對自我認同所提出的專有名詞。是指個人處在危機中，投入的心也不見了，要不然，就是晦暗不清。

自我認同成就 (identity achievement)
對自我認同所提出的專有名詞。是指個人已經經歷危機，並且下定投入的決心。

展，到了一定的時候，每個青少年都可以將孩童時期所認同的種種分類、綜合，並建立一條可行之路，以便將來成為成熟的成年人。

青少年個人又是怎麼走這條塑造出自我認同的道路呢？研究 Erikson 理論的學者 Marcia (1980, 1994) 詮釋 Erikson 理論，認為自我認同發展包括四個自我認同的狀態，或者可稱為解決自我認同危機的法則，就是：自我認同分散、自我認同前置關閉、自我認同停滯，以及自我認同成就。什麼因素決定了一個人的自我認同處在什麼狀態呢？ Marcia 就個人的現況，以他們承受危機或是投入的程度而將自我認同歸類為以下四類 (請看圖 12.1)。**危機**被定義為是在自我認同發展的某個狀態，青少年個人在尋找替代品。大多數的研究學者較喜歡使用探尋，而不喜歡用危機。**投入**指的是對於自我認同所投下的心血。

自我認同的四個狀態分述如下：

- **自我認同分散**是指個人還沒經歷任何危機，也沒有任何投入的行為。他們不僅尚未決定選擇什麼職業或意識形態的思想，甚至也極可能表示他們對上述的事一點興趣也沒有。
- **自我認同前置關閉**是指個人已經決定投入經營他的自我認同，但是尚未經歷任何危機。這個情形之所以會發生，往往是因為父母介入，在青少年還沒有機會嘗試不同的管道，接觸不同的意識形態，或是從事不同的職業的時候，父母常以權威的方式加諸他們要投入的指示。
- **自我認同停滯**是指個人正處在危機當中，他的投入傾向不是消失了，就是曖昧不清。
- **自我認同成就**是指一個人已經經歷危機的考驗，並立定投入一個目

	自我認同的狀態			
職業和思想意識的狀態	自我認同分散	自我認同前置關閉	自我認同停滯	自我認同成就
危機	不存在	不存在	存在	存在
投入	不存在	存在	不存在	存在

圖 12.1　Marcia 自我認同的四項狀態。根據 Marcia 的說法，一個人在發展個人自我認同的當下，可被歸類為自我認同分散、自我認同前置關閉、自我認同停滯、自我認同成就。狀態取決於：(1) 危機及搜尋替代物與否；(2) 對自我認同投入的程度與否。你覺得哪個自我認同的狀態最能代表大多數的青少年呢？

標。

本章早先提到許多自我認同的種類。探索一下你在眾多自我認同種類中的定位，請看圖 12.1。

(四) 成年初期和超越

有一項研究發現，個人從青少年早期開始成熟長大，到了成年的初期，便逐漸增加追求自我認同更深層的探索 (Klimstra et al., 2010)。不但如此，最近由 Jane Kroger 和她的同事一起完成，對 124 個研究所做的後設分析 (meta-analysis)，發現在青少年和成年初期間，自我認同停滯期會穩定升起，直到十九歲時停止，然後下降。自我認同成就在青少年後期升起，直到成年初期。自我認同前置關閉期及分散期，在中學期間下降。但是，在青少年後期和成年初期時，上下擺盪。這份研究同時也發現，有很多人到了二十歲的時候還沒有找到他們可以認同的自我。

的確，促成自我認同發生改變的時機，最有可能是發生在成年初期 (十八歲到二十五歲) 或是比青少年時期還晚一些的時期 (Schwartz et al., 2013; 2014a, c; Walker & Syed, 2013)。大學高年級的學生比大學低年級的學生及中學生，更能夠成功地知道他們的自我認同是什麼。相對而言，許多年輕的青少年就會成為自我認同分散了。

為什麼大學能夠製造出一些改變自我認同的因素？大學的學生加強了推理能力的複雜性，加上又有廣泛的新經驗，就是家庭與學校對比的經驗，也是自己與其他人之間的對比經驗，這些經驗刺激他們整合自己原有的各種自我認同的觀點，終能提升自己，到達另一個高一點的層次 (Phinney, 2008)。大學不同的場合猶如一個提供給自我認知發展的「實驗室」，藉由各種的經驗，例如不同類型的功課，面對來自不同國家、文化背景的同學。此外，也就是成年初期特有的重點，就是他們尚未有很多對社會的投入，因而可以享有相當多的個人獨立空間，可以用來發展未來生活的道路 (Arnett & Fishel, 2013)。

解決在青少年期間和成年初期面臨的自我認同問題，並不意味著此後的人生碰到自我認同的事情就能一帆風順。許多人有了積極向上的自我認同，便隨著所謂「MAMA」的循環模式前進；也就是說，他們的自我認同狀態有了改變，從停滯期，走到成就期，再回到停滯期，再走到成就期 (Marcia, 1994)。像這樣循環的模式，可能在一生中要重複好幾回 (Francis, Fraser, & Marcia, 1989)。Marcia 指出 (2002)，第一個自我認同就是這樣——不是一個最終的結果，也不應該被期許是這樣的。

(五) 民族和文化的自我認同

有關於自我認同發展的大多數研究，所採用的檔案資料一向是根據美國本土和加拿大兩地，特別是從非拉丁民族的白種人的青少年及成年初期蒐集而來的 (Schwartz, Cano, & Zamboanga, 2014; Schwartz et al., 2012, 2014b)。他們有很多人都是在注重個人獨立自主的文化環境下成長的。然而，世界很多國家的青少年及成年初期，卻是成長在一個重視整體主義、強調要符合群體生活需要，並和其他人互相聯繫的地方 (Juang, Syed; & Cookston, 2012; Schwartz et al., 2014b, c)。重視整體主義特別是在像中國一樣的東亞諸國裡普遍流行。研究學者發現，自我導向的自我認同的追尋過程，可能不是東亞國家自我認同的成就 (Schwartz et al., 2012)。換言之，東亞國家的青少年和成年初期會以認同或模仿他們團體中的其他人，來發展他們的自我認同 (Bosma & Kunnen, 2001)。

有的國家的青少年及成年初期的自我認同發展可能比其他國家所花的時間還要長一些 (Schwartz et al., 2012, 2014c)。例如研究報告顯示，義大利的青年可能會錯過自我認同探索的黃金期，過了青少年及成年初期，直到二十歲中或後期才開始行動 (Crocetti, Rabaglietti, & Sica, 2012)。義大利青年延遲尋找自我認同的原因，是因為很多年輕人都和父母住在一起，一直住到三十歲，或許更晚也說不定。

Seth Schwartz 和他的同事 (2012) 指出，當每一個人都認同一項「文化」時，就會有許多身處在同一個文化中的人，亦即屬於多數人所在的主流文化中之人，會把對於文化認同的部分視為理所當然。因而很多出身於主流文化中，非拉丁族裔的美國白種青少年和成年初期，大多不願意花時間思考他們是「美國白人」的問題。相對而言，在美國，也有許多出身於少數族裔的青少年和成年初期，或者從其他國家移民來的青少年及早成年人，文化的部分可以說是他們自我認同中十分重要的一部分。

民族文化認同
(ethnic identity)
是個人一個既歷時久遠，又很基本的一部分。其中，包括了所隸屬族裔團體的歸屬感。也包括了對於這個族裔團體的態度和情感。

縱觀天下，少數族裔總是一方面融入於主體文化，一方面又要努力保有自我的文化 (Erikson, 1968)。所謂**民族文化認同**是自我中歷久不衰的一部分，包括隸屬於一個民族團體。身為其中一員，就有衍生出來的態度與情感 (Phinney et al., 2013a, b; Syed & Juang, 2014; Umana-Taylor et al., 2014)。大部分出身少數族裔的青少年，往往會發展出所謂的雙文化的自我認同。換言之，他們認同自己族裔的某些東西，同時也接受主流文化中的某些東西 (Basilio et al., 2014; Berry et al., 2013; Knight et al., 2014)。

對於少數族裔的人來說，青少年和成年早期，可說是他們生命發展中特別關鍵的時候 (Rivas-Drake et al., 2014a; Schwartz et al., 2014c; Syed, 2013; Syed & Juang, 2014)。雖然孩童會察覺出他們在文化上與族裔上和其他人有些不一樣。然而，要到青少年的時候，或者在成年初期的年紀，他們才會首次真正地正視自己出身背景的問題。這些青少年和早成年人和孩童不一樣的地方是，他們已具備有能力去詮釋族裔的能力，可以解釋文化的訊息。他們有抽象思考的能力，同時也懂得反省問題。這些青少年 (特別是年紀較長的青少年) 願意比以前花更多的時間去思考自己族裔代表的意義，同時也有較多的機會參與和自己家族有關的活動 (O'Hara et al., 2012)。

自我認同改變的指標常常因為跟隨而來的每一個年代而有所不同 (Phinney & Ong, 2007)。第一代移民傾向於在他們的自我認同安身立命，而不願意有太多改變；他們或許會，也或許不會發展出另外一個新的自我認同。他們是否覺得自己是「美國人」，完全取決於他們是否學了英文，是否在自己的族群以外結交新朋友，有了新的社交圈。此外，他們在這個新的國度裡，也具備了順應當地文化，游刃自如的能力。第二代移民就比較會認為他們是「美國人」，大概是因為他們一生下來就是美國公民了。他們的民族認同大體就是保存自己的母語，以及維持家族朋友的聯繫了。那麼，第三代和第四代呢？涉及的事情就更複雜了。如果不能從歷史、地理、政治方面同化他們，就可能影響這兩代人保存自己在民族文化上自我認同的因素。對於非歐洲裔的民族團體來說，種族歧視往往成為決定是否民族文化自我認同會受到保存的關鍵。

研究者也不斷發現，當這些來自少數族群的青少年，對於自己族裔的認同是正面積極的，他們的前景往往也會是樂觀向上而美好的 (Rivas-Drake et al., 2014b; Williams et al., 2014)。想想下面這些研究：

- 亞裔美籍青少年的民族文化自我認同，是自信心強、與人相處關係良好、學習動機強，整體來說，較少有憂鬱症的傾向 (Kiang, Witkow, & Champagne, 2013)。
- 墨西哥裔美籍青少年雖然有被歧視的經驗，但是由於他們對自己民族文化認同的態度是積極正面的，因此便幫助他們去除一些負面不

好的經驗 (Umana-Taylor et al., 2012)。

- Navajo 的青少年對他們的民族文化持有正面的態度，所以有著很高的自信心，和學校保持密切的聯繫，在社會上也是奉公守法的好公民 (Jones & Galliher, 2007)。

三、宗教/心靈層面的發展

在第 11 章裡，我們介紹了服務學習帶給青少年的種種好處。許多研究已經發現，加入宗教機構的青少年比沒有參加宗教團體的同輩青少年，更樂於參與社區服務學習 (Lerner et al., 2013; Saroglou, 2013)。以下就讓我們來探尋青少年的宗教信仰及精神的世界。

對很多青少年來說，宗教問題的確很重要。可是，身處二十一世紀之際，青少年對於宗教信仰的興趣已經下降。根據美國國家對於大學一年級學生的調查研究報告指出，有百分之七十三的學生表示，他們在高中時，經常或偶爾參加宗教活動，這樣的比率和 1997 年有百分之八十五的比率相比，更下降了 (Pryor, DeAngelo, & Blake, 2011)。

另外，有一項持續進行的研究也顯示出，美國從十四歲到二十歲的年輕人，對於宗教信仰的關注及參與也下降了 (Koenig, McGue, & Iacono, 2008) (見圖 12.2)。在這個研究裡，對宗教信仰的關注和參與是由禱告的次數、討論宗教教導的次數、為宗教信仰的理由、決定如何因道德緣故採取行動次數，以及在日常生活中宗教信仰所扮演的角色是否重要來看的。

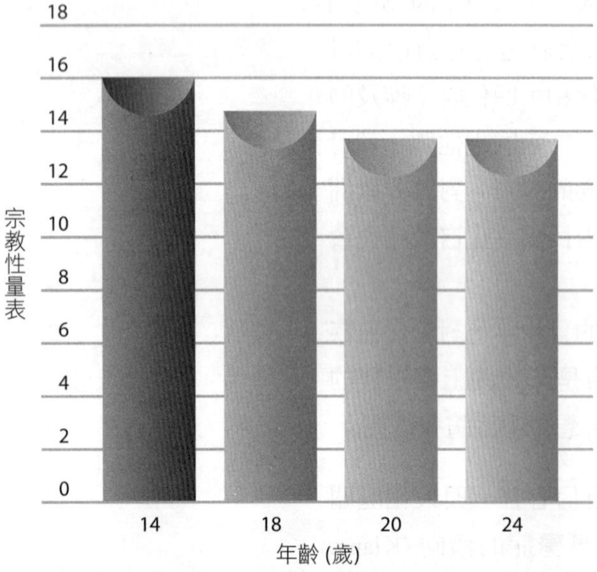

圖 12.2　十四歲到二十四歲之間的年輕人對於宗教關注發展變化。注意：宗教的訊息指標是從零到三十二。指標越高，就表示對宗教的關注及投入越強。

從資料圖 12.2 來看，十四歲到十八歲的青少年對於宗教的關注和參與，比二十歲到二十四歲的年輕人變化還大。

研究者已經發現，在青少年中，女孩比男孩對宗教信仰更關注、 更投入 (King & Roeser, 2009)。一個對十三歲到十七歲的青少年所做的調查研究，結果揭示，女孩比較願意常常出席宗教的禮拜，也覺得宗教信仰影響了她們的日常生活，她們願意參加宗教性的青年聚會、獨自禱告，並覺得和神很接近 (Smith & Denton, 2005)。

世界價值調查分析 (Analysis of the

World Values Survey) 針對十八歲到二十四歲的年輕人做的調查發現，在低度開發國家裡，早成年人會比已開發國家的同年年輕人，還要關注及投入宗教信仰 (Lippman & Keith, 2006)。例如，早成年人說宗教對他們的生活很重要，可以從在日本得到很低的「零」到奈及利亞的百分之九十三；相信上帝的比例，從在瑞典只有百分之四十，到巴基斯坦可以高達百分之百。

很多孩童和青少年對宗教感興趣，因而很多由成年人設立的宗教機構 (如這所位於馬來西亞的回教學校)，同時也規劃介紹他們有關於宗教信仰的好處，期望他們將來可以維持這樣的宗教傳統。

(一) 宗教和自我認同的發展

我們在本章前面的內容中，提到自我認同的發展是青少年及早成年人生命核心的事 (Rivas-Drake et al., 2014a, b; Schwartz et al., 2014a, b, c)。青少年和早成年人開始使用更細膩的邏輯推理，詢問如：「為什麼我會生在地球上？」「真的有一位神或是有一位靈魂的主宰嗎？」或者是「我就跟隨父母的信仰嗎？乾脆坦然相信教堂裡灌輸給我的信念，就好了嗎？」「我真正的信仰是什麼呢？」

這些都是他們尋求自我認同的一部分。

(二) 青少年的認知發展與宗教信仰的關係

許多認知方面的改變，影響了宗教信仰的發展，其中和 Piaget 的認知論有關聯。青少年比在孩童時，能想得更抽象、更富有理想，也更有邏輯。青少年由於在抽象推理上的能力增強了，就會多方面思考宗教信仰或是精神領域的事情。例如，一個青少年可能會問：一位慈愛的神怎麼會存在呢？因為這個世界上有許多人持續遭受痛苦 (Good & Willoughby, 2008)，青少年理想化的思維逐漸增強，也為自己提供一個思考基礎，讓他們得以思考，宗教是否可以給予世界一條較好的途徑，改變世界成為較好的地方。此外，青少年邏輯推理的能力，也讓他們可以發揮想像，提出假設，而後又能有系統地從不同的宗教精神問題裡，整理歸類出答案 (Good & Willoughby, 2008)。

(三) 宗教信仰在青少年生活中所扮演的正面角色

研究者已經發現有許多宗教的觀點帶給青少年正面積極的結果 (Shekel, 2012)。宗教信仰可以幫助青少年健康，同時宗教的力量也讓他們在思考是否應該去做有問題的事情 (King, Ramos, & Clardy, 2013) 上有所依歸。最近有一項後設分析發現，相關於精神 / 宗教的東西，都對健康、自信及性格的五大因素 (Big Five factors) 中的三種 (自覺、可人、開放) 有好的幫助 (Yonker, Schnabelrauch, & DeHaan, 2012)。在這項分析中，精神 / 宗教也和高危險度的冒險行為、憂鬱有負相

發展連結—宗教

宗教在成年人的生活中扮演重要角色，且和他們的健康及適應力有關。(第 15 章、第 18 章)

關。另外，有一份針對九年級到十二年級學生的調查中，揭露出一個年級中的學生常常參加宗教敬拜，可以預測他們晉升到另一個年級使用毒品的情況也會很低 (Good & Willoughby, 2010)。

信教的年輕人比不信教的年輕人，樂於參與社區服務的人多出三倍 (Youniss, McLellan, & Yates, 1999)。

複習・連結・反思 學習目標一 討論青少年自我、自我認同，宗教 / 精神層面的發展

複習重點

- 在青少年時期，在個人自信上有什麼變化？
- 青少年的自我認同是如何發展的？
- 青少年的宗教和精神層面的發展，有何特色？

連結

- 拿兒童中後期具有的膨脹自信，和第 10 章青少年潛在的自戀相比，你的結論是什麼？

反思個人的人生旅程

- 你在青少年的時候，宗教信仰 / 精神生活在你的生活中扮演什麼角色？你的宗教信仰 / 精神生活是否改變了？如果是，又是如何改變呢？

貳 家庭

學習目標二 描述青少年和父母關係的發展改變

父母監督和資訊管理　　自主權和依附關係　　父母和青少年間的衝突

從兒童期邁入青春期時的親子關係都會有所改變，尤其在父母的監督和資訊管理、青少年在爭取自主與依附間的擺盪，以及父母和青少年間的衝突等。

一、父母監督和資訊管理

在第 10 章，我們曾討論到父母身為管理者對兒童發展的重要性。研究也證實了父母有效的監控，對孩子進入青少年時有很大的幫助 (Kaynak et al., 2013; Metzger et al., 2013)。監控的範圍包括社交情境、活動和朋友，以及對學業的要求。Lowe 和 Dotterer (2013) 的研究發現，父母高標準的監督對少數族群青少年學業成就有正向影響。另一項後設分析則發現，父母低的監督和青少年憂鬱有關 (Yap et al., 2014)，甚至在預測青少年的出軌行為、藥物濫用上是關鍵因素 (Wang et al., 2014)，本章後半段也會提到少年犯罪的家庭因素。

發展連結—親職教養
一個權威式的親職教養是鼓勵孩子獨立，但仍會在他們的行為上給予一些限制與控制，允許彼此的溝通，展現出溫暖與教養。(第 8 章)

最近比較多學者感興趣的是，在父母對青少年資訊獲得的監控管理，尤其在使用一些策略來防止不當資訊的接觸上 (Marshall, Tilton-Weaver, & Bosdet, 2005; Tilton-Weaver & Marshall, 2008)。Cheung、Pomerantz 和 Dong (2012) 所進行的跨文化研究發現，不管美國還是中國的青少年，若是比較願意對父母自我揭露，會和高的學業成就 (包括較佳的學習策略、主動求學動機和較好的學業成績) 有關。當父母進行比較正向的教養時，青少年比較願意透露較多有關自己的訊息 (Rote et al., 2012)，而青少年願意自我揭露也和自己的適應狀況有正相關 (Smetana, 2011a, b)。

二、自主權和依附關係

對大部分青少年的父母來說，他們要在鼓勵孩子自主與管控，及獨立與連結間取得平衡，是很不容易的。

典型的青少年追求自主卻不能好好負責任，常常惹惱家長。大部分家長對於如何和十幾歲的孩子改變相處方式有困難，但是很少家長能想像到孩子有多強烈的渴望花時間和同儕在一起，以及接受他們要承擔自己的成功與失敗，而不能再像兒童期那樣亦步亦趨，把孩子保護成無法成長的「媽寶」。

青少年追求真正的自主與控制自己的生活是經過慢慢學習而來的，尤其是重要他人的反應 (McElhaney & Allen, 2012)。剛開始步入青春期時，他們的能力很有限，也還無法正確做決定，此時就有賴成人的引導及慢慢放手，讓他們在有能力可以自己做決定的部分做決定。

青少年獲得自主權會有性別上的差異，通常男孩會比女孩獲得較多自主權和選擇權，尤其在美國的一些較傳統家庭 (Bumpus, Crouter, & McHale, 2001)。

期待青少年自主的時間點會因家長態度、文化及青少年本身而有差異 (McElhaney & Allen, 2012; Romo, Mireles-Rios, & Lopez-Tello, 2014)。

(一) 依附關係的角色

回想一下我們在第 6 章常提到的安全依附是嬰兒時期社會情緒發展的重要基石 (Easterbrooks et al., 2013; Milan & Acker, 2014)。過去十年也有不少研究者研究青少時期的安全依附，發現這會使他們較少有情緒問題，例如少年犯罪和吸毒等 (Dykes & Cassidy, 2011; Hoeve et

發展連結—依附關係
一個有安全依附的嬰兒會把照顧者視為安全堡壘，讓他們可以向外探索。(第 6 章)

al., 2012)，也會讓他們有比較正向的同儕關係和調控情緒的能力。在一個縱貫性研究中，Josepg Allen 和他的同事 (2009) 發現 14 歲的安全依附，能預測 21 歲時在建立親密關係與經濟上都會較佳的能力及較少的行為問題。

(二) 自由和控制間的平衡

我們已經了解父母在青少年的發展上扮演重要角色 (Morris, Cui, & Steinberg, 2013)。雖然青少年正逐步邁向獨立，但他們仍需要與父母有著良好連結 (Schwarz, Stutz, & Ledermann, 2012)。在對 12,000 個青少年的長期追蹤研究中發現，如果青少年一週在家吃晚餐的機會少於五次，會有較高比例的抽菸、喝酒、吸毒、打架及較早有性活動 (Council of Economic Advisors, 2000)。

三、父母和青少年間的衝突

雖然大部分父母與剛進入青春期的孩子有較多衝突，但也還不至於達到如二十世紀初 G. Stanley Hall 所稱的狂飆期 (Bornstein, Jager, & Steinberg, 2013)。雖然衝突不斷，但大多與日常生活有關，如清理房間、衣著整齊等，還不會和犯罪、毒癮有關。

這些衝突在青春期早期或是中學期最多，在 17 到 20 歲間下降。青少年離家就讀大學後，會比住在家中的青少年較少與父母發生衝突 (Sullivan & Sullivan, 1980)。

雖然每天的衝突不斷，構成青少年時期親子關係的特色，但是它也扮演一個正向的角色。這些衝突與溝通協調的過程促進青少年能從父母身邊獨立，成為一個有自主性的成人。

在比較舊式的親子關係中，認為青少年要與父母分離進入世界才是真正的成熟，此模式也視親子衝突是密集的、有壓力的，會持續到整個青春期結束。至於較新式的親子關係模式中，視父母為安全依附的堡壘及支持系統，在孩子向外探索一個越來越寬廣、越來越複雜的社會世界時扮演重要角色，並且視親子間常有中等程度的衝突是正常且具有正向發展的功能，幫助孩子由兒童期過渡到獨立自主的成年期 (請見圖 12.3)。

誠然如此，高頻率的親子衝突仍是青春期親子關係的特徵 (Rengasamy et al., 2013; Schwarz, Stutz, & Ledermann, 2012)。但是經久的、密集的親子衝突仍然會和許多青少年問題連結在一起：離家出走、青少年犯罪、退學、很早因懷孕而結婚、成為異端邪教的成員

舊式的親子互動模式

- 孩子應該是自主的，與父母分離的。父母和同儕世界是彼此獨立的。
- 青春期經歷密集高壓的衝突；親子關係在每一天的生活中充滿風暴和壓力。

新式的親子互動模式

- 孩子是能依附又自主，父母是孩子重要的依附力量與支持。親子世界和同儕世界有一些重要的連結。
- 常有中等程度的親子衝突，但具有正向發展的功能；在青春期早期會有較多大的衝突。

圖 12.3 舊式和新式的父母與青少年的互動模式。

及染上毒癮等 (Brook et al., 1990)。最近的研究顯示，非常高頻率的親子衝突和被同儕評為具有攻擊性與犯罪傾向有關 (Ehrlich, Dykas, & Cassidy, 2012)。

在跨文化的比較中發現，不同國家的親子衝突的比例也有所不同，例如日本和印度就比美國來得低。

當家庭移民到其他國家時，青少年通常會比父母更快接受新國家的文化和價值 (Fuligni, 2012)，因為他們在學校會接受到大量的語言與文化刺激，他們在價值觀上也可能因此對自主和愛情關係有著與父母不一樣的觀念。Andrew Fuligni (2012) 認為，這些差異不一定會公開表現出來，但會隱藏在內在情感上，而加重親子衝突。

複習・連結・反思　學習目標二　描述青少年和父母關係的發展改變

複習重點

- 父母的監督和管理在青少年的發展上扮演什麼樣的角色？
- 青少年在發展中如何需要自主權和依附關係？
- 什麼是青少年親子衝突的特徵？

連結

- 青少年是人生中第二個追求獨立自主的時間，另一個在是什麼時候？什麼是這個階段的發展特色？

反思個人的人生旅程

- 在你是青少年時，父母給你多少自主的空間？太多還是太少？你和父母的衝突頻繁嗎？這些衝突大多和哪些問題有關？你看待青春期的看法和你的父母一樣？如果是的話，為什麼？

參 同儕關係

學習目標三　辨別青少年期同儕關係的改變

友誼　｜　同儕團體　｜　約會和羅曼蒂克的愛情關係

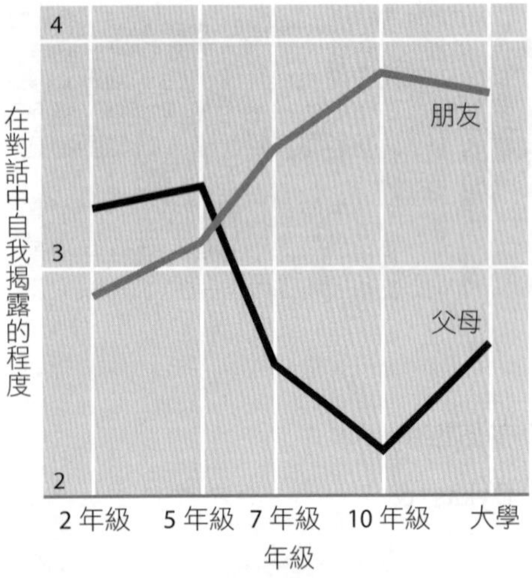

圖 12.4 自我揭露對話的發展變化。這是一個對由二年級到大學生所做的自我揭露對話的五點量表結果呈現。發現青少年對朋友所進行的自我揭露對話非常戲劇性的增加，而對父母則是戲劇性的減少。與父母的對話在上大學時才又慢慢回溫。

同儕在青少年期扮演很重要的角色 (Bornstein, Jager, & Steinberg, 2013; Rancourt et al., 2014; Trucco et al., 2014; Wentzel, 2013)。同儕關係在此時也會經歷重要的變化，包括友誼、同儕團體及羅曼蒂克的愛情關係。

一、友誼

對大部分兒童來說，大多具有很強的動機想成為同儕間受歡迎的人，這樣的動機會一直持續整個青春期，比兒童時期喜歡更小一點的團體、更深入而密集交往的同儕。

Harry Stack Sullivan (1953) 是在討論青春期友誼這部分最有影響力的理論家。他認為青春期的朋友更強烈地扮演滿足社會需求的角色，青少年尋求更親密的朋友，如或不然，他們會覺得寂寞和沒有價值感。

Sullivan 的理論經過這麼多年仍受到肯定。Buhrmester (1998) 研究發現，青少年對朋友進行自我揭露對話比對父母多 (如圖 12.4)；女孩尤其會比男孩對自己親密的朋友進行更多自我揭露對話 (Rose et al., 2012)。他們依賴朋友滿足在陪伴感、親密感及價值感上的需求，與朋友的高峰及低谷經驗形塑了他們對幸福感的定義 (Cook, Buehler, & Blair, 2013)。

青少年的友誼會對他們產生什麼影響？

當然不是所有朋友都是好的朋友，每個人有個別差異存在 (Mason et al., 2014; Sirard et al., 2013)。研究發現，有正向特質朋友的青少年會有較少的犯罪率、輟學率、被霸凌的機會，以及早期懷孕的危機 (Jones & Magee, 2014; Wentzel, 2013; Yu et al., 2013)，尤其與那些有比較好的社會技巧、學術導向及較能自我監控的人交往真的有益處 (Rodkin & Ryan, 2012)。而在此時與年長的人交往會有較多犯罪、早期性活動的機會 (Poulin & Pedersen, 2007)，都是青年時期與友誼有關的變數。

如何幫助青少年發展正向友誼請見【發展與生活的連結】。

二、同儕團體

青少年認知到的同儕壓力有多大？同儕間成群結黨的活動有多重要？接下來讓我們來討論這些議題。

發展與生活的連結

有效和無效的交友策略

下面是一些好的建議 (Wentzel, 1997)：

- 主動互動。可以詢問他的名字、年齡及最喜歡的活動，並採取一些相互的策略，如告訴他自己的名字、分享自己喜歡的活動，還可以邀請他一起做一些事。
- 和善。對其他人表現出溫暖、體貼和善意。
- 互相尊重。誠實、可信賴的、保守秘密；表現出大方、分享和合作。
- 有禮貌。保持好的禮節，能傾聽並表現正向態度。
- 提供社會支持。表達你對別人的關心，而願意提供協助。

下列則是一些不好的策略，要盡量避免 (Wentzel, 1997)：

- 充滿攻擊性。沒有禮貌、不合作、不願分享、忽視別人。
- 表現負向態度。自我中心、忌妒的、很吝嗇、脾氣暴躁，甚至引起紛爭。
- 刻薄的。如嘲笑別人、不溫暖的回應，或是不遵守承諾。

有哪些對交朋友有效或無效的策略？

(一) 同儕壓力

青少年會比兒童更順從同儕間所形成的一些所謂「標準」(Badaly, 2013; Teunissen et al., 2014)，尤其大約在八、九年級時，是一個追求同儕認同的高峰期 (Brown & Larson, 2009; Brown et al., 2008)。甚至為了追求被一個團體認同，會去偷汽車上的輪蓋、在牆上畫一隻長頸鹿，或是在藥妝店櫃台偷一盒化妝品。Rothbaum 和他的團隊在 2000 年做的跨國比較研究發現，美國青少年比日本青少年更會向同儕認同而抵抗父母。

什麼是同儕壓力的特色？

哪些人特別容易順應同儕要求？據研究是那些對自己社會認同不太確定、低自尊、高社會焦慮的人 (Cohen & Prinstein, 2006; Prinstein, 2007; Prinstein & Dodge, 2008)，但是仍會受家庭、學校等社會環境之影響而有所改變。

(二) 成群和結黨

成群和結黨在青少年階段是很重要的 (Brown, 2011)，**結黨**是指參加類似性質活動的青少年會以 5 或 6 人的方式組成的團體，大多同性別或同年齡。他們花時間在一起會互相分享，共享相同的興趣、從事相同的活動。

成群則是指一個比結黨更大的團體結構，通常基於聲望，裡面的成員不一定會花很多的時間聚會 (Brown, 2011)。

三、約會和羅曼蒂克的愛情關係

青少年花很多時間約會和想約會的事 (Ogolsky, Lloyd, & Cate, 2013; Young, Furman, & Laursen, 2014)。約會是一個休閒、社會聲望的來源，也是一個從中學習如何經營親密關係的環境，還可從中尋找伴侶。

(一) 在約會和愛情關係中的發展改變

以下列出 Connolly 和 McIsaac (2009) 認為青少年愛情關係變化的三階段：

1. 在 11 至 13 歲間開始對約會感興趣並開始交往。他們會在同性團體中談論約會或是男女交往的議題，有機會也會開始嘗試交往，但此時常是在團體中約會。
2. 14 至 16 歲時開始探索羅曼蒂克的愛情關係。此時會有兩個特徵：(1) 在兩個互相吸引的人之間開始偶然約會，持續的時間往往僅有數週到數個月；(2) 在團體中約會，也會跟朋友談論分享約會，並聽取朋友對這段交往的看法。
3. 17 至 19 歲間更鞏固的愛情關係。在高中歲月的結束前發展出較穩固的交往關係，和成人的情愛關係較類似，也有可能就一直持續到成年期。

但是早熟或晚熟會影響上述階段的時間 (Connolly & McIsaac, 2009)。早熟的 11 至 13 歲青少年中有 15% 至 20% 表示正在愛情關係中，35% 則表示更早就有這樣的經驗。研究也顯示，他們比正常成熟或晚熟者有更多性或愛方面的問題行為 (Connolly et al., 2013)。10% 的 17 至 19 歲的晚熟者表示他們還沒有任何經驗，另外有 15% 表示目前為止已有四個月沒有約會的對象。

結黨 (clique)
參加類似性質活動的青少年會以 5 或 6 人的方式組成小團體。

成群 (crowd)
一個比結黨更大的團體結構，通常基於聲望。裡面的成員不一定會花較多的時間聚會。

(二) 同性戀者的約會

最近有些研究者開始探討同性戀者的愛情關係 (Diamond & Savin-Williams, 2015; Savin-Williams, 2015)，研究也認為，約會有助於他們認清自己的性傾向 (Cohen & Savin-Williams, 2013)。此時大部分同性戀者開始有一些與同性間的性經驗，但大多是「試驗性的」；有些人持續這樣的性傾向也有人成為雙性戀者 (Savin-Williams & Cohen, 2015; Vrangalova & Savin-Williams, 2013)。但相較於愛情關係，那只是他們第二順位的壓力問題，最大的壓力是如何向父母自我揭露 (D'Augelli, 1991)。

(三) 社會文化環境與約會

社會文化因素影響青少年約會的模式，從美國不同種族間的差異即可看出 (Cheng et al., 2012)。例如亞裔的美國青少年就比非裔和拉丁美裔的美國青少年少有約會經驗 (Carver, Joyner, & Udry, 2003)。這會和價值觀、宗教信仰、父母同意給青少年的自由權限，以及父母原先在原生家庭約會時間的早晚都有關係。

(四) 約會和調適

這些羅曼蒂克的約會對青年適應是有不同的影響 (Collins, Welsh, & Furman, 2009; Soller, 2014)。舉例來說，十年級的青少年如果有較多的愛情經驗，他們會自認為自己是被社會接受、有很多朋友、有追求愛情的能力，但事實也顯現他們有更多吸毒、犯罪率和性行為 (Furman, Low, & Ho, 2009)。Haydon 和 Halpern (2010) 則發現，這樣的少女若和較年長男士交往，會有更多可能罹患憂鬱症和吸毒。

若太早開始談戀愛也會有較多問題 (Connolly & McIsaac, 2009; Florsheim, Moore, & Edgington, 2003; Starr et al., 2012)。

複習・連結・反思　學習目標三　辨別青少年期同儕關係的改變

複習重點

- 青少年期的友誼有什麼改變？
- 青少年期的同儕團體有什麼特色？
- 青少年期約會和愛情關係的本質是什麼？

連結

- 在第 10 章中，我們曾討論到攻擊行為，你認為親子關係和他們的孩子有否攻擊性有何關聯？

反思個人的人生旅程

- 你在青少年時期的同儕關係如何？你參加什麼樣的同儕團體？你在青春期就開始談戀愛嗎？如果你有辦法改變，你會想要改變哪一部分？為什麼？

肆 文化和青少年的發展

學習目標四 解釋文化如何影響青少年的發展

跨文化比較 種族 媒體

中東的穆斯林學校裡只有男生。

在本節中，我們將從跨文化比較的角度來看文化在青少年發展上的影響，同時再看看青少年的媒體世界。

一、跨文化比較

(一) 健康

現今社會的青少年在某些方面的健康和幸福感比以前進步，但不是全面，在世界上還是有少部分青少年死於傳染病和營養不良，甚至人數比以前更多 (UNICEF, 2014)。還有一些青少年由於和健康有關的行為問題——如藥物成癮、沒有保護措施的性行為，而影響健康，例如在撒哈拉沙漠一帶，就有不少青少年被傳染愛滋病 (UNICEF, 2014)。

(二) 性別

世界上仍有許多青少年遭受男女不平等的對待 (Brown & Larson, 2002; Larson, Wilson, & Rickman, 2009)。據調查，日本、菲律賓及西方國家是較男女平等的國家，很多國家仍存在著男生有較多上學機會 (UNICEF, 2014)，而女性還包括在生涯發展上也較少有選擇的自由。例如印度、南亞、阿拉伯世界及拉丁美洲，青少年女性受到比較多限制，雖然不少國家已開始漸漸重視與擴展女性的教育機會，但是整體而言仍較不平等。

(三) 家庭

有些國家的青少年是在一個結合親屬的家族中成長，會持續一些傳統的生活方式。舉例來說，阿拉伯世界的青少年就被教導要遵守很多規定，並對長輩忠誠順服 (Brown & Larson, 2002, p. 6)。相對而言，西方世界，例如美國的父母就比較不會對青少年子女展現權威、較少和家族共住，以及較多在離婚後的單親家庭中成長。

現在也有不少家庭會「經歷移民、移居或父母分別在不同地方工作，較小的家庭組織、較少的延伸家族，這些改變都減少了家庭花時間與青少年互動」(Brown & Larson, 2002, p. 7)，家庭結構變化也改變了青少年的家庭生活。

(四) 同儕

在有些國家賦予同儕更重要的角色 (Brown et al., 2008)，例如在大部分的西方國家，都重視同儕在青少年生活中的分量。有些南美洲國家，尤其在有許多青少年流落街頭的地方，同儕的支持網絡甚至比父母更重要；但在一些阿拉伯國家，與同儕的互動就受到限制，尤其是女孩 (Booth, 2002)。

(五) 時間分配到不同活動

Reed Larson 和他的同事們 (Larson, 2001; Larson & Angus, 2011; Larson & Dawes, 2014; Larson, Shernoff, & Bempechat, 2014; Larson & Verma, 1999) 調查青少年在工作遊戲和學校工作上各花多少時間，發現東西方的青少年同樣約花 60% 的時間在學校，但美國青少年有較少的回家功課 (Larson & Verma, 1999)。

美國的青少年較其他工業國家有較多的自由隨興時間 (Larson & Wilson, 2004; Larson, Wilson, & Rickman, 2009)。美國青少年的清醒時間有 40% 至 50% 是可以自由支配的；東亞國家的青少年約有 25% 至 35%，歐洲則是 35% 至 45%。

Larson (2001) 認為，美國青少年擁有太多自由時間，他們常去從事一些沒有挑戰性的工作，例如看電視。此時，如有大人給予一些建議提供結構性的志工服務的機會，會對他們的發展與成長有幫助 (Larson & Dawes, 2014)。

(六) 成年儀式

不同的文化對是否要有成年儀式有不同看法，有的社會非常重視 (Kottak & Kozaitis, 2012)，盛大慶祝青少年步入成年，取得成年人的地位。在有些民族的**成年儀式**代表青少年可以接受成年人的知識、實務與性，而儀式內容會以和家庭分離，尤其是與母親分離為主，有一些抽象儀式代表死亡和新生，與靈性世界接觸；還有一些則以分享成年人的祕密、冒險，代表青少年被允許進入成年世界，這些儀式在心理上幫助青少年轉銜至下一階段人生旅程。右圖所示為西非國家的成年儀式，至今仍盛行，尤其是在教育不普及的地方。

美國社會沒有具體的成年儀式，但學校的畢業典禮代替傳統文化扮演這個角色，讓畢業生感受到自己即將從沒有產能的學習者轉變為有生產力的貢獻者。

這些 Congolese Kota 的男孩以此作為成年儀式。

成年儀式 (rite of passage)
一個儀式或常規，代表一個人由一個階段邁進另一個人生階段。例如成年禮代表青少年轉變成大人了。

二、種族

以下將探討日漸普及的移民現象，與日益受到重視的社經背景議題。

(一) 移民

美國新移民的人數日漸增多(Camacho & Fuligni, 2014; Potochnick, 2014)，新移民的定義是指這一個家中至少有一個人是在境外出生的。Robert Crosnoe 和 Andrew Fuligni (2012, p. 1473) 對移民子女的研究有下列心得：

> 有一些新移民之子表現得很好，但有些不好，這會和原移出國家的特色及這個家庭在新移入國家的情境有關 (如在新移入國家的社經背景、種族階層化的體系等)。

哪些是一個新移民家庭要面對適應上的挑戰？新移民家庭通常會面對許多壓力，是一般長住民無法理解的。例如語言上的障礙、和原支持系統的分離、原先受過的教育及文化不被認同而要從新學習，以及社經地位的改變 (Rivas-Drake et al., 2014a; Schwartz, Cano, & Zamboanga, 2014; Schwartz et al., 2014c)。尤其許多家庭面對的是更複雜的非法移民問題，生長於其中的兒童及青少年發展一定會受到影響，許多福利補助、教育社會資源無法進入這個家庭，當然就會影響孩子不能接受認知刺激 (Yoshikawa, 2012)。總而言之，要對新移民家庭工作，諮詢者要有更高的文化敏感度 (Sue et al., 2013, 2014)。

(二) 種族劃分和社經地位

許多研究少數民族青少年發展的學者疏忽了對種族階層和社經背景等因素之考慮。種族劃分和社經地位交互作用會誇大少數民族表現的影響，尤其在美國，他們往往居於低社經背景，而被過分用以代表種族 (Cushner, McClelland, & Safford, 2015; Banks, 2014)。也就是說，研究者常把少數民族青少年的表現歸因於種族因素，而忽略了社經背景因素。

發展連結—環境
貧窮和家庭的動盪、離婚後的單親、暴力、擁擠吵雜等都有關。(第 1 章)

並不是所有少數民族的家庭都是低社經背景，雖然如此，我們並不否認貧窮是少數族群青少年發展不利的原因之一 (Evans & Kim, 2013)。許多人受到兩種不利因素交互作用影響：(1) 因為身為少數民族而受到的偏見及歧視影響；(2) 貧窮的壓力 (Crosnoe & Leventhal, 2014; Koppelman, 2014)。雖然有些少數民族的青少年來自中等收入的家庭，但似乎也難逃外界對他們偏見與歧視 (McLoyd, Mistry, & Hardaway, 2014)。

青少年一天要花多少時間在各種形式的媒體上？

三、媒體

文化對青少年的影響不只在價值觀、種族階層及社經背景，還有媒體的影響更是無所不在。接下來我們將先討論他們使用的媒體種類，以及各種數位媒體對他們生活的影響。

(一) 媒體的使用

如果從人們如何分配時間來看他們對那些事情重視，毫無疑問地，可以看出媒體在青少年生活中扮演重要角色 (Calvert & Wartella, 2014)。為了更深入了解這些現象，我們可以看一下 Kaiser 家庭基金會在 1999、2004 及 2009 年三次對兒童及青少年所做的調查研究。以 2009 年的調查為例，在超過 2,000 名 8 至 18 歲青少年所做的調查發現：青少年花在媒體上的時間已戲劇化的遠遠多於二十世紀末 (Rideout, Foehr, & Roberts, 2010)。在這份 2009 年的調查顯示，8 至 11 歲的兒童每天花 5 小時又 29 分鐘在媒體上；11 至 14 歲青少年則平均花 8 小時又 40 分鐘；到了 15 至 18 歲青少年則平均花 7 小時又 58 分鐘 (請見圖 12.5)。從兒童期到青少年一下子多了 3 小時！

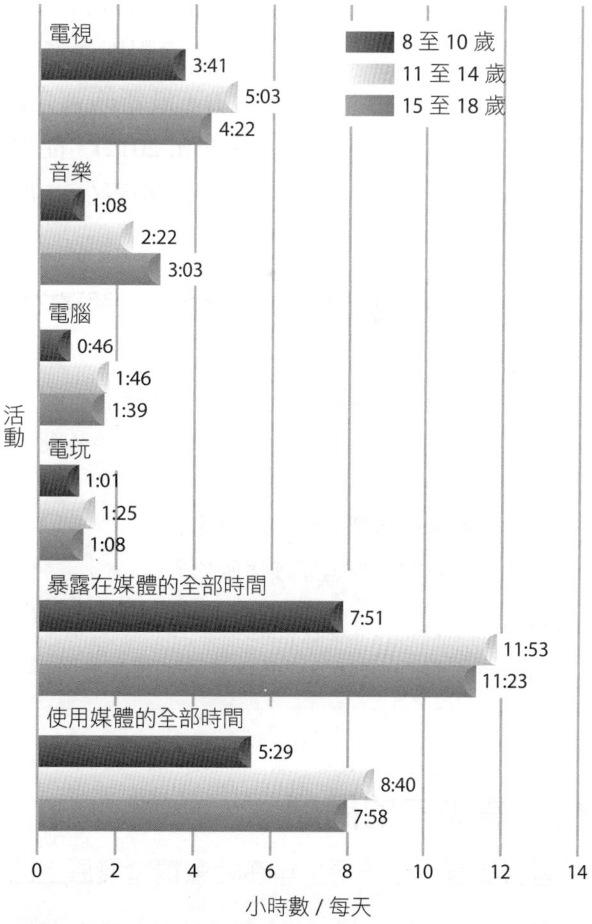

圖 12.5　美國 8 至 18 歲青少年一天花在各種形式媒體上時間的發展變化。

近年來使用媒體的時間大幅增加也和這些 3C 產品能處理越來越多任務有關 (Calvert & Wartella, 2014; Sanbonmatsu et al., 2013)。在上述 2009 年的調查中，如果加上電腦的使用，11 歲至 14 歲青少年就有將近 12 小時的使用時間 (Rideout, Foehr, & Roberts, 2010)！同時，有 39% 的七年級到十二年級的青少年表示他們「常同時」使用兩種媒體，例如一面上網查資料，一面聽音樂。我們很難想像他們如何能專心完成家庭功課，還沒有人研究媒體同時進行多種任務的現象對青少年的影響。但有研究發現，青少年依賴網絡上的社群網站，減少他們與人面對面溝通的機會，降低他們在社會群性上的幸福感 (Pea et al., 2012)。

(二) 數位化溝通與科技

文化隨時代而改變，近年由於電腦及網路的興起，使人們面對一個比工業革命更大的變動 (Lever-Duffy & McDonald, 2015; Smaldino et al., 2015)。但社會仍依賴一些電腦無可取代的能力，如好的溝通技巧、正向的態度、問題解決能力等來思考更深入及有創意的問題。但不可否認的是，現代年輕人要找工作，資訊技巧已經是必備的 (Jackson et al., 2012)。

青少年及早成人期的人利用數位媒體所進行的社會性溝通，包括 e-mail、即時通、臉書 (Facebook)、Line、WeChat 等，或是分享線上遊戲，比電腦效率更快的是用手機，尤其是智慧型手機。

簡訊 (text message) 是現代青少年和朋友溝通互動的主要方式，取代了面對面溝通、聲音傳呼，甚至 e-mail 都落伍了 (Lenhart et al., 2010)。最新的調查顯示，用簡訊所占與朋友溝通的比例持續增加 (Lenhart, 2012)，從 2008 年占 38%，到 2009 年的 54%，再到 2012 年的 60%，但青少年仍較喜歡用聲音言語與父母溝通。

複習・連結・反思　學習目標四　解釋文化如何影響青少年的發展

複習重點

- 跨文化比較青少年的重點為何？不同文化的青少年如何分配他們的時間？什麼是青少年的成年禮？
- 種族階層如何影響青少年的發展？
- 青少年在媒體使用上有何特色？？

連結

- 將我們在第 11 章討論的學校退學率與課外活動的參與，和 Reed Larson 與他的同事所提及的青少年缺乏自我倡議連結，你會想到什麼？

反思個人的人生旅程

- 什麼是你的種族階層？你曾經對自己所處的種族階層有刻板印象嗎？你的自我認同和主流文化有什麼不同嗎？

伍　青少年的問題

學習目標五　確認青少年在社會情緒發展上的問題，及幫助他們面對問題的策略

- 青少年犯罪
- 憂鬱症及自殺
- 問題和成功預防 / 介入的計畫間的關係

在第 11 章，我們討論到一些青少年的問題，如吸毒、性傳染疾病及飲食疾患。本章將繼續討論其他問題：青少年犯罪、憂鬱及自殺，並介紹有效的防治策略。

一、青少年犯罪

青少年犯罪指的是青少年違反法律或參與一些非法行為，從亂丟垃圾到謀殺都包含在內。

(一) 犯罪率

在美國，青少年犯罪的數目從 1960 年到 2010 年一直在急遽增加中，但在 1996 年時有稍微下降 (請見圖 12.6) (Puzzanchera & Robson, 2014)。但請注意，這張圖只顯現有進入司法程序被判決的案例，還有許多未被發現或未被判決 (如和解) 的案例，所以實際犯罪人數應該更多。

在青少年犯罪的人口中，男生比女生多，但是從統計數字中仍然可以看到自 1985 年女生占 19% 到 2005 年的 28%，是在持續上升中 (Puzzanchera & Robson, 2014)。

少數族群及低社經背景的犯罪比例比一般青少年來得高，雖然如此，法院在做成最後判決時，比起對待他們同年齡中產階級出身的白人，已經較從輕量刑了。

青少年犯罪 (juvenile delinquent)
違反法律或參與一些非法行為的青少年。

如果以 11 歲來劃分初犯年齡，小於 11 歲就初犯的案例有較差

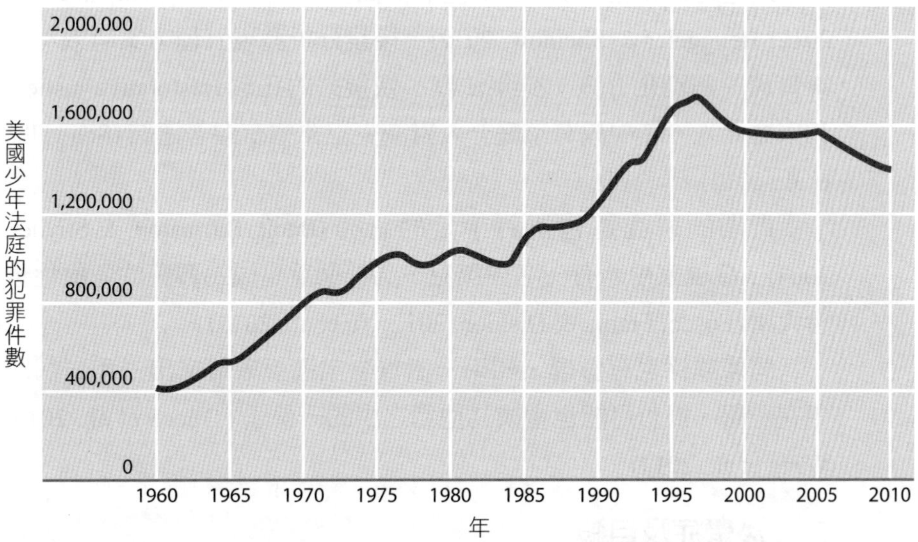

圖 12.6 美國自 1960 年至 2010 年由少年法庭所顯示的犯罪件數。
資料來源：Puzzanchera & Robson (2014)。

的發展及預後 (Schulenberg & Zarrett, 2006; Wiecko, 2014)，且也比較多在進入成年期後有精神上的疾病及關係上的問題 (Loeber & Burke, 2011; Pechorro et al., 2014)。

(二) 犯罪率的肇因

低社經背景常常是被考慮的因素，現在更有人討論低社經被景的文化 (Thompson & Bynum, 2013)，低社經背景的同儕團體或幫派，常有較多的反社會情結。對於低社經背景的社區中，有很多鄰居是一直處在進出監獄與麻煩中，成為一項特色。住在附近的青少年就有較多也一起捲進去的機會。好勇鬥狠、有多少次犯罪紀錄反而成為同儕中的英雄，青少年有較多機會觀察到犯罪行為也促成他們的模仿。這些社區的特色可以說是貧窮、失業及反中產階級的。很可惜的是，高品質的學校教育、教育基金和一些有組織的社區活動在這裡是很缺乏的 (Crosnoe & Leventhal, 2014)。調查發現，如果青少年經歷重複的貧窮，在 14 至 21 歲間會有兩次以上的犯罪紀錄 (Najman et al., 2010)。

家庭的某些特徵也和青少年犯罪有關 (Connell, Dishion, & Klostermann, 2012)。家長的管教與監控在青少年是否犯罪上扮演特別重要的角色 (Fosco et al., 2012)，父母間的教養態度不一致、不適當也和犯罪率有關 (Bor, McGee, & Fagan, 2004)，Murphy 和他的研究團隊 (2012) 則發現，雙親中至少有一人是權威式的管教態度和 14 至 23 歲間的低犯罪率有關。

最近的研究也發現，家庭處遇對減少犯罪率有效 (Baldwin et al., 2012; Henggeler & Sheidow, 2012)，後設分析發現五種方案有效：個案管理、個別化介入、少年法庭、恢復式的正義 (restorative justice) 和家庭介入，其中只有家庭介入對減少犯罪率有顯著連結 (Schwalbe et al., 2012)。

近期的研究還包括對手足的研究 (Bank, Burraston, & Snyder, 2004)，發現家中若有一名少年犯，另一個手足成為罪犯的危險性也會大增 (Fosco, Frank, & Dishion, 2012; Yu et al., 2013)。

同儕關係也有影響，如果一個青少年逃學或離家出去和一個罪犯在一起，很有可能也會成為他們之中的一份子 (Trucco et al., 2014; Wang et al., 2014)。

二、憂鬱症及自殺

什麼是青少年憂鬱的本質？什麼原因讓青少年想自殺？

(一) 憂鬱症

根據 Graber 和 Sontag (2009) 所做的調查，發現青少年罹患憂鬱症的比例約為 15% 至 20%。而 15 歲的女生罹患率是同年齡男生的兩倍，因為女生比較傾向於在與朋友自我揭露中讓自己停留在憂鬱狀態，而且她們的自我形象、身體形象常是較負面的 (Nolen-Hoeksema, 2011)。

這樣的性別差異有文化上的分別嗎？大部分的跨國調查研究顯示，女性多於男性，唯獨一項針對中國 17,000 個 11 至 22 歲的人所做的調查 (Sun et al., 2010) 顯示，男性憂鬱比例較高，這和他們承擔較大的壓力生活事件及較少正向的因應策略有關。

這些憂鬱患者預後如何？美國的調查研究發現，由 16、17 歲一直持續追蹤到 26、27 歲 (Naicker et al., 2013)，憂鬱症患者仍有較高比例的憂鬱、頭痛、自訴健康不佳和較低階的社會支持。另外一個長期追蹤研究則發現，從 14 歲追蹤到 24 歲，發現憂鬱症患者有較差的親子關係、較少正向的愛情關係和較多的寂寞感覺 (Allen et al., 2014)。

最近的研究證實，青少年的憂鬱和基因有關 (Hansell et al., 2012)，尤其是在和多巴胺有關的基因上 (Adkins et al., 2012)。Beaver 和他的團隊 (2012) 還發現：少女遇到壓力就會產生憂鬱，和她們有較短的複合胺 5 脛色胺 (5HTTLPR) 導致血清素不足有關。

發展連結—表關遺傳學的途徑
表關遺傳學的途徑主張發展是遺傳基因和環境雙向互動的結果。(第 2 章)

家庭因素也扮演重要角色 (Morris et al., 2014; Yap et al., 2014)，包括有憂鬱症、情緒化的家長，或是父母有婚姻問題、經濟壓力等。此外，母女間不斷反芻討論問題而陷於沮喪中，也和少女焦慮與憂鬱的增加有關 (Waller & Rose, 2010)。

不佳的同儕關係也和憂鬱有關 (Vanhalst et al., 2012)，沒有親密好友、和同儕接觸較少、被同儕拒絕都和青少年憂鬱有關 (Platt et al., 2013)。Spieker 和他的團隊 (2012) 發現，較具攻擊性的少女較憂鬱，混亂的愛情關係及情感問題也和憂鬱有關 (Starr et al., 2012)。

友誼提供青少年社會性支持，但友誼的型態與品質也會影響心理健康，舉例來說，與沒有憂鬱疾患的朋友交往，相較於那些沒有朋友或是朋友有憂鬱情緒的同儕來說，較少罹患憂鬱疾患 (Brendgen et al., 2010)。一個對三年級到九年級女生所做的研究發現，她們如果有很親近的好友，而會常常互相揭露，甚至反芻性談話，除了能預測她們擁有高品質友誼以外，也同時能預測她們有較高比例的憂鬱與焦慮

台灣經驗

台灣在 2017 年首次進行全國性兒童及青少年精神疾病流行病學調查發現，全台有約 1/3 兒童有精神疾病，需要專業評估、協助，且有 3.1% 的兒童在 6 個月內有自殺意念。

據衛生福利部委託台灣大學醫學院精神科教授高淑芬進行調查發現，兒童精神疾患陽性診斷的加權終生盛行率為 32.3%，目前盛行率為 28.7%；孩子有自殺意念的終身盛行率為 7.9%、6 個月的盛行率為 3.1%。調查顯示，全國有近 1/3 孩子有心理健康問題，而且兒童的自殺意念比例也很高。

而全國自殺防治中心根據歷年十大死因資料分析，自殺在青少年族群 (15 至 24 歲)，從 2003 年起由第三名上升至第二名，至 2014 年仍然居青少年族群第二大死因，自殺粗估死亡率每十萬人口仍有 5.2 人。2015 年全國自殺未遂通報個案資料可知，青少年 (15 至 24 歲) 自殺未遂通報人次為 4,389，其中女性為男性的 1.94 倍。探討原因，青少年首要煩惱為「感情因素」(36.4%)，第二為「家庭成員問題」(17.8%)，第三則為「憂鬱傾向、罹患憂鬱症」(10.0%)，顯示人際情感問題為青少年族群最重要的心理衛生議題之一。

(Rose, Carlson, & Waller, 2007)。

對於體重的過分關注，使得女孩比同年齡男孩有更多焦慮與憂鬱情緒 (Marmorstein, Iacono, & Legrand, 2014)，還有研究發現女孩若覺得自己體重過重，會有較高比例顯示憂鬱 (Vaugham & Halpern, 2010)。

如何治療青少年的憂鬱呢？研究發現，藥物治療、認知行為治療和人際互動治療都有效 (Maalouf & Brent, 2012)，但藥物加上認知行為治療是效果最好的。

(二) 自殺

自殺在兒童期是罕見的，但由青少年到進入成年早期有逐漸攀升的趨勢 (Park et al., 2006)。以美國來說，自殺是 10 到 19 歲青少年的第三大死因 (National Center for Health Statistics, 2014)，每年大約有 4,400 名青少年死於自殺 (Eaton et al., 2010)，自殺在台灣則是青少年的第二大死因。

嘗試自殺的人比真正死於自殺的人多出許多，如圖 12.7 所示，這是近二十年來嘗試自殺的青少年統計，其中嘗試自殺的女性多於男性，但真正死於自殺者則是男性多於女性。

一些枝微末節或是早期的經驗和自殺有關，多半都有一個忍耐很久的成長史、家庭史 (Wan & Leung, 2010)。例如缺乏情緒情感支持、高壓的控制、父母對學業成就的壓力，都會導致憂鬱沮喪，接著

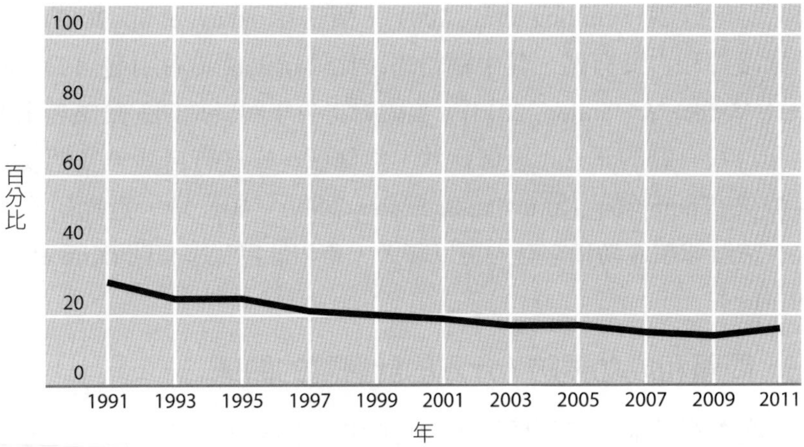

圖 12.7　美國自 1991 至 2001 年對九年級到十二年級生的調查，詢問他們在過去十二個月有否想到要自殺念頭的百分比。

是嘗試自殺 (Rhodes et al., 2012)，和親子關係不佳有關 (Consoli et al., 2013)。

另一方面，在校學業成就不佳或是失戀也可能導致自殺 (Antai-Otong, 2003; Thompson et al., 2012)，而少女若經歷約會暴力也會增加自殺的風險 (Belshaw et al., 2012)。

在美國，不同種族間的青少年自殺率不同 (Wong et al., 2012)，如圖 12.8 所示，美國印地安及阿拉斯加的原住民青少年女性有超過 20% 曾考慮自殺，遠高於非拉丁裔的白人 (Goldston et al., 2008)。

如同憂鬱和基因有關，近來也有人研究發現自殺也和基因有關 (Kapornai & Vetro, 2008)。

哪些因素和自殺有關？研究發現，自殺者常有憂鬱症狀 (Fried et al., 2013; Zetterqvist, Lundh, & Svedin, 2013; Thapar et al., 2012)。此

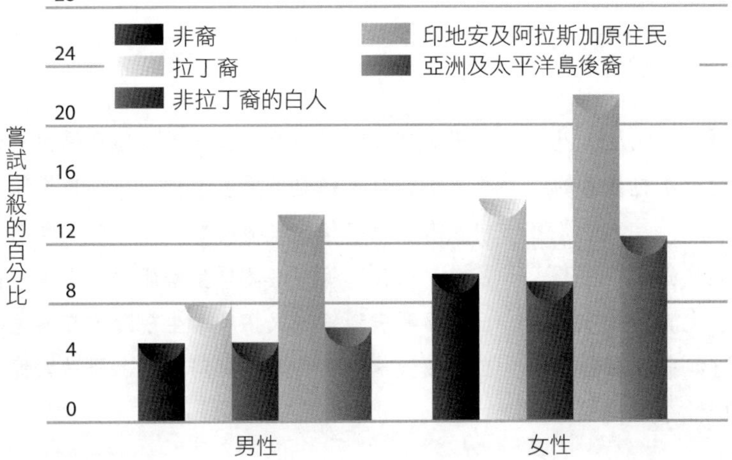

圖 12.8　美國嘗試自殺的青少年在不同種族與性別的統計分析。

發展連結—條件、疾病及疾患
什麼是老人憂鬱和自殺的特徵？(第 18 章)

外，過度飲酒 (Schilling et al., 2009)、藥癮 (Kokkevi et al., 2012)、同儕欺凌都和自殺有關，其中網絡霸凌比傳統霸凌更會引發自殺 (van Geel, Vedder, & Tanilon, 2014)。美國對青少年健康長期追蹤整理出下列和自殺有關的訊息：憂鬱症狀、無望感、家庭有自殺史及朋友有自殺史 (Thompson, Kuruwita, & Foster, 2009)。相反地，近期研究發現，常做球類運動和常有人可以聊天，會和低自殺率有關 (Kim et al., 2014)。

三、問題和成功預防 / 介入的計畫間的關係

在本章及前一章列舉了不少青少年的問題，綜合言之，可歸納為下面四項：(1) 藥物濫用；(2) 犯罪；(3) 性的問題；及 (4) 和學校有關的問題 (Dryfoos, 1990; Dryfoos & Barkin, 2006)，而這四方面的問題是有關聯的 (Milburn et al., 2012; Passini, 2012)。舉例來說，嚴重的藥物濫用會和較早有性活動、學業低成就、輟學和犯罪有關 (Grigsby et al., 2014)；而較早有性活動和使用菸酒、吸食大麻及其他毒品、學業低成就、輟學和犯罪有關 (Chan et al., 2014)。而青少年犯罪則和較早有性活動、早期懷孕、藥物濫用及輟學有關 (Pedersen & Mastekaasa, 2011)。美國的長期追蹤發現，約有 10% 青少年有這四項問題，1990 年的調查認為有 15% 青少年有二種至三種問題的危機 (Dryfoos, 1990)，但到了 2006 年，Dryfoos 和 Barkin 的研究已發現提升到 20%。

哪些策略可以預防和介入青少年的問題？

一些對有效防治上述問題的文獻回顧發現三種方案類型有效 (Dryfoos, 1990; Dryfoos & Barkin, 2006)：

台灣經驗

台灣的少年法庭設有少年觀護人的制度，就是以教育及保護管束的觀念取代對少年犯罪者的懲罰。

此外，台灣近年來在弱勢社區或犯罪率較高的社區推動各種方案亦不遺餘力，尤其部分方案是結合民間力量、民間自願辦理 (如宗教團體或社會企業)，或招募志工共同推動，如攜手專案、夜光天使提供晚餐及補救教學，避免學生放學後無人照顧及累積更多學習挫折，最後慢慢離開學校。有些偏鄉學校積極發展多元才能，如歌唱、弦樂、獨輪車等，激發學生潛能增加自信，並藉出去參賽表演等方式拓展學生視野，在避免學生自我放棄、被不良分子引誘犯罪上居功厥偉。

1. 密集的個別化關注。有一個專業的大人 (如諮商師) 能完全關注到少年的個別化需要，並提供解決問題的協助。
2. 以社區為單位的多重合作取向。讓虞犯少年能參與如一面戒除藥癮，一面學習的課程，可以防止他們再與不良組織聯繫。
3. 盡早確認與盡早介入。讓青少年及其家庭在問題尚未形成前，就有諮詢的管道或參與預防的措施。如在第 7 章描述的，讓弱勢社區的青少年能提早接觸更有意義更實用的課程，幫助他們在學校或職場能成功適應。更多的訊息可以參考【透過研究找出關聯】。

透過研究找出關聯

哪些孩子能從早期介入中獲益？

Fast Track 是一個致力於降低犯罪率及其他問題的介入方案 (Conduct Problems Prevention Research Group, 2010, 2011, 2013; Dodge, Godwin, & Conduct Problems Prevention Research Group, 2013; Dodge & McCourt, 2010; Jones et al., 2010; Miller et al., 2010)。有四個區域的學校依據其社區犯罪率及貧窮指數被評估為犯罪高危險區域，專家們在 9,000 個幼兒園孩童中篩選出 891 個平均年齡 6.5 歲，具有中到高危險機率的兒童，隨機分派到介入組或控制組。

歷經十年的介入，包括家長的管理訓練、兒童認知社會技巧的訓練、閱讀指導、家庭訪視、持續監控，以及增進社會技巧減少攻擊行為的課程，分別在兒童 3、6、9 年級時評量他們的表現。這個方案只針對在幼兒園時就被評為高危險群的兒童，降低了他們成為品行障礙、過動症、外向性行為及反社會型的機率 (Dodge & McCourt, 2010)。正向的結果一直持續到九年級。證明這個方案是成功的。該研究發現，它和三個社會認知歷程有關：減少不利的偏差、增進對社會問題的反應、降低攻擊性 (Dodge, Godwin, & Conduct Problems Prevention Research Group, 2013)。

複習・連結・反思

學習目標五 確認青少年在社會情緒發展上的問題，及幫助他們面對問題的策略

複習重點

- 何謂青少年犯罪？是什麼原因造成的？
- 什麼是青少年憂鬱及自殺的本質？
- 青少年的問題是如何相互關聯？什麼是成功預防 / 介入計畫的重要元素？

連結

- 在第 10 章，你如何整合兒童期的霸凌和青少年期的問題之關聯？

反思個人的人生旅程

- 當你是青少年時，是否具有本章和第 11 章所述的問題？如果有的話，你想這些問題是如何發展出來的？如果沒有任何問題，你又會如何看待這些沒有發展出問題的本質？

與前瞻主題連結

十八歲到二十五歲，人們從青少年進入成年人。這個轉型期稱為成年初期。這段期間的特色是自我認同、不穩定，和對可能性有自覺。在成年期，他們會在從親密朋友的安全接觸上獲益，愛情與婚姻成為成年早期社會情緒發展的核心，他們不只會結婚，還有可能開始養育下一代，像上一代一樣，但是也有人會選擇和戀人同居。

達成本章學習目標

青少年時期的社會情緒發展

壹、自我、自我認同、宗教 / 心靈層面的發展

學習目標一　討論青少年在自我、自我認同、宗教 / 心靈層面上發展

- 自尊心：有些研究者發現，由兒童期邁入青少年初期自尊會下降，尤其女孩下降得更多；但也有研究者認為，其實下降得不多，是被誇大了。自尊反映出來的不見得和事實符合；有些高自尊的反映出來的是自我中心、能自我鼓舞的，他們視自己的需要和願望為第一要務，甚至接近自戀。今日的青少年比他們早些年代的青少年還要自我中心及自戀嗎？
- 自我認同：自我認同的發展是複雜的，發生在一點一滴拼湊自己的圖像。Erikson 認為自我統整和自我認同混亂是人生發展第五個階段的重要任務與危機，其中人格和角色期待是重要核心概念。Marcia 則就個人承受危機或是投入的程度，將自我認同歸類為以下四個狀態：(1) 自我認同分散；(2) 自我認同前置關閉；(3) 自我認同停滯；及 (4) 自我認同成就。隨著所謂「MAMA」的循環模式，自我認同從停滯期，走到成就期，再回到停滯期，再走到成就期。像這樣循環的模式，可能在一生中要重複好幾回。
- 宗教 / 心靈層面的發展：隨著對自我認同的追尋，許多年輕人開始在宗教中尋求自我定位；而宗教也和年輕人的正向發展有關。

貳、家庭

學習目標二　描述青少年和父母關係的發展改變

- 父母監督和資訊管理：青少年時期的關鍵性教養在於，有效的監督他們的發展。監督的範圍包括社會情境中的選擇、活動、朋友及學業成就。父母監督和資訊管理能有效掌握青少年暴露在哪些資訊下，在這一方面，父母正向的教養會和青少年的適應情形有關。研究發現，父母高標準的監督對少數族群青少學業成就有正向影響。父母低的監督和青少年憂鬱有關，甚至在預測青少年的出軌行為、吸毒上是關鍵因素。
- 自主權和依附關係：青少年的父母大多有著該收還是該放——該鼓勵他們自主還是強調依附的兩難，但他們畢竟還不是成人，與父母正向的連結會提升他們的社會能力。青少年獲得自主權會有性別上的差異，通常男孩比女孩獲得較多自主權和選擇權。期待青少年自主的時間點也會因家長態度、文化及青少年本身而有所差異。
- 父母和青少年間的衝突：在剛進入青春期時，

親子之間都會有增加衝突的機會，整個青春期親子間衝突約在中等到高的程度。在較舊式的親子關係中，認為青少年要與父母分離進入世界才是真正的成熟，此模式也視親子衝突是密集的、有壓力的，會持續到整個青春期結束。至於較新式的親子關係模式中，視父母為安全依附的堡壘及支持系統，在孩子向外探索越來越寬廣、越來越複雜的社會世界時扮演重要角色。同時視親子間常有中等程度的衝突是正常且具有正向發展的功能的，能增進青少年處理衝突與解決問題的能力。但如果親子衝突太劇烈的青少年會有不好的發展。

參、同儕關係

學習目標三　辨別青少年期同儕關係的改變

- **友誼**：Harry Stack Sullivan 是在研究青春期友誼上最有影響力的學者，他強調朋友在青少年發展的重要性。青少年對他們的朋友進行自我揭露對話比對父母多；女孩尤其會比男孩更多對自己親密朋友進行自我揭露對話。他們依賴朋友滿足在陪伴感、親密感及價值感上的需求。
- **同儕團體**：青少年會感受到同儕壓力，尤其在八、九年級時。成群和結黨也在他們的生活中扮演重要角色。
- **約會和羅曼蒂克的愛情關係**：Connolly 和 Mcisaac 認為青少年愛情關係變化的三階段：(1) 在 11 至 13 歲間開始對約會感興趣並開始交往；(2) 14 至 16 歲時開始探索羅曼蒂克的愛情關係，此時會有兩個特徵：(1) 在兩個互相吸引的人之間開始偶然約會；以及 (2) 在團體中約會，也會跟朋友談論分享約會；(3) 17 至 19 歲間有更鞏固的愛情關係。但早熟或晚熟會影響上述階段的時間。文化也在約會中扮演重要角色，約會和青少年的發展有著複雜的連結，太早開始約會通常會有發展上的問題。

肆、文化和青少年的發展

學習目標四　解釋文化如何影響青少年的發展

- **跨文化比較**：文化間的差異在青少年發展的樣貌上的影響不大，在某些文化傳統幫助青少年社會化；在另外一些文化中則無。成年儀式就是一個隨不同文化而有不同社會化意義的例子，代表青少年步入成年。
- **種族**：現在的美國有越來越多不同種族的人從不同地方移入，移民家庭的適應情形會和他們在移入國的社會地位有關，但有些研究者質疑對美國境內不同種族的比較研究，未將他們的社經地位與居住的地區列入考慮，而誇大了種族間的差異。
- **媒體**：隨著時代演變，美國青少年花越來越多時間在媒體上，包括電視和電腦、網絡等。而社群網站的頻繁使用已取代他們在日常生活中與人面對面的互動，也降低了他們的社會幸福感。

伍、青少年的問題

學習目標五　確認青少年在社會情緒發展上的問題，及幫助他們面對問題的策略

- **青少年犯罪**：低的社經地位、失功能的家庭 (尤其父母不能負起監控行為的責任) 和手足或朋友中有人犯罪，都和青少年犯罪有正相關。
- **憂鬱症及自殺**：青少年憂鬱和自殺的比例比兒童期高出許多，女生又比男生更多。嘗試自殺的人雖然比真正自殺的人要多，但仍占青少年死亡原因的前幾名。
- **問題和成功預防 / 介入的計畫間的關係**：青少年的問題，綜合言之可歸納為下面四項：(1) 藥物濫用；(2) 犯罪；(3) 性的問題；及 (4) 和學校有關的問題，而這四方面的問題是有關聯的。對有效防治上述問題的方案有三種類型：(1) 密集的個別化關注；(2) 以社區為單位的多重合作取向；(3) 盡早確認與盡早介入。

第七部

成年早期

成年早期是工作和戀愛的時間，有時會留下一點時間做別的事。對於某些人來說，在成人社會找到我們的位置，並承諾一個更穩定的生活，需要比我們想像更長的時間。我們還會問自己，我們是誰？不知道這是否已足夠？我們的夢想繼續下去，我們的想法很大膽，但在某些時候，我們變得更加務實。性與愛在我們的生活中是強烈的情感，在光明的時候是天使，在其他時間則是痛苦的朋友。我們可能永遠無法完全知道我們的父母之愛，直到自己成為父母。第七部包括兩章：「成年早期的生理和智力發展」(第 13 章) 和「成年早期的社會情緒發展」(第 14 章)。

在被稱為一個人之前，必須要走過多少路？

——Bob Dylan

20 世紀美國民謠歌手

13
CHAPTER

成年早期的生理和智力發展

學習目標

1 **壹、從青春期過渡到成年**
學習目標一　描述從青春期到成年的過渡
包括：長大成人、從高中到大學的轉變

2 **貳、生理發展**
學習目標二　確認成年早期生理發展的改變
包括：生理表現和發展、健康、飲食和體重、規律運動、藥物濫用

3 **參、性行為**
學習目標三　討論成年早期的性行為
包括：成年早期的性行為、性取向和行為、性傳染疾病、強迫性行為和性騷擾

4 **肆、認知發展**
學習目標四　確認成年早期認知改變的特色
包括：認知階段、創造力

5 **伍、職業與工作**
學習目標五　說明成年早期在事業和工作上的重要面向
包括：發展性變化、尋找目標的路徑、關注職業展望、工作的影響、多樣性的工作職場

一位具才華及洞察力的作者

當Dave Eggers 是大四生時，他的父母在 5 週內相繼死於癌症。他會怎麼做？他和他 8 歲的弟弟離開芝加哥，住在加利福尼亞州，他們的姐姐正進入法學院。Eggers 會照顧弟弟，但他需要一份工作。第一年夏天，他參加家庭噴漆的課程，然後在地質勘測公司工作，重新建立在電腦上的地圖。不久，他和高中時代的朋友開始創辦一本諷刺二十世紀的雜誌。這是一個前衛、備受讚譽的出版品，但是不賺錢。幾年後，Eggers 不得不停刊。

這聽起來不像是一個有著良好開端的職涯。但他的父母去世後，在十年內，Eggers 不只撫養弟弟，還創辦 *McSweeney's* 季刊和網站，並寫了一本《怪才的荒誕與憂傷》(*A Heartbreaking Work of Staggering Genius*) 暢銷書，並獲得國家書評獎，且被提名普立茲獎，Eggers 創造一個年輕成年人快速建構成就的紀錄。

預習

在本章中，我們將探討成年早期生理和智力發展的議題，也會研究性和職涯的發展變化，在此期間，Dave Eggers 是在巨大壓力面前顯示應變能力的時候。

壹 從青春期過渡至成年

學習目標一 描述從青春期到成年的過渡

- 長大成人
- 從高中到大學的轉變

何時青少年會長大成人？在第 11 章中，我們看到要定義一個女孩或男孩進入青春期是不容易的，而確定一個人成為成年人的任務更加困難。

一、長大成人

萌芽的成年期 (emerging adulthood)
從青春期過渡到成年，其特點是試驗和探索（約在 18 至 25 歲時發生）。

對於大多數人，成為一個成年人要經過一個漫長的過渡期。近日，從青春期到成年的過渡已經被簡稱為**萌芽的成年期**，大約從 18 至 25 歲 (Arnett, 2006, 2007, 2010, 2012; Arnett & Fishel, 2013)，其特點是試驗和探索。他們的發展本質上還在探索，對於自己希望遵循的職業道路，他們期待自己的身分，以及他們想過的生活方式 (如單身、同居或已婚)，都還在摸索。

(一) 主要特點

Jeffrey Arnett (2006) 以五個關鍵特徵刻劃萌芽的成年期：

1. *身分的探索*。特別是在愛情和工作，是許多人發生身分變化的關鍵時期 (Schwartz et al., 2013, 2015a, b)。
2. *不穩定*。此時是住宅變動高峰期，也常見於愛情、工作和教育。
3. *以自我為中心*。據 Arnett (2006, p. 10) 認為，他們「都是以自我為中心的。他們還很少承擔社會義務，這讓他們有很大的自主權過自己的生活。」
4. *在成年期與青春期間擺盪*。許多人不認為自己是青少年或羽翼豐滿的成年人。
5. *對未來的可能性*。個人有機會改變他們的生活。Arnett (2006) 描述兩種方法：(1) 許多人對他們的未來抱持樂觀態度；和 (2) 可能都經歷過困難時期，而長大則提供一個規劃自己人生的機會。

許多跨國研究證明，這五個從青春期過渡到成年早期的特色，在許多國家都存在 (Arnett, 2012；Buhl & Lanz, 2007; Sirsch et al., 2009)。雖然萌芽的成年期不見得適用於所有的文化，它會出現在較延遲的成年人角色和責任的文化中 (Kins & Beyers, 2010)，但此一說法被批評為「這不是出於年輕人自我決定的選擇」，特別是他們在被限制的社會經濟狀況下 (Cote & Bynner, 2008)。最近的一項研究表明，美國處於危機的青年會比一般青年稍微提前進入萌芽的成年期 (Lisha et al., 2014)。

萌芽的成年期的一個積極面，是有些陷入困境的青少年，隨著他們表現的應變能力，慢慢在成年早期時顯示出往正面的方向移動 (Masten, 2013, 2014; Masten & Tellegen, 2012)。最近對過渡到成年期應變能力的研究文獻回顧發現，增加自主選擇和能延遲滿足對他們是有益的 (Burt & Paysnick, 2012)；適應能力對他們能與父母、戀人、親密的朋友和重要長輩形成正向關係也是重要的。

Joseph 和 Claudia Allen (2009) 是《逃離無盡的青春期，我們如何幫助我們的青少年在他們變老之前長大？》的作者，打開他們的書中有一章的標題是「*25 歲是新的 15 歲？*」他們認為，近幾十年來，青少年經歷比成年人更多的挑戰。用他們的話來說 (第 17 頁)：

什麼是家長能採取一些可以幫助青少年越快獲得成人成熟的策略？

發展連結—社會
服務學習被認為和青少年的積極成果有關。(第 11 章)

發展連結—家人
安全的依附父母，增加青少年將有社交能力的可能性。(第 11 章)

幾個世代以前，十四歲的孩子會駕車、十七歲的孩子領導軍隊，甚至十幾歲孩子的勞動收入可以幫忙養家。而面對其他問題，這些青少年顯示類似的成熟度遠遠快於今天的青少年；但現在的父母要刻意切斷責任、給予挑戰，產生成人世界的回饋。以前二十歲出頭成人的父母習慣感嘆：「他們這麼快就長大。」但現在似乎被替換成「嗯……當瑪麗處理東西的順序，她在家中的生活終於有點不同了。」

學者得出的結論是目前這一代青少年在青春期後發生了一些事，他們正在經歷「更多的青春期」，而不是充分進入成年期。甚至很多青少年已經得到好成績，然後繼續取得大學學位，在他們二十多歲中卻發現自己沒有關於如何找到有意義的工作、管理財務或獨立生活的線索。

Allen (2009) 在幫助青少年更加成熟上提供以下建議：

- 提供他們成為貢獻者的機會。幫助他們去除只是消費者的身分，透過更多有效的工作經驗 (如高素質的工作實習訓練)，或服務的學習機會，讓青少年做出有意義的貢獻。
- 給青少年坦誠、有品質的回饋。不要只是對他們展示讚揚和物質上的東西，讓他們看到真實的世界是如何運作。不保護他們免受批評，無論是建設性，還是負面的。如果繼續以這種方式保護他們，會讓他們沒有能力應付成年現實世界的跌宕起伏。
- 建立青少年與重要成年人的連接。許多青少年否認他們需要家長的支持和依附父母，但是為了探索比童年更廣闊的社會世界，青少年需要以正向的方式連接到父母和其他成年人，以便能成熟處理自主權。
- 讓青少年面臨與能力相襯的挑戰。成年人可以比青少年做得更快、更好，但要提供青少年機會參與具挑戰性的任務，並且幫助他們慢慢走向成熟。

(二) 長大成人的標記

在美國，進入成年期最廣泛認可的標誌是，有了或多或少永久的、全職工作。經濟獨立是成年狀態的一個標誌，但要實現它往往是一個漫長的過程。越來越多大學畢業生和父母同住，雖然也試圖要建立自身的經濟能力。然而，成年早期與父母繼續共同居住時，會減緩成為自給自足和獨立成年的過程 (Kins & Beyers, 2010)。

其他的研究發現，對許多人而言，接受自己的責任可能是成年地位的一個重要標誌。在一項研究中，父母和大學生都同意為自己的行為承擔責任和發展情緒控制是成為一個成年人的重要象徵 (Nelson et al., 2007)。

上述標準適用於工業社會，例如美國，但在開發中國家也是這樣嗎？在開發中國家，婚姻往往為進入成年期的顯著標記，這通常會出現比美國成年標誌早得多 (Arnett, 2004)。在一項研究中，早婚的印度人多數認為 18 至 26 歲時已經達到成年 (Seiter & Nelson, 2011)。

從高中過渡到大學往往涉及一些積極和消極的特徵。在大學裡，學生很可能會覺得自己長大了，能夠花更多的時間與同儕度過，有更多的機會去探索不同的生活方式和價值觀，以及脫離父母監控而享有更大的自由。然而，大學生活涉及更大的辦學格局和更注重成效評估。你個人是怎麼從高中過度到大學的？

二、從高中到大學的轉變

對於許多在已開發國家的人來說，高中畢業和上大學是過渡到成年的一個重要歷程 (Bowman, 2010)。正如從小學至中學的過渡涉及的變化和可能的壓力，因此從高中到大學的過渡也是如此。這兩個轉變有許多相似之處。從高三生轉變成大一新生，重演著由最高位置到最低位置，這種情況的發生是青春期的開始。對許多學生來說，從高中到大學的過渡涉及移動到一個更大的、更客觀的辦學格局，與更多樣化的地域，有時要與更多樣化種族背景的同儕互動；並且越來越重視學業成就及其評價。而像從小學到初中的過渡，從高中到大學的過渡可能涉及的積極功能，包括：學生更容易覺得自己長大了、必須從中選擇更多的課題、有更多的時間與同儕度過、有更多的機會去探索不同的生活方式和價值觀、離開父母監控享有更大的獨立性，以及被學業挑戰著智力 (Halonen & Santrock, 2013)。

今天的大學生經歷比前幾代的在學生更的緊張和壓抑 (Eagan et al., 2013)；而根據美國大學健康協會所做的調查研究 (2008)，177 所學校的 9 萬多位學生有無望感、不堪負荷的感覺、心力憔悴，感到傷心、心情鬱悶在大學生中屢見不鮮。圖 13.1 顯示學生這些感覺及一年中經歷次數的百分比。

心理健康困境	1 至 4 次	5 至 8 次	9 次及以上
對事情感到無望	39	11	12
對所有需要做的感到絕望	31	25.5	37
感到心力憔悴	32	24.5	36
覺得很鬱悶	27	7	9
認真考慮自殺	7	1	1
自殺未遂	1	0.1	0.1

圖 13.1 大學生在過去一年中心的理健康問題。注意：圖中顯示大學生對下列問題的出現比例：例如「在過去的學年，你有多少次……？」

大多數的大學校園裡設有心理諮商中心，提供精神衛生專業人員的諮商，以幫助學生有效的應對策略。諮商師可以提供因應壓力和學業挑戰的方式。

複習・連結・反思 學習目標一 描述從青春期到成年的過渡

複習重點

1. 什麼是成年早期的特質？什麼是長大成人的兩個主要標準？
2. 什麼是從高中過渡到大學的積極和消極的面向？

連結

- 在第 12 章中，你了解許多用於教養青少年的有效策略。其中哪些策略可能會為個人提供基礎，體驗更成功的成年期？

反思個人的人生旅程

- 你認為什麼是成為成年人最重要的標準？你是否能描述「成年早期」是在數年時間成為一個成年人，還是有一個特定的年齡？請說明你的想法。

貳 生理發展

學習目標二 確認成年早期生理發展的改變

生理表現和發展｜健康｜飲食和體重｜規律運動｜藥物濫用

隨著越來越多的訊息可用來幫助過著健康的生活及長壽，年輕的成年人也都對促進生理發展、衛生、營養、運動和成癮越來越感興趣。

一、生理表現和發展

大多數人在 30 歲之前會達到身體機能的最高水準，往往是在 19 至 26 歲之間。身體機能上的這個高峰不僅適用於普通年輕成年人，對於優秀的運動員也是如此，但不同類型的運動員會在不同的年齡達到高峰的表現。例如大多數游泳者和體操運動員在十幾歲時達到高峰，高爾夫球和馬拉松運動員則傾向於接近三十歲時達到頂峰。

在成年早期，不只是生理表現達到巔峰，同時也會開始衰退。肌肉張力和力量在 30 歲會開始出現衰退的徵兆，下垂的臉頰和突出的腹部在這個時期也會開始出現，生理能力的減弱通常在剛剛進入 30 歲時是常見的抱怨。

二、健康

成年早期的死亡率是青少年時期的兩倍 (Park et al., 2006)。對於成年早期較高的死亡率，男性需負主要的責任。

儘管成年初期與青少年時期相比有較高的死亡率，但成年早期很少有慢性疾病，和兒童期相比，也較少有感冒或是呼吸道問題 (Rimsza & Kirk, 2005)。雖然大部分的大學生知道需要預防疾病和促進健康，但是他們並沒有做得很好，並不像看起來這麼健康 (Fatusi & Hindin, 2010)。

專家建議每年篩檢青少年健康，並進行預防性的指導。然而，一份大規模的研究顯示，只有 38% 的青少年在過去 12 個月曾經為了預防保健就醫，只有少數被給予健康相關行為的指導 (Irwin et al., 2009)。特別要關注的是，較年長的青少年男性對於健康設施的使用率較低 (Hoover et al., 2010)。一份近期的研究檢視 18 歲到 26 歲的成年早期對於預防保健服務的利用 (Lau et al., 2013)，發現成年早期預防保健服務的使用率整體而言是低的。與男性相比，女性較會使用健康照護設施。

三、飲食和體重

在第 7 章和第 9 章，我們討論有關過重孩童的生活，在第 11 章檢視青少年的飲食疾患——厭食症與暴食症。現在我們將轉移注意到肥胖及許多青年廣泛關注的節食計畫。

(一) 肥胖

肥胖並不只是許多孩童或青少年的問題，對許多成年人更是一個嚴重和普遍的問題 (Schiff, 2015; Wardlaw et al., 2015)。美國全國性研究發現，有 27% 的 20 歲到 39 歲的人是肥胖的 (National Center for Health Statistics, 2011)。近期的蓋洛普民意調查 (Gallup poll) (2013a) 報告，29.1% 的 30 歲到 44 歲美國人是肥胖的，是蓋洛普民意調查紀錄中最高比率的一群。此外，另一份近期的分析則預測，在 2030 年時會有 42% 的美國成人是肥胖的 (Finkelstein et al., 2012)。

© www.CartoonStock.com

一份在 33 個已開發國家間的比較顯示，美國成年有最高的肥胖比率 (OECD, 2010)。圖 13.2 呈現在已開發國家中最高與最低的肥胖成人比率。

過重或肥胖與高血壓、糖尿病及心血管疾病的風險增加有關 (Lynch, Elmore, & Kotecki, 2015; Wenger, 2014)。過重與肥胖也與心理健康問題有關。例如，一個後設分析顯示，與非過重的女性相比，過重的女性較容易會憂鬱，但是在男性中則未有顯著差別 (de Wit et al., 2010)。

什麼因素會導致人們肥胖？可能的因素包含遺傳、環境和飲食。

1. 遺傳

直到最近，肥胖的遺傳因素仍被科學家低估。某些個體遺傳的一些趨勢會導致肥胖 (Heath, 2014)。研究者提供實證顯示，動物的肥胖有些是先天的 (Brown et al., 2011)。進一步地，同卵雙胞胎即使被分開撫養，也會有相似的體重 (Collaku et al., 2004)。

2. 環境因素

環境因素在肥胖中扮演一個重要的角色 (Thompson & Manore, 2013; Willett, 2013)。人類的基因組在近代並沒有顯著的改變，然而

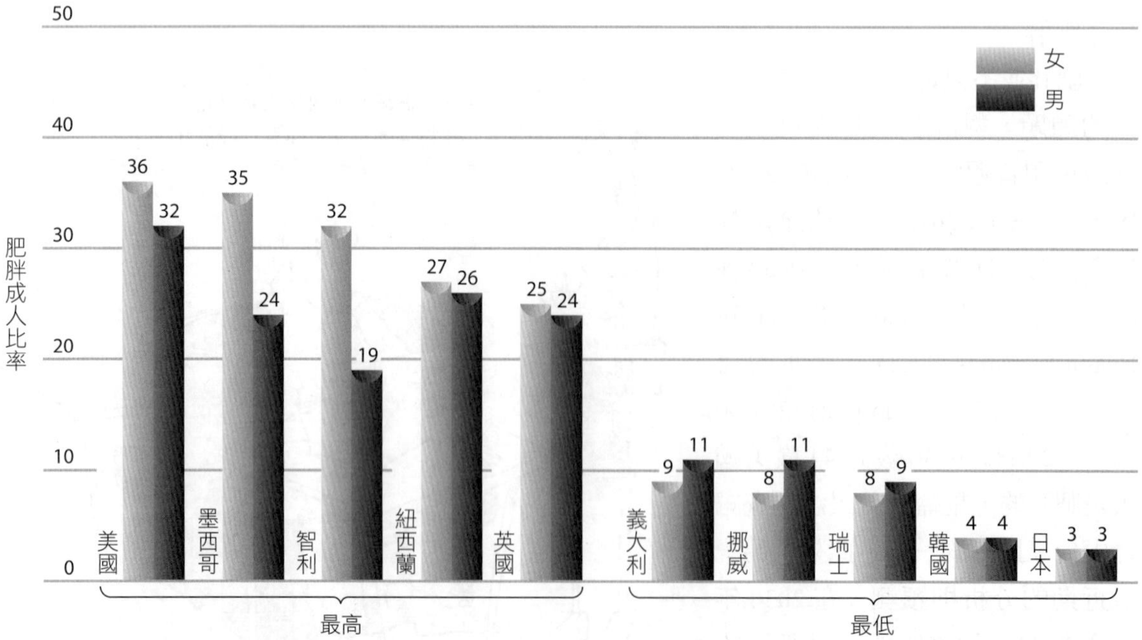

圖 13.2　在 33 個已開發國家中肥胖比率最高及最低的國家。資料來源：OECD (2010)，肥胖以及預防經濟學——健康不肥胖。巴黎：OECD。

肥胖卻顯著增加。與 1900 年相比，美國人肥胖的比率已經增加 2 倍。這個顯著增加的肥胖比率，可能是因為食物的可得性 (尤其是高脂肪食物)，以及體能活動的減少。2000 年發表的一個研究指出，比起 1970 年代，美國女性每天至少多攝取了 335 卡路里，而男性每天則至少多了 168 卡路里 (National Center for Health Statistics, 2004)。

社會文化因素在肥胖議題中也存在，高收入女性肥胖比率是低收入女性的 6 倍。美國與歐洲或世界其他地方的人們相比是較為肥胖的 (OECD, 2010)。

3. 節食

諷刺地，雖然肥胖的比率不斷上升，但節食在許多美國人變成一種著迷的觀念 (Blake, 2015; Donatelle, 2015)。儘管許多美國人規律地進行減重，但僅有少數能長期維持體重減輕，更多的減肥者反而變得更胖 (Bombak, 2014)。一份長期研究減重的研究發現，大約有三分之一到三分之二的減肥者回到原本，甚至更胖的體重 (Mann et al., 2007)；可是的確有某些人成功減重並持續保持 (Aguiar et al., 2014; Hinderliter et al., 2014)。這種比例是多少呢？是否有某些減重計畫與其他相比會更有效？結果仍然是未定的。

我們所了解最有效的減重方案，應包括運動 (Chatzigeorgiou et al., 2014; Ryan et al., 2014; Unick et al., 2013)。一份回顧研究發現，節食加上運動方案的人與只有節食的人相比，減少較多的體重 (Wu et al., 2009)。一份對 2,000 個美國人所做的研究發現，成功減重的人與不成功的相比，主要策略為每日運動 30 分鐘、有規劃的飲食及量體重 (Kruger, Blanck, & Gillespie, 2006) (參閱圖 13.3)。另一個研究也表示，每日量體重與維持體重減輕有關 (Wing et al., 2007)。

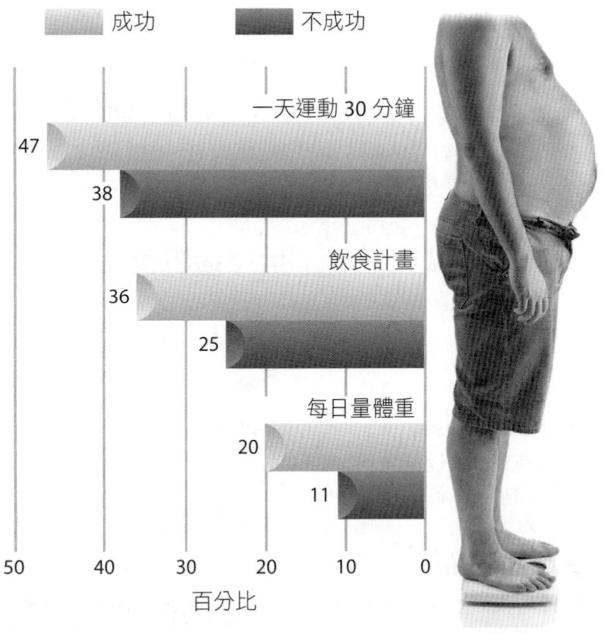

圖 13.3　成功減重者及不成功減重者使用的策略比較。

四、規律運動

健康專家希望人們運動的一個主要原因是預防慢性疾病，例如心臟疾病和糖尿病 (Thompson & Manore, 2015)。許多健康專家建議青年每日要從事 30 分鐘或更長時間的有氧運動。**有氧運動**是指能刺激心臟和肺臟持續活動的一種運動，像是慢跑、游泳或騎腳踏車等。大多數的健康專家建議，提升心跳速率至少要到最大心跳比率的 60%，但是只有五分之一的成人達到建議的體能活動。

美國一份民意調查發現，51.6% 的 18 歲以上的人每週運動 3 天以上，每次至少運動 30 分鐘 (Gallup, 2013b)。在此調查中，18 到 29 歲的青年 (56.8%) 在全年齡層中是最喜歡運動的。而且在此研究中，男性比女性更愛運動。研究者發現，運動的好處不只是身體健康，對心理健康也有益處，特別是運動能改善自我概念，以及減少焦慮和憂鬱 (Behrman & Ebemeier, 2014; Henchoz et al., 2014)。後設分析顯示，運動作為降低憂鬱的心理治療是有效的 (Richardson et al., 2005)。一份近期的日記紀錄研究發現，當成年初期 (18 到 25 歲) 的大學生從事較多的體能活動，也會有更好的生活滿意度 (Maher et al., 2013)。

發展連結—健康
青少年與兒童相比會運動得較多或較少？(第 11 章)

以下為使運動變成生活一部分的有效策略：

- 減少看螢幕的時間。重度的螢幕使用 (電視、網路等) 與不佳的健康狀況及肥胖有關。研究顯示，與沒看電視的人相比，每日看電視超過 6 小時的人會減少 4.8 年的壽命 (Veerman et al., 2012)。
- 用運動替代螢幕使用的時間。用圖表記錄你的進步狀況，有系統地記錄你的運動訓練將幫助你計畫進展。這個策略長期來說是特別有幫助的。
- 擺脫藉口。人們會用各種藉口為了不要運動。一個典型的藉口是：「我沒有足夠的時間。」你會有足夠的時間每天運動 30 分鐘。
- 想像你的選擇。詢問自己是否太忙，而不能照顧自己的健康。如果你的生命少了健康會變成什麼樣子？

五、藥物濫用

在第 11 章，我們探索青少年的藥物濫用。幸運地，當他們到 20 多歲時，有許多人會減少酒精與毒品的使用。這個結論是由 Jerald Bachman 和他的同事 (2002) 在一個縱貫性分析提出，此研究超過 38,000 人，從他們高中一直到 20 多歲。在青少年時期，男大學生和青年女性相比，較有可能使用毒品 (Johnston et al., 2008)。一個研究發現，只有 20% 的大學生表示完全戒酒 (Huang et al., 2009)。

讓我們更關注青年飲酒和尼古丁的使用，以及考慮這些活動可能會**成癮**，什麼樣的行為模式被定義為過度的使用毒品，又該如何安全

有氧運動 (aerobic exercise)
持續的運動 (如慢跑、游泳或騎腳踏車)，刺激心臟和肺臟活動。

成癮 (addiction)
一種行為模式被定義為過度的使用毒品，以及一直想要獲得供給。

供應？

(一) 酒

兩個問題與過度飲酒有關，就是酗酒和酒精成癮。

1. 酗酒

重度的酗酒通常會在大學出現，並且對學生造成損失 (Kinney, 2012)。長期的酗酒在男大學生身上較為常見，特別是在像兄弟會這樣的組織 (Chen & Jacobson, 2012; Johnston et al., 2013; Schulenberg et al., 2000)。

2012 年，37.4% 的美國大學生表示 2 週前至少有一次喝酒超過 5 杯 (Johnston et al., 2013)。酗酒者一次可以喝 10 杯以上，在 2010 年大約有 13% 的學生表示喝這麼多 (Johnston et al., 2011)。然而，大學生飲酒的比率包含酗酒，在近幾年慢慢衰退。酗酒的比率從 2007 年到 2012 年下降了 4% (Johnston et al., 2013)。

在 140 個校園進行有關飲酒模式的全國性調查，幾乎一半的酗酒者出現一些問題，包含因酗酒而導致課堂缺席、身體受傷、法律問題，以及不安全性行為 (Wechsler et al., 2002)。酗酒的大學生與一般大學生相比，課業成績落在後段的比率為 11 倍、酒駕的比率為 10 倍、不安全性行為則為 2 倍。近期更發現，較常酗酒的男大學生被發現有血管的變化，像是動脈粥狀硬化 (動脈硬化) 的前兆，以及其他的心血管疾病，像是心臟病或中風 (Goslawski et al., 2013)。

2. 酒精成癮

酒精成癮是一種疾患，包括長期、重複、未能控制、強制的關係。9 個飲酒的人中有 1 個會變成酒精成癮 (Gordh, Brkic, & Soderpalm, 2011)，家庭研究透露出與一等親酒精成癮有高度相關 (Lee et al., 2013)。據估計，有 50% 到 60% 酒精成癮的人與基因傾向有關。

研究者發現，酒精成癮有基因的影響 (Novo-Veleiro et al., 2014; Ulloa et al., 2014)。研究者也發現，環境因素在酒精成癮扮演重要的角色 (O'Malley, 2014)。舉例來說，家庭研究發現困擾於酒精成癮的人近親並沒有酒精成癮 (McCutcheon et al., 2012)。酒精使用在文化上有巨大的差異，同時也要強調環境的重要性，例如傳統猶太教和摩門教在飲酒和酒精成癮的比率較低。

大約有三分之一的酒精成癮者能復原，無論他們是否曾經就醫治療。這個數值是從一份長期超過 50 年追蹤 700 人的研究發現，也與其他研究的結果一致 (Vaillant, 1992)。酒精成癮者的「三分之一定律」：65 歲時，三分之一的酒精成癮者死亡或是在健康不良的狀況，三分之一可以節制或是社交性的飲酒，以及三分之一持續在嘗試對抗成癮。

(二) 香菸和尼古丁

這裡沒有監視器，我們只是想讓你繼續抽菸。
© Michael Shaw/The New Yorker Collection/ www.cartoonbank.com

從數份研究中匯聚的證據強調，抽菸及生活在抽菸者周圍的危險性 (American Cancer Society, 2014)。例如抽菸與 30% 的癌症死亡率、21% 的心臟疾病死亡率，以及 82% 的慢性肺疾病死亡率有關。二手菸與每年 9,000 人肺癌死亡相關。正如在第 7 章「兒童早期的生理與認知發展」所見，抽菸者的子女暴露在數種健康問題的危害，特別是氣喘 (Carlsson et al., 2013; Hur, Liang, & Lin, 2014; Jarosinska et al., 2014)。

與過去相比，現在美國的抽菸人口較少，幾乎一半的成年抽菸者過去曾抽菸但戒了。在美國，抽菸者為 18 歲或更年長才開始，從 1965 年的 42% 掉到 2012 年的 18% (20% 為男性，14.5% 為女性) (Centers for Disease Control and Prevention, 2014)。然而，超過 5 千萬的美國人目前仍抽菸。抽菸造成每年約 45 萬人死亡，或是每 5 人中有 1 人死亡 (Centers for Disease Control and Prevention, 2014)。

發展連結—健康
許多人在成年早期開始抽菸；成年早期抽菸者常是青春期就開始抽菸。(第 11 章)

複習・連結・反思　學習目標二　確認成年早期生理發展的改變

複習重點

1. 成年的體能表現何時達到高峰？何時開始衰弱？
2. 成年早期在健康方面有什麼特徵？
3. 關於飲食和體重的重要知識為何？
4. 運動的好處為何？
5. 青年的藥物濫用有多廣泛？會對生活帶來什麼影響？

連結

- 成人體重問題通常是生命早期的體重問題。在第 7 章曾經提過兒童早期的飲食和運動行為會帶來什麼影響？

反思個人的人生旅程

- 18 歲到 25 歲時，你的生活如何呢？Arnett's 提出的 5 個成年早期的特質，是否能精確描述你在這一階段的經驗？

參 性行為

學習目標三 討論成年早期的性行為

成年早期的性行為 | 性傾向和行為 | 性傳染疾病 | 強迫性行為和性騷擾

前言

不像食物及飲用水，性對我們而言並不是每日生存所需，但為了物種的延續卻是必要的。在第 11 章，我們檢視青少年是如何發展性別認同及性行為。成人的性行為有什麼樣貌？讓我們來調查美國人的性行為和他們的性傾向，可能會有一些問題與性行為有關。

一、成年早期的性行為

在成年早期 (18 歲)，調查報告顯示，大約有 60% 的人有過性行為，但到了成年早期的尾端 (25 歲)，大多數的人都有過性行為 (Lefkowitz & Gillen, 2006)。此外，現在美國結婚的平均年齡男性為 28 歲，女性則為 26 歲 (Copen et al., 2012)。因此，成年早期大概是多數人性行為最多又未婚的時候 (Lefkowitz & Gillen, 2006)。

發展連結—性行為
在青少年早期有性行為是發展的危險因子。(第 11 章)

許多成年早期的性關係是變動的。一份近期關於成年早期約會和同居的研究發現，超過一半的人有分手後又復合的經驗 (Halpern-Meekin et al., 2013)。18 歲到 26 歲的人察覺到關係的承諾與性愉悅有關，儘管這並不是正式關係的承諾 (通常為婚姻) (Galinsky & Sonenstein, 2013)。

成年早期濫交情形較為普遍 (Fielder et al., 2014; Lyons et al., 2013)。近期研究發現，在一大型校園有 20% 的大一女性在學年課程中至少有一次被搭訕 / 交往的經驗 (Fielder et al., 2013)。在此研究中，衝動、感官刺激尋求及酒精的使用作為預測因子，與搭訕 / 交往有高度相關。除了搭訕 / 交往之外，另一種形式的濫交「砲友」(friends with benefits) 近年在成年早期有顯著的上升，包含朋友關係與性親密關係，並排除了明確浪漫的關係承諾 (Owen, Fincham, & Manthos, 2013)。

成年早期異性戀行為的危險因子為何？像是濫交和不安全的性行為？以下有一些研究發現 (Lefkowitz & Gillen, 2006)：

- 成年早期時，性別的危險因子增加，與女性相比，男性有較多危險因子 (Mahalik et al., 2013)。舉例來說，男性有較多的濫交伴侶而女性對於性伴侶，則會考慮較多。
- 在青少年時期有性行為與成年早期才有性行為的同儕相比，前者在成年早期會有較多風險的性行為 (Capaldi et al., 2002)。
- 相較於中學沒有畢業的成人，就讀大學或大學畢業的成人較少濫交性伴侶 (Lyons et al., 2013)。

大約有 60% 成年早期的人過去一年只與一個人性交，但是在與他們 20 多歲和 30 多歲晚期青壯年時相比，成年早期過去一年內的性行為人數有可能為 2 個或更多。雖然成年早期與青壯年相比，性行為對象的人數較多，但是性行為的次數較少。大約有 25% 成年早期的人表示，一年只有幾次性行為或是根本沒有 (Michael et al., 1994)。

二、性傾向和行為

美國一份針對 25 至 44 歲成人性行為所做的全國性研究發現，98% 的女性和 97% 的男性表示曾經有陰道性交 (Chandra et al., 2011)；並且在這個研究中，89% 的女性和 90% 的男性表示曾與異性伴侶有過口交，以及 36% 的女性和 44% 的男性宣稱與異性伴侶有過肛交。

關於不同年齡成人各式各樣性行為的詳細資訊來自 1994 年的美國性調查研究 (Sex in America survey)。在此研究中，Robert Michael 和他的團隊 (1994) 訪談超過 3,000 個 18 到 59 歲隨機分派的受試者，與更早之前是由自願者組成的非代表性樣本形成鮮明的對比。

(一) 異性戀的態度和行為

以下是關於 1994 年美國性調查研究的主要發現：

- 美國人傾向分成 3 種類型：三分之一的人一週有 2 次或更多的性行為、三分之一的人一個月有幾次的性行為，以及三分之一的人一年有幾次或是完全沒有性行為。
- 已婚 (及同居) 情侶與非同居情侶相比性行為的頻率較高 (參見圖 13.4)。
- 多數美國人並不從事奇怪的性行為。當被問到最喜歡的性行為

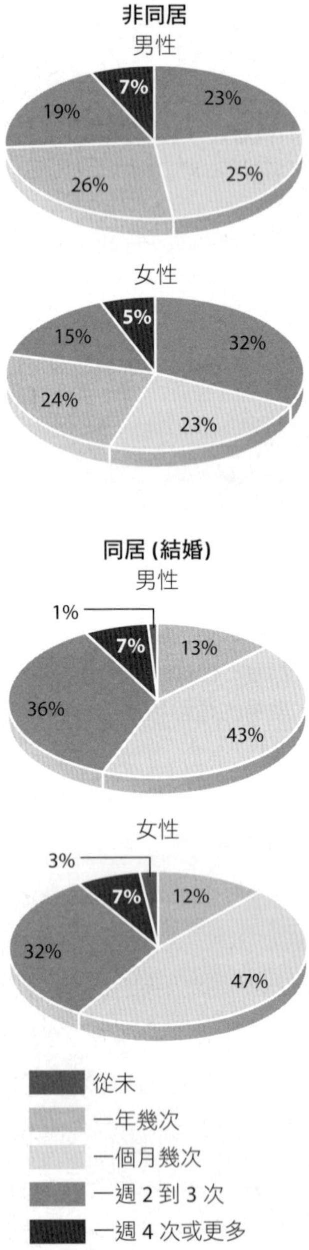

圖 13.4 美國性調查研究。百分比表示未同居及同居 (已婚) 男性和女性對於調查問題的回應「過去一年性行為的頻率？」(Michael et al., 1994) 什麼樣的特質使得美國性調查研究比其他性行為的調查卓越？

時，大多數人 (96%) 回答陰道性交是「非常喜歡」或「有些喜歡」。口交則為第三順位。

- 通姦是非常明確超出規則之外的性行為。將近有 75% 的已婚男性和 85% 的已婚女性表示他們從來沒有外遇。
- 男性對於性行為頻率的想法遠多於女性，54% 的男性表示一天至少應該有一次或數次的性行為，然而 67% 的女性表示性行為一週應該只有幾次或是一個月幾次。

簡言之，1994 年的調查最有影響的資訊之一是美國的性生活比普遍認為的還要保守。雖然 17% 的男性和 3% 的女性表示發生性行為的對象至少有 21 人，但調查的整體印象是多數美國人的性行為仍受到婚姻及一夫一妻制所規範。

性行為中性別差異有多大呢？一份後設分析表示，與女性相比，男性表示稍多的性經驗，以及在許多面向上對性行為持較為寬容的態度 (Petersen & Hyde, 2010)。這些因素分述如下，強烈的差異在於：男性較會手淫、閱讀色情書刊、濫交，而且與同年齡的女性相比，對濫交抱持較為寬容的態度。一份近期的分析 (Sprecher, Treger, & Sakaluk, 2013) 調查將近 8,000 個成年早期的人，發現男性有「較明顯」的寬容態度，特別是對砲友，與先前提及的後設分析 (Petersen & Hyde, 2010) 相比更為寬容。在更多近期的研究中，非裔美國男性與非拉丁裔白人、拉丁裔與亞洲男性相比，有較寬容的性態度，然而女性在不同種族並沒有顯著差異 (Sprecher, Treger, & Sakaluk, 2013)。

鑑於所有的媒體和大眾的注意力都關注性行為負面的那一面，例如青少年懷孕、性傳染疾病、強暴及其他等，然而也有研究支持性行為在安適感的角色 (Brody, 2010; King, 2014)。舉例來說，在一個瑞典的研究中，不論是男性或女性性行為的頻率都與生活滿意度有關 (Brody & Costa, 2009)。

(二) 性傾向的來源

美國性調查研究中顯示，2.7% 的男性與 1.3% 的女性在過去一年內交往過同性伴侶 (Michael et al., 1994)。為什麼有些人是女同性戀、男同性戀或雙性戀 (lesbian, gay, or bisexual; LGB) 或異性戀呢？這個問題的猜測相當廣泛 (Crooks & Baui, 2014)。

直到 19 世紀末期，人們通常相信不是異性戀，就是同性戀。今日論點得知，性傾向並非兩者任一，而是連續的向度，從全然的男女關係到完全的同性關係 (King, 2014)。有些人是雙性戀，他們會受到同性或異性吸引。

人們有時候會認為，雙性戀僅僅是同性戀的墊腳石，然而其他人看待雙性戀本身即為一性傾向，或是性別流動性的一個指標 (King, 2014)。證據支持雙性戀是一個穩定的性傾向，包含對雙性的吸引 (Lippa, 2013; Mock & Eibach, 2012)。

與男性相比，女性較有可能改變她們的性型態和性慾 (Diamond, 2008; Knight & Hope, 2012; Mock & Eibach, 2012)。女性與男性相比，較有可能與同性和異性的伴侶有性經驗，即使她們強烈地認為自己是異性戀或女同性戀 (King, 2014)。此外，女性與男性相比，也更有可能認同自己是雙性戀 (Gates, 2011)。

所有的人，不論他們的性傾向為何，在性興奮時都有相似的生理反應，而且也會被類似的觸覺刺激所激發。研究者發現，同性戀、雙性戀及異性戀者在性態度、行為及調適並沒有顯著的差異 (Fingerhut & Peplau, 2013)。

近來，研究者探索同性戀可能的生理基礎，然而荷爾蒙研究的結果並不一致。男同性戀假如被給予男性荷爾蒙 (雄激素)，性傾向並沒有改變，他們的性慾僅僅增加了一些。有研究發現，產前早期的關鍵期可能會影響性的取向 (Hines, 2013)。如果這個關鍵期假說是正確的，可能可以解釋臨床上發現要改變性傾向是困難的，幾乎是不太可能改變的。

發展連結—研究方法
一個雙胞胎研究比較同卵雙胞胎與異卵雙胞胎的行為相似性。(第 2 章)

個人的性傾向——同性戀、異性戀或雙性戀最有可能是透過基因、荷爾蒙、認知能力及環境因素的共同作用 (Hyde & DeLamater, 2014; King, 2014)。多數專家指出，同性戀的性傾向不是由單一因素決定，而且個體的每個因素之間可以是非常多元且獨特的。

研究者透過雙胞胎研究來估計基因和環境對性傾向的貢獻度，來檢視性傾向中基因的角色。一份近期的瑞典研究指出，將近 4,000 個雙胞胎受試者中，只有 35% 的男性在同性戀有基因變異，以及 19% 的女性可以藉由基因來解釋 (Langstrom et al., 2010)。這個研究指出，雖然基因可能在性傾向中扮演一個重要角色，但它們的影響並不足以解釋性傾向，不像基因在智力方面的證據那麼充足 (King, 2014)。

(三) 女同性戀和男同性戀的態度與行為

許多在異性戀出現的性別差異在同性戀中也會出現 (Diamond & Savin-Williams, 2015; Savin-Williams, 2015; Savin-Williams & Cohen,

2015)。舉例來說，就像是異性戀中的女性，女同性戀者比男同性戀者性伴侶來得少；女同性戀者比男同性戀者對濫交關係也較不寬容 (Fingerhut & Peplau, 2013)。

研究指出，這群性弱勢者常遭遇仇恨犯罪和汙名化的經驗 (Clark, 2014)。在一份研究中指出，將近 20% 性弱勢的成人表示，由於他們的性傾向導致個人或財產受到侵犯，以及將近 50% 的人表示他們經歷過他人言語的性騷擾 (Herek, 2009)。

三、性傳染疾病

性傳染疾病是疾病透過性接觸傳播，包括陰道性交、口交和肛交。性傳染疾病影響六分之一的美國成人 (National Center for Health Statistics, 2014)。盛行率最高的性傳染疾病是細菌傳染 (像是淋病、皰疹、尖形濕疣，以及人類免疫缺乏病毒 (HIV)——可能會導致愛滋病)。

過去幾十年間，任何一種性傳染疾病比人類免疫缺乏病毒影響更大，或是造成大眾的恐懼。性傳染疾病 HIV 會摧毀身體的免疫系統。一旦透過性行為傳染，病毒會損壞並攻擊免疫系統，導致後天免疫缺乏症候群 (AIDS)。個體如果得到 AIDS 會有虛弱的免疫系統，即使是普通的感冒也可能致命。

2010 年，美國有 120 萬人罹患 HIV (National Center for Health Statistics, 2013)。2010 年，男性與男性之間的性行為接觸為 AIDS 傳染頻率最高的項目。一份美國近期針對 18 到 29 歲的研究發現，男性與男性性行為和男性與女性性行為相比，前者有較高的風險得到 HIV (Centers for Disease Control and Prevention, 2012)。

因為教育和藥物治療的發展，美國 HIV/AIDS 的死亡率開始下降 (National Center for Health Statistics, 2013)。

在 2010 年，全球總共有 3,400 萬人罹 HIV，有 2,200 萬罹患 HIV 的人居住在撒哈拉以南的非洲，將近一半新的 HIV 感染者年齡在 15 到 24 歲。好消息是從 2001 到 2009 年 HIV 傳染的比率在印度和南非下降將近 25% (UNAIDS, 2011)。在一份研究中指出，在低收入到中收入國家裡，只有 49% 的 15 到 24 歲女性知道使用保險套來預防 HIV 感染，而年輕男性則有 74% 知道使用保險套 (UNAIDS, 2011)。

什麼是避免 HIV 和其他的性傳染疾病的有效策略呢？包括以下：

性傳染疾病 (sexually transmitted infections, STIs)
主要透過性行為傳染的疾病。

- 知道你和性伴侶的風險狀態。只要曾和他人有過性行為就有可能沒有意識到而感染性病。在發生性行為前，花點時間了解性伴侶，告知伴侶你的性傳染疾病狀態，也記得許多人會對於性傳染疾病狀態說謊。
- 進行醫療檢查。許多專家建議情侶如果要開始性關係，最好進行醫療檢查排除性傳染病。如果考量花費，可聯繫校園健康中心或公共衛生診所。
- 進行安全性行為。正確使用保險套預防許多傳染疾病。保險套能有效預防淋病、梅毒、衣原體疾病及人類免疫缺乏病毒，但較難預防皰疹。
- 拒絕多重性伴侶。性傳染病的最後預測因子為多重性伴侶。超過一個的性伴侶會提升接觸感染疾病伴侶的可能性。

四、強迫性行為和性騷擾

通常性行為包含權力的運用。這裡，我們將簡短檢視三種問題：兩種形式的強暴和性騷擾。

(一) 強暴

強暴是未經同意強迫與人性交。強暴的法律定義在美國各州有所不同。舉例來說，在某些州，丈夫可以強迫太太發生性行為，然而在有些州可能會遭到質疑。

因為受害者可能是不情願的，會苦於揭露被強暴的結果，因此實際發生率並不容易取得 (Cleere & Lynn, 2013; Krebs, 2014)。美國每年有將近 20 萬筆強暴案被揭露。一份近期的研究關於大學女性曾被強暴的比率發現，只有 11.5% 與權力有關，其他則與藥物或酒精有關，而只有 2.7% 的強暴案是被揭發的 (Wolitzky-Taylor et al., 2011)。

雖然多數強暴的受害者為女性，但是男性被強暴也曾發生 (Bullock & Beckson, 2011)。男性在監獄裡特別容易遭到強暴，通常是被異性戀男性，藉由強暴作為一種建立統治和權力的方式 (Barth, 2012)。

為何在美國女性的強暴案件發生得如此頻繁？原因可能是男性被社會化為具有性攻擊傾向，視女性為低等物種，並且看待自身的愉悅是性關係中最重要的目標 (Davies, Gilston, & Rogers, 2012; Rudman, Fetterolf, & Sanchez, 2013)。研究者發現，男性強暴者通常有以下特質：攻擊能提高他們對於權力的感覺或是男性特質、整體來說對女

強暴 (rape)
強暴是未經同意強迫與人性交。

性感到生氣，以及想要傷害和羞辱受害者 (Yarber, Sayad, & Strong, 2013)。近期研究發現，男性高度的性自戀 (藉由以下這些因素評定：性剝削、性權利、低的性同理心及性技巧) 與他們會從事性攻擊有高度相關 (Widman & McNulty, 2010)。另一個研究也發現，無論受害者是否使用毒品，性侵害者通常是使用毒品的 (Brecklin & Ullman, 2010)。

強暴對於受害者和他們的親人是一個創傷 (Littleton, 2014)。當受害者要努力讓生活回到常軌，常經歷憂鬱、恐懼、焦慮，甚至藥物使用，以及經年累月的自殺想法 (Bryan et al., 2013)。許多受害者改變他們的生活，例如搬到新的公寓或是晚上不出門。復原取決於受害者的因應能力，對於先前侵犯的心理調適，以及社會支持。父母、親密伴侶及其他親近的人是提供復原的重要支持，還有精神衛生專業人員也是 (Ahrens & Aldana, 2012; Resick et al., 2012)。

約會或熟識者強暴越來越受到關注，這是指未經同意對某人進行強迫的性行為，而犯罪者先前就已經認識受害者 (Sabina & Ho, 2014; Turchik & Hassija, 2014)。在一份調查中，三分之二的女大學新鮮人表示至少有過一次約會強暴，或是被試圖約會強暴的經驗 (Watts & Zimmerman, 2002)。大約有三分之二的男大學生承認他們未經同意就愛撫女性，以及一半的男大學生承認有強迫的性行為。

一些大學描述警戒區是在大一的早期，這段時期女大生有高風險的非自願的性經驗。一個研究發現，相較於大二的女生，大一女生有較高風險的非自願性經驗，特別是在第一學期 (Kimble et al., 2008)。大學如何預防性侵害？請參閱【透過研究找出關聯】。

(二) 性騷擾

性騷擾是一種由一人對另一人權力的表現形式。有許多類型，範圍從不恰當的性言論和肢體的接觸 (拍、拂過另一人的肢體)、露骨的求歡和性侵害。數百萬名女性每年在工作和教育的環境中經歷性騷擾 (Cantalupo, 2014)。女性對男性的性騷擾也有發生，但不像男性對女性那麼多。

在一份 2,000 位女大學生的研究中，62% 的人表示上大學時曾經歷性騷擾 (American Association of University Women, 2006)。多數的女大學生表示性騷擾包含非接觸性的形式，例如粗野的笑話、評論及手勢。然而，幾乎有三分之一的人表示性騷擾本質是肢體性的。對於受害者而言，性騷擾會導致嚴重的心理影響。要消除性騷擾這種形式

約會或熟識者強暴 (date or acquaintance rape)
直接對某人進行強迫的性行為，而犯罪者是在先前就已經認識的。

的剝削，需要建立能提供男性與女性在工作和學術上具有相同機會的環境發展事業及獲得教育的氛圍 (Nielsen & Einarsen, 2012)。

透過研究找出關聯

大學校院性侵害的頻率有多高？

一個性侵害研究是透過電話調查 4,446 名大二或大四的女性 (Fisher, Cullen, & Turner, 2000)。受訪者會被詢問是否有受害經驗。如果回應是確定，將被詢問受害經驗更詳細的問題，例如非自願接觸的類型，以及強迫的方法。除此之外，受訪者會被詢問關於她們的生活，包含生活型態、日常活動、生活安排及先前的受害經驗。

約有百分之三的人表示，在這個學年曾經歷過被強暴或是強暴未遂。約有十分之一的女大學生表示在她們的人生中經歷過強暴。非自願或是未被同意的性行為是廣泛的，超過三分之一的女大學生表示曾經歷過這些事件。圖 13.5 呈現，多數女性 (十分之九) 知道是誰侵害她們。多數女性採取防範行動對抗襲擊者，但是她們不情願告訴警方自己受害有以下一些原因 (如困窘、不清楚強暴的法律定義，或是不想要定義某個認識侵害自己的人是性侵犯)。幾個因素與性侵害有關：住在校園、未婚、常常喝醉，以及先前曾被性侵。多數的強暴發生在宿舍。

此外，研究者在這個研究中檢視先前很少拿來研究性侵害的議題：跟蹤。13% 的女學生表示，她們在學年開始時就被跟蹤。而其他的性侵害事件，有 80% 的人知道跟蹤她們的人是誰，多數是前男友 (42%) 或同學 (24%)。跟蹤事件平均會持續 60 天。

得知校園性騷擾的盛行率及頻率，以及受害者知道誰是犯罪者，就可以對年輕男性及女性發展有效的介入策略。過去，太常把預防的責任歸因於受害者可能的行為。然而，這些策略並沒有幫助，預防策略應該要關注可能的犯罪者才能接近問題的核心。

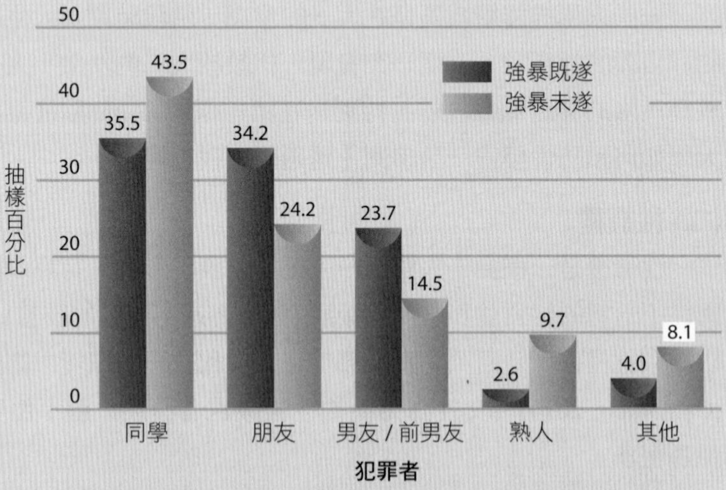

圖 13.5 大學女性在強暴既遂與未遂中受害者與犯罪者的關係。在一個針對大學女性的電話調查中，差不多 3% 的女性表示，在學年中經歷過強暴或是強暴未遂 (Fisher, Cullen, & Turner, 2000)。這個百分比顯示，受害者與犯罪者之間的關係。在這個研究中，與面對面的訪談相比，使用電話調查的優缺點是什麼？

複習・連結・反思　學習目標三　討論成年早期的性行為

複習重點

- 成年早期的性行為的特質是什麼？
- 什麼是異性戀和同性戀的本質？
- 什麼是性傳染疾病？關於愛滋病，我們該知道哪些重要事情？
- 強暴是什麼？什麼是約會或熟識者強暴？強迫的性行為或是性騷擾會造成什麼影響？

連結

- 你在本章學到性侵害與第 8 章提及男性的攻擊有關，有什麼方法可以作為辨識孩童行為舉止變得具攻擊性？

反思個人的人生旅程

- 你會如何描述自己在成年早期的性經驗？與本章所描述的成年早期性行為是否相似或不同？

肆　認知發展

學習目標四　確認成年早期認知改變的特色

認知階段　　創造力

有任何認知發展的改變在成年早期發生嗎？為了解釋這個發展現象的本質，以下將聚焦在認知階段和創造力。

一、認知階段

成年早期的認知能力是否比青春期更提升？讓我們來檢視一下 Piaget 和其他學者如何解答這個問題。

(一) Piaget 的觀點

Piaget 認為，成人和青少年在思考的品質上是相似的，在 11 至 15 歲進入形式運思期之後，人們較能進行邏輯性、抽象性的思考而不像 7 至 11 歲的兒童只能進行具體運思，Piaget 認為，形式運思是認知發展的最後一個階段。但在思考的量上，由於成年人的知識較豐富，例如一個體育選手一定具有更多體育的知識，就像一個金融分析師具有更多金融知識，所以成年人的思考具有更多量的可能，這一點和訊息處理學派的學者所見相同。

發展連結—認知理論
青少年的認知還包括青春期的自我中心主義。(第 11 章)

有些發展主義者推論，許多人並不是直到成年才鞏固其形式運思能力；也就是說，他們可能會開始計劃和假設有關青春期知識的問題，但在這個過程中越來越系統化和成熟 (Keating, 2004)。

(二) 是否有第五個，後形式運思期？

一些理論家已經拼湊起來對成年人思考的這些描述，並提出青壯年進入認知一個新的發展階段的確定性——**後形式思考** (Sinnott, 2003)。後形式思考是：

- 反思的、相關的和情境的。年輕人在解決問題時可能會受到許多方面影響，如工作、政治關係和其他生活領域。他們發現，那些可能是在工作中問題的最佳解決方案 (與上司或同事) 卻有可能不是在家的最佳解決方案 (與浪漫伴侶)。因此，後形式思考認為一個問題正確的答案，需要反思並了解可能會因情境而有所不同。一些心理學家認為，在中年期反思的不斷增加，變得更加內部和去情境脈絡。
- 暫時的。很多年輕人越來越懷疑真相，似乎不願意接受最後只有一個答案，因此他們以一個持續的，也許永無止境的過程尋求真理。
- 現實的。青壯年了解到，思考不能總是抽象的。在許多情況下，必須求真務實。
- 受情緒的影響。早期成人及青壯年可能比青少年更明白，他們的思想會受情緒影響。

發展連結—認知理論
認知與情緒之間的聯繫正有越來越多研究。(第 1 章)

圖 13.6 展示後形式思考的 10 個問題 (Sinnott & Johnson, 1997)，並給你一個機會來評估自己在後形式層次的思考。研究者發現，問卷項目反映後形式思考的三大面向：(1) 考慮到一個問題或情況的多個面向；(2) 做出一個特別的問題狀況的主觀選擇；和 (3) 在一個情況下仍考慮情境複雜性 (Cartwright et al., 2009)。

發展連結—認知理論
有些發展心理學家相信，成年人的智慧更進步。(第 18 章)

認知發展的第五個後形式思考階段有多少強而有力的證據？研究者發現，年輕人更有可能比青少年從事後形式思考 (Commons & Bresete, 2006)。但批評者認為，還沒有文件證明後形式思考是不是形式運思期的一個更高素質的階段。

二、創造力

後形式思考 (postformal thought)
思考是反思的、相關的、情境、暫時的、現實的和受情緒的影響。

對某些人來說，成年早期正是偉大的創造力的黃金時期。在 30 歲時，愛迪生發明了留聲機、安徒生寫了他的第一本童話，以及莫扎特完成歌劇——《費加洛婚禮》(*The Marriage of Figarol*)。創造力的一個早期研究發現，個人的最有創意的產品都是在 30 多歲產生，

回應每一個在以下方面的項目，以及它們如何描述你的思考，從 1 ＝不真實的 (自我) 到 7 ＝非常真實的 (自我)。	不真實的 1	2	3	4	5	6	非常真實 7
1. 我看到生活中的悖論。							
2. 我看到超過一個可用來到達目標以上的方法。							
3. 我知道自己可以決定在特定的時間去體驗其中的現實，但我知道現實真的是多層次的、更複雜的。							
4. 有許多「正確」的方式來定義任何生活經驗；我必須對自己如何定義生活中的問題最終決定。							
5. 我知道，有時「成功」在日常世界，意味著找到一個具體的答案，生活中的問題之一；但有時它意味著尋找一個正確的路徑，將陪我度過這個類型的任何問題。							
6. 幾乎所有的問題都可以透過邏輯來解決，但可能需要不同類型的邏輯。							
7. 我傾向於看到幾個原因，與任何事件連結。							
8. 我看到一個給定的困境總是有幾個很好的解決方案。							
9. 我意識到自己腦子裡經常有幾個目標，所以會去關注一個以上的人生之路。							
10. 我能看到別人的解決方案隱藏的邏輯性，即使我和他們的解決方案並未達成一致，仍按照我自己的路。							

圖 13.6 複雜的後形式思考問卷。在你已經回應項目後，合計總分，其範圍可以從 10 到 70，你的分數越高，你越有可能是從事後形式思考。

80% 是在 50 歲完成 (Lehman, 1960)。

最近，研究者發現，創造力確實高峰在成年期，然後下降，但高峰往往發生在四十歲。然而，有關年齡和創造性成就的相關與下列三個因素有關：(1) 生產率下降的幅度；(2) 跨創意領域對比；和 (3) 一輩子產量的個別差異 (Simonton, 1996)。

即使創造性貢獻的下降往往是在五十歲，後來發現普遍認為跌幅也不一樣大。創造性的成就令人印象深刻的成品可能發生在成年晚期。一個創造性的成就在成年晚期最顯著的例子，可以在 Henri Chevreul 的生活中找到。在他傑出的物理學家職涯後，Chevreul 於九十歲時轉換領域，成為老年醫學研究的先驅，發表了最後的研究論文是在 103 歲死亡的一年之前！

在考慮創造力隨著年齡的下降時，仍需注意的創造力涉及的領域 (Jones, Reedy, Weinberg, 2014; Kozbelt, 2014; McKay & Kaufman, 2014)。例如在哲學和歷史這些領域，老年人往往表現出更多的創造性，因為當他們只有三、四十歲時還沒有如此豐富的人生體驗。相較之下，在諸如抒情詩、抽象的數學和理論物理，創造力的高峰期通常是在二、三十歲達到。

此外，還有個體差異存在，一般情況下，在任何領域最具生產力的創造者比他們生產力最低的同行更為豐富。反差是如此極端，創意製作的前 10% 經常就占在某一特定領域的創作產出的 50%。例如僅 16 位作曲家的作品就占定期音樂會的經典劇目一半。

發展連結—創造力
何種策略很可能會增強孩子的創造性思考？(第 9 章)

你是否可以讓自己更有創意？要閱讀關於如何變得更有創意的策略，請參閱【發展與生活的連結】。

發展與生活的連結

對於生活在更具創意人生的心流和其他策略

Mihaly Csikszenlmihalyi 幾十年來都在研究創造力的本質，並推薦一些讓人變得更有創意的策略。Csikszenlmihalyi 曾採訪 90 位在藝術、商業、政府、教育和科學領軍人物，如何產生學習的創造力。他發現，有創意的人經常出現他所說的心流 (flow) 狀態，愉悅的升高的狀態。Csikszenlmihalyi 指出，每個人都能夠實現心流。根據他針對一些世界上最有創意的人的採訪發現，走向更具創意人生的第一步是培養你的好奇心和興趣。你要怎麼做呢？以下是一些建議：

- 每天嘗試感到驚訝的東西，也許這是你看到的、聽到的或閱讀有關的東西。生命是經驗流，廣泛而深入地暢遊在裡面，你的生活會更加豐富。
- 每天盡量至少讓一個人驚喜。在很多你做的事情中，你必須預測和計畫。做一些不同改變、問你通常不會問的一個問題，邀請某人去一個節目，或你從未參觀過的博物館。
- 每一天有什麼讓你吃驚？記下來。最有創意的人寫日記、筆記或實驗室紀錄，以確保他們的經驗不會稍縱即逝或遺忘。首先你得有一個特定的任務：每天晚上，記錄一天中最令人驚訝的動作、最令人驚訝的事件。幾天後，重讀筆記或日記。幾個星期後，你可能會看到感興趣的新興筆記的模式，其中可能會建議你可以更深入探索的領域。

在群山峻嶺中產生他最有創意的點子。你在何時何地產生最有創意的點子。

- 當某些事引起你的興趣時就遵循。通常，一些捕捉你注意力的事件是短暫的，一個想法、一首歌、一朵花。我們常常忙著進一步開拓思維、歌曲或花，或者我們認為這些領域是不關我們的事，因為我們沒有關於它們的專業知識。然而，世界是我們的。我們無法知道每一部分，直到我們認真努力學習更多關於它的各個面向。

- 醒來的早晨有一個值得期待的具體目標。有創造力的人一醒來就渴望開始新的一天。為什麼？不一定是因為他們性格開朗而熱情，只是因為他們知道，每天要完成一些有意義的事，必須盡快地開始。
- 花時間在刺激你創造力的設置。在 Csikszenlmihalyi (1995) 的研究，他給了人們一個電子呼叫器，並在一天的不同時間隨機呼叫他們。當他詢問人們感覺如何，人們也回應自己在行走、開車或游泳，表現出具有最高的創造力。有人發現，慢跑時會最有創造性思維，因為慢跑是半自動活動，需要採取部分心力來關注，而留下一些自由的時間，使思想之間有所聯繫。

可以在第 9 章的【發展與生活的連結】中，發現孩子激發創造性思維的策略也適合成人使用嗎？如何將第 9 章中所討論的策略與本章的討論做比較？

複習・連結・反思　學習目標四　確認成年早期認知改變的特色

複習重點

- 成年早期的認知發展有什麼樣的變化已經被提出？
- 成年人的創造力是否下降？人們如何有更多的創意生活？

連結

- 正如在本節討論的，後形式思考會受情緒和主觀因素的影響。為什麼青少年通常不能夠有這樣的意識呢？

反思個人的人生旅程

- 如果你是在成年早期，你認為什麼是在過渡時期發生了迄今為止最重要的認知變化？如果你的年紀大了，反映在你的成年早期並描述一些在此期間發生的認知變化。

伍　職業與工作

學習目標五　說明成年早期在事業和工作上的重要面向

- 發展性變化
- 尋找目標的路徑
- 關注職業展望
- 工作的影響
- 多樣性的工作職場

謀生、選擇職業、建立職涯，並在職業生涯中發展，這些都是成年早期的重要主題。什麼是一些選擇工作或職業的因素？工作通常會如何影響年輕人的生活？

一、發展性變化

許多孩子有一些關於希望長大後是什麼樣子的幻想。例如有許多年幼的孩子想成為超級英雄、體育明星或電影演員。在高中三年，他們已經開始少了幾分理想主義地考慮未來。在十幾歲和二十出頭，職涯的決策已經變成較為慎重的一件大事。在成年早期，許多人已經完成教育訓練，並進入一個全職工作，然後他們可能會努力邁向職業進路，並改善他們的財務狀況。

Phyllis Moen (2009a) 描述職涯的神秘感——一個根深蒂固的文化信念，即透過成年長時間的辛勤工作才能獲致安全、幸福；也就是說，許多人設想一個職業發展道路，使他們通過攀爬梯子實現向上流動的美國夢。然而，步調一致的職業神秘性從未在許多人，尤其是少數族裔人士、婦女、教育程度低的成年人中實現。此外，職業神秘性越來越成為許多人的一個神話，在工作全球外包和 2007 年至 2009 年經濟衰退威脅中，中產階級即將消失，沒有所謂的就業保障。

二、尋找到目標的路徑

William Damon (2008) 在他的《目的路徑：幫助我們的孩子找到自己的生命呼喚》一書中，提出的目的是許多青少年和成年早期在尋求成就與事業發展時所缺少的成分，太多的年輕人在自己的高中和大學時光漫無目的地漂流。

在對 12 至 22 歲年輕人的訪談中，Damon 發現，只有約 20% 的人有一個明確的目標；60% 左右曾從事一些潛在的有目的的活動，如在職學習或諮詢職業顧問，但是他們仍然沒有一個真正的承諾或達到目標的合理計畫，而略超過 20% 以上的人表示沒有願望，在某些情況下，表示他們沒有看到任何的理由去擁有願望。

Damon 的結論是，大多數教師和家長溝通勤奮學習取得好成績的重要性，但卻很少討論學術成果的目的，造成學生往往只著眼於短期目標，不探索在生活中真正想要的，缺乏長期的想像。

Damon (2008, p. 135) 在他的研究中使用這些面試問題，獲得個人反思自己的目的：

- 什麼是你在生活中最重要的事？
- 為什麼你會在乎那些東西？
- 你有什麼長遠的目標？

- 為什麼這些目標對你很重要？
- 一個良好的生活代表什麼意義？
- 一個很好的人代表什麼意義？
- 如果你回顧現在的生活，你會想要怎麼被人記住？

最近的一項研究發現，討論關於他們的價值觀和人生目標提高了大學生的目標方向 (Bundick, 2011)。

三、關注職業展望

如果你正在探索一個自己可能會很享受，也可能會很成功的職業型態，了解某個職業或公司的專業領域是很重要的。有些公司可能有很多的職位空缺一年，但不會留到第二年，不管經濟狀況的變化如何。因此，了解各領域的職業前景是關鍵。美國政府的《職業展望手冊》是一個很好的來源，每兩年會修訂一次。

發展連結—工作
中年工作者面臨著一些在二十一世紀的挑戰。(第 15 章)

根據 2012 年至 2013 年的手冊指出，服務業，尤其是醫療服務、專業和商業服務，以及教育，預計在未來十年內會新增最多就業人數 (Occupational Outlook Handbook, 2012)。未來的工作在所需教育的條件上有很大的變異性，要求大專以上學歷的職位預計將成長最快，大部分的薪資最高的職業要求大專以上學歷。

四、工作的影響

工作是定義人們的基本方式 (Highhouse & Schmitt, 2013; Motowidlo & Kell, 2013; Parker, 2014)，這是對他們的財務狀況、住家、他們的生活方式及他們的朋友圈的定義 (Allen, 2013; Blustein, 2013)。有些人透過他們的工作定義自己的身分。工作也創造了一個結構的生活，當個人沒有較長時間的工作時，許多人會情緒困擾和自卑。

大多數人花在工作的時間約占三分之一。在一項調查中，美國人 35% 每週工作 40 小時，而有 18% 則工作 51 小時 (Center for Survey Research at the University of Connecticut, 2000)，只有 10% 每週工作少於 30 小時。

在美國勞動力的一個趨勢是，越來越多的長期職業消失，尤其是傳統男性在私營部門就業的狀況 (Hollister, 2011)。其中的原因與許多長期工作的消失和技術上的急劇增加，以及其他國家的廉價勞動力有關。

許多年輕人和老年人會在一系列、常持續很短的時間做過不同的工作 (Greenhaus, 2013; Greenhaus & Callanan 2013)。早期的職涯是特別不穩定的，一些青年工作者擺脫「生存就業」到「職業工作」，因為他們會尋求符合其個人利益 / 目標的工作。針對從 18 至 31 歲的 1,100 餘人的研究發現，保持高抱負，把握職業目標免於失業的覺醒是從 2007 年嚴重經濟衰退後開始的 (Vuolo, Staff, & Mortimer, 2012)。

關於工作的一個重要的考慮是壓力有多大 (Demsky, Ellis, & Fritz, 2014; Sonnentag & Frese, 2013)。美國成年人的全國性調查顯示，有 55% 的人表示他們因為壓力而生產力較低。在這項研究中，有 52% 的人表示會考慮找一份新的工作、拒絕升遷或離職，都是因為壓力。在這個調查中，壓力的主要來源包括工資低 (44%)、缺乏晉升機會 (42%)、不確定工作的期望 (40%)，以及長時間 (39%)。最近的一項研究證明，工作壓力和高血壓有關 (Lamy et al., 2014)。

許多成年人改變了對工作期望，但用人單位往往不能滿足他們的期望 (Hall & Mirvis, 2013; Richardson & Schaeffer, 2013)。例如目前的政策和做法專為男性養家糊口和工業經濟，讓適合這些政策和做法的婦女和男子，以及單親家庭和雙薪族的員工可以就業。許多工作者今天想要的彈性和更好控制自己的作息時間，但大多數雇主為員工提供彈性小，即使像彈性工時的政策也可能只是「紙上談兵」。

(一) 在大學期間工作

全職美國大學生也參與就業，從 1970 年的 34% 增加到 2008 年的 47%，但是在 2011 年下降到 41%。在這個最近的調查顯示，被僱用的兼職美國大學生從 2008 年的 81% 降至 74%。

工作可以幫助補貼一些上學的費用，但工作也限制了學生的學習機會。一個國家的研究發現，每週工作小時數的增加使得他們的成績受到影響 (National Center for Education Statistics, 2002) (見圖 13.7)。因此，大學生需要仔細檢查自己的工作小時數是否正在對自己的學業成績產生負面影響。

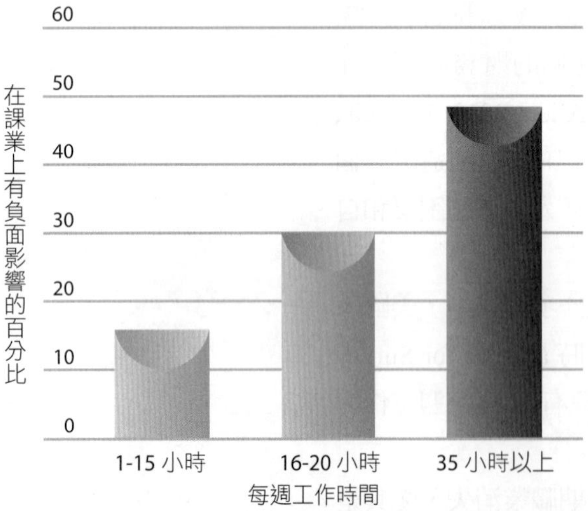

圖 13.7　每週工作時間與大學成績的關係。以工作來支付學費的學生，有 16% 的人每週工作 1 至 15 小時、30% 的人每週工作 16 至 20 小時，而 48% 每週工作 35 小時的大學生表示會對學業成績有負面影響。

當然，工作也有助於教育。超過 1,000 所大學在美國提供合作組織 (合作社) 的方案，以供對該領域職涯探索有興趣的學生實習。提供在大學期間工作的其他有用機會，包括與研究領域相關的實習和兼職或暑期工作，而這些工作經驗可以幫助學生在畢業後找到想要的工作。

(二) 失業

近年來美國失業率一直很高，而且全球失業率也不斷攀升。不管失業是暫時的、週期性的，還是永久的，都對個人、家庭，甚至整個社會國家帶來壓力 (Jalles & Andresen, 2014; Kalousova & Burgard, 2014)。研究者發現，失業是與生理問題 (如心臟病發作和中風)、情緒問題 (如抑鬱和焦慮)、婚姻困難和凶殺有關 (Backhans & Hemmingsson, 2012; Freyer-Aadam et al., 2011)。最近的一項研究顯示，失業 90 天以上與 8 年後追蹤時的心血管疾病有關 (Lundin et al., 2014)。對超過 24,000 名曾失業的成年人 15 年的縱貫性研究發現，生活滿意度大幅下跌，再度就業者雖然有再增加，但並沒有完全恢復到失業之前的生活滿意度水準 (Lucas et al., 2004)。最近的一項研究認為，失業率與死亡率風險增加有關 (Roelfs et al., 2011)。而最近的一項研究則發現，非自願失業與企圖自殺和自殺的增加有關 (Milner et al., 2014)。

造成失業的壓力不僅來自收入的損失，所產生的經濟困難，也降低自尊 (Howe et al., 2012)。個人最好應對失業的後盾是有財力為依託，如存款或其他家庭成員的收入。家庭成員的了解與支持，還幫助個人應對失業。各地就業輔導站和一些自助團體可提供尋找工作機會、寫簡歷和練習回答面試問題，在求職過程中的情感支持，以及實用建議是很重要的 (van Hooft, 2014)。

(三) 雙薪夫婦

雙薪夫婦可能面臨特殊的挑戰，尋找工作和家庭生活之間的平衡 (Allen, 2013; Richardson & Schaeffer, 2013; Shimazu et al., 2014)。如果雙方都工作，誰打掃房間或修理家具？需要參與維持一個家庭的許多細節。如果夫婦有孩子，誰負責確保孩子去上學或練琴時間、誰負責簽校外教學同意書或面見教師，或預約牙醫？這都需要有人處理。

雙薪家庭的比例在近幾十年大幅增加。隨著越來越多的美國婦女參與家庭以外的工作，對工作和家庭的責任劃分在三個方面有所變化：(1) 美國男性有更多的責任維護家庭；(2) 美國婦女正在為養家糊口承擔更多的責任；(3) 美國男性都對出現在自己的家庭和為人父母有更大的興趣。

許多工作是為家中唯一或家庭收入者而設計，通常是男性賺錢養家，而沒有考慮到家庭責任或生活現實 (Richardson & Schaeffer, 2013)。因此，許多雙薪夫婦採取許多適應對策，以協調他們的工作和家庭管理 (Moen, 2009a, b)。研究者發現，即使夫妻可能會爭取在雙薪家庭性別平等，但性別不平等依然存在 (Cuningham, 2009)。例如婦女仍然受到同工不同酬的待遇，這種不公平意味著女性仍然花較多時間在家務和關懷子女。因此，雙薪家庭的決定往往有利於男性有更高的事業發展空間，而女性卻要花較多的時間照顧家庭和照顧子女 (Moen, 2009b)。

五、多樣性的工作職場

職場日趨多樣化 (Hebl & Avery, 2013)。而在同一時間，少數女性受僱於家庭以外的地方，有越來越多已開發國家的女性進入勞動力市場。最近的一項預測宣告，到了 2020 年，美國勞動力中女性所占的比例將比男性增加更快 (Occupational Outlook Handbook, 2012)。在美國，今天的律師、醫師、電腦科學家和化學家四分之一以上是女性。

除了法國以外，每個已開發國家也在工作場所展現出種族的多樣性。在美國，1980 年和 2004 年之間的拉丁美裔與亞裔美國人在工作場合的比例增加了一倍以上，這是一個持續的趨勢。拉丁美裔預計到 2020 年將超過非裔美國人勞動力的很大比例，從 2006 年的 13%，到了 2020 年會成長到 18.6% (Occupational Outlook Handbook, 2012)。由於工作場所的日益多樣化，我們需要對文化差異的敏感性和工人的工作文化與價值更加重視 (Hebl & Avery, 2013)。

儘管在工作場所日益多樣化，但女性和少數族裔的玻璃天花板仍存在，以防止他們被提升到更高的位階上。這種職業發展的無形屏障，防止女性和少數族裔獲得管理或執行的工作，無論他們有何成就和優點 (Schueller-Weiderkamm & Kautzky-Willer, 2012)。

複習・連結・反思　學習目標五　說明成年早期在事業和工作上的重要面向

複習重點

- 什麼是職業和工作的一些發展變化？
- 什麼是 Damon 認為在許多人的職業追求中消失的？
- 哪些職業領域有可能在下一個十年提供就業的增幅最大？

- 什麼是了解工作時一些重要的事情？
- 多樣性在工作場所有什麼特點？

連結

- 你在第 10 章了解性別如何可能影響工作機會和工作環境，你在本節學到了什麼？

反思個人的人生旅程

- 如果你是一個早期成人，你想要追求什麼職業？它們將需要的教育程度為何？如果你的年紀大了，你會給年輕人什麼建議？請說明。

與前瞻主題連結

在中年以後的某個時刻，你會發現我們已經歷的歲月比還未來到的時光要多。中年生活已產生變化——比我們想像的還要晚到，也比我們想像的要延長。成年中期是身體功能的下降、擴大的責任，以及平衡工作和關係的時間。對於許多人而言，在中年達到認知能力高峰，儘管如知覺速度和記憶的訊息處理已有所下降。工作仍然是成年中期人們的生活中心。中年也是當一個人變得更有興趣了解生命意義的時候。

達成本章學習目標

成年早期的生理和智力發展

壹、從青春期過渡到成年

學習目標一　描述從青春期到成年的過渡

- **長大成人**：萌芽的成年期是考慮到從青春期到成年的過渡期限。這時期的範圍從約 18 至 25 歲，它的特點是透過試驗和探索。有持續性和變化，從青春期到成年的過渡。成人地位的兩個標準是經濟獨立，以及對行為的後果承擔責任。
- **從高中到大學的轉變**：從高中到大學的過渡可以有正、反兩方面的問題。雖然學生可能會覺得越長大，有越多學術工作的智力挑戰，過渡涉及一個學生從最高位置移動到最低位置。美國今天的大學生表示經歷比以往大學生更多的壓力和抑鬱。

貳、生理發展

學習目標二　確認成年早期生理發展的改變

- **生理表現和發展**：身體機能的高峰往往在 19 至 26 歲之間達成。對成年早期的後半部分，體力上的衰退在大多數人身上是明顯的。
- **健康**：成年早期的死亡率是青少年的兩倍以上，尤其男性。儘管他們的死亡率較高，但是一般成年早期有幾個慢性健康問題。許多早期成人有不良衛生習慣，在以後的生活會影響他們的健康。
- **飲食和體重**：肥胖是一種嚴重的問題，美國人約 33% 超重，足以構成健康風險。遺傳和環境因素都與肥胖有關。大多數的節食，在長期看來是無效的。但運動確實是重要的。
- **規律運動**：無論中度和劇烈運動，都能產生重大的生理和心理效益。

- **藥物濫用**：到了二十幾歲，在酒精和藥物的使用會較青少年時減少。大學生狂飲仍然是一個主要問題，並可能導致學生缺課、違法，並從事無保護的性行為。

參、性行為

學習目標三　討論成年早期的性行為

- **成年早期的性行為**：成年早期的大多數人性活躍，並結婚。在成年早期會比年輕人與更多的人性交，但他們發生性關係並不那麼頻繁。此外，濫交在成年早期比青年時期更為常見。
- **性傾向和行為**：在 1994 年美國性調查顯示，美國成年人的性生活被描繪為比以前認為的要保守。個人的性偏好可能是基因、荷爾蒙、認知及環境因素的組合的結果。
- **性傳染疾病**：主要是透過性接觸傳染。最近已經獲得許多的關注，在過去幾十年的性傳染疾病是感染出血熱病毒，可能導致愛滋病 (後天免疫缺乏症候群)。愛滋病的人免疫系統會削弱，甚至感冒可危及生命。
- **強迫性行為和性騷擾**：強暴是未經同意強迫與人性交。約會或熟識者強暴涉及與熟識的人性交。當一個人用他或她的權力以獲得性，可能導致對受害者嚴重的心理後果，就是性騷擾。

肆、認知發展

學習目標四　確認成年早期認知改變的特色

- **認知階段**：形式運思期是 Piaget 的認知發展最後階段，約 11 至 15 歲開始，雖然成年人比青少年更有知識，大人不用進入一個新的，性質不同階段。然而，一些人提出，青壯年進入更高階段的後形式運思更能反映反思，認知特色是合乎情境、暫時的、現實的和受情緒的影響。
- **創造力**：創意峰值在成年後，往往在 40 歲，然後下降。然而，在一生的創造力產出有廣泛的個體差異。Csikszentmihalyi 提出，創意生活的第一步是培養好奇心和興趣。

伍、職業與工作

學習目標五　說明成年早期在事業和工作上的重要面向

- **發展性變化**：許多年輕的孩子對職業存著理想主義的幻想。在十幾歲晚期和二十歲出頭，他們的職業思想已經變成較為慎重。在二十多歲時，很多人已經完成教育或訓練，並開始職業生涯。在成年早期的剩餘部分，他們尋求建立自己的職涯，並開始爬升職業階梯。
- **尋找目標的路徑**：Damon 認為，太多的人沒有找到自己的職業發展目的之路徑。他的結論是，大多數人過於集中於短期目標，不探索，也不思考他們希望用自己的生命做出什麼大的、長期的想像。
- **關注職業展望**：要求大專以上學歷的工作預計將在未來十年成長最快，大部分薪資最高的職業要求大專以上學歷。教育、醫療、商業和專業服務，預計將占據大部分新的就業機會。
- **工作的影響**：工作是定義人的基本方式，是身分的一個重要指標。大多數人花費成年生活大約有三分之一的時間在工作。美國有 80% 大學生在兼職工作，同時要上大學。在大學期間的工作可以有正面或負面的結果。不管失去工作是臨時的、週期性的或永久性的，失業都會產生壓力。有越來越多的婦女在外面工作，導致和工作有關的新問題。由於雙薪家庭，出現男人願意更花時間在家務和育兒的情況。
- **多樣性的工作職場**：美國職場越來越豐富。女性近年來成為勞動力的比重增加。預計到了 2020 年，拉丁美裔在美國的勞動力會比非裔美國人占的比例更大。

成年早期的社會情緒發展

學習目標

1 壹、從童年到成年的穩定與改變

學習目標一　描述氣質的穩定和改變，簡述成人的依附風格
包括：氣質、依附

2 貳、吸引力、愛情和親密關係

學習目標二　確認吸引力、愛和親密關係的一些重要面向
包括：吸引力、愛的面貌、失戀

3 參、成人生活方式

學習目標三　成人生活方式的特徵
包括：單身成人、同居成人、已婚人士、離婚成人、再婚成人、同性戀成人

4 肆、婚姻與家庭

學習目標四　討論婚姻生活、為人父母和離婚
包括：婚姻生活、初為父母、處理離婚

承諾對大多數人來說，是在一個浪漫關係中的重要決定。下面這個故事——Gwenna 很慎重決定與 Greg 談談關於他對彼此關係的承諾 (Lerner, 1989, pp. 44-45)。

她分享了彼此關係的優勢和弱點，以及她對未來希望的觀點，並且要求 Greg 一樣這樣做。不像早期他們常有的對話，現在是她給他壓力要求他做，也討論他與其他女人間的問題。這時她問了 Greg 一個重要的問題，暴露了他常含糊其詞的個性。

「你怎麼知道你準備做一個承諾？特別是你會需要改變，今天之後會有所不同？」

「我不知道。」是 Greg 的回應。當進一步詢問時，他能做的最好回答就是「我剛剛有感覺到。」

「你需要多少的時間做決定？」

「我不知道。」Greg 說：「也許一、兩年，但我真的不能回答這樣的問題，我無法預測自己的感情。」

果然不出所料，10 個月之後，Greg 仍然不能做出決定。

Gwenna 真的愛這個男人，但她真的無法輕鬆地等待兩年 (可能更長)。所以，經過反覆考慮，她告訴 Greg，她會等到秋天，如果他沒有再承諾婚姻的話，她會選擇離開，繼續前進。她同時公開自己的心願是和他結婚並有一個家庭，但她同樣清楚的是自己的首要任務是相互承諾的關係。如果 Greg 不能在這一點上下決定，她就會結束這段感情，雖然這將是痛苦的。

在等待期間，她給了 Greg 情感的空間，但是仍有自己的底線 (「在秋天以前的決定」) 並不是一個威脅，而是要一個她可以接受的明確說法。

當秋天到來時，Greg 告訴 Gwenna 需要再過半年來下定決心。Gwenna 想了一會兒，決定她甘願承受。但是，當六個月到時，Greg 還是不確定，要求更多的時間。就在那時，Gwenna 最終帶著痛苦的結束了彼此的關係。

預習

愛對每個人的生活至關重要，如同它存在 Gwenna 和 Greg 的生活中。接下來我們將討論愛情的多面性，以及婚姻家庭、成年人生活方式的多樣性和性別關係。首先，我們將回到最初在第 1 章中討論的問題：穩定與改變。

壹 從童年到成年的穩定與改變

學習目標一 描述氣質的穩定和改變，簡述成人的依附風格

氣質　依附

對於成年人來說，社會情緒發展圍繞著每天的適應與情感體驗。年輕人像 Gwenna 和 Greg 一樣面臨的選擇與挑戰，他們並非如一張白紙去達成這些任務，但他們的決定和行動反映了將在青春期結束時成為怎樣的人。

目前的研究顯示，人生前 20 多年的生活在預測成年人的社會情感上是沒有意義的 (Cicchetti & Toth, 2015; Thompson, 2015)。相對地，成年早期幾年經驗在確定個人成年後的發展是很重要的。一個普遍發現是，我們衡量社會情感特徵的時間間隔越小，結果會越相似。因此，如果我們在 20 歲時衡量一個人的自尊心，然後 30 歲再次衡量，可能會發現比在 10 歲時所測量的有更大穩定性。

一、氣質

氣質是穩定的嗎？回想一下，**氣質**是個人的行為風格和情緒反應的綜合特色。在成年早期，大多數人比在青春期時的情緒波動較少，他們變得更加負責和較少從事冒險行為 (Charles & Luong, 2011)。隨著性情變化的軌跡，研究人員還發現兒童氣質和成年後的性格在某些方面是有相關的 (Shiner & DeYoung, 2013)。例如，在一個縱貫性研究中，4 歲時非常活潑的兒童很可能在 23 歲時很外向 (Franz, 1996)。

在第 6 章中，我們看到研究人員提出描述和分類人格類型的各種方法。研究已經發現，童年期的氣質和成年後的性格有關 (Shiner & DeYoung, 2013; Zentner & Shiner, 2012)。例如：

1. **容易養育型與難養型**。在一個縱貫性研究中發現，3 至 5 歲容易養育型的兒童到青壯年時很可能是調適較佳的 (Chess & Thomas, 1987)。與此相反，許多孩子在 3 至 5 歲時是難養型的，則當青壯年時也不會有很好的調適。
2. **抑制**。如果一個人童年時的氣質是抑制型的，成年時則較不自信或少經驗到社會支持，且可能工作較不穩定 (Lengua & Wachs, 2012; Wachs, 2000)。

發展連結—氣質
其中主要的氣質類別是 Chess 和 Thomas 的易養育及難養育；Kagan 的抑制；Rothbart 和 Bates 的努力控制。(第 6 章)

3. 能夠控制自己的情緒。在一個縱貫性研究中，當 3 歲的兒童表現出控制好自己的情緒，並能在面對壓力時較有彈性，他們成人後也可能較能處理情緒 (Block, 1993)。相反地，當 3 歲的兒童情緒是低控制且較無彈性，當他們步入成年早期仍可能繼續有這些問題。

總之，這些研究揭示了成年早期和童年的氣質在某些方面是有連續性 (Rothbart, 2011)。然而，Theodore Wachs (1994, 2000) 卻也提出，個性可能取決於個人的經驗，期間的情況因人而異，因此兒童氣質不必然連接到相似的成人特質。例如，圖 14.1 描述的情境是顯示兩個同樣具有抑制氣質的兒童卻發展成兩個不同類型的成人。

二、依附

如同氣質，在嬰兒時期的依附和社會情感的發展關係密切 (Thompson, 2015)。我們討論了依附在嬰兒時期和青春期的作用 (見第 6 章和第 12 章)。這些早期依附風格模式如何影響成年人的生活？

雖然和親密伴侶的關係和父母不同，但彼此間仍有一些相同的需求如同親子之間一樣。從第 6 章中的安全依附的嬰兒被定義為那些能把照護者視為探索環境的安全堡壘。同樣地，成年人也會將他們的親密伴侶伴視為安全堡壘，他們可以返回，並獲得緊張時的舒適性和安全性 (Shaver & Mikulincer, 2013; Zayas & Hazan, 2014)。

與親密伴侶的依附模式是否反映兒童青少年與父母的依附模式？在一個被廣泛引用的回顧性研究中，Cindy Hazan 和 Phillip Shaver

最初的氣質特點：抑制

	兒童甲	兒童乙
介入情境		
照護人員	照顧者 (家長) 是敏感和接受，並讓孩子得到他或她自己的節奏。	照護人員使用不適當的「低控制」，並企圖迫使孩子進入新的情況。
物理環境	提供「刺激庇護所」或「防禦空間」，孩子們可進可退的時候沒有太多的刺激。	兒童不斷遇到嘈雜、混亂的環境，不能逃避任何刺激。
同儕	同輩群體與其他抑制孩子有共同利益，使孩子感到被接受。	同輩群體是運動外向型的，所以孩子不感興趣且感到被拒絕。
學校	學校是「人手不足」，因此抑制兒童更容易被容忍，肯定他們的安靜。	學校是「人員充足」，不能容忍抑制型兒童，因此兒童更容易感到被低估。
個性成果		
	當他成年時，更接近外向性 (外向、善於交際)，並且情緒穩定。	當他成年時，更接近內向，有更多的情感問題。

圖 14.1　兒童時期的氣質與成年後的性格，以及期間當中的情境。與照護人員、物理環境、同儕及學校的經驗可以修改童年氣質和成年個性之間的聯繫。這裡的例子是以抑制作用為例。

(1987) 發現，成年人可以穩固地立足在他們的戀愛關係中，更容易描述與父母在早期穩固地連接的關係。此外，在縱貫性研究中，嬰兒 1 歲時有穩固地安全依附和 20 年後在他們的成人戀愛關係中穩固依附有關 (Steele et al., 1998)。此外，縱貫性研究發現，安全依附的嬰兒在成年後均比有不安全依附的同齡者有較為穩定的戀愛關係 (Salvatore et al., 2011)。最近的一項研究發現，在 14 歲與父母和同齡人有不安全依附者，可以預測他們在 22 歲時會更渴望浪漫的依附風格 (Pascuzzo, Cyr, & Moss, 2013)。然而，在早期依附風格和後來依附風格的另一項研究發現，安全依附會因父母的死亡或照護不穩定而削弱減少 (Lewis, Feiring, & Rosenthal, 2000)。

發展連結—依附
安全和不安全依附已被認為是嬰幼兒及青少年社會情感發展的重要面向。(第 6 章；第 12 章)

從我們的討論再回憶第 6 章「嬰兒的社會情感發展」，持續多年積極的照顧是早期依附與後期發展相關的重要因素。例如，一個縱貫性研究證明，從嬰兒到成年在依附安全 / 不安全的變化 (如由安全變為不安全)，和社會情感環境中的壓力與支持有關 (Van Ryzin, Carlson, & Sroufe, 2011)。剛剛描述的研究反映了依附的性質及其對發展的影響日益被接受的觀點。也就是說，要認識到在嬰兒的安全依附性並不完全代表具有長期的正向成果是很重要的，發展是透過與兒童、青少年和成年人隨後遇到各種社會情境，與他們的因應方式交互作用成為後來的樣貌。回想一下在第 6 章討論的，Van Ryzin、Carlson 和 Sroufe (2011) 的研究反映了*發展層級模型* (developmental cascade model)，隨著時間的推移，跨越領域和時間的發展影響發展的途徑與成果 (Cicchetti & Toth, 2015; Groh et al., 2014; Zayas & Hazan, 2014)。另外，從第 6 章回想，最近研究發現了一些嬰兒的依附與基因、環境的相互作用有關，而另一些則沒有發現這些基因與環境的關聯 (Fraley et al., 2013; Hefferman & Fraley, 2014; Raby et al., 2013) 。

以下是 Hazan 和 Shaver (1987, p. 515) 所編，對成人依附的評估：

閱讀每一段，然後勾選最能準確描述你的說明。

1. 我發現自己比較容易親近別人，我很舒適自在，讓他們依賴我。我不擔心被拋棄或對別人太接近。
2. 我親近他人有些不自在。我覺得很難完全信任他們，並讓自己依賴他們。有人太接近我的時候，我會感到緊張，當有人試圖更加親近我時，這令我煩惱。
3. 我發現別人並不願意像我所期待的，盡可能地靠近我。我常常擔心自己的伴侶並不是真正愛我，或是不會想和我在一起。我想非常接

童年的依附模式和成年早期的親密關係有何關聯？

近自己的伴侶，這有時會把別人都嚇跑。

這些項目對應於三個依附風格——安全依附 (上面的選項 1) 和兩個不安全依附風格 (迴避——上面的選項 2；焦慮——上面的選項 3)：

1. **安全的依附風格**。安全依附的成年人對關係有正面的看法，覺得很容易親近人，而不是過分關注或強調他們的戀愛關係。這些成年人往往能在承諾關係的前提下享受性生活，而且比較不可能有一夜情。
2. **迴避依附風格**。迴避型的人在進入戀愛關係時猶豫不決，一旦他們進入一個關係中，卻傾向於與伴侶保持距離。
3. **焦慮依附風格**。這些人需要親近，不太信任人，而且比較情緒化、嫉妒與占有欲。

大多數成年人 (約 60% 至 80%)，形容自己為安全依附，成年人喜歡有一個安全依附的伴侶 (Zeifman & Hazan, 2008)。

研究人員正在研究成人依附風格和他們生活面的聯繫。例如，安全依附的成年人都比較滿意自己和親密關係，而且他們的關係更容易被信任、承諾和維持長久。

下面的研究證實在人們的生活中，成年人依附風格的重要性：

- 焦慮依附的人對戀愛對象表現出較強的矛盾 (Mikulincer et al., 2010)。
- 一項全國性調查發現，成年人不安全依附與疾病和慢性疾病的發生有關，尤其是心血管系統問題，如血壓高、心臟病和中風 (McWilliams & Bailey, 2010)。
- 焦慮依附和迴避依附的成年人比依附安全成年人有較高程度的憂鬱和焦慮症狀 (Jinyao et al., 2012)。
- 迴避和焦慮依附模式的成年人比有安全依附模式的同齡人的性生活滿意度水準較低 (Brassard et al., 2012)。
- 對新婚者的婚姻關係的兩個縱貫性研究發現，其中有一方不忠時，他們或伴侶當中有一個是高度焦慮依附風格 (Russell, Baker, & McNulty, 2013)。

Mario Mikulincer 與 Phillip Shaver (2007) 得到以下結論：安全依附對人生發展是有益的。個人被安全依附會有一個良好的自我統整與自我接納、高自尊和自我效能感。他們能控制自己的情緒，是樂觀

安全的依附風格 (secure attachment style)
覺得很容易親近別人，並不過分關注或強調他們的戀愛關係。

迴避依附風格 (avoidant attachment style)
對進入愛情關係非常猶豫，傾向於與伴侶保持距離。

焦慮依附風格 (anxious attachment style)
需要親近的依附風格，但又不太信任人，而且比較情緒化、嫉妒與占有欲。

的、有彈性的。面對壓力和逆境時，他們能採用較安全認知的陳述，意識到周圍發生了什麼事，能採取有效的應對策略。

雖然依附的不安全感和親密關係問題有關，但依附風格也只對一個中等規模的關係運作有影響，還有其他因素導致了關係的滿意和成功。在後面的章節中，將討論在婚姻關係中的影響因素。

複習・連結・反思 學習目標一 描述氣質的穩定和改變，簡述成人的依附風格

複習重點

- 從小到成年的氣質是穩定的嗎？
- 成年人的依附風格有何特點？他們和親密關係有何關聯？

連結

- 在第 12 章中，在青春期不安全依附分別和何種行為有關？

反思個人的人生旅程

- 什麼是你的依附風格？你認為它會如何影響你的人際關係？

貳 吸引力、愛情和親密關係

學習目二 確認吸引力、愛和親密關係的一些重要面向

吸引力 | 愛的面貌 | 失戀

這些都是我們在親密關係探索的主題：這些關係是如何開始的？愛情的面貌和失戀是怎麼一回事？

一、吸引力

是什麼吸引 Gwenna 和 Greg 互相喜歡，讓他們願意花更多的時間在一起呢？重要的是第一印象、性格特徵，並確定我們形成的關係？

(一) 第一印象

第一印象可以有持久的影響，我們有多快讓別人有這些初步印象？在一項研究中，只是一個 100 毫秒的曝光時間，就算對陌生的面孔作出的判斷已足夠形成個人印象 (Willis & Todorov, 2006)。

第一印象是否準確？許多研究發現，直接的印象可能是準確的。基於很少的證據，例如，透過照片、非常的簡短交流，或影片剪輯提

供的，個人可以準確地檢測一個人的浪漫風格 (Place et al., 2012)、是否傾向使用暴力 (Stillman, Maner, & Baumeister, 2010) 和性傾向 (Stern et al., 2013)。

(二) 熟悉和相似

雖然第一印象可能有助於關係是否會發展，其中「熟悉」扮演重要角色。在大多數情況下，成為朋友和戀人的人一直繞著對方很長一段時間；他們可能會一起成長、一起去高中或大學、一起工作，或者去過同一個社交活動 (Anderson & Sabatelli, 2011)。

有一句老話，「物以類聚」也有助於解釋吸引力。綜合來說，我們的朋友和戀人都會越來越像我們。朋友和戀人往往有類似的態度、價值觀、生活方式和外表吸引力 (Guerrero, Andersen, & Afifi, 2011)。不過，對立也有可能會吸引。例如，一個內向的人可能會希望跟個性外向的人在一起。

為什麼人們會吸引到其他也有類似的態度、價值觀和生活方式的人呢？**兩廂情願驗證**是一個原因，別人的態度和價值觀與我們相似，驗證我們所支持的。此外，人們往往會迴避未知之處，我們往往喜歡周圍人的態度是自己可以預測的。相似性意味著我們將享受一起做同樣喜歡的事情，還有類似的態度。

近日，吸引力不僅發生在面對面，也發生在網絡上 (Bateson et al., 2012; Cacioppo et al., 2013)。在美國，超過 1,600 萬人和在中國有 1,400 萬人嘗試過在網絡線上配對 (Masters, 2008)。

在網絡上尋找愛情有可能成功嗎？對 2012 年巴黎聖母院後衛球員 Manti Te'o 來說並沒有成功。他的網絡女友原來是一個「鯰魚」(catfish)，有人偽造線上身分；而對兩個哥倫比亞大學研究生，Michelle Przbyksi 和 Andy Lalinde 則有正向的結果，他們只住在離對方幾個街區遠，所以不久之後，他們在專門為在校大學生網上交友的 Datemyschool.com 網站認識，他們在網上認識溝通，真的一拍即合，申請了結婚證，10 天後就結婚了。

然而，最近在阿卡狄亞的費城大學學生報紙由 Samantha Nickalls (2012) 發表的一篇社論 *The Tower* 認為，網上交友網站可能適合三十多歲及以上的人，但不適合在校大學生。她說：

兩廂情願驗證 (consensual validation)

解釋為什麼個體會被吸引的假說。認為當別人的態度和行為是與我們類似時，是自己的態度和行為獲得支持的驗證。

> 這個年齡約會的機會很多。此時雖然婚姻不在大多數人的心目中，但約會肯定是。大學校園裡，其實就像是生活在約會服務中，因

為大多數的人和你一樣在找一個東西——愛情。只要你把自己放在那裡，友好一點，有機會就會被注意到。

一些批評者認為，互聯網可能使害羞、焦慮的人受益，但很難滿足人的潛在伴侶 (Holmes, Little, & Welsh, 2009)。在線上婚姻介紹的另一個問題是，很多人歪曲自己的特點，比如他們的年紀、外貌及職業。

儘管有這樣的不誠實，一些研究人員發現，在網絡上開始的浪漫關係比建立在真實人群的關係更可能持續兩年以上 (Bargh & McKenna, 2004)。針對超過 19,000 人的全國性調查發現，有超過三分之一的婚姻是從網絡開始 (Cacioppo et al., 2013)。此外，始於網絡上的婚姻不太可能分手，其特徵是比開始於傳統婚姻中的滿意度略高。

你覺得呢？尋找網絡浪漫關係是一個好主意嗎？有哪些注意事項？如果你追求網絡的浪漫關係應該採取何種策略？

(三) 外表的吸引力

雖然熟悉程度和相似性在愛情關係中扮演重要角色，但外表的吸引力才是點燃浪漫關係的火花。外表的吸引力在人際關係中有多重要？心理學家不考慮外表美和吸引力之間的聯繫，只有廣告公司才會希望我們相信兩者有絕對關係。心理學家研究出來的是：男性和女性在尋求親密伴侶時，對美貌的要求重點不同。女人往往看中體貼、誠實、可靠、善良、理解和有前景的男士；男人更喜歡外型美麗、具烹飪技藝、節儉的女性 (Buss & Barnes, 1986; Eastwick & Finkel, 2008)。而最近的一項研究發現，伴侶的身體吸引力能預測丈夫的婚姻滿意度，勝於預測妻子的婚姻滿意度 (Meltzer et al., 2014)。

不同文化對美的標準可能不同，身體吸引力的標準也不同。在 1950 年代，女性美在美國理想的是以瑪麗蓮・夢露 (Marilyn Monroe) 為代表，如今夢露的 135 磅、身高 5 英尺 5 英寸身形可能會被視為有點胖。對男女雙方目前理想的身形既不是豐滿，也不是十分修長。

相似的力量也運行在物理層面。我們通常會尋求有人肯定自己的身體特徵及社會屬性。研究驗證**匹配假說**的人發現，雖然我們可能會理想性的喜歡非常有吸引力的人，但是最終選擇了接近自己吸引力的人。

匹配假說 (matching hypothesis)
雖然理想上我們喜歡更吸引人的人，但在現實世界中，我們最終選擇的是接近自己吸引力的人。

二、愛的面貌

一旦我們開始吸引到某個人，又有適當的機會存在，可能會加深愛是天性提供的畫布，用想像創作。
——伏爾泰
18 世紀法國散文家

愛的關係。愛情是指人類行為的一個龐大而複雜的疆域，涵蓋了一系列的關係，包括友情、浪漫的愛情、深情的愛、完美的愛 (Berscheid, 2010)，其中共同一再重複的主題是親密關係 (Sternberg & Sternberg, 2013)。

(一) 親密關係

自我披露和個人想法的共享是親密關係的標誌 (Prager, 2013)。正如在第 12 章中討論，青少年對親密關係的需求增加。與此同時，他們正致力於開發一種新的身分——和父母獨立開來的任務。運用親密關係、身分權勢和獨立的競爭性需求也成為成年的中心任務。

※Erikson 的階段：親密與孤立

回想一下第 12 章討論過，Erik Erikson (1968) 認為，青春期最重要的任務是尋求自我統整，在成年早期，個人在崎嶇的道路上建立穩定和成功的身分後，會進入第六個發展階段，就是親密關係與孤立。

Erikson 描述親密關係的意義是找到自己失去的另一半，它需要另一個人的承諾，如果一個人沒有發展出成年早期的親密關係就會顯得孤獨。

一項研究證實了 Erikson 的理論，在青春期的身分認同發展完成，有助於進入成年早期時發展親密關係 (Beyers & Seiffge-Krenke, 2010)。另一項後設分析顯示，身分的統整和親密關係之間有正向聯繫，尤其男性的連結比女性更強 (Arseth et al., 2009)。

成人友誼中的女性朋友、男性朋友和跨性別朋友之間有什麼不同？

(二) 友誼

越來越多的研究人員發現，有了朋友將有助於長壽和終其一生的生活品質 (Blieszner & Roberto, 2012)。大多數美國男人和女人有一個最好的朋友——92% 的女性和 88% 的男性有一個最好的同性好友 (Blieszner, 2009)。許多友誼是長久的，因為 65% 的美國成年人認識他們最好的朋友至少 10 年，只有 15% 認識他們最好的朋友少於 5 年。成年後個人遷移到新地點，仍可以在其附近或在工作中建立新的友誼 (Blieszner, 2009)。

1. 友誼的性別差異

就像在童年和青少年時期一樣，成年期的友誼也有性別差異 (Blieszner & Roberto, 2012)。與男性相比，女性有更多親密的朋友，且和她們的朋友間有更多的自我揭露和互助交流 (Dow & Wood, 2006)。女性更可能聽聽朋友不得不說的話和給予同情，因此女人都被貼上了「會說話的同伴」，因此「說話」成為她們關係的核心 (Gouldner & Strong, 1987)。女性友誼的特點是不僅具有深度，也具有廣度，女人會分享她們的經驗、思想和感情等各方面 (Helgeson, 2012)。當女性朋友聚在一起，她們喜歡說話，但是男性朋友更可能從事戶外活動。因此，成年男性的友誼模式往往涉及保持距離，同時分享有用的資訊。男人是不太可能談論他們與他們朋友的弱點，而男人對於他們的問題尋求切實可行的解決方案，而不是同情 (Tannen, 1990)。此外，成年男性的友誼比女性更具競爭力 (Helgeson, 2012)。

2. 男女之間的友誼

成年人跨性別的友誼是比兒童更常見，但比成年同性的友誼不常見 (Blieszner, 2009)。跨性別的友誼可以同時提供機會和問題 (Helgeson, 2012)。機會是指提供更了解共同的感受和利益，及認識傳統上是另一性別的信念與活動的感受。

但如果有不同的期待，跨性別的友誼就會出現問題。如果不劃清界限，成人跨性別的友誼可能產生緊張和慌亂。

發展連結—Erikson 理論
Erikson 的青春期階段是對身分認同的困惑，成年的中間階段是生產性與停滯。(第 12 章、第 16 章)

(三) 浪漫的愛情

有些友誼演變成**浪漫的愛情**，這也叫熱愛或激情。浪漫的愛情有性行為和帶著癡情迷戀，它往往在愛情關係的早期部分占主導地位 (Berscheid, 2010)。一項後設分析發現，男性比女性在浪漫的愛情中表現出更高的迴避和較少的焦慮 (Del Giudice, 2011)。

不同的情感的複雜交織進入浪漫的愛情，包括熱情、恐懼、憤怒、性慾、喜悅和嫉妒 (Del Giudice, 2011)。著名的愛情研究人員 Ellen Berscheid (1988) 表示，性慾是浪漫愛情的最重要的因素。顯然地，有些情緒是痛苦的來源，會導致其他問題如憂鬱症。事實上，最近的一項研究顯示，年輕人浪漫愛情的升高和增強憂鬱、焦慮症狀，與更好的睡眠品質有關 (Bajoghli et al., 2014)。

浪漫的愛情 (romantic love)
也叫熱愛或激情，浪漫的愛情有強烈的性與迷戀組成，在愛情關係占早期的主導地位。

(四) 深情的愛

愛不僅僅是激情 (Berscheid, 2010)。**深情的愛**，也叫夥伴式的愛情 (companionate love)，是當有人希望某人更靠近一點，並對這個人有更深的愛戀。愛的初期階段有更多的浪漫愛情成分，但當愛情成熟時，熱情會被深情的愛取代 (Sternberg & Sternberg, 2013)。

深情的愛 (affectionate love)
也被稱為夥伴式的愛情，一個人希望有人陪伴，並有人了解，有愛心的感情。

(五) 完美的愛情

到目前為止，我們已經討論了兩種形式的愛：浪漫 (或者激情)

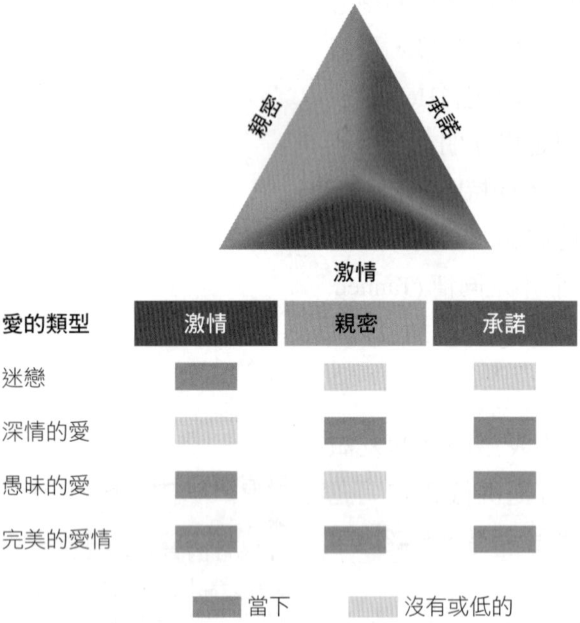

圖 14.2 愛的三角型。Sternberg 提出愛情的三個向度：激情、親密和承諾。這些向度組合成迷戀、深情的愛、愚昧的愛和完美的愛情。

和深情 (或夥伴式)。據 Robert J. Sternberg (1988) 表示，這些都不是愛的唯一形式。Sternberg 提出的愛情三元理論，愛情包括激情、親密和承諾。激情，如同在前面浪漫愛情描述的，是與另一人的身體和性吸引。親密關係涉及到溫暖、親近與共享的關係。承諾是關係的認知評價和意圖維持，即使在遇到問題時也要持續的關係。

在 Sternberg 的理論中最強、最完全的形式的愛是完美的愛情，它涉及所有三個向度 (見圖 14.2)。如果激情是一種關係 (與親密和承諾較低或不存在) 的唯一因素，我們僅僅是迷戀。如果只有親密和承諾，但低或缺乏激情的關係被稱為深情的愛，在結婚多年夫妻身上呈現這種愛。如果激情和承諾是存在的，但親密關係不大，Sternberg 稱這種關係是愚昧的愛，因為當一個人從遠處崇拜另一個人，另一個人似乎沒有太大共鳴。但如果夫妻共同擁有所有三個維度——激情、親密和承諾——就會體驗到完美的愛 (Sternberg & Sternberg, 2013)。

三、失戀

一個密切關係的崩潰可能會讓人覺得悲慘。但從長遠來看，如同 Gwenna 的案例，我們的幸福和個人的發展可能會受益於結束親密的關係。

特別是結束關係可能是明智的，如果你與一個反覆背叛你的人分手；或者你成為別人原有感情的第三者；又或者如果你拚命地愛一個人，卻沒有相互的對等回報。

分手且無法復合常會導致憂鬱、強迫思考、性功能障礙及其他健康問題，難以再結交新朋友也無法有效地展開工作 (Sbarra, 2012)。在這種關係下要清楚的思考往往是困難的，但我們的思想卻會被激發而成為彩色的 (Guerrero, Andersen, & Afifi, 2011)。對 18 至 35 歲間失戀男女所做的調查發現，這會增加心理壓力並導致生活滿意度下降 (Rhoades et al., 2011)。

失戀是否有任何正向意義？為了找到答案，請參閱【透過研究找出關聯】。

透過研究找出關聯

一個浪漫關係的解體帶來什麼正向的結果？

對失戀的研究主要集中在負向面 (Kato, 2005; Moreau et al., 2011; Simon & Barrett, 2010)。很少有研究探討其積極正向面。

一項研究評估，個人可以在失戀後成長 (Tashiro & Frazier, 2003)。有 92 名在過去 9 個月經歷了分手的大學生參與研究，他們被要求描述「有什麼正向的變化，如果有的話，是否有助於提高你未來的浪漫關係」(p. 118)。

下面是一個大學生的分手自我報告，認為正向成長是共同的。變化被歸類為個人、關係和環境。最常見類型的成長是個人的變化，其中包括感覺更強壯、更自信、更獨立和更好的情緒。關係的正向變化，包括獲得相關的智慧、因為分手而得到更好的友誼。圖 14.3 提供這些正向變化的例子。女性更可能比男人有正向成長。

變化類別	經常提及的回應例子
個人的正向	1.「我更有自信。」 2.「歷經分手後，我發現自己可以掌控更多所擁有的。」 3.「我並非總是堅強，我可以不在乎他的感受而哭泣或難過。」
關係的正向	1.「更好的溝通。」 2.「我了解到自己可以在未來應用於許多人際關係技巧。(例如，說你感到抱歉的重要性。)」 3.「我知道不要太快跳進一個關係。」
環境的正向	1.「我更會依靠朋友。當我與他在一起時，我忘了朋友是多麼重要。」 2.「更專注於學校：我可以把這麼多的時間用在對學校的努力。」 3.「我相信朋友和家人的意見。」

圖 14.3　分手後正向變化的例子。

複習・連結・反思　學習目標二　確認吸引力、愛和親密關係的一些重要面向

複習重點

- 什麼是對他人的吸引力？
- 有哪些不同類型的愛？
- 失戀有什麼特點？

連結

- 描述青春期的約會與成年早期有何不同？

反思個人的人生旅程

- 想想你自己親身的愛情經驗。基於這些經驗，你會給別人什麼關於愛情的意見？

參 成人生活方式

學習目標三 成人生活方式的特徵

單身成人 同居成人 已婚人士 離婚成人 再婚成人 同性戀成人

近幾十年來，社會上不再像以前會把結婚生子，走入家庭視為平常。今天成年人可以選擇很多的生活方式，形成多種類型的家庭 (Klinenberg, 2013)，他們獨自生活、同居、結婚、離婚或者與同性的人居住。

社會學家 Andrew Cherlin 在他所寫的書 ——*The Marriage-Go-Round* (2009) 得出的結論是，美國有更多的結婚、離婚與再婚，並且比大多數國家有更短期的同居關係。綜上所述，這些生活方式在美國幾乎比其他任何國家更多的更替和流動。讓我們來探討這些不同關係的生活方式。

一、單身成人

最近十年裡，單身 (未婚) 的成年人的比率急遽上升。從 2009 年的數據可以發現，在歷史上第一次，25 至 34 歲從未結婚的個人比例 (46%) 超過了人口普查已婚的比率 (45%) (U.S. Census Bureau, 2010)。越來越多的單身成年人選擇同居和晚婚，但美國單身成年人的比例卻比許多其他國家如英國、德國和日本還低。此外，在經濟發展迅速的國家，如中國、印度和巴西等國，單身 (未婚) 的成年人數量正在急遽增加 (Klinenberg, 2012, 2013)。

即使單身成年人享受自己的生活方式且具有很強的個人能力，但他們仍受到刻板印象所誤解 (Schwartz & Scott, 2012)。相關的刻板印象從「放浪不羈、自由生活的人」到「非常寂寞、自殺」的範圍都有。當然，大多數單身成年人介於這兩個極端之間。

面對單身成年人常見的挑戰，可能包括和其他成年人的親密關係，面對孤獨，並在大多數人認同婚姻的社會不被了解。Bella DePaulo (2006, 2011) 認為，社會常對他們有偏見且會遺漏他們的福利。

單身有許多優勢，與已婚的成年人相比，單身成年人更有可能花時間與朋友和鄰居在餐館用餐、參加藝術課程和講座。但是一旦成年人達到 30 歲，可能會面臨越來越大應該安頓下來及結婚的壓力，這是當許多單身成人有意識地決定結婚或獨身時的考量。

一項針對美國 5,000 多名 21 歲及以上的單身成年人所做的調查發現，許多人不是在一個承諾的關係中 (Match.com, 2011)。在這項調查中，女性希望在她們的關係中擁有更多的獨立性。橫跨各年齡層都一樣，女性比男性想多追求自己的利益、有個人空間、有自己的銀行帳戶，並有自己的假期。在第二次全國性調查顯示，許多單身成年人報告說，他們在尋找愛，但不是婚姻 (Match.com, 2012)。在本次調查中，40% 的單身成年人不確定自己是否想結婚，34% 的人表示他們要結婚，27% 的人則說他們不想結婚。

二、同居成人

同居是指在有性關係住在一起而不結婚。近年來，同居發生了相當大的變化 (Rose-Greenland & Smock, 2013; Smock & Gupta, 2013)。自 1970 年以來在美國同居數量的急劇增加，有超過 60% 的婚前同居 (The National Marriage Project, 2011)。而上升的趨勢沒有顯示出趨緩的跡象，已經從 2000 年的 380 萬同居數上升到 2010 年的 750 萬 (U.S. Census Bureau, 2010)。瑞典的同居率更高，婚前同居幾乎是普遍的 (Stokes & Raley, 2009)。

有些伴侶並不將同居生活視為婚姻的前奏，但作為持續的生活方式 (Klinenberg, 2013; Schwartz & Scott, 2012)。這些伴侶不想要正式的婚姻關係。最近的一項研究發現，年輕的成年人認為同居主要原因是花時間在一起、共享開支，並評估兼容性 (Huang et al., 2011)。在這項研究中，對同居的感覺顯現出性別差異：男性更關心自己失去了自由，而女性更關心結婚延誤。

情侶同居面臨一定的問題 (Urquia, O'Campo, & Ray, 2013)。父母和其他家庭成員的不贊成，可能使同居情侶的情緒緊張。有些伴侶同居在採購、共同擁有財產上遇到困難，若涉及關係瓦解的法律權利則會比離婚更不清楚。

在婚前同居，對他們有一個穩定的、幸福的婚姻是有幫助，還是有害呢？大多數研究發現，在婚前同居的夫婦，其婚姻滿意度比率較低，而離婚率高 (Copen et al., 2012; Whitehead & Popenoe, 2003)。然而，最近的研究則發現，在最近同類群組中，婚前同居與初婚婚姻不穩定之間的關聯已經減弱 (Copen et al., 2012; Smock & Gupta, 2013)。

如何解釋同居和離婚的關係？最常被提出的解釋是，同居的生活方式可能會吸引非傳統不把婚姻放在首位的個人。另一種解釋則是，同居生活的經歷改變了人們的觀念和習慣的方式，增加他們的離婚可能性。

最近的研究提供澄清同居生活的結果。一個後設分析發現，當只訪問與最終的婚姻伴侶同居者時，並沒有找到同居生活和婚姻不穩定之間的關聯，這表明這些同居者可以認同更長遠的積極意義而同居 (Jose, O'Leary, & Moyer, 2010)。另一項研究還發現，對於第一次結婚在婚前與配偶同居，而不先訂婚者，比訂婚後同居者有更多的負面互動，離婚率更高 (Stanley et al., 2006)。相較之下，第二次結婚而在婚前同居者，離婚的風險更大，無論他們是否已訂婚。最近的一項研究還發現，夫妻在婚姻中同居但不訂婚比起同居時已訂婚的同齡者，婚姻不太可能持續到 10 年至 15 年 (Copen et al., 2012)。

此外，還有一個分析發現，如果夫妻以前沒有任何同住的戀人，以及在先前的婚姻中沒有生孩子，同居不會對婚姻有負面影響 (Cherlin, 2009)。而最近的一項研究得出的結論是，當他們在二十多歲時同居，則婚姻解體的風險要小得多 (Kuperberg, 2014)。

三、已婚人士

直到 1930 年左右，穩定的婚姻被廣泛接受為成人發展的結束點。在越來越多強調男女平等及人們對婚姻的期望提高，婚姻變得比上一代更脆弱 (Lavner & Bradbury, 2012)。最近一個針對新婚夫婦婚姻滿意度的調查中發現，儘管人們樂觀預測，但四年後的再測，婚姻滿意度在這段時間內下降 (Lavner, Karney, & Bradbury, 2013)，尤其妻子的婚姻滿意度下降幅度更大。

婚姻中配偶的一些特性預測婚姻是否會持續較長時間，兩個影響的特性是教育和種族。在 22,000 多名女性最近的採訪研究中，女性和男性有學士學位被認為更有可能延遲結婚，但也更容易維持婚姻超過 20 年 (Copen et al., 2012)。此外，在這項研究中，亞裔婦女是各種族中最有可能持續第一次婚姻至少 20 年的，高達 70%；相較於非拉丁美裔白人婦女的 54%，拉丁裔女性的 53%，非裔婦女 37%。

(一) 婚姻趨勢

近年來，美國的結婚率下降。在 2011 年的結婚率是 0.62，低於 2000 年的 0.82；在 2012 年是 0.47，低於 1960 年的 0.72 (U.S. Census

Bureau, 2013)。

更多的成人維持單身的時間更長，在美國有 27% 的成年人目前沒有結婚 (Pew Research Center, 2010)。2011 年，美國第一次結婚的平均年齡上升至男性 28.7 歲，女性 26.5 歲，比歷史上任何其他時間都高 (Pew Research Center, 2011)。1980 年，在美國第一次結婚的平均年齡為男性 24 歲，女性 21 歲。此外，同居增加和離婚比例略有下降，在美國，再婚有助於結婚率下降 (Copen et al., 2012)。

儘管結婚率下降，但美國仍然是高成家比例的社會。2010 年，77% 40 歲的人曾經結過婚，這一數字大大低於 1960 年代的 93% 的數字 (Pew Research Center, 2011)。在最近的全國性民意調查中，有超過 40% 30 歲以下的美國人預測，婚姻會走向滅亡，但只有少於 5% 的成年人表示，他們並不想結婚。這些發現可能反映了婚姻的一種功能，是對你的朋友和家人顯示你有一個成功的社會生活 (Cherlin, 2009)。

最佳的結婚年齡是幾歲？已婚的青少年比成年期的婚姻更可能以離婚收場 (Copen et al., 2012)。然而，研究人員一直沒能固定住最有可能導致成功婚姻的一個具體的結婚年齡或年齡層 (Furstenberg, 2007)。

結婚的人有多麼幸福？在美國結婚的平均持續時間剛剛超過九年。圖 14.4 表示他們的婚姻「很幸福」的百分比。從 1970 年代到 1990 年代初下降到接近平原期 (Poenoe, 2009)。圖 14.4 指出已婚男性比已婚女性更幸福。

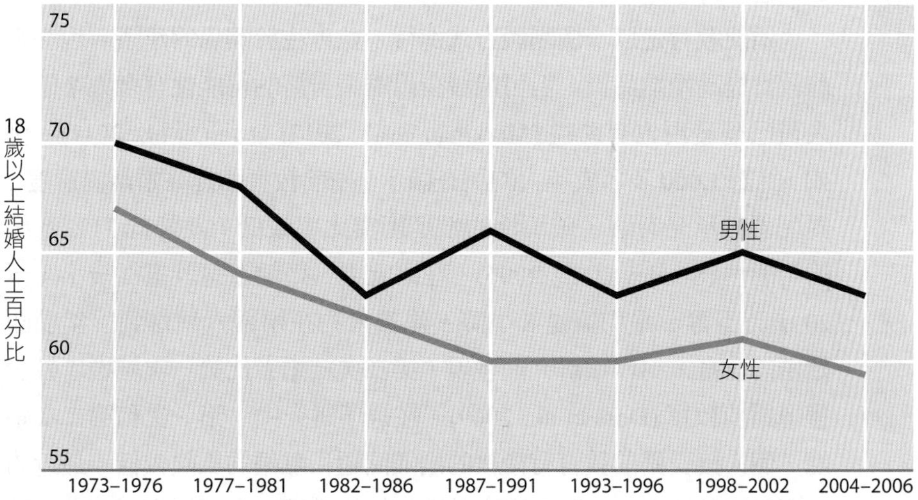

圖 14.4　18 歲以上覺得自己的婚姻「非常幸福」的已婚人士百分比。

(a)

(b)

(c)

圖 (a)：在斯堪的納維亞國家，同居是受歡迎的；只有一小部分人在 20 歲至 24 歲就結婚。
圖 (b)：伊斯蘭教強調男性的榮譽和女性的純潔。
圖 (c) 日本年輕人住在家裡和父母一起的時間，比大多數其他國家的年輕人結婚之前更長。

1. 跨文化比較

婚姻的許多面向會有跨文化的差異。例如，隨著中國努力控制人口成長，1981 年法律規定男性結婚的最低年齡是 22 歲，女性則是 20 歲。

人們尋找婚姻伴侶的特質在世界各地有所不同。對來自 37 個文化 9,474 個成人在六大洲和五個島嶼之一大規模研究發現，不同文化的人對貞操的重視程度不同，有些民族特別看重貞操，渴望婚姻伴侶沒有性行為經驗 (Buss et al., 1990)。中國、印度、印尼、伊朗、台灣及巴勒斯坦、阿拉伯文化在選擇婚姻伴侶時最重視貞操。來自愛爾蘭和日本的成人對貞操則有中度的重視。相反地，在瑞典、芬蘭、挪威、荷蘭和德國的成年人普遍表示，貞操在選擇婚姻伴侶不是很重要的。某些文化也特別重視家庭生活。在這項研究中，來自南非、愛沙尼亞和哥倫比亞祖魯文化人，對婚姻伴侶的喜好是放在整理家務本領的能力。相比之下，在美國、加拿大及所有西歐國家除西班牙外的成年人，認為整理家務本領不在選擇伴侶的考慮中。

宗教在許多文化中對婚姻有很重要的影響。例如，伊斯蘭教強調男性的榮耀和女性的純潔。它還強調了女人在生育中的作用，撫養孩子、教育孩子、灌輸孩子伊斯蘭信仰。在印度，一直以來大多數婚姻是被安排的。然而，隨著越來越多的印度婦女進入了勞動市場、從農村向城市轉移，這些印度婦女越來越抵制被安排好的婚姻。在印度的一個小村莊進行的一項研究中，私奔 (也有叫愛情婚姻) 最近非常常見 (Allendorf, 2013)。

2. 婚前教育

婚前教育是以一個團體方式進行，並專注於關係的建議。也許婚前教育提高婚姻品質，但可能減少以離婚告終的可能性有多大？研究人員已經發現也有助益 (Markman et al., 2013; Owen et al., 2011)。例如，針對 3,000 多名成年人的調查顯示，婚前教育和提高婚姻滿意度、對配偶的承諾有關，破壞性的婚姻衝突比率較低，並降低 31% 離婚的可能性 (Stanley et al., 2006)。在研究中，婚前教育計畫從幾小時至 20 小時不等，平均值是 8 小時。建議大約在婚禮六個月到一年前開始婚前教育。另一項研究則發現，第二次結婚者比第一次結婚者較少獲得婚前教育 (Doss et al., 2009)。在這項研究中，第一次和第二次婚姻，個人接受婚前教育有後續的婚姻問題和離婚的風險較低。最近的一項研究還發現，夫妻若本來就有較好的溝通，會更提高婚前教育計

畫的有效性 (Markman et al., 2013)。

3. 婚姻的優點

一個好婚姻是有好處的嗎？是的。婚姻美滿的人比那些離婚或婚姻不幸的人活得更長、有更健康的生活 (Miller et al., 2013; Shor et al., 2012; Proulx & Snyder-Rivas, 2013)。一項研究發現，女性結婚時間越長，越不可能患慢性疾病，而男性結婚時間越長，得到疾病的風險會降低 (Dupre & Meadows, 2007)。而最近研究則表明，男性受益於結婚而延年益壽者多於女性 (Rendall et al., 2011)。此外，不幸的婚姻平均可以縮短一個人四年的生命 (Gove, Style, & Hughes, 1990)。

幸福婚姻有這些好處的原因是什麼？在幸福的婚姻中的人可能感覺不到肉體和精神上的壓力，這使一個人身體上的磨損較少。這樣的磨損可以導致生理疾病，如高血壓、心臟疾病及心理問題，如焦慮、抑鬱和藥物濫用。

四、離婚成人

離婚在美國已成為很普遍的一件事 (Braver & Lamb, 2013)。然而，近幾十年來離婚率在 1981 年達每 1,000 人中 5.1 人的高峰後下降，並在 2011 年下降到每 1,000 人中 3.6 人 (National Center for Vital Statistics, 2013)。雖然美國的離婚率有所下降，但它仍是世界上離婚率最高的國家之一。俄羅斯具有最高的離婚率 (每 1,000 人中 4.7 人) (UNSTAT, 2011)。在美國，第一次婚姻者幾乎有一半會在 20 年內分手 (Copen et al., 2012)。

雖然美國的離婚率在所有社會經濟群體都增升高，但是一些團體離婚率更高 (Amato, 2010; Repetti, Flook, & Sperling, 2011)。很年輕就結婚、教育程度低、收入微薄、沒有宗教背景、其父母離婚，以及結婚前有一個孩子，都是與離婚增加相關的因素 (Hoelter, 2009)。如和一個有以下特點的伴侶結婚，會增加離婚的可能性：酗酒、心理問題、家庭暴力、不忠和家庭分工不足 (Hoelter, 2009)。

早些時候，研究人員一直未能找出一個特定的結婚年齡是使婚姻不可能離婚的最佳時機。但是，如果要離婚，根據美國的統計通常會在結婚初期；大多發生在結婚的第五至十年 (National Center for Health Statistics, 2000) (參見圖 14.5)。最近的一項研究也發現，芬蘭的離婚高峰大約在結婚第五至七年，之後離婚率逐漸下降 (Kulu, 2014)。這個時機可能反映在婚姻糾紛不斷的伴侶努力留在婚姻和嘗

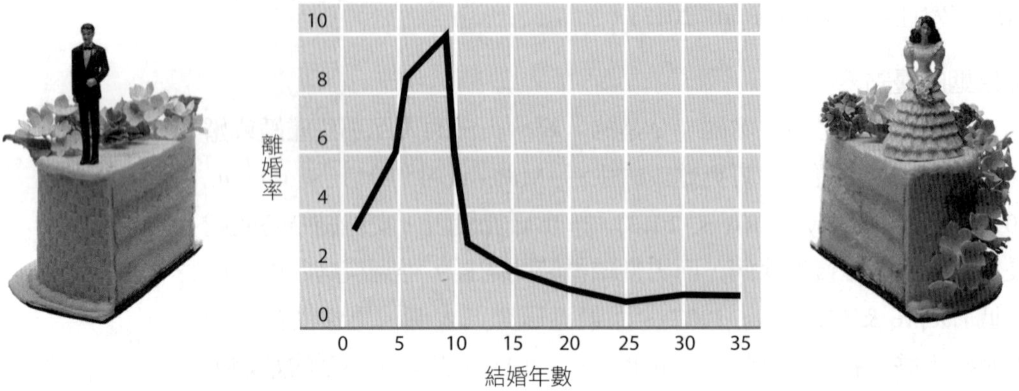

圖 14.5　離婚率與結婚年數的關係。這裡展示的是離婚夫婦結婚多久的百分比。請注意：出現在最初幾年的婚姻大多數離婚，在第五至十年的婚姻達高峰。

試解決問題，如果經過幾年的努力還不能改善關係，就可能會再度要求離婚。

離婚後，雙方遇到的挑戰不少 (Breslau et al., 2011)。離婚的人有抑鬱、焦慮、生病、自殺、車禍、酒精中毒和較高的死亡率。離婚婦女和離婚男人都抱怨寂寞、自尊的減少、焦慮，以及生活中的未知數，難以形成良好的新親密關係 (Hetherington, 2006)。

一項研究發現，比起保持與配偶聯繫超過兩年時間的人，離婚後男女雙方更容易憂鬱 (Rotermann, 2007)。瑞典的一項研究發現，離婚的成年人比已婚或同居的成年人更有可能每天抽菸 (Lindstrom, 2010)。

發展連結—家人和手足
在離異家庭的孩子比從不離婚、完整家庭孩子相比，有較多適應問題，但在離異家庭中大多數兒童沒有適應的問題。(第 8 章)

離婚的過程和結局有性別差異 (Braver & Lamb, 2013)。女性更容易感覺到是錯誤的婚姻，而且尋求離婚的可能性比男性更高。女性也顯示出更好的調整情緒，且更傾向於認為離婚是得到「第二次機會」，提高她們的幸福感、提高她們的社會生活，並看到更好的工作機會。但是，相較於男性，離婚確實通常對女性會有更多的負面經濟影響。

儘管有這些壓力和挑戰，但很多人還是能有效因應離婚。在本章的後面，將討論離婚之後的人採取的不同路徑，並提出應對策略。

五、再婚成人

男性離婚後會比女性快再婚，而收入較高的男性更快再婚。越快再婚往往越快離婚 (特別是在離婚後最初幾年，尤其是年長婦女) (Sweeney, 2009, 2010)。最近的數據表明，在美國再婚率最近有所下降，從 1990 年每 1,000 位離婚或喪偶的人中有 50 人到 2011 年每 1,000

人有 29 人 (U.S. Census Bureau, 2013)。下降的原因之一是，近年來急遽增加的同居生活。

再婚有好處，也有壞處。再婚家庭更有可能比第一次的婚姻還不穩定，更可能會離婚 (Waite, 2009)。再婚成人的心理健康指數較第一次婚姻的成年人低 (例如，憂鬱症的比率較高)，但再婚往往能提高再婚者的財務狀況，特別是女性 (Waite, 2009)。研究人員發現，再婚者的婚姻關係比起第一次婚姻更平等，更容易共同決策也是特徵之一 (Waite, 2009)。再婚的妻子在新家庭對財務事項會比第一次婚姻時有更多的影響力 (Waite, 2009)。

再婚家庭有不同的大小和形式 (DeGenova et al., 2011; Scarf, 2013; Seccombe, 2012)。有些孩子經歷其非監護父母和繼父母都已經結婚又離婚，而且可能不只一次。這些家長可能要照顧先前的婚生子女，並形成有親戚的大型家庭網絡。再婚的婦女中約有 50% 承擔照顧其新成立家庭內的孩子，而前次婚姻的繼子女存在減少了與新丈夫生育的可能性 (Waite, 2009)。但是，一些已婚的人更以成人為中心，對他們伴侶的顧慮會有較多的回應，而有些則是以兒童為中心，給孩子更多的關切及回應 (Anderson & Greene, 2011)。

如前所述，再婚的成年人往往難以保持再婚。為什麼？一方面，許多再婚不是為了愛情，而是出於經濟原因，或是基於撫養子女的原因，或是為了減少孤獨感，他們也可能帶著前面的婚姻失敗所產生負面模式到再婚中。再婚夫婦在養育孩子也比從未離異家庭的父母遇到更多的壓力 (Ganong, Coleman, & Hans, 2006)。最近的一項研究顯示，再婚人士離婚、較低婚姻品質、有離婚傾向的態度，比同齡者的第一次婚姻更為常見 (Whitton et al., 2013)。

六、同性戀成人

研究人員發現，男同性戀和女同性戀的關係是類似的，他們的滿足感、愛、快樂和衝突，與異性關係無異 (Fingerhut & Peplau, 2013)。例如，像異性伴侶般，男同性戀和女同性戀伴侶需要找到浪漫的愛情、親情、自主、平等的平衡，是雙方都能接受的 (Kurdek, 2006)。

女同性戀伴侶尤其對她們之間的關係是非常平等的。研究顯示，超過 10 年同居的過程中，同性戀者的伴侶關係會比異性戀者有更高的品質 (Kurdek, 2007)。

發展連結—育兒
研究人員發現，同性戀父母撫養孩子與異性父母撫養孩子之間有一些不同之處。(第 8 章)

據估計，在美國的同性伴侶中，女同性戀夫婦育兒的比例是男同性戀夫婦的 5 倍 (Miller & Price, 2013)。越來越多的同性夫婦領養孩子 (Farr & Patterson, 2013)。同性伴侶領養孩子的比例從 2000 年 10% 到 2009 年 19% 幾乎增加了一倍 (DiBennardo & Gates, 2014; Gates, 2013)。回憶一下第 8 章，最近的研究表明，同性戀伴侶比異性戀伴侶更多分擔育兒責任 (Farr & Patterson, 2013)。

研究人員發現，同性戀者更喜歡長期承諾的關係 (Fingerhut & Peplau, 2013)。大約有一半的有承諾的同性戀伴侶確實有著開放的關係，使關係之外的性 (但不是深情的愛) 的可能性增加，但女同性戀伴侶通常不會有這種類型的開放關係。

特別值得關注的是汙名、偏見和歧視同性戀和雙性戀者，因為社會普遍不認同同性關係的經驗 (Balsam & Hughes, 2013)。然而，一項研究表明，這些汙名反而將他們緊密聯繫起來，加強他們之間的關係 (Frost, 2011)。

複習・連結・反思　學習目標三　成人生活方式的特徵

複習重點

- 什麼是單身成年人的生活特點？
- 什麼是同居的成年人的生活主要特點？
- 什麼是目前的婚姻趨勢？
- 離婚如何影響成人？
- 再婚父母的生活面貌為何？
- 同性戀伴侶和異性伴侶有何相同或相異？

連結

- 你在第 8 章中學習關於離婚和再婚對孩子們的家庭影響是什麼？

反思個人的人生旅程

- 你今天的生活是哪種類型的生活方式？你認為什麼是對你這種生活風格的優點和缺點？如果你可以有不同的生活方式，你會選擇哪一個？為什麼？

肆　婚姻與家庭

學習目標四　討論婚姻生活、為人父母和離婚

婚姻生活　初為父母　處理離婚

無論年輕人選擇哪一種生活方式，他們的選擇將帶來一定的挑戰。因為很多人選擇結婚的生活方式，我們會考慮一些在婚姻和它對工作的挑戰，還會檢視在養育生育上的一些挑戰和發展趨勢。由於在上一節關於離婚率的統計數據，我們會再考慮如何處理離婚。

一、婚姻生活

John Gottman 已經對什麼是婚姻生活進行了廣泛的研究。

自1970年代初，John Gottman (1994, 2006, 2011; Gottman & Silver, 1999) 一直在研究夫妻的生活。他用許多方法來分析婚姻生活。Gottman 訪問人們對於他們的婚姻、他們的婚姻理念，以及他們如何看待父母的婚姻。他拍攝他們互相交談、他們一天日子的進行，和評估他們訴說關於他們婚姻的優缺點。Gottman 還採用生理計量來記錄他們每時每刻的心跳、血流、血壓和免疫功能。他每年都要回來檢視這些夫婦，看看他們的婚姻情況。Gottman 的研究可代表婚姻關係的最廣泛的評估。目前，他和他的同事在七項研究中追蹤了 700 對夫婦。

Gottman 認為，我們需要認識到愛情不是神奇的東西，而透過知識和努力，夫妻可以改善他們的關係是非常重要的。在他的研究中，Gottman 已經確定有助於婚姻成功的七個主要做法：

> 不同於大多數幫助夫婦的方法，我是根據了解是什麼讓婚姻成功，而不是讓婚姻失敗的因素。
> ——John Gottman
> 華盛頓大學當代心理學家

- 建立戀愛地圖。擁有成功的婚姻的人有個人的見解和彼此的生活地圖。他們不是心理上的陌生人。在良好的婚姻中，雙方都願意與對方分享自己的感受。他們利用這些「愛的地圖」，以表達不僅是他們對彼此的了解，及他們的喜愛和欽佩。
- 培養愛和欽佩。在成功的婚姻裡，伴侶讚譽對方。超過 90% 的時候，當夫婦把婚姻朝向正向偏轉，婚姻很可能會有正向的未來。
- 彼此相對，而不是離開。在良好的婚姻，配偶善於定時彼此相對。他們視對方為好友。這種友誼當發生爭論時不會一直維持，但它可以防止壓倒一切的關係出現差異。在這些良好的婚姻裡，夫妻彼此尊重和欣賞對方的觀點，儘管彼此分歧。
- 讓你的伴侶影響你。糟糕的婚姻往往涉及夫妻一方不願與對方分享權力。雖然掌權者多在丈夫，但有的妻子也會表現出這一特點，而分享權力、尊重對方的觀點的前提是願意與人妥協。一項研究表明，在決策中的平等是預測正向婚姻品質的主要因素之一 (Amato, 2007)。

- 解決可解決的衝突。有兩種類型的問題發生在婚姻：(1) 持續的；(2) 可解決的。持續的問題包括承諾不離開，或者關於是否要生孩子，以及多久發生性關係等。可解決的問題，可能包括諸如不互相幫助、減輕日常壓力等。不幸的是，婚姻問題中，超過三分之二落入持續的範疇。幸運的是，婚姻治療師發現，夫妻往往沒有解決婚姻生活中的持續問題。Gottman 發現，要化解矛盾，夫妻應該用柔軟，而不是苛刻的方式，嘗試發出和接收「嘗試修復」的訊息、調整自己的情緒、妥協和寬容對方的缺點。解決衝突不是一個人進行更改，而是關於談判和包容對方。
- 克服僵局。一個伴侶希望對方參加教會，另一個伴侶卻是無神論者；其中一個伴侶是家庭至上，另一個伴侶則是更想出去應酬。這些問題往往會產生僵局。Gottman 認為，結束僵局的關鍵不是解決問題，而是從僵局轉移到對話和耐心。
- 建立共享的意義。有許多的伴侶可以彼此坦誠和恭敬地說話，他們將創造自己的婚姻共享的意義，也包括與自己的配偶共享目標，共同致力於實現對方的目標。

除了 Gottman 以外，其他婚姻專家也認為寬恕和承諾是婚姻成功的重要因素 (Fincham, Stanley, & Beach, 2007)。這些因素作為健康關係的自我修復過程。例如，配偶可能具有傷害彼此關係的激烈爭吵潛力 (Amato, 2007)。平靜下來後，他們可以原諒對方，並修復損壞。

在衝突時期給對方的堅定承諾，可能犧牲個人私利卻帶給婚姻好處。當一對夫婦婚姻不美滿時，想幫助他們度過難關，希望未來的關係有正向的變化，承諾就變得很重要。

對於再婚夫妻的壓力調適，Visher 和 Visher (1989) 提出以下建議：

> 我們永遠不知道我們的父母之愛，直到我們成為父母。
> ——Henry Ward Beecher
> 19 世紀美國牧師

- 有切合實際的期望。需要一段時間等待愛的關係的發展，但是仍要對未來充滿正向期待。
- 制定家庭內新的積極關係。創建新的生活規律和處理困難情境的方法。共同討論時間分配是非常重要的，還要考慮為彼此分配單獨的時間。

二、初為父母

對於許多年輕的成年人，父母的角色是精心策劃的，與生活中的其他角色協調，並充分考慮個人的經濟情形的發展。同時，即將成為父母是一個令人讚嘆的驚喜。在這兩種情況下，準父母會對孩子充滿複雜的情緒和浪漫的幻想 (Carl, 2012; Florsheim, 2014)。

(一) 育兒神話與現實

家長的需求和預期刺激了許多育兒神話 (parenting myths) (Williams, Sawyer, & Wahlstrom, 2012)，這些育兒神話包括以下的內容：

- 孩子的誕生將解救失敗的婚姻。
- 孩子是父母所擁有且是他們的生命或延伸，所以孩子會和父母童年時的思考行為幾乎一致。擁有一個孩子是給父母「第二次機會」來實現他們應該得到的成就。
- 育兒是本能，不需要培訓。

育兒需要大量的人際互動能力，並形塑情感的表現方式，而尚未有在這方面的正規教育能達成此目標。大多數家長的育兒方式都是從自己的父母習得；他們有的接受、有的拋棄。不幸的是，當父母的方法是從一代傳遞到下一代時，可取和不可取的做法都會被延續，來自不同家庭背景的父母更常因此爭吵。

(二) 生育趨勢

就像婚姻，婦女生育孩子的年齡不斷延後 (Lauer & Lauer, 2012)。婦女第一次生育的平均年齡從 2001 年的 21 歲到 2008 年時為 25 歲 (U.S. Census Bureau, 2011)。

由於節育已成為普遍，許多人有意識地選擇在什麼時候將有孩子和有幾個孩子。獨生子女家庭的數量正在增加，這些改變有下列幾個趨勢：

- 由於生育的孩子更少，減少育兒的需求，女性釋放她們生活空間，而能在其他方面努力。
- 男性投入工作的時間更多。
- 父母常會利用護理機構協助育兒。

隨著越來越多的女性表現出對自己職涯的興趣增加，她們不僅晚婚，也少生孩子和在較晚的時候才生孩子。較早或較晚生兒育女的優勢是什麼？一些較早 (在二十多歲) 生兒育女的優點是，父母可能有

發展連結—教養
對於大多數家庭來說，權威的父母教養方式比專制、放縱和疏忽風格能連接到孩子更正向的行為。
(第 8 章)

更多的體力 (例如，他們對嬰兒在半夜起床，以及在夜間等待青少年的孩子回家等問題，可以因應得更好)；母親可能有較少的醫療、妊娠和分娩問題。

較晚生育孩子的優點 (在三十多歲) 是：家長將有更多的時間來考慮自己的人生目標；父母更加成熟，更能勝任為人父母的職責；父母的事業已稍有基礎，有更多的收入來撫養孩子。

三、處理離婚

如果婚姻不成功，離婚後會發生什麼？在心理上，離婚的成年人最常見的特徵之一是，在浪漫的關係中難以信任別人。雖然離婚後，人們的生活可以有多樣選擇 (Ben-Zur, 2012; Smith et al., 2012)。在 E. Mavis Hetherington 的研究中，有六種走出離婚的途徑 (Hetherington & Kelly, 2002, pp. 98-108)：

- 強化者。占離異組的 20%，大多數女性在離婚後「變得更加稱職、精心調整、自我實現」(p. 98)。她們擁有多個領域生活的能力，顯示出在壓力下創造有意義的生活。
- 自認夠好者。占離異的人的最大群體，他們被描述為應對離婚的普通人。他們表現出一定的長處、部分的短處，有的成功，有的失敗。當他們遇到問題時，會試圖解決，但也可能不夠積極。
- 尋求者。這些人都積極地盡快找到新的伴侶。「離婚一年後 40% 的男性、38% 的女性被列為尋求者。但是隨著人們找到了新的伴侶或再婚，或是對單身生活更滿意，此類別的人數就會萎縮」(p. 102)。
- 浪子。這類人往往會在單身酒吧花更多的時間，並且有更多的休閒性活動。離婚一年後，他們往往會對想要一個穩定的關係幻滅。
- 稱職的獨來獨往者。這些人只占離異組約 10%，是「精心調整，自給自足和具有社會技能的。」他們有成功的職業生涯，活躍於社交生活之中。然而，「不像強化者，稱職的獨來獨往者往往很少有興趣與別人分享自己的生活」(p. 105)。
- 戰敗者。其中一些人本來就有問題，離婚後增加了這些問題的嚴重性，「婚姻失敗增加的壓力超出他們可以處理的範圍。其他的困難如酗酒也因為沒有配偶的限制而更嚴重」(p. 106)。

離婚後有哪些個人生活可以採取的不同途徑？

要閱讀有關應對和適應離婚之後的一些準則，請參閱【發展與生活的連結】。

發展與生活的連結

應對和適應離婚的餘波

Hetherington 建議離婚後的成年人採用以下策略 (Hetherington & Kelly, 2002)：

- 把離婚看成是一個機會，可以成長和發展更多的正向關係。
- 慎重決策。你對於工作、戀人和小孩決策的後果，可能持續一生。
- 更注重未來，而不是過去。想想什麼是你未來生活最重要的，設定一些具有挑戰性的目標，並計畫如何達到這些目標。
- 用你的優勢和資源，以應付困難。
- 不要期望你所做的一切是成功且快樂的。「一個更令人滿意的生活之路是坎坷的，將有許多彎路」(p. 109)。
- 請記住：「你不會永遠陷入低潮，離婚後逐漸轉移到更好的生活通常需要一些努力」(p. 109)。

複習・連結・反思　學習目標四　討論婚姻生活、為人父母和離婚

複習重點

- 什麼使婚姻美滿？
- 什麼是目前的一些生育趨勢？
- 一個離婚後的人可採取什麼樣的策略？

連結

- 在本節中，你讀到的一些較早或較晚生育孩子的優點。對照你在第三章所學有關高齡產婦的議題是什麼？

反思個人的人生旅程

- 你認為什麼時候是生孩子的最佳年齡？為什麼？

與前瞻主題連結

成年中期是 Erikson 的第七個生命階段，生成性相對停滯的時期。在這個階段，中年人以有意義的方式向下一代貢獻是重要的。在 Levinson 的理論，中年的主要衝突之一是在自認年輕與接受老之將至間擺盪。中年危機並不像過去所相信的那樣常見；然而，還是有可能會出現，尤其當負面的生活事件發生時。有許多學者對成人發展的穩定性與變化性進行縱貫性研究，最近成年中期已被認為是穩定高峰。深情的愛在中年時增加。許多中年人成為祖父母。中年婦女尤其發揮連接幾代的重要作用。

達成本章學習目標

成年早期的社會情緒發展

壹、從童年到成年的穩定與改變

學習目標一 描述氣質的穩定和改變，簡述成人的依附風格

- **氣質**：兒童氣質與成年後的性格之間的聯繫可能會有所不同，這取決於個人的經驗背景。青壯年顯示較少的情緒波動，更負責，並從事風險更小的活動。在某些情況下，兒童氣質的某些方面與成年早期的適應問題有關聯。
- **依附**：三個成年人依附風格是安全的依附、迴避依附和焦慮依附。在成年早期依附風格與許多關係模式和發展成果有關。例如，安全依附的成年人往往表現出比不安全依附的成年人更正向的關係模式。此外，迴避和焦慮依附風格的成年人往往更加沮喪，有更多人際關係的問題。

貳、吸引力、愛情和親密關係

學習目標二 確認吸引力、愛和親密關係的一些重要面向

- **吸引力**：第一印象可以經久不衰，和熟悉感有關。我們喜歡的人常是與自己有相似性的人。兩廂情願驗證和匹配假說可以解釋這一點。相似的個性屬性在關係的維持上尤其重要。對於身體吸引力的標準會隨著文化和歷史時間變化。
- **愛的面貌**：不同類型的愛情包括友情、浪漫的愛情、深情的愛和完美的愛。友誼對成人發展有重要影響，特別是在提供情感支持上。浪漫的愛情也叫激情，是包括性和情感的混合物，但不是所有都是正向的。深情的愛，也叫夥伴式的愛情，對成熟的關係更為重要。Shaver 提出愛情的發展模式和 Sternberg 愛情三元理論 (激情、親密和承諾向度)。
- **失戀**：擁有密切的關係崩潰瓦解可能很受傷，除了對於某些人會導致幸福和個人發展以外，對於大多數人來說，失戀是痛苦和情緒激烈的。

參、成人生活方式

學習目標三 成人生活方式的特徵

- **單身成人**：單身已成為日益增多的生活方式。自主是其優勢之一，但也要面臨擁有正向身分的自我認同挑戰。
- **同居成人**：同居是一種日益流行的生活方式，但研究人員發現，它往往與負向的婚姻有關，雖然這種關聯還取決於同居的時機。
- **已婚人士**：美國人的結婚年齡越來越晚。儘管結婚率的下降，但美國人有很大的結婚比例。婚姻的好處包括更好的身體和心理健康與更長的壽命。
- **離婚成人**：美國離婚率在二十世紀中期大幅增加，但於 1980 年代開始下降。離婚男女都可以形成新的關係，但要經歷孤獨、焦慮和困難。
- **再婚成人**：男性離婚後會比女性更快再婚。再婚家庭比在第一次婚姻家庭的穩定性較差，再婚成年人的心理健康也比第一次婚姻的成年人來得差，雖然再婚提高成人 (尤其是婦女) 的財務狀況。再婚家庭在大小和形式上有許多不同面貌。
- **同性戀成人**：關於同性戀伴侶研究的最驚人的發現之一是，他們之間的關係與異性伴侶非常相似。

肆、婚姻與家庭

學習目標四 討論婚姻生活、為人父母和離婚。

- **婚姻生活**：Gottman 的研究表明，婚姻幸福的做法是：夫妻建立戀愛地圖、培養愛和欽佩、彼此相對，而不是離開、讓你的伴侶影響你、解決可解決的衝突、克服僵局、並建立共享的意義。
- **初為父母**：家庭越來越小，許多婦女延遲生育，直到她們在職業生涯中穩定。在成年早些時候，生兒育女有一些優勢，在成年較晚期以後生孩子也有一些優勢。
- **處理離婚**：Hetherington 定義六種走出離婚常採取的途徑：強化者、自認夠好者、尋求者、浪子、稱職的獨來獨往者和戰敗者。大約有 20% 離婚後的人調整變得更好。

第八部

成年中期

在中年期，我們已經形成穩定的自我形象。對於某些人來說，中年是一個朦朧的境況，需要探究如何才能撥雲見霧地繼續走下去；而有些人仍在參照著過去信誓旦旦要成功的生活指標。在中年以後，有更多的時間延伸在我們過去比在我們未來的還多，不管多麼不願意，也不得不接受並做出評價。身為一個中年人，我們感覺到生命的傳承，像接力賽跑，手放在生命的火炬上。第八部包括兩章：「成年中期的生理和認知發展」(第 15 章) 和「成年中期的社會情緒發展」(第 16 章)。

世代決定於每個人面對自己孩子的能力。

——Erik Erikson

20 世紀美國心理學家

15 CHAPTER

成年中期的生理和認知發展

學習目標

1

壹、成年中期的本質
學習目標一　解釋中年如何變化，並定義成年中期
包含：中年轉變、定義成年中期

2

貳、生理發展
學習目標二　討論成年中期生理變化
包含：生理變化；健康、疾病、壓力及控制感；死亡率；性慾

3

參、認知發展
學習目標三　定義成年中期的認知變化
包含：智力、訊息處理

4

肆、職業、工作、休閒
學習目標四　成年中期在事業發展、工作與休閒的特徵
包含：在中年的工作、職業生涯的挑戰和變化、休閒娛樂

5

伍、宗教、靈性和生命的意義
學習目標五　解釋宗教、靈性和生命意義在成年中期的角色
包含：宗教、靈性及成年生活、宗教、靈性和健康；生命的意義

我們對時間的看法取決於自己在人生的哪個階段。我們比其他人更關心的是自己在生活中的一些重要的時間。搖滾樂團 Pink Floyd，在他們的歌曲「時間」(Time) 中，描述當人們年輕時，生命似乎很長，時間過得慢一些；但是，當我們變老，時間似乎飛逝而過。

而重複的經歷似乎使時間走得更快，但新的經驗卻減緩我們對時間的看法。年輕人較可能有新的經驗，這些新的經驗會減緩他們對時間的看法。

在成年中期和成年晚期，人越來越會思考剩下的時間，而不是自出生以來的時間。中年人開始回頭看看已經走過的路，反思自己曾經有的時間、所完成的事。他們把目光更投向未來，思考還剩下多少時間來完成希望用自己剩下的生命來達成的夢想？老年人比中年人甚至更常回首過去。

預習

年輕人可能預期到了中年，事情會走下坡。然而，就像人生的各個時期，大多數人在中年同時有積極和消極的特徵。在成年中期這一章中，我們將討論生理變化；認知變化；職業、工作、休閒娛樂；以及宗教和生活的意義。

壹 成年中期的本質

學習目標一　解釋中年如何變化，並定義成年中期

中年轉變　　定義成年中期

一、中年轉變

當今許多 50 歲的人處在比以前更好的狀態，也更加警覺，並且比 40 歲的同儕更有效率。隨著更多人過著更健康的生活方式，加上醫學上有關減緩衰老過程的發現，中年的界限正被往後推。它看起來像中年延後開始，並持續很長的時間，越來越積極、健康、有生產力。

諸如此類的問題：「你屬於哪種年齡組？」和「你覺得自己有多老？」反映時代認同的概念。一致的發現是，當成年人成為老年時，他們的年齡身分比實際年齡更年輕 (Setterson & Trauten, 2009; Westerhof, 2009)。一項研究發現，65 至 69 歲的人有將近一半認為自

已是中年人 (National Council on Aging, 2000)。另一項研究發現一個類似的模式：在 60 至 75 歲的人中有一半視自己為是中年人 (Lachman, Maier, & Budner, 2000)。而最近英國的調查顯示，超過 50 歲的人認為中年開始於 53 歲 (Beneden Health, 2013)。

Carl Jung 在二十世紀早期開始研究中年過渡期，他提到中年是生命的下午 (Jung, 1933)。「中年」可作為成年晚期的一個重要準備：「生命的黃昏」(Lachman, 2004, p. 306)。但是，「中年」來到的時間要提早許多。在 1900 年的平均生命僅為 47 歲時，只有 3% 的人口超過 65 歲；今天，人的平均生命是 78 歲，美國人口有 12% 是 65 歲以上；台灣在 2017 年 2 月底的統計顯示；老年 (65 歲以上) 人口占 13.33%，首次較幼年 (0 至 14 歲) 人口 (占 13.31%) 為多，15 至 64 歲工作年齡人口占 73.36%。隨著人口中有更大比例活到老年，人生的中點和什麼構成中年或中年期越來越難固定 (Cohen, 2012)。

在 Patricia Cohen (2012) 最近的一本書——《我們的壯年：中年的發明》，描述中年不被認為是一個獨立的發展期。在 Cohen 的分析，更多健康的人活到老年階段而更難定義中年。今天的人們比過去幾個世紀需要更長的時間來成長和延長死亡。

與以前的幾十年、幾百年相比，人口是由中年人和老年人構成的比例不斷提高。在過去，人口的年齡結構可以用一個金字塔來表示，人們的童年歲月所占的比例最大。今天，人們在生命不同年齡層的百分比是比較相似，形成所謂的年齡分布是垂直狀的生存曲線「矩形化」(Himes, 2009)。該生存曲線矩形化是由健康的發展促進長壽、低生育率和嬰兒潮世代老化共同構成 (Moen, 2007)。

在以下各節中可以看出，它在描述成年中期是重要的。成年中期有很多生理方面的下滑，以及增加的健康問題，如肥胖率需要採取平衡的角度來看待。

二、定義成年中期

雖然年齡界限不是一成不變的，我們會考慮**成年中期**開始於大約 40 至 45 歲，並延伸至約 60 至 65 歲的發展期。對於許多人來說，成年中期是身體技巧下降和擴展責任的時候，是人們更清醒地認識老當益壯的極限，以及如何善用剩下生命的一個時期；是當個人試圖傳遞有意義的事情給下一代；當人們達到並保持在其職業生涯滿意度的一個時間點。總之，中年期涉及到「平衡中與老年化相關的生理和心理變化中的工作和關係的責任」(Lachman, 2004, p. 305)。

中年是伴隨著體能下降的新的機遇和擴展資源的組合。

——Loiss Verbrugge
密西根大學老人醫學研究所研究教授

成年中期 (middle adulthood)
開始於約 40 至 45 歲的年齡，並延伸到約 60 至 65 歲。

在中年，正如在其他年齡層，個人做出選擇——選擇做什麼、決定如何投入時間和資源，評估哪些生活面向需要改變。在中年，「發生嚴重事故，損失或疾病」可能是一個「警醒」，並產生「時間的重大調整和重新評估」的生命優先事項 (Lachman, 2004, p. 310)，以及由於缺乏資源的保護，許多中年人會遇到意外失去工作和 / 或大力被鼓勵提前退休 (Sweet, Moen, & Meiksins, 2007)。

獲得 (成長) 和失去 (衰退) 的概念是研究生命發展的重要一環 (Dixon et al., 2013)。成年中期是獲得和失去以及生物和社會文化因素相互平衡的時期 (Baltes, Lindenberger, & Staudinger, 2006)。雖然在成年中期，社會文化支持和生理機能下降，但如教育、職業和關係可能在這個時期達到高峰 (Willis & Schaie, 2005)。

發展連結—生命視角
有四種類型的年齡：實際年齡、生物年齡、心理年齡和社會年齡。(第 1 章)

還記得在第 1 章討論到，個人不僅有實際年齡，還有生物、心理和社會年齡要考慮。有專家總結說，較早和較晚時期相比，成年中期受社會文化因素的影響更大 (Willis & Martin, 2005)。

對很多健康的成年人來說，成年中期持續時間比前幾世代的人來得長。事實上，越來越多的專家描述中年期的 55 至 65 歲期間為中年晚期 (Deeg, 2005)。與中年早期相比，中年晚期是更容易被表徵「父母的死亡、最後一個孩子離家、成為祖父母、退休的準備，並且在大多數情況下實際的退休生活。許多人在這個年齡層的經驗是第一次有健康問題」(Deeg, 2005)。總體而言，在此時，雖然獲得和失去可能早在成年中期相互平衡，但許多人在中年晚期的失去可能會開始多於獲得 (Baltes, Lindenberger, & Staudinger, 2006)。

請記住：雖然成年中期的特點有個體差異 (Ailshire & Burgard, 2012; Schaie, 2013)，但人類發展專家 Gilbert Brim (1992) 評論說，成年中期充滿了變化、坎坷和曲折，路徑是不固定的，人是在成功和失敗的狀態間游移的。

複習・連結・反思　學習目標一　解釋中年人如何變化，並定義成年中期

複習重點
- 現今的中年人與過去幾代有何不同？
- 如何定義成年中期？其特點是什麼？

連結
- 在本節中，你將了解當前時代年齡分布的「矩形化」會被許多因素影響，其中包括壽命的增加；對照一下你在第 1 章中了解到人類壽命增加的歷史？

反思個人的人生旅程
- 你如何看待中年 (正在經歷或經歷過)，與你的父母或祖父母有何不同？

貳 生理發展

學習目標二 討論成年中期生理變化

生理變化 | 健康、疾病、壓力及控制感 | 死亡率 | 性慾

成年中期有哪些生理變化？中年人的健康狀況如何？中年人主要死亡原因為何？中年人的性生活如何？

一、生理變化

成年中期的生理變化不像青春期早期那樣的劇烈變化，也不像老年時期有時會急遽下降，這個時期身體變化通常比較緩慢。雖然成年中期會因為老化的關係而經歷生理變化，但是老化的速度每個人都不太相同。基因和生活方式對於是否或何時會罹患慢性疾病扮演了很重要的角色。中年這個階段是一個窗口，透過成年中期我們可以預知晚年生活的狀況，並且可以在這個階段開始預防及影響老化的過程 (Bertrand, Kranz Graham, & Lachman, 2013; Lachman, 2004)。接下來的這個部分，讓我們來一起了解成年中期的生理變化。

(一) 明顯的徵象

成年中期最明顯的生理變化包括外貌的改變。外貌的改變通常在 40 或 50 歲開始出現，由於皮下組織中的脂肪和膠原蛋白流失，皮膚開始出現皺紋和下垂 (Pageon et al., 2014)。皮膚小面積並在局部區域產生老年斑，特別是暴露在陽光下的部位，例如手部及臉部。頭髮則因為新陳代謝的速度變慢及黑色素變少，變得比較細及灰白。手指甲和腳趾甲的角度會變得比較凸，並且較厚、較脆。最近一項雙胞胎研究發現，長時間抽菸容易出現臉部皮膚下垂和皺紋，特別是在臉部中間和下方的區域 (Okada et al., 2013)。

許多文化都有欣賞年輕容貌的價值觀，所以當人們出現頭髮灰白、皮膚皺紋、身材下垂及牙齒變黃時，可能就會努力讓自己看起來變比較年輕。因此常見中年人接受整形手術、染頭髮、買假髮、報名減重課程、參加運動計畫，並且攝取大量的維生素。戰後嬰兒潮 (Baby boomers) 這個世代的中年人，對於整形手術和肉毒桿菌有濃厚的興趣，這可能反映他們渴望減緩老化的過程 (Chen & Dashtipour,

著名演員 Sean Connery 在他 20 多歲的青年時期 (上圖)，以及在他 50 多歲的成年中期 (下圖)。什麼是成年中期外在顯而易見老化的徵兆呢？

2013; Jiang et al., 2014)。

(二) 身高和體重

在成年中期，成年人可能會變矮及體重增加 (Paoli et al., 2014; Winett et al., 2014)。平均來說，男性在 30 到 50 歲之間大約會變矮約 1 英寸，之後在 50 到 70 歲之間可能又會再變矮 1 英寸 (Hoyer & Roodin, 2009)。而女性在 25 到 75 歲之間可能會變矮約 2 英寸。需要注意的是，因為老化的影響，個人會有變矮的明顯改變。身高的改變是因為脊椎的骨質流失。平均來說，在青春期個人體重可能會增加大約 10% 的體脂肪，而在成年期階段，可能會增加大約 20% 或更多的體脂肪。

從成年早期到中期的這個階段有肥胖增加的情形。美國最近的國家調查中，在 2011 到 2012 年之間，40 到 59 歲的美國成年人有 39.5% 的比例被歸類為肥胖，而年輕人則只有 30.3% 的比例 (Centers for Disease Control and Prevention, 2013)。過重在中年階段是嚴重的健康問題 (Simon et al., 2011)。舉例來說，肥胖可能增加罹患其他病症的可能，像是高血壓、糖尿病及消化系統的疾病 (Nag & Ghosh, 2014; Nezu et al., 2013)。一項大規模的研究發現，若個人在中年階段有過重或是肥胖會縮短生命 (Adams et al., 2006)。這項調查是針對美國超過 50 萬的 50 到 71 歲族群，研究人員記錄身高和體重，以及 10 年間的死亡記錄。被定義為過重 [由身高和體重所計算的身體質量指數 (body mass index, BMI) 大於或等於 25] 的 50 歲中年人有大於 20% 到 40% 的風險其生命較短，而那些被定義為肥胖 (身體質量指數大於或等於 30) 的 50 歲中年人，其風險增加至 100 到 200%。

(三) 肌力、關節和骨骼

正如在第 13 章所了解，人的體力及肌力會在 20 多歲時達到高峰。**肌少症** (sarcopenia) 是用來描述隨著年齡增加，肌肉和肌力損失的專有名詞 (Sayer et al., 2013)。肌肉量的損失在 50 歲之後會隨著年紀增長，每年減少的速度大約 1 到 2% (Marcell, 2003)。而肌力損失的部位，以背部及腿部特別明顯。研究人員正在嘗試找出基因與肌少症的相關 (Tan et al., 2012)。肌少症的其中一個危險因子就是肥胖 (Parr, Coffey, & Hawley, 2013)。最近，越來越多的研究人員以「肌少型肥胖症」(sarcopenic obesity) 來描述個人同時有肌少症及肥胖 (Scott et al., 2014)。另一項研究則發現，肥胖型肌少症與高血壓有相關 (Park

中年，就是你的年齡開始顯現在身體的中間部位。

——鮑勃．霍普 (Bob Hope)
美國 20 世紀喜劇演員

et al., 2013)。另一項文獻回顧的結論表示，體重管理和肌耐力訓練是減緩肌肉量與肌力的最佳策略 (Rolland et al., 2011)。

人體關節功能也是在個人 20 多歲時達到最高峰。負責骨頭動作的緩衝墊 (如肌腱和韌帶) 的效率在成年中期會變得較差，許多人在這個時期會經歷關節僵硬，以及動作執行得困難的情形。

骨質密度最佳的時期在 30 歲中期和後期，在此之後骨質密度會逐漸流失。骨質流失的速度一開始是緩慢的，但之後會隨著老化而加速 (Baron, 2012)。女性骨質流失的速度比男性快 2 倍。到了中年時期的尾聲，很容易發生骨折，並且癒合的時間較長 (Rachner, Khosia, & Hofbauer, 2011)。

(四) 視力與聽力

眼睛的調節——將影像聚焦及維持在視網膜上——這樣的能力在 40 到 59 歲之間會大幅衰退，尤其在中年開始出現看近物感到困難。

儘管通常不是到了 50 歲或 60 歲時，眼睛的供血量才開始減少，但是此時會更明顯。供血量減少可能會減少視野的範圍，並且增加眼睛盲點的區域。到了 60 歲，視網膜只能接收 20 歲時可接收光線的三分之一，這主要是因為瞳孔大小變小所致 (Scialfa & Kline, 2007)。

聽力在 40 歲時也會開始下降。聽力檢測指出，50 歲或是年紀更大的人，有 50% 有聽力損失的情形 (Fowler & Leigh-Paffenroth, 2007)。首先，從高音頻的敏感度開始下降，而低音頻聲音在成年中期的退化，並沒有那麼明顯。男性對於高音頻聲音的敏感度，其損失的速度比女性來得快。然而，這樣的性別差異可能是因為男性有較大的機會暴露於噪音職場中，例如採礦、汽車工業等。

研究人員正在尋找新的可能性，以增進此時期人們的視力和聽力。其中一項策略包括能夠更好控制強光或是來自背景的噪音 (Natalizia et al., 2010)。對於想要矯正視力的中年人來說，雷射手術和植入人工水晶體手術已經成為例行的程序 (Fang, Wang, & He, 2013)。此外，助聽器最新進展也讓許多人的聽力有了巨幅改善 (Banerjee, 2011)。

(五) 心血管系統

成年中期若有高血壓和高膽固醇，常使中年人感到驚慌，心血管疾病的罹患率在成年中期顯著增加 (Hwang et al., 2014; Siegler et al., 2013; Wang et al., 2014)，如圖 15.1 所示。

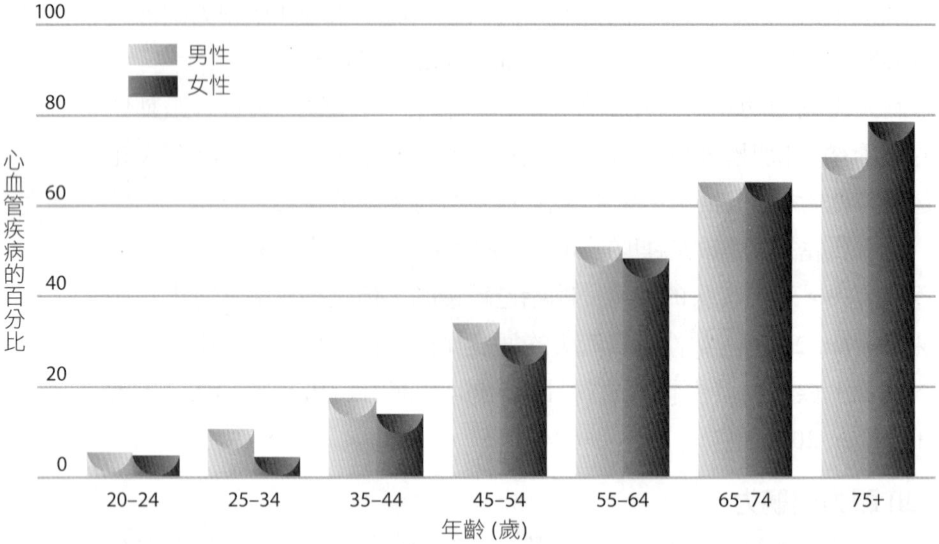

圖 15.1 年齡和性別與心血管疾病的關係。注意：中年時心血管疾病急遽增加。

血液中的膽固醇濃度在中年時期會增加，並且開始聚集在動脈血管壁，增加罹患心血管疾病的危險 (Emery et al., 2013)。然而，膽固醇的類型會影響在血液中的作用 (Chan et al., 2013; Wang et al., 2014)。膽固醇有兩種：低密度脂蛋白(low-density lipoprotein, LDL)，以及高密度脂蛋白 (high-density lipoprotein, HDL)。LDL 通常被認為是「壞」膽固醇，若是 LDL 在血液中的濃度太高，它會附著於血管內膜，進而導致動脈粥狀硬化 (atherosclerosis)，也就是血管硬化 (Wenger, 2014)；而 HDL 通常被認為是「好」膽固醇，若是血液中的 HDL 濃度高且 LDL 濃度低，罹患心血管疾病的危險性就較低 (Karavia et al., 2014; Li et al., 2013)。

非洲肯亞馬賽 (Masai) 部落的成員，能夠在跑步機上停留較長的時間，因為他們的生活型態，馬賽部落極低心臟疾病的發生率與他們積極的生活型態有關。

高血壓 (hypertension) 通常在人們 40、50 幾歲時開始出現 (Roberie & Elliott, 2012; Tzourio, Laurent, & Debette, 2014)。女性在更年期時，血壓會急遽上升，且在接下來的人生階段會持續高血壓 (Taler, 2009)。一項最近的研究發現，未受控制的高血壓可能會在 30 多歲晚期和 40 多歲早期損害大腦的結構與功能 (Maillard et al., 2012)。在此研究中，當個體有高血壓 (收縮壓高於 140 及舒張壓高於 90) 時，大腦的白質 (軸突) 會出現結構上的損傷，灰質的體積也減少 (細胞體和樹突)。同時，一項近期的研究顯示，中年時高血壓與晚年時認知能力受損的風險有關 (23 年之後) (Virta et al., 2013)。

通常在成年中期，運動、體重控制，與攝取充足水果、蔬菜及全穀食物，可以避免許多心血管問題的產生 (Cuenca-Garcia et al., 2014; Santilli et al., 2013)。舉例來說，雖然膽固醇濃度會受遺傳影響，但透過食用低飽和脂肪和低膽固醇的食物，並搭配規律運動，可以減少低密度脂蛋白和增加高密度脂蛋白 (Logan, 2011)。一個關於更年期後女性的研究指出，經過 12 週有氧運動訓練後，可以改善她們的心血管功能 (O'Donnell, Kirwan, & Goodman, 2009)。

什麼是代謝症候群的特徵？

中年和老年另一個問題是**代謝症候群**，它的特徵是高血壓、肥胖和抗胰島素 (Samson & Garber, 2014)。研究人員發現，暴露在慢性壓力與代謝症候群的發生有關 (Fabre et al., 2013)。代謝症候群通常會導致糖尿病和心血管疾病的發生 (Landsberg et al., 2013; Scuteri et al., 2014)。減重和運動是強烈推薦作為代謝症候群治療的一部分 (Samson & Garber, 2014; Vissers et al., 2013)。

(六) 肺部

大部分中年人，肺的容積有小變化。大約在 55 歲時，肺組織的蛋白質會變得較無彈性。這個改變與逐漸變僵硬的胸腔壁、肺容積減少，以及人們呼吸時血管血液氧氣穿梭的容積有關。抽菸者在成年中期肺部的容積會迅速下降，但如果抽菸者戒菸，他們肺部的容積會改善，雖然仍無法達到未曾抽菸的人的水準。

運動與較佳的肺功能有關，也會降低罹患肺癌的風險。一項近期研究針對超過 17,000 名的 50 歲男性進行心血管健康評估 (Lakoski et al., 2013)。後續的醫療保險分析指出，體適能最佳族群與最不佳族群相比，可減少 68% 因肺癌方面的死亡機率。

研究人員同時也發現，青年時較低認知能力與成年中期肺功能減少有關 (Carroll et al., 2011)。肺功能的減少與發展時較低的認知功能有關 (Shipley et al., 2007)。關係可能是因為，肺的功能會影響大腦的結構和功能，反過來影響認知功能 (MacDonald, DeCarlo, & Dixon, 2011)。

(七) 睡眠

美國成年人晚間平均睡眠時間少於 7 小時。成年人需要多長的睡眠，隔天才能表現得宜呢？專家提及一個持續增加的數字，每晚需要 8 小時或是更長的時間，隔天才能表現得較為理想。這些專家主張，許多成人經歷睡眠剝奪 (McKenna et al., 2013)。工作壓力、學校壓力、家庭責任及學校義務，通常會導致長時間的失眠和不規律的睡眠

代謝症候群 (metabolic syndrome)
一種狀況和高血壓、肥胖及糖尿病有關。代謝症候群通常會導致糖尿病和心血管疾病的發作。

時間 (Soderstrom et al., 2012)。習以為常的睡眠剝奪與疾病的發生率有關，特別是有心血管疾病的人 (Grandner et al., 2013)。

中年人的睡眠在某些方面可能會有一些問題 (Green et al., 2012)。青年時睡眠時數通常能維持一致，但是從 40 歲開始，失眠會更常見，深眠期也變得更少。成年中期晚間醒著躺在床上的時間會變多，這可能會產生在早上休息較少的感覺。睡眠呼吸疾患及不寧腿症候群 (restless legs syndrome) 更為盛行 (Polo-Kantola, 2011)。一項近期的研究也發現，中年人晚間平均睡眠低於 6 小時可能會增加中風的風險 (Ruiter et al., 2012)。而且一份近期的研究也發現，睡眠剝奪與免疫系統功能變得較無效率有關 (Wilder-Smith et al., 2013)。一項文獻回顧研究的結論指出，睡眠剝奪與長期記憶鞏固的困難有關 (Abel et al., 2013)。此外，中年人的睡眠問題也常見於使用大量處方藥物和非處方藥物、肥胖、有心血管疾病或是憂鬱的人 (Loponen et al., 2010)。

二、健康、疾病、壓力及控制感

成年中期與兒童期、青少年或是青年時相比，意外事故的頻率減少，也較少感冒和過敏。確實，許多中年人在此一階段並沒有持續的健康問題。然而，疾病和持續的健康問題對某些個體來說，在成年中期時會變得常見。

慢性疾病的特徵在於緩慢發病和持續的時間 (Hoyt & Stanton, 2012; Ory et al., 2013)。慢性疾病很少在成年早期出現，通常在成年中期時增加，老年變得很常見。整體來說，關節炎為成年中期最常見的慢性疾病，其次為高血壓，但此時的慢性疾病會隨著性別有所不同。男性罹患致命慢性疾病 (如冠狀動脈心臟病、癌症及中風) 的發生率較高；而女性罹患非致命慢性疾病 (如關節炎、靜脈曲張及滑囊炎) 的發生率較高。

(一) 壓力與疾病

壓力逐漸被認為是造成許多疾病的因素 (Schwarzer & Luszczynska, 2013)，壓力的累積效應通常到了成年中期時才會付出代價。David Almeida 和他的同事主張，慢性壓力或長時間暴露於壓力下可能會對身體機能產生破壞作用，包含皮質類固醇 (corticosteroids) 不健康的生產過剩，例如皮質醇 (cortisol)。慢性壓力會干擾免疫機能，而且壓力所造成的疾病不只是與免疫系統有關，也與心血管的因素有關 (Emery et al., 2013; Stowell, Robles, & Kane, 2013)。最近一項

慢性疾病 (chronic disorders)

緩慢發病且病程較長，很少會在成年早期時出現，通常成年中期增加，老年時變得很常見。

研究發現，慢性壓力會加速胰腺癌發展 (Kim-Fuchs et al., 2014)。此外，另一項研究顯示，中年人在高度身體調適負荷 (allostatic load) 時 (回應高度壓力時損耗身體的系統)，他們的情節記憶和執行功能有損害的情形 (Karlamangia et al., 2014)。另外一項近期研究調查 44 到 58 歲在職場活躍的族群，發現在成年中期時若能覺察壓力症狀，與 28 年後自我照顧的失能及移動限制有關 (Kulmala et al., 2013)。

1. 免疫系統和壓力

免疫系統藉由辨識外在物質，例如細菌、病毒和腫瘤，並且摧毀它們幫助我們保持健康 (Stowell, Robles, & Kane, 2013)。免疫系統功能隨著正常的老化，效率變得較差 (Dougall et al., 2013; Evers et al., 2014)。

免疫系統由數百萬位於循環系統的白血球組成。白血球的數量和它們殺死外來病毒或細菌的效率，與壓力程度有關。當人處於壓力之下，病毒和細菌有可能會有交互作用，並導致疾病。在青年和中年人的一項研究顯示，持續失業的人與先前失業後又復職的人相比，有較低的自然殺手細胞 (natural killer cells, NK) (Cohen et al., 2007)。自然殺手細胞是白血球的一種類型，在壓力低的狀態下出現較多。在緊張的狀況之下，有較低的自然殺手細胞，這意味著脆弱的免疫系統。一項研究表示，有氧健身與較低程度的衰老 T 細胞 (細胞因持續的免疫活化而過早的老化) 有關 (Spielmann et al., 2011)。

慢性壓力源與免疫系統功能的衰退有關，包括擔憂住在核電廠旁、親密關係的缺乏 (離婚、分居或是婚姻壓力)、憂鬱、孤獨，以及對於罹患慢性疾病的家庭成員繁重的照顧壓力 (Fagundes, Glaser, & Kiecolt-Glaser, 2013; Fagundes et al., 2013; Jaremka et al., 2013a, b; Jaremka et al., 2014a)。

Sheldon Cohen 和他的同事實行一連串關於免疫和傳染性疾病感染的實驗 (Cohen & Janicki-Deverts, 2012; Cohen et al., 2012, 2013; Cohen & Shachar, 2012)。他們發現有些因素，例如壓力、情緒及缺乏社會支持，會降低個體的免疫功能，降低個體抵抗疾病的能力。

2. 壓力和心血管系統

壓力和負向情緒會改變相關的生理過程，影響心血管疾病的病因和發展 (Emery et al., 2013; Lamy et al., 2014)。有時，壓力和心血管疾病之間的相關性是間接的。舉例來說，人們生活在慢性壓力的環境，例如持續的窮困，可能會開始抽菸、過度飲食，也會避免運動 (Sowah, Busse, & Amoroso, 2013)。這些與壓力相關的行為與心血管疾病的發展有關 (Sultan-Taieb et al., 2013)。

(二) 控制感

雖然許多疾病在成年中期增加，擁有控制感與健康和安適感有關 (Bertrand, Kranz Graham, & Lachman, 2013)。研究人員發現，擁有控制感在成年中期達到高峰，在老年時消退 (Lachman, 2006; Lachman, Rosnick, & Rocke, 2009)。然而，在任何一個成人年齡的階段，對於控制感會有很大的個別差異。Margie Lachman 和她的同事 (2011) 主張，在成年中期擁有控制感是延遲中年疾病發生的最重要因素，並且可以消除晚年疾病的發生。

三、死亡率

直到 20 世紀中期，感染疾病仍是死亡的主要原因。當傳染疾病的比率降低，同時也有更多的人活過中年，慢性疾病的比率就逐漸增加 (Keiley-Moore, 2009)。慢性疾病現在成為中年人死亡的主要原因。

在成年中期，大部分的死亡都是單一原因，很快便能辨認，但老年時，死亡通常是好幾種慢性疾病的聯合導致的 (Pizza et al., 2011)。多年來，心臟疾病都是成年中期的主要死因，其次是癌症；然而，美國自 2005 年開始，許多 45 至 64 歲的人因癌症而死亡，其次才是心血管疾病 (Kochanek et al., 2011)。癌症與第二大死亡主因之間的差異，從 45 到 54 歲及 55 到 64 歲，差異越來越大 (Heron, 2013)。男性與女性相比，在所有主要死因的死亡率都較高 (Kochanek et al., 2011)。

四、性慾

在女性和男性步入中年時，性生活會有什麼樣的改變？**更年期**是中年生育能力消退的一個過渡時期。接下來我們將討論女性與男性不同的更年期經驗。

更年期 (climacteric)
中年生育能力衰退的過度期。

女性更年期 (menopause)
女性月經週期的停止，通常發生在 40 多歲晚期或是 50 多歲早期。

(一) 更年期

女性更年期發生在中年女性的月經停止時，通常在 40 多歲晚期或是 50 多歲早期。美國女性平均最後月經週期的年齡是 51 歲 (Wise, 2006)。然而，更年期發生的年齡有很大的個別差異——從 39 到 59 歲都有。較晚的更年期與乳癌風險的增高有關 (Mishra et al., 2009)。

回想第 11 章「青少年時期的生理及認知發展」，少女第一次月經來的初潮年齡，自 19 世紀中葉顯著下降，某些國家更提前了 4 年 (Susman & Dorn, 2013)。那麼更年期是否也有相似提前發生的情形呢？不，在更年期方面並沒有類似的改變，同時月經初潮的年齡和更年期的開始並無相關 (Gosden, 2007)。

*更年期前期*是從一般月經週期到完全沒有月經週期的過渡時期，通常會長達 10 年。更年期前期通常出現在 40 幾歲，但也有可能 30 幾歲就開始 (Martins et al., 2014)。一個關於 30 到 50 歲女性的研究發現，女性最常到醫療保健機構就診的更年期前期症狀是：憂鬱、頭痛、悶悶不樂及心悸 (Lyndaker & Hulton, 2004)。近期的回顧研究發現，更多的證據顯示在更年期前期有效的荷爾蒙補充療法與心血管疾病的發生無關 (Valdiviezo, Lawson, & Ouyang, 2013)。生活方式因素，例如女性是否過重、抽菸、酗酒或規律的運動，在更年期前期會影響未來的健康，包括是否發展成心血管疾病或慢性疾病 (ESHRE Capri Workshop Group, 2011; Kagitani et al., 2014)。

研究人員發現，幾乎有 50% 的加拿大和美國女性在更年期時出現偶爾的熱潮紅，但是日本女性只有 7% (Lock, 1998)。是什麼因素導致這些差異？

在更年期，卵巢所製造的雌激素顯著消退，這個衰退在部分女性會產生不舒適的症狀——舉例來說「熱潮紅」、噁心、疲勞及快速的心跳 (Brockie et al., 2014)。然而，跨文化的研究發現更年期經驗的差異 (Lemer-Geva & others, 2010; Sievert & Obermeyer, 2012)，例如熱潮紅在馬雅女性並不是那麼常見 (Beyene, 1986)。亞洲女性與西方社會的女性相比，較少出現熱潮紅 (Payer, 1991)。很難判定這些跨文化的差異是由於基因、飲食、生育，還是文化的因素。

整體來說，更年期對大多數女性並不是負向經驗，儘管它曾被認為是 (Henderson, 2011)。多數女性沒有嚴重的與更年期有關的生理或心理問題。例如：一份近期研究回顧推論，沒有足夠的證據顯示，與其他年齡相較，女性更年期並沒有出現較高比率的憂鬱症 (Judd, Hickey, & Bryant, 2012)。

然而，對女性來說，生育能力喪失是一個重要的標誌—這表示她們對於要不要生小孩必須做出最後的決定。沒有生過小孩的女性，在她們 30 幾歲時，會說要「對抗生理時鐘」，因為她們是否要生小孩必須盡早決定。

荷爾蒙補充療法 (hormone replacement therapy, HRT) 填補了由卵巢分泌的生殖激素的減少 (Terry & Tehranifar, 2013)。HRT 由不同形式的雌激素組成，通常會與黃體素結合。過去有研究顯示，HRT 會

增加中風的風險 (National Institutes of Health, 2004)。自從 HRT 與增加中風風險有關被報導後，HRT 的使用大約減少 50%，甚至更多 (Pines, Sturdee, & Maclennan, 2012)。然而，近期研究卻又發現，在 60 歲前開始使用 HRT，及 / 或更年期發生 10 年內使用 HRT 並持續使用 6 年以上，可以減少心血管疾病的風險 (Hodis et al., 2012)。進一步的證據顯示，當女性 50 多歲開始使用 HRT 並持續使用 3 到 50 年，會增加 1.5 倍的生活品質 (Hodis & Mack, 2014)。此外，一份近期的資料分析推論 HRT 與女性肺癌減少有關，特別是未抽菸和 BMI 低於 25 的女性 (Yao et al., 2013)。

美國國家衛生研究院建議未使用子宮切除術 (hysterectomy)，以及現在正使用荷爾蒙的女性，可以和醫生討論是否要持續使用 HRT。假如她們使用 HRT 是為了短期緩解更年期症狀，這個做法可能是利多於弊 (Santen et al., 2014)。許多中年女性尋找其他替代荷爾蒙補充療法的方式，像是規律運動、膳食補充劑、草藥、放鬆治療、針灸，以及非類固醇類的藥物 (Al-Safi & Santoro, 2014; Buhling et al., 2014; Velders & Diel, 2013; Ward-Ritacco et al., 2014)。近期研究顯示，對久坐不動的女性，在經過 6 個月的有氧訓練後，更年期的症狀減少，尤其是夜間盜汗、情緒波動及易怒 (Moilanen et al., 2012)。另一項近期研究發現，瑜伽也可以改善更年期女性的生活品質 (Reed et al., 2014)。

(二) 中年男性的荷爾蒙變化

男性會跟女性一樣經歷更年期嗎？亦即，男性有更年期嗎？在成年中期，雖然大部分的男性荷爾蒙和精子活動慢慢下降，但並未喪失生孩子的能力 (Blumel et al., 2014)。男性在 50 多歲和 60 多歲時也會經歷荷爾蒙的變化，但並不會像女性那樣經歷雌激素快速下降。睪固酮 (testosterone) 的生產在中年時開始以一年 1% 的速率在衰退，精子數量通常緩慢減少，但是男性在成年中期並未喪失生育能力。專有名詞*男性性腺功能低下* (male hypogonadism) 被用來描述身體未生產足夠的睪固酮的狀況 (Mayo Clinic, 2013)。

近期，*睪固酮補充療法* (testosterone replacement therapy, TRT) 有極大的改變 (Kaplan & Hu, 2013; Rahnema et al., 2014; Ullah, Riche, & Koch, 2014)。數十年來，睪固酮補充療法被認為會增加前列腺癌 (prostate cancer) 的風險，但是近期回顧研究卻指出事實並非如此，至少當使用 1 年或是更少 (Cui et al., 2014; Khera et al., 2014)。現在

為人所接受睪固酮補充療法可以改善性功能、肌肉強度和骨骼健康 (Isidori et al., 2014; Mayo Clinic, 2013)。兩份近期的研究發現，睪固酮補充療法會改善老年男性的性功能及心情 (Miner et al., 2013; Okada et al., 2014)。更進一步地，近期的一個研究發現，中年男性有較高濃度的睪固酮可能會有較好的情節記憶 (Paaizzon et al., 2014)。然而，研究結論對於睪固酮補充療法對老年男性效益與危險的比率，仍是不確定的 (Isidori et al., 2014)。男性如果罹患前列腺癌或乳癌，則不應該使用睪固酮補充療法；或男性如果有血栓 [舉例來說，那些人有心房顫動 (atrial fibrillation)] 的風險，也不應該使用睪固酮補充療法 (Osterberg, Bernie, & Ramasamy, 2014)。

勃起功能障礙 (陰莖勃起困難或難以維持陰莖勃起) 大約影響 50% 的 40 歲到 70 歲男性 (Berookhim & Bar-Charma, 2011)。低濃度的睪固酮有助於治療勃起功能障礙。中年男性抽菸、糖尿病、高血壓、較高的膽固醇濃度、肥胖及缺乏運動，也與勃起問題有關 (Asian et al., 2014; Tanik et al., 2014; Weinberg et al., 2013)。對於男性勃起功能障礙的主要治療重點並不在補充睪固酮，而是利用威而鋼 (Viagra) 或是其他相似的藥物，例如樂威壯 (Levitra) 和犀利士 (Cialis) (Kim et al., 2014; Kirby, Creanga, & Stecher, 2013; McMahon, 2014)。威而鋼能讓更多的血液流至陰莖，產生勃起，成功率可達 60% 到 85% (Claes et al., 2010)。

(三) 性態度和行為

儘管成年中期男性和女性的性功能在生理上會有一些衰退，但性行為的頻率與年輕時相比會下降 (Waite, Das, & Laumann, 2009)。性行為最頻繁的年紀是 25 到 29 歲 (47% 表示一週有兩次性行為或是更多)。而在 50 多歲時頻率下降 (23% 的 50 到 59 歲男性表示一週有兩次性行為或是更多，同年齡層的女性只有 14% 表示同樣的頻率) (Michael et al., 1994)。

中年人的身體健康是性生活的一個關鍵因素 (Field et al., 2013)。一個研究發現，個體性行為的頻率、性生活的品質，以及他們對性的興趣，與身體健康的程度有關 (Lindau & Gavrilova, 2010)。近期關於成人老化的研究也指出，55 歲以上的人性生活型態與他們的生理和心理健康有關 (Bach et al., 2013)。

勃起功能障礙 (erectile dysfunction, ED)
不能適當的達到或維持勃起，以獲得性行為的滿意。

複習・連結・反思　學習目標二　討論成年中期生理變化

複習重點

- 什麼是成年中期生理變化的關鍵？
- 你會怎麼描繪中成年中期健康和疾病的特徵？
- 什麼是成年中期主要致死的原因？
- 中年人的性生活是什麼樣貌？

連結

- 在本節中，你已經讀過更年期時卵巢分泌的雌激素顯著衰退。你在第 11 章時學習有關青春期時雌激素的角色是什麼？

反思個人的人生旅程

- 如果你是一個青年或中年人，你在這個時期能做什麼讓成年中期更健康？如果你是一個老人，當你成年中期會做些什麼事讓自己更健康？

參　認知發展

學習目標三　定義成年中期的認知變化

智力　訊息處理

我們已經了解中年人可能不像 20 歲和 30 歲時，視力一樣好、跑得一樣快，或者如同當時一樣健康。但他們的認知技能呢？當我們進入成年中期時，這些技能會下降嗎？為了回答這個問題，我們將探討智力和訊息處理中認知變化的可能性。

一、智力

我們對中年智力的可能變化的探索側重於流體和晶體智力的概念，這是西雅圖縱貫性研究和世代研究 (cohort study) 的結果。

(一) 晶體智力

John Horn 認為，一些能力在成年中期開始下降，而其他增加。Horn 認為，**晶體智力**是個人累積的訊息和口頭表達能力，繼續在成年中期增加，而**流體智力**則是一個人的抽象推理的能力，開始於成年早期下降 (見圖 15.2)。

晶體智力 (crystallized Intelligence)
根據 Horn 認為，累積的訊息和口頭表達能力，在成年中期增加。

流體智力 (fluid intelligence)
根據 Horn 認為，抽象推理能力，它從成年中期前期開始下降。

Horn 用橫斷面的方式蒐集數據。從第一個橫斷面研究，在同一時間點評估不同年齡的人記憶。例如，在 1980 年的一個橫斷面研究可能評估不同群體的 40 歲、50 歲和 60 歲的智力在單一向度的評價，因為不同的時代提供不同的經濟和教育機會。60 歲的人，當他們成長過程時可能有較少的受教育機會。因此，如果我們發現在智力測驗

40 歲和 60 歲之間的差異，當他們評估橫斷面，這些差異可能是由於相關教育的差異，而不是年齡組的影響。

與此相反，還記得第一章在縱貫性研究中，對相同的個人進行一段時間的追蹤研究。因此，智力在成年中期的縱貫性研究可能包括對同一個人在 40 歲、50 歲和 60 歲時測試相同的智力測驗。

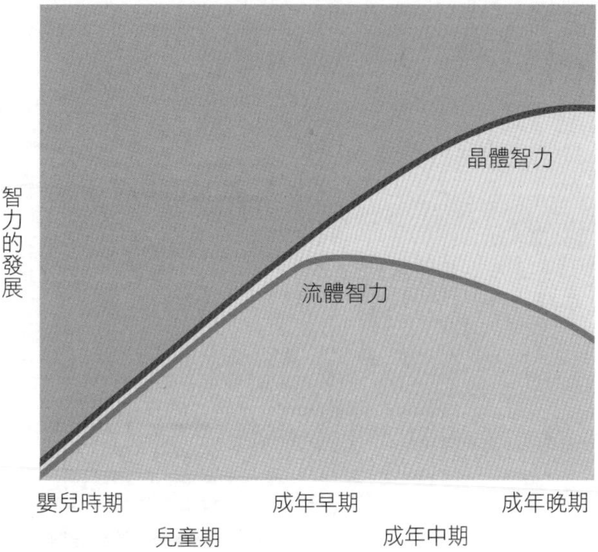

圖 15.2　流體和晶體的智力在整個人生全程的發展。根據 Horn 認為，晶體智能 (基於累積的學習經驗) 在整個生命週期增加；但流體智力 (感知和處理訊息的能力) 穩步上升，從成年中期以後下降。

(二) 西雅圖縱貫性研究

涉及成年後智力能力的廣泛評估的西雅圖縱貫性研究是由 K. Warner Schaie 啟動 (1994, 1996, 2005, 2010, 201la, b, 2013)。參與者已自 1956 年以來接受七年時間間隔檢查：1963 年、1970 年、1977 年、1984 年、1991 年、1998 年、2005 年和 2012 年。最初五百個人是在 1956 年進行測試，新一波參與者則是週期性地加入。西雅圖縱貫性研究的主要重點是，在於個體智力的變化和穩定性。

發展連結—認知理論
認知發展的第五階段——後形式運思階段已經被提出來解釋在成年早期的認知發展特色。(第 13 章)

在這項研究中測試的主要心理能力包括：

- 言語理解 (理解用文字表達思想的能力)。
- 言語記憶 (編碼和回憶有意義的語言單位，如文字列表的能力)。
- 數量 (可執行簡單的數學計算，如加、減和乘法能力)。
- 空間方位 (可視化能力，在二維和三維空間上旋轉刺激)。
- 歸納推理 (能夠認識和理解問題的模式和關係，並利用這種認識來解決問題的其他情況)。
- 知覺速度 (能夠快速、準確地做出視覺刺激簡單的辨視)。

如圖 15.3 所示，六項心智能力中的四個最高水準發生於成年中期 (Schaie, 2013)。對於男性和女性，在中年獲得言語理解、語言記憶、歸納推理和空間定位的高峰性能。六個能力中只有兩個——數量和知覺速度——在成年中期下降。在知覺速度上最早的下降，實際上開始於成年早期。有趣的是，以西雅圖縱貫性研究參與者在 John Horn 的觀點而言，中年的高峰性能應為晶體智力 (口頭表達能力) 的某些

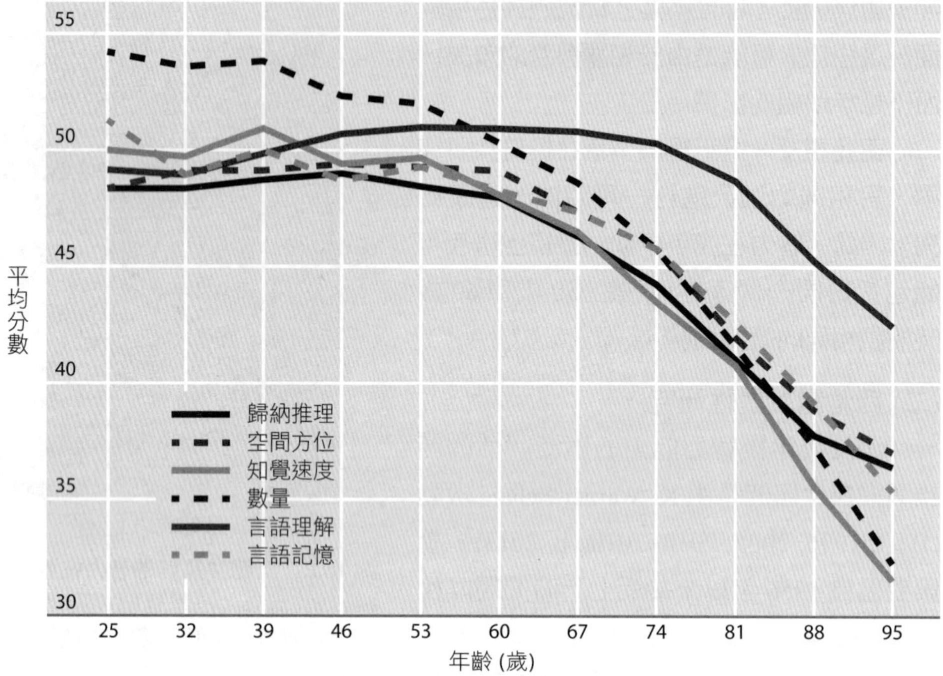

圖 15.3 年齡從 25 到 95 歲的六項心智能力縱貫變化。資料來源：K. Warner Schaie 的：《縱貫變化六個智能理論從年齡 25 到 95 歲》圖 5.7A，在智力發展的影響：西雅圖縱貫性研究 (第 2 版) 2013 年，頁 162。

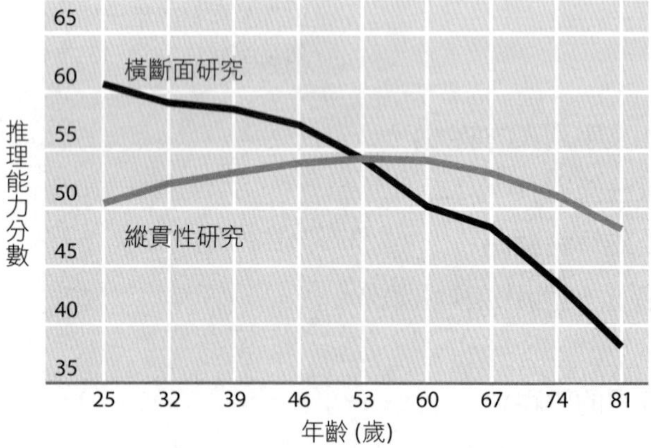

圖 15.4 中年階段智力變化的橫斷和縱貫比較。為什麼成年中期期間達到推理能力的高峰？

方面和流體智力 (空間定位與歸納推理時間)。

當 Schaie (1994) 評定智力的兩個橫斷面和縱貫發展時，他發現在橫斷面比在縱貫評估更容易下降。例如，如圖 15.4 中，當評估橫斷面時，歸納推理能力明顯在成年中期持續下降。相反地，當縱貫性評估時，歸納推理能力卻上升，直至成年中期的結束才開始出現小幅下滑。在 Schaie 的觀點 (2008, 2009, 2010, 2011a, b, 2013)，人們在成年中期而不是成年早期達到許多智力技能的高峰。

再進一步分析，Schaie (2007) 調查了父母和他們的孩子在 60 至 67 歲的七年時間內代間的差異；也就是說，評估第一代父母 60 至 67 歲時的智力；多年後再評估他們 60 至 67 歲的孩子。結果發現第二代的認知功能在歸納推理、言語記憶和空間定位上較高分；而第一代的得分較高的是數量能力。值得注意的是，家長那一代從 60 至 67 歲的年齡間呈現認知衰退現象，但是他們的後代在相同年齡範圍卻顯示認知功能穩定或增加。

這些跨世代的分歧來自人群的影響。在 Schaie (2011b) 的分析，他發現近幾十年來中年認知功能的進步可能是由於教育程度、職業結構、醫療保健與生活方式 (專業職業和工作的複雜性工作者的增加)，以及移民和貧困的社會因素影響。認知功能的增長也被證明流體智力比晶體智力更明顯 (Schaie, 2011b)。

從 Schaie 的研究已經描述的結果發現，成年中期所有參與者的平均認知穩定性或變化。Schaie 和 Sherry Willis (Schaie, 2005; Willis & Schaie, 2005) 檢視了西雅圖研究的參與者的個體差異，並發現大量的個體差異。他們將參與者歸類為「下跌」、「穩定」或「獲益者」三個組別，對於數量的能力、延宕回憶 (口頭記憶任務)，以及單詞流暢性從 46 至 60 歲間，有 79% 具有穩定的得分；延宕回憶的能力有 31% 下降、16% 增加；單詞的流暢度從 46 至 60 歲有 20% 下降。

中年認知發展的個體差異和認知功能障礙的成年晚期是否有關？在 Willis 和 Schaie 的分析，認知正常與受損的老年人在詞彙、空間定位及數量能力上與成年中期並沒有差異。然而，在成年中期記憶力下降 (立即和延宕記憶)、單詞流暢、知覺速度，則和神經心理學家評定的在成年晚期認知功能障礙有關。

一些研究人員不同意 Schaie 認為成年中期的一些認知運作功能是維持或甚至增加 (Finch, 2009)。例如，Timothy Salthouse (2009, 2012) 最近指出，老年化與認知功能的研究橫斷面不應該互斥，這一研究主張推理、記憶、空間可視化和處理速度從成年早期開始下降，並顯示在五十歲進一步下降。Salthouse (2009, 2012) 僅同意涉及積累的知識，如詞彙和一般訊息認知功能，並沒有隨年齡增加而下滑，而是繼續增加，至少直到 60 歲。

Salthouse (2009, 2012) 強調，認知功能在成年早期和中期較低可能是由於與年齡有關的神經生物學下降。橫斷面的研究表明了 20、30 歲時在神經生物學上的因素開始下滑：如區域腦體積、皮質厚度、突觸密度、髓鞘的某些方面及神經傳導物質的運作，如多巴胺和血清素，在大腦皮質血流量與纏結的神經元中的積累等 (Del Tredici & Braak, 2008; Finch, 2009; Hsu et al., 2008; Pieperhoff et al., 2008)。

Schaie (2009, 2010, 2011a, b, 2013) 繼續強調，縱貫性研究把握關

K. Warner Schaie (右) 是生命發展領域的領先開拓者之一。他在這裡與兩名年齡較大的成年人表示正在積極地使用他們的認知能力。Schaie 的研究代表了個人如何發展變化，因為他們經歷了成人期最徹底的考試之一。

鍵，以確定在認知功能與年齡相關的變化，在中年這段時間，許多認知技能實際上是高峰。在未來十年，擴大對與年齡有關的神經生物學變化的研究和認知能力之間的可能關聯應該會有進一步研究，這會增加我們對在成人期與年齡有關認知功能的知識 (Fletcher & Rapp, 2013; Hansen et al., 2014; Klaassen et al., 2014)。

二、訊息處理

發展連結—訊息處理
一項研究發現，10 歲和 11 歲的專家棋手比初學的大學生記得更多的棋子。(第 9 章)

正如我們在從嬰兒時期認知發展理論 (第 1 章) 的討論，到青春期的討論 (第 5、7、9 章和第 11 章) 中看到，訊息處理方法提供研究認知能力的另一種方式。在這發生在中年期訊息處理的變化，是那些參與處理訊息、內在記憶、專業知識和實際解決問題能力的速度。

(一) 訊息處理速度

正如我們在 Schaie (1994, 1996, 2011a, b, 2013) 西雅圖縱貫性研究所看到，在成年早期知覺速度開始下降，並繼續在成年中期下降。評估訊息速度的常見方法是透過一個反應時間的任務，其中個人只需在他們看到一道光出現時按下按鈕，中年人似乎比年輕人慢按下按鈕。但是，請記住：跌幅並不顯著——在大多數調查小於 1 秒。

一個對中年人處理訊息的速度下降可能的原因 (Salthouse, 2009, 2012) 的探究發現，在不同層次的分析均有可能發生的原因，如認知、神經解剖學及神經化學 (Hartley, 2006, p. 201)。

(二) 記憶

發展連結—記憶
中老年人某些類型的記憶衰退比其他的類型更多。(第 18 章)

在 Schaie (1994, 1996) 的西雅圖縱貫性研究中，言語記憶在 50 歲時達到頂峰。然而，在一些其他研究口語記憶卻顯示在中年時下降，特別是在橫斷面研究的評估 (Salthouse, 2009, 2012)。例如，當人們需要提取先前記住的大量詞語、數字或有意義散文時，年輕成年人的表現優於中年人 (Salthouse & Skovronek, 1992)。儘管仍有一些關於內在記憶是否在成年中期下降的一些爭論，但大多數專家得出的結論是：在此成年期間，它確實在某些時候下降 (Lundervold, Wollschlager, & Wehling, 2014; McCabe & Loaiza, 2012; Salthouse, 2012)。

認知老化專家 Denise Park (2001) 認為，中年後期開始，需要更多的時間來學習新的訊息，這和工作記憶及心智處理的工作台有關，這涉及個人運作和蒐集訊息，並做出決策解決問題，並理解文字語言 (Baddeley, 2007, 2012)。這種觀點認為，成年晚期工作記憶容量變得更加有限。這種情況看成是擁擠的辦公桌上有許多物品亂了陣腳。

由於擁擠和亂了陣腳的結果，長期記憶變得不那麼可靠，還需要更多的時間來輸入新訊息長期儲存，並且需要更多的時間來檢索訊息。因此，Park 的結論成年晚期下降的記憶多是歸咎於訊息過載的結果，即隨著我們透過成年所積聚的大量知識而來。

發展連結—記憶
工作記憶在兒童認知和語言發展的許多方面扮演著重要作用。(第 9 章)

記憶力下降更可能發生在個人不使用有效的記憶策略時，如組織和意象 (Small et al., 2012)。如透過組織的電話號碼清單加以分門別類，或加以圖像化的電話號碼，許多人可以在成年中期提高他們的記憶。

(三) 專門知識

因為它需要很長時間來實現，專門知識常表現在成年中期 (Charness & Krampe, 2008)。從第 9 章的專門知識回想，它涉及具有特定領域的廣泛、高度組織化的認識和了解。開發某一領域專業知識，而成為一個領域的「專家」通常是多年的經驗、學習和努力的結果。

辨別新手和專家的策略包括以下：

- 專家們更傾向於依靠自己積累的經驗來解決問題。
- 專家經常自動處理訊息，並在他們的領域解決問題時能比新手做更有效地分析。
- 專家們在他們的專長領域會有比新手更好的策略和快捷方式解決問題。
- 專家們擁有更多的創意和解決他們的問題比新手更靈活。

(四) 解決實際問題

每天解決問題是認知的一個重要貢獻 (Allaire, 2012; Margrett & Deshpande-Kamat, 2009)。Nancy Denney (1986, 1990) 觀察發現，如果年輕人和中年人沒有與雇主互動的經驗，如果他們不曾在銀行存入支票，處理複雜的錢財問題。她發現，有能力解決這樣的實際問題是經過多年個人實踐經驗的累積，並在實踐中不斷提升能力。

然而，Denney 和其他學者已對整個成年期日常問題解決決策的有效性進行研究 (Allaire, 2012; Margrett & Deshpande-Kamat, 2009)。他們發現，沒有證據證明從 20 到 75 歲在日常生活的認知有顯著變化 (Salthouse, 2012)。對於日常認知功能不會顯著下降的一個可能解釋就是，隨著年齡的增長個人積累的知識增加 (Allaire, 2012)。

複習・連結・反思 學習目標三 定義成年中期的認知變化

複習重點

- 成年中期的智力如何發展？
- 中年期間在處理訊息有什麼樣的變化？

連結

- 在本節中，你讀到的有智力的縱貫和橫斷面研究。你了解第 1 章對這兩種研究方法的利弊分析是什麼？

反思個人的人生旅程

- 想想你的生活與你的父母和祖父母的生活。是否有哪些經驗是你很可能擁有的，這將提高你在中年的智力？

肆 職業、工作、休閒

學習目標四 成年中期在事業發展、工作與休閒的特徵

在中年的工作 | 職業生涯的挑戰和變化 | 休閒娛樂

發展連結—工作
工作定義人的基本生活型態，影響他們的財務狀況、住房、他們消磨時間的方式、他們的友誼，以及他們的健康。(第 13 章)

什麼是一些就業者在中年面臨的問題？休閒在中年人的生活有什麼樣的作用？

一、在中年的工作

工作是成年人生活的重心，無論一個全職的工作、兼職工作、志工，還是家庭主婦，都有重要價值。許多中年人達到他們的地位和收入高峰，但是也同時背負多種財政負擔，包括房租或抵押貸款、兒童保健、醫療費、大學學費等。

在美國，40 至 59 歲的成人大約 80% 被僱用。在 51 至 59 歲年齡組，則略小於 25% 沒有工作，超過這個年齡組的一半從事有報酬的工作類型 (Sterns & Huyck, 2001)。此外，最近的一項研究發現，難以掌控工作任務與中年人健康不良有關 (Nabe-Nielsen et al., 2014)。

中年工作者執行工作是否如同年輕成年人一樣稱職？有一些就業者會隨年齡增加而減少或離開該領域，如空中交通管制員和專業運動員，但對於大多數就業者而言，年輕人和中年人的工作業績並沒有差異 (Sturman, 2003; Salthouse, 2012)。

然而，芬蘭研究人員 Clas-Hakan Nygard (2013) 從他的縱貫性研究所得的結論是，工作的效能會因為增加的動機、工作經驗、雇主的信任度和更好的後設思考，而在中年期間達到高峰。Nygard 還發現，

員工在中年所做的工作品質會和他們的工作成就感有關，並和與上司相處有關。中年以後的工作能力和 28 年之後的死亡率、致殘率有關 (von Bonsdorff et al., 2011, 2012)。

對於許多人來說，中年是自我評價、反思的時間，他們思考現在正在做的工作和未來希望做的工作 (Moen, 2009)。其中一些人面臨中年的工作問題而認識到職業發展的侷限性，因此決定是否換工作，決定如何平衡家庭和工作，並計畫退休 (Sterns & Huyck, 2001)。

越來越多同在職場的夫婦都期待退休。從歷史上來看，退休一直是男性的轉變，但今天更成為夫婦兩人共同的計畫 (Moen, 2009; Moen, Kelly, & Magennis, 2008)。

最近的經濟低迷和經濟衰退在美國已經迫使一些中年人提前退休 (Cahill, Giandrea, & Quinn, 2014)，這種提前退休也可能導致積累的資金不足以支付越來越長的退休期 (de Wind et al., 2014; Lusard, Mitchell, & Curto, 2012)。

Sigmund Freud 曾經評論說，成年人每天需要做好適應社會要求的兩件事情是工作和愛情。在他的清單上，我們加上「玩」。在快節奏的社會，很容易在我們的成就導向工作世界之瘋狂、忙碌的步伐被套牢和忽略休閒和娛樂。想像一下你的生活，身為一個中年成人，什麼是工作和休閒的理想組合？作為一個中年成人，你想要什麼休閒活動的享受？

二、職業生涯的挑戰和變化

中年的就業者面對二十一世紀的幾個重要的挑戰 (Brand, 2014)，包括工作的全球化、迅速發展的資訊技術、組織縮編、提前退休，以及有關養老金和醫療保健的關注。

全球化已經促使許多公司由大多是白人男性的員工，變成具有不同的種族和民族背景的員工。為了提高利潤，很多公司都在重組、縮編和外包工作。其中一個變化的結果是，提供中年員工提前退休獎勵——在員工五十多歲時，甚至四十多歲，而不是以往的 65 歲。

關於醫療保險中固定金額的養老金下降和不確定性的增加，減少中年就業者的個人掌控感。因此，許多人延遲退休或是退休後再去找另一份工作。

有些人在中年遇到職業變化而產生自我激勵，但也有的是失去工作 (Brand, 2014)。中年時，有些人決定不想花自己的餘生做他們一直在做的同一種工作 (Hoyer & Roodin, 2009)，他們在成年中期調整理想化的希望，適應現實可能性，評估個人在退休前有多少時間，以快速實現其職業目標 (Levinson, 1978)。如果個人覺得他們是落後於預定計畫，或是他們的目標是不現實的、他們的工作是不愉快的或他們的工作太緊張，可能會積極地換工作 (Andersson & Bergman, 2011)。

三、休閒娛樂

身為一個成年人，不僅必須學會如何有效能地工作，也需要學習如何放鬆和享受休閒 (Eriksson Sorman et al., 2014)。**休閒**是指愉快的下班時間，個人可以自由地追求自己的選擇、愛好、運動或者閱讀活動。在一個分析什麼是美國成人最後悔的事的研究中，不從事更多的休閒是前六名的遺憾之一 (Roese & Summerville, 2005)。

休閒可以是中年期一個特別重要的面向 (Nicolaisen, Thorsen, & Eriksen, 2012)。到成年中期，許多人有更多的資金可用，而且可能有更多的自由時間和帶薪休假。總之，中年的變化可能擴展了休閒的機會。

在一項研究中，對 12,338 名 35 至 57 歲的男性進行了評估，關於他們在五年中，每年是否利用了假期 (Gump & Matthews, 2000)，然後研究人員再檢查他們醫療和死亡記錄九年，在調查到的最後一次休閒度假後，他們至少再活了一年。與這些從來沒有度假者相比，男性持續休假者，有 21% 在九年中不太可能死亡，並有 32% 不太可能死於冠狀動脈心臟疾病。而最近芬蘭的研究發現，中年很少從事休閒活動和成年晚期 (23 年後) 的認知障礙風險有關 (Virta et al., 2013)。

休閒 (leisure)
工作後的愉快的時光，個人可以自由地從事自己喜歡的活動和自己選擇的利益。

在中年成年人需要在心理上開始為退休做準備，此時建設性和充實的休閒活動是該重視的。如果成年人發展一個可以延續到退休後的休閒活動，從工作過渡到退休的壓力可能會較小。

複習・連結・反思　學習目標四　成年中期在事業發展、工作與休閒的特徵

複習重點

- 什麼是一些中年工作者面臨的問題？
- 什麼是職業的挑戰？在成年中期可能經歷哪些變化？
- 中年人的休閒有什麼特點？

連結

- 在本節中，你了解到成年人在成年中期的休閒時光。複習一下在第 12 章討論到青春期的文化差異和休閒時光？

反思個人的人生旅程

- 你想中年的工作生活和休閒要像什麼？如果你是中年人，有什麼工作、生活和休閒活動？

伍 宗教、靈性和生命的意義

學習目標五 解釋宗教、靈性和生命意義在成年中期的角色

宗教、靈性及成年生活 | 宗教、靈性和健康 | 生命的意義

宗教和靈性在成年期的發展扮演什麼角色？生命的意義對於很多中年人來說是一個重要主題？

宗教和靈性在中年人的生活扮演什麼角色？

一、宗教、靈性及成年生活

宗教可以從靈性區分開來嗎？由 Pamela King 和她的同事 (2011) 最近的分析提供以下差別：

- **宗教**是有組織的一套信仰、習俗、儀式和符號，增加了個人與一個神聖的或超越其他者 (上帝、更高的力量，或者終極真理) 的連接。
- **虔誠**是指隸屬關係的程度與組織，遵守其規定的禮儀和習俗，並參加信徒和信仰緊密連接的社團。
- **靈性**涉及經歷一個超自然的方式超越自己，活在有利於他人和社會的一種方式。

在思考宗教、靈性和成人發展，要考慮個體差異是非常重要的。宗教和靈性對一些成年人有強大的影響力，但對其他人來說則是根本沒有意義 (McCullough et al., 2005)。此外，宗教和靈性的影響在信徒的發展與生活中可能會發生改變 (Sapp, 2010)。在 John Clausen (1993) 的縱貫性調查，一些人在成年早期已經有強烈宗教信仰，卻在中期越來越下降，而另一些人則在中期變得更加虔誠。

麥克阿瑟基金會 (MacArthur Foundation) 在對中年發展的研究中發現，70% 以上美國中年人認為宗教和靈性生活是他們生活的重要組成部分 (Brim, 1999)。一個從他們 30 歲出頭一直追蹤到他們 60 歲後期和 70 歲初期的個人縱貫性研究發現，靈性在成年中晚期 (50 歲中 / 60 歲初) 和成年晚期之間發生顯著的上升 (Wink & Dillon, 2002) (見圖 15.5)。而最近的一項調查發現，30 至 49 歲有 77% 及 50 至 64 歲有 84% 有宗教信仰 (相較於 18 至 29 歲有 67%，90 歲及以上成年人有 90%)(Pew Research, 2012)。

女性一直顯示在宗教和靈性生活上比男人有更強烈的興趣。在剛

宗教 (religion)
有組織的一套信仰、習俗、儀式和符號，增加一個人對一個神聖的或超越其他的連接 (上帝或更高的真理)。

虔誠 (religiousness)
個人隸屬於一個有組織的宗教的程度，參與禮儀規定和做法，讓人感覺其信仰的連接感，並參與信徒們組成的團體。

靈性 (spirituality)
一個超然的生活態度，生活在有利於他人和社會的一種方式。

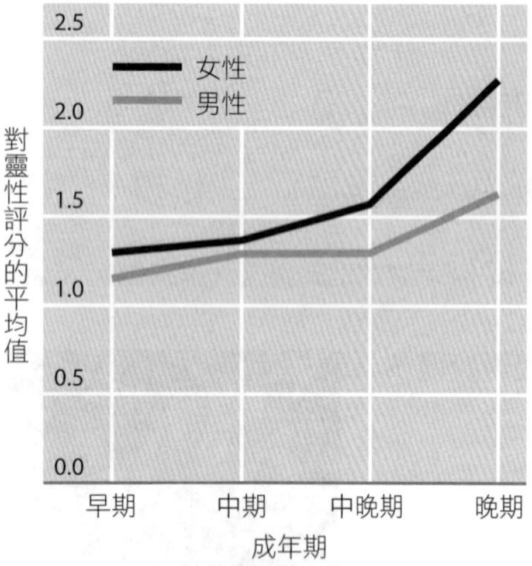

圖 15.5 靈性在四個成人年齡層的水準。在縱貫性研究中，個人在四個不同的成年早期 (三十) 的靈性、中期 (四十多歲)、中年中晚期(五十歲中期/六十歲初)和晚期(六十歲後期 / 七十歲初) 各進行一次評估。基於應對開放式的問題在採訪中，個人的靈性狀態被編碼在 5 分制，5 是靈性的最高水準，1 是最低的。

剛描述的縱貫研究中，女性在人生後半段的靈性生活多於男性 (Wink & Dillon, 2002)。

二、宗教，靈性和健康

宗教信仰怎麼可能影響到身體健康？一些邪教和教派鼓勵會損害我們的健康行為，如忽略健全醫療諮詢 (Manca, 2013; Williams & Sternthal, 2007)。但對於宗教主流而言，越來越多的研究人員發現靈性 / 宗教與健康有正面相關性 (Krause & Hayward, 2014; McCullough & Willoughby, 2009)。研究人員已經發現，宗教承諾有助於緩和血壓與降低高血壓，宗教活動的出勤率也和高血壓的降低有關 (Gillum & Ingram, 2007)。還有研究發現，有更高程度的靈性 / 宗教信仰的成年人，死亡率降低 18% (Lucchetti, Lucchetti, & Koenig, 2011)。

總之，宗教及其應對方式可以幫助一些人更有效地應對在他們生活中面臨的挑戰 (Olson et al., 2012; Park, 2010, 2012a, b; 2013; Park & Slattery, 2013)。宗教顧問經常建議有關心理健康和應對方式。

發展連結—宗教
宗教和靈性在老年人的生活中發揮許多重要的作用。(第 18 章)

三、生命的意義

奧地利精神科醫生 Viktor Frankl 的母親、父親、兄弟和妻子在波蘭奧斯威辛的集中營毒氣室死亡。Frankl 從集中營倖存，接著撰寫有關生活意義的書。在他寫的書《活出意義來》，Frankl (1984) 強調每個人的獨特性和生命的有限性。他認為，審視我們存在的有限性和死亡的確定性擴大了生命的意義。如果生命不是有限的，Frankl 說，我們能一起度過一生的機會就不值得珍惜，因為時間會繼續。

Frankl 表示，有三個最顯著的人文素養是靈性、自由和責任。在他看來，靈性沒有宗教的基礎，而是指一個人的精神層面、理念和思維的獨特性。Frankl 提出，人們需要問自己這樣的問題：為什麼他們存在、他們想要從生活中獲得什麼，以及他們生活的意義。

在成年中期正是個人開始更頻繁地面對死亡，特別是父母和其他長輩的死亡，也面臨著自己的生活只剩更短時間的失落，有很多人在中年開始詢問和評估 Frankl 提出的問題 (Cohen, 2009)。在【發展與生活的連結】指出，意義尋找的應對對長期壓力和失落感特別有用。

發展與生活的連結

宗教、靈性與應對

什麼是宗教、靈性及應對壓力之間的關聯？研究人員越來越發現，宗教和靈性與幸福感有關 (Masters & Hooker, 2013; Pirutinsky, 2013)。此外，在針對 850 名患有心理疾病患者的研究，考慮其嚴重性到住進急性護理醫院，是否有宗教信仰仍與低憂鬱症的出現率有關 (Koenig et al., 1992)。

宗教應對在高壓力的時候是有益的 (Pargament et al., 2013)。例如在一項將參與者分為經歷高壓力和處在低壓力狀態者兩組對照的研究 (Manton, 1989)。在高壓力組，精神上的支持顯著和較低憂鬱症及較高的自尊有關；但在低壓力組則沒有這樣的關聯。一項研究顯示，當宗教是人們生活的一個重要層面時，他們經常禱告、有積極的宗教核心信念，顯得較少擔心，不太焦慮，並有較低的憂鬱指數 (Rosmarin, Krumrei, & Andersson, 2009)。

最近研究人員對宗教和生活應對的關聯專注於**意義尋找的應對**，其中包括信念、價值觀和在目標，其改變壓力下意義，尤其是在長期巨大的壓力下，例如心愛的人死去。在 Crystal Park (2005, 2007, 2010, 2013) 的觀點，有宗教信仰者在心愛的人去世後，立即體驗到他們的信仰、價值觀和目標比沒有宗教信仰的人更加混亂。但是隨著時間的推移，他們在尋找失落的意義時，鬱悶的心情會減輕。因此，宗教可以作為一個意義的體系，透過這些失去親人的經歷他們能夠重建價值，甚至找個人成長的途徑。

宗教如何和應對壓力的能力產生關聯？

如果宗教能夠連接到更好地應對壓力的能力，而壓力又被認為和疾病有關 (如前面的章節中所示)，那麼可以斷定有關宗教和疾病之間可能存在間接聯繫嗎？

有了生活的意義感會更清晰地指引一個人一生的生活，達到目標的動機。意義在生活中也和心理健康與身體健康有高度相關 (Park, 2012b)。

意義尋找的應對 (meaning-making coping)
包括追求信念、價值觀和目標，其改變壓力的意義，尤其是在長期的壓力，例如心愛的人死去。

Roy Baumeister 和 Kathleen Vohs (2002, pp. 610-611) 認為，一個對有意義的生活之追求可以從下列四個方向來理解：

生命意義的探索有什麼特點？

- 目的的必要性。也就是相信「現在所從事的事和未來的生活是有關聯的」。這個目的可以再分為兩部分：(1) 目標；(2) 應驗。人能對未來的預期狀態充滿期待與信任。
- 價值的必要性。也就是相信「有一種更善良美好的生活型態可以追求，這個價值讓人們可以判斷是非善惡」。Frankl 對生命意義的觀點，強調人們需要主要形式的價值意義。
- 效能感的必要性。效能感是指「一個可以有所作為的信念。人生在世是有目的和價值，如果失去效能感將是悲劇性的，這個人可能知道什麼是可取的，但不能用這些知識做任何事情」。隨著效能感的增加，讓人相信他們可以控制自己的環境，具有積極的生理和心理健康的好處 (Bandura, 2012)。
- 自我價值的必要性。大多數人希望自己是「不錯的、有價值的人的」。自我價值可以單獨追求的。

越來越多研究證實「宗教」讓生活增加意義，在人們對生活意義的探索發揮重要作用 (Krause, 2008, 2009)。研究還表明，已經找到生命意義感的人身體會更健康、更快樂；比還沒有發現生命意義的同齡者有更少的憂鬱經驗 (Debats, 1990; Krause, 2004, 2009)。

複習・連結・反思　學習目標五　解釋宗教、靈性和生命意義在成年中期的角色

複習重點

- 中年人在宗教和靈性生活上的特點是什麼？
- 宗教和靈性和身心健康有何關聯？
- 生活中的意義在成年中期發揮什麼樣的角色？

連結

- 在本節中，你了解成年中期的宗教和靈性。在第 12 章中，你學到宗教在青少年生活中的作用是什麼？

反思個人的人生旅程

- 此刻在你的發展，找到人生的意義有多重要？你覺得認識生活的意義是重要的嗎？

與前瞻主題連結

在第 17 章，你會讀到關於生物學的看法，人做什麼可能減緩老化的過程。你還將了解影響預期生命和百歲老人活到 100 歲以上的因素。發生在成年晚期的許多生理變化，包括那些涉及大腦的內容，也將在第 17 章描述。在第 18 章中，你將了解中老年人眾多認知的改變，以及在他們的生活工作與退休、心理健康和宗教的影響。

達成本章學習目標

成年中期的生理和認知發展

壹、成年中期的本質

學習目標一　解釋中年如何變化，並定義成年中期

- **中年轉變**：隨著越來越多的人活到老年，我們覺得中年的期程似乎比以前要再延後。讓發展學者開始關注這一時期的主要原因，是進入此期間的人正急遽增加。
- **定義成年中期**：成年中期涉及廣泛的個體差異。考慮到這種變化，我們會考慮成年中期約在 40 至 45 歲，且在大約 60 至 65 歲的年齡結束。成年中期是獲得和失去，以及生物學和社會文化因素相互平衡的時期。一些專家認為社會文化因素在中年的影響發展超過生物因素。

貳、生理發展

學習目標二　討論成年中期生理變化

- **生理變化**：成年中期的身體變化通常是漸進式的。遺傳和生活方式因素在慢性疾病的出現都具有重要作用。在成年中期的生理變化，包括生理外觀 (皺紋、老年斑) 的變化；身高 (減少) 和體重 (增加)；力量、關節和骨骼；視力和聽力；心血管系統、肺和睡眠。
- **健康、疾病、壓力及控制感**：中年時期，個人發生意外，以及感冒和過敏的頻率下降。慢性疾病很少出現在成年早期，在成年中期時增加，並在老年變得更加普遍。關節炎是成年中期最常見的慢性疾病，其次為高血壓。男人有更多的致命慢性疾病，女性在中年以後更多非致死性的疾病。免疫系統功能會隨著年齡的增長而下降。情緒緊張可能是導致心血管疾病的重要因素。人們生活在長期壓力下更容易抽菸、暴飲暴食、不運動，所有這些壓力有關的行為與心血管疾病有關。在成年中期是具有控制感的高峰，被認為和健康或疾病的發生有關聯。
- **死亡率**：在成年中期，慢性疾病是導致死亡的主要原因。直到最近，心血管疾病是中年死亡的首要原因，但現在癌症則是這個年齡層死亡的首要原因。
- **性慾**：更年期是由中年過渡到生育功能停止的時間。絕大多數女性沒有與更年期相關的嚴重身體或心理問題，這通常發生在四十歲末和五十歲初，但更年期是一個重要的指標，因為它標誌著生育能力的結束。荷爾蒙補充療法 (HRT) 是指由藥物替代下降的卵巢增強生殖激素。HRT 包括各種形式的雌激素，通常與黃體素結合。最近與 HRT 相關風險的證據表明，長期使用應認真評估。男人在中年不會遇到無法成為孩子父親的情況，雖然睾丸激素水準下降，但男性更年期不會發生像女性在雌激素急劇下降的情況。在成年中期比成年早期較少有性行為。儘管如此，大多數的中年人仍顯示對性有溫和到強烈的興趣。

參、認知發展

學習目標三　定義成年中期的認知變化

- **智力**：Horn 認為，晶體智力 (積累的訊息和口頭表達能力) 在成年中期繼續增加，而流體智力 (能力、抽象推理) 開始下降。Schaie 和 Willis 發現，智力能力的縱貫性研究比橫斷面的研究發現較少的智力水準下降。四種智力能力 (言語理解、言語記憶、歸納推理和空間方位) 的最高水準發生在中年。最近的分析表明，在整個成年中期，智力能力呈現相當大的個體差異，且成年中晚期在某些能力的變化比其他時期的智力水準更能預測認知功能障礙。Salthouse 認為，一些認知功能下降從成年早期開始，並在 50 歲時繼續。最近已確定在神經生物學方面功能的下降，這與年齡相關認知功能的變化有關。

- **訊息處理**：訊息處理能力，尤其是反應時間的速度會在成年中期下降。雖然 Schaie 發現，言語記憶會在成年中期增長，但內在記憶卻下降。工作記憶在中年中晚期下降，尤其對於沒有使用有效記憶策略的人，更可能在中年時下降。專業知識是指有廣泛的、高度組織化的知識和特定領域的理解。專業知識往往在成年中期會增加。成年早期和中期在解決實際問題能力仍然是穩定的，但在成年晚期會下降。

肆、職業、工作、休閒

學習目標四　成年中期在事業發展、工作與休閒的特徵

- **在中年的工作**：對於許多人來說，中年是對自己和目前的工作進行評估、反思及評價的時候。一個重要的問題是個人是否會繼續這樣做，還是要轉行或轉換職業類型。
- **職業生涯的挑戰和變化**：如今的中年就業者面對如工作的全球化、訊息技術的迅速發展挑戰、組織規模的縮小及壓力而提前退休，並比以前更關注關於養老金和醫療保健。中年的工作或職業的變化來自於自我激勵或個人限制。
- **休閒娛樂**：我們不僅需要學會工作，也需要學會享受休閒。中年可能因為積極準備退休及生理上的變化，會特別重視休閒。

伍、宗教、靈性和生命的意義

學習目標五　解釋宗教、靈性和生命意義在成年中期的角色

- **宗教、靈性及成年生活**：宗教和靈性在許多美國人的生活中戰有重要地位。女性顯示出比男性更為強烈的宗教和靈性追求。
- **宗教、靈性和健康**：在某些情況下，例如當邪教或教派勸阻病人獲得醫療服務時，宗教靈性和健康有負面連結。至於主流宗教，越來越多的研究顯示，宗教和健康是呈正相關的。宗教和靈性能增強個人對生活壓力的應對。
- **生命的意義**：Frankl 認為，審視我們生存的有限性會開啟對生命意義的探索。面臨年老的親戚去世和自己更少可以生活的時間，許多中年個人越來越會審視生命的意義。Baumeister 和 Vohs 認為，一個有意義生活的追求和四個主要需求有關：目的、價值、效能感和自我價值。

16
CHAPTER

成年中期的社會情緒發展

學習目標

1

壹、人格理論和成人發展

學習目標一　描述人格理論及成年中期社會情緒發展

包含：成年階段、生活事件法、中年的壓力與個人控制、中年發展環境

2

貳、穩定與改變

學習目標二　討論縱貫性研究中所反映成年中期期間的穩定性和發展變化

包含：縱貫性研究、結論

3

參、親密關係

學習目標三　找出成年中期親密關係的一些重要層面

包含：中年的愛情和婚姻、空巢及再填充、手足關係和友誼、祖父母、兩代關係

四十五歲的 Sarah 感到疲勞、沮喪和憤怒，當她回頭看自己的生活方式卻已經一去不復返了。她 17 歲時發現懷孕，並嫁給了孩子的父親 Ben。他們一起住了三年，但兒子出生後，Ben 卻為另一個女人離開了她。莎拉去當店員工作賺錢，入不敷出。八年後，她嫁給了 Alan，Alan 之前的婚姻有兩個孩子，因此 Sarah 停止工作，照顧孩子幾年。然後，就如同 Ben 一樣，Alan 開始外遇，Sarah 是從一個朋友那裡發現了這件事。儘管如此，Sarah 還一直陪著 Alan 一年，直到最後他走了，以至於她再也無法忍受，而決定和他離婚。Sarah 再回去當店員，她一直在同一位置上待了 16 年。在那 16 年間，她和一些人約會，但彼此的關係似乎從來沒有成功過。她的兒子沒有讀完高中，並且有毒品問題。她的父親去年去世，Sarah 正試圖在經濟上幫助她的母親，雖然她勉強只能應付自己的開銷。Sarah 看向鏡子裡，不喜歡她所看到的樣子。她認為自己的過去是一個爛攤子，未來看起來也不亮眼。

四十五歲的 Wanda 感覺精力充沛、快樂和滿足。當她剛從大學畢業時當了三年的高中數學老師。她嫁給剛剛完成法學院學業的 Andy。一年後，有了第一個孩子——Josh。Wanda 為 Josh 在家裡待了兩年，然後回到原本數學老師的工作崗位上。即使在她懷孕時，Wanda 依然活躍，並定期運動。Wanda 和 Andy 有了另一個孩子——Wendy。當他們進入中年歲月，孩子都上了大學，Wanda 和 Andy 正在享受花更多時間與對方共度。上週末，他們參觀 Josh 的大學，而週末之前則參觀了 Wendy 的學校。Wanda 繼續擔任一所高中的數學老師，直到六年前。她開發的計算機技能成為工作的一部分，並在附近一所大學兼任一些計算機課程。接著她放棄了數學教學工作，進入電腦公司，在那裡，她很快就晉升到管理階層。Wanda 照著鏡子，喜歡她看到的樣子。她認為自己的過去愉快，雖然難免有高低起伏，但她看起來仍對未來充滿盼望與熱情。

預習

正如同 Sarah 和 Wanda，人們經歷中年的方式也有個別差異。要開始這一章，將先探討中年的人格理論和發展，包括有關個別差異的想法。然後，我們將注意力轉向個人的變化或保持相同，因為人們經歷成年的方式不同。最後，將探索成年中期的親密關係。

壹 人格理論和成人發展

學習目標一 描述人格理論及成年中期社會情緒發展

成年階段　生活事件法　中年的壓力與個人控制　中年發展環境

什麼是用來概念化中年的最佳方式？它是一個階段或一個危機？中年如何廣泛地被生活事件所影響？中年人與其他人生階段體驗到的壓力和個人控制有何不同？個性是否和背景有關，如個人經歷、他們的文化與他們的性別？

一、成年階段

> 生物的代間傳遞是一個很短的時間，像跑步，手放在生命的火炬上。
> ——Lucretius
> 西元前 1 世紀古羅馬詩人

成年人階段的理論已經很充足，且帶來發展危機的觀點。定義成年人發展階段兩個突出的理論是，Erik Erikson 的人生全程觀點和 Daniel Levinson 的一個人生命的季節。

(一) Erik Erikson 的生產性階段與停滯階段

Erikson (1968) 提出中年人面臨一個顯著的問題，就是生產性與停滯，這是 Erikson 對他的人生全程理論第七個階段的名稱。生產性包括成年人希望留下自己的遺產傳給下一代，透過這些遺產使成年人達到一種不朽 (Busch & Hofer, 2012; Tabuchi et al., 2014)。相比之下，停滯發展表示，當一個人感覺到自己並沒有為未來、下一代做什麼。

中年成年人可以透過許多方式完成生產性 (Kotre, 1984)。透過生物生產後代及培育和引導孩子 (Vaillant, 2002, p. 114)；透過工作生產性，成年人開發出會傳遞給別人的技能；並透過文化生產性，成年人創建、改造或保存文化。

成年人透過教養下一代和造福於社會彰顯自己的價值。一個老年化研究的參與者說：「從二十歲到三十歲，我學會了如何與妻子相處；從三十歲到四十歲，我學會了如何促進工作成功，並在四、五十歲時，我會較少擔心自己，而更關心孩子。」具生產性的成年人投入延續社會進步與下一代連接，並發展自我一種有價值的遺產，提供給下一代。

研究是否支持 Erikson 的理論，生產性是中年的一個重要層面？答案是肯定的，它確實是 (Newton & Stewart, 2012)。George Vaillant

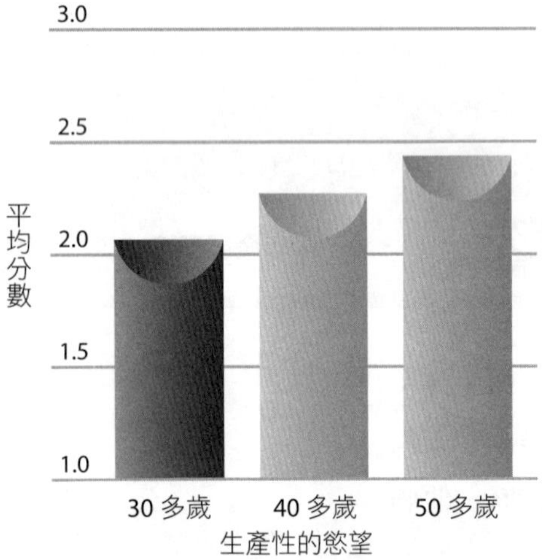

圖 16.1　從 30 多歲到 50 多歲生產性的變化。 史密斯學院女性的生產性隨著她們從 30 多歲到 50 多歲而增加。這些婦女以在 3 點量上的得分描述自己的生活，分數越高，反映了更大的生產性。

(2002) 在中年老年化的縱貫性研究發現，成年中期的生產性 (本研究定義為「照顧下一代」) 比親密感更能預測 75 至 80 歲仍有持久且幸福的婚姻。

其他研究也支持 Erikson (1968) 生產性對成年中期的重要性觀點。在一項研究中，Carol Ryff (1984) 研究婦女和男人在不同年齡層的意見發現，中年人尤其關心生產性。在史密斯學院 (Smith College) 的女性縱貫性研究中，參與者從 30 多歲的到其 50 多歲生產性的慾望增加 (Stewrut, Ostrove, & Helson, 2001) (參見圖 16.1)。

(二) Levinson 的《一個人生命的季節》

在《一個人生命的季節》(*The Season of a Man's Life*) (1978)，臨床心理學家 Daniel Levinson 報告了對 40 名中年男子深入訪談的結果。他們訪談了計時工、企業高階主管、學術生物學家和小說家。Levinson 從著名人們的傳記資料和令人難忘的角色在文學的發展來支持他的結論。雖然 Levinson 的研究焦點集中在中年的變化，他所描述從 17 到 65 歲期間幾個階段和過渡時期，如圖 16.2 所示。Levinson 強調，必須在每個階段掌握發展任務。

在一個人十幾歲時，根據 Levinson 的說法，應該發生從依賴到獨立的過渡。這種轉變是青年都想擁有的，尤其以在事業和婚姻方面的夢幻圖像為代表。Levinson 認為，在 20 歲成人發展的新手階段，是相當自由的實驗和在真實世界測試夢想的時候。在成年早期，被掌握的兩大任務是正在探索成年生活的可能性，和發展穩定的生活結構。

大約從 28 至 33 歲，一名男子必須更為嚴肅地面對自己所確定的目標。在他 30 多歲，精神通常集中在家庭和事業的發展。在以後的歲月裡，是他逐漸進入成為真正自己的一個階段 (Levinson 稱之為「繁榮」)。40 歲時，他已經達到事業上的穩定點，已經超越了早期，學習更深入精準地形塑一個成年人，他將領導自己成為更好的人。

據 Levinson 的說法，到成年中期的過渡持續大約五年 (40 至 45 歲)，成年男性要認真處理從青春期已在生活中存在的四大矛盾：(1) 年輕相對於年老；(2) 破壞性相對於建設性；(3) 男性化相對於女性化；以及 (4) 與他人的統合分離。Levinson 訪談時發現，有 70% 到 80% 中年過渡動盪不安和心理上的痛苦，因為他們生活的許多方面遭到質疑。但中年過渡的成功取決於個體如何有效地降低兩極化的分離，統整並接受它們成為自己存在的組成部分。

根據 Levinson 採訪的中年男子，我們可以認為對成年中期的數據比成年早期的數據更有效。當一個人被要求記住他們生活的早期部分的訊息時，他們可能會歪曲和忘記事情。Levinson (1996) 的數據並沒有包括女性，但他認為他的階段、過渡與中年危機包含女性和男性；Levinson 的研究也沒有統計分析，但是傳記的品質卻使他們成為臨床上的傑出典範。

(三) 如何令人信服中年是危機？

Levinson (1978) 的觀點認為中年是一種危機，認為中年成人飄蕩在過去和未來之間，設法應付這種威脅生命延續的差距。George Vaillant (1977) 有不同的看法。Vaillant 的研究被稱為「格蘭特研究」(Grant Study)，參與的哈佛大學男學生一直被追蹤到四十多歲時。他的結論是，四十多歲是重新審視，並記錄有關青春期和成年期事實真相的十年。然而，儘管 Levinson 認為中年是危機，Vaillant 卻堅持認為只有少數成年人經歷中年危機：

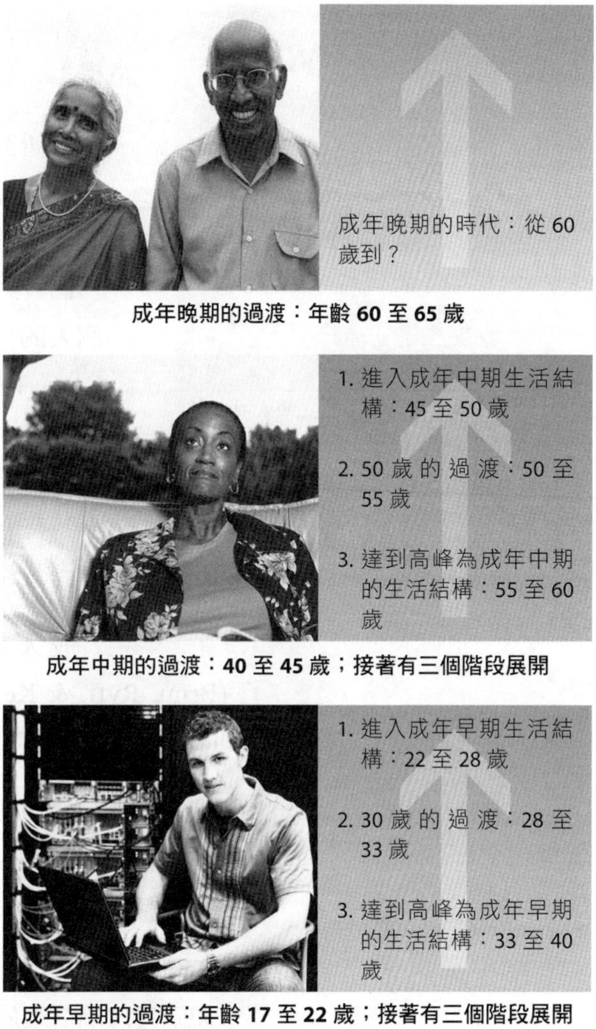

圖 16.2　Levinson 的成年人發展時期。成年男性過渡期由三個主要階段所構成，具體任務和挑戰與每個階段相關。

> 正如流行的心理學家也沉醉於其實不那麼常見，但又極富戲劇性的青少年混亂，只是這樣的大眾媒體已做出一切過多「中年危機」的宣告。…真實情況是青少年混亂、結構性中年危機在社區的樣本比臨床樣本更為少見。(pp. 222-223)

發展連結—個性

Erikson 的成年早期階段是親密相對於疏離，而他的成年晚期階段則是統整相對於絕望。(第 14 章、第 19 章)

因此，對於大多數人而言，中年並不是危機 (Pudrovska, 2009)。正如我們在第 15 章看到，不少認知技能，如詞彙、語言記憶和歸納推理，在中年達到高峰，許多人到達中年的事業成功高度。此外，人們在成年中期的總體幸福感和生活滿意度的情感在報告中往往是高的 (Martin, Grunendahl, & Martin, 2001)。

中年危機在美國被嚴重誇大了。

——George Vaillant
哈佛大學當代心理學家

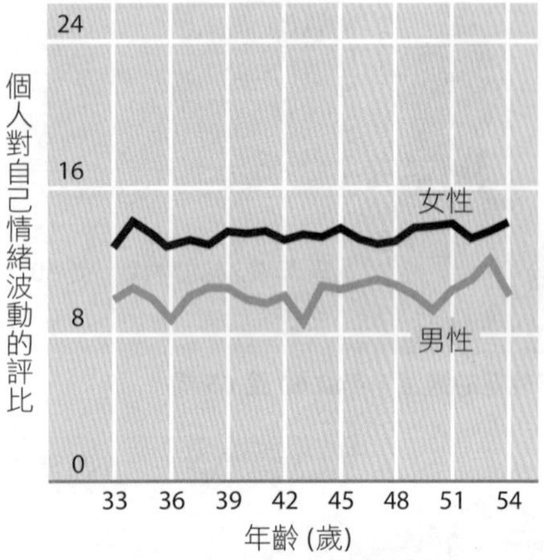

圖 16.3 情緒不穩和年齡的關係。在一個縱貫性研究，評定個人從 33 至 54 歲期間的情緒不穩定 (McCrae & Costa, 1990)，發現中年發生情緒不穩並無顯著上升。

許多調查研究已經證明，中年並不能算是一種普遍的危機：

- 一項研究發現，中年美國成年人裡有 26% 表示，他們已經經歷了中年危機，但大部分歸因於負面的生活事件，而不是老化 (Wethington, Kessler, & Pixley, 2004)。
- 一個針對 2,000 多人有關中年危機的縱貫性研究發現，個人的情緒不穩在中年時並沒有顯著增加 ((McCrae & Costa, 1990; Siegler & Costa, 1999) (參見圖 16.3)。
- 針對平均年齡 19 歲的年輕人、平均年齡 46 歲的中年人和平均年齡 73 歲的老年人的個人描述發現，他們在中年時有能力掌握自己的環境、較有自主性，且個人關係得到改善 (Keyes & Ryff, 1998) (參見圖 16.4)。

成人發展專家們幾乎一致認為中年危機被誇大了 (Brim, Ryff, & Kessler, 2004; Lachman, 2004; Pudrovska, 2009; Wethington, Kessler, & Pixley, 2004)。總之：

- 該階段的理論過分強調關於在發展的危機，尤其是中年危機。
- 在人們經歷各個階段的方式經常有相當大的個別差異，我們將轉向下一個話題。

(四) 個別差異

現階段理論著眼於成年人人格發展的普遍性，因為他們試圖套用階段的理論。但這些理論沒有充分考慮到成人發展的個別差異。在 500 個中年人進行隨機抽樣的一個廣泛研究發現，人群中廣泛的個別差異 (Farrell & Rosenberg, 1981)。從個別差異來看，中年人演繹、塑造、改變和賦予意義的生活。

研究中有三分之一的人提到中年危機，「危機是由生活事件，如失業、經濟問題或疾病引發的」(Lachman, 2004, p. 315)。現在，讓我們探討生活事件在中年發展中的作用。

二、生活事件法

將人生全程劃分成年齡相關的階段，是一個用來考察成人人格發展的主要方法。概念化成年人人格發展的第二個主要方法是注重生活的事件 (Luhmann et al., 2012; Schwarzer & Luszezynska, 2013)。配偶死亡、結婚、離婚等事件都被認為涉及不同程度的壓力，因此可能會影響個人的發展。

現今對生活事件的做法更複雜。在**當代生活事件法**，生活事件如何影響個人的發展，不僅取決於生活事件本身，也加入中介因素(如身體健康和家庭支持)、個人的適應(如威脅評比和應對策略)、生命階段的背景，以及社會歷史文化環境一起考慮(參見圖 16.5)。

例如，如果個人在健康狀況不佳，並沒有什麼家庭支持，生活事件可能會更緊張。而且可能經過多年的婚姻而離婚，比五十多歲才結婚幾年有更多的壓力，這一發現表明一個事件的生命階段有差別。在社會歷史環境中也有差別。例如，現代成年人比在 1950 年代可能能夠更有效地應對離婚，因為離婚已經變得更加普遍，被當今的社會所接受。無論環境或中介因素，一個人可能會認為一個生活事件是高度緊張，而另一個人則可能認為是一個挑戰。

雖然生活事件方法提供理解成人發展有價值的見解，但仍有它的缺點。一個缺點是，生命活動的方式把太多的重點放在改變，沒有充分認識穩定性在一定程度上是成年人發展的特徵。

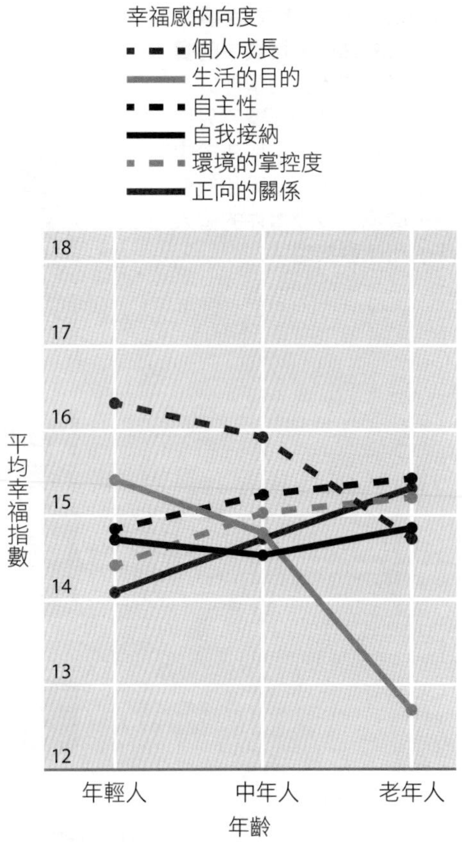

圖 16.4　年齡和幸福感的關係。在一項研究中，幸福的六個向度(自我接納、正向的關係、個人成長、生活的目的、環境的掌控度和自主性)在個人三個不同的年齡段(年輕人、中年人和老年人)進行了評估(Keyes & Ryff, 1998)。在成年中期期間最具幸福感的向度的增加或變化不大。

另一個缺點則是，它如果只是日常經驗而不是壓力的主要來源，就顯現不出來(Almeida et al., 2011; Hamilton & Julian, 2014; Jacob et al., 2014)。例如長期承受枯燥但緊張的工作，或是一直生活在貧困中，在重大生活事件的尺度上是不會顯示出來的。然而，每天的這些衝擊最終可能造成高度緊張的生活，並導致疾病。更深入地了解生活中的壓力源可能需要有更高的自省能力，更注意日常困擾(Mcintosh, Gillanders, & Rodgers, 2010)。研究人員發現，年輕人和中年人每天遇到壓力的頻率比老年人更高(Almeida & Horn, 2004)。在一項研究中，健康的 63 至 93 歲成年女性，在報告他們超過一週時間裡的日常經驗時，年紀越大，壓力越少，也越少受到頻繁的負面影響(Charles et al., 2010)。此外，在最近的研究發現，日常生活壓力與大的情緒反應，和 10 年後慢性病及焦慮 / 情緒障礙風險的增加有關(Charles et al., 2013; Piazza et al., 2013)。此外，最近的一項研究發現，每天都有壓

當代生活事件法 (contemporary life-events approach)
強調人生大事如何影響個人的發展，不僅取決於人生大事，也取決於中介因素、個人的適應、生命階段的背景，以及社會歷史文化環境。

圖 16.5　以當代生活事件框架來解釋成人發展中的變化。根據當代生活事件的方式，生活事件的影響不只取決於事件本身，也取決於中介變數、對生命階段和社會歷史環境，以及事件的個人評估和應對策略。

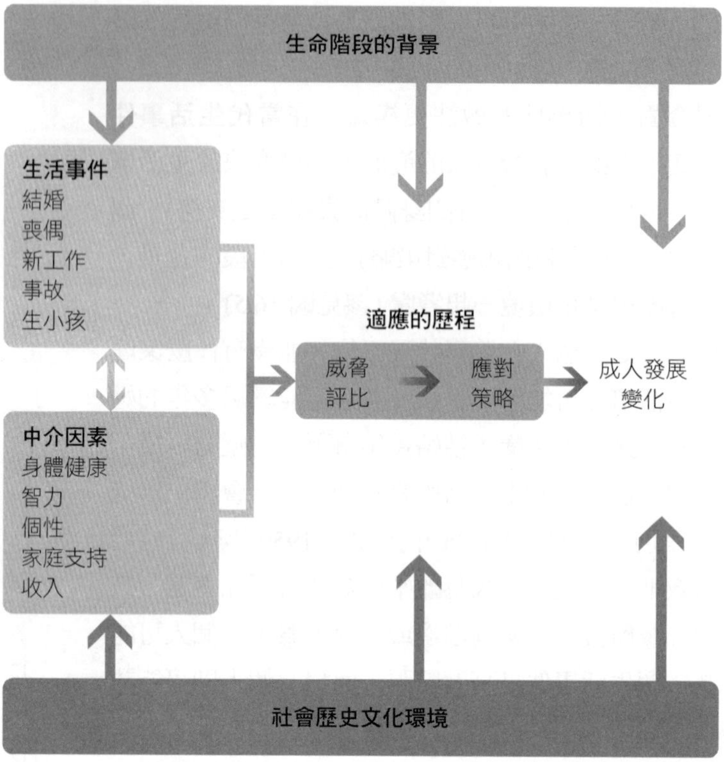

力與老年人憂鬱和焦慮的皮質醇分泌 (皮質醇是人體的主要壓力激素) 有關 (Vasiliadis, Forget, & Preville, 2013)。和最近一個針對成年人的研究 (平均年齡 57 歲) 透露，較高的日常壓力和皮質醇輸出增加相關，特別是如果壓力包括家裡爭論和其他問題時 (Stawski et al., 2013)。

一項針對不同年齡層的人感受的日常困擾所做的調查發現，大學生最常見的日常困擾是浪費時間、完成能達到高標準的任務和孤獨 (Kanner et al., 1981)，而學生們最常提到開心的事是和朋友相處得很好，並完成任務。同樣在這個研究中，中年人經常提到的日常困擾則是對體重和家庭成員的健康問題的擔憂，而他們最常提到日常生活中的開心事件是和配偶或戀人及好朋友有關 (見圖 16.6)，而中年人比大學生更容易提到日常困擾和經濟問題 (如價格和稅收上漲) 有關。

批評以日常困擾事件作為研究方式者認為這是有問題的。例如，知道關於成人的日常困擾並沒有告訴我們和生理變化的關聯，也無法得知人們如何應對困擾、如何看待困擾。

三、中年的壓力與個人控制

正如我們所看到的，有確鑿的證據表明，大多數中年人經歷動盪的危機，但如果他們確實遇到所謂的中年危機，通常和生活壓力事件有關。中年人和年輕人及老年人承受壓力有何不同？

(一) 壓力、個人控制及年齡

一週的日記記錄可以發現年輕人和中年人比老年人遇到更多的緊張壓力事件，且有多重壓力 (Almeida & Horn, 2004)。在這項研究中，雖然年輕成人每天經歷了比中年人更多的壓力事件，但中年人經歷了更多「超載」的壓力，例如一次的活動太多，或是每個事件的壓力指數都很高。另一項研究也發現，中年人和老年人比年輕人在人際壓力上的心理困擾增幅較小，中年人比年輕人都較少有工作壓力的身體反應 (Neupert, Almeida, & Charles, 2007)。

中年人察覺在何種程度上，他們所能控制發生在自己身上的情況。正如你在第 15 章讀到，研究人員發現，個人控制的峰值在中年達到平均水準然後下降 (Lachman, 2006)。一項研究報告表示，大約有 80% 的青少年 (25 至 39 歲)、71% 的成年中期人 (40 至 59 歲)、62% 的老年人 (60 至 75 歲的年齡)，他們生活在掌控之中 (Lachman & Firth, 2004)。然而，個人控制的某些方面隨著年齡而增長，但其他則降低 (Lachman, Neupert, & Agrigoroaei, 2011)。例如，中年人比年輕人對財務狀況、工作、婚姻控制感更強，但在性生活和孩子則有較少的控制 (Lachman & Firth, 2004)。

日常困擾	檢查次數百分比
對體重的擔憂	52.4
家庭成員的健康	48.1
普通商品的價格上漲	43.7
家庭維修	42.8
太多的事情要做	38.6
亂放或丟東西	38.1
院子裡工作 / 戶外維修	38.1
房產、投資或稅款	37.6
犯罪	37.1
	35.9

日常開心事件	檢查次數百分比
與你的配偶或情人相處融洽	76.3
與朋友相處融洽	74.4
完成任務	73.3
感覺健康	72.7
充足的睡眠	69.7
外出吃飯	68.4
滿足你的責任	68.1
拜訪、打電話或寫信給某人	67.7
花時間與家人相處	66.7
家庭 (內部) 取悅你	65.5

圖 16.6 中年人在 9 個月的時間內各十項最常見的日常困擾和開心事件。如何將這些困擾和開心事件與自己的比較？

發展連結—壓力
青春期的特點太負面，從 Hall 的風暴與壓力的觀點看約會。(第 11 章)

(二) 壓力和性別

女性和男性應對壓力的方式有所不同 (Almeida et al., 2011)。女性更容易受到社會壓力，如那些和愛情、家庭和工作有關的事件。例如，當事情出錯或是與浪漫和婚姻有關的事，女性會比男性經歷更高的壓力。

女性也比男性更容易在遇到壓力的生活事件，如離婚或朋友的死亡時變得沮喪。最近針對台灣 2,800 多名 50 歲成年人的研究中還發現，女性更易罹患憂鬱症，尤其是當她們感受到從財務、波動的家庭關係而來的壓力時 (Lin et al., 2011)。

當男性面對壓力時，更容易在**戰鬥或逃跑**兩極的方式間作出回應，而變得具有攻擊性或退出社會接觸，也可能酗酒。相較之下，根據 Shelley Taylor 和她的同事 (2011a, b, c; Taylor et al., 2000) 所做的研究發現，當女性感到壓力時，更可能遵循一個**趨向和友好**模式，尋求與他人 (尤其是朋友) 的社會聯盟。Taylor 認為，當女性感到壓力時將會促使催產素大量釋放湧入。

四、中年發展環境

Sarah 和 Wanda 都是在職母親，她們的故事出現在本章開始。為什麼她們的生活這麼不同？部分答案可能在於她們生活的不同情況。當代生活事件法 (如 Bronfenbrenner 的理論，討論了如何做女人和男人在經驗與應對壓力的方式有什麼不同？在第 1 章) 凸顯了生活的複雜情境重要性，我們的收入、家庭的支持及社會歷史環境。讓我們來看看影響中年期生活的三個發展環境：歷史背景、性別背景和文化背景。

發展連結—研究方法
世代效應也被描述為規範，歷史分級的影響。(第 1 章)

(一) 歷史背景

Bernice Neugarten (1986) 認為，我們的價值觀、態度、期望和行為是由我們所生活的那個時期所影響。例如大蕭條的困難時期出生的人可能與那些在1950年代的樂觀生活世代出生的人會有不同的看法。

Neugarten (1986) 認為，一個特定年齡群組的社會環境可以改變個人預計完成的人生任務，如結婚、生子或建立自己職業生涯**社會時鐘**的時間表。社會時鐘為我們的生活指南；例如，本章最前面提到的 Sarah，當她十幾歲時發現懷孕的事實可能增加了懷孕的壓力。Neugarten 認為，今天人們排列重大生活事件的時間表和以前很不一樣，例如生孩子或退休的年齡。事實上，1950 年代末和 1970 年代末之間，成人具有一個「最好的時代」的重大生活事件和成就的信念大幅下降 (Passuth, Maines, & Neugarten, 1984) (參見圖 16.7)。

戰鬥或逃跑 (fight-or-flight)
當男人感到壓力時，可能選擇爭鬥或逃跑模式，正面迎戰或是從社交接觸撤出，甚或沉溺於飲酒。

趨向和友好 (tend-and-befriend)
Taylor 認為，當女性感到壓力時，很可能會採取趨向和友好模式，尋求與其他社會聯盟，尤其是女性朋友。

社會時鐘 (social clock)
社會上普遍認為該年齡層的人該在此時完成的人生任務，如結婚、生子，或者在職業生涯立業的時間表。

(二) 性別背景

批評者表示，成年人發展階段的理論有一個男性偏見。例如，階段理論的核心焦點是職業選擇和工作成就，這樣觀點一直主導著男人

活動 / 事件	適當的年齡範圍	同意 % (1950 年代末研究)		同意 % (1970 年代後期研究)	
		男性	女性	男性	女性
男性結婚的最佳年齡	20-25	80	90	42	42
女性結婚的最佳年齡	19-24	85	90	44	36
應該成為祖父母的最佳年齡	45-50	84	76	64	57
完成學業去就業的最佳年齡	20-22	86	82	36	38
應該在職業生涯得到肯定的最佳年齡	24-26	74	64	24	26
持有其高層職位的最佳年齡	45-50	71	58	38	31
應該準備退休的最佳年齡	60-65	83	86	66	41
一個人擁有最多責任的最佳年齡	35-50	79	75	49	50
男性完成大部分任務的最佳年齡	40-50	82	71	46	41
正值壯年的最佳年齡	35-50	86	80	59	66
一個女人擁有最多職責的最佳年齡	25-40	93	91	59	53
女性完成大部分任務的最佳年齡	30-45	94	92	54	48

圖 16.7　1950 年代末和 1970 年代末：個人的重大生活事件和成就的最佳年齡構想。你認為什麼是體驗這些重大生活事件和成就的最佳年齡？

的人生選擇和生活機會，而沒有充分理解婦女對於關係、相互依存和愛的關注 (Gilligan, 1982)。成年人階段理論也都認為生育和撫養孩子並不重要。家庭內的角色很複雜，但對女性的重要性往往高於男性的生活。女性要求平衡事業和家庭的壓力通常很少會有男性經歷過。

婦女會在中年及以後的幾年擔心下滑的青春和機會？或者成年中期是人生的新整理，一段時間的延續？尋求新的挑戰、重視成熟和享受的變化？

由圖 16.7 可以發現，整個社會時鐘在往後延 (Mitchell & Helson, 1990)。在此調查的 700 名 26 至 80 歲的婦女表示，女性在 50 多歲時最經常被描述為「她們的生活是高品質的」。這段時間的條件包括更多的「空巢空閒」、更健康、擁有更高的收入。女性在 50 多歲時表現出充滿信心、積極參與，具有安全感和更有彈性。

總之，很多看法認為中年是女性消極的年齡層是刻板的，中年其實是女性的一個多元化、異質期，正如同男性一般。

批評者認為，成年人發展階段理論所強調的職業選擇和工作成就是男性的偏見，而沒有充分理解女性對於關係、相互依存和愛的關注。該階段的理論假設發展循著規範性序列前進，但是女性的角色已變得更加多樣和複雜，確定什麼規範性是困難的。近年來，中年婦女的生活都發生什麼樣的變化？

(三) 文化背景

在許多文化中，尤其是非工業化，對中年的概念還不是很清楚，他們描述個人只用年輕還是年老，但是並沒有中年人 (Grambs, 1989)。有些文化對「青春期」、「年輕的成年人」或「中年成年人」難以名之。

研究古西伊文化，座落於在肯尼亞的非洲國家。該古西伊劃分不同女性和男性的生命歷程 (Le Vine, 1979) 如下：

女性：(1) 嬰兒；(2) 未受割禮的女孩；(3) 割禮的女孩；(4) 已婚女子；和 (5) 女性長輩。

男性：(1) 嬰兒；(2) 未受割禮的男孩；(3) 割禮的男孩戰士；以及 (4) 男性長輩。

對此，在古西伊文化中，是從一個狀態移動到下一個，主要是由於生活事件，而不是年齡。

雖然古西伊沒有明確標示中年過渡，但是一些古西伊成年人會重新評估自己 40 歲左右的生命時，審視自己的現狀、認為他們剩餘生活的時間有限；他們的體力正在下降，知道自己不能永遠耕種自己的土地，因此他們透過成為一名能幫人祈禱或治病的禮儀師 (巫師) 尋求精神力量，他們就比較不會經歷中年危機。

複習・連結・反思　學習目標一　描述人格理論及成年中期社會情緒發展

複習重點
- 成年階段發展的一些理論為何？
- 生活事件的研究方法為何？
- 為何中年人感受到的壓力和個人控制不同於年輕人和老年人？
- 情境如何影響中年的發展？

連結
- 在本節中，你讀到一些研究者批評成人發展階段理論為具有男性偏見。如何和你在第 1 章中所學習到的性別偏見連結？

反思個人的人生旅程
- 成年階段論或生活事件，哪種方法更有意義？當你經過成年期時如何解釋本身的發展？或者你認為這兩種方法在了解成人的發展都應該被考慮？解釋你的答案。

貳　穩定與改變

學習目標二　討論縱貫性研究中所反映成年中期期間的穩定性和發展變化

- 縱貫性研究
- 結論

本章開頭描述 Sarah 的成年生活，遵循了痛苦的道路。她的悲傷是使她學會了應對問題。對她來說，是否有可能在中年改變她的應對策略或與其他人的關係？

一、縱貫性研究

我們會研究四個縱貫性研究，有助於理解到成年人發展中有穩定或變化的程度：Costa 和 McCrae 的 Baltimore 研究、Berkeley 的縱貫性研究、Helson 的米爾斯學院研究，和 Vaillant 的研究。

(一) Costa 和 McCrae 的 Baltimore 研究

一個有關成年人人格發展的重大持續的研究是由 Costa 和 McCrae 所進行 (1998; McCrae & Costa, 2003, 2006)。他們專注於所謂**人格的五大因素**，它們是開放性、責任感、外向性、親和性與情緒不穩定性 (情緒穩定)。這些個性因素在圖 16.8 中描述。(注意：如果你從這些因素的英文名稱其首字母縮寫，會得到 OCEAN 這個詞。) 許多調查研究都將這些因子當作研究人格的重要向度 (Hill et al., 2012; Hill, Nickel & Roberts, 2014; Mike et al., 2014; Roberts et al., 2014)。

Costa 和 McCrae (1995, 2000) 使用他們人格的五大因素測驗，研究大約 1,000 名年齡 20 至 96 歲受過大學教育的男性和女性，評估同一個人多年。數據蒐集開始於 1950 年代，目前仍在進行。Costa 和 McCrae 的結論是，這五個人格因素的發生是具有相當的穩定性。然而，最近的研究卻發現，成年後人格的五大因素有更大的發展變化 (Kranz Graham & Lachman, 2013; Lucas & Donnellan, 2011; Soto et al., 2011)。例如，最近的一項研究發現，情緒穩定、外向性、開放性與親和性在成年初期較低，40 至 60 歲之間達到頂峰，並在成年後期下降；而責任感則從成年早期到晚期持續增加 (Specht, Egloff, & Schukle, 2011)。大多數研究報告，最大的變化在成年早期出現

人格的五大因素 (Big Five factors of personality)
開放性、責任感、外向性、親和性與情緒不穩定性 (情緒穩定)。

開放性	責任感	外向性	親和性	情緒不穩定性
• 富有想像力和實際 • 對各種各樣或例行的有興趣 • 獨立或遵循	• 有組織的或雜亂無章 • 謹慎或不小心 • 有紀律或衝動	• 善於交際或退縮的 • 喜愛樂趣或憂鬱的 • 富感情的或含蓄的	• 善良或無情 • 信任的或可疑的 • 有幫助或不配合	• 冷靜或焦慮 • 安全或非安全 • 自我滿足或自憐

圖 16.8　人格的五大因素。每個廣泛特質裡還包括更為細緻的特徵和特點。使用縮寫 OCEAN 代稱五大人格因素：開放性、責任感、外向性、親和性與情緒不穩定性。

(Hill, Allemand, & Roberts, 2014; Lucas & Donnellan, 2011; Roberts, Donnellan, & Hill, 2013)。

為五大因素的重要性進一步的證據表明，它們與人生的重要面向如健康、智力、成就和工作、關係和幸福感有關 (Quoidbach, Gilbert, & Wilson, 2013; McCrae, Gaines, & Wellington, 2013; Soto, 2014)。研究人員還發現，性格穩定或積極的方向變化 (如低神經質) 與更好的健康和認知功能有關 (Kranz Graham & Lachman, 2013; Turiano et al., 2012)。下面的研究反映這些人格特質是和人們生活相關的：

- 橫跨 10 年的時間，五大因素 (唯一的例外是開放性) 能預測身體健康、血壓的結果，且由於身體健康問題限制了在工作中或家中的天數 (Turiano et al., 2012)。個人越神經質，表示有更多的健康問題 (Carver & Connor-Smith, 2010)。
- 一項研究發現，責任感和大學生的平均成績有關 (Noftle & Robins, 2007)。
- 一項後設分析發現，開放性和企業家追求的目標有關，例如啟動一個新的業務，和追求成功的熱情 (Zhao, Seibert, & Lumpkin, 2010)。
- 個人的親和性越高，越可能有滿意的戀愛關係 (Donnellan, Larsen-Rife, & Conger, 2005)。

(二) Berkeley 的縱貫性研究

在 Berkeley 的縱貫性研究中，從 1920 年代末和 1930 年代初期開始追蹤 500 多名兒童和他們的父母。此書《中年生活的現在和過去》(*Present and Past in Middle Life*) (Eichorn et al., 1981) 扼要介紹這些人 (因為他們已成為中年人)。從早期的青春期到中年的部分結果，並不支持個性上是否有穩定或變化的爭論。然而，有些特徵會比其他人更穩定。最穩定的特徵是個人受到理智影響、自信和樂於接受新經驗的程度。多數發生改變的特點包括個人在教養和敵意的程度。

John Clausen (1993) 是 Berkeley 縱貫性研究的研究人員之一，強調成年階段理論已考慮到人類種族所有成員的不連續性。他指出，有些人遇到危機復發並經歷人生歷程實質性的變化；而另一些人則保持穩定，持續的生活變化不大。

(三) Helson 的米爾斯學院研究

成年人人格發展的另一個縱貫性調查是由 Ravenna Helson 和她的同事們進行的 (George, Helson, & John, 2011; Helson, 1997; Helson &

Wink, 1992; Stewart, Ostrove, & Helson, 2001)。他們最初在 1950 年代後期研究 132 名加利福尼亞州米爾斯學院大四女性，然後當她們三十多歲、四十多歲、五十多歲再次研究。Helson 和她的同事區分米爾斯女性為三大類：家庭為主、事業為導向的 (無論她們是否想要家庭)，以及那些不遵循這些路徑的 (女人沒有孩子，只追求低階工作)。

許多共同關切四十出頭女性這一階段的理論家，米爾斯學院的研究人員得出結論，女性正在經歷中年覺悟，而不是在中年危機之中。研究人員還發現，成年早期的任務承諾——是否在事業或家庭 (或兩者)——幫助女性學會控制自己的衝動、發展人際互動能力、成為獨立的個體，並努力實現的目標。女性如沒有致力於這些生活模式的任務承諾，會較缺乏挑戰的機會，因此無法如其他女性一樣充分的發展 (Rosenfeld & Stark, 1987)。

根據學者對中老年女性研究，Ravenna Helson 和她的同事所描述的婦女經歷了中年覺悟，而不是中年危機。在米爾斯學院研究的其他研究結果是什麼？

在米爾斯學院的研究中，一些女性在四十出頭到五十出頭時朝向成為「社會棟樑」，更年期、照顧年邁的父母，以及空巢期與增加責任感和自我控制沒有關聯 (Helson & Wink, 1992)。正如前面看到的，在最近的研究中，評估米爾斯學院研究人員從二十多歲到七十多歲的女性，發現人格的五大因素和女性的生活變化歷程有關 (George, Helson, & John, 2011)。

(四) George Vaillant 的研究

由 George Vaillant 的縱貫研究有助於我們探討一個問題：中年的人格特質是否可以預測一個人在成年晚期的生活將會是什麼樣子？Vaillant (2002) 進行了成年人的發展與老年化三個縱貫性研究：(1) 268 名大約出生於 1920 年，得天獨厚的哈佛畢業生樣本 (稱為 Grant Study)；(2) 大約生於 1930 年 456 名弱勢族群的樣本；和 (3) 出生約 1910 年 90 名中產階級、智力過人女性的樣本。這些人被評估訪問過無數次 (在大多數情況下是每兩年一次)，在 1920 年代開始至 1940 年代和今天繼續對那些還活著的個案繼續追蹤。主要訪問是對參與者、他們的家長和老師。

Vaillant 劃分 75 至 80 歲為「幸福的」、「悲傷 - 生病的」或「死亡的」三個族群。他使用從這些人在 50 歲時所蒐集到的數據，來預測哪些因素可能預測 75 至 80 歲的樣貌。下列在 50 歲時調查到的因素與 75 至 80 歲是「幸福的」族群有關：包括經常運動、避免肥胖，而受過良好教育、有一個穩定的婚姻、面向未來、感恩和寬容、與對他人有同理心、正在積極與其他人互動，並具有良好的應對技巧。

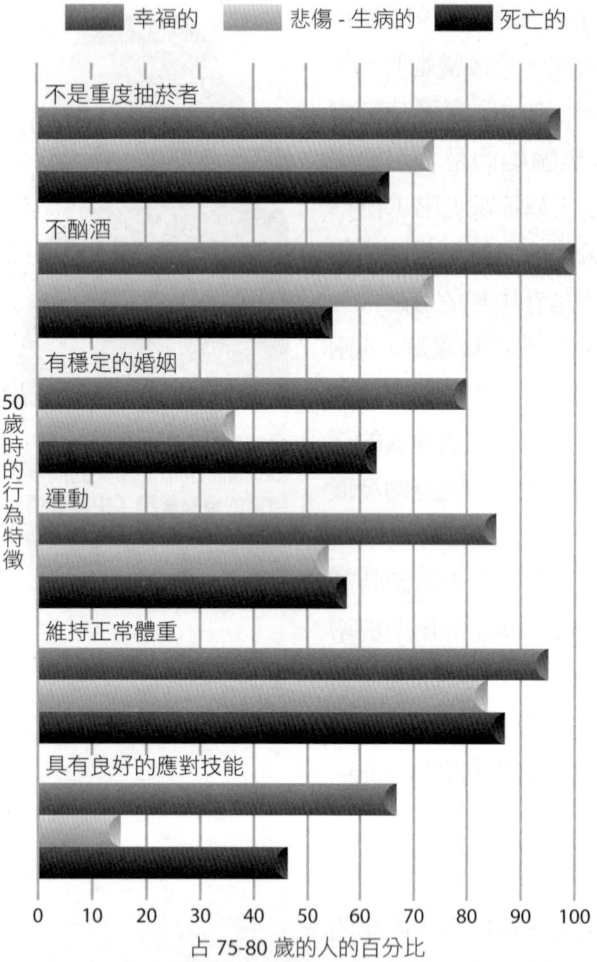

圖 16.9　在 50 歲時的健康關聯到 75 至 80 歲的幸福感之間的特性。在一項縱貫性研究顯示，50 歲時的特徵與個人 75 至 80 歲是屬於幸福的、悲傷 - 生病的或死亡的有關 (Vaillant, 2002)。

在 50 歲時的財富和收入並不能預測 75 至 80 歲時是「幸福的」類別。生產性 (定義為「對下一代的關懷」) 在中年時比親密感更為密切相關到個人是否將擁有在 75 至 80 歲持久且幸福的婚姻 (Vaillant, 2002)。

對於 Vaillant 的研究之一結果是，哈佛男性的 Grant Study 顯示於圖 16.9。需要注意的是，當 50 歲的人不是重度抽菸者、不酗酒、有一個穩定的婚姻、運動、維持正常體重，並具有良好的應對技能時，更可能在 75 至 80 歲時是快樂的活著。

二、結論

穩定性和變化在成年後對於個性發展有何影響？根據主要研究人員 Brent Roberts 和 Daniel Mroczek (2008) 研究綜述，有越來越多的證據表明，人格特質繼續在成年後發生變化，甚至進入成年晚期。然而，在一個對 92 名縱貫研究的後設分析，人格特質的最大變化發生在成年早期——約 20 至 40 歲 (Roberts, Walton, & Viechtbauer, 2006)。

因此，人們成年中期表現的個性更加穩定 (Roberts, Donnellan, & Hill, 2013)。這些發現支持所謂的*個性化發展的累積人格模型*，其中指出，隨著時間的推移和人們與環境的交互作用，變得更加強人格穩定性 (Caspi & Roberts, 2001)。

發展連結—生命觀點
穩定性和 / 或變化發展程度的特點是生命發展研究的關鍵問題之一。(第 1 章)

這並不意味著改變會在整個成年中晚期缺席。充足的證據表明，社會環境、新經驗、社會歷史的變化仍會繼續影響人格的發展，但在成年中期和成年中晚期的變化通常不像早期那麼大 (Mroczek, Spiro, & Griffin, 2006; Quoidbach, Gilbert, & Wilson, 2013)。在一般情況下，在整個成年期，人格特質的變化往正向方向改變。隨著時間的推移，「人們變得更加自信、熱情、負責和平靜」(Roberts & Mroczek, 2008, p. 33)。這種正向的變化等同於日趨成熟的社會。

總之，最近的研究有悖於舊觀點，即個性穩定性開始定位於

30 歲 (Bertrand, Kranz Graham, & Lachman, 2013; Donnellan, Hill, & Roberts, 2014; Quoidbach, Gilbert, & Wilson, 2013; Shanahan et al., 2014)。雖然有大量的人的性格特徵會往同一方向發展變化，但是仍有個別差異，而這些特點和這些模式往往反映他們在特定發展時期的主題生活經歷 (Roberts & Mroczek, 2008)。例如，研究人員發現，處於穩定的婚姻和職業發展軌跡的人們會變得更居於主流社會地位，兢兢業業，並更能在成年早期情緒穩定 (Roberts & Wood, 2006)。

最近的一項研究邀請 7,000 名 18 歲至 68 歲 (平均年齡為 40 歲) 成年人來形容自己的個性在過去做了多少改變，並預測在未來的 10 年將有多少變化 (Quoidbach, Gilbert, & Wilson, 2013)。不管是年輕人、中年人還是老年人都以為他們已經在過去做了很大的改變，幾乎不認為還會再改變。在其他分析中，包括使用人格的五大因素來衡量人格特質，研究人員發現，成年人算是相當準確地估算自己的個性在前十年的改變，但是顯然低估了自己的個性將在未來 10 年內發生改變。這些研究人員發現，越老就越難察覺到他們在過去發生了變化，或將在未來改變。

演員 Jack Nicholson 在 55 歲時說：「我一直認為我完全一樣：稍有控制住，像貪婪的野獸」。Nicholson 覺得他的性格並沒有太大的改變，但有些人可能會認為他們已經改變了。

發展連結—人格
五大因素被認為和長壽有關。(第 19 章)

複習・連結・反思

學習目標二 討論縱貫性研究中所反映成年中期期間的穩定性和發展變化

複習重點

- 根據四個縱貫性研究，描述它們的結果。
- 成年中期過程裡的穩定性和變化發展可達成什麼樣的結論？

連結

- 本節討論四種不同的縱貫性研究。使用縱貫性研究來蒐集資料 (如第 1 章中討論) 的利弊是什麼？

反思個人的人生旅程

- 到目前為止，你的生活有多少穩定性和變化的特點？你會預測未來發展有多少穩定性和變化，請說明。

參 親密關係

學習目標三 找出成年中期親密關係的一些重要層面

- 中年的愛情和婚姻
- 空巢及再填充
- 手足關係和友誼
- 祖父母
- 兩代關係

成年中期的婚姻有什麼特點？

美國人成年中期的共識是認為和他人的關係為幸福的重要成分，尤其是和父母、配偶與子女建立正向的關係 (Blieszner & Roberto, 2012; Markus et al., 2004)。接下來將探討中年的人際關係，讓我們來看看成年中期的愛情和婚姻。

一、成年中期的愛情和婚姻

回想第 14 章所提到，愛的兩種主要形式是浪漫的愛和深情的愛。

成年早期浪漫的愛情火焰是強勁的，而中年期間深情或夥伴式愛情增加；也就是說，身體吸引力、浪漫和激情在新的關係非常重要，尤其是在成年早期。但在成年中期，安全、忠誠、相互情感交流變得更為重要。

一項研究發現，婚姻的滿意度在成年中期增加 (Gorchoff, John, & Helson, 2008)。成年早期有些婚姻是困難和搖晃的，在成年中期得到了改善。雖然伴侶經過很大的混亂可能還是一直生活在一起，但他們最終決定在深厚而堅實的基礎上固定彼此的關係。中年期，夫妻雙方可能更少有經濟上的憂慮、較少的家務和瑣事，而將更多時間留給對方。

大多數成年中期已婚者是相當滿意婚姻，有 72% 的人說他們的婚姻是「非常好」或「很好」(Brim, 1999)。可能到了成年中期，很多最壞的婚姻已經離婚了。然而，最近的一項研究發現，成年中期已婚有伴的人會在此時檢視與伴侶間矛盾或冷漠的關係 (Windsor & Butterworth, 2010)。

在成年中期離婚可能比成年早期會有哪些比較正面或負面的影響？

在成年中期離婚可能會比成年早期離婚較能成熟處理，離婚的危險可以降低。他們有更多的資源，或透過財產處置簡化生活，如他們不再需要太大的家，因為孩子都是成年人，能夠更有效地因應父母離婚。雙方可能有較深的認識，可以尋找調整，其中可能包括結束不愉快的婚姻。一項研究發現，由女性提出的離婚會比由丈夫提出的離婚表達更多的成長和樂觀 (Sakraida, 2005)。

在另一方面，已經存在這麼多年婚姻的情感和時間投入可能不會輕易放棄。許多中年人士感覺到在生活中最美好的年華期間離婚是失敗的、逃避的，但離婚伴侶通常認為這是背叛，尤其對已經建立多年，投入承諾和信任關係的結束，是一種背叛。此外，離婚可能會降低一些中年人的經濟地位，年長女性再婚要面對有限的選擇 (Mitchell, 2007)。最近的一項研究發現，40 至 59 歲的女性離婚後會比這個年齡層離婚的男性更孤獨 (Nicolaisen & Thorsen, 2014)。總而言之，在成年中期時離婚可能對一些人產生正面的影響，也可能會產生負面的結果 (Pudrovska, 2009)。

透過美國退休人員協會 (American Association of Retired Persons, AARP) 一項針對 1,148 名 40 至 79 歲離婚者的調查 (2004)，他們表示在 40 多歲、50 多歲或 60 多歲時至少有一次，因為孩子而停留在婚姻中，這也是很多人為何花了這麼長時間才成為離婚者最主要的原因。儘管對離婚的擔心和壓力，但四分之三的離婚者表示，他們已經做出正確的決定解散婚姻，並開始積極正向的人生。離婚的女性有 66% 表示，離婚是她們提議的，由男性發起的離婚只有 41%。離婚女性 (44%) 也更害怕財務問題，相較之下，男性 (11%) 的比例較少。以下是中年及老年成年女性列舉離婚主要的原因：(1) 口頭、身體或精神虐待 (23%)；(2) 酗酒或藥物濫用 (18%)；和 (3) 欺騙 (17%)。中年和老年男性列舉離婚的主要原因則是：(1) 沒有明顯的問題，只是沒有愛情了 (17%)；(2) 欺騙 (14%)；及 (3) 不同的價值觀、生活方式 (14%)。

二、空巢及再填充

孩子展開到成年的生活，對一個家庭來說是重要事件，家長會經歷調適過程。家長轉銜過渡孩子的離家可能會遇到**空巢症候群**，其中包括婚姻滿意度會下降。事實上，對於大多數家長而言，孩子離家之後婚姻的滿意度並未下降，反而在養育子女多年後增加 (Fingerman & Baker, 2006)。一個空巢的過渡增加了婚姻的滿意度，這種增長來自於可以與伴侶在一起的時間品質俱增 (Gorchoff, John, & Helson, 2008)。

在當今不確定的經濟環境中，成年子女經過幾年的大學，大學畢業後，或在全職工作後為了省錢，回家回填空巢已成為司空見慣 (Merrill, 2009)。年輕人還可能在經過一次不成功的職涯或離婚後，搬去與父母同住。而有些年輕人並不離家，直到二十歲中後期為止，因為他們在經濟上還不能養活自己。有許多名詞用來形容這些回到父母家居住的年輕成年人，包括「歸巢小孩」(boomerang kids，日本人稱為尼特族，台灣有人稱為「啃老族」)，和「B2B」(Back-to-Bedroom，返回到臥室) (Furman, 2005)。

空巢症候群
(empty nest syndrome)
在孩子離家之後出現婚姻的滿意度下降，因為父母透過其子女獲得相當的滿意度。

成年中期的一代一直提供年輕一代支持，甚至在空巢期，一樣透過貸款和教育的禮金，並透過情感上繼續支持著，而家長也樂在其中。最近針對 40 至 60 歲的父母調查發現，他們平均每隔幾週就對每個超過 18 歲孩子提供財務和情感上的支持 (Fingerman et al., 2009)。

然而，與大多數家庭居住安排有關，成年子女回家有兩個優點和缺點。成年的孩子和家長都會抱怨失去隱私。成年子女抱怨說，父母限制他們的獨立性、束縛他們的性生活、減少他們的音樂聆聽，並把他們當作兒童；父母則經常抱怨自己安靜的家變得嘈雜、膳食很難計畫、夫婦的關係被侵犯，而且他們必須肩負太多的責任。總之，成年子女回家居住，會造成家庭生活失衡，需要父母和成年子女適應。有關年輕人如何和父母相處更好的策略，請參閱【發展與生活的連結】。

三、手足關係和友誼

發展連結—家庭和同儕
許多手足對彼此有複雜的情感。(第 8 章)

對於大多數成年人來說，手足關係持續在整個生命週期 (Whiteman, McHale, & Soli, 2011)。今天的成年人中有 85% 都至少有一個手足。成年手足的關係可能會非常親近、疏離或高度競爭 (Bedford, 2009)。大多數手足的關係在成年期是親近的 (Cicirelli, 2009)，這些手足在成年期心理上接近對方，傾向於以童年的方式。一項研究表明，成年手足經常相互提供實質和情感支持 (Voorpostel & Blieszner, 2008)。另一項研究則表明，小時候兄弟關係不佳的男性比在兒童期有正向兄弟關係的男性，更容易在 50 歲時罹患憂鬱症 (Waldinger, Vaillant, & Orav, 2007)。

因為他們在成年中期的友誼與在成年早期一樣重要 (Blieszner & Roberto, 2012)，而這需要時間來培養。

四、祖父母

長壽的增加影響隔代教養的性質 (Monserud, 2011)。1900 年 10 歲的孩子中只有 4% 有與祖父母生活的經驗，但這個數字在 2000 年已上升至 40% 以上；而在 1990 年只有 20% 的 30 歲成年人與曾祖父母生活，這個數字預計將在 2020 年增加至 80% (Hagestad & Uhlenberg, 2007)。長壽可能會增加未來這種趨勢，但延遲生育也有可能會破壞它 (Szinovacz, 2009)。

祖父母在許多孫子的生活中發揮重要作用 (Bangerter & Waldron, 2014; Hadfield, 2014; Newton & Stewart, 2012)。許多成年人第一次成為祖父母是在成年中期。研究人員一致發現，祖母比祖父與孫兒有更

發展與生活的連結

父母和年輕成年子女相處的策略

如果成年子女要求回家住，父母和成年子女應就條件和期望事先約定。例如，他們可能會討論並要求青少年是否支付租金、洗自己的衣服、自己做飯、做任何家務、繳納電話費、他們可以來去自由、在家過性生活或喝酒等等。如果這些條件不先談好，往往會導致衝突。

家長需要以對待成人的方式對待年輕的成年子女，並放下原先大部分父母的角色。家長應與年輕成年子女互動，但不是密切監測和保護。成年子女的睡眠、飲食、穿衣、交友、擇偶、就業及如何花自己的錢有選擇的權利。討論的焦點不應是年輕成年子女的選擇，而是哪些活動是不可接受的。

有些家長不對年輕成年子女放手，他們致力於「身心健康五大方面的教養」，但這會妨礙成年子女朝向獨立性和負責任。「直升機父母」是另一個標籤，描述父母過於緊密地徘徊在孩子周圍，以確保孩子在大學和成年生活中順利成功 (Paul, 2003)。雖然用心良苦，但會減緩孩子自己成為負責任的成年人。

Elina Furman (2005) 在 *Boomerang Nation: How To Survive Living with Your Parents... the Second Time Around* 這本書中提供一些很好的建議：她建議，當年輕成年子女搬回家，他們希望做出調整。正如前面建議的，她呼籲年輕人坐下來與父母協商家裡的基本規則。Furman 還建議年輕人設定最後期限，他們將住在家裡多久，然後專注於自己的目標 (他們是否要存足夠的錢還債、攢夠創業資金或購買自己的房子、完成學業等等)。很多時候年輕人搬回家是為了省下生活費，以便花費在奢侈品上，如購物狂歡、夜生活、昂貴的衣服和不必要的旅行，進一步拖延他們搬出父母家的能力。

哪些策略可以幫助父母和他們成年早期的子女相處融洽。

多的接觸 (Watson, Randolph, & Lyons, 2005)。也許女人通常定義自己成為祖母的角色為維護跨代家庭成員之間的關係，而男人可能對祖父的角色少有期望。

(一) 祖父母的角色和風格

祖父母角色的含意是什麼？ Neugarten 和 Weinstein (1964) 提出三個面向的思考：對於一些老年人，成為祖父母是生物學的獎勵和連續性的來源；也有人認為祖父母是情感的自我實現，具有陪伴和滿意的感情；還有一些人認為祖父母是遠程的角色。最近的一項研究表明，祖父母可以提供目的感和被重視的感覺，回應成年中期和中晚期生產性需求的滿足 (Thiele & Whelan, 2008)。

祖父的角色可能在不同的家庭、不同的民族和文化、不同的情況下有不同的功能 (Watson, Randolph, & Lyons, 2005)。例如，在針對白人、非裔美國人和墨西哥裔美國人祖孫的一項研究中，墨西哥的美國祖父母看到孫輩最頻繁，提供給孫子和他們父母的支持最多，並與孫子的關係最滿意 (Bengtson, 1985)。而在芝加哥三代家庭的研究中，祖母與孩子和孫子有較親密的關係，並比祖父給了更多的個人建議 (Hagestad, 1985)。

祖父母如何與孫子互動？可分成三種類型 (Neugarten & Weinstein, 1964)——正式的、尋找樂趣的和遙遠的。

1. 在正式的風格中，祖父母代表被認為是適當的和規定的角色。這些祖父母表現出對孫子孫女濃厚的興趣，但很小心，不給撫養孩子的意見。
2. 在尋找樂趣的風格中，祖父母是非正式的、好玩的。孫子是休閒活動的來源；強調雙方都感到滿意的。
3. 在遙遠距離的風格，祖父母是王道，但很少互動。

65 歲以上的祖父母更有可能顯示互動的正式風格；那些 65 歲以下的人較有可能顯示尋找樂趣的風格。由於祖父母的角色聯繫三個世代——祖父母、父母、孫輩。祖父母的作用往往是由父母中介 (Szinovacz, 2009)。

(二) 祖父母形象的改變

在 2009 年，美國有 780 萬個兒童與至少一個祖父母共同生活，比起 1981 年的 470 萬個兒童，增長了 64% (U.S. Census Bureau, 2011)。離婚、少女懷孕和父母吸毒是主要的原因，使得祖父母又再度被推回到「父母」的角色。一項研究發現，祖父母的參與對單親和繼父母家庭的貢獻比對傳統的雙親家庭大 (Attar-Schwartz et al., 2009)。

搬去與孫子同住的祖父母中，幾乎有一半是由祖母單獨扶養長大的，這些家庭主要是非裔美國人 (53%)，而非拉丁裔白人家庭則較多是由兩個祖父母共同撫養孫輩。

大多數祖父母與子女生活助長了家庭的收入，並在父母工作時提供托兒的協助。如果兩代都在貧困中，約只有 10% 的祖父母會搬去與孩子和孫子同住。移民者則有幾乎一半的祖父母搬去與孩子同住。

如果祖父母是孫子全職照顧者則會增加健康問題，尤其處於憂鬱症和壓力的高風險中 (Hadfield, 2014; Silverstein, 2009)，因為全職照顧者的祖父母往往是低收入、少數群體地位，以及不在婚姻關係中 (Minkler & Fuller-Thompson, 2005)；如果祖父母都是兼職的照顧者就較不會對健康產生負面影響。

在某些情況下，離婚可能會增加孩子與祖父母的接觸，讓祖父母承擔更大的照顧責任；有些國家，監禁家長可能會連帶限制祖父母照顧孩子的時間。最近的一項研究顯示，當兒童與父親的關係在離婚後惡化時，與祖父母關係也是遙遠的、負向消極的，甚或不存在的 (Ahrons, 2007)。

由於離婚和再婚已經變得越來越普遍，祖父母對孫子的探視權就特別值得關注 (Kivnik & Sinclair, 2007)。在過去二十年裡，更多的國家透過法律賦予祖父母請願探視權限，即使父母反對。祖父母這樣的強制探視權是否為孩子的最佳利益仍然存有爭議。

五、兩代關係

對大多數的人來說家庭是重要的。當對 21 個國家 21,000 名 40 歲至 79 歲成年人進行詢問：「當你認為你是誰時，你覺得主要參照點是______？」63% 的人認為「家庭」，9% 的人說「宗教」和 8% 的人表示「工作」(HSBC Insurance, 2007)。

在這項研究中，這些中年人和老年人都對家庭有一種強烈的責任感。其中沙烏地阿拉伯、印度和土耳其表現最強烈的兩代關係。80% 以上的中年人和老年人的報告表示，在以後生活有需要時，成年人有責任照顧他們的父母 (和岳父、岳母)。

世界各地的中年人和老年人表現出強烈的責任感和家庭責任感。最近一項對 21 個國家的中年人和老年人的研究發現，最強的兩代關係在沙烏地阿拉伯。

中年成人在年輕人和老年人的生活發揮重要作用 (Birditt & Wardjiman, 2012; Fingerman et al., 2014; Fingerman & Birditt, 2011; Fingerman, Sechrist, & Birditt, 2013)。中年人分享他們的經驗和價值觀傳遞給年輕一代，也可能提供或接受經濟援助，照顧寡居或生病的父母；當雙方父母相繼去世後，他們要適應成為最老的一代。

中年人被描述為「三明治」、「擠乾」或「超載」的一代，因為他們有自己的青少年和年輕的成年子女，以及年邁父母的責任 (Etaugh & Bridges, 2010; Pudrovska, 2009)。然而，另一種觀點是，在美國，「三明治」一代成為「樞紐」的一代，中間一代在已成年孩子和年邁父母的需求之間交替關注 (Birditt & Wardjiman, 2012; Fingerman & Birditt, 2011; Fingerman, Sechrist, & Birditt, 2013)。

許多中年人在父母重病和死亡時經歷相當大的壓力。一項調查顯示，當成年人進入中年，41% 的父母健在，但 77% 父母已不在人世 (Bumpass & Aquilino, 1994)。有 40% 以上成年子女 (其中大部分是女兒) 為年邁的父母或公婆提供護理 (Blieszner & Roberto, 2012; National Alliance for Caregiving, 2009)。然而，最近的兩項研究則發現，中年父母更可能對已成年的孩子提供支持，而不是對他們的父母 (Fingerman et al., 2011a, 2012)。當中年人有身心障礙的父母時，對於父母的支持會增加 (Fingerman et al., 2011b)。這種支持可能涉及找養老院，並監測其品質、購置醫療服務、安排公共服務援助，以及處理財務等。在某些情況下，成年子女會提供與日常生活直接地援助，包括活動，如吃飯、洗澡和更衣；或者幫助購物、做家務、交通、到家維修和支付帳單。

一些研究人員發現，年邁父母和孩子之間的關係通常是矛盾的 (Birditt, Fingerman, & Zarit, 2010; Birditt & Wardjiman, 2012; Fingerman & Birditt, 2011; Fingerman et al., 201la; Fingerman, Sechrist, & Birditt, 2013; Pitzer, Fingerman, & Lefkowitz, 2014)。從正向方面來看，包括愛、相互幫助、共同的價值觀；但從負向方面來看則是隔離，如家庭矛盾和問題、虐待、忽視和照顧者的壓力。最近的一項研究發現，中年人會積極支持家庭的責任及成年早期的子女；但較多的矛盾則是對於為年邁的父母提供醫療服務與長期照護，將其視為一件甜蜜的負擔 (lgarashi et al., 2013)。然而，在荷蘭最近的一項研究發現，親密、支持與和樂融融，在兩代關係中比矛盾更為普遍 (Hogerbrugge & Komter, 2012)。

隨著新的一代其人格特徵、態度和價值觀會被複製或更改。由於年齡較大的家庭成員死亡，其生物學、智力、情感和個人遺產會在下一代進行著。當他們的孩子成為最老的一代時，由於成年子女成為中年人，往往會對父母發展出更正向的看法 (Field, 1999)。跨代兩者的相似性和差異性都存在。例如，父母和成年子女之間的相似性最明顯的是宗教和政治，其次則是性別角色、生活方式和工作方向。

下面的研究提供兩代關係發展的重要性證明：

- 成年子女提供年紀大的父母社會支持的動機，與早期家庭經驗有關 (Silverstein et al., 2002)。兒童花更多的時間與父母共享活動，並從父母獲得更多的資金以支持他們在早期的生活，當父母變得更老時，會提供給更多的支持。
- 父母離異的孩子比來自完整、永不離異家庭的孩子，很可能會不成比例地結束自己的婚姻，雖然各代人之間離婚會傳遞但近年來有所下降 (Wolfinger, 2011)。
- 家長早期經常抽菸，更可能有成為抽菸者的青少年子女 (Chassin et al., 2008)。
- 與親密伴侶及母子間安全、穩定和支持 / 信任的關係，會打破家庭中兩代循環的虐待 (Jaffee et al., 2013)。

性別差異也在兩代關係間顯現 (Etaugh & Bridges, 2010)。女性在維護各代家庭關係中具有特別重要的作用 (Merrill, 2009)。在一項研究中，母親和女兒在她們成年後會比母親和兒子、父親和女兒、父親和兒子有更密切關係 (Rossi, 1989)。此外，在這項研究中，已婚男性比與自己的親屬更常接觸妻子的親屬。此外，最近的一項研究表明，母親的兩代關係比父親對祖父母、孫子女的關係更具影響力 (Monserud, 2008)。

複習・連結・反思　學習目標三　找出成年中期親密關係的一些重要層面

複習重點

- 成年中期的愛情和婚姻是什麼樣貌？
- 什麼是空巢？它如何被重新填充？
- 在成年中期，手足的關係和友誼如何形容？
- 祖父母的性質是什麼？
- 各代的關係如何？

連結

- 在本節中，你讀了成年中期離婚。在第 14 章，你學到了什麼是離婚的成年人最常見的特徵之一？

反思個人的人生旅程

- 你和祖父母的關係如何？在你的家人兩代間的關係像是什麼？

與前瞻主題連結

Erikson 發展的第八和最後階段——誠信與絕望——發生在成年晚期。思想活躍與成年晚期的生活滿意度有關。老年人變得更加挑剔他們的社交網絡，並花更多的時間在選擇會有情感回報的關係上，而較少連結周圍的其他關係。老年人比年輕的成年人也體驗到更多的正向情緒和較少的負面情緒。責任感與親和性的人格特質也在成年晚期增加。由於各種能力與機會下降，老年人往往不得不使用寬鬆的策略來實現自己的目標。

達成本章學習目標

成年中期的社會情緒發展

壹、人格理論和成人發展

學習目標一　描述人格理論及成年中期社會情緒發展

- **成年階段**：Erikson 說，人類壽命的第七個階段，生產性與停滯，發生於成年中期。四種類型的生產性是生物學的、父母、工作和文化。在 Levinson 的理論，發展任務必須掌握發展的不同時間點，中年的變化專注在四大矛盾：年輕相對於年老、破壞性相對於建設性、男性化相對於女性化，以及與他人的統合分離。Levinson 稱，大多數美國人，尤其是男性經歷中年危機。然而，研究表明中年危機不是普遍的，具有成年中期發展過程裡相當大的個別差異。
- **生活事件法**：根據生活事件法早期版本中，生活事件產生重大壓力。生活事件的做法，當代版本關注生活事件對個人發展的影響，認為不僅取決於生活事件本身，也取決於中介因素，如人的適應、生命階段的背景，以及社會歷史文化環境。
- **中年的壓力與個人控制**：研究人員發現，年輕人和中年人比老年人遇到更多的壓力與更多的多重壓力。平均而言，個人的控制感會隨著年紀漸長而趨於成熟。女性和男性在他們的經驗與應對壓力的方式有所不同。女性更容易在一個趨向和友好模式應對壓力，男性則以戰鬥或逃跑的方式作回應。
- **中年發展環境**：Neugarten 認為，一個特定年齡群組的社會環境可以改變它的社會時鐘，根據其中個人預計完成人生任務的時間表而定。批評者認為，成年階段理論有個男性偏見，因為他們過分強調事業，不充分理解女性對關係的擔憂。對於女性來說，成年中期也充滿了變異性。許多文化不具備中年的清晰概念。在許多非工業化的社會中，女性的地位在中年改善。

貳、穩定與改變

學習目標二　討論縱貫性研究中所反映成年中期期間的穩定性和發展變化

- **縱貫性研究**：在 Costa 和 McCrae 的 Baltimore 研究，人格的五大因素包括開放性、責任感、外向性、親和性與情緒不穩定性，表現出相當的穩定性。不過，研究人員最近發現，在品格上的最大變化在成年早期出現，隨著正向方面的因素在成年中期達到高峰。

五大因素都連接到一個人生活的重要方面，如健康和工作。在 Berkeley 的縱貫性研究中，極高或極低的穩定與改變的爭論不被支持。最穩定的特徵是智力傾向、自信，以及開放的新經驗。Helson 的米爾斯學院研究將女性區分成家庭為主、事業為導向的，以及那些不遵循這些路徑的。在她們四十出頭時，女性經歷許多如 Levinson 描述為男性擔憂的部分。然而，那不是中年危機，女性所經歷的是中年覺悟。George Vaillant 的研究揭示，在 50 歲時的一些特徵連結到在 75 至 80 歲時的健康和福祉。

- **結論**：累積人格模型指出，隨著時間的推移和年齡增長，性格變得更加穩定。人格特質在成年早期比成年中晚期發生變化多，但一些個性方面也繼續在成年早期後更改。人格特質在整個成年期向正向的方向發生改變，反映出社會的成熟。在個人層面上，性格改變往往與相關的特定發展時期的生活經歷有關。有些人改變得會比別人多。

參、親密關係

學習目標三　找出成年中期親密關係的一些重要層面

- **中年的愛情和婚姻**：深情的愛情在中年增加，尤其是在婚姻已經穩定多年後。大多數已婚中年人表示，他們的婚姻是非常好或很好的。研究人員最近發現，中年離婚的危險比年輕人離婚來得少和較不強烈。
- **空巢及再填充**：前人一度認為空巢降低婚姻滿意度，但對於大多數的父母來說，空巢提升了婚姻滿意度。由於失業或離婚，有越來越多的年輕人正在返家與父母同住。一些年輕人不離開家，直到他們二十多歲為止，因為他們在經濟上無法養活自己。
- **手足關係和友誼**：手足關係持續終生，有些親近，也有些遙遠。友誼在中年持續重要。
- **祖父母**：有不同的祖父母角色和風格。祖母比祖父花更多時間與孫子互動，和祖母的角色相比，祖父卻有更大的期待，包括維護各代人之間的關係。祖父母的圖像正在發生變化，因為如離婚和再婚這樣的因素，越來越多的美國孫子與祖父母一起生活。
- **兩代關係**：家庭成員通常保持跨代接觸。母親和女兒擁有最親密的關係。中年，這被稱為「三明治」或「擠乾」的一代，在連接世代中扮演著重要角色。

第九部

成年晚期

就如我們每個人站在地球的中心，突然間到了夜晚的時候，人類發展的節奏和意義最終走向成年晚期。銀髮族擺脫年輕的葉子，被時間的風吹向真理。銀髮族知道生活是前行的，但理解是回溯的。銀髮族追溯終點和生命之初的聯繫，並嘗試去理解整個人生在出生之前是什麼樣貌。最終，我們知道自己生存的意義。第九部分為三章：「成年晚期的生理發展」(第 17 章)、「成年晚期的認知發展」(第 18 章) 和「成年晚期的社會情緒發展」(第 19 章)。

七十歲的年輕人有時比四十歲的人更開朗，更有希望。

——Oliver Wendell Holmes, SR

19 世紀美國醫師

17 CHAPTER

成年晚期的生理發展

學習目標

1

壹、壽命

學習目標一　標誌長壽的特點，討論衰老的生物學理論

包括：預期壽命和壽命、年輕老人和年老老人、老化的生物學理論

2

貳、成年晚期生理發展的歷程

學習目標二　描述個體的大腦和身體在成年晚期如何變化

包括：大腦老化、睡眠、免疫系統、外表和動作、感官發展、循環和呼吸系統、性慾

3

參、健康

學習目標三　確定老年人的健康問題並描述如何處理

包括：健康問題；藥物使用和毒品濫用；運動、營養和體重；健康管理

Jonathan Swift 說：「聰明人不會希望變得更年輕。」毫無疑問，70 歲的身體並沒有像以前那麼好。個人對老化的恐懼常常超過事實。隨著越來越多的人活出成熟和活躍的老年，老年化形象正在發生變化。雖然平均而言，約 75 歲的關節應該會僵硬，但人們仍可以嘗試更健康。例如，75 歲的男子可能會選擇訓練跑馬拉松；80 歲仍具備工作能力的女性可以選擇製造和銷售兒童玩具。

以 Mary Segal (小名 May) 為例，她在 65 歲退休時被診斷患有心血管問題。她的心臟併發症促使她開始鍛鍊身體，在北卡羅萊納州達勒姆的杜克大學足球場進行登階運動。May 在 2013 年將滿 100 歲，並在過去 35 年中持續進行規律的運動。當 May 在 78 歲的時候，她開始在新開設的杜克大學健康和健身中心運動身體。她持續定期去中心，從上午 9 點開始。May 的運動方案包括游泳、在跑道行走四圈，以及在 NuStep 機器上運動 30 分鐘，包括腿部運動，就像爬樓梯一樣，以及如同越野滑雪類似的手臂運動。May 的運動速度比年輕的時候慢，當她在跑道上行走四圈時，必須使用助行器。此外，她已經把每週運動的天數減少到三天。

May 的動機、韌性和堅持的跡象展現，當她在 94 歲時跌倒摔斷髖關節，這對老年人來說是一個艱難的挫折，並且會有很長的恢復期。醫生告訴她，可能再也無法走路了，但是目前 May 確實恢復了健康，而且繼續定期的運動課程。

Mary Segal 在 100 歲生日時在杜克大學的健康和健身中心進行日常運動。

預習

Mary Segal 的生理發展和幸福故事揭露關於生命發展的真正迷人問題，我們將在本章中探討；包括：為什麼我們會變老，如果可能的話，我們能做些什麼來減緩這個過程？我們能活多久？我們有機會活到 100 歲嗎？老年人的身體如何變化？特定的飲食習慣和運動模式能否幫助我們延長壽命？我們如何提高老年人的生活品質？

壹 壽命

學習目標一 標誌長壽的特點，討論衰老的生物學理論

預期壽命和壽命 | 年輕老人和年老老人 | 老化的生物學理論

諾貝爾化學獎得主 Linus Pauling 在他 80 多歲時，認為維生素 C 可以延緩老化過程。衰老研究人員 Roy Walford 每週禁食兩天，因為

他認為限制熱量會延緩衰老過程。我們對長壽有什麼了解？

一、預期壽命和壽命

我們不再是一個年輕的社會。不同年齡層的人口變得越來越相似。自有歷史以來，**壽命**意指個體可以生存的最大年數，一直維持在大約 120 到 125 歲之間。但自 1900 年以來，醫學、營養、運動和生活方式的改善，使得平均壽命延長了 30 年。請記住，最近幾十年，不僅改善了成年人的健康和福祉，而且延長了壽命，同時也大幅減少嬰兒的死亡。

我們每個人都獨自站在地球的中心，被一縷陽光照射，突然間就變成夜晚。
——Salvatore Quasimodo
二十世紀義大利詩人

複習第 1 章，**預期壽命**是指某個特定年份出生的人平均可能存活的年數。今天在美國出生的人的平均預期壽命是 78.7 歲 (Hoyert & Xu, 2012)。今天在美國的 65 歲的人可以平均再活 18.6 年 (女性 19.9 歲，男性 17.2 歲) (美國人口普查局，2011 年)；100 歲以上的老年人平均壽命只能再活 2.3 歲 (美國人口普查局，2011 年)。

(一) 預期壽命

與其他國家相比，美國的平均壽命如何？我們做得比別人好得多？比別人差一些？ 2011 年，摩納哥的出生預期壽命 (90 歲) 最高，其次是澳門 (靠近香港的中國地區)、日本和新加坡 (84 歲) (中央情報局，2012 年)。在 221 個國家中，美國以 78 歲排在第 50 位；2011 年的最低預估預期壽命在非洲國家查德、幾內亞比索、南非和史瓦濟蘭 (49 歲)。各國的預期壽命差異，是由於健康狀況和醫療照護等因素造成的。

發展連結—預期壽命
僅在二十世紀，美國的預期壽命就增加了 30 年。(第 1 章)

美國各個民族以及男性和女性的預期壽命也不同 (Hoyert & Xu, 2012)。例如，非裔美國人 (75 歲) 的預期壽命比拉丁美裔的預期壽命 (81 歲) 少 6 年，比非拉丁美裔 (79 歲) 少 4 歲 (疾病控制和預防中心，2012a 年)。拉丁美裔婦女的預期壽命為 84 歲、非拉丁美裔白人婦女的預期壽命為 81 歲，其次是非裔美國婦女 (78 歲)、非拉丁美裔白男人 (76 歲) 和非裔美國男人 (72 歲) (Hoyert & Xu, 2012)。

2011 年，女性的總體預期壽命為 81.1 歲，男性為 76.3 歲 (Hoyert & Xu, 2012)。從三十歲中期開始，女性人數多於男性。這個差距在成年後的會更擴大。到 75 歲時，超過 61% 的人口是女性；85 歲以上的人口中，女性甚至高達 70%。為什麼女人預期能比男人活得更久？社會因素如健康態度、習慣、生活方式和職業可能是重要的因素 (Saint Onge, 2009)。男性比女性更可能死於美國主要死因，包括呼

壽命 (life span)
一個人可以生活的最多年數。人的最大年數大約在 120 到 125 歲之間。

預期壽命 (life expectancy)
在特定某一年中出生的人平均可能存活的年數。

(a)

(b)

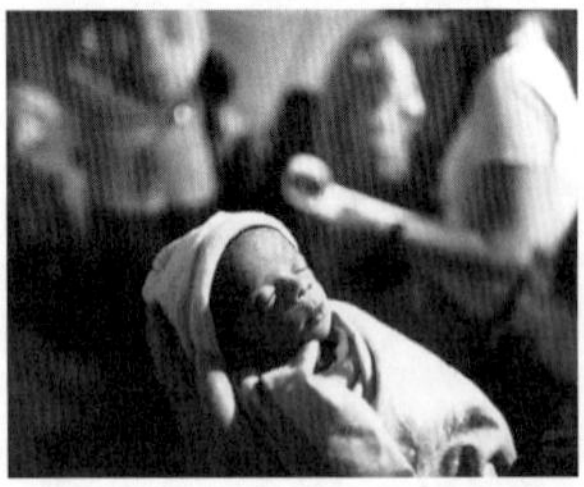
(c)

(a) 摩納哥是一個非常富裕的國家，幾乎沒有貧窮，醫療保健很先進，有全世界最高的預期壽命 (90 歲)；(b) 俄羅斯的預期壽命只有 66 歲，這可能是由於飲酒和抽菸的比率很高；(c) 海地是一個貧困比率很高的國家，許多新生兒出生體重低，預期壽命為 63 歲。

吸系統癌症、車禍、肝硬化、肺氣腫和冠狀動脈心臟病 (Robine, 2011)。這些死亡原因與生活方式有關。例如，由於肺癌和肺氣腫導致死亡的性別差異，是因為男性比女性抽菸人口更多。

長壽的性別差異也受到生物因素的影響 (Gems, 2014; Regan & Partridge, 2014; Soerensen, 2012)。在幾乎所有的物種中，女性的壽命都超過了男性。女性對感染和退化性疾病具有更強的抵抗力 (Pan & Chang, 2012)。例如，雌性動情素的產生有助於保護免於粥狀動脈硬化 (動脈的硬化)，女性多一個 X 染色體與男性相比可能與產生更多的抗體來抵禦疾病。死亡率方面的性別差異仍然存在，但不如過去那麼明顯。1979 年，性別的長壽差異對女性有利，達到 7.8 歲，但在 2011 年，差距縮小到 4.8 歲 (Hoyert & Xu, 2012)。

在美國不同的群體中，平均壽命最長的屬於基督復臨安息日會，他們的預期壽命為 88 歲。他們長壽的原因是宗教信仰，包括選擇正向的生活方式，如素食。

您自己的預期壽命呢？您活到 100 歲的可能性是多少？要評估這種可能性，請參見圖 17.1。

(二) 人瑞

在工業化國家，人瑞 (100 歲以上的老人) 以每年 7% 的速度增長 (Perls, 2007)。在美國，1980 年只有一萬五千名人瑞，2010 年上升到 72,000 人，到 2050 年預計將達到 60 萬人 (美國人口普查局，2011 年)。美國人瑞最多，其次是日本、中國和英格蘭 / 威爾斯 (Hall, 2008)。據估計，美國有超過 60 至 70 位的超級人瑞 (年齡在 110 歲以上)，全世界的超級人瑞大約有 300 至 450 位 (Perls, 2007)。

對人瑞的三項主要研究是新英格蘭人瑞研究、喬治亞人瑞研究和中國長期健康長壽調查。新英格蘭人瑞研究 (New England Centenarian Study, NECS) 始於 1994 年，由 Thomas Perls 及其同事 (Perls, 2007, 2009; Sebastiani et al., 2012, 2013; Sebastiani & Perls, 2012; Terry et al., 2008) 執行。許多人認為：「年紀越大，病情越重。」然而，在 NECS 中，大多數人瑞並不是這樣。研究人員發現，高死亡率的慢性疾病在人瑞中顯著延遲了很多年，許多人在接近生命盡頭的時候沒有經歷障礙 (Sebastiani & Perls, 2012)。NECS 最近對 100 至 119 歲的人瑞進行的研究發現，年齡越大 (110 至 119 歲——被稱為超級人瑞——相對於 100 至 104 歲)，癌症和心血管疾病發病與功能下降越晚 (Andersen, et al., 2012)。Perls 指人瑞比一般人到更老的年齡才

預期壽命自評表

確定每個項目是否適用於您自己，從您的基本預期壽命增加或減去相對應的歲數。

1. 家族史
____ 如果兩位或兩位以上的祖父母都活到 80 歲以上，請再加五歲。
____ 如果任何父母、祖父母、兄弟姐妹在 50 歲以前死於心臟病或中風，則減四歲。
____ 如果有人在 60 歲以前死於上述疾病，則減兩歲。
____ 父母或祖父母中每出現一例糖尿病、甲狀腺疾病、乳癌、消化系統癌症、氣喘或慢性支氣管炎，均減三歲。

2. 婚姻狀態
____ 如果您已經結婚，再加四歲。
____ 如果您超過 25 歲而沒有結婚，每未婚十年減一歲。

3. 經濟狀態
____ 如果您的家庭收入每年超過 60,000 美元，請增加兩歲。
____ 如果在您的人生中大部分時間裡都很窮，就減三歲。

4. 體質
____ 您的體重每超重 10 磅，減一歲。
____ 測量您的腰圍如果超過胸圍，每英寸的扣除兩歲。
____ 如果您超過 40 歲而沒有過重，添加三歲。

5. 運動
____ 如果您經常適度運動 (每週慢跑三次)，再加三歲。
____ 如果您經常高強度運動 (每週長跑三次)，請加五歲。
____ 如果您的工作需要久坐，減三歲。
____ 如果您的工作是活躍的，請加三歲。

6. 酒精
____ 如果您是位輕度飲酒者 (每天一到三杯)，加兩歲。
____ 如果您是位重度飲酒者 (每天超過四杯)，減五到十歲。
____ 如果您滴酒不沾，減一歲。

7. 抽菸
____ 如果您每天抽兩包香菸以上，減八歲。
____ 如果您每天抽一到兩包，則減兩歲。
____ 如果您抽不到一包，減兩歲。
____ 如果您經常抽煙斗或雪茄，減兩歲。

8. 性格
____ 如果您是一位理性的、實際的人，請加兩歲。
____ 如果您是積極的、激烈的和有競爭力的，減兩歲。
____ 如果您基本上是快樂和滿足於生活的話，再加一到五歲。
____ 如果您經常感到不快樂、擔心、常感到內疚，減一到五歲。

9. 教育
____ 如果您學歷低於高中教育，減去兩歲。
____ 如果您在高中以後，有在學四年，再加一歲。
____ 如果您在高中以後，有在學五年以上，再加三歲。

10. 環境
____ 如果您在鄉村環境中度過大半生，那麼再加四歲。
____ 如果您在都市環境中度過大半生，減兩歲。

11. 睡眠
____ 如果您每天睡眠時間超過九小時，減五歲。

12. 溫度
____ 如果家中的恆溫器設定在不高於華氏 68 度，再加兩歲。

13. 健康照護
____ 如果您有定期體檢和定期洗牙，請增加三歲。
____ 如果您經常生病，減兩歲。

____ **您的總預期壽命**

圖 17.1　您能活到一百歲嗎？這個量表是一個預測壽命的粗略指引。男性的基本預期壽命是 75 歲，女性是 81 歲。寫下您的基本壽命預期。如果您現在是 50、60 歲，那麼您應該增加十年的基本數字，因為您已經證明自己是個有耐力的個體。如果您超過 60 歲並且活躍，您可以再增加兩年。

發展連結—遺傳
科學家們正在尋找與人們壽命相關的基因。(第 2 章)

罹患高死亡率的慢性疾病過程，稱為發病率的壓縮。

NECS 中與活 100 歲相關的因素，包括長壽基因和有效應對壓力的能力。研究人員還發現了一組很強的基因組成，能活到 100 歲是由許多遺傳聯繫組成，每個遺傳聯繫都有適度的影響，但整體而言形成了強大的影響 (Sebastiani & Perls, 2012)。例如，最近針對美國、歐洲和日本的五項研究進行的後設分析得出結論，當所有影響結合起來時，大約有 130 個基因在區分人瑞和非人瑞方面「極具影響力」(Sebastiani et al., 2013)。這些基因在阿茲海默症、糖尿病、心血管疾病、癌症和各種生物過程中發揮作用。NECS 中人瑞的其他特徵，包括很少有人瑞肥胖、很少有菸癮、只有很小部分人 (15% 以下) 的思維能力發生顯著變化 (駁斥了大多數人瑞可能會發展成阿茲海默症的看法)。

除了 NECS 之外，另一項主要研究是由 Leonard Poon 和他的同事們進行的喬治亞人瑞研究 (Georgia Centenarian Study) (Cho, Martin, & Poon, 2012; Dai et al., 2013; Haslam et al., 2014; Hensley et al., 2012; Johnson et al., 2013; Martin et al., 2014; Mitchell et al., 2013; Poon et al., 2010, 2012; Randall et al., 2011, 2012)。Poon 和他的同事 (2010) 認為，涉及生活事件 (經歷更多負面生活事件與更低的自我評估健康) 的社會動力、個性 (認真與高水準的生理和心理健康)、認知 (認知測量是比身體健康更好的心理健康預測因子)、社會經濟資源和支持系統 (社會、經濟和個人資源與精神和身體健康有關) 有助於老年人的健康生活品質，包括人瑞。

新英格蘭人瑞研究的三名參與者：(左圖) 居住在紐澤西州 Englewood 的 Agnes Fenton，年齡為 107 歲，她感覺自己比 15 歲時還年長。她仍然自己做飯，唯一的健康抱怨是右手關節炎。(中圖) 住在波士頓地區的 Louis Charpentier，年齡為 99 歲，每天都在地下室裡雕刻木偶。Louis 說，他的記憶力還很好。(右圖) 105 歲居住在紐約市的 Edythe Kirchmaier 是 Facebook 最年長用戶。截至 2014 年 7 月為止，Edythe 在 Facebook 上擁有超過 51,000 名粉絲！她每個星期都在自己最喜歡的慈善機構做志工，仍然自行開車，並經常使用網絡查訊息和資料。

另一項主要研究是中國人縱向性健康長壽調查，其中包括老年人與人瑞 (Feng, Li et al., 2012; Feng, Wang, & Jonrs, 2013; Feng, Wang et al., 2012; Luo & Waite, 2014, Wang, Chen, & Han, 2014; Zeng & Shen, 2010)。在關於此樣本的調查中，中國人瑞比九十年代、八十年代或七十年代的中國同胞表現出更好的應對和調整 (更強的個人堅韌、樂觀、應對負面情緒、安全關係和個人控制) (Zeng & Shen, 2010)。在這項研究中，94 歲至 98 歲時具有更好調適能力的人，有 43% 的機會成為人瑞的可能性。

人瑞如何看待自己的生活？他們為什麼能活得這麼久，他們的看法又是什麼？

- Elza Wynn 認為，他之所以能夠活得這麼久，是因為他下定決心要這麼做。他說 77 歲時就覺得快要死了，但決定再等一會兒 (Segerberg, 1982)。
- Ruth Climer 曾經擔任多年的體育老師，後來參加銀髮族奧運會。她說，要活到 100 歲，重要的是要把精力集中在現在好的事情上，而不是消極的想法中。她還認為，保持忙碌、總是向前邁進，是長壽的關鍵 (O'Dell, 2013)。
- Billy Red Fox 認為活躍而不擔心是活到 100 歲的重要關鍵。95 歲時，他轉換工作成為公關代表。即使在 100 歲的時候，他也會在一年的 11 個月中旅遊、公開露面，並與老年人交談 (Segerberg, 1982)。
- Simo Radulovich 認為活到老，需要有幽默感、適度生活、睡得好。他每天還和朋友們一起做運動遊戲，說自己從來不怕任何事情，而且總是相信可以度過艱難的時期 (O'Dell, 2013)。
- Mary Butler 說，每天找點東西笑讓她活得更久。她認為，任何時候大笑都比一帖藥更好 (Segerberg, 1982)。
- Duran Baez 在 50 歲時再婚，還有 15 個孩子。在 100 歲的時候，他被問到還有沒有尚未意識到的雄心壯志時回答：「沒有」(Segerberg, 1982)。
- 世界上壽命最長的 122 歲的 Jeanne Louise Calment 把她的長壽歸功於許多事情：

發展連結—先天與後天
先天—後天問題是理解整個人類生命發展的一個重要面向。(第 1 章和第 2 章)

不要擔心你無能為力的事情。偶爾享用葡萄酒和豐富橄欖油的飲食。笑口常開。關於她活得這麼久的能力，她曾經說過，上帝一定已

(a)

(b)

(a) Jeanne Louise Calment 展示她 117 歲的生日慶生照片，是有紀錄活得最久的人。她活到 122 歲。(b) 2013 年 103 歲的 Simo Radulovich 說，活到 100 歲最好的事情是能夠有家人和朋友分享。他與妻子已經結婚 60 多年了。

經忘記了她。訪視員在她 120 歲生日時，問她預期的是什麼樣的未來。Jeanne Louise 回答說：「很短的一個。」她習慣媒體的關注，她說：「我等待死亡……和記者。」她經常走路、騎車、運動。Jeanne Louise 在 85 歲時開始擊劍課程，騎著自行車直到 100 歲。

你有機會活到 100 歲嗎？基因對於活到極端年老扮演著重要的作用 (Hu et al., 2014)。正如我們在第 2 章「生物學的開端」中看到的那樣，對長壽基因的研究最近已經加強 (Morris et al., 2014; Moskalev et al., 2014)。但是還有其他一些因素，比如家族史、健康 (體重、飲食、吸菸和運動)、教育、性格、壓力和生活方式。請注意，在第 2 章中，在表觀遺傳學方法中，對影響發育的基因 × 環境 (G × E) 相互作用有越來越多的興趣 (Miller et al., 2013; Moore et al., 2013; Moskalev et al., 2014)。

為了進一步研究長壽的因素，我們來到東海沖繩島，那裡的人比世界其他任何地方都活得更久。在沖繩，每 10 萬居民中有世界比例最高的 34.7 位人瑞。相比之下，美國每 10 萬人中只有 10 位左右的人瑞。沖繩人的預期壽命是 81.2 歲 (女性 86 人、男性 78 人)，也是世界上最高的國家之一。

88 歲的 Teru Kingjo 繼續在日本沖繩島當織布工。她和許多沖繩人一樣，認為有目標感可以幫助人們延長壽命。

沖繩人如此長壽的原因是什麼？一些可能的解釋包括 (Bendjilali et al., 2014; Willcox, Scapagnini, & Willcox, 2014; Willcox & Willcox, 2014; Willcox, Willcox, & Suzuki, 2002; Willcox et al., 2007, 2008)：

- 飲食：沖繩人吃的是非常健康的食物，大量攝取穀類、魚類和蔬菜，少量肉類、蛋類和奶製品。這種飲食事實上會產生輕微的熱量限制 (10% 至 15%) (Willcox & Willcox, 2014)。沖繩人死於癌症的風險遠低於日本人和美國人 (見圖 17.2)。大約有 10 萬沖繩人搬到了巴西，並很快採用他們新居的飲食方式，大量攝取紅肉。結果：巴西沖繩人的預期壽命比沖繩島 81 歲的預期壽命低了 17 歲！

- 低壓力的生活方式：與日本本土的高壓世界相比，沖繩島上隨和的生活方式更類似悠閒的南島。
- 社區關懷：沖繩人相互尊重，不會孤立或忽視銀髮族。如果銀髮族需要幫助，他們會毫不猶豫地請鄰居協助。這種支持和關懷可能是使得沖繩地區的老年婦女自殺率在老年婦女自殺率高的東亞地區是最低的。
- 活動：沖繩的許多銀髮族身體健康，從事諸如散步和在花園裡工作等活動。許多年長的沖繩人也繼續工作。
- 靈性：沖繩的許多銀髮族在精神實踐中找到了目標感。禱告是司空見慣的，相信可以緩解壓力和問題。

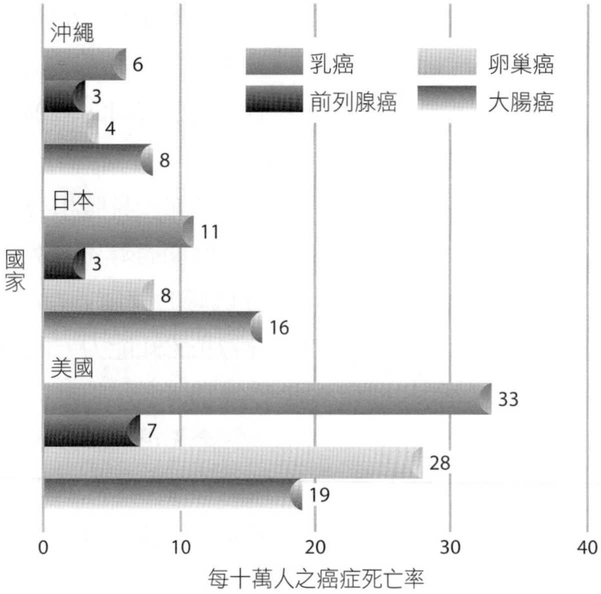

圖 17.2 沖繩、日本和美國死於癌症的風險。沖繩死於癌症的死亡風險比美國和日本低 (Willcox, Willcox, & Suzuki, 2002)。沖繩人吃大量的豆腐和豆製品，含有豐富的類黃酮 (被認為能降低乳腺癌和前列腺癌風險的物質)。他們也食用大量的魚，特別是金槍魚、鯖魚和鮭魚，降低了患乳癌的風險

二、年輕老人和年老老人

> 對我來說，銀髮族總是比我大十五歲。
> ——Bernard Baruch
> 二十世紀美國政治家

您想活到 100 歲，還是 90 歲？正如我們在第 1 章中所討論的，這個年齡層是成年中晚期的一部分，從 60 歲開始，延伸到大約 120 到 125 歲。這是人類發展的最長時期，大約有 50 年至 60 年。輕熟齡 (65 歲至 84 歲) 和重熟齡 (85 歲及以上) 之間的區別越來越大。人們對成功老化的興趣越來越高，這使得銀髮族的寫照比過去的典型更為樂觀 (Anderson et al., 2012; Jeste et al., 2013)。各種介入策略如白內障手術和各種復健正在改善老年人的功能。而且在開發新的預防和干預方案，例如進行規律的運動方面，有樂觀的看法 (Buchman et al., 2012; Haltiwanger, 2013)。

許多老化專家喜歡以功能而不是年齡討論年輕和年老的分別。還記得第 1 章，我們描述的年齡不僅考慮年紀，而且考量生理年齡、心理年齡和社會年齡方面。因此，以功能年齡而言，指的是這個人的實際能力——一個 85 歲的老人在生理和心理上都可能比 65 歲的老人更健康。

儘管如此，60、70 歲的成年人與 85 歲以上的成年人之間還是有一些顯著的差異。正如我們在第 1 章中所討論的那樣，Paul Baltes 和他的同事 (Baltes, 2003; Scheibe, Freund, & Baltes, 2007) 認為，重熟齡 (85 歲以上) 面臨許多問題，包括認知與學習能力的巨大流失、慢性壓力增加、身體和心理障礙盛行、高度脆弱、孤獨感的增加，以及在年老時期有尊嚴地死去的困難。他將成功老化的重熟齡族在 60 歲和 70 歲時的問題進行了對比。與年齡較大的老年人相比，年輕老人在身體和認知能力方面有較大的潛力、情感上的幸福感水準更高、更有效地掌握老化的得失。

今天重熟齡族的大多是女性，如果沒有住在機構，大多數婦女是喪偶和獨居。大多數人在過去一年中有段時間也住院，大多數人死於醫院或機構。她們的需求、能力和資源往往不同於 60、70 歲的老年人 (Scheibe, Freund, & Baltes, 2007)。

儘管 Baltes 和他的同事對重熟齡族有相異的描述，但他們是一個差異極大、多元化的族群。在新英格蘭的人瑞研究中，100 歲以上的人中有 15% 是獨立生活在家中、35% 與家人同居或協助生活、50% 在護理之家 (Perls, 2007)。

有相當數量的重熟齡族患有認知障礙，但許多人沒有 (Mall et al., 2014; Tarnanas et al., 2014)。大約四分之一的重熟齡族已經入住機構，許多人有一些活動的限制或困難。但是，超過四分之三的人沒有入住機構，大部分 80 歲以上的老年人繼續生活在社區中。居住在社區的 80 歲以上的老年人中，有超過三分之一的人報告他們的健康狀況非常好或良好、40% 的人表示他們沒有任何活動限制 (Suzman et al., 1992)。85 至 89 歲的美國人中，只有不到 50% 的人有障礙 (Siegler, Bosworth, & Poon, 2003)，而且重熟齡族中有相當大的一群人是強健和活躍的。已成功老年化的重熟齡族往往不會被人注意和研究。

三、老化的生物學理論

即使我們保持非常健康，也會在某個時候開始變老。事實上，一些生涯專家認為，生物老化從出生開始 (Schaie, 2000)。什麼是老化的生物學解釋？關於我們為什麼老化的有趣解釋有五個生物學理論：進化論、細胞時鐘理論、自由基理論、粒線體理論和賀爾蒙壓力理論。

(一) 進化論

回想第 2 章的觀點，即天擇所帶來的優勢隨著年齡的增長而減少 (Baltes, 2003)。在**衰老進化理論**中，自然選擇並沒有消除老年人的許多有害情況和非適應性特徵 (Gems, 2014; Le Couteur & Simpson, 2011; Shokhirev & Johnson, 2014)。為什麼呢？因為天擇與只在青年期才出現的生殖健康有關。例如，以阿茲海默症為例，這是一種不可逆轉的腦部疾病，直到成年中晚期或成年晚期才出現。在進化論中，如果阿茲海默症在生命早期發生，它可能在數百年前就已經被消滅了。

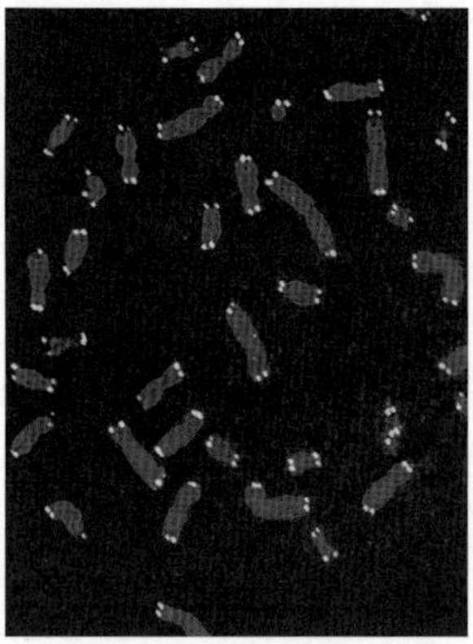

圖 17.3　端粒和老化。照片顯示染色體末端實際的亮點——端粒。

(二) 細胞時鐘理論

細胞時鐘理論是 Leonard Hayflick (1977) 的理論，細胞可以分裂最多約 75 到 80 次，隨著我們的老化，細胞變得不能分裂。Hayflick 發現從成年人的 50 歲至 70 歲採樣的細胞分裂少於 75 到 80 次。基於細胞分裂的方式，Hayflick 將人類壽命可能的上限設定在約 120 至 125 歲。

在過去的十年中，科學家們試圖填補細胞時鐘理論的空白 (Ding et al., 2014; Zhao et al., 2014)。Hayflick 不知道細胞為什麼會死亡。答案可能在於染色體的末端，稱為端粒，是染色體帽端的 DNA 序列 (Harasi et al., 2013; Zhang et al., 2014)。

每次細胞分裂時，端粒變得越來越短 (見圖 17.3)。大約 70 或 80 次分裂後，端粒顯著減少，細胞不再能繁殖。研究顯示，健康的人瑞的端粒比不健康的人瑞要長 (Terry et al., 2008)。最近的研究甚至發現端粒長度越短，社會關係越差、樂觀程度越低、表現出更大的敵意 (Uchino et al., 2012; Zalli et al., 2014)。

已經發現將端粒酶注射到在實驗室中生長的人體細胞中，可以使細胞的壽命大大延長超過大約 70 至 80 個正常細胞分裂 (Harrison, 2012)。然而，端粒酶存在於大約 85% 至 90% 的癌細胞中，因此可能不會產生健康的細胞壽命延長 (Bertorelle et al., 2014; Fakhoury, Nimmo, & Autexier, 2007)。為了利用端粒酶在癌細胞中的高度存在，研究人員目前正在研究端粒酶相關基因療法，這些療法可以抑制端粒酶，導致癌細胞死亡，同時保持健康細胞的存活 (Christodoulidou et al., 2013; Londono-Vallejo & Wellinger, 2012)。最近這些基因療法的焦點是幹細胞及其衍生細胞 (Hoffmeyer et al., 2012)。端粒和端粒酶越來越被認為是幹細胞再生過程的關鍵組成部分，為抑制癌症和延緩衰老提供一條可能的途徑 (Gunes & Rudolph, 2013; Shay, Reddel, & Wright,

衰老進化理論 (evolutionary theory of aging)
這個理論指出，天擇並沒有消除老年人的許多有害情況和非適應性特徵；因此，天擇帶來的好處隨著年齡的增長而減少，因為天擇與生殖健康有關。

細胞時鐘理論 (cellular clock theory)
Leonard Hayflick 的理論認為，人類細胞可以分裂的最大次數大約是 75 到 80 次。隨著年齡的增長，我們的細胞分裂的能力減弱。

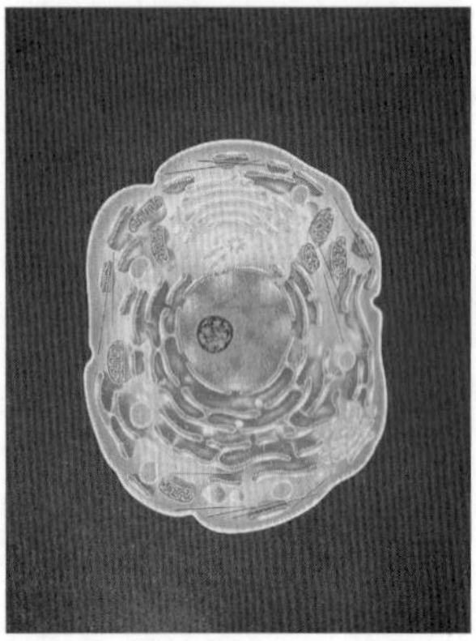

圖 17.4 粒線體。粒線體的變化可能在哪些方面參與衰老？

2012)。

(三) 自由基理論

第二個老化的微生物學理論是**自由基理論**，它指出人們會老化，是因為當細胞代謝能量時，副產物有不穩定的氧分子，稱為自由基。自由基在細胞周圍彈跳，破壞 DNA 和其他細胞結構 (Bachschmid et al., 2013; da Cruz et al., 2014)。損傷會引起一系列疾病，包括癌症和關節炎 (Kolovou et al., 2014; Tezil & Basaga, 2014)。酗酒暴食與自由基的增加有關，研究人員最近發現卡路里限制 – 指限制卡路里的飲食，但蛋白質、維生素和礦物質充足 – 能夠減少自由基造成的氧化損傷 (Cerqueira et al., 2012; Kowaltowski, 2011)。除了飲食外，研究人員還正在探索運動在減少細胞氧化損傷方面的作用 (Sarifakioglu et al., 2014)。最近對肥胖男性的研究發現，耐力運動減少了氧化損傷 (Samjoo et al., 2013)。

(四) 粒線體理論

人們越來越關注細胞內的微小胞器，稱作粒線體，亦即為功能、生長和修復提供必要的能量，可能在衰老中發揮作用的角色 (Arnsburg & Kirstein-Miles, 2014; Shih & Donmez, 2013) (參見圖 17.4)。**粒線體理論**認為老化是由於粒線體的衰變造成的。看來，這種衰變主要是由細胞提供的氧化損傷和關鍵微量營養素的損失引起的 (Christian & Shadel, 2014; Romano et al., 2014; Valcarcel-Ares et al., 2014)。

這種損害和營養損失如何發生？粒線體能量產生的副產品是我們剛剛描述的自由基。根據粒線體理論，由自由基引起的損傷引發了自我延續的循環，其中氧化損傷損害粒線體功能，導致產生更大量的自由基。結果是隨著年齡的增長，受影響的粒線體變得效能低落到不能產生足夠的能量來滿足細胞需求 (Schulz et al., 2014; Schiavi & Ventura, 2014)。

粒線體缺陷與心血管疾病、阿茲海默病、帕金森氏症等神經退化性疾病及肝功能下降有關 (Fabian et al., 2014; Edeas & Weissig, 2013)。粒線體可能在神經元可塑性中扮演重要作用 (Dorszewska, 2013)。然而，粒線體缺陷是否會導致老化，或者僅僅是伴隨著老化過程而出現的 (Brand, 2011)。

自由基理論 (free-radical theory)
衰老的微生物學理論指出，人們的老化是因為細胞內的正常代謝過程產生不穩定的氧分子，稱為自由基。分子在細胞內跳動，破壞 DNA 和其他細胞結構。

粒線體理論 (mitochondrial theory)
老化是由粒線體衰變引起的理論，粒線體即為功能、生長和修復提供必需能量的微小細胞體。

(五) 賀爾蒙壓力理論

細胞時鐘、自由基和粒線體理論試圖解釋細胞層次的衰老。相反地，**賀爾蒙壓力理論**則認為，體內賀爾蒙系統的老化會降低對壓力的抵抗力，並且增加疾病的可能性 (Finch & Seeman, 1999)。

當面臨外部挑戰，例如壓力的情況下，人體透過改變內部生理過程來適應 (Almeida et al., 2011)。這種適應和調整的過程被稱為恆定。在短期內，恆定是適應性的。然而，持續調節生理系統以應對壓力，可能會導致恆定負荷，由於持續的活動而導致身體系統的磨損 (Tomiyama et al., 2012)。

通常情況下，當人們承受壓力時，身體通過釋放某些荷爾蒙來回應。隨著年齡的增長，受到壓力刺激的荷爾蒙分泌時間比年輕時更久 (Finch, 2011)。這些與壓力相關的激素濃度持續升高與許多疾病 (包括心血管疾病、癌症、糖尿病和高血壓) 的風險增加有關 (Steptoe & Kivimaki, 2012)。研究人員正在探索壓力緩衝策略，包括運動、努力尋找減輕壓力對衰老過程的一些負面影響的方法 (Bauer et al., 2013)。

最近，荷爾蒙壓力理論的一個分支強調免疫系統衰老的作用 (Mate, Madrid, & la Fuente, 2014; Solana et al., 2012)。衰老導致免疫系統缺陷，提高老年人感染疾病的風險 (Badowski et al., 2014; Stowell, Robles, & Kane, 2013)。老年人對壓力反應的時間延長，和恢復能力的減低，可能會加速衰老對免疫力的影響。

這些生物學理論中哪一個最能解釋衰老？這個問題還沒有得到解答。最後可能會發現，這些生物過程中的一個或多個都可能導致衰老 (Miller, 2009)。

賀爾蒙壓力理論 (hormonal stress theory)
人體荷爾蒙系統衰老的理論可能會降低對壓力的抵抗力，增加疾病的可能性。

複習・連結・反思

學習目標一　標誌長壽的特點，討論衰老的生物學理論

複習重點

- 壽命和預期壽命之間有什麼區別？人瑞有哪些特徵？長壽有性別差異嗎？
- 如何摘要說明年輕老人和年老老人之間的差異？
- 衰老的五個主要生物學理論是什麼？

連結

- 回到圖 17.1，看看能否將任何列出的項目與您在本節或之前的章節中，閱讀到的研究或理論聯繫起來？(例如，第 2 項陳述「如果你已婚，再加上四歲。」我們在第 14 章讀到，「婚姻幸福的人比離婚的人或婚姻生活不幸福的人活得更長、更健康」。)

反思個人的人生旅程

- 你認為你會活到幾歲？為什麼？你想活到什麼年齡？

貳 成年晚期生理發展的歷程

學習目標二 描述個體的大腦和身體在成年晚期如何變化

大腦老化 | 睡眠 | 免疫系統 | 外表和動作 | 感官發展 | 循環和呼吸系統 | 性慾

衰老伴隨而來的身體衰退通常緩慢地發生，有時候失去的功能甚至可能恢復。我們將研究老年人的主要身體變化，並描述老年人可以成功衰老的方式。

一、大腦老化

老年人的大腦如何變化？它仍舊具有可塑性嗎？

(一) 萎縮中、減速中的大腦

發展連結—大腦發育
前額葉皮質顯著增長發生在嬰兒時期、童年和青春期。(第 4 章、第 7 章、第 9 章、第 11 章)

平均而言，大腦在 20 到 90 歲之間流失 5% 到 10% 的重量。腦的體積也減少了 (Fjell & Walhovd, 2010)。最近的研究發現，從 22 到 88 歲的腦總體積和腦額葉和海馬迴等重要結構的體積減少 (Sherwood et al., 2011)。另一項研究發現，老年人的腦容積比年輕人少 15% (Shan et al., 2005)。分析得出的結論是，在健康老化中，腦容量的減少主要是由於神經元縮小、突觸數目減少和軸突長度減少，但僅在有限程度上是因為神經元減少 (Fjell & Walhovd, 2010)。

大腦的某些區域比其他區域更為萎縮 (Raz et al., 2010)。前額葉皮質是衰老最嚴重的區域之一，最近的研究將這種萎縮與老年人的認知功能下降和運動行為減慢相連結 (Jellinger & Attems, 2013; Rosano et al., 2012)。大腦的感覺區域——如初級視覺皮質、初級運動皮質和體感覺皮質——不易受到老化過程的影響 (Rodrique & Kennedy, 2011)。

大腦和脊髓功能普遍的減慢開始於壯年期，並在成年中晚期加速 (Rosano et al., 2012)。身體協調和智力表現都受到影響。例如，70 歲以後，許多成年人不再出現膝反射，到 90 歲時，大多數人的反射速度會更慢 (Spence, 1989)。大腦的放慢會影響老年人智力測驗和各種認知任務的表現，尤其是那些限時的測驗 (Lu et al., 2011)。例如，神經影像學研究顯示，前額葉皮質在檢索認知任務訊息時，與年輕成年人相比，老年人可能處理得更慢 (Rypma, Eldreth, & Rebbechi, 2007)。

從歷史上看，就像剛才討論的研究一樣，大腦功能與老化之間的關係，大部分集中在大腦結構和區域的數量上。今天，越來越重視髓鞘形成和神經網絡的變化。最近的研究顯示，老年人老化時會出現脫髓鞘 (包圍軸突，與訊息處理有關的髓鞘變質) (Callaghan et al., 2014; Rodrique & Kennedy, 2011)。

衰老還與突觸功能的降低，以及某些神經傳導物質 (包括乙醯膽鹼、多巴胺和 γ-氨基丁酸 (GABA) 的產生) 有關 (Juraska & Lowry, 2012; Marcello et al., 2012)。乙醯膽鹼的減少與記憶功能的下降和阿茲海默症造成的嚴重記憶喪失有關，這將在第 18 章 (Merad 等人，2014) 中進一步討論。正常年齡相關的多巴胺減少可能會導致運動計畫和活動展開的問題 (Balarajah & Cavanna, 2013)。多巴胺產生的嚴重減少與失去運動控制的特徵，尤其與老化有關的疾病，如帕金森氏症 (Park et al., 2014)。GABA 有助於控制從一個神經元發送到另一個神經元的信號的精確性，減少「噪音」，GABA 分泌量會隨著衰老而減少 (Hoshino, 2013)。

(二) 適應中的大腦

衰老的大腦的故事遠不止於功能的喪失和衰退。老化的大腦具有顯著的適應能力 (Cai et al., 2014; Karatsoreos & McEwen, 2013)。即使到了成年中晚期，大腦也只失去一部分功能，老年人參與的活動可能影響大腦的發育 (Ansado et al., 2013; Kraft, 2012)。例如，在功能磁共振成像研究中，高強度的有氧運動與海馬迴體積增加有關，這可以轉換成為更好的記憶力 (Erickson et al., 2009)。

成年人，甚至老年人能否產生新的神經元？研究人員已經發現新神經元的產生，又稱作**神經發生**，確實會發生在低等哺乳動物，如小鼠。此外，研究還顯示，運動和豐富複雜的環境可以在老鼠和小鼠體內產生新的腦細胞，但是這種壓力會降低存活率 (Kuipers et al., 2013; Ramirez-Rodriquez et al., 2014) (見圖 17.5)。研究顯示，壓力的適應刺激成年猴的海馬迴產生神經細胞 (Lyons et al., 2010)。研究人員還發現，如果老鼠學習時受到認知上的挑戰，新的腦細胞能夠存活得更久 (Shors, 2009)。

發展連結—大腦發展
在產前發育的神經發生高峰期，估計每分鐘產生多達 20 萬個神經元。(第 3 章)

現在也認為神經發生可以發生在成年人身上 (Goritz & Frisen, 2012; Ruan et al., 2014)。然而，研究人員僅在兩個大腦區域記錄了神經發生：參與記憶的海馬迴和參與嗅覺的嗅球 (Brus, Keller, & Levy, 2013; Huart, Rombaux, & Hummel, 2013; Mobley et al., 2014; Rolando &

神經發生 (neurogenesis)
生成新的神經元。

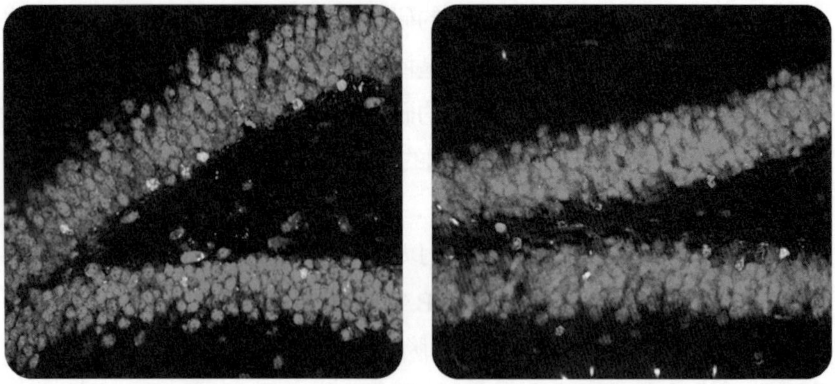

圖 17.5　在成年小鼠體內產生新的神經細胞。研究人員發現，運動 (跑步) 和豐富的環境 (大籠子和許多玩具) 可以使成年小鼠的腦細胞分裂並形成新的腦細胞 (Kempermann, van Praag, & Gage, 2000)。用化學物質標記細胞，該化學標記物被整合到分裂細胞的 DNA 中。四週後，它們也被標記為標記神經元 (神經細胞)。如此處所示，在豐富環境中的小鼠和運動的小鼠都具有許多分裂中的細胞和其他已經分化成新的神經細胞的細胞。

Taylor, 2014)。目前還不清楚這些新的腦細胞具有什麼功能，在這一點上，研究人員已經證明它們只存活了數週 (Nelson, 2006)。目前研究人員正在研究可能抑制或促進神經發生的因素，包括各種藥物、壓力和運動 (Gregoire et al., 2014; Schoenfeld & Gould, 2013)。他們還在研究如何將神經幹細胞移植到大腦可能會增加神經發生的不同區域，如海馬迴 (Farioli-Vecchioli et al., 2014; He et al., 2013)。對神經發生可能在神經退化性疾病 (如阿茲海默症、帕金森氏症和亨汀敦氏症) 中可能發揮的作用也有興趣 (Benarroch, 2013; Wang & Jin, 2014)。

樹突生長可能發生在成年人，甚至可能發生在老年人 (Eliasieh, Liets, & Chalupa, 2007)。回想一下第 4 章「嬰兒時期的生理發展」，樹突是屬於神經元接收的部分。研究比較了不同年齡的成年人大腦 (Coleman, 1986)。從 40 歲到 70 歲，樹突的成長增加。但是，在 90 歲的人當中，樹突成長已經不再發生。這種樹突生長可能彌補 70 歲可能的神經元損失，但 90 歲的人卻沒有。老年人缺乏樹突生長可能是由於缺乏環境刺激和活動。需要進一步的研究來確認老化過程中樹突如何變化。

側化的變化可能為老年人提供適應性 (Zhu, Zacks, & Slade, 2010)。回想一下，側化是大腦半球或另一個半球的功能的專業化。使用神經影像技術研究發現，老年人的前額葉皮質腦部活動側化程度低於年輕人 (Angel et al., 2011; Cabeza, 2002; Manenti, Cotelli,

發展連結—語言
口語和文法高度地側化，強烈依賴於大腦左半球的活動。(第 4 章)

& Miniussi, 2011; Rossi et al., 2005)。例如，圖 17.6 顯示，當年輕人執行以前曾經看過的語詞的任務時，他們主要在右半球處理信息；老年人更可能使用兩個半球 (Madden et al., 1999)。老年人側化的減少可能在衰老的大腦中產生代償作用。也就是說，使用兩個半球可以改善老年人的認知功能。

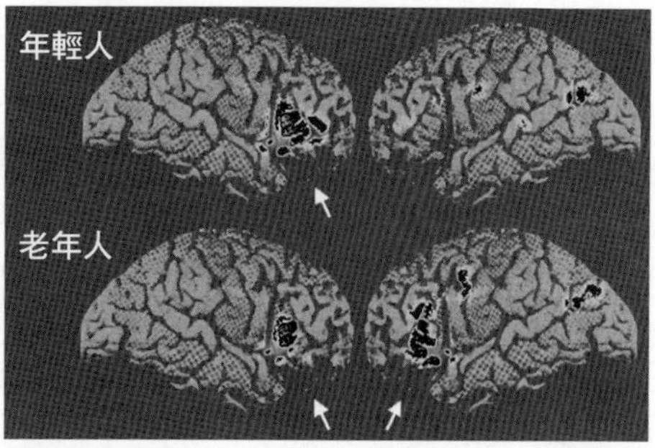

圖 17.6　老年人大腦不對稱的減少。年齡較大的成年人在回憶任務中主要使用大腦右前額區域 (左上圖)，而老年人則同時使用左前額區域和右前額區域 (下兩張照片)。

當然，老年人的大腦如何改變也存在個體差異 (Nyberg & Backman, 2011)。參考非常成功的 85 歲商業經理，T. Boone Pickens，他繼續執行非常積極的生活方式，經常運動和複雜認知的工作。Pickens 在認知神經科學家 Denise Park 的實驗室接受 fMRI，他正如大多數年輕人一樣進行了各種認知任務 (Helman, 2008)。他大腦的兩個半球都活躍起來。事實上，隨著認知任務變得更加複雜，Pickens 更有可能使用他的大腦左半球 (見圖 17.7)。最近的研究 (Manenti, Cotelli, & Miniussi, 2010) 發現，腦部側化與認知間聯繫變化的進一步指標。在記憶任務上表現較好的老年人比那些表現較差的同儕，在前額葉皮質的不對稱性更少。

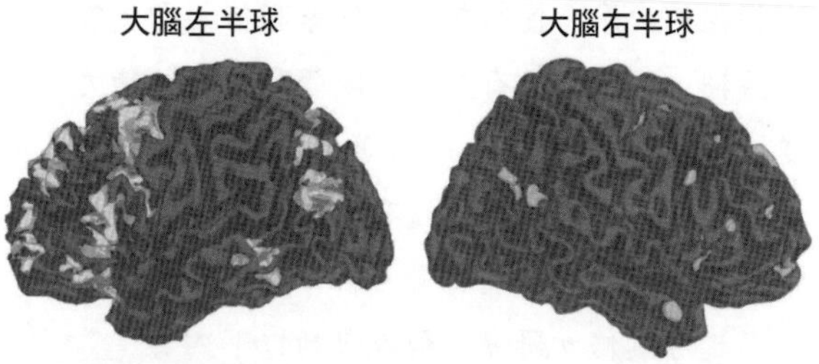

圖 17.7　老年人大腦特化的個別差異。在諸如「殭屍」和「獨角獸」有生命還是無生命之類的難題上——淺色的斑點表明 T. Boone Pickens (80 歲時接受測試) 主要依賴於他的左大腦半球做出決定。大多數老年人表現出更強的雙側活化，使用兩側半球比 Pickens 更平等，側化比較像是年輕人的特徵。

是否維持智力的挑戰會影響一個人的生活品質和壽命？要進一步了解老化和大腦，請參閱【透過研究找出關聯】。

二、睡眠

大約 50% 以上的老年人抱怨睡眠不好，可能會對他們的生活產生不利影響 (Farajinia et al., 201; Neikrug & Ancoli-Israel, 2010)。最近的研究顯示，老年人的睡眠時間和睡眠效率下降 (Moraes et al., 2014)。睡眠不好是跌倒、肥胖、認知功能較低，以及較早死亡的危險因子 (Boelens, Hekman, & Verkerke, 2013; Xiao et al., 2013)。例如，研究人員發現，花更多的時間在睡眠中有益於老年人的記憶 (Aly & Moscovitch, 2010)。此外，最近的研究顯示，透過行為和藥物治療來改善老年人的睡眠，可能會提高他們的認知能力 (Pace-Schott & Spencer, 2011)。此外，最近的研究顯示，輕度認知障礙患者的睡眠

透過研究找出關聯

是否維持智力的挑戰會影響一個人的生活品質和壽命？

修女研究 (Nun Study) 由 David Snowdon 主持，對住在明尼蘇達州曼卡託 (Mankato) 的修道院的 678 位修女進行調查 (Snowdon, 2003; Pakhomov & Hemmy, 2014; Tyas et al., 2007)。678 位修女都同意參加每年的認知和身體功能評估，也同意在死亡時捐獻大腦作科學的研究，她們是世界上最大的捐腦群體。研究修女以及其他人捐贈的大腦，使得神經科學家相信，即使在老年時期，大腦也具有顯著的改變和成長的能力。曼卡託修道院的修女們過著具有挑戰智力的生活，大腦研究人員認為這有助於維持老年人的生活品質，並可能延長壽命。

迄今從修女研究的發現包括以下內容：

- 創意密度是成年早期 (22 歲) 透過自傳評估衡量語言能力的指標，有較高的腦重、較低的輕度認知障礙發生率、較少修女在 75 至 95 歲時出現阿茲海默症的特徵 (Riley et al., 2005)。
- 青年期的正向情緒與長壽有關 (Danner, Snowdon, & Friesen, 2001)。以 180 位修女在 22 歲時手寫的自傳，評定其中的情感成分。早期作品中正向情緒較高的修女，到了 75 至 95 歲時，比在早期作品中表現出消極情緒內容的作者更有可能活著。
- 在大多數生活中接受教誨的修女，比把大部分生命花在服務性工作上的人，顯示出更大的智力下降幅度，支持以智力活動刺激大腦，使神經元健康和活著的觀點 (Snowdon, 2002)。

(a)

(b)

(a) Marcella Zachman 修女 (左) 終於在 97 歲時停止教學。如今 99 歲的她透過詞彙測驗或玩 Skip-Bo 的紙牌遊戲幫助生病的修女們來鍛鍊腦力。Mary Esther Boor (右) 也是 99 歲，是一名退休老師，透過在前台工作的難題和志工服務保持警覺。(b) 技術人員持有已故曼卡託修女們的大腦。修女捐獻她們的大腦進行研究，探索刺激對大腦生長的影響。

這項研究和其他研究提供了希望，科學家將發現利用大腦適應的能力來預防和治療腦部疾病的方法 (Wirth et al., 2014)。例如，科學家可能會學習更有效的方法來改善老年人的認知功能，減少阿茲海默症，幫助老年人中風的恢復 (Kalladka & Muir, 2014; Wen et al., 2014)。即使大腦的區域被中風永久性損壞，也可以建立新的訊息路線來繞過堵塞或恢復該區域的功能，顯示大腦的適應能力。

品質差，在某些情況下，這是阿茲海默症的前兆 (Hita-Yanez, Atienza, & Cantero, 2013)。最近的研究發現，老年人每晚睡眠時間超過 7 小時與更長的端粒長度有關，近似於中年人的端粒長度 (Cribbet et al., 2014)。

老年人的許多睡眠問題都與健康問題有關 (Reyes et al., 2013; Rothman & Mattson, 2012)。幫助老年人晚上睡得更好的策略，包括避免咖啡因、避免非處方的睡眠補救措施、白天保持身體活動、保持智力活躍，和限制小睡 (Morin, Savard, & Ouellet, 2013)。最近的研究顯示，規律的運動可以改善老年人的睡眠狀況 (Lira et al., 2011)。

三、免疫系統

人體免疫系統隨著年齡增加而功能下降，已經被詳細記錄在文獻中 (Cavanaugh, Weyand, & Goronzy, 2012; Stowell, Robles, & Kane, 2013)。正如我們在前面討論荷爾蒙壓力理論時所指出的那樣，老年人長時間的壓力和恢復過程的減少，可能加速衰老對免疫力的影響 (Solana et al., 2012)。此外，低品質蛋白質攝取的營養不良與摧毀感染的 T 細胞減少有關，並因此導致免疫系統衰老 (Hughes et al., 2009)。運動可以提高免疫系統功能 (Spielmann et al., 2011)。由於衰老伴隨的免疫系統功能下降，針對流感的疫苗在老年人中尤其重要 (Parodi et al., 2011)。

四、外表和動作

在成年晚期，中年開始發生的外貌變化 (如第 15 章所述) 變得更加明顯，皺紋和老年斑是最明顯的變化。

隨著年齡的增長，我們也會變得越來越矮。正如第 15 章看到的那樣，男性和女性在成年晚期因為椎骨骨質流失而變矮 (Hoyer & Roodin, 2009)。

發展連結—生物過程
平均而言，男性在 30 到 70 歲間身高會下降 1 到 2 英寸，女性在 25 到 75 歲間可能會失去 2 英寸的高度。(第 15 章)

我們的體重通常會在 60 歲後下降。可能是由於肌肉流失，這也給我們的身體「下垂」的外觀 (Evans, 2010)。圖 17.8 顯示從 25 歲到 75 歲肌肉和骨骼的百分比下降，脂肪百分比對應增加。最近的研究發現，長期的有氧運動與 65 至 86 歲肌肉力量增強有關 (Crane, Macneil, & Tarnopolsky, 2013)。

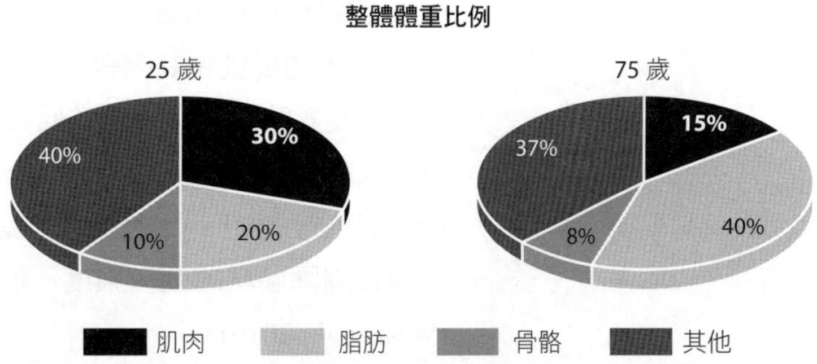

圖 17.8　骨骼、肌肉和脂肪在 25 到 75 歲之間的身體組成變化。整體體重的比例注意 25 到 75 歲的骨骼和肌肉的減少和脂肪的增加。

老年人的移動速度要比年輕人慢，而且移動速度變慢伴

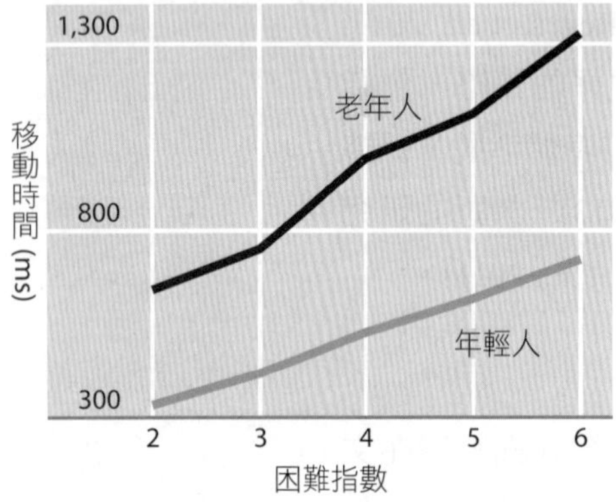

圖 17.9 動作和年齡。老年人比年輕人需要更長的時間移動，這種變化發生在一系列的運動困難中 (Ketcham & Stelmach, 2001)。

隨著大範圍的移動困難 (Davis et al., 2013) (見圖 17.9)。足夠的移動能力是成年晚期維持獨立和積極的生活方式的重要指標 (Clark et al., 2011)。最近的研究顯示，肥胖會限制老年人的移動能力 (Murphy et al., 2014; Vincent, Raiser, & Vincent, 2012)。好消息是經常行走可以減少身體障礙的發生，並減少老年人的功能限制 (Mullen et al., 2012; Newman et al., 2006)。此外，研究發現，體能活動整合課程和體重流失，與維持老年、心血管健康欠佳的肥胖成人移動能力相關 (Rejeski et al., 2011)。

五、感官發展

視覺、聽覺和其他感官功能與日常活動的能力有關 (Hochberg et al., 2012; Schneider et al., 2011)。這個聯繫被記錄在對 70 到 102 歲以上的 500 多名成年人的研究中，其中感覺敏銳度，特別是視覺能力與老年人是否洗澡和穿著得體，是否完成家務、智力活動和觀看電視 (Marsiske, Klumb, & Baltes, 1997)。在成年晚期，視覺、聽覺、味覺、嗅覺、觸覺和對疼痛的敏感性如何變化？

(一) 視覺

隨著年齡增長，視力、色覺和深度知覺下降。老年人也可能出現幾種眼疾。

1. 視力

大多數成年人開始於青年期或壯年期的視力下降，到了成年晚期變得更加明顯(Polat et al., 2012)。老年人的視覺處理速度下降(Owsley, 2011)。夜間駕駛尤其困難，在一定程度上是因為對比度的敏感性降低，以及對眩光的容忍度降低 (Gruber et al., 2013)。黑暗適應速度較慢，也就是說，老年人從光線充足的房間走向半昏暗時，需要更長時間才能恢復視力。視野的範圍變小，表示如果要看到物體，需要增加視野周圍區域的刺激強度。很可能沒有發現遠離視野中心的物體 (West et al., 2010)。

這種視力減退往往可以歸因於到達視網膜的光線品質或強度的減少 (Nag & Wadhwa, 2012)。在 60 歲時，視網膜只接收得到 20 歲的三分之一左右光量 (Scialfa & Kline, 2007)。在極端成年晚期，這些變化可能伴隨著視網膜病變而造成嚴重的視力障礙。在這種情況下，可能需要大型圖書和放大鏡。

對成年人視覺改變的廣泛研究發現，老年人的年齡是影響他們與年輕人的視覺功能不同的重要因素 (Brabyn et al., 2001)。超過 75 歲，甚至超過 85 歲，在 60 至 70 歲初期的老年人，與年輕人相比，在許多視覺能力上明顯出現更差的表現。超過 75 歲，特別是超過 85 歲的最大視覺感知的下降與眩光有關。老年人，尤其是 85 歲以上的老年人，在眩光出現的時候明顯地看不清楚，而且眩光的恢復比年輕人要久得多 (見圖 17.10)。例如，年輕人在眩光後 10 秒內恢復視力，50% 的 90 歲老人在 1.5 分鐘後無法恢復視力。

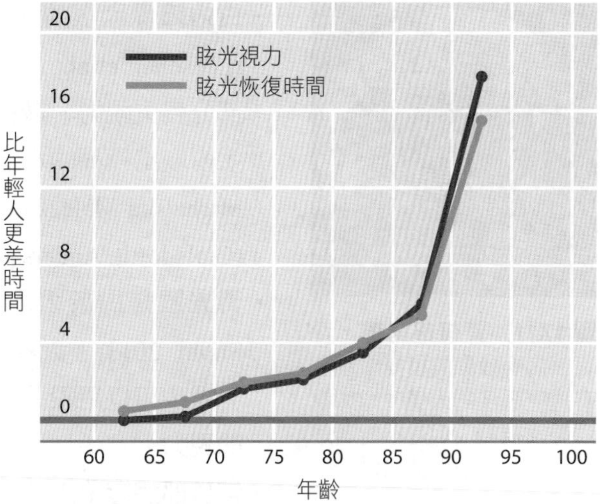

圖 17.10　不同年齡層成年人與眩光相關的視覺功能下降的速率比較。老年人尤其是年齡在 85 歲以上的老年人，當眩光出現時能夠清楚地看清的能力大幅低於年輕人，他們從眩光中恢復的速度要慢得多。這些數據是從住在加州 Marin 郡的社區老年人隨機抽取的。對於每個年齡層，這個圖表顯示這個群體的中位數表現比年輕人的標準值更差的。

最近的研究顯示，老年人的感覺下降與認知功能下降有關。對七十歲的個體進行的一項研究顯示，視力減退與訊息處理速度減慢有關，而這又與更嚴重的認知下降有關 (Clay et al., 2009)。最近的研究發現，聽力損失與老年人認知功能的下降有關 (Lin, 2011)。

2. 色彩視覺

由於眼睛水晶體變黃，老年人隨著年齡增長，色覺也可能會下降 (Scialfa & Kline, 2007)。這種下降最可能發生在光譜的綠色 - 藍色 - 紫色部分。因此，老年人可能難以精確地區分諸如海軍藍襪子和黑色襪子等相近的顏色。

3. 深度知覺

與許多類型的知覺一樣，深度知覺在嬰兒之後幾乎沒有變化，直到成年晚期。深度知覺在成年晚期通常會下降，這使老年人難以辨別遠近與高低 (Bian & Anderson, 2008)。深度知覺的下降可能使得跨越階梯或街道路緣出現困難。

發展連結—知覺
視崖被用來確定嬰兒是否有深度知覺。(第 4 章)

4. 眼睛疾病

影響老年人視力的三種疾病是白內障、青光眼和黃斑部病變：

圖 17.11　黃斑部病變。黃斑部病變效應的模擬顯示患有這種眼疾的人僅僅能夠看到周圍視野，但是不能清楚地看到中心視野的物體。

- **白內障**係因眼睛水晶體增厚，導致視力變得混濁、不透明和扭曲 (Leuschen et al., 2013)。到 70 歲時，大約 30% 的人由於白內障而部分喪失視力。最初，白內障可以用眼鏡治療，如果惡化，則應該手術取出模糊的水晶體，並用人造水晶體取代 (Chung et al., 2009；Michalska-Malecka et al., 2013)。糖尿病是發生白內障的危險因子 (Olafsdottir, Andersson, Stefansson, 2012)。
- **青光眼**是由於眼內積液引起的壓力而導致視神經損傷 (Akpek & Smith, 2013)。大約 1% 的 70 歲的人和 10% 的 90 歲的人罹患有青光眼，可以用眼藥水治療。如果不治療，青光眼最終會破壞一個人的視力。
- **黃斑部病變**肇因於對應於視野焦點中心的視網膜的黃斑的惡化。黃斑部病變的人可能具有相對正常的周邊視覺，但是無法清楚地看到眼前的事物 (Taylor, 2012) (見圖 17.11)。這種情況影響到 25 分之一的 66 到 74 歲間的人，以及 75 歲以上每六人中有 1 人。研究顯示，抽菸會誘發黃斑部病變 (Schmidt et al., 2006)。如果早期發現，可用雷射手術治療 (Sorensen & Kemp, 2010)。儘管如此，黃斑部病變仍舊難以治療，因此是老年人失明的主要原因 (Cacho et al., 2010)。此外，使用幹細胞療法來治療黃斑部病變的可能性也增加 (Eveleth, 2013)。

白內障 (cataracts)
眼睛水晶體增厚，導致視力變得混濁、不透明和扭曲。

青光眼 (glaucoma)
由於眼內液體積聚造成的壓力，損傷視神經。

黃斑部病變 (macular degeneration)
肇因於對應於視野焦點中心的視網膜的黃斑的惡化。

(二) 聽覺

對於聽力而言，和視力一樣，老年人的年齡對於確定衰退程度很重要 (Pacala & Yeuh, 2012) (見圖 17.12)。視力和聽力的下降在 75 歲以上的個體中比在 65 至 74 歲的個體中要大得多 (Charness & Bosman, 1992)。

直到成年晚期，聽力障礙通常不會成為很大的障礙 (Li-Korotky, 2012)。只有 19% 的 45 至 54 歲的人經歷某種類型的聽力問題 (Harris,

知覺系統	65 到 74 歲	75 歲以上
視覺	即使使用矯正鏡片也會損失視力，透過視網膜的光線傳輸較少 (年輕人的一半)，更容易發生眩光，色彩辨別能力下降。	視敏度和色彩辨別力明顯下降，感知視野的範圍減小。在老年晚期，罹患白內障和青光眼等視覺功能障礙的風險很高。
聽覺	高頻聽力損失嚴重，中頻聽力也有損失，助聽器可以彌補這些損失。有更大的敏感性去遮蔽掉噪音。	高頻和中頻聽力有很大的損失，比年輕老人更需要助聽器。

圖 17.12　在成年晚期的視覺和聽覺衰退。

1975)。相較之下，最近的全國性調查顯示，63% 的 70 歲以上成年人的聽力損失被定義為優耳無法聽到高於 25 dB 的聲音 (Lin et al., 2011)。在這項研究中，40% 的中度聽力損失患者使用助聽器。

老年人往往不承認自己有聽力問題、否認自己有聽力障礙，或接受年老型聽障 (Pacala & Yeuh, 2012)。近 10 年來的研究也發現，營養不良和吸菸與早發型老年人聽力障礙有關 (Heine et al., 2013)。

老年人的聽力下降與日常生活活動、認知功能和語言的下降有關，如以下結果所示。研究發現，年齡相關聽力損失的嚴重程度與日常生活活動受損有關 (Gopinath et al., 2012)。另一項研究顯示，聽力損失與老年人認知功能下降有關 (Lin, 2011)。

(三) 嗅覺和味覺

大多數老年人會失去一些感覺或味覺，或兩者兼而有之 (Murphy, 2009)。這些損失通常在 60 歲左右開始 (Hawkes, 2006)。大多數 80 歲以上的人經歷了重大的嗅覺損失 (Lafreniere & Mann, 2009)。研究人員發現，老年人的嗅覺比味覺更差 (Schiffman, 2007)。健康老年人的嗅覺和味覺下降程度會低於健康欠佳的老年人。

(四) 觸覺和痛覺

觸覺和疼痛敏感度的變化也與衰老有關 (Arneric et al., 2014; Kemp et al., 2014; Mantyh, 2014)。研究發現，隨著年齡增長，個體在下肢 (腳踝，膝蓋等) 檢測到比上肢 (手腕、肩膀等) 更少的觸覺 (Corso, 1977)。對於大多數老年人來說，觸感的下降並不成問題 (Hoyer & Roodin, 2009)。研究顯示，盲眼的老年人保有高度的觸覺敏感性，這可能與他們在日常生活中主動使用觸覺有關 (Legge et al., 2008)。

估計有 60% 至 75% 的老年人至少有一些持續性疼痛 (Molton & Terrill, 2014)。老年人最常見的疼痛症狀是背痛 (40%)、周邊神經痛 (35%) 和慢性關節痛 (15% 至 25%) (Denard et al., 2010)。在老年人中，隨著年齡的增長，疼痛的存在會增加，而女性比男性更可能出現疼痛 (Tsang et al., 2008)。老年人對疼痛的敏感性比年輕人低 (Harkins, Price, & Martinelli, 1986)。然而，當老年人出現疼痛時，可能比年輕人更難以忍受 (Farrell, 2012)。

研究人員發現，老年人的大腦體積減少與疼痛處理有關，這種下降在前額葉皮質和海馬迴中最為明顯，而在腦幹中則不太明顯 (Farrell, 2012)。在體感覺路徑中發生疼痛處理的其他生理變化

(Yezierski, 2012)。雖然對疼痛的敏感度下降可以協助老年人面對疾病和傷害，但也會掩蓋需要治療的傷害和疾病。

(五) 知覺動作聯合

正如我們在第 4 章看到的那樣，嬰兒和兒童的知覺與動作是相輔相成的。知覺和動作在人的整個生命週期中相互配合。駕駛汽車說明知覺和動作技能的聯合。成年晚期知覺動作技能的下降，使許多老年人開車困難 (Dawson et al., 2010; Stavrinos et al., 2013)。65 歲以上的司機由於不正確的轉彎、不禮讓優先路權、不遵守交通標誌等原因，比中年人的交通事故多；他們較年輕的同儕更容易因為超速而發生事故 (Sterns, Barrett, & Alexander, 1985; Lavalliere et al., 2011)。老年人可以透過縮短距離、選擇不太擁擠的路線，只在白天日光下行駛，來彌補知覺動作技能的下降。

最近一項廣泛的研究評估，有兩種介入措施在改善老年人駕駛方面的有效性：認知訓練和鍛鍊 (Ross, Schmidt, & Ball, 2013)：

- 認知訓練。認知訓練計畫已經在老年人中獲得些許成功，包括提高駕駛安全性和減少駕駛難度。Karlene Ball 及其同事 (2010) 進行的研究顯示，為提高處理速度而進行的訓練，在六年的時間內減少了 40% 以上的車禍事故。
- 教育。關於旨在提高老年人駕駛能力並減少其交通事故的教育介入措施，結果是好壞都有 (Gaines et al., 2011)。

六、循環和呼吸系統

心血管疾病在成年晚期增加 (Emery, Anderson, & Goodwin, 2013; Veronica & Esther, 2012)。在一項分析中，80 歲的男性中有 57% 和 81 歲的女性中有 60% 罹患高血壓，32% 的男性和 31% 的女性曾經中風 (Aronow, 2007)。

今天，大多數老年問題專家建議，應該對血壓持續 120/80 以上的人進行治療，以降低心臟病、中風或腎臟疾病的風險 (Krakoff, 2008)。隨著年齡的增長，血壓升高可能與疾病、肥胖、血管硬化、壓力或缺乏運動有關 (Fiocco et al., 2013)。這些因素持續的時間越長，個體的血壓就越高。最近的全國性分析發現，在美國，頑固性高血壓 (指至少用過四種抗高血壓藥仍不能控制) 正在增加，這可能是因為肥胖和老年人在人群中的比例增加 (Roberie & Elliott, 2012)。老年人頑固性高血壓更為常見 (Strunk & Mayer, 2013)。

不同的藥物、健康飲食和運動可以降低許多老年人心血管疾病的風險 (Tselepis, 2014)。研究顯示，運動能力下降和步行不足是老年心臟疾病導致早期死亡的最好預測指標 (Reibis et al., 2010)。

即使未罹患呼吸系統疾病，肺的容量也會在 20 到 80 歲之間下降 40% (Fozard, 1992)。肺失去彈性、胸部縮小、橫膈膜變弱 (Lalley, 2013)。好消息是，老年人可以通過橫膈膜鍛鍊改善肺功能。抽菸會導致嚴重的肺功能損害和死亡 (Wilhelmsen et al., 2011)。

七、性慾

在沒有下列兩種情況下——疾病和相信老年人是或應該是無性——性可以是終生的 (Corona et al., 2013; Marshall, 2012)。然而，老化會引起人類性行為的一些改變，男性比女性更為明顯 (Gray & Garcia, 2012)。

發展連結—性慾
老年人可能以不同於年輕人的方式來表達性行為，當性交變得困難的時候，他們的性關係將會集中在接觸和愛撫上。(第 19 章)

隨著年齡的增長，性高潮在男性中的頻率減少，每二到三次性行為發生一次，而不是每次都發生。通常需要更直接的刺激來產生勃起。從 65 到 80 歲，大約四分之一的男性患有嚴重的勃起問題，而 80 歲以後這一比例上升到兩位男性中會有一位 (Butler & Lewis, 2002)。然而，最近隨著威爾剛等勃起功能障礙藥物的進展，越來越多的老年男性，尤其是年齡較大的男性能夠勃起 (Kim et al., 2014; Kirby, Creanga, & Strecher, 2013)。此外，最近的研究顯示，與勃起功能障礙相關的血清睾固酮濃度下降，可以用睾固酮替代療法治療，以改善男性的性功能 (Celik & Yucel, 2014)。然而，睾固酮替代療法的效益風險比例對於年長的男性是不確定的 (Isidori et al., 2014)。

一項針對超過 3,000 名 57 至 85 歲成年人的訪談調查顯示，許多老年人只要身體健康，都具有性生活 (Lindau et al., 2007)。到了晚年，性活動確實下降：57 至 64 歲的人中有 73%，65 至 74 歲的人中有 53%，75 至 85 歲的成年人中有 26% 的人，報告說他們是性活躍的。即使在性活躍的年齡最大的人群中 (75 至 85 歲)，超過 50% 的人仍然每月至少有兩到三次性生活。性活躍的 65 至 74 歲的老年人中有 58% 和 75 至 85 歲的老年人中的 31% 說他們口交。與中年人和年輕人一樣，沒有伴侶的老年人與那些有伴侶的人相比，性活躍的可能性要小得多。對於有性伴侶的老年人來說，主要原因是健康狀況差，特別是男性伴侶的身體健康。

老年人的性行為有哪些特點？成年晚期的性慾有何變化？

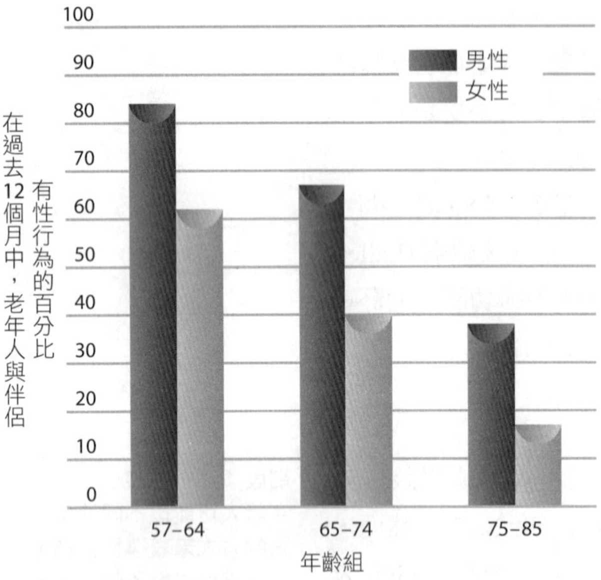

圖 17.13　老年人與伴侶的性行為。

一項對 57 至 85 歲人群的大規模研究顯示，性活動、高品質的性生活及對性的興趣，與成年和成年晚期的健康呈正相關 (Lindau & Gavrilova, 2010)。同樣在這項研究中，老年男性的性慾比老年女性更高，這個差距隨著年齡增長而擴大。此外，男性的預期性活躍年齡長於女性，但若出現健康狀況不佳時，男性的性活躍年齡比女性少了許多。

如圖 17.13 所示，與伴侶的性行為從壯年期的最後一部分到成年晚期都有所下降，女性與伴侶的性活動比男性低。事實上，有性慾的老年女性面臨的挑戰是沒有伴侶。在 70 歲的時候，大約 70% 的女性沒有伴侶，而男性只有 35%。許多老年女性的丈夫已經死亡，許多老年男性與年輕女性有關係。

複習・連結・反思　學習目標二　描述個體的大腦和身體在成年晚期如何變化

複習重點

- 老化的大腦有多少的可塑性和適應性？
- 老年人睡眠的特徵是什麼？
- 免疫系統如何隨著衰老而改變？
- 成年晚期的身體外觀和動作的變化有哪些特徵？
- 老年人的視力、聽力、嗅覺、味覺、觸覺和對疼痛的敏感度如何改變？
- 老年人的循環系統和呼吸系統如何變化？
- 成年晚期性行為有什麼的特質？

連結

- 自成年期起，個體許多的功能開始下降，直到成年晚期。其中哪一個功能的下降主要發生在成年晚期？

反思個人的人生旅程

- 如果您可以採訪曼卡託的修女，你想要問她們哪些的問題來幫助提高對成功衰老的理解？

參　健康

學習目標三　確定老年人的健康問題並描述如何處理

健康問題

藥物使用和毒品濫用

運動、營養和體重

健康管理

老年人有多健康？他們有什麼樣的健康問題，可以做些什麼來維持或改善他們日常生活的健康和功能？

一、健康問題

隨著年齡的增長，我們變得更容易罹患疾病。在 80 歲以上的大多數成年人可能有某種障礙。慢性病 (發作緩慢、持續時間長) 在成年早期罕見，中期增加，在成年晚期常出現 (Hirsch & Sirois, 2014; Tinetti et al., 2011)。如圖 17.14 所示，65 歲及以上的美國成年人中有 84% 患有一種以上慢性病，62% 的人患有兩種以上慢性病 (Partnership for Solutions, 2002)。

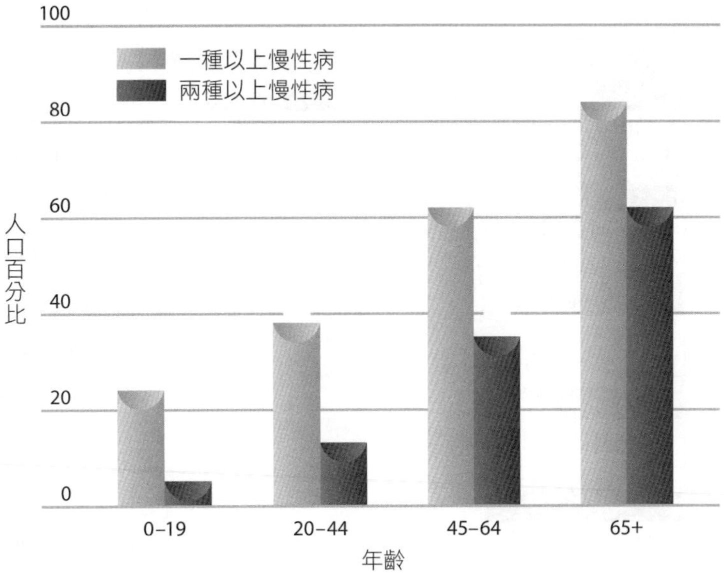

圖 17.14　美國在不同年齡組的慢性疾病人口的百分比。

> 我們之中有多少老年人為下半生的老年和永恆做好了準備？
> ——Carl Jung
> 二十世紀瑞士精神分析學家

如圖 17.15 所示，關節炎是成年晚期最常見的慢性病，其次是高血壓。老年女性的關節炎和高血壓發病率較高，與老年男性相比，更容易發生視力問題，但不太會出現聽力問題。

儘管 65 歲以上的成年人經常有身體上的損傷，但許多人仍然可以進行日常活動或工作。更大限制與工作相關的慢性病是心臟病 (52%)、糖尿病 (34%)、氣喘 (27%) 和關節炎 (27%)。人際關係的衝突與糖尿病或高血壓老年人的功能下降有關 (Seeman & Chen, 2002)。低收入也與成年晚期的健康問題密切相關 (Ferraro, 2006)。大約是非貧困老人三倍的貧困老年人報告，他們的活動受到慢性疾病的限制。最近的研究記錄了低社會經濟地位和健康問題之間的聯繫 (Bayer et al., 2013; Granados, 2013)。研究顯示，無論其種族如何，低收入老年人的脆弱性增加 (Szanton et al., 2010)。

(一) 老年人死亡的原因

65 至 74 歲的美國成年人中將近 60% 死於癌症或心血管疾病 (Murphy, Xu, & Kochanek, 2012)。正如在第 15 章所看到的，癌症最近已經取代心血管疾病，成為美國中年人死亡的主要原因。然而，心血管疾病依然是 65 至 74 歲美國人的主要死亡原因之一 (Hoyert &

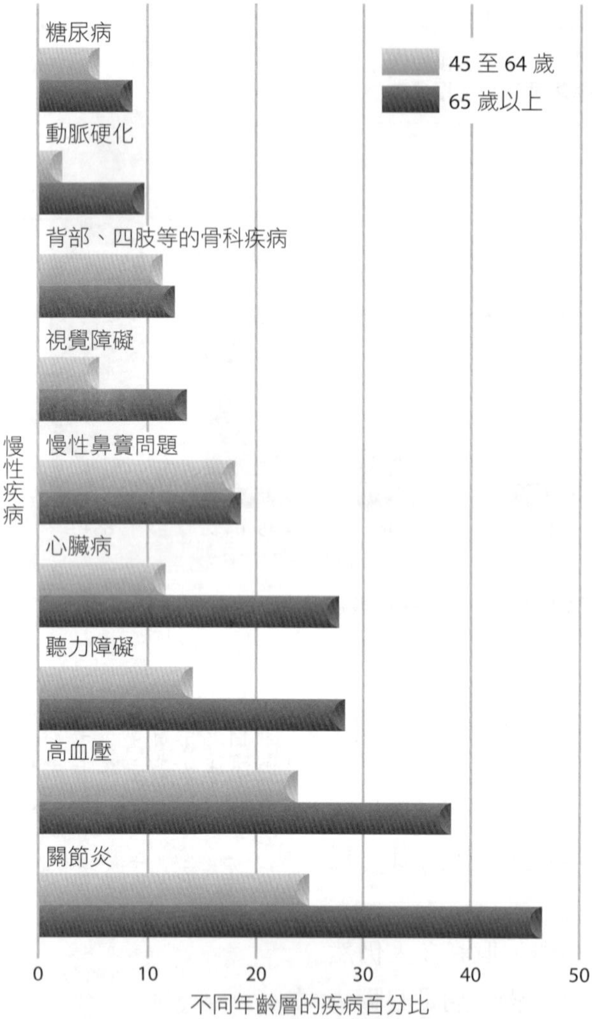

圖 17.15 中年人與老年人最常見的慢性疾病。

Xu, 2012)。在 75 至 84 歲和 85 歲以上年齡組，心血管疾病也是導致死亡的主要原因 (Hoyert & Xu, 2012)。隨著年齡的增長，成年晚期年齡越大，越有可能死於心血管疾病，而不是癌症。

種族與老年人的死亡率有關 (美國人口普查局，2013)。在美國的少數民族中，非裔美國人中風、心臟病、肺癌和女性乳腺癌的死亡率很高。亞裔美國人和拉丁裔美國人對這些疾病的死亡率低。在過去十年裡，非裔、拉丁裔和亞裔美國人的大部分疾病死亡率都有下降。然而，非裔美國人的大多數疾病死亡率仍然很高 (美國人口普查局，2013)。

(二) 關節炎

關節炎是伴有疼痛、僵硬和動作問題的關節發炎。關節炎在老年人中尤其常見 (Davis et al., 2013)。這種疾病可以影響臀部、膝蓋、腳踝、手指和脊椎。患有關節炎的人經常感到疼痛和僵硬，以及在移動和執行日常日常活動中的問題。沒有已知的關節炎治癒法。然而，關節炎的症狀可以透過阿斯匹林等藥物來減輕，關節活動度運動、減輕體重，以及在極端的情況下用義肢替換罹病的關節 (Xu et al., 2013)。最近的研究已經記錄了運動對關節炎老年人的益處 (Oiestad et al., 2013)。例如，高強度的 16 週肌力訓練計畫顯著增加關節炎患者的肌力，並減輕疼痛 (Flint-Wagner et al., 2009)。

關節炎 (arthritis)
伴有疼痛、僵硬和動作問題的關節發炎；這種疾病在老年人中尤為常見。

骨質疏鬆症 (osteoporosis)
一種慢性病，涉及骨組織的廣泛流失，並且是許多老年人走路時明顯彎腰的主要原因。

(三) 骨質疏鬆

正常的老化會出現一些骨組織的流失，但在某些情況下，骨組織的流失可能變得嚴重 (Rothman et al., 2014)。**骨質疏鬆症**涉及骨組織的廣泛流失。骨質疏鬆症是造成許多老年人步行明顯彎腰的主要原因。女性特別容易患骨質疏鬆症，這是造成女性骨折的主要原因 (Davis et al., 2013)。美國約 80% 的骨質疏鬆症病例發生在女性，男性占 20%。在 60 歲以上的女性中，將近三分之二的人患有骨質疏鬆症。

在非拉丁裔白人、瘦弱、小骨架女人中更為常見。

骨質疏鬆症與鈣、維生素 D 和動情素缺乏，以及運動缺乏有關 (Christianson & Shen, 2013; Kitchin, 2013; Welch & Hardcastle, 2014)。為了預防骨質疏鬆症，年輕與中年女性應該食用含鈣豐富的食物 (如乳製品、花椰菜、大頭甘藍和羽衣甘藍)、定期運動、避免抽菸 (Giangregorio et al., 2014; Hsu et al., 2014)。如 Fosamax 等藥物可用於降低骨質疏鬆症的風險 (Iolascon et al., 2013)。老年女性也應該進行骨密度檢查。

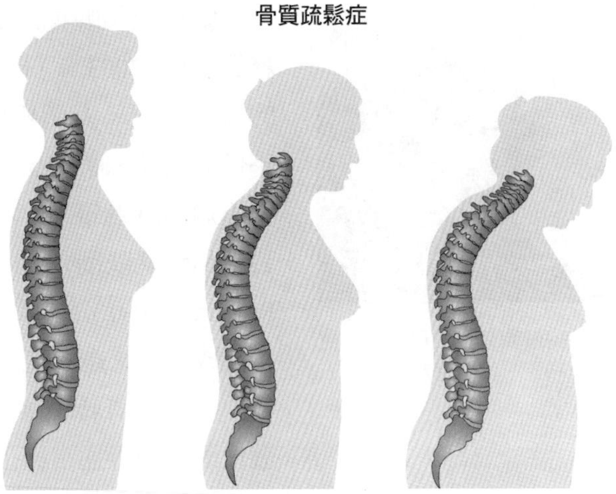

骨質疏鬆症的特徵是什麼？什麼因素導致骨質疏鬆症？

(四) 意外

意外傷害是老年人死亡的第九大主要原因 (美國人口普查局，2013)。常常因家中跌倒或老年人是駕車或走路的交通事故而受傷 (Verghese et al., 2010)。跌倒是造成 65 歲以上成年人死亡的主要原因之一 (國家衛生統計中心，2013)。每年約有 20 萬 65 歲以上的成年人 (大部分是女性) 跌倒導致髖部骨折。這些老年人中經常有一半因為肺炎在 12 個月內死亡。在接下來的六個月中，三分之二的老年人可能會再次跌倒。

二、藥物使用和毒品濫用

在許多情況下，老年人正在服用多種藥物，這會增加與飲酒或其他藥物相關的風險。例如，當與止痛藥或鎮靜劑合併使用時，酒精可能會損害呼吸、產生過度的鎮靜，並且致命。

老年人濫用藥物有多廣泛？全國性的調查發現，在 2010 年，從事酗酒的人 (在過去 30 天內，女性飲酒量為四杯以上、男性飲酒量為五杯以上) 的比例在成年中期、成年晚期大大下降 (疾病預防和控制中心，2012b) (見圖 17.16)。然而，過去 30 天飲酒的頻率在老年人中最高 (5.5 次)。

年齡組	百分比	每場次喝酒杯數	頻率
18–24	28	9	4.2
25–34	28	8	4.2
35–44	19	8	4.1
45–64	13	7	4.7
65 & over	4	5	5.5

圖 17.16 生涯過程的喝到爛醉。注：百分比是指在過去 30 天內酗酒的特定年齡組中個人百分比 (女性 4 杯以上、男性 5 杯以上)。每場次喝酒杯數反映了狂飲的強度。頻率表示過去 30 天內發生酗酒的次數。

資料來源：2012 年疾病控制和預防中心提供的數據，表 1。

該如何解釋適度飲用紅酒與更健康和更長壽息息相關？

儘管成年晚期酗酒的人數比例下降，但藥物濫用和精神健康服務管理局 (2003 年) 已經將老年人的藥物濫用確定為美國的「看不見的流行病」。人們相信老年人沒有發現藥物濫用的情況，而老年人不僅濫用非法藥物，且濫用處方藥 (Wu & Blazer, 2011)。篩查問卷通常不適用於老年人，酗酒的後果 (如憂鬱症、營養不良、鬱血性心臟衰竭和頻繁跌倒) 可能被錯誤地歸因於其他醫療或心理狀況 (Hoyer & Roodin, 2009)。由於二十一世紀預期的老年人數急劇增加，藥物濫用可能成為越來越多老年人的特徵 (Atkinson, Ryan, & Turner, 2001)。

*遲發性酒精中毒*是用於描述 65 歲以後酒精中毒發作的標籤。遲發性酒精中毒通常與孤獨、喪偶或身心障礙有關。

研究人員發現，老年人適度使用酒精有保護作用 (Holahan, 2012; Smigielski, Bielecki, & Drygas, 2013; O'Keefe et al., 2014)。研究顯示，適量飲酒比飲酒量大或根本沒有飲酒的老年人較長壽、身體和精神健康狀況也較好 (Rozzini, Ranhoff, Trabucchi, 2007)。適量飲酒的好處包括更好的身體和心理表現、更大的社交接觸的開放性，以及掌握自己生活的能力。

研究人員特別發現，適量飲用紅酒可以改善健康狀況、延長壽命 (Khurana et al., 2013; O'Keefe et al., 2014)。解釋集中在紅葡萄酒能降低壓力和降低冠狀動脈心臟病風險中的作用 (Carrizzo et al., 2013)。越來越多的證據證實，白藜蘆醇——存在紅酒葡萄皮中的化學物質，是紅酒的健康益處的關鍵作用物質 (Flamini et al., 2013；Pallauf et al., 2013)。研究發現，紅酒而非白酒，能殺死幾種癌細胞 (Wallenborg et al., 2009)。科學家正在探索白藜蘆醇及卡路里限制如何增加 SIRT1，這種參與 DNA 修復和衰老的酶 (Barger, 2013)。

三、運動、營養和體重

可以運動來減緩衰老過程嗎？可以透過營養、但卡路里減少的飲食來增加壽命嗎？讓我們來看看運動、營養和體重控制如何影響健康的老化。

(一) 運動

雖然我們可能會活到成年晚期的最末段，但我們並不是要被動地活在剩餘的歲月裡。我們對老年人所了解的一切都顯示，他們可以更活躍，他們可能更健康、更快樂 (Freund, Nikitin, & Riediger, 2013)。

在一項研究中，運動使中、老年人的生死殊途。超過一萬名男性和女性被分為低強度健身、中等強度健身和高強度健身 (Blair et al., 1989)，然後研究追蹤八年。如圖 17.17 所示，久坐參與者 (低強度健身) 在八年的研究時間內死亡的可能性是中等強度健身的人的兩倍多，比高強度健身的人死亡的可能性高三倍。在這項研究中，體適能正向影響男性和女性的身體健康。此外，研究顯示透過跑步機測試確定，六十歲以上的成年人體適能最低的五分之一，在十二年內死亡的可能性是體適能最高的五分之一 (Sui et al., 2007) 之四倍。縱向性研究發現，72 歲時規律運動的男性在 90 歲時仍然活著的機率比靜坐同儕高 30% (Yates et al., 2008)。超過 11,000 名女性的研究發現，低心肺適能是死亡的重要預測指標 (Farrell et al., 2010)。

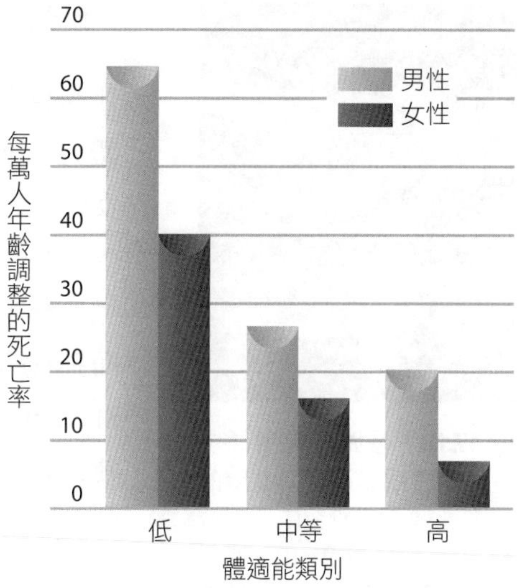

圖 17.17 體適能和死亡率。在這項針對中、老年人的研究中，中等或高強度體適能意指個體在八年內死亡的可能性低於低強度體適能 (久坐) 對照組 (Blair et al., 1989)。

制定運動目標，然後執行運動計畫，不僅對年輕人重要，對老年人也很重要。例如，最近對老年女性的研究顯示，設定與運動相關個人目標的人，八年後保持高強度運動能力的可能性是四倍 (Saajanaho et al., 2014)。

發展連結—健康
身體健康和認知健康是成功衰老的關鍵環節。(第 19 章)

越來越多老年科醫師向老年人推薦肌力訓練、有氧運動和伸展運動 (Kennis et al., 2013; Machado-Vidotti et al., 2014; Nascimento Dda et al., 2014)。一般人的淨體重會隨著年齡的增長而下降，成年後每十年會有大約 6.6 磅瘦肌肉流失。在 45 歲之後，流失速度加快。阻力運動可以保持，並可能增加老年人的肌肉量 (Forbes, Little, Candow, 2012; Nascimento Dda et al., 2014)。

運動是保持健康的極佳方式 (Nagamatsu et al., 2014; Park, Han, & Kang, 2014; Siegler et al., 2013a, b; Vrantsidis et al., 2014)。目前關於老年人體能活動的建議是每週 2 小時 30 分鐘的中等強度有氧運動 (例如快步行走)，以及每週 2 天或更多天進行肌力強化活動 (疾病控制和預防中心，2014)。在最近的建議中，每週 5 小時的中等強度的有氧運動可以獲得更大的益處。

研究人員繼續記錄運動對老年人的正向影響。運動幫助人們在成年晚期過著有尊嚴的生活 (Caprara et al., 2013)。在 80、90 歲，甚至 100 歲時，運動可以幫助防止老年人摔倒，甚至被送入機構安養。身體健康意味著能夠做自己想做的事情，不管是年輕人還是老年人。圖 17.18 顯示關於運動對健康有益的研究。

圖 17.18　慢跑小豬實驗。慢跑的豬顯示運動對健康的巨大影響。在研究中，這群豬每週訓練約跑 100 英里 (Bloor & Whit, 1983)。然後研究人員縮小豬心臟供血的動脈。慢跑豬的心臟形成廣泛的供血途徑，搶救 42% 的心臟組織，相比之下，非慢跑豬組只有 17%。

研究運動和衰老的研究人員有了以下發現：

- *運動與長壽有關。*最近針對老年人進行的研究發現，每天的總體體力活動與延長四歲壽命有關 (Buchman et al., 2012)。在對中國女性的縱向性研究中，規律運動的人在六年內死亡的可能性較小 (Matthews et al., 2007)。在一項分析中，老年人在運動過程中每週燃燒至少 1,000 卡路里的能量消耗，預估會使預期壽命延長 30%，而運動每週消耗 2,000 卡路里，預計壽命延長 50% 左右 (Lee & Skerrett, 2001)。
- *運動與預防常見慢性疾病有關。*運動可以降低患心血管疾病、第 2 型糖尿病、骨質疏鬆症、中風和乳癌的風險 (O'Keefe, Schnohr, & Lavie, 2013)。例如，最近對老年人進行的研究發現，較高的終身身體活動量會降低年齡相關性的心血管和呼吸功能衰退 (Baily et al., 2013)。
- *運動與改善許多疾病的治療有關。*當運動成為治療的一部分時，能改善患有這些疾病的個體的症狀：關節炎、肺部疾病、鬱血性心臟衰竭、冠狀動脈疾病、高血壓、第 2 型糖尿病、肥胖症和阿茲海默症 (Meikle et al., 2013; Oiestad et al., 2013; Vigorito & Giallauria, 2014)。
- *運動改善老年人的細胞功能。*越來越多的研究人員發現，運動可以改善老年人的細胞功能 (Gielen et al., 2011)。例如，研究人員最近發現，有氧運動與老年人的端粒長度有關 (Denham et al., 2013; Mason et al., 2013)。最近的研究發現，有氧運動增加老年人與粒線體功能有關的蛋白質 (Konopka et al., 2014)。
- *運動可以改善老年人的免疫系統功能* (Moro-Garcia et al., 2014；Simpson et al., 2012)。研究顯示，運動後，老年女性免疫系統功能的許多部分得到改善 (Sakamoto et al., 2009)。
- *運動可以改善身體組成，減少隨著年齡增長的運動技能下降。*運動可以增加肌肉量和骨質量，同時減少骨脆性 (Hewitt et al., 2014; Hsu et al., 2014; Olesen et al., 2014)。研究發現，參與運動與延遲虛弱的發生和進展有關 (Peterson et al., 2009)。最近對老年女性的研究顯示，一年後，五週的皮拉提斯課對老年女性的平衡和力量有改善 (Bird & Fell, 2014)。越來越多老年人使用全身振動訓練來提高平衡控制和肌肉力量 (Cristi et al., 2013; Ritzmann et al., 2014)。全身振動訓練意指一個人站立或躺在振動平台機器，機器的振動迫使肌肉迅速收縮和放鬆。

- 運動可以減少老年人出現精神健康問題的可能性，並可以有效治療心理健康問題。例如，運動減少老年人發生憂鬱症的可能性，並可以有效治療老年人的憂鬱症 (Park, Han, & Kang, 2014; Villaverde Gutierrez et al., 2012; Wang et al., 2014)。
- 運動可以減少老年人壓力的負面影響 (Moreira et al., 2014; Schoenfeld et al., 2013)。最近的研究顯示，從事有氧運動的壓力較大的老年人血中的可體松濃度，低於沒有進行有氧運動的高壓力老年人 (Heaney, Carroll, & Phillips, 2014)。
- 運動與改善老年人的大腦、認知和情感功能有關。與不運動的老年人相比，運動後的老年人展現出更好的大腦功能和處理訊息的能力 (Nagamatsu et al., 2014; Kirk-Sanchez & McGough, 2014; Voss et al., 2013)。最近的研究評估認為，更活躍和身體健康的老年人可以更快地分配更多的相關資源與環境相互作用並處理訊息 (Gomez-Pinilla & Hillman, 2013)。

Johnny Kelley，跑完許多波士頓馬拉松的老年人之一。1991 年，他參加第 60 屆波士頓馬拉松賽，並於 2000 年被《跑步世界》(*Runner's World*) 雜誌評選為「世紀的跑者」。在 70 歲的時候，Kelley 仍然每週跑步 50 英里。Kelley 說：「我害怕停止跑步。我感覺很好！我想活下去。」他還活了 27 年，2004 年去世時享年 97 歲。

運動對認知影響的一個例子，對老年人的研究顯示，運動增加海馬迴的體積，改善記憶 (Erickson et al., 2011)。關於情緒，最近的研究發現，中等強度的運動與正向情緒的增加和消極情緒的減少有關 (Hogan, Mata, & Carstensen, 2013)。

儘管運動有助於改善老年人的健康和生活品質，但全國性調查顯示，近年來，老年人的運動水準只有輕微上升 (疾病控制和預防中心，2008) (見圖 17.19)。可能的解釋是，老年人不能大幅增加運動的原因是慢性疾病、人生危機 (例如配偶的死亡)，擾亂運動計畫，困擾來自周遭身體更好的人「特別是如果他們早年沒有運動習慣」(而不是相信運動會改善他們的生活) (Painter, 2008)。但正如我們所看到的，開始運動永遠不會太晚，老年人可以從經常運動中獲益顯著 (Guirado et al., 2012)。

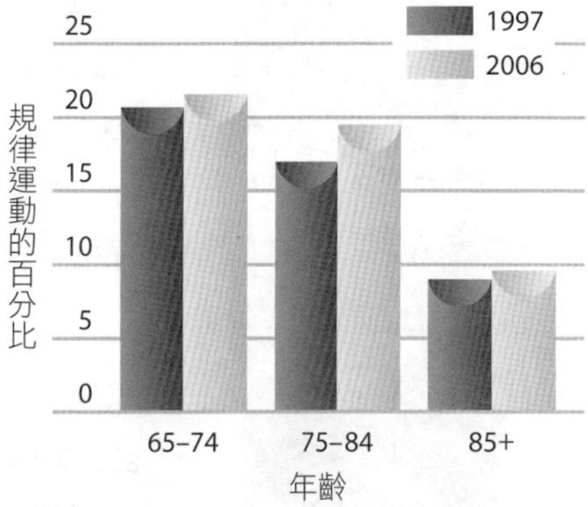

圖 17.19　美國老年人的規律運動：1997 年至 2006 年。

(二) 營養和體重

對於老年人，營養的重要性可分為三個方面：(1) 獲得足夠的營養；(2) 避免過重和肥胖；(3) 透過限制卡路里來改善健康和延長壽命。

1. 健康的營養

吃健康、均衡的飲食和服用適當的維生素對幫助老年人保持健康非常重要。老年人在飲食行為方面的變化是兩餐之間零食減少，會造成有害的體重減輕，特別是在老年女性。在這些女性體重增加的方法之一是，在兩餐間使用增味劑和卡路里補充劑。

2. 過重和肥胖

最近的全國性調查發現，2011 至 2012 年，35.4% 的 60 歲以上的美國成年人肥胖 (Ogden et al., 2013)。在最近的調查中，美國成年人中有 32% 的男人和 38.1% 的 60 歲以上人肥胖。最近的大規模研究發現，過重 / 肥胖與死亡風險較高有很大關係 (Master et al., 2013)。然而，最近的研究報告，體重過重的成年人比正常體重的成年人壽命更長，或過重不是老年人早死的危險因素 (Berraho et al., 2010; Chang et al., 2012; Flicker et al., 2010)。最近的研究發現，穩定過重的老年人沒有較高的死亡率風險，但 50 歲以上突然肥胖的老年人死亡風險較高 (Zheng, Tumin, & Qian, 2013)。

雜誌文章提到，微胖可能是新的健康指標 (Kolata, 2007)。目前還不清楚，某些過重類別的人可能與長壽有關。可能對於某些老年人，如從手術中恢復的人或患肺炎的人來說，額外的體重可能是保護性的。研究人員認為，研究顯示過重與壽命間的因果關係，可能是由於納入有先前存在的疾病 (有時被稱為「反向因果關係」) 或肌肉減少症 (瘦體重損失) 的參與者 (Greenberg, 2006)。

當前關於長壽和過重的爭議有什麼特點？

儘管多項研究發現過重和壽命之間存在關聯，但大多數研究顯示，過重是早死的危險因素 (de Hollander et al., 2012; Katzmarzyk et al., 2012; Masters et al., 2013; Preston & Stokes, 2011; Rizzuto & Fratiglioni, 2014)。例如，最近對 70 至 75 歲的人進行的研究顯示，較高的身體質量指數 (BMI) 與所有的死亡率風險有關，死於心血管疾病的風險最高 (de Hollander et al., 2012)。肥胖與許多老年人疾病的加速有關 (Anton et al., 2013; Perez et al., 2013; Winett et al., 2014)。

研究人員也一致認為，當個體體重過重但健康時，他們的健康狀況更好、壽命更長，而不是那些過重但不健康的人 (Masters et al., 2013; Matheson, King, & Everett, 2012)。某些領先的研究人員得出結論，缺乏運動和低心肺適能對健康和長壽的威脅遠高於過重 (McAuley & Blair, 2011)。

3. 限制卡路里

研究顯示實驗動物 (如老鼠和蛔蟲) 的卡路里限制可以增加動物的壽命 (Fontana & Hu, 2014; Vera et al., 2013)。研究人員發現，當卡路里受到限制時，慢性疾病 (如心血管疾病、腎臟和肝臟疾病) 就會出現在較老的年齡 (Robertson & Mitchell, 2013; Yan et al., 2013)。此外，最近的研究顯示，卡路里限制可能為衰老的中樞神經系統提供神經保護 (Willette et al., 2012)。研究顯示，老年人在卡路里限制三個月之後，口語記憶得到改善 (Witte et al., 2009)。

沒有人確切知道卡路里限制如何增加動物的壽命。科學家認為，這可能會降低自由基的量，並減少細胞內的氧化壓力 (Stankovic et al., 2013)。例如，研究發現，卡路里限制減緩了與年齡有關的氧化壓力增加 (Ward et al., 2005)。其他人認為卡路里限制可能引發一種叫作「生存模式」的緊急狀態，在這種緊急狀態下，身體消除了所有不必要的功能，只專注於維持生命。這種生存模式很可能是卡路里限制使得動物在飢荒期間存活的進化結果，因此這些基因仍然存在於動物和人類物種的基因組中 (Chen & Guarente, 2007)。

然而，美國國家老化研究所進行為期 25 年的縱向研究對卡路里限制飲食是否會延長壽命提出疑問 (Mattison et al., 2012)。在這項研究中，餵食減少 30% 熱量的猴子的壽命並不比對照組的猴子長。研究人員總結說，基因和飲食組成可能是比卡路里限制本身更好的長壽預測指標。美國國家老化研究所的研究結果與威斯康辛州國家靈長類動物研究中心正在進行的研究形成鮮明的對比，該研究中心報告說，限制卡路里的猴子的存活率提高了 30% (Colman et al., 2009)。因此，目前恰當的結論是，進一步的研究，特別是針對人類，需要明確地解答熱量限制是否延長壽命的問題。

是否能確認類似的非常低卡路里的飲食可以延長人的壽命 (Stein et al., 2012)。在某些情況下，這些研究中的動物比正常少吃了 40%。在人體中，典型卡路里限制的水準下降 30%，這表示普通女性平均每天需要 1,120 卡路里的熱量，普通男性平均需要 1,540 卡路里。

體重較輕的男人和女人有更長壽嗎？研究顯示，即使在控制抽菸、高血壓、酒精攝入和其他因素之後，體重不足 20 磅或更瘦的女性也會更長壽 (Wandell, Carlsson, & Theobald, 2009)。在這項研究中，體重不足的男性在控制各種因素後並沒有更長壽。

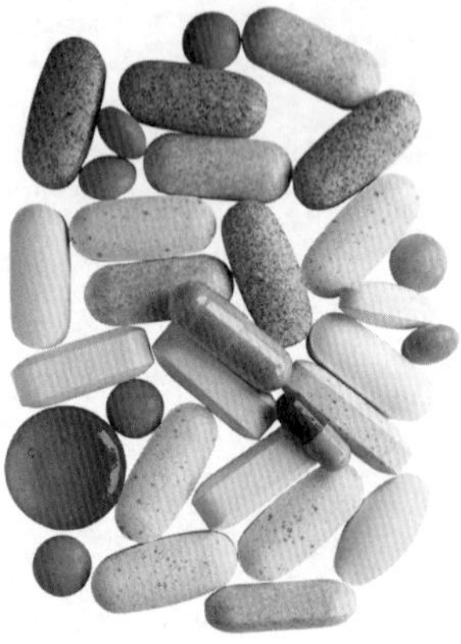

4. 關於維生素和老化的爭論

多年來，大多數老化和健康專家認為，成功衰老需要均衡飲食，不建議補充維生素。然而，最近的研究顯示，維生素補充劑——主要是「抗氧化劑」，其中包括維生素 C、維生素 E 和 β-胡蘿蔔素——有助於延緩老化過程，改善老年人的健康。

理論是抗氧化劑抵消自由基引起的細胞損傷，自由基是由人體自身新陳代謝和環境因素，如飲食中的抽菸、汙染和壞化學物質產生的 (Gandhi & Abramov, 2012)。當自由基在細胞中造成損害 (氧化) 時，就會發生連鎖反應。理論上，抗氧化劑的作用就像滅火器，有助於中和自由基活動，減少氧化壓力 (Da Costa, Badawi, & El-Sohemy, 2012)。

抗氧化劑在健康的作用研究中有什麼發現？最近的研究評論並沒有支持抗氧化維生素補充劑可以降低癌症和心血管疾病發病率的觀念 (Chen et al., 2012; Moyer, 2013; Potter, 2014)。然而，最近對七項研究的後設分析得出結論：維生素 E、維生素 C 和 β-胡蘿蔔素的膳食攝取 (不是維生素補充劑)，與阿茲海默症風險降低有關 (Li, Shen, & Ji, 2012)。

抗氧化維生素對健康的作用還有許多不確定 (Otaegui-Arrazola et al., 2014)。例如，不清楚應該服用哪種維生素、應該服用多少劑量、有哪些限制等等。質疑者也認為，記錄維生素減緩老化過程的有效性的關鍵實驗研究尚未進行。到目前為止，這方面的研究都是所謂的人口研究，它們是相互關聯，而不是實驗性的。其他因素，如運動、更好的健康習慣和良好的營養習慣，可能是造成維生素和老化的正向發現的原因，而不是維生素本身。而且自由基理論是理論而不是事實，只是關於為什麼我們會衰老的理論之一。

四、健康管理

預計增加的人口老化將在可預見的未來急劇增加醫療保健成本。隨著老年人活得更久，疾病管理計畫將需要擴大，以處理老年人的慢性疾病。在不斷擴大的老年人群中對健康服務的需求日益增長，可能會導致許多類型的醫療保健專業人員，包括老年科護理師、醫生和醫療助理的短缺 (Bardach & Rowles, 2012)。

美國老年人接受的健康治療品質如何？對有健康問題的老年人進行的研究顯示，他們只獲得一半所需的推薦醫療服務 (Wenger et al.,

2003)。研究人員檢查兩年來由兩個託管機構接受治療的 372 名體弱老年人的醫療紀錄，然後記錄每個病患接受的醫療護理，並使用標準品質指標進行評估。例如，許多步態不穩定的老年人沒有得到所需的幫助，如物理治療，以提高他們的步行能力。顯然，為老年人提供的健康治療品質需要顯著提高。

老年科護理師在治療老年人的保健問題上特別有幫助。

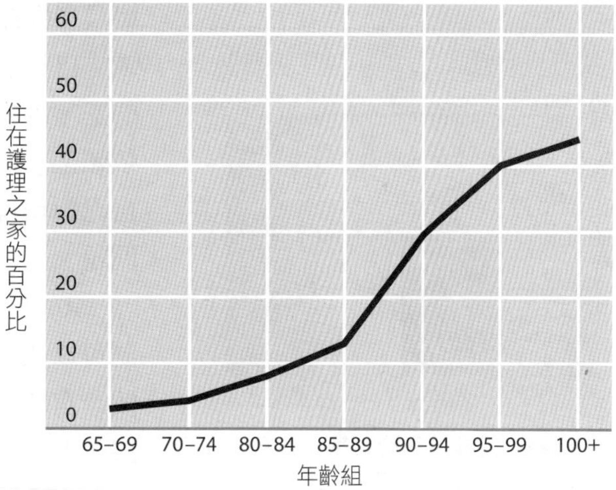

圖 17.20 美國不同年齡層的老年人住在護理之家的百分比。

替代性家庭和社區護理的發展降低住在護理之家的老年人比例 (Katz et al., 2009)。儘管如此，隨著年齡的增長，他們入住護理之家的可能性也在增加 (見圖 17.20)。老年人護理之家和其他護理設施的品質差別很大，一直是人們關心的問題 (Hunt, Corazzini, & Anderson, 2014; Shah et al., 2012)。這些設施中有三分之一以上嚴重不及格，它們沒有通過聯邦強制檢查，因為不符合醫師、藥劑師和各種復健專業人員 (職能和物理治療師) 的最低標準。進一步關注的重點是，病人的隱私權、獲得醫療訊息、在個人的精神與身體能力範圍內安全和自由的生活方式。

由於許多護理之家的品質不高，以及護理之家護理費用不斷上漲，許多老年人健康問題方面的專家認為：居家健康照護、老年照護中心和預防醫學診所是很好的選擇 (Berenson et al., 2012; Kilgore, 2014 年)，它們可能比醫院和護理之家便宜，也不太可能產生機構居民經常發生的非人格化和依賴感。目前，由於老年人口的增加及偏愛護理之家的需要，對家庭護理人員的需求日益增加 (Moos, 2007)。

在典型的研究中，Judith Rodin 和 Ellen Langer (1997) 發現，與護理之家居民的健康甚至存活有關的重要因素之一，是居民的控制感和自主性。鼓勵護理之家居民多做日常的選擇，因此讓他們覺得更有責任控制自己的生活，他們開始決定自己吃什麼？訪客何時可以來訪？看什麼電影？誰可以來他們的房間？管理人員告訴同一家護理之家的類似小組如何照料護理之家，以及工作人員想要幫助多少人，但這些居民沒有機會對他們的生活有更多的控制權。十八個月後，那些被賦予責任和控制權的居民更加警覺和主動，並且表示他們比那些只是鼓

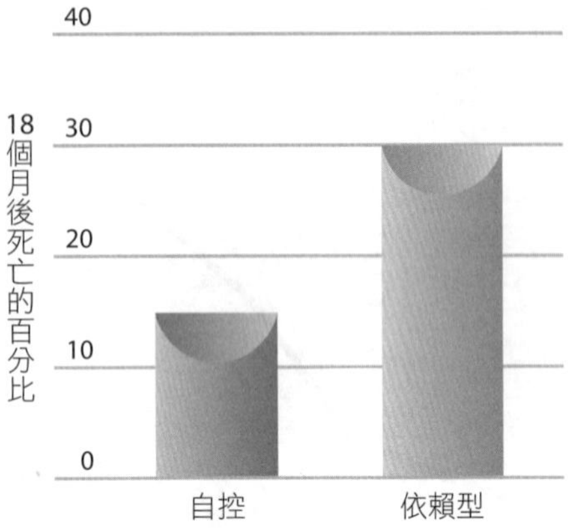

圖 17.21　控制感和死亡率。在 Rodin 和 Langer (1977) 的研究中，護理之家居民被鼓勵更獨立地控制自己的生活，比那些更依賴護理之家工作人員的人更有可能活超過 18 個月。

勵員工會努力滿足他們需求的居民更快樂，而「負責任」或「自控」組的健康狀況明顯好於「依賴」組。更重要的是，18 個月後，「自控」群體中的護理之家居民只有「依賴型」群體中死亡人數的一半 (見圖 17.21)。覺察到對自己對環境的控制，純就字面上來說可能是生死攸關的問題。

Rodin 的研究顯示，簡單地給護理之家居民的選擇控制可以改變他們的行為，並改善他們的健康。要進一步閱讀有關健康護理提供者和老年人的訊息，請參閱【發展與生活的連結】。

發展與生活的連結

健康照護人員和老年人

健康照護人員和老年人的態度是老年人照護的重要考量 (Agrali & Akyar, 2014)。不幸的是，健康照護人員往往與老年人分享社會的陳舊觀念和消極態度 (Eymard & Douglas, 2012)。在醫療照護機構中，對這些態度可能是逃避、不喜歡、容忍寬容的形式，而不是積極的、有希望的面對。健康照護人員有可能對治療年輕病人更感興趣，這些年輕病人往往有急性問題、預後較好，能夠成功康復。他們往往不太願意治療老年人，而老年人更容易患慢性疾病、成功康復的預後較差。

不僅醫生對老年病人的反應較差，而且老年病人在與健康照護人員的醫療互動中往往不如年輕病人。應鼓勵老年人在自己的醫療保健中扮演更積極的角色。

預計未來幾十年，居家護理助手的需求將急劇增加，因為 65 歲以上老年人對護理之家的喜好人數可能會增加一倍 (Moos, 2007)。不僅可治療老年人的健康照護專業人員數量顯著地增加非常重要，而且更重要的一點是，這些專業人員不會對老年人產生負面的成見，並且對老年人表現出非常正向的態度。

複習・連結・反思 學習目標三 確定老年人的健康問題並描述如何處理

複習重點

＊複習

- 老年人有哪些常見的健康問題？老年人主要的死亡原因是什麼？
- 在成年晚期藥物濫用的特徵是什麼？
- 成年晚期的運動、營養和體重如何影響生理發展？
- 老年人的健康管理有哪些選擇和主題？

連結

- 在這一節中，我們了解到，當老年人在生活的各個方面得到更多的責任和控制時，他們的表現會更好。在其他年齡階段給個人更多的責任和控制對他們的發展也特別重要嗎？要以什麼樣的方式呢？

反思個人的人生旅程

- 你現在的生活方式應該有什麼變化，可能會幫助你更成功地老化？

與前瞻主題連結

最終，人類的生涯發展以死亡而告終。與年輕人和孩子相比，大多數老年人更接近死亡，更可能知道他們會在一段時間內逐漸死亡，而不是突然死亡。身心障礙，如心血管疾病和癌症，是老年人最有可能死亡的原因。實際的死亡有時難以確定，牽涉到大腦的哪些部分不再發揮作用。照顧死亡往往涉及提供舒適和痛苦的管理。

達成本章學習目標

成年晚期的生理發展

壹、壽命

學習目標一 標誌長壽的特點，討論衰老的生物學理論

- **預期壽命和壽命**：預期壽命是指在某一年出生的人平均可能會存活的年數。壽命是一個人可以生存的最大年數。預期壽命顯著增加；壽命沒有。越來越多的人活到 100 歲以上。遺傳、健康和壓力調適，有助於成為人瑞。平均而言，女性的壽命比男性多六歲。性別差異可能是來自於生物和社會因素。
- **年輕老人和年老老人**：從生物年齡來看，輕熟齡是指在 65 歲至 84 歲之間，重熟齡是指在 85 歲以上。許多老年學專家喜歡用功能性年齡而不是生物年齡，來描述輕熟齡、熟齡和重熟齡的老年人。這樣的觀點說明，某些 85 歲的人比65歲左右的人在生理和心理上更健康。然而，85 歲以上的老人比他們在六、七十歲時面臨嚴重的問題，該如何成功地老齡化。
- **老化的生物學理論**：五個生物學理論是進化論、細胞時鐘理論、自由基理論、粒線體理論和賀爾蒙壓力理論。因為天擇與生殖健康有關，老化過程的演化理論指出，天擇無法消除

老年人許多有害的條件和不適應的特質，因此演化所帶來的好處隨著年齡的增長而下降。Hayflick 提出細胞時鐘理論，指出細胞最多可以分裂 75 到 80 次，隨著年齡的增長，細胞的分裂能力降低。端粒可能解釋為什麼細胞失去分裂的能力。根據自由基理論，人們會因為不穩定的稱為自由基的氧分子在細胞中產生，並損害細胞結構而老化。根據粒線體理論，老化是由粒線體的衰變引起的，粒線體是為細胞功能、生長和修復提供能量的微小胞器。根據荷爾蒙壓力理論，身體荷爾蒙系統的衰老會降低對壓力的適應力，並增加疾病的可能性。

貳、成年晚期生理發展的歷程

學習目標二　描述個體的大腦和身體在成年晚期如何變化

- **大腦老化**：隨著年齡的增長，大腦的重量和體積都會減少，中樞神經系統的功能普遍下降，這種功能始於壯年期，在成年晚期加速。然而，研究人員最近發現，至少在七十餘歲的老年人仍舊能夠產生新的神經元——新的突觸。衰老的大腦保留相當大的可塑性和適應性。例如，它可以透過將職責轉移到其他地區來補償大腦某些區域的損失。偏側化的減少可能反映這種補償，也可能反映與年齡有關的功能專業化下降。
- **睡眠**：大約 50% 的老年人抱怨睡眠困難。睡眠不好可能導致早期死亡和較低的認知功能。老年人的許多睡眠問題與健康狀況有關。
- **免疫系統**：免疫系統功能隨著年齡的增長而下降已被充分證明。運動可以改善免疫系統功能。
- **外表和動作**：老化最明顯的跡象是皮膚上的皺紋和老年斑。隨著年齡的增長，人們會變得越來越矮，60 歲以後的體重會因為肌肉的損失而減少。老年人的動作表現在廣泛的運動項目中。
- **感官發展**：視覺敏感度、色覺和視覺深度的下降通常伴隨著年齡而發生，特別是在 75 歲以後。隨著年齡的增長，眼睛的晶狀體變黃減少了顏色分化。老年人看到視野外圍的能力也下降。與眩光相關的視覺功能明顯下降是 75 歲以上成年人的特徵，並且在 85 歲以上的人群中普遍存在。可能損害老年人視力的三種疾病是白內障、青光眼和黃斑部病變。聽力下降可能在中年開始，但是直到成年晚期以前通常不會成為障礙。助聽器 (用於傳導性聽力損失) 和人工電子耳植入 (用於神經性聽力損失) 可以減少許多老年人的聽力問題。嗅覺和味覺可能下降，儘管健康老年人的下降幅度最小。觸摸敏感度的變化與衰老有關，雖然這對大多數老年人來說不成問題。對成年晚期疼痛的敏感性降低。與嬰兒和兒童一樣，感知運動整合也可以表徵老年人；駕駛車輛就是這種整合的一個例子。
- **循環和呼吸系統**：心血管疾病在成年晚期增加。應該治療頑固型高血壓，以降低中風、心臟病和腎臟病的風險。肺容量隨年齡下降，但老年人可以通過橫膈肌運動來改善肺功能。
- **性慾**：成年晚期的衰老確實包括性表現的變化，對男性來說比女性更明顯。儘管如此，性活動並沒有已知的年齡限制。

參、健康

學習目標三　確定老年人的健康問題並描述如何處理

- **健康問題**：隨著年齡的增長，罹患疾病的機率增加。慢性疾病在青年期是罕見的，在壯年期增加，在成年晚期變得更常見。成年晚期最常見的慢性疾病是關節炎。近四分之三的老年人死於癌症、心臟病或中風。骨質疏鬆症是許多老年人彎腰走路的主要原因；婦女特別容易受到這種情況的傷害。意外事故通常比年輕人更容易造成衰弱。

- **藥物使用和毒品濫用**：與成年晚期相比，酗酒的老年人比例下降，但適量飲用紅酒可帶來健康益處。在美國，濫用非法藥物和處方藥是一個日益嚴重的問題，但是老年人比年輕成人更難被發現。
- **運動、營養和體重**：已經證明運動對老年人身體的好處。如果成年人身體狀況許可，建議有氧運動和舉重。老年人吃健康食物，並攝取適當的維生素是重要的。目前的爭議是，過重的成年人是否比正常體重的成年人壽命更長。體重過重與健康問題有關，而肥胖則預示著更早的死亡。限制動物熱量可以增加動物的壽命，但人類是否也是如此尚不清楚。針對人類，最近有關於過重與老年人死亡率增加有關存在爭議。大多數營養專家為老年人推薦均衡的低脂飲食，但不建議採用極低熱量的飲食。至於維生素補充劑 (尤其是抗氧化劑維生素 C、維生素 E 和 β-胡蘿蔔素) 是否能夠減緩衰老過程，並改善老年人健康的問題存在爭議。最近的研究評論認為，服用抗氧化維生素補充劑並不能降低癌症和心血管疾病的風險。
- **健康管理**：相較於 65 歲以上的成年人中只有 3% 居住在護理之家，85 歲以上的成年人中有 23% 居住在護理之家。護理之家的品質差異很大。有些提議改變護理之家的照顧方式。例如，簡單地提供給護理之家居民選擇控制可以改變他們的行為，並改善他們的健康。醫療保健提供者和老年成人患者的態度是老年人保健的重要方面。衛生保健人員太常分享社會對老年人的負面看法。

18
CHAPTER

成年晚期的認知發展

學習目標

1
壹、老年人的認知功能
學習目標一　描述老年人的認知功能
包含：多維度和多向性；教育、工作和健康；使用它或失去它；訓練認知技能；認知神經科學與老化

2
貳、語言發展
學習目標二　老年人在語言變化上的特徵

3
參、工作和退休
學習目標三　討論老化、適應工作和退休
包含：工作、在美國和其他國家的退休、對退休的調適

4
肆、心理健康
學習目標四　描述老年人的心理健康問題
包含：憂鬱症；失智症、阿茲海默症和其他疾病，擔心受害與老人虐待

5
伍、宗教與靈性
學習目標五　解釋宗教和靈性在老年人生活中的角色

Helen Small 和本書作者 John Santrock 在德州大學達拉斯分校 2012 年春季的大學部終身發展課程。現在海倫每個學期都要和班上學生討論認知老化的問題。

Helen Small 於 2011 年出版她的第一本書《Why Not? 我的七年大學學位計畫》，時值 91 歲。

2010 年，90 歲的海倫女士 (Helen Small) 在德州大學達拉斯分校 (UT-Dallas) 獲得碩士學位。她的碩士學位研究項目主題是成年後的浪漫關係。海倫說，她只採訪了一位比她年長的男人，對方當時是 92 歲。

我 (本書作者，John Santrock) 第一次見到海倫，是她在 2006 年就讀於我教授的大學部課程時。在第一次測試後，海倫就不來了，我不知道她發生了什麼事。原來在她匆匆來上課時在路邊絆倒，並摔傷了肩膀。下學期，她又上了我的課，並表現得非常出色。儘管前幾個月她不得不用左手寫筆記 (她是慣用右手者)，因為肩膀問題依舊存在。

海倫在經濟大蕭條時期長大，1938 年在阿克倫大學首次上大學，但是只上了一年就去結婚了，她的婚姻持續了 62 年。丈夫去世後，海倫在 2002 年回到大學，先是在布魯克海文社區學院，然後在德州大學達拉斯分校。當我最近和她晤談的時候，她告訴我，她已經答應母親，她會上大學。她對大學生最重要的建議是：「讀完大學，堅持下去，當你作出承諾的時候，總要把它看透，不要放棄，去追求你想要的生活。」

海倫不僅認知良好而且身體健康。她每週運動三次，每次約一個小時，在跑步機上有氧運動約 30 分鐘，然後在六個不同重量的機器上運動。

當她就讀了我教授的大學部課程人生全程發展時，最令我感到震驚的是，她是多麼感恩有機會學習，多麼執著地追求學問，並在課程中表現良好。海倫在年輕的學生中頗受歡迎，對他們來說是一個很好的榜樣。

畢業後，我問她計畫在接下來的幾年裡做些什麼，她回答說：「我必須弄清楚將來要怎麼做。」當我們正在討論老年期認知衰退的時候總要特別提到她，她現在每個學期都在我的班上，並鼓勵所有與她接觸的人。

海倫在過去幾年中做了什麼來保持認知健康？她在德州大學達拉斯分校的 Denise Park 博士的重要長壽中心和 Perot 科學博物館擔任公共形像大使。她還寫了第一本書——《Why Not? 我的七年大學學位計畫》(*Why Not? My Seventy Year Plan for a College Degree*) (Small, 2011)。無論你的年齡為何，這都是一次美好、充滿熱情的活動，讓你充分生活並發揮潛力。

預習

身為一名老年人，海倫女士過著非常活躍的認知生活。老年人的能力和認知功能如何？是我們將在本章探討的一個重要問題，同時也將研究語言發展、工作和退休、心理健康和宗教方面。

壹 老年人的認知功能

學習目標一 描述老年人的認知功能

多維度和多向性 | 教育、工作和健康 | 使用它或失去它 | 訓練認知技能 | 認知神經科學與老化

Anna Mary Robertson Moses 在 76 歲的時候，以摩西奶奶而聞名，她開始繪畫，並成為國際知名人士，在歐洲舉辦了 15 場個人展覽。89 歲的 Arthur Rubinstein 在紐約的卡內基音樂廳 (Carnegie Hall) 完成了他最好的表演之一。當 Pablo Casals 95 歲的時候，記者問他：「Casals 先生，你是有史以來最偉大的大提琴手，為什麼還要每天練習六個小時呢？」Casals 先生回答道：「因為我覺得我在進步」(Canfield & Hansen, 1995)。

一、多維度和多向性

在思考成人認知變化的本質時，重要的是要認識到認知是一個多維度概念 (Dixon et al., 2013)。雖然認知的某些維度可能會隨著年齡的增長而下降，但其他維度可能會保持穩定，甚至改善。

發展連結—智力
流體智力是抽象的推理能力；晶體智力則是個人累積的訊息和口頭表達能力。(第 15 章)

(一) 認知力學與認知語用學

Paul Baltes (2003; Baltes & Lindenberger, & Staudinger, 2006) 闡明了認知衰退，與那些保持穩定，甚至改善者之間的區別：

- **認知力學**是大腦的「硬體組織」，反映了經由進化而發展的大腦的神經生理學結構。認知力學包括這些組成部分：感官輸入、注意力、視覺和運動記憶、辨別、比較和分類過程中的速度與準確性。由於生物學、遺傳學和健康對認知力學的強大影響，會隨著年齡增長而下降。一些研究人員認為，認知力學的衰退可能會在中年初期開始 (Salthouse, 2013a, b)。
- **認知語用學**是大腦基於文化的「軟體程式」。認知語用學包括閱讀和寫作技巧、語言理解、教育資格、專業技能，以及有助於我們掌握或應付生活的自我和生活技能的知識類型。由於文化對認知語用學的強大影響，它們可以在老年時期得到改善。因此，雖然認知力學在老年時期可能會下降，但是認知語用學反而會改善，至少在個體變得很老之前確實如此 (見圖 18.1)。

認知力學 (cognitive mechanics)
思考的「硬體組織」，反映了大腦的神經生理學結構。認知力學涉及感覺輸入、視覺和運動記憶、辨別、比較和分類等過程的速度與準確性。

認知語用學 (cognitive pragmatics)
是大腦基於文化的「軟體程式」。認知語用學包括閱讀和寫作技巧、語言理解、教育資格、專業技能，以及有助於我們掌握或應付生活的自我和生活技能的知識類型。

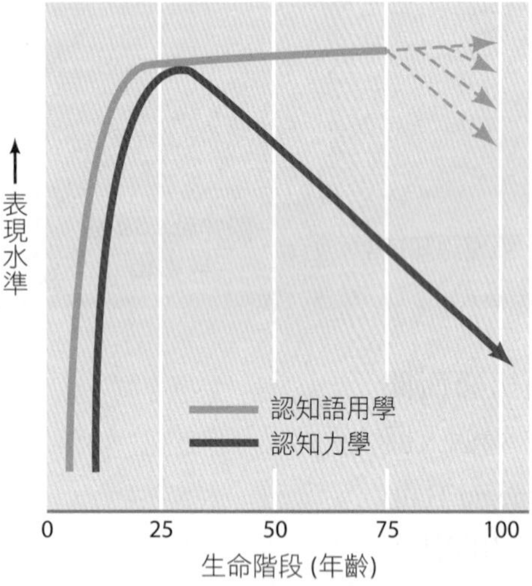

圖 18.1 推論認知力與認知語用學在年齡上的變化。Baltes 認為，認知力學在衰老過程中下降，而認知語用學在許多人衰老之前並不會下降。認知力學有一個生物 / 遺傳基礎，在認知實驗室有一個實驗性的基礎。從 75 到 100 歲的虛線表明可能的個體差異在認知語用學中。

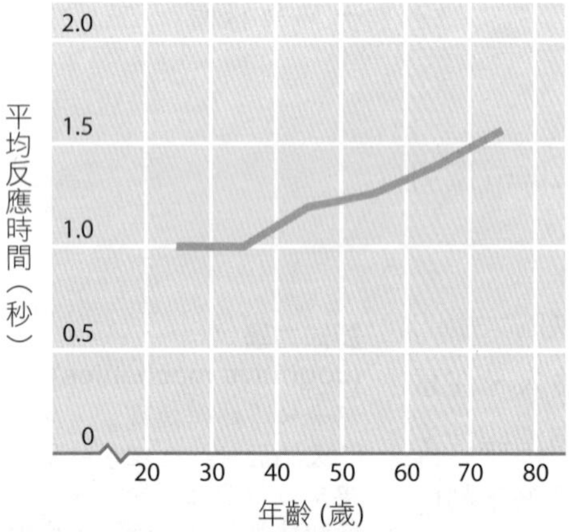

圖 18.2 年齡與反應時間的關係。在一項研究中，平均反應時間開始在 40 多歲減緩，這種下降在 60 多歲和 70 多歲加速 (Salthouse, 1994)。用於評估反應的任務，需要個人將數字與電腦螢幕上的符號相匹配。

認知力學和認知語用學之間的區別與第 15 章所描述的流體 (力學) 和晶體 (語用學) 智力之間的區別是相似的。實際上，相似性是如此之強，以至於一些專家現在用流體力學描述認知衰老模式力學和晶體語用學 (Lovden & Lindenberger, 2007)。

什麼因素最有可能導致成年後期流體力學下降？其中最有可能的是處理速度、工作記憶能力下降和抑制無關訊息 (抑制) (Lovden & Lindenberger, 2007)。

現在我們已經研究了流體力學和晶體語用學之間的區別，讓我們來探討一些反映這兩個一般領域的更具體認知過程，就從工作記憶的速度開始談起。

(二) 處理速度

現在人們普遍接受的是，處理訊息的速度在成年後期會下降 (Hoogendam et al., 2014; Robitaille et al., 2013; Salthouse, 2012, 2013a, b)。圖 18.2 顯示了測量成年人反應時間的研究結果。

雖然訊息處理的速度在成年中晚期會減慢，但是這種能力有很大的個別差異。在老年人中，累積的知識可能在一定程度上補償較慢的處理速度。

老年人的處理速度下降，可能是由於大腦和中樞神經系統功能下降 (Finch, 2009, 2011; Nilsson et al., 2014; Papp et al., 2014)。健康和鍛鍊可能會影響處理速度下降的程度 (Ellis et al., 2014)。例如，一項研究發現，經過六個月的有氧運動，老年人的反應時間有所改善 (Kramer et al., 1999)。

(三) 注意力

注意力的變化是認知衰老的重要指標 (Pierce & Andersen, 2014; Sylvain-Roy, Lungu, & Belleville, 2014)。研究人員發現，老年人比年輕人更容易忽視分散注意力 (divided attention) 的訊息，隨著需求增加，這種分心情形變得更加顯著 (Mund, Bell, & Buchner, 2010)。最近的研究表明，老年人更大的注意力分散與透過大腦額葉和頂葉的神經網絡中有效的功能相關，而這些神經網絡涉及認知控制 (Campbell et al., 2012)。此外，最近的一項研究評估認為，更正向積極和身體健康的老年人在與環境相互作用時更能分配注意力 (Gomez-Pinilla & Hillman, 2013)。最近的一項研究顯示，參加 20 次一小時電視遊戲培訓課程 (Lumosity) 的老年人，分心的情形顯著減少 (Mayas et al., 2014)。該 Lumosity 培訓課程側重於問題的解決、心算、工作記憶和注意力。

發展連結—注意力
幼兒在注意力的許多方面有進展，包括持續的注意力和執行注意力。(第 7 章)

在第 7 章「兒童早期的生理與認知發展」中，你讀到了持續的注意力和執行注意力。在這裡，我們還將討論另外兩種注意力類型：選擇性注意力和分散注意力。

- **選擇性注意力**涉及專注於經驗的具體方面，而忽視與其無關的其他方面。選擇性注意力的一個例子是，能夠在擁擠的房間或嘈雜的餐廳中關注眾人之間的聲音；另一種是決定在交叉路口左轉時要注意哪些刺激。一般來說，老年人比年輕人更不善於選擇性注意力 (Ben-David et al., 2014; Caban-Holt et al., 2012; Quigley & Muller, 2014)。在最近的一項研究中，10 週的處理訓練提高了老年人的選擇性注意力 (O'Brien et al., 2013)。
- **分散注意力**涉及在同一時間集中注意在一個以上的活動。當兩項競爭任務相當容易時，成年人之間的年齡差異很小或根本不存在。然而，競爭任務越困難，老年人的分散注意力就越不如年輕人 (Bucur & Madden, 2007)。
- **持續注意力**是指注意力集中在某一物體或任務，事件或環境。有時候持續注意力被稱為警覺。在簡單的警覺和持續注意力測試中，老年人通常和年輕人一樣表現良好。然而，在複雜的警覺性任務中，老年人的表現通常會下降 (Bucur & Madden, 2007)。最近對老年人的研究發現，持續注意力 (警覺性) 的可變性越大，就越有可能摔倒 (O'Halloran et al., 2011)。
- **執行注意力**包括行動計畫、注意目標、檢測和修補錯誤、監控任務進度、處理新的或困難的情況。一項研究發現，老年人在執行過程中有不足之處 (Mahoney et al., 2010)。在這項研究中，老年人注意力是較低水準與低血壓有關，這可能與大腦額葉血流減少有關。

選擇性注意力 (selective attention)
專注於相關經驗中的某一方面，而忽視與其無關的其他方面。

分散注意力 (divided attention)
在同一時間能集中注意在一個以上的活動。

持續注意力 (sustained attention)
集中並延續注意在某一物體、任務、事件或環境的其他方面。

執行注意力 (executive attention)
包括計畫行動、注意目標、檢測和修補錯誤、監控任務進度、處理新的或困難情況的思考能力。

(四) 記憶

學者有時會將記憶簡單分類為長期記憶和短期記憶，工作記憶、感官記憶與短期記憶密切相關；長期記憶又可分成外顯記憶和內隱記憶。外顯記憶包括情節記憶和語意記憶，內隱記憶則包括程序記憶、知覺表徵等。

對於記憶和衰老有關的研究則包括外顯記憶和內隱記憶、情節記憶、語意記憶，還有認知資源 (如工作記憶和感知速度)、前瞻記憶，和非認知對記憶的影響，如健康、教育、社會經濟因素等。

1. 外顯記憶和內隱記憶

研究人員發現衰老與外顯記憶下降有關 (Kim & Giovanello, 2011; Ward, Berry & Shanks, 2014)。**外顯記憶**是個體有意識地認識並可以陳述事物和經驗的記憶。外顯記憶有時也被稱為陳述性記憶。外顯記憶的例子包括在雜貨店記住你想要買什麼、能夠說出伊利諾州的首府，或者敘述在你看過電影裡的事件。**內隱記憶**是沒有意識的回憶，它涉及自動執行的技能和常規程序，例如駕駛汽車、揮動高爾夫球桿。

內隱記憶比外顯記憶較不受老化的不利影響 (Norman, Holmin, & Bartholomew, 2011; Nyberg et al., 2012)。因此，老年人會忘記要在雜貨店買什麼物品 (除非他們記在清單上，並放在一起)，而不會忘記如何開車，他們駕駛汽車的感知速度可能會比較慢，但會記得如何去做。

2. 情節記憶和語意記憶

情節記憶是關於生活事件發生的地點和時間訊息的保留。例如，你小時候臥室的牆壁是什麼顏色、你第一次約會的時候是什麼樣子？

年輕的成年人比老年人有更好的情節記憶，無論是真實還是想像的事件 (Friedman, 2013; McDonough & Gallo, 2013)。一項針對 18 到 94 歲的人所做的研究顯示，年齡增加與檢索情節訊息、事實和事件的難度增加有關 (Siedlecki, 2007)。此外，老年人認為他們記住以前的事件優於最近發生的事件，通常報告說，他們可以記得多年前發生的事情，但不記得昨天做了什麼。然而，研究人員也發現，與這種自我報告相反的是，老年人越早以前的記憶就越不準確 (Smith, 1996)。

語意記憶是一個人對世界的認識。它包括一個人的專業領域，如熟練的國際象棋棋手的知識；在學校學到的一般學術知識，如幾何知識；以及關於用品詞彙、人名、重要地點和普通事物 (如情人節在哪一天) 的「日常知識」。語意記憶似乎獨立於個人與過去的個人身分。例如，你可以獲取一個事實——如「利馬是秘魯的首都」，但是對於什麼時間和在哪裡學習它卻無關。

外顯記憶 (explicit memory)
是個體有意識地認識並可以陳述事物和經驗的記憶。

內隱記憶 (implicit memory)
是沒有意識的回憶；它涉及自動執行的技能和常規程序。

情節記憶 (episodic memory)
是關於生活事件發生的地點和時間訊息的保留。

語意記憶 (semantic memory)
一個人對世界的了解——包括專業領域、在學校學到的一般學術知識，以及日常知識。

語意記憶是否會隨著年齡而下降？研究人員經常用來評估語意記憶的任務，包括詞彙、常識和單詞識別 (Miotto et al., 2013)。老年人往往需要更長的時間來檢索語意訊息，而且可能最後會完全忘記 (Luo & Craik, 2008)。在絕大多數的情況下，情節記憶在老年人中的下降更甚語意記憶下降的速度 (Kuo et al., 2014; Ofen & Shing, 2013; Small et al., 2012b)。

雖然語意記憶在成年晚期得到相當好的保存，但老年人常見的記憶問題是舌尖 (tip-of-tongue, TOT) 現象，不能完全檢索熟悉的訊息，但有感覺他們應該能夠檢索它 (Bucur & Madden, 2007)。研究人員發現，老年人比年輕人更容易經歷舌尖狀態 (Bucur & Madden, 2007; Salthouse & Mandell, 2013)。最近針對老年人進行的一項研究發現，過去 24 小時內最常見的記憶錯誤就是舌尖問題 (Ossher, Flegal, & Lustig, 2013)。

3. 認知資源：工作記憶和感知速度

記憶還有一個觀點表明，有限的認知資源可以解釋認知任務的運作。兩個重要的認知資源機制是，工作記憶和感知速度 (Baddeley, 2012; Nilsson et al., 2014; Salthouse, 2013a, b)。回顧第 9 章和第 15 章，工作記憶與短時記憶密切相關，但更多地強調記憶是腦力勞動的場所。工作記憶就像是一個腦力的「工作台」，它允許兒童和成人在決策、解決問題、理解書面和口頭語言時操縱與匯集訊息 (Baddeley, 2007, 2010, 2012)。研究人員發現，在成年晚期工作記憶下降 (Cansino et al., 2013; Ko et al., 2014; Peich, Husain & Bays, 2013)。最近的一項研究顯示，工作記憶從 65 歲持續下降到 89 歲 (Elliott et al., 2011)。另一項最近的研究則發現，多重任務的處理會對老年人的工作記憶產生干擾，可能是因為檢索訊息中斷 (Clapp et al., 2011)。而最近在另一項的研究中，老化的口頭和視覺工作記憶下降速度相似 (Kumar & Priyadarshi, 2013)。此外，最近的一項研究發現，視覺編碼的工作記憶與老年人的機動性有關 (Kawagoe & Sekiyama, 2014)。對老年人工作記憶下降的解釋，往往集中於他們對抑制不相關訊息進入工作記憶和提高注意力分散的抑制作用較小 (Lustig & Hasher, 2009; Yi & Friedman, 2014)。

這位老太太忘記把鑰匙放在哪裡。這種情況涉及什麼類型的記憶？

老年人的工作記憶是否還有可塑性？最近的一項實驗研究表明，適度訓練可以讓老年人的工作記憶任務反應時間更快 (Hogan, Mata, & Carstensen, 2013)。另一項研究發現，認知訓練能改善老年人的工

前瞻記憶包括記住將來要做某事。這位女士正在追蹤第二天去雜貨店時計畫購買什麼。

作記憶 (Borella et al., 2013)。此外，在最近的一項研究中，策略訓練改善了老年人的工作記憶 (Bailey, Dunlosky, & Hertzog, 2014)。因此，在老年人的工作記憶中似乎仍有一些可塑性。

感知速度是一種認知資源，涉及執行簡單的感知任務能力，例如決定兩位數字或雙字母字串是相同的還是不同的。感知速度在成年後期大幅下降，並且與工作記憶的下降有關 (Dirk, 2012; Hoogendam et al., 2014; Salthouse, 2013a)。最近的一項研究顯示，與年齡有關的加工速度減慢和大腦髓磷脂分解有關 (Lu et al., 2013)。還有一項最近的研究則發現，10 小時的視覺處理訓練對提高老年人的處理速度、注意力和執行功能是有效的 (Wolinksy et al., 2013)。

4. 來源記憶

來源記憶是記住一個人學習什麼東西的能力，隨著年齡增加而降低，而且可能造成尷尬的情況，例如當一個老年人忘記是誰講了一個笑話，並將其複述給說者聽 (Davidson et al., 2013; El Haj & Allain, 2012)。最近的一項研究顯示，自我參照編碼可以改善老年人的來源記憶 (Leshikar & Duarte, 2014)。

Lynn Hasher (2003, p. 1301) 認為，許多記憶研究 (如來源記憶) 中的年齡差異是很大的，當個人被要求「提供一個無關緊要的訊息時；但如果要求提供的是一個很重要的訊息，老年人和年輕人則沒有差別」。

5. 前瞻記憶

前瞻記憶包括記住將來做某事，例如記住吃藥或記住做一件事。在最近的一項研究中，前瞻記憶在老年人成功管理他們需要服用的藥物上發揮了重要作用 (Woods et al., 2014)。儘管一些研究人員發現，隨著年齡的增長，前瞻記憶會下降 (Kelly et al., 2013; Smith & Hunt, 2014)，但許多研究表明，這仍和任務性質有關 (Einstein & McDaniel, 2005; Mullet et al., 2013; Scullin, Bugg, & McDaniel, 2012)。此外，前瞻記憶的下降在實驗室中比在現實生活中更頻繁 (Bisiacchi, Tarantino, & Ciccola, 2008)，例如持續保持約會，老年人的前瞻記憶會比年輕人要好 (Luo & Craik, 2008)。

來源記憶 (source memory)
記住自己學到什麼東西的能力。

前瞻記憶 (prospective memory)
記住將來要做什麼事。

6. 關於記憶和老化的結論

大部分記憶 (但不是全部) 會在成年晚期下降 (Kuo et al., 2014; Nyberg et al., 2012; Schaie, 2013)。這種下降主要發生在外顯、偶發性和工作記憶上，而不在內隱記憶上。感知速度的下降與記憶力下降有關 (Salthouse, 2013a, b)。健康的老化並不意味著完全避免記憶衰退，而是意味著減緩衰退，並適應衰退。正如我們在本章後面會看到的，老年人可以使用某些策略來減少記憶力衰退。

一個老年人或一個年輕成年人的記憶被測試的時間是否會影響結果？要了解詳情，請閱讀【透過研究找出關聯】。

(五) 執行功能

發展連結—認知過程
執行功能日益被視為發展的一個重要概念。(第 7 章、第 9 章、第 11 章)

本書前面幾章討論過執行功能。回想一下，*執行功能*是一個傘式的概念，包括與大腦前額葉皮層發育有關的高級認知過程 (Diamond, 2013)。執行功能涉及管理自己的思想、從事目標導向的行為和行使自我控制。

執行功能在成年後期如何變化？在第 17 章「成年晚期的生理發展」中，你了解到前額葉皮層會是大腦隨著年齡增長而衰退的一個區域，最近的研究將這種縮小與老年人工作記憶和其他認知活動的減少聯繫起來 (Callaghan et al., 2014; Toepper et al., 2014; Yuan & Raz, 2014)。最近的一項研究發現，神經遞質 γ-胺基丁酸信號失調可能在老年人的工作記憶受損中發揮作用 (Banuelos et al., 2014)。

在工作記憶的方面的老化與衰退涉及：(1) 更新與目前工作相關的記憶表徵；以及 (2) 替換舊的、不再相關的訊息 (Friedman et al., 2008)。老年人參與認知控制的能力也比年輕時低 (Campbell et al., 2012)。例如，就認知彈性而言，老年人在工作任務及心智運作之間來回切換時表現不如年輕人 (Luszcz, 2011)。就認知抑制而言，老年人在抑制外顯或自動反應方面比年輕成年人更有效 (Coxon et al., 2012)。

儘管在成年後期執行功能下降的一般情況下，老年人的執行功能有相當大的變化。例如，一些老年人的工作記憶力更好，比其他老年人更具有認知彈性 (Kayama et al., 2014; Kelly et al., 2014; Peltz, Giatton, & Fabiani, 2011)。有證據表明，有氧運動能改善老年人的執行功能 (Guiney & Machado, 2013)。例如，最近的一項研究發現，身體狀況較佳的老年人比身體不太健康的老年人具有更大的認知彈性 (Berryman et al., 2013)。此外，在最近的一項後設分析中，參與太極拳的老年人執行功能更好 (Wayne et al., 2014)；沒有憂鬱症狀、心智運作切換和認知彈性較高，預測了老年人在一年內有較佳的功能 (Gothe et al., 2014)。

透過研究找出關聯

記憶測驗的施測時間對老年人或年輕成年人的測驗結果是否會有影響？

某些測試條件可能會使老年人記憶力表現不佳 (Borella et al., 2011; Yoon et al., 2010)。大多數研究人員在下午進行研究，這對研究人員和大學部學生來說是一個方便的時間。十幾歲和二十出頭的傳統年齡大學生通常在下午更加警覺且功能更好，但大約 75% 的老年人是在早上表現最好的「早晨人」(Helmuth, 2003)。

Lynn Hasher 和她的同事 (2001) 在下午晚些時候 (大約下午 4 點到 5 點) 和早上 (大約上午 8 點到下午 5 點) 測試了 18 到 32 歲的大學生和 58 到 78 歲的社區志願者。不管在一天中的哪個時間，大學生在記憶測試中的表現都比老年人好，包括從故事中識別句子和記憶單詞列表。然而，當參與者在早上而不是在傍晚時進行記憶測試時，年齡差異顯著降低 (見圖 18.3)。

在另一項研究中，老年人的記憶在晚上表現也較差 (Hogan et al., 2009)。在這項研究中，老年人對認知任務的表現比那些年輕人或年輕人更加多變，特別是在他們的非最佳時間——晚上。

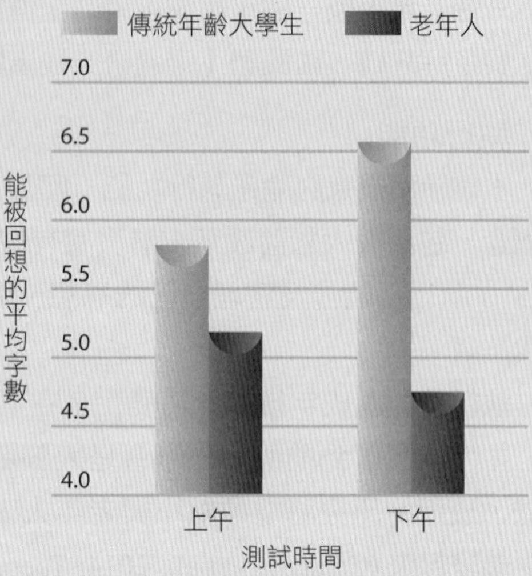

圖 18.3　記憶、年齡和測試時間 (上午或下午)。在一項研究中，傳統年齡大學生在上午和下午的表現都優於老年人。但是請注意：老年人的記憶在上午時比在下午時來得好，而傳統年齡大學生的記憶在上午還不如下午 (Hasher et al., 2001)。

執行功能被認為不僅涉及認知表現，還涉及情緒調節、適應生活挑戰、動機和社會功能 (Forte et al., 2013; Luszcz, 2011)。最近的一項研究顯示，執行功能障礙與老年人跌倒和跌倒有關的傷害風險增加有關 (Muir et al., 2013)。

一些批評者認為，將各種認知過程置於執行功能這個更廣泛的概念之下並不能帶來太多好處。雖然我們已經描述了許多執行功能的組成成分——工作記憶、認知抑制、認知彈性等，但它們是如何連接及如何發展的，卻還沒有達成共識。也就是說，執行功能的概念不可能很快消失，進一步的研究，特別是後設分析，應該會更清晰地描述執行功能，以及它在整個生命期間會如何發展 (Luszcz, 2011)。

(六) 做決策

儘管老年人在工作記憶和長期記憶等記憶方面的許多方面都有所下降，但許多人仍保持著相當好的決策能力 (Healey & Hasher, 2009)。然而，一些研究人員發現老年人的決策有負面變化 (Eppinger et al., 2014)。最近的一項研究顯示，與年輕成年人相比，老年人在選擇方面更不一致 (Tymula et al., 2013)。此外，在某些情況下，與年齡有關的記憶能力下降會影響決策 (Brand & Markowitsch, 2010)。一項研究顯示，成年晚期危險情況下有效決策的能力下降，與記憶和處理速度的下降有關 (Henninger, Madden, & Huettel, 2010)。然而，老年人往往在不受時間壓力限制下的決策表現良好；或者當決策對他們有意義、不涉及高風險時 (Boyle et al., 2012; Yoon, Cole & Lee, 2009)。

(七) 智慧

智慧如同美酒，隨著年齡的增長而改善嗎？我們稱為「智慧」的又是什麼？最近的一篇研究評論發現，24 種智慧的定義，儘管在定義上有許多的重疊 (Bangen, Meeks, & Jest, 2013)。在這篇綜述中，通常會引用以下智慧的子部分：生命知識、親社會價值觀、自我理解、對不確定性的認識、情感平衡、寬容、開放、靈性和幽默感。

> 老年人總是在學習。
> ——Aeschylus
> 西元前 5 世紀希臘劇作家

因此，雖然在如何定義智慧方面仍有些分歧，但以下是權威專家 Paul Baltes 及其同事所使用智慧的定義 (Baltes & Kunzmann, 2007; Baltes & Smith, 2008)：智慧是關於生活的實際專業知識，能對重要事物做出精準優異的判斷。這個實踐性的知識涉及對人類發展和生活事務的非凡洞察力、良好的判斷力，以及對如何應對困難的生活問題的理解。因此，智慧不僅僅是標準的智力概念，而是側重於生活中的實際問題和人類狀況 (Ferrari & Weststrate, 2013; Jeste & Oswald, 2014; Staudinger & Gluck, 2011; Thomas & Kunzmann, 2014; Webster, Westerhof, & Bohlmeijer, 2014)。

關於智慧，Baltes 和他的同事 (Baltes & Kunzmann, 2007; Baltes & Smith, 2008) 的研究得出以下結論：

- 高水準的智慧是罕見的。很少有人 (包括老年人) 具有高度的智慧，只有一小部分成年人表現出智慧，這支持了智慧是需要經驗、實踐或複雜的技能。
- 青春晚期和成年早期是智慧出現的主要時間 (Staudinger & Dorner, 2007; Staudinger & Gluck, 2011)。中年人和老年人的智慧水準超越

智慧 (wisdom)
關於生活實際方面的專業知識，能對重要事項作出優異的判斷。

老年人的思想或行為不如年輕人來得快，但智慧卻可能更多。這位年長的女子與教室中的孩子分享她人生經驗的智慧。人生全程的發展論者如何描述智慧？

年輕人的水準。

- 除了年齡以外，其他因素對智慧的發展至關重要。例如，某些人生經歷，像是在一個與生活困難相關的領域接受培訓和工作，因為有了智慧的導師引導，而有更高層次的智慧。同時智慧較高的人更有可能考慮別人的福利，而不是僅僅關注自己的幸福。
- 人格相關因素，例如對經驗的開放性和創造性，比智力等認知因素更能預測智慧。

二、教育、工作和健康

教育、工作和健康是老年人認知功能的三個重要影響因素。事實上，這三個因素具有「世代效應」(Cohort Effect，指差異出現的規律與世代族群的劃分一致；因為這群人歷經共同歷史事件受到共同影響)，世代效應是研究認知老化時非常重要的考慮因素 (Hofer, Rast, & Piccinin, 2012; Schaie, 2013)。

(一) 教育

美國二十一世紀的後代受到更好的教育，這個趨勢在二十一世紀延續 (Lachman et al., 2010; Schaie, 2013)。不僅現在的老年人比年輕時的父母或祖父母更容易上大學，而且有更多的老年人要回到大學繼續接受教育。教育經驗與智力測驗和記憶練習等非正式處理任務的得分有正相關 (Muniz-Terrera et al., 2013; Steffener et al., 2014)。一項研究顯示，受教育程度較低的老年人其認知能力低於受過較高教育的老年人 (Lachman et al., 2010)。然而，對於受教育程度較低的老年人來說，經常參與認知活動改善了他們的情節記憶。此外，最近的一項研究發現，受教育水準較高的老年人認知功能更好 (Rapp et al., 2014)。

(二) 工作

隨著時代演變，現代更加重視認知導向的就業。我們的曾祖父和祖父比我們的父親更可能是體力勞動者，但隨著工業社會不斷被資訊社會所取代，年輕一代在需要大量認知投資的工作崗位上將會有更多的經驗；工作中越來越強調複雜的訊息處理也可能會提高個人的智力水準 (Kristjuhan & Taidre, 2010)。

一項研究發現，複雜性的工作與老年人的智力有更高相關 (Schooler, Mulatu, & Oates, 1999)。另一項研究則顯示，青少年和老年人在外出工作中對認知功能的刺激程度，與 10 年期間認知功能的改善有關 (Marquie & others, 2010)。最近對中老年人的研究發現，失業或疾病造成的低就業與認知障礙的風險較高有關 (Leist et al., 2013)。

(三) 健康

發展連結—健康
運動與延長壽命和預防常見慢性疾病有關。(第 17 章)

隨著時代進步，現在成年晚期的人也比以前的人更健康，因為已經開發出更好的疾病 (如高血壓) 治療的方法。這些疾病，如中風和心臟病，對智力表現有負面影響 (Chuang et al., 2014; Ganguli et al., 2014; Joosten et al., 2013)。在許多研究中，高血壓與認知功能降低有關，不僅在老年人，在中青年人身上也可以看到 (Virta et al., 2013)。而且正如我們在本章後面將會看到的，阿茲海默症對老年人的身體和認知功能具有破壞性影響 (Hayden et al., 2014; Smits et al., 2014)。研究人員還發現，與憂鬱症等情緒障礙有關疾病會造成認知能力下降 (Mackin et al., 2014; van den Kommer et al., 2013)。因此，對老年人而言，智力水準下降的一些原因可能是與健康有關的因素，而不是因為年齡的增長 (Korten et al., 2014; Morra et al., 2013)。

K. Warner Schaie (1994) 得出的結論是，雖然一些疾病 (如高血壓和糖尿病) 與後遺症有關，但並不會直接導致精神衰退。相反地，罹患疾病者的生活方式可能是罪魁禍首。例如，不良的飲食習慣、不運動和壓力都與身體和精神的下降有關 (Annweiler et al., 2012; Kraft, 2012)。例如，最近對老年人的研究發現，高壓力與認知功能的加速下降有關 (Aggarwal et al., 2014)。

Schaie (2013) 在最近關於健康與認知因素之間的關聯研究中得出結論：這種關聯可能是相互的；也就是說，健康的身體促進認知能力，認知能力有利於維持身體健康。

一些研究發現，運動與老年人認知功能的改善有關 (Kirk-Sanchez & McGough, 2014; Leon et al., 2014; Small et al., 2012a)。最近的一項回顧性研究得出結論，認為體育鍛鍊是預防或減少年齡相關性認知下降的非藥物介入措施 (Bherer, Erickson & Liu-Ambrosc, 2013)。還記得從第 17 章，最近的研究評論認為，運動對認知的影響是透過與能量代謝和突觸可塑性管理相關的分子 (Gomez-Pinilla & Hillman, 2013)。記住：本章前面曾討論過一項研究，揭示一個涉及適度運動可增加老年人的工作記憶 (Hoggn, Mata, & Carstensen, 2013)。這裡還有其他四項有關老年人體育鍛鍊和認知發展的研究結果：

- 在對 60 到 75 歲健康人士進行的一項研究中，那些從事體能訓練項目的人在三個月後顯示出注意力改善 (Linde & Alfermann, 2014)。

- 65 歲以上居住在一般社區的婦女在初次評估時沒有認知障礙或身體侷限性 (Yaffe et al., 2001)。六到八年後，最初評估時身體活動較高的女性認知能力下降的可能性較小。
- 老年人的心肺健康水準較高，大腦前額葉和頂葉區神經迴路有較佳的血液循環，認知任務的表現更好 (Prakash et al., 2011)。
- 最近的一項研究發現，6 個月的舞蹈介入與老年人認知功能的改善有關 (Kattenstroth et al., 2013)。

老年人認知功能中重要健康問題的最後一個議題是*終端衰退* (terminal decline)。這個概念強調，認知功能在病理學上的變化，在接近死亡時的速率大於出生時的速率 (Burns et al., 2014; Hulur et al., 2013; Wilson et al., 2012)。最近的一項研究顯示，平均而言，認知能力下降的速度平均在死亡前大約 7.7 年發生，並且在個人之間有所不同 (Muniz-Terrera et al., 2013)。最近的另一項研究則發現，最近一次死於 21 世紀的世代效應認知研究發現的認知終點，比 1990 年代之前的世代下降得更嚴重 (Hulur et al., 2013)。研究人員的結論是，這個結果是因為近來因為醫學的進步，使得病態和虛弱的老年人存活人數加增，從而增加生命末期認知下降的幅度。

三、使用它或失去它

認知活動模式的變化，可能導致認知技能的廢用和隨之而來的萎縮 (de Frias & Dixon, 2014; Gordon, 2013)。這個概念被「使用它或失去它」這個短語所捕獲。可能有益於維護老年人認知能力的心理活動，包括閱讀書籍、做填字遊戲、參加講座和音樂會等活動。「使用它或失去它」也是認知最佳化 (cognitive optimization) 模式的重要組成成分，強調智力和社會參與可以緩解智力發展中和年齡有關的衰退 (Park & Bischof, 2011; Park et al., 2014; Park & Reuter-Lorenz, 2009; Stine-Morrow & Basak, 2011)。以下研究支持「使用它或失去它」的概念和認知最佳化的模型：

- 在維多利亞縱貫性研究中，當中年人和老年人參與智力活動時，緩解了他們的認知衰退 (Hultsch et al., 1999)。針對這項研究的參與者的進一步分析表明，參與認知複雜的活動與更快和更一致的處理速度有關 (Bielak et al., 2007)。在最近對這些老年人 12 年的分析中，那些減少認知生活方式活動 (如使用電腦、玩橋牌) 的人隨後在言語速度、情節記憶和語意記憶中表現出認知功能下降 (Small et al., 2012a)。認知功能下降和隨後較低的社會活動參與有關。

- 針對 801 名 65 歲以上的天主教神父的縱貫性研究發現，那些定期閱讀書籍、做填字遊戲或以其他方式運用自己的頭腦的人，比那些很少參與這些活動的神父們少了 47% 罹患阿茲海默症的可能 (Wilson et al., 2002)。
- 每日閱讀與 70 多歲男性壽命的增加有關 (Jacobs et al., 2008)。
- 在縱貫性研究開始時，75 至 85 歲的老年人表示他們在日常經常參加六項活動，包括閱讀、寫作、做填字遊戲、紙牌或棋類遊戲，也有小組討論以及播放音樂 (Hall et al., 2009)。在整個研究的五年中，評估記憶喪失加速的點，發現老年人從事的每一項額外活動，快速記憶喪失的發作延遲了 0.18 年。對於每週參加 11 項活動的老年人而言，與每週只從事 4 項活動的老年人相比，記憶力加速下降的發生時間延遲了 1.29 年。

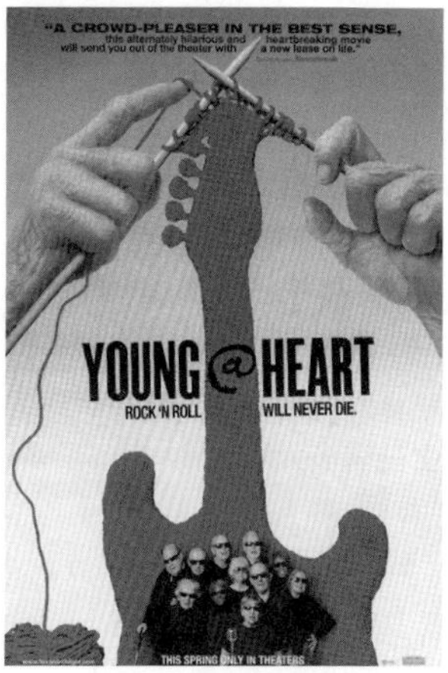

Young@Heart 合唱團的平均年齡是 80 歲。2008 年 Young@Heart 成為熱門紀錄片。這部紀錄片展現了一大群老年人的歌唱才華、精力和樂觀，他們顯然正在「使用它或失去它」的「使用它的」一面。

四、訓練認知技能

如果老年人失去認知能力，是否可以接受再訓練？越來越多的研究表明，這在某種程度上是可能的 (Bailey, Dunlosky, & Hertzog, 2014; Boron, Willis & Schaie, 2007; Mayas et al., 2014; Willis & Caskie, 2013)。從這方面的研究可以得出兩個關鍵的結論：(1) 訓練可以提高許多老年人的認知能力；但是 (2) 成年後期的可塑性會有一定的損失，尤其是 85 歲以上的老年人 (Baltes, Lindenberger, & Staudinger, 2006)。現在我們來看幾個老年人認知訓練研究的結果。

在 Sherry Willis 和她的同事 (2006) 進行的一項廣泛研究中，老年人被分為四組：(1) 推理訓練，(2) 記憶力，(3) 加工速度，或 (4) 沒有接受任何訓練的對照組。每種訓練類型都能在其領域改善該項認知功能，但是訓練效果並沒有跨認知領域轉移，例如處理訓練的速度並沒有使老年人的記憶或推理受益。被評估的日常生活活動，包括老年人如何獨立做飯、做家務、做財務、去購物、從事健康維護。在研究的五年中，每項介入措施都對特定的目標能力有影響。然而，記憶和速度訓練都不利於老年人的日常生活。另一項研究則是讓老年人參加為期 20 週的高級奧德賽 (Senior Odyssey) 活動，這是一項基於團隊的項目、和創造性問題解決有關的方案，該項目源自奧德賽的兒童和新興成年人項目 (Stine-Morrow et al., 2007)。在現場實驗中，與未經歷高

訓練在改善老年人的認知功能上能有多大功效？

級奧德賽的對照組相比，高級奧德賽的參與者處理速度提高，創新思維也有所提高。正念包括產生新的想法、開放新的訊息，並意識到多重視角 (Langer, 2000, 2007)。

另一項對 60 至 90 歲的老人研究發現，持續參與認知要求較高的新穎活動改善了老年人的情節記憶 (Park et al., 2014)。

正如我們在本章前面所討論的，研究人員還發現，改善老年人的體質可以改善他們的認知功能 (Gomez-Pinilla & Hillman, 2013; Kirk-Sanchez & McGough, 2014)。一項研究評估顯示，有氧健身訓練改善了計畫、調度、工作記憶、抵抗分散注意力，以及同時對多項任務的處理 (Colcombe & Kramer, 2003)。

總之，老年人的認知活力有所改善可以透過認知和健身訓練來實現 (Brown et al., 2012; Mitchell et al., 2012; Rebok et al., 2014; Wolinsky et al., 2013)。最近對四項縱貫性研究的後設分析發現，當年齡較大的成年人在增加對認知和身體活動的參與程度時，能夠長時間保持其認知功能 (Rebok et al., 2014)。

五、認知神經科學與老化

在本章和第 17 章中，曾經多次討論過大腦的某些區域涉及老化與認知功能之間的聯繫。在本節中，我們進一步探討大腦在衰老和認知功能方面的作用。認知神經科學領域已經成為探索大腦活動與認知功能之間聯繫的主要學科 (Banuelos et al., 2014; Fletcher & Rapp, 2013; Reuter-Lorenz, 2013; Yuan & Raz, 2014)。這個領域尤其依賴於大腦成像技術，如功能性磁振造影 (fMRI)、正電子發射斷層掃描 (PET)，和擴散張量影像 (diffusion tensor imaging; DTI) 來揭示當個體從事某些認知活動時激發的大腦區域 (Leshikar & Duarte, 2014; Toepper et al., 2014)。例如，當老年人被要求編碼，然後檢索口頭材料或場景圖像時，老年人的大腦活動將透過功能性磁振造影腦部掃描進行監測。

大腦的變化可以影響認知功能，認知功能的變化又可以影響大腦。例如，大腦前額葉皮質的老化可能會使工作記憶下降 (Reuter-Lorenz, 2013; Takeuchi et al., 2012; Toepper et al., 2014)。當老年人不經常使用自己的工作記憶時 (回想「使用它或失去它」一節)，前額葉中的神經連接可能會萎縮。此外，激發老年人工作記憶的認知介入可能會增加這些神經聯繫。

雖然這個領域的研究方興未艾，老化的認知神經科學開始揭示老化、大腦和認知功能之間的一些重要聯繫 (Antonenko & Floel, 2014; Ash & Rapp, 2014; Callaghan et al., 2014; Reuter-Lorenz, 2013; Steffener et al., 2014)。包括以下內容：

- 大腦前額葉皮層特定區域的神經迴路衰退，這種下降與老年人在複雜推理、工作記憶和情節記憶任務方面表現較差有關 (Grady et al., 2006) (見圖 18.4)。
- 回想第 17 章，老年人更可能使用兩個大腦半球來彌補在記憶和語言方面的衰退 (Dennis & Cabeza, 2008; Davis et al., 2012)。最近的兩項神經影像學研究顯示，當兩個大腦半球處理訊息時，老年人有更好的記憶表現 (Angel et al., 2011; Manenti, Cotelli, & Miniussi, 2011)。
- 在老年人中，海馬迴的功能下降程度要低於額葉的功能 (Antonenko & Floel, 2014)。在 K. Warner Schaie (2013) 最近的研究中，成年中期記憶和執行功能下降的個體在成年晚期海馬迴萎縮較多，但在中成年中期記憶和執行功能改善的個體則並未顯示出海馬迴功能在成年晚期下降。
- 隨著年齡的增長，神經退化的模式大於編碼 (Gutchess et al., 2005)。
- 與年輕成年人相比，老年人往往在簡單任務中於大腦的額葉和頂葉顯示出更大的活動，但是隨著注意力需求的增加，老年人在涉及認知控制的大腦額葉和頂葉中顯示出較差的功能 (Campbell et al., 2012)。
- 年輕成年人在大腦區域之間的連接性好於老年人 (Antonenko & Floel, 2014; Goh, 2011; Waring, Addis & Kensinger, 2013)。例如，一項研究顯示，在困難的編碼任務中，年輕成年人在額葉、枕葉和海馬迴區域的大腦活動與老年人之間有更多的聯繫 (Leshikar et al., 2010)。
- 越來越多的認知和體能訓練研究，包括功能性磁振造影等腦成像技術用來評估這種腦功能訓練的結果 (Bherer, Erickson, & Liu-Ambrose, 2013; Kirk-Sanchez & McGough, 2014)。一項研究顯示，六個月中每週三天，每天一小時走一個小時的老年人表現出腦額葉和顳葉的增大 (Colcombe et al., 2006)。

Denise Park 和 Patricia Reuter-Lorenz (2009) 提出一種神經認知鷹

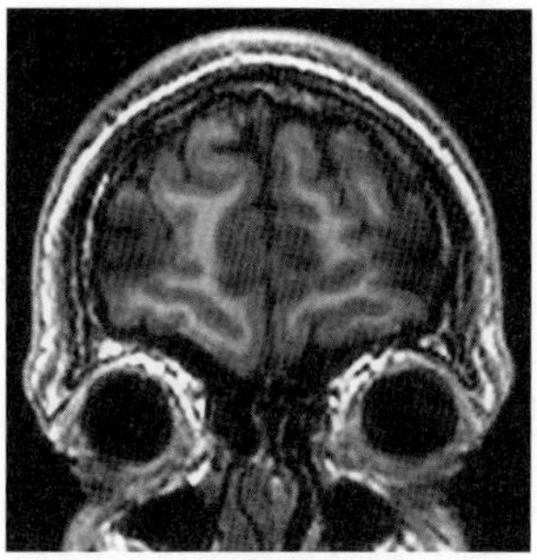

圖 18.4 前額葉皮層。 神經瘤學的進展，使研究人員在聯繫大腦的變化與認知發展方面取得重大進展。這裡顯示的是大腦前額葉皮層的一個功能性磁振造影。前額葉皮層、衰老和認知發展之間有什麼關聯？

發展連結—大腦發育
老年人從事的活動可以影響大腦的發育。(第 17 章)

架觀點，認為老化的大腦和認知之間有聯繫。在這個觀點中，隨著年齡的增長，前額葉皮質激活的增加，反映了大腦的調節性能夠補償下降的神經結構和功能，還能使用互補的神經迴路來保護老化大腦中的認知功能。可以加強大腦鷹架的因素，包括認知參與和鍛鍊。

複習・連結・反思　學習目標一　描述老年人的認知功能

複習重點

- 老年人的認知多維度和多向性如何？老年人的認知過程中是否發生了變化？
- 教育、工作和健康如何影響老年人的認知？
- 「使用它或失去它」的概念是什麼？
- 老年人的再培訓可以讓認知能力擴張到什麼程度？
- 老化的認知神經科學的特徵是什麼？

連結

- 術語「鷹架」在本節中用於描述補充神經迴路在老化大腦中保護認知功能的用途。「鷹架」這個詞怎麼樣被用在文本的其他地方？

反思個人的人生旅程

- 你能否想到在本章後面提到的那些在成年晚期做出重大貢獻的老年人？花一些時間閱讀這些人，並評估他們的智力如何幫助他們的生活滿意度。你從他們的生活中學到了什麼，這是否有助於你成為老年人時的認知發展和生活滿意度？

貳　語言發展

學習目標二　老年人在語言變化上的特徵

大部分關於語言發展的研究都集中在嬰兒時期和童年時期。一般認為，大多數成年人保持語言能力 (Thornton & Light, 2006)。在成人的大部分時間裡，個人的詞彙量通常會持續增加，至少到成年晚期為止 (Schaie, 2013; Singh-Manoux et al., 2012)。許多老年人保持或提高自己的詞彙知識和詞意理解 (Burke & Shafto, 2004)。

然而，在成年晚期，可能會出現一些語言的減少 (Antonenko et al., 2013; Obler, 2009)。在老年人報告最常見的與語言有關的抱怨中，是難以找到用於對話的詞語，以及在某些情況下理解口語的問題 (Clark-Cotton, Williams, & Goral, 2007)。這往往涉及舌尖現象，在這種現象中，個人有信心可以記憶某些東西，但似乎不能從記憶中恢復記憶，這在我們之前在記憶和老化方面曾討論 (Ossher, Flegal, & Lustig, 2013)。老年人也報告說，在不太理想的聽力條件下可能難以理解言語。這種困難最有可能發生在快速講話、噪音干擾 (如吵鬧的房間) 下，以及當他們看不到談話夥伴時 (如在電話交談中)。聽力理解的困難可能是由於聽力損失 (Benichov et al., 2012)。一般來說，即使老年人的身體健康，絕大多數語言能力都還是會下降 (Clark-Cotton et al., 2007)。

老年人的語音技能某些方面與年輕人不同 (Clark-Cotton et al., 2007; Mattys & Scharenborg, 2014; Singh-Manoux et al., 2012)。老年人的言語通常速度較慢、不太精確、不太流利 (更多的停頓、空白、重複和更正)。儘管存在這些年齡差異，但大多數老年人的言語技能足以應付日常交流。

研究人員已經發現關於話語變化 (語言或寫作中的擴展口頭表達) 與老化相矛盾的訊息。「一些 (研究人員) 已經報告越來越多的精巧性，而另一些則報告更少的變化和更複雜的語法」(Obler, 2009, p. 459)。他們在複述故事或給出完成任務的指示時有年齡上的差異，從事這種類型的話語時，老年人比年輕人更有可能省略關鍵因素，從而產生不流利和難以遵循的話語 (Clark-Cotton et al., 2007)。最近的一項研究發現，複述一個故事時，老年人比年輕人更有可能壓縮字句，而不太可能改善敘述的凝聚力 (Saling, Laroo, & Saling, 2012)。

非語言因素可能是造成老年人語言能力下降的原因之一 (Obler, 2009)。處理的速度越慢、工作記憶的下降，特別是在處理訊息的時候，記住的訊息可能會導致老年人的語言效率下降 (Salthouse, 2013a; Stine-Morrow, 2007)。

語言確實在阿茲海默症患者中有所改變，我們將在後面的章節中討論 (Ferris & Farlow, 2013; Obler, 2009)。尋找 / 發現字詞的困難是阿茲海默症最早的症狀之一 (Haugrud, Crossley, &Vrbancic, 2011)。患有阿茲海默症的個體尤其難以進行語意流暢性的測試，其中在特定的時間內 (典型的測試為一分鐘)，要他們在一個類別 (如發燒或動物) 中說盡可能多的單詞 (Pakhomov, Hemmy, & Lim, 2012; Weakley & Schmitter-Edgecombe, 2014)。大多數患有這種疾病的人確實保留了很多能夠產生結構良好句子的能力，直到疾病的晚期階段為止。儘管如此，他們確實比沒有這種疾病的老年人犯了更多的語法錯誤 (Huang, Meyer, & Federmeier, 2012; Kail, Lemaire, & Lecacheur, 2012)。

最近，雙語可能會延遲阿茲海默症的發生 (Fischer & Schweizer, 2014)，這引起了人們的興趣。目前尚不清楚雙語老年人為什麼會出現這種優勢，但一種可能的解釋是更好的執行功能。

複習・連結・反思　學習目標二　老年人在語言變化上的特徵

複習重點

- 老年人語言發展的主要變化是什麼？

連結

- 在本節中，我們了解到老年人語音技能的某些方面與年輕人不同。兒童通常能夠在多大年齡產生所有的元音和大部分語言的輔音（第 7 章曾討論過）？

反思個人的人生旅程

- 當你成為一個老年人時，能做些什麼來保存，甚至提高你的語言能力？

參　工作和退休

學習目標三　討論老化、適應工作和退休

工作　在美國和其他國家的退休　對退休的調適

老年人繼續工作的比例是多少？他們的生產力如何？誰最適合退休？美國和世界各地退休的模式是什麼？讓我們看看這些和其他問題的答案。

發展連結一工作
在美國，40 到 59 歲的人約有 80% 還在就業中。（第 15 章）

一、工作

自 1990 年代初以來，仍在工作或重返工作崗位的美國老年成年男子的比例一直在上升。隨著越來越多的女性進入勞動力市場，老年女性仍然在工作的百分比也在增加。圖 18.5 顯示，1998 至 2008 年間仍在工作或找工作的 65 至 69 歲的男女比例上升（美國勞工統計局，2008）。

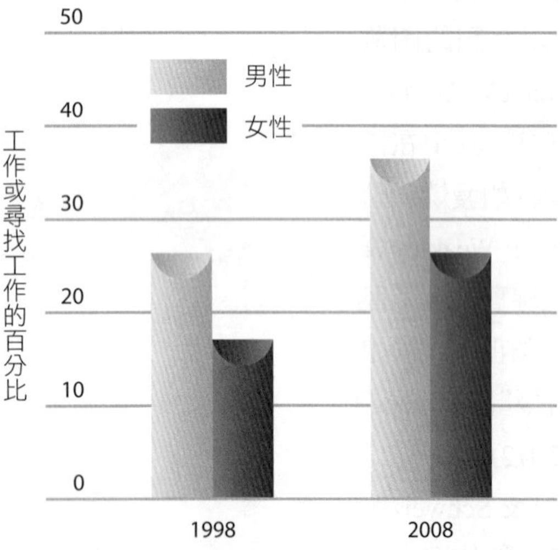

圖 18.5　1998 年和 2008 年 65 至 69 歲美國男性和女性工作或尋找工作的百分比。

自 1990 年代中期以來，全職或兼職老年人的比例發生重大變化（美國勞工統計局，2008）。如圖 18.6 所示，1995 年以後，在 65 歲以上的成年人中從事全職工作的人大幅增加，兼職人員大幅減少。全職工作的顯著成長可能反映出越來越多的老年人認識到可能沒有足夠的資金來支持退休（Rix, 2011）。自從 1981 年首次蒐集數據以來，2011 年第一次，75 歲以上的美國男性有九分之一正在工作（美國勞工統計局，2012）。同年，75 歲以上的美國婦女有二十分之一在工作。此外，老年人越來

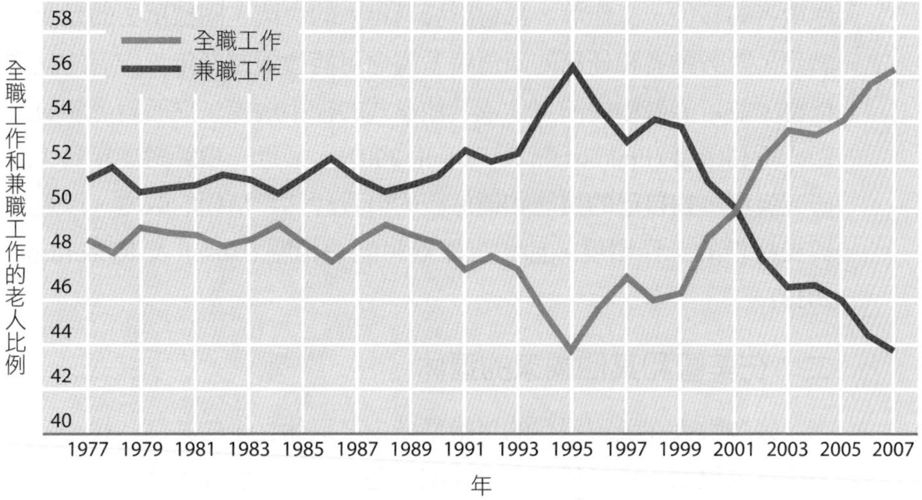

圖 18.6 美國 65 歲以上仍在全職或兼職工作的比例。

越多地尋求某種類型的橋樑就業，允許漸進而不是突然離開工作環境 (Bowen, Noack, & Staudinge, 2011)。

最近的一項調查顯示，現在 50 歲以上的美國人有 47% 預計會比以前想像得晚退休 (美聯社—公共事務研究中心，2013)。在這項調查中，78% 的從業人員認為由於經濟因素會比原訂計畫晚退休，很多人認為他們的退休儲蓄還不足。

認知能力是老年人工作績效最好的預測指標之一。年老的從業人員缺勤率低、事故少，工作滿意度高於年輕人 (Warr, 2004)。因此，年長員工對公司來說可能具有相當的價值，勝過老員工的認知能力。雖然大量複雜的工作與更高水準的智力功能有關 (Schooler, 2007)，聯邦法律的改變現在允許 65 歲以上的人繼續工作 (Shore & Goldberg, 2005)。此外，最近的一項研究發現，從事高水準心智功能需求的職業與退休前認知功能水準的提高及退休後認知能力下降的速度有關 (Fisher et al., 2014)。總之，認知刺激的工作環境促進了成功的老化 (Bowen, Noack, & Staudinger, 2011)。

最近的幾項研究也發現，工作的老年人身體狀況比那些退休的老年人更好。例如，最近的一次糟糕發現，退休後的身體機能下降速度比 65 歲 (及以上) 仍全職工作的人來得快，這種差異不能解釋為沒有慢性病和生活方式風險 (Stenholm et al., 2014)。另一項研究則顯示，退休增加了老年人心臟病發作的風險 (Olesen et al., 2014)。

總之，年齡影響工作的許多方面。儘管如此，許多關於工作績效和成果的研究結果很不一致。重要的背景因素，如部門的年齡組成、應徵者的職位、工作等，都會影響老年人的決策。同樣重要的是要認識到，對勞動者和任務的陳舊定型觀念可能會限制老年工作者的就業機會，並可能鼓勵提前退休或其他形式的縮小規模，從而對老年員工造成不利影響 (Finkelstein & Farrell, 2007)。最近一項針對老年員工的研究發現，對自己的技能和價值觀的自我評估、積極的改變，以及參與支持性的工作環境，都和工作適應能力相關 (Unson & Richardson, 2013)。

二、在美國和其他國家的退休

大多數人在美國退休的年齡是多少？退休之後的某個時候，是否有很多人返回工作崗位？在其他國家退休又是什麼樣子？

(一)美國的退休狀況

92 歲的 Russell "Bob" Harrell (右) 在位於印第安納州哥倫布市的 Sieco Consulting Engineers 公司工作 12 小時。他是一名高速公路和橋樑工程師，他設計和計畫道路。Sieco 客戶服務副總裁 James Rice (48 歲) 表示，Bob 每天都要學習新東西，並且從他身上學到了很多人生的教訓。Harrell 說他不打算退休。老年人在工作和生活中有什麼變化？

選擇退休是美國在二十世紀後期的現象 (Higo & Williamson, 2009)。這很大程度上是因為 1935 年實行社會保障制度，讓年長的工人退休。平均而言，今天的員工將會有 10% 到 15% 的退休生活。一項調查顯示，隨著嬰兒潮一代進入 60 歲年代，他們希望比父母或祖父母晚退休 (Frey, 2007)。在美國，20 歲的男性平均退休年齡是 64 歲，女性平均年齡則是 62 歲 (Munnell, 2011)。

過去，當大多數人達到 60 多歲的退休年齡時，退休意味著從全職工作到全職休閒的單向退出。權威專家 Phyllis Moen (2007) 描述今天人們如何到達 60 歲時，他們所遵循的人生道路是不太清晰的：

- 有些人不退休，繼續在職業生涯中工作。
- 一些人從職業生涯中退休，然後從事不同的工作。
- 一些人從職業生涯中退休，但做志工。
- 有的從退休後的工作中退休，繼續工作。
- 有些人進出工作崗位，所以從來沒有真正退休。
- 一些健康狀況不佳的個人進入障礙狀態，最終「退休」。

大約有 700 萬退休美國人在退休後重返工作崗位 (Putnam Investments, 2006)。退休的成年人平均退休後四年重返勞動力市場 (Hardy, 2006)。在許多情況下，這些工作比他們的前期工作少得多。在一項關於重返工作的老年人研究中，大約有三分之二的人表示他們很高興自己這樣做，而大約三分之一的人則表示他們被迫回去工作，以滿足財務需求 (Putnam Investments, 2006)。

> 黑夜還沒有來臨——我們並不是因為失敗而被割斷的，還有一些工作要做，我們敢做。
>
> ——Henry Wadsworth Longfellow
> 19 世紀美國詩人

正如個人到達退休年齡後的人生道路可能有所不同，工作的理由也是如此。例如，一些達到退休年齡的老年人由於經濟原因而工作，其他人則保持忙碌，而另一些人則是基於「回饋社會」的心理 (Moen, 2007)。

(二) 在其他國家工作和退休

在其他國家工作和退休的特點是什麼？一項跨國調查發現，義大利的男女平均退休年齡最早 (59 歲) (OECD, 2010)，挪威和冰島的男女平均退休年齡最晚 (67 歲)。

對 21 個國家 21,000 名年齡在 40 至 79 歲之間的人進行的大規模的研究，檢查了工作和退休的模式 (HSBC Insurance, 2007)，發現平均而言，30% 六十歲的人和 11% 七十歲的人仍然是有償就業。在這項調查中，美國 19% 七十歲的人仍在工作。很大一部分人希望在退休前盡可能長時間地繼續工作 (HSBC Insurance, 2007)。

在 21 個國家的工作和退休研究中，日本退休人員的工作機會較少，而且這筆薪水遠遠低於他們的預期 (HSBC Insurance, 2007)，美國也是同樣狀況；德國退休人員仍有工作機會，而土耳其和中國的退休人員最有可能就此失去工作。

早期的退休金政策在 1970 至 1980 年代由許多公司引入，目的是為年輕員工制定一些規則 (Coe et al., 2012)。然而，最近的調查顯示，越來越多的成年人開始拒絕提前退休的選擇，因為他們聽到退休的人後悔。在 21 個國家的研究中，平均而言，在 40 到 50 歲之間的個人中，只有 12% 預計提前退休，而 60、70 歲則有 16% 提前退休。只有在德國、韓國和香港有較高比例的人希望比以前更早退休。

三、對退休的調適

退休是一個過程，而不是一個事件 (Wang, 2012)。很多關於退休的研究都是橫向的，而不是縱貫的，主要關注男性，而不是女性。一項研究發現，男性在過去兩年內退休時的士氣高於已經退休較長時間的男性 (Kim & Moen, 2002)。另一項研究則顯示，退休已婚和再婚的女性對自己的生活和健康狀況的滿意度較高 (Price & Joo, 2005)。另一項研究表明，女性比男性較少花時間計畫退休 (Jacobs-Lawson, Hershey, & Neukam, 2005)。最近的一項研究顯示，較高水準的金融資產和工作滿意度與男性退休時心理健康水準的提高更為密切，而退休前的社交接觸則與女性退休心理的關係更為密切 (Kubicek et al.,

什麼是在退休時有效調整的關鍵？

2010)。

適應退休生活的老年人是健康、有足夠的收入、活躍、受教育程度較高、有一個包括朋友和家人在內的擴展社交網絡的，在退休之前通常就對他們的生活感到滿意 (Damman, Henkens, & Kalmijn, 2014; Jokela et al., 2010)。收入不足，健康欠佳的老年人，必須適應與退休同時發生的其他壓力，例如配偶的死亡，是適應退休最困難的時期 (Reichstadt et al., 2007)。

美國的退休制度正在轉型 (Butrica, Smith & Jams, 2012; Kramer, 2012)。最近的經濟衰退、高失業率，以及美國退休人員的社會保險和醫療保險涵蓋面的潛在變化，使得退休的錢不夠多 (Bosworth, 2012)。2012 年的一項調查顯示，有足夠的資金讓退休生活舒適的信心降到 14% (Helman, Copeland, & VanDerhei, 2012)。在這項調查中，報稱 65 歲以後退休的就業者比例達到 37% (1991 年為 11%)。關於退休收入，個人退休後的兩個主要擔憂是：(1) 從儲蓄中獲取；(2) 支付醫療保健費用 (Yakoboski, 2011)。

靈活性也是個人適應退休的關鍵因素 (Wang, 2012)。當人們退休時，在工作時就不再有結構性環境，所以他們需要靈活、發現和追求自己的利益。培養與工作無關的興趣和交朋友可以提高對退休的適應能力。

提前規劃，然後成功實施這個計畫，是適應退休生活的重要策略 (Adams & Rau, 2011)。退休計畫中特別值得關注的是，女性可能比男性的壽命長，更可能獨自生活，而且往往退休收入較低 (再婚的可能性較小，更可能喪偶) (Moen, 2007; Prickett & Angel, 2011)。

不僅要規劃退休金計畫，還要考慮生活的其他方面 (Shultz & Wang, 2011)。除了財務計畫之外，個人還需要提出以下的問題：退休時間是什麼？休閒時間為何？我如何保持身體健康？我要做什麼社交活動？我要做什麼來保持頭腦靈活？

複習・連結・反思　學習目標三　討論老化、適應工作和退休

複習重點

- 老年人工作的特徵是什麼？
- 比較美國與其他國家的退休狀況。
- 個人要怎麼樣才能有效地適應退休？

連結

- 在第 12 章中，你了解到美國青少年在非結構性休閒活動中花費的時間要比東亞青少年多。青少年時期建立具有挑戰性的終身休閒活動在退休年齡有何益處？

反思個人的人生旅程

- 你想在幾歲退休？或者只要身體健康，你是否願意繼續成為工作中的老年人？

肆 心理健康

學習目標四 描述老年人的心理健康問題

憂鬱症 | 失智症、阿茲海默症和其他疾病 | 擔心受害與老人虐待

儘管現在有相當比例的人可以期待更長的壽命，但不幸的是，老年人的精神障礙可能會阻礙他們的生活 (Knight & Kellough, 2013)。這個前景既是對個人的困擾，也是社會要付出的代價。精神障礙使個人越來越依賴別人的幫助和照顧。在美國，照顧老年精神障礙患者的費用估計每年超過 400 億美元。然而，比美元損失更為重要的是人類潛能的喪失，以及個人和家庭所遭受的痛苦。儘管老年人精神障礙是一個主要問題，但重要的是要明白老年人精神障礙的發生率比年輕的人要高 (Busse & Blazer, 1996)。

老年人憂鬱症的特徵是什麼？

一、憂鬱症

重度憂鬱症是一種情緒失調，其中個人深感不快樂、自我貶低、無聊、容易失去耐力、食慾不振，而且無精打采，沒有動力。重度憂鬱症被稱為精神障礙的「普通感冒」。然而，一項綜述認為，老年人憂鬱症的發生率比年輕人低 (Fiske, Wetherell, & Gatz, 2009)。在老年人的憂鬱症病例中，有一半以上是生命中第一次發生憂鬱症 (Fiske, Wetherell, & Gatz, 2009)。

發展連結一性別
女性憂鬱症發病率高的一個原因是，她們的憂鬱情緒比男性更強烈。(第 12 章)

一項研究發現，與中年人相比，老年人憂鬱症狀頻率較低和經濟困難較少、社會負面交流較少及宗教信仰增強有關 (Schieman, van Gundy, & Taylor, 2004)。其他研究則表明，經常鍛鍊，尤其是有氧運動的老年人，不太可能感到憂鬱，而身體不好、經歷過痛苦的老年人更容易憂鬱 (Cimpean & Drake, 2011)。

重度憂鬱症 (major depression)
一種情緒失調，患者非常不快樂、士氣低落、自我貶低和無聊，容易失去耐力、食慾不振，而且無精打采、沒有動力。重度憂鬱症非常普遍，被稱為精神障礙的「普通感冒」。

在童年、青春期和成年早期，女性的憂鬱發生率高於男性 (Nolen-Hoeksema, 2011)。這種性別差異是否適用於中老年人？一項縱貫性研究發現，在 50 歲和 60 歲的女性中，女性的憂鬱程度高於

男性，但在 80 歲並非如此 (Barefoot et al., 2001)。男性憂鬱症狀從 60 歲逐年增加到 80 歲，但女性沒有。在這個世代中，男性在 60 歲以後可能經歷更深刻的角色轉換，因為他們比女性更有可能退出積極參與的工作環境。因此，整體而言，老年人在憂鬱症方面並沒有性別差異，但有可能在同一群體的特異性互相消長。

老年人最常見的憂鬱症預測指標，包括早期的憂鬱症狀、健康狀況差、身心障礙、配偶死亡和社會支持度低等 (Bland, 2012; Saint Onge, Krueger, & Rogers, 2014)。老年人經常忽視失眠是憂鬱症的危險因素 (Fiske, Wetherell, & Gatz, 2009)。減少日常活動是晚年憂鬱症的常見途徑 (Fiske, Wetherell, & Galz, 2009)。伴隨著這種削減活動的是增加憂鬱症的自我批評性思維。最近的一項後設分析發現，以下的生活安排與老年人憂鬱的風險有關：獨居、養老院或制式化的環境 (Xiu-Ying et al., 2012)。

憂鬱症是一種可治療的病症，不僅在年輕人中，在老年人中也是如此 (Kohen et al., 2011; Piazza & Charles, 2012)。不幸的是，多達 80% 有憂鬱症狀的老年人根本沒有得到任何治療。幾乎有五分之四的老年憂鬱症患者，可從藥物治療和心理治療聯合使用中獲得顯著改善 (Koenig & Blazer, 1996)。此外，運動可以減少老年人的憂鬱症。例如，最近對老年人進行的一項研究發現，即使是輕度運動也與較低水準的憂鬱有關 (Loprinzi, 2013)。此外，參與有價值的活動和宗教 / 精神參與可以減少憂鬱症狀 (Fiske, Wetherell, & Gatz, 2009)。

重度憂鬱症不僅會導致悲傷，還會導致自殺傾向 (Bergman-Levy et al., 2011)。在美國，將近 25% 的自殺者是 65 歲以上 (Church, Siegel, & Fowler, 1988)。最有可能自殺的老年人是男性、獨自生活、失去配偶、健康狀況不佳 (Ruckenhauser, Yazdani & Ravaglia, 2007)。

二、失智症、阿茲海默症和其他疾病

失智症大致可分成退化性和血管性，退化性中最為人熟知的就是阿茲海默症。此外，還包括路易體失智症 (Dementia with Lewy bodies)、額顳葉型失智症 (Fronto-temporal lobar dementia) 和巴金森失智症等。血管性失智症主要是指中風後血管性失智症及小血管性失智症。

失智症 (dementia)
是一個涉及退化或心理功能的任何神經障礙的總稱。

(一) 失智症

失智症是任何神經疾病的全球性術語，其中主要症狀涉及心理功能的惡化。患有失智症的人經常失去照顧自己的能力，並且不能識別熟悉的環境，包括家庭成員 (McMillan et al., 2014; Valkanova & Ebmeier, 2014; Ziso & Larner, 2013)。據估計，23% 的女性和 17% 的 85 歲以上的男性有罹患失智症的風險 (Alzheimer's Association, 2013)。然而，由於阿茲海默症協會的遊說努力增加研究和治療設施的資金，這些數值可能會被高估。失智症是一個廣泛的類別，重要的是要盡一切努力來確定惡化的心理功能的具體原因 (Velayudhan et al., 2014)。

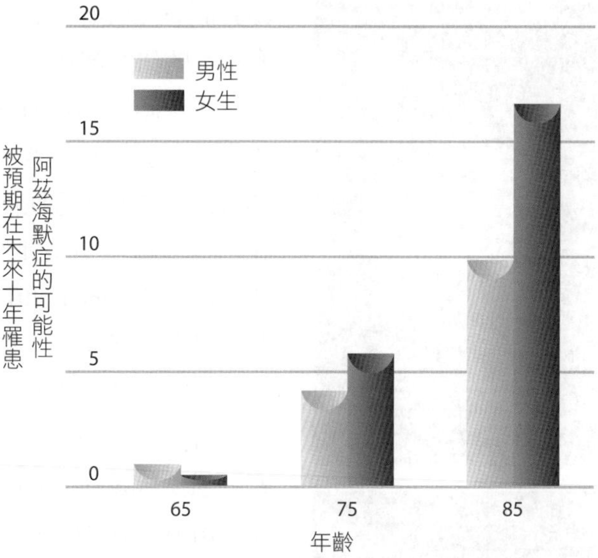

圖 18.7　估計在不同年齡層罹患阿茲海默症的風險。資料來源：阿茲海默症協會 (2010)。

(二) 阿茲海默症

失智症的一種形式是**阿茲海默症**——一種漸進的、不可逆轉的腦部疾病，其特徵在於記憶、推理、語言及最終生理功能的逐漸惡化。2013 年，估計美國有 520 萬名成年人患有阿茲海默症，預計有 1,000 萬名嬰兒出生時將會罹患阿茲海默症 (Alzheimer's Association, 2013)。圖 18.7 顯示女性和男性在不同年齡層發生阿茲海默症的估計風險 (Alzheimer's Association, 2010)。女性比男性更容易罹患阿茲海默症，因為她們比男性活得更久，她們的預期壽命延長了患病的年數。據估計，阿茲海默症造成 65 歲以上美國人的保健費用增加三倍 (Alzheimer's Association, 2013)。由於阿茲海默症日益流行，研究人員加緊努力發現疾病的原因，並找到更有效的方法來處理它 (Grill & Monsell, 2014; Wilhelmus et al., 2014; Wisse et al., 2014; Zlater et al., 2014)。

美國前總統 Ronald Reagan 在 83 歲時被診斷出患有阿茲海默症。

1. 成因

阿茲海默症涉及重要的大腦訊息傳導化學物質乙酰膽鹼的缺乏，其在記憶中扮演重要角色 (Jiang et al., 2014; Mesulam, 2013; Nardone et al., 2014)。此外，隨著阿茲海默症的進展，大腦萎縮並惡化 (見圖 18.8)。這種惡化的特徵是形成*澱粉樣斑塊* (在血管中積聚的蛋白質密集沉積物)，和*神經原纖維纏結* (在神經元中累積的扭曲纖維) (Mungas et al., 2014; Taher et al., 2014; Wisnewski & Goni, 2014)。神經原纖維纏結主要由稱為 tau 蛋白的蛋白質組成 (Avila et al., 2014; Pooler, Noble,

阿茲海默症 (Alzheimer disease)
一種漸進的、不可逆轉的腦部疾病，其特徵在於逐漸惡化的記憶、推理、語言及最終的身體功能。

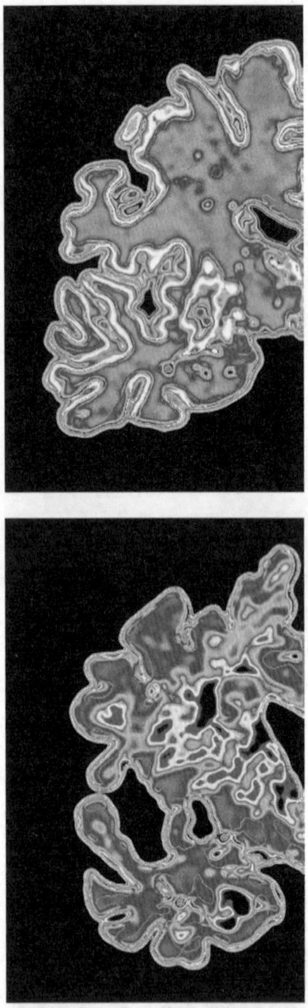

圖 18.8　兩個大腦：正常的老化和阿茲海默症。上面的照片顯示正常衰老的大腦的一個片段；下面的照片則顯示一片阿茲海默症肆虐的大腦，注意：阿茲海默症大腦的惡化和萎縮。

& Hanger, 2014)。學者對澱粉樣蛋白和頭蛋白在阿茲海默症中的作用有很大的研究興趣 (Tian et al., 2014; Vromman et al., 2013)。

氧化應激 (oxidative stress；為機體活性氧成分與抗氧化系統之間平衡失調引起的反應。干擾細胞正常的氧化還原狀態，製造出過氧化物與自由基導致毒性作用，而損害細胞的蛋白質、脂類和 DNA) 可能在阿茲海默症中發揮作用 (Luque-Contreras et al., 2014; Meras-Rios et al., 2014; Pohanka, 2013)。當身體的抗氧化防禦不能應付自由基的攻擊和身體的氧化時，就會發生氧化應激。回想第 17 章，自由基理論是老化的一個重要理論。

雖然科學家們不確定是什麼導致阿茲海默症，但年齡是一個重要的風險因素，基因也可能扮演重要角色 (Feng et al., 2014; Tang et al., 2014)。65 歲以後，阿茲海默症人數每五年增一倍。稱為載脂蛋白 E (ApoE) 的基因與增加大腦中斑塊和纏結的存在有關。要特別關注標記為 ApoE4 的等位基因 (一種基因的另一種形式)，因為這是一種強烈的阿茲海默症風險因子 (Argyri et al., 2014; Dorey et al., 2014; Osorio et al., 2014)。在 K. Warner Schaie (2013) 最近的研究中，具有 ApoE4 等位基因的人從中年開始表現出更多的認知衰退。最近的一項研究發現，ApoE4 基因創造一系列分子訊號，導致血管變得更加多孔、允許有毒物質滲入大腦，並損傷神經元 (Bell et al., 2012)。

儘管 ApoE4 基因的存在與阿茲海默症有關，但攜帶 ApoE4 基因的人中不到 50% 在老年期發展為失智症。由於人類基因組計畫的進展，人們逐漸認識到還有其他基因是阿茲海默症的危險因素，儘管它們並不像 ApoE4 基因那樣與疾病密切相關 (Lillenes et al., 2013)。

雖然患有阿茲海默症家族史的個體患病風險較高，但該病很複雜，可能是由生活方式等因素引起的 (Jiang et al., 2013)。研究人員發現，健康的生活方式可能會降低阿茲海默症的風險或延緩疾病的發作 (Suehs et al., 2014)。例如，患有阿茲海默症的老年人比不患有阿茲海默症的人更可能患有心血管疾病 (Murr et al., 2014; Wang et al., 2013)。最近，阿茲海默症與肥胖、抽菸、動脈粥狀硬化、高膽固醇、血脂和永久性心房顫動 (Dublin et al., 2014; Grammas et al., 2014) 涉及更多的心臟危險因素。預防阿茲海默症風險的最佳策略之一是，透過飲食、藥物和運動來改善心臟功能 (Tavassoli et al., 2013)。一項針對老年人的研究發現，那些每週運動三次或三次以上的人會比那些運動較少的人 (Larson et al., 2006) 在六年內罹患阿茲海默症的可能性更小。

2. 早期檢測和藥物治療

輕度認知功能障礙 (MCI) 代表正常衰老的認知改變，與阿茲海默症及其他失智症早期階段之間的潛在過渡狀態。輕度認知功能障礙越來越被認為是阿茲海默症的一個危險因素。預估 65 歲 (及以上) 的人口中，有多達 10% 至 20% 的人患有輕度認知功能障礙 (Alzheimer's Association, 2013)。許多輕度認知功能障礙患者不會繼續發展為阿茲海默症，但輕度認知功能障礙是阿茲海默症的一個危險因素。最近的一項研究顯示，發生阿茲海默症的輕度認知障礙患者至少有一個 ApoE4 基因 (Alegret et al., 2014)。在這項研究中，記憶障礙的程度是與輕度認知障礙下降至阿茲海默症速度相關的關鍵因素。

記憶障礙與輕度認知功能障礙之間的區分是困難的，正如同要用輕度認知功能障礙預測哪些個體隨後會發生阿茲海默症一樣 (Poil et al., 2013; Richens et al., 2014)。一項研究評估認為，功能性磁振造影測量的內側顳葉神經元損失是記憶喪失和最終失智症的預測因子 (Vellas & Aisen, 2010)。此外，另一項研究表明，在腦中形成斑塊的 β 澱粉樣蛋白——蛋白片段存在於 75% 輕度認知障礙患者的脊髓液中 (De Meyer et al., 2010)。每個患有輕度認知功能障礙的老年人，在其脊髓液中含有 β 澱粉樣蛋白，都會在五年內發展為阿茲海默症。

3. 阿茲海默症的藥物治療

美國食品藥物管理局已經批准幾種被稱為膽鹼酯酶抑制劑的藥物來治療阿茲海默症，它們旨在透過增加腦內乙醯膽鹼的水準，來改善記憶力和其他認知功能 (Honig & Boyd, 2013; Reale et al., 2014)。最近的一項研究綜述得出結論：膽鹼酯酶抑制劑不能減少失智症進展 (Masoodi, 2013)。請記住：雖然用於治療阿茲海默症的藥物只能減緩疾病的下降進程，並沒有解決其原因 (Alves et al., 2012)。此外，聯邦藥物管理局尚未批准輕度認知功能障礙治療 (Alzheimer's Association, 2010) 的藥物。

4. 照顧患有阿茲海默症者

照顧老年失智症患者是特別值得關注的 (Kamiya et al., 2014)。保健專業人員強調，家庭可以成為一個阿茲海默症患者的重要支持系統，但這種支持可能會為家庭帶來很大的成本，因為阿茲海默症患者需要廣泛的護理 (Carling-Jenkins et al., 2012; Ornstein et al., 2014)。最近的一項研究比較家庭成員對照顧阿茲海默症、癌症或精神分裂症患者的看法 (Papastavrou et al., 2012)。在這項研究中，阿茲海默症報告的感知負擔最高。

已經開發的喘息服務 (為那些照顧身障者、疾病或老年人的人提供暫時性救助服務)，以幫助那些必須滿足阿茲海默症患者日常需求的人。這種類型的服務對慢性病照顧者的負擔提供了一個重要的支持 (de la Cuesta-Benjumea, 2011)。

世界領先的體育人物之一穆罕默德・阿里 (Muhammad Ali) 患有帕金森氏症。

5. 帕金森氏症

另一種類型的失智症是**帕金森氏症**，一種以肌肉震顫、行動減慢和部分面部癱瘓為特徵的慢性進行性疾病。帕金森氏症是由大腦中產生多巴胺的神經元變異引起的 (Catalan et al., 2013)。多巴胺是一種神經傳遞物質，對於腦內大腦功能是必需的。為什麼這些神經元會退化仍是未知的。

帕金森氏症的主要治療方法，包括在疾病早期階段給予增強多巴胺 (多巴胺激動劑) 作用的藥物，然後服用由大腦轉化為多巴胺的藥物左旋多巴 (Mestre et al., 2014)。然而，很難確定左旋多巴的正確劑量水準，因為會隨著時間推移而失去功效 (Nomoto et al., 2009)。

晚期帕金森氏症的另一種治療是深部腦刺激 (deep brain stimulation, DBS)，其涉及在大腦內植入電極 (Kim et al., 2014; Pollack, 2013)。然後用類起搏器裝置 (pacemaker-like device) 刺激電極。最近的研究表明，深度腦刺激可能為帕金森氏症患者帶來好處 (Vedam-Mai et al., 2014)。其他最近的研究表明，某些類型的舞蹈，如探戈，可以提高帕金森氏症患者的運動技能 (Kaski et al., 2014; Ransmayr, 2011)。幹細胞移植和基因治療也為治療疾病提供了希望 (Badger et al., 2014; Wyse, Dunbar, & Rossignol, 2014)。

三、擔心受害與老人虐待

成年晚期由於生理上的衰退和局限性，造成了老年人的脆弱感與恐懼感。對一些老年人來說，對犯罪的恐懼可能成為阻礙旅行、參加社交活動和追求積極生活方式的威懾力量。大約有四分之一的老年人表示，他們害怕會成為犯罪的受害者。

帕金森氏症 (Parkinson disease)
以肌肉震顫為特徵的慢性進行性疾病，會有行動減慢和部分面部麻痺。

但事實上，可能由於採取了預防措施，老年人比年輕人更不可能成為犯罪的受害者。不過，對老年人犯下的罪行很可能是嚴重的犯罪行為，如持械搶劫。老年人也是非暴力犯罪的受害者，如欺詐、破壞行為、錢包搶奪和騷擾 (Navarro et al., 2013)。對老年人的犯罪發生率的估計可能很低，因為老年人不可能舉報犯罪，他們擔心犯罪分子的報復，或者認為刑事司法系統不能幫助他們。

老人虐待多常發生？一項研究報告指出，約有 6% 的老年人報告曾遭受嚴重的虐待 (Cooper, Selwood, & Livingston, 2008)。在這項研究中，16% 的家庭護理人員承認對老年人有嚴重的心理虐待。任何人都可能犯下老人虐待的行為，但主要由家庭成員所為 (Dakin & Pearlmutter, 2009; Yan, 2014)。與虐待兒童一樣，老年人的虐待可能包括忽視、心理虐待或身體虐待 (Burnes, Rizzo, & Courtney, 2014; Castle, Ferguson-Rome, &Teresi, 2014; Sooryanarayana, Choo, & Hairi, 2013)。老年人最經常被自己的配偶虐待。特別令人擔憂的是，老年婦女可能面臨的身體暴力負擔。在上述研究回顧中，有 5.6% 的老年夫婦表示在上個月曾經歷身體暴力。

老年人也可能經歷體制性虐待，包括在護理之家、醫院或長期護理中心等設施中被不當對待 (Charpentier & Soulieres, 2013)。對老年人的機構性虐待，包括粗暴對待、打人或毆打病人的工作人員、不適當的治療和心理虐待，如社會孤立和威脅。遭受虐待的老年人及年齡較大的憂鬱症患者有失智症或有其他精神障礙，可能需要精神衛生治療 (Cisler et al., 2012)。要閱讀關於這個主題，請參閱【發展與生活的連結】。

複習・連結・反思　學習目標四　描述老年人的心理健康問題

複習重點

- 老年人憂鬱症的本質是什麼？
- 什麼是老年失智症、阿茲海默症和帕金森氏症？
- 擔心受害與老人虐待在老年人中有多廣泛？

連結

- 我們在第 12 章還討論了青少年時期的憂鬱症。青春期的憂鬱症和老年人的憂鬱症有什麼區別？

反思個人的人生旅程

- 在你的家族中是否有老年人在成年後即有過精神健康問題？如果是這樣，這些精神健康問題是什麼？如果他們經歷過精神健康問題，那麼問題的可能原因是什麼？

發展與生活的連結

滿足老年人的心理健康需求

老年人接受的精神衛生服務比中青年人要少得多 (Moak, 2011)。有人估計，心理學家提供的所有臨床服務中，只有 2.7% 是老年人，雖然 65 歲以上的人占人口的 11% 以上。心理治療可能是昂貴的，儘管低收入的老年人到公立醫院可以減少費用，甚或免費，但是許多需要心理治療的老年人卻沒有得到需要的服務 (Knight et al., 2006)。有人說，心理治療師喜歡年輕、有吸引力、口語流利、聰明和成功的客戶 (稱為 YAVIS)，相比之下，沉默、醜陋、老的和不一樣的 (稱為 QUOID) 不受歡迎。心理治療師被指控未能服務老年人，因為他們認為老年人對治療成功的預後不佳；他們並不覺得自己有足夠的訓練，來治療可能有特殊問題需要特殊治療的老年人；而且他們可能會將老年人定位為低地位和不值得接受治療者的刻板印象 (Virnig et al., 2004)。

Margaret Galz (右) 已經成為更好的精神健康治療老年失智症的鬥士。她認為，需要鼓勵精神衛生專業人員將更多的老年人納入客戶名單中，我們需要更好地教育老年人如何從治療中受益。什麼是可以用來改善老年人心理健康的一些常見的改變機制？

我們如何更滿足老年人的心理健康需求？首先，必須鼓勵精神衛生專業人員將更多的老年人納入客戶名單，老年人必須確信他們可以從治療中受益 (Baskin et al., 2011; Knight & Kellough, 2013)。其次，我們必須讓精神保險負擔得起。例如，醫療保險仍然不能為老年人提供許多精神衛生服務，特別是那些需要長期護理的人 (Knight & Lee, 2007)。

在本章早些地方，我們討論了對中老年人勞動力的成見和年齡歧視。這些概念與你剛才在這段插曲中讀到的內容有什麼關係？

伍 宗教與靈性

學習目標五　解釋宗教和靈性在老年人生活中的角色

在第 15 章中，我們討論成年中期在宗教、靈性和生命意義，在這裡，將繼續探討宗教和靈性，思考它們在許多老年人生活中的重要性。

在全世界的許多社會中，老年人是教會和社區的精神領袖。例如，在天主教會中，80 多歲的教皇已經超過人類生命的平均壽命。

在成年晚期，許多人越來越常參與禱告。這和長壽可能會如何聯繫在一起？

老年人的宗教模式越來越常被研究 (George et al., 2013; Krause, 2012; Sun et al., 2012)。一項縱貫性研究發現，成年中期的宗教服務人員穩定，在成年中晚期增加，然後在成年晚期的時候下降 (Hayward & Krause, 2013b)。一項研究評估認為，具有較強精神 / 宗教傾向的人更有可能活得更久 (Lucchetti, Lucchetti, & Koenig, 2011)。此外，在一項研究中，至少每週一次的宗教出席與從未出席的人相比，死亡風險降低 (Gillum et al., 2008)。另一項研究顯示，非裔美國人和加勒比黑人老年人比非拉丁裔白人老人的宗教參與程度、宗教應對及靈性水準更高 (Taylor, Chatters, & Jackson, 2007)。在一項研究中報告，靈性水準較高的老年人在面臨壓力和困難的情況下會有更強的適應能力 (Vahia et al., 2011b)。

65 歲以上的人比年輕人更有可能說宗教信仰是生活中最重要的影響，他們試圖將宗教信仰付諸實踐，並且參加宗教儀式 (Gallup & Bezilla, 1992)。最近針對超過 500 名 55 至 105 歲的非裔美國人的研究顯示，他們對宗教機構有很強的認同感，參與宗教活動的人數很多 (Williams, Keigher & Williams, 2012)。皮尤民意調查顯示，相對於任何其他時代，信仰上帝的人在成年晚期都要高一些 (Pew Forum on Religion and Public Life, 2008)。

宗教與老年人的幸福感和滿足感有關嗎？在一項研究中發現，有強大宗教承諾的老年人自尊最高；自尊最低的是那些沒有宗教承諾的人 (Krause, 1995)。在另一項研究中，那些從宗教中獲得生命意義的老年人的生活滿意度、自尊和樂觀程度更高 (Krause, 2003)。最近的一項研究發現，那些信仰較虔誠的老年人比較不會感到沮喪 (Ysseldyk, Haslam, & Haslam, 2013)。

宗教和靈性可以滿足老年人一些重要的心理需求，幫助他們面臨即將到來的死亡、發現和保持生活中的意義感，並接受老年時期不可避免的損失 (George et al., 2013; Koenig, 2004)。在社會上，宗教社區可以為老年人提供許多功能，如社會活動的社會支持，以及承擔教學和領導角色的機會 (Krause, 2012)。最近的一項研究顯示，在七年的時間裡，定期參加教會的老年人增加了他們給予和接受的情感支持，但減少了他們給予和引導的有形支持 (Hayward & Krause, 2013a)。

發展連結—宗教與靈性
創造意義的應對涉及利用信仰、價值觀和目標來改變壓力情境的意義。特別是在高度壓力的時候，比如親人死亡時。(第 15 章)

複習・連結・反思　學習目標五　解釋宗教和靈性在老年人生活中的角色

複習重點

- 老年人的宗教和靈性有什麼特點？

連結

- 我們剛剛了解到，禱告和冥想可以減輕壓力，抑制身體產生壓力荷爾蒙。為什麼這在老化過程中尤其重要？

反思個人的人生旅程

- 你覺得自己現在比以前更像老年人嗎？請解釋。

與前瞻主題連結

在第 19 章中，你會讀到一些理論，試圖解釋老年人的社會情感發展，包括 Erikson 的最後階段(完整性與絕望)。老年人比中年人更願意選擇他們想要度過的人生。老年人的生活方式差異很大，越來越多的老年人同居。社會支持在老年人的生活中尤其重要，與他們的身心健康息息相關。成年後期的一個重要議題是，對老化的負面影響不是過分廣泛，而是追求成功衰老的關鍵因素。

達成本章學習目標

成年晚期的認知發展

壹、老年人的認知功能

學習目標一　描述老年人的認知功能

- **多維度和多向性**：認知力學 (神經生理學結構，包括大腦) 在老年人中比認知語用學 (基於文化的心智發展) 更有可能下降。老年人的處理速度下降。老年人的注意力比簡單任務要複雜得多。關於記憶，在成年晚期，外顯記憶比內隱記憶下降更多；情節記憶力比語意記憶力下降更多；工作記憶也下降。執行功能的組成部分，如認知控制和工作記憶，在成年晚期下降。老年人的決策得到相當好的保存。智慧是關於生活實際方面的專業知識，幫助對重要事物做出精準正確的判斷。Baltes 和他的同事發現，高水準的智慧是罕見的，青春晚期和成年早期的是智慧出現的主要時機，除了年齡以外，人格是智慧發展的關鍵因素。
- **教育、工作和健康**：連續幾代美國人受到更好的教育。教育與智力測驗成績呈現正相關。老年人可能因為多種原因返回大學就讀。連續幾代人都有過工作經驗，包括更強調認知導向的工作。對工作訊息處理的重視程度可能會提高個人的智力水準。老年人的智力下降表現與健康狀況不佳有關。運動與老年人更高的認知功能有關。
- **使用它或失去它**：研究人員發現，從事認知活動的老年人，特別是進行有挑戰性工作的老年人，比沒有使用認知技能的老年人具有更高的認知功能。
- **培養認知技能**：從老年人認知能力訓練的研究可以得出兩個主要結論：(1) 訓練可以提高許多老年人的認知能力；(2) 成年晚期可塑性有所下降。

- **認知神經科學與老化**：近年來，人們對老化的認知神經科學產生相當大的興趣，其重點是老化、大腦和認知功能之間的聯繫。這個領域尤其依靠功能性磁振造影和正電子發射斷層掃描來評估大腦功能。在這個領域裡最為一致的發現之一是，老年人前額葉皮層特定區域功能的下降，以及這種衰退與涉及複雜推理、工作記憶和情節記憶任務之間的聯繫。

貳、語言發展

學習目標二　老年人在語言變化上的特徵

- 對於個人而言，詞彙和詞彙的意義在成年後期不變或甚至可以改善。然而，在對話中使用的單詞的檢索、對語音的理解、語音技巧和話語的某些方面可能會出現一些語言技能的下降。老年人語言能力的這些變化很可能是聽力或記憶下降、訊息處理速度降低，或疾病導致的結果。

參、工作和退休

學習目標三　討論老化、適應工作和退休

- **工作**：現今繼續全職工作的 65 歲以上男性比例低於二十世紀初。老年人工作模式的一個重要變化是兼職工作的增加。有些人在整個成年後期仍然保持著很高的工作效率。
- **在美國和其他國家的退休**：老年人的退休選擇是美國二十世紀後期現象。與其他國家的人相比，美國人更可能在 70 歲繼續工作。
- **對退休的調適**：個人到達退休年齡時所遵循的路徑不如過去那麼清楚。那些調整最好的退休人士是那些健康的、有足夠的收入、活躍的、受過良好教育的、具有擴大的朋友和家庭的社交網絡，並且在退休之前對他們的生活感到滿意的人。

肆、心理健康

學習目標四　描述老年人的心理健康問題

- **憂鬱症**：憂鬱症被稱為精神障礙的「普通感冒」。然而，大多數有憂鬱症狀的老年人從未接受精神衛生治療。
- **失智症、阿茲海默症和其他疾病**：失智症是任何神經疾病的統稱術語，其中主要症狀涉及心理功能的惡化。阿茲海默症是迄今為止最常見的失智症。這種漸進的、不可逆轉的障礙，其特徵是記憶、推理、語言和身體功能逐漸惡化。學者正在努力發現阿茲海默症的原因，並進行有效的治療。阿茲海默症患者的澱粉樣斑塊和神經原纖維纏結增加，可能是提高我們對該疾病認識的重要關鍵。阿茲海默症的特點是乙酰膽鹼缺乏而影響記憶。阿茲海默症中，隨著斑塊和纏結的形成，大腦萎縮並惡化。重要的問題是，護理阿茲海默症患者的經濟意義和護理人員的負擔。除了阿茲海默症之外，另一種類型的失智症是帕金森氏症。
- **擔心受害與老人虐待**：成年後期發展的一些生理上的衰退和局限性，在老年人中造成脆弱感和恐懼感。大約有四分之一的老年人說，他們害怕會成為犯罪的受害者。老年女性比老年男性更有可能成為受害者或受到虐待。

伍、宗教與靈性

學習目標五　解釋宗教和靈性在老年人生活中的角色

- 許多老年人是教會和社區的精神領袖。老年人的宗教興趣增加，與老年人的幸福感有關。

19
CHAPTER

成年晚期的社會情緒發展

學習目標

1
壹、社會情緒發展理論
學習目標一　討論社會情緒發展和老化的四個理論
包含：Erickson 的理論、活動理論、社會情緒選擇理論、選擇最適化的補償模式

2
貳、人格、自我和社會
學習目標二　描述人格與死亡率之間的聯繫，並確認成年後期自我和社會的變化
包含：人格、自我與社會、在社會中的老年人

3
參、家庭和社會關係
學習目標三　描繪老年人的家庭和社會關係
包含：生活方式多樣性、依附、年長的父母和成年孩子、曾祖父母、友誼、社會支持與社會融合、利他主義和志願服務

4
肆、種族、性別和文化
學習目標四　總結種族、性別和文化與老化的關係
包含：種族、性別、文化

5
伍、成功老化
學習目標五　解釋如何成功地老化

Bob Cousy 是波士頓凱爾特人隊 (Boston Celtics) 的明星球員，曾贏得眾多的全國籃球協會 (National Basketball Association) 冠軍。為了表彰他的運動成就，Cousy 被 ESPN 評選為二十世紀前 100 名運動員之一。從籃球界退休後，他成為一名大學籃球教練，當他 70 歲時是波士頓凱爾特人籃球比賽的廣播員。現年 80 多歲的 Cousy 已經從廣播界退休，但仍然定期打高爾夫球和網球。他有很多正向的社會關係，包括 50 多年的婚姻、子孫，還有很多朋友。

Bob Cousy 是一名波士頓凱爾特人隊的明星，當他從年輕的成年人 (左) 到了老年 (右)，他的生活有些什麼變化？

和許多知名人士一樣，Cousy 的獎項其實對他的個人生活和貢獻來說是微不足道的。有兩個例子說明了他在人道主義上的努力 (McClellan, 2004)。首先，當 Cousy 在波士頓凱爾特人隊效力時，他的非裔美國隊友 Chuck Cooper 因為種族問題而被拒之門外。Cousy 對教練表達憤怒，然後陪著在旁觀賽的 Cooper 搭火車回到波士頓。其次，他成立 Bob Cousy 人文基金會 (Bob Cousy Humanitarian Fund)，主要「獎勵那些為了幫助別人而奉獻出生命的人們」(p. 4)。此人道主義基金反映了 Cousy 關心別人的動機、讚賞和回饋，使世界不再以自我為中心。

預習

Bob Cousy 老年時的生活反映了老年人社會情緒發展的一些主題，我們將在本章中討論。這些包括生活滿意度、適應技能，以及與親朋好友的關係對情感生活的重要。

壹 社會情緒發展理論

學習目標一 討論社會情緒發展和老化的四個理論

- Erickson 的理論
- 活動理論
- 社會情緒選擇理論
- 選擇最適化的補償模式

我們將探討四個主要關注社會情緒發展的主要理論：Erickson 的理論、活動理論、社會情緒選擇理論，和選擇最適化的補償模式。

一、Erickson 的理論

我們最初在第 1 章中討論了 Erik Erikson (1968) 的人生八個階段，在探索本書的不同發展階段時，我們更詳細地探討了這些階段。在這裡，將討論他的最後階段。

發展連結—Erickson 的理論
Erickson 的其他兩個成年階段是親密與隔離 (成年早期) 和生產性與停滯 (成年中年期)。(第 14 章、第 16 章)

(一) 完整性與絕望

完整性與絕望是 Erickson 發展的第八個，也是最後一個階段。這個階段包括思考過去，或者把正面的評論彙整一下，或者感嘆自己的人生沒有好好利用。老年人在前面的每個時期都可能有正向的前景，如果是這樣的話，總結性的回顧和回憶將揭示良好生活的畫面，老年人將會滿意 (完整性)。但是，如果老年人以負面的方式解決一個或多個早期階段 (例如，在成年早期被社會隔離，或者在成年中期停滯)，回顧性對生命總價值的觀察可能是負面的 (絕望)。圖 19.1 描繪 Erickson 八個階段的正向解決方案，以達到智慧和完整性的目的。

完整性與絕望 (integrity versus despair)
Erickson 的第八個，也是最後一個發展階段，個人在成年晚期經歷，這個階段包括思考過去，或者把正面的評論彙整一下，或者認為自己的生命沒有充分發揮。

(二) 生命回顧

在 Erickson 完整性與絕望的最後階段，生命回顧是重要的。生命評價涉及回顧自己的人生經歷、評估它們、解釋它們，並經常重新

衝突和解決	在老年的完整性
成年晚期 自我統整與悲觀絕望：智慧	生存價值的認定、統整性的感覺足以承受身體衰老崩壞
成年中期 精力充沛與停滯頹廢：關懷	關愛他人、同情和關注
成年早期 友愛親密與孤癖疏離：愛	關係的複雜性、柔情的價值和熱愛自由
青少年期 自我認同與角色混淆：忠實	生活的複雜感、感覺合併、合乎邏輯的和審美知覺
學齡兒童期 勤奮進取與自貶自卑：權限	謙遜、接受一個人的生命歷程和未實現的希望
學齡前兒童期 自動自發與罪惡感：目的	幽默、同情、韌性
兒童早期 自主行動與害羞：意志	接受生命週期，從整合到解體
嬰兒時期 基本信任與不信任：希望	相互依存和關聯性的升值

圖 19.1 Erickson 的人生八個階段，如何正向解決每個階段的任務以發展出老年人的智慧和完整性。Erickson 認為，人生的每個階段都與特定的社會心理學和特定的決定有關。

在成年晚期生命回顧的特徵是什麼？

解釋它們 (George, 2010; Wu et al., 2012)。一位著名的老化專家 Robert Butler 提供了這樣一個關於人生回顧的觀點：「……有痛苦、憤怒、內疚和悲傷的機會，但也有解決和慶祝的機會，以肯定與希望調和個人成長」(Butler, 2007, p.72)。

Butler (2007) 指出，生命回顧是透過期待死亡而開始的。有時生命回顧悄然進行；也有可能是激烈的，需要相當大的工作來實現人格融合感。生命回顧最初可能在對自己與生命歷史的迷失和一些細微的思考中觀察到。這些想法可能會持續出現在短暫的間歇性湧現。一名 76 歲的男子評論說：「我的生活在自己的腦海裡，不可能是任何其他的方式，過去的想法在我身上發揮作用。有時我會和它們玩、鼓勵和品味它們；有時候我會摒除它們。」

生命回顧可以包括社會文化向度，如文化、種族和性別；生命回顧還可以包括人際關係向度，包括與家人或朋友的分享和親密關係 (Korte et al., 2014; Randall, 2013)；生命回顧還可以包括個人向度，這可能涉及創造與發現意義和一致性。這些個人的時代在這樣一種方式中展現出來，使得這些「成品」對老年成年人有意義或無意義。生命回顧可能會使生活和意義增加，但是也會增強苦難和負面的想法 (Korte, Westerhof, & Bohlmeijer, 2012)。每個人的生命回顧在某種程度上都是獨一無二的。

生命回顧的另一個重要意義是，不僅要識別和反思一個人生活的正面，還要發展成熟智慧來自我理解一部分的遺憾 (Choi & Jun, 2009)，更準確地了解自己的生活複雜性，並可能會增加生活滿意度 (King & Hicks, 2007)。

有時一些臨床醫生會使用*回憶療法*，這種療法涉及與另一個人或小組討論過去的活動和經驗 (Blake, 2013; Klever, 2013)。治療可能包括使用繪製生命曲線圖和播放影片或錄音。研究人員發現，回憶療法能改善老年人的情緒，包括失智症 (Subramaniam & Woods, 2012)。最近針對 128 項研究進行的後設分析發現，參與者在回憶療法中獲得更高的價值感 (基於 Erickson 的完整性與絕望的概念) (Pinquart & Forstmeier, 2012)，憂鬱症患者和慢性病患者的憂鬱症狀得到最大的改善。最近一項針對老年人所進行的研究發現，8 週的群體回憶療法增加自尊、生活滿意度和心理幸福感，減少憂鬱 (Melendez-Moral et al., 2013)。

二、活動理論

活動理論指出，越是活躍和參與的老年人就越有可能對自己的生活感到滿意。從 1960 年開始到 21 世紀，研究人員對活動理論給予強而有力的支持 (Bielak et al., 2014; Morrow-Howell & aLbers, 2014; Neugarten, Havighurst, & Tobin, 1968; Phillips, Wojcicki, & McAuley, 2013; Solberg et al., 2014)。這些研究人員發現，當老年人活躍、精力充沛和富有成效時，會比脫離社會的老年人更成功、更快樂。

活動理論表明，如果許多人在成年晚期繼續中年成人的角色，就會獲得更高的生活滿意度。如果這些角色被剝奪 (如提前退休)，重要的是要找到替代角色來保持他們的活躍，並參與其中。

成年人應該保持活躍，還是隨著年齡的增長而變得更加離群？請加以說明。

三、社會情緒選擇理論

社會情緒選擇理論指出，老年人對其社交網絡的選擇性更高。因為他們高度重視情感滿足，所以老年人花更多的時間與熟悉的人建立關係。這個理論是由 Laura Carstensen (1998, 2006, 2008, 2009; Carstensen et al., 2011) 提出的，該理論指出，老年人退出與不熟的人接觸，同時保持或增加與親密的朋友和家人的接觸，因為他們會有愉快的關係。這種社會互動的選擇性縮小新的情緒體驗，並減少個人的情緒風險。

社會情緒選擇理論挑戰了大多數老年人由於社會孤立而處於情感絕望的刻板印象 (Carstensen & Fried, 2012)。相反地，老年人通常會選擇減少社交往來的次數，以便增加與朋友和家人的情感回饋。也就是說，他們有系統地改善社交網絡，使現有的社交夥伴滿足他們的情感需求。

研究人員發現，老年人的社交網絡比年輕人要小得多 (Charles & Carstensen, 2010; Wrzus et al., 2013)。在一項對 69 至 104 歲的人的研究中，年齡最大的參與者相對於較年輕的參與者有更少的外圍社交接觸，但接近相同數量的親密情感關係 (Lang & Carstensen, 1994)。在最近對 18 到 94 歲的個人進行的一項研究中，隨著成年人年齡的增加，他們與周圍的社交關係減少，但與為他們提供情感支持的人保持著密切的關係 (English & Carstensen, 2014b)。

社會情緒選擇理論也側重於個人動機的目標類型 (Biggs, Carstensen, & Hogan, 2012; Carstensen et al., 2011)。它指出兩個重要的目標類別是：(1) 與知識相關的；和 (2) 情感的。這個理論強調，知

活動理論 (activity theory)
這個理論認為，越是正向參與的老年人，越有可能對自己的生活感到滿意。

社會情緒選擇理論 (social emotional selectivity theory)
老年人對社交網絡變得更加挑剔的理論。因為他們高度重視情感上的滿足感，所以老年人往往會花更多時間在熟悉的人身上。

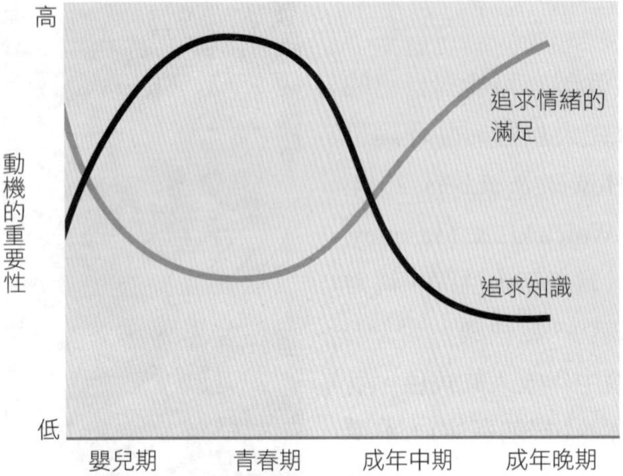

圖 19.2 社會選擇性理想化的生命跨越模式。在 Carstensen 的情緒選擇理論中，達到知識相關和與情感相關的目標的動機在整個生命週期中都發生了變化。

識相關目標的動機軌跡在生命的早期階段開始相對較高，在青春期和成年期達到高峰，然後在成年中後期下降 (見圖 19.2)。嬰兒時期和兒童早期的情緒軌跡很高，從兒童中期到成年早期有所下降，成年中晚期又增加。

在知識和情感相關的目標中，這些變化軌跡的主要原因之一是對時間的感知 (Carstensen, 2006; Carstensen et al., 2011)。當時間被認為是開放式的，就像個人年輕的時候一樣，人們更願意追求訊息，即使是以情感滿足為代價。但是隨著老年人認為自己的生活時間減少，就有動力花更多的時間去追求情感上的滿足 (Kaszniak & Menchola, 2012)。要進一步閱讀關於情緒在整個生命期間如何變化，請參閱【透過研究找出關聯】。

Laura Carstensen (右) 和老年婦女保持著關懷。她的理論或社會情緒選擇性成為老化的重要視角，正在得到認可。

一般來說，與年輕成年人相比，年長者的感情更加醇厚、情緒生活更加平穩，兩者並不一致。可能是因為雖然老年人的喜悅度較低，但滿足程度卻更高，尤其是當他們與朋友和家人保持良好的關係時。與年輕成年人相比，老年人對負面情況的反應較少，較能忽略不相關的負面訊息 (Mather, 2012)。

一項研究顯示，從 50 到 80 歲正向情緒增加，負向情緒 (悲傷除外) 減少 (Stone et al., 2010)。在這項研究中，20 歲出頭的人憤怒明顯下降，從 20 歲出頭到 80 歲中期，悲傷基本上沒有變化。另一項研究則發現，更正向的整體福祉和更大的情緒穩定有關 (Carstensen et al., 2011)。其他的研究還表明，快樂的人活得更長 (Frey, 2011)。最近對 22 至 93 歲的個人進行一項研究，探討一天早晚的情緒體驗 (English & Carstensen, 2014a)。在一天的兩個時間裡，老年人都比年輕人感受到更正向的情緒。因此，老年人的情感生活比刻板印象更正向 (Lynchard & Radvansky, 2012; Carstensen & Fried, 2012; Yeung, Wong, & Lok, 2011)。

選擇最適化的補償模式 (selective optimization with compensation theory)
成功地老化的理論與選擇、最適化和補償三個主要因素有關。

四、選擇最適化的補償模式

選擇最適化的補償模式表明，成功的老化取決於三個主要因素：選擇、最適化和補償。該理論描述人們如何能夠產生新的資源，並

透過研究找出關聯

情緒在成年期間有何變化？

一項研究調查了美國 2,727 位 (25 至 74 歲) 成人在成年期的情緒變化 (Mroczek & Kolarz, 1998)。參與者完成了一項調查，在 30 天的時間內評估其正向和負向情緒的頻率。參與者對兩個六項量表：一個是正向情緒；另一個是負向情緒自我評分，評分範圍從 1 (不分時間) 到 5 (所有時間)：

正向的影響	負向的影響
1. 開朗	1. 如此悲傷，沒有什麼能讓你振作起來
2. 精神愉快	2. 緊張
3. 非常開心	3. 不安或煩躁
4. 冷靜或平靜	4. 絕望
5. 滿意	5. 一切都是努力辛苦換來
6. 充滿生機	6. 一文不值

因此，正向影響和負向影響的得分可以在 6 到 30 分之間。

總體而言，老年人報告的情緒比年輕人更正向，負向情緒也更少。成年人正向情緒隨著年齡增長而增加 (見圖 19.3)。總之，研究人員發現，老年人的情緒體驗比刻板印象中來得好 (Carstensen et al., 2011)。

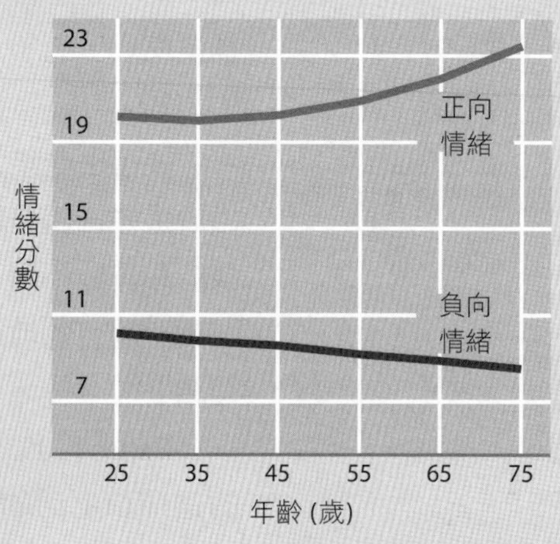

圖 19.3　成年以後的正向和負向情緒的變化。正向和負向的分數有可能的範圍從 6 至 30 分，越高分表示越正向的情緒。在成年中期和成年晚期正向情緒增加，負向情緒下降。

有效地將其分配到他們想要掌握的任務 (Freund, Nikitin & Riediger, 2013; Riediger, Li & Lindenberger, 2006; Staudinger & Jacobs, 2010)。選擇是基於這樣一個概念，即老年人的生活能力下降、功能喪失，這在大多數的生活領域需要降低表現。而最適化表明，透過不斷地練習和使用新技術，有可能在某些領域保持一定的效能。當生活任務需要的能力水準超出老年人潛能的當前水準時，補償變得相對重要。老年人尤其需要在精神或身體需求較高的情況下進行補償，比如在很短的時間內考慮和記憶新材料，駕車時反應迅速或者跑得快。當老年人生病時，補償的需求是顯而易見的。

Paul Baltes 和他的同事提出選擇最適化的補償模式理論 (Baltes, 2003; Baltes, Lindenberger, & Staudinger, 2006)。他們描述已故 Arthur Rubinstein 的生平，以說明他們的理論。Rubinstein 在 80 歲時接受採

發展連結—生命週期視角
Baltes 提出了八個主要的生命週期特徵，其中之一就是發展和失落的增長、維持和調節有關。(第 1 章)

訪時表示，有三個讓他仍保持自己老練鋼琴演奏家地位的原因：首先，他透過縮小演出範圍，減少演出 (反映選擇)，掌握了老年人的弱點；其次，他練習的時間比年輕時更多 (反映最適化)；第三，他採用特殊的策略，比如在快速段之前放慢速度，從而創造更快速的表現(反映補償)。

選擇最適化的補償模式之過程很可能是有效的 (Hutchinson & Nimrod, 2012; Freund, Nikitin & Riediger, 2013; Staudinger & Jacobs, 2010)。使選擇最適化的補償模式對於研究老化的研究人員具有吸引力的是，它解答了個人如何管理和適應失落。透過使用選擇最適化的補償模式，老年人可以繼續過著令人滿意的生活，儘管是以更加受限的方式。

失落是老年人的共同命運，儘管所涉及的失落性質有很大差異。由於這些個體差異，例如個人的生活史、興趣模式、價值觀、健康、技能和資源不同，選擇、最適化和補償的具體形式可能會有所不同。閱讀有關有效地進行選擇最適化的補償策略，請參閱【發展與生活的連結】。

Baltes (2003; Baltes, Lindenberger, & Staudinger, 2006) 認為，領域的選擇和生活的優先順序是發展的一個重要議題。對於大多數人來說，人生目標和優先事項可能會在整個人生過程中發生變化，不僅僅是目標的實現，而是實現有意義的目標，使生活更加令人滿意。

Ursula Staudinger (1996) 的橫向性研究評估了 25 到 105 歲的個人生活投資 (見圖 19.4)。從 25 到 34 歲，參與者表示，他們依序投入更多的時間在工作、朋友、家庭和獨立。從 35 到 54 歲及 55 到 65 歲，在個人投入方面家庭比朋友更重要。70 到 84 歲的人排名順序沒有什麼變化，但是 85 到 105 歲的參與者認為健康成為最重要的個人投資。關於生命的思考，首次出現在 85 至 105 歲的最重要清單上。

剛才所述研究的一點是，將成年晚期劃分為 70 至 84 歲和 85 至 105 歲的子範疇。在本書中，多次提到我們的評論，研究人員越來越認識到比較不同年齡老年人的重要性，而不是把他們視為同一個年齡組進行研究。

發展與生活的連結

有效參與選擇最適化的補償模式之策略

老年人可以採取什麼樣的策略來保持選擇最適化的補償模式？根據 Paul Baltes 及其同事的研究 (Baltes, Lindenberger & Staudinger, 2006; Freund & Baltes, 2002)，這些策略可能是有效的：

選擇策略

- 在特定時間關注最重要的目標。
- 想想你想要什麼，為自己的一、兩個主要目標而努力。
- 要達到特定目標，你可能需要放棄其他目標。

最適化策略

- 繼續工作，直到你成功。
- 堅持不懈，不斷努力，直到達到目標。
- 當你想獲得某些東西時，你可能需要耐心等待，直到適當的時刻到來。

補償策略

- 當事情不像以前那樣，尋找其他方法來達到你想要的。
- 如果事情不順利，願意讓別人幫助你。
- 當事情不像過去那樣順利的時候，不妨嘗試其他的方式，直到你能達到類似於以前成就的結果為止。

你會如何修改這些指引，包括使用新技術？

圖 19.4 個人生活投入在生活中不同點的程度。這裡顯示的是生活中不同時期個人生活投入的四大領域。最高的投入額列在最高 (例如，工作是從 25 到 34 歲、家庭是從 35 到 84 歲、健康是從 85 到 105 歲最高的個人投入)。

複習・連結・反思 學習目標一 討論社會情緒發展和老化的四個理論

複習重點

- Erikson 的成年晚期理論是什麼？
- 什麼是活動理論？
- 什麼是社會情緒選擇理論？
- 什麼是選擇最適化的補償模式？

連結

- 老年人的生命回憶和接近退休年齡的成年中年人的生命反應有何不同？

反思個人的人生旅程

- 四種理論中的哪一種最能描述你認識老人的生活？請說明。

貳 人格、自我和社會

學習目標二 描述人格與死亡率之間的聯繫，並確認成年晚期自我和社會的變化

人格　自我與社會　在社會中的老年人

一些人格特質在成年後期會有所改變嗎？老年人的死亡率與性格有關嗎？自我感覺和自我控制在成年後期變化嗎？老年人如何被社會覺察和對待？我們將在接下來的幾頁裡探討這些和其他的主題。

發展連結一人格
人格的五大因素是開放性、責任感、外向性、親合性、情緒不穩定性(情緒穩定)。(第 16 章)

一、人格

我們在第 16 章「成年中期的社會情緒發展」中描述人格的五大要素。研究人員發現，人格的五大因素中幾個因素在成年晚期繼續改變 (Roberts, Donnellan, & Hill, 2013)。例如，在一項研究中發現，成年晚期的責任感持續增加 (Roberts, Walton, & Bogg, 2005)；而在另一項研究中，老年人比中年和年輕成年人更有責任感與和藹可親 (Allemand, Zimprich, & Hendriks, 2008)。

研究人員發現，一些人格特質與老年人的死亡率有關 (Roberts, Donnellan, & Hill, 2013)。一項跨越 70 多年來針對 1,200 多人進行的縱貫性研究顯示，在五大人格因素中，較高分數的責任感從童年到成年晚期都能預測死亡的風險較低 (Martin, Friedman, & Schwartz, 2007)。與其他四個因素相比，更高層次的責任感與延長壽命息息相關 (Hill et al., 2011; Iwasa et al., 2008; Wilson et al., 2004)。

以下是另外三項關於老年人五大人格因素的研究結果：

- 過渡到成年晚期的特點是在責任感的增加：衝動控制、可靠性和傳統 (Jackson et al., 2009)。
- 感知到的社會支持能預測老年人的責任感會增加 (Hill et al., 2014)。
- 老年人較嚴重的憂鬱症和較高的神經質、較低的責任感及外向性有關 (Koorevaar et al., 2013)。
- 較高的神經質、較低的責任感與較低的開放性，和六年期間老年人罹患阿茲海默症的風險增加有關 (Duberstein et al., 2011)。

老年人的情緒和人生觀也與死亡率有關 (Carstensen et al., 2011)。那些樂觀的老年人擁有正向的人生觀就會比那些悲觀、對人生有負面看法的老年人長壽 (Mosing et al., 2012)。

二、自我與社會

我們對自我的探索側重於自尊的變化、自我的可能性、自我接納和自我控制。在第 12 章中，我們描述了自尊在青少年時期如何下降，尤其是女孩。自尊在成年期如何變化？

(一) 自尊

在第 12 章描述的自尊的橫斷面研究中，研究人員研究一個從 9 歲到 90 歲的超過 30 萬人的非常大樣本 (Robins et al., 2002)，其中大約三分之二的參與者來自美國。要求個人對以下五個等級的「我有很高的自尊」這個項目作出自我評分，評分範圍從 1 (非常不同意) 到 5 (非常同意)：

1	2	3	4	5
非常不同意				非常同意

從青春期到 20 歲的自尊增加了，30 至 40 歲趨於平穩，50、60 歲大幅上升，70、80 歲又大幅下降 (見圖 19.5)。在成年的大部分時間裡，男性的自尊高於女性的自尊。然而，在 70、80 歲，男女的自尊心卻趨於一致。

為什麼老年人的自尊會下降？解釋的理由包括惡化的身體健康和對老年人的負面社會態度，雖然這些因素在上述的大規模研究中沒有被調查，但研究人員發現，成年晚期，喪偶或身體受損、宗教信仰低下、健康狀況下降與自尊水準低下有關 (Giarrusso & Bengtson,

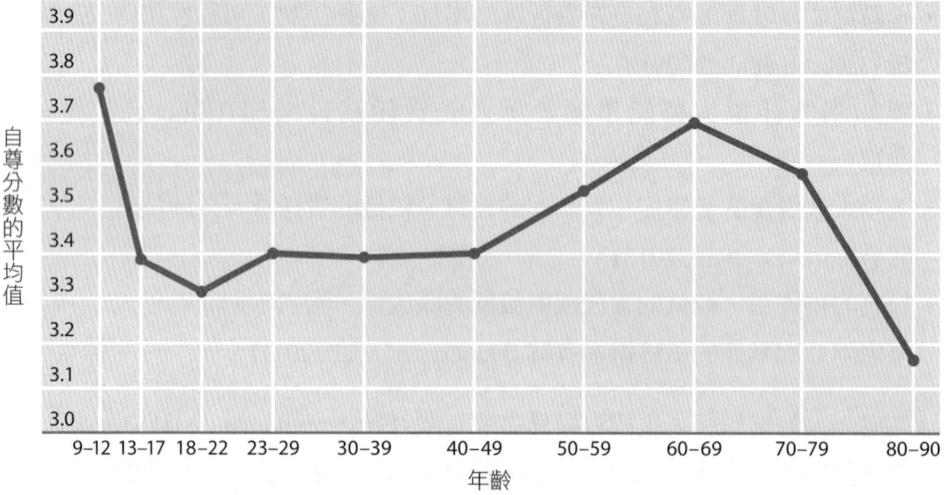

圖 19.5　自尊橫跨生命週期。一項橫斷面研究發現，自尊在童年時期高，在青春期下降，在成年早期和中期增加，然後到 70 和 80 歲下降 (Robins et al., 2002)。30 多萬個人被問到「我是否有很高的自尊？」其中 5 表「非常同意」，1 表示「非常不同意」。

2007)。

雖然老年人可能從某些領域 (如工作和家庭) 的早期成功中獲得自尊，但他們生活中的某些方面需要繼續支持自尊 (Smith, 2009)。例如，老年人的自尊很強時，會認為自己很好、被別人接受。最近的一項研究顯示，老年人擁有年輕的身分和更正向的個人經歷時，他們的自尊心更強 (Westerhof, Whitbourne, & Freeman, 2012)。而另一項最近的研究也發現，自尊心較高的老年人可能是成功老化因素的特徵 (Cha, Seo, & Sok, 2012)。

(二) 可能的自我

可能的自我是個人可能成為的人、他們想成為什麼樣的人，以及他們害怕成為什麼樣的人 (Bolkan & Hooker, 2012; Markus & Nurius, 1987)。對理想和未來自我的接受度下降，對老年人過去自我的接受度增加 (Ryff, 1991)。

一項針對老年人 (平均年齡 81 歲) 的研究顯示，與希望相關的活動在 10 年期間有更正向的影響和更高的生存機率 (Hoppmann et al., 2007)。對 70 至 100 多歲老年人的另一項研究發現，隨著時間的推移，72% 的老年人增加新的希望領域，53% 的人增加新的恐懼 (Smith & Freund, 2002)。在這項研究中，關於健康的希望和恐懼比與家庭和社會關係有關的報告更多。另外，當一些人在中年時，他們可能的自我

可能的自我
(possible selves)
個人可能成為什麼樣的人、他們想成為什麼樣的人，以及他們害怕成為什麼樣的人。

是以獲得物質財富等自我為中心，但到了成年後期，更關心的是維持他們所獲得的東西，防止或避免健康的問題和依賴 (Smith, 2009)。

(三) 自我控制

雖然老年人意識到與年齡有關的失落，但大多數人能夠保持自我控制的感覺 (Lewis, Todd, & Xu, 2011)。對 21 個已開發國家和開發中國家的調查顯示，大多數 60、70 歲的成年人正在控制自己的生命 (HSBC Insurance, 2007)。在丹麥，美國和英國等已開發國家，60 和 70 歲的成年人比 40 到 50 歲的成年人對自己的生活有更多的控制權。丹麥的老年人報告了最高的控制感。

自我控制在老年人參與健康活動中有重要影響。最近針對 65 至 92 歲的人進行的一項研究發現，自我控制與連續六週的瑜伽項目 (Bonura & Tennenbaum, 2014) 之後幸福感的產生及憂鬱症的改善有關。另一項最近的研究顯示，自我控制是老年人身體活動水準的一個關鍵因素 (Franke et al., 2014)。

研究人員還研究了人們如何自我調節在特定領域的行為 (Bertrand, Graham, & Lachman, 2013; Bolkan & Hooker, 2012)。一項研究調查了 13 至 90 歲的人，對於年齡最大的一組 (60 至 90 歲)，生理領域的控制感是最低；對於最年輕的一組 (13 至 18 歲) 來說，在社會領域的控制感是最低的 (Bradley & Webb, 1976)。其他研究人員發現，老年人對認知功能的控制感下降 (Bertrand & Lachman, 2003)。

三、在社會中的老年人

社會是否對老年人產生負面印象？老化社會中的一些社會政策問題是什麼？

(一) 對老年人的刻板印象

老年人的社會參與經常受到**年齡歧視**的阻礙 (Jonson, 2013; Lawler et al., 2014)。老年人常常被認為無法清晰地思考、學習新事物、享受性生活、為社區做出貢獻，或者負責任地工作。由於年齡的原因，年紀較大的人可能不會被僱用到新的工作崗位，或者可能會從舊崗位中被解職；他們可能避免參與社會活動；也可能會被淘汰出家庭生活。最近的一項研究表明，認為自己與其他年齡層的人不同 (自我分化)，能有效地減少老年人自我評估的負面訊息影響 (Weiss, Sassenberg, & Freund, 2013)。

年齡歧視 (ageism)
對他人的偏見是因為他們的年齡，特別是對老年人的偏見。

關於老年人的負面刻板印象可能導致嚴重後果 (Band-Winterstein, 2014; Malinen & Johnston, 2013; Rippon et al., 2014)。一位 60 歲醫生告訴一位 80 歲的病人：「當然，你已經很累了，你只需要放慢腳步，不用這麼做，畢竟你已經很老了。」許多老年人會接受這種建議，即使植基於年齡刻板印象，而不是醫學紀錄。

年齡歧視很普遍 (Anderson et al., 2013)。一項研究發現，男性比女性更可能對老年人產生負面印象 (Rupp, Vodanovich, & Crede, 2005)。研究表明，最常見的形式是不尊重老年人，其次是假設他們很多疾病或很脆弱 (Palmore, 2004)。但是，有越來越多的成年人活到老年，為了改善老年人的社會形象、改善老年人的生活條件、增加政治影響力而積極努力。

最近針對歐洲國家進行的一項研究發現，老年人在丹麥更有能力從事有償或志願工作，而在波蘭就不太可能參加有償或志願工作 (Bowen & Skirbekk, 2013)。

(二) 老化社會中的政策問題

人們為老化社會和老年人在這個社會中的地位，提出了與老年人福利相關的政策問題 (Fisher et al., 2013; Greenlund et al., 2012)，包括經濟狀況、健康狀況照顧、照顧老年人的家庭的支持，以及對抗世代不平等，我們依序考慮每一個問題。

1. 經濟狀況

經濟和老化的核心問題是擔心政府不能承擔照顧如此多的老年人，他們由於年齡的原因，通常只是消費者，而不是生產者。但是，不是所有 65 歲以上的人都非在職，也並不是所有 18 至 64 歲的人都在職，因此將老年人簡單地描述為消費者和年輕人是生產者是不正確的。然而，最近的經濟危機為許多老年人帶來相當大的負擔，因為他們的非政府退休基金急劇下降 (Strand, 2010)。尤其令人困擾的是，美國成年人的儲蓄率低，在最近的經濟衰退時期，老年人的經濟問題更加惡化 (Gould & Herte1-Fernandez, 2010)。如第 18 章所述，最近的調查顯示，美國人對退休能力的信心近年來一直處於歷史低點 (Helman, Copeland & VanDerhei, 2012)。

2. 醫療保健

老化社會也帶來了各種醫療保健問題 (Stegler et al., 2013a, b)。醫療保健成本上升是目前人們關注的焦點 (Alzheimer's Association,

2013)。導致醫療費用上漲的一個因素是，老年人數量的增加，儘管許多老年人報告他們的健康狀況良好，但老年人比年輕人有更多的疾病。老年人更常看醫生、老年人住院更多、住院時間更長。美國總健康法案中大約三分之一是為 65 歲以上的成年人提供照顧，而這些成年人僅占人口的 12%。老年人的保健需求體現在醫療保險和醫療補助 (Hansen, 2012; Lee, 2013)。值得關注的是，直到最近制定了平價醫療法案 (Affordable Care Act) 之前，美國是唯一沒有國家醫療保健體系的已開發國家，老年人自己仍然支付總醫療保健費用的三分之一，因此老年人及年輕人受到醫療成本上漲的不利影響 (McDonough, 2012)。

對老年人的醫療保健有什麼憂慮？

特別值得關注的是，雖然老年人的許多問題是慢性而非急性的，但醫療體系仍然是基於「治癒」而不是「護理」模式。慢性病是長期的，通常是終身的 (Cadogan, Phillips, & Ziminski, 2014; Harris, Pan, & Mukhtar, 2010)。慢性病往往會歷經可能需要住院治療的急性期，接著是更長的緩解時期，然後重複這種模式。病人的家，而不是醫院，往往成為管理病人慢性病的場所。在家庭系統中，醫生、護士、病人、家庭成員和其他服務提供者之間需要發展一種新的合作關係 (Kamp, Wellman, & Russell, 2010)。衛生保健人員需要接受培訓，並提供家庭服務 (Irish, 2011)。

3. 老年護理

老年護理是老年人家庭的生理和情感照顧，無論這種照顧是否涉及日常的生理協助，還是安排和監督這種照顧的責任。老年人護理的一個重要問題是，如何最好地提供服務 (Trukeschitz et al., 2013; Zacher, Jimmieson & Winter, 2012)。勞動力市場上有這麼多的女性，誰來取代她們呢？另外一個問題則是，有很多照顧者已經 60 多歲了，他們中有許多人自己也生病了，可能覺得負責照顧 80、90 歲的親戚特別有壓力。

老年護理 (eldercare)
照顧家庭老年人的身體和情緒，無論是提供日常生理協助，還是負責監督此類護理。

4. 世代不平等

另一個涉及老化的政策問題是**世代不平等**，認為老化的社會對年輕一代是不公平的，因為老年人得到不合理的大量資源而積累了好處。一些作者認為，世代不平等在整個社會中產生世代衝突和分裂 (Longman, 1987)。世代平等問題引起人們對青少年是否應該被要求負擔照顧老人費用的問題而爭論 (Auerbach & Lee, 2011; Daniels, 2012;

世代不平等 (generational inequity)
老化社會正在與年輕的成員發生衝突，因為老年人得到不合理的大量資源而累積了優勢。

Williamson, 2011)。隨著政府平價醫療法案的頒布，這一擔憂尤其明顯，因為使用衛生保健體系的健康年輕人比老年人少得多，但是仍需要簽署醫療保健計畫或支付保費。

5. 所得

許多老年人關心他們的收入 (Ehnes, 2012; Tse et al., 2014)。特別值得關注的是年長的窮人 (Reno & Veghte, 2011)。研究人員發現，成年晚期的貧困與身體和精神健康問題的增加有關 (Cagney et al., 2014; Sztramko et al., 2014)，老年人的貧困也與較低的生理和認知能力有關 (Johnson et al., 2011)。一項研究顯示，低社會經濟地位增加了老年人早期死亡的風險 (Krueger & Chang, 2008)。

人口普查數據表明，自 1960 年代以來生活在貧困老年人的總體數量有所下降，但在 2012 年，美國 9.1% 的老年人仍然生活在貧困之中 (美國人口普查局，2013)。2010 年，65 歲以上的美國女性 (10.7%) 比男性更容易生活在貧困中 (6.2%) (美國人口普查局，2012)。19% 的單身、離婚或 65 歲以上喪偶的婦女生活在貧困之中。人們對老年婦女的貧困問題特別關注，並對社會保障在為其提供廣泛的經濟安全網方面作用進行大量討論 (Jokinen-Gordon, 2012; Soneji & King, 2012)。

屬於少數民族的老年人貧困率是非拉丁裔白人的兩倍到三倍。在 2010 年 (美國人口普查局，2011)，性別和種族相互結合，41% 的老年婦女和 31% 的非裔婦女生活在貧困中。此外，若以年齡劃分，最老的老年人是最有可能生活在貧困中的那一組。

然而，低收入、貧困的個人，不僅在年長的歲月裡擔心沒有足夠的錢，最近對老年人的研究發現，2008 年的美國經濟衰退減少了他們的財富，增加他們使用憂鬱症和抗憂鬱藥物的比例 (McInerney, Mellor, & Nicolas, 2013)。

6. 生活安排

對老年人的一個刻板印象是，他們往往住在醫院、精神病院、療養院等機構；事實上，近 95% 的老年人生活在社區中。大約三分之二的老年人與家庭成員 (如他們的配偶、孩子或兄弟姐妹) 生活在一起。年齡越大的人，獨自生活的可能性就越大。75 歲以上的老年女性有一半是獨居。單獨居住的大多數老年人是喪偶，女性人數是男性的三倍 (美國人口普查局，2012)。孤獨生活的老年人往往比與他人同居的人更孤獨 (Kirkevold et al., 2013)。但是，與年輕人一樣，單獨居住的 110 歲老年人本身並不意味著孤獨，一個獨居的老年人也可以是身體健康的，經常與親友、鄰居進行社交。

老年人是否跟得上科技的變化？

7. 科技

網絡在成年人和青年提供訊息與交流方面扮演越來越重要的角色 (Berner et al., 2014; Bers & Kazakoff, 2013; Schmidt, Wahl, & Plischke, 2014)。縱貫性研究表明，老年人使用網路的可能性較青年和成年人減少了三分之一 (Cotton et al., 2014)。

年紀較大的成年人在家裡使用電腦的可能性較小，使用網絡的可能性低於年輕人，但老年人是網絡使用者成長最快的族群 (Czaja et al., 2006)。皮尤研究中心 (Pew Research Center) 在 2013 年進行的一項全國調查發現，59% 的美國老年人報告說他們使用網絡 (2000 年，只有 13% 的老年人表示使用網絡) (Smith, 2014)。這項調查確定了使用網絡的兩組不同的老年人：(1) 那些在使用網路的 65 歲以上的年輕成年人中，有 71% 的人每天或幾乎每天上網 (相比之下，18 歲到 29 歲的人中有 88%，30 至 49 歲的人為 84%，50 至 64 歲的人為 79%)。在大約 75 歲時，網絡使用量大幅下降；(2) 年齡較大、較不富裕，並有重大疾病的人較少使用。同樣的調查發現，一旦老年人開始使用網絡，它就會成為他們日常生活中不可分割的一部分。

越來越多的老年人使用電子郵件與親屬溝通。與兒童和年輕成年人一樣，在網絡上注意並驗證訊息的準確性，尤其是涉及醫療保健的主題更會牢記在心 (Miller & Bell, 2012)。

老年人使用科技和認知發展之間的聯繫也正在研究之中。一項研究發現，頻繁的電腦使用與老年人認知任務的更高表現有關 (Tun & Lachman, 2010)。研究人員正在研究電玩遊戲對於保持或改善老年人認知能力方面的作用 (McDougall & House, 2012)。例如，一項研究發現，長達 40 小時的電玩遊戲訓練計畫改善了老年人的注意力和記憶力 (Smith et al., 2009)。最近的一項研究顯示，老年人每天大約 15 分鐘持續 4 週的大腦訓練遊戲，提高了他們的執行功能和處理訊息的速度 (Nouchi et al., 2012)。

複習・連結・反思

學習目標二　描述人格與死亡率之間的關聯，並確認成年晚期自我和社會的變化

複習重點

- 人格特質與老年人的死亡率有何關係？
- 自尊在成年晚期如何變化？老年人可能的自我、自我接受和自我控制的特徵是什麼？
- 老年人如何被社會覺察和對待？

連結

- 我們在本節中了解到，貧困與老年人生理和認知能力的下降有關。我們在前幾章中了解到什麼是貧困幼童，和老年期的貧困有何關係？

反思個人的人生旅程

- 你對自己成為老人後有什麼想像？

參　家庭和社會關係

學習目標三　描繪老年人的家庭和社會關係

生活方式多樣性 | 依附 | 年長的父母和成年孩子 | 曾祖父母 | 友誼 | 社會支持與社會融合 | 利他主義和志願服務

許多已婚老年人需要做什麼適應？

老年人與年輕人的親密關係是否有所不同？老年人的生活方式如何？老年成人父母和成年子女的關係有何特點？曾祖父母的角色是否與祖父母的角色不同？社交網絡對老年人的生活有什麼幫助？老年人需要什麼類型的社會支持？老年人的利他主義和自願主義會如何促成正向的結果？

一、生活方式多樣性

老年人的生活方式正在改變。以前生命的晚年可能包括男人的婚姻和喪偶婦女，隨著以離婚為特徵的婚姻解體的人口轉變，三分之一的成年人現在可能在其一生中會經歷結婚、離婚和再婚。現在我們來探討一下老年人的一些不同的生活方式，從已婚或伴侶開始。

(一) 已婚老年人

2012 年，65 歲以上的美國成年人中有 58% 已經結婚 (美國人口普查局，2012)。老年男性 (72%) 比年長女性更有可能結婚 (45%)。2012 年，美國 65 歲以上成年人中有 27% 是喪偶 (美國人口普查局，2012)，寡婦 (850 萬) 是鰥夫 (210 萬) 的四倍以上。

從退休到死亡的時間有時被稱為「婚姻過程的最後階段」。在

老年人的生活中，對於許多夫妻來說結婚的圖像是正面的 (Piazza & Charles, 2012; Strout & Howard, 2012)。在成年晚期結婚或有伴的人比那些單身者通常更快樂、壽命更長 (Peek, 2009)。最近對 80 多歲的人進行的一項研究顯示，婚姻滿意度有助於使他們的幸福感不受日常感知健康波動的影響 (Waldinger & Schulz, 2010)。此外，對 75 歲以上成年人的縱貫性研究顯示，已婚的個人在 7 年內死亡的可能性較小 (Rasulo, Christensen, & Tomassini, 2005)。最近的一項研究發現，老年人的婚姻滿意度與個人是否憂鬱有關 (Walker et al., 2013)。

發展連結—婚姻
美滿婚姻的好處包括減少身體和情緒上的壓力、減少對身體的磨損。(第 14 章)

退休改變了夫妻的生活方式，需要適應 (Price & Nesteruk, 2010)。傳統的家庭結構發生了巨大的變化，丈夫工作，妻子是家庭主婦。丈夫可能不知道該如何處理他的時間，而妻子可能會有對於丈夫這麼多的時間到房子周圍散步而感到不安。在傳統家庭中，雙方可能需要轉向更具表現力的角色。丈夫必須從家庭之外的提供者調整為家中的幫助者；妻子必須從唯一的家庭主婦變成為分擔家庭責任的夥伴。老年人的婚姻幸福也受到每個伴侶應對個人挑戰能力的影響。

成年晚期，已婚人士更有可能發現自己不得不照顧健康狀況不佳的生病伴侶 (Blieszner & Roberto, 2012)。

(二) 離婚和再婚的老年人

越來越多的老年人離婚。1980 年，只有 5% 的老年人離婚，但是到了 2012 年，美國有 14% 的女性和 12% 的 65 歲以上的男性離婚 (美國人口普查局，2012)。許多人在進入成年晚期之前就已經離婚或分居了。大多數離婚的老年人是女性，由於其更長的壽命。男性比女性更容易再婚，從而脫離離婚的老年人群體 (Peek, 2009)。離婚在老年人中比年輕人要少得多，可能反映了世代效應，而不是年齡效應，因為當前的老年人在年輕時離婚比較罕見 (Peek, 2009)。

老年人離婚會影響社會、經濟和生理層面 (Butrica & Smith, 2012; Piazza & Charles, 2012)。離婚會削弱親屬關係，尤其是在老年人的情況下。離婚的老年婦女比已婚老年婦女的財務資源不足，而離婚的老年人也比沒有離婚的老年人有更多的健康問題 (Bennett, 2006)。

離婚率上升、壽命延長、健康狀況改善，導致老年人再婚率上升 (Ganong & Coleman, 2006)。當一個離婚或喪偶的老年人想要再婚或再婚時會發生什麼事？一些老年人對再婚的決定感受到負面的社會壓力，這些負向的制裁措施，包括被成年孩子拒絕。但是，大多數成年子女支持年長的成年父母決定再婚。最近的一項分析顯示，再婚的中老年人的離婚率會比第一次婚姻的離婚率高 2.5 倍 (Brown & Lin, 2012)。

研究人員發現，再婚父母和繼父母對成年繼子女的支持不如初婚時的父母 (White, 1994)。最近的一項研究顯示，老年人與繼子女之間的關係較薄弱 (Noel-Miller, 2013)。在這項研究中，老年繼父母與繼子女的社會接觸，主要是和繼父母繼續與繼子女的親生父母維持婚姻的狀況下才會有所關聯。離婚後繼續與繼子女接觸的次數會突然下降。

(三) 同居的老年人

越來越多的老年人同居 (Noel-Miller, 2011)。1960 年，幾乎沒有任何老年人同居 (Chevan, 1996)。從 2000 年到 2010 年，50 歲以上成年人的同居人數從 120 萬增加到 250 萬 (Brown, Bulanda, & Lee, 2012)。儘管如此，同居的老年人仍占少數——2010 年有 3% 的老年人同居 (Mykyta & Macartney, 2012)。隨著嬰兒潮出生的大群人成為 65 歲以上的老年人，預計同居老年人的數量將進一步增加。在很多情況下，同居更多的是陪伴而不是愛情。在其他情況下，例如當一方面臨高額照料的可能性時，一對夫婦可能會決定分開，以維護其資產。一項研究發現，同居的老年人比同居的年輕人有更正向和穩定的關係，儘管老年人不太可能有計畫要很多的伴侶 (King & Scott, 2005)。

同居會影響個人的健康嗎？一項對超過 8,000 名 51 到 61 歲成年人的研究顯示，同居夫婦的健康與已婚夫婦的健康狀況沒有什麼不同 (Waite, 2005)。然而，另一項對 50 歲以上人群的研究發現，同居者比已婚者 (Brown, Bulanda, & Lee, 2005) 更為低落。最近的一項研究表明，同居老年人比起已婚老年人較不可能得到伴侶護理 (Noel-Miller, 2011)。

二、依附

對老年人依附的研究遠遠少於對兒童、青少年和年輕人的研究。最近一項關於老年人依附的研究回顧得出以下結論 (Van Assche et al., 2013)：

- 老年人與年輕人相比，有較少的依附關係 (Cicirelli, 2010)。
- 隨著年齡的增加，依附焦慮減少 (Chopik, Edelstein, & Fraley, 2013)。

- 在成年晚期，安全依附者在心理和生理的幸福感比焦慮依附者更佳 (Bodner & Cohen-Fridel, 2010)。
- 不安全的依附與照顧老年失智症患者的看護壓力有關 (Karantzas, Evans, & Foddy, 2010)。

最近的一項大規模研究調查了 18 至 70 歲人群的焦慮和迴避依附 (Chopik, Edelstein, & Fraley, 2013)。在這項研究中，焦慮依附在 20 多歲的成年人中最高，在中年和老年人中最低。迴避依附的發展變化並不像焦慮依附那樣強烈，儘管焦慮依附對於中年人來說是最高的，但對於年輕人和老年人來說是最低的。同樣在這項研究中，有伴侶的成年人的焦慮和迴避依附程度低於單身成年人。

三、年長的父母和成年孩子

晚年的親子關係與早年的親子關係不同 (Antonucci, Birditt, & Ajrouch, 2013; Bangerter et al., 2014; Birditt & Wardjiman, 2012; Fingerman & Birditt, 2011; Fingerman et al., 2011a, b; Fingerman, Sechrist, & Birditt, 2013; Kim et al., 2014)。他們受到漫長的聯合歷史和廣泛的共同的經歷與回憶的影響。

大約 80% 老年人與孩子一起生活，其中許多人是中年人。大約 10% 的老年人有 65 歲或以上的孩子。成年子女是老年父母社交網絡的重要組成部分。研究人員發現，年齡較大的孩子比沒有下一代的孩子更容易接受親屬 (Johnson & Troll, 1992)。

老年父母及其成年子女的生活方式越來越多樣化。離婚、再婚、同居和非婚生育在今天的老年人歷史上比過去更常見。

性別和年長的成年父母及其子女的關係中有重要的影響 (Ward-Griffin et al., 2007)。成年女兒比成年兒子更可能參與老年父母的生活，成年女兒比成年兒子為父母提供日常生活援助的可能性高出三倍 (Dwyer & Coward, 1991)。

正如第 16 章「成年中期的社會情緒發展」所討論的，如果他們的父母有身心障礙，中年人更可能提供支持 (Antonucci, Birditt, & Ajrouch, 2013)。成年子女可以執行的一項有價值服務是協調和監控服務，幫助身心障礙老人 (Jones et al., 2011)。即使老年人受到不太嚴重的傷害，也可能需要購物、家務、運送、上門維修和付帳等方面的幫助。

正如第 16 章所討論的，一些研究人員發現老年父母與子女之間的關係通常表現為矛盾心理 (Bangerter et al., 2014; Fingerman & Birditt, 2011; Fingerman, Sechrist, & Birditt, 2013)。觀念包括愛、互惠的幫助，以及正向的一面和同樣的價值觀，但也有家庭衝突、虐待、忽視和照顧者的負面壓力。一項關於成年子女與老年人成年父母關係的研究表明，尤其當關係涉及到姻親、健康欠佳，以及早期生活中父母關係較差的成年子女之間的關係時，矛盾可能就會存在 (Wilson, Shuey & Elder, 2003)。然而，最近的一項研究表明，反映團結的情感和支持比世代關係中的矛盾更普遍 (Hogerbrugge & Komter, 2012)。

四、曾祖父母

由於壽命延長，今天比以往更多的祖父母也是曾祖父母。到了二十世紀，三代同堂家庭很普遍，但是現在四代同堂家庭也很普遍。曾祖父母的一個貢獻是，透過告訴他們的子女、孫輩與家人，來自哪裡、他們的成員貢獻了什麼、忍受了什麼、他們的生活如何改變來傳播家族史 (Harris, 2002)。

對曾祖父母的研究很少。一項研究調查年輕人與祖父母和曾祖父母之間的關係 (Roberto & Skoglund, 1996)。發現年輕人與祖父母間的互動多於和曾祖父母。他們還認為，祖父母的角色更為明確，在生活中比曾祖父母更有影響力。

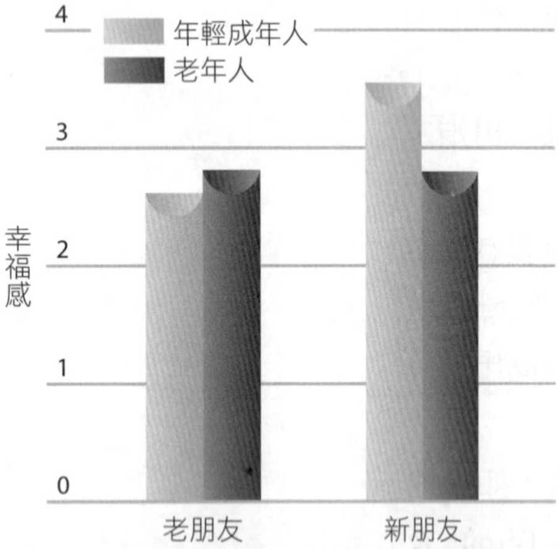

圖 19.6　年輕成年人和老年人與新朋友和老朋友的幸福感。注意：幸福感範圍從 0 到 6，參與者評價他們如何強烈地感受到幸福 (0 =完全沒有，6 =非常強烈)。老年人的平均年齡是 71 歲；年輕人的平均年齡則是 23 歲。

五、友誼

在成年初期，友誼網絡隨著新的社交關係，離開家庭而擴大。雖然有些成年人確實尋求新的友誼，尤其是在配偶去世之後，但是在成年後期，新的友誼不太可能發展 (Zettel-Watson & Rook, 2009)。

老化專家 Laura Carstensen (1998) 總結說，隨著年齡的增長，人們會選擇親密的朋友，而不是新朋友。Carstensen 說，只要他們的網絡中有幾個密切的人，看起來就很滿足。支持 Carstensen 的觀點，在一項研究中，老年人表示他們與新朋友較少經歷強烈的正向情緒，而與老朋友才有更強烈的正向情緒 (Charles & Piazza, 2007) (見圖 19.6)。

在一項對已婚老年人的研究中，女性如果沒有最好的朋友，會比男性更加憂鬱，而有朋友的女性則報告顯示憂鬱程度較低 (Antonucci, Lansford, & Akiyama, 2001)。同樣她，沒有最好朋友的女性比擁有最好朋友的女性生活滿意度較差。

發展連結—家庭和同輩
發展親密的友誼需要時間，所以在過去的歲月裡，老朋友往往會比對剛剛認識的朋友情誼更深。(第 16 章)

以下研究記錄了老年人友誼的重要性：

- 成年晚期，在預測心理健康方面，友誼比家庭關係更重要 (Fiori, Antonucci, & Cortina, 2006)。例如，社交接觸主要限於家庭成員的老年人更可能有憂鬱症狀。朋友可能提供情感親密和友誼，並幫助融入社會 (Antonucci, Akiyama, & Sherman, 2007)。
- 與朋友的活動增加了老年人的正向情緒和生活滿意度 (Huxhold, Miche, & Schuz, 2014)。
- 與朋友關係密切的老年人在 7 年內死亡的可能性較小 (Rasulo, Christensen, & Tomassini, 2005)，而且女性比男性有更強的預測度。

六、社會支持與社會融合

社會支持和社會融合在老年人的身心健康中有重要的作用 (Antonucci, Birditt, & Ajrouch, 2013; Li, Ji, & Chen, 2014; Utz et al., 2014)。

(一) 社會支持

在**社會關係的護航模式**中，在個人網絡中嵌入個人的生活模式，個人網絡中包括他們給予支持的個人，以及他們獲得社會支持的個人 (Antonucci, Birditt, & Ajrouch, 2013)。對於老年人來說，社會支持與身心健康有關 (Cheng, Lee, & Chow, 2010; Li, Ji, & Chen, 2014)。這與疾病症狀的減少有關，能夠滿足自己的保健需求，並降低死亡率 (Rook et al., 2007)。一個更高的社會支持水準也與老年人被限制和認知退化的可能性較低有關 (Herd et al., 2011; Richardson et al., 2011)。此外，最近的一項研究顯示，那些經歷較高社會支持水準的老年人，他的認知水準會退化得較慢 (Dickinson et al., 2011)。

老年人的社會支持可以由不同的成年人提供 (Antonucci, Birditt, & Ajrouch, 2013)。已婚的老年人比未婚老年人更不需要正式的社會支持，如家庭護理、成人日托和家庭送餐。家庭在老年人的社會支持中扮演重要角色，但朋友也可以為社會支持提供寶貴的資源 (Blieszner & Roberto, 2012)。另外，不同文化對老年人的社會支持也可能有所不同。例如，在美國，老年人的焦點支持者最有可能是女

社會關係的護航模式 (convoy model of social relations)
在個人網絡中嵌入個人生活的模式，或者他們給予支持的個人和從中獲得支持的個人。

兒，而在日本則最有可能是媳婦。

(二) 社會融合

社會融合在許多老年人的生活中也很重要 (Antonucci, Birditt, & Ajrouch, 2013; Fingerman, Brown, & Blieszner, 2011; Hawkley & Caccioppo, 2012; Stephens, Breheny, & Mansvelt, 2014)。請記住：從我們之前關於社會情緒選擇理論的討論可以看出，許多老年人選擇與朋友和家人有較少的外圍社交聯繫，以及更正向的情感接觸 (Carstensen et al., 2011)。研究人員發現，老年人看起來比年輕人更孤獨，其實他們的情況並不像所預期的那樣孤獨 (Schnittker, 2007)。這可能反映了他們更有選擇性的社交網絡，以及更能獨處 (Antonucci, Birditt, & Ajrouch, 2013)。

以下是近期一些關於老年人孤獨感的研究成果：

- 預測 70、78 和 85 歲老年人孤獨感最為一致的因素是沒有結婚 (Stessman et al., 2014)。
- 對於 60 至 80 歲的人來說，伴侶的死亡是男性比女性更強烈的孤獨感的指標 (Nicolaisen & Thorsen, 2014)。
- 老年人越來越多使用網絡、更容易結識新朋友，以及與朋友和家人的聯繫更加緊密，會減少孤立感 (Cotten, Anderson, & McCullough, 2013)。
- 隨著老年人參加不同類型的社交活動的增加，對健康的自我認知度提高、孤獨感會減少、對生活更加滿意 (Gilmour, 2012)。

最近，研究人員還研究了老年人和孤獨感、社會隔離的關聯程度 (Gerst-Emerson, Shovali, & Markides, 2014; Newall & Menec, 2014; Skingley, 2013)。孤獨感、社會孤立與健康問題、死亡率增加有關 (Cohen-Mansfield & Perach, 2014; Luo et al., 2012)。然而，最近的一項研究發現，社會隔離是死亡率比孤獨性更好的預測指標 (Steptoe et al., 2013)。最近對老年人進行的另一項研究顯示，孤獨感和社交孤立感與四年後認知功能的下降有關 (Shankar et al., 2013)。

七、利他主義和志願服務

老年人比年輕人更無私嗎？在最近的一項調查中，老年人較願意為公益事業做貢獻，而年輕人則較關注讓個人經濟收益最佳化(Freund & Blanchard-Fields, 2014)。

一個普遍的看法是，老年人需要得到幫助，而不是自己給予幫助；但最近的一項全國性調查發現，2013 年美國 65 歲以上的成年人中有 24.1% 從事志願工作 (美國勞工統計局，2013)。在這項調查中，志願服務比例最高的是 35 至 44 歲 (30.6%)。然而，老年人比任何其他年齡組更可能每年志工服務超過 100 小時 (Burr, 2009)。老年人的志願服務中，將近 50% 是由宗教組織提供的服務 (Burr, 2009)。

98 歲的志願者 Iva Broadus 在德州達拉斯與 10 歲的 DeAngela Williams 打牌。Broadus 最近被認為是大姐姐 (Big Sister) 計畫中最老的志願者。Broadus 說卡片打牌有助於保持她的記憶力和思維能力，同時也可以幫助 Williams。

研究人員發現，當年長的成年人從事志願工作時，將從這些活動中受益 (Klinedinst & Resnick, 2014; Pilkington, Windsor, & Crisp, 2012)。例如，在最近的一項研究中，在過去 12 個月中志工服務超過 200 小時的老年人比沒有從事志願者活動的老年人更容易表現出心理健康和體能的增加 (Sneed & Cohen, 2013)。志願服務產生正向成果的原因之一是，提供建設性的活動和生產性角色、社會融合，以及增強的意義 (Tan et al., 2007)。

一項研究針對 423 位老年成年夫婦進行為期五年的調查 (Brown et al., 2003)。在研究開始時，夫婦被問到在過去一年給予或接受情感或實際幫助的程度。五年後，那些說過幫助別人的人其死亡的可能性是一半。這個發現的一個可能原因是，幫助別人可能會減少壓力激素，從而改善心血管健康和增強免疫系統。一項為期 12 年的縱貫性研究顯示，不關心別人的老年人早期死亡率增加 (Gruenewald et al., 2009)。在最近的一項後設分析中，從事組織志願服務的老年人的死亡風險低於沒有參加志願服務的老年人 (Okun, Yeung, & Brown, 2013)。

發展連結—社區與文化
服務學習與青年的眾多正向成果互相聯繫。(第 11 章)

複習・連結・反思　學習目標三　描繪老年人的家庭和社會關係

複習重點

- 你如何描述成年人生命的多樣性？
- 老年人如何改變依附關係？
- 什麼是老年成人父母和成年子女關係的特點？
- 曾祖父母的角色不同於祖父母的角色嗎？
- 什麼是老年人喜歡的友誼？
- 社會支持和社會融合在成年後期扮演什麼角色？
- 利他主義和志願服務和老年人的正向發展有何關聯？

連結

- 在本節中，你讀到較少社交融合的老年人與冠心病有關。你在第 15 章中學到什麼關於心臟病和中年成長的壓力？

反思個人的人生旅程

- 如果你正處於成年早期，你父母與祖父母 (如果他們還活著) 關係的性質是什麼？如果你是一個中年成年人，你如何描述你與父母的關係 (如果他們還活著) ？

肆 種族、性別和文化

學習目標四 總結種族、性別和文化與老化的關係

種族 性別 文化

特別值得關注的是，年長的美籍黑人婦女所面臨的壓力，其中許多人認為宗教是幫助她們得以因應的一個來源或力量。什麼是女性、少數族裔和老年人的其他特徵？

種族與老化有何關係？性別角色在成年晚期是否會改變？不同文化中老化的社會方面是什麼？

一、種族

特別值得關注的是，少數民族的老年人，特別是非裔美國人和拉丁裔，他們在貧困統計中的比例過高 (Jackson, Govia, & Sellers, 2011)。例如 72 歲的 Harry，他住在洛杉磯的一家破舊旅館裡。他患有關節炎，並使用助行器，他多年來一直沒有工作，政府的支付勉強足以滿足他的需求。

關於非裔美國人、拉丁裔和白人的比較資料顯示，老年少數族裔個人可能受到雙重威脅，他們面臨與年齡歧視和種族主義相關的問題 (Hatzfeld, Laveist, & Gaston-Johansson, 2012)。少數民族老年人的財富和健康比老年非拉丁裔白人的下降更快 (Yee & Chiriboga, 2007)。較年長的少數民族個體更可能生病，但不太可能接受治療 (Shenson et al., 2012)。與非拉丁裔白人相比，他們也更有可能受過較少的教育、較高的失業率、更差的住房條件和較低的生活能力 (Gee, Walsemann, & Brondolo, 2012)。許多少數族裔工人從未享受到社會保險和醫療保險福利，因為他們在達到享受福利資格的年齡之前就死亡了 (Jackson, Govia, & Sellers, 2011)。

為了消除年輕少數族裔個人面臨的壓力和歧視，許多老年人已經形成應對機制，使他們能夠在占據主導地位的非拉美裔白人世界中生存。家庭網絡的擴展有助於年長的少數族裔個體應對生活的基本要求，並賦予他們被愛的感覺 (Karasik & Hamon, 2007)。非裔美國人和拉丁裔社區的教會為有意義的社會參與、賦權感滿意感提供途徑 (Hill et al., 2006)。少數民族聚居區給老年人帶來歸屬感。

二、性別

當我們變成老年人時，我們的性別角色是否會改變？一些發展主

義者認為，女性的女性氣質下降，男性到達成年晚期男性氣質也會下降 (Gutmann, 1975)。有證據表明，年長的男人確實變得更加女性化、敏感等，但是老年婦女似乎並不一定變得更加男性化、自信、占主導地位等 (Turner, 1982)。請記住：群體效應在性別角色等方面尤為重要。隨著社會歷史變革的發生，曾經被認為是年齡效應的因素可能是群體效應 (Schaie, 2013)。

文化對老年人有不同的威信。在納瓦霍 (Navajo) 文化中，老年人因其智慧和豐富的人生經歷而受到尊重。在文化中尊重老年人還有哪些其他因素呢？

許多女性面臨著雙重危險——年齡歧視和性別歧視的負擔 (Meyer & Parker, 2011)。我們不僅關注老年女性對年齡歧視和性別歧視的雙重威脅，還需要特別關注女性少數族裔老年人 (Jackson, Govia, & Sellers, 2011)，他們面臨著可能被描述為三重危險——年齡歧視、性別歧視和種族主義的問題 (Hinze, Lin & Andersson, 2012)。少數族裔的老年婦女在生活中面臨相當大的壓力，在處理這種壓力時，她們表現出非凡的適應性、責任感和應對能力。

三、文化

一項分析表明，三個因素會影響一個老年人過著「美好生活」：健康、安全和親屬 / 支持 (Fry, 2007)。

另一個重要的問題是：什麼因素與老年人是否在文化中處於高地位有關？有一種觀點認為，七個因素最有可能預測在一個文化中，老年人的高階地位 (Sangree, 1989)：

- 老年人有寶貴的知識。
- 老年人控制著重要的家庭 / 社區資源。
- 老人被允許盡可能長時間地從事有用和有價值的工作。
- 在整個生命週期中都有角色的連續性。
- 年齡相關的角色變化和更大的責任、權力和諮詢能力有關。
- 大家庭是文化中常見的家庭，老年人融入大家庭。
- 一般來說，在集體主義文化 (比如中國和日本) 中，尊重老年人比在個人主義文化 (如美國) 中更重要。然而，一些研究人員發現，這種尊重老年人的集體主義 / 個人主義的差異並沒有像以前那麼強烈，而且在某些情況下，個別主義文化中的老年人還是受到相當的尊敬 (Antonucci, Vandewater, & Lansford, 2000)。

複習・連結・反思　學習目標四　總結種族、性別和文化與老化的關係

複習重點

- 種族如何影響老化的經歷？
- 性別角色在成年晚期是否會改變？請說明。
- 老化在不同的文化中如何經歷？

連結

- 在這一節中，你讀到少數族裔在老化方面面臨著更多的挑戰。你在第 17 章學到哪些種族和內容？

反思個人的人生旅程

- 你如何描述受你的種族、性別和文化影響的老年人的家庭背景？

伍 成功老化

學習目標五　解釋如何成功地老化

長久以來，成年晚期的正向因素被忽略了 (Cheng, 2014; Cosco et al., 2014; Hodge et al., 2014; Johnson & Mutchler, 2014; Lamb, 2014)。在整本書中，我們已經提請注意老化的正向方面。隨著適當的飲食、正向的生活方式、精神刺激和靈活性、正向的處理技巧、良好的社會關係和支持，以及沒有疾病，許多能力可以維持，或者在某些情況下，甚至會隨著年齡的增長而改善，老年時期已不像過去那樣令人悲觀 (Antonucci, Birditt, & Ajrouch, 2013)。即使個體發生疾病，藥物改良也意味著越來越多的老年人可以繼續過著正向而有尊嚴的生活 (Siegler et al., 2013a, b)。加拿大最近的一項研究發現，成功老化的預測自評率為 41% 的人認為他們會活到 65 至 74 歲，33% 的人認為是 75 至 84 歲，22% 的人認為是 85 歲以上 (Meng & D'Arcy, 2014)。在這項研究中，年齡、已婚、定期飲酒、身體健康 (自我感知) 和滿意度與成功老化有關。疾病的存在與老化成功率的顯著下降有關。

正向進取對成功老化尤為重要 (Parisi et al., 2014; Solberg et al., 2013)。那些經常參加會議、參加教會活動和出遊的老年人比那些脫離社會的同齡人更加滿意自己的生活 (Berchicci et al., 2014)。參與挑戰性認知活動的老年人更有可能長時間保持其認知技能 (Kirk-Sanchez & McGough, 2014; Park et al., 2014; Rehak et al., 2014)。對情感有選擇性的老年人、最佳化他們的選擇，並有效地補償，以增加老化的成功機會 (English & Carstensen, 2014a; Freund, Nikitin, & Riediger, 2013)。

發展連結—健康
經常運動與延長壽命和預防許多慢性疾病有關。(第 17 章)

成功的老化還包括對環境的感知控制 (Bertrand, Graham, & Lachman, 2013; Milte et al., 2014)。在第 17 章中，我們描述了如何

有效控制環境對於家人的健康和長壽有正向的作用。近年來，自我效能一詞經常被用來描述對環境的感知控制和產生正向成果的能力 (Bandura, 2010, 2012)。研究人員發現，許多老年人在保持控制感方面非常有效，對自己有正面的看法 (Bertrand, Graham, & Lachman, 2013; Park, Elavsky, & Koo, 2014)。例如，對百歲人瑞的研究發現，許多人都非常愉悅，自我效能感和樂觀態度與他們的幸福感有關 (Jopp & Rott, 2006)。一項研究顯示，最大化的心理資源 (自我效能和樂觀) 與老年人的高品質生活息息相關 (Bowling & Lliffe, 2011)。調查老化的正向方面是可能造福子孫後代的一個重要趨勢 (Freund, Nikitin & Riediger, 2013; Hodge et al., 2014)。而一個非常重要的議題就是，要繼續提高我們對人們如何更長壽、更健康、更富有成效和滿意生活的理解 (Nagamatsu et al., 2014; Park, Han, & Kang, 2014)。

複習・連結・反思　學習目標五　解釋如何成功地老化

複習重點

- 什麼因素與成功老化有關？

連結

- 在這一節中，你會看到自我效能和樂觀態度與百歲老人的幸福有關。在第 17 章中，有哪些因素被認為是幫助人們成為高齡老年人的重要角色？

反思個人的人生旅程

- 一個老年人的成功老化的能力與你現在的生活有什麼關係？

與前瞻主題連結

在死亡、臨終和悲傷中，臨終的人與他們親近的人體驗到激烈的情緒。臨終的人會經歷一系列的情緒，可能會表現出否認、憤怒或接受。家人和朋友與臨終的人進行有效溝通是非常重要的。在應對另一個人的死亡時，悲傷可能會感受到情感上的麻木、焦慮的分離、絕望、悲傷或孤獨。在某些情況下，悲傷可能持續數年，其中最困難的失落是小孩或配偶的死亡。社會支持有利於寡婦和鰥夫。

達成本章學習目標

成年晚期的社會情緒發展

壹、社會情緒發展理論

學習目標一　討論社會情緒發展和老化的四個理論

- **Erickson 的理論**：Erickson 的成年晚期經歷的第八個，也是最後一個發展階段涉及對過去的反思，正向地整合或是負向的後悔遺憾自己的生命潛能沒有充分發揮。生命回顧是 Erickson 完整性與絕望的重要主題。
- **活動理論**：活動理論認為，老年人越活躍，越容易滿足自己的生活。這個理論得到研究的大力支持。
- **社會情緒選擇理論**：社會情緒選擇理論指出，老年人對其社交網絡的選擇性更高。因為他們高度重視情感滿足，所以他們有動力花費更多的時間與熟悉的人建立關係。知識和情感相關的目標在整個生命週期中都會發生變化，情緒相關的目標越老就越重要。
- **選擇最適化的補償模式**：選擇最適化的補償理論指出，成功的老化與三個主要因素有關：(1) 績效領域的選擇；(2) 現有能力的最適化；以及 (3) 缺陷補償。當發生失落時，這些特別重要。

貳、人格、自我和社會

學習目標二　描述人格與死亡率之間的聯繫，並確認成年晚期自我和社會的變化

- **人格**：在成年晚期，認真和愉快的人格特徵會增加。較低的責任心、外向性和對經驗的開放性、神經質、負向情緒、悲觀情緒和對生活的負面想法較高，與成年晚期較早的死亡有關。
- **自我與社會**：在一項大規模的研究中，大部分成年人的自尊隨年齡增加而增加，但在 70、80 歲時卻下降了。需要進一步的研究來驗證這些自尊的發展變化。老年人的自尊衰退下降，可能的自我是個人想成為什麼樣的人，以及他們害怕成為什麼樣的人。可能的自我變化在成年後期，並和參與各種活動和長壽有關。自我接納類型的變化發生在成人時期，因為理想和未來自我的接受隨著年齡的增長而降低，並且接受過去的自我增加。儘管自律可能因領域而異，但大多數老年人有效地保持自我控制的感覺。
- **在社會中的老年人**：年齡歧視是因為年齡的原因而對別人造成偏見。老年人的負面刻板印象依然存在。老化社會中的社會政策問題，包括經濟狀況和社會保障制度的持續性、提供醫療保健、老年護理和對抗世代不平等。特別值得關注的是，處於貧困狀態的老年人。獨居老年婦女和少數族裔老年人的貧困率特別高。大多數老年人生活在社區而不是機構，大約三分之二的老年人會與家人一起生活。老年人在家裡使用電腦的可能性比在年輕人身上使用網絡的可能性要小，但是他們是網絡使用者增長速度最快的族群。

參、家庭和社會關係

學習目標三　描繪老年人的家庭和社會關係

- **生活方式多樣性**：老年成年男性比老年女性更可能結婚。退休改變了一對夫婦的生活方式，需要適應。已婚的老年人往往比單身老年人更快樂。老年人離婚有社會、經濟和身體方面的後果。離婚的老年人越來越多，壽命越長、健

康狀況越好，導致老年人再婚的增加。一些老年人對喪偶或離婚後再婚的決定感受負面壓力，儘管大多數成年子女支持年老父母退休再婚的決定。有越來越多的老年人同居。

- **依附**：老年人與年輕人的依附關係較少；焦慮依附隨著年齡增長而下降；安全依附與老年人的心理和身體健康相關；不安全的依附與照顧關懷阿茲海默症患者的感知負荷更大有關。
- **年長的父母和成年孩子**：大約 80% 的老年人與孩子一起生活，其中許多是中年人。父母和成年子女的關係越來越多樣化。成年女兒比成年兒子更可能參與老年父母的生活。成年子女可以執行的一項重要任務是協調和監測重病年老父母的服務。模糊可以代表成年子女與年邁的父母之間的關係。
- **曾祖父母**：由於壽命延長，今天更多的祖父母也是曾祖父母。曾祖父母的一個貢獻是對家族史的了解。一項調查研究發現，年輕父母與祖父母的關係比曾祖父母更好。
- **友誼**：老年人的友誼變化有更多的連續性。
- **社會支持與社會融合**：社會支持與老年人身心健康的改善息息相關。參加更多組織的老年人比參與率較低的老年人活得更久。老年人的外圍社交關係往往較少，但卻有很強烈的動機花時間與親密的朋友和家庭成員建立情感上的回報。
- **利他主義和志願服務**：利他主義與長壽有關。志願服務與更高的生活滿意度、更少的憂鬱和焦慮、更好的身體健康，以及更正向的情緒相關。

肆、種族、性別和文化

學習目標四　總結種族、性別和文化與老化的關係

- **種族**：少數群體的老年人應對年齡歧視和種族主義的雙重負擔。儘管如此，少數民族的老年人生活也有相當大的變化。
- **性別**：有更有力的證據表明，老年男性變得更加女性化和親切敏感。老年婦女面臨年齡與性別歧視的雙重危險。
- **文化**：歷史上，中國和日本的老年人是尊貴的，但是現在他們的地位也產生變化。預測不同文化背景下、老年人高度地位的因素是其具有寶貴的知識到整合到大家庭中。

伍、成功老化

學習目標五　解釋如何成功地老化

- 越來越多有關的老年人的正向方面研究正在展開。與成功老化相關的因素，包括正向的生活方式、正向的應對技巧、良好的社會關係和支持，以及沒有疾病。

第十部

結束

我們的生活最終會結束——當我們接近人生的墳墓時，堅持不變的信任，或在結束的時候狂歡？最後幾年我們似乎從熟悉的群體中分離，但我們又能透過一條無形的纜線連接到我們的孩子的孩子的孩子，而發現，其實我們一直未曾遠離。

最後一部包含一章：「死亡、臨終和悲傷」(第 20 章)。

隨後的幾年歲月中每天遺失點什麼；終於我們被我們自己遺失了。

——Alexanderpope

18 世紀英國詩人

20 CHAPTER

死亡、臨終和悲傷

學習目標

1

壹、死亡系統與文化背景

學習目標一　描述死亡系統及其文化和歷史背景

包含：死亡系統及其文化差異、歷史環境的變化

2

貳、定義死亡和生命 / 死亡議題

學習目標二：評估確定死亡和決定死亡的議題

包含：決定死亡的議題；關於生命、死亡和醫療保健的決定

3

參、死亡的發展觀

學習目標三　討論在不同的發展點上的死亡和態度

包含：死亡的原因、在不同生命週期對死亡的態度

4

肆、面對自己的死亡

學習目標四　解釋面對自己的死亡所涉及的心理層面和死亡的環境

包含：Kübler-Ross 的臨終階段、感知控制和拒絕、人死亡的環境

5

伍、應對其他人的死亡

學習目標五　找出應對另一個人死亡的方法

包含：與臨終者溝通、悲傷、感悟世界、失去了生活伴侶、哀悼的形式

Paige Farley-Hackel 和她最好的朋友 Ruth McCourt 一起帶著 McCourt 的四歲女兒 Juliana 到迪士尼樂園。她們最初預定搭乘從波士頓飛往洛杉磯的同一班飛機，但是 McCourt 決定使用飛行常客里程，而搭乘另一架飛機。恐怖分子劫持她們的航班後，兩班的航班爆炸相隔 17 分鐘，然後在 2011 年 9 月 11 日撞向紐約市世界貿易中心的雙塔。

45 歲的 Ruth McCourt 是康乃狄克州新倫敦的一位家庭主婦，在波士頓的一家日間水療中心與 Farley-Hackel 相識。McCourt 結婚時放棄了事業，但兩個女人之間的友誼持續下去。她們經常一起旅行，分享閱讀、烹飪和學習的熱情。

46 歲的 Farley-Hackel 是一名作家、勵志演說家和精神顧問，居住在麻薩諸塞州牛頓市。她的丈夫 Allan Hackel 說，她期待著她的新電台節目「屬靈意義講座」(Spiritually Speaking) 前幾集的播出，並希望最終可以上《歐普拉秀》(*The Oprah Winfrey Show*)。9 月 11 日之後，歐普拉提供一個紀念館悼念 Farley-Hackel、McCourt 和 Juliana。

預習

在本書的最後一章，將探討死亡和臨終。其中，我們會提出的問題是：死亡系統及其文化和歷史背景的特點是什麼？如何界定死亡？什麼是發展和死亡之間的一些關聯？人們如何面對自己的死亡？個人如何應對所愛的人的死亡？

壹 死亡系統與文化背景

學習目標一 描述死亡系統及其文化和歷史背景

- 死亡系統及其文化差異
- 歷史環境的變化

發展連結—預期壽命
人類壽命的上限是 122 歲 (基於最古老的年齡紀錄)。(第 1 章)

今天在美國，老年人死亡人數約占每年 200 萬人的死亡人數的三分之二。因此，我們所了解的關於死亡、死亡和悲傷的訊息，主要是以老年人為基礎的訊息。我們如何處理死亡是文化的一部分，每種文化都有一個死亡系統，而且不同文化之間也有不同的死亡系統。

一、死亡系統及其文化差異

Robert Kastenbaum (1932-2013) 強調，任何文化中的死亡系統都包含以下幾個部分 (Kastenbaum, 2009, 2012)：

- 人。因為死亡是不可避免的，所以每個人都會在某個時刻死亡，不管是自己的死亡，還是其他人的死亡。有些人對死亡方面有比較系統的了解，比如那些在殯葬業工作的人和神職人員中，以及那些在危及生命的環境中工作的人，如消防員和警察。
- 地點或環境。包括醫院、殯儀館、公墓、臨終關懷、戰場和紀念館 (如華盛頓特區的越戰紀念碑)。
- 時間。死亡涉及時間或場合，例如美國的陣亡將士紀念日和墨西哥的死亡日，這些時刻是為了紀念已經死亡的人。此外，二戰期間的 D 日、2001 年 9 月 11 日和 2012 年的颶風珊迪，以及 2004 年南亞大海嘯等約有 10 萬人喪生的週年紀念，會以特殊的儀式紀念。
- 物件。文化中的許多物品都與死亡有關，包括棺材、各種黑色物品，如衣服、黑紗和靈車。
- 符號。諸如骷髏的符號，以及天主教的最後儀式和各種宗教儀式都與死亡有關。

死亡系統中有哪些文化差異？為了過充實的生活和榮耀而死是古希臘人的主要目標。個人在戰爭、飢荒和瘟疫時期更加意識到死亡。死亡在加爾各答日常的街道上過度展現，就像它在非洲薩赫勒 (Sahel) 的貧困村莊那樣。相比之下，在美國，沒看到有人死亡並不稀罕。

歷史上大多數社會都有關於死亡的哲學或宗教信仰，大多數社會都有一個處理死亡的儀式 (Walter, 2012)。死亡可以被看作是對罪的懲罰、是贖罪的行為，也可以是上帝對正義的審判。對於某些人來說，死亡意味著孤獨；對於其他人來說，死亡是對幸福的追求。對於另外一些人來說，死亡代表著救贖，是對世俗世界的磨難和解脫。有些人擁抱死亡、歡迎它；有些人則厭惡和恐懼。對於那些歡迎它的人來說，死亡可能被看作是對已經實現生活的適當結束。從這個角度來看，我們如何離開地球受到如何生活的影響。

在大多數社會中，死亡並不被視為生存的終結——在生物體死亡之後，靈魂體得以生存。這種宗教觀點也被大多數美國人所青睞 (Gowan, 2003)。對死亡態度的文化差異，包括對輪迴的信仰，這是印度教和佛教宗教的重要內容 (Bhuvaneswar & Stern, 2013)。在印度的貢德文化中，死亡被認為是由魔法和惡魔造成的。貢德文化的成員憤怒地對死亡做出反應。在馬達加斯加的塔那拉文化中，死亡被認為是由自然力量造成的。塔納拉文化的成員比善良文化的成員表現出更加和平的死亡反應。圖 20.1 顯示在韓國與死亡有關的儀式。

圖 20.1　與死亡有關的儀式。在南韓首爾國家公墓舉行。

在許多方面，美國普遍是否定死亡和避免死亡的文化 (Norouzieh, 2005)。這種否定可以採取多種形式，包括透過飲食、手術等手段持續尋找青春泉源，以及殯葬業會有包裝死亡，並將遺體梳化得符合時尚的趨向。

二、歷史環境的變化

兩百年前，每兩個孩子中就有一個會在十歲以前死亡，父母其中一人在孩子長大之前死亡。如今，死亡在老年人中最常見 (Carr, 2009)。預期壽命從 1900 年出生的 47 歲增加到今天出生的 78 歲 (美國人口普查局，2013)。1900 年，大多數人死在家裡，被家人照顧。隨著人口老年化和流動性增加，更多的老年人與家人分離 (Carr, 2009)。在今天的美國，80% 以上的死亡發生在醫院。一個臨終的老人的照顧已經從家庭中轉移出來，使我們的死亡和痛苦的環境減到最少 (Gold, 2011)。

複習・連結・反思　學習目標一　描述死亡系統及其文化和歷史背景

複習重點

- 什麼是文化中死亡系統的特徵？死亡系統中有哪些文化差異？
- 什麼是社會歷史上有關死亡的一些變化？

連結

- 你剛剛看了一下隨著時間的推移，預期壽命的變化會如何影響我們死亡的經驗。在前面的章節中，你學到哪些圍繞著老年人的預期壽命和年齡範圍的議題？

反思個人的人生旅程

- 你的家人對死亡與臨終的討論有多廣泛？請說明。

貳　定義死亡和生命 / 死亡議題

學習目標二　評估確定死亡和決定死亡的議題

- 決定死亡的議題
- 關於生命、死亡和醫療保健的決定

死亡過程中有一點是死亡發生的確切點？還是生與死之間有逐漸的過渡？個人可以對生命、死亡和醫療保健做出什麼樣的決定？

一、決定死亡的議題

30 年前，確定是否有人死亡比今天來得簡單。某些生物學功能，如呼吸和血壓的終結，以及身體僵硬 (嚴格死亡) 被認為是明顯的死亡跡象。近幾十年來，死亡的定義變得越來越複雜 (Goswami et al., 2013; Nair-Collins, Northrup, & Olcese, 2014; Taylor et al., 2014)。

腦死是死亡的神經學定義，其中規定一個人是腦死時，大腦的所有電活動已經停止一段特定的時間。平面腦電圖 (腦電圖) 閱讀一段時間是腦死的一個標準。大腦的較高部分經常比較低部分快死亡，因為大腦較低的部分監測心跳和呼吸，較高的大腦區域死亡的個體可能會繼續呼吸並產生心跳 (Hinderman, Krakauer, & Solomon, 2012; MacDougall et al., 2014)。目前大多數醫生所遵循的腦死定義，包括較高皮質功能和較低腦幹功能的死亡 (Sung & Greer, 2011)。

一些醫學專家認為，死亡標準應該只包括較高的皮質功能。如果皮質死亡的定義被採納，醫生就可以宣稱，即使腦幹功能較低，當此人沒有皮層功能時，此人即死亡。皮質死亡政策的支持者認為，我們與人類相關的功能，如智力和個性，位於大腦皮質較高的部分。他們認為，當這些功能喪失時，「人」就不復存在了。

二、關於生命、死亡和醫療保健的決定

在發生災難性疾病或事故的情況下，患者可能無法充分參與有關其醫療護理的決定。為了應對這種情況，有些人提前做出選擇。

(一) 預先護理計畫

預先護理計畫指的是，患者思考和傳達他們關於臨終關懷偏好的過程 (Abel et al., 2013; Harrison & McGee, 2014; Silveira, Witala, & Piette, 2014)。對於許多昏迷患者，如果他們仍然有意識，對終止治療的願望可能是不明確的。最近的一項研究發現，提前護理計畫減少維持生命的治療，提高臨終關懷的使用，並減少醫院的使用 (Brinkman-Stoppelenburg, Rietiens, & van der Heide, 2014)。認識到一些絕症患者可能更不喜歡死於痛苦或植物人的狀態，「臨終選擇」組織創造生存意願，這是一個反映患者預先護理計畫的法律文件。最近對老年人進行的一項研究發現，預先護理計畫與醫療品質的提高，包括減少院內死亡和更多使用臨終關懷有關 (Bischoff et al., 2013)。

醫師關於醫療事故的擔憂和支持生命的人們的努力，將會產生自然的死亡立法。現在美國有 50 個州的法律現在都接受預設醫療指

腦死 (brain death)
腦死是死亡的神經學定義，其中規定一個人是腦死時，大腦的所有電活動已經停止一段特定的時間。平面腦電圖閱讀一段時間是腦死的一個標準。

示，比如生前遺囑。一項預設醫療指示指出，當死亡迫在眉睫時，維持生命的程序是否應該被用來延長個體的壽命 (Kovacs, Landzberg, & Goodlin, 2013)？鼓勵人們還可以清楚地思考時簽署預設醫療指示 (Quereshi et al., 2013)。一項關於臨終計畫的研究顯示，只有 15% 的 18 歲以上的患者有生存意願 (Clements, 2009)。最近的一項研究評估認為，醫生對預設醫療指示有正向積極的態度 (Coleman, 2013)。

最近，維持生命的治療 (POLST) 是一個比以前的預設醫療指示更具體的文件 (Buck & Fahlberg, 2014; Wenger et al., 2013)。維持生命的治療將治療偏好轉化為，諸如涉及是否使用心肺復甦術和透過維生管的人工營養的醫療指令 (Fromme et al., 2012)。維持生命的治療涉及醫療保健專業人員和患者或代理人，以確定和陳述患者的意願。維持生命的治療目前在 34 個州可用或正在被考慮。

(二) 安樂死

安樂死 (easy death) 是無痛地結束患有不治之症或嚴重失能的人之行為 (Augestad et al., 2013; Gormley-Fleming & Campbell, 2014)。有時安樂死被稱為「無痛苦致死術 (easy death)」。兩種安樂死之間有區別：消極和積極。

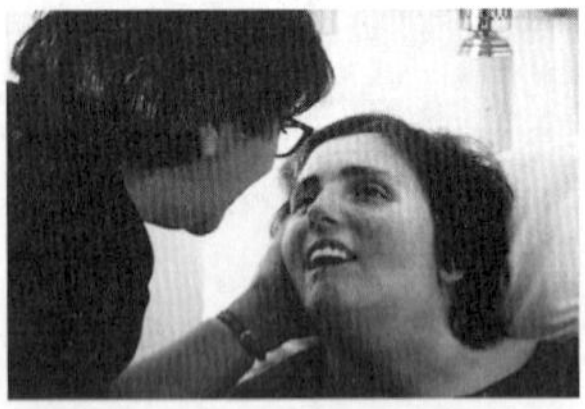

Terri Schiavo (右) 和母親一起出現。Terri Schiavo 案例提出什麼問題？

- **消極安樂死**發生在一個人被允許透過拒絕可用的治療而死亡，例如撤掉維持生命的裝置。例如，這可能涉及關閉呼吸機或心肺機。
- **積極安樂死**發生在故意誘發死亡時，如注射致死劑量的藥物。

生命支持設備的技術進步引發了生活品質問題 (Mishara & Weisstub, 2013)。Terri Schiavo 患有與心臟驟停有關的嚴重腦損傷和大腦缺氧的情況，她陷入昏迷狀態，在一個植物人的狀態下度過了 15 年。在 15 年的時間裡，消極安樂死是否應該執行？還是應該保持在植物人的狀態，以期待她的情況能夠好轉？這個問題在家庭成員之間進行辯論，最終在司法層面進行一些層面的系統討論。在 2005 年初的春天，法院命令拔除她的進食管。然而，隨後的上訴導致兩次重新插入。2005 年 3 月 18 日，進食管第三次也是最後一次被拔除，並在 13 天後死亡。

像 Terri Schiavo 這樣的人應該在植物人中保持活著嗎？對於絕症患者來說，趨勢是接受消極安樂死 (Seay, 2011)。

曾經將這種做法等同於自殺的煽動性論據在今天很少聽到了。然而，專家們還沒有完全同意治療決定的確切界限或確切機制

安樂死 (euthanasia)
無痛結束患有不治之症或嚴重失能的人其生命之行為；有時被稱為「easy death」。

消極安樂死 (passive euthanasia)
阻止可用的治療，如維持生命的裝置，以使一個人死亡。

積極安樂死 (active euthanasia)
透過注射致死劑量的藥物，故意誘發死亡。

(Miljkovic, Jones, & Miller, 2013)。當患者沒有留下任何書面指示時，生命支持系統是否可以斷開？昏迷病人的家屬是否有權否決主治醫生決定繼續生命支持系統？這些問題並沒有簡單或普遍認同的答案 (Chambaere et al., 2012)。

積極安樂死最廣為人知的案例涉及「協助自殺」。密西根州的醫生 Jack Kevorkian 幫助許多絕症患者結束生命。經過一連串的審判後，Kevorkian 被判二級謀殺罪，判處 10 至 15 年徒刑。2007 年 6 月，他在 79 歲出獄而被釋放，並承諾不參加任何進一步的協助自殺。Kevorkian 在 2011 年去世，享年 83 歲。

在四個歐洲國家 (荷蘭、比利時、盧森堡和最近的瑞士)，協助自殺現在是合法的 (Steck et al., 2013)。美國政府對協助自殺沒有官方政策，並把決定權留給每個州。目前，有三個州允許協助自殺——奧勒岡州、華盛頓州和蒙大拿州。

協助自殺的方式，包括醫生給予患者過量的肌肉鬆弛劑或鎮靜劑，引起昏迷，然後死亡。在援助自殺非法的州，通常會認為這是誤殺或重罪犯罪。加拿大尚未批准協助自殺，但最近的一項研究表明，大多數加拿大人贊成加拿大刑法的修改，使得協助自殺成為合法的 (Schafer, 2013)。

最近的一項研究也顯示，醫生協助死亡的比例在美國和盧森堡為 0.1% 到 0.2%，荷蘭為 1.8% 到 2.9% (Steck et al., 2013)。在這次檢討中，向當局報告的協助自殺個案的比例近年來有所增加，協助自殺身亡的個案最可能是 60 至 75 歲的男性。

(三) 需要：更好地照顧臨終的個人

在美國，死亡往往是孤獨、長期和痛苦，臨終的人往往得到太少或太多的照顧。科學的進步有時候會因為延遲不可避免的結果而變得更複雜。即使有止痛藥，在過去的幾天和幾個月中，太多的人都會經歷劇烈的疼痛 (Meng et al., 2013)。許多衛生保健專業人員沒有接受過提供適當的臨終關懷，或了解其重要性的培訓。一項研究顯示，在許多情況下，醫生不會為臨終病人提供足夠的訊息，說明他們可能存活多久，或者各種治療會如何影響他們的生活 (Harrington & Smith, 2008)。例如，在這項晚期癌症患者的研究中，只有 37% 的醫生告訴患者他們可能生存多久。

護理提供者越來越感興趣幫助個人經歷「好死」(McIlfatrick & Hasson, 2014)。一種觀點認為，一個好的死亡包括身體的安慰、親人的支持、接受和適當的醫療護理。對於某些人來說，好的死亡包括接受即將到來的死亡，而不是讓別人感到負擔 (Carr, 2009)。

臨終關懷是一個致力於使生命盡頭沒有痛苦、焦慮和憂鬱的計畫 (Guo & Jacelon, 2014; Sokol, 2013; Thomas, 2013)。傳統上，醫院的目標是治病、延年益壽。相比之下，臨終關懷強調**安寧照護**，其中包括減輕痛苦和幫助個人有尊嚴地死亡 (Albrecht et al., 2013; Holloway et al., 2014; Kelley et al., 2014)。然而，美國醫院最近迅速擴大安寧照護的範圍。最近的一項研究發現，超過 85% 的美國大中型醫院設有安寧照護隊 (Morrison, 2013)。臨終關懷專業人員共同努力治療臨終病人的症狀，使個人盡可能舒適、對個人和家人表現出興趣，並幫助所有應對死亡的人 (Mah et al., 2013)。

一個主要的臨終關懷目標是控制疼痛，並幫助臨終病人以心理健康的方式面對死亡 (Hugel et al., 2014; Melia, 2014)。臨終關懷還盡全力協助包括臨終個人的家庭，相信這一策略不僅有利於臨終的個人，也有利於家庭成員，在臨終個人死後可能會減少他們的內疚 (Kastenbaum, 2012)。

美國的臨終關懷運動發展迅速。全國有 1,500 多個社區組織參與建立臨終關懷計畫。與其他威脅生命的病症相比，臨終關懷者更容易為晚期癌症患者服務 (Kastenbaum, 2012)。臨終關懷倡導者強調，幾乎任何臨終的個體都可以控制疼痛，為病人創造優於大多數醫院的環境 (Hayslip, 1996)。對於接受醫療服務的臨終關懷服務，患者必須由醫師認定為有六個月或更短的時間能生活。此外，一些臨終關懷的提供者要求患者仍有家庭照顧者。

臨終關懷 (hospice)
一個致力於使生命盡頭盡可能擺脫痛苦、焦慮和憂鬱的計畫。臨終關懷的目標與治療疾病、延長生命的醫治形成對照。

安寧照護 (palliative care)
在臨終關懷中強調的護理類型，包括減輕痛苦和幫助個人有尊嚴地死亡。

大約 90% 的臨終關懷是在患者家中提供的 (Hayslip & Hansson, 2007)。在某些情況下，家庭護理由社區衛生保健專業人員或志願者提供；在其他情況下，家庭護理機構或訪問護士協會提供家庭護理。在臨終關懷和安寧照護方面，有能力的家庭健康助手需求迅速成長 (Berta et al., 2013)。此外，在獨立的全方位臨終關懷設施和醫院的臨終關懷單位也提供一些臨終關懷服務。

複習・連結・反思　學習目標二　評估確定死亡和決定死亡的議題

複習重點

- 關於死亡的決定有哪些議題？
- 什麼是關於生命、死亡和醫療的決定？

連結

- 在本節中，你了解到臨終關懷者試圖提供臨終病人的一個方法就是充分的疼痛管理。你在第

17 章學到了什麼，可以幫助他們比年輕成人更好地處理痛苦？

反思個人的人生旅程

- 你有沒有簽署生前遺囑 (生前意願)？為什麼？

參 死亡的發展觀

學習目標三 討論在不同的發展點上的死亡和態度

死亡的原因

在不同生命週期對死亡的態度

死亡的原因是否在生命週期期間有所不同？我們對於死亡有著不同的態度？

一、死亡的原因

死亡可能發生在人類壽命的任何一個時點。在產前發育期間，可能因流產或死胎而死亡；死亡也可能發生在出生過程中或出生後的頭幾天，這通常是因為一出生就有的缺陷，或因為嬰兒沒有充分發育。在第 4 章「嬰兒時期的生理發展」中，我們描述了嬰兒猝死症 (SIDS)，其中嬰兒通常會在夜間停止呼吸，死亡原因不明 (Rubens & Sarnat, 2013)。目前，嬰兒猝死症是美國嬰兒死亡的主要原因，其風險最高為 2 至 4 個月大時 (NICHD, 2013)。

在童年時期，死亡通常是由於事故或疾病而造成的。童年時的意外死亡可能是車禍、溺水、中毒、火災、高處墜落等事件的後果；而導致兒童死亡的主要疾病是心臟病、癌症和出生缺陷。

與童年相比，由於汽機車事故、自殺和殺人事件，青少年死亡更可能發生。許多導致青少年死亡的汽機車事故都與酒精有關。

而年輕成年人更容易因意外死亡，老年人則容易罹患慢性疾病，如心臟疾病和癌症死亡，老年人的疾病往往會使他們步向死亡，並在死亡前會經歷失能狀態。

發展連結—條件、疾病和障礙
美國每年有近 3,000 名嬰兒死亡是由於嬰兒猝死症。(第 4 章)

二、在不同生命週期對死亡的態度

兒童和成人的年齡影響他們體驗與思考死亡的方式。一個成熟的、類似成人的死亡概念，包括理解：死亡是最終的、不可逆轉的、死亡代表生命的終結，以及所有的生物都會死亡。大多數研究人員

3 到 9 歲的孩子和他們的母親在肯尼亞探訪父親的墳墓。兒童的死亡概念有哪些發展變化？

發現，隨著兒童的成長，他們會發展出更成熟的死亡方式 (Hayslip & Hansson, 2003)。

(一) 兒童期

3 至 5 歲的孩子很少或根本不知道死亡的意義，他們可能會將死亡與睡眠混淆起來，或者以困惑的方式問：「為什麼不動呢？」學齡前兒童很少因看到死亡的動物，或被告知某人死亡而感到不安。他們相信，死者可以透過魔法或是給予食物或醫療來自發地恢復生機。年幼的孩子常常相信，只有想死的人，或不好的或粗心的人，才會死亡。他們也可能因為自己認識的人死亡而責備自己，不合邏輯地推理說是因為自己不乖。

在兒童中後期的某個時候，對死亡的認識更為現實。在回顧關於兒童死亡概念的研究時，得出的結論是，直到 9 歲時，兒童可能不認為死亡是普遍的和不可逆的 (Cuddy-Casey & Orvaschel, 1997)。大多數 7 歲以下的孩子都沒有看到死亡的可能性，所以傾向於認為死亡是可逆的。

父母的死對孩子來說尤其困難。當父母去世時，孩子的學習成績和同伴關係往往會惡化。對於一些孩子及成年人來說，父母的死亡可能是毀滅性的，導致對死亡極度敏感，包括害怕失去與他親近的其他人。在某些情況下，兄弟姐妹的失去也會導致類似的負面結果 (Sood et al., 2006)。然而，諸如關係的品質和死亡類型 (如由於事故、長期的疾病、自殺或謀殺等) 可能會影響個人之後對死亡概念的發展。

大多數的心理學家強調，誠實是和兒童討論死亡的最佳策略；而把這個概念視為不可知、不可說的，是不恰當的策略，然而我們大多數人都是在很少討論死亡的社會中長大的。

除了誠實之外，對孩子關於死亡質疑的最好回應可能取決於孩子的成熟程度。例如，學齡前的孩子會比大一點的孩子需要一個不太複雜的解釋。死亡可以用簡單的物理和生物學術語向學齡前兒童解釋。事實上，小孩需要的不僅是詳細解釋死亡，而是保證他們被愛、不會被拋棄。無論年齡大小，大人都應該敏感、同情，並鼓勵他們表達自己的感受和想法。

(二) 青春期

朋友、兄弟姐妹、父母、祖父母或曾祖父母的死亡，將死亡帶到青少年生活的最前沿。與兒童相比，青少年會形成更為抽象的死亡概念。例如，青少年用黑暗、光明、過渡或虛無來描述死亡 (Wenestam & Wass, 1987)。他們也對死亡的本質和死後是否有生命，提出了宗教和哲學的觀點。

(三) 成年期

沒有證據表明在成年早期會有特殊的死亡意識。死亡意識的增加伴隨著個體意識到自己正在衰老，而這種衰老通常在成年中期加劇，人們開始更多地思考在生命中還剩下多少時間。研究人員發現，中年人比年輕人或老年人更害怕死亡 (Kalish & Reynolds, 1976)。然而，老年人比中老年人更常考慮死亡，並且在與他人的交談中談論得更多。他們也有更直接的死亡經歷，因為親友患病和死亡 (Hayslip & Hansson, 2003)。老年人不得不比年輕人更頻繁地檢查生死的意義。

我們過了童年之後，不斷思考和重新思考死亡。

——Robert Kastendaum
20 至 21 世紀死亡、悲傷的權威專家

在晚年，自己的死亡可能會呈現早年所缺乏的適當性。透過積極的生活回顧，增加對死亡的思考和交流，以及增強的正直感，可能會幫助老年人接受死亡。老年人不太可能比年輕人有未完成的事。他們通常沒有需要引導成熟的孩子，而配偶更可能早已死亡，他們不太可能需要完成工作相關的項目。由於缺乏這樣的期待，死亡對他們來說可能不那麼痛苦。然而，即使在老年人中，對死亡的態度也不盡相同 (Whitbourne & Meeks, 2011)。

複習・連結・反思　學習目標三　討論在不同的發展點上的死亡和態度

複習重點
- 什麼是死亡原因的發展變化？
- 在發展的不同階段對死亡有什麼態度？

連結
- 在本節中，你了解到 3 至 5 歲的兒童常常相信死亡可以透過魔法或透過給予食物或醫療治療而自發恢復生機。Piaget 的哪一個發展階段是以自我中心主義和神奇信仰為主導的兒童認知世界？

反思個人的人生旅程
- 你目前對死亡的態度是什麼？自從你是一名青少年後，情況有了改變嗎？如果是這樣，又是如何改變的？

肆　面對自己的死亡

學習目標四　解釋面對自己的死亡所涉及的心理層面和死亡的環境

- Kübler-Ross 的臨終階段
- 感知控制和拒絕
- 人死亡的環境

> 堅定和平靜的信心，靠近你的墳墓，就像一個人裹著他的毛毯窩在沙發上，躺下來，愉快的做夢。
>
> ——William Culien Bryant
> 19 世紀美國詩人

了解死亡的必然性，使我們能夠確定優先事項，並相應地安排時間。隨著年齡的增長，這些優先事項和結構的變化將意味著未來時間的縮短。關於時間的最重要用途的價值也改變。例如，當被問及如何度過餘下的六個月時，年輕成年人將這些活動描述為旅行和完成以前沒有做過的事；老年人則描述更多內在的活動——例如沉思和冥想 (Kalish & Reynolds, 1976)。

大多數臨終的人都希望有機會針對自己的生死做出一些決定 (Kastenbaum, 2012)。有些人想完成未完成的事情；他們希望有時間來解決問題和衝突，並把事情整理妥當。

一項研究調查 36 名年齡在 38 至 92 歲之間，平均年齡為 68 歲 (Terry et al., 2006) 的臨終者。一直出現的三個關注領域是：(1) 隱私和自主，主要是關於他們的家庭；(2) 在接近死亡時，關於身體變化和藥物的訊息不足；(3) 所有患者都表現出縮短生命的動機。

一、Kübler-Ross 的臨終階段

當我們面對死亡時，可能會經歷一系列的階段？Elisabeth Kübler-Ross (1969) 將死亡者的行為和思想分為五個階段：否認和隔離、憤怒、討價還價、憂鬱與接受。

否認和隔離是 Kübler-Ross 臨終的第一階段，在這個階段，人們否認死亡真的會發生。這個人可能會說：「不，這不可能是我，這是不可能的。」這是對絕症的常見反應。但是，拒絕通常只是一個臨時的防禦。當人面臨經濟上的考慮、未完成的事業，以及擔心仍活著的家庭成員等問題時，最終會被提高到意識層面。

憤怒是 Kübler-Ross 臨終的第二個階段，在這個階段，臨終的人認識到不能再不接受事實。臨終的人的問題是：「為什麼是我？」在這一點上，這個人變得越來越難以照顧，因為憤怒可能會變得患得患失，並投射到醫生、護士、家庭成員，甚至上帝身上。充滿精力和具備良好功能的人是死亡者所特別怨恨與嫉妒的目標。

討價還價是 Kübler-Ross 臨終的第三階段，在這個階段，人們發展出死亡可能被延遲或延遲的希望。有些人經常與上帝進行討價還價或談判，因為他們試圖延遲死亡。在心理上，這個人在說：「是的，我，但……。」換來了幾天、幾週甚至幾個月的生命，這個人承諾將改革生活，奉獻給上帝或為他人服務。

憂鬱是 Kübler-Ross 臨終的第四個階段，臨終的人終於願意接受

否認和隔離 (denial and isolation)
Kübler-Ross 臨終的第一個階段，在這個階段，瀕死的人會否認自己真的要死了。

憤怒 (anger)
Kübler-Ross 臨終的第二個階段，其中臨終的人處於憤怒、怨恨、憤怒和嫉妒。

討價還價 (bargaining)
Kübler-Ross 臨終的第三個階段，其中臨終的人希望死亡可以延遲。

憂鬱 (depression)
Kübler-Ross 臨終的第四個階段，在這個階段，臨終的人願意接受她或他的死亡確定性。可能會出現一段時期的憂鬱或預備性悲傷。

死亡的確定性。在這一點上，可能會出現一段時期的憂鬱或預備性悲傷。臨終的人可能變得沉默、拒絕來訪者，並且花費大量的時間哭泣或悲傷。努力將自我與愛的對象隔絕，這種行為是正常的。Kubler-Ross 說，在這個階段，外人不必試圖讓臨終的人振作，因為臨終的人需要考慮即將到來的死亡。

圖 20.2 Kübler-Ross 臨終階段。 根據 Elisabeth Kübler-Ross 的說法，我們會經歷死亡的五個階段：否認和隔離、憤怒、討價還價、憂鬱和接受。每個人都經歷這些階段，我們是否按照同樣的順序完成？請說明。

接受是 Kübler-Ross 臨終的第五階段，在這個階段中，人們形成一種和平感，接受他或她的命運，在許多情況下，願意獨處。在這個階段，感覺和身體上的痛苦可能幾乎不存在。Kübler-Ross 將第五階段描述為臨終掙扎的終結，即死亡之前的最後休息階段。圖 20.2 為 Kübler-Ross 臨終階段的總結。

目前對 Kübler-Ross 理論的評估是什麼？根據 Robert Kastenbaum (2009, 2012) 的觀點，Kübler-Ross 的方法存在一些問題：

- Kübler-Ross 或獨立研究都沒有證明五階段序列的存在。
- 階段的解釋忽略了患者的情況，包括關係支持、疾病的具體影響、家庭義務和受訪機構的氣氛。

然而，Kübler-Ross 的開創性努力對於喚起對那些試圖應付危及生命疾病的人的關注是重要的。她非常鼓勵關注臨終者及其家屬的生活品質。

由於對 Kübler-Ross 階段的批評，一些心理學家傾向於把它們描述成階段，而不是對死亡的潛在反應。在任何一個時刻，一些情緒可能會減弱和衰退。希望、難以置信、困惑、憤怒和接受可能會隨著個人試圖理解發生在身上的事情而變化 (Renz et al., 2013)。

在面對自己的死亡時，有一些人奮鬥到盡頭，拚命地試圖留下自己的生命。對死亡的接受永遠不會來臨。一些心理學家認為，有些人為了逃避不可避免的死亡而戰鬥，他們越是否認，就越難以和平地、有尊嚴地死去。

接受 (acceptance)
Kübler-Ross 臨終的第五階段，在這個階段中，臨終的人產生一種和平感，接受自己的命運，而且在很多情況下，他們渴望獨處。

人們在生活中發現意義和目的之程度，與他們如何接近死亡有關 (Dokken, 2013; Park, 2012)。一項研究顯示，患有慢性、威脅生命的疾病——充血性心臟衰竭的人正試圖找到生活中的意義 (Park et al.,

發展連結一宗教
宗教能夠滿足老年人的一些重要的心理需求，幫助他們面對即將到來的死亡，並接受中老年不可避免的失去。(第 18 章)

人是唯一發現自己的存在是一個必須解決的問題，不能逃避的生物。在同樣的意義上，人是唯一知道自己必須死去的動物。
——Erich Fromm
20 世紀美國心理治療師

2008)。在另一項研究中，生命剩下不到三個月的人如果在生活中找到目的和意義，在最後幾週最不會感到絕望；而沒有任何理由生活的臨終者則最為苦惱，並希望加速死亡 (McClain, Rosenfeld, & Breitbart, 2003)。在這項研究和其他研究中，靈性幫助緩解臨終的個人嚴重憂鬱症 (Smith, McCullough & Poll, 2003)。

當接近死亡時，個人是否變得更加有靈性？對 100 多名晚期充血性心臟病患者進行兩次相隔六個月的研究發現，隨著患者感覺更接近死亡，他們變得更有靈性 (Park, 2009)。

二、感知控制和拒絕

感知控制可能作為一些面對死亡的老年人的適應策略。當人相信他們能夠影響和控制事件，比如延長他們的生命時，可能變得更加機敏和快樂。請記住：從第 17 章中，給住在養老院人的控制選擇改善了他們的態度，並延長他們的壽命 (Rodin & Langer, 1977)。

對某些人來說，拒絕也許是一種對付死亡非常有意義的方式。它可以是適應性的或適應不良的。拒絕可以透過延遲處理死亡的必要性來避免衝擊的破壞性影響、拒絕可以使個人免於應對強烈的憤怒和傷害的感覺；然而，如果拒絕讓我們無法挽救生命，顯然是不適應的。拒絕既不好也不壞；其適應能力需要在個人基礎上進行評估。

三、人死亡的環境

對於臨終的人來說，死亡的背景是重要的 (Hooyman & Kiyak, 2011)。超過 50% 的美國人死於醫院，近 20% 死於養老院。有些人在孤獨和恐懼中度過了最後的日子 (Clay, 1997)。越來越多的人選擇在臨終關懷的人文氛圍中死去。加拿大最近的一項研究發現，如瀕臨死亡，71% 的成年人更喜歡在家；15% 的人喜歡接受臨終關懷 / 安寧治療；7% 的人喜歡住院；只有 2% 喜歡接受在養老院中被照顧 (Wilson et al., 2013)。

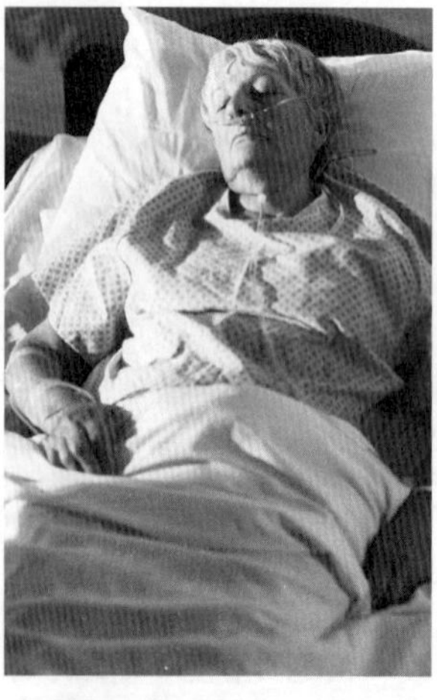
與在醫院死亡相比，在家中死亡有哪些正向和負向的情形？

醫院為臨終者提供幾個重要的優勢，例如專業人員隨時可及，醫療技術可能會延長生命，但是醫院可能不是許多人死亡的最佳地點 (Pantilat & Isaac, 2008)。大多數人表示他們寧願死在家裡 (Jack et al., 2013; Jackson et al., 2010)。然而，許多人認為，他們將成為家中的負擔，那裡的空間有限，在家裡死亡可能會改變人際關係。面臨死亡的個人也擔心照顧者的能力和緊急醫療處置。

複習・連結・反思 學習目標四 解釋面對自己的死亡所涉及心理層面和死亡的環境

複習重點

- Kübler-Ross 的五個死亡階段是什麼？它們可以得出什麼結論？
- 在面對自己的死亡時，自覺控制和否定扮演什麼角色？
- 人們死亡的環境有哪些？

連結

- 在本節中，你了解到人們在生活中找到意義和目的之程度與他們如何對待死亡有關。在第15章，Roy Baumeister 和 Kathleen Vohs 所說的四個意義需求如何影響人們理解生活？

反思個人的人生旅程

- 你認為你會怎麼從心理上處理面對自己的死亡？

伍 應對其他人的死亡

學習目標五 找出應對另一個人死亡的方法

與臨終者溝通 | 悲傷 | 感悟世界 | 失去了生活伴侶 | 哀悼的形式

在我們的生活中，許多事情都會產生失落，比如離婚、寵物的死亡、失業等，但是這都比不上我們所愛的人死亡所產生的失落感來得強烈——父母、兄弟姐妹、配偶、親屬或朋友。在需要調適最多的生活壓力評分中，配偶死亡人數最多。我們應該如何與臨終的人交談？我們如何應對所愛的人死亡？

一、與臨終者溝通

大多數的心理學家認為，臨終的人最好知道他們正要步向死亡，以及重要的其他人知道他們正在死亡，因此他們可以在這種相互了解的基礎上相互交流和溝通 (Banja, 2005)。這個對於臨終個體的開放意識有什麼好處？首先，臨終的人可以按照自己的死亡想法結束自己的生命；其次，他們可以完成一些計畫和項目，可以安排還活著的人參與葬禮和葬禮的決定；第三，臨終的人有機會回憶且與對他們重要的人交談；第四，知道自己快死的人對自己身體發生的事，以及醫務人員為他們所做的事情會有更多的了解 (Kalish, 1981)。

除了保持溝通外，一些專家認為交流不應該只關注心理病理或是為了準備死亡，而應該關注個人的力量，並且準備好渡過剩餘的生命。由於外部成就是不可能的，所以溝通應該是針對內部成長。請記住：對臨終個人的重要支持不僅來自心理健康專業人士，還來自護士、醫生、配偶或親密的朋友。在【發展與生活的連結】，可以進一步閱讀與臨終的人溝通的有效方法。

二、悲傷

除了身受苦痛的人之外，誰都忍得住那苦痛。
——William Shakespeare
17 世紀英國劇作家

我們對悲傷的探索，主要集中在悲傷的向度、應對喪親的雙重過程模式，以及健康悲傷中的文化多樣性。

(一) 悲傷的向度

悲傷是伴隨著失去所愛之人的情感麻木、不相信、分離焦慮、絕望、悲傷和孤獨。悲傷不是一個簡單的情緒狀態，而是一個複雜的、不斷變化的多維度過程 (Barbosa, Sa, & Carlos-Roche, 2014; Romero, Ott, & Kelber, 2014)。從這個角度來看，對失去的人是一個重要的維度。消瘦或思念反映了間歇性的、經常性的願望，或需要恢復失去的人。悲傷的另一個重要層面是分離焦慮，不僅包括對死者的思念，也關注與死者有關的地點和事物，以及哭泣或嘆息 (Root & Exline, 2014)。悲傷也可能涉及絕望和悲傷，其中包括絕望和失敗的感覺、憂鬱症狀、冷漠、失去了意義 (Shear & Skritskaya, 2012)。

這些感覺在失落後不久就會重複出現 (Shear, 2012a, b)。隨著時間的推移，儘管憂鬱和冷漠可能會保持或增加，但是對這種失去的抗拒和反對傾向會慢慢減弱。分離的焦慮和失落的感覺可能會持續到生命的盡頭，但大多數人都會從悲傷的眼淚中醒來，再次把注意力轉向生產性任務，重新獲得更積極的生活觀。悲傷的過程更像一個雲霄飛車，而不是有秩序的階段，有明確的時間框架。悲傷的起伏經常涉及迅速變化的情緒、迎接學習新技能、檢測個人弱點和局限性、創造新的行為模式，並形成新的友誼和關係 (Feldon, 2003) 的挑戰。對於大多數人來說，隨著時間的流逝，悲傷變得更易於處理，而突然高亢和低落的情緒也越來越少。但許多悲傷的配偶報告，即使時間帶來一些治癒，但他們從來沒有從失落中回恢復。最近的一項研究發現，在喪偶的早期階段，對夫妻有特殊意義的日子，如配偶的生日或結婚紀念日，處於痛苦的風險更高 (Carr et al., 2014)。

悲傷 (grief)
伴隨著失去所愛之人的情感麻木、不相信、分離焦慮、絕望、悲傷和孤獨。

長期的悲傷有時被掩蓋，並可能使個體變得憂鬱，甚至自殺 (Miller, 2012)。最近的一項研究發現，喪失親人的老年人，其皮質醇模式失調得更多，這表明他們的壓力很大 (Holland et al., 2014)。良好

發展與生活的連結

與臨終者溝通的有效策略

與臨終者溝通的有效策略包括以下建議：

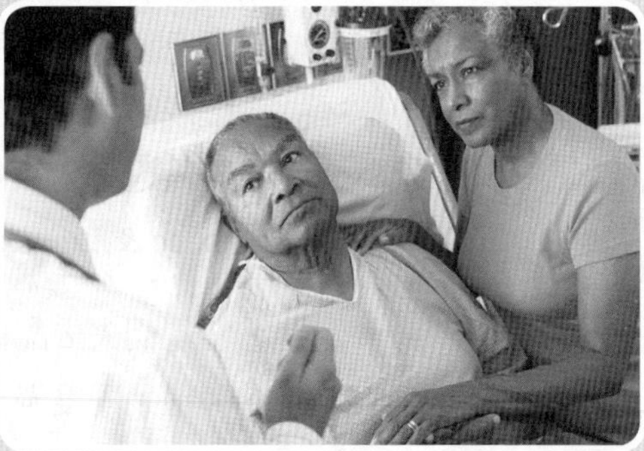
與臨終者溝通有什麼好的策略？

- 在用一視線水準建立你的存在；不要怕接觸臨終的人，死亡的個體往往渴求接觸。
- 減少注意力分散——例如，詢問是否可以關閉電視。要知道過度的閒聊也會讓人分神，他們沒有多餘精力同時處理多重訊息。
- 身體虛弱的臨終者往往精力不足。如果你正在探訪的臨終的人非常虛弱，不要久留。
- 如果臨終的人想要否認現實的情況，不要堅持認為死亡的人就會接受死亡；另一方面，如果臨終者表示接受，則不要堅持否認。
- 讓臨終者表達內疚或憤怒；鼓勵表達感受。
- 不要害怕詢問病人預期的結果是什麼，討論替代方案和未竟的事務。
- 有時臨終者不能接觸到其他人。詢問臨終者，如果他或她想看看任何人，你可以聯繫。
- 鼓勵臨終者回憶，特別是如果你們有共同的回憶。
- 不能期待與他個別交談時，他或她正想要說話，可以先預約。
- 表達你對臨終者的關注。不要害怕表達愛意，也不要害怕說再見。

的家庭交流可以幫助減少憂鬱症和自殺念頭的發生。估計有 80% 到 90% 仍活著的人經歷正常或簡單的悲傷反應，其中包括悲傷，甚至不相信或相當痛苦。在失去死者六個月之後，他們才能接受現實、對未來更加樂觀，並勝任日常生活。

然而，即使在他們失去死者六個月之後，一些人也難以繼續生活，感到麻木或分離，相信自己的生活是空無一人的、沒有死亡的感覺或是沒有意義的。這種悲傷反應被稱為長期或複雜的悲傷 (Herberman Mash, Fullerton, & Ursano, 2013; Prigerson & Maciejewski, 2014; Prigerson et al., 2011)。據估計，約有 7% 到 10% 與死者親近的人有這種長期或複雜的悲傷 (Maccalum & Bryant, 2013; Shear, Ghesquiere, & Glickman, 2013)。複雜的悲傷通常會對身心健康產生負面影響 (Marques et al., 2013)。一個失去了他或她情感依賴的人往往是發展出長期悲痛的最大風險 (Rodriquez Villar et al., 2012)。

複雜性悲傷或**長時間的悲傷紊亂**最近被列入 DSM-V，精神健康障礙的精神病學分類系統 (Bryant, 2012, 2013)。雖然最終沒有被列為精神疾病，但在附錄中有所描述 (美國精神病協會，2013)。沒有把複雜的悲傷或長期的悲傷作為精神疾病的論點是，基於擔心正常的悲傷會變成醫療狀況。

最近，對複雜或長期悲傷的研究有了大幅增加 (Hottensen, 2013; Supiano & Luptak, 2014)。以下研究提供有關此主題的更多訊息：

- 當人們失去配偶、意外失去親人，或者在死者人生的最後一個星期與他共同度過，更容易感到悲痛 (Fujisawa et al., 2010)。
- 憂鬱症患者更容易出現複雜的悲傷 (Sung et al., 2011)。
- 當悲傷是為了應對孩子或配偶的死亡時，老年人更容易出現複雜的悲傷 (Newsom et al., 2011)。

悲傷的另一種類型是*被剝奪權利的悲傷*，這種悲傷描述一個人對死者的悲傷，這是一種不能公開哀悼或支持的社會曖昧損失 (Gill & Lowes, 2014; Spidell et al., 2011)。被剝奪權利的悲傷的例子，包括一種不是社會認可的關係，如前配偶；隱藏的失落，如墮胎；以及由於愛滋病而死亡等被誣衊的情況。被剝奪權利的悲傷可能會加重個人的悲傷，因為感情不能公開被承認。這種悲傷可能會隱藏或壓制多年，只會被以後的死亡所喚醒。

對剛經歷親人過世的人最好的策略就是陪伴，例如 Jennifer Block 的經驗。丈夫死後，最好的朋友鼓勵她出去做事。這位朋友每天都打電話給 Block，帶她出去吃冰淇淋、散步、參加社區活動。Block 說，她永遠不會忘記朋友的支持和關懷。

(二) 喪失痛苦的雙重過程模型

應對喪親之痛的**雙重過程模式**主要有兩個方面：(1) 失去導向；(2) 恢復導向 (Stroebe & Schut, 2010; Stroebe, Schut, & Boerner, 2010)。以失去為導向的壓力源集中於已故個體，包括悲傷練習，以及對失落的正面和負面意義的重新評估。對失落的正面重新評估可能包括承認死亡對死者在痛苦結束時帶來救贖；而負面的重新評估可能會涉及對所愛的人的嚮往和對死亡的反思。以恢復為導向的壓力源涉及一些間接結果而導致的次要壓力源 (Caserta et al., 2014)，可以包括變化的身分 (如從「妻子」到「寡婦」) 和掌握技能 (如處理財務)。恢復重建「對

長時間的悲傷紊亂 (prolonged grief disorder)
這種悲傷牽涉到長久的絕望，在很長一段時間內仍然無法解決。

雙重過程模式 (dual-process model)
應對喪失的模式強調兩個維度之間的振盪：(1) 損失導向的壓力源；(2) 恢復導向的壓力源。

世界破滅的假設和自己的位置」。

在雙重過程模型中，有效面對喪親往往是在應對失敗和應對復原之間的振盪 (Bennett, 2009; Shear, 2010)。早期的模型往往強調一系列的應對失落，透過悲傷工作作為初始階段，其次是恢復工作等策略。但是，在雙重過程模型中，可以同時處理失落和恢復的問題 (Richardson, 2007)。根據這種模式，應對死亡的人可能會參與悲傷團體治療，同時解決親人的事務。在特定的一天及幾週、幾個月，甚至幾年的短期內，振盪可能會發生。雖然失落和恢復應對可以合理地進行，但是隨著時間的推移，經常會先強調應對失落，然後再重視恢復 (Milberg et al., 2008)。

(三) 死亡的應對和類型

死亡對仍活著的人的影響會受到死亡事件的嚴重性所影響 (Gold, 2011; Kristensen, Weisaeth, & Heir, 2012)。突然的、不合時宜的、暴力的或創傷性的死亡，可能對仍活著的個體產生更強烈和更長時間的影響，並使他們的應對過程更加困難 (Maercker & Laior, 2012)。這種死亡往往伴有創傷後壓力症候群 (post-traumatic stress disorder, PTSD)，如侵入性思維、倒敘、噩夢、睡眠障礙、注意力集中等問題 (Nakajima et al., 2012)。孩子的死亡對父母來說尤其具有破壞性和難度 (Caeymaex et al., 2013; Lang et al., 2011)。

(四) 健康悲傷中的文化多樣性

一些悲傷的做法強調了與死者的連結，並重返自主生活方式的重要性，堅持經歷死亡議題的人都需要治療。然而，有人懷疑這個建議是否是最好的治療建議 (Reisman, 2001)。

對非西方文化的分析表明，與死者保持聯繫的信念差別很大。在日本的宗教儀式中接受並維持與死者的關係。在亞利桑那州霍皮 (Hopi) 人中，死者應盡快被遺忘，生活照常進行，他們的葬禮儀式結束於凡人和靈魂之間的中斷。悲傷的多樣性在兩個穆斯林社會更為清楚——一個在埃及，另一個在峇里島。在埃及，鼓勵至親 (或重要他人) 過世的人詳細地描述他們的悲傷，被其他同樣悲慘的敘述和表達悲傷的人包圍。相形之下，在峇里島，鼓勵親人歡笑、歡樂。

這些在 2001 年 9 月 11 日失去工作的餐廳工作人員透過建立一家自己稱為「紐約」的餐廳而努力奮鬥。被認為是該市第一家具備眾多民族和族群色彩的合作餐廳。這家新創公司計畫將 60% 的利潤分配給自己，並將其餘的資金捐贈給其他合作餐廳。

總之，人們以各種方式傷心 (Bryant, 2012, 2013)。不同的悲傷模式是文化嵌入式的做法。因此，沒有一個正確的理想方式來哀悼。堅強的鰥夫有時可能需要為失去而哭泣，哭泣的寡婦可能需要放下丈夫的思念，當她成為遺產的財務管理者時。所需要的是一種認識，即健康應對所愛之人的死亡，涉及文化背景下的成長、靈活性和適應性。

三、感悟世界

發展連結—壓力
創造意義的應對包括利用信仰、價值觀和目標來改變壓力情境的意義，特別是在慢性壓力下，比如所愛的人死亡時。(第 15 章)

不僅是許多面臨死亡的人尋找生命中的意義，身旁的人也是 (Carr, 2009; Park, 2010, 2012)。悲傷的意義就是，它可以刺激人們嘗試理解他們的世界 (Alves et al., 2014)。在親人過世後的短時間內，最親密的家庭成員彼此分享情感與經驗，對家的凝聚力也是很有意義的。在一項研究中，喪偶的婦女受到丈夫死亡的刺激，會開始為她們的生活研究有意義的方向 (Danforth & Glass, 2001)。另一項研究發現，表達正向情感和充滿盼望的哀悼者會比那些專注於痛苦的負向情感的人表現出更好的調適 (Gamino & Sewell, 2004)。一項研究顯示，在配偶死亡中找到意義會與較低的憤怒程度有關 (Kim, 2009)。

當一場事故或一場災難造成死亡時，會刺激人們更加強烈地追求它的意義。一項對 1,000 多名大學生的研究發現，發現意義是他們從意外或創傷事件中復原的一個重要因素 (Currier, Holland, & Neimeyer, 2006)。

四、失去了生活伴侶

2010 年在美國，有 13% 的男性和 40% 的 65 歲以上女性喪偶 (美國人口普查局，2012)。在親密伴侶死亡後，遺留下來的人往往遭受極度的悲痛，經歷經濟損失、孤獨、身體疾病和心理障礙，包括憂鬱 (Das, 2013; Lee, 2014; Naef et al., 2013)。對 75 歲以上喪偶個人進行的一項研究發現，喪偶者會增加精神疾病和早逝的可能性 (Moller et al., 2011)。在另一項研究中，喪偶會增加 48% 的死亡風險 (Sullivan & Fenelon, 2014)。在這項研究中，如果並未預期妻子死亡，男性的死亡風險會增加，但對於女性的死亡風險則較低。最近的一項研究還顯示，婚姻品質較高的喪偶者在配偶死後有更多的憂鬱症狀 (Schaan, 2013)。在最近的另一項研究中，喪偶者，尤其是那些年齡差異較大的人，比精神病患者的心理健康更差，但是身體健康不差 (Choi & Vasunilashorn, 2014)。

仍活著的配偶試圖以各種方式應對喪偶 (Moss & Moss, 2014; Park, 2012)。在一項研究中，喪偶者在配偶去世後更有可能投入宗教信仰和精神信仰，這會降低悲傷程度 (Brown et al., 2004)、憤怒程度

(Kim, 2009)。而較少去尋找意義的喪偶者會有更多的憂鬱、憤怒和攻擊性想法 (Carr & Sharp, 2014)。

許多寡婦是孤獨的，她們越窮、教育程度越低，往往越孤獨，而能從社會支持中受益 (de Vries et al., 2014; Utz, Caserta, & Lund, 2012)。喪親者也面臨許多的健康問題 (Mechakra Tahiri et al., 2010)。【透過研究找出關聯】調查喪失親人與健康之間的關聯。

死亡後的最佳調適取決於幾個因素。最近的一項研究發現，男女之間在憂鬱症狀沒有差異 (Sasson & Umberson, 2014)。

發展連結—社區與文化
對於老年人來說，社會支持與疾病症狀的減輕和壽命的延長有關。(第 19 章)

對於寡婦和鰥夫，社會支持對他們的調適都有幫助 (Antonucci, Birditt, & Ajrouch, 2013)。從 1960 年代開始的「寡婦對寡婦」計畫 (Widow-to-Widow program) 為新近喪偶的婦女提供支持。志願者寡婦接觸其他寡婦，介紹可能有類似問題的其他人，領導小組討論和組織社交活動。該方案已被美國退休人員協會採納，並作為喪偶人士服務機構在美國各地傳播。自那以後，這個模式已經被許多社區組織採用，為那些經歷艱難轉型的人提供支持。其他的寡婦支持團體也往往有利於減少喪偶的憂鬱 (Maruyama & Atencio, 2008)。

研究人員發現，在成年晚期喪失配偶後，宗教信仰和應對技能與幸福感有關 (Leighton, 2008)。此外，一項研究顯示，與同樣婚齡者相比，50 歲以上的喪偶者在配偶過世後數年參加志願工作的比例更高 (Li, 2007)。志願工作有助於保護喪偶者免於憂鬱症狀，志願者小時數的增加提高了自我效能感。另一項研究還發現，當老年人在配偶去世後幫助其他人時，憂鬱症狀會加速下降 (Brown et al., 2008)。

發展連結—宗教
參與宗教與健康和長壽正相關。(第 15 章)

五、哀悼的形式

面對死者的一個重要決定是如何處理遺體。在美國，2012 年，42% 的死亡人口被火化，其中火葬率從 1985 年的 14% 和 2000 年的 27% (北美火葬協會，2012) 的火葬率大幅提高。根據美國的趨勢，2015 年美國的火葬比例預計將達到 60%。火葬在美國太平洋地區更受歡迎，在南方則不太受歡迎。在加拿大、日本和其他許多亞洲國家也是廣被接受的。

葬禮是許多文化中哀悼的一個形式。在美國，會將遺體放置在一具開放的棺木裡，並讓追悼儀式上的人瞻仰 (Callahan, 2009)。

美國一位在引領葬禮隊伍的寡婦。

美國的殯葬業近年來一直是爭議焦點。喪葬主管及其支持者認為，葬禮提供一個與死者告別的形式，尤其是當有一具開放的棺材

透過研究找出關聯

婦女的婚姻狀況與守寡長短和健康有什麼關聯？

為了進行「婦女健康倡議」而對美國 50 至 79 歲的 13 萬多名婦女進行一項為期三年的縱貫性研究，調查了寡婦對身心健康、健康行為和健康結果的影響 (Wilcox et al., 2003)。將受訪婦女分為：(1) 已婚；(2) 從有配偶過渡到喪偶；(3) 喪偶；(4) 從喪偶過渡到已婚。並進一步細分為最近喪偶 (喪偶不到一年) 和喪偶多年 (喪偶一年以上)。

以下測量值用於評估婦女的健康狀況：

- **生理健康**。安靜休息五分鐘後，用兩次血壓計讀數的平均值和 30 秒鐘的讀數評估血壓。高血壓被定義為超過 140/90。計算身體質量指數 (BMI)，並用於確定女性是否肥胖。健康調查評估身體機能和健康狀況。
- **心理健康**。使用六項憂鬱量表對憂鬱症狀進行評估，參與者評估過去一週內憂鬱思維的頻率，還獲得參與者的抗憂鬱藥物使用報告。關於社會功能和心理健康的訊息，是基於參與者對社會功能量表的反應 (Ware, Kosinski, & Dewey, 2000)。
- **健康行為**。膳食行為用國家癌症研究所 (National Cancer Institute) 的健康習慣和歷史問卷調查表進行評估。還詢問與會者是否抽菸，如果是的話，抽多少。為了評估身體活動，詢問參與者每週走出家門的頻率，以及參與劇烈或適度運動的程度。為了評估醫療保健的使用情況，他們會被問到去年是否曾去看過醫生。
- **健康結果**。心血管疾病和癌症發生率會在每年進行評估，並記錄任何過夜的住院。

在三年的研究開始時，已婚婦女比喪偶婦女的身心健康狀況更好。在這項研究的三年期間，結婚的婦女顯示精神健康穩定，新喪偶者精神健康顯著受損，長期寡居者則顯示心理健康穩定或略有改善。兩組寡婦 (近期和長期) 在三年內報告了更多無意的體重減輕。

調查結果強調老年婦女的復原力和重建關係的能力，但同時也指出需要加強社會支持，以幫助那些從有配偶過渡到喪偶的人。

時。批評者聲稱，殯儀館老闆只是想賺錢，而且遺體防腐是很奇怪的。在喪親期間避免被剝削的一種方法是事先安排葬禮。然而，在一項調查中，只有 24% 的 60 歲以上的人做過葬禮安排 (Kalish & Reynolds, 1976)。

在印尼的峇里島上聚集在火葬儀式上的人群，整理她們頭上的裝飾容器。

阿米希 (Amish) 人是一個保守的團體，在美國有約 80,000 名成員，安大略省和中南美洲有幾個小的定居點。阿米希人生活在一個以家庭為中心的社會裡，社會和民間的支持對於生存至關重要。今天，他們的生活和祖先一樣悠閒，用馬代替汽車，用和祖先一樣堅定的信念面對死亡。在死亡時，鄰近的鄰居承擔通知他人死者死亡的責任。

阿米希社會幾乎處理葬禮的所有事項。

葬禮服務在溫暖的月份和寒冷的月份都是在一個房間裡舉行。受到深沉的宗教信仰影響，冷靜接受死亡是阿米希文化不可分割的一部分。葬禮之後，至少有一年的時間，這個家屬得到很高的支持。探訪家屬、為家屬準備特別的剪貼簿和手工製品、為寡婦開始新的工作項目，以及結合團契和生產力的裁縫，是對喪親家庭的支持。Charles Roberts 在開槍擊斃五名阿米希女學生之後，於 2006 年 10 月在賓州巴特鄉 (Bart Township) 自殺身亡，這是阿米希文化的宗教信仰和接受死亡的一個深刻例子。謀殺和自殺後不久，阿米希社會的成員拜訪了 Roberts 的寡婦，並提供支持和寬恕。

2006 年 10 月，一列馬車正前往五名遇難的年輕阿米希女孩的葬禮。他們哀悼逝者，並寬恕兇手的妻子。

家庭和社區在傳統猶太教的哀悼中也有特殊而重要的作用。哀悼計畫分為不同的時期，每個時期都有適當的做法。死者的配偶和直系親屬必須遵守這些做法。第一個時期是埋葬，即死亡和埋葬之間的時期。接下來的是為期 12 個月哀悼期，或穿喪服的哀悼。其中第一個是坐七，為期七天，從埋葬開始。其次是去世後的 30 天。在葬禮後的 30 天時，除了父母之外，所有的哀悼過程都被考慮在內。對於父母來說，儘管紀念活動很少，但是仍然持續了 11 個月。

在猶太墳場舉行聚會。

在傳統的猶太教中，這個為期七天的坐七是特別重要的。哀悼者長時間坐在一起，有機會將自己的感受投射到整個群體中。在坐七期間來訪的人可能會幫助哀悼者處理內疚感。在坐七之後，鼓勵哀悼者恢復正常的社交互動。事實上，哀悼者習慣於走一段距離作為他們回歸社會的象徵。整體而言，傳統猶太教哀悼制度旨在促進個人成長，並使喪失親人的個人重新融入社會。

複習・連結・反思　學習目標五　找出應對另一個人死亡的方法

複習重點

- 什麼是與臨終的人溝通的一些策略？
- 什麼是悲傷的本質？
- 如何讓悲傷的結果是有意義的？
- 失去生命伴侶的一些特點和結果是什麼？
- 哀悼有哪些形式？葬禮的性質是什麼？

連結

- 在這一節中，我們了解到，知道自己即將死亡的一個好處就是有機會回想過去一生。Erikson 的哪一個發展階段涉及對過去的反思，是把過去的片段重整而獲得統整感，還是發現自己一生的結論是空虛沮喪？

反思個人的人生旅程

- 在你所居住的文化中，什麼被認為是適當的哀悼形式？

與前瞻主題連結

我們已經到了本書的最後一章。我希望本書和課程能夠成為人類生命的窗口，也是通往人生旅程的窗口。

我們對人類壽命的研究是漫長而複雜的。你已經讀過從懷孕到死亡的許多有關生理、認知和社會情感變化，現在是反思所學內容的好時機。哪些理論、學習和想法對你特別有意義？你從自己的發展中學到了什麼？

但願你在人生旅途的剩餘歲月中一切順利。

達成本章學習目標

死亡、臨終和悲傷

壹、死亡系統與文化背景

學習目標一　描述死亡系統及其文化和歷史背景

- **死亡系統及其文化差異**：Kastenbaum 認為，每一種文化都有一個死亡系統，涉及這些組成部分：人、地點或環境、時間、物件和符號。大多數文化並不認為死亡是生存的終點——精神生活被認為是持續的。歷史上大多數社會都有關於死亡的哲學或宗教信仰，大多數社會都有處理死亡的儀式。美國被描述為比大多數文化更多的是否認死亡和避免死亡的文化。
- **歷史環境的變化**：人們死亡的時間、地點及原因在歷史上發生了變化。今天，死亡在老年人中最常見。現在美國有 80% 以上的死亡都發生在醫院或其他機構；我們在家庭中的死亡風險已經降到最低。

貳、定義死亡和生命 / 死亡議題

學習目標二　評估確定死亡和決定死亡的議題

- **決定死亡的議題**：25 年前，確定人是否死亡比今天簡單。腦死是一種死亡的神經學定義，當腦部的所有電活動停止一段特定的時間時，就是腦死。醫學專家爭論這是否應該包括更高和更低的大腦功能，或只是更高的皮質功能。目前，大多數醫生將腦死定義為高級皮層功能和低級腦幹功能的死亡。
- **關於生命、死亡和醫療保健的決定**：關於生命、死亡和醫療保健的決定與生存意願有關。人們開始考慮安樂死的可能性，並安排臨終關懷。生活意願和預立遺囑越來越多地被使用。安樂死（「無痛苦致死術」）是無痛地結束患有不治之症或失能的人安樂死生活之行為。積極和消極安樂死之間有著區別。臨終關懷強調減輕痛苦，而不是延長生命。

參、死亡的發展觀

學習目標三　討論在不同的發展點上的死亡和態度

- **死亡的原因**：雖然死亡在成年晚期更可能發生，但死亡可能在任何時候發生。在小孩和年輕人中，事故或疾病較可能導致死亡；在老年

人中，死亡的可能性更大，因為慢性疾病，如心臟疾病或癌症的發生。

- **在不同生命週期對死亡的態度**：嬰兒沒有死亡的概念。學齡前兒童也幾乎沒有死亡的概念，學齡前兒童有時會因為一個人的死亡而自責。在小學的時候，孩子對死亡的態度更為現實。大多數的心理學家認為，誠實是幫助兒童應對死亡的最佳策略。死亡在青春期可能會被掩蓋。青少年比兒童有更多抽象、哲學的死亡觀點。最近的研究表明，許多青少年認為他們很可能會早逝，而不是認為自己是不朽的。成年中期是成年人對死亡和死亡焦慮意識增強的時期。老年人反而比中年人較少焦慮死亡，但是老年人則更常經歷和談論死亡。對任何年齡成年人的死亡態度可能差異很大。

肆、面對自己的死亡

學習目標四　解釋面對自己的死亡所涉及的心理層面和死亡的環境

- **Kübler-Ross 的臨終階段**：Kübler-Ross 提出五個死亡階段：否認和隔離、憤怒、討價還價、憂鬱和接受。並不是所有的人都經歷相同的順序。
- **感知控制和拒絕**：感知控制和否認可以共同成為臨終個體的適應性定位。拒絕可能是適應性的或適應不良，這要取決於具體情況。
- **人死亡的環境**：美國大多數的死亡發生在醫院。大多數人表示寧願在家裡過世，但也擔心他們會成為家人的負擔，同時擔心缺乏醫療保健。

伍、應對其他人的死亡

學習目標五　找出應對另一個人死亡的方法

- **與臨終者溝通**：大多數心理學家推薦一個開放式的溝通系統。交流不應該停留在心理病理學或死亡準備上，而應該強調死亡者的長處。
- **悲傷**：悲傷是伴隨失去所愛之人的情感麻木、不相信、分離焦慮、絕望、悲傷和孤獨。悲傷是多方面的，在某些情況下可能持續多年。長期的悲傷和持續的絕望有關，而這種絕望在很長一段時間後仍然難以解決。在應對喪親之痛的雙重過程模式中，振盪發生在兩個維度之間：(1) 損失導向的壓力源；(2) 恢復導向的壓力源。悲傷和應對因死亡類型而異。有悲傷的文化差異。
- **感悟世界**：悲傷的過程可能會刺激個人努力去理解他們的世界。當一場事故或災難造成死亡時，更加強烈地追求它的意義。
- **失去了生活伴侶**：親密伴侶的死往往導致深深的悲痛。喪偶者有許多健康問題的風險，儘管他們遇到的困難有所不同，但社會支持有利於寡婦和鰥夫。
- **哀悼的形式**：哀悼的形式因文化而異。大約三分之二採取土葬，三分之一採取火葬。在許多文化中，哀悼的一個重要層面是葬禮。近年來，殯葬業一直是爭議的焦點。在一些文化中，會在人死後舉行儀式餐會。

索引

Apgar 量表　Apgar Scale　101
A 而非 B 的錯誤　A-not-B error　166
Brazelton 新生兒行為評估量表　Brazelton Neonatal Behavioral Assessment Scale, NBAS　103
Bronfenbrenner 的生態理論　Bronfenbrenner's ecological theory　28
Erikson 的理論　Erikson's theory　22
Piaget 的理論　Piaget's theory　24
Vygotsky 的理論　Vygotsky's theory　25
XYY 症　XYY syndrome　60
「從頭到腳」模式　cephalocaudal pattern　117
「從軀幹到四肢」模式　proximodistal pattern　118

● 二畫

人生全程的發展觀點　life-span perspective　6
人格的五大因素　Big Five factors of personality　581
人際和諧的道德　mutual interpersonal expectations, relationships, and interpersonal conformity　372

● 三畫

三元智力理論　triarchic theory of intelligence　346
三級循環反應階段、新穎性和好奇心　tertiary circular reaction, novelty, and curiosity　165
大小恆定　size constancy　148
女性更年期　menopause　550
工作記憶　working memory　335
工具性的道德觀　individualism, instrumental purpose, and exchange　371

● 四畫

不合乎標準規範的生命事件　nonnormative life events　8
不安全抗拒型嬰兒　insecure resistant babies　212
不安全迴避型嬰兒　insecure avoidant babies　212
不安全混亂型嬰兒　insecure disorganized babies　212
中心定位　centration　243
內在的正義　immanent justice　281
內隱記憶　implicit memory　173, 646
分散注意力　divided attention　645
分離焦慮　separation protest　198
匹配假說　matching hypothesis　515
反射　reflex　134
心理分析理論　psychoana-lytic theories　21
心智年齡　mental age, MA　344
心智理論　theory of mind　256
心態　mindset　397
文化　culture　9
文化公平測驗　culture-fair tests　350
文化家族性智能障礙　cultural-familial intellectual disability　352
比同胎齡兒小　small for date infants　103
比賽　games　309

● 五畫

世代不平等　generational inequity　691
主動 (利基領域) 遺傳 - 環境相關性 [active (niche-picking) genotype-environment correlations]　72
他律道德　heteronomous morality　280
代謝症候群　metabolic syndrome　547
以兒童為中心的幼兒園　child-centered kindergarten　265
出生後　afterbirth　98
去氧核醣核酸　DNA　53
去習慣化　dishabituation　144
句法　syntax　179
可能的自我　possible selves　688
外顯記憶　explicit memory　174, 646
失智症　dementia　666
失語症　aphasia　184
布洛卡區　Broca's area　184
平衡　equilibration　162
正念　mindfulness　340
正義觀點　justice perspective　374
民族文化認同　ethnic identity　446
民種性　ethnicity　9
生物的運作過程　bio-logical processes　13
生長激素缺乏　growth hormone deficiency　233
生態觀點　ecological view　142
白內障　cataracts　620

● 六畫

交互社會化　reciprocal socialization　220
休閒　leisure　562
先天的和後天養育的議題　nature-nurture issue　18
全語言教學方法　Whole-language approach　356
共同撫養　coparenting　293
共享注意力　joint attention　172
共享環境的經驗　shared environmental experiences　73
危機　crisis　444

合乎年齡等級影響的標準規範　normative age-graded influences　7
合乎歷史變遷影響的標準規範　normative history-graded influences　8
同化　assimilation　161
字母拼讀方法　phonics approach　356
安全依附型嬰兒　securely attached babies　212
安全的依附風格　secure attachment style　512
安寧照護　palliative care　718
安樂死　euthanasia　716
早產兒　preterm infants　103
有氧運動　aerobic exercise　484
有絲分裂　mitosis　55
次級循環反應的協調階段　coordination of secondary circular reaction　164
次級循環反應階段　secondary circular reaction　164
羊膜　amnion　82
老年護理　eldercare　691
自由基理論　free-radical theory　610
自我中心論　egocentrism　242
自我效能　self-efficacy　366
自我理解　self-understanding　275
自我意識情緒　self-conscious emotions　196
自我概念　self-concept　366
自我認同分散　identity diffusion　444
自我認同成就　identity achievement　444
自我認同前置關閉　identity foreclosure　444
自我認同停滯　identity moratorium　444
自律道德　autonomous morality　280
自閉症　autism spectrum disorder, ASD　329
自尊　self-esteem　366
自然分娩　natural childbirth　100
自然觀察　naturalistic observation　32
自戀　narcissism　441
行為遺傳學　behavior genetics　70

● 七畫

年齡歧視　ageism　689
成年中期　middle adulthood　541
成年儀式　rite of passage　459
成群　crowd　456
成癮　addiction　484
低出生體重的嬰兒　low birth weight infants　103
克蘭費爾特症　Klinefelter syndrome　60
否認和隔離　denial and isolation　722
吸吮反射　sucking reflex　134
完整性與絕望　integrity versus despair　679
形狀恆定　shape constancy　148
形態學　morphology　178
快速配對　fast mapping　261
批判性思考　critical thinking　340
抑制型的孩子　inhibited children　200
抓握反射　grasping reflex　135
投入　commitment　444
折衷主義的理論導向　eclectic theoretical orientation　30
更年期　climacteric　550
杏仁核　amygdala　413
系列化　seriation　334
良心　conscience　282
初級情緒　primary emotions　196
初級循環反應　primary circular reaction　163
初潮　menarche　409
延宕模仿　deferred imitation　175

● 八畫

亞斯伯格症候群　Asperger syndrome　329
來源記憶　source memory　648
依附或依戀　attachment　210
兒童導向式話語　child-directed speech　186
兩廂情願驗證　consensual validation　514
受爭議的兒童　controversial children　387
受精　fertilization　56
受精卵　zygote　56
受歡迎的兒童　popular children　386
宗教　religion　563
帕金森氏症　Parkinson disease　670
忽視型教養　neglectful parenting　289
性別　gender　10
性別角色　gender roles　283
性別刻板印象　gender stereotypes　377
性別的社會認知理論　social cognitive theory of gender　285
性別的精神分析理論　psychoanalytic theory of gender　285
性別基模理論　gender schema theory　287
性別認同　gender identity　283
性別類型　gender typing　283
性傳染疾病　sexually transmitted infection, STI　417, 491
放縱型教養　indulgent parenting　290
服務學習　service learning　435
注意　attention　171
注意力缺陷過動症　attention deficit hyperactivity disorder, ADHD　326
物體恆存　object permanence　165
直接指導方針　direct instruction approach　392
直覺思考子階段　intuitive thought substage　243

知覺 perception 141
知覺統合 intermodal perception 152
社交建構主義的方法 social constructivist approach 247
社交遊戲 social play 308
社會系統道德 social systems morality 372
社會角色理論 social role theory 285
社會契約原則 social contract or utility and individual rights 372
社會政策 social policy 10
社會時鐘 social clock 578
社會參照 social referencing 209
社會情緒的運作過程 socioemotional processes 13
社會情緒選擇理論 social emotional selectivity theory 681
社會傳統推理 social conventional reasoning 375
社會認知理論 social cognitive theory 26
社會關係的護航模式 convoy model of social relations 699
社經背景 social pulicy 9
空巢症候群 empty nest syndrome 587
表現型 phenotype 57
表徵功能子階段 symbolic function substage 242
表觀遺傳學 epigenetic view 74
近側發展區間 zone of proximal development, ZPD 245
長時間的悲傷紊亂 prolonged grief disorder 728
長期記憶 long-term memory 335
阿茲海默症 Alzheimer disease 667
青少年犯罪 juvenile delinquent 463
青少年的自我中心主義 adolescent egocentrism 429
青光眼 glaucoma 620
青春期 puberty 409
非共享環境的經驗 nonshared environmental experiences 73

● 九畫

保留概念 conservation 243
前運思期 preoperational stage 241
前瞻記憶 prospective memory 648
勃起功能障礙 erectile dysfunction, ED 553
建構主義的學習方針 constructivist approach 392
建構性遊戲 constructive play 309
後形式思考 postformal thought 496
後設認知 metacognition 343
後設語言意識 metalinguistic awareness 356
持續注意力 sustained attention 250, 645
染色體 chromosomes 53
活動理論 activity theory 681
流體智力 fluid intelligence 554
相關性的研究 correlational research 35
科學方法 scientific method 20
約會或熟識者強暴 date or acquaintance rape 493
胎兒酒精症候群 fetal alcohol spectrum disorders, FASD 88
胎兒期 fetal period 83
胎盤 placeta 82
胚胎期 embryonic period 81
重度憂鬱症 major depression 665
陌生人焦慮 stranger anxiety 197
陌生情境 strange situation 212
韋尼克區 Wernick's area 184
音韻學 phonology 178

● 十畫

致畸劑 teratogen 86
個人神話 personal fable 429
個別化教育計畫 individualized education plan, IEP 331
個別差異 individual differences 344
個案研究 case study 33
剖腹產 cesarean delivery 101
剛柔並濟 androgyny 381
唐氏症 Down syndrome 59
容易養育的孩子 easy child 200
書寫障礙 dysgraphia 326
核心知識方法 core knowledge approach 168
氣質 temperament 199
浪漫的愛情 romantic love 517
消極安樂死 passive euthanasia 716
消瘦症 marasmus 131
神經元 neurons 85
神經建構觀 neuroconstructivist view 123
神經發生 neurogenesis 613
紐帶 bonding 110
胼胝體 corpus callosum 412
脆性 X 症 fragile syndrome 60
虔誠 religiousness 563
衰老進化理論 evolutionary theory of aging 609
訊息處理理論 information-processing theory 25
討價還價 bargaining 722
記憶 memory 173
迴避依附風格 avoidant attachment style 512
骨質疏鬆症 osteoporosis 626

● 十一畫

苯丙酮尿症 phenylketonuria syndrome, PKU 60
假設演繹的推理 hypothetical-deductive reasoning 427

假想觀眾 imaginary audience 429
假裝 / 象徵性遊戲 pretense/symbolic play 308
假說 hypotheses 21
側化 lateralization 120
動物行為學 ethology 27
動態系統理論 dynamic systems theory 133
啟蒙方案 Project Head Start 267
執行功能 executive function 254
執行注意力 executive attention 250, 645
基因 genes 53
基因型 genotype 57
基因與環境 (G×E) 交互作用 [gene×environment (G×E) interaction] 75
基模 schemes 161
基模的內化 internalization of schemes 165
專制型教養 authoritarian parenting 289
常態分布 normal distribution 345
強暴 rape 492
情節記憶 episodic memory 646
情緒 emotion 195
情緒行為障礙 emotional and behavioral disorders, EBD 329
接受 acceptance 723
深情的愛 affectionate love 517
理論 theory 21
產後期 postpartum period 108
產後憂鬱症 postpartum depression 109
產婆 doula 99
第一習慣和初級循環反應階段 first habits and primary circular reactions 163
粒線體理論 mitochondrial theory 610
粗大動作技巧 gross motor skills 135
細胞時鐘理論 cellular clock theory 609
組織 organization 162
習慣化 Habituation 144
處罰與服從的道德觀 heteronomous morality 371
袋鼠式照護 kangaroo care 105
被忽略的兒童 neglected children 386
被拒絕的兒童 rejected children 387
被動基因型與環境的相關性 passive genotype-environment correlations 72
透納症 Turner syndrome 60
連續和不連續的議題 continuity-discontinuity issue 19
頂尖現象 top-dog phenomenon 433
視覺偏好法 visual preference method 144

● 十二畫

創造性思考 creative thinking 341
喚起基因型 - 環境間的相關性 evocative genotype-environment correlations 72
尋根反射 rooting reflex 134
悲傷 grief 726
惡性營養不良 kwashiorkor 131
描述性的研究 descriptive research 35
普世倫理原則 universal ethical principles 372
普通的兒童 average children 386
晶體智力 crystallized Intelligence 554
智力 intelligence 344
智能障礙 intellectual disability 351
智商 intelligence quotient, IQ 344
智慧 wisdom 651
最少限制的環境 least restrictive environment, LRE 331
減數分裂 meiosis 55
滋養層 trophoblast 81
無限生成性 infinite generativity 178
焦慮依附風格 anxious attachment style 512
發生期 germinal period 81
發展 development 5
發展層級的模型 developmental cascade model 214
發散性思考 divergent thinking 341
短期記憶 short-term memory 252
策略 strategies 337
結黨 clique 456
賀爾蒙壓力理論 hormonal stress theory 611
黃斑部病變 macular degeneration 620

● 十三畫

荷爾蒙 hormones 410
意義尋找的應對 meaning-making coping 565
感覺 sensation 141
感覺動作階段 sensorimotor stage 163
感覺運動遊戲 sensorimotor play 308
新 Piaget 學派 neo-Piagetians 334
新生兒重症加護病房神經行為量表 Neonatal Intensive Care Unit Neurobehavioral Scale, NNNS 103
概念 concepts 175
準備分娩 prepared childbirth 100
照護觀點 care perspective 374
當代生活事件法 contemporary life-events approach 575
群體效應 cohort effects 38
腦力激盪 brainstorming 343
腦死 brain death 715
資優 giftedness 352
跨文化的研究 cross-cultural studies 9
跨階段的研究取向 cross-sectional approach 37

運思 operations 241
道德成規前期 preconventional reasoning 371
道德成規後期 postconventional reasoning 372
道德成規期 conventional reasoning 371
道德發展 moral development 279
道德發展的領域理論 domain theory of moral development 375
電報式語言 telegraphic speech 183
預期壽命 life expectancy 601

● 十四畫

萌芽的成年期 emerging adulthood 476
厭食症 anorexia nervosa 425
壽命 life span 601
實驗法 experiment 36
實驗室 laboratory 32
慢性疾病 chronic disorders 548
慢熟型的孩子 slow-to-warm-up child 200
演化心理學 evolutionary psychology 50
種族的註解 ethnic gloss 40
精密化 elaboration 337
精細動作技巧 fine motor skills 139
聚斂性思考 convergent thinking 341
認知力學 cognitive mechanics 643
認知的運作過程 cognitive processes 13
認知控制 cognitive control 430
認知語用學 cognitive pragmatics 643
語用學 pragmatics 179
語言 language 178
語言習得裝置 language ecquisition device, LAD 184
語意 semantics 179
語意記憶 semantic memory 646
遞移性 transitivity 334
領養研究 adoption study 71

● 十五畫

萬物有靈論 animism 242
憂鬱 depression 722
憤怒 anger 722
數學障礙 dyscalculia 326
暴食症 bulimia nervosa 426
標準化測驗 standardized test 33
模糊痕跡理論 fuzzy trace theory 338
練習的遊戲 practice play 308
調適 accommodation 162
適合度 goodness of fit 203
適性發展實務 developmentally appropriate practice, DAP 266
閱讀障礙 dyslexia 326

● 十六畫

蒙特梭利法 Montessori approach 265
器官發生 organogenesis 83
器質性智能障礙 organic intellectual disability 352
學習障礙 learning disability 325
戰鬥或逃跑 fight-or-flight 578
積極安樂死 active euthanasia 716
融合教育 inclusion 331
親密的友誼 intimacy in friendships 391
選擇性注意力 selective attention 645
選擇最適化的補償模式 selective optimization with compensation theory 682

● 十七畫

嬰兒猝死症 sudden infant death syndrome, SIDS 126
環境賦使 affordances 142
縱貫的研究取向 longitudinal approach 37
臀位 breech position 101
臨終關懷 hospice 718
趨向和友好 tend-and-befriend 578

● 十八畫

簡單反射階段 simple reflexes 163
臍帶 umbilical cord 82
雙向過程模式 dual-process model 431
雙胞胎研究 twin study 70
雙重過程模式 dual-process model 728

● 十九畫

穩定和改變的議題 stability-change issue 19
邊緣系統 limbic system 413
關節炎 arthritis 626
難養育的孩子 difficult child 200

● 二十一畫

鐮形血球貧血 sickle-cell anemia 61

● 二十二畫

囊胚發育 blastocyst 81
權威型教養 authoritative parenting 289

● 二十三畫

驚嚇反射 Moro reflex 134
髓鞘化 myelination 234

● 二十四畫

靈性 spirituality 563
鷹架理論 scaff olding 220

● 二十五畫

觀點取代 perspective taking 365

圖片來源

TEXT CREDITS

Chapter 1

fig. 1.1: John Santrock, *Life-Span Development*, 14/e, fig. 1.1. Copyright © 2013 McGraw-Hill Companies. Used with permission.

Chapter 2

Page 54: Figure 2.3: John Santrock, *Psychology*, 7/e. Copyright © 2003 McGraw-Hill Companies. Used with permission; p. 72: fig. 2.11: John Santrock, *Children*, 9/e, fig. 3.10. Copyright © 2007 McGraw-Hill Companies. Used with permission.

Chapter 3

Page 84: Figure 3.3: John Santrock, *Children*, 9/e, fig. 4.3. Copyright © 2007 McGraw-Hill Companies. Used with permission; p. 104: fig. 3.7: John Santrock, *Children*, 10/e. Copyright © McGraw-Hill Companies. Used with permission; p. 109: fig. 3.11: John Santrock, *Child Development*, 10/e, fig. 4.11. Copyright © 2004 McGraw-Hill Companies. Used with permission.

Chapter 4

Page 117: Figure 4.1: John Santrock, *Children*, 9/e, fig. 6.1. Copyright © 2007 McGraw-Hill Companies. Used with permission; p. 121: fig. 4.6: John Santrock, *Child Development*, 10/e, fig. 5.2. Copyright © 2004 McGraw-Hill Companies. Used with permission; p. 108: fig. 4.8: John Santrock, *Child Development*, 11/e, fig. 5.11. Copyright © 2007 McGraw-Hill Companies. Used with permission; p. 128: fig. 4.10: John Santrock, *Child Development*, 11/e, fig. 5.13. Copyright © 2007 McGraw-Hill Companies. Used with permission; p. 135: fig. 4.11: John Santrock, *Child Development*, 10/e, fig. 5.11. Copyright © 2004 McGraw-Hill Companies. Used with permission.

Chapter 5

Page 165: Figure 5.2: J. Piaget, *The Origins of Intelligence in Children*, 1952. New York International Universities Press, pp. 27, 159, 225, 273, 339; fig. 5.10: DeLoache; Simcock; Mecari, "Planes, Trains and Automobiles," *Developmental Psychology*, vol. 43, pp. 1579–1586. Copyright © 2007 by the American Psychological Association; fig. 5.14: John Santrock, Children, 9/e fig. 7.11. Copyright © 2007 McGraw-Hill Companies. Used with permission; fig . 5.15: John Santrock, A. *Topical Approach to Life Span Development*, 4/e, fig. 10.2. Copyright © 2008 McGraw-Hill Companies. Used with permission; fig. 5.18: Hart and Risley (1995), *Meaningful Differences in the Everyday Experiences of Young American Children*, Baltimore: Paul H. Brookes Publishing Co. Used with permission of Paul H. Brookes Publishing Co.

Chapter 6

Figure 6.4: John Santrock, *Life-Span Development*, 4/e. Copyright © 1999 McGraw-Hill Companies. Used with permission; fig. 6.8: Jay Belsky, "Early Human Experience: A Family Perspective," in *Developmental Psychology*, vol. 17, pp. 3–23. Copyright © 1981 by the American Psychological Association.

Chapter 7

Figure 7.4: John Santrock, *Psychology*, 7/e. Copyright © 2003 McGraw-Hill Companies. Used with permission; fig. 7.8: Elena Bodrova; Deborah J. Leong, "Tools of the Mind." Used with permission; fig. 7.10: John Santrock, *Children*, 7/e. Copyright © 2003 McGraw-Hill Companies. Used with permission; p. 252: Maggie Bruck, Text from *Annual Review of Psychology*, vol. 50, 1999. Copyright © 1999 by Maggie Bruck. Used with permission; fig. 7.15: After Joseph Jastrow, 1900; fig. 7.16: Jean Berko, 1958, "The Child's Learning of English Morphology," in *Word*, vol. 14, p. 154. Used courtesy of Jean Berko Gleason.

Chapter 8

Page 283: © Edward Koren/The New Yorker Collection/The Cartoon Bank. Used by permission; fig. 8.1: John Santrock, *Child Development*, 10/e, fig. 13.3. Copyright © 2004 McGraw-Hill Companies. Used with permission.

Chapter 9

Figure 9.1: John Santrock, *Children*, 9/e fig. 9.3. Copyright © 2007 McGraw-Hill Companies. Used with permission; fig. 9.5: Shaw et al (2007) "Attention Defi cit/Hyperacti vity Disorder is Characterized by a Delay in Cortical Maturation," *Proceedings of the National Academy of Science*, vol. 104, p. 1950, fig. 2. Cop yright © 2007 National Academy of Sciences, USA. Used with permission.

Chapter 10

fig. 10.3: Sandra Bem, adapted from *The Bem Sex-Role Inventory*, 1971, 1981. Mind Garden, Inc.

Chapter 11

fig. 11.4: John Santrock, *Essentials of Life-Span Development*, 1/e. Copyright © 2008 McGraw-Hill Companies. Used with permission.

Chapter 12

Page 393: Figure 12.8: D.B. Goldston et al., "Cultural Considerations in Adolescent Suicide Prevention and Psychological Treatment," in *American Psychologist*, vol. 63, pp. 14–31. Copyright © 2008 American Psychological Association.

Chapter 13

Figure 13.1: "The American College Health Association National College Health Assessment," in *Journal of American College Health*, vol. 57, no. 5, 2009, Table 17, p. 487. Used with permission of American College of Health Association; p. 481: © www.CartoonStock.com. Used with permission; fig. 13.2: John Santrock, *A Topical Life-Span Development*, 6/e, p. 138. Copyright © McGraw-Hill Companies. Used with permission; fig. 13.3: J. Kruger, H.M. Blank, and G. Gillespie, "Comparisons of Strategies in Successful and Unsuccessful Dieters," from "Dietary and Physical Activity Behaviors Among Adults Successful at Weight Loss Management," in *International Journal of Behavioral Nutrition and Physical Activity*, vol. 3, p. 17, 2006. Bio Medical Central; p. 486: © Michael Shaw/The New Yorker Collection/www.cartoonbank.com; fig.

13.6: John Santrock, Adolescence, 14/e, fig. 3.5. Copyright © 2012 McGraw-Hill Companies. Used by permission.

Chapter 14

p. 532: E. Mavis Hetherington and John Kelly, excerpt from *For Better or for Worse: Divorce Reconsidered*, pp. 98–108. W.W. Norton, 2002.

Chapter 15

Figure 15.4: John Santrock, *Life-Span Development*, 8/e. Copyright © 2002 McGraw-Hill Companies. Used by permission; p. 564: HAGGAR © 1987 by King Features Syndicate, Inc. World rights reserved. Used with permission.

Chapter 16

Figure 16.3: John Santrock, *A Topical Approach to Life-Span Development*, 3/e, fig. 11.12. Copyright © 2007 McGraw-Hill Companies. Used with permission; fig. 16.8: John Santrock, *Psychology*, 7/e, fig. 12.11. Copyright © 2003 McGraw-Hill Companies. Used with permission; fig. 16.4: Nansel et al., 2001. "Bullying Behaviors Among U.S. Youth," *Journal of the American Medical Association*, Vol. 285, pp. 2094–2100.

Chapter 17

Figure 17.1: Richard Schultz, *The Psychology of Death Dying and Bereavement*. Copyright © 1978 McGraw-Hill Companies. Used with permission; fig. 17.20: John Santrock, *A Topical Approach to Life-Span Development*, 4/e, fig. 4.6. Copyright © 2008 McGraw-Hill Companies. Used with permission.

Chapter 18

Figure 18.6: John Santrock, *A Topical Approach to Life-Span Development*, 6/e, fig. 16.11. Copyright © 2008 McGraw-Hill Companies. Used with permission; fig. 18.7: John Santrock, *A Tropical Approach to Life-Span Development*, 6/e, fig. 16.12. Copyright © 2008 McGraw-Hill Companies. Used with permission.

Chapter 19

Figure 19.3: D. Mroczwk and C.M. Kolarz, *Journal of Personality and Social Psychology*, vol. 75, pp. 1333–1349. Copyright © 1998 American Psychological Association.

ABOUT THE AUTHOR PHOTO COURTESY OF DR. JOHN SANTROCK

Chapter 1

Opener: © Randy M. Ury/Corbis; p. 3: © Jay Reilly/Upper Cut Images/Getty Images; p. 4(Kaczynski, adult): © Seanna O'Sullivan; p. 4(Kaczynski, teen): © WBBM-TV/AFP/Getty Images; p. 4(Walker, adult): © AP Images; p. 4(Walker, child): Courtesy of Alice Walker; 1.1(tortoise): © Digital Vision/PunchStock RF; 1.1(mouse): © Redmond Durrell/Alamy RF; p. 10(top left): © Nancy Agostini; p. 13: © iStockphoto.com/leva; 1.6(left to right): © Brand X Pictures/PunchStock RF; Courtesy of John Santrock; © Laurence Mouton/Photoalto/PictureQuest RF; © Digital Vision RF; © SW Productions/Getty Images RF; © Blue Moon Stock/Alamy Images RF; © Kristi J. Black/Corbis RF; © Ronnie Kaufman/Blend Images LLC RF p. 21(top): © Bettmann/Corbis; p. 22 (right): © Jon p. 26(bottom): © Linda A Cicero/Stanford News Service; p. 27: © Nina Leen/Time Life Pictures/Getty Images; 1.15: Dr. Susan Tapert, University of California, San Diego; p. 38(top): George Grantham Bain Collection, Library of Congress, Reproduction Number #LCUSZ62-63966; p. 33 (bottom): © Mark Bowden/E1/Getty Images RF;

Chapter 2

Opener: © MedicalRF.com/Getty Images RF; p. 48: © China Tourism Press/The Image Bank/Getty Images; p. 49: © Frans Lemmens/Corbis; 2.1: © Alan and Sandy Carey/Photodisc/Getty Images RF; p. 52: Courtesy of Dr. Gilda Morelli; 2.4: © Don W. Fawcett/Science Source; 2.5: © CMSP/Custom Medical Stock Photo-All rights reserved; p. 60: © James Shaffer/PhotoEdit; p. 63: © Jacques Pavlovsky/Sygma/Corbis; 2.8: © Du Cane Medical Imaging Ltd./Science Source; p. 69: © Don Mason/Blend Images/Corbis; p. 70: © Myrleen Pearson/PhotoEdit; p. 73: © Duomo/Corbis; p. 76: © Francisco Romero/E1/Getty Images RF.

Chapter 3

Opener: © Steve Allen/The Image Bank/Getty Images; p. 80: Courtesy of John Santrock; 3.3(top to bottom): © David Spears/PhotoTake, Inc.; © Neil Bromhall/Science Source; © Brand X Pictures/PunchStock RF; p. 86: © Bill Hughes/AP Images; 3.4: © Claude Edelmann/Science Source; p. 88: Streissguth, AP, Landesman-Dwyer S, Martin, JC, & Smith, DW (1980). "Teratogenic effects of alcohol in humans and laboratory animals," Science, 209, 353–361; p. 89: © Chuck Nacke/Alamy; p. 91: © Sergey Guneev/RIA Novosti; p. 93: © Betty Press/Woodfi n Camp & Associates;p. 95(top): © Ryan Pyle/Ryan Pyle/Corbis; p. 95(bottom): © Tracy Frankel/The Image Bank/Getty Images; p. 96: © Jose Luis Pelaez Inc./Blend Images/Getty Images RF; p. 98: © Jonathan Nourok/Getty Images; p. 99: © Viviane Moos/Corbis; p. 100: © Barros & Barros/Stockbyte/Getty Images RF; p. 102: Courtesy of Dr. Holly Beckwith; p. 103: © Diether Endlicher/AP Images; p. 105: © casenbina/E1/Getty Images RF; p. 107: Courtesy of Dr. Tiffany Field; p. 110: © Howard Grey/Getty Images RF.

Chapter 4

Opener: © Jamie Grill/Brand X Pictures/Getty Images RF; p. 115: © Image Source/Getty Images RF; p. 116 (top): © Wendy Stone/Corbis; p. 103(bottom): © Dave Bartruff/Corbis; 4.2: Courtesy of Vanessa Vogel Farley; 4.3: © Dr. Patricia Kuhl, Institute for Learning and Brain Sciences, University of Washington; 4.4: © A. Glauberman/Science Source; 4.5: © ER Productions/Getty Images RF; 4.9: Courtesy of The Rehbein Family; p. 125: © Maria Teijeiro/Cultura/Getty Images RF; p. 133: © Harry Bartlett/The Image Bank/Getty Images; 4.11(top): © Petit Format/Photo Researchers; 4.11(bottom): © Stockbyte/PunchStock RF; 4.12: © Dr. Karen Adolph, New York University; 4.13(left to right): © Barbara Penoyar/Getty Images RF; © Digital Vision/Getty Images RF; © Image Source/Alamy RF; © Titus/Getty Images RF; © Digital Vision RF; © BananaStock/Getty Images RF; © PictureQuest/Corbis RF; © BrandX/PunchStock RF; p. 138(top): © Michael Greenlar/The Image Works; p. 138(bottom): © Pippa Hetherington/Earthstock/Newscom; p. 139: © Newstockimages/SuperStock RF; 4.14: Courtesy of Dr. Amy Needham; 4.16: © David Linton, Courtesy of the Linton Family; 4.18: © Dr. Karen Adolph, New York University; 4.15: © Kevin Peterson/Getty Images/Simulation by Vischeck RF; 4.20: © Mark Richards/PhotoEdit; 4.21(a):

© McGraw-Hill Companies, Inc./Jill Braaten, photographer; 4.21(b): Courtesy of Dr. Melanie J. Spence; 4.22: © Jean Guichard/Corbis; p. 153: © altrendo/Getty Images; p. 154: © Olivier Renck/Aurora/ Getty Images.

Chapter 5

Opener: © Marcus Mok/Asia Images/ Corbis; p. 165: © Johnny Valley/ Cultura/Getty Images RF; 5.2: © Doug Goodman/Science Source; 5.3: Courtesy of Dr. Carolyn Rovee-Collier; p. 172: © Myrleen Pearson/PhotoEdit; 5.4: © 2005 University of Washington, Institute for Learning & Brain Sciences; 5.7: © Dr. Andrew Meltzoff; p. 176: Courtesy of John Santrock; p. 178: © Vanessa Davies/ Dorling Kindersley/Getty Images; 5.10: Courtesy of Dr. Patricia Kuhl, Institute for Learning and Brain Sciences, University of Washington; p. 181(bottom): © Don Hammond/Design Pics/Corbis RF; p. 182(top): © Niki Mareschal/Photographer's Choice/Getty Images; 5.14: Courtesy of Dr. Michael Goldstein; p. 189: © John Carter/ Science Source.

Chapter 6

Opener: © Vanessa Gavalya /Stockbyte/ Getty Images RF; p. 194: © Rick Gomez/ Corbis; 6.1(joy): © BananaStock/ PictureQuest; 6.1(sadness): The McGraw-Hill Companies, Inc./Jill Braaten, photographer; 6.1(fear): David Sacks/Getty Images; 6.1(surprise): © Stockbyte/Getty Images RF; 6.2: © Kenny Braun/Braun Photography; p. 201: © Tom Merton/Getty Images RF; p. 204: © Corbis/age fotostock RF; 6.3: © Digital Vision/Getty Images RF; p. 208: © Britt Erlanson/Getty Images; 6.4: Courtesy of Celia A. Brownell, University of Pittsburgh; 6.5: © Martin Rogers/The Image Bank/Getty Images; p. 216: © Penny Tweedie/The Image Bank/Getty Images; p. 221: © BrandXPictures/PunchStock RF; p. 222: Courtesy of Barry S. Hewlett; p. 191: © Reena Rose Sibayan/The Jersey Journal / Landov Images.

Chapter 7

Opener: © Ariel Skelley/Corbis; p. 197: © Ariel Skelley/Blend Images/Getty Images RF; p. 198: © Ruby Washington/The New York Times/Redux Pictures; p. 199: © Michael H/Digital Vision/Getty Images RF; 7.1: © Steve Gschmeissner/Science Source; 7.2: Courtesy of Dr. Bruce Hood, University of Bristol; p. 202(top): © Medioimages/ Photodisc/Getty Images RF; p. 202(bottom): © Lilian Perez/Corbis; p. 204: © RubberBall Productions/Getty Images RF; p. 205: © Kent Page/AP Images; 7.7: © Tony Freeman/PhotoEdit; 7.9: © Elizabeth Crews/The Image Works; p. 211: Courtesy of James V. Wertsch, Washington University; p. 213(Vygotsky): A. R. Lauria / Dr. Michael Cole, Laboratory of Human Cognition, University of California, San Diego; p. 213(Piaget): © Bettmann/Corbis; p. 214: © BananaStock/PunchStock RF; 7.14: © Dawn Villella Photography; p. 218: Courtesy of Dr. Helen Hadani; p. 220(top): © Robin Nelson/PhotoEdit; p. 220(bottom): © Joe Baker/Illustration Source; p. 223: © JGI/Jamie Grill/Blend Images/Getty Images RF; p. 225(top): © James Leynse/Corbis Images; p. 225(bottom): © BananaStock/ PunchStock RF; p. 227: Courtesy of Yolanda Garcia; p. 228: © Ronnie Kaufman/Corbis.

Chapter 8

Opener: © Ariel Skelley/Corbis; p. 278: © James Woodson/Digital Vision/Getty Images RF; p. 279: © LWA-Dann Tardif/ Corbis; p. 281: © Tom Grill/Corbis RF; p. 284: © Getty Images RF; 8.2: © Ariel Skelley/Corbis; p. 294: © Joshua Gunter/ The Plain Dealer/Landov Images; p. 296: © RubberBall Productions/Getty Images RF; p. 307: © Dann Tardif/LWA/Corbis; p. 310: © Jekaterina Nikitina/Flickr/Getty Images.

Chapter 9

Opener: © Ariel Skelley/Corbis; p.317: © Jose Luis Pelaez Inc./Blend Images/ Getty Images RF; p. 319: © Chris Windsor/ Digital Vision/Getty Images RF; p. 320: © Randy Pench/Zuma Press/Newscom; p. 323: © Image Source/PunchStock RF; 9.4: © Manuel Balce Ceneta/AP Images; p. 327: © Nicole Hill/Rubberball/Getty Images RF; p. 333: © M & E Bernheim/Woodfi n Camp & Associates; p. 342: © Colorblind/ Cardinal/Corbis RF; p. 344: Courtesy of Dr. John Flavell; p. 345: © Bettmann/Corbis; p. 347: Courtesy of Dr. Howard Gardner and Jay Gardner; p. 354: © Doug Wilson/ Corbis.

Chapter 10

Opener: © Edith Held/Corbis; p. 364: © Joseph Sohm/Visions of America/Corbis; p. 374: © Raghu-Rai/Magnum Photos; p. 375: Courtesy of Dr. Carol Gilligan; p. 376: © Norbert Schaefer/Corbis; p. 380(top): © Roy McMahon/Corbis RF; p. 380(bottom): © Steve Hix/Somos Images/Corbis; p. 389: © SW Productions/Photodisc/Getty Images RF; p. 390: © Ariel Skelley/Corbis; p. 393: © Image Source/Alamy RF; p. 394: © Michael Conroy/AP Images; p. 398: Courtesy of Qing Zhou.

Chapter 11

Opener: © Comstock Images/Getty Images RF; p. 405: © Kevin Dodge/Corbis Images; © Ronald Cortes; p. 407: © Regine Mahaux/The Image Bank/Getty Images; p. 408: © RubberBall Productions/Getty Images RF; 11.4: © ER Productions/Getty Images RF; p. 416: © Michael Ray; p. 420: © Tom Stewart/Corbis; p. 421: © Courtesy of Jim LoScalzo; p. 422: © BananaStock/ PunchStock RF; p. 423: © Charles Gullung/ Corbis; p. 425: © Ian Thraves/Alamy; p. 427: © Jim West/Alamy; p. 433: © Creatas/ PunchStock RF.

Chapter 12

Opener: © Huntstock, Inc./Alamy RF; p. 440: © Matthew J. Lee/The Boston Globe/ Getty Images; p. 449: © Paul Chesley/ The Image Bank/Getty Images; 12.3: © BananaStock/PunchStock RF; p. 454: © SW Productions/Getty Images RF; p. 455(top): © Image Source/Corbis RF; p. 455(bottom): © Jose Luis Pelaez Inc./ Blend Images/Getty Images RF; p. 458: © AFP/Getty Images; p. 459: © Daniel Laine/Gamma Rapho; p. 461(top): © Blend Images/TIPS Images RF; p. 468: © Purestock/Getty Images RF.

Chapter 13

Opener: © Jupiter Images/Comstock/ Getty Images RF; p. 475: © LWA/Taxi/ Getty Images; p. 476: © Cosima Scavolini/ LaPresse/Zumapress.com/Newscom; p. 477: © Hero Images/Corbis RF; p. 479: © Stockbyte/PunchStock RF; 13.3: © iStockphoto.com/Ljupco; p. 498: Courtesy of Dr. Mihaly Csiksentmihalyi.

Chapter 14

Opener: © Ariel Skelley/Blend Images/ Corbis RF; p. 511(top): © Runstudio/ Taxi Japan/Getty Images; p. 511(bottom): © Jade/Blend Images/Getty Images RF; p. 516(top to bottom): © Stockdisc/ PunchStock RF; © BananaStock Ltd RF; © Ingram Publishing/age fotostock RF; p. 524(a): © Mats Widen/Getty Images RF; p.

524(b): © Image Source/age fotostock RF; p. 524(c): © BLOOMimage/Getty Images RF; 14.5: © Digital Vision/Getty Images RF; p. 529: Courtesy of The Gottman Institute, www.gottman.com; p. 532: © Tony Freeman/PhotoEdit.

Chapter 15

Opener: © Tomas Rodriguez/Corbis RF; p. 539: © Digital Vision/Getty Images RF; p. 544(top): © Bettmann/Corbis; p. 544(bottom): © Matthew Mendelsohn/ Corbis; p. 546: Courtesy of The Family of Dr. George V. Mann; p. 547: © Ryan McVay/Getty Images RF; p. 551: © Blue Moon Stock/PunchStock RF; p. 557: Courtesy of Dr. K. Warner Schaie; p. 561: © Digital Vision/Getty Images RF; p. 563: © Erik S. Lesser/Corbis; p. 479: © PunchStock RF; p. 566: © Michael Prince/ Corbis.

Chapter 16

Opener: © Peter Correz/The Image Bank/ Getty Images; 16.2(top to bottom): © Amos Morgan/Getty Images RF; © Corbis RF; © Thomas Northcut/Getty Images RF; p. 579(bottom): © Corbis RF; 16.7(top): © Corbis RF; © H. Armstrong Roberts/ Retrofi le/Getty Images; p.583: © Francine Fleischer/Corbis; p. 585: © Noel Vasquez/ Stringer/Getty Images; p. 586(top): © Digital Vision/Getty Images RF; p. 586(bottom): © Stock4B/Getty Images; p.589: © Tom Grill/Corbis RF; p. 591: © Reza/National Geographic/Getty Images.

Chapter 17

Opener: © Rod Porteous/Robert Harding World Imagery/Corbis; p. 599: © Ariel Skelley/Blend Images/Getty Images; p. 600: © Jill Knight/The News & Observer/ AP Images; p. 602(a): © Christophe Ena/AP Images; p. 602(b): © Anatoly Semekhin/ITAR-TASS/Newscom; p. 602(c): © Chip Somodevilla/Getty Images; P. 604(left to right): © Carmine Galasson/ The Record/MCT/Newscom; Courtesy of the New England Centenarian Study, Boston University; © Isaac Hernandez; p. 606(a): © Jean Pierre Fizet/Sygma/Corbis; p. 606(b): Courtesy of The Radulovich Family; p. 606(bottom): © Ana Nance Photography/Redux; 17.3: Courtesy of Dr. Jerry Shay; 17.4: © J. Bavosi/Science Source; 17.5: Courtesy of Dr. Fred Gage, The Salk Institute for Biological Studies; 17.6: Courtesy of Dr. Roberto Cabeza; p. 616: © James Balog; 17.11: © Cordelia Molloy/Science Source; p. 623: © Image Source/Photodisc/Getty Images RF; p. 628: © Norbert Schaefer/Corbis; 17.18: Courtesy of Maxine Bloor; p. 631: © Charles Krupa/AP Images; p. 632: © Sherrie Nickol/Citizen Stock/Corbis RF; p. 634: © Stockbyte RF; p. 636: © jonya/E1/ Getty Images RF.

Chapter 18

Opener: © Jonathan Kirn/The Image Bank/ Getty Images; p. 642(top): Courtesy of Dr. John Santrock; p. 642(bottom): Courtesy of Helen Small; p. 543: © Digital Vision/ Getty Images RF; p. 647: © Clarissa Leahy/The Image Bank/Getty Images; p. 648 (bottom): © DAJ/Getty Images RF; p. 652: © Elizabeth Crews; p. 655: © Fox Searchlight/Photofest; p. 656: © Blend Images/Alamy RF; 18.4: Courtesy of Dr. Sam Gilbert, Institute of Cognitive Neuroscience, UK; p. 662: © Greg Sailor; p. 663: © Bronwyn Kidd/Getty Images RF; p. 665: © G. Baden/Corbis; p. 667: © Bettmann/Corbis; 18.8: © Alfred Pasieka/ Science Source; p. 670: © AP Images; p. 672: Courtesy of Dr. Margaret Gatz; p. 673: © Bryan F. Peterson/Corbis.

Chapter 19

Opener: © George Shelley/Corbis; p. 678(left): © Hy Peskin/Sports Illustrated/ Getty Images; p. 678(right): © Jesse D Garrabrant/NBAE/Getty Images; p. 680: © Owen Franken/Corbis; p. 681: © Chuck Savage/Corbis; p. 682: Courtesy of Dr. Laura Carstensen; 19.4(left to right): © Eyewire/Getty Images RF; © Photodisc/ Getty Images RF; © Digital Stock/Corbis RF; © Hoby Finn/Getty Images RF; © Corbis RF; p. 691: © Fuse/Getty Images RF; p. 693: © Peter Dazeley/Photographer's Choice/Getty Images; p. 694: © Thinkstock/ Stockbyte/Getty Images RF; p. 701: © Dallas Morning News, photographer Jim Mahoney; p. 702: © Gabriela Hasbun/Getty Images; p. 703: © Alison Wright/Corbis.

Chapter 20

Opener: © Hans Neleman/Getty Images; p. 711: © Fuse/Getty Images RF; 20.1: © Ahn Young-joon/AP Images; p. 716: © Handout Courtesy of the Schiavo Family/ Corbis; p. 720: © Per-Anders Pettersson/ Getty Images; 20.2: © Eastcott/Momatiuk/ The Image Works; p. 724: © Photodisc/ Getty Images RF; p. 727: © Stockbroker/ PhotoLibrary RF; p. 729: © Thomas Hinton/Splash News/Newscom; p. 731: © Russell Underwood/Corbis; p. 732: © Paul Almasy/Corbis; p. 733(top): © Glenn Fawcett/Baltimore Sun; p. 733(bottom): © Robert Mulder/Godong/Corbis.